风帆正扬
江苏省科学技术情报研究所
2010—2020年重大科研成果汇编

江苏省科学技术情报研究所　编著

科学技术文献出版社
SCIENTIFIC AND TECHNICAL DOCUMENTATION PRESS
·北京·

图书在版编目（CIP）数据

风帆正扬：江苏省科学技术情报研究所2010—2020年重大科研成果汇编 / 江苏省科学技术情报研究所编著. —北京：科学技术文献出版社，2020. 8
ISBN 978-7-5189-6370-6

Ⅰ. ①风… Ⅱ. ①江… Ⅲ. ①科技情报工作—研究所—研究成果—汇编—江苏—2010—2020 Ⅳ. ① G255.51-242.53

中国版本图书馆 CIP 数据核字（2020）第 001285 号

风帆正扬——江苏省科学技术情报研究所2010—2020年重大科研成果汇编

策划编辑：周国臻　　责任编辑：宋红梅　刘　亭　　责任校对：文　浩　　责任出版：张志平

出 版 者　科学技术文献出版社
地　　址　北京市复兴路15号　邮编 100038
编 务 部　(010) 58882938，58882087（传真）
发 行 部　(010) 58882868，58882870（传真）
邮 购 部　(010) 58882873
官方网址　www.stdp.com.cn
发 行 者　科学技术文献出版社发行　全国各地新华书店经销
印 刷 者　北京时尚印佳彩色印刷有限公司
版　　次　2020 年 8 月第 1 版　2020 年 8 月第 1 次印刷
开　　本　787 × 1092　1/16
字　　数　1086千
印　　张　46.5
书　　号　ISBN 978-7-5189-6370-6
定　　价　198.00元

编 委 会

前　言

2010—2020年，是江苏省科学技术情报研究所蓬勃发展、所兴业旺的黄金十年，全所各项工作均实现了快速发展，在科技文献资源共享、科技发展战略研究、科技信息咨询服务、科技媒体宣传服务等方面取得了累累硕果，各项工作及成果进入全国同行先进行列。特别是2017年以来，所党委和领导班子明确提出“一库三中心”主导业务总体发展目标与战略，重点打造科技大数据中心、科技创新智库、科技咨询中心和科技传媒中心，逐步形成了完善的科技情报业务架构，逐步打造行业领域内具有较高知名度的服务品牌，为江苏省的科技创新发展提供了有力支持与保障。

本成果汇编内容汇集了江苏省科学技术情报研究所这些年完成的各类重大调研工作、科研项目、工作平台及科技咨询和科技宣传的相关工作内容与工作成果。全书分为“科技智库、科技大数据、科技咨询、科技传媒”4个部分，精心挑选了30篇研究报告。其中，“科技智库”部分包括了创新性省份建设和创新性城市建设的路径研究，涉及人工智能、3D打印等新兴产业，以及产业创新决策、产业和科技人才需求等方面的诸多内容；“科技大数据”部分包括了企业知识服务平台服务案例分析、科技成果信息服务研究等主题；“科技咨询”部分介绍了知识产权分析评议、科技查新组织建设和科技经费服务体系建设等特色业务内容；“科技传媒”部分介绍了科技志和科技年鉴编纂、政务管理与服务系统研究等内容。这些研究报告一方面集中呈现了能够体现全所鲜明特色和较高水平的科研学术成果与工作成果；另一方面又突出反映了全所科研工作者在深入落实“一库三中心”主导业务建设和服务科技创新过程中所付出的辛勤努力和取得的各项业务成果，同时还可以为广大科技情报工作者的研究工作起到一定的借鉴和参考作用。

在编纂《风帆正扬——江苏省科学技术情报研究所2010—2020年重大科研成果汇编》过程中，由所领导班子组成的编委会高度重视，参与书稿编撰的相关部门负责人及撰稿人认真对待，负责书稿组织工作的业务管理部和负责书稿文字校对工作的科技传媒中心全体同志不倦工作，共同促成了本书的顺利出版。对此，在这里一并表示感谢！

2020年是江苏省科学技术情报研究所成立60周年，风帆正扬、奋进有为正是全所科研工作者秉承“厚德守正、敬业奉献、凝心聚智、服务创新、提升自我、成就卓越”所训精神勤奋工作、奋勇拼搏的真实展现。面对未来，我们将继续围绕江苏省委、省政府重大决策部署，在江苏省科技厅的正确领导下，努力为全省科技创新服务做出更大的贡献！

编　者

2020年5月

目　录

·科技智库·

江苏系统化推进创新型省份建设路径研究……3
江苏推进“一中心”建设的思路与对策研究……28
扬州头桥医疗健康产业园总体发展规划（2016—2020年）……62
江苏省产业创新决策咨询能力建设报告……106
颠覆性技术的识别及培育发展研究……120
江苏战略性新兴产业人才需求预测与开发研究……147
新兴产业重点领域分析报告——3D打印产业分析研究……177
江苏发展重要前瞻性战略性产业研究……198
南京建设全球影响力的创新型城市思路与路径研究……225
“江苏科技”政务公众号传播影响力提升研究……244
江苏科技人才与产业转型升级互动关系研究……254
发达国家或地区人才发展政策制度借鉴研究……271
江苏人工智能产业发展研究报告（2017）……283
江苏研发投入对企业创新绩效影响及作用机制研究……304
江苏科技人才资源现状与发展需求研究……332

·科技大数据·

江苏省企业知识服务平台服务案例分析……375

江苏省工程技术文献信息中心发展历程……416
基于科技报告的江苏省科技成果信息服务研究……433
江苏省高新技术产业统计监测体系研究……475
江苏省科技服务业统计行业分类现状研究……506
苏南国家自主创新示范区创新指数研究报告2018……514
支撑科技创新的科技数据服务能力建设……538

·科技咨询·

知识产权分析评议研究探索和服务实践……565
江苏科技查新组织建设发展报告……599
2018年度南京市高层次创业人才引进计划入选人才
落地企业年度监测报告……619
打造“芯动力”：江苏高质量企业研发机构建设研究……637
江苏省科技经费监管服务体系建设及运行机制研究……660

·科技传媒·

第二轮《江苏省志·科学技术志（1978—2008）》编纂工作……689
《江苏科技年鉴》编纂工作……702
江苏省科技厅政务管理与服务系统（一期）研究报告……717

科技智库

江苏系统化推进创新型省份建设路径研究

习近平总书记在党的十九大报告中明确指出，创新是引领发展的第一动力。当前，中国特色社会主义进入新时代，社会主要矛盾转化为人民日益增长的美好生活需要和不平衡不充分的发展之间的矛盾，迫切要求扩大创新供给、强化创新引领，将创新全面融入经济、社会、文化、生态文明等各个领域，加快建设创新型国家。作为首个创新型省份建设试点省，江苏区域创新能力位居全国前列，肩负着先行探索的重要使命。省委书记娄勤俭在省委十三届三次全会上强调，“要以系统化思维加快科技创新步伐”，明确了高水平创新型省份建设的方向，就是要把创新型省份建设放到经济社会发展大局里谋划，放到服务高质量发展中推进。为此，本项目紧紧围绕新形势新要求，研究阐述了系统化推进创新型省份建设的理论内涵和时代背景，全面梳理了自 2006 年以来创新型省份建设的重点举措和主要进展，对照系统化要求深入剖析了全省创新驱动发展的薄弱环节，从政府管理服务系统化、创新体系建设系统化、科技体制改革系统化 3 个层面，提出了有力有序建设创新型省份的总体考虑和战略路径，为提升江苏区域创新能力和推动经济高质量发展继续走在全国前列提供强力决策支撑。

1　系统化推进创新型省份建设的理论内涵

1.1　坚持系统化思维的重要性

创新型省份建设是一项全局性、系统性、长期性的工作，涉及面广、影响因素多、建设周期长，需要运用系统化思维，整体协同推进。所谓“系统化思维”，是基于贝塔朗菲 1932 年创立的系统论基础上的一种思维方式，它被广泛认同和推行主要源自 1975 年出版的《系统化思维导论》。温伯格、普里高津、钱学森等是这方面的代表人物。系统化思维的主要观点是，在推进事物发展和解决复杂问题过程中，以全局的高度，将问题放到整个系统中考虑，强调事物间的联系、影响、互动和反馈，注重把握顶层设计、问题导向和综合平衡，进而做出全面科学、符合规律的判断和决策。其内涵和重要性如下。

一是把握顶层设计，有利于提升驾驭全局发展的能力。在新的历史时期，经济社会发展面临前所未有的挑战，国际形势错综复杂，经济不确定性因素增加。在这样的背景下，对方向的选择至关重要。我们需要比以往更加强化顶层设计，强化高层统筹。坚持系统化思维，把握顶层设计，有利于提升战略谋划和驾驭全局的能力，紧抓大有可为的战略机遇期，保持正确的发展方向，开创新时代发展的新局面。

二是把握问题导向，有利于精准选择推进的突破口。当前，经济社会发展中的深层次问题交织叠加，牵一发而动全身的问题更加突出，必须抽丝剥茧，探求问题实质。坚持系统化思维，把握问题导向，有利于认识复杂问题中的规律，揭示偶然问题中的必然，提升发现问题的敏锐性，抓住关键点、找准突破口，增强决策的系统性和工作的针对性。

三是把握综合平衡，有利于实现决策效益的最大化。综合平衡的基本要求是兼顾全局中不同个体的独特性，提升各个层面战略的联动性，增强不同区域发展的协同性和整体性，实现更有效率、更高质量、更加公平的发展。坚持系统化思维，把握综合平衡，有利于促进发展速度与质量效益相统一，经济增长与环境、资源相和谐，提升决策的科学性和有效性。

1.2 新时代创新型省份的主要特征

自2006年创新型国家部署建设以来，大陆23个省均提出了建设创新型省份的战略导向。综合这些省份近年来的实践和有关理论来看，所谓创新型省份，就是构建了完善高效的区域创新体系和具有竞争力的创新型经济格局、建立了有利于创新发展的制度环境、实现了以创新驱动为核心动力、对创新型国家建设形成有力支撑的省份。当前，对照新时代的发展要求，借鉴创新型国家、省份和城市相关研究成果，总结提出创新型省份建设几个新的特征如下。

一是把科技创新摆在发展全局的核心位置。习近平总书记多次强调指出，科技创新是提高社会生产力和综合国力的战略支撑，必须摆在国家发展全局的核心位置。这是习近平总书记科技创新重要论述的核心观点，是创新型省份建设中必须把握的首要问题和鲜明特征。没有把科技创新摆在核心位置，没有树立创新发展基本取向，就缺少创新型省份建设最根本的理念和方向。只有各级党委、政府从发展路径选择、工作谋篇布局、政策举措保障上，将科技创新作为事关全局和长远利益的战略任务，进一步统一思想认识，加大科技创新工作的力度，才能真正引领经济社会发展全局实现根本性、整体性变化。

二是坚持走自主创新道路的战略方向。习近平总书记强调，关键核心技术是国之重器，是要不来、买不来、讨不来的，要敢于走前人没走过的路，努力实现关键核心技术自主可控。诚然，相比国家来看，一个省份要实现产业技术完全地自主可控比较难，但是，要建设创新型省份就必须把自主创新作为主攻方向，充分发挥省内科教资源力量，在优势主导产业领域的关键环节、核心技术、基础材料等方面尽可能多地掌握话语权，努力建设富有竞争力、自主可控的现代产业体系。

三是把深化科技体制机制改革作为动力源泉。习近平总书记指出，实施创新驱动发展战略最紧迫的是要破除体制机制障碍，如果把科技创新比作发展的新引擎，那么改革就是点燃这个新引擎必不可少的“点火系”，我们要采取更加有效的措施完善“点火系”，把创新驱动的新引擎全速发动起来。创新型省份应当聚焦科技体制机制这个关键用功发力，改革形成有利于创新成果产出和实现产业化的新体制新机制，让各种科技资源有效聚集、创新主体充分活跃、创新引擎全速发动。

四是具备为创新型国家建设先行探路的能力。习近平总书记指出，到2035年，跻身创新型国家前列。要发挥各地在创新发展中的积极性和主动性，因地制宜探索差异化的创新发展路径，加快打造具有全球影响力的科技创新中心，建设若干具有强大带动力的创新型城市和区域创新中心。创新型省份是创新型国家建设的重要基石，应该肩负起为国家创新发展探路的历史使命，在路径上先行、在改革上先试、在举措上先发、在政策上先突破，更好地引领支撑创新型国家建设。

五是人才成为发展的第一资源和根本所在。习近平总书记强调，人才是创新的根基，是创新的核心要素；谁拥有了一流创新人才、拥有了一流科学家，谁就能在科技创新中占据优势。创新型省份应该是全球创新人才的高地，具备吸引和集聚创新创业人才的制度优势和良好环境，把人才作为全省发展最为宝贵、不可替代的资源，使人才价值得到充分尊重和体现，既发挥领军人物、拔尖人才等“关键少数”的引领作用，又能让各类人才各得其所、各建其功。

1.3 系统化推进创新型省份建设的要义

综上所述，建设创新型省份要始终坚持系统化思维，准确把握以下几个方面的要义。

一是全局谋划战略定位和发展目标。系统化推进创新型省份建设，必须从全局角度进行整体谋划。要以全球化视角认识和推进科技创新，深化对经济增长规律、创新发展趋势的认识，将江苏放到世界发展大势、全国发展大局中来考量和定位，制定创新驱动全省经济社会发展的目标和任务，提升整体创新支撑引领能力。

二是精准研判瓶颈制约和突出问题。系统化推进创新型省份建设，必须把握制约创新驱动发展的关键问题，找到能引领全省整体提升的突破口。在新的历史时期下，要以创新高水平地区为标杆，深刻剖析江苏创新的差距，围绕突出问题加强系统谋划和部署，拿出有针对性的应对之策，着力破解体制性障碍、结构性矛盾和政策性问题，力求以重点突破引领全局发展。

三是统筹考虑区域协同和利益平衡。系统化推进创新型省份建设，必须充分考虑不同区域、不同要素之间的协同，统筹处理不同主体、不同部门利益的关系。系统化建设创新型省份，就是要构建协同高效的区域创新体系，加强各类主体、各区域间的协同创新，加快引导和推动离散式创新向系统化创新转变。

2 系统化推进创新型省份建设的时代背景

2.1 系统化推进创新型省份建设是新时代新定位的必然要求

习近平总书记在党的十九大报告中指出：“中国特色社会主义进入了新时代”。这是对我国发展新的历史方位的科学判断，在党和国家历史上具有开创性意义。迈入新时代，经济由高速增长阶段转向高质量发展阶段，各种深层次矛盾凸显。推进供给侧结构性改革，发展实体经济，保护生态环境，改善民生水平，跨越中等收入陷阱，全面建成小康社会，这些都亟须科技创新作为有力支撑。创新型省份建设要紧扣新时代战略安排，牢牢把握科技革命的大方向、产业变革的大趋势、人才集聚的大举措，最大限度地提升科技创新能力、效率和辐射带动作用，使创新资源自由流动和高效配置、创新环节有效衔接和一体贯通，主动融入经济社会发展的各个领域、各个层面，尽快补上基础研究、关键技术、体制机制等方面的短板，努力塑造更多依靠创新驱动、更多发挥先发优势的引领型发展，加快推动从科技大省向科技强省跨越。

2.2 系统化推进创新型省份建设是落实省委、省政府决策的战略抓手

省委书记娄勤俭在省委十三届三次全会上强调指出，要以系统化思维加快科技创新步伐。省政府办公厅《创新型省份建设工作实施方案》提出“系统化推进创新型省份建设，全面提升江苏在国家创新体系中的地位和创新对江苏发展的支撑能力”的总体要求。落实省委、省政府部署要求，建设创新型省份必须进一步注重全局性与战略性。要将创新型省份建设放到全省的大局中去谋篇布局，坚持科技创新和体制机制改革“双轮驱动”，强化提升整体创新能力。要注重基础研究、应用研究、转移转化的有机统一，促进高校、科研院所和产业、企业的优势叠加。要加强创新资源的统筹和协调，形成 1+1 ＞ 2 的创新合力。要强化精准施策，形成协同高效的政策体系，确保创新型省份建设的各项任务落到实处，各项工作有序有力开展。

2.3 系统化推进创新型省份建设是应对中美贸易摩擦的长远之计

美国是江苏重要的外资和技术来源地、第一大对外投资国、第一大贸易伙伴和出口市场。2018 年以来，中美贸易争端不断升级，美国从高技术及产品的“供给”和“需求”两端扼住了我们的“命门”。一方面，美国进一步限制乃至禁止向中国出口高端零部件、商品、软件和技术，从供给端对高技术产业设置障碍。据统计，作为制造业大省，江苏大型成套装备、高科技装备八成以上来自进口，先进的制药技术和新药配方几乎全都由国外医药巨头研制出，电子信息、高端制造、生物医药等领域面临技术和设备瓶颈。另一方面，美国启动了针对中国技术转让、知识产权和创新领域的“301 调查”，并据此对《中国制造 2025》包含的高科技领域收取惩罚性关税，从需求端压缩中国产品海外市场。据统计，江苏 301 清单产品对美出口占全省对美出口总量的 36.85%，成为美国加征关税的重灾区；从产品清单范围看，高新技术产品出口明显受限，自动数据处理设备、变压器、打印机等占到该清单产品出口的 69.08%。要想不被人“牵鼻子”，就要坚持系统化思维，攥紧“自主创新”这把密钥，全面梳理关乎产业生死存亡的核心技术，系统制定关键技术突破的时间表和路线图，争取尽快在某些领域、某些方面实现“弯道超车”，进一步掌握竞争和发展的主动权。

2.4 系统化推进创新型省份建设是江苏发展阶段的紧迫需求

近年来，江苏经济社会发展取得明显进步。2018 年全省人均 GDP 达 1.7 万美元，但受人均资源、环境容量等瓶颈制约，粗放式发展难以为继。总体看来，江苏科技创新对高质量发展的支撑还不够，引领产业未来发展方向的重大科技储备不足，产业总体处于全球价值链

中低端。全省知识产权密集型产业增加值占GDP比重约为28%（美国为38%）。企业自主品牌比重约15%（韩国已超过60%，浙江为25%，广东超过20%）。知识创新能力不如北京，知识获取能力不如上海。科技创新资源碎片化，上下游企业之间、企业与高校院所之间缺乏协同合作，产业链、创新链和资金链未能有效衔接，条块分割、资源分散，难以形成重大创新成果和经济支柱。要聚焦突出问题和深层次矛盾，加强创新资源统筹和力量协同，着力提高科技对经济的贡献度，以科技创新促进经济转型发展和质量提升，加快实现经济发展方式的根本性转变。

3 江苏创新型省份建设的重点举措

3.1 坚持企业在创新中的主体地位

聚焦企业创新需求部署工作、集聚资源、制定政策，构建了以企业为主体的具有江苏特色的区域创新体系。第一是围绕企业引进资源，国内外1000余所大学、科研院所与江苏企业建立了创新合作关系，积极开展各类产学研活动；第二是围绕企业建设研发机构，让企业具备开展研发活动的载体，提升了研发基础设施条件，企业研发机构建有率超过90%；第三是围绕企业开展服务，加快市场导向的科技服务业发展，推动转化、研发、创投等各类平台建设；第四是围绕企业落实政策，组建政策落实特派员队伍，点对点宣传落实政策，2017年落实企业科技税收减免达350亿元，约占全国1/6。

3.2 推进江苏省产业技术研究院建设改革

2013年，围绕打破科研成果向生产力转化的制度藩篱，筹建江苏省产业技术研究院。2014年，江苏省产业技术研究院迎来了习近平总书记的亲自实地考察，总书记对江苏省产业技术研究院取得的初步改革成效给予了肯定。自建设以来，江苏省产业技术研究院改革不断深化，以项目经理制聚集了一大批既懂技术也懂市场的高端人才，建设专业研究所40多所、衍生孵化500多家科技型企业，被省委、省政府授予“为江苏改革开放作出突出贡献的先进集体”称号，逐步成为全省产业技术创新“加速器”和重大科技成果“策源地”。

3.3 加快苏南国家自主创新示范区建设

2014年，国务院批复同意支持建设苏南国家自主创新示范区。2015年，江苏立法把苏南改革创新的好经验好举措固化下来，出台了苏南自创区条例。调整苏南自创区空间范围，制定新的空间规划方案，进一步完善一体化服务平台建设，建立了一系列推进城市间协同创新的体制机制，加快“五城九区多园”创新一体化发展。

3.4 深化县域科技创新改革

针对江苏县域经济发达、创新发展迫切的现实需求，2015 年，省委出台文件支持常熟、海安在科技管理机制、企业研发能力、创新资源集聚等方面率先探索，走出具有县域特点的创新驱动发展新路。大力向全省推广常熟、海安经验，鼓励在县级市中开展地方创新型县（市、区）试点，集中资源进行重点扶持，在县域建立了“大科技”工作体制，围绕优势领域加快创新突破，形成全省上下共同向创新聚力用劲的工作格局。

3.5 探索建设省技术产权交易市场

针对江苏企业技术需求旺盛、科教资源丰富的特点，聚焦成果交易过程中甲乙双方信息交互不畅、价格不易谈拢、成果实际落地较难等瓶颈问题，2017 年，筹建江苏省技术产权交易市场。通过搭建“线上平台+线下大厅+服务体系”，以高水平供需对接加速技术成果转移转化，推动科技供给侧和需求侧及时、精准、有效对接。截至目前，线上服务平台开通运行，实现找技术、找专家、找服务和交易撮合等门户功能，累计汇总各类数据超过 200 万条；线下交易中心与德国史太白技术转移公司等知名服务机构开展战略合作，目前已发展合作伙伴 200 多家，年服务企业 20 000 家，技术交易额超过 800 亿元。

3.6 改革科技计划项目管理

积极深化“放、管、服”改革，系统推进省级科研项目和资金管理改革，不断提升科技资金使用效益。2015 年，将原有 11 类科技计划整合为五大类科技计划。2017 年，进一步强化专家评审、项目立项、经费安排等关键环节的全过程监督检查。2018 年，启动建设省市县三级科技计划系统“一张网”，实施计划项目全过程“痕迹化”管理。扩大不见面审批（服务）范围，规范科技行政权力，制定《省科学技术厅责任清单》，扎实推动权力清单标准化。探索省科技计划（资金）项目科学管理新模式，赋予高等院校更大的科研项目管理自主权，下放省级科技计划（资金）项目的部分管理权限给地方，大幅提升了科技项目管理服务水平。党的十八大以来，江苏围绕创新型省份建设出台的系列重要文件如表 1 所示。

表1 党的十八大以来江苏创新型省份建设的重要文件

序号	出台政策	改革重点	时间
1	《江苏省省级科技专项资金管理暂行办法》	科技创新管理	2013年
2	《江苏省企业技术进步条例》	企业创新	2014年
3	《贯彻落实中共中央办公厅国务院办公厅〈深化科技体制改革实施方案〉的工作方案》	科技创新管理	2015年
4	《省政府办公厅关于支持江苏省产业技术研究院改革发展若干政策措施的通知》	新型研发机构	2015年
5	《中共江苏省委　江苏省人民政府关于建设苏南国家自主创新示范区的实施意见》	示范区改革	2015年

续表

序号	出台政策	改革重点	时间
6	《省政府办公厅关于印发常熟市海安县科技创新体制综合改革试点方案及支持政策措施的通知》	县域科技体制	2015年
7	《省政府关于深化省级财政科研项目和资金管理改革的意见》	科技计划项目	2015年
8	《省政府关于重大科研基础设施和大型科研仪器向社会开放的实施意见》	科技创新资源	2015年
9	《关于加快推进产业科技创新中心和创新型省份建设的若干政策措施》	科技创新管理	2016年
10	《江苏省产业技术研究院管理暂行办法》	新型研发机构	2016年
11	《关于进一步加强和改进省科技计划项目实施管理的意见》	科技计划项目	2016年
12	《江苏省科技计划项目经费审计实施办法》	科技计划项目	2016年
13	《关于印发进一步加快苏南国家自主创新示范区建设的有关人才政策措施的通知》	人才发展	2016年
14	《江苏省促进科技成果转移转化行动方案》	科技成果转化	2016年
15	《关于促进全省开发区改革和创新发展的实施意见》	高新区	2017年
16	《苏南国家自主创新示范区条例》	示范区改革	2017年
17	《省政府办公厅关于学习推广常熟市、海安县科技创新体制综合改革试点经验的通知》	县域科技体制	2017年
18	《江苏省科技成果转化专项资金管理办法（暂行）》	科技成果转化	2017年
19	《关于深化全省职称制度改革的总体方案》	人才发展	2017年
20	《关于聚力创新深化改革打造具有国际竞争力人才发展环境的意见》	人才发展	2017年
21	《关于知识产权强省建设的若干政策措施》	知识产权	2017年
22	《江苏省政府办公厅关于创新管理优化服务培育壮大经济发展新动能的实施意见》	科技创新管理	2017年
23	《江苏省政府关于促进创业投资持续健康发展的实施意见》	科技金融	2017年
24	《江苏省天使投资风险补偿资金管理办法（试行）》	科技金融	2017年
25	《江苏省科技成果转化贷款风险补偿资金管理办法（试行）》	科技金融	2017年
26	《关于深化职称制度改革的实施意见》	人才发展	2018年
27	《省政府办公厅关于印发江苏省深化科技奖励制度改革方案的通知》	科技创新管理	2018年
28	《省政府关于加快推进全省技术转移体系建设的实施意见》	科技成果转化	2018年

4 江苏创新型省份建设的主要指标

为更好监测江苏创新型省份建设进展，根据科技部《建设创新型省份工作指引》《中国区域科技创新评价报告》，以及广东、山东、陕西等地创新型省份建设指标体系，结合新时代创新型省份特征，课题组研究建立了“江苏创新型省份建设指标体系”，并对近5年的指标数据进行了梳理、测算（表2）。

表2 江苏创新型省份建设指标体系

一级指标	二级指标	2013年	2014年	2015年	2016年	2017年
科技创新核心度	全社会研发经费支出占地区生产总值的比重	2.45%	2.50%	2.53%	2.62%	2.63%
	科技公共财政支出占公共财政支出的比重	3.88%	3.86%	3.84%	3.82%	4.11%
	研发费用加计扣除占企业研发经费的比重	13.5%	14.3%	15.8%	20.1%	21.2%
自主创新能力	每万人发明专利拥有量/件	7.84	10.24	14.22	18.41	22.50
	PCT专利申请数/件	1186	1610	2442	3213	4590
	国家级和省级重点实验室、工程技术研究中心数量/个	2580	2845	3086	3223	3363
	高新技术企业数量/家	6769	7703	10 814	11 812	13 251
	高新技术产业产值/亿元	51 899	57 277	61 374	67 125	67 864
	战略性新兴产业产值占规模以上工业总产值比重	39.4%	28.7%	29.4%	30.2%	31.0%
科技创新环境	创投机构管理资金规模/亿元	1672.18	1872.00	2022.20	2100.00	2200.00
	技术市场成交合同金额/亿元	585.6	655.3	700.0	728.0	872.9
	科技企业孵化器数量/个	446	515	567	582	660
创新型国家支撑度	综合科技进步水平指数	72.06%	73.06%	76.21%	76.84%	77.13%
	获国家科学技术奖数量/项	48	57	39	51	54
	国家创新型城市数量/个	10	10	10	10	10
创新人才资源	每万人拥有的受大专及以上教育程度人口数/人	1329	1299	1642	1535	1568
	每万名就业人员中研发人力投入/（人年/万人）	97.94	105.00	110.94	114.17	117.70
	公民具备基本科学素质的比例	6.20%	7.10%	8.25%	9.50%	10.60%

4.1 科技创新核心度

4.1.1 全社会研发经费支出占地区生产总值的比重

江苏通过优化政策体系等手段，引导企业、科研院所、高校等加大创新活动投入力度，全社会研发投入持续增长，研发实力不断增强（图 1）。

4.1.2 科技公共财政支出占公共财政支出的比重

江苏各级财政不断优化支出结构，财政科技投入保持稳步增长，财政科技经费支持方式进一步完善，建立了多元化科技投入体系，为科研提供更为充足和灵活的资金支持（图 2）。

4.1.3 研发费用加计扣除占企业研发经费的比重

为鼓励企业开展研究开发，江苏加大了企业研发费用加计扣除政策的落实力度。2017 年，印发《江苏省企业研究开发费用省级财政奖励资金管理办法（试行）》，省财政专项安排近 11 亿元落实该普惠性奖励政策，扩大了财政政策的激励面（图 3）。

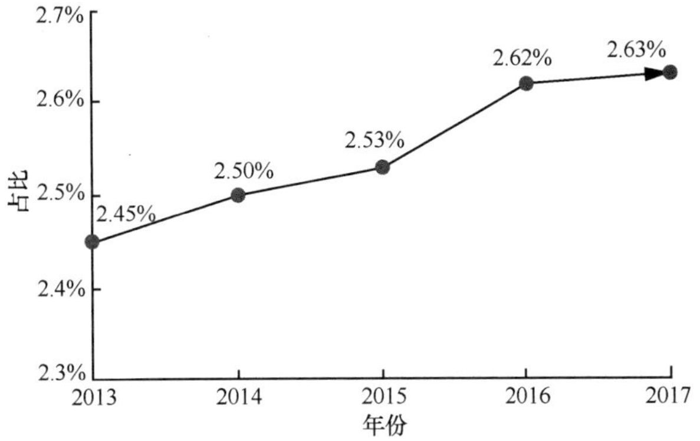

图 1　江苏省全社会研发经费支出占地区生产总值的比重

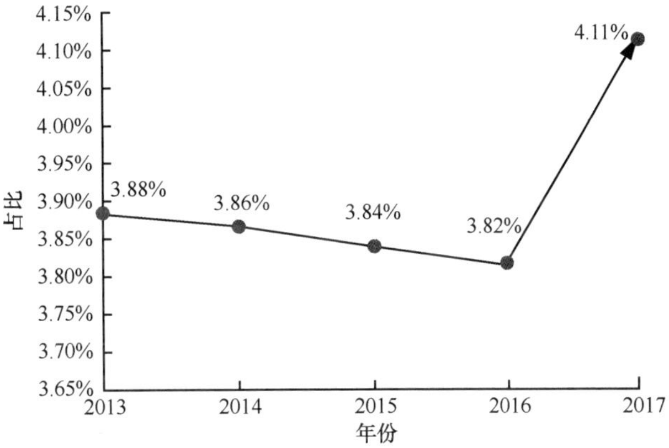

图 2　江苏省科技公共财政支出占公共财政支出的比重

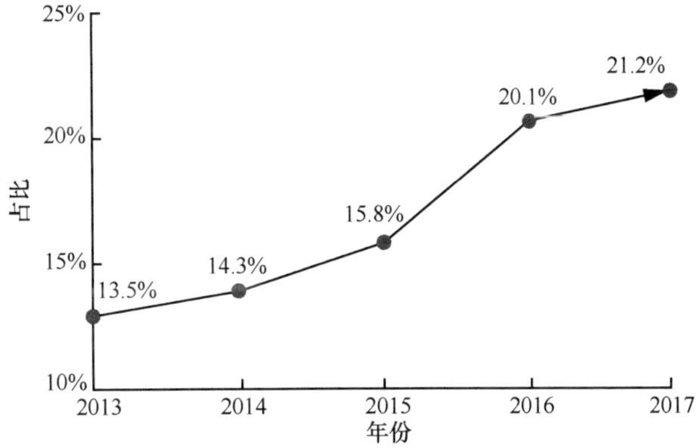

图 3　江苏省研发费用加计扣除占企业研发经费的比重

4.2　自主创新能力

4.2.1　每万人发明专利拥有量

为扎实推进知识产权强省建设，江苏出台了《中共江苏省委　江苏省人民政府关于加快建设知识产权强省的意见》《关于知识产权强省建设的若干政策措施》等政策文件，积极实施高价值专利培育计划，全省知识产权产出的数量和质量显著提升（图4）。

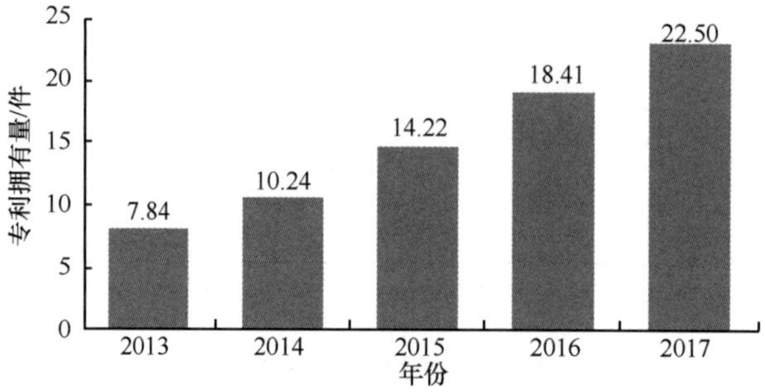

图4 每万人发明专利拥有量

4.2.2 PCT专利申请数

江苏积极推动专利资助政策向质量导向调整优化，加大对高质量发明专利和PCT专利的资助力度。2017年，全省PCT专利申请量同比增长42.86%，海外专利布局能力日益增强（图5）。

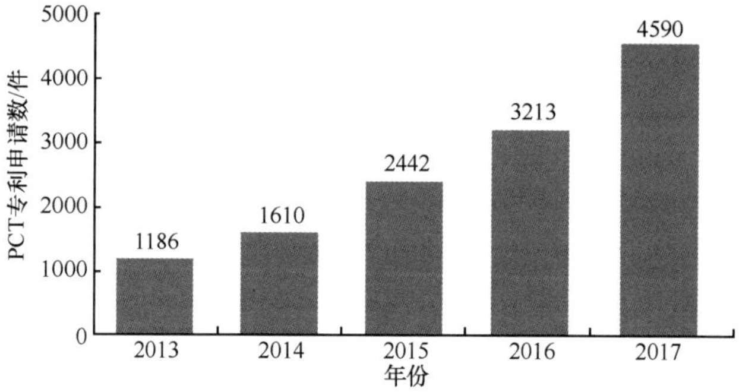

图5 PCT专利申请数

4.2.3 国家级和省级重点实验室、工程技术研究中心数量

江苏大力实施科技基础设施建设行动计划，加快重大科研设施建设，培育国家重点实验室，提升省级重点实验室建设水平。实施企业研发机构建设“百千万”行动计划，引导企业建设工程技术研究中心等平台。当前，全省各类创新平台建设正加速推进（图6）。

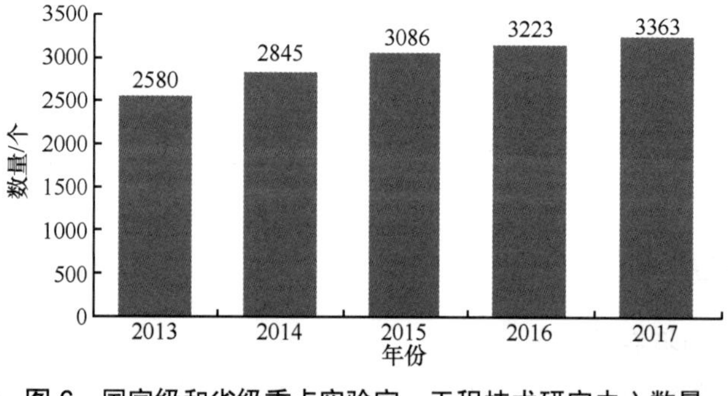

图6 国家级和省级重点实验室、工程技术研究中心数量

4.2.4 高新技术企业数量

江苏深入实施创新型企业培育行动、高新技术企业培育“小升高”计划。省级层面建立高新技术企业培育库，设立了高新技术企业培育资金，对入库企业给予培育奖励，全力打造以高新技术企业为主体的创新型企业集群（图7）。

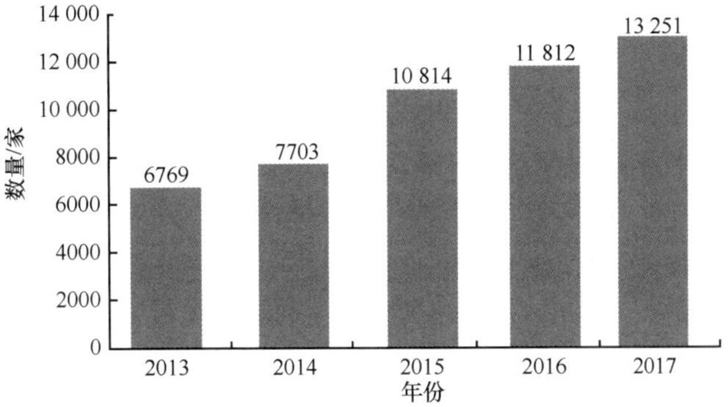

图7　高新技术企业数量

4.2.5 高新技术产业产值

江苏顺应国际科技革命和产业变革大势，加快推进产业结构优化升级，引导各地大力发展高新技术产业。当前，全省高新技术产业规模不断扩大，一批产业前沿领域的项目正在布局，未来将形成新的增长点（图8）。

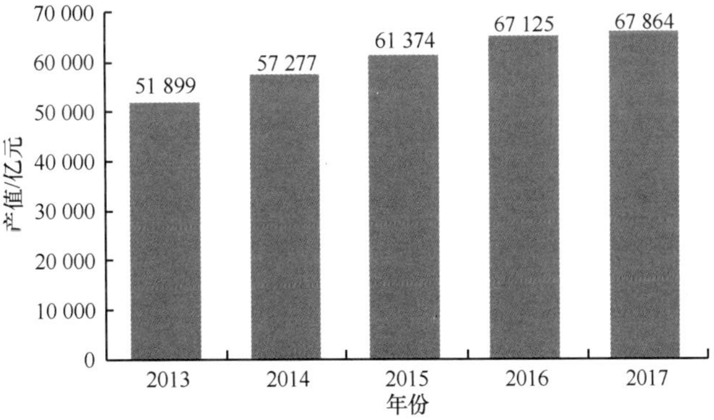

图8　高新技术产业产值

4.2.6 战略性新兴产业产值占规模以上工业总产值比重

江苏深入实施战略性新兴产业培育发展规划，加强前瞻性部署，加大省级战略性新兴产业发展专项资金等财税支持，促进产业集聚集群发展。全省十大战略性新兴产业的规模不断壮大，形成了一批产值超千亿元的新兴产业集群（图9）。

4.3 科技创新环境

4.3.1 创投机构管理资金规模

江苏出台了《关于促进创业投资持续健康发展的实施意见》，引导各类社会资本投向创新创业，为促进资本与产业对接、创新与创业融合提供了有力支撑（图 10）。

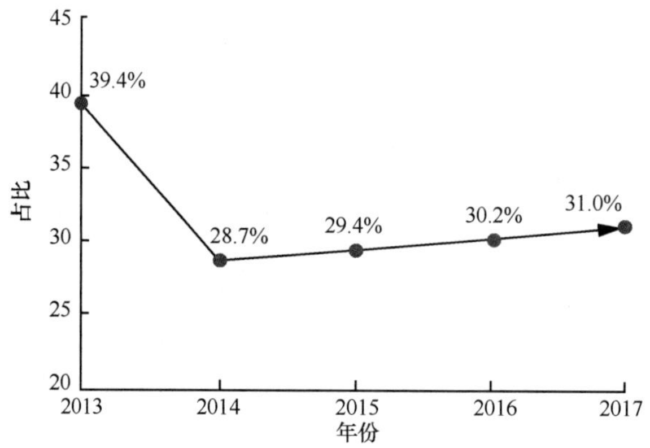

图 9　战略性新兴产业产值占规模以上工业总产值比重

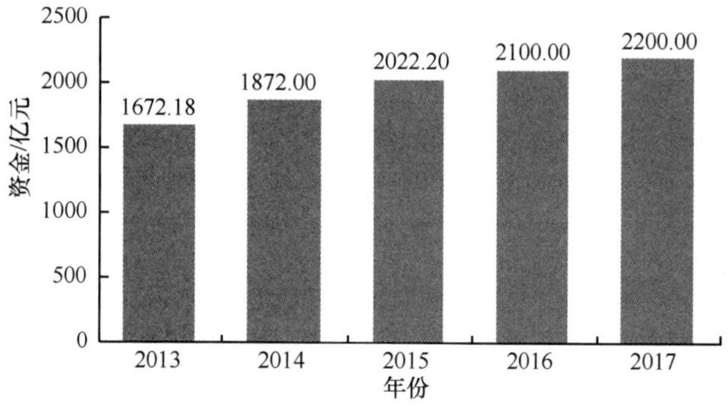

图 10　创投机构管理资金规模

4.3.2　技术市场成交合同金额

江苏将省技术产权交易市场建设作为“江苏特色”的标志性工程，集成线上线下服务功能，构建技术转移生态体系，加速技术产权产业化，带动全省技术市场交易进一步活跃，规模进一步扩大，技术市场成交合同金额呈明显上升态势（图 11）。

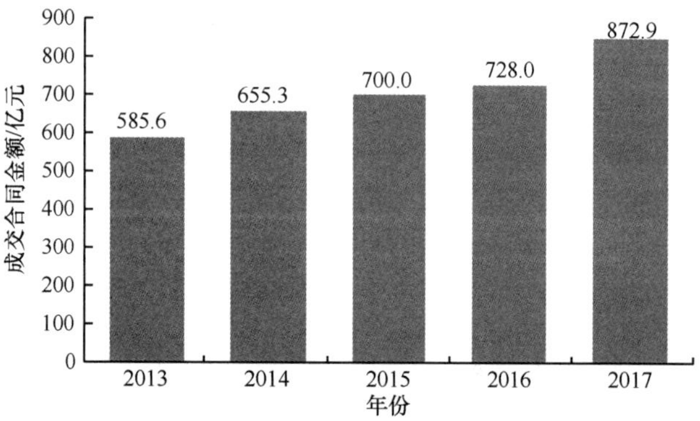

图 11　技术市场成交合同金额

4.3.3 科技企业孵化器数量

江苏深入实施“创业江苏”行动，积极开展“苗圃—孵化器—加速器”科技创业孵化链条建设试点。2017 年，全省各类科技企业孵化器达 660 家，国家级孵化器总数达 175 家，继续保持全国第一（图 12）。

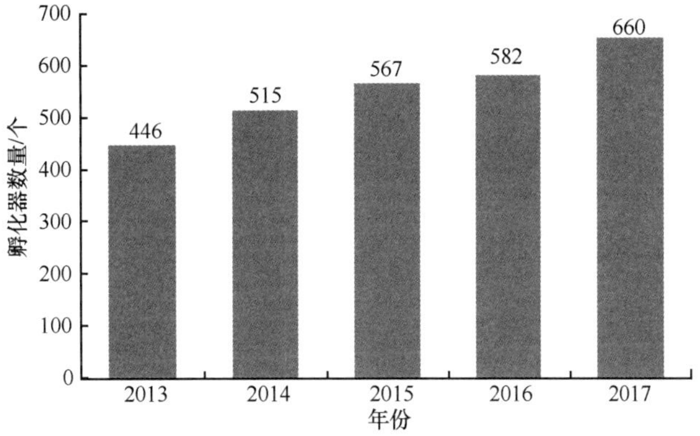

图 12 科技企业孵化器数量

4.4 创新型国家支撑度

4.4.1 综合科技进步水平指数

江苏坚持把创新作为引领高质量发展的第一动力，大力推进以科技创新为核心的全面创新。近年来，全省科技创新主要指标稳步提升，据《中国区域科技创新评价报告》显示，2017 年，江苏综合科技进步水平指数全国排名第五（图 13）。

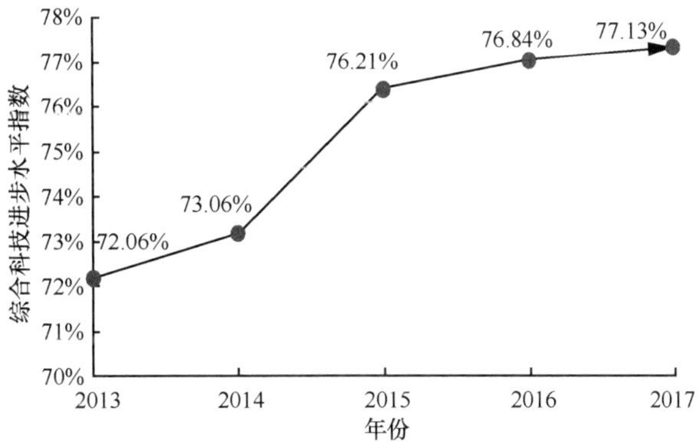

图 13 综合科技进步水平指数

4.4.2 获国家科学技术奖数量

国家科学技术奖是科技创新重大成果的集中体现。江苏积极鼓励科研人员开展原始创新，形成了具有国际先进甚至领先水平的研究成果。2017 年，全省共有 54 个项目获国家科学技术奖，获奖总数继续保持全国省份第一位，南京理工大学的王泽山院士荣获国家最高科学技术奖（图 14）。

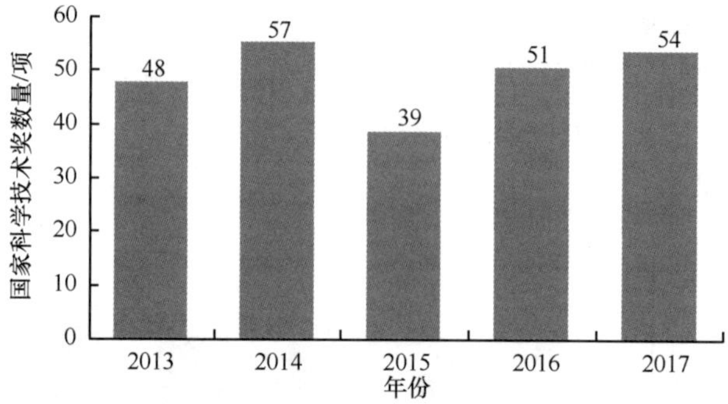

图 14　获国家科学技术奖数量

4.4.3　国家创新型城市数量

创新型城市是创新型国家建设的重要支柱。2010 年起，江苏省南京、苏州、无锡、常州、连云港、镇江、南通、扬州、泰州、盐城先后获批准支持开展创新型城市建设，以创新型城市建设为抓手，探索各具特色的创新驱动发展路径（图 15）。

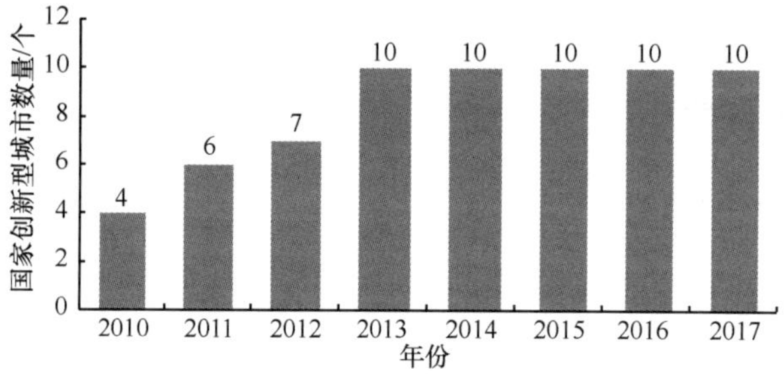

图 15　国家创新型城市数量

4.5　创新人才资源

4.5.1　每万人拥有的受大专及以上教育程度人口数

江苏高度重视高等学校人才培养工作。近年来，江苏不断创新人才教育培养模式，优化学科专业结构，强化创新创业教育，全省人才队伍的整体素质得到较大提升（图 16）。

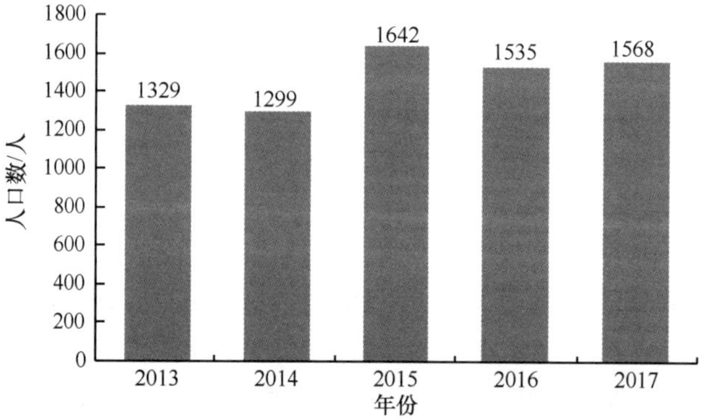

图 16　每万人拥有的受大专及以上教育程度人口数

4.5.2 每万名就业人员中研发人力投入

江苏深化拓展科教与人才强省战略，不断创新人才发展体制机制。2017年，江苏发布“人才新政26条”，引才、育才、用才等制度进一步优化，吸引更多人才在江苏就业（图17）。

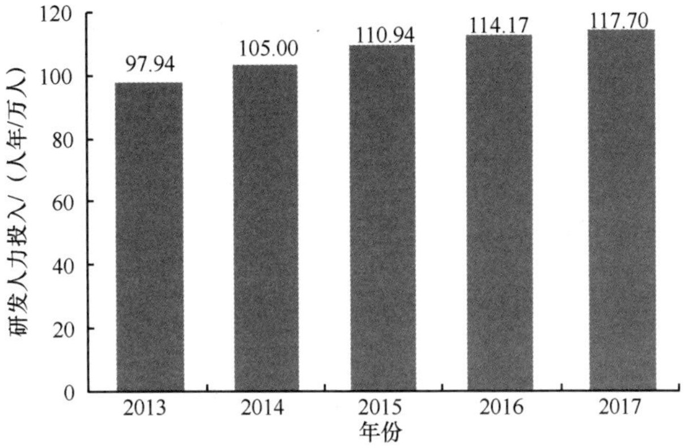

图17 每万名就业人员中研发人力投入

4.5.3 公民具备基本科学素质的比例

江苏全面实施全民科学素质行动计划纲要，采用更精准、更长效的工作方式，向公民传播科普理念、科普内容，全省公民科学素质实现较快提升（图18）。

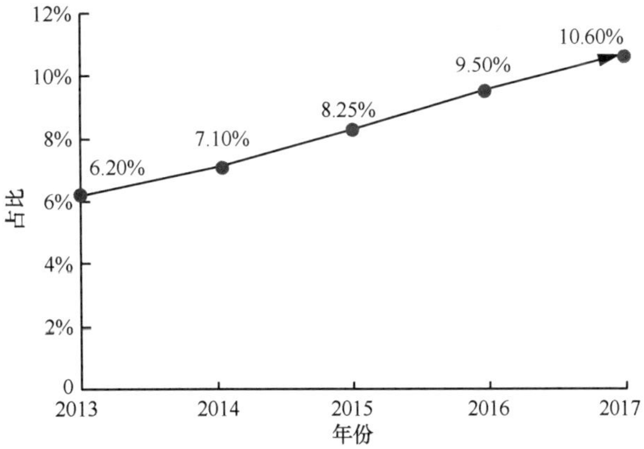

图18 公民具备基本科学素质的比例

5 江苏系统化推进创新型省份建设的薄弱环节

5.1 宏观层面的创新战略谋划推进不足

“十三五”以来，在参与国家重大创新部署中，江苏的参与度和显示度始终不高，整体谋划和战略对接不够，错失了一些系统提升创新型省份建设水平、体现江苏应有位置的宏观战略机遇。例如，北京、上海提出建设全国科技创新中心，广东提出粤港澳湾区建设国际科技创新中心，这些都已纳入国家总体创新布局，而江苏提出的“建设具有全球影响力的产业科技创新中心”的战略定位，目前尚未进入国家层面的规划。又如综合性国家科学中心，国家已批准上海张江、安徽合肥、北京怀柔 3 个地区规划建设，广东珠三角、湖北武汉、四川成都等地都在筹划酝酿之中，但由于国家层面计划布局的总数极少，使江苏争取的难度加大。还有，国家首批 8 个全面创新改革试验区域，江苏也未列入其中。如果江苏不能够在国家新一轮创新布局中强化系统设计、聚力迎头赶上，那么在创新型省份建设上就有被拉大差距的可能。2018 年，江苏区域创新能力已由曾经的全国首位降至第三位。从江苏地方政府层面看，虽然省委、省政府对科技创新工作很重视，但市县层面的创新战略导向不清晰、抓创新的手段较弱，存在着不同程度的“上热下冷”“上紧下松”现象。96 个县（市、区）中，2015 年以来召开过科技创新大会的只有 23 个，不到 1/4。而广东出台了《创新驱动发展工作考核实施办法》，重点对珠三角九市严格考核，一批创新指标呈现爆发式增长。

5.2 重大创新平台的系统化布局进展较慢

重大创新平台是创新型省份建设的“标志”。“十三五”以来，国家瞄准世界主要科学中心的目标，形成了国家实验室、国家重大科技基础设施等层面的系统部署，新一轮重大创新平台布局正加快推进。然而，虽然江苏省国家重点实验室、国家工程技术研究中心等平台数量均居于全国前列，但既有优势未能及时转化成新的发展动能，与新时代国家创新体系融合度不高，总体上面临“不进则退”的尴尬境地。如重大科技基础设施，全国投入运行的重大科技基础设施总量超 50 个，其中北京、合肥、上海等地合计占全国的 50%，广东强力投入、抢抓高端战略资源，加强与中国科学院的战略合作，积极争取重大科技基础设施布局落地，呈现超常规跃进的态势，目前培育和在建项目达到 8 个，而江苏仅 2 个。如果江苏不能尽快系统布局和建设具有标杆意义的创新平台群，不仅现有的优势可能会丧失，还有可能在国家创新版图重构中被边缘化。

5.3 促进科技与产业融合的制度体系还不健全

江苏省部、省属科研院所及高校数量位居全国前列，拥有 56 所部属院所和 11 所“985”“211”高校，专业门类较全，涵盖电子信息、装备制造、新材料、新能源、环保及土壤、农业、卫生等新兴产业和传统学科领域，部分科研院所和高校科研创新能力较强，科研成果丰富。近年来，江苏高度重视高校院所的市场化改革和创新水平提升，但从整体来看，省内多数科研院所及高校的市场化、社会化导向较弱，科研体制较封闭，还没有形成与市场机制相适应的体制机制，与企业之间的合作机制不健全，高校院所专业结构与产业结构的匹配度不高，较少能够根据企业和市场对产业技术的需求提供科研成果和研发服务，导致科技创新和产业发展相脱节。2017 年，教育部公布的“双一流”建设学科名单中，江苏 15 所高校共入选了 43 个，其中 40% 与江苏产业技术领域无关；“十二五”以来，省内企业牵头完成的国家级获奖成果共 85 项，其中与省内高校院所合作的仅 11 项，占 13% 左右。科研单位成果转化管理体制尚不完善，从 61 所省属高校报送的材料来看，近 1/3 没有出台内部成果转化实施办法。

5.4 科技创新资源统筹利用的顶层设计尚不完善

江苏是科教资源大省，拥有 100 多所高等院校、1000 多所科研机构、160 多万名科技人员等宝贵的科技资源，但目前的科技资源重复、分散、封闭、低效的问题仍然比较突出，科技资源碎片化，导致产业链、创新链和资金链不能有效衔接，难以形成重大创新成果，创新体系整体效能有待提高。究其原因，主要有 3 个方面：一是科技资源的宏观协调管理机制缺乏。科技资源广泛分布在科研机构、高校及大中型企业中，行政区块各自为政，缺乏跨区域、跨系统的科技资源共建共享协调机构。二是科技资源服务的市场化运作机制不健全。目前，江苏科技资源开放共享尚未形成市场化的互联互通服务网络，缺乏专业化科技资源开放共享服务团队。三是科技资源开放共享的激励机制不健全。正是由于缺乏有效的激励、补偿、监督、考核和评估机制，导致科研单位和科技人员对开放共享仪器设备的主动性和积极性不高，全省研发机构中只有 1/4 的单位仪器资源参与共享。

6 江苏系统化推进创新型省份建设的总体考虑

6.1 指导思想

以党的十九大精神为统领，紧扣高质量发展实际需求，坚持系统化思维和规律性把握，大力推进高水平创新型省份建设，坚持党委政府系统化推进，建立全省上下“一盘棋”的工作机制；坚持创新体系系统化布局，建设具有全球竞争力的创新型经济格局；坚持科技体制系统化改革，构建充满活力富有效率的创新发展制度，进一步强化创新引领、加快改革步伐、狠抓政策落实，努力在构建自主可控现代产业体系上有更大作为，在区域创新体系建设上有更大进展，在深化科技体制机制创新上有更大突破，采取系统化、结构性的统筹集成方式，尽快在创新型省份建设上形成江苏“高度”、打造江苏“标志”，全面增强江苏在国家创新体系中的地位和创新对江苏发展的支撑能力。

6.2 基本原则

统筹布局，有序推进。以全球化视野和系统化思维，加强创新型省份建设的顶层设计，构建上下联动、左右协同的创新型省份建设格局，科学制定创新型省份建设的节点目标，有序分步推进各项建设任务实施。

问题导向，重点突破。着力破解制约江苏创新驱动发展的体制性障碍、结构性矛盾和政策性问题，找准突破口，增强针对性，在重要领域和关键环节取得决定性进展，提高创新型省份建设的质量和效益。

综合平衡，协同发展。综合考虑全省各地不同的创新水平、产业优势等因素，因地制宜探索特色化、差别化的创新驱动发展路径，强化省、市、县各级协同，有效集聚各方科技资源和创新力量，形成建设合力。

深化改革，创新机制。坚持科技体制改革和经济社会领域改革同步发力，强化科技与经济对接，遵循市场经济规律和科技创新规律，破除一切制约创新的思想障碍和制度藩篱，构建支撑创新型省份建设的体制机制。

6.3 建设目标

江苏系统化推进创新型省份建设的阶段目标如表 3 和图 19 所示。

表3 江苏系统化推进创新型省份建设的阶段目标

时间节点	建设目标
2020年	高水平建成创新型省份，区域创新体系协同高效，若干重点产业进入全球价值链中高端，主要创新指标达到创新型国家和地区中等以上水平，适应创新驱动发展要求的体制机制更加完善，大众创业、万众创新蔚然成风，全社会研发经费支出占地区生产总值比重超过2.66%，科技进步贡献率达65%，万人发明专利拥有量超过30件，高新技术企业总数达1.5万家，高新技术产业产值占规模以上工业总产值比重达45%，技术市场合同成交额达1000亿元，在若干国家亟须的基础科研和产业关键核心技术领域取得重要突破，为我国进入创新型国家行列提供强大支撑
2035年	科技实力大幅跃升，部分领域科技水平国际领先，扭转核心技术受制于人的局面，主要产业进入全球价值链中高端，全社会研究与试验发展（R&D）经费支出占国内生产总值比重达到2.8%以上，科技与经济深度融合、相互促进，产业链、创新链、资金链有效衔接、协同发力，形成以创新为主要引领和支撑的经济体系和发展模式，为我国大幅提升经济社会发展和国际竞争力、跻身创新型国家前列做出更大贡献
2050年	建成在全球具有重要影响力的创新高地，拥有世界一流的科研机构、研究型大学和创新型企业，涌现出一批重大原创性科学成果和国际顶尖水平的科学家，创新的制度环境、市场环境和文化环境更加优化，成为全球高端人才创新创业的重要集聚地，有力支撑我国建成世界科技创新强国

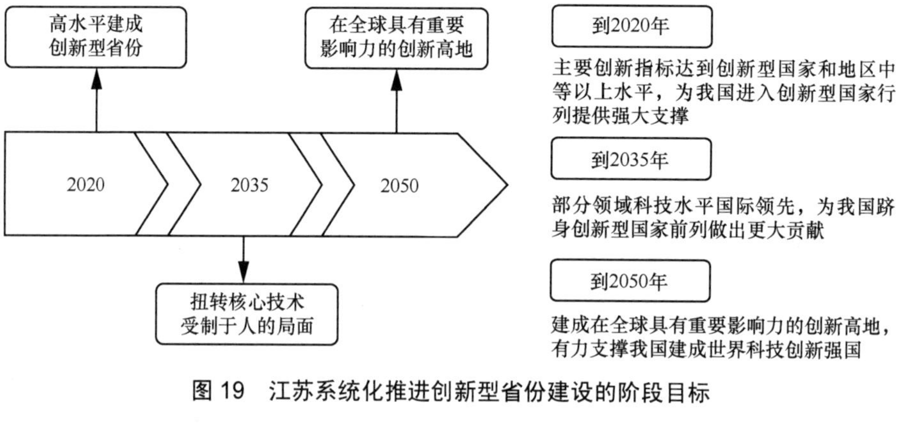

图 19 江苏系统化推进创新型省份建设的阶段目标

7 江苏系统化推进创新型省份建设的战略路径

7.1 坚持党委、政府系统化推进，建立全省上下“一盘棋”的工作机制

创新型省份建设是一个系统工程、战略工程，需要全省上下不懈努力，共同推进。党

委、政府是最主要、最直接的推动者，要把创新摆在江苏发展全局最核心的位置来谋划，切实践行新发展理念，遵循创新规律，创新工作方法，充分调动各方的积极性、主动性和创造性，努力把全社会智慧和力量凝聚到创新驱动发展上来。

7.1.1 强统筹，创新科技资源集成利用举措

实施创新驱动发展战略、建设高水平创新型省份，迫切需要在加快科技资源统筹上下功夫。江苏有高等院校 167 所、在校本专科生近 200 万人，12 家军工集团在江苏省设立了 46 家企事业单位，但中央与地方资源管理“分隔”、科研成果与市场主体衔接“分离”、科技资源布局“分散”等问题普遍存在。我们要加大统筹力度，彻底解决好这些问题，不断提升创新效能。一要用综合平台统筹。组建省科技资源统筹服务中心，把各类平台、高校院所、企业、金融及军工单位可用于军民融合发展的资源全部接入，从组织体系上解决科技资源分散问题。科技部门要组织开展全省科技资源普查工作，探索灵活多样的统筹服务的运作模式体系，采取“线上”“线下”相结合的方式，整合科研机构、科学数据、科技金融等资源，搭建共享、交易、创业等平台，建立统一的科技资源信息系统和服务网络，努力打造“一站式、全链条”科技资源统筹体系，将大型仪器、科技成果、文献、农业种质、实验动物等科技资源纳入平台进行统筹管理。二要用共享机制统筹。鼓励科研院所、高等学校、企业等科技资源所属单位，成立由主要负责人牵头，财务、资产、科研、人事等多部门参与的仪器开放共享管理委员会，协同推进管理单位仪器开放共享。建立健全科研设施开放共享考核评价与激励约束制度，引导有条件的单位搭建在线服务平台向全社会开放共享，配合有关部门的开放共享评价考核，并接受社会监督。三要用项目统筹。聚焦重大项目，打破条块壁垒，推动技术、人才、信息、管理等要素横向集聚。特别是在军民融合领域，要找准关键点，以项目为纽带，加强建设统筹、资源共享、联合攻关，促进全要素、多领域、高效益深度融合创新。同时，探索市场配置科技资源新途径，引导和支持有条件的单位建立运营公司或委托第三方运营机构等，采用专业化、市场化运作方式，开放政府平台和数据信息等资源，与高校院所共建实验室、共享大型仪器设备，逐步形成具备市场化运营和利益分配机制的仪器开放共享服务新模式，提高科技资源的惠及面和利用率。

7.1.2 强投入，以高强度投入支撑高水平创新

创新型省份的主要标志是高强度的创新投入。近年来，广东的创新指标呈现爆发式增长，其中一条重要因素就是持续加大财政投入力度。江苏也应以更大力度的财政科技投入，引导企业和社会加大创新投入。一要确保政府投入稳步增长。全省各级政府要依法落实科技经费增长要求，把科技投入作为财政支出的重点领域予以优先保障。进一步扩大规模，加大各级财政科技投入力度，要求市县财政科技支出高于省级财政增幅，并建立实际投入情况定期通报制度。进一步优化结构，调整财政科技投入支出结构，由以应用创新和成果转化为重，转向前沿基础研究、应用创新和成果转化并重，为具有产业化前景的重大原始创新提供更多财力支撑。进一步突出重点，坚持集中财力办大事，加强科技领域各类专项资金的整合集成与统筹使用，切实向重大创新平台、重要创新载体、重点产业基地聚焦，更好地打造各地科技创新的优势和特色。二要引导企业投入持续增长。“十二五”以来，江苏企业研发投入规模持续增长，2016 年达 1759 亿元，占全社会研发投入的 86.8%，呈现“增速高于全国、

占比逐年提升”的发展态势。但与广东等先进省份相比，江苏省企业在创新投入的强度上仍显不足。例如，2016 年江苏省大中型工业企业研发投入占主营业务收入比例仅为 0.97%，低于全国平均水平，更低于发达国家的 2.5% ～ 4.0%；全省研发投入超过 5 亿元的企业共有 14 家、合计 110 亿元，不及中兴通讯（122 亿元）一家，仅为华为公司（600 亿元）的 1/5 左右。建议采取有针对性的措施，更加有效地引导企业增加创新投入。首先是在研发费用加计扣除、高新技术企业所得税优惠等应减尽减、应免尽免基础上，逐步提高标准，更大力度兑现“科技创新 40 条”“科技创新 30 条”等政策，充分发挥普惠性财政奖励对企业创新投入的引导和激励作用。其次是引导企业建立研发费用积累和稳定增长机制，鼓励企业建立研发准备金制度，推动企业有计划、持续性地增加研发投入。最后是加快企业的转型升级，只有改变我们和深圳相比的企业发展阶段差异，让面广量大的加工型企业进化为创新型企业，才能从根本上实现企业对创新投入的爆发式增长。三是推动社会资本快速增长。更深层次推进科技与金融结合，稳步扩大“苏科贷”合作地区范围和备选企业库，增加入库企业数量。制定“苏科投”风险补偿细则，引导全省创投管理资金规模大幅提升。进一步扩大省级创业投资引导基金规模，完善基金运行机制，引导撬动社会资本和创新要素向创新链上游聚集。大力发展天使投资，对符合产业发展方向、处于种子期与初创期、拥有创新技术与创新商业模式、具有成长潜力的创业企业进行资金支持。完善科技与银行的战略合作机制，引导商业银行提供优质的科技金融产品与服务，建立健全鼓励中小企业技术创新的知识产权信用担保制度，为中小企业技术创新和科技成果产业化创造良好的科技融资环境。

7.1.3 强政策，提升各类创新主体政策获得感

江苏出台了“科技创新 40 条”“科技改革 30 条”政策，这些政策对阻碍科技创新的难点痛点对症下药，从实践上看，简政放权、增加投入、引导参与等方面进一步突破，企业创新创业活力得到进一步激发，高校院所管理自主权得到进一步释放，创新创业环境进一步优化。系统化推进创新型省份建设需进一步加强政策扶持力度。一是要用足用好现有各类政策。在财政、税收、信贷、融资、固定资产折旧等方面落实鼓励科技创新、促进高新技术及其产业化发展的优惠政策。积极推动自主创新产品应用政策落实，逐步增加政府采购额度，为技术创新产品主动创造需求市场。二是要因地制宜，结合地方实际出台配套的政策。出台自主创新产品政府采购目录，推动制定政府首购和订购的具体实施细则，重点落实和解决江苏省重点产业领域和行业的重大自主创新产品政府采购政策。完善科技成果转移转化机制，积极落实国家《促进科技成果转化法》等法律法规，加快推进科技成果处置办法改革，进一步探索科技人员股权和分红激励措施，建立鼓励创新创业的利益导向机制。研究制定鼓励企业在境外或与高校合作建设新型研发机构的政策措施，着力提高新型研发机构的创新水平和发展能力，提升科技成果转移转化效率。制定加速发展和规范技术中介服务机构的相关政策，引导鼓励中介机构集聚发展，构建种类齐全、分布合理、功能完善、辐射力强的现代中介服务体系。研究制定鼓励大中型企业建设省级技术开发中心、工程技术中心的相关政策，加大共性关键技术研究，提高产业创新资源配置和转化效率。三是要开展创新政策试点，支持有条件的市、县（区）在深化科技体制改革、建设新型科研机构、科技资源开放共享、区域协同创新等方面先行先试、寻求突破，推进南京国家科技体制综合改革试点城市建设，探

索释放科教资源活力的新机制新举措。支持苏州工业园区开放创新综合试验，探索建立开放型经济新体制。加强常熟市、海安市科技创新体制综合改革试点工作，探索依靠科技创新促进县域转型升级的有效途径，走出各具特色的改革发展路子。

7.1.4 强考核，确立创新驱动发展的工作导向

考核是指挥棒，要动真碰硬，发挥作用。各级党委、政府抓经济抓发展，最核心的一条就是抓创新。要完善综合考核办法，加大科技创新考核力度，形成鲜明创新导向。一是建立创新型试点省份建设目标责任制，把“财政科技投入”“高新技术产业增加值占GDP的比重”“技术合同成交额”“发明专利申请量和授权量”等发展指标纳入市（区、县）党政领导班子年度目标考核、任期目标考核指标体系，作为考核评价各级政府和职能部门工作业绩的重要内容，明确评价考核的工作导向，系统评价创新驱动发展水平，由过去偏重GDP转到提升自主创新能力上来。二是探索建立科技部门对其他部门创新绩效的考核机制，涉及科技创新人才工作、人才项目、科技项目等指标，提高相关部门对创新工作的重视程度。三是定期公布评价结果，对排名靠前的政府和部门予以奖励；对建设不力、排名靠后的政府和部门予以通报批评，以考核促发展，全力建设高水平创新型省份。

7.2 坚持创新体系系统化布局，建设具有全球竞争力的创新型经济格局

江苏要建设创新型省份，关键是要看创新有没有真正解决发展中的问题，有没有在产业转型升级中发挥引领作用，建成驱动创新型经济发展的创新体系。在创新体系布局上，主要聚焦“四高”，即：高新技术产业、高新技术企业、高新园区、高端载体 4 个方面，逐步把江苏打造成为全国乃至全球创新资源的首选地、集聚地和转化地。

7.2.1 把高新技术产业作为主攻方向，构建自主可控现代产业体系

坚持高新技术产业是系统化建设创新型省份的主攻方向，应着力把构建自主可控现代产业体系放在经济高质量发展的突出位置。一是推动重点产业集聚发展。围绕省 13 个先进制造业集群，集聚全省科技创新资源，打通产业链、创新链等环节，形成具有核心竞争力的现代产业高地。紧跟世界科技创新和产业发展前沿，实施大项目牵引与创新引领带动产业群跟进的方式，引导各市发展各具优势和特色的战略性新兴产业，分别打造太阳能光伏、智能电网、机器人及智能装备等国家创新型产业集群，形成区域标志性产业创新高地。围绕高端化、集聚化、特色化发展方向，积极引入新技术、新模式、新业态，推动各地加快传统优势产业的转型升级，不断向技术含量高、产业附加值大的方向攀升，实现从传统产业到高新技术产业的跨越。二是着力提升产业技术创新能力。梳理摸清全省核心产业面临的技术瓶颈问题，有效整合研究力量，着力从工艺技术、核心零部件、仪器装备、原材料等关键环节开展联合攻关，提高产业技术自主性。围绕全省优势产业和战略产业，启动建设产业科技创新中心，组织实施技术研发专项，突破一批关键共性技术，抢占产业发展制高点及行业标准话语权。对重大技术前沿或重大产业问题进行超前部署，遴选顶尖的科学家领衔，每年组织几个重大原创性研究项目，从经费、人才引进等方面给予倾斜，着力聚焦“巴斯德象限”的技术领域开展前瞻性基础研究。三是扩大创新产品应用示范。围绕江苏省重点产业和优势产业领域，实施一批高新技术产业试点专项，深入开展行业试点示范。通过政府采购及保险补贴方

式，鼓励优先购买和使用代表先进技术发展方向的、首次投向市场但暂时还不具有市场竞争力的自主创新产品，进一步分散创新风险。完善首台（套）重大装备保险试点财政支持政策，优先对高新技术企业的首台（套）重大装备投保给予保费补助。

7.2.2 把高新技术企业作为主力军，培育创新型企业集群

发挥企业创新主体作用，引导各类创新要素向企业集聚，促进全省高新技术企业提质增效、持续壮大，使高新技术企业成为科技创新和经济转型的主力军。一是加大高新技术企业培育力度。进一步优化省高新技术企业培育库入库标准，简化入库流程，扩大培育库规模，围绕重点发展领域，优先支持创新基础好、有发展潜力的科技型中小企业入库培育。扩大省级高新技术企业培育资金规模，发挥省高新技术企业培育资金引导作用，推动地方进一步加大培育资金投入力度，着力促进科技型中小企业加速成为高新技术企业。发挥省科技型创业企业孵育计划和地方孵育资金作用，提升科技企业孵化器建设水平，孵化更多科技型中小企业。二是推动科技企业加速成长。筛选一批成长速度快、创新能力强、专业领域新、发展潜力大的科技型企业进行重点培育，着力破解科技型企业遇到的发展瓶颈，加速准独角兽企业的成长进度。实施创新型企业成长路线图计划，重点支持高成长性科技企业上市，推动科技企业加速发展和做大做强，实现科技成果转化最大市场化、产业化，培育一批成长性高的科技“小巨人”企业。三是集中打造创新领军企业。瞄准世界一流水平，遴选一批具有较大规模优势、较强创新实力、具备发展潜质的骨干企业，采取“一企一策”方式，资源定向配置，支持建设具有国际水平的企业实验室或科学家工作室，加强重大科技项目攻关和产学研协同创新，吸引集聚全球行业高端人才，开展原创性重大技术研发，掌握核心竞争力和市场话语权，打造在国际上影响行业发展的创新领军企业。

7.2.3 把高新园区作为主阵地，打造产业创新发展高地

坚持合理布局、分类指导，着力构建各具特色、优势互补的科技园区体系，全面提升运行效率和承载能力，打造全省创新发展的排头兵。一是优化全省高新园区发展格局。全盘、统筹规划、布局、整合高新区创新资源，立足不同高新区的区域特性与资源禀赋，引导、鼓励全省高新区间科技创新规划、计划、管理制度等真正实现无缝对接，形成全省系统化创新发展新格局。充分发挥国家高新区的引领示范作用，扎实推进集知识产权创造、产业技术研发、高层次人才培育、科技金融服务为一体的创新核心区建设，形成创新氛围浓厚、创新创业活跃、创新品牌响亮的标志性区域。持续推进省级高新区建设，引导各地科技园区集聚优势产业，提升竞争力，发展成为全省战略性新兴产业高地。二是推动高端创新资源向高新区集聚。面向全球加快集聚高端创新资源，突出招才聚才引智，为构建科技创新高原打造高峰提供坚实基础。坚持把高新区作为全省创新发展的主阵地，引导高端资源优先向高新区集聚、高端项目优先在高新区落户、高端人才优先在高新区创业，使高新区成为创新浓度最高的区域，真正形成产业科技创新高峰，引领全省实现高质量发展。三是深化苏南国家自主创新示范区改革发展。全面贯彻实施《苏南国家自主创新示范区条例》，积极推广中关村“6+4”政策，全力落实省“科技创新 30 条”，研究制定相关配套措施，完善以市场为导向的科技投入机制，健全科技资源共享和成果转化机制，营造最优的创新创业生态，最大限度释放各类创新创业主体活力。

7.2.4 把高端载体作为重要支撑，显著提升科技创新能力

着力构建完善创新创业平台载体体系，力求成为系统化推进创新型省份建设的重要支撑。一是推动国家重大创新平台建设。围绕国家的战略目标，立足全省科技创新基础条件，开展“十四五”重大科技基础设施项目预研，培育一批跨区战略创新力量，全力争取创建综合性国家科学中心、国家产业创新中心等，大力推动紫金山实验室建设，布局和提升国家超级计算（无锡）中心、未来网络试验设施、纳米真空互联试验站等重大载体平台和大科学装置，大幅提升科技设施建设和运行水平。二是加强创新功能型平台建设。围绕企业共性技术需求，建设一批重大公共技术平台、协同创新服务平台，面向社会开放，促进技术成果转化、适用技术推广和创新资源共享。探索研究院与产业紧密互动的发展模式，推广成功的科技成果转化模式，推进各类创新平台利用其已有技术、企业合作资源，全面形成研发、产业化同步开展的良性循环。借助科研院所创新力量的溢出，不断提升创新创业服务的能级和水平，着力提高全省整体创新能力。三是构建高端载体建设的联动机制。围绕国家部署，瞄准江苏省优势领域和重大战略方向，与中国科学院、清华大学、北京大学、浙江大学等一流科研院所开展战略合作，加快国际国内顶尖创新资源的集聚力度，推动资源落地成立机构或与省内单位合作，培育承担国家重大科技创新平台建设的主体。探索省、市联动投入机制，在网络通信与安全、深远海装备、智能电网、生物医药等具备一定基础和先期培育的领域，支持相关地方和单位开展重大科研设施的预研创建工作。

7.3 坚持科技体制系统化改革，构建充满活力、富有效率的创新发展制度

建设创新型省份，深化改革是关键。对江苏来讲，尤其要巩固“科技创新 40 条”“科技创新 30 条”政策的改革成果，围绕使市场在资源配置中起决定性作用和更好发挥政府作用，进一步深化科技体制机制改革，破除束缚科技生产力的瓶颈障碍，打通科技和经济社会发展通道，最大限度释放科技创新潜能。

7.3.1 创新市场化聚才用才机制，建立具有竞争力的人才环境

着力深化改革，充分发挥用人主体作用，进一步激发市场活力，形成人才脱颖而出、公平竞争的体制机制。一是依托社会专业机构引才。转变现有人才引进机制，推动人才引进工作逐渐由人才办主导向更多依托社会专业机构转变，培育引进民营人才服务机构，借助猎头公司的丰富资源和专业化实现精准引才。二是丰富引才综合渠道。研究制定名人经济、校友经济专项政策，成立江苏省校友总会、名人联谊会等组织协调机构，分类梳理名人和校友的基本情况，常态化加强联系对接，力争每年专题筹办一场高规格人才峰会，吸引广大同乡、同学回苏投资创业。三是加强中间类人才引育。制定针对硕士、博士等中间类人才引进培养的政策措施，对中间类人才创新创业等方面给予更多的政策鼓励。适当提高对博士后流动站、工作站、创新实践基地的资金补助，提高博士后的生活补贴标准。同时，对留（来）苏发展的博士后给予一定的科研资助，尤其是符合主导产业范围的或其他城市发展急需的专业领域，应适当给予更加优惠的政策。四是健全企业用人主体的引育机制。依托省地各类高层次人才计划，重点向企业引进具有国际水平的领军人才、工程师和创新团队。引导龙头企业在北美、欧洲及上海、北京、深圳等科教和创新资源密集地区建立招才引智基地。鼓励江苏省高校以企业需求为导向，适时

调整学科、专业，大力开展创业教育，着力培养富有创新精神、敢于承担风险的创新型人才。

7.3.2 健全科技成果转化机制，全面释放创新创业活力

进一步聚焦科技成果转化和产业化的梗阻环节，全力打通科学研究与产业发展之间的通道。一是创新科技成果转化体制机制。在科研机构的基础研发中，设置一定比例的科研与产业结合的考评指标，促进科研机构与企业在产业研发领域的合作。参照广东、陕西等兄弟省市先进做法，提高成果转让收益用于奖励研发团队的比例。落实国家对职务科技成果转化获得的现金奖励实行个人所得税优惠的相关规定，依法保障实施科技成果转化各方主体权益。加强财政支持，实施前瞻性重大科技成果转化专项，扩大省科技成果转化专项资金规模，推动更多创新成果在江苏落地。加快完善科技金融政策，大力支持科技型中小微企业成果转化，积极推进首台套重大装备保险试点工作，切实降低科技成果转化风险。二是大力推动科研院所创新创业。引导省属科研院所完善成果转化制度，支持科研院所设立成果转化岗，实行专职科研人员与成果转化人员分岗分类考核管理。强化政策协同，在省级层面加强与国家有关部委、中国科学院、中央企业等沟通协商，争取驻苏部属科研院所享受江苏省有关创新创业激励政策。积极搭建军民融合科技公共服务平台，找准产业需求与军工资源的结合点，推动军民融合实现高端特色和深度融合发展。三是构建专业化成果转移转化体系。加强孵化器、众创空间、示范基地、创业园、科技园等平台建设，构建促进科技创新成果转化的“强磁场”。建立健全科技成果转移转化管理制度，建立科技成果信息发布和推介常态化机制。推动专业化成果转移团队建设，积极与国际技术转移组织开展合作，培养一批善于从事国际化技术转移的人才。规范科技成果转化工作流程，通过协议定价、挂牌交易、拍卖等多种定价方式，落实协议定价交易在单位内公示成果名称和拟交易价格的程序。

7.3.3 完善国际化创新路径，增强全球创新资源配置能力

突出以国际化为引领，夯实开发开放环境，着力提升配置全球创新战略要素的水平。一是建立高水平国际化创新载体。建立国际技术转移中心，推动海外创新资源向江苏集聚。收集、评估海外先进、适用的科技成果，提供跨国技术转移的中介服务，打造跨境协同创新和成果转化平台，促进海外先进技术成果在江苏实现产业化。发挥教育和科技创新载体优势，鼓励和支持企业引进海外核心技术，联合高校、研究机构进行消化吸收再创新。鼓励和支持企业建立海外研发中心，有效利用当地科技资源。二是落实创新全方面开放政策。复制推广自由贸易试验区改革试点经验，综合运用监管制度、通关便利、人才机制、投资贸易等创新成果，营造国际化、法治化、便利化营商环境。积极争取国家更多的开放政策落地，不断完善与国际接轨的经济运行机制和精简统一高效的服务体系。深入推进“备案制”改革，不断简化外资企业准入程序，争取进一步放宽外资准入。完善和推行“一站式”服务、重大项目快速推进等机制，对符合产业导向的重特大外资项目开辟“绿色通道”，推动项目加快落地。三是营造国际化营商和人居环境。引导企业等各类市场主体主动对接运用国际规则和标准，健全符合国际惯例的地方性法规、政府规章制度体系。对实行国际商业保险直接结算业务的医院给予境外认证费用补助。将有条件的医院纳入国际人才医疗保障单位。推进国际社区、国际学校、国际医院等配套设施建设，提升城市国际化水平。在全省三甲医院等机构逐步建立双语呼叫、诊疗等服务中心。在有条件的区域，通过市场收储等方式筹集国际化人才安居

住房。开展外籍人才服务“一卡通”试点，建立住房、入学和医疗保健服务通道。

7.3.4 深化科研项目管理改革，提升财政资金使用效率

一是改革经费使用和管理机制。进一步简化省级财政科研项目预算管理，大幅合并缩减预算编制科目，将科研经费使用的调剂权限下放至项目承担单位及科研人员，切实改革创新科研经费使用和管理方式。根据科研活动规律和特点，将省级财政科研项目原有10多个预算科目合并为直接费用、间接费用和人员费用三大类，预算编制及经费使用时不再细分具体子科目，由科研人员结合科研活动并按规定自行统筹使用，切实把科研人员从烦琐的经费申请、使用和管理的表格中解放出来，使科研人员有充足时间心无旁骛地开展科学研究。二是健全契约目标、合同管理机制。进一步改革合同管理机制，切实扭转像管工程建设项目一样管创新研发项目的倾向。在合同签订环节，合同所列各项内容原则上应与项目申报书相一致。建议当实际立项经费少于申报经费时，项目承担单位为非企业法人的，允许其在合同书签订阶段对项目任务、技术经济指标、成果等做出一定调整。在合同执行环节，将原有的重大事项报告制度改革为重大事项变更备案制度。对于合同执行过程中发生变更的重大事项，原则上允许其在项目承担单位内部履行备案手续，无须再次报项目主管部门审批。进一步精简检查评审，清理规范对科研项目开展的各种检查评审，加强对已有检查结果的共享使用，避免重复检查、多头检查、过度检查。在合同结题环节，按照“鼓励创新、宽容失败”的要求，建立省科技计划项目中止及撤销的负面清单，对清单以外的项目，如研发工作已实质开展且经费使用无违规行为，但研发目标确实无法完成的项目、经实践证明项目研究路线不可行的项目及由于其他不可抗拒因素，致使研发工作不能正常进行的项目予以结题，不将其记入失信记录，更大力度地鼓励科研人员大胆探索、挑战未知。三是完善科技投入绩效评价机制。充分遵循科技创新内在规律，科学设置突出中长期目标导向的科技投入绩效评价机制。根据不同类型项目的科技投入，进一步注重过程评价和结果评价、短期评价和长期评价相结合，适当延长评价周期至项目完成后的2～5年，为长期从事基础研究和前沿探索的科研人员营造一个更加宽松的科研环境。加强对科技投入潜在产出的绩效评价，着重突出评价研究成果质量、原创价值和对经济社会发展的潜在贡献，切实改变单一片面的将论文、专利等与科技投入直接挂钩的做法，从而更加全面、客观地反映科技投入在经济效益和社会效益等方面的实施绩效。强化分类绩效评价，根据不同研究领域、不同创新链环节等采用不同的绩效评价标准。对基础研究的科技投入，着重评价其在提出和解决重大科学问题的原始创新能力、成果的学术价值、高层次人才培养等方面的绩效。对应用研究和技术开发的科技投入，着重评价其在集成创新、成果转化、对产业发展贡献等方面的绩效。对公益研究的科技投入，着重评价其在增强普惠性公共科技供给、提高公益服务水平等方面的绩效。

课题负责人：韩子睿

课题组成员：商丽媛　张　雯　魏　晶　刘中正　宋艳红　皮宗平　陈　艳　张巍巍
李麒麟　钱　琳　尹　政

撰　稿　人：韩子睿

江苏推进“一中心”建设的思路与对策研究

当今世界，产业科技创新中心，特别是全球性的产业科技创新中心，是一个地区综合实力的重要体现和核心依托。积极打造全球产业科技创新中心，成为许多国家和地区提升区域竞争力和应对新一轮科技革命和产业变革的重要举措。目前，美国硅谷、英国伦敦、日本东京及我国的北京、上海等地区都提出了相关规划部署，加快布局建设产业科技创新中心。江苏顺应全球创新发展大势，瞄准国际产业领先水平，面向“十三五”及今后一个时期，提出建设具有全球影响力的产业科技创新中心的战略定位。这是省委、省政府立足全国创新驱动发展大局做出的重大决策，对未来江苏创新发展具有重大战略指导意义。本课题围绕江苏建设“一中心”的目标任务，深入开展战略路径研究，积极借鉴发达国家建设经验，找准着力点和突破口，提出“一中心”建设的顶层设计与对策措施，以发挥江苏科技资源丰富、研发力量雄厚、创新平台较多的综合优势，进一步提升产业核心竞争力，使创新驱动尽快成为江苏产业持续健康发展的主引擎。

1　江苏推进“一中心”建设的战略背景

从全球创新中心逐渐东移的发展趋势来看，亚洲正处于新一轮科技浪潮的活跃地带，在全球生产网络中的枢纽地位已经确立并将继续巩固，在世界经济空间体系中正从边缘向核心区域过渡，包括创新资源在内的全球高级要素正呈现出系统性东移的趋势，亚洲成为全球创新发展的新引擎。2009—2014 年，亚洲研发支出占全球的比重从 33.6%上升至 39.1%，取代美洲成为世界研发占比第一，其中中国研发支出占全球的 1/5，跃居世界第二研发大国；亚洲专利申请量占全球的比重从 47%上升至 60%，PCT 专利申请量占比从 33%上升至 2015 年的 43%；全球创新城市 100 强，亚太地区从 2009 年的 11 个增长到 2015 年的 21 个。跨国公司也纷纷在以中国为核心的亚洲构建其区域乃至全球价值链。根据对全球创新 1000 强中前 207 家企业的研究显示，2015 年其研发支出 35%用于亚洲，中国、印度、韩国等已成为跨国公司全球研发布局的热点地区；美国企业研发中心在亚洲的数量占其总数的 31%，其中半数在中国；美国企业预计在中国增加研发投资的比重为 30%，远高于北美、印度的 24%和其他地区的 22%。可以预料，在全球创新格局深刻调整的趋势下，中国必将诞生一批世界级的科技创新中心，这为包括江苏在内的全国创新领先地区，进一步成为全球创新网络中具有广泛影响力的产业科技创新中心，创造了难得的历史机遇。

从发达国家和地区经济竞争的战略部署来看，全球主要发达国家把科技创新提升到国家竞争和经济发展的核心层面，先后提出建设全球或区域产业科技创新中心的目标，密集出台了一系列产业科技创新举措。美国坚持把产业科技创新作为国家基本战略，制定《美国创新战略：确保经济增长与繁荣》等规划举措，并于2012年制定了打造“东部硅谷”的宏伟蓝图，计划在曼哈顿东部地区创建一个与加州硅谷并驾齐驱的应用科学园，打造“全球科技创新领袖”。欧盟制定“地平线2020”计划，明确将知识和创新作为未来欧洲经济发展的主要推动力，着力提高欧洲基础研究和应用技术水平，研发预算仅次于美国。德国为保持其在全球制造业的领先地位，提出实施“德国2020高科技战略”和“工业4.0战略”，大力推动柏林和慕尼黑两个全球制造业创新中心加快发展，国际竞争力排名由2008年的第16位上升至2014年的第6位。英国推出《以增长为目标的创新与研究战略》，将建设“英国科技城”上升为国家战略，试图将伦敦地区打造为“世界一流的国际技术中心”。日本发布《科学技术创新综合战略2014》和《日本创新战略2025》，致力于打造“全球领先的创新中心”。韩国制定《新增长动力规划及发展战略》，将绿色技术、尖端产业融合、现代服务等三大高附加值领域确定为新增长动力，研发投入占GDP比重将保持3.5%以上（表1）。全球正迎来依靠科技创新推动产业结构调整的重要战略机遇期。

表1 近期发达国家和地区产业创新中心部署

序号	国家	战略和计划	战略目标
1	美国	美国创新战略：确保经济增长与繁荣	全球科技创新领袖
		“东部硅谷”计划	
2	德国	德国2020高科技战略	全球制造业创新中心
		工业4.0战略	
3	英国	以增长为目标的创新与研究战略	世界一流的国际技术中心
4	日本	科学技术创新综合战略2014	全球领先的创新中心
		日本创新战略2025	
5	韩国	新增长动力规划及发展战略	全球创意经济中心

从我国创新发展定位和兄弟省市布局来看，党的十八大以来，以习近平为总书记的党中央面向全局和未来，对创新发展提出了一系列重大新思想、新论断，明确要求紧紧抓住和用好新一轮科技革命和产业变革的机遇，不能等待，不能观望，不能懈怠，掌握全球科技竞争的战略主动。在今年全国科技创新大会上，习近平总书记明确提出建设世界科技强国、使我国成为世界主要科学中心和创新高地的战略目标，要求各地在创新发展中发挥积极性和主动性，因地制宜探索差异化的创新发展路径，加快打造具有全球影响力的科技创新中心，建设若干具有强大带动力的创新型城市和区域创新中心。围绕中央部署要求，各创新优势地区加紧部署实施创新驱动发展战略，北京陆续出台《关于进一步创新体制机制加快全国科技创新中心建设的意见》《北京系统推进全面创新改革试验加快建设全国科技创新中心方案》等文件，提出到2020年建成具有全球影响力的科技创新中心。上海实施《上海系统推进全面创新改革试验加快建设具有全球影响力科技创新中心方案》《关于加快建设具有全球影响力的科技创新中心的意见》等举措，提出到2030年形成具有全球影响力的科技创新中心的核心

功能目标。江苏发布《关于加快建设具有全球影响力的产业科技创新中心的意见》，提出到2035年左右全面建成具有全球影响力的产业科技创新中心。天津、深圳、成都、珠三角国家自主创新示范区等地区，也都做出了相关战略部署（表2）。

表2　我国科技创新中心建设情况

序号	地区	建设目标	战略定位
1	北京	具有全球影响力的科技创新中心	探索在科教密集区实现科技与经济有机结合的路径，成为全球最具活力的科技创新中心
2	上海	具有全球影响力的科技创新中心	在推进科技创新、实施创新驱动发展战略方面走在全国和世界前列
3	江苏	具有全球影响力的产业科技创新中心	着力构建创新水平与国际同步、研发活动与国际融合、体制机制与国际接轨的现代产业科技创新体系，加快形成重大产业原创性技术成果和战略性新兴产业的重要策源地
4	山东	全球影响力的海洋科技创新中心	打造转型升级引领区、创新创业生态区、体制机制创新试验区、开放创新先导区
5	天津	具有国际竞争力的产业创新中心	打造京津冀协同发展产业先导区、开放创新先行区、转型升级引领区、创新主体集聚区
6	深圳	具有全球影响力的科技创新中心	打造国家科技体制改革“试验田”、原始创新协同创新先行区、战略性新兴产业重要增长极、创新型企业孵化中心、开放创新与合作国际枢纽、珠三角地区科学发展示范市
7	成都	新兴的国际创新创业中心	打造高端要素富集区、创业生态标杆区、新兴产业引领区、改革开放模范区、西部创新发展首位区
8	杭州	具有全球影响力的“互联网+”创业创新中心	打造创新驱动转型升级示范区、互联网大众创业示范区、科技体制改革先行区、全球电子商务引领区、信息经济国际竞争先导区
9	珠三角创新示范区	国际一流的创新创业中心	着力培养良好的创新创业环境，全面提升区域创新体系整体效能
10	长株潭创新示范区	具有全球影响力的“一带一部”创新创业中心	打造创新驱动引领区、体制机制创新先行区、军民融合示范区、两型社会建设先导区、城市群协同创新试验区、中西部创新发展增长极

从江苏供给侧结构性改革的紧迫需求来看，近年来，江苏按照向中高端迈进的目标要求，在产业结构调整方面取得了新的进展。但是，总体上看，江苏仍然处于产业链条的中低端，不仅产业附加值不高，也面临生态环境的严峻挑战。究其原因，主要是劳动力、土地、资源等传统供给侧驱动力逐步减弱，导致粗放式的发展道路越走越窄。在新常态下，经济增长最终依赖在创新基础上的效率提高，深化供给侧结构性改革是江苏省产业实现由低到高、由大到强的必然选择。供给侧改革的任务是去产能、去库存、去杠杆、降成本、补短板，所强调的结构优化、要素升级，其核心就是通过科技创新来提高生产效率，包括提高劳动生产率、资本产出率和全要素生产率。这与熊彼特“创造性破坏”是经济增长本质的观点一脉相承。熊彼特认为，创新是打破固有生产组织方式，对生产要素进行的重新组合；新的

经济增长周期主要依靠新技术、新商业、新供应源和新组织来形成。因此，对江苏来说，深化供给侧结构性改革是确保下一轮经济增长周期的重大战略任务，必须紧紧依靠创新驱动打造发展新引擎，加快建设具有全球影响力的产业科技创新中心，用科技培育新的经济增长点，以创新开辟新的产业发展空间，确保实现经济保持中高速增长和产业迈向中高端水平的“双目标”。

2 江苏推进“一中心”建设的现实基础

“十二五”以来，江苏抓住科教资源丰富、产业基础雄厚和创新型省份建设试点省、苏南国家自主创新示范区等优势和机遇，大力推动产业转型升级和科技进步与创新，为建设“一中心”奠定了坚实的基础。

2.1 产业发展规模稳居全国前列

江苏是我国的工业大省，产业门类齐全，自 2010 年以来规模一直保持全国第一，2015 年全省规模以上工业企业实现主营业务收入 14.8 万亿元，约占全国的 1/8，其中纺织、机械产值居全国第一，电子、冶金、石化居全国第二。特别是战略性新兴产业快速成长，2015 年全省战略性新兴产业销售收入达 4.5 万亿元，是 2010 年的 2.2 倍，年均增长率达 17%，占规模以上工业总产值比重近 1/3。其中，新材料、节能环保、新能源、海工装备等产业规模居于全国第一，节能环保产业占全国比重达 25%，光伏产业占全国比重近 50%，海洋工程装备产业占全国市场份额超过 30%，生物医药、新一代信息技术产业规模居全国第二（表 3）。江苏厚实的产业基础，为推进“一中心”建设提供了重要前提。

表3 2014年江苏省战略性新兴产业产值

序号	产业	产值/亿元	占全省新兴产业比重	备注
1	新材料	9916.2	23.0%	规模全国第一
2	新一代信息技术和软件	8106.2	18.8%	规模全国第二
3	节能和环保	6816.7	15.8%	规模全国第一
4	生物医药	6526.9	15.2%	规模全国第二
5	高端装备制造	4016.1	9.3%	—
6	新能源	3465.9	8.1%	规模全国第一
7	物联网和云计算	2560.1	5.9%	—
8	智能电网	1189.8	2.8%	—
9	海洋工程装备	350.1	0.8%	规模全国第一
10	新能源汽车	101.2	0.2%	—
总计		43 052.2	—	—

2.2 区域创新能力连续 7 年夺冠

近年来，江苏深入实施创新驱动发展战略，大力推进科技创新工程，加快建设创新型省份，全省科技创新总体上进入活跃期，区域创新能力连续 7 年居全国首位，人才竞争力上升至全国第二位，成为我国创新活力最强、创新成果最多、创新氛围最浓的省份之一。2015 年，全社会研发投入占地区生产总值的比重达 2.55%，达到创新型国家中上水平，专利申请量和授权量、发明专利申请量、企业专利申请量和授权量等指标连续 6 年位居全国第一，高新技术产业、高新技术企业、国家级高新区等指标均全国领先。在《福布斯》“2015 年中国大陆最具创新力的 30 个城市排行榜”中，江苏占 9 席,数量全国第一。在中国科技发展战略研究院开展的技术竞争力分析中，我国处于全球领跑地位的 219 项技术，有 15.1% 分布在江苏；并跑的 404 项技术有 6.7% 分布在江苏（表 4）。

表4　江苏在全球领跑和并跑的技术领域

序号	产业	技术领域
1	新一代信息技术	封装测试、信息安全
2	新能源与新能源汽车	光伏组件
3	节能环保	洁净煤技术、生态修复、水污染控制、土壤污染控制、环保产业
4	高端装备制造	海工装备、高端工程机械、智能机器人
5	生物技术和新医药	工业生物技术、生物安全、生物资源
6	新材料	高性能纤维复合材料、纳米材料、新型化工材料、新型金属材料、建筑材料
7	农业	数字农业、低产田改良、节水农业、海洋农业、食品质量安全控制
8	海洋	海洋生物资源开发与利用
9	交通	道路交通和水路交通
10	公共安全	应急平台、生产安全和防灾减灾

资料来源：中国科技发展战略研究院第四次国家技术竞争力分析。

2.3 科技创新园区建设特色鲜明

纵观硅谷、伦敦等全球知名科技创新中心，大多发端和依托于科技园区，而园区经济也正是江苏产业创新发展的最大特色和优势。这几年，江苏始终着眼“一区一战略产业”的布局要求，以各类高新园区为载体，加快培育战略性产业，纳米技术、石墨烯、碳纤维、物联网、太阳能光伏、智能电网、北斗导航、机器人与智能制造、生物技术与新医药等全省 90% 以上的战略性产业都是从高新园区内成长起来的（表 5）。目前，全省共有省级以上高新区 39 家，其中国家级 16 家，全国第一。据统计，全省高新区以占全省 3.66% 的土地面积，创造了全省 21.5% 的地区生产总值、30.5% 的高新技术产业产值和 35.3% 的出口总额，集聚了全省 27.4% 的发明专利授权量、40% 的高新技术企业、55% 的科技企业孵化载体，成为江苏省最具竞争力的创新高地、人才高地、产业高地。

表5　全省国家级高新区新兴产业布局

产业	高新区及其产业	地区
物联网和云计算	无锡高新区（物联网）	无锡
	徐州高新区（安全科技与矿山物联网）	徐州
智能电网产业	南京高新区	南京
新一代信息技术和软件产业	南京高新区（软件）	南京
高端装备制造业	常州高新区（智能装备）	常州
	武进高新区（智能装备）	常州
	昆山高新区（机器人）	苏州
	镇江高新区（船舶与海工配套）	镇江
	扬州高新区（锻压机床）	扬州
	常熟高新区（汽车及零部件）	苏州
医药及生物技术产业	苏州高新区（医疗器械）	苏州
	泰州医药高新区（新医药）	泰州
	连云港高新区（大健康）	连云港
新能源产业	武进高新区（半导体照明）	常州
	盐城高新区（风电装备）	盐城
节能和环保产业	无锡高新区（新型环保）	无锡
海洋工程装备产业	南通高新区	南通
新材料产业	江阴高新区（高性能金属材料）	无锡
	苏州工业园区（纳米科技）	苏州

3　江苏推进“一中心”建设的若干问题

与全球产业科技创新领先国家和地区相比，江苏在产业质态、创新能力和体制机制等方面仍有较大差距，推进“一中心”建设还面临一些亟须解决的问题。

3.1　关于工业发展效益的问题

江苏虽然是工业大省，但还不是工业强省，产业发展的质量和效益不高。一是劳动生产率偏低，用工成本上升。江苏工业增加值率只有22.3%，低于全国平均水平的24.5%，不到美国、日本等发达国家的一半；全员劳动生产率不到2.2万美元/人，仅为挪威的1/9，美国的1/5。2015年江苏固定资产投资效果系数仅为0.11，与2011年0.29相比下滑幅度较大，依靠投资拉动工业增长的传统发展模式已经难以为继（图1）。更突出的矛盾是，不仅劳动生产率不高（图2），企业用工成本还在持续上升，负担不断加重，2015年江苏工业企业人均应付职工薪酬达6.57万元/年，是2010年的2倍，年均增速达11.6%，高于主营业务收入增速。

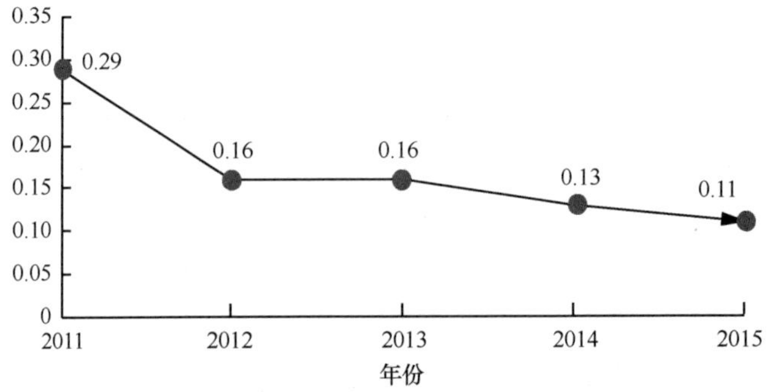

图 1　江苏固定资产投资效果系数

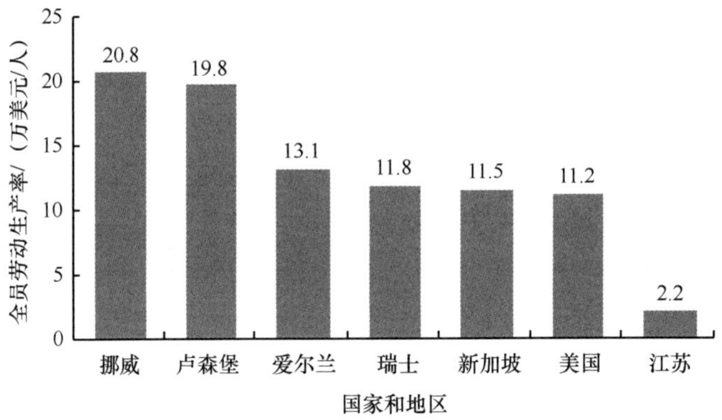

图 2　江苏与发达国家全员劳动生产率

二是产业结构偏重，传统产业占比偏高。2015 年，江苏规模以上工业增加值中重工业比重达 71.7%，比广东、浙江分别高 9.3 个、14.8 个百分点（图 3）。高耗能、高排放的传统产业占比较高，规模以上工业总产值中钢铁、化工、纺织 3 个行业占比近 1/4，但利税仅占 1/6，产业效益较低。

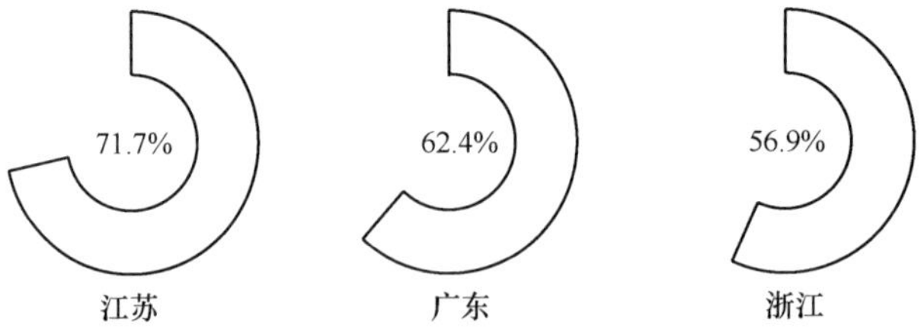

图 3　2015 年江苏、广东、浙江重工业占规模以上工业比重

三是低端产能过剩，去产能任重道远。2015 年，江苏规模以上工业企业产能利用率均值为 76.7%，低于国际上 79% ～ 83% 的区间下限，存在较为普遍的产能过剩。其中，产能严重过剩的行业是非金属矿物制品业，产能利用率仅为 66%，粗钢、生铁和水泥产品均存在产能过剩问题（图 4）。产能过剩行业的产值占全省规模以上工业总产值的比重高达 83.6%。

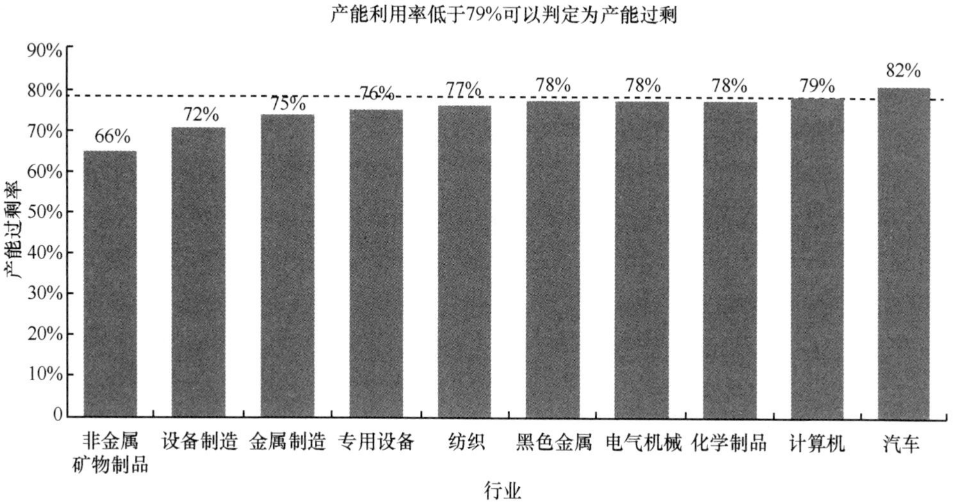

图 4　2015 年江苏产值最高的十大重点行业产能利用率

四是先进制造业基础薄弱，缺乏关键技术和产品。江苏提出“十三五”期间建设制造强省，但从目前来看，全省先进制造业核心竞争力还不强，部分关键核心部件和特种设备无法自行生产，主要依靠进口。如计算机行业的自动数据处理设备及其部件、晶体硅行业中制造单晶柱或晶圆用机器装置、半导体行业中制造半导体器件或集成电路用机器装置等，核心技术全部来自国外。此外，江苏工业机器人、3D 打印等行业处于起步阶段，与发达国家差距较大，江苏工业机器人渗透率不到日本的 1/15，仅为美国和台湾地区的 1/6，甚至比一些东南亚国家还要低。

3.2　关于高新技术产业的问题

“十二五”以来，江苏高新技术产业发展迅速，2015 年产值突破 6 万亿元，占规模以上工业总产值比例达 40%，但与发达地区相比，江苏的高新技术产业仍然存在“三个不高”：一是投入不高，2014 年，江苏省高新技术产业研发投入不足 50 亿美元，仅为德国的 1/3；高新技术产业研发投入占销售收入比重仅为 1.14%，远低于发达国家 10% 的水平。二是技术不高，大部分领域对外技术依存度较大，关键技术及装备长期受制于人，大型成套装备、高科技含量装备 80% 以上来自进口，新药配方几乎全部来自国外。高新技术产业以代工为主的特征明显，2014 年江苏高新技术产品 73% 是外资企业生产的，65.3% 是以加工贸易方式出口的。全省高技术产业每百亿元的发明专利拥有量约为 33.6 件，仅为北京（219.3 件）的 1/6。三是效益不高，在全球产业分工中处于价值链中低端，具有高附加值的医药制造、航空航天设备和精密仪器设备等高端产品在国际市场份额较少，知识产权密集型产业增加值占 GDP 比重为 23%，低于美国 35% 的水平，甚至在电子信息和医药制造等一些新兴产业领域，利润率都低于北京和广东（图 5）。此外，根据全国高技术产业统计数据显示，与同样提出建设科技创新中心的北京相比，江苏高技术产业还存在较大差距。

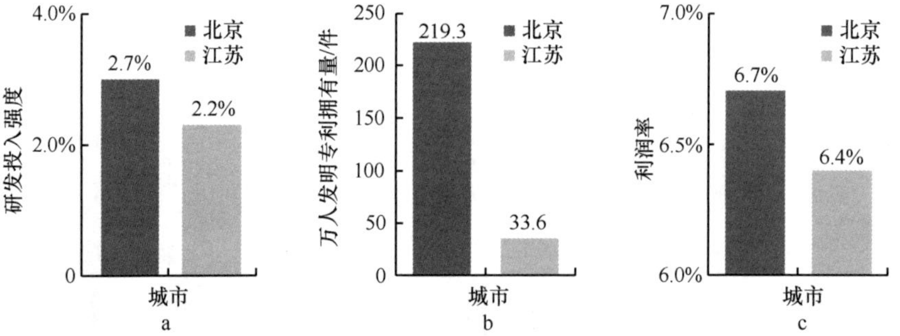

图5 2014年江苏与北京高技术产业情况

3.3 关于企业创新的问题

近年来，江苏以建设国家技术创新工程试点省为契机，组织实施科技企业培育“百千万”行动，企业自主创新能力加快提升，创新主体地位不断巩固。但是，面对“一中心”建设的要求，企业创新能力亟待提高。一是企业自主创新能力不高。全省大中型工业企业R&D经费占主营业务收入比例仅为0.97%，远低于发达国家的2.5%～4%（图6）。规模以上企业科技活动人员中科学家与工程师的占比为60%，低于全国平均水平；2015年，全省高技术产品出口的70.8%和新产品出口的74%均来自外资企业。

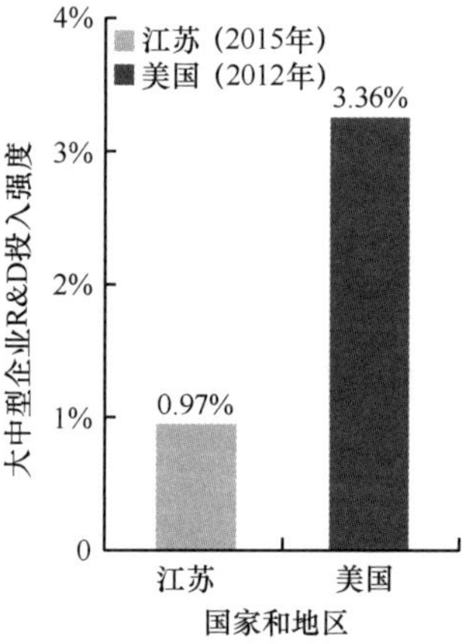

图6 江苏与美国大中型企业R&D投入强度

二是高新技术企业还不多。尽管江苏高新技术企业总数已位居全国前列，但相对全省企业总量来看，还是不够多。2015年，江苏新增规模以上工业企业3799家，属于高新技术行业的企业仅346家，占比不足10%。全省列统国有企业中，仅有12%被认定为高新技术企业，与上海、山东有较大差距（图7）。

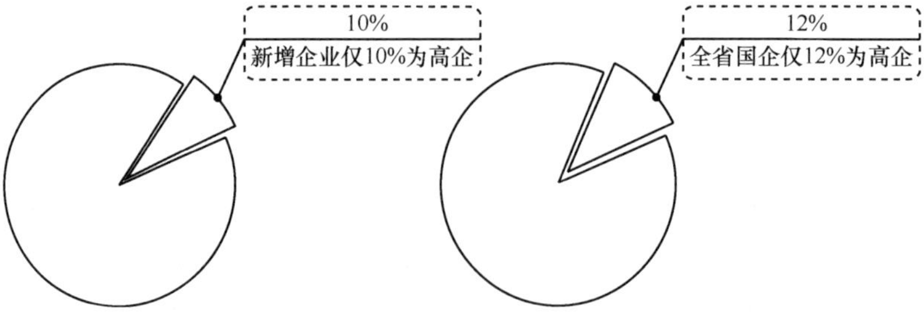

图7 江苏高新技术企业占比情况

三是缺乏全球知名的企业和品牌。全省规模以上企业中，大中型企业仅占15%，缺乏有国际影响力的大企业。在美国《财富》杂志发布的“2015年世界500强企业”名单中，中国上榜企业达106家，其中有52家总部位于北京，江苏仅有江苏沙钢集团一家企业入围。《福布斯》“2015 全球最具创新力企业”中，中国大陆有 6 家公司上榜，江苏空白。“2015 年全球企业最有价值的 100 个品牌”中，美国有 59 个，我国仅华为、联想两家入围，没有江苏企业。根据“2014 年福布斯全球企业 2000 强”显示，共有 149 家跨国企业在大陆地区设立了区域总部，主要集中于北京、上海、深圳和广州，江苏仅南京有 3 家。

四是有竞争力的科技型初创企业较少。科技型初创企业反映了区域产业科技创新的活跃程度。近年来，江苏科技型中小企业发展迅速，但具有较强国内外影响力的企业不多。根据美国《财富》杂志发布的“2016 年全球独角兽排行榜”显示（“独角兽公司”是指创业 10 年左右，企业估值超过 10 亿美元的初创企业），全球独角兽公司数量达 173 家，我国 35 家公司上榜，其中 20 家总部位于北京，7 家总部在上海，江苏空白。

3.4 关于高新区建设的问题

高新区是江苏高科技产业发展的核心载体，经过 20 多年来的建设，取得了明显成效，但与世界知名创新型园区相比，江苏在产业竞争力和国际影响力方面还有较大差距。一方面，高新区产业创新主阵地作用尚未充分发挥，全省高新区内仅有 6% 的企业为高新技术企业；全国重点打造的 6 个“世界一流高科技园区”江苏无一入选。全省高新区研发经费支出占营业收入比重、财政科技支出占财政支出比重及大专以上学历人员占比，分别比全国平均水平低 0.28、1.91、8.05 个百分点。以在全国排位最高的苏州工业园区（全国第 9 位，表 6）为例，2015 年，R&D 投入占销售收入之比仅为 1.75%，而美国硅谷该指标高达 12%，台湾新竹科技园为 6.9%，北京中关村达 4.5%。另一方面，高新区产业同构、缺乏国际影响力，如南京高新区和无锡高新区同时将汽车零部件作为重点产业；常州高新区电子信息产业和无锡高新区集成电路产业相互重叠；镇江高新区和南通高新区都在大力发展高端船舶制造等，分散和浪费了人力、财力、物力等资源，导致特色产业不集中、国际影响力不高，特别是缺少像中关村的信息技术、张江的生物医药、东湖的光电子等在全球叫得响的品牌。

表6　2015年全国国家高新区排名前10位

名次排序	国家高新区名称	所在地区
1	中关村国家自主创新示范区	北京
2	上海张江国家自主创新示范区	上海
3	成都高新区	四川
4	西安高新区	陕西
5	深圳高新区	广东
6	杭州高新区（滨江）	浙江
7	合肥高新区	安徽
8	武汉高新区	湖北
9	苏州工业园区	江苏
10	广州高新区	广东

3.5 关于科技创新投入的问题

近年来，江苏在加大财政研发资助、提升创业投资规模等方面取得了显著成绩，但是与主要创新型国家相比，还有一定差距。一方面，全社会研发投入不高。2015 年，江苏省研发投入强度（R&D 占 GDP 比重）达 2.55%，高于我国平均水平（2.10%），但仍低于韩国、以色列、日本、芬兰、瑞典、美国等（图 8）。据美国国家科学基金会发布的《2016 年美国科学与工程指标》显示，韩国与以色列研发强度均在 4% 以上，美国为 2.7%，其中，硅谷所在的美国加利福尼亚州的研发投入强度为 4.7%，“生物医药之都”马里兰州的研发投入强度达 6.2%。

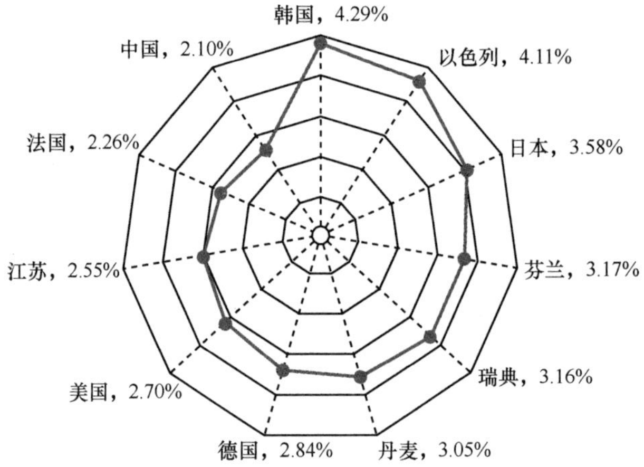

图 8 江苏和主要国家 R&D 经费支出占 GDP 比重

另一方面，创业投资资金规模较小。江苏近年来创投机构管理资金规模不断扩大，但实际投资额仅占 GDP 的 0.2%，不到美国、日本的 1/5，且只有 30% 投资于早期研发和初创期科技企业，与国际上 50% 以上的比率有很大差距。2015 年全球风险投资最活跃的 20 大城市中，美国占据 12 个席位，前 6 位均为美国城市，风投总额占全球的 45%；我国的北京和上海分居第 9 名和第 14 名，两个城市风投总额占全球的 3%，江苏没有城市入选。

3.6 关于人力资源的问题

创新驱动发展，人才是核心。在知识经济背景下，建设“一中心”必须依靠具有丰富知识、技能、经验，并富于创造性的创新型人才。近几年，江苏在引进高端人才、培育本土人才方面取得了明显成效，但与世界发达国家相比，还存在以下几个方面的问题。一是缺乏有影响力的高层次创新人才。江苏科研人员的国际影响力较弱，高端科技人才缺乏。根据汤森路透《2015 年全球最具影响力的科研精英》报告，全球 3126 名高被引科学家名单中，有 1563 名来自总部在美国的机构，占 50%，英国（310 名）和德国（175 名）分列第二、三位；中国大陆有 107 名科研人员进入榜单，其中北京 49 人，上海、广东各 8 人，江苏仅 7 人。此外，江苏只有极少数的科学家和研究人员在国际重要科研社团担任重要职务。根据英国诺丁汉大学的研究报告，在 158 家国际一流科研机构和 156 家二流科研机构中，只有2.26%的研究带头人是中国籍科学家，在一流科研机构的最高负责人中只有一位是中国人，在二流科研机构中只有1%的负责人是中国人。二是对国际人才的吸引力不够。江苏省在引进外国人才上偏重短期引进和使用，缺乏让国外顶尖人才永久性“扎根”的政策措施。2015年，全省境外来华工作专家总量达10.2万人次，仅为广东的73%；其中长期境外专家5.9万人次，低于广东。在“2015外籍人才眼中最具吸引力的十大中国城市”评选中，江苏省仅苏州一市入选，排名第七位。三是劳动者素质不高。江苏省劳动者平均受教育年限为9.52年，仅列全国第七位，低于发达国家的人均12年（其中加拿大14.6年、英国14年、美国13.4年、日本11.1年。图9）；三次产业就业人口受教育年限分别为6.99年、9.45年和10.89年，也就相当于初中水平。科技人才的国际科技合作与交流能力也有待提高，有调研显示，江苏的各类人才队伍中，英语口语处于好或较好水平的比例均不足20%，英语写作处于好或较好水平的比例不足1/4。四是高水平专业化管理人才欠缺。以职业经理人为例，根据《2015亚太知识竞争力评价》数据显示，江苏每千从业人员中经理人数为93.07人，低于新西兰（173.26人）、新加坡（150.67人）和以色列（135.95），如图10所示。

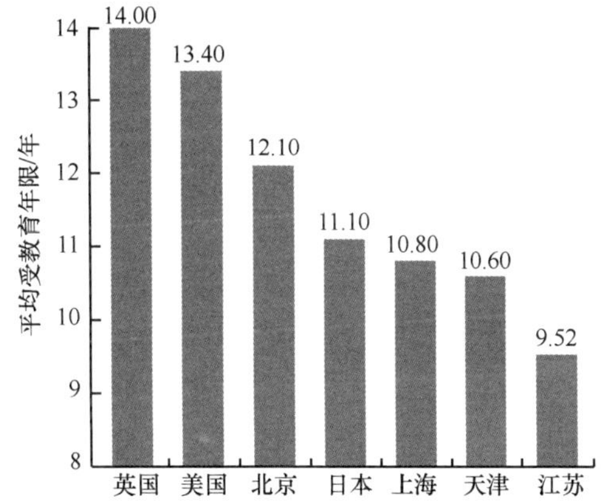

图9　主要国家、我国部分省市和江苏平均受教育年限

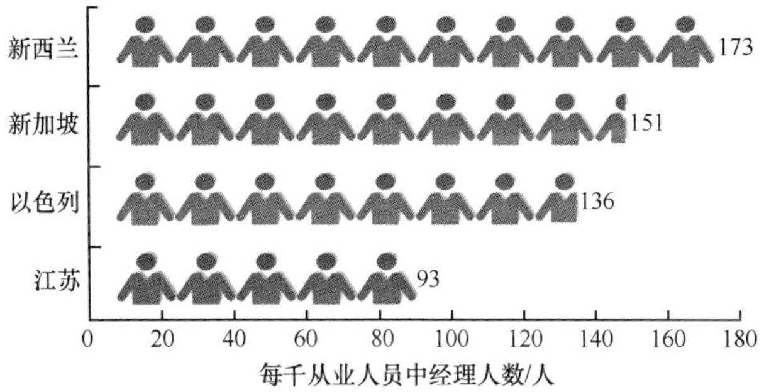

图10　2015年新西兰、新加坡、以色列和江苏每千从业人员中经理人数

3.7　关于高校建设水平的问题

高校在重大科学突破和产业技术创新中发挥着源头作用，是区域创新体系的重要组成部

分。江苏高等院校众多，但始终缺少世界一流水平的大学。从综合实力来看，根据QS发布的《2016—2017年度世界大学排名》，全球大学前100名中1/3在美国，中国大陆共4所，江苏无高校入选。而根据武汉大学中国科学评价研究中心最新发布的《2015—2016世界一流大学与科研机构竞争力评价研究报告》，进入国际科研竞争力前100名的中国高校有4所，江苏也无高校入选。从学科建设来看，根据2016年QS发布的"世界大学学科排名"显示，美国哈佛大学及麻省理工学院两所学校共同在24项学科中问鼎，各摘取12项学科的第一名，中国有5项学科进入全球前十，没有江苏高校的学科入选；在全球学科前50强中，中国有65个学科入围，北大和清华共47个，江苏空白（表7）。缺少世界一流的大学和学科，江苏就缺少了建设"一中心"的源头活水，在解决经济社会重大问题、突破关键技术研发、引领产业跨越发展等方面也就难以形成核心竞争力。

表7　中国高校入选全球评价体系情况

序号	评价体系	评价机构	入选情况
1	2016—2017年度QS世界大学排名100强	高等教育咨询机构	中国4所（北京大学、清华大学、复旦大学、上海交通大学），无江苏高校
2	世界大学与科研机构百强	中国科学评价研究中心	中国4所（北京大学、清华大学、浙江大学、上海交通大学），无江苏高校和机构
3	2016年QS世界大学学科排行榜50强	高等教育咨询机构	中国65个学科入选，北大和清华共47个，江苏空白

3.8 关于高水平创新成果的问题

创新成果包括科技论文、专利和商标等，是区域产业科技创新能力的重要体现。近年来，江苏创新成果产出稳步提升，但从全球角度来看，高水平和高影响力的成果不多。从科技论文产出来看，2014年江苏SCI论文数达23 665篇，居全国第二位，已超过部分发达国家（例如，法国为22 863篇）。但科技论文质量与科技发达国家相比还存在较大差距，江苏在2004—2014年10年段SCI论文篇均被引次数仅为10.68次，远低于排名前3位的瑞士（19.07次）、荷兰（17.83次）和美国（16.88次）（图11），在国内低于上海（12.74次）和北京（12.53次）；在国际顶级期刊发表的科技论文较少，2015年江苏科学家在《科学》和《自然》发表论文32篇，不足北京的1/5。

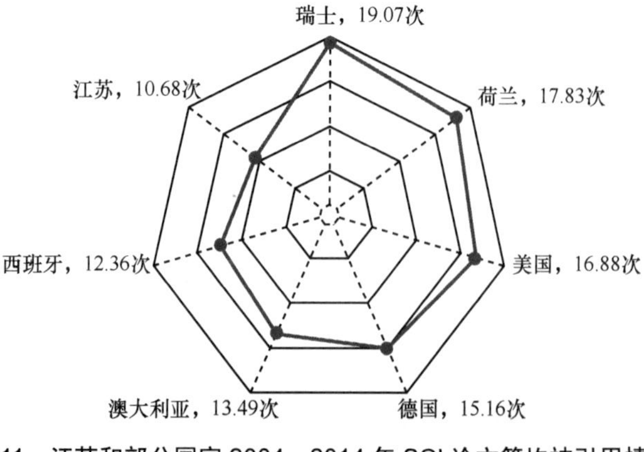

图11　江苏和部分国家2004—2014年SCI论文篇均被引用情况

从专利申请来看，江苏有效发明专利拥有量与发达国家相比还有很大差距，2015年，每万人拥有有效发明专利量仅为14.22件，而2011年日本为105.2件，美国35.6件，韩国96.1件。体现产业国际竞争力的PCT专利申请偏低，根据世界知识产权组织（WIPO）数据显示，2015年中国PCT专利申请量达29 846件，位列全球第三。其中，江苏PCT专利申请量为2442件，远低于广东的15 190件；万人PCT专利申请量为0.31件，低于日本的3.48件和美国的1.79件（图12）。

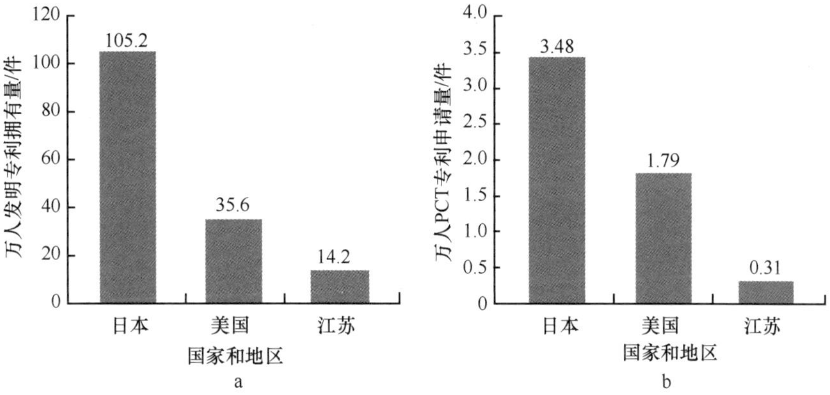

图12　2015年万人发明专利拥有量和万人PCT专利申请量比较

从商标申请来看，2015年全省商标申请量达15.6万件，每百万人商标申请量为2109件，仅为瑞士的1/2，低于韩国、澳大利亚和德国。此外，江苏在体现全球影响力的境外商标申请数量方面也较少，国际商标申请仅占商标申请总量的18%，而瑞士商标申请中75%是国际商标，其他国际商标占比较高的国家还有美国（45%）、意大利（38%）等。

3.9 关于科技服务体系的问题

近年来，江苏省科技服务业加速发展，成为推动经济增长，支撑产业升级的重要力量，但与国外发达国家和国内领先省市相比，仍有差距。一是科技服务业市场规模较小。2015年，全省科技服务业总收入达5700亿元，占GDP比重为8.1%，低于北京的17.3%、上海的12.0%和四川的10.0%（图13）。技术市场、人才市场等创新要素市场不够发达，2015年全省技术交易总额达344.3亿元，仅为北京的1/10。科技服务业人才缺乏，目前，上海聚集了上千家国际猎头公司，江苏只有其1/10，尤其是知识产权服务、金融服务、咨询服务等高端领域急缺专业化、国际化人才支撑。二是科技服务骨干机构不多。江苏科技服务机构普遍存在“小而散”现象，2015年全省总收入超过亿元的科技服务机构仅586家，占总数的1.06%，缺少像华大基因、赛迪顾问等国内一流的科技服务机构，更缺乏美国Y Combinator（YC）公司、高智发明等百亿美元级、具有世界影响力的科技服务领军机构。三是科技服务专业化程度不高。科技服务机构人员的学历层次不断提高，但缺乏创业导师、高

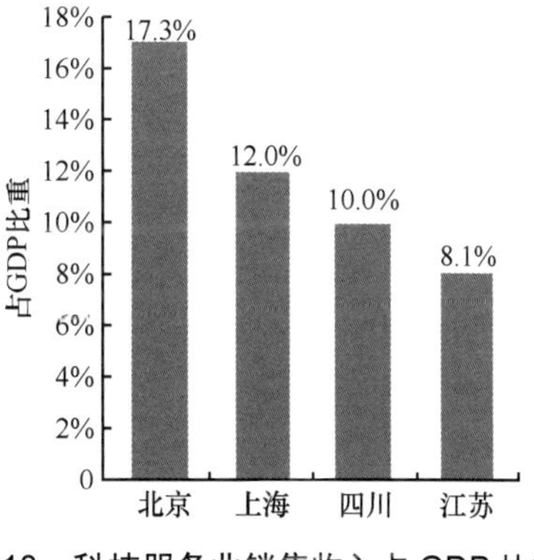

图13　科技服务业销售收入占GDP比重

级项目经理人、技术经纪人等科技服务专业化高端人才。2014 年江苏省取得技术经纪人执业资格的人员只有 900 多人，远低于北京和上海；在研发设计、检测、科技咨询等专业化领域，缺乏具有国际水准的服务、产品和整体解决方案等。

3.10 关于创新创业环境的问题

在国家大力推动大众创业、万众创新的新形势下，江苏省创新创业环境还需要进一步完善和提高。一方面，创业平台建设水平不高。以创客空间为例，发达国家Metalab、TechShop、Fab Lab、Access Space等众创载体全球知名，截至 2014 年年底，全球共有超过 1500 个创客空间分布在超过 120 个国家，我国的 30 余家创客空间主要集中在北京、上海、深圳等地，江苏的创客载体和文化氛围有待提升。同时，创新创业载体市场化程度不高，2015 年，全省民营企业为主投资建设的孵化器只有 114 家，仅占全省的 22%，绝大部分创客空间等新型孵化器的运行管理带有较浓的地方政府背景，创新资源配置效率不高，投入回报率低。另一方面，全社会创新创业氛围不浓。社会公众对创新创业的了解不够，获知创新创业的政策渠道较少，高校、企业内部员工离岗创业受到各种限制，科研人员自由流动存在障碍，在岗科技工作者创业顾虑较多。据调查显示，全省只有 2.1% 的大学生开展了创业活动，低于我国 2.9% 的平均水平，而美国的大学生创业率达 23%，印度更是高达 30%（图 14），美国、印度的科研工作者创业的比例也非常高。

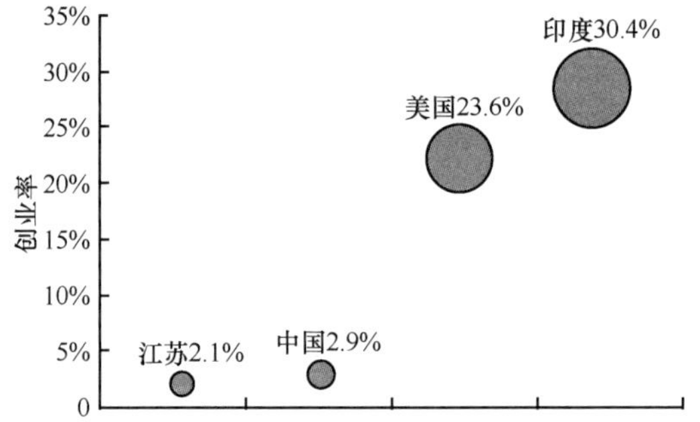

图 14　印度、美国、中国和江苏大学生创业率

综合来看，江苏建设“一中心”的瓶颈问题，主要成因有以下 3 个方面。

一是科技创新载体总体水平不高，支撑产业中高端发展的能力有待提升。没有科技创新载体的成果输出，“一中心”建设就似无源之水、无本之木。与国际领先水平相比，江苏的高校和科研院所的创新能力和水平普遍相对不高，在能力建设上，一些高校院所安于现状，“等靠要”思想还比较严重，缺乏开拓创新意识和攻坚克难勇气，特别是基础研究和前沿重大研究能力不足，重大原始创新突破比较稀缺，产业创新的基础支撑亟待提升；一些高校办学理念、专业设置、人才培养模式等脱离产业创新需求实际，实验、实习、实训相对薄弱，教学内容、方法和评价相对陈旧单一，对学生的创新思维训练、创新精神塑造、创新能力培育等远远不够。在管理体制上，高校和科研院所的行政化事业单位管理体制弊端明显，科研创新水平和转化效益不高，过分关注课题和论文数量，低水平重复问题严重；很多成果束之高阁，社会服务半径小、效益低；一些学校评价指标存在趋同状况，用人制度、项目经费管理、资源配置机制不健全，导致重物轻人、急功近利等现象。在科研组织上，一些面向产业组建的重点实验室、工程技术中心等科研机构，多数聚焦于某一优势学科或细分行业，综合集成度偏低、国际化程度不高，造成承担跨学科、跨领域、综合性重大科研任务的能力较弱，不能满足高度协同创新的需要；即便是近年来新建的江苏省产业技术研究院，也因成立时间较短，对全省产业共性技术研发的统筹组织能力还需要进一步提升。

二是以企业为主体的协同创新体系尚不完善，高效率开放创新网络还未形成。近年来江苏省科技创新的资源条件得到了很大的改善，但重复、分散、封闭、低效的问题仍然比较突出，企业主体、市场主导的产学研协同创新体系的整体效能有待提高。一方面，企业自身创新意识还不强，有的企业主导产品多年不升级，品种单一吃老本，没有长远的战略考虑与超前的产品及人才储备，面对创新的高风险仍然顾虑较多，也很少有企业能主动介入高校院所的早期研发；有的企业整合创新资源的能力不强，习惯于依靠购买技术图纸和引进先进设备增强市场竞争力，尤其是缺少面向全球整合创新资源的方法和手段，局限于一般性的人员交流、技术指导或成果转让，收购高科技公司、参与重大标准制定、组织跨领域技术研发等战略合作明显不足。另一方面，创新资源碎片化比较严重，上下游企业之间、产学研之间的协同难度比较大，导致产业链、创新链和资金链不能有效衔接，条块分割、资源分散，项目单位各管一段，缺乏跨区域、跨学科、跨领域的合作研发机制，难以形成重大成果；市场的决定性作用没有充分发挥，在人才引进、成果转化、资金支持等方面，比较多地依靠政府主导、政策拉动，特别是一些科技园区，仍采取当年发展经济开发区的思路和模式，重招商、轻创新，重规模、轻质量，重眼前、轻长远，没有紧贴科技企业的创新规律来制定政策，没有根据产业的实际需求来配置土地、资金、服务等要素，在提升创新能力、集聚创新资源、发展创新产业方面的办法、手段不多。

三是大众创业、万众创新的体制机制还不畅，鼓励创新、支持创新的生态环境亟待优化。良禽择木而栖，人才、技术、资本等创新创业核心要素，往往倾向于聚集在高吸引力就业机会、高效率政府服务和高质量生活环境等要素具备的地方。与这个要求相比，江苏仍然存在一定短板，尚未形成与国际接轨的创新生态和制度环境。从人才机制来看，近年来，受职称评定、工资待遇、社会保障等限制，人才还不能完全按市场规律合理配置，尤其随着高校工作、生活待遇的改善，进一步加剧了人才向高校的集聚，企业的高层次人才不多；人才队伍结构不合理，高级管理人才和高技能人才缺乏。从科技服务来看，各类科技服务机构、中介服务机构的能力和水平不高，专业化人才缺乏，还没有建立与国际接轨的资质认定标准和行业准入制度，难以满足企业旺盛的创新服务需求；特别是科技金融服务的覆盖面窄，初创企业和中小企业融资难、初期研发获得创投支持难、风险投资保障难等问题突出。从政策保障来看，高新技术企业认定执行不够灵活，研发费用加计扣除覆盖面有待扩大，股权分红激励政策难以操作，特别是知识产权保护工作需要进一步推进，科技、产业、财税、金融等政策的协调性有待提升。从文化氛围来看，江苏作为鱼米之乡，历来灾患甚少、生活富裕，不求大、不求强的心态淡化了创新的动力，使得江苏省一些企业缺乏标新立异的创新文化，缺少广东、浙江敢闯敢冒的精神；一些地方政府创新文化的建设也仅停留在口号式、运动式阶段，真正形成以创新为荣的文化气质的城市不多。

4 产业科技创新中心的理论阐述和经验借鉴

4.1 产业科技创新中心变迁的历史轨迹

全球性产业科技创新中心的形成与变迁主要发生在历次重大技术革命时期，也与经济波动和制度变革等因素紧密相关。近现代以来，英国、法国、德国、美国、日本等国家抓住重大技术革命及产业变革带来的历史机遇，先后形成了全球性产业科技创新中心，占据了世界科技创新领先地位和经济主导地位。17 世纪后期，英国伦敦地区发起了第一次技术革命，带领人类进入蒸汽动力时代，并成为全球科技创新中心；18 世纪后期，法国巴黎大力推动重工业发展，成长为全球创新中心，主导产业也随之快速崛起；19 世纪中后期至 20 世纪前半叶，德国柏林和美国波士顿地区相继抓住第二次技术革命的机遇，晋升新的科技创新中心和世界经济中心；20 世纪中后期，美国领衔第三次技术革命，旧金山湾区一跃成为首屈一指的全球科技创新中心，进一步巩固了其作为世界强国的地位（图 15）。

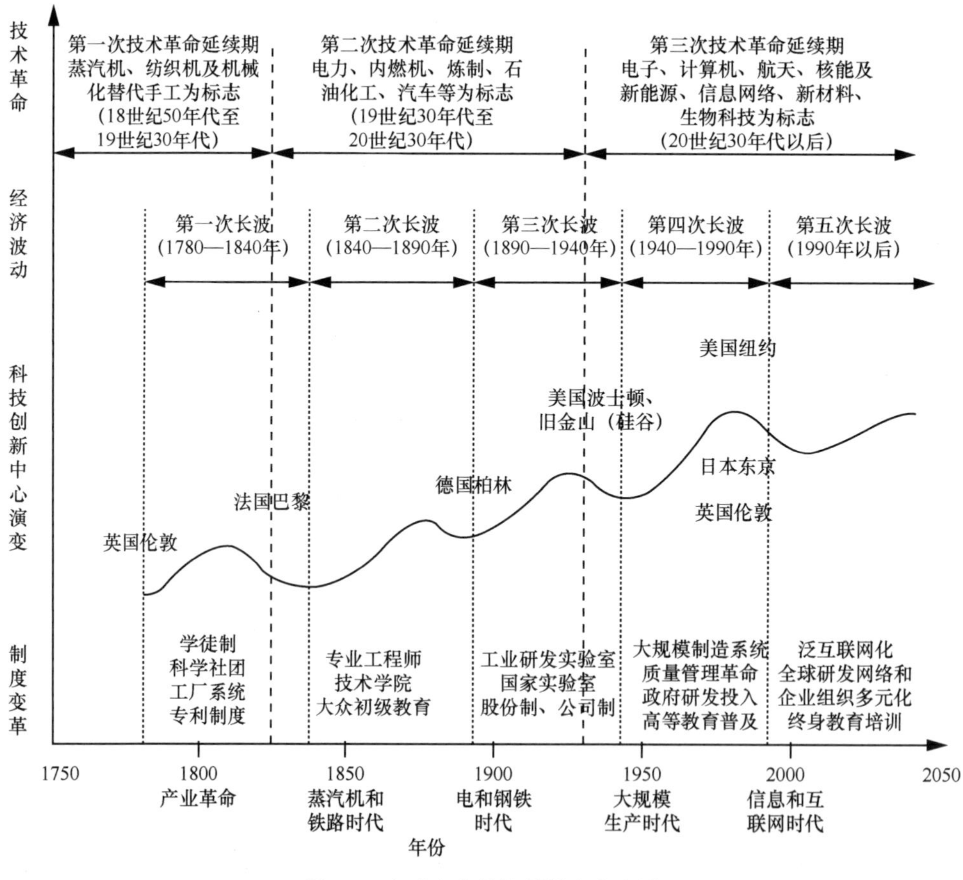

图 15 全球产业科技创新中心变迁

回顾过去200多年间发生的几次技术革命，由于国内外各种原因，我国屡次与之失之交臂，也成了我们落后的根本原因。当前，新一轮科技革命和产业变革正在孕育兴起，一些重要科学问题和关键核心技术已经呈现出革命性突破的先兆，带动了关键技术交叉融合、群体跃进，变革突破的能量正在不断积累。即将出现的新一轮科技革命和产业变革与我国加快转变经济发展方式形成历史性交汇，为我们建设"一中心"提供了难得机遇。机会稍纵即逝，抓住了就是机遇，抓不住就是挑战。作为我国区域创新能力最强、制造业规模最大、开放程度最高的地区之一，江苏必须增强忧患意识，紧紧抓住和用好新一轮科技革命和产业变革的重大机遇，加快建设具有全球影响力的产业科技创新中心，依靠科技重塑经济结构，依靠创新影响世界格局，走出一条从科技强到产业强、经济强、区域强的发展新路径，为江苏未来十几年乃至更长时间创造一个新的增长周期。

4.2 具有全球影响力的产业科技创新中心的概念内涵

"具有全球影响力的产业科技创新中心"是一个较新的发展理念，目前，各国各界还没有关于其概念的准确界定和详尽描述，而与其类似的提法有很多，如"全球创新中心""全球高技术中心""国际产业研发中心"等。其中，联合国在《2001年人类发展报告》中公布了美国硅谷、法国巴黎、英国伦敦、印度班加罗尔等46个"全球创新中心"，他们都具备较强综合经济实力、丰富的科教资源、集聚的高新技术产业、影响力大的企业群体、较广泛的对外经济联系、开放性和包容性的创新文化氛围等特征；美国《有线》杂志则提出"全球高技术中心"的概念，把"高校培养技能工人或开发新技术的能力、稳定的跨国公司、人才创业的积极性、活跃的风险投资"作为构成全球技术创新中心的必要条件；我国杜德斌教授阐述"国际产业研发中心"应集聚众多跨国公司全球性和区域性的研发机构，是世界新产品和新技术的创新源地。这些概念和描述对我们定义"具有全球影响力的产业科技创新中心"具有重要参考价值。

在借鉴国内外研究的基础上，我们认为，"具有全球影响力的产业科技创新中心"是指，产业创新要素和创新活动相对集中，区域主导产业创新引领作用和国际竞争优势明显，在全球产业分工和价值链中占据一定领导和支配地位的国家或地区，是世界产业范式变革的源头之一。具有全球影响力的产业科技创新中心不仅是世界新知识、新技术、新产品、新业态、新模式的策源地，更是全球先进创新文化、优良创新制度、卓越创新环境的先行区。

4.3 具有全球影响力的产业科技创新中心的主要特征

具有全球影响力的产业科技创新中心是全球创新要素的集聚地和全球创新网络的枢纽型节点，应具备以下5个特征（图16）。

一是高水平的科教机构。拥有世界一流的大学和研究机构，是创新资源密集、领军人才富集、研发活动频繁的区域。

二是高效率的成果转化体系。知识产权商业化机制成熟，技术转移、风险投资、创业服务等发达，成果转移转化渠道畅通，研发创新充分融入产业发展。

三是高竞争力的产业集群。产业集群特色鲜明，具有较强产业国际竞争能力，主导产业产品开发和技术创新水平世界领先，能够引领全球产业发展方向。

四是高影响力的企业和品牌。拥有若干具备全球影响力的领军企业和全球知名品牌，吸引跨国公司在其设立全球性研发机构，与国际研发体系紧密衔接。

五是高度发达的创新创业文化。树立崇尚创新、创业致富的价值导向，大力培育企业家精神和创客文化，大众创业、万众创新在区域内蔚然成风。

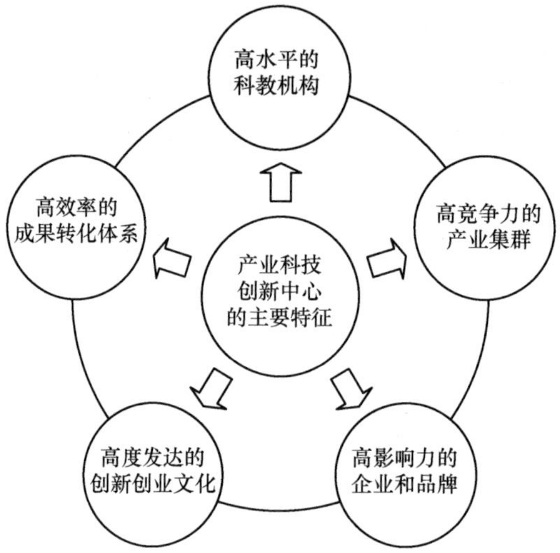

图 16　产业科技创新中心的主要特征

4.4　“产业科技创新中心”与“科技创新中心”辨析

2015 年，江苏省委立足省情实际，在关于“十三五”发展规划建议中，首次提出建设具有全球影响力的“产业科技创新中心”。而在此前的 2014 年，北京、上海也先后做出了建设全球“科技创新中心”的战略部署。目前，各界对“产业科技创新中心”和“科技创新中心”的区别没有明确的界定，阐述的特征也较为相似。我们认为，从内涵区别来看，“产业科技创新中心”的落脚点在产业，即生产制造，更多地强调产业创新要素的集聚，更加注重依靠科技创新提升区域产业在全球价值链分工中的地位和竞争力；而“科技创新中心”的落脚点在科技，即科学技术，更多地强调基础研究水平和源头创新能力的提升，更加注重在基础性、战略性、前沿性科学研究领域率先突破。为了进一步明确江苏建设“一中心”的目标定位，我们从提法的共性和现状的差异两个方面，对“产业科技创新中心”与“科技创新中心”进行了辨析。

4.4.1　提法的共性

一是同属全球创新网络的重要节点。随着全球化深入发展和产业价值链的细化分解，世界进入以创新要素全球流动为特征的开放创新时代。在全球创新网络中，部分区域利用网络通道不断吸纳外部资源并对外输出其影响，成为创新舞台中最为重要的空间载体与经济单元。当其集聚和辐射力超越国界并影响全球时，便成为全球科技创新中心。无论是江苏的“产业科技创新中心”，还是北京、上海的“科技创新中心”，其最终的目标均是成为全球创新网络中的重要节点，占据领跑地位，发挥引领和辐射功能。二是都把科技创新作为发展核心。纵观硅谷、波士顿和慕尼黑等一批具有世界影响力的科技创新中心，无不是抓住了重大技术革命及产业革命所带来的历史性机遇，通过科技创新推动地区占据了世界经济领先地位。同样，北京、上海、江苏等地提出的科技创新中心和产业科技创新中心，均将提升科技创新能力作为建设的战略基点和核心，依靠科技创新推动区域发展走向国际，进而在全球化竞争中形成影响力。三是均以制度创新为首要前提。北京、上海、江苏出台的推进科技创新中心和产业科技创新中心建设的意见，不约而同地将体制机制创新作为重要的着力点。例如，北京从健全技术创新市场导向机制等 7 个方面提出了 47 条改革举措；上海提出系统推进全面创新改革试验，基本构建推进全面创新改革的长效机制；江苏要求着力健全产业科技创新体制机制，突破产业科技创新中的瓶颈制约，加速形成产业创新发展新动源、新空间、新体制。

4.4.2 现状的差异

结合京、沪、苏各自特点来看，“产业科技创新中心”与“科技创新中心”有 3 个方面的差异：一是建设基础不同。江苏产业优势明显，是我国制造业大省，工业经济规模总量自 2010 年以来一直稳居全国第一，2015 年规模以上工业规模达 14.8 万亿元，约占全球的 3%，是北京的 10 倍、上海的 4.4 倍；江苏高新技术产业销售收入占 GDP 比重达 42%，分别比北京和上海高 22.4 个和 10.4 个百分点，在新一代信息技术、新能源与新能源汽车、节能环保、生物技术和新医药、新材料等行业领域具有全球领跑和并跑优势；高新技术企业有 10 830 家，高于北京，是上海的近 2 倍；企业创新能力全国领先，企业专利申请量和授权量常年保持全国第一，全省研发经费 80% 来自企业，而北京为 40%、上海为 63%。可以说，江苏建设“产业科技创新中心”符合江苏的现实基础和产业需求。而相对于江苏的产业优势，北京和上海的科技原创能力更加突出：全国 50% 以上的部属高校和科研院所、48% 两院院士和 31% 国家重点实验室都在北京；全国 1/3 世界 500 强企业研发中心、1/4 跨国企业研发中心落户于上海，部属科研机构数量仅次于北京；截至 2015 年，北京、上海国际论文 10 年累计被引用篇数分别是江苏的 2.07 倍、1.18 倍；近 10 年累计被引用次数分别为江苏的 2.43 倍、1.40 倍。二是战略重点不同。近期，京、沪、苏围绕各自实际进行的战略部署，都最大限度地利用和发挥各自的优势和特色。其中，江苏出台《关于加快建设具有全球影响力的产业科技创新中心的意见》，围绕“产业技术创新能力的提升”进行重点部署，并把建设江苏省产业技术研究院作为首要任务来抓，充分体现了“产业科技创新中心”的战略定位。北京起草《北京系统推进全面创新改革试验加快建设全国科技创新中心方案》，将“激发原始创新动力”作为科技创新中心建设五大任务之首，提出“积极参与全球前沿科技合作，在重大创新领域形成代表国家水平的科技创新实力”，体现了更加注重释放科教资源优势、进一步提升原始创新能力的战略意图。上海公布《上海系统推进全面创新改革试验加快建设具有全球影响力的科技创新中心方案》，把“建设上海张江综合性国家科学中心”作为四大任务之首，打造国家创新体系基础平台，增强国际科技竞争话语权。三是发展路径不同。无论是“科技创新中心”还是“产业科技创新中心”，其主要功能应至少涵盖 4 个方面，即科学研究、技术创新、产业驱动和文化引领。由于京、沪、苏资源禀赋和战略定位的不同，实现这 4 个功能的路径也不同。对于江苏而言，发展侧重点在产业，四大功能的实现是“技术创新、产业驱动”的率先发展，进而推动“科学研究”与“文化引领”；而北京拥有国内外一流的高校和研究机构等高端创新资源，中关村的创新环境在全国独树一帜，其科技创新中心的演进路径应是“科学研究、技术创新和文化引领”率先发展，进而推动“产业驱动”功能的实现；上海拥有较丰富的科教单位和跨国企业研发中心，科技创新中心的实现应是“科学研究、技术创新”率先发展，“产业驱动”和“文化引领”随后跟进。

4.5 国外建设产业科技创新中心的经验借鉴

从目前来看，全球主要创新型国家均拥有数量不等的科技创新中心。如美国的硅谷和128公路、英国的伦敦和曼彻斯特、日本的东京都市圈、德国的慕尼黑和斯图加特、以色列的特拉维夫、印度班加罗尔、韩国首尔等（表8），都是世界著名的区域性产业科技创新中心。它们有着各自的形成特点，对全球经济社会的发展、科技创新的方向、产业格局的形成、体制机制的构建等方面，都产生了深远的影响。

表8 全球主要产业科技创新中心

序号	名称	特点	全球影响力
1	美国硅谷	以市场机制驱动自组织形成	硅谷以不到美国1%的人口创造了全美12%的专利产出和5%的GDP，吸引了全美超过40%和全世界14%的风险投资；聚集了1000余家世界知名企业研发总部，形成了世界上最强大的技术交流网络和最发达的技术扩散机制
2	英国伦敦	依托优势创新企业自发集聚	全球超过1/3的《财富》500强公司的欧洲总部设在伦敦；全球最大的保险市场、外汇市场、金属交易所和碳交易市场；外资银行数世界第一，日平均交易量约占全球总交易量的32%
3	日本东京	政府主导建设	2015年全球百强创新机构的榜单中，日本本土40家上榜机构中有22家总部位于东京；吸引全球顶尖科学家长期就职，外籍研究员占总研究员的比率为2%
4	德国慕尼黑	欧洲的硅谷	欧洲专利局、德国专利局和专利法院所在地；欧洲最活跃的研究基地之一；全球性科技博览会中心，每年举办“国际电子生产技术与交易博览会”等近40个博览会
5	韩国首尔	以设计引领创意产业	创立“全球设计城市组织”，探讨如何最好地利用设计实现城市发展和市民幸福。目前，该组织共有亚、非、欧、美洲的10个成员城市
6	印度班加罗尔	多重资本打造“印度硅谷”	全球企业500强中有160多家企业由印度供应其全球营运点所使用的软件；美国硅谷软件人才的38%来自印度班加罗尔
7	以色列特拉维夫	本土企业与跨国公司联动	每年约有40多家创新企业被微软、谷歌、英特尔等全球知名高科技企业收购，被誉为“仅次于硅谷的创业圣地”；集聚240多家跨国研发中心

通过对这些产业科技创新中心发展路径的梳理和归纳，我们发现，有以下4个方面的做法值得江苏借鉴。

一是始终把科技园区作为产业创新的重要载体。美国硅谷、英国伦敦科技城、印度班加罗尔、韩国大德等是世界公认一流科技园区，它们是全球产业科技创新的重要阵地。硅谷是世界科技工业园区的开山鼻祖，从20世纪70年代的计算机，到90年代的互联网，再到21世纪的“互联网+”服务，硅谷诞生了一系列新的产业形态并牢牢占据着产业链的高端，聚集了Apple、HP、Intel、Google等一批超百亿美元级的高科技公司，是世界最大的信息产业集群；伦敦科技城是一个科技、数字和创意等企业群聚的大型科技园区，科技产业产值每年以超过10%的速度增长，占GDP的比重已超过8%，伦敦已成为全球科技企业在欧洲的“最重要一站”，思科、亚马逊、Facebook等大公司都进驻该地；班加罗尔是印度建立的第一个国家级软件技术园，政府从税收、投资、进出口、政府采购等方面制定了较为完善的政策支持体系，如今全球500强中有160多家企业由班加罗尔的企业提供软件技术服务；韩国政府为首尔的大德科学园与大学城区出台《大德研究开发特区育成特别法案》，以财税减免等扶持政策保障园区发展，使其ICT、生物医药、空间技术等全球领先。

二是高度重视集聚科教和人才资源。硅谷所在的加利福尼亚州拥有最高密度的世界级研究机构，全球前100名大学中，加利福尼亚州占据10席，其中斯坦福大学教授和学生每年创办的高技术公司超过百家，创造了硅谷65%的产值和超过25万个工作机会；伦敦集中了英国1/3的高等院校和科研机构，每年高校毕业学生约占全国的40%，同时还有大量的思想库和科研院所；东京集中了日本约30%的高等院校和40%的大学生，拥有全日本1/3的研究和文化机构；韩国则将科学技术研究院迁入大德园区，与临近的忠南大学、科学技术联合大学院大学、情报通信大学等高校合作培养人才，培养出的博士和硕士占全国10%以上；班加罗尔是印度的“科学研究之都”和“科学之城”，聚集了10所大学、70所技术院校及28个国家级和联邦级的研究机构，培养技术工人超过20万人，成为班加罗尔软件外包产业兴起的重要保障。

三是坚持对科技创新的持续高强度投入。资金投入是推进产业科技创新的重要保障，高强度投入才能支撑高水平创新和获取高利润回报。目前，美国600多家风险投资企业中近半数将总部设在硅谷，2013年硅谷风投总额超过50亿美元，占全美的40%；英国政府每年投入1亿英镑支持伦敦的英国科技城发展，在此带动下，伦敦成为全英国种子资本和风险资本最密集的地区，共吸收了全英国25%的风险投资和全欧洲8%的风险投资；东京对拥有较强创新能力的企业实行优惠财政政策，对信息产业增加科研税务贷款，增幅高达25%，还专门成立了服务于小企业的金融公库，贷款年息低至2.7%；来自政府层面的经济政策支持是班加罗尔崛起为“印度硅谷”的最重要因素之一，印度明确将软件业确定为可以获得投资补贴及其他优惠的产业，对软件企业实施零关税、零流通税和零服务税政策；特拉维夫以鼓励和支持研发为重点，通过政府拨款引导企业加大研发投入，提供最大优惠条件来吸引国际和本地投资机构，对具有竞争力的企业给予生产设备、设施和固定资产投资额的20%拨款。

四是注重激发中小企业创新活力。中小企业特别是科技型中小企业，是产业科技创新的重要力量。美国学者盖尔曼曾对美国进入市场的635项创新项目进行研究，发现中小企业发明新技术、新产品的效率远高于大企业，将创新引入市场的速度比大企业快27%；我国的数据也表明，65%的国内发明专利来自中小企业，80%的新产品由中小企业创造。伦敦政府启动“天狼星计划”，为中小企业的创业者提供创业资金与优秀培训资源，伦敦的科技公司从2009年的49 969家增至2015年的173 264家，科技产业产值每年以超过10%的速度增长，伦敦科技城如今已成为小型快速成长数字技术公司在欧洲最大的聚集地之一；在日本，中小企业占企业总数的99.7%，政府减免中小企业专利费以激励其创新，制定《中小企业新事业活动促进法》对中小企业创新计划给予融资和税收方面援助；德国推出中小企业创新计划、中小企业创新项目、创新代金券等一系列政策，小型企业可以使用创新代金券支付创新服务费用，目前全德国约有3万个企业开展不间断的研究活动，10万科技型企业经常性地推出创新产品和服务。

5 江苏推进“一中心”建设的总体考虑

5.1 总体思路

基于以上研究，江苏建设“一中心”的总体思路是：牢牢把握新一轮全球科技革命和产业革命的战略机遇，着眼于培育新的经济增长点和抢占未来发展制高点的战略目标，瞄准世界科技和产业前沿领域和顶尖水平，以培育具有国际竞争力的主导产业为主攻方向，以增强科技创新能力为核心，以深化体制机制改革为动力，以开放融合国内外创新资源为渠道，努力获取世界级科技成果、培育世界级创新型企业、打造世界级创新网络、集聚世界级领军人才，全面形成国际产业先发引领优势，掌握更多话语权和主动权，逐步从跟跑、并跑向领跑跨越，努力把江苏建设成为具有全球影响力的产业科技创新中心，推动产业加快向世界中高端水平迈进，为全国产业转型和创新发展做出积极示范。

5.2 基本原则

在建设“一中心”过程中，要注重把握4个原则：一是把握市场导向的大前提，要紧紧围绕市场需求开展科技创新，发挥市场在配置创新资源中的决定性作用，促进创新链、产业链、资金链“三链融合”，把科技创新真正落实到产业发展上。二是把握科技进步的大方向，瞄准世界科技前沿领域和顶尖水平，力争在基础研究领域有新的成果，在核心技术领域有大的突破，抢占全球新一轮竞争的战略制高点。三是把握深化改革的大要求，破除一切制约产业科技创新的体制机制障碍，让创新资源、创新要素、创新人才充分活跃起来，大幅提升创新效率和效益。四是把握创新国际化的大格局，以全球视野谋划和推动“一中心”建设的各项任务部署，在世界范围集聚高水平创新资源，打造具有国际竞争力的企业和产业。

5.3 阶段目标

通过“三步走”来实现江苏建设“一中心”的战略目标（图17）。

第一步，经过5年左右努力，到2020年，基本形成产业科技创新中心框架体系，市场配置创新资源的决定性作用明显增强，企业主导产业技术研发创新的体制机制初步建立，参与国际竞争的产业技术创新体系初步形成，制造业部分优势领域创新水平由跟跑向并跑、领跑跨越，主要创新指标达到创新型国家中等水平。

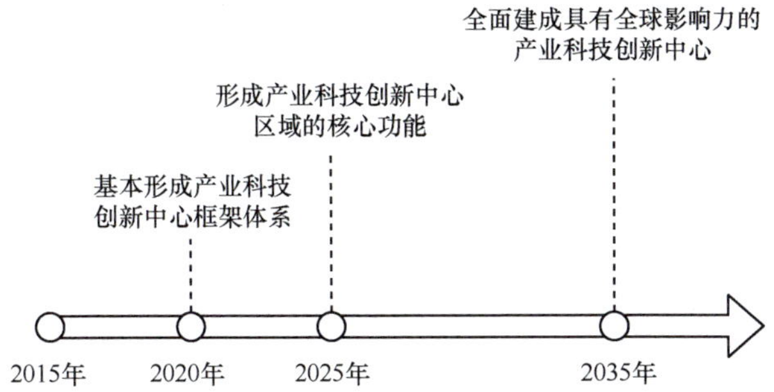

图 17　江苏“一中心”三步走目标

——科技综合实力稳步提升。建成一批处于世界前沿水平的研发基地，基础研究和前瞻性技术领域研究投入持续增加，全社会研发投入占地区生产总值比例达 2.8%，万人发明专利拥有量达 20 件，科技进步贡献率达 65%。

——企业创新主体地位全面增强。企业研发投入强度明显提高，形成一批具有自主知识产权和重要应用前景的原始创新成果，培育形成有较强国际竞争力的创新型企业集群，高新技术企业总数达 1.5 万家，培育科技型中小企业 15 万家，每万名从业人员中研发人员数达 140 人年。

——产业创新能力大幅提升。以科技创新引领新产业、新技术、新业态、新模式持续涌现，产业发展迈向中高端水平，形成一批具有较强国际竞争力的创新型产业集群，高新技术产业产值占规模以上工业总产值比重达 45%。

——创新体系日益完善。区域创新布局不断优化，基本形成适应创新驱动发展要求的体制机制，集聚一批具有全球影响力的创新领军人才，开放型区域创新体系基本建成，创投管理资金规模达 2500 亿元，科技服务业规模达 10 000 亿元。

——创新环境持续优化。知识产权创造、运用和保护机制更加健全，大众创业、万众创新蔚然成风，全社会基本形成尊重知识、崇尚创新、激励创业、宽容失败的价值导向和社会氛围，技术市场合同成交额达 1000 亿元。

第二步，经过 10 年左右奋斗，到 2025 年，形成产业科技创新中心区域的核心功能，全面构建适应创新驱动发展要求的体制机制，人才、资本、技术、知识高效配置，创新成果向现实生产力转化的通道顺畅，产业技术创新体系整体效能大幅提升，制造业主要领域创新水平以并跑为主，部分领域进入价值链中高端，成为全球产业技术创新网络的重要节点，部分创新指标跨入创新型国家先进行列。

——主要产业进入全球价值链中高端。不断创造新技术和新产品、新模式和新业态、新需求和新市场，实现更可持续的发展、更高质量的就业、更高水平的收入、更高品质的生活。

——总体上扭转科技创新以跟跑为主的局面。在若干战略领域由并跑走向领跑，掌握引领全球学术发展的科研成果。研究与试验发展（R&D）经费支出占地区生产总值比重达到 3%。

——区域创新体系更加完备。实现科技与经济深度融合、相互促进。

——创新文化氛围浓厚，法治保障有力，全社会形成创新活力竞相迸发、创新源泉不断涌流的生动局面。

第三步，再经过一段时期的努力，到2035年，全面建成具有全球影响力的产业科技创新中心，成为与我国经济科技实力和综合国力相匹配的全球创新城市群和先进制造业高地，为实现“两个一百年”奋斗目标提供强劲的科技创新动力。

5.4 主要任务

江苏建设“一中心”是一项系统工程，要按照“建设创新载体、强化企业主体、构建创新网络、打造创新生态”进行布局，全面构建新的产业科技创新体系。

5.4.1 着力建设世界一流的科技创新载体，强化产业核心技术的源头供给

成为全球有影响的产业科技创新中心，必须拥有一批世界一流的产业科技创新载体，能够面向产业需求持续涌现一批重大原创性科学成果。这些年来，江苏“重引进、轻消化”的问题还普遍存在，形成了引进、落后、再引进的恶性循环。建设“一中心”必须把大幅提高自主创新能力作为首要任务，以高水平科研机构、研究型大学、新型产业研发机构为重点，强化战略科技力量，在明确产业目标和紧迫战略需求的重大领域，在有望引领未来产业发展的战略制高点，以重大科技任务攻关和大型科技基础设施为主线，依托最有优势的创新单元，整合全省创新资源，加快建设世界一流的产业科技创新载体，努力掌握关键核心技术，缩小与发达国家产业科技创新的差距甚至是赶超、引领。

5.4.1.1 加快建设高水平研究型大学

建设若干世界知名的高水平、有特色的大学，充分发挥高校的创新源头作用。支持大学在基础研究、前沿技术研究、社会公益研究等领域开展重大原始创新，推动大学与企业、科研院所开展全面合作，更好地为产业技术创新服务。组织实施江苏高校协同创新计划，加快推进协同创新中心建设，着力突破学科、学校、行业和地区壁垒，支持高校与国内外各类创新主体紧密合作，促进教育与科技、经济深度融合。将协同创新中心作为高校综合改革试验区，在完善机制体制、创新人才培养模式上先行先试，提高人事管理自主权。推动高校普遍建立技术转移中心，鼓励高校与企业建立“校企联盟”等产学研合作组织，全面提升高校对产业技术创新的支撑和引领能力。

5.4.1.2 布局建设重大产业科技创新平台

建立全面支撑产业科技创新的大装置、大平台，进一步加大大数据资源、大科学工程、重大技术平台等基础条件投入和统筹布局，开展一批世界前沿、多学科交叉的重大科学研究，形成世界一流水平的科学研究能力。瞄准世界科技前沿和江苏省产业发展战略需求，加快国家超级计算（无锡）中心、未来网络实验设施、纳米真空互联实验站、高效低碳燃气轮机试验装置等国家科技平台建设，积极创建微结构、通信技术、水土生态等国家实验室，努力打造具有世界领先水平的综合性科学研究试验基地。统筹产业创新布局，在纳米技术、生物技术、智能制造、人工智能、仿生材料、大数据、高温超导、高效储能等重点领域，培育一批国家重点实验室和省级重点实验室，引导重点实验室与国际一流科研机构共建联合实验室，并积极参与国际大科学计划和大科学工程。

5.4.1.3 提升省产业技术研究院建设水平

瞄准“世界有影响、全国最前列”的目标，推进省产业技术研究院改革发展，使之成为

产业技术升级的“推进器”、吸引各类创新资源的“强磁场”和重大创新成果的“策源地”。按照平台一流、队伍一流的标准，围绕产业发展重大需求，依托地方和园区，集聚全球创新资源，引进共建一批人才与国际贯通、机制与国际接轨的专业研究所，并实现战略性新兴产业领域全覆盖。针对“一区一战略产业”布局，依托省产业技术研究院和创新资源集聚度较高的高新园区，建设一批产业技术创新中心，完善创新资源整合、产业技术研发、成果转移转化、企业衍生孵化等功能，健全产业技术研发体系。建设江苏产业与全球创新资源对接平台，在创新资源和产业聚集度高、先进技术集中、技术交流活跃的发达国家和地区，建立10家左右海外产业技术研发载体。以省产业技术研究院为依托，积极探索构建市场化导向、公益性职能、企业化运作的运行机制，加速产业重大原创性成果产出。

5.4.1.4 加强前瞻性产业技术突破的战略部署

面向世界科技进步大方向和产业变革大趋势，聚焦国家战略、聚焦重大产业，部署实施一批重大科技创新项目与工程，不断提升科技前瞻布局和应用示范能力，把握发展先机。积极承接国家科技重大专项任务，加快推进集成电路、新药创制等国家专项任务的实施，积极转化创新成果。部署新的重大科技项目与工程，进一步跟踪研究国家创新驱动发展战略顶层设计和重大科技项目、工程，聚焦重大产业方向，梳理分析数字制造、新材料、新能源、未来网络、生命健康等江苏有优势的领域，根据“成熟一项、启动一项”的原则，抓紧论证启动若干新的重大科技项目与工程。在研究对照《中国制造2025》有关产业领域基础上，结合江苏现有产业基础和科技创新水平，江苏建设“一中心”应重点在以下产业领域加强技术突破（表9至表16）。

表9 高端装备制造产业

技术领域	关键技术
轨道交通装备制造	列车调度与控制一体化、新能源驱动列车关键技术、轨道交通安全防护技术、虚拟轨道辨别与导航
3D打印技术	基于概念设计的造型设计技术、基于逆向工程的快速数据获取技术、高性能分层切片处理技术、高精度高速度成型控制技术
工业机器人	机器人伺服电机技术、机器人减速器技术、机器人控制器技术
航空航天装备	航空新材料及其零部件制造技术、航空设备及系统技术、新型涡轴发动机技术、空管系统技术
海洋工程装备	半潜式海上钻井平台、多功能自升式海洋钻井平台技术、海洋平台钻井模块技术

表10 新一代信息技术及软件产业

技术领域	关键技术
软件	基础软件技术、操作系统、嵌入式软件技术、工业专用软件
大数据	数据实时在线处理技术、非结构化数据处理技术、图像语音视频数据智能分析技术、自然语音处理、语义理解和机器学习
工业互联网	工业异构异质网路的融合技术、工业装备和产品的智商技术、工业大数据的存取和利用技术、工业互联网体系架构技术
新型显示	曲面显示技术、量子点显示技术、LTPS技术、Qxide-TFT技术

续表

技术领域	关键技术
移动互联网	可穿戴设备技术、智能家居技术、智能汽车技术
云计算	数据中心架构技术、能耗管理等节能减排技术、服务器定制设计技术、模块化数据中心技术
物联网	传感节点的低功耗和微型化技术、远程环境感知、检测与控制

表11　生物技术和新医药产业

技术领域	关键技术
医药生物	病毒样颗粒技术、大型DNA病毒基因组高效定点编辑技术、噬菌体展示疫苗载体技术、前体药物产业化生产技术
工业生物	工业酶分子改造技术、工业蛋白质表达技术、工业微生物高通量筛选技术、生物炼制与生物质转化技术
下一代基因组	DNA甲基化技术、非编码RNA技术、染色体三维结构分析技术
新药创制	肿瘤一线治疗药物研发技术、小分子药物设计筛选技术、药效及安全性评价技术
医药器械	螺旋扫描CT装置技术、立体定位超声聚焦治疗系统技术、旋转伽马刀技术、微创血管支架技术

表12　新能源产业

技术领域	关键技术
太阳能	化合物非硅光伏电池技术、硅烷流化床法多晶硅生产技术、金刚线切割技术、CIGS薄膜电池技术
风能	大型机组设计技术、超大型风电机组智能控制技术、海上风电机组技术
核能	核电用大型铸锻件技术、核级主管道技术、核级阀门技术、核级电缆技术
生物质能	生物质直燃发电技术、木质纤维素生物转化技术、生物质热化学转化技术

表13　新材料产业

技术领域	关键技术
高性能金属材料	高性能低成本钢铁材料设计、洁净钢制造技术、粉末高温合金技术、大规格铝镁合金技术、钛合金和铜合金精密成形技术
光电材料	第三代化合物半导体材料制备技术、有机发光（OLED）显示与激光显示技术、高品质外延及芯片技术、大功率封装技术、LED背光模组技术
纳米材料	纳米材料及制品的制备和应用关键技术，纳米器件的制造、组装及集成技术，纳米安全评价技术
膜材料	高性能低成本隔膜制备技术、离子交换膜材料技术、基于膜分离集成过程的水资源综合利用技术、膜法深度水处理技术
石墨烯	大面积石墨烯透明导电薄膜应用技术、石墨烯锂离子电池应用技术、石墨烯纤维材料应用技术、石墨烯吸附性能及其应用
先进复合材料	高性能纤维复合材料技术、海洋工程材料技术、特种工程材料

表14 节能环保产业

技术领域	关键技术
水污染控制	新型生物脱氮除磷技术、农村面源污染治理技术、畜禽养殖废水处理技术、水体富营养化控制及修复技术
大气污染控制	细颗粒物控制技术、重点行业烟气脱硝技术、柴油机尾气净化设备技术、有机化合物治理技术
固体废弃物处理	生活化垃圾焚烧和生物处理技术、废弃脱硝催化剂回收利用技术、危险废物鉴别技术、重金属替代技术
土壤污染防治	地下水污染控制与修复技术、工业场地快速化工程修复技术、污染场地修复注射系统技术、地下水污染物的地表智能探测
节能技术	变频调节节能技术、伺服电机永磁高效节能技术、流程工业能量系统优化技术、能量转换系统效能提高及改造技术
环境监测	空气、水质智能监控系统技术，射频识别和物联网芯片技术，细颗粒物及灰霾监测技术，有机物污染物在线监测技术

表15 新能源汽车产业

技术领域	关键技术
新能源汽车电池	电池分选和一致性技术、电池包可靠性和耐久性设计技术、电池成组连接技术、隔膜及电解液材料技术
新能源汽车电机	热管理技术、电磁兼容技术、抗震降噪技术、绝缘及导热材料
新能源汽车电控	整车控制系统技术、专用发动机控制技术、专用变速器控制技术、底盘控制系统技术、汽车智能化技术
新能源汽车整机	整车电控集成及匹配技术、车身结构和材料轻量化技术、整车优化设计及生产技术

表16 智能电网产业

技术领域	关键技术
电网安全防御	嵌入式平台专用可信芯片技术、可信配网终端技术、公网通信安全防护网关与模块技术
电网运行调度控制	通信系统与参数量测技术、一体化智能应用与模型管理技术、电网实时动态监测与预警技术、电网经济运行与智能优化技术
特高压输电	特高压交流输电技术、特高压直流输电技术、柔性直流输电技术、多端直流输电技术

5.4.2 着力强化企业技术创新主体地位，培育壮大世界级创新型企业集群

企业是产业科技创新要素集成的核心环节，企业强，则产业强、经济强。可以说，企业创新能力的强弱决定着江苏“一中心”建设的成败。只有尽快提升企业创新能力，我们才有可能在新一轮国际竞争中抢占先机。这几年，江苏围绕企业创新需求，着力将创新资源引入企业、将技术研发机构建在企业、将科技服务覆盖到企业、将创新政策落实到企业，全省企业的整体创新能力显著提升。面对“一中心”建设的新要求，要进一步发挥市场对技术研发方向、路线选择和各类创新资源分配的导向作用，引导创新要素向企业集聚，高水平建设研

发机构，促进企业真正成为技术创新决策、研发投入、科研组织和成果转化的主体，培育形成有较强国际竞争力的创新型企业集群。

5.4.2.1 打造具有国际影响力的创新型领军企业

全面启动创新型领军企业培育工作，强化大型企业整合利用全球创新资源的能力，通过并购重组、开展委托研发和购买知识产权，加速全球创新资源向企业集聚，到 2020 年，培育 100 家拥有全球顶尖人才、创新能力国际一流、规模与品牌位居世界前列的创新型领军企业。支持企业组建研究院和专业研发中心，优先在行业龙头企业布局建设国家重点实验室、工程实验室、工程中心等研发机构，支持企业与掌握前沿技术理论和基础研究的国际顶尖高校及一流研发机构共建高水平的重大研发载体，大幅提升企业国际创新竞争力。重点围绕大数据应用、虚拟现实、智能硬件、人工智能、智能汽车等新兴产业领域，孵化和培育一批“独角兽企业”。推动企业加大技术创新、管理创新和商业模式创新力度，加快形成以高新技术企业为主力军的创新型企业集群。

5.4.2.2 培育产业细分领域掌握核心技术的“小巨人”

大力支持科技型中小企业发展，打造一批拥有特色专有技术、具备国内外行业竞争优势的“小巨人”企业。充分发挥科技型中小企业创新基金引导作用，通过贷款贴息、研发资助等方式重点支持种子期、初创期小微企业创新活动。推广科技创新券制度，鼓励各地开展科技创新券补助政策试点，引导中小微企业加强与高等学校、科研机构、科技中介服务机构及大型科学仪器设施共享服务平台的对接。加大对科技型中小企在股份制改造和上市等关键成长期的支持力度，加快上市融资步伐。支持企业承接重大建设工程，通过预留、评审优惠和合同分包等方式提高中小企业政府采购比例。

5.4.2.3 提升企业研发机构建设水平

实施企业研发机构建设“百千万”行动计划，加快提升百家国家级企业研发机构、千家省级重点企业研发机构、万家以上大中型企业和规模以上高新技术企业研发机构建设水平。以高端化和国际化为导向，积极创建国家级企业研发机构，引进国际高端资源，开展产业前沿技术研究，打造企业创新驱动发展的标杆，建设一批具有全球影响力的企业研发机构。支持省级重点企业研发机构建设，引导构建高效的企业研发体系，创新组织模式、研发模式和管理方式，打造一批国内一流的企业研发机构。继续推进大中型企业和规模以上高新技术企业研发机构建设，加大研发投入、集聚研发人才、完善研发条件，激发企业技术创新活力，全面提升企业研发机构建设水平。

5.4.3 着力构建全球开放创新网络，广泛集聚国内外高端创新要素

在经济全球化深入发展的大背景下，创新资源在世界范围内加快流动，各国科技经济联系更加紧密，任何一个区域都不可能孤立地依靠自己的力量解决所有创新难题。建设“一中心”必须深化国际交流合作，积极融入全球创新网络，充分利用国际创新资源，在更高起点上推进自主创新。要加快建设创新要素顺畅流动、功能互补、高效配置的区域创新体系，进一步明确企业、高校院所、科技园区等各类创新主体在创新链不同环节的功能定位，使各主体、各方面、各环节良性互动，激发主体活力，系统提升各类主体创新能力，加快形成开放、协同的产业科技创新格局。

5.4.3.1 健全深度融合的产学研一体化机制

实施产学研协同创新行动计划，支持以企业为核心，联合大学和科研机构等，从产业发展不同需求出发，开展不同形式、不同内容的产学研协同创新，促进多领域、多部门团体合作。探索“互联网+产学研”的新途径、新模式，引导更多创新资源服务企业技术创新。完善产学研合作保障机制，规范企业、大学和科研机构在资金管理、知识产权归属、产权利益分配等方面的职责和权益，进一步拓宽产学研合作融资渠道，形成长效的资金保障体系。提升产学研产业协同创新基地、产学研合作新型研发机构和高校技术转移中心建设水平，促进创新要素和产业要素紧密对接。

5.4.3.2 更加积极主动融入全球创新网络

深化拓展与世界主要创新强国及国际一流创新机构的合作关系，构建产业创新全球合作伙伴关系网络。支持企业“走出去”利用全球科技资源，鼓励企业在创新实力较强的国家和地区设立、并购研发机构，创建国际化创新与生产营销网络。引导企业实施开放式研发策略，支持企业发起或参与建立国际科技创新联盟。健全综合协调机制，合力支持江苏省技术、产品、标准、品牌走出去，开拓国际市场。鼓励高校、科研机构加强对外人才交流与科研合作，共建国际联合研究中心、实验室，加大全球人才招聘力度，加快提升国际化水平。鼓励创新要素跨境流动，对开展国际研发合作项目所需付汇，实行研发单位事先承诺，商务、科技、税务部门事后并联监管。

5.4.3.3 发挥高新区创新要素集聚的主阵地作用

坚持“高”和“新”的发展导向，推动省内外高校、人才、科研机构等优质创新资源向高新区集聚。以建设世界一流高科技园区为目标，借鉴美国硅谷、韩国大德等世界著名科技园区的发展经验，在江苏省国家级高新区中择优培育建设具有国际重大影响力的科技园区。设立高新区创新发展引导资金，引导地方和社会资金加大对高新区的投入，主要用于支持高新区创新核心区内重大创新创业载体和平台建设。加大政策扶持力度，对高新区财政收入中上缴省市增量部分实行全额返还，省市对高新区创新核心区建设用地给予优先安排。科技人员到园区创办科技企业可享受税收优惠。赋予省级以上高新区相应的经济和行政管理权限，鼓励高新区制定特殊政策措施，集聚科教资源。加快开发区“腾笼换鸟”进程，探索建立开发区动态管理机制，把创新能力、品牌建设、知识产权保护、生态环境、节约集约用地等作为考核评价的重要内容，引导开发区增强发展的内生动力。支持经济综合实力领先、产业特色明显、内生动力突出的省级开发区升格为国家级开发区。

5.4.3.4 加快苏南国家自主创新示范区建设

把握“三区一高地”的战略定位，尽快在苏南国家自主创新示范区推广落实中关村政策，着力在重大科技创新平台、知识产权、人才激励、科技金融等方面开展先行先试，打造主要依靠创新驱动发展的“新苏南模式”。全面推进区域协同创新，加快推进“五城九区多园”的创新一体化布局和产业特色发展，加强科技资源整合集聚和开放共享，促进城市间科技创新和产业发展分工协作，集成联动、错位发展，提升区域协同发展能力和综合竞争力，加快构建协同有序、优势互补、科学高效的区域创新体系，构筑整体发展优势。深化苏南人才管理改革试验区建设，构筑国际化产业人才高地。研究制定苏南国家自主创新示范区促进条例。

5.4.4 着力打造与国际接轨的创新生态环境，建设国际化人才创新创业高地

创新生态是江苏建设“一中心”的基础保障。在创新范式升级的背景下，产业创新已不是单一个体的行为，而日益依赖于互补性创新生态系统。从全球范围看，有影响的产业科技创新中心都形成了良好的创新生态环境。硅谷是最典型的案例，其创新生态系统由科研机构、投资人、政府和各类咨询服务机构等构成。斯坦福大学和加州大学伯克利分校为硅谷培养大量人才，众多天使投资人和风投资本发挥着纽带作用，不断涌现的小企业形成创新的微生态种群，而会计师、律师等则提供专业化服务。正是由于这种世界级创新生态系统的存在，硅谷才能长盛不衰，保持着人才源源不断的创新活力。江苏建设“一中心”必须改变将创新要素简单组合的传统观念，按照“宜居、宜业、宜研、宜资”的要求，加快构建基于国际标准的最有利于创新创业的生态环境体系，完善与国际接轨的制度安排，协调利用市场机制和积极发挥政府作用，引导优势人才资源源源不断地投入江苏产业科技创新。

5.4.4.1 建立具有国际竞争力的人才引进制度

更加注重人才引进的制度建设，大力集聚国际化高端人才，推动江苏省产业科技创新逐步走向世界先进行列。依托“双创计划”等省级高层次人才引进计划，围绕重点产业领域和创新方向，重点引进具有国际水平的科学家、领军人才、工程师和创新团队，特别是集聚一批诺贝尔奖得主。加大创业型人才引进力度，以大学生等各类青年创业者、企业高管及连续创业者、科技人员、海归创业者为主体，加强政策支持，集聚众创人才。在北美、欧洲及上海、北京、深圳等科教和创新资源密集地区建立招才引智基地，提升人才国际化水平。发挥各类园区及众创空间招才引智优势，支持有条件的企业在境外设立研发中心，聚焦产业，差异化引进高层次人才。鼓励发展专业性、行业性人才市场，发挥社会机构招才引才作用。健全人才引进政策体系，在资金保障、住房购置、子女就学、社会保障、家属就业等方面给予支持。

5.4.4.2 大力培养创新创业人才

构建创新型人才培养模式，鼓励高校以经济社会发展需求为导向，适时调整学科、专业，大力开展创业教育，着力培养富有创新精神、敢于承担风险的创新型人才。加快部分省属普通本科高校向应用技术型高校转型，注重新兴产业和重点领域急需紧缺人才培养，提高应用型人才培养质量。大力推进产教融合、工学结合、校企合作培养模式，推行企业新型学徒制、“双导师制”，培养适应市场需求的技能人才。鼓励青年人才负责或承担重大科技计划项目，大规模组织青年科技人才到国际研发平台上进行培训、锻炼。建立适应不同科研活动特点和人才成长规律的科技人才分类评价机制。完善人才市场，吸引国内外知名猎头公司在江苏省设立分支机构或办事处，为高层次人才合理流动提供优质服务。

5.4.4.3 构建适应大众创业、万众创新的科技孵化体系

充分发挥创业孵化机构的产业孵育功能，兴办一批市场化、专业化、集成化、网络化的众创空间，加快建设国际化的跨境创业平台和孵化载体。发挥大学科技园、科技企业孵化器等的基础服务资源优势，与众创空间开展深层次合作，形成涵盖项目发现、团队构建、投资对接、商业加速、后续支撑的全过程孵化链条。大力建设公共技术与推广服务平台，鼓励研究机构和企业开放设备和研发工具，为创客群体提供加工、检测等服务。培育一支高端化的

创业导师队伍，形成“创业者—企业家—天使投资人—创业导师”的互助机制。

5.4.4.4　强化金融资本对产业科技创新的助推作用

发挥金融创新对产业科技创新的助推作用，支持股权投资、创业投资和天使投资发展，支持企业利用多层次资本市场参与全球竞争。建立各产业部门基金统筹联动机制，围绕前瞻性、战略性产业链布局资金链，重点发展“首投、首贷、首保”，优先支持初创企业。鼓励金融机构推进“人才贷”、知识产权质押贷款、科技保险、科技物业资产证券化等科技金融产品创新，促进科技成果资本化、产业化。推动科技金融业务互联网化，鼓励各类金融机构与互联网企业的融合创新，引导网络借贷平台和众筹平台加快发展，发展互联网科技小额贷款公司等新型科技金融组织。完善企业改制上市培育工作体系和协同工作机制，支持符合条件的优秀科技企业发行上市，不断做强做大“江苏板块”。完善科技信贷机构体系，加快聚集国内外金融服务资源。

5.4.4.5　推动科技服务集群化发展

大力发展研发设计、检验检测认证、知识产权、技术转移、创业孵化、科技金融、科技咨询等专业科技服务和综合科技服务，构建覆盖科技创新全链条的科技服务体系。积极培育市场化新型研发组织、研发中介和研发服务外包新业态，引导科技服务向规模集团化、服务专业化、功能体系化方向发展。加快建设苏州自主创新广场、常州科教城等科技服务集聚区，支持高新区、经开区、科技产业园建设科技服务特色基地；支持引导骨干科技服务机构集聚优质资源，打造一批连锁型、平台型科技服务集团；鼓励国际知名服务机构在江苏省设立分支机构或开展科技服务合作。

6　江苏推进“一中心”建设的措施建议

6.1　营造激励创新的市场环境

健全产业科技创新的市场导向机制，发挥市场对技术研发方向、路线选择、要素价格、各类创新要素配置的导向作用。改革产业准入和监管办法，实施负面清单制度，将产业项目由前置审批为主转变为政策法规和技术标准后续管理为主，形成有利于产业转型升级、创新发展的鲜明导向。放宽新技术、新产品、新商业模式的市场准入限制，破除新兴产业准入的体制机制障碍，鼓励支持新业态、新商业模式发展。探索实施市场公平竞争审查制度，严格禁止不当补贴落后产能的行为，通过扩大竞争加快技术进步和提高行业生产效率。发挥要素价格倒逼作用，建立反映资源稀缺程度和市场供求关系的要素价格形成机制，促使企业从主要依靠消耗资源、低成本竞争向主要依靠创新和品牌竞争的转变。实行差别化资源价格政策，对高耗能、高污染和产能过剩行业实行惩罚性和限制性电价、水价。提高工业用地价格，完善最低工资、劳动保护和社会保障制度，实现生产要素成本变化与经济提质增效相适应。

6.2　健全产业科技创新领导机制

加强组织领导，充分发挥省科技创新工作领导小组作用，加强整体谋划，进一步完善部门沟通协调和工作联动机制，更好地凝聚各方面的智慧和力量，合力推动“一中心”建设。各级党委、政府要把建设具有全球影响力的科技创新中心摆在发展全局的核心位置，建立工作责任制，制定具体推进方案和措施，确保落实到位。改革完善创新驱动导向评价机制和考核办法，把创新业绩纳入对领导干部考核范围，引导广大干部树立正确政绩观。加强创新调查，出台江苏建设“一中心”的监测指标体系，建立定期监测评估和滚动调整机制，确保“一中心”按时序要求推进建设。

6.3 加大引导性产业科技创新投入

深入推进政府投入方式创新，以税收优惠、政府采购等引导性、普惠性政策支持企业技术创新和科技成果转化活动。运用财政补助机制激励引导企业普遍建立研发准备金制度，引导企业有计划、持续地增加研发投入。加大省、市、区县三级财政资金对新技术、新产品的采购力度，研究制定促进公共服务部门和国有企业采购新技术、新产品的政策。在财政出资的重大工程项目和服务采购清单中，须有5%以上的额度面向中小企业招标采购。围绕经济社会发展重大战略需求和政府购买实际需求，探索试行创新产品与服务远期约定政府购买制度，带动新技术、新产品在全社会的推广应用。

6.4 推进市场化科技管理体制机制改革

加强科研项目和资金配置的统筹协调，探索打破行政主导和部门分割，建立主要由市场决定技术创新项目和经费分配、评价成果的机制。实行科研项目分类管理和差别化支持，对基础前沿研究突出创新性成果和人才培养的考核导向，对产业技术研发突出企业主体和市场评价导向，对公益性科研项目强化需求和应用导向。完善科研项目资金管理，试行科技专项资金预决算公开，建立科研项目间接成本补偿机制，对产业技术类项目探索实行后补助支持方式。健全重大创新工程和项目容错机制。

6.5 完善科技创新政策支持体系

以深化科技体制改革为动力，加大产业创新政策突破和先行先试力度，出台促进企业增加研发投入、促进产学研结合、鼓励知识产权创造等政策措施，加强产业政策、财税政策与科技政策的衔接配套，不断完善科技创新政策体系。建立科技政策落实工作机制，加强政府部门间政策的协调和联动，形成产业、财政、税收、金融、教育等政策的合力，重点落实好企业研发费用加计扣除、高新技术企业和技术先进型服务企业税收优惠等政策，切实做到应减则减、应免尽免。加大创新产品和服务的采购力度，鼓励采用首购、订购等非招标采购方式，以及政府购买服务等方式予以支持，促进创新产品的研发和规模化应用。充分利用“互联网+”等新型宣传手段，注重发挥行业协会、中介机构等在科技政策宣传与培训方面的作用，加强科技政策落实监测，大力提高政策受惠面，全方位推动政策落地。

6.6 健全与国际接轨的知识产权制度

不断加强与美国、欧盟、韩国等发达国家和地区及世界知识产权组织的合作，积极融入国际知识产权创造、运用与保护体系，不断提升知识产权海外布局、技术转移、人员交流培训等方面的成效。研究制定海外知识产权维权指引，建设涉外企业知识产权数据库，努力为企业参与国际竞争、应对知识产权争端保驾护航。进一步推进知识产权民事、行政和刑事司法审判“三合一”改革，探索设立知识产权法院，发展知识产权司法鉴定机构。

6.7 营造崇尚创新创业的文化环境

加强宣传和舆论引导，发展繁荣创新文化，加强对创新主体、创新过程、创新成就及破难关、勇创新先进典型的宣传力度，形成支持具有全球影响力的产业科技创新中心建设的浓厚氛围。倡导百家争鸣、尊重科学家个性的学术文化，增强敢为人先、勇于冒尖、大胆质疑的创新自信。重视科研试错探索价值，建立鼓励创新、宽容失败的容错纠错机制。营造宽松的科研氛围，保障科技人员的学术自由。加强科研诚信建设，引导广大科技工作者恪守学术道德，坚守社会责任。加强科学教育，丰富科学教育教学内容和形式，激发青少年的科技兴趣。加强科学技术普及，提高全民科学素养，在全社会塑造科学理性精神。

课题负责人：韩子睿
课题组成员：张　雯　商丽媛　魏　晶　宋艳红　陈　艳　皮宗平　刘中正　张巍巍
李麒麟　钱　琳　尹　政
撰　稿　人：韩子睿

扬州头桥医疗健康产业园总体发展规划（2016—2020 年）

头桥镇隶属于江苏扬州广陵区，位于广陵区东南部。头桥镇因“头桥”得名，原镇西有石桥，上铺两块长条石，是东夹江边到李典镇八桥港架设的第一座桥，故名头桥。2003 年，头桥镇与红桥镇合并设立新的头桥镇。2011 年划归广陵区管辖。截至 2015 年，头桥镇辖 15 个行政村，1 个社区。2015 年，全镇实现国民生产总值 60.1 亿元，工业总产值 138.4 亿元。头桥镇素有“医疗器械之乡”的美誉，头桥医疗器械产业起步于 20 世纪 60 年代，已有近 60 年的历史，已成为当地百姓的富民产业，又是地方经济的支柱产业，头桥镇的医疗器械及卫生用品等产品销售网络亦已遍布全国各地。

新条件、新形势下，为了加快城镇建设与产业转型升级，更好地发挥头桥镇医疗器械产业优势与旅游资源优势，释放扬州头桥镇的养生、养老、游憩等潜力，抓紧“区镇合一”“一带一路”与国家“十三五”规划等百年一遇的机遇，2016 年 10 月，受扬州市广陵区头桥镇政府的委托，江苏省科技发展战略研究院正式开展头桥医疗健康产业园总体发展规划的编制工作。

1　认知，走进健康头桥

1.1　前言背景

1.1.1　规划范围

第一层面为产业，即对头桥产业结构现状与未来发展方向的研究。第二层面为产城融合，将头桥医疗健康产业与城镇建设融为一体、协调发展。

1.1.2　规划任务

本规划将对整个头桥的区位条件、资源禀赋、产业结构、技术方向等进行剖析，对标国内外医疗健康产业园的成功案例，针对头桥医疗健康产业园的战略定位、发展目标、主体功能布局等方面进行研究。

1.2　技术路线

本规划包括定位研究、产业创新系统构建与空间布局 3 个重要部分（图 1），力争为头桥健康产业园提供全面且可操作的规划方案。

本规划经课题组多次讨论与修改，在对头桥健康产业园进行现场调研和企业访谈的基础上，对规划项目进行了认知性的剖析，通过对标国内各大健康产业园、医疗器械产业园、医疗器械小镇，从区域背景入手分析头桥健康产业园的优劣势与潜在的机遇和挑战，结合当今社会的经济现状与产业现状，以明确头桥健康产业园的发展目标定位与愿景。

以对标国内外健康医疗产业园及医疗器械企业的方式，深入研究医疗器械产业技术前沿和产学研的合作高级院所，结合头桥当地的技术发展现状，提出头桥健康产业园的产业发展方向。在头桥健康产业园的发展目标定位与产业发展方向的基础上，结合头桥镇的用地状况，提出指导头桥健康产业园未来发展的规划理念与共建结构，综合确定头桥健康产业园的用地规划方案。

本规划在编制过程中充分听取了专家意见，开展了多次专题调研与专家咨询会，经过多次修改形成终稿。

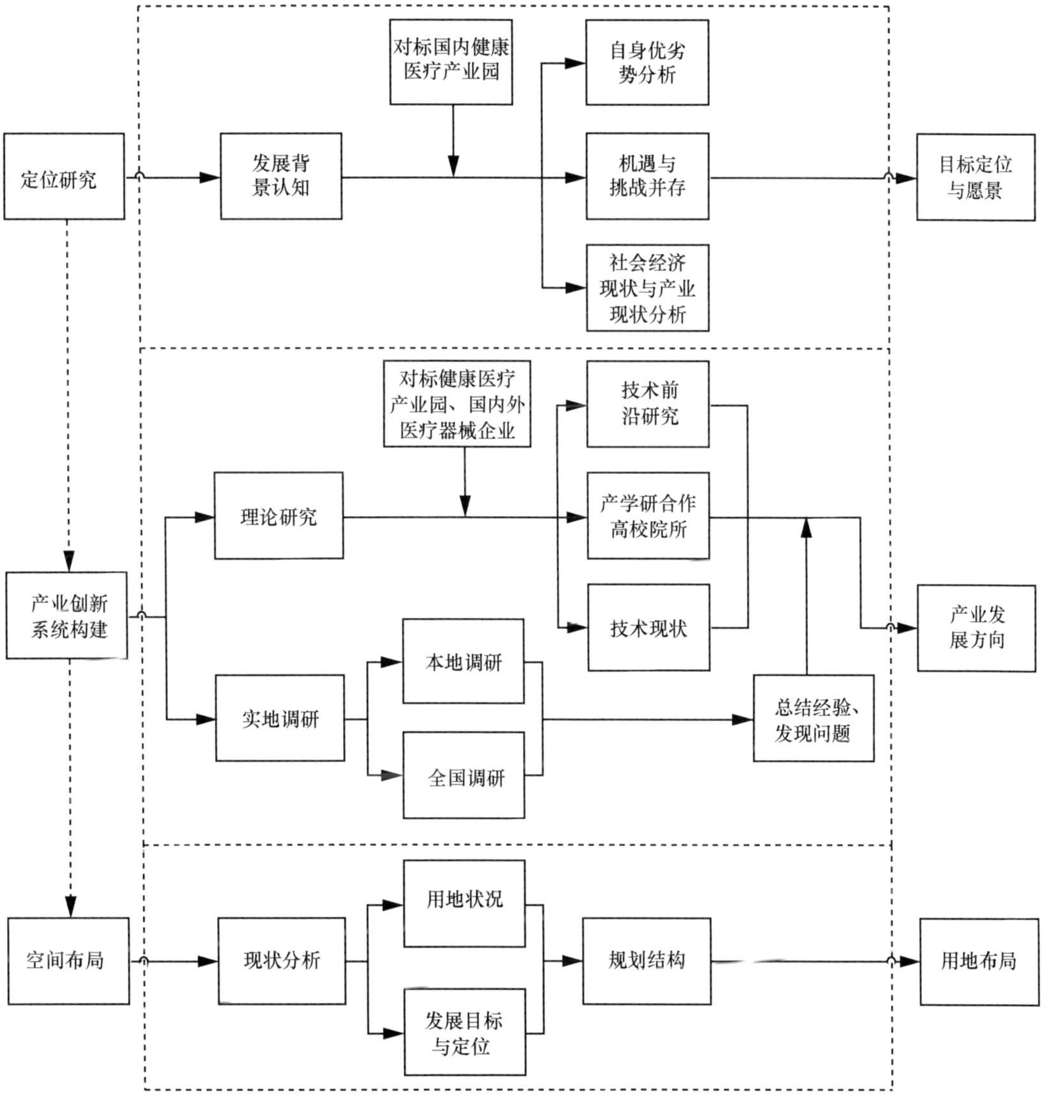

图 1　技术路线规划

1.3 区位概况

头桥镇隶属于扬州市，位于扬州东南部，地处淮河入江口，依长江而立，岸线资源丰富，位于长江三角洲内，境内土地均由长江冲积而成，面积64平方千米，年平均降雨量1005毫米左右，头桥镇是亚热带海洋季风气候，气候温暖湿润，年平均气温5 ℃左右，桥镇辖区内土地肥沃、自然资源丰富，创成省平安农机乡镇、省水稻机械示范镇，素有“银杏之乡”的美誉。头桥镇东与江都区隔江相望，到即将建成的苏中机场仅30分钟；南同镇江丹徒高桥接壤，到镇江港口约40分钟；西与李典镇为邻，到达扬州港和润扬长江公路大桥分别约20分钟和30分钟；北同杭集镇相伍，到宁通高速、京沪高速约30分钟。沿江高等级公路和即将开工建设的公铁两用五峰山长江大桥从境内穿过。头桥镇距扬州火车站仅30分钟、沪陕高速入口6分钟，到南京约2小时，上海仅约3个半小时。

1.4 头桥印象

1.4.1 文化底蕴丰厚，自然生态优美怡人

头桥镇丰厚的历史文化底蕴及优美怡人的自然生态，为科技产业园发展健康旅游路线、提供智慧健康养老服务奠定了良好的基础。历史文化底蕴丰厚。头桥镇历史悠久，名人辈出,培养了多个为国家做出突出贡献的乡贤俊彦，造就了成千上万创业者。中国雷达之父束星北、中国航空发动机之父吴大观，中国著名农机专家余友泰等一批优质人才，是头桥人拓荒和开创精神的缩影，也是头桥镇深厚文化底蕴的代表。头桥坐落于历史文化名城扬州市西南部，扬州旅游资源丰富，拥有1处国家5A级景区与6处国家4A级景区，以“扬州三把刀”为代表的淮扬菜、休闲美容、养生按摩等享誉全国。自然生态优美怡人。受海洋季风气候影响明显，气候温暖湿润，雨量充沛，土地肥沃。生态环境优美，被生态环境部授予“国家生态镇”、被江苏省爱卫会授予“江苏省卫生镇”的称号，已建成银杏、优质稻米、无公害蔬菜、特水养殖四大基地，享有“银杏之乡、鱼米之乡”的美誉。头桥镇溪桂园项目与镇内黎明农庄、兴达度假村、茂顺缘、庆丰银杏园、迎新高效农业园整合，形成集种植、采摘、垂钓、观光、休憩为一体的乡村旅游景点。

1.4.2 医械基础雄厚，产业特色极为鲜明

头桥镇近60年的医械发展历程，为科技产业园奠定了坚实的发展基础，数家企业在全国出类拔萃，是国内仅有的几家具有高科技产品生产资格的企业，产业特色鲜明。医械基础雄厚。江苏的一次性医疗器械用品占到全国市场的一半以上，而头桥镇又占其中的40%左右，仅麻醉包就占据全国20%以上的市场份额，已经成为全国医用耗材四大集散地之一，是江苏省重要的医疗器械特色产业基地。2016年，形成近50亿元的销售规模。初步形成了集研发、生产、销售、服务为一体的全产业链。经营的医疗器械产品涵盖一类、二类、三类医疗器械产品，产品品种达130多种，销往30多个国家和地区。具备高科技产品生产资格，产业特色鲜明。在骨伤愈膜领域，全国生产企业仅2家；在镍钛合金聚髌爪领域，全国生产企业仅2家；在留置针、精密输液器领域，全国生产企业不超过10家；在静脉导管领域，全国生产中心、企业只有4～5家；在消毒卷带领域，全省第一家；在医用压力传感器领域，

全国生产企业仅6家。部分产品ISO13485、ISO9001国际质量体系认证，部分企业还通过了欧盟CE质量体系认证和美国FDA质量体系认证。营销网络日趋成熟。目前头桥镇从事医疗器械经营的营销人员达5000多人，经营场地30 000平方米，仓库面积18 000平方米。与全国多个大城市建立了医疗器械产品经营分支机构，营销渠道比较宽广，营销体系较为完善。

1.4.3 企业集群汇聚，创新能力日益提高

科技产业园的发展重视以企业、科研机构为主体的创新体系建设，大力推进产学研合作创新工程，创新能力显著提升。企业集群汇聚。全镇集聚医疗器械生产型企业126家，经营企业96家，国家高新技术企业10家、从业人员1.5万人。头桥医疗器械生产企业的2/3集中在科技产业园，拥有华星、洋生、亚光、亚达等一大批龙头医疗科技企业。研发合作持续增多。在认真抓好西贝与西安交通大学、北京邮电大学，亚达与南京大学，亚光与东南大学等一批产学研合作项目的基础上，进一步鼓励企业与高等院校、科研机构加强对接，目前依托中国科学院扬州应用技术研发与产业化中心，与中国科学院理化所、上海交通大学、香港城市大学等著名高校建立了较为稳定的产学研合作关系。创新能力日益提高。2016年，申请专利近500件，其中发明专利300件，拥有省著名商标12个、市级品牌37个，生产许可证1842个。创新成果不断涌现。亚达公司与华中科技大学桑农教授合作研发出医疗诊断影像输出系统、华东公司与华中科技大学杨光教授合作研发出纳米纤维素医用敷料、兴通公司与清华大学合作研发出精密输液器、洋生公司与第二军医大学合作研发出骨伤愈膜、华星公司与西南交通大学合作研发出心血管支架。

1.4.4 创新平台完善，创新创业环境优良

近年来，头桥镇把科技创新平台建设作为科技发展的基础性工程，公共服务逐步完善，创新创业生态持续优化。创新平台完善。组建有扬州市医疗卫生用品行业协会，拥有扬州市邗江区头桥镇医疗器械创业基地、医疗器械产业协同创新服务示范基地等省级以上创新创业平台2个，企业技术中心28家，投资26.28亿元建设了医疗器械科技城，使科技产业园发展成为长三角地区区域医疗器械生产、检测、交易、物流的根据地。此外，科技产业园积极利用中国科学院扬州应用技术研发与产业化中心、江苏省（扬州）数控研究院、高新技术创业服务中心和创富工场（科技加速器）为区内企业提供创新和创业服务。加强一站式服务。成立小镇招商引资办公室，明晰招商产业方向，引进人才可优先享受区人才引进各项政策，设立科技成果转化奖，建立服务型管理机构，提供“一站式”“保姆式”服务。扶持政策不断完善。积极争取上级政府支持，设立政府前期投入引导基金，实施科技创新券制度，制定财政优惠政策，设立中小企业发展基金，制定科技型中小企业税收优惠政策。政府明确工作重点，狠抓政策落实，特色小镇规划重点项目18个均与医疗健康产业相关。优先保障土地资源，对符合科技产业园医疗器械产业发展方向的企业优先安排用地。

但头桥产品技术水平偏低，公共服务设施缺乏。头桥医械产业集群的产品集中于一类、二类和低端三类产品，企业的技术水平总体来说比较低，但个别类别产品较高。从企业的研发活动来看，较少的企业进行自主研发，多数企业通过购买技术或是纯粹模仿来获取新技术，导致绝大多数企业的产品可替代性高，仅依靠价格取胜。产品的同质化程度与可替代程度反映了企业技术水平的高低，技术水平高，生产出的产品其替代性相对较低，这时主要依

靠技术水平来竞争，头桥医疗企业产业应当开辟一条研发高值医疗耗材的道路。

1.5 机遇与挑战

随着“健康中国”国家战略的启动，医疗健康服务产业不再仅仅作为医疗康复保健的辅助性产业，逐渐演变为拉动经济发展的主导性产业，成为促进中国经济发展的动力引擎。当前，人口老龄化（保健消费需求升级）、基层医疗机构需求增加、民营机构发展及技术创新升级成为直接拉动医疗健康行业加速发展的 4 辆马车。我国医疗器械产业和生命健康产业正处于从量的积累向质的飞跃、从点的突破向系统能力提升的重要时期。在这样的发展大背景、大趋势、大环境下，头桥医疗器械产业既面临着率先发展、优先发展、更好更快发展的重大机遇，也面临着自主创新、调整结构、产业升级的严峻挑战，更肩负着引领地方经济、建设宜居宜业乡镇、促进全民健康的重大使命。

1.5.1 面临机遇

1.5.1.1 技术创新日益活跃，全球医疗器械产业迎来蓬勃发展开拓期

21 世纪，科学技术创新日新月异，推动着医疗器械产业的持续快速增长，生命健康产业成为各国高新技术领域的支柱产业和战略性新兴产业。计算机技术的发展使医疗器械通过大数据、云计算将信息技术和生物技术相互渗透融合，催生基因检测、远程医疗、个性化治疗等健康服务新业态。影像技术的发展提高了体外诊断的效率和准确率，生物芯片、分子影像设备、数字化医疗装备、可穿戴医疗设备、生命传感器等，打造高端医疗器械研发集群。针对亚健康、代谢功能紊乱、慢性病等市场需求，功能性食品的研发技术近年来也突飞猛进。研发出了药食同源的乳品、饮料等抗衰老食品、抗肿瘤食品、糖尿病患者专用食品、孕妇和婴幼儿食品等功能性食品。在健康制造业生产技术方面，组织工程、远程会诊手术车、新型超导磁共振成像系统等新技术突飞猛进，极大程度拓展了传统医药产品、医疗器械制造企业的发展空间。

1.5.1.2 健康需求迅速增长，我国生命健康产业迎来日新月异机遇期

据中国医药工业信息中心推算，未来 5 ～ 10 年我国医药健康市场需求将持续稳定增长，为医疗器械产业发展提供持续快速增长的空间。国内医疗器械市场一直保持着两位数的增长率，从 2010 年到 2014 年市场规模扩大了 1 倍以上，市场总量从 2010 年的 1200 多亿元增长至 2015 年的 3000 亿元，其年均复合增长率超过 20%。2015 年中国医药市场规模约为 13 354 亿元，同比增幅仅为 7.6%。这是自“十二五”以来，中国医药市场最低的增长率，也是近 10 年来医药市场增长首次出现单位数的增长率。根据中国医药工业信息中心预测，未来国内医药市场整体上将保持略高于GDP增速的单位数增长率。江苏作为全国医药大省，医疗器械规模全国第一，头桥支撑着江苏 40% 的医疗器械产品，具有独特的产业优势和巨大的发展空间。

1.5.1.3 利好政策密集出台，江苏医疗健康产业迎来欣欣向荣发展期

“十三五”时期，是实现 2020 年全面建成小康社会宏伟目标的关键时期，医疗器械行业的创新研发、质量升级被提升到了国家战略的位置，迎来欣欣向荣发展期。2010 年，《国务院关于加快培育和发展战略性新兴产业的决定》提出“加快先进医疗设备、医用材料等生物

医学工程产品的研发和产业化，促进规模化发展。”2013 年出台的《关于促进健康服务业发展的若干意见》提出要多管齐下，多措并举全面发展健康服务业，加快发展健康养老服务，丰富商业健康保险产品，培育相关支撑产业，加快医疗、药品、器械、中医药等重点产业发展的 4 项主要任务；李克强总理在《2015 年政府工作报告》中，将生物医药列为新兴产业和新兴业态；《中国制造 2025》把生物医药产业及高性能医疗器械列为未来需要重点突破的领域；党的十八届五中全会提出“推进健康中国建设”的宏伟目标，并相继推出《“健康中国 2030”规划纲要》，把建设“健康中国”上升为国家战略。国家密集出台利好政策，为我国的医疗健康产业创造了良好的发展环境，江苏省医疗器械产业发展迎来难得的发展机遇。

1.5.1.4 银发经济初现活力，头桥健康养老模式迎来自我完善改革期

据统计，未来 20 年我国老龄人口将快速增长、老年人比例迅速提高，到 2035 年，我国老年人口将从 2.12 亿人增加到 4.18 亿人，人口占比达到 29%，我国急速进入老龄化。新一代老年人收入较高，观念较新，有高品质养老的愿望与能力，是拉动养老产业发展的主力军，“银发经济”初现活力。中国“银发经济”可以细分为享老经济和养老经济，享老经济是针对低龄活力老人，养老经济则针对刚性养老需求，二者统一构成了中国养老的完整模式。头桥镇可以发挥自然生态优美、养生文化突出的优势，依托沿江廊道建设老年公寓、老年农庄、特色老年休闲区，为老年人提供候鸟式养老服务，不断完善头桥智慧健康养老模式，满足老龄人口日益提高的生活质量需求，借鉴国内外知名养老模式，提供便捷、高效、智能的养老服务，紧抓我国“银发经济”初现活力的契机，打造中高端智慧健康养老乡镇。

1.5.2 面临挑战

1.5.2.1 医养理念迅速普及，提升我国医疗健康产业科技含量迫在眉睫

随着人们生活水平的提高，医养理念迅速普及，对医疗健康服务水平提出更高的要求。当前，我国医疗器械产业的科学技术总体水平与发达国家或地区差距 10 年左右，如果以现在的发展速度追赶，未来 10 年内我国医疗器械产业将难以超越发达国家或地区，提高我国医疗器械产业科技含量迫在眉睫。我国医疗器械企业普遍规模小、竞争力弱，如果按照年 4000 亿元产值计算，平均每个工业企业年产值仅 2500 万元。国内最大的医疗器械生产企业迈瑞公司年产值在 70 亿元左右，而美国强生公司医疗器械年销售额 275 亿美元，美敦力公司医疗器械年销售额 183 亿美元，全球医疗器械生产企业前十中有 7 家在美国。我国医疗器械企业研发资金投入不足，医疗器械企业研发总投入约占其总销售额的 3%，而发达国家或地区的医疗器械企业研发投入占其总销售额的 10% ～ 15%，国外少数大企业医疗器械研发投入高达 15% ～ 20%。例如，强生公司年投入研发费用近 20 亿美元，美敦力公司年投入研发费用近 17 亿美元。相比之下，加大我国医疗器械研发投入，提升医疗器械产品科技含量迫在眉睫。

1.5.2.2 健康生活需求大增，提高江苏生命健康产业质效水平刻不容缓

随着人们生活水平的提高，健康意识的日益增强，人们对疾病诊断、预防及健康管理等健康产品和服务质量都提出了更新、更高的要求。同时人力资源成本、原材料价格等生产成

本上升，挤压企业利润空间，如何提高产品质量，是当前各企业面临的重要课题。当前，江苏省医疗器械产业主要的问题是：仿制产品较多，研发创新产品较少；中低端产品较多，高端产品较少；部分产品同质化现象非常严重。在当前医疗器械行业蓬勃发展的大背景下，如果想获得更多顾客青睐，赢得更多市场份额，取得更长远的发展空间，江苏省必须打一场漂亮的质量仗，尽快提高医疗器械产品的质量水平。

1.5.2.3　医械行业竞争加剧，培育头桥医疗器械产业品牌形象箭在弦上

头桥不少医疗器械企业靠产品制造赚取低额的利润，加上近年国内用工成本在不断提高、企业面临新版GMP实施等原因，医疗器械企业运营成本不断上升，这给不少中小企业的生存发展带来了严峻的挑战。随着行业不断规范、新版GMP实施，部分中小型医疗器械企业更是面临被淘汰的风险。全国各地已经有一批健康产业的先行发展区，广州、上海、成都、深圳、珠海、苏州等都有相关的健康产业基地、健康产业园区的建设和发展，且发展向好；周边地区也有强大的竞争对手，宁波、绍兴、台州、金华等地在医药化工、生物制药、医疗器械方面具有较强的产业优势，杭州、上海在医疗服务业发展方面优势突出，生命健康产业开始形成全国竞相发展的局面，对扬州头桥生命健康产业发展形成较大压力。只有尽快培育出品牌企业才能在激烈的竞争中和产业改革中有所前进。

2　对标，探析发展路径

2.1　国内知名医疗器械产业集聚区研究

本规划编制组通过对张江高科技产业东区、中关村高端医疗器械产业园、深圳市南山区医疗器械基地、江苏医疗器械科技产业园、武汉高科医疗器械园、上海国际医学园区、海凭国际（湖南）医疗器械产业园、宁波梅山保税港区医疗器械产业园、南通崇川开发区医疗器械产业园、昆山医疗器械高科技产业园区等国内十大医疗器械产业园区进行调研，筛选了以下 5 个在某些方面值得头桥借鉴、参考的园区进行对标分析。

2.1.1　中关村高端医疗器械产业园

园区简介：中关村高端医疗器械产业园选址于大兴生物医药产业基地三期中部，生物医药国际企业花园用地范围内，东至宝参南街，西至明川大街，南至庆丰西路，北至永旺西路。项目规划用地面积 19.19 万平方米，总建筑面积为 28.79 万平方米。项目通过室内中庭、咖啡厅、下沉式庭院、观景平台等非正式交流空间，创造轻松自由的氛围，打造创新社区，并为企业提供一站式服务、社区化服务和全周期服务。

园区战略定位：医疗器械创新推动者，健康产业综合发展商。

愿景：成为具有影响力的健康产业集成运营平台企业。

使命：守护生命健康，引领产业创新。

价值观：协同、分享、共赢。园区围绕“高端引领、创新示范、产业生态、功能完善”的发展思路，以高端医疗器械产业为主，集研发、孵化、生产、服务为一体。

产业重点：园区重点发展高端医疗器械研发总部、新型高端医疗器械生产制造、医疗器

械企业孵化成长、医疗器械支撑服务四大产业功能。

评析：一是园区规划中“通过室内中庭、咖啡厅、下沉式庭院、观景平台等非正式交流空间，创造轻松自由的氛围，打造创新社区”，头桥的园区规划可以参考此处；二是园区战略定位“医疗器械创新推动者，健康产业综合发展商”，头桥的园区规划可以参考此处；三是使命“守护生命健康，引领产业创新”，头桥规划中可借鉴。

2.1.2 江苏医疗器械科技产业园

园区简介：江苏医疗器械科技产业园坐落于苏州国家高新技术产业开发区科技城内，总规划占地约 2 平方千米，载体面积 25 万平方米，分南部科研创新区、权威检测和评估机构区、综合配套区，北部产业示范区，集多方资源打造“中国绿谷”。自 2011 年成立以来，先后被批准为国家火炬特色产业基地、首批国家创新型产业集群试点、国家“十百千万工程”示范产品基地、国家级科技企业孵化器、国家级“创业苗圃—孵化器—加速器”科技创业孵化链条建设示范单位、江苏省省级科技创业园、江苏省省级科技产业园、江苏省中小企业创业基地。

园区定位和发展思路：依托苏州高新区太湖沿岸、大阳山麓珍惜山水资源，产业园融合中国科学院苏州生物医学工程技术研究所、浙江大学苏州工业技术研究院等创新资源，打造江苏省医疗器械检验所分所、苏州大学抗体工程中心、生物医学创新中心等权威检测研发平台，吸引国医械华光认证、SGS 等医疗器械专业咨询认证服务机构，聚集上市公司鱼跃医疗、中生北控，国际著名齿科器械公司卡瓦科尔，外科手术器械专家法兰克曼等百余家企业。愿景为“高技术、低成本、惠民生”。

产业重点：依托中国科学院生物医学工程技术研究所和浙江大学苏州工业技术研究院，研究方向：医用光学技术、医学检验制品、医学影像技术、医用电子技术、半导体光电子技术。是以生物医学工程技术和先进医疗设备产业化为核心，汇集从事生物医学工程和生物医药研发的企业和工程技术中心，引进国家级权威检测和评估机构，建设高端医疗技术服务平台，培养高级研究开发人才，聚集高科技医疗器械企业，产生集群效应，打造长三角首屈一指的国家级医疗器械产业基地。

评析：一是作为长三角首屈一指的国家级医疗器械产业基地，头桥应借鉴该产业园的园区定位和发展思路；二是“依托中国科学院生物医学工程技术研究所和浙江大学苏州工业技术研究院”，借鉴该产业园产学研的方式，寻求与其合作的资源；三是该园区建设和引进了一批权威检测平台和工程技术中心，这种建设平台的做法值得借鉴。

2.1.3 上海国际医学园区

园区简介：上海国际医学园区自 2003 年 4 月以来，受到各级政府的大力支持，先后被评为全国首个国家火炬计划上海医疗器械产业基地、国家医疗器械产业集群、国家科技兴贸创新基地、上海市首批生物医药服务外包专业园区、上海市南汇区留学人员创业园、上海市生产性服务业功能区、国家科技兴贸创新基地（生物医药）、国家新型工业化产业示范基地（生物医药）、海外高层次人才创新创业基地、上海知识产权试点园区、上海品牌园区等品牌资质和称号。

近年来，医学园区以每年 30 亿元以上的固定资产投资量确保进入发展的快车道，同时，对园区核心产业——医疗器械产业方面发展势头迅猛，截至2015年年底，园区入驻企业已获得各类器械注册产品证近700个，其中欧盟CE、美国FDA 160余个，累计专利申请数近800件，授权书近500件，医疗器械产值占上海全市医疗器械产值的25%以上。

园区定位和发展思路：上海国际医学园区将辐射上海及整个长三角地区，成为上海打造亚洲医疗中心城市的重要支撑。以现代医疗服务业和医疗器械及生物医药产业为核心，以打造高端医疗服务集群和高科技医疗器械及生物医药相关产业基地为目标，上海国际医学园区终将成为一座科技领先、环境优美、生态和谐的现代化医学科学城，真正成为中国的“医疗特区”、上海的“健康经济示范区”和浦东的“科技创新中心实践区”。

规划特色：根据美国帕金斯·伊斯特曼事务所对整个园区“树的年轮”的总体设计理念，园区的规划充分表达出“自然和谐、生命无限丰富”的寓意。规划中将依托国际医院、康复机构、医学院校三大主题，形成一个集约化的“医学社区”。通过提供研发、资讯网络等庞大的共享设施，保证和促进医疗实践、医学教学活动的进行，通过引进先进的医疗机构，使上海医学、医疗水平全方位得到提升；该规划同时也将医械生产、研发、展示、销售功能紧密结合，在强大的科研、学术交流储备资源上，迸发出巨大的生产能量。

产业重点：以现代医疗服务业和医疗器械及生物医药产业为核心，以打造高端医疗服务集群和高科技医疗器械及生物医药相关产业基地为目标。

评析：一是“上海国际医学园区将辐射上海及整个长三角地区，成为上海打造亚洲医疗中心城市的重要支撑”。中国的“医疗特区”、上海的“健康经济示范区”和浦东的“科技创新中心实践区”，以上的园区定位值得借鉴。二是规划特色“园区‘树的年轮’的总体设计理念，园区的规划充分表达出自然和谐、生命无限丰富的寓意”，理念新颖，值得借鉴。三是上海医疗机构是未来头桥园区招引的对象。

2.1.4 海凭国际（湖南）医疗器械产业园

园区简介：是国内首家助推型国际医疗器械产业园，是一个集生产、研发、技术成果转让、技术孵化、专业检测、交易展示、行业交流等功能于一体的专业园区。位于长沙高新技术产业开发区的核心位置，东北两面靠大道，西南两面接文轩公园，园区一期建设面积11万平方米，引进医疗器械生产企业36家，相关研发及服务单位5家。二期工程规划建设面积14万平方米，分为欧洲企业区、美国企业区、合资企业区、平台服务区、配套区五大功能区。园区建成后，计划引进海外企业20～30家，引进海外医疗器械技术成果30～50项。

园区定位和发展思路：海凭国际医疗器械产业园是国内独家医疗器械产业发展的运营商，专注于产业集群、资源整合和国际合作。

产业重点：园区内医疗器械龙头企业集聚，有湖南省医疗器械龙头企业——千山药机创办的千海医疗器械研究院、湖南麓谷国际医疗器械城有限公司创办的国际医疗器械交易中心、国内最大的医用离心机生产企业湘仪离心机、国内制氧龙头企业泰瑞医疗、国内医用卫生材料龙头企业福尔康集团、湖南第一家医用机器人企业妙手机器人公司、生产高科技蛋白质手术缝合线的然元新材料公司，平安医疗、得悦科技、海润科技、海赞医疗等一大批优秀企业。

评析：一是海凭的品牌意识值得借鉴。二是“海凭国际医疗器械产业园是国内独家医疗器械产业发展的运营商”，海凭的公共服务平台、运行机构、运营模式值得头桥借鉴。三是海凭产业园汇集了湖南省一批医疗器械龙头企业，产业园吸引企业的方式值得借鉴。

2.1.5 宁波梅山保税港区医疗器械产业园

园区简介：位于宁波梅山保税港区增值服务区地块，规划面积近 1000 亩[①]，一期 37 000 平方米的医疗器械保税展示、加工组装、仓储用房已落成。

园区定位和发展思路：高端医疗设备国际合作产业园、精准医疗服务园区。结合保税功能，以医疗器械生产、经营和现代医疗服务业为核心，以打造高端医疗器械制造、物流中心及高端医疗服务集群为目标，力争建成集研发、生产、流通、服务为一体的现代化医疗器械产业园区。

产业重点：高端医疗器械进/来料加工、高端医疗器械保税仓储基地、进口医疗器械保税展示，医疗器械融资租赁。

评析：“以医疗器械生产、经营和现代医疗服务业为核心，以打造高端医疗器械制造、物流中心及高端医疗服务集群为目标，力争建成集研发、生产、流通、服务为一体的现代化医疗器械产业园区”。宁波医疗器械产业园嫁接在当地的保税港区，因此该园区医疗器材的仓储、租赁等物流服务值得借鉴。

2.2 国内知名健康产业园研究

我们在调研了北医健康产业园、天狮国际健康产业园、中谷生命科学医疗器械产业园、泰州溱湖健康养老产业园、玉林健康产业工业园、南京国际健康产业园、天津健康产业园区、合肥医药健康产业园等国内八大健康产业园的基础上，具体对标分析了以下 3 个健康产业园。

2.2.1 南京国际健康产业园

园区概况：南京国际健康产业园是经南京市政府批准、由南京医药股份有限公司承建的南京市重点都市产业园。园区位于南京城市绿肺——风景秀美的雨花台景区小行山上。园区占地面积 20 万平方米，建筑面积 30 万平方米，总投资 5 亿元以上。建成后的南京国际健康产业园将成为南京主城区内规模最大、功能最全、环境最美、服务最优的都市产业园区。

园区定位：文化园区、健康休闲园区、生态园区、信息化管理园区、和谐安全园。南京国际健康产业园立足南京都市圈，服务长三角，打造南京医药健康产业高地和辐射长三角的健康养生一站式服务平台。

规划布局：健康产业园以健康养生服务为主题，以商务办公、高端医疗保健、产品研发和孵化作为园区的主要功能定位。其中，高端医疗保健主要包括服务高端人群的第三方体检；以数字家庭健康网络为支撑的老中医专家门诊；以药膳、针灸、推拿、刮痧为主的传统中医养生保健；以瑜伽、气功、心理疾病治疗服务为主的现代心理卫生保健及中医保健培训等。第三方体检中心主要功能从单纯的早期发现疾病向疾病早期发现、健康信息获得、慢性

① 1亩≈666.7平方米。

病防治转变，中心工作重点也从体检转向健康体检、健康知识传播、体检结果分析统计、危险因素发现评价、健康评估干预及完善的健康服务。高端医疗保健中心开展高端医疗保健服务，其特色是“取法自然”“治未病”，内容涉及足疗、气功、刮痧、拔火罐、针灸、推拿、按摩、瑜伽等各种绿色养生保健服务。中医药研发及孵化中心将建设和形成中医药研制和开发的信息和技术平台，广泛引入国内外中医药研发单位，开展中医药及其相关产品的研发和开发，特别是中医药新药的研制与开发。健康文化博览中心主要为健康文化展览、健康文化项目集中区等，书画、棋琴、音乐等相关文化艺术领域，集中华老字号、中医养生、同仁堂及健康旅游等为一体。

产业重点：一是医疗服务、中医保健服务、健康休闲、疗养康复；二是医药、医疗器械、生物科技；三是高效营养品、保健品、健康食品等。

评析：该园区规划的高端医疗保健中心，开展了“高端医疗保健服务，其特色是‘取法自然’‘治未病’，内容涉及足疗、气功、刮痧、拔火罐、针灸、推拿、按摩、瑜伽等各种绿色养生保健服务”。由此想到扬州著名的“三把刀”，应该引进头桥，发展具有扬州特色的健康养生服务业，如健康养生驿站。

2.2.2 天津健康产业园区

园区简介：天津健康产业园区位于团泊新城西区，以建设天津中医药大学、天津医科大学国际医学城、天津体育学院和天津体育中心为核心，依托区域优美的滨水生态环境，打造集体育休闲、科研教育、医疗康复、生态居住及旅游度假等配套服务于一体的可持续发展的互动式产业链条，建设具有国际水准的健康产业示范园区。

园区规划：将体育、医疗、健康产业相结合，建设集教学、研发、医疗、体育、康复、养老为一体的健康产业园区。

园区布局：天津健康产业园区坐落于团泊新城西区，占地面积约 22.5 平方千米，其中产业区规划面积为 10.6 平方千米，生态配套区规划面积为 11.9 平方千米。产业区内主要有天津市体育基地、天津体育学院、天津中医药大学、天津中医药大学第三附属医院、天津国际医学城、团泊国际网球中心、团泊体育场、团泊奥特莱斯商业广场等。

评析：该园区的规划“将体育、医疗、健康产业相结合，建设集教学、研发、医疗、体育、康复、养老为一体的健康产业园区”。值得头桥借鉴，可以引入泛健康产业进产业园。

2.2.3 合肥医药健康产业园

园区简介：现代医药物流基地暨合肥医药健康产业园，组建安徽省医药物流配送中心与电子商务中心，并通过对入驻产业园医药批发企业的整合，实现组织结构的集团化，建立华东地区最大的医药、医疗器械、健身器材、保健品及其他营养健康用品的集散中心。

园区规划：产业园分为 3 个功能区，即商贸区、第三方物流区、综合配套区。商贸区为产业园核心销售区，业务包括中西药批发、代理、零售和快批。第三方物流区为高标准现代化医药物流配送中心，占地约 70 亩，总投资估算 1.3 亿元，业务包括园区医药企业第三方物流配送和园区外其他物流业务。综合配套区将围绕入驻企业需求建设，包括社区医疗门诊、健康产业大厦、电子商务、电子结算中心、研发楼和产业园公寓，并对整个园区的基础设施、周边环境进行全面改造，规划用地约 130 亩，总投资估算 3.8 亿元。

第三方物流：为满足入园企业对物流配送的需要，安徽海通医药物流（集团）股份有限公司将组建安徽海通医药物流分公司，成立医药流通供应链联盟，引入物流供应链管理医药行业解决方案，对入园企业从订单填写、财务结算到终端配送，以及全省乃至华东地区和全国医院、药房等药品调拨开展全方位的第三方物流配送业务。

以集团为龙头带动园区经济发展：安徽海通医药物流（集团）股份有限公司控股5家医药子公司，分别是安徽省皖安医药有限公司、安徽国安医药有限公司、合肥康丽医药有限公司、安徽颐华医药有限公司、安徽宁远医药有限公司，参股同仁堂及其他入园企业，集团内成员实行独立核算，资金集中管理，统一质量管理、统一采购、统一招标、统一销售和统一配送。

组建上市公司：集团从筹建开始即邀请证券公司介入辅导，整合集团资源，实现整体上市，实现营业收入超100亿元的中长期规划。

评析：一是该产业园“综合配套区将围绕入驻企业需求建设，包括社区医疗门诊、健康产业大厦、电子商务、电子结算中心、研发楼和产业园公寓”值得头桥借鉴；二是“为满足入园企业对物流配送的需要，成立第三方物流”对作为全国医疗器械集散地的头桥来说，值得借鉴；三是“以集团为龙头带动园区经济发展”，这种以强带弱的模式可以借鉴；四是“组建上市公司”，对园区内龙头企业进行指导上市，在头桥同样适用。

2.3 国内特色小镇发展模式研究

2.3.1 桐乡健康智慧小镇

桐乡健康智慧小镇位于高桥新区，规划面积3.24平方千米，2015—2017年，3年累计计划完成投资超50亿元，产业定位以健康养生、生物科技、智慧信息等产业为主，建设目标以健康智慧产业集群为主导，努力搭建健康服务、健康管理、智慧经济、科技研发等平台，致力于打造一个集健康智慧产业集聚、配套服务健全的特色小镇。平安养生养老综合服务社区、耀华国际学校、桐乡旅游广场、神州量子通信等10个主要项目，包含养生养老、旅游和互联网等产业，项目总投资超过100亿元。

理念：加快新型城镇化步伐，加快农民集聚。

目标：打造桐乡南部新城区，建设美丽幸福新高桥。

高精尖项目：“神州量子”是桐乡获批浙江省互联网创新发展试验区以来引进的首个高精尖重大项目，浙江神州量子通信技术有限公司成立于2015年11月，注册资金1.7亿元，主要从事量子通信网络建设运营、量子加密应用开发业务，是国内首家从事量子通信网络商业化建设和运营及相关应用技术产业化的企业。公司核心团队是国内最早进行量子通信产业化的团队，有丰富的专业知识、管理经验和市场运作能力。“类似的项目”指的大概就是那些高精尖重大项目，也是基于“互联网+”的新业态。翻开桐乡互联网经济发展的档案，可以看到桐乡目前已成功引进神州量子通信、微医集团“乌镇互联网医院”、浙商创投的乌镇互联网产业基金、浙报传媒的大数据交易中心、大数据产业园、腾讯“众创空间”等80多个互联网相关项目，涉及互联网金融、计算机系统集成、互联网众创空间等领域，互联网经济正蓬勃发展。

评析：桐乡健康智慧小镇是“以健康养生、生物科技、智慧信息等产业为主，以健康智慧产业集群为主导，努力搭建健康服务、健康管理、智慧经济、科技研发等平台”。“互联网+”“互联网医院”“高精尖项目”这些高技术、新模式可以用于改造头桥传统的医疗耗材制造业。

2.3.2 磐安江南药镇

小镇概况：2015 年 6 月，浙江省第一批 37 个省级特色小镇创建名单正式公布，以中药材历史经典产业为主导的“磐安江南药镇”名列其中。自古以来磐安便是浙江省中药材之乡，尤其盛产以“白术、元胡、玄参、白芍、玉竹”为代表的磐五味，被誉为“天然的中药材资源宝库”。中国药材城“磐安浙八味市场”是长三角地区唯一的大型药材特产批发地。磐安以此为基础，以浙江省特色小镇为发展契机，打造融“秀丽山水、人文景观、生态休闲、旅游度假、康体养生”于一体的江南药镇。近期建设用地面积 393 公顷，其中主要建设区用地面积 132 公顷。

小镇选址：选址方面，富春山健康城乃至未来的健康小镇也是煞费苦心。健康小镇背靠大奇山国家森林公园，三面环山，一面临着富春江，宛如世外桃源。

小镇定位：江南药镇定位为“药材天地、医疗高地、养生福地、旅游胜地”，通过培育中医药健康产业、旅游服务业和养生养老产业三大新兴产业，融产业、旅游、社区、人文功能于一体，建设成为以中草药文化为主、集高端中药产业、旅游度假养生、区域联动发展的特色小镇；塑造一个尊重和传承中国中医药文化、人与自然和谐共生、可持续发展的精致特色小镇。

小镇规划：江南药镇总投资 51.5 亿元，主要用于非营利性基础及服务设施和重点工程项目建设。其中,非营利性基础及服务设施投入约 11.5 亿元，主要用于打造文化旅游品牌、中医药养生园、特色文化街区和中药产业园，分为三大功能区：一是结合“磐安浙八味市场”，通过药文化园、养生博览馆、中医药文化特色街区、中医院、康体养生园的建设，打造江南药镇的核心区，作为药镇对外服务的主体部分；二是主题展示区，包括中医药主题公园、百草园，以中药材的种植和展示功能为主；三是以中医药产业园建设为代表的产业区。

产业重点：江南药镇初见成效，中药材特色产业服务业营业收入已经突破 5 亿元，百草园、中医药文化特色街区、中医院、康体养生园等项目也已经在规划建设中，逐步将药镇的功能从简单的种植、生产、销售延伸至旅游服务、医疗保健、养生研发等多个领域。江南药镇作为浙江省唯一一个以中药材特色产业为依托的特色小镇，正在成为全县加快跨越发展的新引擎，为全县中药材产业转型发展提供了新的契机。

小镇布局：小镇东侧区域规划建设为富春山居医疗养生基地，将建成一个敬老院、一个体检中心、一个疗养中心，方便老人安享晚年，并配套建设设施完善的医疗保健机构。健康细胞园板块位于小镇西侧，这里将会是一个细胞“银行”。所谓银行，就是指将人体目前健康状况良好、活跃的人体干细胞、脐带血等进行低温保存，等到将来有需要时再提取出来。小镇中间区域未来则会成为智慧健康产业孵化园，通过提高、扶持、孵化，扩展和集聚发展、引进一批信息经济、智慧经济、健康产业、文化创意、电子商务、体育休闲、总部经济等新兴经济业态，将智慧健康产业、孵化园培育成桐庐经济新的增长点。

评析：一是以“磐安浙八味市场”为基础发展特色小镇值得借鉴；二是选址有特色，“健康小镇背靠大奇山国家森林公园，三面环山，一面临着富春江，宛如世外桃源”，环境美、生态佳的选址思路值得借鉴；三是“主题展示区，包括中医药主题公园、百草园，以中药材的种植和展示功能为主”，头桥的医疗耗材历史悠久，可以参考建立以医疗耗材为主题的展示区；四是小镇布局的健康细胞园中的细胞“银行”比较新颖，值得参考。

2.3.3 绍兴平水养生小镇

小镇概况：“诗画山水，平水相逢”，平水得天独厚的自然地理优势是显而易见的。早在2013年，平水镇就被绍兴市列为全市生命健康产业发展规划核心发展区块，同时，平水镇还是国家综合改革发展试点镇、浙江省首批省级中心镇和绍兴市中小城市培育试点镇。近年来，平水镇党委和政府积极利用自身优势，聚焦聚力攻坚三次产业中的重大项目建设，加快了平水以养心养生、生命健康产业为核心的区域经济特色形成。截至2015年8月，上亿元投资的养生项目纷纷落户平水，养生小镇已初现雏形。

小镇建设进展：据介绍，2014年年底落户及投运的项目就有11个，总投资额达23.5亿元；已签约及确定业主的项目有4个，总投资12.5亿元；在谈意向和对外推介招商的养生项目有5个，计划投资50亿元。

小镇规划：根据总体定位，确立了目标定位、形象定位、功能定位、市场定位、产业定位和发展战略定位等，为平水新城招商引资提供项目支持。“规划”还从优化布局的角度，明晰了构建“一心一轴两带两圈”的弹性发展空间结构，划分了生态居住区、农业示范区、产业园区等9个功能分区，提出了北区以会稽湖旅游小镇、国际健康商品交易中心为核心项目，南区以国际健康论坛会址、越国古都为核心项目，西区以云门寺、云门书院为核心项目，以及打造“一村一品”最具地方特色的风情度假村的整体发展规划，并按近期（2014—2016年）、中期（2017—2020年）、远期（2021—2023年）3期规划开发运营。

精品项目：兰若寺国际养生休闲旅游度假精品项目总投资超10亿元，由浙江稽山控股集团有限公司与裸心酒店管理集团合作开发，整个项目注重于和周围的自然环境融为一体，使人能无拘无束地接近大自然。功能主要有美丽乡村、古越文化旅游服务、休闲度假养生、居家养生养老、休闲娱乐购物及酒店配套，业态定位十分高端。该项目建成后将成为长三角地区乃至全国一流的旅游休闲度假养生胜地，能极大地提升平水新城乃至绍兴的城市品位，从而带动平水旅游服务业及其他相关产业的全面发展。

评析：一是小镇规划“构建‘一心一轴两带两圈’的弹性发展空间结构”；二是兰若寺国际养生休闲旅游度假精品项目，都值得头桥借鉴。

2.4 国内外智慧健康养老模式研究

2.4.1 国外智慧健康养老典型模式

2.4.1.1 以色列：家庭医疗养护综合服务模式

以色列家庭医疗养护综合服务主要由Natali公司提供，目前已为超过1万家机构、20万个家庭、300万名用户提供远程医疗服务、紧急呼叫服务、家庭护理及医生出诊服务、社区健康服务4类服务。远程医疗服务：Natali具有完善的远程医疗终端监测设备，这些设备完全免费提供给客户，只收取后续的服务费用。Natali心脏诊断中心有专门的远程医疗服务医生，24小时为客户提供心脏及紧急医疗诊断和咨询服务。通过一系列的事前诊断、提醒服务，84%的客户可以不用去医院，其余16%需要到医院治疗（经过治疗后，10%不用住院，6%需要住院治疗）。紧急安全按钮及重症护理救护车服务：公司现为10万余用户（按房间计算是7万户）提供远程医疗及应急按钮服务。客户家中安装有紧急按钮，能在室内任何房间及室外使用，遇到紧急情况按钮后，无须拨号或拿起电话端，可立即接通Natali紧急呼叫中心并识别出呼叫者身份。接到紧急呼叫后，呼叫中心人员可从系统调取个人健康档案，并联系客户家人、警局或出动重症护理救护车。除了紧急按钮，3G电话紧急按钮结合了紧急按钮的优点，同时还包括一个无线手表发射器，非常适合老人使用，并可以将客户的心电图传输到心脏诊断中心。

居家护理及医生问诊：Natali为客户提供立体化的全方位服务项目，可以完全满足居家养老的各种需求，包括医生上门问诊、家庭实验室服务、牙科急救服务、电话友好呼叫服务、家庭维修及紧急服务、送餐服务、安全巡逻团体健康服务，为社区、学校等团体客户提供医疗咨询、健康管理和急救知识培训。

评析：以色列家庭医疗养护综合服务模式中后端医疗服务支持、服务模板完善、成熟的病前干预管理和紧急救护系统值得学习和借鉴。

2.4.1.2 日本：智慧化居家养老模式

相较于西方发达国家，日本老龄化进入时间晚，但速度快。自1970年日本正式进入老龄化社会后，其健康养老服务产业也萌芽产生，政府开始大力鼓励健康养老服务产业发展。健康养老服务产业在20世纪80年代逐渐形成一定的产业规模，目前已经发展得极为成熟。

日本注重运用科技手段提供优质服务，实现智慧化居家养老。以“东京模式”为例，针对老年人对将来居住问题抱有的不安全感日益渐增，东京计划打造老年人的新居住乐园。该乐园充分运用信息技术为老人提供更便利、高效、舒适的居家养老环境。推行该模式的社区会设置一天24小时，365天的综合服务窗口。在为老龄者提供的银发族综合住宅中充分利用科技设备，除设置危险呼叫警报器具外，还配备具有智能传感功能、能够检测出老人的血糖水平及血压和身体脂肪的智能坐便器等，全部数据能够第一时间通过内置的电子互联网设备，以电子邮件方式发送到家庭医生电脑中，如有指标异常，会及时得到专业医生的精准指导和专业医疗机构的及时治疗。这种养老方式使老龄独居者不仅获得了及时周到的服务，也保证了居家养老的安全舒适性和独立自给性。

评析：日本智慧化居家养老以“东京模式”为例，其中，“危险呼叫警报器具”“智能坐便器”可以作为头桥医疗器械未来产品发展的方向。

2.4.1.3 荷兰：生命公寓

荷兰的养老系统十分完备，其养老方式也有很多种，其中，生命公寓是全球首个向传统养老模式挑战的养老项目，至今共有近万人生活在17个遍布荷兰的生命公寓中，被日本、丹麦、新西兰、澳大利亚等发达国家竞相效仿。生命公寓在规划时，囊括医疗、照料、养生、生活等内容，使养老机构成为一个满足老年人多层次需求的场所，而不是单一的存在。选址上，是基于以社区为基础的城市开发的，包括老年住宅与养护，避免形成痛苦的孤岛。公寓内部充分考虑了老年人的身体特点，即使是乘坐轮椅的老年人也可以在伸手可及的范围内自如地使用洗手池、电闸和信箱等设施。同时，公寓的设计也非常重视能让老年人从群体层面获得幸福感和归属感。例如，生命公寓还专门在公寓底部开辟了社区广场，方便老人与其他人见面、谈话、小酌、运动、玩棋牌，或者一起带孙辈们去逛公园等。另外，为了避免失能老年人集中生活在一起，形成痛苦的孤岛，生命公寓在设计上还特别对居民进行了融合安排。在一个居住区域，至少有1/3的居住者是身体健康和生活能自理的老人，不同年龄、种族、经济条件的老年人生活、融合在一起，成为一个和谐的整体。

生命公寓模式有6个重要特点：第一，开放式的泛家庭文化，把养老机构变成社交中心，对全社会开放；第二，不用即废的理念，为了防止老人各项身体机能的退化，从业人员的主要工作不是伺候老人，而是激活老人的自理能力，并创造条件让老人尽可能自理；第三，对疾病的专业预防和康复，医生主要任务不是治病，而是防病；第四，对失智老人的专业引导和激活，帮助他们重新建立学习能力，从而实现自理或部分自理；第五，给老人自己的空间，即使失能、失智老人都有一方斗室，而不是睡通铺，老人受到充分的尊重，他们的需求和倾诉被认真对待；第六，极其注重专业人员的配置，如老年医生、康复/激活训练师、营养师等。

评析：荷兰生命公寓模式“开放式的泛家庭文化、不用即废的理念、对疾病的专业预防和康复、对失智老人的专业引导和激活、给老人自己的空间、极其注重专业人员的配置”六大特点值得借鉴，养老的文化和思维均可以复制在头桥的养老社区中。

2.4.1.4 美国：持续照料型退休社区养老模式

持续照料型退休社区（CCRC）最初是为了退休后的神职人员建立的，后来逐渐转变为普通市民也可享受的养老模式。20世纪90年代，国际社会针对长期以来各种养老服务机构提供的项目及功能相互分割，导致老年人在健康状况和生活自理能力逐步下降的过程中不得不经常变更养老场所的状况，对CCRC理念进行了进一步的诠释，即根据老年人的身体和心理状况的变化，为老年人提供自理、介助和介护一体化的居住和护理服务，兼顾老年人衣食住行、医疗健康、心理关照、自我价值再实现和社会生活等方面的需求。

评析：美国持续照料型退休社区构建的理念，即“为老年人提供自理、介助和介护一体化的居住和护理服务”值得学习。

2.4.1.5 英国：社区照顾模式

英国是世界上较早进入银发时代的国家。英国的养老模式在20世纪50年代之前是以传统福利机构养老为主，但随着老年人口的增多、时间的持续，这种养老模式的弊端开始显现。因此，英国在20世纪50年代后期开始重点推行社区化养老模式，并且强调养老服务的市场化、产业化，强化市场的主导作用，积极鼓励非政府部门组织发展养老服务。

社区照顾模式是目前英国比较成熟的养老模式。社区照顾的主要特点是依托社区、官办民助或官办官助，无论是哪种方式，政府在其中起主导作用。政府不仅为社区照顾制定法规政策、兴建设施、招募人员，而且还提供财力支持。

英国的社区照顾包含“社区内照顾”与“由社区照顾”两个方面：前者提供照顾的主体是老年的家属、邻居、志愿者等，后者提供照顾的主体是社区内的专业养老服务机构。在英国的社区照顾模式中，政府通过建设开放性的院舍为无子女照顾、自理能力较差的老年人提供照顾服务。为了提高老年人的生活质量，政府在社区中建设多功能服务中心等基础设施，身体健康状况较好的老年人可以通过政府提供的接送服务来参与社区活动或聚会，对于身体状况一般的老年人，社区提供上门照料服务，包括为老年人洗衣做饭、打扫卫生等，实现“社区内照顾”。对于健康状况较差的老人，社区通过建立养老机构为老人提供专业的护理，同时政府在社区中兴建老年医院为老年人提供完全免费的医疗服务，以满足需要入院治疗老年人的护理、康复需求，实现“社区内照顾”。

这种社区照顾模式与传统的家庭养老和集中院舍养老相比，具有很大的优越性，它融合了传统的家庭养老和集中院舍养老之长，更符合人道主义原则，更注重对老年人心理和情感上的关怀，使老年人过上了正常化的生活，提高了老年人生活的质量。

评析：社区照顾模式“融合了传统的家庭养老和集中院舍养老之长”，也更能被中国人传统观念所接受，值得学习和应用。

2.4.2 智慧健康养老国内案例

2.4.2.1 乌镇“互联网+养老”——基于互联网平台的智慧健康养老综合服务模式

乌镇智慧养老综合服务平台采用日立公司开发的老年服务交互系统，通过在老人家中安装智能居家照护设备、远程健康照护设备、SOS呼叫跌倒与报警定位等，实现对老人的远程监控和管理。

2.4.2.2 上海智慧社区养老——智能居家养老模式

上海亲和源社区全面应用深圳壹零后公司的智慧养老住区解决方案，通过智慧养老云平台、智能健康检测系统、智能室内监护系统、智能环境监测系统，为住区老人提供实时、快捷、高效、互联化、智能化的养老服务。

2.4.2.3 深圳“易奉亲”智能养老服务平台——智能居家养老模式

平台开创了“影子监护+以长者为本+科技支撑”的发展模式，可提供智能居家养老综合性O2O服务，包括室内看护、夜间看护、夜间指引、血压检测、室外定位等。用户通过“易奉亲”客户端，可以随时随地了解老人的生活轨迹和身体状况，监护老人起居安全。

2.4.2.4 杭州桐庐“智慧医疗”——社区街道医养护一体化模式

桐庐的“无线生理参数监测”惠民关怀项目，通过老人佩戴的装有SIM卡的腕表监测老人呼吸、血压、血氧、脉率等生理参数，并通过移动网络实时发送到网上平台。卫生服务站、医院和医生等都可以在网上查看到实时数据，并发送健康关怀或进行进一步诊断治疗。

2.4.2.5 北京海淀区甘家口医养康指导中心——社区街道医养护一体化模式

中心以“老年人健康生活指导管理”为核心，通过线上和线下相结合，依托智能化服务系统与专业化服务团队开展自助健康检测、智能评估、全方位的指导体验、个性化的康复理疗服务，为老年人提供心理、营养、运动、环境、娱乐、资讯等健康生活方式指导。

评析：乌镇的“互联网+养老”模式、上海的智慧社区养老模式、深圳“易奉亲”智能养老服务模式、杭州桐庐“智慧医疗”模式、北京海淀区甘家口医养康指导中心养老模式代表了国内目前比较成熟和先进的智慧健康养老模式，在头桥智慧健康养老板块中值得学习和参考。

2.5 小结

本节通过定标全国知名的医疗器械产业集聚区、健康产业园、特色小镇，以及国内外具有先进养老模式的地区和国家，学习和了解了以上每个案例的特点、优势及成功之处，结合头桥当地的基础和特色，我们认为以下几点在规划编制过程和头桥医疗健康产业园建设过程中值得参考和借鉴。

2.5.1 园区定位和发展思路

例如，中关村高端医疗器械产业园的园区战略定位是“医疗器械创新推动者，健康产业综合发展商”；江苏医疗器械科技产业园作为长三角首屈一指的国家级医疗器械产业基地的发展思路；海凭国际医疗器械产业园是国内独家医疗器械产业发展的运营商；等等。

2.5.2 园区平台建设路径

例如，江苏医疗器械科技产业园汇集从事生物医学工程和生物医药研发的企业和工程技术中心，引进国家级权威检测和评估机构，建设高端医疗技术服务平台。

2.5.3 产学研合作的方式

例如，江苏医疗器械科技产业园融合中国科学院苏州生物医学工程技术研究所和浙江大学苏州工业技术研究院等创新资源

2.5.4 园区产业重点

例如，海凭国际医疗器械产业园聚集了大批湖南省医疗器械龙头企业，包括千山药机创办的千海医疗器械研究院、湖南麓谷国际医疗器械城有限公司创办的国际医疗器械交易中心、国内最大的医用离心机生产企业湘仪离心机、国内制氧龙头企业泰瑞医疗、国内医用卫生材料龙头企业福尔康集团、湖南第一家医用机器人企业妙手机器人公司、生产高科技蛋白质手术缝合线的然元新材料公司、平安医疗、得悦科技、海润科技、海赀医疗等一大批优秀企业。

2.5.5 园区的运营和管理模式

例如，海凭国际医疗器械产业园是国内独家医疗器械产业发展的运营商。长沙海凭医疗设备有限公司隶属于海凭集团，是国内最大的中医康复理疗设备生产基地之一，通过龙头企业运营产业园的方式值得借鉴。

2.5.6 园区规划和布局

例如，中关村高端医疗器械产业园规划通过室内中庭、咖啡厅、下沉式庭院、观景平台等非正式交流空间，创造轻松自由的氛围，打造创新社区，并为企业提供一站式服务、社区化服务和全周期服务。上海国际医学园区根据美国帕金斯·伊斯特曼事务所对整

个园区“树的年轮”的总体设计理念，园区的规划充分表达出自然和谐、生命无限丰富的寓意。规划中将依托国际医院、康复机构、医学院校等三大主题，形成一个集约化的“医学社区”。

2.5.7 园区物流产业的建设

例如，宁波梅山保税港区医疗器械产业园结合保税功能，以医疗器械生产、经营和现代医疗服务业为核心，以打造高端医疗器械制造、物流中心及高端医疗服务集群。合肥医药健康产业园引入第三方物流，通过安徽海通医药物流（集团）股份有限公司将组建安徽海通医药物流分公司，成立医药流通供应链联盟，引入物流供应链管理医药行业解决方案，对入园企业从订单填写、财务结算到终端配送，以及全省乃至华东地区和全国医院、药房等药品调拨开展全方位的第三方物流配送业务。

2.5.8 特色小镇的特色做法

桐乡健康智慧小镇致力于打造一个集健康智慧产业集聚、配套服务健全的特色小镇；磐安江南药镇塑造一个尊重和传承中国中医药文化、人与自然和谐共生、可持续发展的精致特色小镇；绍兴平水养生小镇以养心养生、生命健康产业为核心，形成了特色养生小镇。

2.5.9 国内外智慧健康养老的模式

以色列家庭医疗养护综合服务模式、日本智慧化居家养老模式、荷兰生命公寓、美国持续照料型退休社区养老模式、英国社区照顾模式，乌镇“互联网+养老”——基于互联网平台的智慧健康养老综合服务模式、上海智慧社区养老——智能居家养老模式、深圳“易奉亲”智能养老服务平台——智能居家养老模式、杭州桐庐“智慧医疗”——社区街道医养护一体化模式、北京海淀区甘家口医养康指导中心——社区街道医养护一体化模式。

3 定位，开启健康之旅（TRIP）

3.1 战略定位

以“创新发展、高端高值、共建共享、全民健康”为宗旨，以人民群众需求为导向，以科技创新为引擎，以建设高水平医疗健康产业创新园为目标，把握生命健康产业新趋势，研究生命健康产业新态势，创新产业发展模式，广聚行业资源，开发一批具有自主知识产权的创新产品，培育壮大一批医疗器械创新型企业，吸引一批知名生命健康服务大企业、大集团，打造以休闲健康旅游（Tourism）、健康智慧养老（Retirement）、高科技医疗器械（Instrument）、智慧养心养生（Preservation）的“TRIP”健康之旅，全力打造高值医疗耗材的新天地、医疗器械成果转移的承载地、全国医疗器械产业的集散地、创新创业人才的栖息地、智慧健康养老的颐养地、健康休闲旅游的目的地。

3.1.1 高值医疗耗材的新天地

充分吸收利用医疗器械产业的创新资源，以亚华、亚光、华星等企业为龙头，进一步扩大扬州头桥医疗器械产业集群优势，增强企业的创新主体地位和主导作用，通过产业引进与本土成长相结合的方式，延伸医疗耗材产品链条，提升产品附加值，形成高值医疗耗材全面大发展的良好态势，开辟扬州头桥医疗耗材发展的新天地。

3.1.2 医疗器械成果转移的承载地

充分发挥头桥医疗器械行业在产品营销广宽、品牌效应良好的优势，按照江苏创新驱动发展战略和产业转型升级的部署，优化创新环境，聚集创新资源，以调研医疗服务机构和顾客需求为方向，以提高头桥医疗器械企业创新能力为重点，以稳步扩展产学研合作领域为抓手，将头桥建设成为医疗器械行业关键技术攻关、核心技术突破能力强、医疗器械领域高层次人才集聚、创新生态良好、创新成果显明的医疗器械研究成果孵化和转移基地，对接长三角强大的医疗器械临床研究和雄厚的支撑产业基础，将头桥镇建设成为长三角医疗器械产业聚集区的高端医疗、高值医疗耗材、健康管理、养生保健等医疗健康产业的重要承载地。

3.1.3 全国医疗器械产业的集散地

立足头桥医疗器械近60年的发展成长历程，充分发挥头桥医疗器械长期积累的营销渠道和品牌优势，突出“一区一战略”产业，利用国家大力鼓励发展医疗器械创新发展、提质增值的良好机遇，以“创新驱动、品牌带动”为原则，以“做精医械、做优服务”为抓手，全力打造扬州头桥为全国医疗器械产业的集散地。

3.1.4 创新创业人才的栖息地

顺应大众创业、万众创新的新趋势，构建支撑科技创新创业全链条的服务网络，以完备的服务网络带动城市功能提升，以城市功能提升带动科技型产业发展和高端人才集聚。打造良好创新创业生态系统，构建多方参与的创新创业发展生态圈，建立产学研有效对接的创新链，为创新人才营造宜业宜居的生活环境，提供创新成果孵化器。把头桥打造成为自然生态优越、城市功能完善、创新创业活跃的友好生态圈，成为创新创业人才理想的栖息地。

3.1.5 智慧健康养老的颐养地

突显头桥气候温暖湿润、生态环境优美的地域特点，紧抓我国人口进入老龄化的大趋势和全国养老服务综合改革试点的良好契机，充分借鉴国内乌镇“互联网+养老”、上海智慧社区养老、深圳“易奉亲”智能养老服务，以及荷兰生命公寓、美国持续照料型退休社区养老模式，依托头桥医疗器械产业为老龄人口提供自助健康检测、个性化康复理疗服务，切实满足广大老龄人口的多样化需求，把头桥打造成为老龄人口流连忘返、乐居乐活的智慧健康养老颐养地。

3.1.6 健康休闲旅游的目的地

天下三分明月夜，二分无奈在扬州。发挥扬州旅游产业优势，促进休闲旅游与医疗健康产业深度融合，提供健康医疗旅游产品和服务，发扬头桥健康养生文化，整合利用头桥休疗养资源，强化基础设施建设和生态环境保护，扩大绿色空间，引进国际康养先进技术和经验，突出中医理念养生特色，打造健康休闲旅游目的地。

3.2 基本思路

按照国务院有关医疗器械产业和生命健康产业的发展要求和江苏省关于医疗健康产业

园、特色小镇建设的总体部署。充分发挥头桥镇医疗器械产业发展优势，以建设高水平医疗健康产业创新园为目标，以打造“TRIP”健康之旅为主线，以“数字化”“智能化”“精准化”“自动化”“个性化”为产业主攻方向，以“药械合一、医养合一、康健合一”为关键路径，以培育创新型企业集群和提升企业创新能力为重点，以构建六大服务平台、强化人才智力支持、营造创新创业生态为支撑，着力促进健康制造业、健康服务业、健康种养业创新发展、互动发展、融合发展、协调发展，全力打造“医、休、养、研、游”五位一体产业新格局，构筑苏中地区“白色医疗器械、绿色生态环境、银色智慧养老、蓝色保健食品、金色健康旅游”五色共生、宜业宜居、宜医宜养、宜游宜乐的特色科技新城。

3.3 发展原则

创新引领与协同发展相结合的原则。重点引进科技含量高、投资强度大的龙头型项目，着力突破一批严重制约产业发展的共性关键技术和核心部件，重点开发一批配置需求迫切、市场容量大、临床价值突出的基础装备和创新产品。同时按照打造现代产业集群的要求，注重产业配套和协同发展，系统布局医疗器械创新链、产品链、产业链和人才链，整体优化创新体系和发展环境，形成比较完整的产业链和服务体系。

技术创新与机制创新相结合的原则。把增强自主创新能力作为中心环节，不断完善产学研合作模式，加大科技成果的产业转化力度。同时，坚持优化产业组织结构和管理方式，健全现代企业制度，培育生命健康产业集群，推动企业商业模式创新，优化产业组织和结构，依靠科技创新和机制创新，实现产业快速成长，占领产业发展制高点。

重点突破与发挥优势相结合的原则。坚持统筹规划、整体推进，充分发挥头桥镇医疗耗材产品种类多、销路广的优势，根据现实基础和发展条件，科学安排产业发展时序，集中开展一批产业带动性强、关联度大、综合效应突出的关键技术研究与产业化项目，努力打通关键产业链，提高头桥医疗健康行业的整体自给率和技术水平。

政策引导与市场运作相结合的原则。充分发挥市场在资源配置中的作用的基础上，顺应当前国内对医疗器械行业、生命健康产业发展的政策性引导，激发社会活力，加快培育头桥医疗健康战略性新兴产业。把政府为医疗健康产业搭建公共服务平台，支持基础研究、共性关键技术、核心部件和重大产品创新开发的举措与医疗健康产业投入高、风险高、投资回报周期长的特征相结合，助力医疗健康产业大跨步发展。

生态环保与开发利用相结合的原则。贯彻绿色发展理念，推进生产方式和生活方式低碳化、绿色化，构建绿色发展体系，集约用地，优化生产、生活和生态空间布局。稳步推进、主次分明、重点突出，形成合理有序的开发时序，实现区域生态文明。

3.4 发展目标

到2020年，医疗健康产业体系更加完善，产业特色更加明显，创新成为驱动经济发展的主要动力，经济总量实现翻一番，科技进步促进产业结构转型升级，企业自主创新能力显著提高，创新创业人才队伍更具规模，创新创业服务体系更加完善。抓住医疗器械行业蓬勃发展的大好机遇，形成一批知名自主品牌和优势产业集群，中高端市场占有率显著提高。产业发展政策体系更加完善，产业发展环境更加优化，医疗健康产业发展充分考虑头桥镇居民日常生活需求，产城融合程度进一步提高。努力打造成为医疗健康产业的创新者、生命健康产业的守护者、区域医疗器械品牌的运营者。

——以科技创新驱动扩大经济规模。力争到2020年，工业开票销售收入完成60亿元，“十三五”期间年均递增10%；高新技术产值超100亿元；财政一般预算收入达3.2亿元，“十三五”期间年均递增11%以上。

——以提高企业层级优化产业结构。力争到2020年，着力培育年销售收入2000万元以上的规模以上企业25家，重点培育年产值1亿元以上的国际知名医疗器械企业2～3家，引进多个养生康护专业化人才，培育服务特色显明的互联网＋智慧养老机构1家，建设一批养老服务、养生保健服务、健康管理服务、临终关怀服务、健康信息服务企业，基本形成现代医疗健康服务产业新格局。

——以增加科技投入培养创新能力。力争到2020年，高新技术研发总投入占GDP比重达到2.8%；授权发明专利数达到20件；培育填补国内技术空白的创新产品5个；推广具有核心竞争力的高科技附加值的产品10个；建设省级及以上工程（技术）研究中心、产业研究院、企业技术中心、公共技术服务平台3家。

——以完善服务平台优化创新生态。力争到2020年，科技产业园的各项基础设施全部完工，并聚集一批为科技创新和创业提供服务的投资机构、公共服务平台、各类专业技术服务平台和研发中心、工程服务中心等研发和服务机构30家以上，不断健全科技金融服务体系，完善创新孵化功能。

——以特色小镇理念打造科技新城。力争到2020年，头桥城镇化水平继续提高，城市交通、生活居住、生产服务、生态环境等各项功能基本完善，休闲娱乐、社区服务、交通物流等服务业蓬勃发展，形成“以产促城、以城兴产、产城融合”的发展模式，将头桥建设成为融产业、科技、生态、人居和特色城镇等元素为一体的宜业宜居的科技新城。

4 诊脉，头桥主导产业

头桥镇号称“中国医疗器械耗材之乡”，头桥的医疗器械产业是扬州市的特色产业之一，这里集聚了扬州市医疗器械产业70%的规模。头桥也是江苏省重要的特色产业基地之一，江苏的一次性医疗器械用品占到全国市场的一半以上，而头桥镇就占到其中的40%左右。头桥医疗器械产业起步于20世纪60年代，成长于90年代，经过近60年的培育发展，正在逐步壮大。现有医疗器械生产企业96家，经营企业52家。2013年医疗器械产业实现总产值近50亿元。集聚了江苏亚达、江苏亚光、江苏亚华、江苏华夏、江苏华星、江苏长丰等一批成长性较好的龙头企业，拥有国家高新技术企业5家、企业技术中心5个、企业技术研发中心3个，拥有省级品牌5个、市级品牌9个。

头桥镇医疗器械生产企业以生产一类、二类、三类产品为主，3类产品有近百种且证照齐全。产品主要为麻醉穿刺包、输注泵、注射器、吻合器、留置针、引流管等医用高分子材料、一次性耗材，生产范围较为集中，部分品种生产形成一定规模。截至2015年，头桥镇企业已申报专利近400件（其中，发明专利近50件、实用新型近120件），开发出医用影像系统、记忆合金、人造皮肤辅料等一系列新品。

4.1 国际医疗器械技术发展趋势

21世纪以来，医疗器械界出现了很多新的技术和产品，使得临床医学得到了根本的提高和改善，并又向前迈进了一大步。以GE、西门子为代表的国外医疗器械生产商将以下10个领域作为医疗器械行业的研究重点：①植入式涂层器械，重塑医疗器械企业；②颈动脉支架，预防中风的一大进步；③心脏辅助装置，关心人类心脏；④人工骨和皮肤移植物，新材料提供更好的支架；⑤人工矫形盘，模仿脊椎活动；⑥基于核酸的IVD（体外诊断）装置，快速诊断；⑦医用激光，大有作为；⑧医用成像技术，风光无限；⑨无线技术，医院和患者家庭之间无障碍连接；⑩计算机辅助外科，数字化手术室。

4.2 国内医疗器械技术发展趋势

近十年来，我国医疗器械产业的产品技术结构、产品质量都发生了较大变化。国内产品种类对进口产品的替代率已超过90%。2015年我国已能生产68个大门类3400多个品种1.1万个规格的医疗器械产品，其中包括医用电子仪器、光学仪器、超声仪器、激光仪器、放射设备、医学影像设备、手术器械、消毒设备、冷藏设备、人工器官、医用高分子材料制品、卫生材料等。我国年开发新产品达300～400项。现批量生产并投放市场的3000多个品种上万个规格的医疗器械产品已能基本满足一般医院各科开展医疗保健活动的需要，特别是常规和中低档品种比较齐全。其中，除手术器械外，其他品种的90%以上已进行一次甚至多次更新换代；有一大批高科技产品供应市场，包括医用驻波加速器、X-CT、永磁MRI、彩色多普勒超声诊断仪、五分类血细胞分析仪、激光手术器、纤维内窥镜和超细镜；同时，也有一部分具有完全自主知识产权的新技术前沿产品，包括多功能麻醉机、超声手术刀、超声聚焦治疗仪、X刀、旋转式伽马刀、血管内照射治疗仪、“病人监护网络”、PACS等。另外还有一批伴随着计算机、微电子、医学生物材料等应用应运而生的高新技术产品，如多排螺旋CT，DSA系统，数字化彩色B超，高强度超声聚焦治疗仪，数字化X线机，人体器官辅助、修复和替代制品及材料，肌电控制假肢等，更加有力地提高了具有自主知识产权的创新力度，使医疗器械行业有了更多的新产品。

虽然我国医疗器械行业的技术水平得到了很大的提升，但是为了进一步加快医疗器械行业的转型升级，发展改革委于2016年7月发布了《关于促进医药产业健康发展的指导意见重点工作部门分工方案》的通知，其中关于医疗器械的5个大类26个小类内容将成为国家未来扶持发展的重点，具体内容如下。

① 重点开发数字化探测器、超导磁体、高热容量X线管等关键部件，手术精准定位与导航、数据采集处理和分析、生物3D打印等技术。

② 研制核医学影像设备PET-CT及PET-MRI、超导磁共振成像系统（MRI）、多排螺旋CT、彩色B超、图像引导放射治疗、质子/重离子肿瘤治疗、医用机器人、健康监测、远程医疗等高性能诊疗设备。

③ 推动全自动生化分析仪、化学发光免疫分析仪、高通量基因测序仪、五分类血细胞分析仪等体外诊断设备和配套试剂产业化。

④ 发展心脏瓣膜、心脏起搏器、全降解血管支架、人工关节和脊柱、人工耳蜗等高端植介入产品，以及康复辅助器具中高端产品。

⑤ 积极探索基于中医学理论的医疗器械研发。

4.3 头桥医疗器械技术发展优势

头桥镇目前已基本形成预防领域、诊断领域、治疗领域、康复领域及医疗辅助领域的五大系列产品。骨干代表企业江苏亚达科技集团以研发和生产家用护理医疗设备、骨密度检测仪、胶片影像机耗材及设备为主，主要产品有一次性使用输注泵、麻醉穿刺包、电子泵、全麻包、导尿包、妇检包、气管插管、敷料敷贴、各种管类等一类、二类、三类产品；江苏亚光医疗器械以研发和生产三点蠕动挤压式电子微量麻醉输注泵等为代表的新产品，主要产品有麻醉穿刺包、输注泵、电子输注泵、全麻废气净化器、全麻气管插管包、导尿包、麻醉呼吸回路、喉罩气道导管等一次性医疗器械；江苏亚华生物科技全方位加工生产一次性高分子医疗用品、特种医用导管、骨科产品和电子医疗设备（公司现有三大类产品：高分子材料系列产品、镍钛记忆合金骨科内固定系列产品、高性能肿瘤物理治疗用医疗仪器设备）；扬州华夏医疗器械主要研发和生产HXW-1型引导式臭氧妇科治疗仪，主要生产一次性使用麻醉包、一次性使用微量镇痛麻醉泵、医用引流袋、负压引流器、医用导管和自黏性无菌敷料等五大系列产品；江苏华星医疗器械主要研发和生产心血管支架，专业生产一类、二类、三类医疗器械产品；江苏长丰医疗器械以医用多功能病床为主，主要生产医用高分子材料及制品，医用化验和基础设备器具，手术室、急救室、诊疗室设备及器具，医用卫生材料及敷料，医用缝合材料及黏合剂。目前头桥镇这些企业的产品科技含量和市场覆盖率在全国都有一定的影响力和竞争力，具有一定的技术优势。

4.4 头桥医疗器械产业对接国内外先进技术及发展方向

我国医疗器械市场增速很快，医疗器械销售额从2001年的179亿元增长到2015年的3080亿元，年均复合增长率高达22.54%，远远高于世界医疗器械不足5%的年均增速。今后五年，我国医疗器械产业将进入高速发展阶段，一方面将向高科技、国际化等高端化方向发展，满足人们对医疗器械高端产品的需求，如计算机辅助外科医疗设备（手术精准定位与导航技术、生物3D打印技术）、远程医疗设备、康复辅助器具、医用机械手等；另一方面将会面向大众化的方向继续发展，由于人口老龄化、农村人口城镇化、重大疾病发病低龄化等带来的社会问题，需要满足大众对医疗器械中低端产品的需求，如电子医疗新产品、新型植入式医疗器械产品等。

作为创新型发展乡镇，头桥正在进行转型发展、创新发展，以提升产业的发展层次，转变产业的发展方式，促进医疗器械产业更好、更快发展。因此，头桥需要以满足医学诊疗、健康服务和产业发展为前提，进一步推进医疗器械产业在预防领域、诊断领域、治疗领域、康复领域和医疗辅助领域等的发展。通过对接国内外医疗器械产业的先进技术，头桥需要大力发展围绕以数字化、智能化、精准化、自动化、个性化为体系的5个领域的先进技术，具体内容如下。

4.4.1 预防领域的数字化产品

根据预防为主、战略前移和重心下移的发展要求，重点支持血压、血糖、血脂等生理生化指标的无/微创检测产品，以及恶性肿瘤、心脑血管疾病、出生缺陷等重大疾病筛查产品，积极发展不同状态下的低负荷生理参数检测与监护设备、个人健康指标检测和功能状态评价装置、移动体检系统等产品，满足农村基层/社区和个体/家庭对预防类医疗器械的需要。

头桥在这方面可以对接具有健康监测功能的数字化电子医疗新产品，可以生产便于生理参数与健康状态自动检测、记录和经网络发送的装置，如在老年人或患者身上佩戴的各种远程电子监测仪（电子血压腕表、电子呼吸率监测仪、电子血氧仪、电子心率监测仪等），通过远程控制，可以随时了解老年人或患者的身体健康情况，提前判断潜在的疾病。

4.4.2 诊断领域的智能化产品

针对疾病诊断无创、早期、精确、低负荷、定量化等要求的发展趋势，重点支持超导MRI、高性能彩色超声成像仪、高分辨内窥镜、多排螺旋CT、PET、PET-CT、数字化平板X线机、低剂量数字减影血管造影系统、高性能免疫分析系统、全自动高通量生化分析仪、高性能五分类血细胞分析仪、自动化微生物检测分析仪等重点产品、核心部件及新型诊断试剂；积极发展生物芯片、现场快速检测仪器、弹性超声成像等新产品，力求改变我国高端产品依赖进口、国产产品可靠性差、长期跟踪仿造的情况。

头桥在这方面可以对接具有无线功能的智能化远程医疗设备，通过无线技术实现医院和患者家庭之间的无障碍连接。这样的远程医疗设备不仅能够提高医务工作者的工作效率，而且能够更便捷快速地为患者的健康服务，开辟医患双方之间的无障碍沟通。

4.4.3 治疗领域的精准化产品

根据微/无创治疗、精确治疗，以及智能化、个性化等新的治疗技术发展趋势，重点支持影像导航辅助系统、实时适形调强放射治疗系统、血液透析系统、神经刺激器、高强度超声聚焦治疗系统、高频/激光等手术治疗设备、射频消融系统、新型介入支架、人工关节、骨修复材料、人工血管、口腔种植系统等重点产品；发展手术机器人、人工心脏辅助装置等产品，切实改变高性能治疗产品被国外垄断、治疗费用高的现状。

头桥在这方面就可以向着新型植入式技术（生物3D打印技术）和计算机辅助外科技术（手术精准定位与导航）的高端方向发展。生物3D打印技术是一种以重建人体组织和器官为目标的跨学科、跨领域的新型再生医学工程技术，其打印的产品就包括了部分的新型植入式医疗器械产品；计算机辅助外科技术是用导引图像的照相机和计算机来导引外科医生的手。照相机接收来自医生所持器械的信号，然后将图像投射在监视器上，使得医生能够更为精准地操作，使患者少受损伤，缩短恢复期。

4.4.4 康复领域的自动化产品

围绕我国“人人享有康复”的需求，根据普惠化、智能化、个性化等发展趋势，研究结构替代、功能代偿、技能训练、环境改造等技术产品，积极发展肌电及神经控制等智能假肢、人工耳蜗等智能助行/助听/助视辅具、老年人行为功能训练系统、脑卒中患者及运动功能缺失患者的康复训练系统等产品，加快智能化、低成本的先进康复辅具的研发，提高康复设备普及率。

头桥在这方面可以对接并发展具有自动化功能的康复辅助器具，可以生产老年人行为功能训练系统、慢性损伤预防和康复等装置，如老年人、伤病人护理照料，残疾人生活、教育和就业辅助，残疾儿童抢救性康复等领域的全自动感应式护理机、镍钛合金抓握式接骨板、记忆合金骨科内固定器、照护和康复机器人、仿生假肢、虚拟现实康复训练设备等产品。

4.4.5 医疗辅助的个性化产品

胰岛素笔堪称“药械合一”医疗器械产品的典范之一。利用药械合一类医疗器械产品，患者可非常方便地在家里进行自我治疗，大大节省了去医院的时间。20 世纪 90 年代以来，预充式注射器和形形色色的带药治疗器（如药物气雾吸入剂）类产品成为国际市场最受欢迎的新一代药械合一的畅销产品。作为最严谨的工作领域，医学也广泛开始应用机械手，个性化的机械手具有模仿人手和臂某些动作的功能，并进行自动操作，可以降低手术难度，提高工作效率。

头桥在这方面需要继续发展具有更多功能的个性化药械合一产品，如针对老年人的某些疾病，可以利用成熟的高分子技术将药品结合进器械材料加工成新型的药械合一产品。这样的产品用在患者身体的相关部位，可以释放出药物（如抗高血压药物、镇痛药等），可有效发挥治疗作用。头桥未来医疗器械产品的发展也可以向个性化医用机械手的方向进展，未来的机械手不仅可以又快又准地“抓”药，而且可以巧取肺中异物及实施心脏手术等。

5 指南，打造产业体系

5.1 健康制造业

瞄准市场空间，立足头桥医疗器械制造业优势，以特色优势领域为主攻方向，推动中高端医疗器械产品的研发制造。推进产学研相结合的医疗器械制造体系和中试生产公共服务平台建设，以预防领域的数字化、诊断领域的智能化、治疗领域的精准化、康复领域的自动化、医用辅助材料的个性化为头桥产业技术发展的方向，发展医疗器械、健康装备和健康食品精细加工等产业。

5.1.1 医疗器械

依托头桥医疗器械制造基础，推进医疗器械创新成果转化，重点发展植入式涂层器械、高值医疗耗材、远程医疗设备、新型手术及诊察器械、高性能诊疗设备及医用辅助材料的研发与生产，将头桥打造成国内领先的医疗器械成果转化聚集地。

植入式涂层器械：以满足用户个性化需求和提升体感舒适度作为产品创新的主攻方向，加快材料表面改性、材料表面生物功能化、生物纳米、3D 打印、组织修复材料等关键技术突破，重点布局植入和介入器械、骨科仿骨植入体、口腔修复三大领域，主要发展镍钛合金抓握式接骨板、记忆合金骨科内固定器、骨植入式涂层器械、血管支架、牙种植体等新产品。

高值医疗耗材：加快新产品开发和技术改造步伐，提升高值医疗耗材产品的质量标准，重点促进麻醉穿刺包、输注泵、导尿包、注射器、吻合器、留置针、引流管等医用高分子材料、一次性医疗耗材等一批具有比较优势产品做细、做精、做大，形成头桥特色品牌，进一步提高疾病临床诊断和治疗水平。

远程医疗设备：采用WLAN、RFID、WWAN等无线技术，重点发展具有无线功能的智能化远程医疗设备，构建"远程医疗会诊系统"终端，打造远程医疗服务平台，实现远程诊断、会诊咨询及护理、远程医学信息服务等医学活动，优化就诊服务流程，提高医务工作者工作效率，缩短患者就医时间，开辟医患双方之间无障碍沟通。

新型手术及诊察器械：加强无创检测、动态监测、微创治疗、精准治疗等新技术的应用，推动外科手术刀、钳等基础器械产品的升级换代，重点研发一批具有自主知识产权药械合一新产品，加强医用机械手、医疗机器人等智能化诊疗产品的产业化水平。

高性能诊疗设备：引进和开发数据采集处理和分析、远程医疗信息系统、微系统和医疗传感器等关键技术，加强高性能诊疗装置、材料及重大疾病急救、诊疗、康复类数字化医疗设备的发展，实现医用激光、X线、超声仪器设备和手术导航系统等诊疗设备的整机生产。

医用辅助材料：重点发展医用卫生材料及敷料、医用自黏性无菌敷料、医用缝合材料及黏合剂、人造皮肤辅料等药用辅料，开发用于高端制剂、可提供特定功能的辅料和功能性材料。

5.1.2 健康装备

支持健康装备和体育健身用品的研发制造和成果转化，大力发展高科技、高品质、高附加值的健康装备和体育健身用品制造，加强健康装备和体育健身用品的工业造型设计、生产工艺流程管理、精益制造设计等研发与生产，在头桥建成集研发、制造、物流中心、销售平台于一体的健康装备和体育健身用品产业集群。

家庭医疗保健器材：重点以"便携式、小型化、智能化、数字化"为方向，加快家用治疗、家用检测、家用康复等医疗器械的关键技术的研发，重点发展电子血压计、血糖仪、睡眠呼吸机等家用便携式健康监控仪器设备，探索推进可穿戴设备、智能健康电子产品和健康医疗移动应用服务等的发展，加强健康咨询、网上预约分诊、病例随访、检验结果查询等功能的健康管理信息系统的应用示范，支撑智慧健康社区试点建设。

康复与健身设备：顺应普惠化、智能化、个性化发展趋势，积极促进健康与养老、健身休闲、旅游融合，催生健康新产业、新业态、新模式。重点推进结构替代、功能代偿、技能训练、环境改造等新产品开发，积极发展智能助行/助听/助视辅具、老年人行为功能训练系统、运动功能缺失患者的康复训练系统、多功能健身器械等产品。

5.1.3 健康食品精细加工

立足头桥产业基础，发挥资源优势，加大科技投入，加快成果转化，深入挖掘特色农产品、水产品、中草药等在健康食品领域的潜力，加快科技成果转化，重点突破和应用生物活性物质的分离提取技术，推动以虾壳素、中药材、特色动植物为基础的新型保健食品和功能食品的开放，做精银杏制品类、天然活性产物、功能性果蔬产品、无公害农产品、多肽类功能性食品等生物技术食品的开发，切实做好绿色、有机农产品和食品认证，引导头桥传统食品加工产业的转型升级。

5.2 健康服务业

充分调动社会力量的积极性和创造性，鼓励社会资本发展多种形式的健康服务，重点发展中高端医疗服务、智慧养老养生服务、中医药医疗保健服务、医疗器械物流服务、健康金融、养生度假、健康管理等。

5.2.1 医疗健康服务

借鉴乌镇互联网医院的成功运营经验，运用现代科技与服务手段，将“互联网+”与传统医疗机构结合，通过打造互联网平台，促进省级、市级三甲医院来头桥建立分院，推进头桥当地医疗服务水平。

5.2.2 智慧养老服务

整合头桥现有休疗养资源，将互联网信息技术、传感技术、3D打印技术等新一代信息技术和国际健康养老先进技术融合，创新健康养老新模式。引进社会资本，鼓励社会力量充分发挥主体作用，满足多样化养老需求，切实满足广大老龄人口的养老服务需求。

专栏1　养老服务

养老信息大数据管理中心：建立包括在电子病历、电子护理记录和可穿戴智能传感设备等支持下的养老信息大数据管理中心，支持精准、快捷、高效的智慧养老服务。

智慧智能养老服务：借鉴国内外先进养老模式，探索数字化、信息化、智能化养老服务，为老年人打造新居住乐园。衔接专业医疗和保险机构，推行“机构—社区—居家”多层次养老服务模式。

养老地产模式：发挥头桥生态和自然条件优势，利用沿江走廊及生态环境优美的区域，以养老地产模式，吸引社会资本投资，兴建一批老年公寓、养老城、老年农庄、特色生态老年休闲区，为老年人提供候鸟式养老服务。积极引进国内外著名的养老综合体品牌，建设中高端养老综合体和区域运营中心或区域总部。

5.2.3 健康旅游

完善配套设施建设，推动疗养康复与旅游度假相结合，将独具地方特色的扬州“三把刀”文化融入头桥健康旅游产业中，借鉴和引进国内外先进技术和服务模式，建设一批中高端健康旅游项目，构建集医疗、康复、疗养、休闲、度假、会议会展于一体的健康旅游产业体系。

专栏 2 健康旅游

扬州"三把刀"养生文化：扬州厨刀、修脚刀、理发刀及其对应的扬州美食、保健足疗、美容美发在扬州人手中不仅是一门技术，还是一门艺术，天下闻名，成为代表地方特色的扬州文化。将"三把刀"积极引进头桥，鼓励扬州有名的厨师专业培训学校、陆琴脚艺培训学校和美容美发培训学校进驻头桥设立分校，并让培养出的专业技师服务于头桥当地的康复疗养中心，形成独具地方特色的康复疗养驿站。

国医小镇：针对老年慢性病、治未病为主开展中医传统疗法，发展中医饮食调理、推拿、针灸、拔罐等特色养生保健服务，推广中医文化，打造国医特色小镇。

医疗耗材展览中心：基于头桥生产医疗耗材的悠久历史，规划建设以医疗耗材展示为主题的展览中心，展示我国医疗耗材的发展历史和发展前沿，展示国内外生命健康产业发展的新理念、新动态、新技术，进行医疗科普、教育和培训。

农家书屋：依托头桥现有的农家书屋、诗词协会、乒乓球协会和老年业余文艺社团，开展集读书、健身和保健于一体的康复疗养活动。

5.2.4 医疗商贸与物流

高度重视商贸流通与物流仓储服务在现代生命健康产业发展中的控制性与主导性作用，依托头桥医疗耗材销售网络遍及全国的优势，结合当地现有的物流企业和物流中心，合理布局，系统优化，大力发展医疗器械和医疗耗材的商贸流通与物流仓储服务，打造辐射全国的医疗器械商贸中心和集散地。

专栏 3 商贸与物流

第三方物流中心：为满足入园企业对物流配送的需要，可借鉴合肥健康产业园，鼓励龙头企业组建物流公司，成立医药流通供应链联盟，引入物流供应链，对入园企业从订单填写、财务结算到终端配送，以及全省乃至华东地区和全国开展全方位的第三方物流配送业务。

电子医疗器械商务：重点培育大型医疗器械流通经营企业，着力构建现代医疗器械物流网络，充分利用"互联网+"技术、云计算技术积极发展电子医疗器械商务，打造区域品牌，提高全国影响力，扩大市场占有率。同时，一方面加强物流配送效率；另一方面降低货物分拣差错，提高服务质量和资金使用效率，逐步实现医疗器械物流的自动化、数字化和信息化。

5.2.5 健康管理

面向社会公众多层次、个性化健康管理需求，采用和引进先进的技术、设备和设施，引进和应用先进健康管理手段，结合数字化健康管理手段，探索健康和亚健康管理、慢性病管理、老年保健养生管理等分级化和多元化健康管理服务模式，着力拓展高端个性化健康管理服务，构建多层次的健康管理服务体系。

专栏4 健康管理

健康管理大数据研发中心：充分发挥健康大数据的基础支撑作用，加快发展数字化健康管理设备和产品，鼓励企业开发和引进健康管理软件。

个性化健康管理：强化健康管理的市场细分，针对个性化健康管理需求，重点发展以个人健康状况的检查监测与评估咨询、个人健康维护与支持、个人养生与保健、个人健康指导等为内容的个性化健康管理。加大对老年人健康管理的力度，利用信息化技术，构建从健康评估、慢性病跟踪、营养处方、运动处方、心理评估及心理健康处方、健康档案管理等为主要内容的老年人健康管理体系。

5.3 健康种养业

打造一批中草药、花卉、水果、水产等特色农产品种植基地，推进科技兴农，建设一批健康种养业休闲旅游园区。推广无公害、有机种植（养殖）技术、传感监控技术、数字信息化技术，提高种养业技术装备及其信息化水平。实施健康种养品牌战略，推进种养业与旅游休闲、科创文化、健康养生等深度融合。

专栏5 健康种养业

中医药种植：依托头桥银杏资源优势，推进以特色中药材种植为主的药材种植基地建设。规划建设银杏产业园，产业园内引进银杏茶、银杏酒、银杏保健品等银杏深加工项目，形成银杏特色园区。

有机农产品：充分利用头桥“鱼米之乡”的特色，发展纯天然、无公害、安全营养、低碳环保的农产品种植，大力推广有机蔬菜、特色果蔬；利用靠近长江、郏江、淮河等水域的优势，着力推进特色水产养殖。

花卉生态园：依托头桥已有桂花园、莲花园的产业基础，建设集度假休闲、养老观光、婚纱摄影、农业科普等于一体的综合性特色文化花卉生态园。

6 行动，实施重点任务

6.1 提升企业创新能力

在医疗器械产业转型升级的发展过程中，需要不断完善以企业为主体的技术创新体系，加快技术创新服务机构和公共服务平台建设，构建技术研发的科技管理运行机制，推进新政策的运行。引进大企业以标杆立高度，产学研合作以科技挖深度，实现产业的转型升级。

6.1.1 加快企业研发机构建设

引导和支持大中型企业建立工程技术研究中心、技术中心、工程中心、研究生工作站，加快企业博士后科研工作站（创新实践基地）建设。支持行业骨干企业建立重点实验室、研究院等高水平研发机构。支持中小企业立足实际建设研发机构，研制先进适用工艺装备，开发适销对路新产品，提升技术创新能力和市场竞争能力，推动中小企业向“专精特新”方向发展。改善企业研发条件，提升企业研发机构水平，着力培养和引进科技人才，持续产出创新成果，显著提升企业自主创新能力。

6.1.2 建立企业主导协同创新机制

推动企业强化科技创新意识，实施技术创新战略，实现对市场需求、创新要素、新技术新产品研发、商业模式创新等产业创新链构建的主动权和整合权，实现企业高标准组织产业技术创新研发活动，牢牢掌控产业和产品技术研发的总体方向。推动企业联合高等院校、科研院所和其他企业，共同施行产业技术发展路线，协同突破产业发展的技术瓶颈，形成产业技术标准，支撑和引领产业技术进步，形成产业链、创新链、价值链的良性互动。实现企业对高等院校和科研院所研发方向、最新科研成果与市场新技术新产品的有效耦合，引导科研成果向企业转移与产业化。

6.1.3 推进企业创新政策落实

支持企业自主开展研发活动，引导企业大幅增加科技投入，促进企业开展自主创新，推动企业真正成为研发投入的主体、技术创新活动的主体和创新成果应用的主体。发挥企业、高等院校和科研院所的作用，纵深推动产学研合作。推动企业创新创业项目和人才引进培育工作，引进创新创业型高级人才，为企业技术创新提供智力支撑。建立企业创新监督管理机制，突出企业研发中心培育建设工作的重要地位，促进企业加大研发中心建设力度，提升企业自主创新能力和水平。引导创新要素向企业聚集，设立促进科技成果转化、技术转移政策性补助资金。切实落实企业研发费用加计抵扣、高新技术企业认定、政府采购等激励企业创新的优惠政策。

6.2 构建“六大平台”服务体系

6.2.1 创新服务平台

6.2.1.1 产学研合作平台

基于头桥镇医疗器械企业众多、产业规模大、产学研需求多等特点，针对长期以来产学研合作关系不稳定、缺少规范性、缺少交流平台和合作效率低等问题，重点打造全国知名的头桥医疗器械行业产学研合作平台，搭建企业、高等院校与科研院所的沟通桥梁。有利于加快创新资源的整合，降低企业、高等院校与科研院所承担的风险，高效的产学研合作平台还有益于协调各主体之间的关系，维持长远的利益合作伙伴关系。

6.2.1.2 专业培训平台

全年定期与产学研合作院所合作，邀请专业讲师对技术人员进行医疗器械技术与检测项目的专业培训，全年提供可靠的技术咨询和培训，定期举行医疗器械展览交流与市场开拓活动。由于乡镇企业管理人员可能存在的缺乏企业家精神的问题，提供企业管理与创新指导类的培训，包括经营管理、人力资源管理、财务管理等项目。

6.2.1.3 众创空间

重点构建一批低成本、便利化、全要素、开放式的专属于头桥镇的众创空间，实现创新与创业相结合、线上与线下相结合、孵化与投资相结合，为广大创新创业者提供开放的讨论空间和资源共享空间。

众创空间有利于降低创新创业门槛，政府对众创空间的房租、宽带接入和公共软件等费用给予适当财政补贴。鼓励科技人员和大学生创业并支持创新创业公共服务，针对头桥镇乡镇创业的资金问题，加强财政资金引导，培养发展天使投资群体，完善创业投融资机制，大力培育创客文化，营造出浓厚的创新创业文化氛围，力争培养一批富有创新能力和市场前景的中小型企业。

6.2.1.4 孵化器

孵化器是产业园区为中小微企业提供多方面支撑的平台之一，企业孵化过程能帮助企业家在创业过程中节省时间、少走弯路，营造创业者聚集效应，提高创业成功率。孵化器的服务项目包括网络支持、商业计划支持、研发支持、人力资源管理支持、财务管理支持与咨询服务支持等多方面。

针对头桥镇医疗器械企业规模偏小、企业创新能力有待加强、产品附加值不高的现状，建立头桥医疗健康产业园的企业孵化器，按照确立入园孵化目标、设定入孵标准和毕业标准、挑选入孵企业、提供孵化服务、促成入驻企业顺利毕业这一系统过程开展。通过企业孵化过程，培育出一批具有高度竞争力的大型医疗器械企业。

6.2.2 配套服务平台

6.2.2.1 检测检验平台

加强质量管理、打造产品优势、树立品牌效应是头桥医疗器械行业发展的必经之路，检测检验平台的建立是保障产品质量的关键环节。鼓励企业建立覆盖产品全生命周期的质量管理体系和质量追溯体系，开展企业产品和服务标准自我声明公开，完善服务回访制度，加强产品质量监督抽查、风险预警和缺陷产品强制召回、产品伤害监测验证评估等工作，在平台上定期发布产品和服务质量“红黑榜”。

营造良好市场环境是头桥镇深植医疗器械产业的根本，头桥镇应争当维护医疗器械市场秩序的领头羊，健全统一规范、权责明确、公正高效、法治保障的市场监管体系。严格执行反不正当竞争法、反垄断法，严肃查处违法违规行为，打击侵犯知识产权和制售假冒伪劣商品行为，维护公平竞争市场秩序。

6.2.2.2 信息服务平台

运用网络技术、先进管理理念和信息化技术，对园区科技资源配置及相关管理流程进行整合与优化，建立科技管理信息系统，包括科技计划与执行管理系统、人力资源管理系统、科技专项资金管理和稽查系统、科研条件管理系统、基本科技建设管理系统、评估评价系统等，不断跟进医疗器械行业发展前沿和高精尖技术，建立科技资源、科技成果、专利技术数据库等行业信息数据库，实现科技信息的共享。

建设完善内部信息网络，建立集群企业数据库，即时掌握区内企业的发展状况。疏通集群发展所需的经济、市场、招商咨询等公共信息渠道，为科研机构和中小企业提供科技信息服务。补充公共政策信息专栏，将企业与创新创业的相关政策定时公布在平台上。

6.2.3 金融服务平台

针对头桥乡镇企业多为中小规模民营企业且融资难的现实情况，头桥医疗健康产业园为入驻企业提供包括孵化基金、天使基金、风投对接及专项贷款等各种形式的金融服务，构建多元化投融资体系和投融资协作网络。促使产业园与风险投资机构和银行签订战略合作协议，同时引进多家商业银行为企业提供灵活、便捷的商业贷款方案，为企业解决发展投资问题。金融服务平台涵盖新闻动态、融资需求、天使投资机构（人）、金融服务机构、专家人才、政策法规六大板块，为头桥医疗器械产业提供坚实的金融支撑。

6.2.4 产品服务平台

搭建线上展示交易平台，整合园区内所有医疗器械产品类型和质量标准，建立企业产品数据库，为园区企业提供一个永不落幕的企业展示平台（网站），宣传园区企业和产品。顾客可以在网站上随意挑选产品，还可通过平台提供的各个厂家联系方式自行联系企业。

6.2.5 健康服务平台

搭建专属于头桥镇的健康养生养老服务平台，大力发展“互联网+养生养老”的基于互联网平台的智慧健康养生养老综合服务模式，整合头桥周边的医疗服务机构，配备强大的后备医疗服务能力，建立完整的服务模块，培育成熟的病前干预管理，完善紧急救护系统，对外界提供一对一的健康养生养老服务。

在建设老年人公寓的基础上，研发或引进国内先进的智慧养老云系统、智能健康检测系统和智能室内监护系统，定时检测老人呼吸、血压、血氧、脉率等生理参数，并通过移动网络实时发送到网上平台，安排卫生服务站、医院和医生在网上查看实时数据，为老年人提供心理、营养、运动、娱乐等多方面的健康生活方式指导。

6.2.6 物流服务平台

头桥镇医疗器械用品销售网点遍布全国，随着医疗器械产业不断发展与头桥医疗器械产业销售版图不断扩张，高效化与数字化的物流服务平台必不可少。物流服务平台是一种结合物联网理念、电子商务模式、互联网、物流和电子商务支付系统等信息技术建立的网上物流公共信息服务平台。建立国内和国际物流服务平台有利于实现产品货物交易、电子委托、电子支付、电子确认、货物单证传输等现代物流与采购功能，实现企业信息化无缝对接。物流服务平台可以为交易方提供较为准确的物流信息，提高地区间的货物流通，有效地提高了资源利用率和生产效率，符合头桥镇医疗器械产品驰名国内、远销国外的长远战略目标。

6.3 完善人才智力支撑

6.3.1 积极“引才”

创新驱动实质是人才驱动。深入实施人才优先发展战略，以引进高层次、创新型和高技能人才为重点，建设一支高水平的人才队伍，为头桥医疗健康产业园区建设提供强有力的智力支撑。实施更开放的创新人才引进政策，更大力度引进急需紧缺人才，聚天下英才而用之。发挥政府投入引导作用，鼓励企业、高等院校、科研院所、社会组织、个人等有序参与人才资源开发和人才引进。围绕园区重点医疗器械、健康服务业及种养业发展，建立高层次人才信息库，定期发布急需紧缺人才目录，完善高层次人才联系制度。坚持人才为纲，全力推进“扬州市绿扬金凤计划”“广聚英才计划”等引才活动，设立人才工作专项基金，给予重大科技创新团队、高层次人才创业奖励扶持，引进一批发展紧缺的领军人才。培育具有品牌效应的人才中介服务机构，打造具有较大影响的人才、项目、技术交流平台。

6.3.2 优化“育才”

头桥服务健康中国建设，应立足适应社会发展需求，加强医疗健康人才队伍建设，致力提高防病治病能力、推动人才结构战略性调整。一要突出“高精尖缺”导向，实施重大人才工程，着力培养集聚科技领军人才、企业家人才、高技能人才队伍；二要注重基层技能型人才的培养，特别是面向养生养老与疾病康复的广泛需求，如健康调护师、养老服务员等，以适应健康服务业发展的广泛需求；三要加强医疗健康人才培训基地的建设，依托中国科学院、东南大学等高校院所，借鉴德国“双元制”教学模式，为头桥医疗健康产业发展输送可持续的高层次应用技术型专业人才；四要加强健康服务业、健康制造业与健康种养业的研发、生产、标准等人才队伍建设，以适应全链条医疗健康产业发展的需要，构建提高康复疗效与健康指数的人才队伍，为健康中国建设提供人力支撑。

6.3.3 完善“留才”

推进人才发展体制改革和政策创新，形成具有区域竞争力的人才制度优势，不断激发人才的创新活力和创业热情。建立合理的薪酬定价、信息交互机制，加快推进人才与资本、技术、产权等要素市场的融合和对接，形成开放度高、竞争力强、流量大的人才资源配置中心。健全与苏南接轨的人才使用机制，在税收、保险、住房、子女入学、配偶安置、承担重大科技项目、参与国家标准制定和政府奖励等方面享受同等待遇。优化人力资本配置，清除人才流动障碍，进一步推动就业、户籍、社会保障等制度的衔接并轨，提高社会横向和纵向流动性，完善以市场为基础的区域性人才合作机制，加快人才自由流动，促进人才一体化发展。实施“飞地人才”计划，在“不求所有，但求所用”的基础上建立一套柔性人才选派、管理、保障机制。建立以科研能力和创新成果等为导向的科技人才评价标准，积极探索实施科研关键岗位和重大科研项目负责人公开招聘制度，规范和完善专业技术职务聘任和岗位聘用制度。建立健全人才科技成果收益分配机制，积极稳妥推进薪酬激励和股权期权激励政策改革，调整股权激励个人所得税优惠政策。

6.4 推进产业转型升级

以产业中高端发展为目标，着力优化园区产业发展布局，大力提升产业发展层次，延伸产业链，推动园区产业高端化、专业化、品牌化发展。

6.4.1 对接江苏省产业技术研究院，促进产业研发能力提升

积极组织区内企业对接江苏省产业技术研究院（简称“省产研院”），推动医疗器械领域前沿技术在头桥落地开花，提升园区产业成果转化能力。大力促进区内医疗器械产业与省产研院的生物医学工程技术研究所、医药生物技术研究所、生物材料与医疗器械研究所对接

“联姻”，有效提升区内医疗器械产业研发能力，加快产业技术转化升级，形成资源有效整合嫁接。

6.4.2 新技术改造传统产业，“互联网 +”推进产业向中高端迈进

借助自动化、信息化（两化）提升产业发展质效。推进科技创新与产业发展无缝衔接，以技术创新孵化和培育新兴产业。鼓励和支持区内龙头企业在医疗器械生产过程中率先实现两化，大型企业关键工艺过程基本实现自动化，制造执行系统（EMS）使用率达到30%以上。促进信息化与工业化深度融合，推动产业发展能级提升，打造工业4.0头桥版本。

运用“互联网+”助推技术创新。大力促进移动互联、大数据、云计算、物联网在医疗器械行业的嫁接结合，运用“互联网+”创新要素整合与共享，促进技术进步、效率提升和组织变革，切实提升实体经济创新力和生产力，不断创造商业新模式、催生产业新形态。推进互联网向科技创新各领域渗透，发展网络协同研发、创新众包服务等创新型科技研发模式。

案例 SciCome的“互联网 +”科研医疗器械

SciCome平台从满足供应商、代理商、终端用户等各类最普通、最常用的查找及对比功能入手，通过51SC功能（五找一对比，即“找销售、找器械、找技术、找用户、找维修、比一比”），在工程师、技术人员的充分沟通与协调下，为科研医疗器械相关用户提供产品交易及服务解决方案，使用户在实际操作过程中有“逛”科研医疗器械展销会的效果。同时，这一平台又利用渠道拓展及数据挖掘的技术，通过“订阅”功能搭建出交易各方的桥梁：既能协助供应商准确定位潜在用户，智能分析用户动机，协助商家有效把握营销机会，又能根据用户提交的需求，协助用户找到更适合的产品和解决方案，从而增强用户黏性。科研医疗器械销售业内人士都可以在这个平台上各取所需。

SciCome 平台的“五找一对比”，以用户体验为导向，提供科研医疗器械从选、购、用，到维（护）、保（养）、修（理）的全方位、一条龙服务。SciCome平台还可以为专业技工提供足够的兼职机会，既能提高代理商的服务水平，又能降低代理商的运营成本，各方自然也就皆大欢喜了。而且，为了解决国内市场对国外品牌产品的现实需求，SciCome 平台还可以直线对接国外货源，真正实现全球科研医疗器械领域的供销链融合；同时还采用了双语模式，可以使境外供应商快速融入中国市场，也可以使中国客户及时了解境外产品动态及性能价格信息，从而缩短了信息传导的时间。这种综合性的服务平台，目前在全球仅此一家。

评析：SciCome平台通过“五找一对比”，以用户体验为导向，用“互联网+”应用程序对营销模式进行了柔性创新。因此，平台一上线，就使其在行业竞争的红海中开拓出一片蓝海。未来，科研医疗器械行业将在SciCome的引领下“传递科技，共享进步”，使患者真正受益。

6.4.3 标准化规范产业，保证医疗器械产品质量

医疗器械产业的快速发展离不开医疗器械标准化建设。当前，众多国家和企业已经把实

施标准战略作为参与国际化竞争、提升技术创新的重要手段。可以说，医疗器械标准化建设水平已成为衡量医疗器械产业现代化水平的一个重要标志。在区内实施标准化战略，一方面引导企业高度重视标准化工作，鼓励有条件的企业形成事实标准，推动并参与行业标准、国家标准和国际标准的制（修）订，抢占产业制高点；另一方面落实企业质量管理标准化，提高区内医疗器械产业整体质量水平，树立头桥健康产业品牌。

专栏6 标准化工程

参与标准化：标准竞争已成为当前国际产业主导权、市场话语权竞争中的焦点。头桥作为全国医疗耗材最早的生产地，有条件、有能力、有必要参与医疗器械领域的标准化制定。园区应积极参与国内各级医疗器械产业技术标准化委员会，引导企业率先开展医疗器械和健康等战略性新兴领域技术标准的研究和制定，开展产业关键共性技术研发和集成攻关，参与制定技术标准，形成产品或成套工程技术，推动创新成果向企业转换和产业化。借鉴和运用以标准化手段引领产业链整合与协同创新的新模式，有利于整体推动头桥医疗器械产业的跨越式发展。

执行标准化：2016年国务院办公厅印发了《国家标准化体系建设发展规划（2016—2020年）》（简称《规划》）。《规划》明确了医疗器械产品的安全、有效使用，依赖于安全、合理的产品设计和持续稳定的质量体系保证。因此，头桥应该借此契机，实施企业质量诚信建设工程，狠抓质量管理体系标准的落实，在园区开展质量标准自查和普查活动。强化企业质量主体责任，推广应用医疗器械领域先进质量管理方法、国际质量管理体系认证，推进医疗器械产品质量采标和达标活动。引导企业开展“质量承诺活动”，建立区内企业质量诚信档案，创建企业诚信文化，提高区内医疗器械产业整体质量，树立头桥健康产业品牌。

关注新标准：2016年3月，国际标准化组织（ISO）对存在已久的ISO 13485《医疗器械质量管理体系》国际标准做了彻底的审改。新标准涉及的内容更宽泛，包括医疗器械设计、开发、生产、存储和配送、安装、维修、最后的停止使用及废弃处理，以及相关活动（如技术支持）的设计、开发和提供。采用ISO 13485—2016将有助于生产制造更加符合监管要求；确保建立全球一致的质量管理体系，有效地对整个供应链进行风险管理，改进制造方法和效率，获得竞争优势。因此，园区应积极组织此类新标准培训宣讲会，鼓励和支持区内龙头企业率先学习和运用新标准。

6.4.4 促进产业链两端延伸，推动产业高端化发展

重点发展高附加值领域和高附加值环节，形成以“中高端特色制造为主体、新兴研发和健康服务为两翼”的“一主两翼”产业发展格局。充分发挥优势产业中龙头企业的核心和凝聚作用，着力引进产业关联大、带动性强的龙头项目，通过引进集聚高端产业要素资源，由单一制造向上下游纵向拓展延伸，丰富园区产业业态，实现从单一制造向涵盖新兴研发、中高端制造、健康服务的大健康产业体系转型升级。

专栏7 医疗器械产业链

医疗器械产业是将传统工业与生物医学工程、电子信息和现代医学影像等高新技术结合起来的行业。医疗器械产业上游主要环节为产品设计与研发、原材料供应，中游包括组件生产和设备集成，下游为分销商渠道、售后服务及医疗机构等终端用户（图2）。上游行业的科技进步及下游行业如医疗组织的水平、社会对医疗服务的需求都与医疗器械制造行业的发展有密切关系。

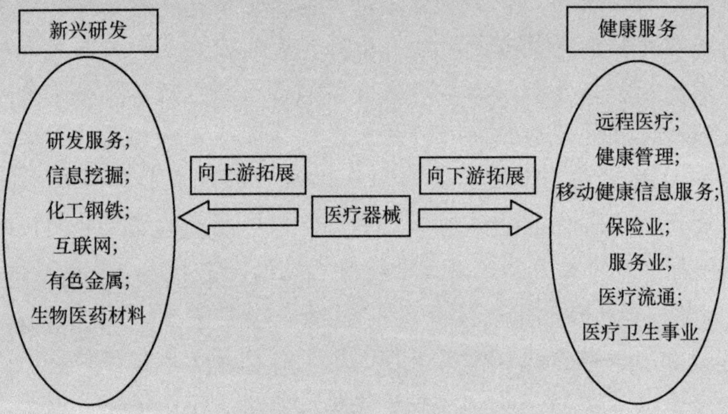

图2 医疗器械行业上下游产业链

6.5 营造创新创业生态

以优化创新创业人文生态和地理生态软硬两方面环境为抓手，不断提升创新创业服务能力、完善创新创业社会环境、改善生态环境，为头桥实施创新驱动发展战略创造有利条件，充分激发高新技术企业和人才的创新活力。

6.5.1 完善医疗健康产业发展软环境

发展创新文化：加大宣传力度，积极营造建设头桥医疗健康产业园的良好舆论氛围、文化氛围和社会氛围。鼓励理念创新、模式创新、技术创新等多个领域的创新举措，积极倡导尊重知识、崇尚创新，努力营造敢为人先、敢冒风险、勇于创新、敢于竞争、宽容失败的良好氛围。加强对重大科技成果、典型创新人物、创新型企业的宣传，加大对创新者的表彰奖励力度，让潜在创业者更有底气，树立创新为头桥共同的价值追求和行为习惯，建立促进创新资源快速集聚、创新合力快速形成、创新成效快速凸显的文化和制度环境，形成大众创业、万众创新的良好态势，充分激发创新创业活力。

推动政府服务信息化发展：利用信息技术便捷创新创业人才的研发需求，利用微博、微信等新媒体形式加强科技政策与服务宣传，推动“互联网+政府服务”模式，畅通沟通互动渠道，提高政府服务便捷性、时效性。推行“一站式服务”审批程序。缩短服务流程，尽可能减少审批类目、简化办事环节、加快审批速度、提供最优服务，为头桥镇创新创业项目积极服务，打造诚信、务实、高效的服务团队。

优化健康金融引导政策：在完善基本医疗保障制度、稳步提高基本医疗保障水平基础上，鼓励社会组织提供个性化、多层次健康产品和服务，鼓励融资机构按照风险可控、商业可持续原则加大对头桥镇健康服务业的支持力度，鼓励开发长期护理商业险，以及与健康管理、养老等服务相关的商业健康保险产品，创新适合健康服务业特点的金融产品和服务方式，建立商业保险公司与医疗、体检、护理等机构合作的机制。

6.5.2 提升医疗器械创新发展硬实力

建设创新服务平台：充分发挥现有企业与知名高等院校的产学研合作机会，搭建健康医疗产业创新平台和基础性技术研发平台，建立协同创新机制。充分利用医疗器械产品技术交易平台，以“互联网+技术市场”为核心，促进医疗器械产品研究成果的转化，鼓励开展医疗器械产品创新创业孵化项目。加强行业间的交流合作，支持行业组织开展产业创新评选活动，推介医疗器械创新产品目录、科技成果及转化项目信息，切实为当地企业提供良好的创新创业平台。

完善基础配套设施：为人才建设员工公寓，引进一批既有专业知识、又有管理水平的复合型产业领军人才，以引领头桥医疗器械企业对接国内外先进标准，提升企业管理水平，推动产业结构转型升级；为企业提供服务平台，提供餐饮服务、商务中心、多功能会议厅、宽频网络等现代化系统设施，降低企业运营成本；为当地社区及村镇提供健身娱乐设施，做好绿化工程，重点启动建设溪桂园、农家书屋等项目，抓住扬州宣传“一镇一味”良好契机，打出头桥的“红烧羊肉”美食名气，将“农家乐”发展成为乡村旅游特色线路，提升当地居民生活满意度，将头桥打造为宜业宜居的特色小镇。

6.5.3 建设互联网智慧健康养老社区

推进智慧健康乡镇建设：把健康理念融入城乡规划、建设、治理的全过程，促进城市发展与人民健康协调发展。针对当地居民主要健康问题，编制实施健康城市、健康村镇发展规划，保障与健康相关的公共设施用地需求，完善相关公共设施体系、布局和标准。广泛开展健康社区、健康村镇、健康单位、健康家庭等建设，提高社会参与度。重点加强健康学校建设，加强学生健康危害因素监测与评价，完善学校食品安全管理、传染病防控等相关政策。加强健康城市、健康村镇建设监测与评价，力争建成健康村镇建设示范区。

打造“互联网+健康养老”社区：充分把握我国迅速进入人口老龄化时代特点，抓住我国“互联网+健康养老”模式刚刚起步的产业契机，构建社区智慧健康养老服务“互联网+”网络平台，以老年人需求为导向、以政府购买服务为推手、以信息化建设为抓手、以培育社会组织为支撑，整合社会各类服务资源，为老人提供包括紧急救援、家政服务、日常照顾、康复护理、家电维修、精神慰藉、法律维权和休闲娱乐等综合性的服务项目，建立信息化、智能化和多层次的居家养老服务体系，构建一个没有围墙的养老院。

开创个性化银发老人健康管理服务：集合国内外健康软件各自特点，在政府医疗卫生信息部门支持下，建立集合体检信息、医疗资源、电子诊疗档案等专业数据及统一开放接口的生命健康产业大数据中心。通过移动医疗健康设备和大数据技术的应用，基于大数据积累和智能分析，为银发老人提供流感、肝炎、肺结核和性病等多种传染病的趋势预测，实现即时检测、智能诊断，促进医疗服务与健康管理的联动，实现疾病早发现、早预防，帮助老人提早进行预防，避免后期治疗的高额费用。

6.5.4 优化健康养生的自然人文生态

保持头桥自然生态环境：坚持环保优先方针，从源头上防止污染和保护环境，推广清洁煤、天然气、液化石油气等洁净燃料，保持头桥镇树木掩映、田野环合、空气清新的乡村风味。重视绿化建设，大量种植花草树木，建成大型农林科普主体绿色公园，形成头桥生机勃勃的绿色景观，以绿色、健康为主题，把工业、生态和旅游业结合起来，把头桥镇的生态体验区打造成旅游特色路线，吸引游客前来品尝纯天然的瓜果蔬菜、禽蛋鱼虾。

建设省级生态工业园：针对医疗器械产品与人们生命健康息息相关的特点，加强医疗器械废弃物管理，健全固体废物全过程管理体系，提高固体废物处置能力，不仅做到医疗器械生产区内合理处置医疗器械废弃物，而且要为医疗器械使用者提供合理的处置建议，做好保护生态的行业典范；强化危险废物监管制度，对于难以处理的医疗器械废弃物建立电子废物回收、集中处理体系。建设医疗废弃物集中处置、医疗无菌用品消毒中心。

发扬休闲健康养生文化：充分发扬头桥休闲养生的文化特色，紧抓“品味扬州，诠释古镇”的契机，大力推广头桥养心生活的田园风味。以“共建共享、全民健康”为指导，以扬州“三把刀”乐活理念为依托，把健康融入今后的发展规划中，加大宣传力度，开展全民健身运动，宣传、普及科学健身知识，鼓励公民养成良好生活习惯，保持生活环境卫生整洁，形成定期体检健康意识，推行健康生活方式。鼓励开办专门的健康频道或节目栏目，倡导健康的生活方式，在全社会形成重视和促进健康的社会风气。

7 落地，规划功能布局

头桥医疗健康产业园以休闲健康旅游、健康智慧养老、高科技医疗器械和智慧养心养生的“TRIP”健康之旅为主题，以医疗器械产业和健康产业为支撑，以产品研发和孵化、商务办公、高端保健和孕育文化为功能定位，打造包含科研创新区、生产制造区、检测评估区、企业孵化区、人才培养区、数字诊疗中心、休闲养生中心、养老康复中心、文化博览中心和物流服务中心在内的“五区五中心”格局，建设集研发、孵化、生产、服务、康复、养老、游憩为一体的健康产业园。

7.1 科研创新区

科研创新区主要开展技术研发、科技创新成果转化、共性技术推广等服务，为企业技术创新、产业升级、企业转型提供系统解决方案。在推进头桥镇医疗器械产业蓬勃发展的基础上，加大力度集聚各种高端创新资源，重点引进长三角与国内外相关产业的高等院校、科研院所和企业研发机构，为头桥医疗健康产业园新发展提供技术支撑。

7.2 生产制造区

生产制造区秉承“安全、低碳、绿色、高科技”的发展理念，以建设覆盖全部生产过程的监测管理体系为目标，以加快生产过程数字化、智能化的平台建设为实施路径，以节约能源消耗、绿色环保生产为发展原则，建设一批拥有高端生产技术、严格生产标准、专业生产人员、专业生产环境的生产车间，汇聚一批医疗器械企业的高端生产制造片区。

7.3 检测评估区

检测评估区主要开展产品的检测与评估服务，建立覆盖产品全生命周期的质量管理体系和质量追溯体系，通过完善产品和服务回访制度，加强企业的社会责任感，保障医疗器械产品的安全可靠。加强产品质量监督抽查、风险预警和缺陷产品强制召回、产品伤害监测验证评估等工作，借助检验检测平台定期发布产品和服务质量“红黑榜”，对医疗器械企业和相关产品进行质量评估，提交检测评估报告。

7.4 企业孵化区

企业孵化区开展以创新创业、企业孵化为目的的系列活动，重点围绕医疗器械产业的前沿领域和高端环节，积极吸引国内外高层次人才。以吸引人才团队和具有自主技术的人才创业作为目的，以众创空间、孵化器等平台作为支持，以生产地、设备、资金等支持作为保障，扶持一批有潜力的小微企业发展壮大，为产业持续发展培育“后备军”。

7.5 人才培养区

依托头桥本地职业学校、大专院校、行业职业技能培训机构、科研院所等开展合作，建立医疗器械培训中心。采取短期培训等措施，为医疗器械产业集群培养大批技能后备力量。由扬州市医疗器械卫生用品行业协会牵头，开展职业技能及资质的鉴定工作，为合格人才提供职业资格鉴定及级别认定，为来园创业的各类人才提供人才公寓，提升人才居住环境硬件实力。

7.6 数字诊疗中心

该中心主要功能是从早期发现疾病的角度，对患者做一个全面的身体检查和健康服务，从疾病的早期发现、健康信息获得、慢性病防治转变入手，将体检流程转变成融合健康体检、健康知识传播、体检结果分析统计、危险因素发现与评价、健康评估干预等为一体的健康服务体系，为头桥打造智慧健康养老颐养地的目标奠定基石。结合健康养生养老服务平台，利用“互联网+养生养老”的基于互联网平台的智慧健康养生养老综合服务模式和头桥周边的医疗服务机构，建立完整的医疗服务模块，培育成熟的病前干预管理，完善紧急救护系统和疾病治疗服务体系。

7.7 休闲养生中心

主要面向周末休假的休闲人士，打造休闲养生中心。主要提供以药膳、针灸、推拿、刮痧为主的传统健康服务，结合扬州“三把刀”的休闲理念，主打淮扬菜、泡汤、按摩、汗蒸等休闲娱乐项目，配套羽毛球馆、游泳池、健身房等高级健身设施。充分借鉴和引进国内外先进技术和服务模式，建设一批中高端健康旅游项目，主打以医疗、康复、疗养、休闲、度假、会议会展为一体的健康旅游产业体系。

7.8 养老康复中心

主要面向须长期监护的康复患者，聘请专业健康护理人员负责辖区内监护患者的健康状况，有专业的服务人员照顾患者饮食起居，提供以心理疾病治疗服务为主的现代心理卫生保健，利用智慧养老云系统、智能健康检测系统和智能室内监护系统，定时检测老人生理参数并通过移动网络实时发送到网上平台，安排周边医疗服务机构查看实时数据，提供老人准确可靠的医疗信息，借助头桥镇的优美自然风光条件，为患者提供休养生息的世外桃源。

7.9 文化博览中心

该中心重点打造健康文化展览的形式，配套以各种健康文化项目。定期开展健康展览、健康座谈会、健康文化演出等活动，贯通书画、琴棋、音乐等多领域，汇集中医养生、同仁堂及健康旅游为一体。文化博览中心结合网上展示交易平台，为园区企业提供一个医疗器械产品及企业宣传平台，做到线上线下相结合，让顾客可以在文化博览中心接触商品实体，比较质量与产品优势，重点突出新技术、新材料，吸引医疗器械行业人士前来交流与协商，长期举办行业技术创新大赛，诚邀全国乃至全球专家参与，加快头桥镇产学研合作及成果转化。

7.10 物流服务中心

建立头桥镇物流服务中心，将物流服务真正嵌入医疗器械产业生产过程中，压缩企业的原材料库存量，加速资金周转和降低营销成本，提高产业集群的竞争能力，为交易方提供较为准确的物流信息，提高资源利用率和生产效率。依托大运河、沪宁铁路货运站发展水铁联运，依托苏中机场、京沪高速、沪陕高速、沿江高等级公路等已有的和在建的交通设施，建立布局合理、技术先进、便捷高效、绿色环保、安全有序的现代物流服务体系。

8 护航，完善保障措施

8.1 强化组织领导管理

将医疗健康产业纳入头桥战略发展重点产业，成立头桥医疗健康产业园协调领导小组，以头桥镇政府、扬州市建委、扬州市城投、扬州市经信委、扬州市药监局主要领导为成员，统筹推进头桥医疗健康产业园建设，强化对医疗健康产业发展的组织、统筹和协调能力。实施重点企业、重点项目联系责任制。制定促进产业发展的年度工作计划与各项扶持工作的预算，形成协调联动的工作机制。落实责任，做好重点企业发展规划、产业园发展规划、中小企业发展规划、技术改造投入规划。成立专家咨询机构，在园区产业发展方向、发展重点、产业布局、政策导向等方面提供决策咨询，对医疗健康产业发展状况进行评估。

8.2 加大资金政策扶持

设立政府引导的产业发展专项资金，加大财政支持；设立头桥医疗健康产业创业投资基金，积极引导社会资本对医疗健康进行战略投资；积极争取国家开发银行等金融机构支持医疗健康企业发展，支持信用担保机构对医疗健康企业提供贷款担保，鼓励开展医疗健康产品、销售合同质押贷款，支持医疗健康企业利用资本市场融资。切实保障头桥医疗健康产业建设用地需求，给予医疗健康产业土地规划、市政配套、机构准入、执业环境等政策扶持和倾斜，产业用地优先纳入土地年度计划。实施支持产业园开发建设的规划体系和土地出让、地价、房地产权等政策，制定并完善适应新兴产业业态和商业模式的差别化土地政策，广聚社会力量，形成发展合力，推动头桥医疗健康产业快速发展。

8.3 提升自主创新能力

加强医疗健康关键领域技术创新，加强对医疗器械、生物医药、智能化医疗健康设备、抗肿瘤、老年病防治等重点产业前沿技术的研究，掌握一批具有自主知识产权的核心技术，形成头桥医疗健康产业产品与制造集群的核心竞争力。建立和完善知识产权保护和技术创新奖励机制，落实国家级和省级重点实验室、工程中心、企业技术中心、工业设计中心、应用示范中心等创新平台奖励措施。支持企业开展重大新医疗器械创制，搭建医疗器械研发、生产、销售、监管各领域交流合作平台，促进产学研用紧密结合，推动产业技术创新和成果转化。支持医疗器械领域电子商务运用，鼓励医疗器械“互联网+”发展新模式，支持医疗器械电子商务平台建设。

8.4 健全基础设施建设

不断完善园区基础设施，重点加强医疗健康产业生产区和研发区的基础设施建设，加快园区的生产、孵化、物流、生活等功能区建设。加快核心区的主干路网、供水供电供热管网、排水排污管道等基础设施建设，优化产业发展环境。深化医疗健康产业园区的管理机制和运行机制改革，探索成立头桥医疗健康产业园资本运作公司，吸引各方资金，创新管理机制和运行机制。

8.5 加强国际交流合作

始终坚持国际化视野，加强国际交流、合作，吸引国际高端资源，保障头桥医疗健康产业国际化目标实现。在项目、企业的引进方面，主动积极寻求与引进具有国际先进性并有国际背景的优质企业资源，保证头桥医疗健康产业各细分行业都有国际知名度的领军企业或合作项目。在技术层面，广泛征寻行业专家意见，在项目研发、重点技术设备、产学研等环节确保引进或落地的项目、技术具有国际先进性与代表性。在实施层面，制定向国际资源倾斜的优惠政策，加强国际合作，立足全球范围开展招商引资，支持在头桥组织医疗健康主题的国际性研讨会、项目资源交流与对接会，以及相关国际性健康主题文化活动，积极参加国际性重点展会开展招商引资推广工作，推进头桥医疗健康产业的国际性影响力与辐射力。

8.6 建立考核评价机制

制定科学合理的监督考核指标，突出关键指标考核，重点开展医疗健康产业创新要素投入、创新能力提升、中小企业孵化、产业培育、资源节约、生态环境保护、机制体制创新、软环境建设等方面的考核和评价，促进头桥经济增长的贡献率不断提高。明确目标责任，强化奖惩措施，确保头桥医疗健康产业园建设工作有计划、有步骤地全面推进。建立产业园区建设工作目标季报和督查制度，定期对园区各部门目标完成情况进行督查考核。

9 展望，目标进度安排

9.1 聚力发展阶段，2016—2017 年

全面深化头桥医疗健康产业园区建设工作，建立健全组织领导体系，加强责任分工，细化任务分解，制定建设工作方案，认真组织开展建设工作，形成各园区资源流动和分工协作机制，集聚一批高端创新资源，新建一批设施先进、功能齐全、配套完善的孵化器、加速器和专业园，招引一批推进产业园区加速发展的重大项目，进一步提升医疗健康产业竞争力。

9.2 加速推进阶段，2018—2019 年

产业园区软硬件、内外部环境不断改善，产业发展提质提速，创新投入、企业投入、知识产出、创新绩效和创新环境等各项重要指标在 2019 年基础上显著提升。在建设自主品牌、形成产品设计研发能力的目标指导下，完善技术研发体系，引进国内外高水平的产品设计、研发机构；初步启动“双边平台”建设，连通产业链上的研发与生产环节；企业的自主设计与技术创新能力进一步提升，“产学研”体制进一步完善；通过“品牌规模化、产品设计规模化、营销终端规模化、品牌传播规模化”提高企业自主品牌美誉度，拓宽国内国外两个市场；加大创新人才引进力度，构建人才培育体系；不断完善生产服务体系及市场贸易体系，完善物流网络与销售网络。

9.3 完善提升阶段，2020 年

根据市场导向、产业技术演化规律、国家科技战略和区域发展需要，剥离与转移部分纯生产制造环节，引进设计研发机构、认证机构、咨询机构，基本形成品牌总部、研发机构、认证咨询等服务机构协调发展的高端产业集群态势，形成区域性总部经济模式，培养壮大“航母”企业；引导和支持优势自主品牌进入国际市场进行品牌并购、品牌推广，争创国际知名品牌；抓住科技产业园建设的契机，分流部分企业进园，建立集群与产业园间的联系，

整合利用头桥优势资源，实现医疗器械产业的延伸及与其他产业的融合，形成一体化联动效应，积极培育特色健康服务业和种植加工业；大力引进高端创意人才和服务人才，持续吸收创新人才；不断完善创新体系，全力推进自主创新，增强综合创新能力，设计研发能力保持国内外先进水平，建成具有江苏特色、国内领先的医疗健康产业集群。

课题负责人：张巍巍

课题组成员：王有志　庄雨婷　王　君　郑江杰　穆振娟　徐平平　桂晓璟

撰　稿　人：穆振娟

江苏省产业创新决策咨询能力建设报告

加强江苏省产业创新决策咨询能力建设，是新时期新阶段提升江苏省科技发展战略研究院决策咨询与服务能力的迫切需要。江苏省科技发展战略研究院自2011年成立以来，虽然在服务政府科技管理和决策咨询方面取得了一定成效，但在产业技术快速迭代、前沿技术不断突破、科技创新日新月异、创新创业空前活跃的新形势下，如何为各级政府部门提供更高效、更精准、更科学的决策咨询服务，是江苏省科技发展战略研究院面临的重大历史任务。为此，江苏省科技发展战略研究院必须通过系统化的学习研究和合作研究，掌握以产业创新分析为重点的相关理论方法，并通过实践来大幅提升科技创新决策咨询服务能力。

本项目建设的目标是，开展产业技术路线图、产业发展规划、企业技术路线图、产业地图、科技服务业统计体系等研究，形成相应的分析研究规范；构建面向政府和社会的咨询服务网络平台，建设相关信息资源库；建成科技报告呈交、收藏、管理、共享工作体系和网络服务平台；与国内外知名咨询服务机构建立长期合作关系，形成一支外围专家队伍；通过培养和引进，建立一支面向政府和社会决策咨询的创新服务团队。

通过本项目的实施，江苏省科技发展战略研究院比较系统地掌握了以产业创新分析研究为重点的相关理论方法，形成了专业化研究队伍，提高了专业研究人员理论素养和研究水平，提升了为全省各级政府部门提供较高水平科技创新决策咨询服务的能力，取得了良好的社会效益，项目建设达到了预期的目标。

1　研发或服务开展情况

1.1　研发任务开展情况

通过内部竞争方式，筛选确定了16种以产业创新分析为主的研究方法进行应用研究，提供相应的1～2个实证研究案例，形成了研究报告。其中，产业分析方法与实证研究有5种，包括产业地图方法研究、产业竞争力分析方法研究、产业技术路线图编制方法研究、综合指数法、产业技术预见；企业创新分析方法与实证研究选择了技术生命周期判断方法、麦肯锡7S模型、标杆学习法3种与企业（技术）创新相关的分析方法；其他研究分析方法与应用围绕创新型城市建设、科技创新政策、科技创新投入产出、创新效率等选择了5种方法，包括基于因子分析法、灰色关联与预测分析方法、DEA分析方法、格序理论应用研究、基于科技统计数据的预测方法研究；制定了4种研究规范，包括产业研究规范、产业发展规划编制规范、企业技术路线图编制规范、科技统计工作规范。为全省各级政府部门开展咨询服务70多项，咨询服务内容主要包括“十三五”创新规划、创新型县（市、区）规划、创新型乡镇规划、高新区发展规划、新兴产业规划、创新发展战略等。

1.2 开展合作研究情况

围绕科技成果转化资金、创新生态、新兴产业技术、创新联盟等，与中国科学院大学、南京大学、中国科技信息研究所、天津科技信息研究所、金陵科技学院进行合作研究，分别合作开展了“江苏省科技成果转化专项资金对企业创新活动的影响研究”“创新生态系统研究”“石墨烯技术专利分析研究”“碳纤维材料专利分析研究”“生物医药领域专利分析研究”“江苏省产业技术创新联盟评价研究”“技术交易市场调查及制度创新研究”。通过合作研究，掌握了新理论、新方法，进一步拓展了研究事业，建立了人员交流学习机制和渠道。

1.3 科技报告共享服务情况

自科技报告共享系统建立以来，接收科技报告8170多篇，经审核加工并提供网上服务的科技报告6845篇。江苏科技报告共享服务系统，现有实名注册用户998名，文摘浏览74 000条，在线阅读全文4746篇。采取集中培训和上门培训方式，先后开展了国家科技报告江苏片区培训、江苏省科技报告南京地区培训、江苏省科技报告苏南片区培训、江苏省科技报告苏中片区培训、江苏省科技报告苏北片区培训等专场培训，为全省数百家单位开展了科技报告填写培训服务，培训人数超过3000人次。

1.4 开展咨询服务情况

1.4.1 省委、省政府决策咨询

1.4.1.1 撰写新兴产业创新发展分析报告

为配合省委、省政府主办的“中国江苏·大院大所合作对接会暨第六届产学研合作成果展示洽谈会”，江苏省科技发展战略研究院编写了《江苏新兴产业创新发展报告》。该报告以权威资料为依据，以科学方法为手段，围绕新能源、新材料、生物医药、新一代信息技术等10个产业，撰写了10个产业创新发展报告，为“十三五”期间江苏新兴产业重点需求和项目合作提供参考。该报告作为会议资料发放给每位参会代表，受到与会代表的广泛好评。

1.4.1.2 承担全省技术瓶颈分析研究工作

我国制造业领域在关键前沿技术中屡屡受制于人，技术的短板已成为国际贸易摩擦中制约中国的焦点。江苏是制造业大省，布局解决技术瓶颈问题将对江苏高质量发展提供保障。根据江苏省政府的部署和江苏省科技厅的要求，我院承担江苏技术瓶颈问题研究工作。通过对江苏八大产业的产业发展水平、技术发展水平和技术瓶颈问题的分析，并经过调研和专家

咨询，拟出了江苏 8 个产业领域共 148 项关键技术清单，技术上最大的瓶颈为基础零部件、元器件、关键材料，以及系统集成技术、设计和制备技术、制造设备等。从重大项目、关键平台、国家科技奖、顶尖人才 4 个方面分析江苏已有的基础和成效，最后分析了长三角地区应重点突破的领域和关键技术，并提出长三角地区整合资源、协同推进突破技术瓶颈的对策建议。

1.4.2 地方创新驱动发展咨询

1.4.2.1 重点服务南京创新名城建设

作为起草组主要成员，参与起草了 2019 年南京创新名城建设 1 号文件。承担了 2018 年和 2019 年南京创新名城建设两个 1 号文件的政策评估工作。作为牵头单位，组织了赛迪公司、长城咨询、江苏省社科院等国内知名机构，开展南京创新名城建设战略研究。开展新型研发机构建设研究并汇编成册，作为南京建设新型研发机构的培训参考资料。承担南京创新名城建设指数报告研究和编制工作，该报告在南京首届创新周活动有关会议上首次发布。与南京市政府共同举办紫金山创新峰会，邀请国内知名专家聚首南京，探讨新形势下创新发展的新趋势、新路径，为南京创新名城建设献计献策。

1.4.2.2 为地方产业创新提供咨询服务

先后受南京市科技局、南京栖霞区和高淳区科技局、苏州市科技局、泰州市科技局、兴化市科技局等委托，围绕当地产业优势和未来产业布局，开展产业发展分析研究、编制规划，产业领域包括生物医药、3D 打印、节能环保、太阳能光伏、生命健康等。

1.4.2.3 地方政府和园区各类规划编制

2016 年以来，受地方科技局和园区委托，先后为扬州杭集、泰州靖江、镇江丹徒、镇江句容、苏州常熟、南京徐庄、无锡山水、徐州云龙区、苏州相城区等编制了高新区发展总体规划和产业发展规划，其中多家园区获批省级高新区；为镇江市、江阴市、南通市通州区、兴化市、启东市等编制“十三五”科技创新规划；为兴化市、苏州姑苏区、泰州姜堰区、丹阳云阳镇等编制创新型县（市、区）和创新型乡镇规划。

2 产业创新网络服务平台建设

2.1 产业技术创新服务平台

开发建设了“产业技术创新服务平台”（网址：www.jiti.org.cn）。该平台分为前端展示服务和后端管理维护两大部分。前端即网站，设置了 9 个栏目：“创新要闻”“创新政策”“研究报告”“产业创新”“科技前沿”“专题聚焦”“科技简报”“区域创新”“科技统计”，具体设置如表 1 所示。

表1　产业技术创新服务平台栏目设置

一级栏目	二级栏目
创新要闻	
创新政策	国家政策
	江苏政策
	外省市政策
	国外政策
	政策动态
	政策解读
	政策研究
研究报告	研究成果
	理论方法
	服务案例
产业创新	节能环保
	新一代信息技术
	高端装备
	生物医药
	新材料
	新能源
	新能源汽车
	物联网
科技前沿	
专题聚焦	苏南国家自主创新示范区
	2030年可持续发展议程
	江苏“一中心”建设
	科技政策“40条”
科技简报	《今日科技》
	《创新参考》
区域创新	国外创新战略
	国家创新战略
	省市创新战略
	区域创新指标地区
科技统计	统计研究分析
	统计公报
	资料中心

2.1.1 产业技术创新服务平台——主页（图 1）

图 1 主页

2.1.2 产业技术创新服务平台——创新要闻（图 2）

图 2 创新要闻

2.1.3 产业技术创新服务平台——创新政策（图 3）

图 3 创新政策

2.1.4 产业技术创新服务平台——研究报告（图 4）

图 4 研究报告

2.1.5 产业技术创新服务平台——产业创新（图 5）

图 5 产业创新

2.1.6 产业技术创新服务平台——科技前沿（图 6）

图 6 科技前沿

2.1.7 产业技术创新服务平台——专题聚焦（图 7）

图 7　专题聚焦

2.1.8 产业技术创新服务平台——科技简报（图 8）

图 8　科技简报

2.1.9 产业技术创新服务平台——区域创新（图 9）

图 9 区域创新

2.1.10 产业技术创新服务平台——科技统计（图 10）

图 10 科技统计

2.1.11　用户管理（图 11）

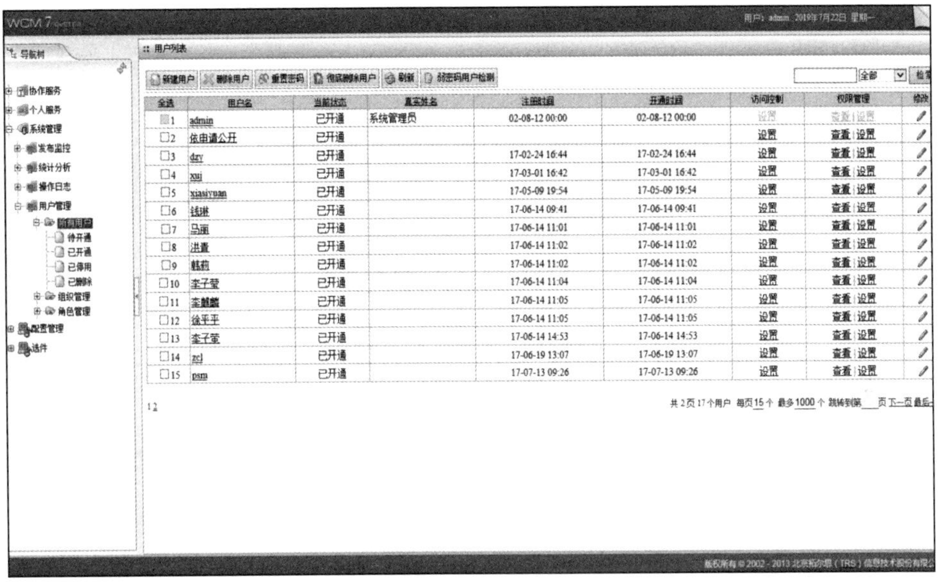

图 11　用户管理

2.1.12　信息更新维护（图 12）

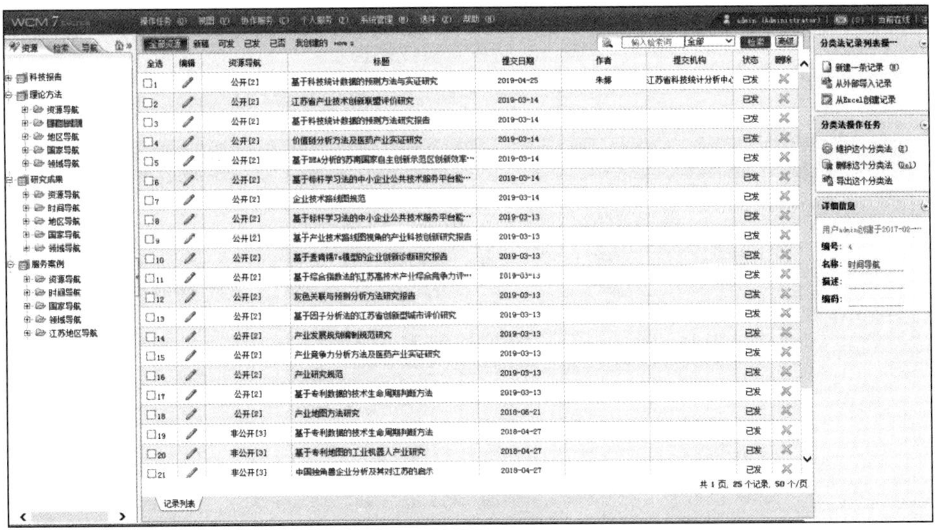

图 12　信息更新维护

2.2　科技报告呈交加工共享服务平台建设

科技报告系统分为 3 个子系统：科技报告呈交子系统、科技报告加工审核子系统和科技报告共享服务子系统。其中，科技报告呈交子系统嵌入在江苏省科技计划管理信息平台中，科技计划项目验收前必须先呈交该项目的科技报告。

2.2.1 科技报告呈交系统（图 13 和图 14）

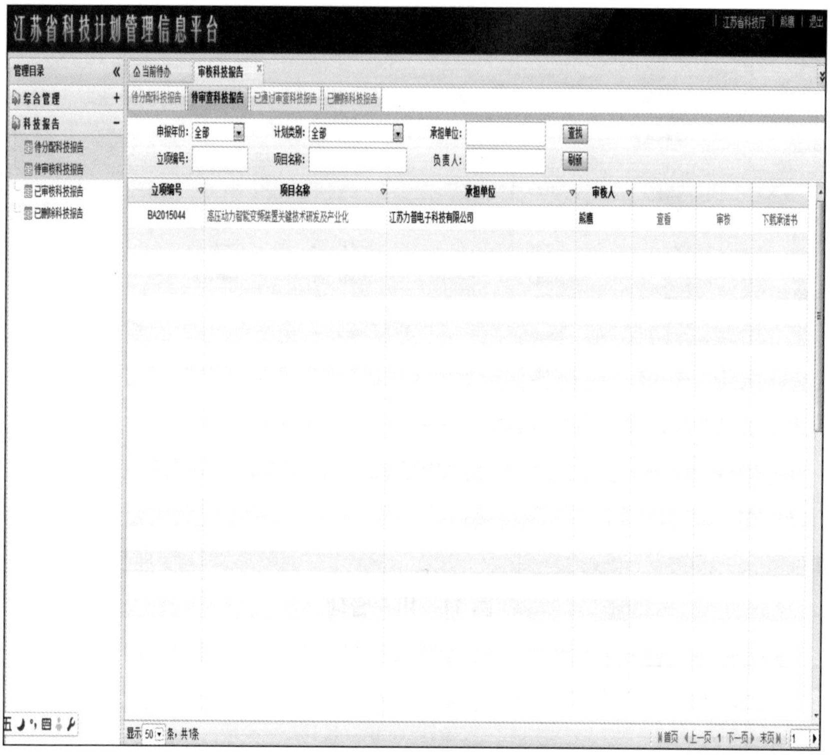

图 13 待审查科技报告

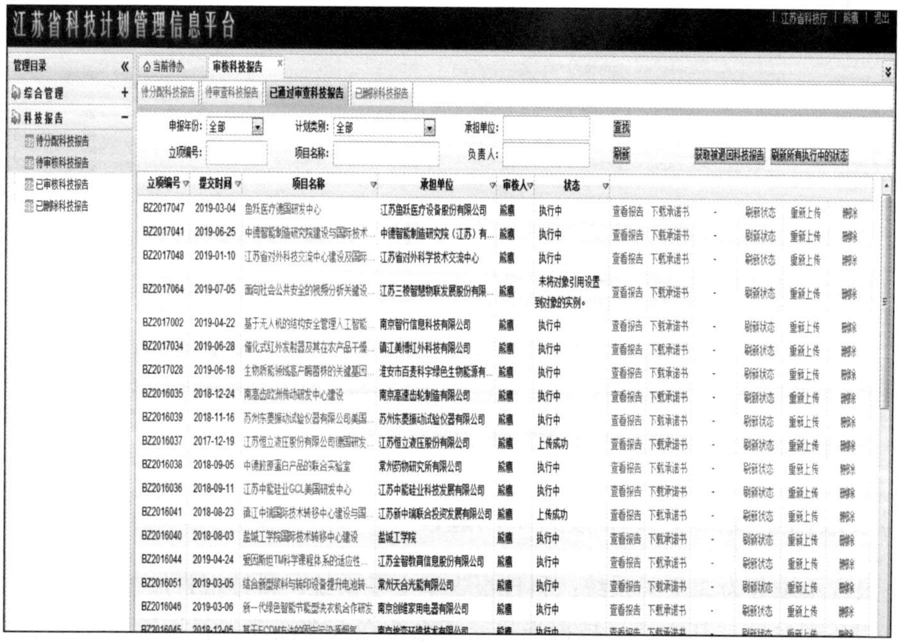

图 14 已通过审查科技报告

2.2.2 科技报告加工审核系统（图 15 和图 16）

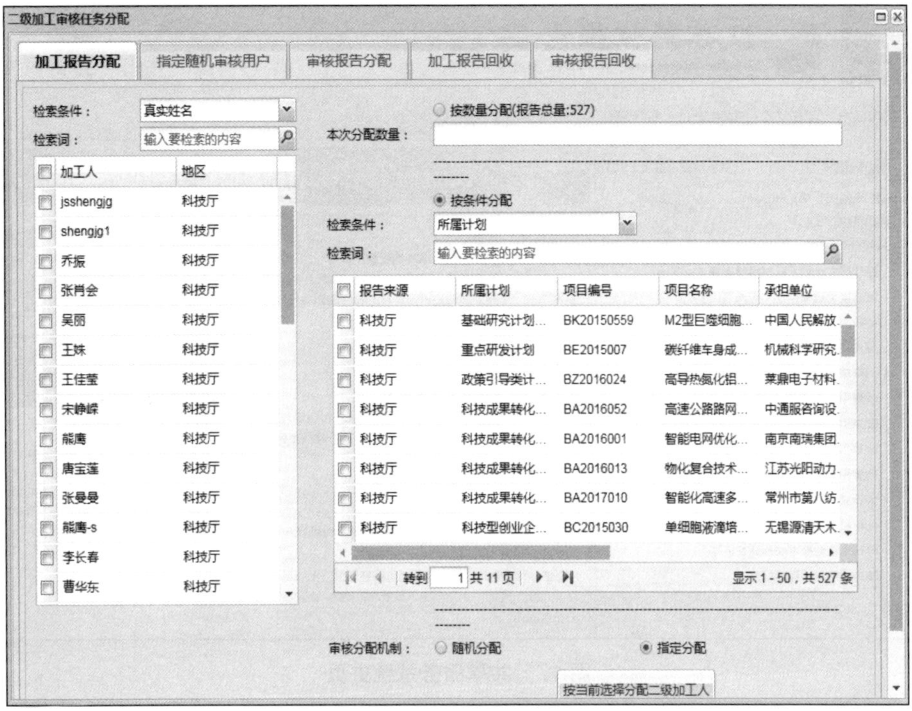

图 15　加工报告分配

图 16　待审核报告

2.2.3 科技报告共享服务系统（图 17 和图 18）

图 17　共享服务系统主页

图 18　业务管理

3 标志性成果与典型案例

3.1 标志性成果

为江苏省委、省政府提供决策咨询。根据江苏省委、省政府的要求，在江苏省科技厅的指导下，开展技术瓶颈问题分析。我国制造业领域在关键前沿技术中屡屡受制于人，技术的短板已成为国际贸易摩擦中制约中国的焦点。江苏是制造业大省，布局解决技术瓶颈问题将对江苏高质量发展提供保障。根据江苏省政府的部署和江苏省科技厅的要求，我院承担江苏技术瓶颈问题研究工作。通过对江苏八大产业的产业发展水平、技术发展水平和技术瓶颈问题的分析，并经过调研和专家咨询，拟出了江苏 8 个产业领域共 148 项关键技术清单，技术上最大的瓶颈为基础零部件、元器件、关键材料，以及系统集成技术、设计和制备技术、制造设备等。该研究报告得到江苏省省长吴政隆批示。

3.2 典型案例

为南京创新名城建设提供咨询服务。2018 年 1 月 2 日，南京市委、市政府出台 1 号文件《关于建设具有全球影响力创新名城的若干政策措施》及 45 个配套实施细则，加快推动南京创新名城建设。为全面了解南京市 1 号文件的落地执行情况，并做好 2019 年南京市委 1 号文件起草准备工作，受南京市委托，江苏省科技发展战略研究院组成专门评估小组，对 2018 年南京市 1 号文件开展评估工作。评估小组结合当前工作实际，科学制定评估方案，通过召开专场座谈会、开展问卷调查等多种形式，总结南京市 1 号文件落实举措和实施效果，详细排查政策落实过程中及政策条文制定存在的问题，在充分了解创新主体未来政策需求的基础上，提出对 2019 年 1 号文件制定和落实的政策建议。该评估报告获得南京市市长和副市长的批示。

4 实施成果与成效

自本项目实施以来，围绕国内外科技创新的热点开展追踪研究，结合江苏的实际为政府决策提出建议，2015 年以来先后有 10 多份研究报告得到江苏省领导的批示。承担了江苏省政府、省社科联等多项重点研究课题，获得江苏省哲学社会科学优秀奖 2 项、省社科应用研究精品工程奖 10 项，其他各类奖 10 多项。在江苏省委《群众》杂志和其他核心期刊上发表论文 25 篇。累计为全省各级政府部门和园区提供决策咨询服务 70 多项，有力地支撑了全省创新驱动发展战略的实施，取得了较好的社会效益，受到了用户的广泛好评。同时，我院通过开展有偿咨询服务，也取得了良好的经济效益，自 2015 年以来，各类决策咨询服务收入超过 600 万元。

课题负责人：孙　斌　皮宗平
课题组成员：马永浩　黄　斌　宋峥嵘　张玉赋　王有志　韩子睿　张　华　张　超
张巍巍　余景亮　沈瑾秋　宋艳红　刘　媛　钱　琳
撰　稿　人：皮宗平

颠覆性技术的识别及培育发展研究

历史上，每次科技革命时期，都是颠覆性技术出现的高峰期。科技革命构成了发掘和发展颠覆性技术的难得历史机遇。目前，科学已经沉寂了60余年，第三次技术革命发生距今接近80年，科技知识体系积累的内在矛盾已经凸显，迫切需要新的重大突破。在物质科学、量子信息科学、生命科学、宇宙科学等基础科学领域，一些重要的科学问题和关键技术发生革命性突破的先兆日益显现；科技发展跨学科趋势愈益明显，新学科、新知识、新思想的出现更多体现为学科交叉融合的方式，许多重大创新出现在学科交叉领域。当今世界已处在新一轮科技革命的前夜，颠覆性技术大量涌现的时期即将到来。

1 颠覆性技术的概念及特征研究

1.1 颠覆性技术的概念

颠覆性技术的概念最早出自美国哈弗商学院克莱顿·克里斯滕森教授1995年出版的《颠覆性技术的机遇浪潮》。1997年，他在《创新者的困境：当新技术使大公司破产》一书中，对这一概念进行了较为系统的阐述，该书曾被美国《福布斯》杂志评为20世纪末最具影响力的20本商业书籍之一。2003年，在续作《创新者正解》一书中，他以“颠覆性创新”概念取代了“颠覆性技术”。

克莱顿·克里斯滕森的颠覆性技术概念是在商业创新背景下提出的，他认为，颠覆性技术是指这样一类技术：它们往往从低端或边缘市场切入，以简单、方便、便宜为初始阶段特征，随着性能与功能的不断改进与完善，最终取代已有技术，开辟出新市场，形成新的价值体系。克莱顿·克里斯滕森以“颠覆性创新”的概念取代“颠覆性技术”，旨在强调技术所带来的“颠覆性效应”，而不是技术本身，因为产生颠覆性创新的技术，可以是基础性、原理性的新发现，也可能是在现有技术跨领域、跨学科的创新性应用。

德国弗劳恩霍夫协会认为：颠覆性技术就是指能够“改变已有规则”的技术，即那些与现有技术相比，在性能或功能上有重大突破，其未来发展将逐步取代已有技术，进而改变作战模式或作战规则的技术。

综上所述，颠覆性技术是一种另辟蹊径、会对已有传统或主流技术途径产生颠覆性效果的技术，可能是完全创新的新技术，也可能是基于现有技术跨学科、跨领域的创新性应用。颠覆性技术打破了传统的技术思维和技术发展路线，是对渐进性技术的跨越式发展。例如，数字技术转移应用到照相领域，颠覆了传统的基于胶片的照相技术；计算机技术和通信技术交叉融合产生的计算机网络技术，颠覆了传统的信息传输和应用方式。

1.2 颠覆性技术的特征

颠覆性技术具有4个特点：技术发展速度快、潜在影响范围广、可创造经济价值高、带来颠覆性影响。

1.2.1 技术发展速度快

颠覆性技术通常在价格或性能的快速变化中展现出来，或者产生突破性进展的技术，这些突破可加快发展速度或阶段性技术进步。例如，基因测序技术进步日新月异，发展速度甚至超过了计算机处理能力，因此，很快就可以制造出价格低廉的台式测序仪；从2004年第一颗人造石墨（用纳米材料制造且具有坚固性、导电性等非凡属性）产生到2011年IBM研制出石墨烯集成电路，新型材料技术取得了巨大突破。

1.2.2 潜在影响范围广

在经济上产生颠覆性影响的技术必然涉及多个公司和多个行业，影响或造就各式各样的机器、产品或服务。例如，移动互联网可以影响50亿人的生活方式，为人们提供工具，使之成为未来的创新者或企业家，因此，移动互联网被视为对人类最具影响力的技术。

1.2.3 可创造经济价值高

经济上具有颠覆性影响的技术必须能创造巨大的经济效益，但技术的风险价值很高，因此它可能会扰乱利益体系，导致国内生产总值增加，资本投资过大。例如，先进机器人技术可能会对全球6.3万亿美元的劳动力成本产生影响；云技术可能会为全球企业降低3万亿美元的IT支出，也可能会为数十亿消费者和成千上万的企业创造新型在线产品和服务。

1.2.4 带来颠覆性影响

有影响的技术可能会极大地改变现状。这些技术可能改变人们的生活和工作方式，为企业创造新机遇或转移盈余，推动各国经济增长或改变国与国之间的比较优势。新一代的基因组学技术具有改变医学诊断、治疗癌症和其他疾病并最终延长人类寿命的潜力。

1.3 颠覆性技术与渐进性技术的区别

颠覆性技术与渐进性技术相比，具有以下特性。

1.3.1 前瞻性

颠覆性技术的发现，需要从战略高度上深刻理解国家安全、未来战争、装备需求、现代科学技术及装备技术体系，并以前瞻的思维、敏锐的洞察力及严谨的科学态度，跟踪、分析、判断、预测可能带来颠覆性影响的技术。

1.3.2 超越性

颠覆性技术可能是完全创新的新技术，也可能是基于原有概念、机制的跨学科、跨领域的创新性应用，它打破了传统的技术思维和技术路线，是对渐进性技术创新的跨越式发展。

1.3.3 突变性

颠覆性技术源于创新思维，它破坏了原有的技术发展轨道，开辟了新的技术应用领域，既符合技术发展规律，又在常识意料之外，使敌手猝不及防，形成所谓“技术突袭”，有可能改变战争力量对比，影响战争进程与结局。

1.3.4 不确定性

颠覆性技术从发现到成熟应用需要一个长期的培育过程，期间还受到科学技术发展、资源投入强度、国家战略调整等影响，在技术开发过程中存在着较大的不确定性。建立高效、灵活、宽容失败等的特有管理机制和营造敢于挑战权威、鼓励另辟蹊径、倡导大胆争论、开放协同宽松的科技文化创新环境，对于发展颠覆性技术更显得至关重要。

1.3.5 时效性

颠覆性技术只有在独家掌握时才具有革命性效果。但在现代信息社会条件下，已经形成的颠覆性技术很难长期垄断。一方面，在颠覆性技术转化成“撒手锏”装备的关键阶段，要加大保守机密；另一方面，要形成有利于颠覆性技术成长的机制，持之以恒地支持，不断有新的突破，保持特有的技术优势。

2 颠覆性技术的培育及发展模式研究

2.1 全球重要颠覆性技术的发展历程

2.1.1 半导体技术的发展

半导体材料最早是在19世纪被发现的，但是由于当时人们对于半导体的认识较少，所以应用上稍有不足，但是对于半导体材料的研究并没有停止。

在20世纪20年代，固体物理和量子力学的发展及能带论的不断完善，对半导体材料中的电子态和电子运输过程的更深入研究，半导体中的结构性能、杂质和缺陷行为的认知加深，提高了半导体材料的完整性和纯度研究。20世纪50年代，为了改善晶体管特性，提高晶体管的运行稳定性，半导体的制备技术得到快速发展。虽然单晶硅在电子技术应用方面取得巨大成功，但由于硅材料间接带隙的影响，硅基带边发光的研究进展缓慢。这一问题在半导体超晶体格概念提出和分子束外延中，成功地发展出了一系列晶态、非晶态薄层及超薄层微结构材料，让半导体物理和半导体器件的设计与制造发生质变，为基于量子效应的新一代元器件制造打下基础。20世纪80年代，扫描隧道显微技术和原子力显微镜技术的发展与应用，纳米科学得到迅速发展，使得人们可以在原子、分子、纳米尺度上进行操控，制造具有全新功能的材料和器件，主要为以碳60、碳纳米管为代表的纳米材料及半导体量子点、量子线材料和半导体量子器件。

随着信息载体从电子向光电子和光子转换，半导体的技术也在不断地改变和革新，半导体材料从三维体材料到薄层、两位超薄层微结构材料向着集材料、器件、电路于一体的功能系统集成芯片材料，并以量子线和零维量子点（纳米结构材料）方向发展。在21世纪中叶前，以硅和硅基材料作为电子技术的基础不会改变，化合物半导体微结构材料以其优异的光点性质在高速、低功耗、低噪声器件电路中发挥越来越重要的作用。有机半导体发光材料也是光电子器件、光电集成、光子集成中相当重要的发展方向，因为成本低廉和柔性良好，在新一代显示面板材料中会占有相当重要的地位。

2.1.2 互联网技术的发展

互联网产生于1969年年初，它的前身是阿帕网（ARPA网），是美国国防部高级研究计划局为准军事目的而建立的，开始时只连接了4台主机，这便是只有4个网点的“网络之父”；1972年公开展示时，由于学术研究机构及政府机构的加入，这个系统已经连接了50所大学和研究机构的主机；1982年ARPA网又实现了与其他多个网络的互联，从而形成了以ARPA网为主干网的互联网。

1983年，美国国家科学基金会（NSF）提供巨资，建造了全美五大超级计算中心。为使全国的科学家、工程师能共享超级计算机的设施，又建立了基于IP协议的计算机通信网络NFSNET。最初的NFSNET使用传输速率为56 kbps的电话线通信，但根本不能满足需要。于是，NFSNET便在全国按地区划分计算机广域网，并将它们与超级计算中心相连，最后又将各超级计算中心互连起来，通过连接各区域网的高速数据专线，而连接成为NSFNET的主干网。1986年，NFSNET建成后取代了ARPA网成为互联网的主干网。以ARPA网为主干网的互联网只对少数的专家及政府要员开放，而以NFSNET为主干网的互联网则向社会开放。

到了20世纪90年代，随着计算机的普及和信息技术的发展，互联网迅速商业化，以其独有的魅力和爆炸式的传播速度成为热点。商业应用是互联网前进的发动机。一方面，网点的增加及众多企业商家的参与使互联网的规模急剧扩大，信息量也成倍增加；另一方面，更刺激了网络服务的发展。互联网从硬件角度讲是世界上最大的计算机互联网络，它连接了全球不计其数的网络与计算机，也是世界上最为开放的系统。但这并不确切，它也是一个实用而有趣的巨大信息资源，允许世界上数以亿计的人们进行通信和信息共享。互联网仍在迅猛发展，并在发展中不断得到更新和被重新定义。

2.1.3 纳米技术的发展

1959年，诺贝尔奖获得者、被认为继爱因斯坦之后最为厉害的理论物理学家——理查德·费因曼教授在加州理工大学发表了题为“在底部还有很大空间”的演讲。他提出：“为什么我们不可以从单个分子，甚至原子出发，进行组装，达到我们的要求。物理学的规律不排除一个原子一个原子制造物品的可能。”这是关于纳米技术最早的梦想，在当时并没有引起人们足够的注意。

20世纪70年代，科学家开始从不同角度提出有关纳米科技的构想。1974年，科学家唐尼古奇最早使用纳米技术一词描述精密机械加工。要从分子、原子出发，制造物品，第一步得看见原子和分子，这一关键性的突破，由德国人开始。1982年，德国科学家发明了研究纳米的重要工具——扫描隧道显微镜，人类从此可以直观地观察到单个原子了，从而揭示了一个可见的原子、分子世界，对纳米科技发展产生了积极的促进作用。看得见原子之后，第二步就是要能够操纵它。1990年，美国IBM公司将35个氙原子排布成“IBM”3个字母，总面积只有几个平方纳米，人类第一次实现了操纵单个原子，纳米科技的序幕拉开了。

1990年7月，第一届国际纳米科学技术会议在美国巴尔的摩举办，标志着纳米科学技术的正式诞生。1991年，碳纳米管被人类发现，它的质量是相同体积钢的1/6，强度却是钢的10倍，成为纳米技术研究的热点。诺贝尔化学奖得主斯莫利教授认为，碳纳米管将是未来最佳纤维的首选材料，也将被广泛用于超微导线、超微开关及纳米级电子线路等。1993年，继 1989 年美国斯坦福大学搬动原子团“写”下斯坦福大学英文名字，以及 1990 年美国IBM公司在镍表面用 36 个氙原子排出“IBM”之后，中国科学院北京真空物理实验室自如地操纵原子成功写出“中国”二字，标志着我国开始在国际纳米科技领域占有一席之地。

1997 年，美国科学家首次成功地用单电子移动单电子，利用这种技术可研制出速度和存储容量提高成千上万倍的量子计算机。1999 年，巴西和美国科学家在进行碳纳米管实验时发明了世界上最小的“秤”，它能够称量十亿分之一克的物体，即相当于一个病毒的质量；此后不久，德国科学家研制出能称量单个原子质量的秤，打破了美国和巴西科学家联合创造的纪录。1999 年，纳米技术逐步走向市场，全球纳米产品的年营业额达到 500 亿美元。2000—2006 年，各种纳米带、线等二维纳米物体及纳米机器相继在实验室制备成功，对纳米物质的检测表征有了进一步的发展。

2.1.4 机器人技术的发展

现代机器人的研究始于 20 世纪中期，其技术背景是计算机和自动化的发展，以及原子能的开发利用。

自 1946 年第一台数字电子计算机问世以来，计算机技术取得了惊人的进步，向高速度、大容量、低价格的方向发展。大批量生产的迫切需求推动了自动化技术的发展，其结果之一便是 1952 年数控机床的诞生。与数控机床相关的控制、机械零件的研究又为机器人的开发奠定了基础。另外，原子能实验室的恶劣环境要求某些操作机械代替人处理放射性物质。在这一需求背景下，美国原子能委员会的阿尔贡研究所于 1947 年开发了遥控机械手，1948 年又开发了机械式的主从机械手。

1954 年，美国的戴沃尔最早提出了工业机器人的概念，并申请了专利。该专利的要点是借助伺服技术控制机器人的关节，利用人手对机器人进行动作示教，机器人能实现动作的记录和再现。机器人产品最早的实用机型是 1962 年美国AMF公司推出的“VERSTRAN”和Unimation公司推出的“UNIMATE”。这些工业机器人的控制方式与数控机床大致相似，但外形特征迥异，主要由类似人的手和臂组成。1965 年，美国MIT的Roborts演示了第一个具有视觉传感器的、能识别与定位简单积木的机器人系统。1967 年，日本成立了人工手研究会，同年召开了日本首届机器人学术会。1970 年在美国召开了第一届国际工业机器人学术会议。1970 年以后，机器人的研究得到迅速广泛的发展。1973 年，美国辛辛那提·米拉克隆公司的理查德·豪恩制造了第一台由小型计算机控制的工业机器人，它是液压驱动的，能提升的有效负载达 45 千克。到了 1980 年，工业机器人才真正在日本普及，故称该年为“机器人元年”。随后，工业机器人在日本得到了巨大发展，日本也因此赢得了“机器人王国”的美称。

随着计算机技术和人工智能技术的飞速发展，使机器人在功能和技术层次上有了很大的提高，移动机器人和机器人的视觉、触觉等技术就是典型的代表。由于这些技术的发展，推动了机器人概念的延伸。20 世纪 80 年代，将具有感觉、思考、决策和动作能力的系统称为智能机器人，这是一个概括的、含义广泛的概念。这一概念不但指导了机器人技术的研究和应用，而且又赋予了机器人技术向深广发展的巨大空间，水下机器人、空间机器人、空中机器人、地面机器人、微小型机器人等各种用途的机器人相继问世，许多梦想成为现实。当前与信息技术交互和融合又产生了“软件机器人”“网络机器人”，这也说明了机器人所具有的创新活力。

2.2 发达国家推动颠覆性技术研究的主要模式

2.2.1 成立专门研究机构

美国始终高度重视国防科技创新的顶层设计，近年来，颠覆性技术研究已成为重要的研究方向，形成了若干专门研究机构。

美国国防部高级研究计划局（DARPA）是最早的“颠覆性技术研究机构”。1958 年，早在“颠覆性技术”概念明确提出前，美国国防部就设立了国防部高级研究计划局，明确其宗旨是“避免技术突袭并谋求对敌方的技术突袭”。事实上，能够构成所谓“技术突袭”的技术都应属颠覆性技术。50 多年来，围绕“避免技术突袭并谋求对敌方的技术突袭”，DARPA 不断从顶层制定科技规划，支持能“改变游戏规则”的高风险、高回报技术研发，取得了许多重大创新成就，如 ARPA 网、全球卫星定位系统（GPS）、隐身技术、无人机技术、反导技术等。当前，DARPA 正在支持发展量子、太赫兹、高超声速、纳米—生物—信息—认知汇聚等颠覆性技术，旨在催生未来的能“改变游戏规则”的新型武器装备。DARPA 被誉为增强美国军事能力的“技术解决方案”提供者，是保持美国军事技术领先地位的“防务技术引擎”。

为适应形势需要，美国还设立了多个颠覆性技术专门研究机构。主要有美国国家研究理事会（NRC）下设的国防情报局技术预测和审查委员会（CDIATFR）和未来颠覆性技术预测委员会（CFFDT），美国高级研究与发展组织内专设的“颠覆性技术办公室”（DTO），美国空军研究委员会（AFSB）等。DARPA 的成功经验引起了世界各国的重视，俄罗斯也成立了国防高级研究基金会，试图仿照 DARPA 模式，捕获包括颠覆性技术在内的新兴前沿技术机遇，促进颠覆性技术的诞生和发展。

2.2.2 形成常态化研究机制

21 世纪初以来，美国军方、工业界、情报界、学术界积极开展“颠覆性技术”研究，形成了常态化研究机制，取得一系列成果，为国家级科技计划的制定提供了有力支持。

2005 年，美国国防研究与工程署规划与计划主任建议国防部将“颠覆性技术”纳入战略考虑。理由是：增进对“颠覆性技术”的理解对于维持竞争优势至关重要；技术突袭的可能性不断增长；避免技术突袭需要了解他国的技术发展。2006 年，在美国国防部《四年一度防务评审》中，描述了敌方挑战美国军事能力的 4 种途径，其中就包括利用“颠覆性技术”。2004—2012 年，美国国防工业界组织召开了 9 届“颠覆性技术”年会，最近一届年会于 2012 年 12 月 4—5 日在华盛顿召开，会议主题是“识别颠覆性技术，为美国及盟国遂行非对称军事任务填补能力空白”。西点军校自 2009 年起开设“颠覆性创新”课程，DARPA、海军研究办公室均对其进行了资助。

据美国《海军内参》2013 年 2 月 11 日报道，美国国防部 2014 财年预算拟计划为颠覆性技术发展增加经费，可能在研究与发展投资计划中单列颠覆性技术类目，目标是通过颠覆性技术发展为国防部提供新兴能力。美军围绕“颠覆性技术”进行了系统深入的研究，取得一系列研究成果，主要有：美国空军研究委员会（AFSB）2009年的《“颠覆性技术”的持续监视》；国防技术信息中心（DTIC）的《识别颠覆性技术》；美国国家研究理事会（NRC）未来颠覆性技术预测委员会（CFFDT）在2009年和2010年出版的系列研究报告《颠覆性技术的持续预测》等。

2.2.3 强调重大军事需求牵引

重大军事需求既有现实军事对抗提出的需求，又包括针对未来挑战对象，基于技术发展预测、设计未来战争所提出的能力需求。科技是战斗力，各国特别是军事大国都千方百计将科技重大突破快速转化为战场制胜和战略对抗的优势。历史上，雷达技术、核技术、隐身技术、激光技术、夜视技术等颠覆性技术的发展，有的直接源自战场对抗需求，有的源自冷战博弈需求。冷战后，美国总是针对未来潜在战略对手，分析其体系弱点，创新概念、设计战争，提出打赢未来战争的重大军事需求，牵引军事技术的创新发展。例如，设计非接触作战、无人作战、网络中心战、全球快速打击、空海一体战等新型作战样式，不断提出新的能力需求。目前，美国研究军事需求，总是把正在崛起的中国视为潜在战略对手。

2.2.4 大力促进军民融合

美国除军方外，工业界、情报界、学术界也都开展了颠覆性技术相关研究，军民互动、国家战略需求与市场需求互动，促进对颠覆性技术的发现、重视、培育、支持。例如，美国国防工业协会组织召开的颠覆性技术年会，为军方也为民用遴选识别颠覆性技术提供了有力的决策支持。美国国家情报委员会分别于2008年和2012年发布了《全球趋势2025》和《全球趋势2030》两份报告，分别对到2025年和2030年可能出现的具有潜在颠覆性作用的民用或军民两用技术进行了预测。

颠覆性技术与其他新兴技术的出现和发展一样，都需要经历从实验室原理突破到军事和产业应用的成长过程。同时，颠覆性技术往往是在竞争的环境下，在较短的时间内脱颖而出，并迅速扩张应用范围和占领主流阵地，实现对传统技术的取代和颠覆。美国等国家为推动新兴技术快速发挥颠覆性影响，建立了相对完善的技术成果转化应用机制，构成有利于孵化颠覆性技术的基础环境。这些机制通过相关立法和职能机构的设立得到有效落实，确保了技术研发、产业应用和资本投入等各技术转化参与方的利益，20世纪80年代以来，国家战略需求和市场需求互动，在信息、生命、材料、制造、能源等领域孵化了一批军民两用颠覆性技术。

2.2.5 加大基础研究投入

基础研究是科技进步和创新的先导和源泉。从历史上看，许多颠覆性技术的诞生与发展都源自基础研究领域的重要突破。例如，20世纪60年代，美国DARPA、海军研究办公室等对原子光谱学研究的持续资助，造就了激光技术的产生和应用。

世界主要军事强国始终重视对基础研究的投入，高度重视发现基础研究成果可能的军事应用价值，及时支持与军事应用技术的对接。美国近年来在保持军事优势和摆脱经济低迷的双重推动下，持续加大基础研究和交叉学科研究投入，在基础研究和交叉学科等原始创新最活跃的领域，培育重大创新，为经济发展和保持军事优势提供动力。根据相关资料统计，美国国防部用于基础研究的年投入约为21亿美元，分布于生命、物理、环境、数学、信息、网络、计算、工程、心理学、社会学等基础和交叉领域，主要由DARPA、各军兵种研究实验室等机构进行资助管理，致力于挖掘和培育新的颠覆性技术增长点。

2.2.6 重视全球化带来的新挑战

世界军事科技大国密切关注科技发展面临的新形势、新挑战。一是科技发展步伐和先进技术传播日益加快，一些先进技术的生命周期甚至低于研发周期，技术创新已经不只是传统的军事和经济大国可做。二是全球商业驱动力在未来技术发展指引方面扮演着重要角色，技术研发越来越受市场机会和需求驱动，原本针对军方的技术也能带来巨大商机，反之市场驱动下的技术创新也为军事应用提供了更多的选择。三是颠覆性技术可能源自有国家支持的大计划、实力雄厚的大企业大研究部门，也可能诞生于小企业或不知名的公司，出自年轻研究人员之手，而且这方面的比例在逐渐增大。这些技术起初往往不在主流视线，容易被忽视。因此对颠覆性技术的预测，既需要跟踪政府投资项目，又要关注小企业的创新活动和全球市场动向及投资趋势。

NRC 2005 年的报告指出，美国在隐身和卫星成像等技术领域的优势曾经使军事技术领先数十年，而全球商业市场带来的快速技术创新正将这种优势转移到正在发展技术的国家，这给美国确保技术优势带来新挑战。

3 颠覆性技术的识别及研判研究

3.1 美国：机器人、大脑计划、人工智能

美国作为世界科技创新中心，引领全球的技术创新走向。从美国各机构的评选结果来看，美国的颠覆性技术创新主要集中在机器人、精准医疗、大脑计划、自动驾驶、人工智能、3D 打印、纳米技术、合成生物技术、移动互联网、先进制造等方面。这些技术创新形成的产业还处于概念期和成长早期，未来的发展前景较广、潜力较大。

3.1.1 美国白宫科技政策办公室：九大战略领域

2015 年 10 月底，美国白宫科技政策办公室和美国国家经济委员会联合发布了新版《美国国家创新战略》（简称《战略》）。美国创新战略首次发布于 2009 年，用于指导联邦管理局工作，确保美国持续引领全球创新经济、开发未来产业，以及协助美国克服经济社会发展中遇到的各种困难。从 2007 年的《美国竞争法》，到 2009 年的“美国复兴与再投资计划”和《美国创新战略：推动可持续增长和高质量就业》，再到 2011 年的《美国创新战略：确保我们的经济增长与繁荣》，美国始终高度重视创新战略的设计。

新版《战略》沿袭了 2011 年提出的维持美国创新生态系统的政策，首次公布了维持创新生态系统的 6 个关键要素，包括基于联邦政府在投资建设创新基石、推动私营部门创新和武装国家创新这 3 个方面所扮演的重要角色而制定的 3 套战略计划，分别是创造高质量工作和持续的经济增长、催生国家重点领域的突破、为美国人民提供一个创新型政府。新版《战略》在此基础上强调了以下九大战略领域：先进制造、精准医疗、大脑计划、先进汽车、智慧城市、清洁能源、教育技术、太空探索和计算机（表 1）。

表1 《美国国家创新战略》关注的九大战略领域

领域	内容
先进制造	推出国家制造业创新网络来恢复美国在高精尖制造业创新中的领先地位
精准医疗	在保护个人隐私的前提下，推动基因组学、大型数据集分析、健康信息技术的发展。协助临床医生更好地理解患者的健康水平、疾病细节和身体状况，更好地预测最有效的治疗方法
大脑计划	通过基因对大脑进行全方位的认知，协助科学家和医生更好地诊断和治疗神经类疾病
先进汽车	在传感器、计算机和数据科学方面的突破，把车对车通信和尖端自主技术投入商用
智慧城市	越来越多的社区管理者、数据科学家、技术人员和企业联合建立“智慧城市”
清洁能源	部署和开发清洁能源技术，鼓励投资倾向于气候变化解决方案，在保证提升美国能源安全的前提下，继续保持新能源生产量的增加
教育技术	总统提议为99%的学生在2018年之前接通高速宽带网络，2016年将投资5000万美元建立教育高级研究计划局
太空探索	在2017年之前重点投资发展商业载人太空运输技术，美国国家航空航天局开始支持多项项目，如保护宇航员免受太空辐射的研究、先进推进系统的研究、研发让人类在外太空能生存的相关技术
计算机	2015年7月制定的国家战略性计算机计划，将刺激创建和部署前沿计算技术，有助于提升政府经济竞争力、促进科学发现和助力国家安全

资料来源：美国白宫科技政策办公室《美国国家创新战略》。

3.1.2 美国国防部高级研究计划局：四大技术领域

2015 年 9 月，美国国防部高级研究计划局（DARPA）未来技术论坛召开，内容覆盖了从太空机器人、自主人工智能到地外生命及神经科学里程碑等多个方面（表 2）。

表2 DARPA未来论坛集中讨论的技术领域

领域	描述
太空机器人	2013年，DARPA启动了“凤凰计划”，即针对地球静止轨道卫星重复利用验证计划，该计划涉及在地球同步轨道建造太空机器人
自主人工智能	主要涉及管理某些对冲基金的人工智能系统、操作华尔街金融交易的完全自主式金融系统、自动驾驶汽车、自动化外科手术助手等
地外生命	与物理学、数学及化学相比，地外生命的研究还处于较为早期的阶段，但却是一个会有很多意外发现的重要学科
神经科学	DARPA神经科学项目已经取得了两个里程碑性的研究成果，一是革命性修复项目已实现将假肢与人类大脑相连接，使其产生触觉；二是恢复活跃记忆项目发现针对性的脑电刺激能改善记忆力

资料来源：九派智库。

DARPA 也在部署开展创新研究项目。例如：①实施保护数据安全、促进信息共享的布兰代斯（Brandeis）计划；②开展全天候、全自动、全覆盖核探测的西格玛（Sigma）工程；③进行智能化复杂频谱管理的频谱地图（RadioMap）项目；④开展与计算机交流的研究，推进人机有效沟通与协作（表 3）。

表3 DARPA遴选出的未来技术

领域	具体技术及其描述
航天	行星际和恒星际旅行；超光速旅行；在月球、火星及小行星带执行任务和建立永久定居点；太空电梯
交通与能源领域	无人驾驶汽车和电动汽车；先进的公共交通系统与洲际旅行；飞行汽车与滑板；高效太阳能和其他可持续能源
医药与健康	可扩充、存储和传输记忆，甚至可读取人类思想的神经系统设备；延长寿命，包括将大脑数据上传到计算机，实现虚拟永生；人造细胞和器官；可穿戴技术，如外骨骼、增强现实眼镜和隐形眼镜
材料与机器人	纳米技术；3D打印和机器人；隐身设备；能量护盾；反重力设备
网络与大数据	改进的人工智能；光学和量子计算；更快、更安全的互联网；更强的数据分析

资料来源：九派智库。

3.1.3 美国战略与国际研究中心：六大技术领域

2015 年 11 月，美国战略与国际研究中心（CSIS）发布《国防 2045：为国防政策制定者评估未来的安全环境及影响》的评估报告。这篇报告是CSIS国际安全项目的研究成果，报告从人口、经济和国家力量、权力扩散、新兴技术和颠覆性技术、连通性、地缘政治 6 个方面，对未来安全环境进行评估。其中，未来可能要产生新兴技术和颠覆性技术的领域主要集中在以下几个方面（表 4）。

表4 CSIS预测的6大颠覆性技术领域

技术名称	主要内容
量子计算机	根据现有的投资和需求进行评估，量子计算机可能会在2045年出现，届时将对更先进的AI系统崛起产生重大影响
人工智能	虽然现有系统不足以支持强人工智能（AGI），更不用说超人工智能（ASI），但量子计算机的发展可能会颠覆这种平衡，为最先进的加密算法打下基础，为ASI提供肥沃的环境
3D打印	3D打印技术是出现在自动化制造领域的一项革命性进步，未来可能会颠覆个人、企业、整个产业，甚至整个国家的发展
合成生物技术	合成生物学也可能为未来武器发展提供一条大道，如针对DNA的生物武器，可杀死或感染任何特定的个人
机器人技术	有许多例子证明机器人技术具有广泛的应用和影响，从帮助患者与外界互动，到在恶劣环境下工作，未来甚至有可能取代人类在战场上作战
纳米材料	纳米技术的深远影响不仅建立在用越来越小的尺寸进行生产的能力之上，还建立在创造复合或新型材料的能力之上

资料来源：CSIS《国防 2045：为国防政策制定者评估未来的安全环境及影响》。

3.1.4 麦肯锡研究院：12 项颠覆性技术

麦肯锡在对上百项技术进行筛选后，分析了正在迅猛发展、具有广泛影响且未来经济影响显著的 12 项颠覆性技术，并量化了应用这些技术所能创造的价值。2013 年 5 月，麦肯锡研究院发布了《2025 年前可能改变生活、企业与全球经济的 12 项颠覆性技术》，据估算，到

2025 年这些技术将对全球经济造成数十万亿美元的影响（表 5）。

表5　麦肯锡研究院发布的12项颠覆性技术领域

领域	描述	潜在的经济影响
移动互联网	移动互联网由移动计算设备、高速无线网络连接和各种软件应用组成，移动计算设备将更小、更强、更直观、可穿戴，并装有许多传感器	3.7万亿～10.8万亿美元
知识工作自动化	主要应用领域包括：销售、客服、行政支持等普通业务工作；教育、医疗保健等社会服务业；科学、工程、信息技术等技术性行业；法律、金融等专业服务业	5.2万亿～6.7万亿美元
物联网	医疗保健业和制造业是其经济影响最大的应用领域，其他应用领域包括智能电网、城市基础设施、公共安全、资源开采、农业和汽车等	2.7万亿～6.2万亿美元
云技术	云技术通过网络提供计算机软硬件资源服务，它使数字世界更简单、更快速、更强大、更高效，不仅为消费者和企业创造巨大价值，还使企业能更有效、更灵活地管理其信息技术	1.7万亿～6.2万亿美元
先进机器人	主要应用包括工业机器人、手术机器人、外骨骼机器人、假肢机器人、服务机器人和家用机器人	1.7万亿～4.5万亿美元
自动驾驶汽车	自动驾驶汽车可增加安全性，减少拥堵，节省时间，并降低燃料消耗和污染排放	0.2万亿～1.9万亿美元
下一代基因组学	下一代基因组学将推动生物学领域的快速进步，主要应用于疾病诊断和治疗、农业及生物燃料生产等	0.7万亿～1.6万亿美元
储能技术	主要应用于电动和混合动力汽车、分布式能源、公用事业级储能	900亿～6350亿美元
3D打印	主要应用包括消费者使用、直接产品制造、工具和模具制造、组织器官的生物打印	2300亿～5500亿美元
先进材料	先进纳米材料在医疗健康、电子、复合材料、太阳能电池、海水淡化、催化剂等领域具有广泛应用	1500亿～5000亿美元
先进油气勘探开采	页岩气和轻质致密油勘探开采，主要应用于北美	950亿～4600亿美元
可再生能源	风能和太阳能光伏占全球电力产量的比例可能由目前的2%增至16%	1650亿～2750亿美元

资料来源：麦肯锡《2025 年前可能改变生活、企业与全球经济的 12 项颠覆性技术》。

3.1.5　兰德公司：56 项影响未来的技术

兰德公司以研究军事尖端科学技术和重大军事战略而著称于世，是当今美国乃至世界最负盛名的决策咨询机构。兰德公司经过研究，提出了 56 项影响未来的技术（表 6）。

表6　兰德公司提出的影响未来的技术（部分）

技术名称	技术名称
廉价的太阳能收集、转化和储存技术	加强医疗康复
乡村地区的无线通信	安全数据传送
信息访问全覆盖	按需印刷图书
转基因农作物	基于干细胞研发的治疗

续表

技术名称	技术名称
快速生物测定	核生化辐射传感器网络
用于水净化的过滤器	免疫疗法
靶向给药	智能系统
低价的自治性住宅	氢燃料汽车
绿色制造业	植入芯片实现人体跟踪与身份识别
无线射频标识标签的全覆盖	基因治疗
混合动力汽车	大脑中植入芯片
传感器的全覆盖	根据基因组成进行药物发明和设计
组织工程学	鉴定身份的生物测定学
改进的诊断手段和外科方法	医院机器人技术
可穿戴计算机	军事纳米技术
量子密码术	军事机器人技术
自动化计算机界面	动物器官和组织向人体移植
计算机模拟和仿真替代实验室	人造肌肉与组织
抗污纺织品	用于研发的转基因动物
电子交易	加强记忆力的药物
基因筛选	后代的基因选择
转基因昆虫	代理机器人
通过筛选进行药物研发	量子计算机
疾病管理监控与控制	机器人科学家

资料来源：九派智库。

3.1.6 麻省理工学院：十大突破性技术

从 2002 年开始，《麻省理工科技评论》（*MIT Technology Review*）每年都会评选出当年的“十大突破性技术”。该评论从 2015 年的各项创新中遴选出了或攻克疑难问题或催生科技使用新方法的 2016 年十大突破性技术，这些突破性技术将在未来数年凸显其重要意义（表 7）。

表7 MIT评选出的2016年十大突破性技术

技术名称	主要内容
免疫工程	通过这一技术制造的工程化T细胞（免疫系统中所谓的杀伤性细胞），可以识别、攻击特定的病毒细胞且具有记忆功能，可以对病毒进行永久阻断
精确编辑植物基因	通过该技术，能够便宜、精确地编辑植物基因组，不留下外源DNA
语音接口	通过该技术，可将语音识别和自然语言理解相结合，为全球互联网市场创造切实可用的语音接口
可回收火箭	通过该技术，可以发射有效载荷至轨道并能够安全着陆的火箭，由此，卫星发射的成本将大大降低，人类将进入“廉价太空时代”

技术名称	主要内容
知识分享型机器人	通过该技术，可以使机器人在学习任务的同时，将知识传送到云端供其他机器人学习
DNA应用商店	通过这一新的DNA测序商业模式，让在线获取基因信息成为可能。该技术对于治疗由人类基因决定的特定疾病将大有裨益
SolarCity超级工厂	这一技术意味着，人类可以通过更简单、便宜的制造工艺生产出高效的太阳能电池板。该技术对于促进太阳能产业发展、减少石化燃料意义重大
Slack通信软件	其是一款被称为“有史以来增长速度最快的办公室内部通信系统”，这一通信软件正在成为各大公司的办公协同工具“新宠”，电子邮件危矣
特斯拉自动驾驶仪	通过该技术，汽车可以在各种环境下安全自驾，由此可减少车祸量
空中取电	该技术的突破点是，借助新型无线装置，能够利用周边的无线电信号（如Wi-Fi）为自身供电并进行通信

资料来源：《麻省理工科技评论》。

从美国各机构评选的技术来看，出现频率最高的十大技术是机器人（4 次）、精准医疗（3 次）、大脑计划（3 次）、自动驾驶（3 次）、人工智能（3 次）、3D 打印（3 次）、纳米技术（3 次）、合成生物（3 次）、移动互联（3 次）、先进制造（2 次）。这十大技术领域将是美国未来颠覆性技术创新的主要方向（表 8）。

表8　美国主要机构评选的颠覆性技术领域

白宫科技政策办公室	国防部高级研究计划局	战略与国际研究中心	麦肯锡研究院	兰德公司	麻省理工学院
先进制造	太空机器人	量子计算机	移动互联网	太阳能利用	免疫工程
精准医疗	自主人工智能	人工智能	知识工作自动化	乡村无线通信	精确编辑植物基因
大脑计划	地外生命	3D打印	物联网	信息访问全覆盖	语音接口
先进汽车	神经科学	合成生物技术	云技术	转基因农作物	可回收火箭
智慧城市	航天	机器人技术	先进机器人	快速生物测定	知识分享型机器人
清洁能源	医药与健康	纳米材料	自动驾驶汽车	水净化	DNA 应用商店
教育技术	材料与机器人		下一代基因组学	靶向给药	SolarCity 超级工厂
太空探索	网络与大数据		储能技术	绿色制造业	Slack 通信软件
计算机			3D打印	RFID覆盖	特斯拉自动驾驶仪
			先进材料		空中取电
			先进油气勘探开采		
			可再生能源		

3.2　日本：信息通信、医疗健康、核能

日本的颠覆性技术创新方向主要是信息通信技术和健康领域，具有明显的该国需求特征。

自1971年以来，日本已开展了10次技术预测，前5次预测的技术70%左右都已经实现或部分实现。2013—2015年，日本进行了第10次技术预测，列出了10个最重要的技术方向（表9）。

表9 日本未来10个最重要的技术方向

领域	技术描述	实现时间
社会基础设施	建立100万千瓦级的核反应堆退役和放射性废物处理技术	2029—2035年
信息通信技术	提高超大规模超级计算机的性能效率及拥有超过100万个节点的、相当于当前系统100倍的大数据IDC系统	2021—2025年
健康	低价、容易导入的痴呆护理援助系统	2022—2025年
信息通信技术	通过从E字节到Z字节应用的高效能输入创新技术及应用到社会现象、科学和先进生产的大数据分析技术	2021—2025年
信息通信技术	通过实时监控的护理与医疗保健的低成本健康管理系统	2021—2025年
健康	抑制致癌的预防药物	2025—2030年
健康	再生听觉和视觉功能的医疗技术	2025年
资源与环境	为提取海洋矿产资源所需的矿产开采和采矿技术	2025—2030年
信息通信技术	没有安全漏洞、允许远程开发的技术开发软件	2025—2026年
信息通信技术	为老人、残疾人提供的、在无人帮助情况下使用的支持系统	2025—2028年

资料来源：中国科协创新战略研究院，浙商证券研究所。

3.3 英国：3D打印、互联网、再生医学

英国的科技创新主要集中在先进制造、互联网、新能源、新材料、再生医学等方面。2010年，英国发布了第三轮技术预见中技术与创新未来项目的预见报告——《技术与创新未来：英国2030年的增长机会》，对英国面向2030年的技术发展进行了系统性预见，包括四大领域53个单项技术。报告确定了未来20年为英国经济持续增长提供动力的7个潜在领域：未来制造业、智能基础设施、第二次互联网革命、能源转型、低碳型新材料、再生医学、知识产权（表10）。

表10 英国未来经济增长的七大动力

潜在增长领域	主要内容
未来制造业	3D打印和个性化定制、制造业服务化、分布式制造
智能基础设施	智能电网、光电子传输、新一代网络管理工具
第二次互联网革命	社会实时大数据的网络管理、光电传感网络、数据网页
能源转型	风电、小规模发电、生物质发电、碳捕集封存、高容量储能电池
低碳型新材料	自修复型建材、轻质高强度交通材料、纳米材料、有机发光二极管
再生医学	干细胞转化医学、再生医学的监管制度
知识产权	加强英国知识产权的生产、保护和利用

资料来源：中国科协创新战略研究院，浙商证券研究所。

3.4 其他国家：3D 打印、智能驾驶、生物技术

3.4.1 俄罗斯国立高等经济大学：七大领域

俄罗斯国立高等经济大学研究提出了 2030 年七大领域发展方向，包括信息和通信技术、医学技术、生物技术、纳米技术、资源与环境技术、运输与空间技术、能源技术。

3.4.2 联合国千年项目：9 项未来技术

联合国千年项目（The Millennium Project）2015 年发布的《未来展望》确定了以下 15 项全球面临的挑战：气候变化、洁净水资源、人口增长与资源之间的平衡、民主政体、决策力、信息通信、贫富差距、减少新增疾病和重发疾病及免疫微生物的威胁、智能教育与学习、地区冲突、妇女地位、跨国犯罪、能源、科技、全球伦理。

其中，科技发展方面，认为计算化学、计算生物学和计算物理学正在改变新科学和技术应用的性质与速度。未来合成生物学、3D 和 4D 打印、人工智能、机器人、原子精确制造及其他纳米技术形式、远程遥控、无人机、可再生能源系统及智能系统的协同增效将会使未来 25 年的技术创新总量远高于过去 25 年。

3.4.3 汤森路透《开放的未来：2015 全球创新报告》：12 个技术领域

汤森路透在 2015 年发布的《开放的未来：2015 全球创新报告》中，重点关注航空航天、汽车、生物技术、信息科技、化妆品与健康、家电、食品酒类与烟草、医疗设备、石油、制药、半导体和电信等 12 个技术领域。

3.4.4 丹尼尔·伯勒斯：25 项颠覆性技术

世界著名的技术预测与创新专家丹尼尔·伯勒斯从企业发展的角度，预测了 25 项颠覆性硬趋势：随着高速数据分析的扩展，大数据将变得越来越大；可提供先进云服务的云计算快速扩张；硬件和软件虚拟化将重新定义 IT 行业；按需服务迅速成为常态；可穿戴设备及应用成主流；IT 消费迅速膨胀；游戏化、社会化、培训与教育的个性化；在线学习将被重塑，拥有迅速增长的动力；随着电子书、电子报刊及交互式教科书的使用迅速增长，纸媒越来越少地吸引新读者；随着社交企业应用增长，社交搜索和分析将迅速崛起；智能手机数量增长带动全球计算技术发生重大转变；企业流程移动应用增长迅速；智能手机和平板电脑的 3D 显示器将出现；增强现实设备开始快速增长；智能虚拟电子助手进化得更好、更人性化；更多生物识别技术应用在安全领域；移动银行与智能手机支付崛起；企业视觉通信快速增长；大型零售商增强定位意识；个性化的流媒体娱乐越来越对有线网络形成挑战；成品 3D 打印再推进一步；机器对机器通信、物联网迅速扩张；先进的自动化和智能机器人技术将获得更广泛应用；无人机使用更为广泛；能源存储、微电网使用率增加。

从日本和欧洲各机构评选的技术来看，出现频率最高的十大颠覆性技术是大数据（3 次）、3D 打印（3 次）、光电子传输（3 次）、可再生能源（3 次）、纳米技术（3 次）、人工智能（3 次）、机器人（2 次）、合成生物（2 次）、再生医学（2 次）、储能（2 次）。这十大技术领域与美国有很多的重合，代表了世界的颠覆性技术创新方向（表 11）。

表11 其他国家和机构预判的主要颠覆性技术领域

俄罗斯国立高等经济大学	联合国千年项目	汤森路透	丹尼尔·伯勒斯
信息和通信技术	合成生物学	航空航天	大数据
医学技术	3D和4D打印	汽车	云计算
生物技术	人工智能	生物技术	硬件和软件虚拟化
纳米技术	机器人	信息科技	可穿戴设备
资源与环境技术	原子精确制造及其纳米技术形式	化妆品与健康	智能虚拟电子助手
运输与空间技术	远程遥控	医疗设备	生物识别技术
能源技术	无人机	家电	移动支付
	可再生能源系统	制药	3D打印
		半导体和电信	人工智能

资料来源：中国科协创新战略研究院，浙商证券研究所。

3.5 中国：移动互联、量子信息、人工智能

3.5.1 《“十三五”国家科技创新规划》：15个领域

《“十三五”国家科技创新规划》中明确提出要发展引领产业变革的颠覆性技术：加强产业变革趋势和重大技术的预警，加强对颠覆性技术替代传统产业拐点的预判，及时布局新兴产业前沿技术研发，在信息、制造、生物、新材料、能源等领域，特别是交叉融合的方向，加快部署一批具有重大影响、能够改变或部分改变科技、经济、社会、生态格局的颠覆性技术研究，在新一轮产业变革中赢得竞争优势。重点开发移动互联、量子信息、人工智能等技术，推动3D打印、智能机器人、无人驾驶汽车等技术的发展，重视基因编辑、干细胞、合成生物、再牛医学等技术对生命科学、生物育种、工业生物领域的深刻影响，开发氢能、燃料电池等新一代能源技术，发挥纳米技术、智能技术、石墨烯等对新材料产业发展的引领作用。

3.5.2 国家科技重大专项：16个领域

《国家中长期科学和技术发展规划纲要（2006—2020年）》确定了核心电子器件、高端通用芯片及基础软件，极大规模集成电路制造技术及成套工艺，新一代宽带无线移动通信，高档数控机床与基础制造技术，大型油气田及煤层气开发，大型先进压水堆及高温气冷堆核电站，水体污染控制与治理，转基因生物新品种培育，重大新药创制，艾滋病和病毒性肝炎等重大传染病防治，大型飞机，高分辨率对地观测系统，载人航天与探月工程等16个重大专项，涉及信息、生物等战略产业领域、能源资源环境和人民健康等重大紧迫问题，以及军民两用技术和国防技术。

3.5.3 中国科学技术发展战略研究院：20项关键技术

2016年，中国科学技术发展战略研究院科技预测与评价研究所对关系到我国经济建设、生态建设、国防建设、民生改善乃至综合国力提升具有决定性、基础性的核心技

术，按照科学（属于国际竞争激烈的前沿或核心技术）、颠覆性（有望取代主流技术、替代主导产业的技术）、重大（有望替代 1 ～ 2 个主导产品或颠覆 1 个以上行业的技术）、可行（经过 10 年努力能够取得自主知识产权并有望商业化的技术）4 个原则，进行了预测和遴选，遴选出未来能够改变或部分改变科技、经济、生态、军事现状与格局的 20 项关键技术（表 12）。

表12　中国科学技术发展战略研究院遴选出的20项关键技术

领域	技术名称	研发现状	2025年趋势	未来作用与影响
信息	万能网络	实验室	产业化	互联、物联到万物网，5亿人使用
信息	E级计算机	实验室	产业化	每秒计算亿亿次
信息	超级光纤	实验室	中试	能够保障30亿人同时使用
信息	移动支付	初步应用	产业化	替代部分现金、机票支付
生物	癌症疫苗	实验室	中试	对一些癌症可以治愈或控制
生物	早期诊断	实验室	产业化	对多种疾病可提前预警或诊断
生物	干细胞	实验室	中试	部分再生器官进入临床应用
生物	生物质能	初步应用	产业化	替代20%左右化石能源
农业	抗旱抗盐碱植物	初步应用	产业化	亿亩土地增产20%左右，告别短缺
农业	超级农作物	实验室	产业化	高光合作物单产提高20%左右
农业	补光农业	实验室	产业化	用LED灯给农作物补光，增产50%
制造	3D打印	初步应用	产业化	形成个性化、专门化工业产品
制造	智能机器人	实验室	广泛应用	替代繁重、简单劳动力
交通	电动汽车	初步应用	大规模产业化	在大城市替代燃油汽车
交通	智能汽车	中试	推广应用	自动汽车广泛应用
交通	管道运输	实验室	中试	物资运输，时速达4000～20 000千米
能源	超级电池	实验室	产业化	1分钟充电、寿命7000次以上
能源	无线充电	初步应用	产业化	手机、汽车等实现无线充电
健康	移动医疗车	初步应用	产业化	形成“医院找病人”新医疗模式
健康	长寿医学	概念阶段	初步应用	形成长寿医学新技术服务体系

资料来源：中国科学技术发展战略研究院《第五次技术预测总体工作进展》。

3.5.4　中国科协创新战略研究院：七大领域

中国科协创新战略研究院在《创新研究报告》中发布了《我国应对颠覆性技术创新需要重点布局的领域》，认为未来十年，世界范围内可能出现颠覆性创新的科技主要集中在九大领域：先进计算技术与人工智能、纳米技术与材料科学、基因与精准医疗、能源开发与存储、航空航天与地外生命探测、网络与大数据、智能汽车与智慧交通、绿色制造与先进制造、教育技术与知识自动化。报告建议我国在以下七大领域优先布局（表 13）。

表13 中国科协创新战略研究院建议的七大颠覆性创新领域

领域	主要内容
先进计算技术与人工智能	认知科学、量子通信、量子计算机
纳米技术与材料科学	纳米材料、纳米传感器、生物医学纳米技术和纳米药物、纳米制造
基因与精准医疗	基因组、分子医学、合成生物技术、生物技术诊断
能源开发与存储	先进油气勘探、核能、可再生能源、先进电池技术、能源智能管理
网络与大数据	互联网、大数据、产业融合
智能汽车与智慧交通	无人驾驶汽车、自动控制、云平台、传感器、交通管理系统
绿色制造与先进制造	智能制造、机器人、3D 打印、数控机床、航空航天装备、海洋工程装备

资料来源：中国科协创新战略研究院《我国应对颠覆性技术创新需要重点布局的领域》。

从我国各机构评选的技术来看，出现频率最高的十大技术是移动互联（3 次）、3D打印（3 次）、机器人（3 次）、自动驾驶（3 次）、人工智能（2 次）、量子信息（2 次）、纳米技术（2 次）、合成生物（2 次）、干细胞（2 次）、先进制造（2 次）。这十大技术领域将是我国未来颠覆性技术创新的主要方向。

4 江苏颠覆性技术的选择及培育发展研究

4.1 江苏颠覆性技术的选择

从美国各机构评选的技术来看，出现频率最高的十大技术是机器人（4 次）、精准医疗（3 次）、大脑计划（3 次）、自动驾驶（3 次）、人工智能（3 次）、3D打印（3 次）、纳米技术（3 次）、合成生物（3 次）、移动互联（3 次）、先进制造（2 次）。这十大技术领域将是美国未来颠覆性技术创新的主要方向。

从日本和欧洲各机构评选的技术来看，出现频率最高的十大颠覆性技术是大数据（3 次）、3D打印（3 次）、光电子传输（3 次）、可再生能源（3 次）、纳米技术（3 次）、人工智能（3 次）、机器人（2 次）、合成生物（2 次）、再生医学（2 次）、储能（2 次）。这十大技术领域与美国有很多的重合，代表了世界的颠覆性技术创新方向。

从我国各机构评选的技术来看，出现频率最高的十大技术是移动互联（3 次）、3D打印（3 次）、机器人（3 次）、自动驾驶（3 次）、人工智能（2 次）、量子信息（2 次）、纳米技术（2 次）、合成生物（2 次）、干细胞（2 次）、先进制造（2 次）。这十大技术领域将是我国未来颠覆性技术创新的主要方向。

各国家（地区）评选出的十大颠覆性技术领域如表 14 所示。

对于江苏颠覆性技术的领域选择，本研究综合考虑美国、日本、欧洲和我国的十大颠覆性技术创新领域，对各领域的出现次数进行排序，得出江苏颠覆性技术创新的六大领域，分别为机器人（9 次）、3D打印（9 次）、人工智能（8 次）、纳米技术（8 次）、合成生物（7 次）、移动互联（6 次）。

表14 各国家（地区）评选出的十大颠覆性技术领域

美国	日本、欧洲	中国
机器人（4次）	大数据（3次）	移动互联（3次）
精准医疗（3次）	3D打印（3次）	3D打印（3次）
大脑计划（3次）	光电子传输（3次）	机器人（3次）
自动驾驶（3次）	可再生能源（3次）	自动驾驶（3次）
人工智能（3次）	纳米技术（3次）	人工智能（2次）
3D 打印（3次）	人工智能（3次）	量子信息（2次）
纳米技术（3次）	机器人（2次）	纳米技术（2次）
合成生物（3次）	合成生物（2次）	合成生物（2次）
移动互联（3次）	再生医学（2次）	干细胞（2次）
先进制造（2次）	储能（2次）	先进制造（2次）

4.2 “十三五”期间江苏发展颠覆性技术的战略布局

4.2.1 机器人

4.2.1.1 国内外技术趋势

近年来，世界各国都在大力发展工业机器人产业，各自出台了相关扶持政策及法规，以推进工业化进程。根据IFR统计，2015 年全球工业机器人销量突破 24 万台，其中亚洲销量约占全球销量的 2/3。全球工业机器人产业领导厂商分布在欧美和日本，其中，瑞士的ABB公司为全球最大的工业机器人厂商，与日本的Fanuc公司和安川电机公司、德国的库卡公司、意大利的柯马公司及美国的Adept Technology和American Robot并列全球七大机器人厂商。全球工业机器人主要产品集中在弧焊机器人、点焊机器人、移动机器人及激光加工机器人领域。全球七大机器人领导厂商在弧焊机器人、点焊机器人、移动机器人方面基本均有所涉足，美国的American Robot及日本的Fanuc两家厂商生产激光加工机器人。全球工业机器人专利分布在日本、中国、美国、德国、韩国、俄罗斯等国家，从技术分布来看，主要分布在机器人的主架构（机械手）、手腕、控制系统及工业机器人的应用领域等方面。

4.2.1.2 江苏已有基础

江苏近年来大力发展工业机器人产业，研制的一批工业机器人系统已广泛应用于工业生产流水线，并填补国内空白。目前，江苏省机器人研制企业超过 50 家，拥有埃斯顿、华恒焊接、天奇物流、澳昆、绿的、振康等一批国内知名、市场占用率较高的机器人整机与零部件品牌，以及一批专业化特征明显的中小型机器人创新企业。同时，众多国际知名机器人厂商加速在江苏布点，安川电机在常州建造世界最大的机器人生产工厂，Fanuc、Nachi不二越等日资企业陆续在江苏建立生产基地，机器人产业正在成为外商投资的新热点。在产业化应用方面，江苏成功研制了工业机器人自动化系统、大型构件机器人焊接系统、高速机器人智能化包装成套设备、重型桁架式机械手等一批首台（套）重大装备，这批机器人填补了国内空白，达到国内先进水平。其中，机器人在工程机械大型构件自动化焊接、汽车生产自动化装配线、全程自动化饮料包装、数字化仓储物流等领域的应用，已达到国际先进水平，市场占有率国内领先。

4.2.1.3 技术创新方向

重点研究智能机器人机构设计、制造工艺、智能控制和人机交互等共性技术，攻克机器人优化建模、精准感知、多机器人协调等核心技术。自主研发机器人本体、精密减速器、伺服驱动器和电机、嵌入式控制器等核心零部件，形成机器人成套设计、应用和模块化功能部件自主研发能力，实现六自由度以上高速轻载和重载工业机器人、特种机器人及服务机器人的产业化。①伺服电机方面，重点发展根据机器人的高速、重载、高精度等应用要求，增加驱动器和电机的瞬时过载能力，增加驱动器的动态响应能力，驱动增加相应的自定义算法接口单元，并且采用通用的高速通信总线作为通信接口，摒弃原先的模拟量和脉冲方式，进一步提高控制品质。同时，对于通用型的伺服驱动器删除冗余的通信接口和功能模块，简化系统，提高系统可靠性，并进一步降低成本。②减速器方面，重点发展高强度耐磨材料技术、加工工艺优化技术、高速润滑技术、高精度装配技术、可靠性及寿命检测技术、新型传动机制的探索，发展适合机器人应用的高效率、低重量、长期免维护的系列化减速器。③控制器方面，重点研究开放式、模块化控制系统，开发适用于机器人控制的通用软件包，便于标准化、网络化；提高机器人控制器的智能化和网络化水平，开发具有多传感器信息融合能力的控制器。开展面向电子产品制造、工业装配过程中的机器人智能化生产线集成及应用示范，推进智能机器人区域性研发中心、制造中心建设。

4.2.2 3D 打印

4.2.2.1 国内外技术趋势

3D打印技术目前已经步入飞速发展的时代，3D打印被赋予了“第三次工业革命”的大背景，以3D打印技术为代表的快速成型技术被看作是引发新一轮工业革命的关键要素。目前，3D打印技术呈现多学科交叉融合发展，其应用领域不断扩大。欧美发达国家在多领域进行了大范围应用，3D打印已从原型制作发展为高性能终端零部件的直接制造。3D打印装备向产品化、系列化和专业化方向发展。欧美国家已经形成了包含材料制备、相关软件、工艺、装备、管理、创意服务和应用等相对完整的产业链。3D打印技术由科研和工业等高端领域走向办公、个人消费等大众化领域。在技术研发方面，我国3D打印装备的部分技术水平与国外先进水平相当，处于并行阶段，金属零件直接制造技术已达到国际领先水平的研究与应用。但国内3D打印市场发展不大，主要还在工业领域应用，没有在消费品领域形成快速发展的市场。

4.2.2.2 江苏已有基础

江苏已将3D打印列入战略产业，2013年成立“江苏省三维打印产业技术创新战略联盟”，目前共有包括产业链上下游企业、科研院所等50家成员单位。江苏目前已经形成了南京紫金立德、南京宝岩、无锡飞尔康、江苏敦超、江苏永年、苏州秉创等一批具备自主知识产权的骨干企业，这些企业站在了3D打印技术的前沿，具备行业先发优势，其3D打印产品及业务已在国内外具有一定的影响力。南京紫金立德是我国最早实现3D打印机规模化生产制造的企业，拥有全球垄断的LOM（薄片材料叠加工艺）3D打印机技术，具备年产5000台桌面式3D打印机的生产能力。无锡飞尔康投产的精密模具加工业务弥补了我国航空航天标准精密模具加工的空白。江苏永年设计并制造了我国第一台透射式光刻成形3D打印机，研发了新型大功率LENS工艺3D打印机。

4.2.2.3 技术创新方向

围绕3D打印重点方向，突破一批原创性技术。①在材料方面，针对金属3D打印专用材料，优化粉末大小、形状和化学性质等材料特性，开发满足3D打印发展需要的金属材料；针对非金属3D打印专用材料，提高现有材料在耐高温、高强度等方面的性能，降低材料成本。②在工艺方面，解决金属构件成形中高效、热应力控制及变形开裂预防、组织性能调控，以及非金属材料成形技术中温度场控制、变形控制、材料组分控制等工艺难题。③在装备及核心器件方面，加强3D打印专用材料、工艺技术与装备的结合，不断提高金属材料3D打印装备的效率、精度、可靠性，以及非金属材料3D打印装备的高工况温度和工艺稳定性，提升个人桌面机的易用性、可靠性；重点研制与3D打印装备配套的嵌入式软件系统及核心器件，提升装备软硬件协同能力。

4.2.3 人工智能

4.2.3.1 国内外技术趋势

自2015年开始，全球人工智能产业规模逐年上升，2018年中国人工智能市场规模约330亿元，全球人工智能市场规模约2700亿美元。当前，欧美等发达国家纷纷从国家战略层面加紧布局人工智能，纷纷推出国家大脑计划，如美国的“国家机器人计划”、欧盟的人脑工程、日本的“新产业结构蓝图”。从企业战略上看，在软件集成和智能硬件平台产品中，以美国的互联网巨头为主导，日本的机器人制造商如Fanuc也在积极布局智能工业机器人。近两年来，以谷歌为代表的巨头公司纷纷开始开源化自身核心产品，不仅有机器学习软件平台，还有相关硬件平台和完整软件源代码。开放源代码可以吸引外部人才参与项目协作，并改进相关技术。在未来3年内，成熟化的语音产品将通过云平台和智能硬件平台快速实现商业化部署。智慧城市的发展将在安防、交通监控、医疗、智能社区等多个领域全面刺激人工智能产业发展。未来，各行业的应用需求及消费者升级发展的需要将有效激活人工智能产品的活跃度，促进人工智能技术和产业发展。

4.2.3.2 江苏已有基础

江苏区位优势突出，科教人才密集，为人工智能技术研发、产业发展提供了得天独厚的资源禀赋。2016年1月，“江苏大脑计划”研讨会在南京邮电大学举行，研讨会促成“江苏脑计划”的启动。“江苏脑计划”将瞄准国际脑科学研究前沿，围绕儿童发展脑机制和行为学、婴幼儿神经发育疾病的机制、脑疾病治疗的重大需求，以及类脑人工智能技术产业快速发展重要机遇，从“学习脑与类脑智能计算”方面进行布局，在开展大脑基本原理研究的同时，注重类脑人工智能技术产业化应用，以此来推动人工智能的发展。2016年9月，南京地平线机器人技术有限公司在南京开发区投资设立的南京总部和人工智能研发中心正式启动运营。“地平线”南京总部和人工智能研发中心项目将从事与人工智能相关的软件及算法创新开发，此外，还将自主研发能支持深度学习的芯片，包括汽车自动智能驾驶解决方案、语音识别与理解、云计算、大数据及深度神经网络等，目标是成为南京地区人工智能软件、算法、芯片及系统解决方案的领导厂商。

4.2.3.3 技术创新方向

进行人工智能前沿技术布局，推动核心技术产业化，重点突破人工智能基础理论（包括深度学习、类脑智能等）、人工智能共性技术（包括人工智能领域的芯片、传感器、操作系统、存储系统、高端服务器、关键网络设备、网络安全技术设备、中间件等基础软硬件技术）、人工智能应用技术（包括基于人工智能的计算机视听觉、生物特征识别、复杂环境识别、新型人机交互、自然语言理解、机器翻译、智能决策控制、网络安全技术等）。加快人工智能基础资源公共服务平台工程建设，一是各种类型人工智能海量训练资源库和标准测试数据集建设，包括文献、语音、图像、视频、地图及行业应用数据等，为广大科研机构和企业进行人工智能研究和开发提供服务；二是基础资源服务平台建设，包括满足深度学习计算需求的新型计算集群共享平台、云端智能分析处理平台、算法与技术开放平台、智能系统安全情报共享平台等；三是类脑智能基础服务平台建设，要能够模拟真实脑神经系统的认知信息处理过程；四是产业公共服务平台建设，为人工智能创新创业提供相关研发工具、检验评测、安全、标准、知识产权、创业咨询等专业化服务。加快人工智能技术产业化进程，推动人工智能在家居、汽车、无人系统、安防、制造、教育、环境、交通、商业、健康医疗、网络安全、社会治理等领域开展试点，使人工智能技术能够第一时间转化为生产力并惠及民生。

4.2.4 纳米技术

4.2.4.1 国内外技术趋势

自 20 世纪 80 年代出现以来，纳米技术基础理论研究和新材料开发等应用研究都得到了快速的发展，并且在传统材料、医疗器材、电子设备、涂料等行业得到了广泛的应用。在纳米材料技术领域，美国保持全球领先地位，日本更加注重实用性，重点开发出纳米玻璃、纳米金属、纳米涂层等用于信息通信、生物技术、医疗领域的新材料。纳米电子代替微电子、纳米加工代替传统加工、纳米材料代替微米材料、纳米生物技术代替微米生物技术是未来发展趋势。随着各国对纳米技术应用研究投入的加大，纳米新材料产业化进程将大大加快，市场规模将放量增长。纳米粉体材料具有表面效应、小尺寸效应和宏观量子隧道效应，在光学、力学、热学、电学、磁学等方面同宏观固体有显著的差异。由于纳米粉体材料拥有与众不同的独特物理性质，在医疗诊断、生物制药、航空航天、微电子、纺织工业、机械制造等众多领域有着广泛的应用前景。

4.2.4.2 江苏已有基础

在纳米材料技术领域，江苏省处于国内领先地位，初步形成国际竞争力。苏州工业园区集聚了包括苏大维格、南大光电等上市企业在内的各类纳米企业 200 余家，成为全球纳米领域具有代表性的八大产业区域之一。苏州纳米所功能纳米碳材料课题组攻克了可纺丝碳纳米管阵列可控生长等多项关键技术。南京大学江苏省纳米技术重点实验室承担江苏省纳米功能材料的应用技术开发及新型纳米器件和药物研制的重要任务，已经完成一批系列化研究课题。2015 年 9 月，江苏省纳米技术产业创新中心在苏州工业园揭牌成立，由江苏省科技厅、苏州市和苏州工业园区共同规划建设，是全省首批3家技术产业创新中心之一，面向纳米技术领域，在产业战略研究、创新资源集聚、产业核心技术突破、产业技术扩散和企业孵化、产业平台体系和投融资服务体系建设等方面进行重点突破。目前，已集聚300多家纳米技术企业，建有30多家纳米技术研发机构和纳米加工、测试平台，以及纳米器件、纳米功能材料等重点实验室；集聚了纳米科技领域高层次人才近1000人，市级以上创新团队75个；培育孵化企业近190家；设立产业发展投融资基金100余支，带动相关产业产值近200亿元。

4.2.4.3 技术创新方向

加强纳米技术研究，重点突破纳米材料及制品的制备与应用关键技术，积极开发纳米粉体、纳米碳管、富勒烯等材料，大力推进纳米材料在电子信息、生物医药、新能源和节能环保等领域的广泛应用。针对信息、能源、环保、生物医学等领域的迫切需求，开发纳米结构加工与制造的新方法，纳米器件集成与系统的设计、制备技术。重点研究新型纳米电子、光电器件、传感器件，大力发展纳米晶太阳能电池、新型薄膜太阳能电池、有机太阳能电池、热电电池、超级电容器等技术，着力突破室内空气污染物、工业源有毒有害气体、动力机械尾气的纳米净化材料及催化净化技术，切实攻克纳米颗粒与生物活性物质的组装方法。促进纳米绿色印刷制版、高密度存储器、新型显示、高效能源转化、气体净化、疾病快速诊断等纳米材料与技术的规模化应用，集聚和壮大一批研发能力强、拥有自主品牌的领军企业，抢占未来纳米材料发展的制高点。

4.2.5 合成生物

4.2.5.1 国内外技术趋势

合成生物学是现代科学最富有前景的领域之一，也是改变未来世界的十大技术之一。据专家估计，未来有1/5的化学工业可以依赖合成生物学。合成生物学已成为全球研发的热点领域，美国是在合成生物学领域投入最多、发展最快的国家，政府对合成生物学的投资每年约1.4亿美元；欧盟投入合成生物学的经费占其研发总投入的1/4～1/3；英国将合成生物学视为引领未来经济发展的4个新兴技术产业之一。合成生物学对新生物能源的开发具有不可估量的作用，可以解决生物燃料生产工艺过程中的一些关键问题。国外通过合成基因组学方法，对自然界中将二氧化碳转化为甲烷的细菌进行改造，用合成染色体替换其原有染色体，使之仅具有代谢二氧化碳的功能，成为一个专门生产甲烷的全新生物体。专家预计：未来5年，将会形成数个全球性的合成生物学研究平台；未来10年，合成生物产品产值将达200亿美元，生产细胞以制造大宗化学品和精细化学品将成为常态；未来20～30年，将理性地合成多细胞组织或器官，细胞计算系统将得到广泛应用，新颖的生物制造工艺将被应用于生产非生物产品。

4.2.5.2 江苏已有基础

江苏省生物医药领域的发明专利申请（公开）量在全国排名第一。江苏先声的“恩度”、常州千红的“肝素”、徐州万邦的“胰岛素”等品牌药物的市场占有率位居全国第一。苏中的“瑞替普酶”、豪森的“胸腺素”等一批具有自主知识产权的创新药近年已成功实现成果转化和产业化。代表全球生物制药主攻方向的小干扰核酸的境内研发力量半数落户江苏，组建了以海归人才领衔的苏州吉玛、南通百奥等一批高成长性的生物制药公司，正在进行科技成果转化。苏州生物纳米科技园形成国内产业链最完整、产业集聚度最高的基因技术产业集群；无锡（马山）生物医药研发服务外包区拥有全球规模最大、水平最高的试剂型“单抗”研制基地和全球最大人类基因组单克隆抗体库。南京工业大学生物与制药工程学院基因组工程与合成生物学平台主要从事基因组与代谢工程、系统生物与生物信息学、微生物菌种改良及发酵过程优化与调控等技术研究，承担多项973等国家级重点项目。东南大学的第三代人类基因测序关键技术研制取得重大进展：人体全基因测序有望只需1000美元并在1天时间内完成。

4.2.5.3 技术创新方向

①小核酸领域。开展siRNA在靶点发现和确认方面的应用、siRNA转染和给药研究及应用、RNAi体内研究、siRNA文库筛选、microRNA的研究与应用、lncRNA的研究、RNA生物信息学、核酸化学研究等关键技术，重点面向传染性肝炎、肿瘤等疾病，开展小核酸药物开发。②干细胞领域。研究谱系发育机制，重点关注发育过程中的谱系标记、细胞类型转换的分子模型与基因调控模式；针对神经、肝脏、血液、肾脏生殖等重要系统，发现并分离具有重建能力的成体干细胞，揭示机体稳态维持机制，建立细胞标记、分离等技术体系。③生物基因领域。突破非编码基因及精细基因组关键核心技术，加强在表观遗传相关的组学技术、单细胞的组学技术、代谢组学技术和组学技术在医学上的应用等方面的研发力度；突破靶向可控基因治疗关键技术，开展肿瘤等疾病的高通量基因测序技术的验证与评价。

4.2.6 移动互联

4.2.6.1 国内外技术趋势

计算机和网络技术的发展已经到了极为迅速的程度，在此基础上，随着移动通信技术的成熟和发展，移动互联网成为新的发展先锋。从操作系统平台的角度来看，Android和iOS二者合计份额超过95%，技术升级重点转向更多应用功能的丰富。iOS 9除增加了更多的快捷功能外，围绕3D Touch实现应用切换；Android 6.0则增加了移动支付Android Pay和指纹识别标准API。从核心芯片的角度来看，移动芯片依然处于稳定升级迭代周期内，2015年主流芯片企业新发的高端平台基本可以实现计算性能同比提升10%～20%、通信实现LTE Cat12、工艺达到10纳米。从应用技术的角度来看，依托各操作系统的原生应用技术依然占据主导地位，但随着HTML 5标准规范的制定完成和公开发布，HTML 5正逐渐成为与原生技术深度融合发展的基础型应用技术。目前，移动互联网技术红利的影响力依然在不断释放，智能手机操作系统、芯片等核心技术成为物联网及智能硬件发展的关键驱动力量，APP应用技术及模式也被物联网、工业互联网广泛借鉴。目前正在兴起的无人机、虚拟现实、智能硬件等新终端平台极大地拓展了感知和交互能力，人工智能弥补了技术短板，为应用提供了更大创新空间，倒逼技术升级的态势日益凸显，传统信息通信技术与语音图像识别、智能感知、海量数据处理、深度学习等多类技术的系统化、集成化创新加速，并与先进制造、新材料、能源技术、生物技术等多学科的交叉渗透日益深入，新技术代际周期正在加速缩短，已成为推动信息技术创新的重要力量。

4.2.6.2 江苏已有基础

江苏拥有国内高校中唯一专门从事移动通信研究的国家重点实验室——东南大学移动通

信国家重点实验室和国家863计划“十二五”宽带网科技专项首席专家尤肖虎等一批优秀研发专家团队，在“新一代宽带移动通信容量逼近传输技术”等产业关键技术领域取得突破性进展，实现了江苏国家技术发明一等奖“零”的突破。在4G快速发展的同时，5G技术研发也进入快车道，大容量通信、近网技术、量子技术、激光通信等技术取得了突破性进展。未来将主要在TD-LTE、IPv6等关键技术方面实现突破，推进4G设备和终端向智能化、融合化、虚拟化方向发展。目前，江苏移动已经开通近9万个4G基站，实现了4G全省覆盖，建成了遍布全省、360度全方位覆盖的4G精品网络。在不断扩大4G覆盖广度和深度的同时，江苏移动持续开展技术创新，于2016年6月率先启动部署4G+。4G+服务应用了国际领先的三载波聚合技术，可以将网络速度提升至最高330 Mbps，达到4G速度的3倍。截至2016年9月，江苏移动已经完成全省所有高校的4G+网络覆盖，并将陆续完成核心商圈和全省7000个企事业集团的4G+网络部署。

4.2.6.3 *技术创新方向*

大力支持移动互联网软件开发，研发突破系统软件、人机交互、应用开发、虚拟化等热点技术与新兴技术。鼓励开发基于主流应用开发系统的应用软件，支持移动应用开发系统和开源社区建设。加快推进移动互联网的云计算和大数据应用，重点突破数据挖掘、海量数据处理、计费、访问控制等平台关键核心技术。加快推进下一代互联网（IPv6）建设，全面提升IPv6用户普及率和网络接入覆盖率。加快推动内容分发网络向大容量、广覆盖、智能化演进，不断增强网络流量承载与分发能力。支持开展未来网络实验设施（CENI）项目的关键技术研究，加强相关领域产品研发和产业孵化，大力推广基于下一代广播电视网的创新业务及相关应用。充分发挥移动互联网对生产领域的带动作用，在工程机械、汽车、食品、电子信息、物流等行业形成领先的服务产品，拓展现代生产性服务业的发展空间。深化移动互联网在生活领域的引领作用，大力推广面向餐饮、休闲娱乐、购物、旅游等的移动互联网应用，重点发展移动支付、移动娱乐、移动阅读、移动资讯、移动搜索、移动位置服务等。鼓励移动互联网应用创新，重点发展车载数据与资讯、智能交通、基于北斗等多制式智能交通导航、远程测试诊断、在线节能监管、道路救援、食品安全溯源与安防等移动信息服务。

4.3 江苏加快颠覆性技术创新的对策建议

4.3.1 加强关键核心技术研发

瞄准未来可能对江苏形成巨大挑战和重大机遇的颠覆性技术和未来产业发展制高点，定期研究和发布重点领域技术创新路线图。高度关注可能引起现有投资、人才、技术、产业、规则“归零”的颠覆性技术，前瞻布局新兴产业前沿技术研发，开发移动互联技术、量子信息技术、空天技术，推动3D打印装备、智能机器人、无人驾驶汽车等发展，重视基因组、干细胞、合成生物、再生医学等技术对生命科学、生物育种、工业生物领域的深刻影响，开发氢能、燃料电池等新一代能源技术，发挥纳米、石墨烯等技术对新材料产业发展的引领作用，在新一代信息技术、智能机器人、3D打印等领域形成一批创新成果。支持高等院校与国内外各类创新主体和创新力量紧密合作，建设一批国家级、省级协同创新中心，完成一批重大协同创新任务，把协同创新中心打造成为产业共性技术的研发基地和区域创新发展的引领阵地。

4.3.2 完善产业技术创新体系

强化企业创新主体地位，完善以企业为主体、市场为导向、产学研相结合的技术创新体系。引导企业增强自主创新能力，支持和鼓励企业建设高水平的企业技术中心、工程（技术）研究中心、重点实验室等研发机构，建立博士后工作站、院士工作站。充分发挥江苏省产业技术研究院各专业研究所的技术和体制机制优势，改建或新组一批以共性关键技术研究为主要使命、网络化运行的技术创新中心。依托各类高等院校、科研院所、检测机构等，推进区域性公共技术服务平台建设，为产业创新提供技术支撑。把数字化、网络化、智能化、绿色化作为提升产业竞争力的技术基点，推进各领域新兴技术跨界创新，构建结构合理、先进管用、开放兼容、自主可控、具有国际竞争力的现代产业技术体系，以技术的群体性突破支撑引领新兴产业集群发展。

4.3.3 培育产业技术创新主体

明确各类创新主体在创新链不同环节的功能定位，激发主体活力，系统提升各类主体创新能力，夯实颠覆性技术创新发展的基础。培育一流创新型企业，鼓励行业领军企业构建高水平研发机构，形成完善的研发组织体系，集聚高端创新人才，培育一批核心技术能力突出、集成创新能力强、引领重要产业发展的创新型企业；建设一流大学和一流学科，引导大学加强基础研究和追求学术卓越，组建跨学科、综合交叉的科研团队，形成一批优势学科集群和高水平科技创新基地，增强原始创新能力和服务经济社会发展能力，推动一批高水平大学和学科进入世界一流行列或前列；发展面向市场的新型研发机构，围绕区域性、行业性重大技术需求，实行多元化投资、多样化模式、市场化运作，发展多种形式的先进技术研发、成果转化和产业孵化机构。

4.3.4 促进创新成果转化应用

引导产学研用加强合作，鼓励企业和社会资本参与，在科研院所和高等院校建立一批从事技术集成、成果熟化和工程化等中试孵化基地。选择一批能引领产业高端发展、市场前景好的核心技术成果，依托龙头骨干企业实施一批创新成果产业化项目，加快创新成果向现实生产力转化。以培育市场支持终端用户为主要环节，以重大建设项目和应用示范工程为主要依托，加强新技术新产品推广应用。构建专业化技术转移服务体系，发展研发设计、中试熟化、创业孵化、检验检测认证、知识产权等各类科技服务。完善区域技术交易市场体系，发展规范化、专业化、市场化、网络化的技术和知识产权交易平台，完善技术成果信息发布、共享、对接和交易服务平台。

4.3.5 实施重大科技项目工程

在关系国家安全和长远发展的重点领域，部署一批重大科技项目和工程，聚焦目标、突出重点，攻克高端通用芯片、高档数控机床、集成电路装备、宽带移动通信、油气田、核电站、水污染治理、转基因生物新品种、新药创制、传染病防治等方面的关键核心技术，形成若干战略性技术和战略性产品，培育新兴产业。尽快启动航空发动机及燃气轮机重大项目，在量子通信、信息网络、智能制造和机器人、深空深海探测、重点新材料和新能源、脑科学、健康医疗等领域，充分论证，把准方向，明确重点，部署一批体现国家战略意图的重大科技项目和工程，加快突破重大核心技术，开发重大战略性产品，在国家战略优先领域率先实现跨越。

4.3.6 建设高水平人才队伍

加快建设科技创新领军人才和高技能人才队伍，围绕重要学科领域和创新方向造就一批世界水平的科学家、科技领军人才、工程师和高水平创新团队，注重培养一线创新人才和青年科技人才，支持高等院校、科研院所、企业面向全球招聘人才。优化人才成长环境，实施更加积极的创新创业人才激励和吸引政策，让各类创新人才都能在科技成果产业化过程中得到合理回报。发挥企业家在创新创业中的重要作用，树立创新光荣、创新致富的社会导向，培养造就一大批勇于创新、敢于冒险的创新型企业家，建设专业化、市场化、国际化的职业经理人队伍。推动教育创新，改革人才培养模式，把科学精神、创新思维、创造能力和社会责任感的培养贯穿教育全过程，完善高端创新人才和产业技能人才“二元支撑”的人才培养体系。

课题负责人：周文魁
课题组成员：黄　斌　刘　媛　付春丽　李春燕
撰　稿　人：周文魁

江苏战略性新兴产业人才需求预测与开发研究

1　战略性新兴产业人才需求背景分析

1.1　产业迈向中高端人才吸纳效应进一步放大

经过改革开放40多年的快速发展，我国产业已经走过了规模扩张的粗放低效增长阶段。随着供给侧结构性改革的深入开展、制造强国建设目标的稳步推进，我国已经拉开了产业迈向中高端的大幕。战略性新兴产业是产业迈向中高端的核心载体，也是产业迈向中高端的具体实现路径。人才尤其是中高端人才是产业迈向中高端的第一资源，作为知识技术密集型的战略性新兴产业，对中高端人才有着更强的资源依赖性。目前，中高端产业对人才就业的正向影响已经初见端倪。《2017中国劳动力市场发展报告》的数据显示，2006—2015年，中国高技术产业从业人数逐渐增加，从2006年的744万人增加到2015年的1354万人，年均增速达到6.8%，高技术产业从业人数明显高于各产业就业人员增长。随着产业迈向中高端的继续深入推进，未来战略性新兴产业对人才的需求将持续增长。

1.2　国家战略政策对人才需求提出新要求新目标

在支撑我国战略性新兴产业发展的国家政策中也释放出了对人才需求增长的信号。在《国家中长期人才发展规划纲要（2010—2020年）》中明确提出到2020年对不同类型人才的需求计划，例如，高层次创新型科技人才的计划目标是4万人，重点领域急需的紧缺专门人才的计划目标是1300多万人，高技能人才的计划目标是3900万人，企业经营管理人才的计划目标是4200万人，等等。而在2016年由教育部、人力资源社会保障部、工业和信息化部联合印发的《制造业人才发展规划指南》中则根据“中国制造2025”战略的五大工程十大领域对2025年的人才缺口进行了预测，具体是：新一代信息技术产业950万人，高档数控机床和机器人450万人，航空航天装备47.5万人，海洋工程装备及高技术船舶26.6万人，先进轨道交通装备10.6万人，节能与新能源汽车103万人，电力装备909万人，农机装备44万人，新材料400万人，生物医药及高性能医疗器械45万人。

1.3　新经济发展成为转变人才需求结构的新动能

战略性新兴产业及其技术所催生的新经济带来了人才需求结构的转型升级。我国三产的就业结构从最早的“一二三”结构不断变化。自2011年年底，我国第三产业从业人数成为三次产业中就业人数最多的产业，而2014年第二产业就业人数首次超过第一产业，我国的就业结构正式转变为“三二一”格局。在新经济背景下，我国对技能型、知识型人才的需求不断增大，高端人才需求缺口也会进一步扩大。因此，不断优化和提升人才需求结构，也是使我国从“人力资源大国”向“人力资源强国”迈进的题中应有之义。同时，以“数字经济”“共享经济”“平台经济”等为代表的新经济在激发经济活力的同时，也进一步刺激了新的人才需求，涌现出更多新型、灵活的就业形态和人才类型。中国就业研究所的研究数据显示，2015 年阿里平台总体为社会创造了 3083 万个就业机会，其中包括 1176 万个交易型就业机会、1907 万个带动型就业机会，就业带动系数为 1.62。

1.4 技术进步带来就业“破坏效应”持续蔓延

随着移动互联网、人工智能、量子信息、无人控制、3D 打印、先进材料等新技术的不断进步，在促进战略性新兴产业发展的同时，却造成了人才需求的极化现象。《2016 年世界发展报告》的技术极化指数显示，很多发展中国家和新兴经济体，如南非、印度、马来西亚、菲律宾等的中等技能劳动者就业率呈现负增长。随着人工智能等新技术的进步，技能偏向型技术进步已成大势所趋，将会导致对高技能劳动力需求的增加和对低技能劳动力需求的降低，最终造成低技能劳动力的就业困难。相关研究指出，高端人才与中低端劳动力在 2009 年之后出现分化效应，即战略性新兴产业的快速发展在加速高端人才需求的同时，对中低端劳动力的就业产生了“破坏效应”。因此，在保障战略性新兴产业充分发展的同时，必须加大人才开发力度，制定和实施更为科学合理的人才引培等政策，以创造出新的“人才红利”。

1.5 创新 2.0 版经济全球化，打响人才国际争夺战

目前，世界经济格局已经呈现出创新 2.0 版的经济全球化趋势，其主要内涵就是在过去制造业发展的基础上，主要依托制造业的转型升级和战略性新兴产业的发展，加速经济的内生化增长，从而占据全球价值链和创新链高端。而这一切都离不开人才资本的投入。在此背景下，世界各国都将人才尤其是顶尖人才视为提升国际竞争力、树立全球比较优势的核心资源，人才的国际争夺战愈演愈烈。美国、英国、德国、日本、韩国、新加坡等发达国家在创新 2.0 版的经济全球化趋势下，不断优化内外部环境，通过出台留学生政策、移民政策、平台政策、人才回流政策等，吸引国际高端人才。除此之外，作为发展中经济体的中国、巴西、印度等国也日益成为全球人才竞争的活跃者。欧洲英士国际商学院（INSEAD）、瑞士德科集团（Adecco）和新加坡人力资本领导力研究所（HCLI）联合发布的《2017 年全球人才竞争力指数》的数据显示，在被纳入统计的 118 个国家中，瑞士、新加坡和英国分列 2017 全球人才竞争力指数排行榜的前 3 位。美国（第 4 位）、澳大利亚（第 6 位）、加拿大（第 13 位）、新西兰（第 14 位）、德国（第 17 位）、日本（第 22 位）等发达国家也排名靠前，而中国仅排在第 54 位。另据瑞士洛桑管理学院（IMD）公布的《2017 年 IMD 世界人才报告》，瑞士在 63 个国家或地区中排名第一，中国香港则以全球第 12 位的位次蝉联亚洲第一，亚洲的新加坡紧随其后排在第 13 位，而中国大陆则仅排在第 40 位。一系列研究表明，中国对全球优秀人才的吸引力仍然相对较弱，面对激烈的全球人才争夺战，中国任重道远。

2 江苏战略性新兴产业发展分析

2.1 “十二五”江苏战略性新兴产业发展回顾

战略性新兴产业代表新一轮技术革命和产业变革的方向，对经济社会发展全局具有重要的带动引领作用。“十二五”期间，江苏战略新兴产业发展呈现以下几个特点。

产业规模快速壮大。战略性新兴产业销售收入年均增长超 20%，2016 年销售收入突破 4.9 万亿元，是 2010 年的 2.4 倍，占规模以上工业产值比重超过 30%，新材料、节能环保、新一代信息技术和软件、光伏、海洋工程装备、生物医药等产业规模居全国领先地位。

创新能力显著提升。2016 年江苏省全社会研发投入 1984 亿元，发明专利授权量跃居全国首位，区域创新能力连续 7 年全国第一，战略性新兴产业研发投入超千亿元，战略性新兴产业发明专利占全省比重超过 40%，累计建成战略性新兴产业国家和省级以上创新平台超 2300 家，未来网络试验设施获批，实现了国家重大科技基础设施在江苏“零”的突破。

企业竞争力不断增强。全省高新技术企业超 1 万家，战略性新兴产业企业占比超过 70%，全省 275 家沪深上市公司中，战略性新兴产业企业占比超过 40%，全省 126 家超百亿元企业中，战略性新兴产业企业占比超过 60%。

产业集聚效应明显。国家和省级经济技术开发区、高新技术产业开发区、国家高技术产业基地、国家新型工业化示范基地等各类载体上集聚了 60% 以上的战略性新兴产业产值，形成了一批产值超千亿元的新兴产业集群，有力支撑了产业转型升级。

战略性新兴产业发展广泛融合，加快了传统产业改造升级的步伐，促进了大众创业、万众创新的蓬勃兴起，催生了大批新技术、新产品、新业态、新模式，成为经济发展新动能。

2.2 2016 年江苏战略性新兴产业结构特点

2.2.1 总体规模接近 5 万亿元，规上工业占比突破 30%

2016 年，江苏战略性新兴产业销售收入为 4.9 万亿元，同比增长 10.5%，占规上工业总产值比重达 30.2%。

2.2.2 新一代信息技术和软件、新材料两大产业跨入万亿元级

2016 年，江苏新一代信息技术和软件产业销售收入为 13 557 亿元，新材料产业销售收入为 11 708 亿元，位居行业前两位，规模分别占战略性新兴产业总体规模的 27.75%、23.96%。

2.2.3 智能电网、新能源汽车产业呈爆发式增长

智能电网产业增速为 39.64%，新能源汽车产业增速为 37.80%，分别是平均增速的 4.5 倍、4.3 倍。

2.2.4 生物医药产业保持稳定增长

2016 年，生物医药产业销售收入为 6408 亿元，同比增长 9.97%，高于战略性新兴产业全行业平均增速 1.1 个百分点。

2.2.5 新能源和高端装备产业出现负增长

2016 年，新能源产业销售收入为 3557 亿元，高端装备制造产业销售收入为 3327 亿元，与上年相比出现负增长，增速分别为-8.35%和-8.70%（表 1、图 1 和图 2）。

表1 江苏战略性新兴产业发展统计

产业	2016年销售收入/亿元	2015年销售收入/亿元	同比增长
新一代信息技术和软件	13 557	11 513	17.75%
物联网和云计算	2434	2322	4.82%
生物技术和新医药	6408	5827	9.97%
新能源	3557	3881	-8.35%
新能源汽车	350	254	37.80%
海洋工程装备	542	452	19.91%
高端装备制造	3327	3644	-8.70%
节能环保	5443	4430	22.87%
新材料	11 708	11 515	1.68%
智能电网	1536	1100	39.64%
战略性新兴产业	48 862	44 938	8.73%

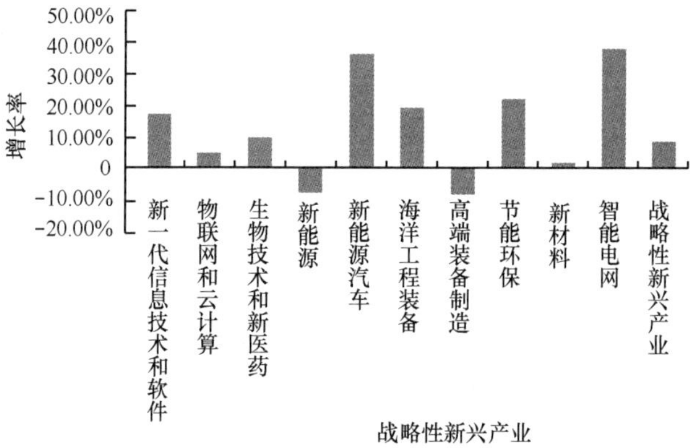

图 1 江苏战略性新兴产业增速

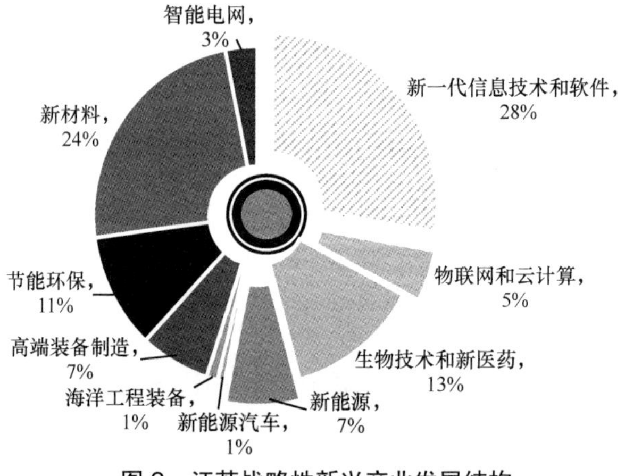

图 2 江苏战略性新兴产业发展结构

2.3 江苏战略性新兴产业发展水平

2.3.1 新材料产业三大前沿领域初步形成国际竞争力

新材料产业是江苏重点发展的高新技术领域产业之一，产业规模约占长三角地区的一半以上，尤其在碳纤维、纳米材料、石墨烯三大前沿领域处于国内领先地位，并初步形成国际竞争力。碳纤维领域：江苏在原丝聚合、凝固成型、材料复合等产业链关键技术环节取得一系列突破，陆续在全国率先实现T300、T700、T800碳纤维的产业化，产能占全国的50%以上，整体水平位于全国前列。纳米材料领域：江苏在纳米粉体制备、纳米材料工程化等方面突破一批世界级技术难题，纳米研究和应用总体处于全国先进水平。石墨烯领域：江苏是我国重要的石墨烯研发和产业化基地，大面积石墨烯薄膜、高比表面石墨烯粉体、石墨烯生物医药试剂等制备技术与国际保持同步，石墨烯薄膜、粉体产业化处于全国领先地位。

2.3.2 新一代信息技术和软件产业技术水平和综合实力位居全国前列

江苏新一代信息技术和软件产业技术水平和综合实力位居全国前列，在集成电路、物联网、新型显示、软件四大领域已形成国际竞争力。集成电路领域：江苏是国家重点布局的集成电路产业基地，全省集成电路产业规模多年来居国内领先地位，集成电路产业占全国的40%，封装测试全国第一，芯片制造全国第二。物联网产业：江苏是国内领先的物联网技术创新的先导区、产业发展集聚区和应用示范先行区，连续多年保持30%以上的高速增长。新型显示产业领域：规模和技术水平稳居国内前三，产业链配套齐全，在国内具有较强的影响力。软件产业领域：收入连续3年位居全国第一，产业规模10年增长18倍。

2.3.3 新能源产业产业链完整，产业规模居全国第一

江苏新能源产业形成了以太阳能光伏和光热综合应用为主导、风力发电及设备制造和生物质能利用等协同并进的发展格局。光伏、风电、智能电网三大产业具有国际竞争力。光伏领域：光伏产业已经形成“多晶硅—单晶硅—硅片—电池—组件—系统”的完整产业链，多晶硅、硅片、电池、组件产量连续12年保持全国第一。风电领域：江苏既是风电资源大省，也是风电装备制造强省，全省风能装备成套机组制造企业数量居全国首位，风力发电机和高齿轮箱、回转支承等关键零部件在国内市场占有率达50%。智能电网领域：江苏在智能电网安全稳定控制和继电保护研究方面处于国际领先地位，在智能调度和变电站自动化研究方面处于国际先进水平，形成了电压等级高、自动化程度高、集控水平高的产业发展特色。

2.3.4 生物医药产业创新平台体系齐全，企业研发能力强

江苏医药产业地处我国三大核心医药集聚区的长三角地区，产业基础雄厚，是我国医药产业重点发展地区。医药产业是全省重点培育发展的成长性好、发展活力强、竞争力明显的优势产业，医药龙头企业集聚，创新药注册申请数连续多年居全国首位。江苏生物医药创新平台和企业竞争力优势明显，拥有一批“国字号”的高水平新药研发机构，江苏在生物技术与新医药领域共有6个国家重点实验室和4个国家工程技术研究中心，建立了2个省级的企业重大研发机构、28个省级重点实验室和72个省级工程技术研究中心，建有47个科技公共服务平台，对生物医药产业发展形成了较强的平台支撑能力。

2.3.5 节能环保产业品种全，成套率、总量规模全国第一

江苏节能环保产业起步早，规模大，发展快，拥有一大批在全国具有影响力的节能环保产业集聚区，是节能环保产业大省，在国内具有较强的比较优势。同时，江苏是全国环保产业品种最多、成套率最高的省份，在水污染治理、大气污染治理、固废处理等领域拥有2000多个系列化产品，形成中国名牌产品21个、中国驰名商标16个。江苏在水污染防治、大气污染防治、固废处理等领域取得的科技成效显著，具备大型城市污水处理厂、垃圾焚烧发电厂及大型火电厂烟气脱硫设施的系统设计与制造能力，无机陶瓷膜等产品处于全国领先水平，袋式除尘设备位列国内行业第一。SCR脱硝催化剂、免助燃有机化工废渣焚烧处理等一批高新技术和产品填补国内空白，达到国内先进水平。

2.3.6 高端装备制造产业关键核心技术领域实现突破

"十二五"期间，全省航空航天装备、轨道交通装备、智能制造装备、高端专用装备等高端装备制造业实现快速发展。1600吨热模锻冲压线、高速重载工业机器人、高压油缸等一批重大智能装备和关键零部件市场竞争优势明显增强，高档全地面起重机、新型轨道交通装备、新型电力装备市场占有率进一步提高，涌现出徐工集团工程机械有限公司、江苏鹏飞集团股份有限公司、中车南京浦镇车辆有限公司等一批工程总集成总承包企业，装备制造业服务化水平不断提升。"十二五"累计认定省级首台（套）重大装备及关键部件462个，高速轨道交通车辆牵引制动技术、高速大型精密数控机床制造技术、智能化网络化机器人生产线集成技术等关键核心技术领域实现明显突破。

2.4 "十三五"发展目标

2.4.1 产业发展需求

根据《江苏省"十三五"战略性新兴产业发展规划》，到2020年，产业销售收入突破7万亿元。战略性新兴产业增加值占地区生产总值的比重力争达到15%，新一代信息技术、高端软件和信息服务、新材料、生物技术和新医药、高端装备制造等发展成为万亿元级规模的支柱产业，战略性新兴产业成为引领经济转型升级的重要支撑。

2.4.2 人才发展需求

根据《江苏省"十三五"人才发展规划》，到2020年，战略性新兴产业人才超过320万人，高科技领军人才达3000人左右，高技能人才达370万人，战略性新兴产业高层次人才达30万人。

3 江苏战略性新兴产业科技领军人才的分布研究

本课题结合产业的特点选择具有代表性的在江苏落户的诺奖获得者、两院院士、高层次人才三类人才。研究产业重点选择新材料、新一代信息技术和软件、新能源、生物技术和新医药、节能环保、高端装备制造六大战略性新兴产业。

诺奖获得者是指诺贝尔奖理工科获得者；两院院士是中国科学院院士和中国工程院院士的统称；高层次人才是指国家专项人才计划，包括青年项目和创业项目的入选者。

3.1 江苏战略性新兴产业诺奖获得者落户分布

江苏生物医药产业诺奖获得者落户最多。诺奖获得者落户江苏总计 19 人，其中生物医药产业 11 人、新材料产业 2 人、新一代信息技术产业 1 人（图 3）。

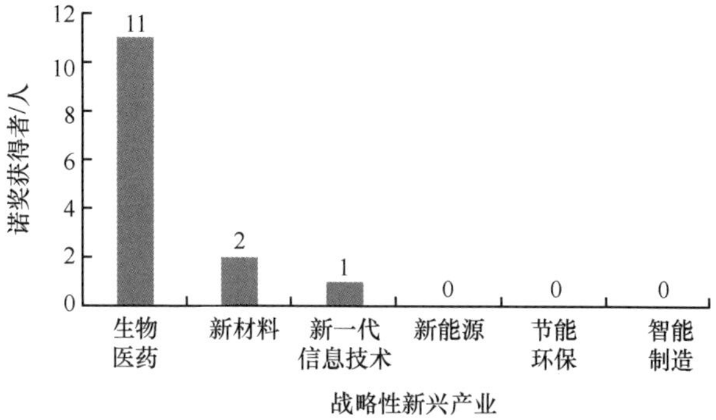

图 3　江苏战略性新兴产业诺奖获得者分布

3.2 江苏战略性新兴产业两院院士分布

生物医药行业分布两院院士数量最多，居第 1 位。江苏两院院士总量为 404 人，六大战略性新兴产业分布 251 人，占比为 62.13%。院士集聚生物医药（62 人）、新材料（47 人）、新能源（44 人）、新一代信息技术（42 人）四大产业，四大产业院士数量占六大战略新兴产业院士总量的七成多（图 4）。

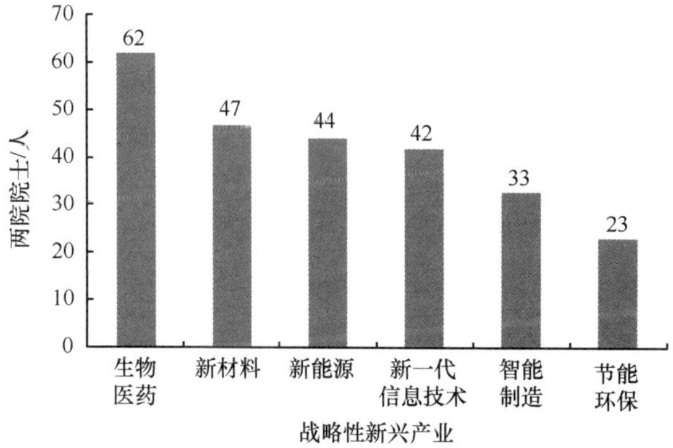

图 4　江苏战略性新兴产业两院院士分布

3.3 江苏战略性新兴产业高层次人才分布

江苏新一代信息技术行业高层次人才数量最多。江苏 76.66% 的高层次人才分布在六大战略性新兴产业，国家高层次人才（2008—2016 年）中江苏为 724 人，分布在六大行业领域的为 555 人，占比为 76.66%。其中，六大行业中新一代信息技术（203 人）、生物医药（147

人）、新材料（109 人）三大产业高层次人才占比超过八成（图 5）。

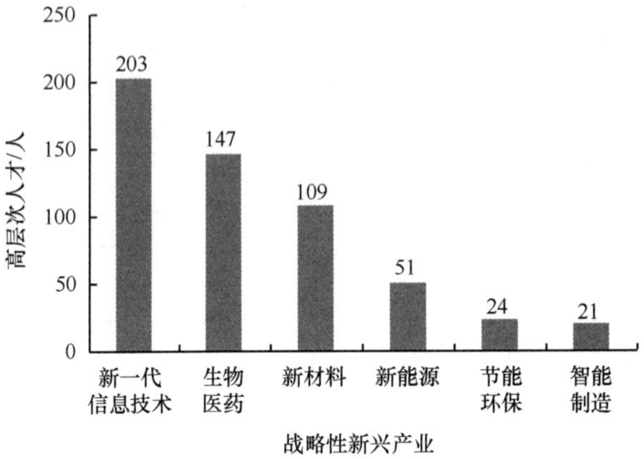

图 5　江苏战略性新兴产业高层次人才分布

3.4　江苏战略性新兴产业科技领军人才分析

3.4.1　江苏战略性新兴产业聚集 820 名领军人才

科技领军人才呈金字塔式分布。截至 2016 年，江苏六大战略性新兴产业科技领军人才为 820 人，诺奖获得者 14 人位居金字塔顶部；两院院士 251 人位居金字塔中部；高层次人才比重最大，555 人位居金字塔底部（图 6）。

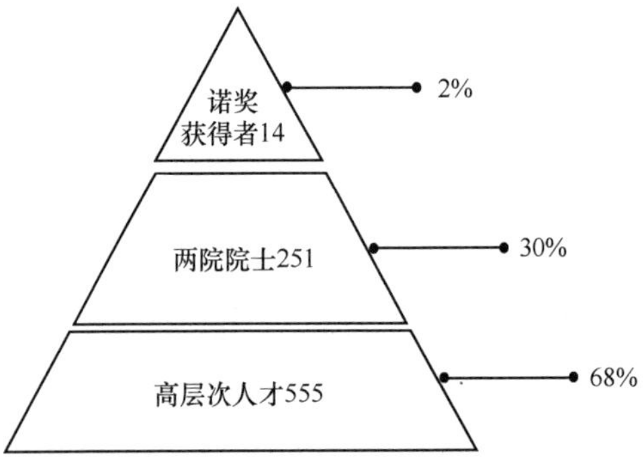

图 6　江苏战略性新兴产业科技领军人才呈金字塔式分布

3.4.2　新一代信息技术、生物医药、新材料产业领军人才聚集度最高

三大人才集聚高地。江苏战略性新兴产业科技领军人才集聚新一代信息技术、生物医药、新材料产业三大高地，科技领军人才分别占 30.00%、26.83%、19.27%。

三大产业人才全覆盖。生物医药、新材料、新一代信息技术产业实现了科技领军人才全领域覆盖，诺奖获得者、两院院士、高层次人才都有分布。

两大产业人才薄弱。节能环保、智能制造产业科技领军人才集聚度较低，占比分别为 5.73%、6.59%（表 2 和图 7）。

表2 江苏战略性新兴产业领军人才分布

行业	两院院士/人	高层次人才/人	诺奖获得者/人	领军人才/人	占比
新一代信息技术	42	203	1	246	30.00%
生物医药	62	147	11	220	26.83%
新材料	47	109	2	158	19.27%
新能源	44	51	0	95	11.59%
智能制造	33	21	0	54	6.59%
节能环保	23	24	0	47	5.73%
总计	251	555	14	820	100.00%

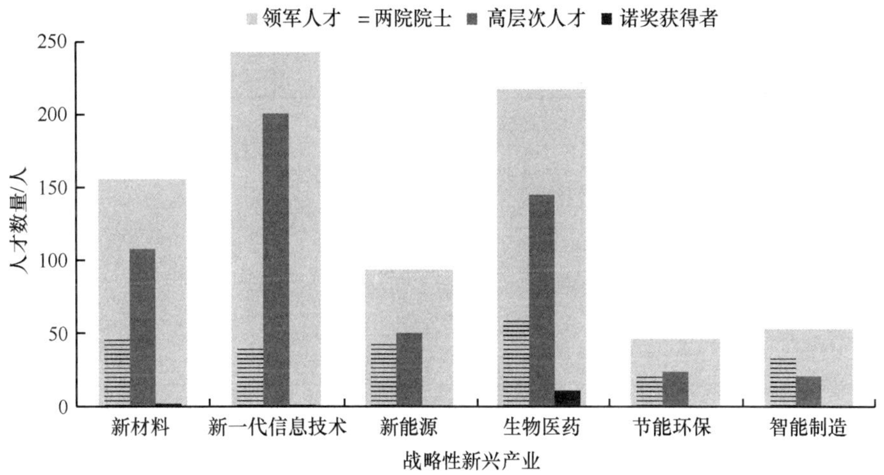

图7 江苏战略性新兴产业科技领军人才分布

4 江苏战略性新兴产业上市公司人才研究

4.1 研究方法和样本选择

4.1.1 研究方法

运用 WIND 数据库的上市公司数据，筛选江苏省各战略性新兴产业企业样本，对战略性新兴产业从业人员、科技企业家、科技领军人才、高技能人才、高端人才、标杆企业人才进行分析研究（图 8）。

4.1.2 产业分类

本课题重点选择新材料、新一代信息技术和软件、新能源、生物技术和新医药、节能环保、高端装备制造六大战略性新兴产业（表 3）。

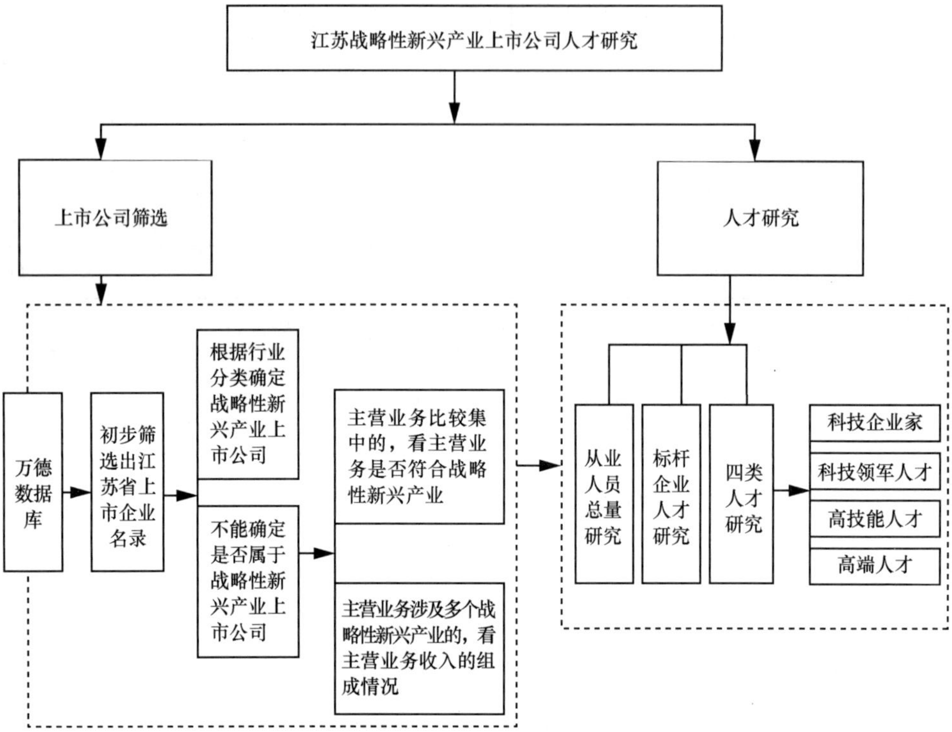

图 8　江苏战略性新兴产业上市公司人才研究技术路线

表3　江苏战略性新兴产业分类

产业	分类
高端装备制造	高端装备制造业是装备制造业中的尖端领域，可分为航空装备制造业、轨道交通装备制造业、海洋工程装备制造业、智能装备制造业，以及卫星及应用等
新能源	新能源包括太阳能、风能、生物质能、核能、智能电网和其他新能源。由于新能源汽车涉及新能源的应用，本文将其放入新能源产业中进行统计
新材料	新材料包括新型功能材料、先进结构材料、高性能复合材料
新一代信息技术和软件	新一代信息技术和软件产业按照重点产业领域分为高性能集成电路、物联网、新型平板显示、下一代通信网络、三网融合和相关软件产业
生物技术和新医药	生物技术和新医药产业是指基于生物技术的用于防治疾病及卫生保健制品和系统技术的总称，涵盖药品（生物制品、化学药品、中药）、医疗器械等研发和生产企业
节能环保	节能环保产业可分为节能产业、环保产业及资源循环利用产业3个重点发展领域，包括节能技术和装备、节能产品、节能服务、环保技术和装备、环保产品、尾矿资源综合利用、固体废弃物综合利用等

4.1.3　样本选择

利用WIND数据库，汇总江苏A股上市企业368家、港股上市企业60家、新三板上市企业1400家。通过筛选，确定江苏战略性新兴产业上市公司910家，其中主板上市企业160家、港股上市的企业14家、新三板上市的企业736家（表4）。数据收集截止时间是2016年12月31日。

表4　江苏战略性新兴产业上市公司样本

产业	上市公司/家	指标对应	WIND数据
高端装备制造	107	01高技能人才 02科技企业家 03高端人才 04科技领军人才（两院院士、高层次人才） 05从业人员	01技术人才 02管理人员 03博士、硕士 05从业人员
新能源产业	137		
新材料产业	154		
新一代信息技术和软件	311		
生物技术和新医药	96		
节能环保	105		

4.2　江苏战略性新兴产业上市公司从业人员分析

4.2.1　江苏战略性新兴产业上市公司从业人员总量超 50 万人

2016 年江苏战略性新兴产业上市公司从业人员 52.65 万人，占江苏从业人员的比重达 1.11%。新一代信息技术和软件、新能源产业从业人员数占上市公司从业人员总数的比重超过五成（表 5 和图 9）。

表5　江苏战略性新兴产业上市公司从业人员分布

产业	从业人员/人
新一代信息技术和软件	192 001
新能源	122 645
新材料	92 253
生物技术和新医药	61 420
高端装备制造	32 812
节能环保	25 378
总计	526 509

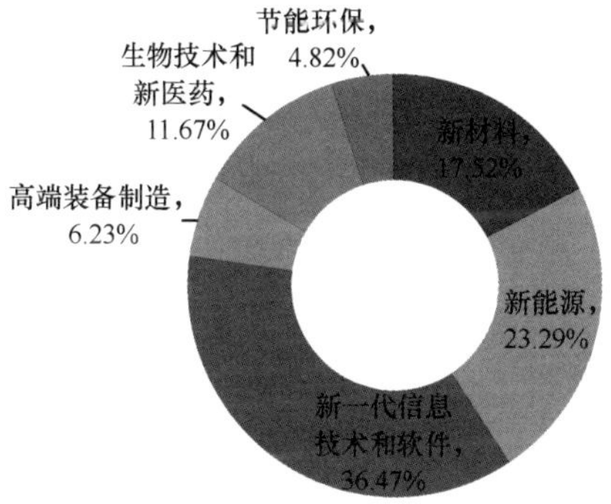

图 9　江苏战略性新兴产业上市公司从业人员占比

4.2.2　江苏战略性新兴产业从业人员增长 25.64%

从江苏战略性新兴产业人员总数（2013—2016 年）的增长轨迹来看，从业人员年均增长 25.64%。其中高端装备制造产业最快（39.00%），节能环保增长最慢（-2.14%）。高端装备制造产业高于平均增速，新一代信息技术和软件、新材料、生物技术和新医药、新能源产业低于平均增速（图 10 和表 6）。

表6 江苏战略性新兴产业上市公司从业人员年均增长率（2013—2016年）

产业	年均增长率
高端装备制造	39.00%
新一代信息技术和软件	24.85%
新材料	23.47%
生物技术和新医药	16.16%
新能源	13.13%
节能环保	-2.14%
战略性新兴产业	25.64%

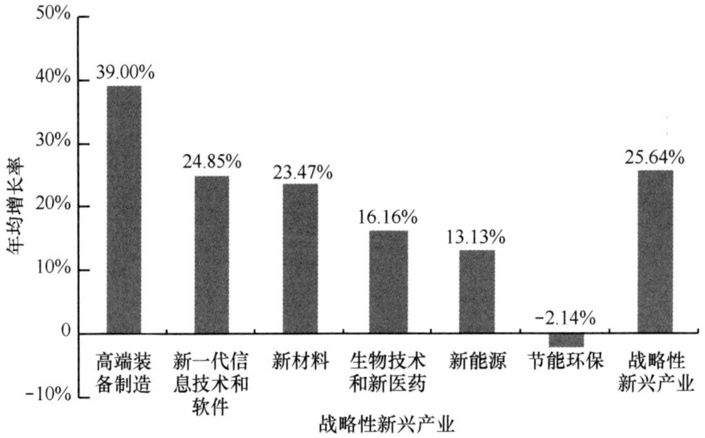

图 10 江苏战略性新兴产业上市公司从业人员年均增长率（2013—2016 年）

4.2.3 本科学历人才占据三成，硕博学历人才不到 5%

从江苏战略性新兴产业上市公司人才学历分布来看，本科、专科、高中及以下学历占比分别为 33.85%、31.71%、30.06%，硕博士学历占比为 4.38%。从各产业学历人才集聚来看，生物技术和新医药产业成为高学历集聚区，博士学历人才高达 307 人，占比超过三成（表 7 和图 11）。

表7 江苏战略性新兴产业上市公司人才学历结构

单位：人

产业	博士	硕士	本科	专科	高中及以下	从业总人数
新材料	146	1622	11 302	17 580	26 616	92 253
新能源	258	3681	21 579	22 386	41 941	122 645
新一代信息技术和软件	122	5557	62 222	47 303	27 890	192 001
高端装备制造	48	892	7721	8603	3072	32 812
生物技术和新医药	307	2881	18 038	15 668	7639	61 420
节能环保	43	737	5123	6495	4712	25 378

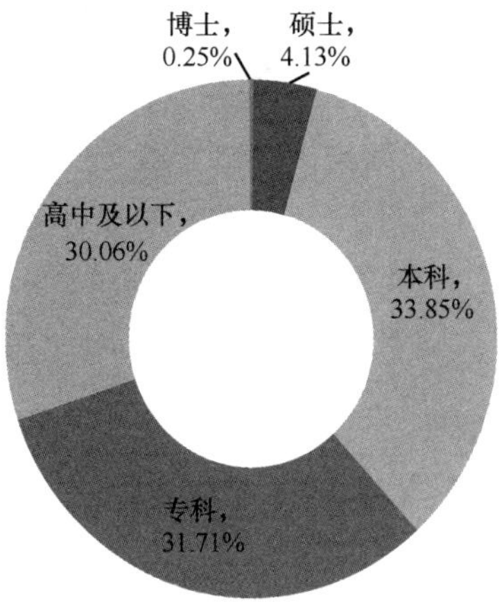

图 11　江苏战略性新兴产业上市公司人才学历结构

4.2.4　江苏战略性新兴产业上市公司平均劳动生产率 96.85 万元 / 人

从江苏战略性新兴产业上市公司的平均劳动生产率来看，生物技术和新医药产业劳动生产率位居第一（153.5 万元/人），是高端装备制造产业的 2.7 倍（表 8 和图 12）。

表8　江苏战略性新兴产业劳动生产率

产业	平均劳动生产率/（万元/人）
生物技术和新医药	153.50
新能源	112.98
新材料	103.82
节能环保	81.17
新一代信息技术和软件	72.10
高端装备制造	57.54
战略性新兴产业	96.85

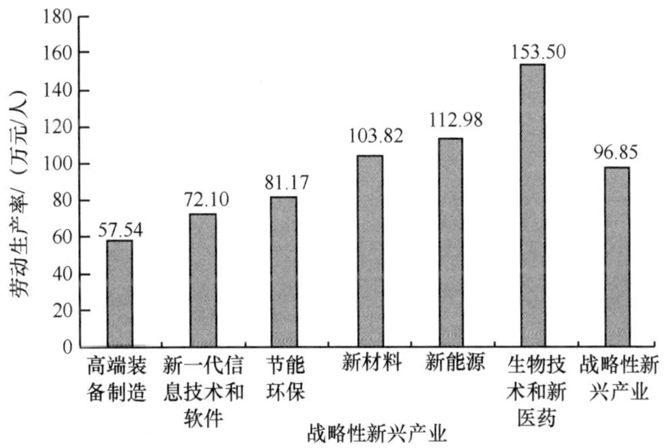

图 12　江苏战略性新兴产业劳动生产率

4.3 江苏战略性新兴产业上市公司四类人才分析

4.3.1 江苏战略性新兴产业上市公司四类人才总量占 25.64%

江苏战略性新兴产业上市公司四类人才总量为 13.5 万人，占上市公司行业总人数的 25.64%。四类人才中，高端人才占比为 12.07%，科技领军人才占比为 0.03%，技术人才占比为 86.91%，科技企业家占比为 0.99%（表 9 和图 13）。

表9 江苏战略性新兴产业上市公司四类人才产业分布

人才	新材料	新能源	新一代信息技术和软件	高端装备制造	生物技术和新医药	节能环保	合计	占比
高端人才/人	1768	3939	5679	940	3188	780	16 294	12.07%
科技领军人才/人	8	7	7	9	8	2	41	0.03%
技术人才/人	13 239	20 349	60 647	7026	10 856	5210	117 327	86.91%
科技企业家/人	235	205	455	141	144	153	1333	0.99%

从四类人才总量来看，新一代信息技术和软件产业四类人才行业占比最高（49.47%）。高端装备制造和节能环保产业四类人才占比最低，分别为 6% 和 5%。

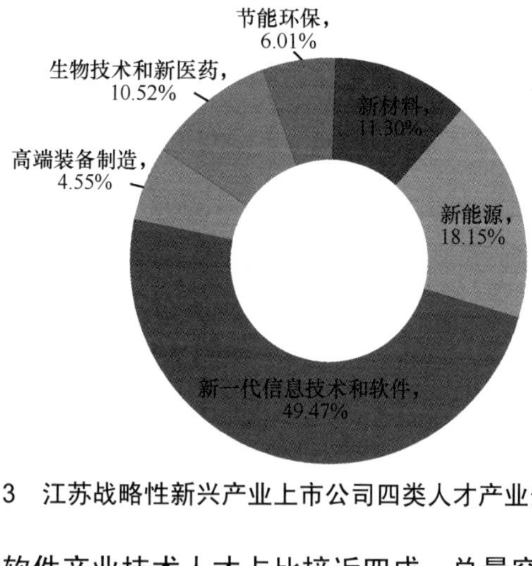

图 13 江苏战略性新兴产业上市公司四类人才产业分布

4.3.2 新一代信息技术和软件产业技术人才占比接近四成，总量突破 6 万人

从战略性新兴产业上市公司技术人才分布来看，新一代信息技术产业技术人才绝对量和占比都最高，技术人才为 60 647 人，技术人才行业占比为 38.31%（表 10）。从战略性新兴产业上市公司科技企业家分布来看，新一代信息技术和软件产业科技企业家最多（455 人）。

表10 江苏战略性新兴产业上市公司技术人才和科技企业家分布

产业	技术人才/人	技术人才行业占比	科技企业家/人
新一代信息技术和软件	60 647	38.31%	455
新能源	20 349	18.54%	205

续表

产业	技术人才/人	技术人才行业占比	科技企业家/人
新材料	13 239	16.03%	235
生物技术和新医药	10 856	21.38%	144
高端装备制造	7026	24.35%	141
节能环保	5210	22.33%	153

4.3.3 生物技术和新医药产业高端人才行业占比位列第一

从高端人才分布来看，生物技术和新医药领域分布高端人才 3188 人，行业占比为 5.19%，位居高端人才行业占比第 1 位。生物技术和新医药产业高端人才占比是新材料产业的 2.7 倍（图 14）。

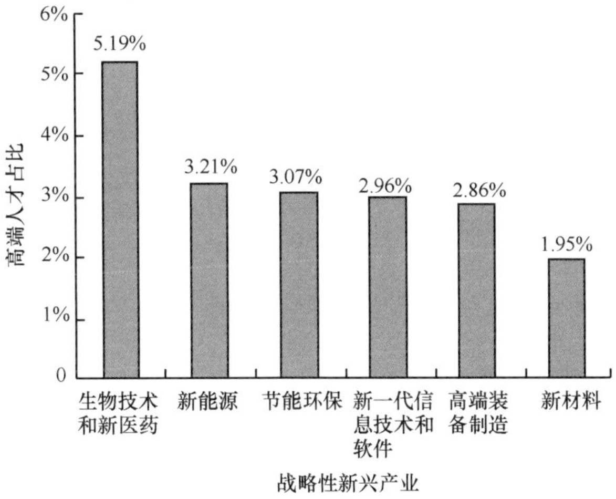

图 14 江苏战略性新兴产业上市公司高端人才分布

4.3.4 高端装备制造产业科技领军人才位居行业第一

高端装备制造产业科技领军人才为 9 人，位居行业第一，比行业平均值多 2 人（图 15）。

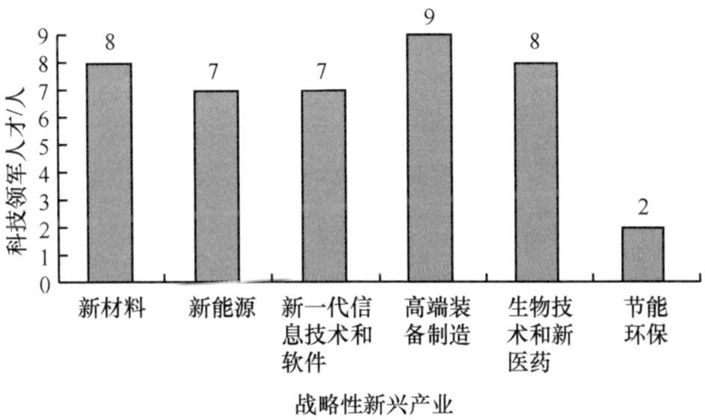

图 15 江苏战略性新兴产业科技领军人才分布

4.3.5 新能源、新材料产业人才结构居于行业中游

新能源和新材料产业科技领军人才分别为7人和8人（行业中位值为7）。新能源、新材料产业高端人才占比分别为3.21%、1.95%（行业中位值为3.02%）。

4.3.6 节能环保产业人才结构总体偏弱

节能环保产业技术人才为5210人，位于行业末位。科技领军人才为2人，与行业最高值差距比较大（7人）。

4.4 江苏战略性新兴产业上市公司标杆企业人才结构分析

依据战略性新兴产业上市公司的主营业务收入，选定各战略性新兴产业行业中的TOP 10作为龙头企业，形成龙头企业人才标杆值，结合各行业人才中位值，进行行业比较与分析研究。

行业标杆值：依据营业收入指标，选择新能源产业居前10位的企业，确定为行业标杆企业。选定各战略性新兴产业中TOP 10龙头企业（行业前10名），计算TOP 10人才平均值，确定为行业标杆值。

行业中位值：依据各产业全部公司的人才数据，计算处于中间位的技术人才、高端人才值。

4.4.1 生物医药产业龙头企业和本行业人才结构具有较强的一致性

从标杆企业看，生物技术和新医药标杆企业技术人才数为776人，高端人才数为268人，技术人才占比为18.86%，高端人才占比为4.43%。从行业中位值看，生物技术和新医药行业技术人才中位值为26人，高端人才中位值为6人，技术人才占比为16.46%，高端人才占比为3.87%。从典型企业看，江苏恒瑞医药股份有限公司人才结构中高端人才表现优异，这也奠定了江苏恒瑞医药股份有限公司在全国医药行业中的竞争优势，位列《2017年医药上市公司研发创新实力10强》榜首。

整体看，生物医药产业整体行业发展差别不大，整体人才结构合理（表11）。

表11 江苏省生物技术和新医药产业TOP 10企业情况

序号	代码	公司名称	技术人才/人	技术人才占比	高端人才/人	高端人才占比	从业人员/人	营业收入/元
1	600276.SH	江苏恒瑞医药股份有限公司	2142	16.93%	1378	10.89%	12653	11 093 724 121.2
2	002411.SZ	江苏必康制药股份有限公司	769	14.58%	57	1.08%	5274	3 723 904 605.0
3	000919.SZ	金陵药业股份有限公司	2936	55.99%	200	3.81%	5244	3 578 652 774.5
4	002262.SZ	江苏恩华药业股份有限公司	224	6.67%	187	5.57%	3360	3 017 785 760.0
5	600557.SH	江苏康缘药业股份有限公司	289	6.33%	187	3.27%	5724	3 000 277 807.3
6	002223.SZ	江苏鱼跃医疗设备股份有限公司	491	12.75%	—	—	3851	2 632 594 737.4
7	002680.SZ	长生生物科技股份有限公司	301	28.42%	—	—	1059	1 017 909 719.8

续表

序号	代码	公司名称	技术人才/人	技术人才占比	高端人才/人	高端人才占比	从业人员/人	营业收入/元
8	002349.SZ	精华制药集团股份有限公司	212	13.71%	28	1.81%	1546	881 487 171.0
9	002550.SZ	常州千红生化制药股份有限公司	140	12.61%	76	6.85%	1110	776 388 972.9
10	600513.SH	江苏联环药业股份有限公司	255	20.61%	27	2.18%	1237	604 860 656.3

4.4.2 高端装备制造产业龙头企业高端人才占比优势明显

从标杆企业看，高端装备制造标杆企业技术人才为259人，高端人才为42人，技术人才占比为23.61%，高端人才占比为4.66%。从行业中位值看，高端装备制造产业技术人才中位值为29人，高端人才中位值为3人，技术人才占比为21.09%，高端人才占比为1.81%。从典型企业看，排名行业第一的江苏润邦重工股份有限公司高端人才的数量未公布，数值是0，未纳入计算，南京埃斯顿自动化股份有限公司人才结构优势明显，成为国内高端智能机械装备及其核心控制和功能部件制造业企业之一（表12）。

整体看，高端装备制造产业标杆企业和全行业技术人才占比差距不大，从标杆企业看，高端人才优势明显。

表12 江苏省高端装备制造产业TOP 10企业情况

序号	代码	公司名称	技术人才/人	技术人才占比	高端人才/人	高端人才占比	从业人员/人	营业收入/元
1	002483.SZ	江苏润邦重工股份有限公司	331	14.40%	—	—	2299	2 824 431 346.4
2	300450.SZ	无锡先导智能装备股份有限公司	346	18.62%	50	2.69%	1858	1 078 980 824.3
3	002255.SZ	苏州海陆重工股份有限公司	202	14.89%	28	2.06%	1357	1 065 508 630.3
4	831263.OC	科华控股股份有限公司	186	10.64%	6	0.34%	1748	734 858 276.9
5	603380.SH	苏州易德龙科技股份有限公司	105	9.89%	12	1.13%	1062	688 292 999.0
6	002747.SZ	南京埃斯顿自动化股份有限公司	329	31.97%	118	11.47%	1029	678 349 722.0
7	300509.SZ	江苏新美星包装机械股份有限公司	216	27.07%	16	2.01%	798	454 057 839.2
8	836288.OC	无锡奥特维科技股份有限公司	550	53.97%	49	4.81%	1019	436 402 855.5
9	300416.SZ	苏州苏试试验集团股份有限公司	182	28.48%	29	4.54%	639	394 233 983.6
10	300382.SZ	苏州斯莱克精密设备股份有限公司	140	26.12%	69	12.87%	536	388 454 274.4

4.4.3 新一代信息技术和软件产业龙头企业人才结构低于本行业平均

从标杆企业看，新一代信息技术和软件标杆企业技术人才数为 1927 人，高端人才数为 388 人，技术人才占比为 25.30%，高端人才占比为 3.67%。从行业中位值看，新一代信息技术和软件行业技术人才中位值为 37 人，高端人才中位值为 3 人，技术人才占比为 31.43%，高端人才占比为 3.76%。从典型企业看，营业收入位列行业第一的江苏宏图高科技股份有限公司，由于涉及业务领域分布广泛，体量规模比较大，但人才结构优势不明显（表 13）。

整体看，新一代信息技术和软件产业大企业起不到龙头带动作用。大企业人才结构低于平均值是造成江苏新一代信息技术和软件产业在全国不占优势的一个重要原因。

表13 江苏省新一代信息技术和软件产业TOP 10企业情况

序号	代码	公司名称	技术人才/人	技术人才占比	高端人才/人	高端人才占比	从业人员/人	营业收入/元
1	600122.SH	江苏宏图高科技股份有限公司	748	10.49%	99	1.39%	7130	20 512 979 131.5
2	600487.SH	江苏亨通光电股份有限公司	1090	7.10%	421	2.74%	15361	19 300 546 444.9
3	600584.SH	江苏长电科技股份有限公司	5273	23.32%	2085	9.22%	22611	19 154 527 743.1
4	600959.SH	江苏省广电有线信息网络股份有限公司	3528	33.41%	572	5.42%	10559	5 421 823 716.5
5	002156.SZ	通富微电子股份有限公司	2725	31.43%	85	0.98%	8671	4 591 656 651.6
6	002491.SZ	通鼎互联信息股份有限公司	446	12.06%	50	1.35%	3698	4 143 452 587.8
7	002463.SZ	沪士电子股份有限公司	1435	20.21%	24	0.34%	7099	3 790 284 705.0
8	600775.SH	南京熊猫电子股份有限公司	1400	36.66%	176	4.61%	3819	3 702 763 356.6
9	300292.SZ	吴通控股集团股份有限公司	283	25.87%	36	3.29%	1094	1 982 291 834.9
10	838824.OC	中兴软创科技股份有限公司	2346	52.48%	329	7.36%	4470	1 930 103 159.7

4.4.4 节能环保产业大中小企业人才结构水平相近

从标杆企业看，节能环保产业标杆企业技术人才数为 220 人，高端人才数为 30 人，技术人才占比为 20.68%，高端人才占比为 2.51%。从行业中位值看，节能环保产业技术人才中位值为 19 人，高端人才中位值为 3 人，技术人才占比为 16.87%，高端人才占比为 2.50%。从典型企业看，江苏节能环保上市公司整体规模偏小，标杆企业不够强（表 14）。

整体看，节能环保产业标杆企业和全行业结构趋同，但低于江苏战略性新兴产业平均水平。

表14 江苏省节能环保产业TOP 10企业情况

序号	代码	公司名称	技术人才/人	技术人才占比	高端人才/人	高端人才占比	从业人才/人	营业收入/元
1	600475.SH	无锡华光锅炉股份有限公司	451	19.89%	48	2.12%	2267	3 702 607 447.8
2	600481.SH	双良节能系统股份有限公司	247	10.72%	62	2.69%	2304	2 014 362 018.1
3	870970.OC	常熟古建园林股份有限公司	114	26.09%	2	0.46%	437	1 176 250 865.4
4	601199.SH	江苏江南水务股份有限公司	189	18.12%	16	1.53%	1043	1 106 824 908.6
5	002645.SZ	江苏华宏科技股份有限公司	200	14.95%	10	0.75%	1338	1 005 528 094.9
6	300091.SZ	江苏金通灵流体机械科技股份有限公司	225	17.87%	22	1.75%	1259	946 065 765.7
7	871223.OC	江苏广晟健发再生资源股份有限公司	63	11.84%	2	0.38%	532	832 177 635.4
8	300190.SZ	江苏维尔利环保科技股份有限公司	302	26.77%	88	7.80%	1128	773 474 068.9
9	300152.SZ	徐州科融环境资源股份有限公司	285	39.36%	39	5.39%	724	764 866 898.0
10	300385.SZ	无锡雪浪环境科技股份有限公司	123	21.21%	13	2.24%	580	696 323 053.8

4.4.5 新材料产业龙头企业人才结构位于本行业中等偏下

从标杆企业看，新材料产业标杆企业技术人才数为673人，高端人才数为105人，技术人才占比为17.55%，高端人才占比为1.85%，远低于战略性新兴产业全行业技术人才占比（23.49%）和高端人才占比的平均值（3.21%）。从行业中位值看，新材料产业技术人才中位值为25人，高端人才中位值为2人，技术人才占比为14.29%，高端人才占比为1.27%。从典型企业看，新材料行业整体人才结构中，只有康得新复合材料集团股份有限公司表现优异，位于国内新材料前列，其他企业比较弱（表15）。

整体看，新材料产业龙头企业技术人才和高端人才占比均位于全行业末位。

表15 江苏省新材料产业TOP 10企业情况

序号	代码	公司名称	技术人才/人	技术人才占比	高端人才/人	高端人才占比	从业人才/人	营业收入/元
1	002450.SZ	康得新复合材料集团股份有限公司	1637	40.39%	254	6.27%	4053	9 232 749 388.9
2	002080.SZ	中材科技股份有限公司	1179	7.82%	404	2.68%	15 070	8 968 929 124.7
3	834090.OC	无锡兴达泡塑新材料股份有限公司	53	6.00%	3	0.34%	883	7 877 664 053.4
4	002002.SZ	鸿达兴业股份有限公司	281	4.64%	—	—	6059	6 157 736 776.0

续表

序号	代码	公司名称	技术人才/人	技术人才占比	高端人才/人	高端人才占比	从业人才/人	营业收入/元
5	002172.SZ	江苏澳洋科技股份有限公司	1353	30.17%	50	1.12%	4484	4 875 817 833.2
6	600074.SH	江苏保千里视像科技集团股份有限公司	620	21.32%	95	3.27%	2908	4 114 202 062.6
7	002394.SZ	江苏联发纺织股份有限公司	931	11.05%	19	0.23%	8424	3 738 610 953.9
8	002585.SZ	江苏双星彩塑新材料股份有限公司	353	30.38%	—	—	1162	2 552 739 886.7
9	002652.SZ	苏州扬子江新型材料股份有限公司	143	15.01%	5	0.52%	953	1 891 982 606.9
10	300196.SZ	江苏长海复合材料股份有限公司	176	8.68%	8	0.39%	2027	1 767 919 840.4

4.4.6 新能源产业龙头企业人才结构优势遥遥领先

从标杆企业看，新能源产业标杆企业技术人才数为1050人，高端人才数为342人，技术人才占比为22.57%，高端人才占比为8.42%。技术人才占比位列全行业第二，高端人才占比位于全行业第一。从行业中位值看，新能源产业技术人才中位值为33人，高端人才中位值为2人，技术人才占比为14.29%，高端人才占比为1.16%。技术人才占比、高端人才占比均位于全行业末位。从典型企业看，标杆企业人才结构优势奠定了江苏龙头企业在国内的竞争力（表16）。

整体看，新能源产业龙头企业人才优势明显，本行业呈现明显的极化现象。

表16 江苏省新能源产业TOP 10企业情况

序号	代码	公司名称	技术人才/人	技术人才占比	高端人才/人	高端人才占比	从业人员/人	营业收入/元
1	600522.SH	江苏中天科技股份有限公司	1213	12.33%	294	2.99%	9835	21 107 950 272.3
2	600973.SH	宝胜科技创新股份有限公司	551	10.73%	—	—	5133	15 126 698 586.4
3	600406.SH	国电南瑞科技股份有限公司	2346	73.45%	1440	45.08%	3194	11 415 282 981.6
4	002309.SZ	江苏中利集团股份有限公司	1186	13.90%	128	1.50%	8533	11 291 634 930.6
5	002471.SZ	江苏中超控股股份有限公司	356	9.71%	24	0.65%	3666	6 217 001 129.1
6	600268.SH	国电南京自动化股份有限公司	2517	54.74%	539	11.72%	4598	5 893 489 455.4
7	002074.SZ	国轩高科股份有限公司	1114	21.41%	448	8.61%	5203	4 757 931 943.9

续表

序号	代码	公司名称	技术人才/人	技术人才占比	高端人才/人	高端人才占比	从业人员/人	营业收入/元
8	600401.SH	海润光伏科技股份有限公司	579	11.88%	68	1.40%	4874	4 519 080 451.1
9	002610.SZ	江苏爱康科技股份有限公司	94	3.32%	33	1.16%	2835	3 904 992 406.3
10	601222.SH	江苏林洋能源股份有限公司	543	14.26%	101	2.65%	3807	3 114 720 437.4

4.5 研究结论

4.5.1 高端装备制造产业从业人员以 30% 的速度增长，节能环保产业出现负增长

江苏战略性新兴产业上市公司从业人员年均增速为 25.64%，高端装备制造产业最快（39.00%），节能环保增长最慢（-2.14%）。高端装备制造产业高于平均增速，新一代信息技术和软件、新材料、生物技术和新医药、新能源产业低于平均增速。

4.5.2 生物技术和新医药产业高端人才占比最高，新一代信息技术和软件产业技术人才占比最高，高端装备制造产业科技领军人才最多

从各类人才行业占比来看，生物技术和新医药产业高端人才占比最高（5.19%），高端装备制造产业科技领军人才最多（9 人），技术人才新一代信息技术和软件产业占比最高（38.31%）。

4.5.3 生物医药产业劳动生产率最高，是高端装备制造产业的 2.7 倍

江苏战略性新兴产业上市公司生物技术和新医药产业劳动生产率最大（153.50 万元/人），高端装备制造产业劳动生产率最低（57.54 万元/人），行业平均劳动生产率 96.85 万元/人，战略性新兴产业最高和最低劳动生产率相差 95.96 万元/人。根据江苏省战略性新兴劳动生产率变异系数 CV=35%>20%，可以看出产业间的劳动生产率差距很大。

4.5.4 新一代信息技术和软件产业龙头企业人才结构不优导致行业竞争力偏弱

生物医药产业龙头企业人才结构与本行业具有较强一致性，高端装备制造产业高端人才集聚龙头企业，节能环保产业龙头企业人才结构位于战略性新兴产业中等偏下，新材料产业龙头企业人才结构位于战略性新兴产业末位，新能源产业龙头企业人才结构优势奠定了江苏龙头企业在国内的竞争力，而新一代信息技术和软件产业龙头企业人才结构不优导致行业竞争力偏弱。

5 江苏战略性新兴产业人才需求预测

5.1 研究方法和样本选择

5.1.1 研究方法

（1）人才需求预测方法概述

据美国斯坦福国际研究院统计，目前预测方法多达 150 多种，其中使用较为广泛的有 30

多种。大致可以分为宏观的和微观的，其中微观的预测方法主要是指微观集成法，但该方法不适合人才总量需求的中长期预测。宏观的预测方法又包括定性预测法和定量预测法。当缺乏足够的历史统计资料且趋势发展不明朗的情况下，定性预测法较为常用，主要包括经验预测法、描述法和德尔菲法等。定量预测法则是根据已经掌握的较完备的历史统计数据，客观地从数量上分析预测对象的发展趋势。常用的定量预测法主要有时间序列法、回归分析、支持向量机、神经网络和灰色系统、组合预测法等。

（2）灰色预测法

灰色系统理论是一种研究所需数据量少、信息不全面、问题具有模糊性的方法，它通过将原来比较离散的数据序列进行生成数的处理，减弱随机因素的影响，从而建立相应的灰色预测模型。在数列预测时最常用的模型是一阶一元灰色预测模型，即GM（1，1）模型。人才与环境、经济发展水平、人口增长等多种因素相关，是一个部分已知、部分未知的典型灰色系统，适合采用灰色预测法通过建立模型对人才需求进行预测分析。同时，由于灰色预测模型对于数据量的要求不高，有4个以上的历史数据即可进行预测，这对于预测缺乏较为完备的统计体系和数据的战略性新兴产业的人才需求量是比较适合的，因此，本文拟采用灰色预测法对江苏省战略性新兴产业的人才需求量进行预测分析。本课题在前人对战略性新兴产业及其相关的人才需求预测和开发的研究基础上，结合战略性新兴产业的特点及相关的人才需求理论，拟采用《中国高技术产业统计年鉴》2010—2015年的数据作为分析的数据样本，并以此数据为参数建立江苏高技术产业从业人员的灰色预测模型，对江苏战略性新兴产业“十三五”时期的人才需求总量进行预测。在人才需求总量预测中，本报告分别基于GM（1，1）模型和劳动生产率两个维度对江苏战略性新兴产业至“十三五”末的人才需求总量进行了灰色预测，并基于两个维度的精度分析，最终通过加权得出2020年江苏战略性新兴产业人才需求总量。同时，根据WIND数据库江苏战略性新兴产业上市公司四类人才的占比，得出2020年江苏战略性新兴产业四类人才数量，并最终得出相关结论，为构建完善合理的人才开发和使用机制、制定科学的人才资源规划提供数据支撑和理论借鉴。

5.1.2 样本选择

由于战略性新兴产业还是一个新兴的概念。2010年国务院才首次发布了《国务院关于加快培育和发展战略性新兴产业的决定》的文件。截至2017年，能搜集到的比较权威的关于战略性新兴产业从业人员的官方数据，仅有国家统计局和国务院第三次经济普查领导小组办公室于2014年12月公布的《第三次全国经济普查主要数据公报（第一号）》：截至2013年年末，战略性新兴产业从业人员2362.3万人。

由于高技术产业与战略性新兴产业对于人才需求的强关联性，基于数据的可得性、连续性和准确性，本文拟采用《中国高技术产业统计年鉴》2010—2015年的数据作为分析的数据样本，并以此数据为参数建立江苏省高技术产业从业人员的灰色预测模型。

设战略性新兴产业主营业务收入为I_1，战略性新兴产业从业人员数为M_1，高技术产业主营业务收入为I_2，高技术产业从业人员数为M_2，由于高技术产业与战略性新兴产业的劳动生产率很接近（2013 年全国战略性新兴产业的劳动生产率约为 70.69 万元/人①，2013 年全国高技术产业的劳动生产率约为 89.70 万元/人②），即 $\frac{I_1}{M_1} \approx \frac{I_2}{M_2}$，因此，$M_1 \approx \frac{I_1}{I_2} \times M_2 \approx 1.44 \times M_2$。排除外部环境、政策等因素的干扰，我们假设这一比值关系保持不变，从而可以根据江苏省高技术产业的从业人员数推算出未来江苏省战略性新兴产业从业人员的需求量。2010—2015 年江苏省高技术从业人员数据如表 17 所示。

表17　2010—2015年江苏省高技术产业从业人员数

年份	从业人员数/人
2010	2 267 628
2011	2 333 488
2012	2 486 148
2013	2 461 783
2014	2 446 480
2015	2 473 976

数据来源：《中国高技术产业统计年鉴》。

5.2 建模及结果

5.2.1 基于 GM（1，1）模型的江苏战略性新兴产业人才需求预测

根据上述 2010—2015 年的江苏省高技术从业人员数据建立GM（1，1）模型，并得出预测结果。将 2010—2015 年江苏省高技术从业人员数作为原始数据：

$$\begin{aligned} X^{(0)} &= (x^{(0)}(1), x^{(0)}(2), x^{(0)}(3), x^{(0)}(4), x^{(0)}(5), x^{(0)}(6)) \\ &= (2267628, 2333488, 2486148, 2461783, 2446480, 2473976)。 \end{aligned} \quad (1)$$

对 $X^{(0)}$ 作 1-AGO

$$\begin{aligned} X^{(1)} &= (x^{(1)}(1), x^{(1)}(2), x^{(1)}(3), x^{(1)}(4), x^{(1)}(5), x^{(1)}(6)) \\ &= (2267628, 4601116, 7087264, 9549047, 11995527, 14469503)。 \end{aligned} \quad (2)$$

对参数列 $\varphi=[a,b]^T$ 进行最小二乘法估计，得到发展系数 $-a=0.0098$，灰作用量 $b=2358911$。据此确定预测模型的微分方程为：

$$\frac{dx^{(1)}}{dt} - 0.0098x^{(1)} = 2358911； \quad (3)$$

时间响应式为：

① 2013年全国战略性新兴产业主营业务收入为16.7万亿元（数据来源于国家信息中心网站），从业人员为2363.3万人（数据来源于《第三次全国经济普查主要数据公报（第一号）》）。

② 2013年全国高技术产业主营业务为116 048.9亿元，从业人员为12 936 870人（数据来源于《中国高技术产业统计年鉴2014》）。

$$\hat{x}^{(1)}(k+1)=(x^{(0)}(1)-\frac{b}{a})\mathrm{e}^{-ak}+\frac{b}{a}=242972832.08\mathrm{e}^{0.0098k}-240705204.08\ 。\tag{4}$$

最终拟测出$X^{(0)}$的模拟值：

$$\begin{aligned}\hat{X}^{(0)}&=(\hat{x}^{(0)}(1),x^{(0)}(2),x^{(0)}(3),x^{(0)}(4),x^{(0)}(5),x^{(0)}(6))\\&=(2267628,2392840,2416404,2440202,2464233,2488502)\ 。\end{aligned}\tag{5}$$

根据表 18 可知，发展系数 $-a=0.0098<0.3$，所以适用于中长期预测。同时对该模型的精度进行验证。

表18　2010—2015年相对误差检验

年份	实际数据	模拟数据	残差	相对误差
2010	2 267 628	2 267 628	0	0
2011	2 333 488	2 392 840	−59 352	2.5%
2012	2 486 148	2 416 404	69 744	2.8%
2013	2 461 783	2 440 202	21 581	0.9%
2014	2 446 480	2 464 233	−17 753	0.7%
2015	2 473 976	2 488 502	−14 526	0.6%

由表 18 可知，平均相对误差为：

$$\Delta=\frac{1}{6}\sum_{k=1}^{6}\Delta k=0.0125<0.05\ ,\tag{6}$$

所以该模型符合二级精度，其模拟是稳定的。

通过上述检验步骤之后，可知该模型可用于对今后各年的江苏省高技术人才总量的中长期灰色预测，实际及预测曲线如图 16 所示。

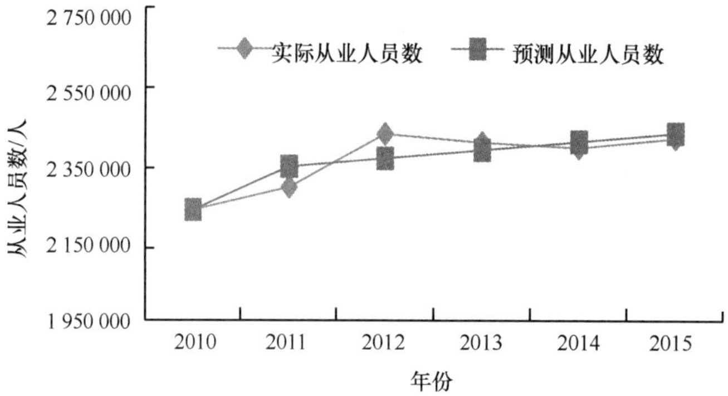

图 16　2010—2015 年江苏省高技术产业人才实际曲线与预测曲线对照

据此，可以得出 2016—2020 年江苏省高技术产业从业人员的预测值（表 19）。

表19 2016—2020年江苏省高技术产业人才需求量

年份	高技术产业人才需求量/人
2016	2 513 009
2017	2 537 757
2018	2 562 750
2019	2 587 988
2020	2 613 474

根据前述公式可以推算出2016—2020年江苏省战略性新兴产业的人才需求量（表20）。

表20 2016—2020年江苏省战略性新兴产业人才需求量

年份	战略性新兴产业人才需求量/人
2016	3 618 733
2017	3 654 370
2018	3 690 360
2019	3 726 703
2020	3 763 403

从以上数据可见，江苏战略性新兴产业的人才需求量呈现持续缓慢上升的状态，平均增速为1%，人才规模效应不断放大。预计到“十三五”末，江苏战略性新兴产业人才总量将达到3 763 403人，比“十二五”末增加5%。

5.2.2 基于劳动生产率的江苏战略性新兴产业人才需求预测

首先，通过《中国高技术产业统计年鉴》得出江苏省高技术产业2010—2015年的劳动生产率（表21）。

表21 2010—2015年江苏省高技术产业劳动生产率

年份	劳动生产率/（元/人）
2010	713 062
2011	831 202
2012	919 640
2013	1 009 593
2014	1 067 407
2015	1 153 212

然后基于以上数据建立灰色模型，运用MATLAB计算求解，得到a=−0.179，b=755593，时间响应式为：

$$\hat{x}^{(1)}(k+1)=10277530.35\mathrm{e}^{0.079k}-9564468.35\text{。} \quad (7)$$

预测结果如表22所示。

表22　江苏省高技术产业劳动生产率预测结果

年份	实际数据/（元/人）	预测数据/（元/人）	残差	相对误差
2010	713 062	713 062	0	0
2011	831 202	844 875	−13 673	1.6%
2012	919 640	914 340	5300	0.6%
2013	1 009 593	989 517	20 076	2.0%
2014	1 067 407	1 070 876	−3469	0.3%
2015	1 153 212	1 158 923	−5711	0.5%
2016	—	1 254 210	—	—
2017	—	1 357 331	—	—
2018	—	1 468 931	—	—
2019	—	1 589 706	—	—
2020	—	1 720 413	—	—

由表 22 可知，到 2020 年，江苏省高技术产业劳动生产率为 1 720 413 元/人，根据之前得出的战略性新兴产业和高技术产业的劳动生产率接近的结论，可以判断出到 2020 年，江苏省战略性新兴产业劳动生产率为 1 720 413 元/人，“十三五”期间江苏省战略性新兴产业劳动生产率年均增速约为 8.22%。根据《江苏省“十三五”战略性新兴产业发展规划》，要达到 2020 年江苏省战略性新兴产业销售收入突破 7 万亿元的目标，则需要的战略性新兴产业人才总量约为 4 068 800 人。

为了对最终预测出的 2020 年江苏省战略性新兴产业人才需求量进行加权平均，我们将通过比较两个不同维度人才总量预测的精度进行权重赋值。首先通过拟合出的 2011—2015 年的江苏省高技术产业劳动生产率，算出 2011—2015 年的江苏省高技术产业从业人员数（表 23）。

表23　基于劳动生产率维度的江苏省高技术产业拟合结果

年份	主营业务收入/亿元	劳动生产率/（元/人）		从业人员/人		相对误差	
		实际数	拟合数	实际数	拟合数	劳动生产率	从业人员
2010	16 169.6	713 062	713 062	2 267 628	2 267 629	0	0
2011	19 396.0	831 202	844 875	2 333 488	2 295 724	1.6%	1.6%
2012	22 863.6	919 640	914 340	2 486 148	2 500 558	0.6%	0.6%
2013	24 854.0	1 009 593	989 517	2 461 783	2 511 730	2.0%	2.0%
2014	26 113.9	1 067 407	1 070 876	2 446 480	2 438 555	0.3%	0.3%
2015	28 530.2	1 153 212	1 158 923	2 473 976	2 461 786	0.5%	0.5%

然后对比 2010—2015 年通过两个维度拟合出的人才需求量的平均相对误差（表 24）。

表24 GM（1，1）模型和劳动生产率维度拟合精度比较

年份	相对误差	
	GM（1，1）	劳动生产率
2010	0	0
2011	2.5%	1.6%
2012	2.8%	0.6%
2013	0.9%	2.0%
2014	0.7%	0.3%
2015	0.6%	0.5%
平均相对误差	1.25%	0.83%
精度	二级	一级

从表24可以看出，劳动生产率维度拟合的人才需求量比直接通过GM（1，1）模型拟合的精度稍高，因此将其权重定为0.6，GM（1，1）模型权重定为0.4，据此推算出2020年江苏战略性新兴产业人才需求量为3 885 562人。

另外，根据WIND数据库江苏省六大战略性新兴产业上市公司相关数据统计出的四类人才数量，可以得出各类人才的占比情况：科技领军人才占比0.03%，科技企业家占比0.99%，高端人才占比12.07%，技术人才占比86.91%（图17）。

根据上述占比及灰色模型预测出的人才总量，可以得出在2016—2020年，江苏省战略性新兴产业四类人才数量及年均增长率（表25）。

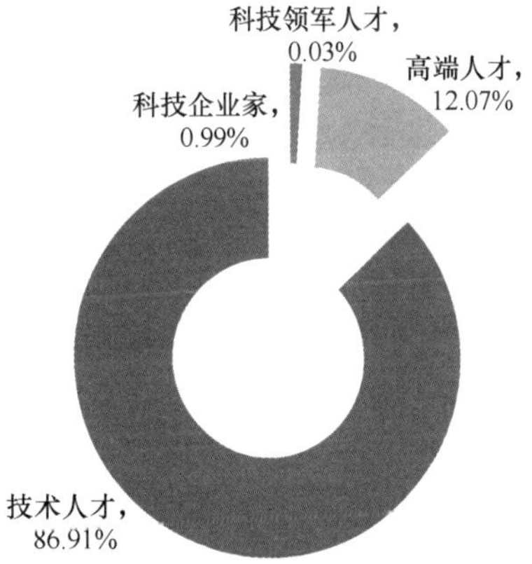

图17 江苏省战略性新兴产业四类人才占比

表25 2016—2020年江苏战略性新兴产业四类人才数量及年均增长率

年份	科技领军人才/人	科技企业家/人	高端人才/人	技术人才/人
2016	1086	35 825	436 781	3 145 041
2017	1096	36 178	441 082	3 176 014
2018	1107	36 535	445 426	3 207 292
2019	1118	36 894	449 813	3 238 878
2020	1166	38 467	468 987	3 376 942
年均增长率	1.99%	6.26%	12.39%	20.94%

5.3 研究结论

通过上述的建模过程及得出的预测结果，得出如下几点结论。

5.3.1 江苏战略性新兴产业人才需求总量远超“十三五”人才规划要求

根据前述预测，到2020年，江苏战略性新兴产业人才需求总量将达到380多万人，而江苏省“十三五”人才规划中指出，到2020年战略性新兴产业人才总量超过320万人。因此可以看出，到“十三五”末，江苏战略性新兴产业人才总量已经远远超过“十三五”人才规划中的要求。

5.3.2 “十三五”期间江苏战略性新兴产业人才总量和四类人才数量均缓慢持续上升

根据前述预测，2016—2020年江苏省战略性新兴产业人才年均增速约为1%，人才总量呈现缓慢持续上升态势，人才规模效应不断放大。而江苏战略性新兴产业四类人才数量也均呈现缓慢持续上升状态，其中，技术人才增速最快，年均增长率达到20.94%。

5.3.3 技术人才是江苏战略性新兴产业人才队伍的主力军

通过前述分析可以看出，至2020年，江苏战略性新兴产业四类人才中技术人才为3 376 942人，约占人才总量的86.91%。由此可见，江苏省战略性新兴产业从业人员中的技术人才是人才队伍中的主力军，未来依然是江苏省战略性新兴产业人才引进和开发的重点。

6 江苏战略性新兴产业人才开发对策建议

6.1 加大节能环保产业高端人才引进力度，发挥人才对产业的引领作用

根据本研究，江苏节能环保产业的领军人才和高端人才数量都处于六大产业的末位，因此，围绕江苏节能环保产业重点领域，应引进一批科技创新领军人才队伍，进一步促进人才引进与产业集聚相结合，充分发挥高层次人才引进在产业转型和升级中的核心推动作用，促进“引进一个高层次人才，集聚一批高层次团队，带来一个高科技项目，崛起一个新兴产业”的局面。要把引进高端人才与产业集聚结合起来，既立足产业实际，又能催生新的产业，形成以高层次人才引领产业集聚、产业升级和经济转型的发展态势。以更大力度实施“双创人才计划”，加大节能环保领域的人才资源引进与开发投入力度，拓宽海外高端人才的引进渠道，建设一批学术水平处于全国前列、能够开展综合性科技攻关、攻克关键共性技术难题、开发战略性产品的创新团队。

6.2 加强新材料产业龙头企业人才引进和培养，提升龙头企业人才水平

根据本研究，新材料产业龙头企业人才结构处于本行业末位，在战略性新兴产业中也是最低的。未来应进一步提升新材料产业企业人才的集聚力度。通过财政资金引导、激励政策扶持，激发新材料企业人才开发的内生动力。支持和鼓励新材料企业大力引进各类高层次人才，加强研发机构建设。实施“企业博士集聚计划”，对到企业工作的博士研究生给予专项

奖励。改革高等院校、科研院所人才评价和激励办法，建立科学、合理的知识产权权益分配机制，鼓励高等院校、科研院所新材料领域的高层次人才到企业转化科技成果或开展联合攻关。创新政府科技计划组织实施方式，在政府科技计划的指南编制、课题遴选、立项论证中充分考虑企业的迫切需求，支持新材料企业开展技术创新，为科技人才构建创新平台。

6.3 发挥新能源产业龙头企业人才优势，引领本行业人才发展

根据本研究，新能源产业龙头企业人才优势明显，具有很强的国内竞争力，但新能源产业企业间人才极化现象明显，高端人才、技术人才集聚在行业内的龙头企业。为此，应加强建设政府指导下以新能源产业龙头企业为主体的新能源产学研战略联盟，支持企业、高等院校与科研院所联合培养高层次人才和创新团队。进一步实施“人才+项目”的培养模式，建立人才培养与重大项目紧密结合的机制。依托国家重大人才计划和省重点人才工程及科研、工程、产业攻关等项目，在创新实践中培养人才。鼓励支持新能源企业在高校、科研院所设立人才基金，建立研发机构。拓宽高等院校、科研院所、企业间新能源高层次人才的相互流动渠道，选聘一批科技企业家到高校担任兼职教授，推行产学研联合培养研究生的“双导师制”。

6.4 通过项目引导实现精准引才，提升高端装备制造产业人才水平

根据本研究，高端装备制造产业人才发展整体位于战略性新兴产业中游位置，高端人才集聚龙头企业，行业内企业差距不大。为此，应提升高端装备制造产业人才发展水平，结合江苏高端装备制造产业发展规划，明确产业发展重点，提升智能制造产业比重，有针对性地引才。根据江苏相关规划，在智能机器人领域将重点发展工业机器人、特种机器人、服务机器人，在增材制造领域重点开发金属、非金属、医用等增材制造专用材料，在高档数控机床领域重点发展大型数控成型冲压机床、重型锻压机床、特种加工机床。应针对上述发展需求，依据智能制造领军人才分布清单，做好各细分领域的高端人才引进工作，并依托相应人才牵头组建机器人产业技术研究院等新型研发机构，突破一批具有国际前瞻性的关键共性技术，通过人才对产业的引领作用和放大效应，到“十三五”末，将智能制造装备产业占全省装备制造业的比重由目前的 7.8% 提高到 10%。

6.5 打造生物医药科技企业家队伍，提升人才的经营管理素质

根据本研究，生物医药产业龙头企业和本行业一般企业人才结构一致，高端人才占比位列战略性新兴产业第一，但科技企业家数量较少，为此，提升生物医药产业人才水平的关键是加强科技企业家队伍建设。通过实施生物医药科技创业企业家培育计划，以战略科技型企业家和高级经理人为重点，以提升能力和素质为核心，以增强企业科技创新能力和竞争力为目标，大规模、多层次、高质量地开展生物医药科技型企业经营管理人才的引进和培育，重点支持培养在相关领域开创技术新路径、商业新模式、产业新质态的科技创业企业家，培养一批科技型企业经营管理团队核心成员和科技型企业经营管理专业人才，努力建设一支具有

全球眼光、持续创新能力及社会责任感的生物医药科技创业企业家队伍和高水平管理团队。

6.6 提升技术人才的核心能力，打造新一代信息技术和软件产业全国竞争优势

根据本研究，新一代信息技术和软件产业大企业起不到龙头带动作用，龙头企业的人才结构低于战略性新兴产业平均水平，高端人才、技术人才行业占比处于战略性新兴产业平均值之下，这也是造成新一代信息技术和软件产业虽然企业数量很多，但在全国竞争优势不明显的一个重要原因。为此，新一代信息技术和软件产业人才建设的关键是提升高技能人才的核心能力，打造江苏新一代信息技术和软件产业全国竞争优势。从江苏新一代信息技术和软件产业发展的实际情况出发，制定适合产业特点的新一代信息技术和软件人才发展战略，推进人才培养模式创新。强化科技创新对人才培养的指导作用，以科技发展和产业结构调整为导向，完善专业和课程设置，配合教育科技创新资源，使高校的人才培养与经济社会发展的转型和产业结构调整相协调。强化教育对新兴产业发展的基础作用，以教育与产业创新有机结合为导向，创新教育理念、教育模式、教育制度，使高校所培养的人才与产业发展对人才的结构、素质、水平和能力等各方面的要求相适应，为新一代信息技术和软件产业高技能人才队伍建设提供有力的支撑。

课题负责人：黄　斌
课题组成员：周文魁　陆丽娜　胡　峰　李春燕　刘　媛　王俊峰
撰　稿　人：陆丽娜

新兴产业重点领域分析报告
——3D 打印产业分析研究

3D打印是近期的热点技术之一，被美国国家科学基金会认为是20世纪最伟大的制造技术革命。20世纪美国《时代周刊》将也将其列为“美国十大增长最快的工业”。英国《经济学人》杂志则认为它将“与其他数字化生产模式一起推动实现第三次工业革命”。据高德纳（Gartner）公司2012年的新兴技术炒作周期报告判断：3D打印技术目前正在进入概念炒作的高峰阶段，在5～10年的时间内将迎来发展高峰。

当前，江苏省正处在加快转变发展方式，推动经济转型升级的攻坚期，以全球视野谋划和推动前沿先导技术创新，加快攻克和应用3D打印等战略高技术，对推进“江苏制造”向“江苏创造”转变，具有重要战略意义。

对3D打印产业进行分析研究，有助于相关管理部门更好地把握3D打印的整体产业和技术发展现状，明确江苏发展3D打印产业的机遇与挑战，从而为江苏提前进行3D打印布局和产业决策提供参考。

1　3D 打印的概念、原理、发展历程及应用

1.1　3D 打印的概念

3D 打印机英文为“3D Printers”，“3D打印”这个词是近年该产品针对民用市场而出现的一个新词，其在专业领域称为“快速成型技术”。

快速成型技术又称快速原型制造（Rapid Prototyping Manufacturing，RPM）技术，诞生于20世纪80年代后期，是基于材料堆积法的一种高新制造技术，被认为是近20年来制造领域的一个重大成果。它集机械工程、CAD、逆向工程技术、分层制造技术、数控技术、材料科学、激光技术于一身，可以自动、直接、快速、精确地将设计思想转变为具有一定功能的原型或直接制造零件，从而为零件原型制作、新设计思想的校验等方面提供一种高效、低成本的实现手段。

不同种类的快速成型系统因所用成型材料不同，成型原理和系统特点也各有不同。但是基本原理一样，那就是“分层制造，逐层叠加”，类似于数学上的积分过程。形象地讲，快速成型系统就像是一台“立体打印机”，因此得名。

1.2　3D 打印的原理

3D打印技术是一种综合性的应用技术，它综合了数字建模、机电控制、信息技术、材

料科学与化学等诸多方面的技术。它的基本原理是把一个通过设计或者扫描等方式做好的3D模型按照某一坐标轴切成无限多个剖面，然后一层一层打印出来并按原来的位置堆积到一起，形成一个实体的立体模型。

3D打印的工艺流程一般可分为3D建模、数据分割、打印、后处理四步（图1）。

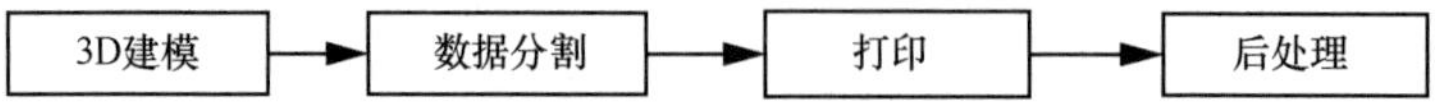

图1　3D打印工艺流程

1.2.1　3D建模

3D建模是3D打印的前提。3D建模的质量直接决定了3D打印模型的质量。CAD等矢量建模软件可以实现3D建模。建模过程可使用AutoCAD、Pro/e、Solidworks等主流软件完成，需要注意的是整个建模过程中产品尺寸要准确无误，打印机是严格根据这些数据来控制产品最终外形的。

1.2.2　数据分割

在3D建模完成后，打印机将三维数据分割为二维数据，即把整个三维模型沿水平面“切割”成一定数量的二维薄片，对应每一个薄片生成其平面尺寸数据。此过程是在打印机内部完成的，切成薄片的数量是由制作材料及打印机自身决定的，理论上讲，分割的层数越多（薄片数量越多），将来打印出的产品尺寸也就越接近于原始设计数据。

1.2.3　打印

打印时可看到喷嘴中喷出的材料形成的二维图形，过程类似于喷墨打印机，所不同的是喷墨打印机逐行喷绘完整个图案时即结束工作，而3D打印机在完成了第一层喷绘后会在其基础上进行第二层喷绘，数据分割过程中产生了多少薄片就进行相应数量层数的喷绘。由此可见，3D打印实际上是利用材料自身厚度经逐层堆积后形成三维产品的，各层之间的结合一般是靠喷嘴中喷出的胶水来黏结，故打印时可看到喷一层材料粉末、再喷一层胶水的工艺过程。

1.2.4　后处理

打印好的三维产品要经过后处理才能出厂或使用，后处理工艺一般包括剥离、固化、修整、上色等。此类设备在运行时会先在产品底部喷出一定高度的底座来，然后在此基础上打印正式产品，这样做的好处是可避免因产品底部与工作台直接接触在剥离时造成的损坏，因此，当打印好后只需将此底座整个拿下并仔细与产品剥离即可。对于使用树脂等材料加工的产品还需进行光固化，固化后再经一定的细节修整和上色等工艺就可完成整个打印过程。

1.3　3D打印的发展历程

自1986年发明家Chuck Hull成立世界上第一家生产3D打印设备的公司（3D Systems）以来，3D打印技术已经发展了30多年（表1）。从一个为设计师、建筑师、实验室生产原型的工具，到媒体、大众所关注的议题。这种变化体现了3D打印技术在几十年间取得的突飞猛进的发展，设备的价格从昂贵到比较便宜，性能从简陋到强大，设备体积从大到小，使用范围从窄到广。

表1 3D打印发展历史

年份	细节
1986	Chuck Hull离开了原来工作的Ultra Violet Products，成立一家名为3D Systems的公司，开始专注发展3D打印技术，这是世界上第一家生产3D打印设备的公司，而它所采用的技术被称为“立体光刻（Stereolithography）”，利用紫外线照射将树脂凝固成型，以此来制造物体。1987年，3D Systems生产了第一台商用3D打印机(SLA-1 Stereolithography Printer)
1988	Scott Crump发明了另外一种3D打印技术（Fused Deposition Modeling），并成立公司Stratasys。这个技术的特点是它能利用蜡、ABS、PC、尼龙等热塑性材料来制作物体，具备性能优良的特点
1989	C. R. Dechard发明Selective Laser Sintering，利用高强度激光将材料粉末烤结，直至成型。这种技术的特点是选材范围广泛，如尼龙、腊、ABS、金属和陶瓷粉末等都可以作为原材料
1993	麻省理工学院教授Emanual Sachs发明Three-Dimensional Printing技术（非泛指的3D打印技术），利用金属、陶瓷等粉末，通过黏结剂在一起成型。这种技术的优点在于制作速度快、价格低廉，然而成品的强度较低。1995年，Z Corporation获得麻省理工学院的许可，利用技术来生产3D打印机
1996	3D Systems、Stratasys、Z Corporation分别推出Actua 2100、Genisys、Z402，第一次使用了“3D打印机”的称谓
2005	Z Croporation发布Spectrum Z510，这是世界上第一台高精度彩色3D打印机；同一年，英国巴恩大学的Adrian Bowyer发起开源3D打印机项目RepRap，它的目标是做出“自我复制机”，通过3D打印机本身，能够制造出另一台3D打印机

随着3D打印机的成本越来越低，围绕它所提供的服务也越来越多。例如，用户自行设计一些3D草图或者从Thingiverse上获取原图，发送给服务提供商之后，服务提供商会将利用3D打印技术制造的产品快递到用户手中。未来可用材料的不断增加，促使3D打印服务成本降低，3D打印从实验室走向大众是一个必然过程。

1.4 3D打印的应用

目前，3D打印机分为桌面级和工业级两大类。

其中，桌面级的外形样式大小接近于一台电脑，目前主要采用薄膜一类材料，主要用于工业设计、大众消费品制造领域。而工业级又细分为两个部分：原型制造、大型金属结构件直接制造。工业级在汽车、航空等工业领域的应用已经初露锋芒。

概括起来，3D打印的应用目前主要在如下3个方面。

一是高端应用，如航空航天产品精度要求比较高、结构比较复杂且产量极小的产品。

二是中端工业应用，如企业新产品开发，在其开发设计阶段，常常需要样品，采用3D打印技术比较快捷、经济。

三是民用，例如，在医疗领域打印人造关节，3D技术可以根据具体人的关节尺寸，量身打印。这不仅在尺寸精度上做得更好，而且比传统的方法更快捷、经济。

2 3D 打印的技术优劣及未来影响

2.1 3D 打印的技术优势与不足

2.1.1 优势

（1）制作周期短

相对传统产品塑型来说，3D打印的制作周期无疑是更短的，因其不用专门制作模具，更无须将各部件分多种加工工艺来生产，直接根据三维建模数据来生成整个外观或各零部件进行装配，并且可胜任传统加工无法制造的复杂外形，因此，3D打印就具备大大提升生产效率的先天优势。

（2）制作材料多

3D打印机在刚出现时只可使用树脂材料来制作产品，经过不断的技术革新和发展，现在已经能对金属、陶瓷、尼龙、塑料等常见材料进行加工，而材料的多样性就可满足不同领域的需求。截至 2011 年年底，3D打印成型公司Object生产的可用于 3D打印的材料就已达 65 种之多。

（3）制作成本低

3D打印的低成本主要体现在人力和设备资源节省上，若一个零部件通过传统加工生产可能要经过多道工序或设备相互配合，但 3D打印所有工序可一个人在一台打印机上全部完成，甚至可一个人同时管理多台设备进行生产，这就大大节省了人力成本和设备损耗。对于耗材，目前 3D打印成本还相对较高，但若生产数量较少的个性化产品，免去了模具的制造，其价格优势就非常明显了。相信随着耗材技术和生产规模的不断发展，3D打印的成本会逐渐降低。

（4）个性化制作

3D打印目前最适用于小批量、个性化产品或样品的生产。例如，某厂家新设计的产品可用 3D打印机在一天内迅速打样装配用以进一步开发研究，对于普通民众定制的个性化产品，3D打印机能更好地胜任，其时效性和低成本是传统制造无法比拟的。

2.1.2 不足

（1）精度与效率

增材制造是材料一层层堆积成型，每一层都有厚度（数十个微米），这决定了它在精度方面比不上传统的减材制造方法。为提高精度，则需不断降低每一层的厚度，这在难度提高的同时，制造时间也大幅延长。3D打印本身的加工速度并不快，如目前金属零件的最高堆积效率约为 70 cm^3/h，与高速铣还有较大差距。

（2）工艺稳定性

对于 3D打印而言，层间结合质量是第一位的，直接影响工艺稳定性和成型质量。而 3D打印又是一个层数多达数百层至数千层的逐层堆积成型过程，在成型过程某一层很容易出现问题。一旦发生，成型过程将被迫中止或成型零件面临报废的可能，因而，3D打印的工艺稳定性相对传统加工方法更难控制，也更重要。

（3）材料的局限性

目前供3D打印机使用的材料非常有限，无外乎石膏、无机粉料、光敏树脂、塑料等。能够应用于3D打印的材料还非常单一，以塑料为主，并且打印机对单一材料也非常挑剔。

2.2 3D打印产业对江苏省产业转型升级具有重要意义

当前，全球正在兴起新一轮数字化制造浪潮。发达国家为解决近年来制造业竞争力下降的难题，大力倡导“再工业化、再制造化”战略，提出智能机器人、人工智能、3D打印技术是实现数字化制造的关键技术，并希望通过这三大数字化制造技术的突破，巩固和提升制造业的主导权。虽然3D打印等数字化制造的核心技术仍处在发展的初级阶段，产业还不成熟，但在产品设计、复杂和特殊产品生产、个性化服务等方面已显示其独特优势。

当前，江苏省正处在加快转变发展方式，推动经济转型升级的攻坚期，以全球视野谋划和推动前沿先导技术创新，加快攻克和应用3D打印等战略高技术，对推进“江苏制造”向“江苏创造”转变具有重要意义。

2.2.1 发展3D打印产业，可提升江苏省工业领域的产品开发水平，提高工业设计能力

传统的工业产品开发方法往往是先做模具，然后再做出样品，而运用3D打印技术，无须模具，就可以把制造时间降低为以前的1/10～1/5，费用降低到原来的1/3以下。一些好的设计理念，无论其结构和工艺多么复杂，均可以利用3D打印技术短时间内制造出来，从而极大地促进产品的创新设计，能够有效克服江苏省工业设计能力薄弱的问题。

2.2.2 发展3D打印产业，可生产出复杂、特殊、个性化的产品，有助于攻克技术难关

3D打印技术可为基础科学的研究提供重要的技术支持。在航天、航空、大型武器等装备制造业中，零部件种类多、性能要求高，需要进行反复测试。运用3D打印技术，既在研制速度上具有优势，还可以直接加工出特殊、复杂的形状，简化装备的结构设计，化解技术难题，实现关键性能的赶超。在生命科学的研究和应用中，3D打印以“细胞打印”“仿生定制”等形式出现，把标准化、自动化的机械加工业生产方式应用到生物工程、生物制药和临床医学等领域，已取得丰硕成果。以生物组织为原材料的制造业，有望成为高端制造业的重要组成部分。发展3D打印技术，将促进江苏省在生物能源开发利用、生物和化学药剂试验、人体组织和器官再造等领域取得技术进步。

2.2.3 发展3D打印产业，可形成新的经济增长点，促进就业

随着3D打印技术的普及，“大批量的个性化定制”将成为重要的生产模式。3D打印技术与现代服务业的紧密结合，将衍生出新的细分产业、新的商业模式，创造出新的经济增长点。例如，自主创业者可通过购置或租赁低成本的3D打印设备（一些3D打印设备已低于1万元），利用电子商务等平台，为大量消费者定制生活用品、文体器具、工艺装饰品等各类中小产品，激发个性化需求，形成一个数百亿元甚至数千亿元规模的文化创意制造产业，并增加社会就业。

2.3 3D 打印成为一项颠覆式技术还为时尚早

2.3.1 3D 打印不能取代传统制造业

中国3D打印技术产业联盟秘书长、亚洲制造业协会首席执行官罗军认为，3D打印技术能够解决传统制造所不能解决的技术难题，对传统制造业的转型升级和结构性调整起到积极的作用。但传统制造业所擅长的批量化规模化生产、精益化生产，恰恰是3D打印技术的“短腿”。因此，3D打印技术本身不是要取代传统制造业，而是要为传统制造业的创新发展注入新鲜动力。

目前，3D打印技术在原材料、产品精度、工艺稳定性等诸多方面还面临着瓶颈，且国内从事3D打印技术研发的科研机构和企业目前大多小而散、各自为战，3D打印产业化将是一个漫长的过程。

2.3.2 3D 打印技术会引发第三次工业革命还为时过早

华南理工大学杨永强教授认为3D打印技术会引发第三次工业革命还为时过早。目前，3D打印制造产值只占世界制造业总产出的0.02%，技术革命不会因为新技术的出现而马上发生。但是，它的未来前景和间接作用是难以估量的。正如哈佛商学院克莱顿·克里斯坦森教授所提出的颠覆式创新理论：新进入者如果能抓住市场的特殊需求，进入边缘应用领域，当它的技术不断改进直到被主流市场所接受时，便会替代传统技术晋升为主流技术。我国在3D打印设备产业化过程中应抓住机遇，注意市场的发展动态，优先发展重点行业。

3 3D 打印技术发展现状与趋势

3.1 3D 打印技术及产品的发展

随着3D打印技术和设备的成熟、新材料、新工艺的出现及配套软件的完善，该技术进入了快速制造和普及化新阶段。3D打印专业化设备性能不断提高，例如，美国3D Systems公司生产的设备能够在0.01 mm的单层厚度上实现600 dpi的精细分辨率。当前世界上较先进的设备可以实现25 mm/h的垂直打印速率，并且可以实现24位色彩的彩色打印。

另外，软件也是3D打印的核心技术，现在三维建模软件、逆向工程重建软件、分层处理软件、控制软件等都已经实现模块化。3D打印的材料也逐渐扩展到金属、塑料、陶瓷和高分子聚合物等。

自1987年美国出现第1台商用光固化成型机SLA-1后，3D打印技术在30多年的时间内得到了迅速发展。图2列出了主要3D打印技术的精度及典型产品。

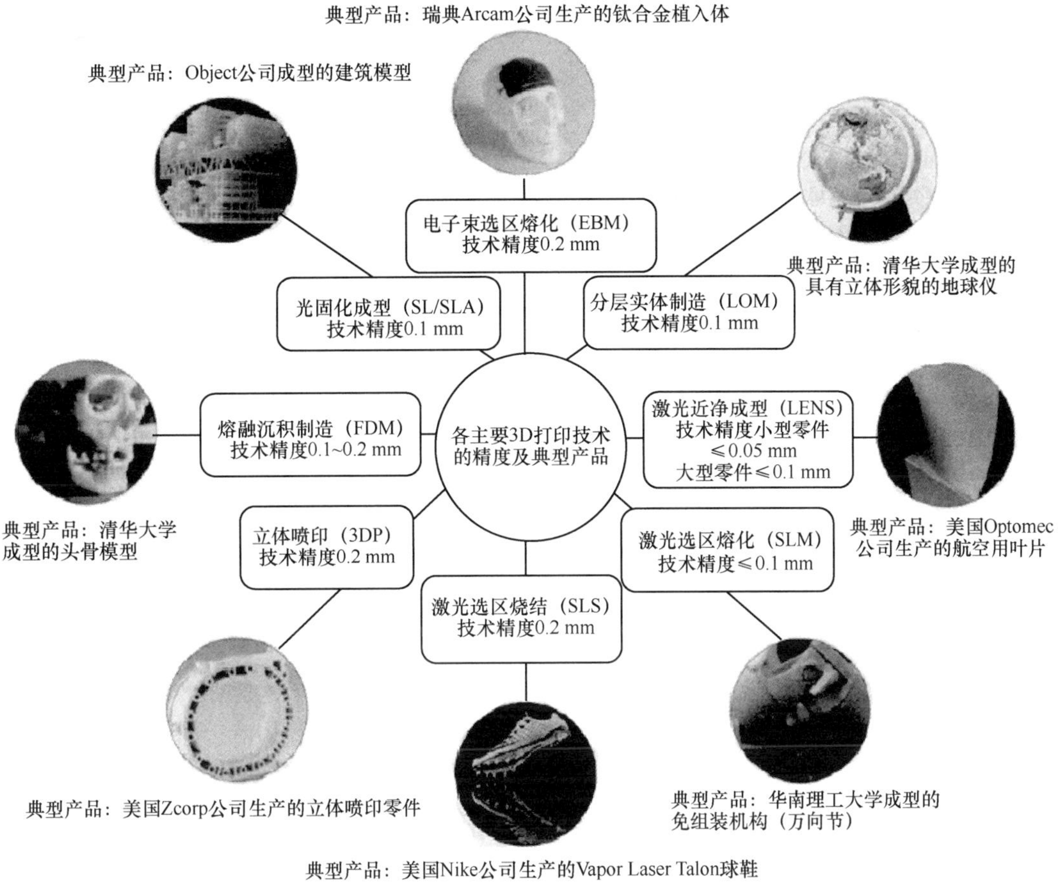

图 2　主要 3D 打印技术的精度及典型产品

3.2　3D 打印的基础技术

3D打印需要依托多个学科领域的尖端技术，至少包括以下几个方面。

信息技术：要有先进的设计软件及数字化工具，辅助设计人员制作出产品的三维数字模型，并且根据模型自动分析出打印的工序，自动控制打印器材的走向。

精密机械：3D打印以“每层的叠加”为加工方式。要生产高精度的产品，必须对打印设备的精准程度、稳定性有较高的要求。

材料科学：用于3D打印的原材料较为特殊，必须能够液化、粉末化、丝化，在打印完成后又能重新结合起来，并具有合格的物理、化学性质。

总之，这是一项多学科交叉的高新技术，需要在各相关领域同时投入较大的研发力量，才能掌握完整的核心技术。

3.3　3D 打印的关键技术

成型材料、精度控制技术、设计与控制软件是3D打印产业的三大关键技术。

成型材料。3D打印材料基本上可以分为高分子材料和金属材料两大类，高分子材料如光敏树脂、ABS、PC、尼龙粉、石膏粉、蜡等，是目前主流的快速成型材料。金属材料受快速成型工艺的局限及材料本身的限制，应用并不广泛。在材料的研究方面，美国、德国、以色列实力较强，德国在金属材料领域的研究上实力最强，而掌握最多打印材料的以色列Object公司拥有120多种喷墨式光敏树脂材料技术。

目前，材料供给成为3D打印技术发展的最大瓶颈。国内生产3D打印材料的企业极少，很多金属材料更是依赖进口。在材料性能、数据积累上，全世界都处于非常不足的状态，且有关数据积累也大多集中在钛合金等贵金属材料上，这也在一定程度上推高了3D打印的成本，限制了该技术的普及。

精度控制技术。3D打印的精度取决于材料增加的层厚和增材单元的尺寸与精度控制。通过激光或电子束光斑直径、成型工艺（扫描速度、能量密度）、材料性能的协调，有效控制增材单元尺寸是提高制件精度的关键技术。

设计与控制软件。快速原型制造中的数据处理软件的开发与应用是整个快速成型系统软件的关键环节，它的效率直接影响成型零件的尺寸精度、表面粗糙度、零件强度和加工时间等。其中，分层处理模块处于核心地位，分层处理的结果将直接决定后续成型制造的质量。

3.4 3D打印的主流工艺

按照3D打印的成型机制，通常将3D打印分为两大类：沉积原材料制造与黏合原材料制造，涵盖10多种具体的三维快速制造技术，较为成熟和具备实际应用潜力的主流工艺技术有5种：SLA-立体光固化成型、FDM-熔融沉积成型、LOM-分层实体制造、3DP-三维粉末黏结和SLS-选择性激光烧结（表2）。

表2 主要3D打印技术对比

主要技术	原理	使用材料	特点	主要应用领域
SLA-立体光固化成型	用特定波长与强度的“光”聚焦到光固化材料表面，完成单层材料的图形化	液态光敏树脂，如PI	成型速度较快，精度相对较高，外形表面非常好	制造多种模具、模型；代替熔模精密铸造中的蜡模；一般主要用于原型设计验证方面
FDM-熔融沉积成型	将丝状材料通过加热器的挤压头熔化成液体，微喷头做x-y平面运动，将熔融的材料涂覆在成型的“作品”上，冷却后完成一层图形制作	丝状材料（石蜡、金属、工程塑料、低熔点合金丝）；桌面级3D打印机主要以ABS和PLA为材料	使用、维护简单，成本较低，速度快，复杂程度原型仅需要几小时即可成型	塑料件、铸造用蜡模、样件或模型
LOM-分层实体制造	激光切割系统按照计算机提取的横截面轮廓线数据，将背面涂有热熔胶的薄材用激光切割出工件的内外轮廓。切割完一层后，送料机构将新的一层纸叠加上去，利用黏压装置将已切割层黏合在一起	纸、金属箔、塑料膜、陶瓷膜及涂敷有热敏胶的纤维纸等	工作可靠，模型支撑性好，成本低，效率高	快速制造新产品样件、模型或铸造用木模

续表

主要技术	原理	使用材料	特点	主要应用领域
3DP-三维粉末黏结	先铺一层粉末，然后使用喷嘴将黏合剂喷在需要成型的区域，让材料粉末黏结，形成零件截面，然后不断重复铺粉、喷涂、黏结的过程，层层叠加，获得最终工件	粉末材料，如陶瓷粉末、金属粉末、塑料粉末等	成型速度快、无须支撑结构，而且能够输出彩色打印产品，目前其他技术比较难以实现	主要应用在专业领域，桌面级别项目尚需观察
SLS-选择性激光烧结	先铺一层粉末材料，控制激光束有选择地进行烧结，使粉末材料温度升至熔化点，被烧结部分便固化形成图形，接着不断重复铺粉、烧结的过程，直至完成整个模型成型	金属粉末材料（Ni基合金混铜粉、Ti、Fe、Cu粉末）	成品精度好，强度相对较高，最主要的优势在于金属成品的制作	高端制造领域，样件进行功能试验或装配模拟

具体到细分类型，不同的成型原理对材料的要求也不同。目前SLA技术主要采用液态光敏树脂，FDM技术主要使用丝状热熔性塑料，LOM技术使用薄膜材料，SLS技术使用金属粉末，而3DP技术可使用金属粉末或塑料粉末等。反过来讲，材料本身的物理特性又会限制不同技术的应用。

SLA技术主要用于制造多种模具、模型等；还可以在原料中通过加入其他成分，用SLA原型模代替熔模精密铸造中的蜡模。SLA技术成型速度较快，精度较高，但由于树脂固化过程中产生收缩，不可避免地会产生应力或引起形变。因此，开发收缩小、固化快、强度高的光敏材料是其发展趋势。

FDM 技术所使用的原料通常为热缩性高分子，包括ABS、聚酰胺、聚酯、聚碳酸酯、聚乙烯、聚丙烯等。主要用于塑料件、铸造用蜡模、样件或模型。该技术特点是成型产品精度高、表面质量好、成型机结构简单、无环境污染等，但是其缺点是操作温度较高。

LOM技术成型速率高、维修费用低、材料成本低，它被用于制造复杂结构以验证新产品外形，或者结合涂层等工艺制造快速模具。但它材料种类少、精度和力学性能不高。

3DP技术设备成本较低，被应用于产品设计、制造业、医学、建筑业等领域。但它的缺点是喷射黏结剂时零件致密度不高，需要后烧结、液相渗透等后处理，以及喷头容易发生堵塞，需要作定期维护。

SLS 技术常用的原料包括塑料、陶瓷、金属粉末等。其优点是加工速度快，且无须使用支撑材料，但缺点是成型产品表面较粗糙，需后处理，加工过程中会产生粉尘和有毒气体，而且持续高温可能造成高分子材料的降解，以及生物活性分子的变形或细胞的凋亡，该技术不能用于制备水凝胶支架。

3.5 3D 打印的国内外专利申请现状

3.5.1 3D 打印全球专利申请状况

根据上海市科学技术情报所对全球3D打印的专利数据分析，早在20世纪60年代，美国便出现了3D打印相关的专利申请，20世纪90年代起，专利呈爆发性增长，快速扩张到2003年，其中塑料成型技术专利数量最多，但在2005年后印刷电路技术、层状产品、数据处理专利申请数量稳中有升，逐步成为研究热点，而塑料成型技术专利申请数量呈明显下降态势。

从地域分布上看，3D打印的专利申请主要集中在日本、美国、中国、德国和韩国这5个国家，专利申请量占全球申请总量的近九成。其中，日本以40%的份额在优先权专利数量上遥遥领先，美国以28%的份额位居第二，中国尽管位居第三，但10%的份额已较日本和美国有明显差距，德国和韩国则分别以7%和5%的份额紧随其后，分别位列全球第四和第五。从特点上看，日本企业技术研发活跃，美国在核心技术上占优势。美国和日本较重视在我国的专利布局，我国超六成的国外申请来源于这两个国家。国外大牌公司如美国3D Systems公司、德国EOS公司已悄然在中国进行专利布局，涉及电数字数据处理、成型材料等3D打印更加核心的技术，权利要求也更加细致。这应引起国内政府和企业的注意，国外公司正在通过中国实施“知识产权控制”战略，挤压中国3D产业升级空间。

3.5.2 3D打印国内专利申请状况

截至2013年4月初，关于3D打印技术，国内共有1617件公开专利申请，其中，发明专利1393件，实用新型专利220件，外观设计专利4件，发明专利占到了86%。从区域分布上看，来自全国28个省（区、市，包括台湾、香港）申请了3D打印技术的专利，其中，北京和陕西为第一梯队，江苏属于第二梯队，江苏位列全国第五。从技术领域上看，金属粉末制造和医用假体近年来成为国内研究的热点；国内研发重工艺轻材料，成型材料研究薄弱。从研究主体上看，高校占研发主导地位；鲜有大型企业介入，缺乏有研发实力的企业主体。

江苏共有98件3D打印专利申请，其中，发明专利74件，实用新型专利20件，外观设计专利4件，发明专利占76%。江苏3D打印研发近年呈增长态势，在技术领域上更侧重于塑料成型、生物制造方向的研究，但在成型材料、图像数据处理等3D打印核心技术领域的专利数量偏少。江苏省内南京师范大学、南京航空航天大学、苏州大学等高校申请的专利数量占全省申请量的近1/4。

3.6 3D打印技术未来发展的主要趋势

随着智能制造的进一步发展成熟，新的信息技术、控制技术、材料技术等不断被广泛应用到制造领域，3D打印技术也将被推向更高的层面。未来，3D打印技术的发展将体现出精密化、智能化、通用化及便捷化等主要趋势。

提升3D打印的速度、效率和精度，开拓并行打印、连续打印、大件打印、多材料打印的工艺方法，提高成品的表面质量、力学和物理性能，以实现直接面向产品的制造；开发更为多样的3D打印材料，如智能材料、功能梯度材料、纳米材料、非均质材料及复合材料等，特别是金属材料直接成型技术有可能成为今后研究与应用的又一个热点；3D打印机的体积小型化、桌面化，成本更低廉，操作更简便，更加适应分布化生产、设计与制造一体化的需求及家庭日常应用的需求；软件集成化，实现CAD/CAPP/RP的一体化，使设计软件和生产控制软件能够无缝对接，实现设计者直接联网控制的远程在线制造。

金属成型工艺将成为今后的发展焦点。金属材料3D打印技术发展迅速，或将成为未来最重要、最有战略意义的制造技术。清华大学教授颜永年认为LENS是最重要的金属3D打印技术，最有希望制造大型金属结构件。

激光快速成型将是3D打印率先突破的方向。激光快速成型在航空航天、汽车、船舶制造等领域优势巨大。有专家预计，激光快速成型技术仅在我国航空、船舶等钛合金制造领域的市场规模就已达20亿元。

金属直接3D打印制造将进入高端装备制造领域。高性能金属零件激光直接制造技术被业内认为是3D打印技术里面难度最大的一项技术。金属微滴技术科学理论、金属非平衡凝固技术、金属组装体非型腔致密化（如高能束在线重熔致密化）技术、金属材料制备与成型进一步结合，将成为3D打印国际前沿研究和竞争热点。

3D打印材料未来或涉足超颖材料。国内3D打印领域顶尖专家、中国工程院院士卢秉恒认为，目前打印材料多为光敏树脂、金属粉末，应用范围存在较大的局限性。未来或将打破“先制材料后成型”的传统研究思路，制造出碳化硅复合材料零件，乃至研究使用高介电陶瓷等超颖材料。

4 3D打印产业国内外发展现状及前景

4.1 世界3D打印产业发展现状

4.1.1 3D打印产业高速发展

国际上3D打印技术在大众消费、工业和生物工程等领域的运用已经开始，并有了不同程度的产业化。根据美国专门从事3D打印技术咨询服务的Wohlers Associates发布的报告，全球3D打印产业产值在1988—2010年保持26.2%的年均增长率。2012年全球3D打印市场，包括的所有产品和相关服务产业为22.04亿美元，同比增长28.6%，3D打印设备的销售量同比上升了25%。报告预期，3D打印产业未来仍将持续较快地增长，到2020年，设备制造和服务在内的产业总产值将达到52亿美元。

4.1.2 美国占垄断地位

根据Wohlers Associates发布的2012年度报告，截至2011年，全球累计销售4.9万台工业级3D打印机，其中近3/4由美国制造，以色列和欧洲各国的份额分别占到9.3%和10.2%，而中国3D打印设备仅占到3.6%。如果将2012年被美国Stratasys收购的以色列Object计入美国，美国所占的市场份额就更大了。此外，美国还是3D打印设备保有量最多的国家，截至2012年年底，世界38.0%的专业工业级3D打印机在美国，中国占到8.7%，日本和德国分别占9.7%和9.4%。全球近六成的3D打印机由美国3家企业Stratasys公司、3D Systems公司、Z Corporation公司售出。美国在3D打印机领域的垄断地位可见一斑。

4.1.3 兼并整合日趋激烈

纵观整个全球3D打印市场，已形成寡头垄断的市场竞争格局。当前，国际3D打印机制造业正处于迅速兼并与整合的过程中，行业巨头正在加速崛起。目前，在全球3D打印机行业，美国3D Systems和Stratasys两家公司的产品占据了绝大多数市场份额。3D Systems公司是全世界最大的快速成型设备开发公司，于2011年11月收购了3D打印技术的最早发明者和最初专利拥有者Z Corporation公司之后，奠定了在3D打印领域的龙头地位。2012年12月，Stratasys宣布与以色列的3D打印企业Object合并，合并后新公司市值达到30亿美元。在销售规模上超过来自美国的3D Systems公司，占据全球专业级3D打印设备市场近50%的份额，成为全球3D打印行业的新领导者。

4.1.4 个人消费市场迅速崛起

3D打印在制造自由度、原材料利用率等方面具有明显优势，尤其适用于小批量、定制化的加工制造。近年来，3D打印在工业应用和个人消费两个市场均取得了长足发展：工业应用的下游行业不断拓展，直接零部件制造的占比也逐年提高；个人消费市场虽起步较晚，但近年来呈现快速爆发趋势，2011年全球个人3D打印设备销量达到23 265台，同比增长近3倍。据Wohlers Associates统计，3D打印技术的行业应用主要分布于消费电子、汽车、医疗、航空航天、建筑、科研等领域；而从具体应用环节来看，3D打印技术目前主要用于设计样品、展示模型及模具的制造，但直接零部件加工的占比从2003年的不足4%已快速上升至2012年的28%左右。

4.2 世界3D打印领军企业

4.2.1 3D Systems和Stratasys是全球3D打印市场的两大巨头

全球3D打印市场中，最大的两家公司是3D Systems和Stratasys，两者均为美国的上市公司。两家公司在全球3D打印市场中的统治地位主要体现在专业3D打印机领域，两者合计占据了2010年全球专业打印机销量的74%，其中Stratasys占56%，3D Systems占18%。此外，3D Systems还是个人打印机市场的龙头企业，2010年出货量达到2500台（占个人打印机全球销量的42%）。Stratasys则更加专注于专业打印机的生产销售，没有涉及个人打印机。

3D Systems和Stratasys在发展模式上也有所不同。3D Systems业务较广，涉及3D打印材料、打印机系统及3D打印服务3个业务范围，且3项业务基本上平分秋色。Stratasys在业务上则更加专注于打印机系统的销售，3D打印服务涉及较少。此外，在公司扩张策略上，3D Systems采取了强力并购的发展模式，通过并购获取其他技术专利，并将自己的业务范围从专业打印机领域扩展到个人打印机领域（如收购BFB等），加强自己的服务业务（如收购Shapeway等）。而Stratasys并购行为则较少，业务也一直专注于专业打印机，并辅以少量服务。

4.2.2 其他具有全球影响力的3D打印领域的公司

ExOne公司是另一家提供3D打印机及打印产品的美国公司。公司于2003年成立，主要业务是工业级打印机的生产销售与3D打印服务。公司的产品主要应用于航空、汽车、重型机械和能源石油天然气4个领域。打印机销售和产品服务中心的业务范围为美国、德国和日本三国。

EOS公司为1989年成立的一家德国公司，是当今世界领先的激光烧结系统制造商，其激光烧结系统分布于全球32个国家和地区，用户遍布汽车、电子、航空航天、医疗数据通信、家居及消费电子等行业。2013年9月，德国EOS公司中国投资公司正式在上海注册成立，标志着EOS公司在中国的布局将加快。

4.3 我国3D打印产业发展现状

4.3.1 3D打印取得初步成效，部分技术处于世界先进水平

近年来，我国积极探索3D打印技术的研发，初步取得成效。自20世纪90年代初以来，清华大学、西安交通大学、华中科技大学、华南理工大学、北京航空航天大学、西北工业大学等高校，在3D打印设备制造技术、3D打印材料技术、3D设计与成型软件开发、3D打印工业应用研究等方面，开展了积极的探索，已有部分技术处于世界先进水平。其中，激光直接加工金属技术发展较快，已基本满足特种零部件的机械性能要求，有望率先应用于航天、航空装备制造；生物细胞3D打印技术取得显著进展，已可以制造立体的模拟生物组织，为我国生物、医学领域尖端科学研究提供了关键的技术支撑。

在家用电器、汽车配件、通信技术、航天、军工等领域，3D打印技术被越来越多地应用到产品研发和生产中。在医疗领域，国内高水平的医院使用3D打印技术，为患者提供定制的牙齿和骨骼替代物及具有仿生性能的体内植入物。在教育领域，我国有很多高校购买了3D打印设备，开展多个学科的教学和研究工作。

4.3.2 企业主要为高校系和民营系的中小企业

目前，我国从事3D打印行业的企业主要为一些中小企业，大体分为高校系和民营系。

依托高校的研究成果、对3D打印设备进行产业化运作的公司实体主要有：北京殷华激光快速成形与模具技术有限公司（依托清华大学）、陕西恒通智能机器有限公司（依托西安交通大学）、武汉滨湖机电技术产业有限公司（依托华中科技大学）。这些企业都已实现了一定程度的产业化，部分企业生产的便携式桌面3D打印机的价格已具备国际竞争力，成功进入欧美市场。

一些中小企业成为国外3D打印设备的代理商，经销全套打印设备、成型软件和特种材料。还有一些中小企业购买了国内外各类3D打印设备，专门为相关企业的研发、生产提供服务。其中，广东省工业设计中心、杭州先临快速成型技术有限公司等企业，设立了3D打印服务中心，发挥科技人才密集的优势，向国内外客户提供服务，取得了良好的经济效益。目前，3D打印产业正成为投资热点。不少原来从事数字化技术、材料技术、精密机械技术的企业纷纷考虑投资开发3D打印设备生产和服务。

4.3.3 从事3D打印的公司数量很大，但影响力较小

我国从事3D打印的公司数量很大，全世界约100家从事3D打印行业的企业中，有30多家为中国企业，但影响力较小。

美国著名咨询公司Frost & Sullivan发布的《2012年全球3D打印市场研究报告》指出，与全球相比，中国3D打印市场由于缺少原创的核心技术和材料资源的支持，行业整体体量较小、企业分散、社会影响力有限。2011年，中国3D设备保有量仅占全球总量的8.6%，与欧美等国家和地区仍存在一定的差距。

目前3D打印在国内的市场并不大，离形成较为完整的产业链还有很长的距离。我国从事3D打印设备生产的企业仍处于初步发展阶段，整个产业整合度较低，开发平台和主导的技术标准尚未建立，技术研发和推广应用还处于无序状态。

4.3.4 市场规模偏小，但发展速度最快

据Wohlers Associates发布的报告，2012年全球3D打印设备和服务整体市场为22.04亿美元，其中，美国约占60%，德国、日本、中国等各约占10%。我国的市场规模偏小，但有望在近年跃升为全球最大的3D打印市场。

我国作为全球制造业第一大国和人口第一大国，不论是工业应用还是个人消费，其增长潜力都得到了国内外专家与企业界的一致认可。英国增材制造联盟主席Graham Tromans表示，3～5年内中国有潜力成为世界最大的3D打印市场；全球3D打印产业的权威研究机构美国沃勒斯公司总裁Terry Wohlers也看好中国的3D打印市场潜力；据国内权威机构智研咨询发布的报告，我国3D行业的市场规模相比全球平均水平增速更高，2013年国内3D打印产业规模仅3.2亿美元，2018年规模达23.6亿美元，5年的复合增长率达49.1%。预计2023年，我国3D打印行业总收入将超过100亿美元。

4.4 限制我国3D打印产业发展的因素

限制我国3D打印设备产业化的一个主要因素是关键元器件，如激光器、扫描振镜、喷头、精密光学器件等大部分都依赖于进口。激光器市场被SPI、IPG、AOC和DPSS等国际企业占有，扫描振镜的市场则主要被德国ScanLab公司占据。进口国外的关键元器件需要高昂的成本，这直接影响了我国3D打印设备的价格水平，阻碍了工艺推广和产业应用。因此，设备及关键元器件的国产化是实现我国3D打印产业化发展的关键。

原材料的缺乏也限制了我国3D打印技术的推广及产业化发展。3D打印工艺中采用的原材料有金属粉末、液态光敏树脂、高分子颗粒等，虽然各种材料在国内都有生产企业，但远远达不到国外的质量，所以市场上大部分3D打印制造用原材料均从国外进口，价格昂贵。

另外，设计和工艺软件系统基本由国外垄断。例如，三维建模软件主要是Solid Works、UG、ProE、AutoCAD，工艺软件主要是Magics和Minics等。而控制软件一般需要对设备独立开发，因而国内形成了一些相关的软件，如华南理工大学的ScanPath、西安交通大学的RPBuild等。

因此，虽然随着3D打印设备精度和材料选择多样性的提高，它将拥有更多的应用可能，但在国内就目前而言，3D打印依旧是一项十分昂贵的技术，设备和材料购置、技术维护的成本还很高。以北京隆源自动成型系统有限公司为例，其售价100多万元的3D打印设备需要进口的有10万元的激光器、20万元的光学振镜和近2万元的控制电路。另外，该公司每年还得支付十几万元的软件服务费给欧洲的一家公司。

4.5 3D打印产业的前景展望

4.5.1 材料多元化

制约3D打印技术应用推广的主要因素是成型材料的特殊性与成型设备的适用性。目前可用于商业化3D打印的材料主要包括高分子材料、无机非金属和金属材料。虽然高分子材料在商业化3D打印机已经得到广泛应用，但其他材料的应用仍处于探索阶段。有限的可选择的打印材料限制了3D打印技术的推广。而随着技术的进步，可利用材料的种类越

来越丰富，未来将出现更多具有良好综合性能的成型材料，为3D打印技术的推广提供了良好的支撑。

4.5.2 产品应用领域扩大，性能提高

随着可供选择的打印材料的不断扩充，3D打印机能够打印出来的实体将不断增加，应用领域将不断扩大。更为重要的是，随着新工艺的开发和设备的改进，产品的尺寸精度与性能将进一步提高，对低端制造业的冲击将逐渐显现。

4.5.3 专业打印机与个人打印机并行发展

在商业领域，拓展3D打印设备的体积以容纳更多零部件是拓展市场的前提。而个人应用领域，面对消费者个性化的需求，将会出现外形更为小巧、更加经济实用、适合办公室工作环境的机型。

5 江苏3D打印产业发展现状研究

5.1 江苏多家企业涉足3D打印，呈现多元化发展

目前江苏有多家专业从事3D打印的企业，在3D打印技术的研发、推广、应用方面处于全国前列。2013年5月，首届世界3D打印技术产业大会在北京举行。江苏省三维打印产业技术创新战略联盟组织了14家成员单位40余名代表参加了此次大会。南京紫金立德电子有限公司、南京宝岩自动化有限公司、无锡飞而康快速制造科技有限责任公司等企业在大会上展示了江苏制造的3D打印机和3D打印产品。

从企业发展模式上看，江苏企业有4种模式比较典型：一是中外合作模式，以南京紫金立德电子有限公司为代表；二是产学研合作模式，以南京宝岩自动化有限公司为代表；三是领军人才创业模式，以江苏永年激光成型技术有限公司为代表；四是股份合作模式，以无锡飞而康快速制造科技有限责任公司。

南京紫金立德电子有限公司隶属于江苏紫金电子集团有限公司，是一家中以合资企业，中方持股75%，注册资本为3000万美元。该公司是中国3D打印技术产业联盟副理事长单位及江苏省3D打印产业技术创新战略联盟理事长单位。公司专业从事3D打印机（三维快速成型机）及其耗材的开发、生产、销售，并提供相关服务。紫金立德公司现拥有年产5000台桌面式3D打印机的生产能力，产品市场遍布美国、英国、法国、德国、中国香港及中国台湾等30多个经济技术发达的国家和地区。

南京宝岩自动化有限公司是一家专业于研发、生产与销售各类3D打印设备的高技术企业。公司依托南京师范大学、美国克莱姆森大学和新西兰奥克兰大学组成的跨国性研发团队开展3D打印产品研发。原董事长杨继全博士从1996年开始做3D打印机的理论与技术研究，他研发的3D打印机曾经获得2008年度江苏省科技进步奖二等奖。目前，该公司已经攻克了彩色3D打印机多项关键技术，成型材料完全国产化并且无污染。

江苏永年激光成型技术有限公司是国内3D打印领军人才清华大学颜永年教授退休后创办的高技术公司。公司成立于2012年，注册资金2500万元，是一家年轻但研发实力雄厚的

高新技术企业，主要从事快速成型技术设备、工艺、控制等方面的研发及产业化工作，是中国3D打印技术产业联盟发起单位之一，并与清华大学老科技工作者协会先进制造技术项目部合作，形成产学研的研发体系，为多家上市公司建立3D打印技术实验室提供相关技术和专业化设备。

无锡飞而康快速制造科技有限责任公司为中国3D打印技术产业联盟的理事单位，由银邦股份与无锡安迪利捷分别以45%与55%的比例合资成立。公司致力于生产符合国际标准的航空级粉末产品，同时利用金属增材制造技术及热等静压技术，净成型加工复杂部件。

5.2　江苏具有发展3D打印产业的基础优势

从产业链角度看，3D打印技术包括用于扫描和建立模型软件、用于打印的原材料、打印设备及服务市场四大主要环节。而软件设计、新材料研发和高端制造，正是江苏的优势所在。2012年江苏新材料产业规模过万亿元，新材料产业发明专利授权量居全国第一；南京大学、中科院苏州纳米技术与纳米仿生研究所、中国电子科技集团公司第五十五研究所等科教单位研发实力居国内前列。江苏的软件信息产业规模居全国第一。在数控装备业，江苏集聚了一批机电数控龙头企业，产值位居全国同行业之首。

从区域分布看，江苏3D打印的相关企业和研发机构主要在南京、苏州、常州等地集聚，仅昆山一地，就有20余家企业利用3D打印为周边发达的产业集群提供设计打样服务。2013年，中国3D打印技术产业创新中心、中国3D打印技术产业总部基地分别正式落户南京栖霞区和南京国家经济技术开发区。

5.3　江苏已将3D打印列入产业发展规划

江苏已将3D打印列入战略产业。2013年，江苏省科技厅发布了《江苏省三维打印技术发展及产业化推进方案（2013—2015年）》。根据该方案，江苏省内的相关企业和高校院所很快共同组建了三维打印产业技术创新联盟。目前，已确定联盟成员单位43家，各单位推荐了64位专家。成员单位包括江苏紫金电子集团有限公司、江苏省生产力促进中心、南京紫金立德电子有限公司、南京航空航天大学、南京师范大学、机械科学研究总院江苏分院、飞尔康快速成型制造科技有限公司等。根据方案的规划，到2015年，江苏将培育形成10家左右产值超亿元的骨干企业，开发出100项新产品；到2020年，培育出若干个居国际同行前列的骨干企业，三维打印成为江苏省重要战略性新兴产业。

南京正在规划以企业为基础平台，聚集江苏省内的高校资源，筹建省级“3D打印协同创新中心”“3D打印技术研究院”“3D打印服务体验中心”。目前，中国首个3D打印机技术创新中心已正式落户南京。

5.4　国内的领军人才和科研机构落户江苏

国内3D打印专家颜永年教授是中国快速成型技术的先驱人物之一、中国3D打印技术产业联盟首席顾问，他所在的清华大学为中国最早的“3D打印研究阵营”。颜永年教授退休后来到江苏创业，2012年在江苏昆山先后成立永年先进制造技术有限公司、江苏永年激光成型技术有限公司，专注于3D打印技术。

2013年1月，华中科技大学材料科学与工程学院副院长、国内知名先进制造技术专家史玉升教授率其科研团队专程来到昆山，实地考察有关先进制造技术落户等事宜。

“南京321计划”领军型科技创业人才、南京师范大学海归教授杨继全，创建了南京宝岩自动化公司、江苏敦超电子科技公司，致力于3D打印的研究与市场化。

目前，江苏3D打印的产学研合作十分活跃，省内5所高校、外省2所高校设立的快速成型分中心、中科院苏州纳米所和机械研究总院江苏分院等科研机构已在江苏开展了3D打印的产学研合作。

5.5 目前存在的问题

5.5.1 企业规模和技术能力偏弱

与全国总体情况类似，江苏3D打印机企业多为3D打印机的制造商和供应商，规模普遍偏小，研发投入不足，缺乏专利技术的有效支撑。3D打印机在打印精度、打印速度、打印尺寸和软件支持等方面还难以满足商用的需求，技术水平有待进一步提升。省内3家较大的3D打印机企业——南京紫金立德电子有限公司、南京宝岩自动化有限公司、江苏敦超电子科技有限公司申请的国内专利均不足5件，且均没有发明专利申请。

5.5.2 高校3D打印的基础研究能力偏弱

江苏省内虽然有南京师范大学、南京航空航天大学、苏州大学等高校参与3D打印技术研发，但与国内有较强研究实力的清华大学、华中科技大学、西安交通大学等高校比起来，研究团队规模较小、实力偏弱，还未在全国形成较强的影响力。

5.5.3 产业链缺乏统筹发展

3D打印行业的发展需要完善的供应商和服务商体系、市场平台。供应商和服务商体系中，包含工业设计机构、3D数字化技术提供商、3D打印机及耗材提供商、3D打印设备经销商、3D打印服务商。市场平台包含第三方检测验证支持、金融支持、电子商务、知识产权保护等支持。而目前江苏的3D打印企业还处于“单打独斗”的初步发展阶段，产业整合度较低，主导的技术标准、开发平台尚未确立，技术研发和推广应用还处于无序状态。

5.5.4 产业关键共性技术研究缺乏支撑

产业关键共性技术是能够在多个行业或领域广泛应用，并对整个产业或多个产业产生影响和瓶颈制约的技术。目前，制定3D打印件强度标准、打印材料拓展、提高制造精度等，都是业界最希望突破的技术瓶颈，而江苏省尚缺乏专门针对这些产业共性技术进行技术攻关的平台，没有形成一支稳定的专业队伍，不能满足产业共性技术研究的长期性和连续性。高校、研究院所、企业分散研究，重复投入，没有形成合力，产业共性技术供给严重不足。

6 江苏发展3D打印产业面临的外部机遇与挑战

目前，江苏省面临着国内外普遍重视3D打印产业、市场将持续扩大的外部产业环境，这也为江苏发展3D打印产业带来了机遇与挑战。3D打印本身也存在材料限制、价格成本、知识产权保护等挑战，这同时也是对江苏的挑战。

6.1 3D打印产业的国际市场规模将快速放大

发达国家面对近年来制造业竞争力的下降，大力倡导“再工业化、再制造化”战略，提出3D打印、人工智能、智能机器人是实现数字化制造的关键技术，并希望通过这三大数字化制造技术的突破，巩固和提升制造业的主导权。以美国为首的欧美国家正加大3D打印技术的资金投入和研发力度，3D打印日益成为发达国家关注的战略性产业核心技术。这将带动3D打印市场规模的迅速放大。据*Wohlers Associates 2012*预测，3D打印行业在未来几年有望继续保持两位数增长，到2021年，3D打印产品和服务的市场将达到108亿美元。这也为江苏发展3D打印产业带来难得的市场契机。

“重振美国制造业计划”将3D打印作为首个振兴美国制造业的支撑技术。2012年8月，奥巴马拨款3000万美元在俄亥俄州建立了国家级3D打印研究中心，并计划第一步投入5亿美元用于3D打印，以确保美国制造业不继续转移到中国和印度。早在2009年美国已经组织来自学术界、工业界和政府的65位专家组成工作组，研究未来10～12年的3D打印技术路线图。

欧盟在诺丁汉大学、谢菲尔德大学和埃克塞特大学等建立了多个3D打印中心，设置基金予以支持。这些联合体有助于解决3D打印领域存在的高端共性问题，并能使新技术顺利产业化。

日本着力推动3D打印技术的推广应用。为重振制造业，日本政府将提供尖端技术开发企业资金，计划自2014年度起的5年内对包括3D打印在内的先端产业分别投下约100亿日元的预算，以协助日本企业进行研发。

6.2 3D打印逐渐成为各地政府发展的重点产业

6.2.1 国家出台了支持3D打印产业发展的政策措施

2013年4月，科技部公布了《国家高技术研究发展计划（863计划）、国家科技支撑计划制造领域2014年度备选项目征集指南》，3D打印产业首次入选。国家将拨付4000万元研究资金用以支持3D打印产业4个研究方向的研制与应用。2012年12月，工信部副部长苏波公开表示，将推动3D打印产业化，制定路线图和中长期发展战略，并加大财税政策引导力度。

6.2.2 地方政府积极开展3D打印产业发展的建设布局

我国多地政府已经开始重视3D打印工业发展，并积极推进。3D打印已经写入了湖南省、湖北省、武汉市、东莞市等地的政府工作报告中。成都市启动3D打印技术路线图的研制。武汉市发改委等部门针对3D打印产业，拟着手编制规划并予以扶持培育。深圳市发布了《深圳IT产业发展报告》，提出加快打造3D打印技术的移动平台。

6.2.3 各地3D打印产业联盟纷纷建立

2012年，在工信部的支持下，中国3D打印技术产业联盟成立，这也是世界上首个3D打印技术的产业联盟。2013年，国内有40多家从事3D打印技术的上下游企业、科研单位都加入了联盟。为整合资源，促进3D打印尽快产业化，产业联盟已首批选择在南京、青岛建设3D打印技术产业创新中心，2014年创新中心扩充至10家。北京、江苏、陕西等地也成立了产业联盟。

6.3 3D打印技术的应用前景日益广阔

3D打印技术获得应用最多的领域是个性化消费品产业。随着人们生活质量的提高，个人创新会越来越普及，个性化消费品这个新兴市场会越来越大。例如，美国一家个性消费品公司Quirky通过网络征集客户的设计方案，运用3D打印技术制造出实物产品并且通过电子商务市场销售。该公司每年可以推出60种创新产品，年收入达到100万美元。

另外，医学应用市场的前景也极为广阔。由于手术的复杂性和患者的个体差异，外科手术，尤其是硬组织修复，如头骨和膝关节的修复，对医生的专业技术水平和经验要求很高，采用3D打印技术直接成型个性化骨修复体、外科手术导板、种植牙导板及舌侧托槽等将大大提升外科手术及牙科矫形手术的质量。利用3D打印技术制造个性化医疗产品的发展空间十分广泛，它具有重大的推广应用价值。

生物材料3D打印技术和产品，可为构建和修复组织器官提供崭新的医学技术，促进外科修复整形、再生医学的发展。这一应用市场规模庞大，以美国为例，2009年骨植入修复材料市场就已经超过200亿美元。许多国内患者需要进行器官移植手术，但可供移植的器官非常有限，难以满足需求。以骨组织工程植入体市场为例，随着社会的发展，人造骨骼的市场需求将逐渐增大。中国骨缺损患者每年达300万人次，并呈增多趋势，但目前仅有2%的患者得到了有效治疗，潜在市场在20亿美元以上。

6.4 3D打印产业面临的挑战

6.4.1 材料的限制对3D打印技术应用范围形成掣肘

目前3D打印耗材有限，多为石膏、塑料、可黏结的粉末颗粒、树脂等，制造精度、复杂性、强度等难以达到较高要求，一般只能应用于模型、玩具等产品领域。对于金属材料来说，如果液化打印则难以成型；采用粉末冶金方式，除高温还需高压，这些技术恐怕短期很难成熟。

6.4.2 价格成本的制约导致设备需求量难有爆发性增长

当前3D打印机价格高，昂贵的设备只能提供有限的价值。即使3D打印机成本能够降下来，但单个商品的制造成本依然得不到解决。使用3D打印机制造商品，其成本要远高于大型企业规模化生产后均摊到每一件商品的成本。而后者批量生产也比3D打印产品的制造速度要快得多。

6.4.3 3D打印技术产品性能缺陷暂时无法弥补

3D打印不适合直接制造高精度零件，后期仍需经过人工处理。由于3D打印是材质一层一层堆积成型，每一层都有厚度，这决定了它在精度上比不上传统制造方法。提高精度需不断降低每一层的厚度，难度提高的同时，制造时间也大幅延长。即便层和层之间黏结再紧密，其产品性能也无法和传统模具整体浇铸的零件媲美。

6.4.4 知识产权保护面临挑战

3D打印再加上三维扫描（也称逆向工程），对知识产权的保护提出了很大的挑战，业界人士提出3D打印技术普及后仿制或者修改别人的东西时怎么去保护产权的问题，国内一些协会正在考虑这个问题，但还没有进入实际可操作阶段。

6.4.5 社会安全问题面临挑战

如果3D打印进入家庭和个人，就像是把工厂搬到家庭、办公室里，家庭就变成了一个无人监控的地下工厂。随着技术的飞速发展，实现金属零件的快速精确打印将越来越可能变成现实，离真实枪械打印的距离应该越来越短了。一旦某个不法分子利用三维打印技术打印枪械和子弹、匕首及其他管制器械，将会对社会安全造成极大危害，因此，如何进行3D打印产业的健康持续发展应是一个综合性的命题。

6.4.6 伦理道德问题面临挑战

3D打印已可在实验室中进行细胞组装、人工皮肤和骨骼打印、肉制品打印等，如果不加以约束和限制，数年以后可能会在实验室中打印出来器官、生物甚至是类人体，那时伦理道德问题也将面临严峻的挑战。

7 江苏发展3D打印产业的建议

7.1 加强技术的前瞻性研究，集中力量突破关键技术

要加大设备、关键元器件、原材料和软件等研发工作和资金投入。一是在关键设备上，要加大对3D打印机的技术攻关，对高精度机械系统、数控系统、喷射系统和成型环境等核心技术提高研发投入。二是在成型材料上，开发更为多样的3D打印材料，如智能材料、功能梯度材料、纳米材料、金属材料、活性生物材料、非均质材料及复合材料等。三是在设计与控制软件开发上，提高软件集成化，实现CAD/CAPP/RP的一体化，使设计软件和生产控制软件能够无缝对接，实现设计者直接联网控制的远程在线制造。四是加强与科技部863计划项目中关于3D打印的4个研究方向的对接，争取国家项目支持。

7.2 加强协同创新，提高产学研合作效率

一是加强对三维打印产业技术创新战略联盟的指导和支持力度。围绕3D打印技术及产业化，开展技术合作，组建技术平台，实施技术转移，联合培养人才，提升产业整体创新能力。二是加强3D打印标准和知识产权战略的推进。利用有关学会、协会的平台，共同推动3D打印技术研发和行业标准制定。倡导研发主体在技术攻关的同时，加强知识产权保护和战略实施，对3D打印装备产品及关键技术构成专利网，形成全方位知识产权保护。三是开展共性技术研发。政府联合高校、科研院所、企业打造3D打印共性技术研发平台，针对亟须突破的关键共性技术进行攻关。加强与国内3D打印研究实力强的高校之间的技术合作与科研要素流动的力度，实现创新资源及关键共性技术的流动和共享。

7.3 根据各地产业特色，优化 3D 产业整体布局

一是根据各地产业特色与优势，设立3D打印特色中心。例如，南京可成立3D打印材料研究中心、软件中心；扬州、常州可成立3D打印精密机械研究中心；无锡可成立3D打印装备制造中心；苏州可成立3D打印材料研究中心。将3D打印产业融入苏南国家自主创新示范区的建设中。二是加强企业培育。大力培育3D打印骨干企业，在科技项目实施、高端人才引进、科技平台建设等方面，积极引导和支持企业提升自主创新能力，增强国际市场竞争力。全面落实高新技术企业税收优惠和企业研发费用加计扣除等科技政策，引导3D打印企业加大研发投入。

7.4 完善产业环境建设，推动 3D 打印市场化发展

一是促进3D打印技术发展的市场平台建设，构建3D打印电子商务平台、3D打印数据安全和产权保护机制、3D打印及周边项目投融资机制等，促进产业可持续发展。二是强化桌面型3D打印机的示范应用。抓住“十二五”时期江苏省向服务型经济转型发展的契机，大力发展桌面型3D打印机，发展壮大3D打印服务市场。三是对现有的地方3D打印产业链进行有效的整合，构建3D打印产业集群上中下游的完整产业链，形成强大的产业集群，而不是隔离式发展。

7.5 编制 3D 打印产业路线图，引导产业发展

加快编制江苏省3D打印产业路线图，对产业链、研发重点、创新资源等进行整体布局，避免产业发展的盲目性。对3D打印技术进行技术预见，提高技术发展的战略性和前瞻性。加强江苏省3D打印专利预警机制建设，建立专利预警信息互通互报平台及相应反馈机制，为相关决策者第一时间掌握重要专利信息制定应对措施提供重要支撑。

课题负责人：黄　斌
课题组成员：李春燕　周文魁　刘　媛　芮雯奕　姚　缘　洪　青　陆丽娜　胡　峰
撰　稿　人：李春燕

江苏发展重要前瞻性战略性产业研究

新一轮科技革命和产业变革正在悄然兴起，正如以往历次科技革命所表明，每次科技革命都将催生出一批全新的产业，谁把握住历史机遇，抢先布局前瞻性战略性产业，谁就能在未来竞争格局中赢得主导优势。抓住新的发展机遇，精心谋划强化布局前瞻性战略性产业，是江苏抓住第三次工业革命“机会窗口”的关键所在，也是江苏实现由比较优势向竞争优势转变的重要途径，更是江苏建成创新型省份的必然要求。

1　发展前瞻性战略性产业是江苏赢得未来的战略选择

1.1　新一轮科技革命的兴起必将催生一批前瞻性战略性产业

蓬勃兴起的新一轮科技革命和产业变革就其影响的产业领域而言，重点集中在 4 个领域。一是以大数据、云计算、移动宽带和智能终端为特色的下一代网络产业。这一产业在未来 20 ～ 30 年仍然会保持两位数增长，是未来全球的主导产业之一。二是以基因技术和干细胞技术为基础的生物工程和新医药产业。生物技术医药研发和生产已经取得了重大的突破，全球已有 100 多个生物技术药物上市销售，生物技术药物销售收入已连续多年保持了 15% 以上的增速，是全部药品销售收入增速的两倍以上。OECD 报告 *The Bio-economy to 2030: Designing a Policy Agenda* 预计到 2015 年，生物技术将无处不在，全球大部分新药都将使用生物技术进行生产。三是以可再生能源和可控核聚变为重点的新能源产业。金融危机之后，全球对新能源产业投资持续增加，发达国家也纷纷调高了可再生能源占总能源的比重。可控核聚变的研究也在不断深入。四是以 3D 打印技术为核心的新型制造业。3D 打印技术自 20 世纪 80 年代以来不断进步，现已开始进入产业规模化发展阶段。3D 打印使大规模定制成为可能，并可能极大地改变制造业的成本结构，将推动全球制造业组织方式和布局的变革。

1.2　超前布局前瞻性战略性产业是抓住新科技革命发展机遇的关键

历史经验表明，一些后发国家也都是通过及时抓住科技革命的机遇，实现了赶超跨越。例如，18 世纪的德国，抓住了化学工业技术的机遇，迅速赶超了英国。20 世纪 50 年代的日本，抓住了半导体技术的机遇，在很短时间内成为世界经济强国。这些历史事实表明，一国在传统产业上落后于发达国家的情况下，在新兴产业上可以一跃超过发达国家。其背后的原因在于：在新技术革命刚刚兴起的时候，虽然新技术最初出现在发达国家，但由于其技术体系处于最原始的早期阶段，科技知识大都处于公共领域并停留在实验室阶段，知识的意会程度很低，落后国家在这时如果能够迅速进入新技术体系，就有可能把发达国家在早期新技术和科学基础的领先地位转移到本国。美国也是典型的例证。美国在1860年以前仍属于殖民地类型的经济：出口农产品，进口工业制成品，工业基础相当薄弱。第二次工业革命开始于1875年，在19世纪的最后25年，美国一系列新兴工业部门迅速发展起来，其中美国的电力电气工业从一开始就走在世界前列，到1894年，美国工业产值已居世界第一，成为世界第一工业化强国。

1.3 发展前瞻性战略性产业是江苏面向未来的战略选择

江苏是制造业大省，但当前面临两个方面的瓶颈急需突破。一是能源和环境的刚性约束，江苏每平方千米工业废水排放5.1万吨，为全国的9.3倍，二氧化硫排放12.79吨，是全国的5.7倍，每万元GDP能耗远高于世界先进水平，这就决定了江苏必须按照科学发展的要求，走节约集约、绿色低碳发展的路子。二是产业发展的低端化。江苏制造业规模居全国第一，占到全球的1.5%，但大多数处于产业链的中低端，工业增加值率只有25%左右，低于世界35%、发达国家40%以上的平均水平。苏南出口的笔记本电脑占了全球产量的60%，增加值率只有5%。这就迫使江苏制造业必须走高端化发展道路。发展前瞻性战略性产业既符合绿色化低碳化发展潮流，也符合产业高端化发展要求。在新的形势下，江苏省应充分利用这次打开的“机会窗口”，抓住机遇，寻求关键技术的重大突破，全面发展前瞻性战略性产业，在新一轮技术革命中谋得一席之地，实现“跨越式发展”。

2 前瞻性战略性产业形成机制和发展路径研究

前瞻性战略性产业包含战略性新兴产业中的部分产业，还包含现在还未兴起或处于萌芽但在未来一段时间会对国民经济产生重大影响的产业。江苏选择和培育前瞻性战略性产业，应充分研究前瞻性战略性产业发展规律，坚持符合绿色化发展的国际潮流、符合江苏产业转型升级要求、符合新科技革命技术和产业发展方向、符合江苏自身基础优势和民生发展需求等原则，选择一条适宜的发展路径。

2.1 概念及遴选标准

2.1.1 相关概念辨析

关于“重要前瞻性战略性产业”一词，目前官方与学术界均未见相关定义和范围划分，仅见于中央文件《中共中央关于全面深化改革若干重大问题的决定》中，文件提出，国有资本投资运营要服务于国家战略目标，更多投向关系国家安全、国民经济命脉的重要行业和关键领域，重点提供公共服务、发展重要前瞻性战略性产业、保护生态环境、支持科技进步、保障国家安全。

为了更加清晰地理解前瞻性战略性产业的含义，现将与之相关的前瞻性产业、战略性产业、新兴产业、战略性新兴产业概念辨析如下，并概括出前瞻性战略性产业的概念。

前瞻性产业：前瞻性产业中的“前瞻性”包含以下3层含义：①从时间角度讲，“前瞻性”意味着还未兴起或刚刚兴起，但它代表的是未来的发展方向；②从技术层面讲，“前瞻性”代表未来技术发展态势与方向，是引领性和方向性的新技术应用和新业态发展；③从成长特点讲，“前瞻性”产业是未来高成长性产业。

战略性产业：战略性产业中的“战略性”有两个方面的含义：①从国家经济发展和国家之间竞争角度来看，“战略性”主要体现在该产业对国民经济运行的重要影响力，对产业结构高级化、综合国力和国际竞争力提升有巨大的促进作用；② 从经济性来看，“战略性”主要体现在该产业具有范围经济、规模经济、集聚经济等特征。另外，战略性产业也与一国经济社会结构密切相关。例如，韩国在20世纪初将保健业确定为战略性产业，其依据为，韩国的支柱产业是制造业，但由于高效率制造业带来就业机会减少，因此，韩国将能创造大量就业岗位的保健业确定为战略性产业。

新兴产业：新兴产业中的“新兴”有3个方面的含义：①从时间的角度来看，相对于传统而言，“新兴”意味着刚刚兴起；②从技术的角度来看，相对于传统技术和产品而言，“新兴”代表着新技术、新产品，技术有待进一步突破和完善；③从市场成熟的程度来看，“新兴”处于刚刚起步阶段，市场容量非常小，市场存在较高的不确定性，产品的设计没有定型，较低的成熟度制约了产业扩张，成为相近行业进入的壁垒。

战略性新兴产业：《国务院关于加快培育和发展战略性新兴产业的决定》将战略性新兴产业定义为“以重大技术突破和重大发展需求为基础，对经济社会全局和长远发展具有重大引领带动作用，知识技术密集、物质资源消耗少、成长潜力大、综合效益好的产业”。战略性新兴产业不同于战略性产业，也不同于新兴产业，是战略性产业和新兴产业的结合。对中国目前产业发展阶段来说，战略性新兴产业至少应该包括两个方面的含义：①战略性新兴产业应该是面向未来的。战略性新兴产业是指当前对国民经济发展不起支柱作用，但未来有望起支柱作用的新兴产业。一般这些产业具有高新技术的特征。而且这些产业已经成为或即将成为抢占国际竞争制高点的关键产业，哪国能够在这些产业取得竞争优势，意味着它将拥有未来竞争的主动权；②战略性新兴产业应该具有高成长性。一旦战略性新兴产业形成了范围经济、规模经济和集聚经济，就成为经济增长的新引擎。

综上，前瞻性战略性产业不同于战略性新兴产业，前瞻性战略性产业和战略性新兴产业之间存在交集，而前瞻性战略性产业是战略性产业和前瞻性产业之间的交集（图1）。前瞻性战略性产业就是目前处于萌芽状态，但代表未来技术发展方向、今后可能成为一个国家或地区主导产业的产业，其“前瞻性”体现在这类产业代表未来技术发展态势，具有引领性和方向性的新技术和新业态；其“战略性”体现在这类产业对国民经济运行具有很强的控制力和影响力。而重要前瞻性战略性产业就是在前瞻性战略性产业中，那些符合一国或地区产业升级方向和长远利益，能对一国或地区竞争优势产生重大影响、需要优先和重点培育的产业。

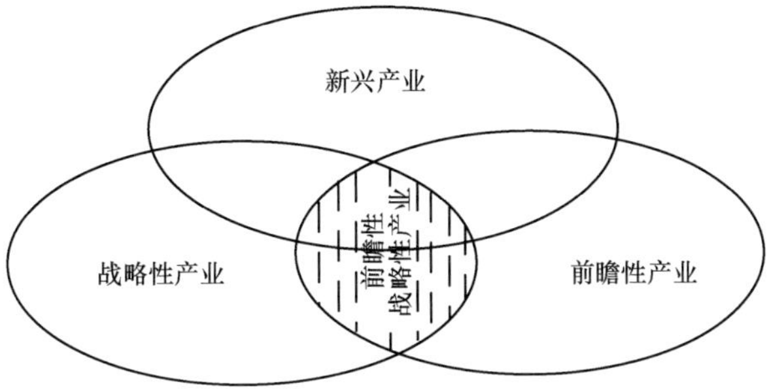

图 1　战略性产业、前瞻性产业、新兴产业与前瞻性战略性产业的关系

2.1.2　产业遴选标准

重要前瞻性战略性产业的选择和培育，关系到一个国家或地区未来的经济社会发展前途和国际竞争力的强弱。不同国家和地区应根据当地实际情况及经济发展阶段有选择性地发展前瞻性战略性产业。对江苏来讲，选择前瞻性战略性产业除了要结合现有的基础和优势，应充分考虑以下几条原则。

（1）符合绿色化发展的国际潮流

21 世纪以来，由过去过度依靠物质资源投入的经济发展模式所带来的资源短缺、能源危机、环境恶化、气候变暖、健康威胁等问题日益突出，走绿色化可持续发展道路成为人类文明发展的标志性命题，成为世界所有国家共同的战略选择。对江苏来讲，绿色化发展意义更为重大。江苏是经济大省，同时又是资源小省，面临着经济快速增长与资源大量消耗、城市化进程加快与环境容量减小、工业迅速发展与污染治理能力滞后、淡水资源短缺与水污染不断加剧、粮食需求逐年增加与耕地逐年减少等一系列经济社会发展与资源环境的矛盾。从前瞻性战略性产业选择的角度考虑，江苏应大力发展节能环保、新能源、新能源汽车产业，为水、土、大气等基本生产生活环境“减负”，降低经济发展的生态压力，实现“绿色江苏”“宜居江苏”。

（2）符合江苏产业转型升级要求

江苏制造业规模居全国第一，占到全球的 1.5%，但大多数处于产业链的中低端，工业增加值率只有 25% 左右，低于世界 35%、发达国家 40% 以上的平均水平。服务业同样问题较大，与国际水平差距明显。据统计资料，2013 年江苏三次产业结构为 6.1 ∶ 49.2 ∶ 44.7，服务业占比不仅远低于世界平均水平（68%），而且与发展中国家（52%）也有相当差距。从结构上看，传统的批发和零售等低端服务仍占较大比重，以软件服务、研发设计服务为代表的现代服务业所占比重不到 20%，而在国外发达国家一般都占到 70% 左右。因此，从产业转型升级方向看，现代农业、先进制造业和现代服务业是江苏产业走向高端化的关键性领域。

（3）符合新科技革命技术和产业发展方向

2013 年，麦肯锡全球研究院发布了题为《变革性技术：改变生活、商业和全球经济的技术进步》的研究报告，提出了将影响未来发展的十二大变革性技术，分别为移动互联网、知识工作自动化、物联网、云技术、先进机器人、自动驾驶汽车、下一代基因组学、储能技术、3D 打印技术、先进材料、先进油气勘探开采技术、可再生能源。根据麦肯锡的分析，在未来改变世界的十二大变革性技术中，从技术进步和扩散速度来看，最具潜力的技术集中在以物联网为代表的信息技术领域；从影响的广度来看，最具潜力的技术集中在能源领域及以3D打印、物联网为代表的信息技术领域；从经济价值看，最具潜力的技术集中在能源和储能领域。从江苏的基础和优势考虑，应重点发展以云计算、物联网、3D打印为代表的新一代信息技术、以光伏为代表的新能源产业、以生物技术为代表的生物医药产业。

（4）符合江苏基础优势和民生发展需求

江苏发展新一轮前瞻性战略性产业需要同时考虑两个方面的发展需求：一是高端化发展需求。从高端化引领考虑，江苏需要选择几个目前在全国甚至全球具有一定研发基础和优势的前瞻性产业，如物联网、纳米材料等，进行重点扶植，高起点切入产业价值链高端，推动产业发展壮大，抢占未来发展制高点。二是民生发展需求。围绕幸福江苏发展目标，关注民生发展需求，鼓励发展生命健康、高端农业、文化娱乐等现代服务产业，推进高质量城镇化。

2.2 形成机制和发展路径分析

前瞻性战略性产业发端于重大科学发现和技术创新，依赖创新型企业对现有产业资源进行重新整合、组织和制度创新将成为前瞻性战略性产业发展的重要推动力。

2.2.1 从前瞻性战略性产业成长的动力机制来看，创新型企业的成长和发展是产业成长的关键

创新创业活动是前瞻性战略性产业发展的根本动力，但在产业发展的不同阶段，产业发展的动力机制是不同的。在产业主导设计出现之前，无论是从最初的基础研究到应用型新技术的产生，还是到后来技术商业化初期多种技术相互竞争主导设计，都依赖新知识的创造，因而侧重知识创造以产品创新为主要表现形式的创新型创业是该阶段发展的主要推动力量；而在产业主导设计形成之后，技术、市场需求相对稳定，侧重知识利用以工艺创新为主要表现形式的生产型创业是该阶段产业发展的主要推动力量。

（1）在产业发展初期，科技型创业企业是推动产业形成的主体力量

在前瞻性战略性产业发展前期的研发活动阶段，参与的主体主要是研究型大学、政府科研机构和大企业的内部研发机构。科技型创业企业预见了技术或市场的发展潜力，开始进入市场开展创业活动。创业企业在充分利用基础研究网络的同时，着力于基础技术的应用开发，开发网络的雏形开始出现。随着进入主体的增加及技术开发型创新创业活动的加快，开发网络迅速扩展，创业者开始将部分资源投入产品的生产，生产网络初步形成。根据美国商务部的研究，第二次世界大战以来，有50%的革新和95%的开创性革新来自于新建的小企业。硅谷内的企业大多数是小企业，70%的企业少于10人。在高科技的时代，中小企业往往在创新上领先，新兴的高科技风险产业多是以几个人凑合而成的小企业开始。许多世界著名的大规模跨国企业都脱胎于名不见经传的微型企业，比尔·盖茨创立微软时，原始创业资本只有900美元；任正非创办华为公司时，原始资本只有2万多元。

（2）在规模扩展阶段，生产型创新企业是促进产业扩张的主导力量

当新兴产业开始进入成长期后，争夺主导设计权成为竞争的焦点，这时其他产业中的大

企业由于逐利的动机逐渐进入新兴产业开始创业。随着大企业创业者的进入，竞争开始加剧，产品创新和工艺创新等活动飞速发展，产品性能改进速度加快，开发网络和生产网络迅速壮大，在差异化的市场竞争中，产业主导设计逐步形成。当最初有产品创新推动的多种技术轨道逐渐收敛到主导设计所处的技术轨道上时，以后的技术发展主要表现为对主导技术的修补和完善，主要创新活动表现为生产过程中各种工艺的改进与完善，产业价值网络的发展表现为生产网络的扩张。在新的发展阶段，生产型创新企业是促进产业扩张的主导力量。例如，那些创新能力强的跨国公司成为推动新兴产业扩张的重要角色。据统计，目前全球跨国公司的总数已超过 6 万个，产值约占全球总产值的 1/4，贸易额占国际贸易额的 60%，大批跨国公司掌握着一个或多个产业的核心技术，处于国际贸易和全球产业分工体系中的上游，以专利和技术标准作为设置技术壁垒和垄断市场的重要手段。

2.2.2 从前瞻性战略性产业发展路径来看，产业发展的不同阶段具有不同的政府与市场关系

在前瞻性战略性产业初创期、成长期和成熟期的不同发展阶段，市场机制的调节作用和政府的扶持作用有所不同，体现出前瞻性战略性产业所具备的前瞻性、战略性、成长性和带动性的特征。因此，在前瞻性战略性产业发展的不同时期，两者发挥作用的特点也有所不同。

（1）初创期：政府扶持为主，市场调节为辅

在前瞻性战略性产业发展初创期，社会上存在众多的可能代表未来产业发展方向和技术突破的尝试，但这种尝试面临很大的不确定性。那些能真正抢占战略制高点且代表未来经济发展的技术方向由于不具备成熟技术的竞争优势，导致其市场分散狭小，增长缓慢。此时，政府就需要根据地区技术基础和经济条件做好产业规划，推动该项技术进一步发展并实现产业应用，消除大多数人对新兴产业所持有的怀疑态度，使其在良好的环境中生存并发展下去。因此，只有政府有意识地进行前瞻性选择和培育，才能彰显前瞻性战略性产业的中“前瞻性”和“战略性”。

（2）成长期：市场调节为主，政府扶持为辅

前瞻性战略性产业在核心技术成功推广和行业标准逐步形成中进入成长期。而此时创新取得成效的新企业会通过持续的工艺创新和扩大生产规模，为整个产业发展开辟更大的市场空间。由于该产业存在较多企业，市场竞争比较充分，技术研发方向明确，抵御风险能力较强，政府此时应及时退出干预，重点关注对早期规划的定向微调和公平市场环境的营造，保障企业在完善的市场准入和退出机制、价格机制和供求机制的共同作用下展开公平角逐，充分发挥市场的决定性作用。只有经过渐趋激烈的竞争之后，真正意义上的技术和知识高度密集、新科技和新产业深度结合的前瞻性战略性产业才会脱颖而出，在充分竞争中经受住市场的考验，凸显强大生命力，才能体现前瞻性战略性产业的“成长性”特点。

（3）成熟期：政府扶持为主，市场机制为辅

进入成熟期后，前瞻性战略性产业产品结构日趋完善、布局逐步合理、市场空间基本稳定，技术储备比较坚实。由于前瞻性战略性产业信息、技术和知识高度密集的特性，其产业关联度很强，对其他相关产业的带动和辐射作用很大。另外，从生产要素属性来看，由于知识和信息具有显著的共享性和溢出效应，技术创新的扩散会诱导出大量的相关创新并进一步

自我放大这种作用，从而促进其他产业的形成；由于人才的作用机制具有明显的学习积累效应，人力资本可以持续有效地激发自身巨大潜能，挖掘产业发展的潜在优势，从而使前瞻性战略性产业会由国民经济的先导产业演变为国民经济的主导产业和支柱产业。前瞻性战略性产业的引导和辐射作用的发挥需要产业的规模化发展，而产业的规模化发展离不开政府的扶持。此时，前瞻性战略性产业在市场竞争中已经占据了优势地位，产业间的竞争格局基本定型，产业内竞争也以营销创新和组织创新为主，市场机制的作用转为次要。政府扶持在为前瞻性战略性产业的支撑和引领提供制度保障的同时，也为前瞻性战略性产业和其他产业间的联动和成长提供有利平台。因此，在规模化发展的过程中，前瞻性战略性产业通过引领相关产业共同发展，形成新的经济发展范式，突出了战略性新兴产业“带动性”的特点。

3 国内外培育发展前瞻性战略性产业的经验和教训

培育和发展前瞻性战略性新兴产业是一项复杂的系统工程。自工业革命以来，主要发达国家崛起和新兴经济体复兴的历史也是一部不同阶段各国在前瞻性战略性产业领域探索前行、互相竞争的产业发展史。现将主要经验和教训总结如下。

3.1 发展经验

不管是发达国家，还是新兴经济体，在培育发展战略性新兴产业的做法上，都遵循了市场导向的基本原则。政府立足市场需求，做好相应的公共服务和前瞻性技术供给，利用市场贸易规则、知识产权保护、模式创新等多种手段促进产业发展。

3.1.1 重视顶层设计，谋划产业布局

抓住技术革命机会，赢得产业发展先机。历史经验表明，在新技术革命刚刚兴起的时候，落后国家如果能够迅速进入新技术体系，就有可能把发达国家在早期新技术和科学基础的领先地位转移到本国。在第二次工业革命开始时，美国基础科学研究更是落后于英、法、德。然而，美国主动抓住第二次技术革命的“机会窗口”，赢得了产业发展先机，并迅速崛起，恰恰证明了这一点。在新一轮技术革命中，奥巴马把发展清洁能源列为首位，认为领导世界创造新的清洁能源的国家，将是在21世纪引领世界经济发展的国家。这与里根时代的“星球大战计划”、克林顿时代的“信息高速公路”如出一辙。

完善政策法规体系，明确产业支持方向。美国发展战略性产业的一个重要特征就在于“扶持政策，法律导向”，在确定未来着重发展的战略性产业的时候，美国国会往往会首先以法律规章的形式颁布相关的法律制度，以明确的法律条文来确定相关产业在未来经济中的地位，并通过法律制度的方式明确相关产业的发展趋势、发展战略与扶持手段，如生物医药产业发展过程中的《生物技术未来投资和扩展法案》《州政府生物技术议案》，新能源产业发展过程中的《2005国家能源政策法案》《美国能源独立与安全法案》《美国清洁能源与安全法案》等相关法令都在发展相关产业的过程中起到了极为重要的作用。

3.1.2 营造创新环境，促进产业发展

积极发展风险投资，抚育产业加速成长。历史经验表明，创业风险投资与新兴产业的发

展紧密相关。1946 年世界上第一家创业风险投资公司“美国研究与发展公司”成立，作为一家上市的封闭型投资公司，其成立的使命就是为新兴的企业提供权益性的启动资金，推动新兴产业的发展。1957 年美国研究与发展公司对数据设备公司的投资大获成功，经过 14 年的发展，美国研究与发展公司对数据设备公司的投资由最初的 7 万美元增长到 355 亿美元，平均年增长率高达 84%，创业风险投资极大地推动了当时新兴产业的蓬勃发展。近年来，发达国家的风险投资和资本市场正在积极进行新一轮产业技术投资，2005 年以来，硅谷已有 100 亿美元的风险投资进入了新能源领域，2008 年投入新能源领域的资金占比更是超过 50%。目前，全球风险资本和资本市场对新兴产业的投资正呈现爆发式增长。美国风险投资协会表示，对新能源等清洁技术的投资一直在稳步增加。同时海外资本市场也加大了对新兴产业的扶持力度。

鼓励民间一线创新，营造良好发展环境。在过去的几十年里，美国用于新兴产业创新投资的资金来源已经迅速转移到私营企业。据美国白宫科学和技术政策办公室称，各种民间团体在新兴产业创新上的投资已经占到总投资的 2/3。即便如此，奥巴马政府还是进一步采取了一系列措施，鼓励民间私营业参与新兴产业发展。例如，设立民用空间项目计划、组建公私合营企业，探索清洁煤技术的商业化模式等以保持美国的创新活力和经济增长。以英特尔、谷歌、微软、思科为代表的美国企业，在世界经济普遍衰退的情况下还能够依然增加研发投入，表明民间企业在新兴产业发展中强大的生命力。在美国，若个人拥有了专利，社会上的一些创新基金会，便会将其推荐到相关的实验室，或者资助其进行转化，许多专利经过集体的努力，进而演变为成熟产品。在纳斯达克上市的“脸谱”就是扎克伯格大学二年级时创办的，当时他仅有创意和简单技术。在日本，发明人不会被分为职务发明和非职务发明，专利权最初都属于个人。

3.1.3 完善技术供给，提升产业层级

调整国家研发导向，注重产业前瞻布局。为保持新兴产业的核心地位，主要发达国家和地区积极调整国家和地区战略导向，把产业前瞻研发摆在技术创新的重要位置。美国政府一直重视新兴产业领域的研发，相继出台《美国创新战略》《美国国家宽带计划》《美国制造业促进法案》《国家制造业创新网络》等，强化信息技术、先进制造、生物技术、健康技术、材料技术、纳米技术、能源技术等新兴领域的前瞻研究。2014 财年，美国联邦政府研发投入预算达 1428 亿美元，包括基础和应用研究领域预算 681 亿美元，主要投向健康、能源技术、航空航天、信息技术、先进制造等领域。2012 年，欧盟新版的《欧盟工业政策》提出大幅增加对先进制造技术、关键使能技术、生物基础产品、可持续发展及原材料、清洁汽车和智能电网等六大对未来有重大影响的战略领域的投资。据以“创新”为核心战略的 2014—2020 年第八研发框架计划显示，欧盟计划投入 800 亿欧元重点支持健康、生物、信息通信、能源环境等领域的研发活动。

建立产业技术研发机构，加大共性技术供给。产业共性技术是消化吸收再创新的技术基础，共性技术缺位会妨碍对引进技术的消化吸收再创新，而共性技术属竞争前技术，具有一定程度的公益性，需要政府构建公共产业技术研发机构。纵观许多国家和地区新兴产业的成长过程，在公共技术供给、推动成果转化等方面，公共产业技术研发机构始终扮演着重要的

角色。为摆脱劳动密集产业，转向发展技术密集的工业，彻底让中国台湾经济转型，台湾根据1973年初颁布的《工业技术研究院设置条例》将分散在各处的联合工业研究所、联合矿业研究所与金属工业研究所合并，成立了“台湾工业技术研究院”，已累计产出超过2万件专利，打造了台湾强大的半导体产业链，培育了超过140位产业CEO，新创及育成了244家公司，孕育出了一批在全球范围内颇具知名度的科技公司，引领了台湾经济腾飞、新兴产业的发展。这使得中国台湾地区的芯片产业成为继美国、日本和韩国之后的全球第四大半导体生产地。日本以创造具有国际竞争力的新兴产业为目标，在2001年将工业技术研究院下属的15个研究所重组为产业技术综合研究所，设立了诸如微纳米技术、超临界流体、新碳材料、生命信息科学、生物信息解析等研究中心。

3.1.4 发挥市场机制，维护产业地位

利用技术贸易规则，抢占新竞争制高点。少数国家依靠技术创新控制了新兴产业发展的关键技术。美国、日本、欧洲等发达国家和地区的跨国公司持续加大研发投入，强化新兴产业领域的技术优势地位。据统计，2012年，世界研发投入2000强企业中，共有661家高技术企业入选，其中，美欧日等发达国家和地区的企业就占了75%。通过高强度的研发投入，跨国企业几乎垄断了新兴产业的专利市场。据WIPO统计，2012年，美日高技术领域PCT专利申请量占全球的一半。为维护新兴产业的高端优势地位，遏制新经济体向新兴产业的高端发展，美国、欧洲等发达国家和地区充分利用国际贸易规则，不断发起有针对性的贸易保护活动，制造本国和地区市场的技术壁垒，同时迫使新兴经济体开放市场，保持其新兴产业的竞争优势。据我国商务部统计，2013年，19个国家（地区）对我国发起贸易救济调查案件89起，涉案金额36.19亿美元。在这方面，影响最大的是我国新能源产业，2012年欧盟对中国的光伏产品发起的“双反”调查，金额高达204亿美元，占到当年涉案金额的73%。

培育新兴产业市场，拓展产业发展空间。任何新兴产业的形成与发展都离不开有效的市场需求的拉动，主要国家为了拓展产业发展空间，出台多种措施积极培育新兴产业市场，以解决新兴产业普遍存在成本较高、产品和服务不完善、配套的基础设施不健全等问题，使新兴产业消费市场尽快启动，实现稳定增长。美国一直重视巨大、丰富的市场，在国际比较中具有独特的优势。许多技术创新源于欧洲，但由于可以在美国市场中实现规模经济，其发展却是在美国进步最快。在第二次工业革命中，美国正是借助其广阔的国内市场，开发新产品并大幅提高生产率，成为新技术革命的领导者，并反过来占领甚至垄断技术先发国家的市场。日本着重加大对重要节能技术开发、节能设备推广和示范项目的财政补贴力度，财政预算逐年增加，从2001年的520亿日元，到2007年的1100亿日元，每年约有400亿日元用于补贴家庭和楼房能源管理系统、ESCO和高效热水器等。德国的高铁技术在国际上处于领先地位，但高铁技术却在中国取得了快速的技术进步。我国人口占世界人口的1/5，超过美国、欧盟、日本和俄罗斯的人口总和，正是我们紧紧抓住了世界上最大的内需市场优势，才造就了我国国际领先的高铁产业，正在步步赶超先发国家。

3.1.5 创新发展模式，实现产业赶超

走差异化发展道路，摆脱发展路径依赖。纵观新兴产业地区间的发展经验，不难发现，尽管在部分领域存在白热化竞争，但各国或地区，特别是新兴经济体都不约而同地选择了差

异化新兴产业发展道路，以摆脱先行国家的产业发展路径依赖。发展实践证明，根据本国自身要素禀赋或特色优势来发展独特的技术路线，是摆脱国外技术封锁的捷径。巴西利用甘蔗和木薯发展生物燃料，形成了独特的新能源发展技术路线，促进了本国生物质能源产业的发展。日本、韩国等国利用其对汉文化的了解，对中国中药原材料进行研发，占据国际中药市场。例如，日本生产的救心丹，主要配方就是我国的六神丸，在科技创新的基础上开发出了救心丹，以高价占领此类药品市场。韩国SK在中国研发了治疗高血压的银杏叶提取药物，早在2002年销售额就达到1300万美元。

建设高水平园区，推动产业集聚发展。发展战略性新兴产业，产业布局是关键。世界各国和地区在发展新兴产业的进程中，充分注重产业集聚发展，而高水平园区成为集聚的重要载体。中国台湾为了推动经济转型升级，发展IT产业，在1980年成立新竹科学工业园区。园区占台湾不到万分之四的土地，创造了近5年年均350亿美元的产值，开创了“点硅成金”的成功经验。2013年园区产业营业额达到11 125亿新台币，其中集成电路占据了70%，光电产业占17%。形成了特有的信息技术产业集聚效应。

3.2 主要教训

拉美、日本乃至我国在推进前瞻性战略性新兴产业过程也走了不少弯路，仅仅承接高端产业的低端环节、放任产业无序发展、轻视基础研究对产业的原动力作用、产业发展一蹴而就式的“弯道超车”等教训都值得我们借鉴和深思。

3.2.1 高端产业低端化陷阱

在20世纪八九十年代以前欠发达国家的技术追赶中，战略性新兴产业确实起到了决定性作用。但在当代世界经济中，如果仍将战略性新兴产业笼统地等同于技术追赶的“机会窗口”，已经不再适合。在新一轮技术革命浪潮下，由于模块化生产方式的出现和全球价值链的迅猛发展，发达国家的跨国公司不用再等产品成熟，就可以把新兴产业的新产品加工、组装甚至工序创新等价值链低端环节作为一个产业转移到发展中国家。而发展中国家在新兴产业的早期就可以通过廉价劳动力加入这种新产品的全球化生产体系之中，这被称作“新国际分工”。而反观我国的光伏等战略性新兴产业，仍沿袭了利用劳动力等成本要素的比较优势参与国际分工的老路，这样极易陷入高端产业低端化的困境，被锁定在国际产业链的中低端。

3.2.2 产业发展的自由主义

拉美陷入中等收入国家近半个世纪，原因之一是政府对新兴产业的发展采取放任的态度。在20世纪五六十年代的进口替代时期，拉美国家试图通过贸易保护的工业化改变其在世界经济体系中自然资源出口型经济的不利地位。但自20世纪70年代以来，新自由主义改革放弃了国家对经济的干预，外国资本和市场的力量使大部分拉丁美洲国家又重新走向了静态比较优势的发展道路，这一模式依靠非熟练劳动力和自然资源，严重忽视甚至放弃了国内技术创新和本土基础性R&D投入等“知识密集型”的活动。在20世纪90年代，FDI的大量涌入和并购使拉丁美洲地区主要以两种角色加入世界经济之中，一是日益成为以自然资源为基础的工业产品（钢铁、纸浆、铜和蔬菜、油等）的供给者；二是在装配线工业模式下利用非熟练劳动力为发达国家生产廉价商品。从而在拉丁美洲出现了两种支配性的国际专业化形态。南椎地带国家专业化于自然资源加工业，而墨西哥和小的中美洲国家则从事装配线制造业，所有这些生产都是作为国际生产供给链而加入的，并且都是低附加值的活动，产品设计、研发和技术升级的需求则非常微弱。

3.2.3 轻视前瞻性基础研究

信息产业是日本的支柱产业之一，并一度成为日本经济复苏的引擎。在信息产业培育的初期，引进消化赶超的技术模式，使日本迅速改进了技术装备，节约大量研究开发费用，缩短了与国外先进技术的差距。但是，进入20世纪90年代后，日本从美国等发达国家获得先进技术的难度空前加大，日本难以再引进所需要的尖端技术，原来的模式已经无法为日本经济参与国际竞争和实现持续增长提供动力。日本当时虽然意识到解决技术自主问题的重要性，但实际上日本技术自立问题并未得到真正解决，一直停留在跟踪阶段，计算机芯片竞争的失败更清楚地暴露了日本技术根基的脆弱。到20世纪80年代中后期，日本半导体产量虽然超过了美国，但在需要丰富创造性的CPU的开发上仍然是美国一统天下。究其原因，在于日本信息技术领域基础研究能力薄弱。据1995—1996年日本学术情报中心的调查，在与信息技术密切相关的电气与电子工程、计算机与控制、电气工程等学科领域，日本的基础研究论文数量都排在美国之后，居第2位。但是，从绝对数量来看，日本只有美国的1/3左右。日本当时的研究开发体系仍然以商业为导向，以转化科学成就为具体商品化产品为目标。日本企业在改造生产工艺方面的研究开发投入超过对产品创新的投入，应用技术与基础科学研究畸形发展，创新显得后劲不足。对于当时的新兴领域来说，缺乏创新无疑是致命的错误。

3.2.4 产业大跃进弯道超车

我国许多新兴产业的发展，大部分都选择大跃进式弯道超车，然而，光伏产业倒下的惨痛教训告诉我们，弯道超车越猛摔得越惨。我国的光伏产业起步之初，尚德电力、英利绿能、江西赛维、天合光能等企业走的都是激进扩张路线。当时，仅国开行给江西赛维、天合光能、英利绿能这几家光伏企业的授信额度合计就达2450亿元。在资本市场及银行资金的驱动下，中国光伏企业上演了一场产能大跃进。一马当先的尚德电力，从400兆瓦到2400兆瓦仅用了5年时间。在最疯狂的时候，2008年，英利绿能计划投资120亿元的“六九硅业”（Fine silicon）正式启动。一期3000吨多晶硅生产线于2010年建成，号称“采用新硅烷法工艺，极大地降低能耗和污染”，达产后每千克成本可以降至22美元。然而，不到一年“六九硅业”就现了原形，技术根本不成熟，成本高达每千克60美元以上，生产线状况不断，每季度最多产出几十吨，品质还难以保证。2011财年，英利绿能为“六九硅业”计提了22.75亿元的减值准备（接近一期投资额），宣告项目彻底失败。尚德电力、英利绿能的失败自然有其本身的原因。技术、市场、管理甚至企业领导者心态上都存在问题，这毋庸置疑，导致中国光伏产业深陷困境的是产业界未能正确处理“两头在外”，过分依赖海外市场下的急功近利实现弯道超车带来的后果。在中国光伏企业成气候之初，中国99%的光伏产品销往欧洲市场，其核心原料多晶硅也几乎全部来自国际厂商。许多有识之士对“两头在外”颇有质疑，但尚德电力、英利绿能等企业认为扩大产能就会赢得主动。作为世界第一太阳能电池生产大国，我国众光伏企业吞下的是有规模、无技术的“苦果”。多晶硅提纯核心技术主要掌握在国外七大制造商手中。金融危机爆发以后，欧洲各国在太阳能领域的政策发生重大转变，引起全球光伏市场急剧萎缩，中国光伏企业从欧洲接到的订单锐减，大部分企业歇业停产，库存高价多晶硅较多的企业损失惨重。相反，欧洲、日本光伏企业在本轮危机中却未受太大冲击，关键是他们国内有市场，技术有特长，尽管市场萎缩，但是通过贸易壁垒等手段打压中国企业而得以稳定增长。

4 江苏前瞻性战略性产业发展基础、问题及前景展望

金融危机以来，江苏坚持以市场为导向、以科技为支撑，加强前瞻性战略性产业战略布局，聚焦前沿领域和高端环节，吸引和集聚创新资源，大力转化科技成果，不断增强产业创新能力、市场竞争能力和协同发展能力，前瞻性战略性产业发展取得重要进展。在某些重点领域保持全国领先态势，在核心技术和发展模式上率先突破是江苏赢得未来的关键。

4.1 江苏前瞻性战略性产业发展基础

从江苏前瞻性战略性产业发展来看，有部分产业已进入快速成长阶段，如光伏产业、物联网产业，但大部分产业仍处于萌芽初创期，产业技术本身还不成熟，市场应用刚刚起步，如大数据、3D打印、机器人等。从总体发展情况看，江苏前瞻性战略性产业发展已具备良好的发展基础。

4.1.1 前沿技术水平显著增强

近年来，江苏加强前瞻性战略性产业关键核心技术攻关，发展高端产品，突破高端环节，大力发展产业带动性强的战略整机及产品系统。一是在若干前沿产业领域实现了超前部署。把握新一轮科技和产业革命的发展机遇，目前石墨烯先进碳材料研发产业化、大数据处理未来网络应用居世界先进行列。二是自主研发制造了一大批代表产业制造最高水平的重大整机，例如，世界最大吨位的履带越重机（3600 吨），亚洲第一艘 3000 米深水铺管起重船，国内最大的 6000 马力大功率内燃机车。三是成功实现了一批代表产业技术制高点的战略产品产业化，例如，建成了国内第一条高级别碳纤维生产线（T800）、国内唯一能配套航空发动机用的高性能精密合金、国内最成熟的有机发光显示（OLED）生产线。近年来，江苏全省专利申请量和授权量、企业专利申请量和授权量及发明专利申请量均保持全国第一，并成为全国首个专利申请突破 100 万件的省份，技术标准、软件著作权、植物新品种等产出量也居全国前列，为江苏省前瞻性战略性产业保持创新领先优势奠定了坚实基础。

4.1.2 创新型领军企业快速崛起

行业龙头企业的竞争力就是前瞻性战略性产业的竞争力。恒瑞医药近年来每年上报 2 ～ 3 个一类新药进入临床，已获得国家新药证书 115 个，有 5 个天然抗肿瘤药物国内市场占有率在 50%以上，是中国最具创新力的制药企业之一。南通中远船务以“圆筒型超深海钻井储油平台”实现了国际超深水石油钻井平台领域的重大突破，为江苏船舶与海工装备产业国际地位的提升发挥了重要作用。徐工集团攻克了超大型履带起重机多项关键技术，凭借全球起重吨位和起重力矩最大的 3600 吨履带起重机，成为国际知名的工程机械行业领军企业。

神马电力、星恒电源、凌志环保、联创集团等众多中小企业，依托产业创新，由弱到强，由创新技术的追赶者变成了产业领跑者。

4.1.3 产业链配套逐渐完备

多年来，江苏注重前瞻性战略性产业集成发展，合理配置创新资源，着力突破制约产业发展的关键环节，打造上下游配套产业链，取得了显著效果。江苏风电产业整机制造占全国的 20%、齿轮箱占全国的 65%、风机叶片占全国的 58%、轮毂和支承部件等占全国的 50%，构建了国内最为完整的风电产业链。江苏省内建成的中国第一条、全球第二条集成电路晶圆级封装生产线，标志着江苏集成电路产业已形成芯片设计、芯片制造、封装测试、配套材料及专用设备的完整产业链。在新型显示领域，江苏省已在液晶面板、靶材、高效光学膜、背光源、电子级超纯气体等产业链关键节点拥有自主核心技术。在轨道交通领域，已形成涵盖机车车辆、城轨车辆系统、信号、通信系统、供电与电力保护监控系统、售检票系统、配套设备等较为完整的产业链。

4.1.4 产业集聚程度加快提升

以新兴产业为重点，引导、整合和利用多种创新资源，充分依托各类高新区、科技园区，大力推进地方特色前瞻性战略性产业集聚发展。在全国率先启动建设苏州纳米技术、泰州生物医药、南京通信与网络等“两部一省”科教结合产业创新基地，目前，全省已初步形成南京智能电网、无锡物联网、常州智能制造、苏州纳米应用与医疗器械、昆山新型显示与先进机器人、泰州生物医药等一批前瞻性产业集群。全省建有国家级高新区 10 家、居全国首位，建设 140 家科技产业园，建有 121 个国家级高新技术特色产业基地、居全国第一，培育 7 个国家创新型产业集群试点，推动形成“一区一战略产业、一县一主导产业、一镇一特色产业”的发展格局。2013 年，全省 23 家省级以上高新区集聚了全省 40% 以上的高新技术企业、60% 以上的“国家重大人才工程”创业类人才，创造了全省 20% 的地区生产总值，构建了前瞻性战略性产业发展高地。

4.2 江苏发展前瞻性战略性产业主要做法

4.2.1 大力推进前瞻性战略性科研成果产业化

科研成果产业化是前瞻性战略性产业由技术向产业迈进的关键环节。江苏省政府很早就设立了科技成果转化专项资金，引导省内外高校院所的重大科技成果来苏转移转化，重点支持创新水平高、市场容量大、产业带动性强的成果转化项目，培育前瞻性战略性产业，扶持高成长性企业。省级资助经费已达到每年 12.5 亿元，至今 10 年间累计立项支持 1118 个项目，投入省财政资金 107 亿元，平均每年支持 100 多个项目，省级财政对项目支持强度达到 1000 万元左右。目前，1118 个项目累计形成 3000 多个前瞻性重大目标产品，销售收入 4899 亿元、利税 838 亿元，150 余家项目承担企业成功上市。

4.2.2 积极开展产学研前瞻性研发

坚持把产学研结合合作为提升前瞻性战略性产业创新能力的主要途径，大力发展省部合作、省院合作、校地合作、区域合作、国际合作。2013 年年底，江苏省各级政府部门与中国科学院、中国工程院、北京大学、清华大学、中国电子科技集团等高校院所签订的合作协议达1300多份；各地政府、科技园区与高校院所合作共建创新载体和工作机构累计达732个，其中各类研发机构289个；有980多家高校院所与江苏省企业建立长期稳定合作关系，其中90%以上的“985”“211”高校在江苏建有共建研发机构，全省年实施各类前瞻性战略性产学研项目15 000多项，其中与中国科学院的合作项目达1300多项，年产出达789亿元，连续8年保持各省（区、市）第一。2013年，全省实施产学研前瞻性战略性联合研究项目250项，建有校企联盟8400多个。

4.2.3 加快建设前瞻性战略性产业投融资体系

坚持把创新投入作为支撑前瞻性战略性产业发展的战略性投资，以建设全国首个促进科技和金融结合试点省为契机，加快构建产业多元化、多层次、多渠道投入机制。加大政府引导力度，制定出台《关于加快促进科技和金融结合的意见》等一系列政策文件，建立科技、金融、财政部门与“一行三局”联动机制，启动建设15个省级科技金融合作创新示范区。加大机制创新力度，新设29家科技支行、63家科技小贷公司，在全国率先实现省辖市和高新区全覆盖；扩大科技保险试点，推行知识产权质押，“科技之星”贷款业务荣获中国银行业协会“十佳特优产品”评选第一名。加大创业投资发展力度，设立首期2亿元的省级天使投资引导资金，采取风险补助、阶段参股、跟进投资等方式，引导社会资本更多地投向前瞻性战略性研发活动，2013年，全省创投管理资金规模较2010年翻一番，达1500多亿元。

4.2.4 不断完善前瞻性战略性产业创新体系

加强前瞻性战略性产业研发载体建设，引进建设了中国科学院纳米所、医工所、物联网研究发展中心和能源动力中心等一批新型重大创新载体，全省建有产业技术研究院、重点实验室、工程技术研究中心等各类研发机构5000多家，大中型工业企业研发机构建有率超过85%，企业院士工作站、研究生工作站、博士后工作站等1200个。部署建设南京无线谷、苏州纳米、无锡传感、泰州医药等国家级创新平台基地，以一流创新平台集聚一流创新资源，打造一流产业技术创新中心，大力推进前瞻性战略性产业发展壮大。与此同时，近年来，江苏大力实施“高层次创新创业人才引进计划”等创新人才战略，以前瞻性战略性产业布局为导向，以企业需求为重点，累计引进海内外前瞻性战略性产业高层次人才9万多人，创新创业团队2200多个，有320人入选“国家重大人才工程”，其中创业类人才154人，占全国近30%，居全国第一。

4.3 江苏前瞻性战略性产业发展主要问题

4.3.1 总体竞争能力和自主创新能力还不高

江苏省前瞻性战略性产业已形成了比较完备的创新体系，这有利于吸纳转化国内外各方面的创新成果。但按现代产业体系建设要求，江苏省前瞻性战略性产业在国际竞争中的优势还不够突出，特别是产业研发水平不高，核心技术掌控能力不强，研发投入占销售收入比重低于1%，与发达国家的3%以上差距明显。突出表现在：一方面，产业布局偏散。前瞻性战略性产业趋同现象较为严重，不同地区的前瞻性战略性产业特色不明显，很难集聚高端人才和专业化创新载体，造成低水平重复竞争。在产业发展中也不同程度地存在一哄而上的现象，产业趋同，产品单一，例如，太阳能光伏领域从事简单组件生产的企业遍布全省各地，近 600 家，但从事新型电池和核心装备研发的企业却不到 20 家。另一方面，产业环节偏低。前瞻性战略性产业意味着更高的附加值，但是江苏省一些前瞻性战略性产业没有获得高利润，反而进入了低附加值陷阱，一些产业中职工从事的工作和传统制造业没有什么本质区别。国际经验表明，一国在前瞻性战略性产业链低端活动的成功，并不会带来在这些前瞻性战略性产业高端活动如设计、开发、品牌推广等领域的成功。事实上，在一些高技术企业里，江苏省仍然处于价值链的老位置上，被锁定在组装、加工制造低附加值环节，并继续付出资源消耗和环境污染的沉重代价。江苏省 411 家外资研发机构主要开展企业内部测试、检测，具有研发活动且独立的不到 15%，技术溢出效应不显著。

4.3.2 高新园区对前瞻性战略性产业的带动与辐射作用还不突出

一是高新区缺乏特殊政策支持。高新区首先是政策特区，像陕西、湖北举全省之力建设高新区，对西安高新区实行土地利用计划单列，区内取消农业和非农业户口的划分，东湖高新区每年新增用地占全省新增指标的 1/7。这几年，江苏省高新区建设基本以地方为主，区内外政策已经拉平。二是创新平台资源还不够集聚。一流的高新区必须是各类人才、资本、研发机构等高度集中的创新资源富集区。武汉东湖高新区集聚了 18 个国家重点实验室、15 个国家工程研究中心，中关村吸引境外创业投资量、在纳斯达克上市企业数均占全国的 1/2。而江苏省 10 个国家高新区正式批复的国家重点实验室只有 6 个、国家工程研究中心仅有 7 个。三是特色产业发展不显著。这几年高新区产业特色在增强，但具有自主知识产权的名牌产品不多、骨干企业规模不大、产业层次不高，前瞻性战略性产业特色优势不明显，特别是缺少像中关村的信息技术、张江的生物医药、东湖的光电子等在国内外叫得响的品牌。

4.3.3 科教资源优势尚未形成产业发展优势

江苏是科教大省，科教资源总量居全国前列。但与前瞻性战略性产业发展的巨大需求相比，科教资源的活力还没有充分释放，特别是在产学研结合的体制机制上还存在束缚。一是高校科研活动的应用导向不是很突出。考核上仍存在重论文发表、影响因子等指标，科研人员应用研发与转化的积极性尚未得到充分发挥。高校研发经费中，用于产品开发的试验发展经费占比只有 14.8%，低于全国平均水平。二是科研院所的组织管理机制存在缺失。江苏省部省属科研院所 131 家，这些院所具有较强的创新能力，在行业排名中都很靠前，在研发方向和领域上更贴近江苏省前瞻性战略性产业发展。但部属科研院所与地方的联系松散，渠道不畅，尽管推动成立了科研院所联合会，但属于临时性的民间组织，联系范围和作用有限。三是对科技人员的激励机制有待加大。在推动科技人才创新创业上力度还不够大，省内高校职务技术成果个人持有比例多的也就在 30% ～ 40%，相当一部分高校只有 20% ～ 25%，而省外许多高校已达 70% 左右。四是市场化服务机制建设滞后。市场对科技资源配置的基础性作用发挥不够，风险投资活力不足，产权交易、技术转移等中介服务市场体系还不健全，高校科研成果的 2/3 靠科研人员个人对接企业转化，通过中介机构的不到 10%，江苏省全年技术合同额只有中关村的 1/5，万人吸纳技术成果金额仅列全国第 11 位。

4.3.4 产业创新环境有待进一步完善

近年来，江苏省在前瞻性战略性产业创新的科技投入、科技金融结合、优惠政策落实等方面加大力度，采取有力措施，营造了良好发展环境。支持前瞻性战略性产业创新的省成果转化专项资金每年就达12亿多元，各类创业投资机构500多家、资金规模超1700亿元，科技税收减免增长40%以上，2013年达245亿元，但前瞻性战略性产业创新环境建设仍存在不少问题，需要进一步加以完善。成果转化环节重视不够，过多强调产业化目标考核，导致重大原创性科技成果不多，企业转化前瞻性技术积极性受挫，例如，制约整个光通信产业核心瓶颈的光纤预制棒研发，受国际垄断公司打压，一直亏损，企业独自承担创新风险。自主创新优惠政策落实不能完全到位，重大创新产品在应用推广中不能得到很好扶持，尚处于成长期的企业自主创新难以为继。江苏省重点支持的半导体照明产业核心装备MOCVD，各项性能指标均处于国际先进，但在推广过程中因各地方政府扶持LED产业政策和补贴资金都用于购买国外设备，重大自主创新产品得不到有效扶持。尚未能运用市场机制建立产业风险预警，对前瞻性战略性产业创新市场风险进行宏观分析、评价预测，指导企业服务企业开展创新，还没能建立有效机制。例如，光伏产业产能过剩，半导体照明的过热投资等，若能及早进行产业预警，则可避免一哄而上的被动局面。

4.4 江苏前瞻性战略性产业发展展望

4.4.1 有望在某些重点领域抢占全球发展先机

近年来，江苏努力把握新一轮科技和产业革命的发展机遇，已在若干前沿产业领域实现了超前部署，在物联网、3D打印、大数据与未来网等领域达到世界先进水平，有望在未来全球竞争中谋得一席之地。例如，在物联网领域，无锡市已经积聚了一大批研发机构和创新平台，形成了较为完善的物联网产业链，在硬件产品制造、软件开发、系统集成、运营服务等各环节已拥有以国睿集团、美新半导体、南瑞集团、三宝科技、熊猫电子、中兴软创、华为技术、华东科技、双桥传感器、江苏中矿智慧物联网等为代表的一批骨干企业。美新半导体（无锡）有限公司MEMS磁传感器性能达到并部分超过国际先进水平，打破了国外的技术壁垒。中国矿业大学物联网工程研究中心研制的可感知井下人员周围环境信息的智能终端，总体技术达到国际先进水平。无锡物联网研究院等制定的一系列物联网标准，部分已被国际标准化组织全面采纳。又如，在3D打印领域，已成立省三维打印产业技术创新战略联盟，拥有南京紫金立德、飞而康、昆山永年先进制造等行业领军企业，拥有颜永年等国内3D打印领域领军人才。

4.4.2 将继续保持国内领先态势

江苏在发展前瞻性战略性产业上的优势在全国可谓得天独厚。区域创新能力实现“五连冠”，全社会研发投入占地区生产总值的比重达2.35%，知识产权综合指数连续5年增长率居全国第一，综合水平跃居全国第二；人才综合竞争力居全国第二，研发人员超过50万人、规模居全国第一。在新兴产业发展方面，2013年，全省十大战略性新兴产业销售收入达4.7万亿元，同比增长18%，占规模以上工业总产值的比重超过35%，产业规模位居全国前列。无论从技术还是从规模来看，在多个新兴产业领域，江苏都居全国前列，如光伏产业规模占全国的55.2%、全球的21.8%。生物医药行业销售收入占全国的12%，位居全国第一，部分药物已占据欧美主要市场份额。在电子信息领域，软件产业规模占全国的10%；集成电路产业规模占全国的42.9%，稳居国内之首；封装测试多年保持全国第一；晶圆制造名列第二。在节能环保领域，规模全国第一，全省拥有21个中国名牌产品、16个中国驰名商标，水处理设备占全国40%的市场份额；机动车尾气催化转换器占全国60%的市场份额。

4.4.3 关键在于能否在核心技术和发展模式上率先突破

未来前瞻性战略性产业的发展，关键取决于两点：一个是在关键核心技术上能否率先突破；另一个是在产业主导设计上能否占得先机。前者需要加强前瞻性技术的布局和研发，后者则需要鼓励创新型企业百花齐放、百舸争流。在关键核心技术方面，仍是江苏产业高端攀升的瓶颈，例如，在新能源产业，光伏产业中多晶硅提纯核心技术主要掌握在国外七大制造商手中，风能产业缺乏风电机组核心技术；新材料产业缺乏燃料电池与储氢材料、非晶材料等方面的关键核心技术；在下一代信息技术和软件产业中，集成电路核心技术仍掌握在跨国IT巨头手中；物联网行业在操作系统、云存储、云计算等方面的核心技术均由发达国家的企业所掌控，芯片、传感器等基础硬件基本上依赖进口。在创新型企业发展环境方面，存在机制不畅、体系不全的问题。一是市场配置资源的决定性作用没有充分发挥。人才引进、成果转化等还比较多地依靠政府主导、政策拉动，政府与市场的关系还有待进一步厘清。二是科技创新中的“孤岛现象”比较突出。创新资源碎片化，上下游企业之间、产学研之间的协同难度比较大，条块分割、资源分散，难以形成重大成果。三是政策环境不够完善。高新技术企业认定、研发费用加计扣除、股权分红激励等政策在落实上仍有较多障碍。四是社会化服务体系有待健全。科技服务机构的能力和水平不高，难以满足企业旺盛的创新服务需求。

5 江苏发展重要前瞻性战略性产业的战略思考

随着新科技革命和产业变革的孕育兴起，一些势必在未来全球产业竞争体系中占据核心地位的重要前瞻性战略性产业已经显现出来。江苏应围绕贯彻落实党的十八大、十八届三中全会精神和习近平总书记对江苏工作的3项重点要求，紧紧抓住新科技革命和产业变革带来的历史机遇，精心谋划、提前布局、科学指导，坚持创新驱动发展，深化产业结构调整，推动重要前瞻性战略性产业加快创新成长、发展壮大，带动整个产业体系实现新突破，努力形成经济发展新动力，把握国际竞争主动权。

5.1 总体思路

着眼于在新科技革命和产业变革中抢占先机、打造“江苏领先”发展优势的战略定位，强化机遇意识、问题导向，借鉴世界主要创新型国家和地区的发展经验，紧紧围绕数字制造、新材料、新能源、未来网络、生命健康五大重要前瞻性战略性产业，突出高端化引领，坚持深化改革，加强政府在前瞻性技术领域的超前布局和研发投入，建立健全产业创新发展的政策体系、技术开发体系和支撑体系，扶持新技术、培育新业态、推广新模式，打造前瞻性战略性产业不断孕育发展的自由竞争市场、产学研协同创新体系和人才金融支撑环境。充分发挥市场机制的作用，发挥创新型企业在组织创新资源、加强应用技术研发、转化科技成果、建立技术标准、争夺主导设计及规模化生产中的主体性作用。以“强政府+强市场”的发展模式，聚力推动重要前瞻性战略性产业加速成长，率先突破、抢占竞争制高点，带动整个产业链体系实现高端化、开放式、可持续发展。

5.2 基本原则

遵循规律、借鉴经验、立足实际，培育发展前瞻性战略性产业应当坚持以下几点原则。

——尊重规律，科学引导。遵循科技和产业发展规律、企业成长规律和市场经济规律，科学选择重点发展的前瞻技术和产业方向，科学制定产业发展规划和政策支持体系，注重采取需求侧、普惠性和定向调控的支持方式，充分发挥市场决定作用，更好发挥政府作用，营造有利于前瞻产业成长的生态环境。

——协同合作，开放创新。突出科技创新在前瞻产业发展中的“芯”动力作用，以提升自主创新能力为核心，突出产学研用协同创新，强调全球范围政府间、行业间、企业间多层次多渠道的开放创新，在产业关键技术领域积极创新、寻求突破，更高层次地参与国际分工，融入全球前沿技术研发体系，实现价值链的高端攀升。

——明确方向，重点突破。立足江苏省经济产业发展基础和科教人才资源优势，以技术创新、商业模式创新和服务模式创新为先导，以抢占未来市场为目标，明确重点发展的前瞻性战略性产业领域和关键技术方向，集中力量、联合攻关、重点突破，力求掌握核心技术，形成竞争优势，由点及面，带动产业链整体创新力和竞争力大幅提升。

——着眼长远，融合发展。以增创长远发展优势、抢占未来发展先机为考量，关注单一领域技术发展、更关注全行业技术创新，强调企业创新、更强调产业协同创新，注重同业竞争、更注重跨界竞争，促进传统产业、新兴产业与服务业互动融合发展，不断提升江苏现代产业体系的自我完善、持续创新和科学发展能力。

5.3 产业布局

深入分析把握新一轮科技革命和产业变革的技术发展方向，结合新型工业化与现代信息化、生态文明建设与新型城镇化融合发展的战略需要，在广泛咨询专家意见的基础上，建议瞄准国际前沿，面向未来 5 ～ 10 年，优先布局发展数字制造、新材料、新能源、未来网络、生命健康五大重要前瞻性战略性产业。

5.3.1 数字制造

数字制造使“大规模定制”替代“大规模生产”成为可能，代表世界制造业未来发展的方向，是实现“江苏制造”向“江苏智造”转变的核心领域。适应江苏制造业转型发展的需要，未来要重点聚焦发展 3D 打印、物联制造、智能机器人、极端制造等产业方向。

3D 打印：3D 打印技术作为快速成型领域的一种新兴技术，是制造业领域的一次重大技术革命。江苏省已有部分技术处于世界先进水平，如南京紫金立德、飞而康成为国内 3D 打印领域领军企业。要重点突破关键材料、软件控制等一批核心技术，加快已成熟的实用技术的推广和应用，提升 3D 打印技术水平与国际竞争力。

物联制造：物联制造技术基于 RFID 技术、传感器技术、嵌入式系统技术等物联网技术，构建现代制造物联网络，能催生新的现代制造模式。江苏省发展物联制造技术具有得天独厚的优势，要把智能工业作为物联网产业发展的重要切入点，依托无锡、常州等地区，重点支持高端装备嵌入式系统技术开发及应用、制造业RFID系统集成技术开发与应用、物联制造集成技术开发与应用，抢占物联制造技术和产业的制高点。

智能机器人：智能机器人技术是集机械、微电子、光学、材料、控制、仿生等多学科交叉的战略性高技术。要重点开展高端仿生科技前沿技术研究，攻克机器人标准化、模块化核心部件关键技术，研发智能工业机器人、公共安全机器人及仿人机器人等典型产品和系统。

极端制造：极端制造是指在极端条件下，制造极端尺度或极高功能的器件和功能系统。要重点研究微纳机电系统、微纳制造、超精密制造、巨系统制造和强场制造相关的设计、制造工艺和检测技术，提升极端制造的竞争优势，支撑全省特色产业和战略性新兴产业跨越发展。

5.3.2 新材料

材料产业是基础性和支柱性战略产业，任何其他产业的突破必定以新材料的突破为前提，抓住新材料就抓住了整个产业体系转型升级的关键。江苏新材料产业发展位居全国前列，苏州工业园区是世界微纳领域具有国际代表性的八大产业区域之一，赛力菲是国内仅有的几家批量生产耐超高温连续碳化硅纤维的企业之一，在膜材料、高温超导材料研发领域也有显著进展。依托良好技术优势和基础，未来要重点聚焦发展纳米技术及材料、高效分离膜材料、高温超导材料、超高温材料等产业方向。

纳米技术及材料：我国在纳米基础研究方面做出了一系列原创性的重要成果，纳米科学技术专利授权数量已位居世界第二。要重点在纳米科技前沿研究、纳米材料制备技术、纳米材料和器件应用技术等方面进行加快推进；以苏州工业园区为核心，在南京和苏州等地，加快集聚一批纳米技术创新资源和产业资源，使江苏省成为国内发展水平最高、国际一流的纳米技术创新高地和产业高地。

高效分离膜材料：高效分离膜是新型高效分离技术的核心材料，已经成为解决水资源、能源、环境等领域重大问题的共性技术之一。江苏的膜材料产业走在全国前列。要加快前期研发和技术储备，重点发展水处理膜、特种分离膜、离子交换膜等高性能膜材料，开发高能量纳滤膜、生物反应专用膜、陶瓷及膜反应器等重大产品，推进重大膜技术及材料在海水淡化方面的应用示范，构建较完整的高性能膜材料创新链和产业链。

高温超导材料：高温超导材料一般是指临界温度在绝对温度 77 K 以上、电阻接近零的超导材料，是更接近于实用的超导材料，可广泛应用于电力、运输和IT等行业。江苏的高温超导材料研发进展较快，在高温超导滤波器方面的研发取得重大突破。要重点突破高性能、低成本铋系高温超导线材制备技术、实用高温超导材料成材技术，以及超导电机、高效超导电力器件、超导生物医学器件等产品。

超高温材料：超高温材料是指能在 1500 ℃以上高温中稳定工作的耐超高温材料，具有耐高温、低密度、高强度等特点，在航空航天、核能、燃气发电等领域具有广泛的应用前景。江苏在超高温陶瓷材料、超高温复合材料等方面具有一定基础，要重点在超高温材料性能及表征、新型超高温复合材料及制备技术、超高温功能器件等方面取得突破。

5.3.3 新能源

地球上的能源资源是有限的，各国都在寻找能够替代传统能源的低碳环保、安全高效的新能源，掌握了新能源就掌握了能够直接改变人们生产生活方式的“金钥匙”。近年来江苏省把推进生态文明建设与加快转型升级紧密结合，挖掘需求潜力，扶持新能源产业发展，光伏电池组件产量约占全球产量的1/4，节能环保产业产值规模位居全国第一。着眼于在国际竞争市场中掌握核心技术，未来要重点聚焦发展大规模储能、分布式能源、智能电网、下一代光伏与风电等产业方向。

大规模储能：大规模储能是智能电网、可再生能源接入、分布式发电、微电网及电动汽车发展必不可少的支撑技术。目前大规模储能在我国的发展刚刚起步，要加快制定产业标准，重点突破复合储能、相关材料技术和应用技术，支持已具有创新基础的骨干企业发展壮大，尽快形成较大的产业规模。

分布式能源：分布式能源将各种能源进行系统优化整合来满足用户需求，能显著提高能源利用效率。国家到2020年将累计直接增加投资上万亿元，推动分布式能源发展。要重点突破分布式能源系统集成技术，加强多能互补发电系统、风/光/储互补、水/光/储互补发电系统等集成技术研发突破。

智能电网：智能电网是在发电、输电、变电、配电、用电和调度各环节，广泛利用先进的信息和材料等技术，实现低碳能源的大规模接入与利用。我国推进智能电网建设布局较早，主要依托信息、控制和储能等先进技术，发展特高压等大容量、高效率、远距离先进输电技术。要重点围绕低碳能源发电接入、输变电、配用电等各个环节，不断提升电网的输配能力和综合社会经济效益。

下一代光伏与风电：光伏和风电产业是低碳能源中发展最为成熟的两个新能源产业，发展前景依然看好。目前我国光伏和风电行业遭遇到困境，深层次的原因还是核心技术“受控于人”。要加强多领域交叉合作研究，以薄膜电池、高效聚光太阳能电池、BIPV组件、海上风电场建设施工、关键零部件设计及制造等关键核心技术的突破，带动太阳能和风力发电产业的整体技术水平，显著提升新能源产业在全球的核心竞争力。

5.3.4 未来网络

网络发展的趋势是智能化，伴随通信带宽技术的突破，人们将通过网络工作、消费、投资实现近乎虚拟化的生产生活状态。经国家有关部门批准，南京、苏州等市开展国家下一代互联网示范城市建设，无锡开展国家云计算服务创新发展试点示范城市建设，同时成为我国唯一的IEEE智慧城市建设试点城市，为江苏省未来网络发展提供了重要机遇和平台。抢抓世界网络技术和应用发展的重大机遇，未来要重点聚焦宽带通信、移动互联、云计算、物联网、大数据等产业方向。

宽带通信：宽带通信技术以光通信、无线通信技术为基础，具有宽带化、智能化、融合化、集成化等特征，是发展现代产业体系、培育战略性新兴产业的重要基础和载体。要加快推动IPv4/ IPv6网路互通设备，IPv6的高速、高性能网络和终端设备、支撑系统、网络安全设备、测试设备及相关芯片的研发和产业化，能大幅提高宽带通信产业核心竞争力。

移动互联：移动互联技术是移动通信技术和互联网技术的融合，是一种新型的数字通信模式。以华为、中兴为代表的中国通信装备制造业巨头迅速崛起，深刻改变了国际通信装备制造业企业竞争格局。要重点突破TD-LTE等一批关键核心技术，推进第四代移动通信

（4G）设备和终端向智能化、融合化方向发展，初步将南京、苏州建成国家级移动互联的示范区，积极参与国际竞争与国际标准的制定。

云计算：云计算是新一代信息技术的核心，以资源聚合和虚拟化、应用服务和专业化、按需供给和灵便使用的服务模式，提供高效能、低成本、低功耗的计算与数据服务，支撑各类信息化的应用。要大力推进无锡市国家云计算服务创新发展试点示范城市建设，打造省级云计算公共服务平台，重点攻克服务器虚拟化、海量数据存储、身份验证等核心技术，实现云计算应用和产业联动、“云”和“端”的融合发展。

物联网：物联网是指将各种信息传感设备与互联网结合起来而形成的一个巨大网络，其技术框架可以分为感知层、传输层、智能处理层和应用层 4 层结构。要重点突破智能传感器、RFID 等一批关键技术，建设国家电子信息（传感网）新型工业化产业基地和国家传感网工程研究中心等一批国家级创新平台与载体，形成以无锡为核心、苏州南京为支撑的产业发展格局。

大数据：大数据或称巨量资料，指在合理时间内达到撷取、管理、处理巨量信息资料的技术。2012 年，美国政府就将“大数据战略”上升为国家战略。奥巴马政府曾宣布投资 2 亿美元拉动大数据相关产业发展，将大数据定义为“未来的新石油”。我国大数据产业的发展已经初具规模，未来要重点加强大数据与云计算的融合发展，促进大数据采集和预处理、存储和处理、分析和挖掘技术的突破。

5.3.5 生命健康

对生命健康的追求属于世界经济发展和新科技革命的原始驱动力，随着经济生活水平的不断提高和人口老龄化的发展，社会对生活生命质量的需求将更加强烈，倒逼生物、制药等技术加速突破。江苏是医药制造大省，医药行业工业总产值、主营业务收入、利税和利润均位居全国前列，苏州昆山小核酸产业基地、泰州“中国医药城”创新发展，在我国医药行业占据优势地位。发挥现有优势、提升竞争优势、谋求长远发展优势，未来要重点聚焦生物制造、生物育种、基因药物、干细胞与再生医学、智慧养老等产业方向。

生物制造：生物制造是以基因工程、合成生物学及发酵和酶转化等先进生物技术成果的应用为基本特征。大力推进酶工程、发酵工程技术和装备创新，重点突破合成生物学、微生物基因组育种、工业酶分子改造等核心技术，着力打造常州、无锡生物工业基地，初步建成江苏现代生物制造创新体系。

生物育种：生物育种运用现代生物技术来培育优良生物。江苏省以转基因抗虫棉为标志，在转基因育种领域具有国际水平。要重点突破种质资源创新、新品种创制、制繁种、种子加工和质量保障等关键技术，扶持一批“育繁推一体化”龙头企业和专业性中小型优势企业。

基因药物：基因药物是指采用基因工程技术研制，用于预防、诊断和治疗某种疾病且传统制取方法难以替代的特殊药物。要充分利用江苏省在核酸药物、基因工程和蛋白质等领域的研发优势，强化基因疫苗、蛋白质组学、分子诊断等技术研发，支持昆山小核酸产业基地和泰州“中国医药城”创新发展，培育出具有自主知识产权的基因药物，打造以基因药物为主要产品的产业集群。

干细胞与再生医学：干细胞与再生医学是通过干细胞移植、分化与组织再生，促进机体创伤修复、治理疾病，该领域已成为衡量一个国家生命科学与医学发展水平的重要指标。要以技术突破带动龙头企业成长和产业集群形成为主要思路，重点布局干细胞再生修复治疗的机制研究，取得干细胞应用领域关键技术重大突破，推动干细胞临床治疗评价体系的建立，建设“中美再生与转化医学研究中心”，着力推进南通和泰州中国医药城高水平研发基地建设。

智慧养老：简单来说，智慧养老就是利用物联网技术，通过各类传感器，使老人的日常生活处于远程监控状态，属于物联网技术在生命健康领域的应用。我国老龄人口规模巨大，智慧养老产业拥有巨大的市场前景。要将智慧养老与智慧城市的建设结合起来，重点在交互智能、智能决策和快速服务网络体系建设上有所突破。

6 江苏发展重要前瞻性战略性产业的政策建议

在新的时代背景下发展重要前瞻性战略性产业，要牢固树立深化改革的意识和导向：一是改革政府引导产业发展的传统方式，更加注重自由竞争市场、企业创新主体地位和知识产权制度建设，为重要前瞻性战略性产业萌芽崛起培育沃土、保驾护航；二是改革创新产学研用协同研发组织形式，重点推进省产业技术研究院发展、产业创新国际化和创新创业服务高端化，探索前瞻性战略性产业培育发展新模式；三是改革财政资金直接资助产业发展的单一模式，通过部门资金统筹、财政杠杆作用、资助项目考核等手段，带动社会资本、金融资本转化为前瞻性战略性技术创业的产业资本；四是改革创新以人才国际化促进产业高端化机制，通过人才集聚、人才培养、人才开发的国际化，建立一支能够为前瞻性战略性产业持续发展提供原动力的人才队伍。着力打造各类市场主体主动运用新技术、创造新产品、培育新业态、增创竞争力的“江苏生态圈”，推动前瞻性战略性产业不断孕育兴起、成长创新、发展壮大。

6.1 科学引导布局新兴产业发展

前瞻性战略性产业往往诞生于新兴技术领域，新兴技术产业化初期具有高投资、高风险、低收益甚至无收益特征，很难得到风投机构等市场主体的青睐而获得快速发展。需要政府部门更好地发挥设计者、协调者、推动者作用，科学规划做好前瞻性新兴产业发展顶层设计，集成政策、资金等创新资源支持新兴产业快速发展。

6.1.1 科学遴选重点发展的战略性新兴产业

吸引两院院士、诺贝尔奖得主等国内外顶尖专家为参与主体，组建江苏省前瞻性战略性产业发展专家咨询委员会。掌握世界新兴产业变革前沿态势，把脉未来产业发展方向，定期提出重点前瞻性战略性产业遴选支持建议，指导省重大科技项目实施，提升战略效益。

6.1.2 科学规划引导战略性新兴产业加速发展

加强对江苏省“十二五”战略性新兴产业发展规划落实情况的评估监测，全面掌握新能源、新材料、生物技术和新医药等十大战略性新兴产业发展状况，针对遇到的问题采取相应的对策举措，确保规划目标如期实现。建立健全战略性新兴产业培育和发展规划动态调整机制，根据国家科技与产业发展规划，重点借鉴美国、日本等发达国家产业支持重点的转移，2016年，江苏省科技厅发布了《江苏省“十三五”战略性新兴产业发展规划》，集成资源，创新政策，推动前瞻产业快速健康发展。

6.1.3 科学统筹优化区域战略性新兴产业布局

江苏省苏南、苏中、苏北地区经济发展基础和产业结构水平存在显著差异，应当坚持分类指导，采取差异化策略布局新兴产业发展。苏南地区要发挥产业转型先行者作用，瞄准世界前沿技术创新、产业化，主动承接上海自贸区建设带来的辐射溢出效应，优先完善科技创新创业环境，集成政策项目支持，集聚国际化高端人才资源，着力打造具有全球竞争优势的前瞻性战略性产业高地。苏中地区要放大临近上海、苏南等区域经济中心的区位优势，拓展与上海自贸区、苏南各市对接合作的广度和深度，积极发展海洋工程装备、生物技术与新医药、新材料等与本地资源禀赋结合紧密的新兴产业，加快实现产业发展的“苏中崛起”。苏北地区要充分运用省级相关产业发展专项引导资金、重大产业项目用地计划点供等，通过与苏南地区合作共建产业园区等方式，打造一批战略性新兴产业“飞地”，主动承接苏南地区新兴产业梯度转移，积极争取产业链高端项目落户，努力实现产业发展的“苏北跨越”。

6.2 强化市场驱动加速产业成长

前瞻性战略性产业是基于市场的充分竞争性行业，尽管在初创阶段离不开政府的政策拉动，但要获得长远健康发展更需依靠市场驱动。中共中央、国务院多次强调，发展战略性新兴产业，需要更多地发挥市场机制的作用。完善自由竞争的市场环境，健全知识产权制度，激发市场主体积极性，使各类企业在市场驱动下主动运用新技术、创造新产品、培育新业态，提升竞争力、避免被淘汰，才能最终实现整个前瞻性战略性产业集群的快速成长壮大。

6.2.1 简政放权完善市场体系，为前瞻性战略性产业萌芽崛起培育“沃土”

通过取消行政审批事项、制定负面清单等形式，鼓励和支持各类市场主体依法平等进入清单之外产业、行业领域，促进智慧云商、互联网金融、移动支付、移动生活等前瞻性新生技术产业在市场驱动下萌芽成长。进一步完善包括金融市场、土地市场、劳动力市场、技术市场等在内的现代市场体系，打破要素市场行政分割，提升战略性创新资源配置效率，促进前瞻性战略性产业在各市间错位竞争、“破土”兴起。

6.2.2 突出企业创新主体地位，聚力培育一批战略性新兴产业领域具有国际竞争力、领导力的跨国企业

鼓励有实力的企业依靠创新做大做强。鼓励企业牵头整合产业链上下游资源，编制出台关于鼓励企业与国外研发机构合作开展技术攻关的实施意见，支持企业走出去开办研发中心。支持企业发展新型业态。鼓励企业开展商业模式、服务模式创新，在科技计划实施中，保证一定的模式创新项目资助比例，引导各类企业依靠创新加快崛起。扶持科技型中小企业发展。开展企业创新优惠政策落实评估与督促，对企业按照享受研发费用加计扣除免税额50%的比例进行奖励，拓宽可以申报高新技术企业认定的领域范围。

6.2.3 重点完善知识产权制度，为战略性新兴产业积极创造、运用知识产权实现创新驱动发展保驾护航

江苏作为全国首个实施知识产权战略示范省，要注重知识产权信息利用，尽快建立前瞻性战略性产业专利信息数据库，导航未来产业发展；加强知识产权战略运营，开展战略产业和关键领域知识产权引进、集成、二次开发，以及储备运营、集中管理和集成运用等；积极推动知识产权国际合作，加强海外知识产权布局，主动参与国际标准制定；完善知识产权应用机制，鼓励运用知识产权进行投资入股、股权激励、岗位分红、销售利润提成等。

6.3 产学研用协同共促产业创新

在创新驱动发展的时代，单纯依靠某一经济个体实现产业技术突破创新已不大现实，科技和产业的变革发展更加依赖于以产学研用协同创新为主要形式的创新驱动力。无论是美国的硅谷、我国台湾的新竹等世界高技术产业基地的发展经验，还是解决当前科技和经济“两张皮”问题的现实需要，都表明：产学研用协同合作，最有利于前瞻性、战略性、新兴产业创新发展。

6.3.1 支持江苏省产业技术研究院改革创新，探索前瞻性战略性产业培育发展新模式

制定出台关于加快推进江苏省产业技术研究院建设发展的若干政策措施，实施市场导向的创新资源配置方式、更加灵活的职务成果处置和人才管理激励办法，在产学研结合的组织形式、管理体制、运行机制等方面积极突破创新，开创高校、科研院所、企业、金融机构、人才和政府部门紧密协作，共同开展新兴产业关键技术攻关、前瞻性产业技术创新与市场化、科技型企业孵化和公共技术研发服务新模式，为前瞻性战略性产业兴起开辟更高水平的创新“源”平台。

6.3.2 千方百计集聚国际前沿创新平台，加快融入前瞻性战略性产业国际创新体系

出台专门政策，鼓励各地尤其是苏南各市、各园区、有实力的企业与美国、以色列等世界主要创新型国家研发机构建立合作关系，建设一批科研型国际合作大学、联合研发机构，主动承办各类国际性产业发展论坛、技术研讨会议等活动，加快融入全球前沿创新体系，不断激发江苏省参与国际前沿产业技术创新的活力和动力，打造国际高技术创新江苏新高地，最终实现在世界前瞻性战略性产业竞争领域的高端跨越。

6.3.3 创新政策推动技术成果加速转化，推动前瞻性战略性产业进入创新发展“快车道”

通过渠道创新、机制创新和管理创新，打通科技成果从实验室到市场的快速通道，保障技术创新成果及时在市场上得到应用。强化技术创新市场导向，鼓励高校、科研机构瞄准市场需求开展应用技术创新，建立完善政府资金以“后补助”方式对科研机构承担企业委托重大产业技术创新项目资助机制，促进科技投入成果化、科研成果产业化。大力建设科技孵化器、加速器，重点打造一批由公司创办、管理、运营的市场化能力型科技孵化器，为前瞻技术创新创业提供高端服务保障，加快新兴产业企业集群生长速度。

6.4 “三链”融合助力产业跨越

在新一轮科技革命与产业变革中，产品主导的竞争正在向产业链主导的国际竞争转变，

这一点在新兴产业领域尤为突出。美、日等发达国家利用其技术优势，在计算机、移动通信、高端装备制造等新兴产业领域，牢牢占据产业价值链的高端，获取绝大部分产业价值。江苏要抓住培育前瞻性战略性产业的机遇实现跨越发展，必须着眼提升产业链整体竞争力部署创新链、提升服务链。

6.4.1 围绕前瞻性战略性技术产业链部署创新链

省级层面尽快编制前瞻性战略性产业技术创新路线图，明确各产业链重点研发领域和关键技术需求，吸引国内外顶级科研机构开展技术研究和攻关。鼓励产业链上有实力的企业牵头，建设产学研联盟，整合创新资源，实现产业关键技术的集群突破。依托产业链布局科技计划项目，统筹引导和串联技术创新活动，打造一批上下游完备、特色突出、具有国际竞争力的前瞻性战略性产业创新链。

6.4.2 围绕前瞻性战略性技术创新链提升服务链

围绕产业技术研发创新需求，出台省科技资源共享条例，加快建设大型科学仪器设备、工程文献、农业种质、实验动物等科技公共服务平台。通过实验室重大仪器设备租赁使用费入股科技型企业等方式，鼓励高校等研发条件资源向企业、人才开放。政府科技项目受理等职能逐步向市场转移，支持科技咨询、管理咨询等机构提高服务水平，培育发展一批具有国际影响力的科技中介服务企业。

6.5 以人才国际化促产业高端化

要在激烈的国际竞争中实现前瞻性战略性产业高端跨越，关键在于要拥有一支具有国际竞争力的高层次创新创业人才队伍。依靠他们在知识、技术、基础研究上的不断创新，引领战略性新兴产业的整体创新，进而在产业链的高端价值环节占据优势地位。

6.5.1 大力集聚国际化高端人才，争取在前瞻性战略性产业关键技术领域有所创新、有所突破

依托“双创计划”等省级高层次人才引进计划重点布局前瞻性战略性产业领域，集成人才、科技、产业资金，重点引进海内外掌握或者具有产业核心技术创新能力的领军人才、团队。通过前沿技术联合攻关、组织国际性技术论坛等形式，带动江苏省前瞻性战略性产业逐步走向世界先进行列。

6.5.2 重点培育国际化青年人才，为前瞻性战略性产业未来发展储备有生力量

在前瞻性战略性产业研发领域，加强对青年人才的支持力度，鼓励青年人才负责或承担重大科技计划项目，大规模组织青年科技人才到国际研发平台上进行培训、锻炼。摒弃“论资排辈”“求全责备”等妨碍中青年人才脱颖而出的落后观念和体制障碍，为青年科技人才英雄辈出创造良好的制度环境。

6.5.3 建立国际化的人才开发机制，建立前瞻性战略性产业长远、可持续创新发展长效机制

加强与国外高校合作办学，推进教师互派、学生互换、学分互认和学位互授联授等，推动高等教育国际化；加大对职业教育的支持力度，推动全省职业教育院校与国际接轨；建立健全科学合理的国际化人才薪酬、职称、激励等制度，促进国内和国际人才市场开放融通，推动人才发展国际化，为创新国际化、产业高端化提供不竭动力。

6.6 发展科技金融激活产业资本

从前瞻性战略性产业的一般发展历程看，从新技术研发成功到成果转化应用，再到市场开拓、产生经济效益和投资回报，需要有大量研发试验资金、成果转化与运用资金、市场推广开拓资金的接续支持。这些资金不可能完全靠企业或个人的自我积累来满足，必须依靠科技和金融的紧密结合，把更多的社会资本、金融资本转化为产业资本，实现前瞻性技术到战略性产业的飞跃。

6.6.1 扩大前瞻性战略性产业创业引导“种子”资金规模

建立各产业部门基金统筹联动机制，发挥省战略性新兴产业发展专项资金作用，集成现有各类产业资金，围绕前瞻性战略性产业链布局资金链，重点发展突出“首投、首贷、首保”的科技金融，优先支持初创企业，减少对成功创业企业的干预，使其在市场竞争中发展壮大。

6.6.2 引导社会资本投资前瞻性战略性产业创新创业

针对目前科技创业投资不足和社会资本存量巨大并存的现实状况，通过风险补偿、股权投资等多种形式，发挥财政资金杠杆作用，撬动社会资本投资科技创新创业。在全省普遍设立科技支行，扩大科技小额贷款公司试点范围，创新金融产品，引导各类金融资本投资科技创新创业，为前瞻性战略性产业发展提供资金支持。

6.7 改革政府管理释放产业活力

前瞻性战略性产业发展模式不同于传统产业，更加依赖市场作用的高效配置和竞争发展，对政府部门宏观管理的科学性、有效性、包容性要求更高。需要加快推进科技管理体制、产能审批机制等政府管理方式改革，为前瞻性战略性产业发展营造更好的宏观环境。

6.7.1 加强对产业发展的动态评估与监测，提升对前瞻性战略性产业发展的预见性

通过委托研究、联合开发、高端咨询等多种形式，构建具有调查分析、统计监测、研究预见和多元服务功能的前瞻性战略性产业发展咨询与服务网络，掌握产业发展最新动态、问题及原因，并及时调整相关规划、政策、举措。

6.7.2 创新重大科技项目遴选机制，突出对前瞻性战略性产业基础性核心技术创新的超前支持

围绕前瞻性战略性产业发展，建立高校科研机构高端专业人才、科技企业家和海外顶尖智力参与重大基础性科技资助项目评审机制，加大对关系整体产业创新核心技术的研发支持力度。

6.7.3 改进科技项目经费管理制度，提升前瞻性战略性产业领域技术创新资助项目的成果产出率

加强科技项目统筹布局，避免分散和重复资助。注重分类资助和差别化支持，资助方式向“后补助”、间接投入等市场化方式转变。通过赋予科研单位和科研人员更大的科技项目经费使用自主权等政策创新，激活科技人才创新动力，提高产业技术创新效益。

6.7.4 改革行政主导产能审批制度，加快前瞻性战略性产业和技术的更新换代

按照国务院统一部署，修订政府核准投资项目目录。建立纵横联动的部门协同管理机

制，加强对前瞻性战略性产业的规划引导、政策服务等间接外围管理，强化事中、事后监管，更多由市场决定产业产能的扩大、缩减乃至淘汰。

课题负责人：王　秦　夏太寿

课题组成员：张玉赋　汪长柳　孙　占　张　华　韩子睿　张巍巍　高冉晖　尹　政　左　茜

撰　稿　人：汪长柳

南京建设全球影响力的创新型城市思路与路径研究

南京市自2010年启动国家创新型城市试点建设以来，科技创新引领支撑经济社会发展能力不断提升。科技体制改革综合推进，出台“科技九条”政策，取得突破性效果；科教资源禀赋进一步显现，两院院士和“国家重大人才工程”入选者数居全国前列；产业培育取得突破性成效，软件、生物医药、智能电网、现代通信等一批高新技术产业快速壮大；平台载体建设加快，科技企业孵化器、科技园区数量居全省前茅，有力推动了南京从“科教城”向“创新城”转变。

2016年，国务院发布《建设创新型城市工作指引》，提出要在全国范围内打造若干具有全球影响力的创新型城市。南京应当乘势而上，通过树立更高目标实现更快发展，建议尽快确立“具有全球影响力的创新型城市”的定位目标，在全球范围内配置创新资源，抢占创新制高点，赢得发展主动权，进一步推动南京经济转型升级，为建设“强富美高”新南京提供有力支撑。

1 创新型城市概念内涵

创新型城市是以科技创新为经济社会发展的核心驱动力，拥有丰富的创新资源、充满活力的创新主体、高效的创新服务和政府治理、良好的创新创业环境，对建设创新型省份和国家发挥显著支撑引领作用的城市。

根据国外权威机构研究，全球排名前二十的创新型城市基本具备以下共性特征：综合竞争力方面，具有较强的综合经济实力和较大人口规模，具有便利快速的对外交通联系，拥有较强对外经济联系和广泛的全球市场；创新资源方面，集聚一大批多样化高层次创新人才，吸引大量具有高研发能力的组织机构入驻，建成国际著名的创新平台和空间载体；产业发展方面，具有发达的科技中介机构和较高科技服务能力，拥有世界知名的企业和产业集群。

2 南京创新型城市建设的基础现状

经过多年的改革和发展，南京已成为省内引领发展的重点城市之一，在建设科技体制改革、实施创新驱动发展战略等方面做出了重要探索，综合竞争实力进入了全国前列。一是经济总量平稳发展。2016年年底社会生产总值达到10 500亿元，列全国省会城市第5位，具有较高的产出效率。二是新兴产业增长迅速。全市高新技术产业总体上呈现速度加快、质态优化、水平提升的发展态势。2016年全年实现高新技术产业产值8815亿元，七大类战略性新兴产业累计完成主营业务收入6800亿元。软件和信息服务业产业规模占全国近10%，科技服务业规模全省第一。三是科教人才资源丰富。南京是国家重要的科教中心，每万人在校大学生数量全国第一，每万人研究生数量全国第二。全市共拥有高等学校44所，居全省第一位，占全省总数比例达30.99%。2016年，在南京工作的两院院士81人，数量居全国第三，全省的“国家重大人才工程”入选者中有近一半都在南京。四是各类园区和基地蓬勃发展。2017年，南京共有7家省级以上高新区，数量居全省前列。2017年上半年，全市7家省级以上高新区完成工业总产值4335.52亿元。同时，各类特色产业基地发展迅速，2017年上半年，智能电网等12个国家火炬特色产业基地销售收入1600亿元。

南京的发展已经处在一个较高的平台，但要实现更高的发展目标，还面临着一些突出的问题和挑战。一是产业结构不优。全市制造业产业结构中，重化工业等传统产业比重接近60%，高于上海（42.1%）、苏州（28.1%）。新兴产业发展重点不突出，比较优势不明显，发力不聚焦。新兴产业全市工业规模占比的提升没有带来利润税收的相应提升，2016年没有一类新兴产业税收贡献居全市税收前三强。二是创新主体不强。缺乏在国内乃至世界有影响力的知名企业，2016年“中国企业500强”数量排名，南京仅3家，未能进入全国城市前10名；2016年南京高企数量不到北京的1/10、深圳的1/5、上海的1/4；民营企业不发达，南京工业经济中国有企业所占比重高达38.33%，大大高于北京（19.66%）、武汉（16.48%）、上海（3.03%）、苏州（2.5%）。三是科教资源优势释放不足。专利产出增长缓慢，万人发明专利拥有量优势在逐渐丧失，近6年以来，南京市万人发明专利拥有量年均增幅为26.1%，低于全省年均增幅（37.5%），也低于苏州（46.4%）和无锡（34.7%）。四是园区发展不平衡。各类园区发展“小而散”，根据2016年全省高新区创新驱动发展综合评价结果，南京7家省级以上高新区两极分化较为严重。在全省参评的48家高新区中，南京高新区排名第3位，麒麟高新区（筹）排名44位。

3 南京创新型城市建设面临的形势

随着新一轮科技革命和产业变革的不断深入，创新要素在全球范围加速流动重组，当城市管理水平不断提升、基础设施不断完善、产业结构不断升级，当生态问题不再是城市病，当教育、医疗、知识获取成为创新人才流动的重要因素，当互联网+日益深入渗透人们的生产生活，为创新资源的配置提供了更加便捷的通道，创新人口向大城市特别是中心城市集聚的趋势成为主流，在这样的形势下，为南京创建具有全球影响力的创新型城市提供了有利契机。

从国家战略的实施看，上海市建设具有全球影响力的科创中心，对南京而言机遇与挑战并存。从长三角创新网络来看，上海凭借强大的创新综合实力，领头地位十分稳固；合肥则以较强的应用基础能力异军突起。放眼整个长江经济带，武汉、成都以其良好的创新创业体系，成为近年来吸引国内外大量高端人才集聚的新兴崛起城市。南京如果不高点定位、争先进位，将在长三江城市群发展格局中受到两头挤压，沦为一座“平庸的城市”。因此，面对外部环境和自身条件的深刻变化，南京加快推进转型升级比以往任何时候都更为迫切，需要通过建设“具有全球影响的创新型城市”来实现跨越式发展。

4 南京建设具有全球影响力创新型城市的思路、目标和举措

4.1 厘清思路，明确目标，走科技引领发展道路

按照习近平总书记“强富美高”新江苏的要求和江苏“两聚一高”新实践，贯彻创新、协调、绿色、开放、共享发展理念，以建设具有全球影响的创新型城市为目标，深入实施创新驱动发展战略，参照国内外创新型城市对标找差，推进以科技创新为引领的全面创新，着力提高创新供给质量和效率，加快形成以创新为主要引领和支撑的经济体系和发展模式，具体目标按照“三步走”实现。

第一步，到2020年，创新成为城市发展的第一动力，科技创新成为区域重要的战略资源、综合实力的主要支撑和政策制定与制度安排的核心要素，对建设创新型省份和创新型国家形成有力支撑，初步成为创新体系健全、创新绩效高、经济社会效益好、创新辐射引领作用强的区域创新中心。R&D占GDP比重超过3.2%，万人发明专利拥有量50件，拥有PCT专利申请量3000件，若干原创技术进入国际“领跑”水平。进入全国创新型城市前列。

第二步，到2025年，创新体系基本完善，创新治理体系与治理能力日趋完善，创新生态持续优化，城市更加宜居宜业，高质量创新成果不断涌现，高附加值的新兴产业成为经济转型的重要支撑，对周边地区创新辐射引领作用更加凸显，形成具有全球影响的创新型城市基本框架体系，在世界创新体系中有较重要地位。外籍人士占常住人口比重达到3%，进入世界500强企业3～5家，跨国公司总部数量200家左右，拥有1～2个世界级创新产业集群，2～3所国际著名大学，3～5家世界知名研发机构。进入全球创新型城市前100位。

第三步，到2030年，基础科学研究和产业原始创新能力不断提升，涌现一批具有国际影响力的重大科技创新成果，掌握一批前沿科学研究成果和关键核心技术，国内外高技术成果、高层次人才、高投入资本、高端研发机构在江苏高效流动配置，科技创新活动和服务空前活跃。产业科技创新的国际影响力进一步增强，国际技术交易日益频繁，形成多层次、多渠道、多元化的国际科技合作格局。全球资源配置能力和影响力明显提升。进入全球创新型城市前60位。

4.2 强化主体，重点打造科技小巨人企业，努力培养一批世界级隐形冠军

企业是创新的主体，是推进产业转型升级、经济发展方式转变的关键抓手。企业强才有经济强，才能实现城市强。目前，南京市入围中国500强的企业数量不多，几乎没有新业态、新模式的企业。因此，培育发展全球有影响力企业的路径只有鼓励发展民营企业、推动创新创业、培育细分行业隐形世界冠军。建议南京市在加快培育高新技术企业的基础上，重点打造科技小巨人企业，让科技小巨人企业成为南京经济发展的“顶梁柱”和生力军，在拉动经济增长、推动产业结构优化升级、增强创新创业活力等方面发挥更大作用。

一是强化科技小巨人企业培育的顶层设计和服务。建议成立由市政府主要领导同志任组

长、各相关部门和各区县主要负责同志为成员的科技小巨人企业培育工作领导小组，统筹全市科技小巨人企业培育工作。领导小组办公室设在市科委，由市科委牵头负责科技小巨人企业培育总体方案制定，协调相关部门实施年度工作计划并加强督查落实。建立机关干部帮扶企业制度，帮助企业解难题、谋创新、谋发展。将科技小巨人企业培育纳入对地方一把手的考核指标，市县签订责任状，充分调动基层积极性。

二是建立健全科技小巨人企业培育链条。建立覆盖企业初创、成长、发展等不同阶段的政策扶持体系，构建科技企业“微成长、小升高、高做强”梯次培育机制。以众创社区建设为引领，大力发展专业化众创空间等新型创新创业载体，构建“众创空间—孵化器—加速器”孵化链条，完善创新创业服务体系，促进科技型小微企业“铺天盖地”，为科技小巨人企业培育提供土壤。深入实施科技企业培育“小升高”计划，加大对高新技术企业培育的资金支持，引导更多的科技型小微企业成长为高新技术企业，为科技小巨人企业培育夯实基础。加快推进创新型领军企业培育工作，支持其开放配置全球创新资源，融入全球研发创新网络，加快打造一批细分行业隐形世界冠军。

三是加强对科技小巨人企业的资金集成支持。设立科技小巨人企业培育专项资金，支持企业建设高水平企业实验室、工程技术研究中心等研发机构，引导企业在更高层面开展研发活动，设立海外研发机构，利用海外资源，建立全球研发与创新合作伙伴关系，提升资源整合、研发组织、战略管理等能力，实现从“封闭式研发”向“开放式创新”转变。尽快落实研发投入5%～10%的普惠制奖励政策，引导更多企业加大研发投入。设立产业并购引导基金，专门用于引导支持科技小巨人企业培育工作，支持高成长型科技企业上市、重组和并购，助推小巨人企业快速做大做强。

四是培育创新型企业家群体，弘扬企业家精神。启动“创新型企业家培育行动”，进一步强化企业家创新意识，加快提升企业家素质，增强企业家整合与开放配置全球创新资源的能力，提升企业家资本运作水平及创新管理水平，培育一批具有全球视野、现代管理理念及创新意识的企业家，引导更多企业向新产业、新技术、新业态、新模式转型，促进更多科技小巨人企业实现裂变式发展。

4.3 调整结构，重点发展知识密集型产业集群，推动产业向高端攀升

南京是江苏省第一个实现产业结构由“二三一”向“三二一”标志性转变的城市，产业发展正处于后工业化阶段，具有在更高起点上、以更高的定位持续推进产业结构优化升级的良好基础。建议南京市坚持以科技创新为引领，把知识产权密集型产业作为推动经济转型升级的主攻方向，聚焦智能制造、高端装备、软件及信息技术、生物医药、集成电路、新能源汽车、智能电网等重点方向，培育发展专利密集型、商标密集型、版权密集型企业和产业，推动南京产业结构迈向“轻、优、高”，打造具有核心竞争力的知识密集型产业集群。

一是培育发展前瞻性战略产业。将智能制造产业作为重点突破方向，重点发展集成电路、智能机器人、3D打印装备、高端数控机床、智能成套装备、智能控制系统等领域，重点推进南京麒麟机器人研发园和南京机器人研究院等平台建设，培育形成智能制造产业链，打造世界级的智能制造创新产业集群。加快发展研发设计、文化创意等高端服务业，着力打造中国现

代服务业名城。积极争取抢先布局人工智能、燃料电池、仿生材料、石墨烯等前瞻性产业，实施一批关键技术突破项目，支持重点实验室等研发机构建设，打造新兴产业策源地。

二是推动优势新兴产业迈向中高端。加快建设中国南京软件谷，发挥南京市大院大所和高校密集的优势，积极与国内外高端服务企业开展合作，引导软件信息技术产业加快升级，从一般的信息化应用软件开发服务向人工智能、大数据、云计算、智能制造等领域转型，打造软件产业升级版，带动全市服务业向高端升级发展，推动南京从“软件名城”向“智慧名城”跨越。实施一批重大科技研发计划，集中力量突破一批新型显示、信息通信设备、云计算大数据及物联网、智能电网、集成电路、软件、生物医药、北斗导航、新材料、新能源汽车等优势产业领域的共性关键技术，推动产业向中高端迈进。

三是加速传统产业转型升级。限制扩大传统动力汽车产业规模，鼓励发展新能源汽车、智能汽车、无人汽车及其配套的核心部件和充电站（桩），促进汽车产业转型升级。在石化和钢铁领域，深入推进企业技术改造升级，重点扶持若干家龙头企业，加强科技创新，大力使用信息化、智能化等先进技术，推动企业装备数字化、网络化和智能化改造，大幅提升制造水平，促进传统产业提档升级，产品升级换代。通过“腾笼换鸟”，进一步淘汰落后产能，为传统产业转型升级腾出更多发展空间，切实提高全要素生产率。

4.4 破解难题，探索“四区联动”新模式，构建技术转移新通道

“四区联动”是通过“校区、社区、城区、园区”的融合和互动发展，在空间上为创业、就业、产业和生活提供便利的环境和条件，实现产城融合发展的新模式。科技成果转化不畅是制约南京创新发展的老难题。建议南京通过“四区联动”，激活老城区创新活力，通过搭建创新平台，把码头修到校门口，释放高校创新活力，通过完善技术转移体系，提升成果转化的效率。

一是通过“四区联动”，畅通技术转移新通道，带动老城区创新转型。依托南京城区发达和高校集中的优势，借鉴上海杨浦区的“环同济知识经济圈”建设经验，推动南京鼓楼等老城区形成以“校区、城区、社区、园区”为核心的“四区联动”模式，以“四区联动”带动“三家互动”（科学家、企业家、投资家），成为创新发展新引擎。在孵化载体、科技服务机构、高等院校、科研院所的周边及其生活配套齐全区域，创建一批“众创社区”，以网格化管理为核心，通过共建、整合等方式，推动一批大学科技园转型发展。引导一批高校、科研院所主动求变，拆除围墙，探索“参股不控股”“教授众筹”等模式，鼓励高校院所内具有创业潜力的科研人员带着科技成果或许可转让或创办企业。推动老城区完善城市功能，加强国际化教育和高端健康医疗服务的配套，加快信息基础设施建设，实现公共场所Wi-Fi全覆盖，优化商务环境和生活环境，吸引人才入住。集聚创新资源，完善创业服务，创新管理体制，打造生产生活生态融合、宜创宜业宜居的创新环境。

二是通过布局专业性新型研发机构和创新平台，提升创新效率。组建大科学装置，在能源、材料、物理、生物医学等若干前沿领域，积极支持建设多学科、多领域、多主体交叉融合的国际前沿科学综合性研究试验基地，积极推进未来网络大科学设施建设，争取承担一批国家大科学设施建设任务，探索多种类大型仪器设施的集聚和运行机制，打造高度集聚、综

合性、世界先进的大科学设施集群，提升南京原始创新能力，培育具有世界影响力的创新产业集群。下大力度建设一批专业技术研究所，争取国际一流研发机构在南京布局，争取与中国科学院合作共建更多专业技术研究中心，推进江苏北斗卫星应用产业研究院、北京大学南京创新研究院等新型研发机构建设，引导省产业技术研究院结合南京产业发展需求在南京部署一批专业研究所，努力弥补南京在技术研发上的短板和不足。

三是通过打造骨干服务机构，构建高效技术转移体系。加快省技术产权交易市场二期旗舰工程建设，发挥省技术产权交易市场的引领示范和辐射带动作用。推动更多在宁高校院所和企业使用省技术产权交易市场线上平台，引导在宁高校院所在平台上发布技术供给信息，推动以高新技术企业为主的科技型企业发布技术需求信息，加速供需对接，促进科技成果转移转化。科学做好珠江路—成贤街众创社区规划，加强与省技术产权交易市场及东南大学的衔接与融合，营造浓厚的技术转移氛围。进一步强化平台共性技术研发、中试、应用示范等公共技术服务平台建设。鼓励社会力量投资兴办各类科技服务机构，吸引国内外知名科技服务企业在宁设立分支机构，重点发展研发设计、知识产权、检验检测、科技成果转化、创业孵化、科技金融、科技咨询等服务机构。

4.5　补齐短板，以天使投资为突破，完善科技投融资体系

天使投资是缓解科技型小微企业融资难矛盾、支持科技创新创业的有效途径，是培育新技术、新模式、新业态、新产业的重要举措。南京科教人才资源丰富，孵化器、众创空间等创新创业载体发展迅速，不断涌现的科技型小微企业对天使投资、创业投资等有着极为迫切的需求。为此，我们建议以发展天使投资为主要突破口，通过政策和机制创新，引导和鼓励更多金融资本向创新链前端集聚，大幅提高社会科技创新投入，进一步完善南京科技投融资体系。

一是加快推动天使投资发展。借鉴财政部和国家税务总局2017年出台的《关于创业投资企业和天使投资个人有关税收试点政策的通知》（财税〔2017〕38号）精神，采取地方补贴形式，将外省市试点政策同步在南京推广。对投资成立时间在5年以内的初创期科技型企业的创投机构或天使投资个人，符合国家试点政策条件的，根据其实际可抵扣的应纳税所得额，由市财政给予相应的资金奖补。

二是发展“孵化+创投”的“双创”服务模式。鼓励和支持行业龙头骨干企业依托自身市场、产业和资金优势，聚焦细分领域建设一批专业化众创空间，实现“双创”与企业创新发展合作共赢。鼓励创投机构与科技创业载体共同出资设立孵化器天使基金，推动创投资本扎根孵化器、众创空间开展深度合作，拓展载体投融资功能，提升载体创业服务水平，加速在孵企业成长。深入推进南京珠江路创业大街等众创集聚区建设，积极规划建设一批众创社区，建立众创社区专项资金，在社区内建立涵盖项目推介、融资路演、风险补偿等全流程科技创业投融资服务链条，优化区域创新创业生态系统。设立专门的孵化器天使投资风险补偿资金，对孵化器参股设立的基金，投资在孵企业满2年以上的，由市财政按实际投资额的5%～10%给予孵化器运营主体一次性风险补偿。

三是进一步激发国有创投活力。由南京市制定出台专门的操作细则，对南京市属的国有

或国资控股创投机构，进一步简化国有股权投资和退出审核程序；对国有创投机构持有的天使投资股权，经批准可以通过协议转让的方式退出；对市属国资参与设立的各类创投引导基金，其投资形成的国有产权按引导基金的相关办法执行。

四是充分发挥多层次资本市场作用。依托省技术产权交易市场建立专门的科技型小微企业股权流通平台，支持南京股权交易中心做大做强科技创新板块，推动平台与孵化器、众创空间等“双创”载体的无缝对接，完善需求发布、股权登记、价值评估、交易撮合等服务功能，扩大信息覆盖面，引入银行、创投、担保等各类金融资本参与科技创新，有效拓宽科技企业投融资渠道。优化“苏科贷”工作流程和绩效考评，进一步提高风险容忍度，稳步扩大科技贷款规模和政策惠及面。鼓励有条件的银行业金融机构开展投贷联动试点，围绕科技型企业融资需求和特点，不断创新业务模式，增加科技型企业的金融供给总量，优化金融供给结构。

4.6 优化布局，拓展创新型城市建设新空间

整合区域创新资源和要素，重点打造江北新区、“东南创新创业走廊”、南京高新区等重要载体园区，着力构建协同有序、优势互补、科学高效的区域创新创业体系。

一是高水平建设江北新区，打造沿江创新创业走廊。以国际化眼光高水平推进江北新区建设，加快引进全球顶尖创新人才、机构、平台和企业，成为南京乃至长三角地区集聚国际一流创新资源的“磁力场”，成为南京经济社会发展的新引擎。充分借鉴纽约和波士顿互动发展经验，把江北新区建设成为长江经济带上高度开放的新城区，与上海科创中心建设遥相呼应，推动南京、上海成为引领长江经济带发展的“双核”。以打造“沿江创新创业走廊”为抓手，有序去除化工、钢铁等低端产能，进一步腾出沿江空间，大力引进和培育高端的先进制造业，高水平建设研发创新服务区和配套的高端商务区，合理布局一批创业社区，引进大院大所名校和大企业总部落户，大力发展研发设计、检验检测认证、产业金融、科技金融、科技咨询等知识密集型服务业和现代物流业。在公共交通网络建设方面，建立四通八达、快捷便利的高铁、地铁、公路、航运体系，打造江北新区立体化交通网络；在和谐宜居环境打造方面，建设绿色、低碳和谐宜居的现代化城市，在教育、医疗等方面构建覆盖全区的均衡化、全民化服务体系，给落户新区的外来居民带来强烈的归属感，激发人们为城市繁荣而努力工作的激情。

二是加快建设麒麟科技新城，释放仙林、江宁大学城活力。麒麟科技新城是南京东南门户，位于紫金山与青龙山的生态廊道，北达仙林大学城、南接江宁大学城。建议充分利用麒麟科技新城特殊的地理位置优势，按照“整体规划、找准定位、弥补功能、理顺体制”的思路，在两座大学城之间打造创新创业走廊，充分释放高校创新潜能。以“经科教联动、产学研集合、校所企共赢”为路径，为仙林、江宁两座大学城科技成果转化和创业孵化提供更加广阔和便利的新空间。同时，通过打造科技生态宜居的高品质、产城融合新空间，培育高价值链的研发和总部经济集群，引进一批专业化应用型研究所，落地一批科研平台、重大科技项目，在信息与大数据、智能装备、节能环保、文创与服务等产业领域，重点引进和培育一批骨干企业及产业链下游企业，依托于高品质园区建设和优质企业入驻，云集一大批高层次

创新创业人士，实现“高教园区+科技园区”的深度融合，成为南京创新创业的新地标。

三是加快发展南京高新区，推动开发区向高新区转型升级。以南京高新技术产业开发区（含南京高新区、新港高新园和江宁高新园，简称“一区两园”）为主战场，大力推进苏南国家自主创新示范区建设，打造创新驱动发展引领区、科技体制改革试验区、区域创新一体化先行区、具有国际竞争力的创新型经济发展高地。实施高新区升级行动计划，建设国际一流的高科技园区；新港高新园围绕新型显示、激光技术、固体照明、高端装备制造等领域，以提高自主创新能力为核心，形成 1 ～ 2 个拥有技术主导权的产业集群，打造具有国际影响力的产业创新中心；江宁高新园重点建设国家创新人才培养示范和海外高层次人才创新创业基地，在通信与网络、生命科学、智能电网及新能源等领域实现突破。积极推动南京各类经济技术开发区、产业园区、产业基地向高新区转型升级，加快传统产业高端化发展，引进建设研发机构和平台，培育高新技术企业，打造国际化营商环境。

4.7 深化改革，努力激发全社会创新创业动力活力

从深层次分析，尽管这几年南京科技体制取得很大进步，但对比深圳、上海等先进地区，改革碎片化、孤岛化的倾向还比较严重，改革“春风不过中山门”的问题也比较普遍。南京建设创新型城市，仍然必须坚持把改革作为加快南京创新型城市建设的关键一着，全面把握国家改革“推进国家治理体系和治理能力现代化”的总目标和科技改革“健全技术创新市场导向机制”的总要求，充分借鉴国际先进体制机制和国内先进改革经验，全方位、更高层次推进和深化科技创新体制机制改革。

一是进一步优化科技治理体系，着力加强科技创新组织领导。着眼于国际水平和 10 ～ 20 年管用的目标，按照“系统重构、机制重建、力量重组”的思路，充分借鉴国内先进科技体制改革经验，由市委市政府牵头，制定一个全新的科技体制综合改革实施方案，全方位推进南京科技体制改革。强化大科技的思路，整合科委、科协、知识产权等部门，成立市创新委员会，并分工一名常委负责领导，努力构建“市委市政府总抓、科创委统抓、城区主抓”创新型城市治理架构。强化党政主要领导的创新驱动发展意识，进一步突出科技考核权重，强化县区创新发展年度考核制度，推动城区科技局与高新区管委会合署办公，不断完善各级科技管理治理体系。

二是抓紧出台南京科技创新“新九条”，全面深化科技体制机制改革。着眼于迅速调动南京全社会建设创新型城市的动力活力，参照前几年南京“科技九条”做法，着手制定新的南京“科技九条”，在全国树立南京科技创新新的品牌。充分利用南京国家科技体制综合改革试点城市建设的机遇，更大力度向上争取，加大科技体制重点领域、重点方向的先行先试力度，以点带面，全面深化科技体制改革。加强知识产权保护力度，构建江苏知识产权保护特区。加快财政科研项目资金管理改革，允许科研经费可以给在编人员发工资，进一步调动科技科研人员积极性。

三是加快深化人事人才制度改革，广泛吸引各类创新创业人才。面向国际一流创新型城市发展定位，结合南京区位创新优势和发展需求，专门组织专家制定未来 10 ～ 20 年南京人才引进战略规划。按照有舍有进、扬高抑低的原则，进一步完善政策措施，对高层次人才实

行个税“即征即返”等优惠政策，加快引进更多高质量的海外高层次创新科研团队。积极探索新路径新方法，更好地支持人才团队科研项目的应用和产业化，确保人才“引得来、留得住、用得好”。把加强干部队伍管理体制改革作为南京全面深化改革的优先内容和推进科技体制改革的关键保障，着力解决干部队伍官气重、作风浮、能力弱等问题，为创新型城市建设提供坚强组织准备和干部准备。

5 南京建设全球影响力创新型城市的重要路径——打造综合性科学中心

综合性国家科学中心是国家创新体系建设的基础平台，是代表中国参与全球科技竞争与合作的核心力量。《国家重大科技基础设施建设“十三五”规划》明确提出，依托国家重大科技基础设施相对集聚的区域，到2020年在全国初步建成若干综合性国家科学中心。建设南京综合性科学中心，是南京落实习近平总书记建设创新型国家重要指示，聚焦国家战略和重大需求，在国家发展全局中的使命担当；是南京落实省委省政府“六个高质量发展”战略部署，高水平建设“一中心一基地”，以全球视野、国际标准提高南京创新发展集中度和显示度的内在要求；是南京对标找差，实现创新攀高突破，有效提升城市首位度，在新一轮城市竞争中领先胜出的战略抉择；是南京发挥自身资源禀赋，以蓬勃的科学原创力更好地推动城市产业创新和经济升级，形成长远核心竞争力的关键举措。

5.1 定位与目标

聚焦国家发展战略和重大需求，按照综合性国家科学中心建设标准，坚持系统化思维，全创新链布局，贯通式设计，汇聚全球科技力量，激活南京、江苏科教活力，提升南京、江苏优势学科水平，以“紫金山实验室+重大科技基础设施群”建设为基础，以“重大工程化创新平台+重大科技专项”为支撑，以战略科学家及其团队为核心，以体制机制改革为突破口，高起点、大力度推进南京综合性科学中心建设，在基础科学和前沿技术领域形成核心竞争力，在全国创新大格局中占据重要地位，推动南京成为全球产业链创新链价值链的重要环节，成为代表国家参与全球科技竞争与合作的重要力量。

到2020年，形成南京综合性科学中心基本架构，紫金山实验室建设取得实质性进展，建设1～2个国家重大科技基础设施，建设一批重大工程化创新平台，引进和培养30名世界顶尖科技人才，在网络通信与安全等前沿科技领域具备取得突破的能力。

到2025年，南京综合性科学中心核心功能基本具备，形成高效、协同、开放、共享的管理体制和运行机制，在若干优势领域取得一批重大原创成果，解决一批国家急需的战略核心技术问题，培养造就一批具有国际先进水平的战略科技人才和顶尖创新团队，成为国家创新体系的重要创新枢纽节点。

5.2 重点任务

5.2.1 建设面向国际前沿的紫金山实验室

瞄准国家实验室建设标准和国际一流水平，紧密结合国家战略部署和国家级研发创新基地建设要求，立足南京和江苏现有科研基础与发展需求，拟围绕网络通信与安全、人口与健康、战略新材料与物质科学等领域，在南京视条件分别建设相应的紫金山实验室。集聚国内外一流战略科技创新领军人才，挖掘南京、江苏高校院所、龙头企业的科技力量，开展具有重大引领作用的跨学科、大协同的创新攻关，探索建立符合大科学时代科研规律的科学研究组织形式，协同建设具有国际一流水平的新型研发机构，重塑国家相关领域科技战略力量布局。

网络通信与安全紫金山实验室。以未来网络重大科技基础设施建设为重点，着力突破战略科学家引进和高层次人才集聚瓶颈，拟围绕未来网络、未来通信、网络通信核心器件芯片、网络信息安全等方向，初步考虑组织未来网络、无线移动通信、超高速光通信等研究任务，构建“高可靠、高可信、高可用”三位一体的网络通信基础构架，促进网络通信内生信息安全，引领我国乃至全球网络通信技术链和产业链的健康有序发展。

战略新材料与物质科学紫金山实验室。拟建设材料微加工及表征等具有世界先进水平的公共研究平台，通过深入系统研究材料制备—结构—性能的关系，深化对材料科学基本问题的理解，推动材料科学的整体跨越发展，为研发新材料和新工艺提供创新源泉和理论支撑。开展技术集成创新，在材料和设备加工技术上实现核心技术的突破，解决一批装备制造业急需破解的材料问题，培育新材料产业，为南京、江苏乃至全国材料产业的发展提供原创技术支撑。

人口与健康紫金山实验室。拟建立人体细胞图谱重大装置，实现对给定人体、器官、组织样本获取、重建和分析多组学高内涵的单细胞等图谱技术，完成系列中国人的单细胞参考转录组和代谢组学，建立人体微生理和微病理检测平台。力争建成国际最大、组学维度最多、速度最快、可随时为国内外研究者提供服务的人体细胞图获取和分析平台，为我国乃至全球各种重要疾病、各种人体及器官的药物作用（新药开发）、环境相互作用等提供有效支撑。

5.2.2 建设世界一流的重大科技基础设施

根据《国家重大科技基础设施建设中长期规划（2012—2030年）》和《国家重大科技基础设施建设“十三五”规划》，聚焦和对接紫金山实验室建设要求，优先在信息、生命、材料等方向加以布局和推进，为推动原始创新和新兴产业发展提供强大平台支撑。根据各重大科技基础设施建设（筹建）进度，按照启动、预研和培育3个层面设定目标、明确任务、积极推进。加强与中国科学院的紧密合作，努力把国家战略科技力量与重大创新平台建设连接起来。积极探索有中国特色的运行体制，打通设施建设、科学研究、人才培养的融合通道。

未来网络试验设施。与网络通信与安全紫金山实验室建设相统筹，加快推进速度，完成可行性研究报告的修改完善和呈报，争取早日获得发展改革委批复，顺利启动建设。定期调度、落实设施建设运行所需的土地、资金、人才等条件，加大工程管理和技术攻关力度。定期举办全球未来网络发展峰会，搭建未来网络领域国际化交流与合作平台，汇聚一批全球顶级的科研、工程和管理人才队伍。

人体细胞图谱重大装置。经过科学家初步论证，将人体细胞图谱重大装置作为人口与健康紫金山实验室统筹平台，争取早日进入发展改革委规划。建成后的装置将成为国际上通量最高、速度最快、服务能力最强的细胞图谱研究和应用标准化平台，为人口和健康研究提供快速的微生理、微病理研究服务，为国内乃至国际各种重要疾病、各种人种及器官的药物作用（新药开发）、环境相互作用提供重要支撑。

积极推动已列入“十三五”国家重大科技基础设施规划后备项目的生物医学大数据、作物表型组学研究等重大科技基础设施的预研，确保一旦后备项目启动，即具备较强的竞争实力和布局优势。大力加强与中国科学院合作，加快完成中国南极昆仑站天文台上报项目可研报告，将望远镜运维和科学研究中心等远程运控系统纳入南京建设规划中，促进早日批复并启动建设；积极支持中国科学院工程热物理研究所在南京建设高水平研发中心、大数据中心等，健全拉长高效低碳燃气轮机试验装置创新链；努力配合中国科学院相关应用研究所在宁部署重大科技基础设施幼苗。加快南京质子源（强流高亮度超导质子源综合研究装置）等设施培育。推动应用类研究所策划培育重大科技基础设施幼苗，引导其在麒麟科学城打造核心装置，争取早日进入国家重大科技设施建设规划。

5.2.3 建设具有国际影响力的重大工程化创新平台

面向南京经济社会发展的重大需求，积极打造科技创新与成果转化的通道，建设一批集应用基础研究、技术集成与开发、成果转化为一体的重大工程化创新平台，促进科技创新与产业发展无缝对接。

卫星通信工程化平台。面向智能化时代信息科技产业发展需求，拟建设世界一流的空天地一体化通信网络综合试验平台，形成具有国际产业发展引领性的卫星通信核心器件，硬件智能化矢量重构大容量多制式仿生超级基站、超级终端和云化智能综合测试仪表等高端核心器件与系统工程化装备研制与生产基地；面向多行业应用的北斗导航定位工程化平台的建设，制定北斗导航定位公共服务数据交换标准，完善数据共享、交换、分析、统计等功能，构建并承载面向多个行业应用业务系统。

人工智能技术创新平台。围绕国家战略需求，拟在智能感知与互联、大数据分析计算与知识挖掘、动态开放环境下机器学习、自然语言理解、视觉与激光复合感知、混合虚拟现实、自主无人系统、人机共融协作、智能操作系统等领域，开展面向国际前沿的理论方法、共性关键技术研究，建成国际领先的创新与重点工程技术平台，推动感知核心器件、服务机器人、工业机器人、无人系统等产品研发方面进入国际先进行列。

材料微加工及表征平台。围绕量子信息、清洁能源、先进制造、生命健康等战略性新兴产业和国防建设对新材料的重大需求，拟建设世界先进水平的材料微加工及表征平台，以材料结构功能一体化、功能材料智能化、材料与器件集成化、制备加工及应用过程绿色化为目标，通过材料科学与物理学、化学、人工智能、信息工程、生物工程等多学科交叉融合，解决开发周期长、使役性能低、装备水平落后等新材料及其工程化的重大共性问题，加快新材料技术突破和应用，推动战略新材料的整体跨越发展和应用集成创新。

紫金山国际医学中心。建设细胞及基因治疗平台，围绕免疫研究、干细胞研究、基因编辑等领域的重大突破，推动新技术新理论的临床应用，在肿瘤治疗、器官再生和罕见病修复等方面取得引领性成果；建设医工交叉国际研发平台，促进工科成果在医学领域转化应用，实现学科交叉和跨界创新；支持临床医学研究中心建设，加强基础研究和临床应用的创新协同，给予配套支持，争取进入国家序列。参照建设模式，探索新型体制机制，推动医院、医学院校、研究机构集聚，早日建成国际一流医学中心。

扬子江生态文明创新中心。围绕建设生态宜居美丽家园，从长江生态系统健康恢复与饮用水安全保障出发，以解决南京水、土壤、大气和长江环境风险管控等突出问题为抓手，开展入江河流生态保障与有毒污染物减排、环境健康评价与恢复等关键技术研发，加强基于新材料、生物技术、智能制造与环境大数据等环保新技术创新、成果转化与产业化，形成跨江城市发展与长江保护战略，以及系统性、整体性的支撑技术体系，支撑长江流域生态文明建设，促进可持续发展。

军民融合创新中心。充分发挥南京军工科研资源优势，联合军方和军工院校等相关单位设立军民融合创新中心，深入推进军地信息、人才、资源、设施、技术、服务等要素的双向流动、渗透兼容，拓展军工技术研发和应用空间，推动民用科研力量参与军事装备研制和配套，引导各类高端智库深度参与军民融合创新领域咨询研究，将中心建成军民融合创新示范区、国防科技协同创新支撑区、军民两用人才集聚区和国家重大项目承载区。

5.2.4 设立贯通式的重大科技专项

围绕国家重大战略需求，促进紫金山实验室、重大科技基础设施、重大工程化创新平台贯通式全链条发展，围绕创新链布局产业链，围绕产业链布局创新链。试点设立市级重大科技专项，拟在高端芯片、机器人、战略新材料、精准医学等领域，以实现应用及产业化为目标，开展重大专项研究，实现重大突破和引领性示范应用。优先支持南京企业等主体积极参与国家科技重大专项、“科技创新 2030—重大项目”等国家计划，给予配套支持。支持南京龙头企业、高校院所联合国内外有影响力的产学研用机构，采取多元化投入方式，开展重大关键核心技术协同攻关和重大科技创新成果示范应用。

5.3 体制机制

5.3.1 建立高效的管理体制

成立领导小组。由省政府主要领导担任组长，省政府分管领导、南京市委市政府主要领导任副组长，全面领导综合性科学中心建设工作，审议重大建设任务、空间布局、创新政策等支持措施。明确省及南京市职责，省级层面负责统筹协调、项目谋划等，市级层面负责科学中心建设和项目落地，成立推进机构。领导小组下设办公室。

设立专家战略咨询委员会。聘请有国际视野的战略科学家、南京综合性科学中心建设单位专家及国内外相关知名专家，在重大科学问题、科技发展战略、发展规划、重大政策等方面发挥咨询作用。研究确定重大科技任务计划和自由探索计划，对研究队伍、研究内容及目标、科研经费支持力度等提出建议，对相关科技成果转化及方式提出建议。

构建省院市合作新体制。把南京综合性科学中心建设作为省院市合作的重大战略任务，推动中国科学院更多战略科技力量在麒麟科学城布局，积极支持中国科学院有关院属单位在麒麟设立分院、分所、分中心，加快建设中国科学院大学南京学院，培育新兴优势学科。加强与中国科学院专项办的协作，合力抓好重大任务和项目建设。

5.3.2 构建科学的运行机制

目标导向机制。分阶段设定南京综合性科学中心建设目标，对主要任务进行细化分解，实现任务目标化、目标项目化、项目节点化、节点责任化。同时根据紫金山实验室、重大科技基础设施、重大工程化创新平台等不同载体，分类设定目标，配置创新资源，定期开展考核。

统筹协调机制。统筹南京综合性科学中心与紫金山实验室、重大科技基础设施、重大工程化创新平台、重大科技专项建设，加快构建从政策出台到项目落地环环相扣的工作链条，实现一体化贯通式创新。南京市建立重点项目周调度机制，南京综合性科学中心办公室建立重点项目月调度机制，及时了解项目进展、整体把握进度。

考核评估机制。坚持以完成目标任务为导向，建立符合基础研究规律的考核评估机制，强化对紫金山实验室的定期考核和同行评估。

动态调整机制。定期对南京综合性科学中心重大项目开展评估，未通过评估的及时调整退出，对于优先支持领域，不能完成项目的单位置换项目承担主体。探索分类评价机制，自由探索类基础研究实行长周期评价和国际同行评价，目标导向类基础研究加强过程评估，建立长效监管机制。

开放共享机制。面向全球开放重大课题，吸引全球顶尖人才和团队参与研究。支持参与国际大科学工程和大科学计划合作研究，深度参与运行管理，积累管理经验。探索引进国际科学家、创新企业家、风险投资家参与科技计划制订和攻关项目遴选。通过自主凝练重大行业技术需求，以市场化方式组织各方参与实施技术攻关及产业化项目。完善科技报告制度，推动重大科技基础设施、科学数据和仪器设备向各类创新主体开放。

成果转化机制。搭建南京综合性科学中心重大科技成果发布平台，及时按规定将中心重大成果对社会发布。充分调动科研人员和单位对科技成果转化的积极性，对职务科技成果完成人和为科技成果转化做出重要贡献的人员给予奖励和报酬。

5.3.3 强化关键要素保障

强化人才保障。以用为准，引进一批包括诺贝尔奖科学家在内的、活跃在前沿科学领域一线的世界顶尖科学家及其团队，建立战略科学家引才、荐才直通车等制度，在薪酬待遇、资助额度方面“一事一议”“特事特办”。建立首席科学家制度，赋予创新领军人才开展科研活动的更大自主权。支持在宁高校院所优势学科向创新集群转化，打通基础研究、应用开发、产业化的双向通道，实现高校人才培养、平台搭建与科学研究、社会服务的链式布局，支持高校院所围绕南京经济社会发展的重大需求，创设一批前沿、新兴、交叉、边缘等学科，提升学科水平，培育紧缺型创业创新人才。

强化资金保障。探索国家、省、市联动投入机制，积极争取国家支持，省市财政稳定支持机制。省、市先期安排 280 亿～ 300 亿元专项资金盘子，用于支持重大创新平台和专项建设，这个资金盘子是在科学家团队根据未来 5 年设备投入、人才引进、重大项目设立及运营维护等进行测算的基础上平衡出来的；这些设施和平台按照成熟一个、启动一个、报批一个、建设一个的原则推进。优化投入结构，建立包括企业、社会团体在内的多元高效的投入机制。

强化土地保障。围绕综合性科学中心建设需求，省及南京市优先保障相关重大项目土地供应，重点项目用地从省预留土地指标中解决，并由省统筹解决占补平衡指标。

5.3.4 打造一流创新生态

优化空间布局。重点打造并形成“一核、三城、一圈”，即高起点建设中国科学院麒麟科学城，高端化提升江宁、仙林和江北 3 座大学城，全要素构建创新创业生态圈，重塑城市创新发展格局。

提升服务功能。围绕南京综合性科学中心建设，创造融合、多元、宜居、宜创的环境，提供便捷、人性化交通出行，建设国际学校和国际社区，建立人才健康绿色通道，接轨国际医疗服务体系，推动南京国家级互联网骨干直联点优化升级和网络边缘智能化建设。

营造创新氛围。加强知识产权保护，尊重支持产权创造。鼓励大众创业万众创新，打造宽容创新的环境。充分发挥综合性科学中心对传播科学思想、弘扬科学精神和创新文化的重要作用，鼓励科学家面向社会公众普及科学知识。举办“紫金山科学家国际峰会”等顶尖学术高峰论坛，打造国际交流高端平台。

附件 1

南京在长三角城市群创新网络中的地位分析

随着上海科创中心的建设，长三角城市群创新网络建设已提上日程，如何正确认识南京在此网络中的地位，对于“全球有影响的创新型城市”建设十分重要。因此，本部分从长三角城市群创新链分布的视角，对南京在长三角城市群创新网络中的地位进行分析。

1 分析方法

在城市样本选择上，我们选取了包括南京在内的 11 个城市作为分析和比较的样本。这 11 个城市代表 3 个类型：一是上海，作为长三角创新龙头城市；二是长三角省会城市，包括南京、杭州和合肥，再沿长江延伸一个武汉；三是江苏 6 个沿江城市，包括苏州、无锡、常州、镇江、南通和扬州。

在分析的维度上，我们将创新链分解为 3 个主要环节：科技研发实力、科技转化能力、产业竞争力。其中，科技研发实力包括基础研究、应用基础研究、技术研发三大要素，科技转化能力包括创业孵化、科技金融、公共技术服务三大要素，产业竞争力包括科技园区、新兴产业、高科技企业、高技术产品四大要素。由于受时间和数据完整性限制，我们采用德尔菲法对 11 个城市在十大要素上的表现进行了星级评定，最高五颗星，最低零颗星。在此过程中，我们征询了上海社科院戴晓波研究员等专家的意见，最终形成 11 个城市在十大要素上的星级评定结果（表 1）。

表1 长三角城市群11个城市创新链十大要素评级一览

城市	科技研发实力			科技转化能力			产业竞争力			
	基础研究	应用基础研究	技术研发	创业孵化	科技金融	公共技术服务	科技园区	新兴产业	高科技企业	高技术产品
上海	★★★★★	★★★★★	★★★★★	★★★★	★★★★★	★★★★	★★★★★	★★★★	★★★★	★★★★
南京	★★★★	★★★	★★★	★★★	★★★	★★★	★★★★	★★★	★★★	★★★★
武汉	★★★★	★★★	★★★	★★★	★★★	★★★	★★★★	★★★★	★★★	★★★★
杭州	★★★★	★★	★★★	★★★★	★★★★	★★	★★★	★★★★★	★★★★	★★★★
合肥	★★★	★★★★★	★★	★★★★	★★★★	★★	★★★	★★	★★★	★★★
苏州	★★	★★	★★★★	★★★	★★★	★★★★	★★★★★	★★★★	★★★★	★★★★
无锡	★	★	★★★	★★★	★★★	★★★	★★★	★★★	★★★	★★★
常州		★	★★★	★★★	★★★	★★★	★★★	★★	★★★	★★★
镇江	★	★	★★	★★	★★	★★	★	★★	★★	★★
南通			★	★★	★★	★	★	★★	★★	
扬州			★	★★	★	★	★	★	★	★

2 长三角城市群科技创新链布局分析

从竞争实力上看，根据各城市在科技研发实力、成果转化能力、产业竞争力 3 个环节上的实力表现，可以将 11 个城市分为三大类。第 1 大类是上海，上海在 3 个环节均居前列，都具有很强的竞争力。并且在最近的几年中，上海通过加强应用基础研究、创业孵化、科技金融、公共技术服务，增强了前 2 个环节的竞争实力，在产业发展上主动放弃了一些低端产业，成功实现了由产业城市向科创城市的转型。第 2 大类，在 3 个环节中的 2 个环节上表现出较强的竞争实力，如南京和武汉，表现出科技和产业两头强、中间转化环节弱的发展特征；杭州和苏州则表现出中间的转化强和后端的产业强的发展特征；合肥则表现出科技强和转化强、产业弱的发展特征。第 3 大类，则只能强在产业一个环节，如无锡和常州。

从发展模式上看，又可分为 3 种类型。第 1 种，科技先导型，以上海和合肥为代表，通过增强科技研发实力和加强科技转化能力来带动产业发展。第 2 种，产业主导型，杭州和扬子江城市均属此类型，通过科技园区建设、新兴产业培育、高科技企业发展，引入外部科技资源来支撑产业发展。第 3 种，科技和产业分离型，南京属此典型，南京科技研发实力较强，产业竞争力也较强，但科技研发与产业发展之间的联系不紧密。上海和武汉以前也属于科技和产业分离型，但上海通过加强科技研发实力和科技转化能力，打通了科技与产业之间的通道，在产业选择上，将科技与产业分离的产业转移出去，重点发展与科技紧密联系的产业，从而实现科技引领发展，科技研发实力、科技转化能力、产业竞争力三者均强的发展局面；而武汉通过光谷的发展，打通了产业和科技的通道，增强了产业竞争力。

3 关于南京科技创新功能定位的建议

从长三角城市群的竞争发展格局来看，上海的龙头老大地位十分稳固，并以极强的科技研发实力和科技转化能力对长三角地区产生较强的辐射能力。合肥则以较强的应用基础能力异军突起，对南京的科技竞争力构成了挑战，并且以“科技带动产业”的鲜明定位显示出较强的发展潜力。杭州和苏锡常则以较强的产业竞争力，对南京的产业发展构成了压力。

因此，如果南京走产业主导型发展道路，面对武汉、杭州、苏州、无锡等产业强市，很难实现赶超发展，而在科技发展上，则很快会被合肥赶超，难以在长三角地区找到正确的位置，而且整个江苏省会因为科技实力的下降而在长江经济带中逐步丧失持续的竞争优势。

所以，南京应旗帜鲜明地走科技先导型发展道路，继续增强在科技实力上的竞争优势，补上中间科技转化环节的短板，调整产业发展结构。在科技实力上谋求与上海、合肥三足鼎立的局面，通过对接上海，协同杭州、合肥、苏州乃至武汉，并以较强的科技实力源源不断支撑扬子江城市群发展，从而实现全省科技强和产业强、科技和产业紧密互动的发展格局，也能实现南京在全国创新发展中的争先进位。对南京的这一发展思路和功能定位，也得到了上海社科院戴晓波研究员、南京大学原党委书记洪银兴教授、南京理工大学副校长廖文和等专家的共鸣和认同。

附件 2

南京市企业创新发展分析

企业是经济的细胞，是推动经济发展的原动力，是科技与经济结合的关键节点。企业的创新能力和核心竞争力已经成为一个地区或城市科技创新水平的重要体现。为全面了解南京市企业科技创新情况，根据全省规模以上工业企业数据、火炬统计年鉴及网上公开的相关数据，对南京市企业创新情况进行分析研究，并与相关城市进行比较，客观反映现状，深入剖析不足，并提出相关建议。

1 创新型领军企业发展情况

2016 年，南京市共有规模以上工业企业 2661 家，占全省规模以上企业总数的 5.6%，列全省倒数第四，数量上远低于苏州（9616 家）、南通（5071 家）、无锡（4888 家）和常州（4139 家）。虽然企业规模结构总体表现为大企业体量大和占比高，95 家大型企业（占规模以上企业数的 3.5%）合计实现产值 5884 亿元，占工业总量的 45%，但是缺乏具有全球影响力的创新型领军企业，对行业发展和技术创新的支撑引领作用不足，主要表现在以下几个方面。

一是缺乏全球有影响力的领军企业。世界500强企业中，南京有2家企业入围，少于深圳（6家）及杭州（3家）；中国500强企业中，南京有4家入围，远少于杭州（25家）及深圳（18家）；中国民营500强企业中，南京有10家入围，远少于杭州（50家）及深圳（17家）。国家创新型（试点）企业中，南京有6家企业入选，少于深圳（11家）；福布斯全球最具创新力企业中，南京更是无一家企业入围。

二是细分领域龙头企业不多。经过多年的发展，南京已经形成了以电子信息、石油化工、汽车制造、钢铁四大产业为支柱，新一代信息技术、高端装备制造、生物医药和医疗器械、新能源汽车、智能电网等七大类14个重点领域战略性新兴产业为支撑的产业发展体系，但细分领域龙头企业相对较少，缺少在国内及全球细分领域内具有核心优势、引领行业发展的龙头企业。以南京市第一支柱工业——电子信息产业为例，2016年实现产值2990.7亿元，在全国主要城市中规模排名第6位，但中国电子信息十强企业中，南京无一家企业入围；中国电子信息百强企业中，南京仅2家企业入围（南瑞集团排名22、宏图高科排名31），远低于深圳（18家）、杭州（8家）。

三是大型企业创新能力不强。2015年，南京市工业企业中研发经费投入总量超过3亿元的企业仅5家，5家企业研发经费投入共29亿元，总量远低于中兴通讯（2015年122亿元）一家企业，仅为华为（2015年600亿元左右）的1/20；南京市规模以上工业企业中营业收入前80位、研发经费总额前10位的企业研发经费投入强度均不超过5%，远低于华为（15%）、中兴通讯（12%）。2016年发明专利授权量排名前10位的国内企业中，南京无一家企业入围。

2 高新技术企业发展情况

“十二五”以来，南京市高新技术企业数量保持稳定增长态势，截至2016年年底，全市高新技术企业数量达1698家，是“十一五”末的3.4倍，企业户均拥有有效发明专利数等指标高于全省平均水平。但与兄弟城市相比，南京市高新技术企业发展尚存在差距，主要表现在以下几个方面。

一是高新技术企业数量增速较慢。截至2016年年底，苏州市高新技术企业数量达4134家，为南京市的2.4倍，深圳市高新技术企业数量达8037家，为南京市的4.7倍。“十二五”以来，南京市高新技术企业数量年均增长39.2%，低于全省年均增长速度（44.7%），也低于苏州市年均增长速度（53.9%）。

二是高新技术企业盈利能力薄弱。2015年南京市高新技术企业实现净利润278亿元，总量仅为杭州的1/3、深圳的1/5；企业户均利润0.22亿元，低于杭州（0.44亿元）、深圳（0.27亿元）；销售净利润率为6.8%，销售利税率为12.3%，低于杭州（17.1%、24.9%）、深圳（9.0%、13.6%）。

三是高新技术企业持续创新能力不足。研发经费投入强度相对较低，2015年南京市高新技术企业研发经费投入105亿元，总量仅为杭州的2/5、深圳1/5；企业户均研发经费投入800万元，低于杭州（1300万元）、深圳（1000万元）；研发经费投入占营业收入比重为2.56%，低于杭州（5.14%）、深圳（3.36%）。

3 科技型中小企业发展情况

近年来，南京市高度重视科技企业孵化器、大学科技园等科技创业载体建设，集成各类创新资源，不断优化创新创业环境，以新技术、新业态、新模式、新产业“四新产业”为重点的高成长性科技型企业培育取得显著进展。截至2016年年底，南京市科技企业孵化器已有在孵企业近8000家，占全省科技企业孵化器在孵企业总数的近30%，比杭州、青岛多近2000家；平均每家孵化器拥有在孵企业数56家，是杭州的1.8倍、青岛的1.4倍。但与兄弟城市相比，高成长性科技小巨人企业培育发展仍显不足，主要表现在以下几个方面。

一是新业态企业数量较少。独角兽企业是指那些估值达到10亿美元以上的初创企业，代表着爆发式的成长，而这种爆发式成长一定会带动产业的爆发式增长和新业态的出现，进而成为一个城市或区域的经济发展新引擎。根据科技部火炬中心等单位研究发布的《2016年中国独角兽企业发展报告》，2016年全国独角兽企业共131家，南京市仅1家，远低于杭州（12家）、深圳（12家）。

二是高成长性企业相对较少。瞪羚企业是对成长性好、具有跳跃式发展态势的高新技术企业的一种通称。根据科技部火炬中心等单位研究公布的国家级高新区瞪羚企业名单，2015年南京共有瞪羚企业21家，占全省1/10，远低于苏州（103家）、杭州（72家）及深圳（78家）。

三是上市公司数量相对较少。截至2017年7月底，南京在A股上市企业数为75家，比苏州少近20家，居省内各市第二，低于杭州（超过100家）、深圳（247家）；南京新三板挂牌企业229家，比苏州少233家，比无锡少1家，居省内各市第三，低于杭州（343家）、深圳（超过600家）。

4 相关建议

高度重视市场主体培育工作。企业是市场的主体，是科技和经济紧密结合的重要力量，是推进产业转型升级、经济发展方式转变的关键抓手。我们要高度重视市场主体的培育，按客观规律办事，建立覆盖企业初创、成长、发展等不同阶段的政策扶持体系。建议参照浙江做法，为创业者当好“店小二”，以营造良好创新创业环境氛围为重点，按照“特色化定位、差异化发展、市场化运作”的原则，搭建形式多样、形态各异、功能多元的创新创业载体，探索建设创新与创业、科技与产业、经济与生态紧密结合、一体化发展的众创社区，构建“众创空间—孵化器—加速器”孵化链条，为科技创业提供涵盖团队构建、投资对接、商业加速等全过程的孵化服务。突出简政放权，最大限度减少对创新创业活动的干预，把重点转到抓环境、抓投入、抓战略、抓规划、抓政策、抓服务上来，营造有利于创新创业的宏观环境，充分激发民间创业活力，促进科技型小微企业“铺天盖地”。

着力加强高新技术企业培育。南京市产业结构偏重偏传统，制造业产业结构中，重化工业等传统产业比重接近60%；服务业结构中，传统服务业比例超过70%；2017年上半年，全市钢铁、石化、电力、建材行业能源消费量占到全市工业消费总量的90%以上。面临低端市场劳动力和土地成本上升、高端市场产品自主技术不足的双重挤压，南京市要实现转型发展，必须要发挥企业，特别是高新技术企业的主角、主体作用。建议参照广东做法，把培育高新技术企业作为实施创新驱动发展战略的“牛鼻子”，加快推进高新企业的培育工作，倒逼企业在技术攻关、成果应用、人才引进、科研投入、企业管理等方面加大力度。深入实施科技企业培育“小升高”计划，市、区分别设立高新技术企业培育资金，与省高新技术企业培育资金联动，对培育企业给予资金奖补，实行企业研发经费投入后补助，鼓励企业加大研发投入，引导、扶持更多的科技型小微企业按照高新技术企业要求规范管理，尽快成长为高新技术企业。将高新技术企业培育作为孵化器考核评价的重要指标，推动孵化器提质增效，打造高新技术企业培育基地。将高新技术企业培育纳入对地方一把手的考核指标，市、区签订责任状，与企业开展“一对一”服务，充分调动基层推动高新技术企业培育的积极性。

加快高成长性科技型小巨人企业培育。南京市作为老工业城市，国有企业较多。一些国有大企业机制不活、大而不强，而民营经济发展比较滞后，创新创业活力不足，经济增长面临较大的转型升级压力。建议参照天津做法，把培育科技小巨人企业作为加快转变发展方式的关键一招，通过“加强领导、上下合力、精准帮扶、政策聚焦”，大力培育高成长性科技型中小企业。建议成立由市政府主要领导同志任组长、各相关部门协同配合的科技型中小企业培育工作领导小组，统筹全市科技型中小企业培育工作；强化政策资金集成支持，通过天使资金、政府资助周转资金、企业服务平台建设、企业家培训等形式支持科技小巨人企业培育发展，推动科技型中小企业“日新月异”式发展，加快成长为“顶天立地”的小巨人企业。

课题负责人：沈瑾秋
课题组成员：张玉赋　汪长柳　孙　占　李艳茹　左　茜　韩　莉
撰　稿　人：沈瑾秋

“江苏科技”政务公众号传播影响力提升研究

科技传播是一种与科学技术紧密相关的信息传递与交换现象，伴随着现代科技的发展，科技领域的研究与科技传播活动日渐活跃。而政务微信公众号作为与“政府新闻发言人制度”“政府网站”并列的第三种政务公开途径，具有主动性高、针对性强、信息传达快，能够创新服务模式、丰富服务手段、提升服务效率等优势。近年来，随着自媒体的兴起，科技管理部门纷纷开通政务公众号，科技政务微信在提高全民科学文化素养、营造科技创新氛围等方面发挥了重要作用，已成为科技管理部门形象传播的新窗口。

1　政务微信公众号传播特点及要求

1.1　概念内涵

根据微信公众号的账号主体、发布内容和服务功能等的不同，微信官方将公众号划分为政务、媒体、民生、娱乐、生活、科技等不同领域。政务微信公众号特指由政府机构作为账号主体的微信号，发布的主要内容更偏向于公共政务信息、重大突发事件新闻、重要政策法规文件解读和涉及群众切身利益、需要公众广泛知晓的政府信息等。由于其精准的个性化传播及发布的及时性、便捷性等特征，政务微信被亲切地称为“指尖上的政民对话”。

1.2　发展现状

随着网络用户向移动端、社交媒体迁移，在微信、微博等社交应用的推动下，越来越多的政务信息依托社交网络实现大众传播。2018 年 12 月 27 日，国务院办公厅印发《关于推进政务新媒体健康有序发展的意见》，指出要大力推进政府系统政务新媒体健康有序发展。在国务院的号召下，政务类微信公众号发展迅速。据腾讯发布的《2018 微信公众平台政务、媒体类账号发展报告》显示，2018 年政务及媒体类公众号粉丝总量达到 35 亿人，相当于平均每个微信用户关注 2.3 个政务号和 1 个媒体号。

1.3　评价指标

1.3.1　WCI 评价体系

微信传播指数（WCI）是国内知名新媒体评价机构清博公司通过微信文章单位时间内的日均阅读、日均在看数等一系列指标进行加权计算得出的一个评价结果，具体指标体系如表 1 所示。清博微信指数从“整体传播力”“篇均传播力”“头条传播力”“峰值传播力”4 个维度进行评价，评价维度比较全面。

表1　清博微信传播指数（WCI）指标体系

一级指标及权重	二级指标	二级权重
整体传播（30%）	日均阅读数	85%
	日均在看数	15%
篇均传播力（30%）	篇均阅读数	85%
	篇均在看数	15%
头条传播力（30%）	头条（日均）阅读数	85%
	头条（日均）在看数	15%

据微信传播指数统计数据显示：在2019年3月微信公众号百强榜中，人民日报排名第一，总阅读数为6140万+，头条阅读为3090万+，平均阅读量为10万+，总好看数为427万+。

1.3.2　江苏评价指标

根据江苏省网信办对全省政务微信公众号的考评要求，从阅读和点赞两方面，选取总阅读量、平均阅读量、头条总阅读量、单篇最高阅读量、总点赞数、平均点赞数、头条总点赞数、单篇最高点赞数8个指标，根据8个指标的每月数据进行标准化评估，通过加权求和，最终得到政务微信影响力总分。

1.4　运营特点

课题组通过实地走访、电话交流等方式，先后调研了科技部“锐科技”、上海市科委“上海科技”、省文化厅“精彩江苏”、省广电“荔枝微新闻”等相对较为成熟的政务微信公众号，对其功能开发、内容推送、运行方式等进行了初步摸底。开通政务微信公众号特别是科技政务微信公众号，主要目的是实现科技政务信息的快速扩散及多方需求的精准对接，并适时进行舆论引导，抢占宣传阵地；传播形式一般是信息推送，保证持续性和时效性。从调研来看，运行比较好的政务微信公众号大多有以下几个共性特点。

内容丰富。通过开设不同的栏目，发布贴合公众需求的多样化信息。例如，“上海科技”开设了36个栏目，“荔枝微新闻”开设了20个栏目。

更新及时。一般信息即时发布，重要信息原则上“不过夜”，大部分公众号每天更新3～4条信息。

界面友好。整体设计美观大方、简洁明了，带来更优质的用户体验。

功能多样。服务办事功能齐全、实用。例如，“锐科技”不仅能够看通知和评论，还可以查政策、报告或项目。

互动活跃。借鉴企业公众号的做法，探索和粉丝进行互动。例如，“精彩江苏”经常举办“微言征文”、粉丝投票等活动。

同时，为了运营维护好政务微信公众号，通常都配备了稳定的专职队伍，一般在3～5

人，其中“锐科技”多达 8 人；并建立了比较完善的工作机制，实行选稿、编辑、审查、考核等全流程控制，一般信息由具体经办机构负责，重要会议、重大活动等信息须报请主要领导或分管领导审定。同时，也给予了必要的经费保障，对于公众关注度高的信息稿件给予一定的稿酬激励，充分调动工作积极性。

2 科技类微信公众号的传播特点

2.1 传播特点

相比于传统媒体的科技传播科普传播，新媒体科技传播独具特色，并凸显出其巨大的优势，使得科技信息、科学常识、科技人物、科技热点等以民众喜闻乐见的方式在第一时间得以知晓。

大众与小众相交织。新媒体科技传播相对于民生、时政、娱乐、经济等新闻传播来说，无论是传播主体、渠道、形式还是接收受众，都是相对较小的群体，即“小众”；但对科技工作者和科技爱好者群体而言，每一条科技信息、每一则科技报道，都是“金玉良言”，都是“真知灼见”，得到了都会如获至宝。这是一种无可比拟的媒体传播超高“黏揉度”。所以，在新媒体科技传播实际操作过程中，就要“小众中求大众，夹缝里求生存”，将“小众人群最大化、最优化”。从信息权威性可信度而言，也存在着“小众与大众相渗透”的实际情况，即来自传统报纸杂志广播电视的科技信息科普信息更受百姓重视，更具有可信度。不胫而走的“小道消息”传播速度快，“发酵”“围观”效应显著，是一种另类的传播路径。

严肃与通俗共一体。新媒体科技传播的资讯内容严肃缜密，有些内容高深莫测、晦涩难懂，多少会影响到受众规模和传播效果。在实际操作过程中，新媒体科技传播科普传播既要具有传统报纸杂志广播电视等的权威性、严肃性特征，又需要充分发挥新媒体语词多样、表情符号丰富多变的自身特性，考虑和兼顾新媒体年轻受众喜欢自由奔放诙谐洒脱的现实情况，将科技信息科普信息传递的严肃性和内容表现形式的多元化、多样化、通俗化有机结合，以最高端权威的传播管道和最高端的权威发布，配之以人们喜闻乐见的传播形式，使之达到最优化的传播效果。

突发与长期相结合。新媒体科技传播往往和突发科技事件、科技人物、科技环境密切关联，有着突发性特点。当出现突发科技事件或科技人物、科技环境发生巨变时，新媒体科技传播科普传播就要“挺身而出”，第一时间第一事件在信息源头亮相，确保关键时刻不缺席不缺位。同时，如果只关注突发性新媒体科技传播科普传播，没有长期的未雨绸缪的新媒体科技传播科普传播规划，就会失去新媒体科技传播的长期性和连续性，就会丢失科技传播独有的传播品牌。正因为科技传播的突发性与长期性相关联的特征，保证了科技传播科普传播的重要地位，这样，无论是新闻媒体还是新媒体科技传播，受众都不会遗忘。

人物与事件相穿插。科技人物贯穿于新媒体科技传播科普传播的各个角落，与科技事件科技焦点等有着千丝万缕的联系，科技人物有时候就是科技事件的灵魂，就是科技事件的主线。在新媒体科技传播科普传播过程中，时刻将做好“科技人”的文章置于重要高度，有意识培育“网红科学家”，将科技人物和科技事件有机穿插，这样就会收到事半功倍的传播效果。唯有串接起科技传播的故事性、趣味性、通俗性，使高精科技妙趣横生，让深奥哲理深入浅出，科技受众在“润物细无声”状态下的高效能科普才能真正到位。

海量与碎片需甄辨。新媒体科技传播信息海量，真伪难辨。科技传播工作者唯有擦亮双眼，储备一定科技常识，瞄准和选择品牌传播渠道和品牌传播路径，才不会误入歧途，才不会以讹传讹。在科技传播实际操作中，需要把握好“海量与碎片”的辩证关系，足够量级的信息内容是科技传播的基石，碎片化分众化传播是科技传播的内核。传统媒体由于容量和形式上的限制，传统大众的科技传播科普传播在科学知识、科技技能、科技影响等方面的传播广度、宽度和深度受到制约，其缺少与公众的即时交流与立体互动。借助互联网（移动互联网）微信微博新闻客户端等新媒体跨时空、跨地域、大容量、个性化和交互性等特点，新时期的科技传播在用户的参与性和交互性、形式表现的多样性和丰富性、内容表达的广泛性和深入性上都有较大突破。伴随着信息技术发展，科技新媒体传播在科学理念、科学主体、科技内容及科学普及形式等方面不断转变和进步，表现出传统媒体科技传播和新媒体科技传播交叉融合协同的传播生态。

2.2 主要类别

2.2.1 政务类

在政务微信蓬勃发展的同时，科技主管部门亦面向大众的开设了服务型微信公众号，四川、上海和河南 3 省市率先开设了科技类政务微信，随后，国内大多数省级（直辖市）及以上科技管理部门都开通了科技类政务微信，其中“锐科技”隶属科技部，其他政务微信分属各省级单位。浙江省科学技术厅微信公众号“创新浙江”于 2013 年 8 月正式开通，其受众定位为本地科技企业、科技工作者及对科技类信息感兴趣的普通用户，主要发布新政新规、产业动态等信息。“广东科技”微信公众号于 2015 年 12 月开通试运行，于 2016 年 6 月正式运行。以“创新浙江”“广东科技”为代表的科技政务微信在探索移动互联网与政府工作融合方面的努力有目共睹。

2.2.2 民营类

目前国内几家传播力和影响力较大的民营科技媒体主要有虎嗅、36 氪和钛媒体等，科技新媒体虽然都在传播内容，但由于定位不同，其内容的侧重点也各不相同，本文对其定位做了区分和梳理。

创业者服务平台：36 氪最初以编译国外网站上的信息起家，后期建立起自己的记者团队，加入原创和自制内容，稿件风格也从短平快逐渐走向深度。但创始人刘成城并没有想把 36 氪打造成一个纯粹的科技博客，而是定位成“连接创业者和投资人”的平台，其最终目的是向金融服务平台发展。

互联网从业者社区：这类科技新媒体以极客公园为典型代表，将自己的产品定位于科技爱好者沟通、交流的社区和空间，在这里，用户可以阅读文章、参与讨论、发起活动、寻找最新的产品和创业企业。

针对 TMT 行业的媒体：钛媒体创办时给自己的定位是“专为 TMT 从业者打造的，找到、了解、分享公司的平台”。在所有的科技新媒体中，钛媒体的媒体属性更强，注重报道新的资讯，就各种相关事件发表评论，并有一些深度调查报道。

商业科技文章聚合平台：虎嗅也属于针对TMT行业的媒体，但与钛媒体相比，其商业化性质和内容的话题性更加突出，甚至关注TMT之外的领域。虎嗅的定位更加倾向于商业科技类文章聚合平台，TMT、零售、医疗等各个领域的文章在虎嗅都能找到，且均具有较高的阅读量。由于大众对于内幕消息具有强烈的消费需求，虎嗅对待爆料文章的态度较为宽松，因此，虎嗅网有着不少小道消息和内幕八卦性质的文章，观点犀利泼辣，相当吸引眼球。

2.3 重点受众

科技政务微信公众号的用户与其他政府部门的公众号相比，有其自身的特点。

2.3.1 用户专业性强，关注群体基数相对不高

科技政务微信公众号的用户，按照职业属性分类大致可以分成：①科技管理部门人员；②科研院所科研人员；③高等院校科研人员；④企业科研人员；⑤科技服务机构人员。以上人群一般拥有较高的学历和科技素养，他们是站在金字塔尖的一部分人。由于该类型的公众号不直接涉及公众的民生生活，其用户基数必定远远低于其他民生类公众号。

2.3.2 用户具有代表性，与机构相关

科技政务微信公众号提供的信息或功能服务对个人来说并无指导意义。因此，科技政务微信公众号的用户是代表其所在机构去关注科技政务微信公众号，以期获取有用的信息去指导机构的科研运作。

2.3.3 用户目标明确，科技业务指向性强

科技政务微信公众号的用户对科技政务信息、科技业务和科技政策敏感度高，目标比较明确，就是为了直接指导科研业务。

3 “江苏科技”微信公众号运营情况分析

3.1 运营定位

为推动江苏社会各界方便快捷地了解最新科技资讯，“江苏科技”微信公众号于2017年2月开通，是“互联网+”与科技管理无缝对接的有益尝试，也是转变政府职能、强化创新服务的重要举措。“江苏科技”设置热点关注、最新政策、工作动态等功能板块，提供便民贴心的服务功能和丰富实用的阅读内容，致力于传递科技工作动态、解读科技创新政策、跟踪产业创新前沿、展示重大创新成果、传播创新创业文化，让广大科技工作者畅享“指尖上的微服务”。旨在通过微信灵活强大的交互能力，架起一座连接政产学研的桥梁，让“江苏科技”成为汇聚民意的“舆论场”、聚力创新的“好帮手”，以真心实意换群众满意，为建设高水平创新型省份和“强富美高”新江苏做出积极贡献。

3.2 主要做法及成效

栏目设置方面，根据职能分工，设置科技要闻、科技通知、科技政策等 16 个栏目，发布科技创新各领域的最新进展和特色亮点（表 2、表 3）。

表2 “江苏科技”栏目定位

序号	类别	内容
1	科技要闻	发布省委省政府决策部署要求、重大活动、重要会议等内容
2	科技通知	发布最新出台的项目申报通知等
3	科技政策	发布重要科技政策、科技规划及相关文件精神
4	科技时评	发布中央领导、省领导、省科技厅主要领导等有关科技创新的主要讲话精神；围绕重要会议、重大事件配写评论，发表权威立场、观点和态度
5	科技动态	发布全省科技创新工作最新举措、重大情况，以及各地有影响、有特色的科技创新动态
6	科技前沿	发布国内外科技创新领域的重大进展
7	科技园区	发布江苏省推进科技园区建设的最新举措和重大进展情况
8	科技载体	发布江苏省加强各类创新载体建设的最新举措和重大进展情况
9	科技金融	发布江苏省促进科技与金融结合的最新举措和重大进展情况
10	科技企业	发布江苏省加快创新型企业培育的最新举措和重大进展情况
11	科技人物	介绍江苏省科技创新先锋人物
12	科技创业	发布有关江苏省科技创业大赛活动、创业故事，以及科技孵化器、众创空间、众创社区建设等动态新闻
13	科技合作	发布江苏省推动国内外产学研合作最新举措和重大进展情况
14	科技成果	发布江苏省重大原创性技术突破和产品创新
15	科技产业	发布江苏省高新技术产业进展
16	科技提醒	在项目申报期间，提醒大家不要上当受骗等

表3 “江苏科技”功能菜单设置

序号	类别	内容
1	科技信息	下设“科技前沿”“科技政策”“科技通知”“科技报告”4个子版块，为用户提供历史消息查询
2	科技服务	下设“知识产权”“科技查新”“合同登记”“仪器共享”4个子版块，为用户提供科技咨询服务
3	技术交易	下设“找技术”“找专家”“找资金”“找服务”“找企业”5个子版块，与省技术交易市场网站建立链接，实现用户查询功能

内容来源方面，主要分 3 条途径获取：一是与厅机关网站、技术产权交易市场网上平台

“新闻一点通”等建立对接机制，筛选并转载相关信息内容；二是对于重大活动、重要会议等时效性较强的信息，由各相关业务处室负责提供；三是广泛发动行业协会（学会）、科技智库、专家学者等，组织定题约稿（表4）。

表4　栏目设置及分工

序号	栏目	责任处室或单位
1	科技要闻	办公室、科宣办
2	科技通知	计划处
3	科技政策	法规处
4	科技时评	省科技情报所
5	科技前沿	省科技情报所
6	科技成果	成果处
7	科技产业	成果处、高新处、社发处
8	科技园区	区域处、农村处
9	科技载体	条件处
10	科技企业	高新处
11	科技金融	高新处
12	科技创业	高新处、省创业中心
13	科技人物	法规处、社发处
14	科技合作	条件处、国合处
15	科技动态	省科技情报研究所
16	科技提醒	社发处

工作队伍方面，重点成立3支队伍：一是专职采编队伍，主要依托省情报所组建，相对固定；二是通讯员队伍，主要依托厅机关各业务处室组建，每个业务处室设立1名，定期供稿；三是评论员队伍，主要依托科技智库组成，邀请专家学者撰写特约评论，就一些科技热点问题发表看法。

发布流程方面，对于常规信息，采编小组每天根据厅机关网站、技术产权交易市场网等进行摘编，经科宣办审核后发布；重大活动、重要政策文件、重大进展情况等重点信息，由各业务处室负责提供稿件，报厅领导审定后发布；专家约稿，则由采编小组负责联系约稿，报厅领导审定后发布。

发布频率方面，通常每个工作日发布3～4篇，非工作日期间（法定节假日、休息日）每天发布1～2篇，并根据实际情况进行动态调整。

工作考核方面，按照“周计划、月通报、年考核”的要求，每周五前制订下周工作计划，报厅领导审定后实施；每月底，通报各处室信息报送和采用情况；每年底，统一进行考核。

截至2019年第三季度，“江苏科技”微信公众号粉丝量超过37 000人，在全省政务微信公众号中排名第18位。

3.3 问题及不足

3.3.1 受众对象群体范围较小，专业性较强

“江苏科技”微信公众号主要传播对象是科技系统内部人员、高新技术企业、科技工作者及个别科技爱好者。这些特点也在很大程度上决定了科技部门政务微信订阅用户群体的局限性，与社会新闻、公共服务、交通等以大众业务为主的政务微信平台不同，科技政务微信受众群体呈现冷门、小众的特点。

3.3.2 以发布为主，资金和人力投入有限

与商业类公众号拥有大量资金和人员不同，“江苏科技”政务微信的管理缺乏新闻传播类专业、美工设计、营销活动管理、品牌设计等一系列人才投入，投入运营的资金也十分有限，从而影响公众号整体运营。运营团队的成长壮大需要一个过程，如何利用现有的人力和财力，最大限度地提升公众号影响力，值得进一步分析。

3.3.3 起步较迟，错过了新媒体风口期

“江苏科技”微信公众号开通于2017年，远远落后于全国乃至全省政务类、科技类公众平台，错过了微信公众号蓬勃发展的时期，在各类公众号层出不穷的态势下，粉丝受众的原始积累尤为困难。

4 提升科技类微信公众号传播影响力路径研究

4.1 精确定位用户需求，提升原创内容价值

要留住用户，最核心的竞争力依然是内容。从内容上看，科技新媒体内容差异化程度在逐步缩小，且资源重合度也逐步提升。加强内容形式的创新，提高传播的贴近性。在新媒体运营工作中，核心在于对内容的贴近，更多地发布贴近实际、源于生活、来自群众的鲜活内容，并采用群众乐于、易于接受的形式表现内容，增强感染力。建立起完善、原创、不可替代的内容体系，从而通过优质、差异化、有亮点的内容，增强平台的读者黏性和忠实度。

通过分析发现，在关注“江苏科技”公众号的现有和潜在用户中，科技型公司及从业人员所占的比例较高，这其中又以小微型科技公司人员为主，用户需求分别为：通知发布、政策解读和专家指导。本文随机抽取了2019年10月“江苏科技”阅读量排名前十的文章（表5），发现排名前3位的为重大科技活动预告、重要政策和通知发布。因此，要引入“用户”思维，以受众用户的实际体验为中心，定期进行对目标用户群体的行为、心理需求等方面的分析研究，这样才能将用户的需求落到实处，使科技政务微信的传播更贴合用户的需求，促进科技政务微信公众号的整体提升。可通过企业访谈、专家投稿等方式开发科技专题栏目，通过企业和专家的角度，更深层次地解读科技政策，为科技服务提供更多的范例。

表5 2019年10月“江苏科技”阅读量排名前十的文章

标题	阅读量/次
第七届中国江苏产学研合作大会即将召开，精彩看点早知道	3871
多部门联合印发《江苏省企业研究开发费用税前加计扣除核查异议项目鉴定处理办法（修订版）》	2980
关于发布江苏省省级新购大型科学仪器设备预警目录清单（2019年版）的通知	2191
“江苏省外国专家工作室”开始申报，都有哪些要求？	1949
专项资金加速江苏科技成果转化	1912
创新高！1—9月全省受理高企申报同比增长近6成	1753
省科技厅关于做好全省2019年入库科技型中小企业评价信息抽查工作的通知	1620
转发科技部关于发布国家重点研发计划申报指南的通知	1585
自然指数首次聚焦年轻大学，我省两所大学上榜	1577
最近频频被点名的“区块链”，到底是个啥？	1409

4.2 创新采编手段方法，提升新闻可阅读性

科技政务微信应改变笼统、抽象、俯视的话语体，更多使用人性化、具体化、通俗性、贴地气的话语体，与用户搭建起更贴近的共同话语桥梁。发布形式要注重视觉化、个性化，合理运用数字化、图表图解、音视频、H5 等方式提高图文信息的针对性、科学性，使用户不需要费时间进行信息解码，一目了然就能获取信息的要点。

同时，找准受众共鸣点，才能在新时代科技创新工作宣传上事半功倍。在网络新闻传播中，新闻标题已经成为受众决定是否索取网站深层内容（接受深层新闻传播）的第一引导力量，新闻标题必须做到重点突出、准确简洁、有新意。公众号文章标题限制在 64 个字范围内，文章的标题最多可显示 31 个字，加上标点符号，可输入的文字一般在 25 个字左右，后面的文字会被省略号覆盖。为了将表达的信息完整地展示出来，字数一般控制在 20 个字左右为宜。一是“数字加概述或引导语”的新闻标题，如《这 5 项人工智能技术将在 2030 年改变大众生活》《全国人民最关心的 10 种疾病，第 3 个你绝对想不到》；二是“说话说一半”的新闻标题也十分常见，如《抖音上的“黑科技”特效，原来背后是……》《今天，让我们来谈谈区块链的一个大秘密……》，这类标题直接激发读者好奇心；三是“一句话概括”型标题，如《张一鸣钱颖一对话精华：创业者最需要耐心，做产品最需要同理心》；四是“问题导向”型标题，如《为什么离开×××技术，我们就活不下去?》等。

4.3 围绕重大科技事件，加强科学知识传播

重大社会突发事件的科技传播，与人们的生活息息相关，如何处理好重大突发事件的科技传播具有重大而深远的意义。及时发布各种各样的科学常识，满足不同类型受众需求。在应急状态下，学界专家学者和业界的第一线资深人士能够在第一时间现身说法，澄清蛊惑人心的传言，正确引导公众视线，稳定人心，确保社会和谐。同时，分门别类设置不同板块，

增强不同专业的科学家与各方面公众的联系与实时沟通，畅通“科普传播人群”的信息。

4.4 引进智能计算方法，增加交流互动功能

目前用户在终端的使用情况、浏览习惯、阅读峰值、用户特性、信息传播路径等重要信息仍无法获取，需要运用大数据、云计算、人工智能等技术进行专业的统计分析，寻找用户“痛点”，把握用户需求，定点投放个性化内容，提升用户体验和互动质量，实现政务公号的桥梁价值。由于政务公号属于“订阅”模式，受众掌握主动权，因而对目标用户的吸引异常重要。要建立原创激励机制，加大信息采编和策划力度，提高原创推文的比例和质量。还可以通过投放公益广告、合作互推、开展有奖调查、趣味游戏、社群建设等线上线下活动提高曝光度，扩展人群覆盖面。

4.5 优化发布推送策略，提升公众传播效能

据统计，从发布时间来看，阅读量 1 万次以下的微信文章，推送时间集中在下午 5 点时段。而在《微信公众号 10w+ 文章数据报告》中，10w+ 文章推送最多的时间段 Top 3 分别为 21 点、22 点、20 点。考虑到样本数、粉丝量级、账号类型等多种因素的影响，微信公众号如果能从账号定位、用户特征等维度综合考量，制定更合适的发布时间，也是一种提升阅读量的方法。

课题负责人：沈瑾秋
课题组成员：孙　占　李艳茹　左　茜　韩　莉
撰　稿　人：沈瑾秋

江苏科技人才与产业转型升级互动关系研究

1 绪论

党的十八大报告指出，要“着力构建现代产业发展新体系”“推动战略性新兴产业、先进制造业健康发展，加快传统产业转型升级”，同时，“加快人才发展体制机制改革和政策创新”“形成激发人才创造活力、具有国际竞争力的人才制度优势，开创人人皆可成才、人人尽展其才的生动局面”。从国际看，新一轮科技革命和产业变革正在孕育兴起，变革突破的能量正在不断积累，国际竞争日益凸显为科技和人才的竞争。谁能培养和吸引更多优秀的科技人才，谁能更大限度地激发各类人才创新创业活力，谁能更好地实现产业和人才的良性互动，谁就能在产业关键技术上率先突破，抢占国际竞争的制高点。从国内看，创新驱动上升为国家战略，充分释放科技人才资源潜能，推动企业技术创新、产业技术创新和社会发展创新，培育自主创新能力、自主知识产权和创新型企业，增强科技进步和人才对经济发展的贡献率，加快实现经济发展方式转变和转型升级，成为当前发展的主要任务。2012 年 10 月，习近平总书记在中关村调研时明确指出，当务之急是要健全激励机制、完善政策环境，从物质和精神两个方面激发科技创新的积极性和主动性，坚持科技面向经济社会发展的导向，围绕产业链部署创新链，围绕创新链完善资金链，消除科技创新中的“孤岛现象”，破除制约科技成果转移扩散的障碍，提升国家创新体系整体效能。

江苏一直走在全国改革开放的前沿，国际金融危机爆发以来，应对国际市场需求波动的新变化和资源环境带来的发展硬约束，加快转型升级步伐，围绕战略性新兴产业大规模引进、培育创新创业领军人才，人才促进产业转型升级，产业发展集聚高端人才，形成“人才—企业—产业—经济增长点”链式效应，人才产业互动发展对经济发展的促进作用日益凸显。但同时，发展中不平衡、不协调、不可持续的问题依然突出，科技与经济充分结合还存在不少的体制机制障碍，亟须进一步优化科技创新创业环境，建立健全人才和产业转型升级良性互动机制，构建各类人才活力竞相迸发、现代产业体系日渐完善、企业主导人才开发和创新创业活动的生态环境。

本课题研究立足于科技人才与产业转型升级互动关系的视角，在对科技人才、产业转型、人才产业互动等相关理论进行梳理研究的基础上，采用规范与实证、定性与定量相结合的分析方法，对近年来江苏省在科技人才和产业转型升级方面的实践进行研究与总结分析。以江苏重点发展的高技术产业——医药制造业为例，选取 8 个考察指标，采集自 2001 年以来的数据，对科技人才与产业转型之间的互动关系进行实证分析，用数据证实了两者之间的显著互动关系。选取昆山小核酸产业基地、泰州中国医药城、苏州纳米产业园区等人才与产业互动发展较好的园区，进行深入案例解析，提炼主要做法与经验。最后，对江苏科技人才与产业互动存在的问题和不足进行了深入分析，提出符合江苏省省情的建立健全科技人才与产业转型升级良性互动机制的意见建议，以期为全省科技人才工作和产业转型实践提供理论和实践参考。

2 理论基础

国内外对于科技人才或者产业转型升级已经开展了不少研究，取得了一些成果，但对科技人才与产业转型升级的互动关系研究不多，在一定程度上属于研究领域的空白地带。综合已有的研究成果，结合近几年江苏在人才队伍建设和产业机构战略调整方面的实践探索，可以获得科技人才与产业转型互动的基本理论框架。

2.1 科技人才

2.1.1 基本概念

科技创新的微观主体是人，一切科技创新活动最终都是由具体的人组织完成的。在生产力构成的诸要素中，人才是决定性因素，是最活跃的先进生产力。根据《国家中长期人才发展规划纲要（2010—2020年）》的定义，人才是指具有一定的专业知识或专门技能，进行创造性劳动并对社会做出贡献的人，是人力资源中能力和素质较高的劳动者。科技创新人才是一个国家或地区在科技活动中具备良好创新素质，具有较强的科技管理能力、研究开发能力和专门技术能力，能够参与科技活动、促进科技发展、进行创造性劳动并能取得创新型成果的人才。

2.1.2 主要特征

人才是我国经济社会发展的第一资源。在当代世界科技发展的澎湃大潮中，国家核心竞争力越来越表现为人才资源的竞争。从财富资源创造的角度看，所有物资资源都是人开发的；人才资源是可再生资源，人才的使用是一个不断增值增能增效的过程；人才是开发价值最高的资源，据有关统计，目前全世界人力资本、土地资本和货币资本三者的构成比例约为64 ∶ 20 ∶ 16；人才资源开发潜力最大。从人才个体的角度看，人才具备以下几个方面的特征。

（1）丰富的科技知识

掌握相关领域比较丰富的科学技术知识。术业有专攻，承载专业科学技术知识是科技人才的基本特征。知识是开放的，科技人才不仅掌握自身所在专业领域的科技知识，还掌握相关领域、交叉学科的相关知识，为创新提供基础条件。

（2）较强的创新能力

创新能力体现在多个方面，包括驱动创新的“好奇心”、开展创新活动的思维行动力和一定的冒险精神。对未知的好奇和探索，是科学发展的重要动力，“好奇心”同样是科技人才开展创新活动的必要条件。创新活动自然包括脑力劳动和体力劳动，当今时代的创新活动更多依赖脑力劳动的贡献，因此，成功的科技人才往往拥有严谨的科学思维逻辑，能够对事物发展做出系统、综合的判断。创新的结果是未知的，但不论创新成功与否，创新劳动的付出是不可避免的，因此，科技人才一般要有一定的冒险精神，能够接受创新结果失败带来的风险。

（3）高尚的道德品质

科技创新是复杂的人类劳动，单纯依靠独立的个体不可能完成，某项科学技术的突破总是在前人积累的基础上完成，在不同领域人才的协同配合下完成，有时甚至需要一定的牺牲和献身精神。科技还是一把“双刃剑”，用得好有益于全人类，用得不好也可能给人类发展带来灾难。因此，科技人才必须具有比较高尚的道德品质，能够与其他科技人才合作开展创新活动，关注并致力于利用科技创新增加社会和人类的价值。

2.2 产业转型升级

2.2.1 基本概念

产业转型升级有两种解析思路：从区域角度看，是指一个国家或地区在一定历史时期内，伴随政府部门特定的产业、财政金融政策等调控措施，国民经济主要构成中的产业结构、规模、组织、技术装备等发生显著变动的状态或过程；从产业角度看，是指一个行业内资源存量的再配置，也就是资本、劳动力等生产要素从衰退产业向新兴产业转移的过程。本课题研究认为，所谓产业转型升级，其核心是转变产业内的生产方式，在投入、消耗、污染、产出、效益上实现更优的目标组合，在这一转变过程中必然带来产业结构中第一产业占优向第二、第三产业占优的转移，各类产业内部劳动密集向资本、知识密集的转移，以及社会生产效率的提档升级。

2.2.2 主要内涵

（1）传统产业升级

传统产业是一个历史相对概念，在研究领域至今没有形成对传统产业的标准定义。北京交通大学的王稼琼等认为，传统产业是相对于信息产业、新材料产业等新兴工业而言的，主要包括钢铁、煤炭、电力、建筑、汽车、纺织、轻工、造船等工业。西安交通大学的台冰根据Dosi技术规范理论，把使用传统技术规范来解决各种生产问题而形成的产业称为传统产业。国务院发展研究中心的刘世锦等认为，传统产业是以传统技术进行生产和服务的产业，是指工业化过程中起支柱与基础作用的产业。本课题研究认为，传统产业是相对信息、新材料、新能源、生物医药等新兴产业而言，发展历史更加悠久的钢铁、煤炭、电力、建筑等产业。从历史上看，新兴产业多为资本、技术密集型产业，传统产业多为资源、劳动密集型产业，但随着科学技术的发展，一些传统产业也在向资本、技术、知识密集型转变。

（2）新兴产业发展

国务院2010年10月10日颁布的《关于加快培育和发展战略性新兴产业的决定》(国发〔2010〕32号）将节能环保、新一代信息技术、生物、高端装备制造、新能源、新材料和新能源汽车等7个新兴产业纳入战略性新兴产业规划。把战略性新兴产业定义为是以重大技术突破和重大发展需求为基础，对经济社会全局和长远发展具有重大引领带动作用，知识技术密集、物质资源消耗少、成长潜力大、综合效益好的产业。

2.3 人才与产业互动

人才与产业互动主要体现在两个方面：一是人才集聚与产业集聚的互动关系，即人才集聚促进产业集群发展，产业集聚吸引更多人才进；二是人才结构与产业结构优化互动，即人才素质结构的提升促进产业发展动力的转变，不同的产业发展水平需要不同结构的人才。

2.3.1 人才集聚与产业集聚互动

（1）人才集聚

人才的集聚是促进一个地区经济增长的一个重要因素。集聚有利于提高人的竞争能力；集聚加剧了竞争，而竞争是增进个人能力的重要因素。同时，集聚便于合作，同行业之间的交流有利于提高创新速度，进而使集聚地人才和企业总体竞争力水平提高。

（2）产业集聚

产业集聚首先表现为同类企业的聚集。企业为了获得市场竞争优势，必须吸引专业人才，开发应用新技术、新产品，提高生产经营效率，获取更多利润。企业围绕产业链的聚集，则能够降低协作企业之间的寻找成本、物流成本等综合成本，提升区域产业整体竞争力。

（3）互动关系

产业集聚和人才集聚不是相互独立的，而是互为补充、互相促进的。产业集聚引致人才集聚，人才集聚可加速人才开发并促进人才资源向人才资本转变，使人才资本在运动中实现价值增值，进而促进产业集聚。人力资本迅速积累在产业集聚区域上表现出明显的比较优势，人才作为经济社会发展中最宝贵的资源，成为各个地区为促进本地产业转型升级而竞相争夺的重要目标。

2.3.2 人才结构与产业结构互动

（1）人才结构优化对产业结构升级的功能分析

张其春（2006）等认为：第一，人才结构优化具有要素功能，在工业经济及知识经济时代，经济增长越来越依赖于科技的发展应用，体现到人才结构上表现为科技人才比重的提升；第二，人才结构优化具有效率功能，包括提高人才自身的工作效率、人力资本工作效率、其他生产要素的生产效率等；第三，人才结构优化具有替代功能，主要表现为人力资本投资增加可节约物质生产要素；第四，人才结构优化具有知识溢出效应和扩张效应，随着人才的积累，社会生产的可能性边界不断向外扩展，人才结构优化进而成为产业结构升级的强大推动力。

（2）产业结构升级对人才结构优化的需求分析

从产业层面来看，产业结构升级引致人才结构优化，如从劳动密集型产业向资本、技术密集型产业的升级，必然要求科技人才比重的提高。从国民经济发展的产业结构来看，随着第一产业比重的不断下降和第二、第三产业比重的不断提高，农业劳动人口必然不断下降，第二、第三产业就业人口自然不断上升。从区域产业结构和人才结构的比较流动来看，战略性新兴产业集聚的区域，往往也是相关技术领域科技人才集聚的区域，某个区域某类产业发展的兴衰，往往伴随该区域相应产业领域科技人才的净流入和净流出。

3 现状简析

“十一五”以来，江苏省委省政府出台了一系列重大战略举措，优化科技人才创新创业环境，加快战略性新兴产业发展，为推进江苏“两个率先”提供支撑。部署人才发展，2003年提出解放思想、解放人才、解放科技生产力，2010年提出人才优先发展、优先投入，部署产业转型升级，2006年专题召开科技创新大会，做出建设创新型省份的战略部署，2009年提出大力发展创新型经济。进入“十二五”，省委省政府明确把科教与人才强省作为基础战略、创新驱动作为核心战略，进一步提出人才国际化，部署实施科技创新工程，推出一系列重大举措，形成了“培育引进一个人才、发展壮大一个产业、培育一个经济增长点”的链式效应。

通过全省上下的共同努力，江苏省科技人才和产业转型升级取得显著成绩。2011年，全社会研发投入占GDP比重达到2.2%，科技进步贡献率提高到55.2%，人才对经济发展的贡献率达到34.2%；区域创新能力由全国第4位上升到第1位，涌现出新能源、生物医药、移动通信等一批先进技术成果，新兴产业和高新技术产业快速发展，创新型企业不断发展壮大，在一些领域形成先发竞争优势；高层次创新创业人才加快聚集，创新载体和平台建设进一步完善，科技成果产业化步伐明显提速，成为全国创新活力最强、创新成果最多、创新氛围最浓的省份之一。

3.1 高端领军人才规模不断扩大

全省深入实施科教与人才强省基础战略和创新驱动核心战略，坚持把人才优先发展作为强省之基、竞争之本、转型之要，着力培养和造就一支高素质科技人才队伍，为推进科技创新工程、全面增强创新活力提供人才智力支撑。截至2012年年底，全省人力资本投资达7614亿元，占GDP的14.1%，人才贡献率达34.2%；全省人才资源总量908.18万人，其中，专业技术人才总量500.37万人，占人才资源总量的55.1%；高技能人才总量203.24万人，高技能人才占技能劳动者比例达到28.3%。以“双创计划”为龙头，面向全球延揽高层次创新创业人才，已资助引进海内外高层次人才1793名，资助引进87个具有世界领先水平的“创新团队”，其中2个团队由诺贝尔奖获得者领衔。在“双创计划”带动下，全省实施82项引才计划，共资助引进10 752人。全省有385人入选“国家重大人才工程”，其中创业类173人，占全国创业类的29.7%，位居全国第一。以“333工程”为龙头，大力培育创新创业领军人才，2011年启动实施第四期“333工程”，遴选出一层次专家38名，二层次专家292名，三层次专家2955名。实施“科技企业家培育工程”，遴选培育省级“科技企业家”564人。人才引领产业，产业集聚人才，江苏省已经形成由人才到企业再到产业的链式效应。2012年，江苏省人才竞争力全国第二，区域创新能力连续4年保持全国第一。

3.2 产业发展竞争力加快提升

以产业优化升级为突破口，产业整体素质和核心竞争力不断提高。江苏省坚持把产业结构调整作为转型升级的主攻方向，紧紧把握新一轮科技革命和产业变革的重大机遇，把发展战略性新兴产业作为培植江苏长远发展优势的关键举措，制定“十二五”战略性新兴产业发展规划和十大产业推进方案，建立“两部一省”协同创新机制，设立专项资金和创业投资引导基金，积极抢占产业发展制高点。江苏省光伏产业规模占全国的55.2%，全球的21.8%，世界前十强企业中江苏有4家；风电整机制造占全国的20%，核心部件国内市场占有率超过50%；全省造船完工量占全国的36.8%、世界的15%，是当之无愧的中国造船第一大省。生物医药销售收入占全国的12%，一举超越山东居全国第一，部分药物品种已占据欧美主要市场份额；集成电路产业规模占全国的42.9%，封装测试多年保持全国第一。2012年，全省新兴产业销售收入突破4万亿元，5年年均增长30%以上，高新技术产业实现产值超过4.5万亿元，占规模以上工业产值比重超过37%。

3.3 人才引领产业技术获得突破

高端领军人才不断带来产业技术水平的新突破，面向产业重大需求加强前瞻部署，组织编制“十大战略性新兴产业重点自主创新项目”，2011—2013年，累计承担国家科技重大专项、973计划项目等500多项，获国家科技进步奖励150项，成为唯一囊括国家自然科学奖一等奖、技术发明奖一等奖、科学技术进步奖一等奖的省份，其中，东南大学和南通中远船务填补了江苏高校和企业获国家高奖项的空白。率先建立“两部一省”协同创新机制，启动建设苏州纳米技术、泰州生物医药、南京通信与网络3个科教结合产业创新基地。组织实施417个重大科技成果转化项目，设立3亿元省级新技术新产品推广应用专项，新增23个国家级高新技术特色产业基地，累计达103家，居全国第一。江苏省光伏产业规模占全国的55.2%，全球的21.8%；物联网产业产值率先突破千亿元大关；智能电网基本形成覆盖核心环节的产业创新链，打响了“江苏创造”的品牌。2012年，全省专利申请量和授权量、发明专利申请量和授权量、万人发明专利拥有量相比2010年均实现翻番，在2011年成为全国首个累计专利申请总量超过百万件的省份，奠定了知识产权大省地位。

3.4 人才产业互动机制逐步完善

以开展国家技术创新工程试点为契机，大力实施科技企业培育“百千万工程”、万企升级行动，出台加快技术创新体系建设的20条重大举措及鼓励企业创新促进转型升级的23条政策意见，引导创新要素向企业集聚，培育壮大创新型企业。支持企业加快建设研发机构，成立省推进企业研发机构建设工作联席会议，按照“两推进、双提升”的目标要求大幅提升覆盖面，大中型工业企业建有率达82%，较“十一五”末提升47个百分点，其中国家级92家，居全国前列。鼓励企业发展与高校、科研院所的战略合作，在全国首创研究生工作站，推动建设院士工作站、博士后工作站，组建校企联盟、产业技术创新战略联盟，促进300多位两院院士、1万多名研究生、6万多名专家教授深入一线。通过政策引导、工作联动和资源集成，培育形成了以创新型领军企业、科技型拟上市企业、高新技术企业、民营科技企业为骨干的创新型企业集群，截至2013年年底，有1家企业进入世界500强，22家企业入选中国500强，营业收入超百亿元的企业有140家，其中超过500亿元的15家，超过1000亿元的3家。

4 实证分析——以医药制造业为例

产业的集聚发展和转型升级，必然带来科技人才的集聚和素质分布结构的优化升级；反过来，科技人才汇集某个产业，也能带来产业规模的扩大和技术水平的升级。为了更加准确地揭示科技人才与产业转型升级之间的互动关系，找到与产业转型升级关系最为直接的人才特征变量，以便为相关政策制定提供更加具有针对性的意见建议，本研究以江苏省医药制造产业为例，采用定量分析的方法，剖析科技人才与产业转型升级之间的互动关系。

4.1 变量和数据

4.1.1 变量

新产品是指采用新技术原理、新设计构思研制、生产的全新产品，或在结构、材质、工艺等某一方面比原有产品有明显改进，从而显著提高了产品性能或扩大了使用功能的产品。一个产业全部业务收入中新产品贡献的产值，直接反映了这个产业产品更新换代的速度和转型升级的水平。本研究以医药制造业新产品销售收入及其占全产业主营业务收入的比重来反映产业转型升级水平。R&D活动情况反映了一个产业科技人才的总体状况。考虑到研究数据的可得性，本研究首先粗略选取R&D人员数、R&D人员折合全时当量、研发机构人员数、R&D经费内部支出、研发机构经费支出（万元）、研发机构数等6个指标，来反映医药制造行业内的科技人才的数量、平台和经费投入等基本状况（表1）。

表1 变量选择

衡量因素类别	变量名称	变量符号
产业升级水平	新产品销售收入/万元	PON
	新产品销售收入占主营业务收入的比重/%	RON
科技人才数量	R&D人员数/人	NOR
	R&D人员折合全时当量/人年	NOFR
	研发机构人员数/个	NOWI
科技人才投入	R&D经费内部支出/万元	COR
	研发机构经费支出/万元	COI
科技人才平台	研发机构数/个	NOI

4.1.2 数据

选取2001—2012年为考察期，根据《中国高技术产业统计年鉴》（2001—2013年）整理时间序列数据。

4.2 定量方法分析

4.2.1 相关性检验

为了验证科技人才与产业转型升级之间的关系，首先对新产品销售收入（万元）、新产品销售收入占主营业务收入的比重（%）、R&D人员数（人）、R&D人员折合全时当量（人年）、研发机构人员数（个）、R&D经费内部支出（万元）、研发机构经费支出（万元）、研发机构数（个）等8个变量进行相关性检验。结果显示，新产品销售收入与科技人才数量、投入、平台等相关变量在0.01的水平上显著相关，即产业转型升级水平与科技人才之间存在显著相关关系（表2）。

表2 相关性检验结果

	PON	RON
NOR	0.927**	−0.076
NOFR	0.946**	−0.075
NOWI	0.916**	−0.151
COR	0.952**	−0.063
COI	0.892**	−0.142
NOI	0.857**	−0.217

** 为在0.01水平（双侧）上显著相关。

4.2.2 回归分析

以新产品销售收入RON为因变量，以科技人才相关指标为自变量进行回归分析。考虑到自变量之间存在多重共线性，选取R&D人员折合全时当量NOFR、R&D经费内部支出COR、研发机构数NOI为因变量，分别反映科技人才数量、投入和平台情况，估计其对新产品销售收入的决定情况。对所有变量取对数，然后进行一般线性回归，结果显示，RON=4.85+0.36NOFR+0.66COR−0.28NOI，估计方程的R^2=0.98，拟合度较高。但是，自变量中只有COR即R&D经费内部支出的系数在0.01的水平下显著，NOFR和NOI的系数则不太显著。这说明，科技人才在相当程度上决定了产业新产品销售收入，即产业转型升级水平，但主要集中体现在科技人才经费投入上，更确切地说是体现在研发经费投入上（表3）。

表3 回归分析结果

变量名称	系数	t统计量
C	4.85	10.47
NOFR	0.36	1.29
COR	0.66	4.39
NOI	−0.28	−1.42

4.2.3 主成分分析

主成分分析法是一种统计上的降维方法，旨在将原来具有一定相关性的众多指标，重新组合成一组互相无关的综合性指标。一般的做法是，选取分析后的第一个线性组合F_1的方差来表达，方差越大F_1包含的信息也就越多。主成分分析法的数学模型为：

$$\begin{cases} F_1 = a_{11}ZX_1 + a_{21}ZX_2 + \cdots + a_{n1}ZX_n \\ F_2 = a_{12}ZX_2 + a_{22}ZX_2 + \cdots + a_{n2}ZX_n \\ \qquad \cdots \\ F_n = a_{1n}ZX_1 + a_{2n}ZX_2 + \cdots + a_{nn}ZX_n \end{cases}$$ 。

其中，$a_{ij}(i=1,2,\cdots,n)$为X的协方差矩阵的特征值所对应的特征向量，$ZX_i(i=1,2,\cdots,n)$为原始变量经过标准化处理后的变量。通过主成分分析，可以确定主成分F_i的表达式，同时确定各个变量在这一主成分中的作用，进行量化评价。

为了进一步验证决定产业转型升级水平的科技人才指标重要性差异，我们对之前选择的自变量进行主成分分析。首先，对自变量数据进行标准化；其次，对R&D人员数（人）、R&D人员折合全时当量（人年）、研发机构人员数（个）、R&D经费内部支出（万元）、研发机构经费支出（万元）、研发机构数（个）等变量进行KMO检验，结果显示KMO值均大于0.6，可以进行主成分分析（表4）。

表4　KMO检验结果

项目	数值
KMO检验值	0.784
Approx.Chi-Square	178.037
df	15
Sig.	0.000

提取自变量，使用最大方差法进行主成分分析，设定只提取1个主因子（实际上，根据特征值原则也只能提取1个主因子），得到江苏医药制造产业科技人才因素唯一主成分的方差解释程度（表5），结果显示，提取第一主成分特征值的方差贡献率在97%以上，说明提取第一主成分是有效的。同时，计算初始因子载荷矩阵（表6），以考察不同地区不同变量贡献作用的差异性。

表5　第一主成分的方差解释程度

项目	数值
特征值	5.823
方差解释程度	97.048%

表6　初始因子载荷矩阵

变量名称	载荷数值	排名
NOR	0.981	3
NOFR	0.981	3
NOWI	0.998	1
COR	0.996	2
COI	0.976	6
NOI	0.978	5

初始因子载荷矩阵和主成分得分系数矩阵反映第一主成分对各因子的依赖程度，即各自变量在产业转型升级决定因素中的贡献程度。由表6可知，对于江苏医药制造产业新产品销售值，各自变量的贡献情况为：研发机构人员数（个）>R&D经费内部支出（万元）>R&D人员数

（人）=R&D 人员折合全时当量（人年）>研发机构数（个）>研发机构经费支出（万元）。

4.2.4 结果及启示

（1）高端人才引进对产业转型升级有显著促进作用

2001 年以来，江苏医药制造产业新产品销售收入呈现持续增长态势，但在 2007 年前后有一个拐点，拐点之后的年均增长率大幅提升（图 1）。同样自 2007 年以来，江苏省开始组织实施“江苏省高层次创新创业人才引进计划”，即“双创计划”，围绕战略性新兴产业，每年面向海内外引进高层次创新创业人才和团队，着力打造一批竞争优势明显的高新技术产品群和企业群。虽然由于统计原因，无法对两者之间的相关关系进行估计分析，但高端人才引进对产业转型的显著促进作用是显而易见的。

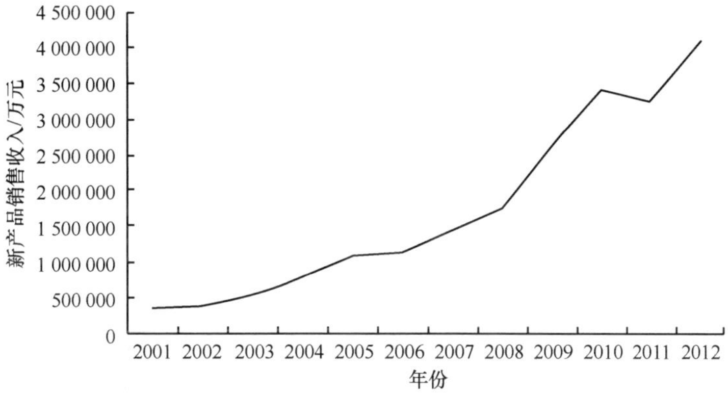

图 1 江苏医药制造业新产品销售收入变化情况

（2）产业转型升级和科技人才发展相互促进

尽管对江苏医药制造产业的实证分析更多地反映了科技人才发展对产业发展的决定作用，但医药制造产业新产品产值和科技人才相关变量之间的显著相关性，以及二者量化指标增强的显著同步性，隐证了产业转型升级对科技人才尤其是人才投入的促进作用（图 2）。

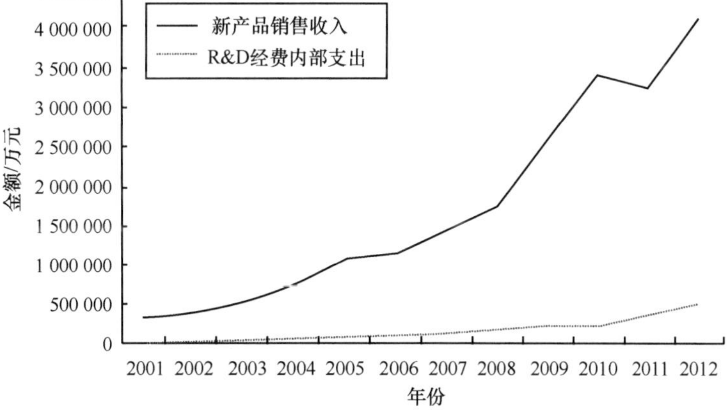

图 2 江苏医药制造业新产品收入及 R&D 投入情况

（3）数量是科技人才促进产业升级第一位因素

对决定产业转型升级的科技人才指标因素的主成分分析结果表明：首先，人才数量对产业转型升级的促进贡献仍然最大，提示当前人才工作的首要任务还是千方百计吸引人才、培育人才，不断扩大科技人才规模；其次，要舍得投入，有研发投入才能充分调动科技人才创新创业积极性，才能有创新成果产出；最后，建设科技研发平台要更加重视质量和技术水平，争取在关键产业技术上有所突破，才能对产业转型升级产生更大、更快、更好的促进作用。

5 案例解析

从世界范围来看，在集聚高端科技人才和产业升级发展上，欧美等发达国家和地区兴起得早，取得成效大，积累经验多。省内不少地区与国际发达国家和地区充分合作，在整合本地人才科技与产业资源的同时，引进外部创新资源，取彼之长、补己之短，通过区域科技人才与产业转型升级的良性互动实现了跨越发展。

5.1 昆山小核酸产业基地

5.1.1 基本概况

小核酸技术是通过短双链核糖核酸（小核酸）特异性抑制基因表达治疗疾病的技术，这一技术被《科学》杂志和美国科学促进会评为2002年十大科学成就之首。2006年，苏州昆山市资助引进了北大教授梁子才，几年间，在昆山建立起全国第一个小核酸产业基地，填补了国内小核酸产业零的空白。如今，“搞核酸，到昆山”成为业界共识，有10个院士教授实验室集聚，入驻30多家企业和项目，已经形成完整的小核酸产业链。

5.1.2 主要做法

（1）根据产业发展需求引进人才

从2003年起，昆山市政府就把昆山制造转型为昆山创造当成科学发展的必行之路，谋求创新升级，发展战略性高技术新兴产业。昆山以超前的眼光，准确分析小核酸未来巨大的发展前景，并按照这个方向在全球范围内搜罗高端人才。

（2）人才引领产业跨越发展

2006年，北大教授梁子才在昆山创建了苏州瑞博生物技术有限公司，成为发展小核酸产业的第一颗火种。在产业领军人才的支撑下，昆山与北京大学、南开大学、中国科技大学、香港浸会大学等科研院校开展合作，围绕小核酸制药技术应用和产业化开展研发。围绕小核酸研究所，集聚了一批小核酸制药企业，形成了以昆山地区为中心的中国小核酸产业创新板块。

（3）产业发展促进人才集聚

2008年后近5年时间，昆山先后投入3亿元建设“公益性”“非盈利”的小核酸基地的应用研究和孵化实体，规划建设了300亩小核酸产业基地，引进研发设备，建立了小核酸研究所公共技术平台。昆山小核酸产业的快速发展，使昆山成为“国家重大人才工程”和中国小核酸领域顶尖专家学者、企业的理想栖息地。“第一届中国小核酸技术与应用会议”“第一届亚洲小核酸会议暨第二届中国小核酸技术与应用会议”“第一届小核酸领域优势研究室高级研讨会”等在昆山召开，打响了昆山小核酸品牌，进一步促进了小核酸领域科技人才在昆山的集聚。

5.2 泰州中国医药城

5.2.1 基本概况

泰州中国医药城坐落于长三角重要成员城市江苏省泰州市，核心区规划面积30平方千米，由科研开发区、生产制造区、会展交易区、康健医疗区、教育教学区、综合配套区等功能区组成。2009年5月29日，泰州医药高新技术产业开发区正式挂牌成立，成为我国唯一的国家级医药高新区。2005年2月，江苏省委省政府提出“加快建设医药产业园，打造中国医药城”。泰州是国家火炬计划医药产业基地，拥有国家级科技创业服务中心，是商务部确定的国家医药出口基地。2006年9月，泰州医药高新技术产业开发区正式破土动工。2012年3月23日被工业和信息化部授予“国家新型工业化产业示范基地”。

5.2.2 主要做法

（1）创新机制，引进人才

泰州中国医药城以项目引才，优先选择科技含量高、发展前景好的重大项目，通过项目招引和人才引进良性互动，以实现引进一个项目、带进一批人才、打造一个团队。2008年4月，国际著名企业万全药业集团入驻医药城，以总裁郭夏领衔的一批高层次人才正式落户，并带动各类高层次人才向园区集聚。医药城聘请了中国科学院院士王志珍、魏于全，中国工程院院士桑国卫，诺贝尔奖获得者穆拉德、马歇尔，美国科学院院士卡斯基、黄周汝吉等32名权威专家担任科学顾问。中国科学院院士吴祖泽、美国国家劳伦斯实验室主任刘奋勇、复旦大学副校长金力等一批领军人才先后在医药城创办企业。

（2）人才引领，产业崛起

随着医药产业领域高端人才的引进集聚，医药城产业技术水平和规模快速发展。截至2013年，区内已经聚集国内外50多家知名大学和研发机构，近500家国内外知名企业先后落户；400多项国际一流、国内领先的医药创新成果落地申报，其中国际原创药6个、国家一类新药31个，并有一半以上药品成果取得了国家临床批件；符合国际标准规范的新药创制、动物实验、新药检测、新药中试、临床试验、数据管理分析、小分子、大分子、药品CMO代加工等专业平台建成运行。泰州中国医药城成为国际生物医药产业在中国投资兴业的首选区。

（3）产业发展，人才集聚

经过5年多的发展，泰州中国医药城由没有“户口”的医药城发展成为全国唯一的国家级医药高新区，并被纳入国家科技创新体系。伴随着产业发展，住宅、医疗、教育、休闲等配套区功能不断完善，初步建成了一座生物医药领域的科技人才集聚之城。中国医药城成功入选国家“海外高层次人才创新创业基地”，引进海内外高层次人才1500多名。

5.3 苏州纳米产业园

5.3.1 基本概况

苏州工业园区是经认定的国家纳米技术国际创新园、国家纳米高新技术产业化基地、国家纳米技术产业化标准化示范区、科教结合国家纳米技术示范基地，已成为国内纳米技术产业创新资源集聚度最高的区域，包括微纳制造、能源与清洁技术、纳米生物技术和纳米新材料等四大领域。

5.3.2 主要做法

（1）政策引才

为了吸引集聚纳米产业高端人才，苏州工业园区设立国内唯一的纳米技术领军人才创业工程专项，入选项目可获得高达1000万元的政策性资助和风险投资。针对科研人员创业和成果转化的筹备期，园区开创性地设立了“创新团队”专项，鼓励项目以非法人的方式利用园区科技创新资源开展研发，享受园区资金扶持政策。园区设立每年2亿元的纳米技术人才专项资金，鼓励高端人才引进和培养。

（2）平台聚才

建立产业技术研发平台是吸引高端人才的有效途径。苏州工业园区建设中国科学院苏州纳米所、苏州大学—滑铁卢大学纳米技术联合研究院、西安交通大学纳米工程学院和中国科学技术大学—加利福尼亚大学伯克利分校联合纳米学院等近20所纳米技术相关科研院所，在纳米技术领域集聚“国家重大人才工程”入选者等各级领军人才近200人，纳米技术相关企业200余家。创新设立多个产业技术研究院，面向特色优势领域，加强创新成果转化、技术转移和工程化研发。园区每年定期在苏州召开的中国国际纳米技术产业发展论坛暨纳米技术成果展已成为中国纳米产业的品牌盛会。

（3）产业育才

苏州工业园区在共建中国科学院苏州纳米所、引进国内外高校联合办学或设立研究院的基础上，通过与美国、加拿大、英国、法国和澳大利亚等国家的国际知名高校合作，已累计培养纳米技术专业本科、硕士和博士人才超过2000名，并结合区内新兴产业发展组织了多领域工程技术人才培训。园区还建立了纳米科教协同创新中心，面向重点产业领域应用进行联合技术攻关、共建纳米技术重点领域工程化研究中心、联合开展高端学历教育和产业人才培训等。

（4）以才兴业

园区纳米产业从无到有、从小到大，已成长为一个初具规模、充满希望的战略性新兴产业，在纳米新材料、微纳制造领域占据主导地位，形成了“人才—产业”的良性互动发展模式。园区已集聚相关企业近200家，设立纳米技术相关专业实验室近30个，纳米技术从业人员近万人，包括院士、“国家重大人才工程”入选者等高端研究人才800多人，产值达90亿元，企业数、就业数及产业产值平均年增长率达50%。近年来，园区累计申请与受理纳米技术相关专利超过1500多件，其中授权发明专利超过300件，在纳米技术创新、产业化、标准化及科教协同创新等方面形成了一定的领先优势。

6 问题和不足

在经济发展方式转变的时代要求下，江苏正处于从过去依靠“人口红利”向未来依靠“人才红利”转变的过程中，面对国际人才、产业竞争日趋激烈的形势，面对加快推进“两个率先”的时代要求，江苏省科技人才和产业工作也存在诸多问题和不足，科技人才资源潜能尚未得到充分释放，科教人才资源禀赋优势还未转化为产业发展优势，主要表现在以下几个方面。

6.1 人才素质结构和产业分布不尽合理

截至2012年年底，具有研究生学历或副高以上职称的高层次科技人才56万人，仅占全省专业技术人才总量的11.2%；现有人才主要集聚在一些传统的工业产业，而战略性新兴产业和高新技术产业人才紧缺，难以适应构筑以高新技术产业为主导、服务经济为主体、先进制造业为支撑、现代农业为基础的现代产业体系的要求。全省十大战略性新兴产业高层次科技人才15万人，仅占全省专业技术人才总量的2.9%。

6.2 人才投身产业发展一线趋势不明显

全省共有130所高等学校，各类研发机构近5万个，聚集了近60万名科教人员和研发人员，拥有大量的科研成果和发明专利，但大部分都沉淀在院校里，难以转化为现实生产力。有关调查显示，江苏省60%的科技人才集中在高校、科研机构等事业单位，国有企业中的科技人员只占7.7%，高校研究生毕业时主动选择到民营企业工作的不到10%。

6.3 科技人才创新创业融资机制不完善

在现有金融体制下，金融机构、社会资本更加偏好成熟期企业，对创新风险较大、融资交易成本相对较高的初创期、成长期科技小微企业供给意愿不足，而初创期企业恰恰是新兴产业发展壮大的必经阶段。2012年江苏省各类创投机构实际投资额为98亿元，仅占GDP的0.18%，远低于美国、日本1%的水平，且仅有30%投资于早期人才培养和技术研发项目，与国际50%以上创投于早期阶段相比存在很大差距。

6.4 科技人才创造活力释放存在体制障碍

高校院所科研组织方式、评价考核体系、学科人才培养结构与经济需求不相适应，科技评价多以论文、科研项目、获奖作为衡量标准，助长科研功利主义和短期行为。一般不允许科教单位研发人员到企业兼职或留岗创业，但在斯坦福大学，允许教师和研究人员有1～2年时间离岗创业或兼职，很多科研成果在教授创业的公司实现产业化，科技成果转化率高达80%以上。

7 对策建议

江苏正经历经济发展第三次转型的战略机遇期，处在转变经济发展方式、建设创新型省份的重要阶段，必须切实落实各项产业发展规划和人才发展规划，建设一支规模宏大的高素质人才队伍，促进传统产业技术升级，推动现代新型产业跨越发展，放大“人才—企业—产业—新的经济增长点”链式效应，为“两个率先”提供有力支撑。

7.1 面向产业发展需求开发人才资源

7.1.1 在各个产业领域落实人才优先发展政策

坚持人才优先发展，全面推进人才强企工作，强化需求导向，把人才作为产业发展的重要内容来谋划推动，在产业发展规划中分类制定人才工作总体目标、主要任务和政策措施，形成人才与产业协同规划、统筹推进的工作局面。坚持人才优先投入，各级政府按照不低于本级公共财政预算收入的3%设立人才发展专项资金，鼓励和支持企业按照销售收入的0.6%设立人才发展资金。发挥财政资金杠杆作用，引导各类社会资本开发人才资源，形成政府资金引导、市场机制主导、社会资本广泛参与的多元化人才投入机制。科学设置考核指标，把人才投入、引进、培育、使用效能列入经济社会发展年度考核评价体系。

7.1.2 实施更加开放的人才国际化政策

加强国际化人才引进，制定完善外国专家人才来华出入境、长期居留政策，提升医疗卫生、子女教育、社会保障等配套服务水平，提升区域国际人才吸引力。提升本土人才国际化水平，发挥国际人才培训机构等社会组织作用，通过出国留学、海外研发机构、国际交流合作等多种方式，加强对本土人才的国际化能力培训，不断提高区域国际化人才比例。围绕重点发展的战略性新兴产业，探索建立专业技术人才执业资格国际互认制度，进一步破除影响国际人才流入的障碍。

7.1.3 进一步加大省级重点人才工程的实施力度

继续实施“双创计划”，更加注重人才引进的实效，拿出招商引资的劲头和力量，结合产业发展需要，有目标、有政策、有评估地引进创新创业领军人才。深入推进“333 工程”，大力培养各产业领域本土创新领军人才；加快实施“科技企业家培育工程”，抓好创业人才培养，通过境内外培训、项目资助等形式，帮助江苏省创新创业领军人才开阔视野、创新思维、推动发展。

7.2 以市场化为导向促进人才产业结合

7.2.1 进一步加强人才的产学研结合培养工作

加强产学研合作战略联盟建设，支持企业、高等院校与科研院所联合培养高层次人才和创新团队。采取“人才+项目”等培养模式，建立人才培养与重大项目紧密结合的机制。依托国家重大人才计划、省重点人才工程，以及科研、工程、产业攻关等项目，在创新实践中培养人才。鼓励支持企业在高校、科研院所设立人才基金，建立研发机构。拓宽高等院校、科研院所、企业高层次人才相互流动的渠道，选聘一批科技企业家到高校担任兼职教授，推行产学研联合培养研究生的“双导师制”。

7.2.2 进一步推动人才向产业一线汇聚

通过财政资金引导、激励政策扶持，激发企业人才开发的内生动力。政府对人才和科技的投入向企业倾斜，支持和鼓励企业大力引进各类人才，加强研发机构建设。从全国著名高校院所选派“科技副总”到企业挂职。优化高等院校、科研院所人才评价和激励办法，建立科学合理的知识产权权益分配机制，鼓励高等院校、科研院所高层次人才到企业转化科技成果或开展联合攻关。优化政府科技计划组织实施方式，在政府科技计划的指南编制、课题遴选、立项论证中充分考虑企业的迫切需求，支持企业开展技术创新，为科技人才构建创新平台。

7.2.3 进一步促进职业教育与新兴产业融合发展

大力发展职业教育，建立健全以中等职业教育为主体，中、高等职业教育相互衔接，职业教育和学历教育相互联系，协同支撑江苏省重点产业和区域发展的职业教育体系。加强技术人才培养，鼓励和支持职业学校和龙头企业通过合作办学等方式，开展定向职业技术人才培养，为区域特色产业发展提供技术人才支撑。

7.3 打造高水平产业平台促进人才发展

7.3.1 加强各类开发园区和特色产业基地建设

加强创新核心区建设，完善新一轮发展规划，增强创新要素集聚功能，加强重大创新载体建设，进一步拓展创新要素进入高新区的通道，广泛吸引省内外高校院所、高层次科技人才进入园区，尽快形成创新资源集聚高地。引导支持经济开发区等各类园区加快向创新型园区转型，完善考核评价体系，强化分类指导、科学管理。继续推进南北区域共建，推广苏州—宿迁等工业园合作模式，加强园区综合配套能力建设，形成特色鲜明、用地集约的产业承接功能区。

7.3.2 加快完善新兴产业企业孵化体系

围绕重点发展的战略性新兴产业，进一步完善大学科技园、创业服务中心等科技企业孵化器建设，在科技基础设施、科技公共服务平台等方面提升水平。吸引、支持更多的省外国家级科研院所、工程技术研究中心、重点实验室等研发机构到江苏设立分支机构。探索建立各级各类创新创业载体资源共享、合作研发、联合培养人才的融合互动机制。着力加强为新兴产业创新创业服务的软件建设，吸引国内外各类新兴产业创新创业服务资源在载体内的集聚，把创业创新载体建设成为高层次创新创业人才的培育基地。

7.3.3 完善技术成果交易平台建设

制定出台江苏省知识产权保护与促进条例，完善知识产权法制体系，推动建立华东地区专利行政执法协作调度中心，建立健全联合执法、案件会商、信息共享等机制。整合集成全省高校、科研院所、不同行业的技术成果资源，结合新兴产业人才创新创业需求，建立健全开放、共享的技术成果交易平台和行业性的创新创业服务中心，通过政策引导、优质服务和公平交易，依托平台和服务中心，为企业、高校和科研机构各类科技创新创业人才搭建对口科技成果对接交易平台。

7.3.4 打造创新创业融资服务平台

加大基础研究资金的投入力度，为新兴产业创新创业人才的高产出提供有效的制度、资金保证。建立和完善政府引导，以企业为主体，银行、创业投资、产权交易、证券等为依托的自主创新投融资体系，引导投资者和服务机构为高新技术创新项目融资；完善投融资指导、上市融资、产权和股权交易、私募资本市场、中短期借贷市场平台。为创新创业人才提供风险投资或专项资金、高品质低租金的经营场地；全面落实人才创业和项目孵化所需的一条龙服务和各项财税优惠政策，对于企业投入研发活动与成果转化的经费给予减免税收、激励自主创新的政府采购等优惠政策。通过政府采购等手段，促进具有自主知识产权的高新技术产品、产业发展，带动创新创业人才队伍的发展壮大。

7.4 优化政策制度环境激发人才活力

7.4.1 不断完善创新创业扶持政策

制定知识产权、技术等作为参股的办法，完善知识产权质押融资措施，健全知识产权保护机制和交易制度。建立政府引导、企业主导、社会参与的多元化科技投融资机制。实施税收、贴息贷款等优惠政策，支持高层次人才领办和创办科技型企业。扩大省风险投资基金规模，加快发展各类创投机构，为高层次新兴产业创新创业人才提供投融资服务。围绕新兴产业的发展，进一步加大政府资助科技项目成果转化和技术转移工作建设，加大重大科技计划和产业化项目支持力度，帮助扶持科技创新创业人才在江苏新兴产业发展环境中创业。

7.4.2 建立健全知识产权保护制度

落实《江苏省知识产权战略纲要》，完善知识产权法律法规，建立健全知识产权的有效保护机制。制定出台促进知识产权转移的政策措施，明确科技成果创造者、受让者在知识产权转移中的权利和义务，促进自主创新成果的知识产权化、商品化、产业化。完善政府资助开发的科研成果权利归属和利益分享机制，保护科技成果创造者的合法权益。加强知识产权行政执法体系建设，提高执法效率和水平。加大知识产权保护执法力度，坚决查处和制裁恶意侵犯知识产权的不法行为。加强知识产权保护和管理的国际合作。

7.4.3 创新科技人才评价机制

重研究论文发表、轻自主技术创造，重实验数据成果、轻市场转化能力，重短期研发绩效、轻长期创新效益，是当前科技人才评价存在的突出问题。构建以市场为导向的创新人才评价制度，对不同类型的人才进行分类评价和管理，改变过去“一刀切”和过分追求论文数量而忽视科技人员的实际能力和贡献的评价方式。调整政府科技奖励制度，从注重科技项目的奖励转变到更加注重科技人才的奖励，改变科研工作围绕奖励转的局面。改革高校科研评价体系，把面向应用、面向市场和转化成果等作为科研评价的重要内容，支持高校科技人员为地方经济建设和社会发展服务。

7.4.4 提升人才服务水平

加快落实海外人才国民待遇政策，破除科技人才流动障碍，加大柔性使用人才力度，实行富有弹性的工作制度，鼓励支持科技人才到企业兼职。建立高层次新兴产业创新创业人才引进绿色通道。鼓励有条件的市、县（市、区）建设人才公寓，并在土地拨划、征收行政事业性收费和免缴城建大小配套费等方面给予优惠。全面落实各项优惠政策，妥善解决科技人才子女入学、配偶就业等问题。要加快建设人才公寓，大力发展人才服务业，为人才营造良好的工作、生活环境。

课题负责人：张玉赋
课题组成员：王建华　吴华珠　张　华　孙　占　钱荣国　陈珍芳　汪长柳　韩　博　梅　伟　沈　强
撰　稿　人：孙　占

发达国家或地区人才发展政策制度借鉴研究

1 研究背景

人才是第一资源，对正处于转型关键期的江苏而言，创新型人才更为关键，如何吸引和培养梯队明显、功能互补的人才队伍，是当前各级政府面临的重要课题。

美国科学院（2006年）的研究表明，早期欧美发达国家流失的工作机会大多是制造部门，近年来跨国企业也开始将软件、计算科学等学科的智力需求瞄准新兴经济体。从国际经济结构变迁因素来看，由于全球化趋势及跨国企业价值链国际版图的变迁，并由生产基地转向高技术（如研发与营运总部）功能与研发外包的叠加。而且，跨国企业研发国际化逐渐将包括我国在内的经济体纳入，正深刻地影响国际创新版图。相比较而言，新兴经济体要与发达国家争夺高层次人才，比较优势并不明显。

江苏省人才主要面临的问题主要体现在以下几个方面。

1.1 高端人才结构不佳

在苏工作两院院士中，近六成为资深院士。截至2018年年底，在苏工作两院院士共计96人，其中工程院院士52人、科学院院士44人，70岁以上院士占比达76%。在苏科学院院士中，有超过50%的院士所从事的领域为纯基础研究，与当前产业创新无直接关联。在近两次两院院士增选中，江苏省新当选院士13名，低于北京（118名）和（上海26名）。除此之外，江苏省在薪酬方面对中高层次人才吸引力有限。《2018年上海中高端人才及沪漂大数据报告》显示，在全国中高端人才平均年薪最高的前10位城市中，南京仅居第6位，为18.25万元，比第1位的北京低6.03万元，比周边的上海低5.40万元，薪酬水平对中高端人才吸引力有限。

1.2 青年人才吸引力不强

根据省委组织部、省教育厅和省人力资源社会保障厅等部门的专项调查数据，2018年江苏省25.69%的高校毕业生更倾向选择在上海、浙江、北京、广州、深圳等经济发展水平高的省市就业。根据智联招聘《2019届应届生就业市场景气报告》显示，应届生期望的全国就业城市前10名中，江苏省仅有南京上榜且排名末位，只有2.8%的应届生期望来宁工作。作为吸引人才的撒手锏，江苏省整体薪酬水平不高。2018年，南京、苏州和无锡的平均月薪在全国城市中排名并不靠前，分列第9、12和21位。在人才净流入率上，近3年内南京以7.11%排名全国第8名，比第1名的杭州低6.49个百分点，苏州以4.56%排第15位。

1.3 人才政策突破性不够

近两年来，江苏省先后发布"人才新政26条""科技改革30条"等政策，以改革促进人才集聚，赋予用人单位更大自主权。但是与兄弟省市相比，江苏省在博士后资助政策、科研院所用人自主权等政策方面突破性还不够，有待进一步完善。例如：广东对出站后留粤工作的国（境）外优秀博士累计最高给予100万元资助；上海在近日发布的"科改25条"中提出，实施价值导向的收入分配机制，明确经技术合同认定登记的技术开发、咨询、服务等的奖酬金提取，均不纳入事业单位绩效工资总量。浙江更是举全省之力打造之江实验室、城西科创大走廊等重大人才平台。

2 从IMD排名看国际人才政策重点

吸纳国外高层次人才，各国都各出奇招，彼此间竞争角逐的压力也日益激烈。OECD国家仍然是高层次人才的主要吸纳国，如美国、澳大利亚、加拿大、意大利和英国，大多受益于发达的经济条件、良好的生活环境、国际化的语言和教育环境等优厚条件，辅之以较开放性的移民政策。相对而言，我国近10年来开始大规模引进海外人才，大部分是出于经济转型升级所产生的高端人力资本供需失衡的考虑。

在国际人才评价方面，洛桑国际管理学院（IMD）是影响力最为深远的，其指标能较客观地反映出当前各国人才竞争力的体现。从IMD的全球人才排行榜来看，IMD主要从投资与发展、吸引力和就绪度3个维度（见附件）来考察各国和地区的人才竞争力。

2.1 投入与发展因素

用于衡量培育人才的投入，重点考察对本土人才的投资和发展。该项因素通过整合公共教育支出和学生、教师配备比率等4个指标来评审教育投入；人才发展则涉及学徒制的实施、公司员工培训，以及对女性劳动力的发展；此外，为了满足卫生健康的需要，卫生基础设施的质量也是关注点之一。

2.2 吸引力因素

用于评价吸引和留住人才的能力，重点考察国家吸引国外高技术劳动力的能力、企业吸引和留住人才的主要方式、人才外流对国家竞争力的影响，以及人才的积极性。该因素重点关注当地劳动力情况、海外人才挖掘情况，以及特定经济体的生活成本和生活质量；鉴于工资和税收对于一个经济体能否保持有效的人才流动很重要，该因素还统计了管理层的薪酬、服务业水平和个人所得税税率；此外，个人安全措施和对私有财产权的保护在增加吸引力方面也发挥着关键作用。

2.3 就绪度因素

用于量化现有人才的技能质量，涉及劳动力的数量增长及其技能质量、高级管理人员的经验与能力、教育系统（尤其是高等教育）满足企业人才需求的能力等多个方面，还包括对学生的流入和教育评估（国际学生评估项目，PISA）两项指标。

2018 年排名中，前 3 名分别为瑞士、丹麦和挪威，都是北欧的关键小国。从吸引力来看，瑞士、美国和加拿大占据了前 3 名。

3 国际人才政策模式

在部分发达经济体逆全球化思潮下，全球人才政策呈现开放与保守并存、模式多元的特征。

3.1 移民政策：更加聚焦人才

技术移民政策是发达国家吸引人才的首要政策。典型移民国家的移民政策越发凸显吸引人才的战略，非移民国家也开始为了吸引人才出台移民政策。

3.1.1 移民国家：突出人才吸引战略

美国在不断完善移民制度中形成了吸引人才的政策体系。根据美国 1990 年《移民与国籍法案》，将职业类移民划分为 5 个优先类型，即杰出人才（EB1）、优秀人才（EB2）、高技能人才（EB3）、特殊职业人才（EB4）、投资创业人才（EB5）。这 5 类签证针对不同层次的技术移民设定了相应的条件。第一优先类EB1 是专门为“杰出人才”在美国永久居留提供的捷径，“杰出人才”包括三大类别，分别是在科学、艺术、教育、商务或体育方面具有非凡特殊才能的外国人才；杰出的外国教授和研究人员；某些跨国公司的执行官或经理。在职业移民政策的基础上，临时工作签证政策H1B是美国吸引人才的另一条途径。美国临时工作签证发给短期受雇于美国境内雇主、具有特殊才能和专业的外国人士。H1B签证政策以就业和雇主为核心，实行配额管理，但向高学历和人才聚集的高校、研究组织雇主倾斜。近年尤其重视吸引创业投资人才，如美国移民创业者可以按“国家利益豁免”为自己申请H1B工作签证并直接申请绿卡，因为投资创设公司、创造工作机会被视为一种国家利益。H1B工作签证享有 3 年居留期，续签后可以再待 3 年，美国通过打通工作居留向永久居留转换，临时工作签证政策像“漏斗”一样筛选美国市场需要的人才。“临时劳工计划与美国吸引永久性技术移民的法律规定一起，构成了美国人才吸引战略中的双轨制。”

加拿大通过积分制筛选引进人才。通过对个人能力、学历、技术专长、职业经历和语言熟练度等进行打分，引进符合国家发展需要的人才。除了联邦制定的技术移民政策外，“省提名计划”赋予各省根据自己的具体情况制定移民标准，促成各省人才供需对应。同时，为了解决积分制不能及时反映就业市场需求的问题，加拿大通过紧缺职业清单制度，不断更新紧缺职业清单，以补充劳动力市场最为急需的人才。“2014 年 5 月 1 日，加拿大技术移民从 24 个紧缺职业增加至 50 个，每个提名职业配额不超过 1000 个联邦技术移民，总配额为 50 000 人。”“2013 年 4 月，加拿大开始实施吸引企业家的创业移民计划（Start-up Visa Program）。该计划面向能为加拿大经济增长产生巨大贡献，并提供就业岗位的企业家。”

3.1.2 非移民国家：启动吸引人才的移民政策

作为非移民国家典型代表，英国推出“杰出人才签证”网罗顶尖人才。从 2011 年 8 月起在第一类签证中增加了杰出人才签证，每年签发1000个，吸引科学、人文、工程和艺术领域的国际级领军人才前往英国发展。杰出人才签证持有者不需要获得雇主担保即可前往英国。2015 年 12 月，英国移民政策最新调整表明工作签证转永久居留趋于收紧，“从 2016 年 4 月 6 日起，大多数来自非欧洲经济区，持有Tier2 工作签证的人如果要申请在英国永居，年薪收入需在 35 000 英镑以上”。这事实上抬高了门槛，但紧缺职位列表上的人才、高技能人才与博士不受此限，英国移民政策针对需要的高端人才转永久居留仍大开“绿灯”。

同样是非移民国家，德国 2012 年通过了欧盟“蓝卡法案”，开始向高级技术人才发放欧盟“蓝卡”，简化了高级技术人才申请居留许可的手续，降低了高级技术人才留在德国的门槛。2012 年日本法务省制定了“高级人才积分制度”，吸引高级学术研究人员、高级专业技术人员、高级企业经营管理人员 3 个领域类别的高级人才，以百分制从学历、工作经历、年收入等方面评价人才，满 70 分者 5 年就可以获得原本需要 10 年才能拿到的永久居住权并享受相关政策优惠待遇。

发达国家移民政策吸引人才的趋势体现在：一是突出人才吸引高端化趋势。针对高端人才，通过简化移民程序、降低居留年限及提高审批效率等方式网罗人才。二是重视创业投资人才。为促进经济复苏，创造更多就业机会，发达国家纷纷针对投资创办企业人才大开“绿灯”。三是打通工作居留向永久居留转换的通道。发达国家越来越趋向收紧直接申请永久居留，更多转向被雇主和就业市场认可的工作签证向永久居留转换的“曲线移民”形式，以促进移民融合。

3.2 留学政策：重在人才储备

外国留学生比直接引进的外籍人才更熟悉引进国国情，相对本土人才则节省了义务教育阶段的培养成本。发达国家纷纷通过留学生政策吸引人才。例如：日本推出“留学生 30 万人计划”，计划以 2020 年为目标，将在日本学习的留学生人数增加到 30 万人；2004 年，新加坡政府启动打造“全球校园”计划，在 2015 年吸引 20 万名海外学生和企业员工到新加坡接受教育或培训；加拿大政府在 2012 年 8 月提出《加拿大国际教育战略报告》，提出宽松的签证政策、多样化的奖学金政策、实习就业许可政策、高校国际化战略等举措吸引留学生。

3.2.1 宽松的签证政策

新加坡为获得素质级认证的院校开通了签证申请的“绿色通道”，仅需要 2 ～ 4 周即可获签，且无须面签。“2011 年加拿大推出了签证担保投资证（GIC），大幅降低担保金数量，由 35 万元人民币降至 7 万元人民币左右（1 万加元）。”放宽录取通知书要求，不再只接受直接入读专业课的录取通知书，有条件录取通知书（双录取或预备课录取）也被纳入可申请的条件以内。“2016 年 4 月 6 日，日本外务省宣布给予中国教育部直属的全国 75 所大学毕业 3 年以内的学生以最简单签证条件，放宽学生赴日限制。”发达国家通过给予留学生更宽松的签证政策以吸引人才“青苗”。

3.2.2 多样化的奖学金

发达国家竞相提供优厚的奖学金、助学金和优惠贷款，吸引全球最优秀的留学生人才。“美国联邦和州政府、国会、社会团体或企业等纷纷出资，尤其是美国国家开发署、富布莱特基金会、福特基金会、洛克菲勒基金会等，每年对外国留学生的投入高达25亿美元。”新加坡通过提供高额奖学金吸引海外留学生，“据统计，在新加坡4所高校中，共设有599项奖学金，其中专门针对国际学生的奖学金共计77项，占比12.85%，如果加上未指定国籍的奖学金，留学生可以享受到的奖学金共446项，占比高达74.4%。”新加坡指定国籍的奖学金政策针对不同国家特点，精细化量身定做奖学金。通过多样化的奖学金，发达国家吸引留学生为未来储备大量优秀人才。

3.2.3 实习就业许可政策

留学美国的毕业生较高的就业率是多年来吸引留学生人才的秘诀之一。发达国家实行实习许可签证政策，为留学生就业提供与国内学生一样平等的实习通道。美国为应届外国留学生办理为期一年的OPT（实习许可）签证。留学生留美最通常的路径一般是毕业—OPT—H1B工作签证—绿卡—入籍，自2008年，美国将STEM（科学、技术、工程和数学）专业的OPT签证延期达17个月，2016年3月，最新移民政策调整延长为24个月。STEM专业OPT更长的延期让美国急需的人才有充分的时间获得工作签证，最多可以有3次H1B抽签机会。日本设立专业性支援组织，提高留学生就业率。通过就业辅导、说明会、咨询等形式强化对留学生就业工作的支援，让外国留学生5成以上在日本就业。加拿大通过设置留学生许可证，为有兼职或工作需求的留学生提供在校内外兼职及就业的机会。

留学生政策吸引人才的新趋势为：一是吸引留学生有针对性。日本吸引留学生主要针对亚洲，重视招收亚洲各国优秀的留学生，特别是优秀的研究生；美国留学生政策在OPT延期、工作签证、绿卡方面倾斜STEM专业。二是吸引留学生趋于低龄化，初高中阶段的留学人数增长迅速。三是提高高校国际化程度，以语言关为突破口，实施区域化先行策略。日本在海外有效增设日语教育基地，积极促进海外的日语教育；法国特别设立英语交流项目，对留学生使用英语教学，方便不会法语的学生来留学交流，最大限度地吸引优秀人才；加拿大有条件录取通知书，降低语言成绩要求。同时，高等教育区域化为国际化铺垫。欧盟的高等教育区建设“Erasmus Mundus”计划、东盟“Common Space of Higher Education”计划和日本“亚洲校园计划”都在促进区域高等教育一体化。

3.3 平台政策：强磁场引才

平台政策是近年来发达国家吸引人才的政策趋势。在更大范围、更广领域、更高层次上开展国际交流合作，搭建平台吸引人才，形成合作互利共赢网络。发达国家平台政策主要是重视平台载体的打造，通过支持平台载体，吸引和利用全球高端人才，形成人才聚集的“生态圈”，产生“以才聚才”的强磁场效应。

3.3.1 大科学工程集聚人才

美国、欧洲等通过发起世界级大科学项目，汇集世界各国科学家，攻克人类科研难关。例如，欧洲核子研究中心于2008年9月10日启动国际合作计划——大型强子对撞机（LHC）项目，近80个国家和地区7000多名科学家参与该项目。国际空间站计划由美国发起，包括俄罗斯、加拿大、日本等16个国家和地区组织参与，截至2017年年初，全世界共有83个国家超过2400位科学家参与了空间站1700多项研究。

3.3.2 世界级研究机构吸引人才

2009年，韩国投入122亿韩元设立了世界级研究机构计划，该计划要求入选该计划的研究机构主任必须是从国外招聘的卓越科学家，机构的研究人员中必须有50%来自国外。2003年，日本设立了尖端研究基地计划，资助本国学术机构与学术领先国家的研究机构和大学等开展双边或多边合作，达到吸引人才、培养人才，提高前沿领域研究水平的目的。这一计划已使日本与美国、英国、法国等10多个国家的大学和国立研究机构建立了合作关系。

3.3.3 建立离岸载体就地用才

韩国已与美国、日本、中国等多个国家进行国际联合研究项目并设立海外合作中心，借此实现吸引、利用高端人才的目的。新加坡支持国立大学"走出去"引才。例如，新加坡国立大学开展了一项多学科全球联盟的研究战略，在硅谷、费城生物谷、上海、斯德哥尔摩、班加罗尔等海外著名创新集聚区设立海外学院，开展合作研究，实施400多项研究项目，夯实了对科技人才网络的链接。近年日本争夺外国科技人才采取在国外建设研发机构的方式，设科研机构或对当地研究机构投资，就地雇用大批科研人员为本国服务。韩国扶持本土跨国公司在海外设立研究中心，其中仅三星电子公司就雇用了200多名在美国获得博士学位的韩裔科学家。

3.3.4 支持海外机构搭台引才

韩国通过吸引海外机构在韩设立研发中心，借用外国科技人才。新加坡实施跨国公司和地区总部计划，利用特别税收优惠，吸引和鼓励跨国公司在新加坡设立地区总部。截至2014年，已经有2.6万家国际公司立足新加坡，1/3的财富500强公司选择在新加坡设立亚洲总部。通过跨国公司在全球范围重新配置高级管理人员和专业人员，为新加坡带来一大批人才。

平台政策已成为引才政策的新趋势：一是柔性引才。发起世界级大科研项目，分工协作，通过搭建平台汇聚人才，多样化方式引智，不为所有，但求人才共享。二是从吸引人才向吸引聚才载体转变。跨国公司、顶级研究机构和知名高校都是吸引的新重点。三是全球配置功能的培育。通过培育具有全球配置人才的载体，用载体的全球配置功能吸引人才。

3.4 人才回流政策：本族裔海外人才为国效力

全球化背景下，人才尤其是技术人才的流动在加速，全世界有2亿名技术人才在流动，每年的跨国人才流动增长均在10%左右。20世纪70年代，人才从发展中国家向资本主义国家单向流动。20世纪末，国际人才市场出现了一群在人才流出国和流入国之间来回流动的高级人才，形成了人才环流。尤其是本族裔海外人才在两个国家之间牵线搭桥，传递着技术、信息和资金等。研究表明，"科技人才回流与人均GDP关系密切相关，当人均GDP在4000～6000美元，回流率为1/3，人才回流大幅增长；当人均GDP在6000美元以上，回流率为2/3，出现大规模回流潮"。"人才流失"事实上是一种"在海外储存人才"的机制。曾经的人才流失国，纷纷出台政策吸引本族裔海外人才回流。

德国为了吸引德裔学者回国效力，为海外德裔青年学者提供1万个教育或科研领域的高级职位，并兼顾学术人员子女的教育及眷属的就业问题。韩国2012年启动"智力回归500人计划"，预计用4～5年时间，吸引海外高层次人才500名。以色列2011年启动"卓越研究中心计划"，吸引2400名以色列科学家回国工作。法国设立了国家级海外研究人员归国激励基金，只要是在海外从事专门领域研究的顶尖学术带头人回到法国，就可以拿到20万欧元的特殊奖励，而且其家属的工作和保险由政府负责解决。

发达国家本族裔海外人才回流政策的趋势为：一是事业平台吸引回流。海外人才在异国普遍遭遇事业“天花板”，几乎没有人位于金字塔“塔尖”。发达国家根据人才成长规律，以更大的事业平台吸引了本族裔海外人才回流。二是承认双重国籍。澳大利亚2001年修改《1948年澳大利亚国籍法案》，承认双重国籍，这一政策让拥有技术专长的澳大利亚公民在移民国外两年成功申请到外国护照后，选择回国。2011年1月，韩国《国籍法修订案》正式生效，承认有条件双重国籍来吸引海外人才。双重国籍政策使许多在国外的加拿大裔人才重新回到了加拿大。为了吸引人才回流，全球承认双重国籍制度的国家已增至66%。

4 发达国家吸引人才政策的启示

4.1 注重吸引人才分类

从移民政策看，不仅吸引科学人才，而且吸引艺术、教育、商务或体育方面人才。不但吸引顶尖人才，也给正在就业市场成长的人才和未来潜在人才（留学生）以政策关怀，形成可持续的人才供给。我国实践中对人才的认定范围较窄。2013年发布的《中华人民共和国外国人入境出境管理条例》，其中人才签证（R字签证）是专为引进海外高层次人才工作需要而增设的签证类别。在政策执行中，符合条件的外国人才很少，影响了人才吸引的政策效力。引才政策对非华人外国人才、在华留学生与跨国公司高管人才的关注力度不大。引进的人才类型仍高度集中于科技人才这个类别。

4.2 注重政策体系建设

发达国家专门制定的人才吸引政策并不多，而是瞄准人才的移民政策进行调整，通过法案修改的形式颁布实施，权威性高。具有人才吸引政策目的的不同政策互相衔接、形成合力，共同发挥吸引人才的作用。这种吸引人才政策的特点表明，发达国家吸引人才工作并不是一个部门的职能，而是各相关职能部门协作实现人才战略。

4.3 尊重人才流动市场规律

发达国家在吸引人才方面政府职能定位非常清晰，在尊重市场规律的基础上通过政策进行引导或宏观调控，以市场需求和雇主导向为核心。政府所做的主要是完善规制，创造公平公正的环境。

5 江苏省创新型人才工作存在的问题

5.1 人才引进“亟待突破”

从引才方式来看，兄弟省市纷纷调整引才用才机制，通过设立重大创新平台吸引高端人才。例如：浙江之江实验室，聚焦网络信息技术前沿，一年之内聚集了18名国内院士；深圳鹏城实验室，总投资达135亿元，预计建成后将吸引2万名科研人员；上海张江实验室，建设大科学装置集群，招募全球顶尖科学家加盟；等等，这些江苏省重点布局的领域都面临着日益激烈的外部人才竞争。从人才吸引力来看，根据《2019届应届生就业市场景气报告》显示，应届生期望全国就业城市前10名中，江苏省仅南京上榜，且排在末位。无论是人才流入率、应届生留存率，还是高学历人才流入率，江苏省城市吸引力都有所不足。另据国家外专局统计数据，与上海、广东、北京相比，来苏工作的境外人才有一定差距。2017年，在上海工作境外人才已达21万人次，广东、北京也超过15万人次，而江苏省还不到10万人次。

5.2 人才供给“存在缺口”

一方面，高端创新人才、工程应用人才和关键技术人才存在较大供给缺口，而在基础研究和原始创新领域所需要的创新型人才更加稀缺。在苏工作两院院士中，仅六成为资深院士；在近两次两院院士增选中，江苏省新当选院士13名，低于北京（118名）和（上海26名）。此外，院士学术背景与产业创新发展关联不够。31位科学院院士分布在数学物理学部、化学和地学部，其中21位主要从事地质、天文、古生物等纯基础研究，与当前产业创新无直接关联；在人工智能、基因编辑、量子科学等引发产业变革的专业领域，江苏省暂无入选院士。另一方面，企业高层次科技创新人才缺乏，科研院所支撑企业创新的功能尚未完全体现。江苏省超过60%的科研人员集中在高校、科研机构等事业单位，导致企业高层次创新人才资源短缺，较大程度上制约了企业自主创新能力的提升。2017年，全省企业研发机构人员中硕士以上学历人员占比仅为10.66%，低于北京（27.67%）、上海（30.31%）、广东（13.19%）及全国平均水平（13.64%）。

5.3 人才培养“类型不全”

目前，江苏省中青年人才培育体系已较为完善，中青年高层次科研人才众多。例如，国家杰出青年基金获得者是广东2倍，国家青年基金获得者在全国排名第二，紧跟北京之后，江苏省科技人才的规模已进入全国前列。但是，在创新型人才的培养上，还缺乏两类人才：一是缺少处于科学前沿的“顶尖科学家”。世界级科技领军人才匮乏，导致具有国际影响力的重大原创成果较少，大部分学科和领域还处于跟踪水平。例如，在国家重点研究计划首批支持的4个基础研究类专题129个项目中，北京承担了53项，上海承担了31项，江苏仅承担了7项。二是缺少敢于创新并重新定义规则的“制度企业家”。江苏省规模以上工业企业数4.5万余家，略低于广东（4.7万家），高于浙江（4万家），但是鲜有像华为、腾讯、大疆、阿里这样的大企业，更是没有像任正非、马化腾、马云等走在产业发展前沿、富有创新创业精神、勇于参与国际竞争的企业家。

5.4 人才流动“道路不畅”

从流动机制上看，当前，创新型人才流动渠道不够畅通，特别是在产、学、研之间的流动仍存在制度性的障碍。人才跨部门与异地流动率偏低，人才流动缺乏弹性，大部分人才聚集在高校和科研院所，而真正在企业留得住的人才较少，呈现“两头重、中间轻”的局面。从评价机制上看，“重名轻实”“重量轻质”的情况比较普遍。例如，在职称评审中，科研论文、科研项目等易于量化的指标很容易成为评价的主要标准，而与岗位职责相关的其他标准，如对社会经济的贡献、科技成果转化情况等，由于缺乏具体的衡量标准，在评审中难以把控，事实上很少被充分考虑。由此产生了一系列的问题，如引进人员与已有人员的矛盾、国内学者与海归国外学者的矛盾等。各级政府、部门，各高校、科研院所相继出台各自的各类人才支持计划，而且绝大部分人才计划与薪酬待遇、科研经费等挂钩，甚至与住房、家属工作安排、行政级别待遇挂钩，新老人才激励政策的不同，往往加深了一些矛盾。

5.5 人才落地“诸多不适”

在调研过程中，部分引进人才反映，特别是海外回苏创新的人才，面临许多看起来“微不足道”但又“时刻面临”的问题。一是配偶就业问题。虽然政府或相关引才单位有帮助解决配偶就业问题的优惠政策，但配偶就业问题实际解决起来相当复杂和困难。有的单位甚至根本不解决配偶就业问题，部分单位在引进人才时对配偶就业有口头承诺，但过后则敷衍了事。二是养老保险问题。国际人才在离开所在国原来的工作单位后，自己和单位随之就停止缴纳养老保险。我国现有政策规定，养老保险要至少交满 15 年，到退休的时候才能终生享受养老金。这意味着来华工作不满 15 年的国际人才不能享受养老保险。这样，海外人才到苏工作，很有可能损失本来退休之时应该享受的养老保险。这笔钱对于来华工作的国际人才而言，可能是一笔很巨大的损失。三是职业生涯规划问题。大多数单位在引进国际人才时，工作重点在于给钱给房，认为只有经济待遇上去了，其理所当然应该做出相应贡献。至于引进人才的培训、职业发展和生涯规划问题则很少考虑。人才工作仅仅是人事，尚未向人力资源管理转变。四是社会融入问题。由于语言、文化和生活习惯不同，许多海外人才普遍都有难以融入本地社会的问题。特别是在县域，熟人社会给海外人才社会网络的构建带来了许多不适。五是生活不方便问题。外籍人员的信用卡申办和银行理财投资尚存在许多限制，这一系列对外籍人员的限制政策给国际人才的生活造成了很多不便。虽然政府一再承诺对引进的人才，不管是国内人才，还是国外人才，都给予与市民同样的待遇，但由于目前政策的局限性，国际人才在许多方面享受不到与其他市民相同的待遇。这些问题所体现的是江苏省引进人才还是存在“重引进、轻留用”的现象，这其实也是国内的普遍现象。许多单位也反映，对国外的人才，给的待遇不低，但总是待不长，工作几年就还是回到原来的国家。

6 对策建议

2007 年，江苏省率全国之先发起“双创计划”，引导和支持各地引进海内外特别是海外高层次人才来到江苏创新创业。10 年来，“双创计划”衍生“双创人才”“双创团队”“双创博士”等多个引才类别，累计引进领军人才 3900 多名，创业团队 360 多个，“双创博士”近 4000 人，累计资助创业类人才 12.28 亿元，诞生了大批“国家重大人才工程”专家、科技企业家，孕育成长了大量高新技术企业和行业“领头羊”，形成了“引进一批人才、发展一批企业、撬动一个产业、催生一个经济增长点”的链式效应。在生物医药产业领域，连云港引进多名高端人才，推动恒瑞从仿制药到创新药的根本转变，同时带动了连云港医药产业的高质量发展，被美称为“药港”；昆山小核酸基地先后引进了梁子才、盛泽林、钟毅等高端人才，推动昆山小核酸医药产业进入爆发式发展阶段，已成长为全国乃至全球知名的小核酸技术及人才聚集区。在纳米产业领域，2007 年苏州引进了首批“双创海归人才”，实现纳米产业的落地产业化，形成微纳制造、纳米新材料、能源与清洁技术、纳米生物技术等四大企业集群，使苏州成为全球八大微纳领域最具国际代表性的区域之一。在新能源产业领域，施正荣、瞿晓华等海归打造了太阳能产业，张雷所创办的远景能源更是探索了风电设计和能源管理的新模式。

我们认为，江苏高质量发展，核心驱动力在创新，创新引擎更需要人才来启动。结合国内外人才政策走向的研判，在下一步人才政策设计中，要注意以下几个方面。

6.1 创新服务供给，激活存量人才

为了留住引进人才，各地都出台了保姆式的服务举措，但是同时也给本土人才带了不适感。江苏省在为引进人才提供子女教育、医疗服务等公共服务便利的同时，需要考虑到公平性。从国际通行做法来看，江苏省应全面提升教育、医疗卫生、文化艺术等公共服务供给水平，为各类人才在苏安居乐业提供良好环境。将更多财政资源投入存量人才的培养上，特别是让年轻科技人员在苏能够迅速地学习新知识、新技能，激活存量人才的“双创”热情。

6.2 创新载体建设，提高人才引力

在传统人才招引上，江苏省在企业研发机构、创业孵化园区等载体建设上成效显著，也吸引了一大批人才进入载体创新创业。在当前形势下，传统载体的建设很难适应高层次偏基础研究领域人才的集聚。江苏省产业研究院建设作为科技体制改革试验田，集聚了一大批高水平科研人员。兄弟省市也通过大科学装置、新机制的高校院所集聚人才，让人才在新的体制机制中创新创业，大幅降低流失风险。例如：浙江的西湖大学在短短两年间，就收到来自全球的 6000 多份申请，选聘了近百名世界一流的科学家；安徽建有 2 个大科学装置的“科学岛”，仅仅 2.65 平方千米，就拥有 2000 余名科技人员从事高精尖的科研工作，其中包括中国科学院院士 2 人，中国工程院院士 4 人，“国家重大人才工程”入选者 9 人。江苏省不仅要在现有科教机构中落实好国家和省里科研松绑的相关政策，更要在大科学装置、新型研发机构、小而精科教机构等方面积极布局，提高人才引力，强化人才黏性。

6.3 多层多维引才，打破单一思维

一是建议江苏省各级政府引才政策统筹考虑潜在人才、中层人才、高层人才、顶尖人才，形成人才储备库；二是结合江苏省先进制造集群的打造，对高层次工程人才、高技能人才、高层次创业人才、跨国公司高管人才等类型的人才引进予以政策更大关注；三是对引进人才，更加注重对其职业生涯的规划和引导，实现物质激励和事业规划的叠加效应。

6.4 创新引才方式，拓宽引才渠道

一是常态化民间引才机制。基于国际人才防控机制，江苏省应改变传统的大规模政府主导引才的模式，积极与国际一流人才中介机构、国际性学术组织、主要创新型城市的地区性商会等机构建立长效沟通机制，借力第三方组织开展招才引智工作。二是拓宽间接引才渠道。政策研究显示，美国能源部的人才管控政策将允许政府间科研合作豁免，不影响国际核聚变能源计划、中微子项目等重大的国际科研合作项目。江苏省应大力支持省内研究人员参与重大国际科研合作项目，赋予省内一流专家高端人才举荐权，利用项目合作机会发现能够服务江苏省的高层次人才。三是推动引进人才快速融入。对长期旅居国外来苏创新创业的人才，建立人才缓冲培训机制，帮助其迅速融入江苏。

6.5 注重人才安全，防控科技风险

美国对华遏制政策主要体现为高技术产品禁售、核心技术禁止转让、关键人才管控等方面。江苏省应结合当前关键技术急需领域有针对性地引进人才，以关键人才供给化解产业风险。一是建立重点人才名录。针对江苏省产业关键核心技术领域开展排查，秉承“一技一人”的原则，按照产业链布局，遴选产业领袖，建立重点产业人才名录，做好跟踪服务，防范人才流失风险。二是完善人才审查机制。对财政拟资助人才，借助第三方猎头、智库等机构，构建高层次人才背景调查机制，围绕学术背景、科研诚信、知识产权占有、业界口碑等方面开展全方位调查，大概率杜绝“隐形人才”，提高人才资金效益。三是补足人才短板。对照江苏省重点产业关键技术领域建立机构库、人才池，实现定向招才、精准引才。

6.6 广招青年人才，强化磁场效应

一是前置高校毕业生招引手段。由省财政出资，委托江苏银行、南京银行等省内金融机构管理，面向国内主要“985”“211”高校设立“江苏青苗助学贷款”，对毕业后来苏就业的高校毕业生，免除其 50% 的本金和全部利息。二是大幅提高博士后待遇。省财政给予全职博士后每人每年 15 万元生活补贴，资助期限为 2 年。支持省属科研院所和国有企业引进博士和博士后，国有企业引进博士和博士后经费视同考核利润。对省属科研机构和企业引进博士和博士后所发生的人才引进成本由财政按核定金额的 5% 进行奖补。三是加快博士职称晋升。博士毕业生和在站博士后可直接申报副高以上职称。在苏中、苏北地区工作业绩突出的博士，不受工作年限资历限制，可直接申报正高职称。经用人单位考核成绩优秀的博士，可直接认定为副高职称。

6.7 多维度设计，强化载体引才

在江苏省“双创计划”主导引才政策带动下，充分利用市场力量推动人才吸引的政策体系建设。紧跟发达国家吸引人才的政策趋势，加大平台政策力度，通过开放、合作利用共享全球高端人才。一是在基础研究和重大全球性问题研究领域，主动发起国际大科学计划和工

程，吸引国外顶尖科学家和团队参与。二是对不涉及国家机密的高校、科研机构和重大科技项目，鼓励拿出重要岗位吸引人才，增加外籍研究人员比例，不涉密的重大项目首席科学家开放给外国科学家担任。三是支持高等院校、科研机构、企业在国外建立研发基地、开放实验室就地引才。通过江苏企业“走出去”战略，海外并购引进国外人才。

6.8 争取政策试点，打造政策洼地

江苏省应积极向上争取人才方面先行先试政策的落地，特别是广东待国家颁布政策后适时执行的政策。例如，上海在2019年3月初出台的《关于进一步深化科技体制机制改革，增强科技创新中心策源能力的意见》中，明确提出“竞争性科研项目中用于科研人员的劳务费用、间接费用中绩效支出，经过技术合同认定登记的技术开发、技术咨询、技术服务等活动的奖酬金提取，职务科技成果转化奖酬支出，均不纳入事业单位绩效工资总量。”类似的政策让广大科研人员享受到实实在在的实惠。就目前而言，江苏省在兄弟省市之中并无国家赋予的政策红利，要先声夺人，除了财政大手笔投入，更要在政策力度上做大突破、大调整，以政策洼地的打造，服务产业创新高地建设。

课题负责人：张　华
课题组成员：康争光　李晓勤　夏凯丽　应　娟　宋海莹　穆振娟　郏江杰
撰　稿　人：张　华　李晓勤

江苏人工智能产业发展研究报告（2017）

1　绪论

在2017年5月江苏发展大会“紫金山科技创新讲坛”上，美国国家工程院院士、微软全球执行副总裁沈向洋以“让人工智能惠及每一人”为题，介绍了当前各界热议的人工智能技术，并描绘了人工智能技术对人类生产生活将带来的深远影响。在国家层面，2017年的“两会”中，李克强总理将人工智能产业的发展列入了2017年重点工作任务。放眼全球，美日韩等国已经将发展人工智能产业上升为国家战略，许多跨国企业也将人工智能视为蓝海，大举布局。人工智能正进入重要发展期，行业爆发在即。为此，我们组织研究人员对人工智能产业进行了研究，旨在摸清情况，供参阅。

本文主要研究观点如下。

1.1　如何认识人工智能？

人工智能源起于信息技术领域，其影响范围不囿于信息技术领域，其涉及范围之广、影响程度之深不亚于当下正热的互联网。

1.2　如何定义人工智能？

不同的人对人工智能的定义不尽相同，结合江苏制造业的基因，我们认为人工智能是集成计算机科学、生物学、语言学、社会学、逻辑学、工程学等多个学科，能够将经济社会需求更加迅速地反馈至实体产业领域，实现人、生产设施、产品和服务等制造要素和资源的实时交互和信息集成，使得生产效率大幅提高、产业业态大幅提升的使能技术。主要表现为产品的智能化、装备的智能化、流程的智能化、管理的智能化和服务的智能化，其特征表现在泛在效应、乘数效应、中介效应3个方面。

1.3　如何描绘江苏人工智能产业？

江苏省在人工智能产业方面拥有较强的技术储备，具备了拓展产业应用领域、培育行业领军企业、做强市场竞争力的基础条件。

技术基础水平高。近10年来，江苏省人工智能领域专利申请量达到2608项，仅次于北京和广东。

产业创新能力强。江苏省在人工智能的研发、生产、集成、应用等上下游产业链布局较为完善，在机器人、机器学习、计算机视觉、专家系统等方面均有明显优势。

产业人才队伍结构优。领域拥有2名“国家重大人才工程”入选者、2名国家杰青、8名国家优青及长江学者等高层次专家。

重点领域优势突出。在人工智能领域，江苏省拥有智能制造方面天然的优势，并在智能机器人、物联网、超级计算机、未来网络等许多细分领域具有突出优势。

苏州集聚发展势头迅猛。苏州在人工智能产业方面走在了全省前列。苏州在人工智能、智能制造、大数据、云计算等领域已聚集企业600余家，从业人员超过6万人，2016年实现产值350亿元。

1.4 如何发展人工智能产业?

兄弟省市已经开始行动起来，江苏省应加快布局人工智能产业，抢占发展先机。

抢先战略布局。积极策应国家人工智能重大部署，抢先布局人工智能领域CPU、GPU、传感器等重要硬件的关键技术领域，推动自然语言处理、计算机视觉、语音识别等基础应用技术与江苏省优势制造业产品的结合。

引导企业智能化发展。实施“万企AI+”示范工程，推广智能工业控制系统深度应用，促进增材制造、工业机器人、人工智能等新手段在生产过程中的应用，推动制造业中小企业的智能化转型，打通需求端的人工智能技术和装备需求环节。

加大产业创新组织力度。支持省产业技术研究院联合人工智能产业集聚区设立人工智能研究所，引进国际一流人工智能领军人才及团队，重点推动人工智能相关技术研发及商业化转化。

实现精准政策供给。设立人工智能产业创新专项资金，加强人工智能的基础研究布局和试点商业化应用，推进关键技术的研发，形成制造业领域江苏人工智能的先导优势。

强化国际产业合作。积极开展国际产业科技合作，支持省内企业、高校院所与国际一流人工智能组织开展合作，全面融入全球人工智能研发体系。支持苏州、南京、无锡、常州等国际科技合作基础好、智能制造基础强的地区协同发展人工智能产业。

建立产业支撑服务体系。利用好江苏发展大会长效沟通联系和交流合作的平台，建立人工智能专家和骨干企业定期联络机制。有效统筹和分类指导地方发展人工智能产业，打造江苏人工智能产业高地。

2 什么是人工智能

2.1 人工智能的定义

从人工智能的发展历程来看，人工智能的研究起源于20世纪50年代，历经两次发展热潮，前两次均处于学术界的热点之中。进入21世纪以来，伴随着摩尔定律和云计算带来的计算能力的提升，以及互联网和大数据广泛应用带来的海量数据的积累，使得人工智能在各行业得到快速应用。当前的第三次发展热潮，也是人工智能从实验室走向产业界的关键时期。可见，人工智能的发展就是一个人类不断努力推动机器智能化向前发展的过程（图1）。

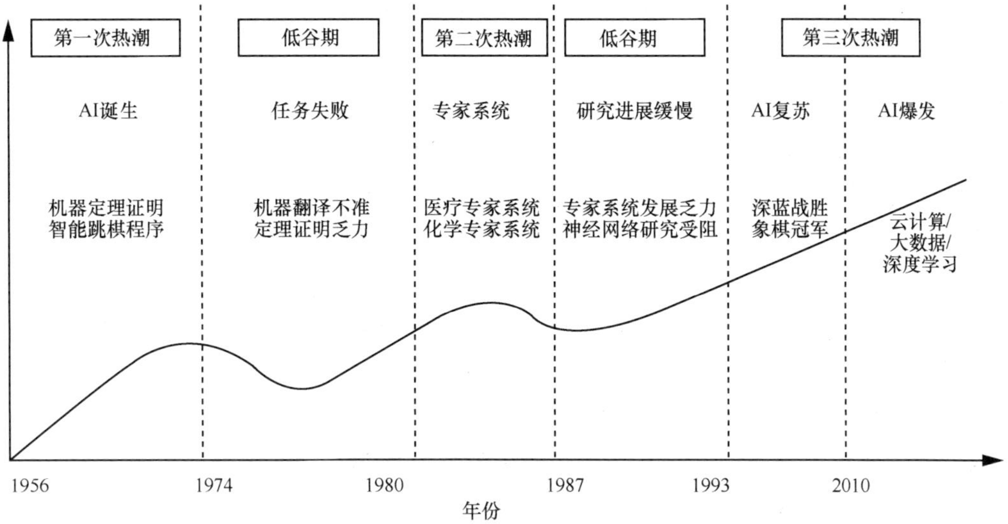

图 1　人工智能的发展历程

目前，对人工智能，全球并没有公认的定义。美国麻省理工学院的温斯顿教授认为，人工智能就是研究如何使计算机去做过去只有人才能做的智能工作。斯坦福人工智能实验室的尼尔斯•尼尔森则认为，人工智能是致力于让机器变得智能的一种活动，而智能就是让一个实体在其所处环境中能够适当地、有远见地实现其功能的一种能力。与历史上蒸汽动力、电力、自动化所带来的革命类似，当前人类社会正在步入人工智能所引领的第四次产业变革时代，随之而来的是经济社会各领域的一系列变化。当前，提倡人工智能的专家和企业大多集中在信息技术及互联网领域。但是，我们要清醒地认识到，人工智能起源于信息技术领域，其影响范围不囿于信息技术领域，其涉及范围之广、影响程度之深不亚于当下正热的互联网。因此，“AI+”（人工智能+）概念浮出水面，成为当前学界、产业界、投资界热议的话题。

江苏是制造业大省，靠制造业起家，也要靠制造业走向未来。实践表明，许多新业态的企业借助人工智能技术赋予传统制造业领域的产品新功能、新内涵，实现了制造业领域的颠覆。从当前制造业转型升级需求来看，要占据全球价值链高端环节，关键是要准确识别当前人工智能带来的机会窗口期，通过AI+推动实体经济的智能化转型。

综上所述，我们认为，从产业创新的角度来看，人工智能是集成计算机科学、生物学、语言学、社会学、逻辑学、工程学等多个学科，能够将经济社会需求更加迅速地反馈至实体产业领域，实现人、生产设施、产品和服务等制造要素和资源的实时交互和信息集成，使得生产效率大幅提高、产业业态大幅提升的使能技术。主要表现为产品的智能化、装备的智能化、流程的智能化、管理的智能化和服务的智能化。

与“互联网+”等经济形态相比，“AI+”是更为智慧、包容的经济形态。其产业特征体现在 3 个方面的效应。

2.1.1　泛在效应：技术跨界融合能力强

人工智能定义表明，人工智能不仅仅是认知计算、机器学习等单一的技术，而是一个由多学科构成的广阔领域。人工智能最终目标是创建能够执行任务并且具备认知功能的智慧体，需要依仗计算机科学、生物学、语言学、社会学、逻辑学、工程学等多个学科领域的技术支撑。

2.1.2 乘数效应：经济带动乘数效应明显

从经济的角度来看，很难将人工智能归类于特定的产业或部门，与一般产业相比，其泛产业特性使其经济带动性更强。一方面，人工智能终端产品市场广阔；另一方面，人工智能技术能够大幅提高各行各业的生产率。埃森哲研究显示，未来 20 年人工智能的应用会极大地提高生产力，预期可以带来两倍的经济增长速度。例如，预计到 2035 年，美国经济年增长率会从 2.6% 增至 4.6%，英国的年增占率会从 2.5% 升至 3.9%，而日本的年增长率更是有可能达到目前的 3 倍，德国、荷兰等经济体也将迎来至少 2 倍速的经济增长。

2.1.3 中介效应：有效打通需求和供给

人工智能通过整合多门类技术，搭建海量数据资源与实体制造业的桥梁。与一般自动化技术、互联网技术相比，人工智能能够让供给端的设备、要素与消费端的用户行为、需求更加高效的互动，实现信息充分反馈，在家庭、工厂、公共场合等更大范围内发挥更大的作用。

2.2 人工智能的应用

近年来，机器在执行与智力相关的特定任务时的表现已经超越了人类，并已经广泛应用在金融、个人助理、医疗健康、教育、自动驾驶、安防、零售等七大领域（图 2）。在未来 20 年内，人工智能虽然还不能完全取代人类，但至少在越来越多任务上的表现会接近或超越人类，人工智能所驱动的自动化将继续创造财富。

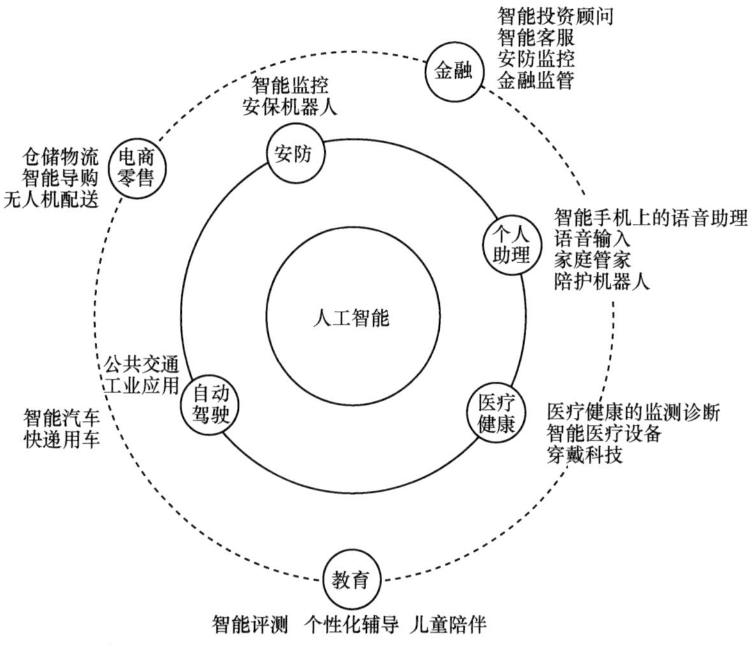

图 2 人工智能应用领域

3 国际人工智能产业发展态势

经过 60 年的发展，人工智能在深度学习、海量数据和高性能计算的支撑下，现已进入产业化应用初期。为抢占人工智能高地，谷歌、微软、IBM、Facebook 等企业在人工智能领域的战略布局进一步突出，围绕人工智能的创新创业进一步繁荣。美国、日本等国家也先后出台人工智能相关政策及国家计划，为产业发展创造了良好的生态环境。

3.1 全球人工智能产业将进入快速增长期

在深度学习技术和开源平台的推动下，人工智能技术门槛逐渐降低，受到全球下游应用需求的迫切倒逼，人工智能赢得了加速发展的黄金期，围绕人工智能的应用和创新不断涌现。

2015 年，全球人工智能产业规模达到 82.2 亿美元，预计 2016 年将突破 100 亿美元（图 3）。据 BBC 预计，2020 年全球人工智能市场规模将达 183 亿美元。在未来 10 年甚至更久的时间里，人工智能将是众多智能产业技术和应用发展的突破点。

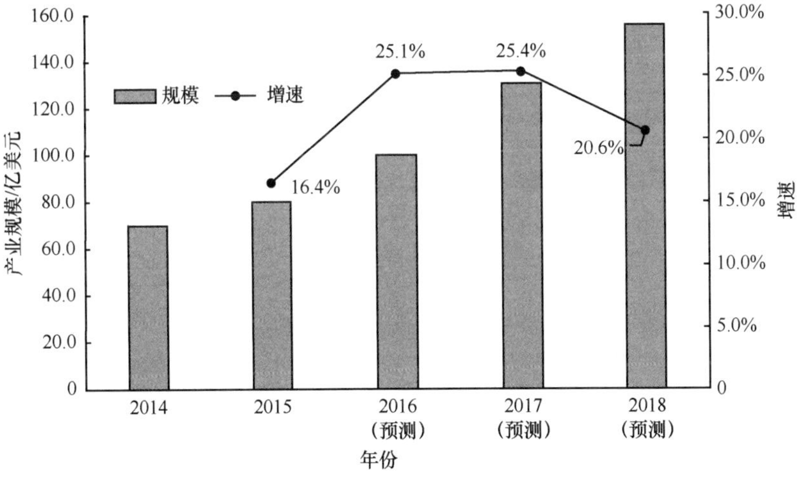

图 3 2014—2018 年全球人工智能产业规模

3.2 主要发达国家争先布局

新一轮的人工智能浪潮受到各国政府的高度关注，美国、日本、韩国等国家近几年纷纷出台多项战略、计划，积极推动人工智能发展，人工智能已逐渐上升为国家战略。

3.2.1 美国：人工智能的领跑者

美国白宫于 2016 年 5 月宣布成立“人工智能和机器学习委员会”，用于协调全美各界在人工智能领域的行动，并将在奥巴马任期结束前多用人工智能提高政府办公效率（表 1）。

表1 美国人工智能相关举措

时间	举措	备注
2013年4月	“推进创新神经技术脑研究计划”（BRAIN）	政府拨款1.1亿美元
2014年	NIH小组制订未来10年详细计划	10年总投资45亿美元
2015年10月	DAPPA“未来技术论坛”	未来30年技术发展预测
2015年11月	CSIS发布《国防2045：为国防政策制定者评估未来的安全环境及影响》报告	指出人工智能是影响未来安全环境的重要因素
2016年2月	DAPPA表示正在发展人工智能技术，以奠定其理论基础	支撑美国第三次“抵消战略”
2016年5月	美国白宫成立人工智能和机器学习委员会	探讨制定人工智能相关政策和法律

3.2.2 日本：人工智能的实践者

日本政府近年来高度重视人工智能技术。2015 年，日本政府先期投入 10 亿日元在东京成立“人工智能研究中心”，集中开发人工智能相关技术。2015 年年底发布的第五个科学与技术基础五年计划中，提出了名为“超级智能社会”的未来社会构想，整个计划的预算为 26 万亿日元。日本还于 2016 年制订高级综合智能平台计划（AIP）（表 2）。

表2 日本人工智能相关举措

时间	举措	备注
2015年1月	新机器人战略	通过发展机器人技术，推动工业生产力的提高
2015年	人工智能研究中心	前期投入10亿日元
2015年12月	第五个科学与技术基础五年计划	提出名为“超级智能社会”的未来社会构想，发展信息技术、人工智能及机器人技术，预算26万亿日元
2016年	高级综合智能平台计划（AIP）	人工智能、大数据、物联网、网络安全综合发展计划

3.2.3 韩国：人工智能的追随者

2015 年，韩国未来创造科学部发布了Star Lab软件研发项目，人工智能是五大关键领域之一。2016 年，韩国政府希望利用AlphaGo人机大战作为契机，启动韩国官方版人工智能“BRAIN”计划，希望能在人工智能领域追赶美国（表 3）。

表3 韩国人工智能相关举措

时间	举措	备注
2013年5月	Exobrain计划	历时10年，总预算为9000万美元，计划的目标是开发专业领域人机交流的自然语言对话系统
2014年	第二个智能机器人总规划（2014—2018）	将机器人产业与其他制造业和服务业相结合，保持在机器人技术及相关重点产业的优势
2015年	AI Star Lab	人工智能是项目五大关键领域之一
2016年	人工智能“BRAIN”计划	到2020年，将投资8.63亿美元（1兆韩元）用于人工智能（AI）研究

3.3 全球人工智能企业竞相布局

根据Venture Scanner对全球71个国家人工智能公司的统计，截至2016年第三季度，全球人工智能创业公司数量已有1287家，其中585家获得投资，投资金额总计达到77亿美元，其中美国投资金额超过31亿美元。

谷歌、微软、IBM、Facebook等企业凭借自身优势，积极布局整个人工智能领域。各大企业通过加大研发投入力度、招募高端人才、建设实验室等方式加快关键技术研发；同时，通过收购等方式吸收人工智能优秀中小企业来提升整体竞争力。近10年来，全球人工智能领域企业专利申请前10名大部分为美国、日本和韩国的跨国企业（图4）。

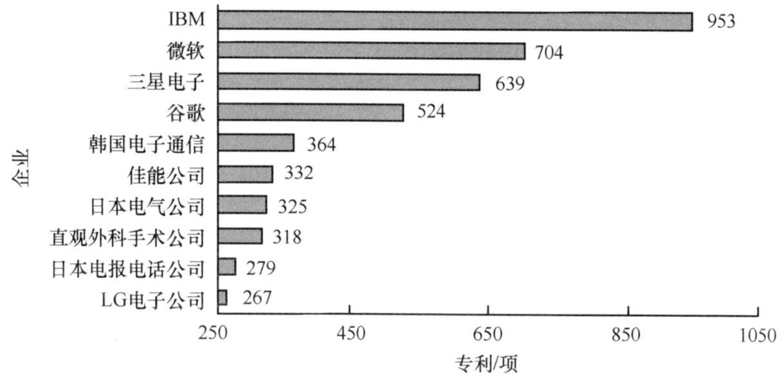

图4 2007—2016年人工智能领域企业专利申请排名

3.3.1 谷歌：合纵连横，全方位布局

谷歌以深度学习技术为依托，涉足人机交互、语言理解、机器人等人工智能核心技术应用领域，全方位布局人工智能产业。在技术方面，谷歌通过加强自身技术水平，提升谷歌传统搜索、翻译和社交业务；推动集视、听、说、感知和控制于一体的无人驾驶汽车；并先后开源了第二代机器学习平台TensorFlow及自然语言理解软件SyntaxNet的源代码。在商业并购方面，谷歌通过对DeepMind等人工智能行业创业企业的并购，以及与强生、福特等传统产业巨头的合作，实现人工智能领域的全面布局及纵深式发展（表4）。在平台开发方面，2015年谷歌宣布开源机器学习平台TensorFlow。TensorFlow是一个数据库，研究人员和计算机科学家可以利用它来构建数据分析系统，让计算机利用数据进行决策。谷歌旗下的50多个产品都运用了TensorFlow深度学习系统（机器学习的深度神经网络）。

表4 谷歌收购公司一览

收购日期	收购项目/公司	业务	国家	价格	用途/结合产品
2016年9月16日	API.AI	自然语言界面	美国		
2016年7月6日	Moodstocks	图像识别	法国		谷歌相册
2014年10月23日	Dark Blue Labs	人工智能	英国	数百亿美元	谷歌深度睡眠
2014年8月17日	Jetpac	人工智能及图像识别	美国		毕加索

续表

收购日期	收购项目/公司	业务	国家	价格	用途/结合产品
2014年8月6日	Emu	IM客户端	美国		谷歌视频群聊，即时资讯
2014年1月26日	DeepMind Technologies	人工智能	英国	62 500万美元	谷歌深度睡眠
2013年10月2日	Flutter	手势识别技术	美国	4000万美元	谷歌，安卓，谷歌X
2013年4月23日	Wavii	自然语言程序	美国	3000万美元	谷歌知识图谱
2013年3月12日	DNNresearch Inc.	深层神经网络	加拿大		谷歌X
2012年10月1日	Viewdle	面部识别	乌克兰	4500万美元	安卓
2011年12月13日	Clever Sense	手机软件应用	美国		安卓
2011年7月23日	PittPatt	面部识别系统	美国		安卓
2011年1月25日	SayNow	语音识别	美国		谷歌语音
2010年12月3日	Phonetic Arts	语音合成	英国		谷歌语音 谷歌翻译
2010年7月16日	Metaweb	语音检索	美国		谷歌搜索
2006年8月15日	Neven Vision Germany GmbH	计算机视觉	德国		毕加索 谷歌图像搜索

3.3.2 微软：率先布局，普及人工智能

微软在人工智能领域动作不断。一是成立微软研究院，最早开始从事人工智能研究，发布了Cortana和Skype Translator等一系列产品。二是制订牛津计划，2015 年 5 月初，微软发布了人工智能领域的牛津计划，由一系列基于云端的机器学习相关的API、SDK和相关服务等组成，旨在让开发人员不需要繁复的机器学习背景也能开发跨平台的更智能和更交互的应用。此外，牛津计划还率先开源了人脸识别、语音处理和计算机视觉 3 个部分。三是发布深度学习工具包，2016 年，微软发布了深度学习工具包CNTK，通过一个有向图将神经网络描述为一系列计算步骤，使得实现和组合前馈型神经网络DNN、卷积神经网络和循环神经网络变得非常容易。2016 年，微软开放了Microsoft Bot Framework，开发者可以直接开发聊天机器人。四是组建专门产品部门，2016 年 9 月，公司宣布成立拥有 5000 人的人工智能部门，与Windows和Office、云计算等部门并列（表 5）。

表5 微软在人工智能领域的布局

<table>
<tr><td colspan="2">代理
利用像微软Cortana语音助手这样的代理，能从根本上改变人类与计算机的交互方式</td></tr>
<tr><td>服务
把注入微软应用的同样智能能力(如视觉、声音等认知能力，机器分析能力)开放给全球的应用开发者</td><td>应用
将智能注入所有应用中，从手机的photo APP到Skype、Office365等</td></tr>
<tr><td colspan="2">基础设施
利用Azure开发出全球最强大的AI超级计算机并开放给每个人，让个人和组织都能使用</td></tr>
</table>

3.3.3 Facebook：重视基础研究，突出技术制导

Facebook对人工智能技术兴趣浓厚，用无人机提供互联网服务，为了发展虚拟现实而收购Oculus，不懈追求人工智能发展，Facebook已经迅速成为世界上最先进的技术研究中心之一。一是积极组建实验室，Facebook通过组建人工智能实验室，并通过开源技术平台等方式来获取更大的成功。Facebook现有两大实验室，其中一个是重点发展基础研究的Facebook AI（FAIR）项目，主要专注于基础科学和长期研究。FAIR现有3个实验室，分别位于美国纽约、加州门洛帕克及法国巴黎，拥有超过130位人工智能专家。AML（应用机器学习部门）则专注于人工智能产品应用，由西班牙裔机器学习专家Joaquin Candela负责。AML正试图为排名、广告、搜索、语言翻译、语音识别、自动产生视频字幕及自然语言理解等领域开发更好的算法以提升Facebook的基础。二是率先成立新部门和开源新项目。2015年年初，Facebook建立语言技术部门。为了进一步提升技术水平，Facebook先后开源fbcunn——用于在Torch上更快速地训练神经网络的模块、人工智能硬件平台Big Sur等十余个项目。

3.4 制造业巨头启动“AI+制造”行动

近年来，各大跨国制造业巨头为了重新构筑制造业全球竞争优势，均在不同层次上启动“AI+制造”行动，整合各类技术，推进智能制造发展。

3.4.1 通用电气（GE）：全方位布局工业互联网

近年来，GE在“AI+制造业”领域开展了系统布局。2011年，GE在硅谷建立了全球软件研发中心，启动了工业互联网的开发，包括平台、应用及数据分析。2012年11月，GE发布《工业互联网——冲破思维与机器的边界》报告，将工业互联网称为200年来的“第三波”创新与变革。2013年，GE宣布将在接下来的3年里投入15亿美元开发工业互联网，并于同年发布《工业互联网@工作》报告，对工业互联网项目要开展的工作进行了细化。2014年3月，GE与AT&T、思科、IBM和英特尔共同发起成立了工业互联网联盟。2014年年末，GE发布了《2015工业互联网观察报告》，强调了大数据分析在工业互联网中的作用，并且针对网络安全、数据孤岛和系统集成等挑战提出了解决思路和行动指南。2016年年底，GE收购了Bit Stew Systems和Wise.io两家人工智能领域的初创公司，旨在拓展Predix平台，该平台适用于工业化互联网应用，连接从电厂、飞机引擎到数据库和分析软件等大型机器。

3.4.2 海尔：建立以用户为中心的智能生态圈

海尔认为，人工智能将会给家电领域的商业模式提供一些新的途径和新的思考，互联互通、多传感器结合大数据、云计算后就能进一步分析用户行为，从而做精准的信息挖掘和推荐。在此认识的基础上，海尔提出把传统家电的售卖升级为一种长线的、智能服务的模式。今年，海尔冰冷产业与百度人工智能就人工智能技术的应用达成战略合作。海尔推出互联网冰箱作为智慧家居解决方案提供者，通过引入百度人工智能语音技术首创人工智能冰箱，使得用户和冰箱的交互更加自然和便捷，为用户提供智慧生活新方式。

除了在终端产品上引入人工智能，海尔还导入人工智能颠覆原有生产模式。截至2016年年底，海尔已建成八大互联工厂，能够为行业生产制造环节提供先进样本支持。同时，海尔牵头成立了行业第一家工业智能研究院，以及全球家电业首个智能制造创新联盟，向整个行

业输出制造的标准和模式。此外，海尔发布了众创汇和海达源两大模块升级版，众创汇用户通过手机端即可与来自全球的设计师、优秀资源进行交互，满足定制需求；海达源则打破了传统的采购模式，建立起一个以用户为中心的生态圈，帮助更多第三方资源复制智能制造体系，实现生态圈的共创共赢。通过海尔智能制造解决方案COSMO平台，用户的个性化定制需求能够得以满足，平台这种无缝对接也完成了虚拟设计和实体制造的全面融合。自2015年第二季度开始，海尔互联工厂定制量实现了季度环比连续翻番，这在一定程度上显示出了行业的新方向。

3.4.3 西门子：借力人工智能实现数字化转型

2016年西门子成立名为“next47”的业务部门，面向内部员工、公司创始人、外部初创企业及已经具备一定规模的公司，支持其开展聚焦人工智能等领域的颠覆性项目，实现商业构想。根据西门子的部署，近5年内，该部门将在人工智能、自主机械、分布式发电、网络化交通等领域投资11亿美元。next47的首个项目是航空系统电气化，预计到2020年前，完成针对小型飞机到中型客机的混合/电动力推进系统的技术可行性论证。同时，该部门还将涉及区块链应用的开发，从而使工业和能源交易领域中的数据传输更为安全便捷。

在细分专业领域，西门子已经借助人工智能实现了数字化、智能化转型。西门子医疗与IBM共同签署了“五年全球战略合作计划”，携手开拓人工智能平台Watson在人口健康学领域的纵深应用。西门子医疗已将智能化的理念逐步应用到影像诊断系统全线产品中，其基于人工智能技术的影像学解决方案——syngo.via在中国装机量达到1000台。syngo.via基于海量医学文献与病例，构建大数据化的临床“病种知识库”；进而按照规范与指南，构建包括影像扫查、处理、报告全流程的“结构化任务”；然后模拟医生的处理操作与知识调用，创建相应的“影像处理流”，从而实现“智能前处理”与“处理即报告”。

3.4.4 三星：向人工智能要生产效率

在智能制造领域，三星主要利用IoT（物联网）、VR（虚拟现实技术）、AR（增强现实技术）、大数据、AI（人工智能）等尖端技术及智能制造解决方案，通过综合管制中心，同时管控着三星遍布全球15个国家的30个工厂生产现况，从而实现一个中心管控全球的“4M+1E”方案，即MAN（人）、MACHINE（机器）、MATERIAL（材料）、METHOD（方法）和ENVIRONMENT（环境）。通过这样的技术，可以监控工厂内设备工作、停止及关闭状态，并由此检查每个设备的启动效率。一是广泛应用仿真模拟技术。三星开发出仿真模拟技术，即利用产品、模具加工、工厂及生产线设计的相关数据，在新产品制作前进行数据模拟，从而判断出是否适合生产。该模拟技术不仅用在产品当中，在工厂和线体的设计领域也有着重要作用。通过建立设备、机械手、搬运装置、作业者等生产整体数据库，可自如地应对新产品生产或生产数量变化，拟定出最优化的生产要素安排。二是开发无人材料供给系统。三星开发出电子板的无人材料供给系统，使得整体生产运作模式更加智能化。该系统会实时接收生产线剩余资材的信息，而资材仓库则参照系统需求，通过自动引导运输车的方式把资材供应到所需求的生产线上，也使得整个过程实现了无人自动化运作。三是巧妙运用虚拟和增强现实技术。一般用于电影、游戏等商业性娱乐产业中的VR、AR技术，也被三星应用在了实际生产工作当中。例如，一个设备手册文件又厚又重，内容和图画也难以理解，但是如果利用触控面板和VR技术，生成网络手册，就可以模拟电路板工程设备，并在与实际现场类似的环境下体验设备的运营状况。与此同时，三星认为AR远程解决方案也在一定程度上解决了不同地区企业间进行实时远程协同配合的需求。

4 我国人工智能产业发展态势

在全球人工智能浪潮下，我国人工智能产业正在积极健康发展。2016年，我国人工智能产业规模进一步提升。产业规模增长的背后是百度、阿里巴巴、腾讯、科大讯飞等企业在人工智能领域的不懈努力，以及围绕“人工智能+”积极创新的中小企业。此外，国家和地方政府通过战略指引、政策支持等方式积极推动我国人工智能产业做大做强。

4.1 产业规模呈现爆发式增长

人工智能技术在我国移动互联网、智能家居、无人驾驶等领域的应用继续不断深入，人工智能产业规模持续高速增长。根据新智元统计，2015年，中国人工智能产业规模进一步扩大，达到69.33亿元，同比增长42.7%；2016年，中国人工智能产业规模达到95.61亿元。此后，在无人驾驶及机器人等应用的推动下，人工智能产业规模快速增长，预计2018年将突破200亿元，并带动相关产业规模增长超过1000亿元（图5）。

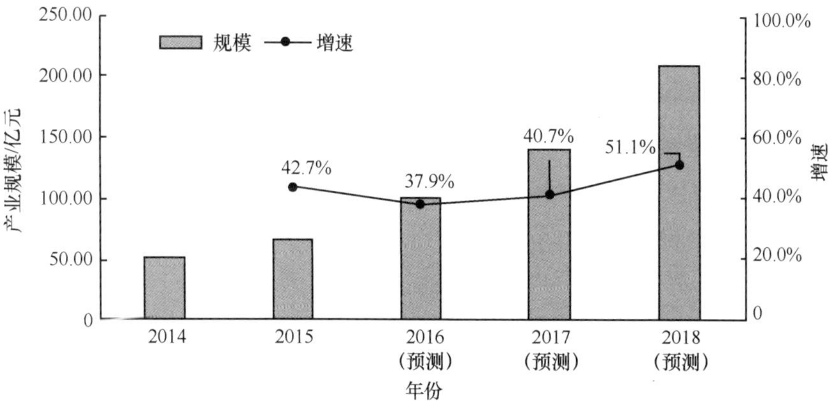

图5 2014—2018年中国人工智能产业规模

4.2 国家政策助力产业发展

我国已将人工智能纳入国家“十三五”规划，脑科学与类脑研究列为“科技创新2030—重大项目”之一，体现了“国家战略意图”。2016年5月23日，国家印发了《“互联网+”人工智能三年行动实施方案》。该方案提出，到2018年，中国将基本建立人工智能产业体系、创新服务体系和标准化体系，形成千亿级的人工智能市场应用规模。当前，各部委纷纷集成资源支持人工智能产业发展。科技部正在召集科技界、企业界专家和年轻创业者等专业人士共同制定促进中国人工智能创新发展的规划；中央财政也将设立专项资金，重点支持相关基础研究、核心关键共性技术等；发展改革委已在全国布局建设19个与人工智能研究相关的国家工程实验室。

4.3 企业创新主体地位明显

我国人工智能产业快速增长的背后，是不断壮大的人工智能企业群体。百度、阿里巴巴、腾讯、科大讯飞等将人工智能作为整体战略提前布局。围绕人工智能的创业企业瞄准细分市场深耕细作，以期在未来人工智能竞争中占据一席之地。百度、三星、小米、腾讯、微软、科大讯飞等一批领军型企业通过专利战略稳固其市场领导者地位。值得注意的是，江苏省苏州福丰科技有限公司挤入了近10年我国人工智能专利申请企业前10名，成为国内人脸识别技术领域发明专利最多的高新技术企业（图6）。

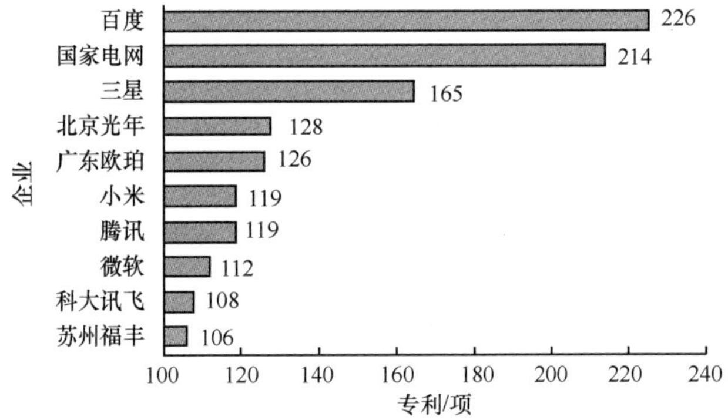

图6 2007—2016年我国人工智能领域企业专利申请排名

4.3.1 百度：全方位智能转型

百度依托人工智能技术进行全面转型，建立完整的人工智能生态体系，形成了以人工智能、大数据和云计算三大板块为核心的组合拳。到目前为止，百度在人工智能产品化、商业化方面已经取得不小的进展，技术可以落地甚至部分变现。在技术研究方面，重点发力人工智能技术的自主研发，开展机器学习、深度学习、机器人、图像识别、语音识别、无人驾驶等各个人工智能领域的技术研究，核心突破口便是自动驾驶，而其他受AI驱动增长的业务还包括百度金融、百度云等，其中百度金融基于人工智能的应用创新成果显著，整体新增放款额同比增长90%。在投入力度方面，从财报数据可以看出，百度在人工智能方向的投入可以说是不计成本，2017年百度第一财季研发支出为28.35亿元，同比增长34.9%，主要由于研发人员相关成本增长；另外还有股权奖励的成本，约为人民币6.308亿元，比去年同期差不多翻了整整一倍。在机构设立方面，先后成立了深度学习研究院、大数据研究院、硅谷人工智能实验室及硅谷智能驾驶团队。

4.3.2 阿里巴巴：重视商业智能化应用

阿里的人工智能注重的是赋能商业，配合云计算、大数据对阿里的电商物流乃至物联网体系中具体的企业进行赋能，尤其是制造业企业。在平台建设方面，2015年推出可视化人工智能平台DTPAI，集成了阿里的核心算法库。另外，还成立了智能生活事业部。在技术整合方面，阿里将人工智能技术与电商平台、大数据、云计算等原有业务相融合，以此提升各板块的技术水平。例如，ET 机器人拥有智能语音识别、图像或视频识别、情感分析等技术。在核心产品方面，阿里推出了虚拟助理阿里小蜜及智能程序阿里小Ai。2016 年 8 月，阿里在小Ai的基础上推出ET机器人。整合电商、数据、平台资源，与其他厂商合作，推出智能家居产品。

4.3.3 腾讯：四维一体实现跨越发展

腾讯通过在顶层设计、收并购举措、基础研究平台、技术研究方面积极布局，实现了人工智能的跨越式发展。在顶层设计方面，腾讯积极打造QQ物联、微信智能硬件及TOS+战略，在实现“人与人”连接的基础上，进一步实现“人与物”及“物与物”的连接。在收并购举措方面，自 2013 年起，先后投资搜狗、ScaledInfer ence、Skymind、CloudMedx、iCarbonX及Diffbot，总投资额超过 5 亿美元。在基础研究平台方面，腾讯成立WHAT LAB、优图实验室、微信北京研发中心及智能计算与搜索实验室，并于 2016 年成立AI lab，聚焦于自然语言处理、语音识别、机器学习、计算机视觉等四大发展方向。在技术研究方面，腾讯推出文智自然语言处理技术、机智机器学习平台、优图人脸识别技术，以及机器人微宝和虚拟机器人DreamWriter等各种人工智能技术产品。

4.3.4 科大讯飞：领跑语音识别技术

科大讯飞以语音技术为产业化方向，核心技术集中于语音识别、语音合成、自然语言处理等几个方向。在智能语音领域，科大讯飞持续保持智能语音及人工智能核心技术国际领先，在 2016 年国际语音识别大赛中，科大讯飞取得全部指标第一。在认知智能领域，相继获得国际认知智能测试全球第一、国际知识图谱构建大赛核心任务全球第一。在讯飞超脑项目上，科大讯飞持续加大投入，努力实现“从能听会说到能理解会思考”，从而实现营业总收入超 33 亿元，有望实现包括感知智能和认知智能在内的全面突破。

4.4 科研院所技术积淀强

4.4.1 清华大学：深耕基础研究，发力产业前沿

清华大学在人工智能领域具有长期技术积累与研究历史。一是研究方向明确。当前，清华的人工智能技术在自动化、计算机、电子、信息技术研究院、软件学院等院系都有深入研究，研究内容覆盖智能控制、模式识别，自然语言处理、数据挖掘等众多方向。二是平台建设突出。从 2004 年开始，智能技术与系统国家重点实验室参与筹建清华信息科学与技术国家实验室。2014 年，捷通华声与北京清华工业研究院成立“灵云人工智能研究中心”。2016 年，清华大学获搜狗公司 1.8 亿元捐赠，用于联合成立“清华大学天工智能计算研究院”，该研究院致力于人工智能领域的前沿技术研究，该联合研究院也成为首个校企合作的中国人工智能领域研究院。三是产业化有力。清华大学与捷通华声的合作诞生了国内第一个开放的人工智能云服务平台，该平台已经形成了语音识别、说话人识别、自然语言问答、机器翻译、人脸识别、指纹识别等一系列产业化力量。

4.4.2 上海交通大学：积极搭建平台，布局智能制造

上海交通大学在人工智能研究工作中积累了雄厚的技术基础。一是技术优势明显。上海

交通大学运用人工智能技术模拟实现焊工观察、判断与操作行为，研究在局部环境基于视觉信息对焊接环境自动识别、导引跟踪焊缝、焊接熔池动态特征智能控制等关键技术，将计算机视觉、知识建模、模糊神经网络、智能控制等智能化技术成功地用于解决各种典型工艺条件下脉冲TIG焊动态过程控制这一焊接界的难题，形成了系列性的研究成果，在人工智能领域方面技术领先，研发的神经网络系统能够通过脸部识别技术辨认罪犯。二是积极搭建平台。早在2000年3月，就成立了上海交通大学机器人焊接智能化技术实验室。2015年，由上海交大与临港管委会联合发起的上海智能制造研究院在临港成立，作为集技术研发、成果转移孵化、国际国内多层次人才集聚、研究环境先进的创新研究机构，将建设智能机器人、智能传感与物联、智能生产系统等9家研究所。2016年，上海智能制造研究院•临港•荷福携手上海交大设立人工智能研究中心。2017年3月，上海交通大学—联影医学影像先进技术研究院成立，聚焦医学影像尖端技术与相关大数据、人工智能等最前沿领域，建立行业人才高地，打造国际一流的创新研究基地和技术转化基地。

4.4.3 浙江大学：率先积累探索，发力协同创新

浙江大学一直以来高度重视人工智能的研究，1981年就创建了人工智能研究所，是设立最早的人工智能研究机构之一。经过30余年的探索与实践，浙大在人工智能领域取得了诸多科研成果，有着深厚的技术储备和人才积累，近年来发展更为迅速。2016年，浙大网新科技股份有限公司与浙江大学正式签署筹建“浙大网新—浙江大学人工智能联合研究中心”，该中心拥有人工智能、计算机视觉和多媒体领域的中国授权发明专利30余项，软件著作权10余项，中心还设立学术委员会。2017年3月，浙大睿医人工智能研究中心在浙大紫金港校区揭牌，该中心将通过多学科合作、产学研联动的方式，助推国内医学人工智能技术及产业发展。

4.5 东部地区集聚态势明显

我国人工智能企业数量虽不及美国，但是集聚态势明显。北京、上海、深圳三地企业占全球总数的7.4%，在东亚地区居前3位，在全球范围内分别列第3、6、8位。北京、广东及长三角的人工智能企业占全国总数的84.95%。北京、广东、上海、江苏、浙江在企业数、专利申请数、融资数3项上均居全国前列。东部地区成为人工智能发展的热点地区。

从城市来看，中国人工智能企业数量排名前10位的城市分别为：北京、上海、深圳、杭州、广州、香港、成都、南京、厦门和苏州。值得注意的是，杭州在专利影响力、企业影响力上均领先于广州，这主要得益于杭州在互联网领域的巨大科技实力和影响力。

4.6 人才发展潜力较大

据微软领英2016年数据显示，领英平台上的全球人工智能人才数量约为25万人，主要分布在美国、欧洲、印度及中国。2016年，拥有人工智能相关专业人才数量最多的10个国家依次为：美国、英国、印度、加拿大、法国、荷兰、德国、西班牙、巴西、中国。从人才的企业分布来看，我国人工智能产业人才主要集聚在微软、百度、清华大学、华为、阿里巴巴、IBM、腾讯、北京大学、中国科学院、浙江大学等企业和高校院所，其中，32%的人才

集中在清华大学、北京大学、中国科学院和浙江大学这四大机构。

从当前的人工智能人才培养实力上看，我国与发达国家尚有差距。但是我国在理工科，特别是基础学科人才培养方面有深厚的底蕴，如计算机相关专业、电子与电气工程、物理、数学等专业教学水平在全球保持领先地位，而这些学科都是从事人工智能和机器学习应用开发的核心基础。同时，从人才从业年限结构分布上来看，我国新一代人工智能人才比例较高，人才培养和发展空间广阔。

5 兄弟省市相继发力人工智能产业

随着人工智能的重要性越来越凸显，全国各地纷纷采取出台相关实施方案、设立新型机构等有效举措，来促进人工智能的推广。

5.1 北京：注重发力前瞻，建立国家工程实验室

北京在2016年8月发布了《北京市大数据和云计算发展行动计划（2016—2020年）》，明确提出要重点突破海量数据存储、数据清洗、可视化、分析挖掘及人工智能等关键核心技术。在当年12月建成了人工智能产业技术创新战略联盟，系统规划布局人工智能基础性技术攻关和行业应用开发。此外，2017年3月，北京又支持百度成立了全国首个国家级人工智能实验室——深度学习技术及应用国家工程实验室，旨在研发人工智能基础技术，并加速其大规模产业化。

5.2 天津：搞合作搭平台，整合高端产业资源

天津市致力于打造京津冀智能互联网科技创新高地，先后支持各园区与北京高端产业资源对接。2017年3月，天津空港经济区与联想集团签署合作协议，在云计算+大数据、人工智能+机器人、增强现实、虚拟现实等方面与天津开展全方位合作，引导联想集团在天津布局更多的创新业务和生态链企业。滨海新区更是早在2014年年底就和中国科学院自动化研究合作共建天津中科智能识别产业技术研究院。该院以中国科学院自动化研究所模式识别国家重点实验室、智能感知与计算研究中心作为创新主体，引进生物识别产业技术创新战略联盟和图像视频大数据产业技术创新战略联盟的企业资源。截至2017年，研究院组建了生物特征、大数据应用、智能监控、机器视觉、系统集成、协同创新等6个创新团队，孵化高科技企业2家，在孵企业2家，在研新产品10项，新产品示范应用2项，已申请发明专利61项，软件著作权21项，15项软件著作权获批。

5.3 上海：整合社会资本，支持产业创新创业

上海在推动人工智能领域创新创业上已经率先做出了探索，早在2015年便支持社会资本设立了亿石人工智能国际创业中心，该中心由深度孵化器、开放实验室和天使基金三部分组成，采用“项目筛选+智能升级+配套服务”的完整服务及深度孵化模式，为项目提供以

创业投资平台、商业模式顾问平台、互联网技术支持平台、多渠道营销推广平台、财税法务援助平台和资本加速平台等六大功能平台为支撑的资金支持和系列专业服务。该中心发起募集并管理5亿元人工智能天使基金及20亿元人工智能产业基金，布局人工智能产业项目的深度孵化及股权投资。

5.4 广东：引导企业发展，建设产业集聚区

广东省积极支持广州、深圳等地打造人工智能集聚区。其中，广州积极引进领军型企业，重点建设琶洲互联网创新集聚区，旨在打造产值超千亿元的人工智能产业集群。科大讯飞、TCL、今日头条等知名人工智能企业均在广州市建设总部或投资，软通动力1/3的员工分布在广东省内，目前也有意向将人工智能总部放在广州。同时，广东还推动美的、志高等本地家电制造企业实施“智能战略”，充分带动人工智能家居上下游实体企业联动发展。

5.5 浙江：支持校企合作，建设开放式人工智能平台

浙江省为了壮大人工智能产业，出台了《浙江省互联网+人工智能三年行动实施方案》，计划到2018年，成为全国领先的“互联网+”人工智能发展示范区。此外，浙江还支持浙江大学利用社会捐助发力医学人工智能产业技术研究。浙江大学利用微医集团赞助的1亿元设立了睿医人工智能研究中心，该中心将连接2460家医院、26万名医生、1.5亿名患者和未来接入的超过100万家基层医疗点，提供更为精准、个性化的服务，致力于成为全国首个开放式医学人工智能平台。

6 江苏省人工智能产业发展现状分析

作为新兴产业领域，江苏省在人工智能产业方面拥有较强的技术储备，具备了拓展产业应用领域、培育行业领军企业、做强市场竞争力的基础条件。2007—2016年，江苏省人工智能领域专利申请量累计达到2608项，仅次于北京（3823项）和广东（2712项）。10年间，江苏省人工智能专利申请量翻了27倍左右，授权量翻了将近19倍，增长态势明显。

6.1 技术基础水平高

江苏省建有计算机软件新技术、工业机器人、社会安全图像与视频理解、智能车辆控制等十多个国家和省级重点实验室。在技术研发方面，依托省产业技术研究院，布局建设先进激光、机器人与智能装备、数字化装备、精密制造与微细加工等6家专业研究所，并建有省级智能装备产业技术创新中心。围绕脑科学、智能机器人等前沿领域，组织实施前瞻性产业技术攻关115项、重大科技成果转化项目32项。2010年以来，江苏省人工智能领域专利呈现爆发增长态势。近10年来，江苏省人工智能领域专利申请量达到2608项，仅次于北京和广东（图7）。

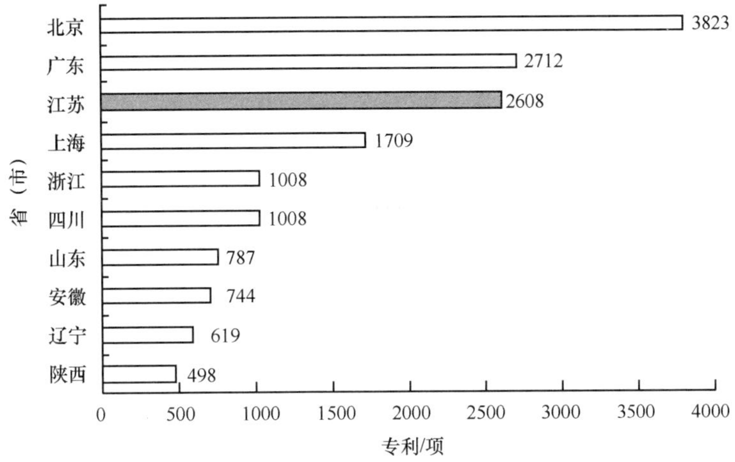

图 7　2007—2016 年人工智能领域专利申请排名

6.2　产业创新能力强

江苏在人工智能的研发、生产、集成、应用等上下游产业链布局较为完善，拥有南京移动互联特色产业基地、江宁通信与网络特色产业基地、无锡国家物联网高新技术产业化基地等 14 家国家级特色产业基地，昆山机器人科技产业园、无锡传感网科技产业园等 13 家省级产业园。

从人工智能专利申请量重点领域来看，江苏省在机器人、机器学习、计算机视觉、专家系统等方面均有明显优势，保持在全国专利申请第 3 位的位置（图 8）。

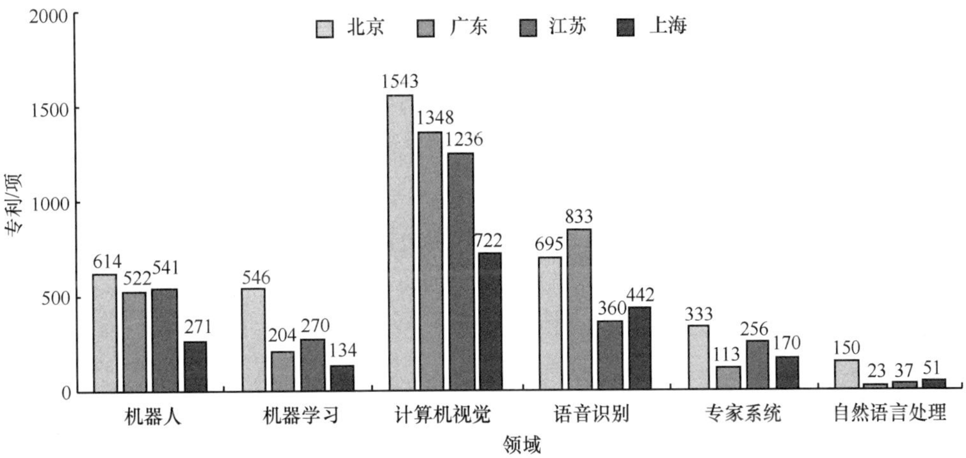

图 8　2007—2016 年我国主要省市人工智能分领域申请专利分布

6.3　产业人才队伍结构优

2017 年，江苏省人工智能领域拥有 2 名“国家重大人才工程”入选者、2 名国家杰青、

8 名国家优青及长江学者等高层次专家。其中，南京大学周志华教授在国际人工智能领域具有重要学术影响，成为我国大陆第一位入选国际人工智能学会Fellow，当选人工智能领域顶级学术会议AAAI 2019 程序委员会主席，是该会议自 1980 年成立以来首位华人主席。中国计算机学会人工智能与模式识别专业委员会、中国人工智能学会机器学习专业委员会均由江苏科学家担任主任或主任委员。百度深度学习研究院创始人余凯在南京牵头创办南京地平线机器人研发中心，正在致力于开发深度神经网络芯片和解决方案。

6.4 重点领域优势突出

在人工智能领域，江苏省拥有智能制造方面天然的优势，并在许多细分领域具有突出优势。一是智能机器人发展迅猛。在智能机器人领域发展迅速，全省机器人研发企业已超百家，部分关键部件实现自主研发生产，一大批高科技企业崭露头角。例如：苏州思必驰信息科技有限公司是国内唯一拥有人机对话技术的企业，多次在美国国家标准局、美国国防部、国际研究机构评测中夺冠；南京云问网络技术有限公司拥有国内首家智能客服机器人服务平台；科沃斯机器人科技（苏州）有限公司拥有全球唯一最完整的家庭服务机器人产品线，连续 6 年全国销量第一；苏州福丰科技有限公司专注于三维人脸识别技术的开发与应用，成立仅 3 年，销售额就突破 1 亿元。二是物联网产业基础雄厚。物联网在江苏发展起步较早，2009 年国务院就在无锡市部署建设国家传感网创新示范区。以此为契机，江苏已经构筑了以无锡为核心，苏州和南京为支撑的一体两翼产业布局，突破了核心芯片、通信协议、协同处理、智能控制等关键技术，形成了覆盖信息感知、网络通信、应用处理、共性平台、技术支撑的产业体系，承担了多个国家重大应用示范工程，在全球近 30 个国家、200 多个城市都有物联网应用工程项目，主导或参与制定的物联网国际标准多达 20 项，产业规模多年保持高速增长，行业影响力不断提升。三是超级计算机抢占先机。“神威•太湖之光”超级计算机是由国家并行计算机工程技术研究中心研制的超级计算机，先后获得全球最快的超级计算机、世界互联网领先科技成果奖、戈登贝尔奖等荣誉。“神威•太湖之光”在江苏研制成功，连续两次荣登全球超级计算机TOP 500 排名榜首，其相关应用成果首次获得国际高性能计算应用领域最高奖——戈登贝尔奖，填补了国内空白。四是未来网络率先布局。江苏省未来网络创新研究院是国内最大的第一家专门从事未来网络核心技术研发的科研机构，致力于建设成为国家级未来网络的协同创新中心。未来网络试验设施（CENI）是我国在通信与信息领域布局建设的唯一国家重大科技基础设施，总控中心建在南京，并在北京、合肥、深圳建设 3 个运行管控分中心，面向未来网络前沿科学问题，建设一个开放、易使用、可持续发展的大规模通用未来网络试验设施，覆盖全国 40 个城市。南京未来网络产业创新有限公司拥有 15 位院士及 8 位全球顶级专家组成的专家及顾问团队，汇聚了来自中国科学院计算所、北京邮电大学、清华大学、美国宾夕法尼亚大学、耶鲁大学、卡内基 · 梅隆大学、IBM、百度、甲骨文、华为、中兴等 50 余家项目团队资源。

6.5 苏州集聚发展势头迅猛

值得注意的是，苏州在人工智能产业方面走在了全省前列。苏州引进华中科技大学骆清明团队，建立了苏州脑空间信息研究院，基于我国自主研究成果设计的“脑连接图谱成像装置”正在建设中。微软（亚洲）互联网工程院在苏州落户，在人工智能、机器学习、神经网络、自然语言处理、语音识别、图像识别、自然人机交互、云计算、大数据等十多个研发领域均有建树。中国科学院沈阳自动化所从战略层面布局的“昆山工业机器人研究院”正在建设；常熟的中国智能车综合技术研发与测试中心成功举办了三届“中国智能车未来挑战赛”。目前，苏州在人工智能、智能制造、大数据、云计算等领域已聚集企业600余家，从业人员超过6万人，2016年实现产值350亿元，同比增长25%，共申请发明专利1300多项，累计获得的软件著作权超过5000项，为后续人工智能产业的快速发展打下了坚实的基础。

7 对策建议

鉴于国内外人工智能产业的发展现状，立足于江苏省人工智能产业发展实情，建议江苏省加快布局人工智能产业，抢占发展先机。

7.1 抢先战略布局

江苏省应积极策应国家人工智能重大部署，支持省内高校、院所和企业承担重大科技工程，因势利导支持各类创新主体加大人工智能产业的投资。结合江苏省制造业发达的省情，抢先布局人工智能领域CPU、GPU、传感器等重要硬件的关键技术领域，推动自然语言处理、计算机视觉、语音识别等基础应用技术与江苏省优势制造业产品的结合。同时，支持企业加大工业机器人领域精密减速机、控制器、伺服系统及高性能驱动器等关键零部件的攻关力度，夯实人工智能与制造业结合的工业基础。同时，建议组织相关研究力量围绕人工智能产业开展跟踪研究，组织编制江苏省人工智能发展的白皮书和产业生态地图，积极引导社会资本布局支持人工智能相关技术和产业的发展。

7.2 引导企业智能化发展

依托江苏已有的人工智能企业探索者、推动者，如做基础研发的感知集团、做车联网的联创集团、做智慧能源的远景公司，以及当前省内物联网行业的近1000家创新型中小企业，抢抓机遇，加快发展，大力培育江苏省人工智能龙头企业，引领制造经济转型发展。支持苏州福丰等人工智能企业建立并完善基础共性、互联互通、行业应用、网络安全、隐私保护等技术标准，加大对江苏本土人工智能初创企业的培育力度，鼓励行业龙头企业积极开发人工智能的场景应用。一是推动企业智能化转型。实施“万企AI+”示范工程，推广智能工业控制系统深度应用，促进增材制造、工业机器人、人工智能等新手段在生产过程中的应用，推动制造业中小企业的智能化转型，打通需求端的人工智能技术和装备需求环节。二是引导企业集聚发展。积极吸引国内外知名人工智能企业在苏设立总部或地区性研发总部，在南京、苏州等地建设人工智能产业集聚区。三是打造人工智能产业生态。鼓励和支持省内企业联合国内外知名人工智能企业协调行动，以自主芯片技术、深度学习技术等为基石，打通上下游产业，构建区域性的人工智能产业良好生态。

7.3 加大产业创新组织力度

要发展人工智能产业，必须结合江苏省实际，从供给侧发力，加大产业源头创新组织力度。一是建立专业化创新载体。支持省产业技术研究院联合人工智能产业集聚区设立人工智能研究所，引进国际一流人工智能领军人才及团队，重点推动人工智能相关技术研发及商业化转化。二是建立多方协作的产业化联盟。鼓励制造业龙头企业或人工智能技术集成企业牵头成立人工智能产业技术联盟，聚合产学研用各方力量，推出一批AI+标志性产品。政府部门应进一步开放公共数据资源，为业界提供高质量的人工智能训练资源，培育技术和应用互为支持的产业生态。三是进一步完善高校学科设置。依托江苏高校优势学科建设工程，完善高校人工智能相关专业、课程设置，注重人工智能与其他学科专业的交叉融合，鼓励高校、科研院所与企业间开展合作，建设一批人工智能实训基地。四是完善产业公共服务供给。支持公益性科研院所在智能家居、智能汽车、智能机器人、智能可穿戴设备等热点细分领域，开展网络、软硬件、数据、系统、测试等标准化工作，保障人工智能产业的开放协同、公平竞争，形成良性发展的产业生态。

7.4 实现精准政策供给

发展人工智能产业，关键靠政策引导，政策实施的关键在于精准发力。一是设立产业技术创新专项。统筹省财政预算内资金、专项建设基金、工业转型升级资金、科技专项经费等多项资金，设立人工智能产业创新专项资金，加强人工智能的基础研究布局和试点商业化应用，推进关键技术的研发，形成制造业领域江苏人工智能的先导优势。二是大力发展智能制造。突出集成各类政策，以制造业与人工智能的深度结合为突破口，深入推进工业化和信息化的深度融合。主动策应国家“中国制造2025”战略，以推进数字化、网络化、智能化制造为抓手，加快构筑自动控制与感知技术、工业云与智能服务平台、工业互联网等制造业新基础，培育制造业新模式、新业态、新产品。三是完善社会化融资渠道。完善天使投资、风险投资、创业投资基金及资本市场融资等多种融资渠道，引导社会多元投入。鼓励通过债券融资等方式支持企业发展，支持有条件的人工智能企业发行公司债券。

7.5 强化国际产业合作

积极开展国际产业科技合作，支持省内企业、高校院所与国际一流人工智能组织开展合作，全面融入全球人工智能研发体系。支持苏州、南京、无锡、常州等国际科技合作基础好、智能制造基础强的地区协同发展人工智能产业。支持人工智能产业领域内国际标准化组织、有影响力的国际学术和产业组织在苏举办高端会议及论坛，吸引领域内高端人才来苏开展研究及交流。主动策应国家“一带一路”倡议，支持人工智能企业开拓海外市场，提升服务供给能力，为人工智能领域的创新企业提供国际合作、海外创新服务。

7.6 建立产业支撑服务体系

加强人工智能基础资源和公共服务等创新平台建设，开放政府及公共领域数据，并优化数据质量，建立系统化结构化的数据库平台，为人工智能产业的发展提供基础性资源。支持相关行业协会、产业联盟及商业服务机构搭建服务平台，利用好江苏发展大会长效沟通联系和交流合作的平台，建立人工智能专家和骨干企业定期联络机制。有效统筹和分类指导地方发展人工智能产业，打造江苏人工智能产业高地。

课题负责人：张　华
课题组成员：康争光　李晓勤　夏凯丽　应　媚　宋海莹　穆振娟　郏江杰
撰　稿　人：张　华　夏凯丽

江苏研发投入对企业创新绩效影响及作用机制研究

研发是整个科技创新活动的基础和核心，是衡量一个国家和地区科技发展水平、科技活动机构数量、科技投入程度和科技含量的重要指标，在科技创新活动中起着至关重要的作用。企业是研发活动的主要执行者（技术创新的主体）和研发投入经费的主要来源者（研发投入的主体）。某种程度而言，企业的自主创新能力决定着江苏创新驱动发展战略的成败和得失。近年来，江苏深入实施创新驱动发展战略，持续深化科技体制机制改革，着力提升企业自主创新能力，着力增强研发投入力度，2018 年江苏研发投入 2265 亿元，研发投入强度为 2.7%，持续位居全国前列。

作为衡量区域创新能力的重要指标和推动企业可持续发展的重要保障，研发投入对企业创新绩效的影响如何，这是本课题研究的主要问题。本项目在全面了解和掌握江苏研发投入政策的基础上，以近几年申报江苏创新型百强企业的相关数据为依据，力求探寻这一问题的答案，并从政策制定、政府推动、企业执行 3 个层面提出相关对策建议，从而为政府完善和修订相关研发投入促进政策提供基础支撑。

1　理论研究

1.1　概念界定

1.1.1　研究与开发

研究与开发（简称“研发”，research and development，R&D），是整个科技创新活动的基础和核心。经济合作组织将研发定义为：增加知识储量而在系统基础上进行的创造性工作，包括有关人类、文化和社会的知识，以及利用这些知识储备来设计新的应用。联合国教科文组织将研发定义为：为增进已有的知识总量，促进其应用和创造新应用而进行的系统的、创造性的科研工作，知识包括人类、社会和文化等众多方面。

研发活动主要包括基础研究、应用研究和试验发展 3 类。基础研究的目的是获取原理知识，用以解释某种现象或事实，并不对其是否能够得到具体运用进行考虑，属于探索研究；应用研究则是为了实现具体应用而进行的研究，是对基础研究的进一步发展；试验发展则是基于基础研究阶段获取的理论知识与应用研究阶段获取的实践知识，对现有的材料、设备、工艺、产品等进行改造或创造全新的要素而进行的系统性的、创造性的工作。

1.1.2　研发投入

研发投入指全社会研究与试验发展经费。研究与试验发展经费支出指统计年度内全社会实际用于基础研究、应用研究和试验发展的经费支出，包括实际用于研究与试验发展活动的人员劳务费、原材料费、固定资产购建费、管理费及其他费用支出。

从投入要素来看，研发投入一般包括内部研发投入和外部研发投入。针对企业而言，研发投入主要涉及研发资金投入、研发人才投入、研发政策投入等各要素（表1）。

表1　研发投入类别（按要素分类）

研发投入类别	内涵
研发资金投入	研发资金投入是指研究与开发某项目所支付的费用。我国有关制度对研发费用的规范存在于两个方面《企业会计准则第6号——无形资产》和《中华人民共和国企业所得税法》。研发资金来源主要有企业自有资金、政府补助等
研发人才投入	研发人才投入是指企业、高校、科研机构中为了招引和培育具有坚实的基础知识、系统的研究方法、高水平的研究能力和创新能力，在各自学科领域从事研究工作和创新工作的人才所投入的经费
研发政策投入（企业研发费用加计扣除）	研发政策是指促进企业加大研发投入，提高自主创新能力，加快产业结构调整的税收优惠政策

从投入来源来看，研发投入包括政府研发投入、企业研发投入、境外研发投入、其他投入4种。政府研发投入（政府补贴）是指企业从政府部门无偿取得货币性资产或非货币性资产，但不包括政府作为企业所有者投入的资本。政府研发投入主要包括以面向高校和科研院所为主体的基础理论研究和应用技术研究，以面向市场化的战略性新兴产业相关企业研发创新项目投入、依托政府财政资金进行的企业技术改造项目银行贷款融资贴息，政府应用于科技成果转化的支出、以众创空间和科技孵化器为代表的政府主导的研发创新平台建设投入，以及面向战略性新兴产业类高新技术提供的税收减免等方面。

企业研发投入按照一般的定义特指企业在产品、技术、材料、工艺、标准的研究、开发过程中发生的各种费用，主要包含了8个方面的内容：①研发活动直接消耗的材料、燃料和动力费用；②企业在职研发人员的工资、奖金、津贴、补贴、社会保险费、住房公积金等人工费用及外聘兼职研发人员的劳务费；③用于研发活动的仪器、设备、房屋等固定资产的折旧或租赁费用，单位价值在30万元以下的研发仪器、设备的购置费用及相关固定资产的运行维护、维修等费用；④用于研发活动的软件、专利权、非专利技术等无形资产的摊销费用；⑤用于中间试验和产品试制的模具、工艺装备开发及制造费，设备调整及检验费，样品、样机及一般测试手段购置费，试制产品的检验费等；⑥研发成果的论证、评审、验收、评估，以及知识产权的申请费、注册费、代理费等费用；⑦通过外包、合作研发等方式委托其他单位、个人或者与之合作进行研发而支付的费用；⑧与研发活动直接相关的其他费用，包括技术图书资料费、资料翻译费、会议费、差旅费、办公费、外事费、研发人员培训费、培养费、专家咨询费、高新科技研发保险费用等。

1.1.3　创新绩效

“绩效”由英文“performance”翻译而来。依据现有的研究成果可以发现，绩效的定义尚未达成一致，主要存在行为观、结果观、行为和结果相综合的观点 3 种。行为观的代表学者Campbell（1993）认为绩效是为实现组织目标而进行的某些行为活动，并且能够通过观察得以识别；结果观的代表学者Bemardm（1995）认为绩效是为实现组织目标密切相关的行为活动的结果；综合观点的代表学者Bethel（1993）认为绩效是通过管理者对企业的营运和发展做出的贡献和获得的成果得以体现。

企业创新绩效评价指标的选取是一个比较复杂的问题，目前很难找到一个能客观全面衡量创新绩效的指标。本文认为企业创新绩效包含“绩”和“效”两个方面，“绩”更多地从产出总量的角度刻画绩效的高低，即产出的总量越高，代表绩效水平越高，主营业务收入、新产品销售收入、市场占有率、净利润都是企业“绩”的具体体现。“效”代表了效率，是综合考虑投入与产出之间的关系对绩效的相对界定结果，即产出水平与投入水平的比例关系越高，表征绩效水平越高，专利拥有量、新产品等都是企业“效”的具体体现。

综上所述，本文基于结果观，立足“绩”和“效”两个角度，以新产品销售收入作为“绩”的表征指标，以专利作为“效”的表征指标，研究研发投入方式对创新绩效的影响，有助于有效识别出影响创新绩效的关键要素，为政府制定合理有效的研发投入政策提供理论指导，为政府审慎使用研发税收优惠、直接资助、后补助及贷款贴息等研发投入方式提供科学依据。

1.2 文献综述

1.2.1 关于研发投入对企业创新绩效影响的文献

（1）研发投入对企业绩效有正向影响

Deng Z（1999）等研究企业的成长与股票报酬之间的关系，选取研发密度、专利数目等作为解释变量，研究结果发现研发投入分别对企业成长机会与股票报酬存在明显的正向影响。侯晓红（2006）等实证分析了研发投入对企业生产率、企业产出、企业价值 3 个方面的影响。马文聪、侯羽和朱桂龙（2013）选取广东省 263 家企业，采用新产品销售收入占产品销售收入比例测量创新绩效，研究显示研发投入强度和人员激励对企业创新绩效有正向影响。王薇（2018）等选取 2010—2016 年我国创业板上市公司（样本 603 家），采用多元回归分析得出政府补助能够向外部资金提供者释放强烈的政策导向作用，引导金融资本向企业流动，从而进一步扩大企业研发投入的资金来源。

（2）研发投入对企业绩效存在负向影响、不相关或互相抑制

Erickson、Jacobson（1992）利用 1972—1986 年 99 家工业企业的微观数据进行实证分析，发现企业研发投入并没有给企业带来长期的比较优势。梁莱歆（2005）前期研究发现企业研发经费投入与当年产出几乎不相关，有些企业甚至为负相关，大多数情况下研发经费投入并不能在当年产生效益。朱卫平等通过实证分析发现某市全部 197 家高新技术企业的科技资金、科技人才投入与企业绩效之间基本不存在显著相关性。苏中锋等（2016）基于苏州工业园 286 家制造业企业的问卷调研数据，使用多元回归方法分析后指出，企业独立研发与合作研发之间相互抑制。

（3）研发投入与绩效之间的滞后效应

Lev（1996）等选取不同高研发密度的行业作为研究样本，研究结果表明研发费用对企业绩效具有明显的滞后作用，不同行业影响持续时间存在差异。程宏伟（2006）等对我国96家高新技术上市公司实证研究表明研发投入与企业业绩正相关，且研发投入对业绩的影响呈现逐年减弱的趋势，研发投入对绩效的正相关作用具有一定的滞后性。聂辉华等（2008）以中国2001—2005年规模以上的工业企业为样本，建立Tobit模型进行实证分析，结果表明，企业规模与创新之间是一种倒U形关系。

通过对已有文献梳理，可以发现国内外学者对影响企业创新绩效的研究主要呈现以下特点：一是大多数国内学者研究对象涉及企业的类型不多，大多是研究高新技术企业、上市公司；二是大多数国内学者主要研究企业内部研发投入对企业创新存在显著的正效应，但是对于外部研发投入及内外部研发投入交互作用对企业创新绩效的研究不多；三是既有研究多采用多元回归方法，忽略了专利数量为计数数据同时可能存在过度分散的情况。

1.2.2 关于其他因素对企业创新绩效影响的文献

（1）企业层面

目前，国内外大多数学者从企业层面对创新绩效的影响因素进行研究。张艳辉、李宗伟等（2012）针对资金来源对企业技术创新绩效的作用，分析了政府直接拨款、企业自有资金投入、金融机构贷款等对企业创新绩效的影响，其研究结论表明，企业自身研发资金投入对企业技术创新绩效有着显著影响，而政府直接拨款和金融机构贷款缺乏直接影响。Nikoomaram（2013）以伊朗的30家企业为样本对影响创新绩效的因素进行问卷调查，结果发现研发战略、组织学习能力、高层管理人员的支持和客户集中度均会影响企业创新绩效。解学梅与戴智华等（2013）对我国各地区高新技术企业研发投入与新产品创新绩效的关系进行实证分析，研究发现研发投入与新产品创新绩效之间存在显著的正相关关系。

（2）产业层面

张雪玲（2018）利用探索性空间数据分析方法对中国高技术产业两个阶段创新绩效及其空间分布分析得出，西部和北部部分省份绩效明显低于东中部地区。其中，研发人力资源和资金等科研投入要素配置结构不合理导致低效利用，出现投入冗余，市场未能在科技资源配置中发挥主导作用。张永安（2018）选取2010—2016年我国内地31个省（区、市）的高新技术产业相关数据，采取门槛回归，得出区域高新技术产业研发创新与创新绩效之间的关系，其受研发机会的显著非线性影响。随着研发机会增多，在不考虑控制变量交乘项的影响下，研发创新与创新绩效之间的正相关系数出现先减后增态势；在考虑控制变量交乘项的影响下，两者显著正相关，关系系数先增后减。

（3）政府层面

颜晓畅（2019）利用全国31个省（区、市）规模以上工业企业为研究样本，采用基于2008—2016年的省级面板数据，通过构建5个固定效应面板回归模型，研究了政府研发补贴对创新绩效的影响，研究表明我国政府研发补贴对创新绩效有一定的促进作用，企业创新能力在该影响路径上起重要的中介作用，区域创新能力对研发补贴与企业创新能力的关系起正向调节作用。政府应着力完善研发补贴政策，不断优化市场竞争环境，通过企业创新能力的中介作用，提升创新效率，最终带来更高的创新绩效。

2 政策梳理

2.1 国外典型研发投入政策

2.1.1 美国：政策激励撬动企业加大投入

欧盟委员会在2018年公布的“全球企业研发投入排行榜”中，前10名有一半来自美国。由于制定了优厚的税收优惠政策，很多企业和个人愿意把巨大的资金投入慈善和信托基金，从而使其成为研发资金的重要来源。加上政府的研发资金支持，美国企业创新意愿强，创新基础雄厚。

从20世纪末的老布什时期到现在的特朗普政府，美国历届政府对科技创新都高度重视，对高新技术产业表现出明显的政策倾斜，通过各项法案激励企业进行创新，激励措施主要包括税收优惠、重点项目资助、引导联合研究等。科研税收优惠以间接优惠为主，直接优惠为辅；从研发投入的内部结构上，政府和企业的R&D投资是美国研发投入的主要来源，合计占比97%左右。从里根政府时期开始，企业成为R&D投资中最主要的力量，其投资超过政府投资，并且占总投资的比重越来越高。政府对企业研发的鼓励政策效果明显，企业更加重视研发和技术更新，R&D投资大幅增长。

2.1.2 新加坡：“PIC计划”激励中小企业

被誉为亚洲创业天堂的新加坡，早在2010年就针对中小企业提出为期5年的生产力及创新优惠计划（PIC），通过该项税务激励计划，中小企业可在提高生产力及创新方面的费用投资享有额外税额扣除、现金津贴或延期缴税优惠。PIC对于外商投资创新类企业有着很强的吸引力。根据规定，2011—2018年，企业在符合规定的6项活动中发生的符合规定的支出，可以享受400%的税收抵扣，上限为40万新元。6项活动包括购买或租赁自动化设备、员工培训、收购知识产权、知识产权注册、研究与开发和设计项目的投资。在“PIC+计划”（加强版的生产力和创新优惠）下，抵扣比例不变，上限提升至60万新元。对于现金流不足的企业，也可以选择上限为10万新元的现金发放优惠来代替上述优惠，即2013—2016年8月前，现金发放率为符合规定支出的60%；从2016年8月1日开始，这一比例从60%降到40%。

新加坡研发投入激励政策较为完善，尤其在税收方面，无论是对企业还是个人，都十分有吸引力。企业30万新元以内的应税所得享受部分免税待遇。对于所有企业，前1万新元免征75%，后29万新元免征50%；对于新设立的企业，前10万新元100%免征，后20万新元50%免征，优惠期限为3年。在个人所得税方面，新加坡公民、永久居民和1年中在新加坡停留时间超过183天的外籍人士为居民纳税人，其余为非居民纳税人，前者能够享受更多的减免税。居民个人适用超额累进税率，税率在2017年作了新调整，取消了17%的税率，增加了19%、19.5%和22% 3档累进税率。

2.1.3 瑞士：高投入夯实创新指数榜首

据《2018 年全球创新指数报告》，瑞士连续 8 年位居全球创新指数榜首，其原因在于瑞士在研发方面投入巨大，每年用于研发的资金一直保持在国内生产总值的 3% 左右，是研发投入比重最高的国家之一。在瑞士，经济部门、教育和科研部门、政府都是研发融资和执行的参与者，但私人部门主要聚焦应用型研究和试验研发，在研发活动中的比重高达 65% 以上，主要集中在研发密集型的大企业和创新能力强的中小企业。大企业维系着高校、中小企业和服务商等多边网络，研发投入比重约 36%，大企业创新活动创造了大量高质量岗位和培训机会，并通过与高校和本地企业合作、带动国际技术转移、引进外来知识等强化本地科研网络，帮助瑞士经济发展。中小企业的研发贡献归功于本地知识和科学网络的多样性和高密度及政策框架，将自己的研发活动整合到大企业价值链，进而占领利基市场。中小企业间也相互合作，并与大企业保持密切合作。

瑞士政府强调市场主导、私人部门优先，主要协助融资，从教育促进和科研促进两个方面来支撑研发和创新。瑞士高校研发投入超过 25%，主要负责项目实施。综合性大学是瑞士基础科研的主要承担者，高等专科学校与企业合作密切、签署合作协议，一般而言综合性大学负责基础研究，高等专科学校负责研发创新。

2.1.4 以色列：对研发投入普适性支持

以色列是全球重要的研发中心，也被称为“中东硅谷”。2017 年，以色列的民用研发投入在该国 GDP 中的占比为 4.5%，是经合组织成员国人均研发投入最高的国家之一。以色列科技创新商业化发展的成功，除了有赖于政府扶持与科学的孵化计划，对创新人才的引进与培养也是至关重要的因素。

以色列政府各部门制定出台了许多旨在促进科技发展、鼓励研发活动的政策文件。其中《产业创新促进法》强调对创新研发的资金支持的普适性，规定只要创新项目的实施主体和转化与落地发生在以色列境内，则无论企业规模与性质，均可享受政策性资金支持。《资本投资鼓励法》《专利法》《工业研发鼓励法》等一系列政策法规及新兴战略产业发展规划中也包含了大量鼓励创新的措施，为企业提供特殊贷款、投资补贴、所得税税率优惠等有助于企业降低成本与增加营收的措施，也包括能够改善商事环境与提高政府服务效率的措施。

2.1.5 瑞典：部分企业研发投入强度超 20%

瑞典把研发与创新看成国家竞争力的核心，政府和企业对科研的投入一直居世界前列。2016 年，R&D 经费占 GDP 的比例为 3.255%，爱立信、沃尔沃、ABB 等著名跨国企业用于研发的费用均占企业利润的 20% 以上。对瑞典国家经济发展和制造业的转型升级来说，创新也是政府和企业认可的必经之路。瑞典有各类科研机构 7 万个，各类高校 47 所，科研人员占全国劳动总人口的 16%，在校学生约 40 万人。科研、教育与生产之间关系紧密，科研成果能够迅速转化为效益，并为企业带来丰厚利润，其产品因而具有久盛不衰的国际竞争力。

2.2 我国出台的研发投入政策

2.2.1 相关政策

我国的研发投入政策经历了缓慢的发展，主要从税收优惠和资金补助两个方面引导企业加强研发。1981—1994 年，税收优惠从无到有，多以税收减征、免征等直接优惠形式为主；1994—2007 年，税收优惠逐步由“园区式”优惠向“行业式”优惠转变，由直接优惠向多种优惠形式并重转变；2008—2018 年，税收优惠政策不断提高企业受惠面、放宽范围，重在落实。

2008 年，国家税务总局《关于印发〈企业研究开发费用税前扣除管理办法（试行）〉的通知》，两税合并后内外资企业实行统一规范。2013 年，财政部、国家税务总局联合下发《关于研究开发费用税前加计扣除有关政策问题的通知》。2014 年，财政部联合国家税务总局发布《关于完善固定资产加速折旧企业所得税政策的通知》，通过递延征税的优惠形式，加快企业设备更新及科技研发创新。2015 年，政府修订研发费用加计扣除政策，放宽享受该优惠政策的研发活动和费用范围，一定程度上提高了政策的普惠性。2018 年，科技部、国务院国资委联合印发《关于进一步推进中央企业创新发展的意见》，就提高企业研究开发费用税前加计扣除比例有关问题继续进行规范，企业受惠面不断扩大，研发积极性也不断提高。

2.2.2 激励方式

（1）税收优惠政策

我国政府对企业研发实施的税收优惠包括直接优惠和间接优惠。直接优惠指通过直接减免企业一定的应纳税所得额（税收减免）、使企业适用较低的税率（优惠税率）或者退税等方式来减轻特定企业的税负。间接优惠指通过费用的加计扣除、资产的加速折旧、税收抵免、延期纳税等方式，降低企业所得税的应纳税额，从而实现对企业的税收优惠。其中，间接优惠中有一类针对目标企业的投资者，即投资于科技类企业的投资者可以获得资本利得税或红利税的优惠。

（2）研发资金支持

政府直接资助是我国激励企业进行研发的一个重要手段，如我国的 863 计划（主要是生物、航天、新材料等高新技术产业的研究），973 计划（主要是农业、能源、信息、材料制造等国家战略性科技问题的研究），火炬计划（实现高新技术成果的商品化），国家自然科学基金项目，科技型中小企业技术创新基金项目（通过无偿拨款、贴息和资本金投入等方式扶持科技型中小企业的技术创新活动）等。从R&D支出规模来看，20 世纪 90 年代以来我国的科研支出一直保持增加趋势，并且近十几年科研支出的增速明显加快，相应的，科研经费投资强度也在不断增加。

2.2.3 趋势分析

随着政策的不断完善和发展，我国的研发从各方面都得到了很大提升。未来几年，我国应进一步引导全社会加大对研发的投入力度，尤其是前瞻性和应用性基础研究领域；进一步优化我国研发资源配置，突出以企业为主体、市场为导向、产学研深度融合；进一步发挥政府对研发的管理优势，加强国家创新体系建设，深化科技体制改革。

2.3 兄弟省市研发投入政策

2.3.1 广东：政策持续更新完善

广东省研发投入总量一直稳坐全国第一的宝座，2017 年，全省企业R&D经费投入 2083.01 亿元，同比增长 14.1%，占全部R&D经费投入的 88.9%。相比之下，同期全国企业

R&D经费投入占比约为78.5%。广东省企业在研发中占主体地位。

2019年年初，广东1号文发布，出台《关于进一步促进科技创新的若干政策措施》（简称《措施》），进一步加大对中小企业创新的普惠性支持。《措施》明确提出进一步降低企业研发成本，在全面执行国家研发费用税前加计扣除75%政策基础上，鼓励有条件的地级以上市对评价入库的科技型中小企业增按25%研发费用税前加计扣除标准给予奖补。调整优化企业研发财政补助政策，持续激励企业加大研发投入，并适当向粤东西北地区企业倾斜。鼓励有条件的地级以上市对设立时间不超过5年、经评价入库的科技型中小企业，按其形成的财政贡献给予一定奖励。对当年通过高新技术企业认定、入库培育、新建研发机构的企业，省市财政给予一定奖励。

2.3.2 浙江：五年撬动研发投入9000亿元

2018年，浙江印发《关于全面加快科技创新推动高质量发展的若干意见》，即“科技新政50条”。“科技新政”包括6个方面50条政策举措，总体上可以概括为“一强三高十联动”。“一强三高”指的是科技创新工作总目标，即以创新强省为工作导向，以高新企业、高新技术、高新平台为重点，加快打造“互联网＋”和生命健康两大世界科技创新高地。其中的第三层次为评价创新强省的主要科技指标。到2022年，主要科技创新指标实现“五倍增、五提高”，即全社会软投入达到6700亿元、高新技术企业达到2万家、科技型中小企业达到6万家、技术交易额达到1200亿元、PCT国际专利申请量达到3000件，比2017年翻一番；全社会R&D经费支出占GDP比重达到3%，每万名从业人员中研发人数达到130人年，每万人发明专利拥有量达到25件，高新技术产业增加值占规模以上工业增加值比重高于50%，科技进步贡献率达到68%。

为实现上述目标，“科技新政”提出了相应的投入保障，即围绕实施加快培育发展新动能行动计划，5年内省财政将安排600亿元左右，市县财政联动投入600亿元左右，引导金融资本、社会资金投入2900亿元左右，撬动全社会研发投入9000亿元左右。

2.3.3 重庆：重大新产品研发成本补助

2016年，重庆发布《重庆市重大新产品研发成本补助实施细则》，从2016年10月至2020年年底，经评定的重大新产品，按现行财政管理体制，由市、区县（自治县）财政安排资金对其研发成本进行补助。补助标准为：评定的次年按重大新产品评定当年上缴增值税地方留成部分的50%给予财政补助，第二年按重大新产品年上缴新增增值税地方留成部分的50%给予财政补助；对具有发明专利的重大新产品，第三年再按重大新产品年上缴新增增值税地方留成部分的50%给予财政补助。企业开发多个重大新产品获财政补贴资金的，每项重大新产品财政补贴资金不超过2000万元；每年度单户企业重大新产品财政补贴资金总额不超过5000万元。

2.3.4 山东：研发投入政策双重叠加

2016年，山东印发《山东省企业研究开发财政补助资金管理暂行办法》，从研发加计扣除、投入后补助、创新券等方面对科技企业实施普惠性政策，引导企业加大研发力度，推动企业加快技术创新。山东税务系统对规模以上重点企业、高新技术企业实行一对一精准辅导服务，建立政策落实台账，实行销号式跟踪服务，使政策重点享受对象应享尽享，未享必知情，鼓励企业加大研发投入。在税务部门的辅导和引导下，公司得以享受财政补贴与加计扣除双重叠加政策。大力推广使用税收政策风险提示服务系统，对查账征收居民企业纳税人即时在线进行风险扫描，实时反馈风险信息，及时预防和减少纳税人涉税风险。税收政策风险提示服务系统的推行，将以往“大水漫灌”式的事后管理模式，转变为加强事前事中服务的管理模式。

2.3.5 江西：省财政力促社会研发投入

为推动创新型省份建设，加大全社会研发投入力度，2016年年底，江西省科技厅、省财政厅等部门提出《江西省加大全社会研发投入攻坚行动方案》，并以省政府办公厅名义印发。江西省财政部门以此为动力，不断加大投入和财政调控手段，推动全社会研发投入。

2016年，全省财政科学技术支出83.37亿元，同比增长11.5%。其中，省财政连续4年大幅加大省级科技专项资金投入，在2016年增加安排省级科技专项资金1.2亿元的基础上，2017年又新增安排1亿元，使省级财政科技专项经费达到7.6亿元，新增的资金主要用于创新驱动“5511”工程的实施。

江西省财政厅还充分发挥财政资金“四两拨千斤”的杠杆作用。撬动社会资本支持科技创新，研究设立了总额为8000万元的科技成果转化引导基金、每年安排2000万元科技型中小企业技术创新基金，省财政整合有关资金200亿元、募集社会资本800亿元，成立的总规模达1000亿元的江西省发展升级引导基金母基金，第一批计划设立100亿元的“双创”基金集群，重点对创新创业和高新技术企业予以扶持。此外，江西省还完善财政政策体系，综合运用担保、贴息、风投、奖励等方式，引导企业加大研发投入，促进科技成果转化。

2.3.6 湖南：建立研发投入后补助机制

2018年，湖南出台《关于贯彻落实创新引领开放崛起战略促进经济增效财政增收的若干意见》（简称《意见》），发挥财政政策和财政资金带动引导作用，引导企业加大研发投入，建立企业研发投入后补助机制，引导企业普遍建立研发准备金制度，推动以企业为主体的研发投入快速增长。

《意见》明确，鼓励科研设备开放共享。实行科研基础设施和科研仪器向社会开放共享双向补贴。根据评价考核结果，对科研基础设施和科研仪器开放共享优秀的管理单位给予开放共享后补助，同一单位年度最高补助100万元。对中小微企业、创新创业团队等社会用户使用共享平台的科研基础设施和科研仪器、重点（工程）实验室、工程（技术）研究中心、企业技术中心等提供的检测和研发服务，给予最高30%的费用补贴，同一用户年度最高补助10万元。

《意见》强调，要推动科技成果转化和产业化。支持企业对接国家和省重大科技计划、重点科研奖项及工业新兴优势产业链关键核心技术和产业关键共性技术，对落地省内产业化投资超过3000万元的项目，省级财政在投资额的10%以内择优给予后补助，最高补助500万元。对省内首台（套）重大技术装备研制单位给予奖励，成套技术装备最高奖励500万元，单台设备和关键零部件最高奖励100万元。

2.4 典型城市研发投入政策

为了贯彻落实深圳市委、市政府《关于促进科技创新的若干措施》精神，深圳市于2016年启动“企业研究开发资助计划”，由科技创新委具体执行，每年分批次对深圳市内各类企业研发活动给予普惠性的资助。2018 年 3 月，中关村科技园管委会印发《中关村国家自主创新示范区科技型小微企业研发费用支持资金管理办法（试行）》，重点针对科技型中小微企业，给予普惠性研发费用奖励。另外，青岛早在 2015 年就开始试行企业研发投入奖励政策。2015 年，青岛出台《青岛市企业研发投入奖励实施细则》，针对青岛“千帆计划”入库企业，在税务部门完成 2016 年度研发费用加计扣除申报后，均可申报研发投入奖励。

从政策惠及的企业对象来看，研发奖励重点强调对研发费用加计扣除的叠加，并力争覆盖到更大的范围。深圳市力争对全市创新型企业进行全覆盖，只要符合研发费用加计扣除政策标准（规模以上企业要求有内部研发机构），即使未申报加计扣除，都可以获得奖励。中关村则重点面向对奖励政策更加敏感的中小型企业，规定中关村高新技术企业名录中成立时间在 5 年（含）以内、从业人员 100 人以下、营业收入 1000 万元以下的企业可以获得奖励。

从奖励方式来看，兄弟省市以研发费用加计扣除政策额度为基数测算后直接补贴。深圳市以符合研发加计扣除政策为准（未享受过研发加计扣除政策），对企业进行测算补贴，每年分 3 ～ 4 个批次。中关村则针对科技型小微企业，按照研发费用的不同额度，进行不同比例和金额的补贴。

从奖励额度来看，各地均根据企业规模给予不同最高限额的补贴。从单个企业最高奖励额度上，深圳最高为每家 1000 万元，青岛为 100 万元，中关村为 20 万元。从整体资助力度上，深圳 2016 年资助额度接近 30 亿元，2017 年接近 40 亿元，企业覆盖面从 2100 余家上升到 6500 家。

综上可以发现，从政策制定主体看，省、市和园区层面均有相应的政策出台，各级政府均积极开展利用普惠性政策鼓励企业研发投入的实践；从政策出台时间看，集中在研发费用加计扣除政策深入实施的阶段，该政策对研发费用加计扣除政策有很好的促进作用；从政策手段上看，以符合条件直接补贴为主，深圳在政府科研计划中单独列了专项计划，以计划项目的形式进行资助。

3 江苏概况

3.1 江苏研发投入政策梳理

3.1.1 全省层面

为鼓励企业加大研究投入，江苏出台了一系列政策措施。2008 年，江苏省财政厅、省科技厅联合印发《江苏省产学研联合创新资金管理办法（试行）》，产学研资金主要采取拨款、补贴和贴息 3 种资助方式。

2009 年，江苏省地税局印发《江苏省企业研究开发费用税前加计扣除管理办法（试行）》，就企业研发费的归集、费用税前扣除及账务处理等问题进行了细化和明确。

2010 年，江苏省印发《企业研究开发费用税前加计扣除操作规程（试行）》，对进一步鼓励支持企业加强科技创新、加大科技投入具有重要的促进和推动作用。

2012 年，江苏省科技厅、省财政厅印发《关于鼓励和引导天使投资支持科技型中小企业发展的意见》，切实加大对天使投资发展的政策引导和扶持力度，旨在建立健全科技投融资体系，缓解初创期科技型中小企业融资难矛盾。

2015 年，江苏省印发《关于深化省级财政科研项目和资金管理改革的意见》，更好地发挥政府财政的激励作用，显著提升财政资金使用效益。

2017 年，江苏省工业和信息化厅印发《江苏省专精特新产品和科技小巨人企业培育实施意见（2017—2020 年）》，通过发放信息化券、创新券等普惠扶持方式支持小微企业专精特新发展。同年，为充分发挥财政资金对企业研发投入的引导和扶持作用，省财政厅设立江苏省企业研究开发费用省级财政奖励资金，研究制定《江苏省企业研究开发费用省级财政奖励资金管理办法（试行）》，对江苏省企业研发奖励资金的奖励条件、工作流程进行了规定和明确。

2018 年，江苏省委、省政府出台《关于深化科技体制机制改革推动高质量发展若干政策》，建立健全财政科技投入增长机制，2019—2021 年省本级财政科技拨款保持年均 10% 以上增幅。2020 年省市县三级财政科技总投入达 500 亿元。

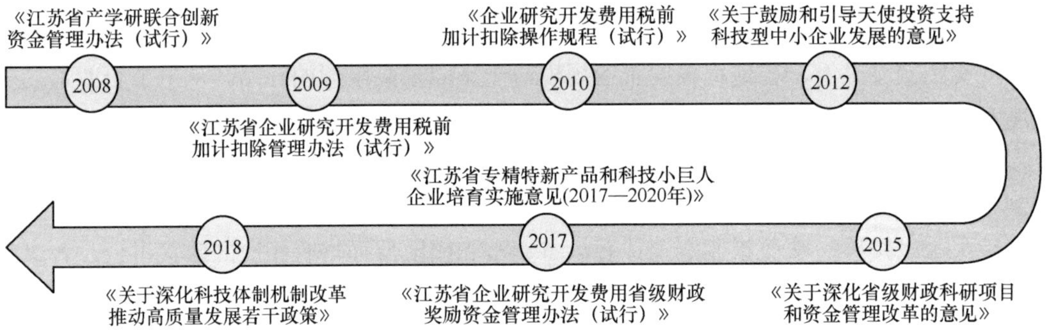

图 1 江苏省研发投入政策

从图 1 可以发现，江苏的研发投入政策措施凸显了更大尺度的思想解放和制度突破，主要体现在改革科技资金的扶持方式：逐步把对单个科技企业的“特惠制”补贴改为“普惠制”补贴，从而优化科技政策软环境。

3.1.2 设区市层面

（1）南京

紧随苏州市的步伐，南京市在 2016 年印发的《南京市争当江苏省产业科技创新中心排头兵和建设国家创新型城市若干政策措施》中提出，在已有 2 亿元资金规模基础上，“十三五”期间市财政每年增加 1 亿元。2017 年，南京市印发《南京市知识产权强市建设行动计划（2017—2019 年）》，建立了市财政对知识产权工作的稳定投入机制。另外，在 2018 年发布的《南京市企业研发费用税前加计扣除实施办法（试行）》，对研发费用加计扣除政策操作流程做进一步细化和调整。同年，印发了《南京市企业研发费用补助实施办法（试行）》，提出研发费用奖励资金采用事后奖励的方式，给予最高 10% 普惠奖励。

（2）苏州

作为全省领头羊，苏州市早在 2003 年便印发了《关于鼓励和吸引国（境）内外研发机构的意见》，加大对研发机构的投入，逐年增加苏州市科技专项资金数额，对研发机构建设和发展予以扶持。2007 年，苏州印发《苏州市科学技术奖励办法（试行）》，激发了广大科技工作者的积极性和创造性。2010 年，发布《研究开发费用税前加计扣除操作规程（试行）》，进一步落实了研究开发费用税前加计扣除政策。2015 年，印发《关于实施姑苏科技创业天使计划的意见》，通过建立社会化遴选、培育机制和多元化创业投入机制，进一步激发市场和社会活力，提高创业成功率。2017 年印发了《关于进一步促进金融支持制造业企业的工作意见》，为制造业企业实现转型升级和创新发展提供稳定有效的金融支持。

（3）无锡

2016 年，无锡市印发系列《无锡市科技发展资金管理实施细则》，进一步规范资金管理，提高了资金绩效。2018 年，无锡市印发《关于深入实施创新驱动核心战略加快建设科技创新高地的若干政策措施》，以直接资助、后补助、贷款贴息等方式，给予不同额度的研发资助。

（4）南通

为聚焦扶持重点，加大资本化科技投入，2015 年，南通市印发《关于市本级财政资金支持科技发展的若干政策意见》。为缓解科技型中小微企业融资难问题，2016 年，南通市印发《关于促进科技金融创新扶持科技型中小微企业发展的若干措施》。为鼓励企业以“项目化”形式开展国内外科技合作，2016 年印发《南通市产学研合作和国际科技合作项目经费补助实施细则（试行）》。为了促进科技资源共享，降低科技型中小企业的创新创业成本，2016 年，南通市出台《南通市大型科学仪器设施共享服务管理和经费补贴办法》。另外，南通市也于 2017 年出台《南通市企业研究开发费用税前加计扣除项目鉴定办法（试行）》。

（5）其他

为支持企业大力研发，常州市科技局、国税局、地税局联合修订《企业研发费用加计扣除政策辅导手册》，强调了对科技型中小企业的加计扣除比例。为调动科学技术工作者的积极性和创造性，镇江市出台《镇江市科学技术奖励办法》。为提高财政资金使用绩效，镇江市出台了《镇江市科技创新券实施管理办法（试行）》。另外，其他各省辖市均出台了科技投入相关规定与政策。

3.2 江苏研发投入总体情况

“十二五”以来，江苏研发投入稳步增加。2016 年，江苏省本级预算安排科技支出 70.07 亿元，同口径比上年增长 9.7%。推进创新驱动发展，支持科技创新工程。2017 年，省本级预算科技支出安排 74.48 亿元，占总支出的 5%，同口径增长 16.1%，增幅仅次于环保的 19%，远超出省级财政总支出同口径增长 3.4%水平。

3.2.1 研发投入保持稳定增长态势

从总量上来看，近 10 年来，江苏省R&D投入、R&D投入占GDP的比重均保持稳定增长态势。2017 年，江苏研发投入总量为 2265 亿元，比上年增长 11.75%，较“十二五”末增长 463.77 亿元，企业研发投入占比超过 85%；研发投入强度稳步提升，2017 年研发投入强度达到 2.70%，较上年增长 0.04 个百分点，较“十二五”末增长 0.13 个百分点（图 2）。从近 10 年数据来看，江苏企业研发投入规模持续增大，企业研发投入从 2008 年的 488.43 亿元增长到 2017 年的 1833.88 亿元，年均增速达 15.84%，持续位居全国前列。

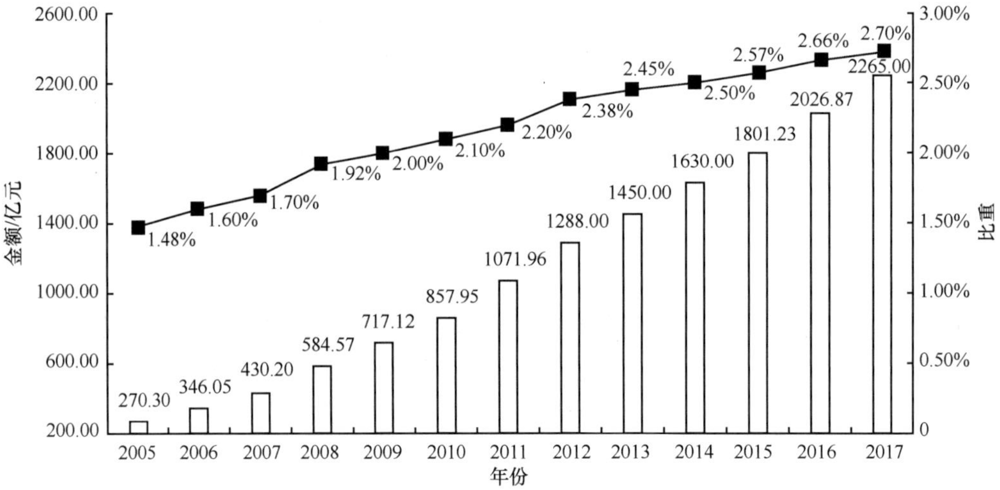

图 2 江苏 R&D 经费及 R&D 经费占 GDP 比重情况

3.2.2 政府投入政策落实成效显著

从税收优惠来看，2010—2016 年，全省企业研发费用加计扣除减免所得税涉及企业数及税收减免额均呈现同比例的稳定增长态势。2010 年以来，江苏科技税收减免额累计达 1879.52 亿元；企业研发费用加计扣除减免额累积达 451.65 亿元、累计惠及企业数达 53 515 家次。从研发奖励来看，2017 年，江苏省首次开展企业研究开发费用省级财政奖励，共奖励 6313 家，奖励金额近 11 亿元。

3.2.3 政府投入撬动作用持续增强

从投入来源看，江苏注重发挥财政资金“四两拨千斤”的引导带动作用，构建多元化研发投入机制，促进企业主体研发投入持续增长，用政府“小投入”撬动企业“大投入”。近年来，江苏省财政科技支出经费稳步上升，财政科技拨款占财政支出比例一直保持在 4% 左右。从江苏近 7 年企业研发投入结构来看，政府和企业研发投入呈稳步增长趋势，2017 年，政府和企业研发投入分别达到 25.94 亿元、1794.12 亿元。2011—2017 年，政府研发投入平均增长率为 12.22%，低于企业研发投入平均增长率 18.78%，但从 2012 年开始，政府研发投入增速被企业研发投入增速反超，政府研发投入带动了企业研发投入快速增长。2008 年地方财政科技拨款为 96.11 亿元，至 2017 年地方财政科技拨款已经达到 436.14 亿元，增长幅度为 353.79%（图 3）。

3.2.4 SEM 企业成为研发投入主体

从投入主体来看，中小微制造企业已成为研发投入主体。江苏中小微企业面大量广，2017 年，中小企业总数已达 288 万家，规模以上中小工业企业达 46 886 家，占规模以上工业的 97.4%，总数为全国第一。从江苏近 7 年来企业研发投入规模来看，大中小微企业研发投入呈持续增长态势，2017 年，研发投入分别为 652.74 亿元、544.02 亿元、637.13 亿元。2011—2017 年，大型企业研发投入平均增长率为 5.52%，远低于中型企业和小微型企业研发投入平均增长率 19.52% 和 30.83%，自 2012 年起，江苏中小微企业研发投入总额反超大型企业，成为江苏研发投入主体（表 2）。

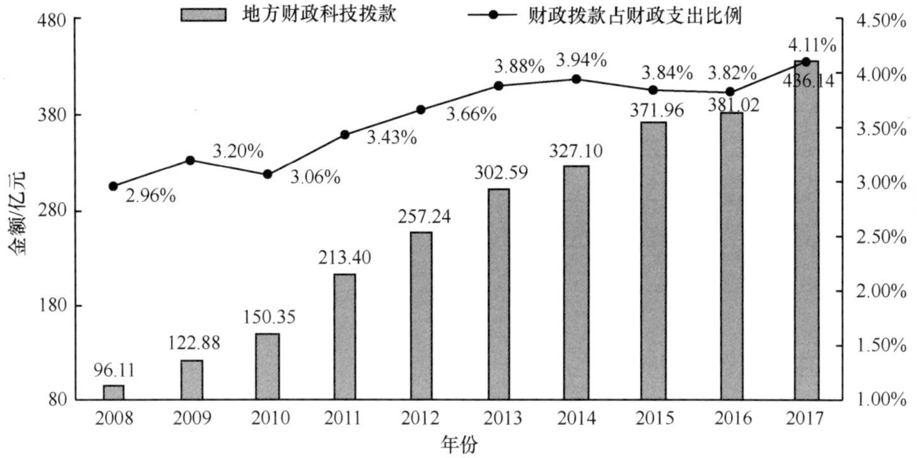

图 3　江苏地方财政科技拨款及其占财政支出比例

表2　2011—2017年江苏研发投入（按企业规模）

年份	大型企业研发投入/亿元	中型企业研发投入/亿元	小微型企业研发投入/亿元
2011	490.28	250.55	223.55
2012	488.52	314.25	277.54
2013	530.08	360.81	348.68
2014	568.11	401.08	407.35
2015	600.9	431.89	473.71
2016	602.09	489.49	565.96
2017	652.74	544.02	637.13

3.2.5　制造业企业是投入中坚力量

从江苏近 7 年来研发投入的行业来看（表 3），采矿业企业研发投入呈下降趋势，从 2011 年的 10.96 亿元下降到 2017 年的 4.36 亿元，下降了约 50%；电力、热力、燃气及水生产和供应业企业研发投入不稳定，2015 年达到最高值 13.95 亿元；制造业企业研发投入呈持续增长态势，从 2011 年的 949.54 亿元增长到 2017 年的 1818.56 亿元，平均增长率为 15.25%。不难看出，制造业企业一直是江苏研发投入的中坚力量，这与江苏"制造业大省"极度吻合。此外，在制造业行业 31 个细分行业中，电气机械和器材制造业、计算机/通信和其他电子设备制造业、医药制造业、通用设备制造业、专用设备制造业等企业研发投入名列前 5 位。

表3　2011—2017年江苏研发投入（按行业规模）

年份	采矿业企业研发投入/亿元	制造业企业研发投入/亿元	电力、热力、燃气及水生产和供应业企业研发投入/亿元
2011	10.96	949.54	3.9
2012	8.24	1068.34	3.73
2013	7.65	1226.98	4.94

续表

年份	采矿业企业研发投入/亿元	制造业企业研发投入/亿元	电力、热力、燃气及水生产和供应业企业研发投入/亿元
2014	6.48	1359.75	10.3
2015	9.14	1483.41	13.95
2016	6.19	1641.42	9.93
2017	4.36	1818.56	10.96

3.3 苏南、苏中、苏北相关情况

2017 年，苏南、苏中和苏北地区R&D投入别为 1421.99 亿元、446.02 亿元和 389.63 亿元，苏南R&D投入分别是苏中、苏北地区的 3.19 倍、3.66 倍。从R&D投入均值来看，苏南地区 5 个地市的R&D投入均值为 284.40 亿元，苏中地区 3 个地市均值为 148.67 亿元，苏北地区 5 个地市均值为 77.93 亿元，其中苏南平均每个市的R&D投入分别是苏中、苏北平均每个市的 1.91 倍、3.65 倍。由此可以看出，苏南地区的R&D投入远远超过苏中、苏北地区，且这 3 个地区的R&D投入差距较大。

2012—2017 年，苏南、苏中和苏北地区的R&D投入变化都呈现逐年上升趋势，但 3 个地区R&D投入及其增长幅度都有不同。先来看苏南地区，R&D投入从 2012 年的 869.88 亿元上升至 2017 年的 1421.99 亿元，增幅达 63.47%；苏中地区，R&D投入从 2012 年的 218.55 亿元上升至 2017 年的 446.02 亿元，增幅达 104.08%；最后再看苏北地区，R&D投入从 2012 年的 173.45 亿元上升至 2017 年的 389.63 亿元，增幅达 124.64%。由此可以看出，虽然苏中、苏北地区R&D投入远低于苏南地区，但是增幅远远高于苏南地区（图 4）。

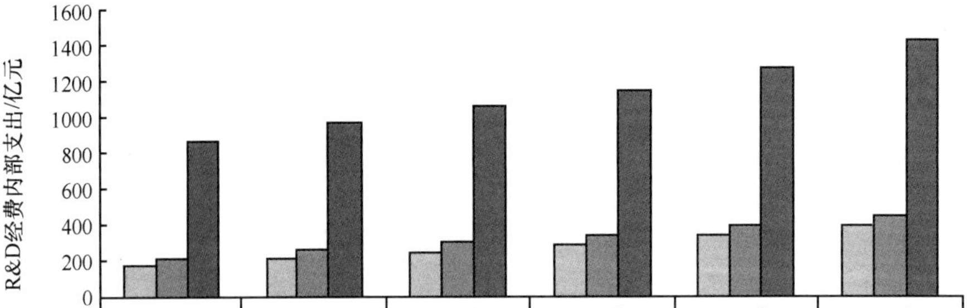

	2012年	2013年	2014年	2015年	2016年	2017年
苏北	173.45	211.83	249.84	289.31	340.84	389.63
苏中	218.55	253.40	298.85	335.43	385.31	446.02
苏南	869.88	971.95	1056.65	1143.43	1274.07	1421.99

图 4　苏南、苏中和苏北地区 R&D 投入变化趋势

3.4 江苏研发投入存在问题

近年来，江苏深入实施创新驱动发展战略，持续深化科技体制改革，着力提升企业自主

创新能力，着力增强研发投入力度，2018 年研发投入占GDP比重提高到 2.64（新口径），科技进步贡献率达 63%，科技创新水平始终位居全国前列。但从整个创新体系来看，依然存在很多问题。

3.4.1 从投入强度来看：强度放缓，增长乏力

从总体上看，虽然江苏研发投入持续位居全国前列，但研发投入强度仍处于较低水平上，与发达国家（地区）及兄弟省份仍有差距。与兄弟省份相比，2016 年，广东研发投入（约为 2035 亿元）以微弱优势超过江苏，打破了江苏过去长期位居第一的格局。从企业研发投入强度来看，江苏企业研发投入强度最高为 2.18%，不及 2007 年法国 2.23%、2008 年德国 2.23%，远低于 2009 年日本 3.57%、2007 年美国的 2.93%。2008—2012 年，江苏企业研发投入强度增长相对较快；2013—2016 年，该指标增长放缓，呈现乏力态势；2017 年，该指标与江苏研发投入强度相背离，较上年下降了 0.05 个百分点（图 5）。

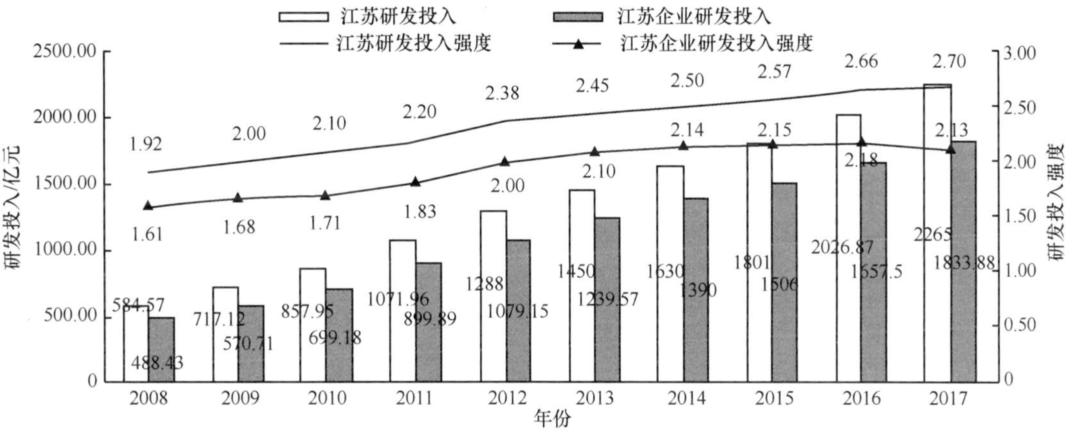

图 5 2008—2017 年江苏研发投入及企业研发投入情况

（注：图 4 与图 5 数据来源不同）

3.4.2 从投入来源来看：政府研发投入不足

一般而言，研发投入主要来源于政府资金、企业资金、国外资金和其他资金 4 个方面。地方财政科技支出是地方政府（省、市、县三级）引导全社会研发投入的重要力量。2015 年起，广东地方财政科技支出增长迅猛，在 2017 年达到 821.41 亿元，接近江苏省当年财政科技支出的两倍。近年来，江苏省财政科技拨款占财政支出比例一直保持在 4% 左右，广东则在 2017 年达到 5.46%（图 6）。可见，江苏省地方财政科技投入力度相对不足。

3.4.3 从投入方向来看：基础研发投入偏低

2016 年，美国、日本和韩国的基础研究经费支出占总研发支出的比重分别为 16.9%、12.6% 和 16.0%，我国仅为 5.2%。江苏在基础研究方面的投入占比甚至低于全国，某种程度而言，江苏尚未肩负起自主创新排头兵的重任。近年来，江苏省基础研究经费投入占全社会R&D投入的比例始终维持在 2.5% 左右，相较于兄弟省份广东，2016 年该比例则跃升至 4.23%，是江苏省的 1.6 倍（表 4）。企业将大量的人力、物力、财力投入到引进国外技术的模仿创新等外延创新活动中，而不愿承担风险去进行原始的自我创新和自主研发，这也可能

导致江苏省企业在以后的发展中整体创新水平较低、创新动力不足、创新根基不稳。

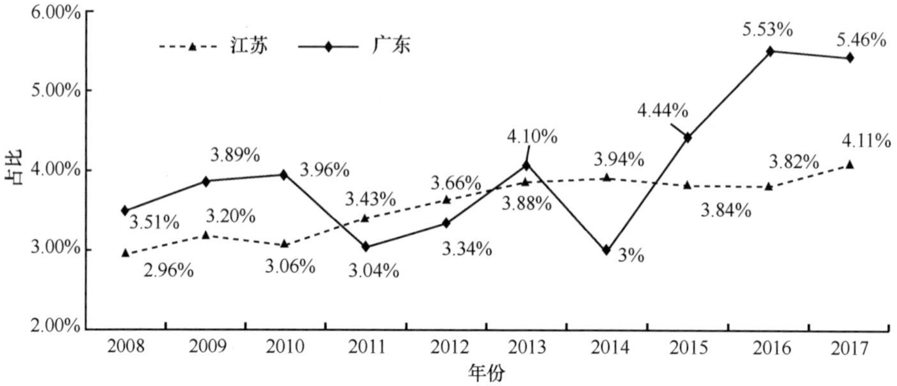

图 6　2008—2017 年江苏与广东地方财政科技支出占财政支出比例

表4　2016年江苏、广东各R&D活动阶段经费占比

省份	R&D经费占比		
	基础研究	应用研究	试验发展
江苏	2.56%	5.69%	91.75%
广东	4.23%	8.08%	87.69%

3.4.4　从企业自身来看：模式理念尚未转变

企业研发投入的不断增长为江苏深入实施创新驱动发展战略夯实了坚实的基础，但仍然存在企业研发投入强度低、政府研发投入少、基础研究领域投入不足等问题。究其原因：一是企业发展模式尚未发生根本性转变，企业发展还未真正进入内生增长、创新驱动发展阶段。二是企业家的固有观念尚未发生根本性转变，企业家在能够通过低成本要素投入和资本运作就获取较高利润时，没有承担较大失败风险去开展创新活动的动力。三是企业开展基础研究尚面临巨大风险，一方面，企业特别是中小微企业资源集聚度低、资本实力不足，很难仅凭自身实力在推动产业技术突破的过程中拓展科学知识的边界；另一方面，创新与失败并存，基础研究具有高度不确定性，并且短期也难以获得回报，企业开展前瞻性、原创性研究风险较大。

3.4.5　从企业类别来看：国企投入持续下降

在内资企业 9 个分类中，私营企业、有限责任公司、国有企业、股份有限公司 4 类企业研发投入占比较大。从近 7 年的数据来看，私营企业、有限责任公司、股份有限公司 3 类企业研发投入呈增长趋势，其中，私营企业研发投入平均增速为 28.86%，增长最快；股份有限公司、有限责任公司研发投入平均增速分别为 25.93%、15.46%。国有企业研发投入呈下降态势，从 2011 年的 37.06 亿元下降至 2017 年的 5.8 亿元，下降了约 80%（图 7）。

3.4.6　从企业规模来看：SEM 企业受惠受限

中小微企业作为经济社会发展中的重要组成部分，是促进江苏科技创新和经济发展的主力军。虽然近些年针对中小微企业加大研发投入的政策如雨后春笋，但其力度、广度还不

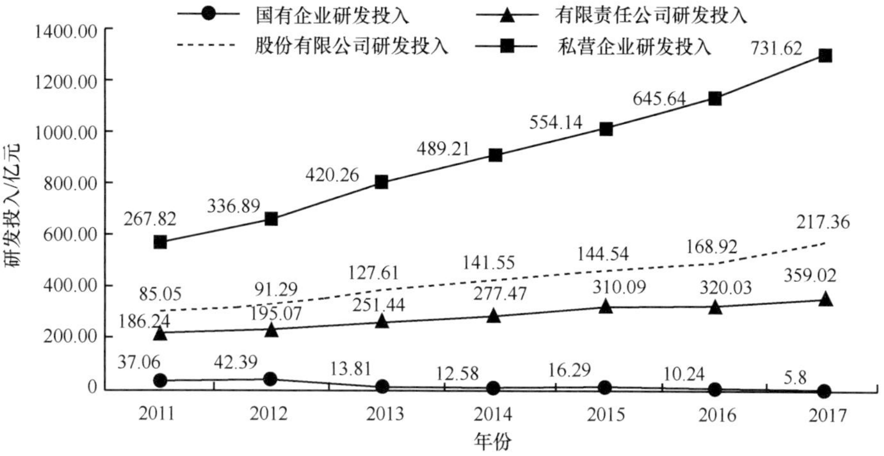

图 7　2011—2017 年江苏部分内资企业研发投入

够。从力度上看，相较于发达国家和兄弟省份来说，江苏研发投入力度仍不够；从广度上看，目前制定出台的政策层出不穷，但由于受到一些享受条件的限制，如研发领域和行业限制、研发项目申报与审批限制等，还有许多企业被拦在政策受惠圈之外。此外，江苏省中小微企业数量较多，其成长和发展过程具有差异性，亟待针对企业发展的不同特点制定出台差异化的政策。

3.4.7　从区域划分来看：研发投入差距较大

从不同地区来看，江苏的 3 个地区研发投入存在着显著差异。虽然近些年来苏中、苏北地区的研发投入逐年增加，且增幅远高于苏南地区，但是研发投入总量远低于苏南地区，苏南每年的研发投入始终处于领先水平。目前，江苏产业的地区分布也很不均衡，地区差异性明显。因此，要推动各地区均衡发展，需要进一步加大对苏中特别是对苏北等经济相对薄弱地区的支持力度，尤其是研发投入力度。

3.4.8　从顶层设计来看：投入政策尚待完善

目前，江苏激励企业自主创新的普惠性研发奖励政策的标准和导向不够明确。2016 年出台的“科技创新 40 条”政策中已规定，省财政根据税务部门提供的企业研发投入情况给予 5% ～ 10% 的普惠性财政奖励，但 2017 年发布的《江苏省企业研究开发费用省级财政奖励资金管理办法（试行）》并没有规定财政奖励的具体档次和标准。据调研发现，加计扣除政策范围不清，可享受加计扣除的企业研发费用范围受限，对中小企业的创新激励有限，政策把握尺度不够，研发项目的认定存在一定的难度；政府各部门联动较弱，联动机制尚未成型，政策宣传与咨询服务有所欠缺，统计口径不统一；企业执行不力，非实体性研发项目条款较为模糊，部分委托开发的研发项目是否属于研发活动尚待商榷，研发费用归集难；享受财政奖励的条件有限，和广东省等明确要求企业建立研发准备金制度不同，江苏省只要求企业当年享受研发费用加计扣除优惠，且未享受高新技术企业所得税优惠，不利于企业形成稳定的预期和引导企业持续增加研发投入。

此外，支持中小微企业政策往往门槛高、金额小，如购买外部科技服务的科技创新券等，使得无能力自主研发的中小微企业很难借助外力实施创新。目前江苏省只有少数地市

（如扬州和泰州）把未开展过研发项目的中小微企业单独作为一类进行资助，多数设区市明确规定创新券优先支持甚至仅适用于科技型中小微企业。由于申请门槛较高，且财政补助额不高，使创新券对研发实力较强的企业无法起到有力刺激研发投入的作用，而缺乏研发实力的企业也往往申请不到。

4 实证分析

为了检验江苏省企业研发成果与研发投入额之间的关系，本文选择相关数据进行实证分析，并对变量中的相关数值进行合理的预处理。

4.1 数据来源

本文所使用的数据来源于江苏省百强创新型企业 2014—2016 年申报数据。江苏省参照全球创新企业、国家和江苏省创新型企业评价标准，从企业创新的关键要素和主要环节，选择能够体现企业创新发展水平的指标，从创新投入、创新产出、创新绩效、创新管理等方面制定江苏省百强创新型企业评价指标体系。

4.2 数据处理

数据能够真实反映江苏省最具创新型企业情况，是反映创新型企业情况的一手数据，包括企业所属行业、所有权性质、所在地区、研发投入、人才投入、专利、新产品、经济效益、企业规模、研发机构数、品牌与标准等。

省百强创新型企业 2014—2016 年申报企业数分别达 256 家、295 家、410 家，连续 3 年申报企业数 75 家，形成 3 年企业的面板数据，样本量 225 个，后依据 2014 年观测值补齐企业 2015 年、2016 年所属地区、所有权性质等变量。考虑到自变量研发投入在回归模型中需要取对数形式，为最大限度保留观测样本数量，本文对于少数研发投入为 0 的观测值加 0.3 后再取对数，不影响实际结果。

将企业按照经济类型分为国有企业和民营企业及港澳台外资企业，因为西方外资企业仅有 2 家，我们将其并入港澳台外资企业中。

本文按照从业人员数对企业规模进行划分。其中，从业人员大于 2000 人的企业为大型企业，从业人员大于 300 且小于 2000 的企业为中型企业，由于申报企业大多为大中型企业，对小微型企业不再进行划分。

行业划分。依据国民经济行业分类（GB/T 4754—2017），国民经济 4 位行业代码与行业分类一一对应后发现，近 90% 企业属于制造业，因此，有必要对企业所属行业进行细分，同时由于数据样本量偏少，本文对企业所属行业进行了归并，分为制造业（交通类）、制造业（设备类）、制造业（金属类）、制造业（医药类）、纺织业和其他等六大类。其中，制造业（交通类）包括铁路、船舶、航空航天和其他运输设备制造及汽车制造业；制造业（设备类）包括通用设备制造业，专用设备制造业，电气机械和器材制造业，计算机、通信和其他电子设备制造业；制造业（金属类）包括黑色金属冶炼和压延加工业，有色金属冶炼和压延加工业，金属制品业；制造业（医药类）包括医药制造业；其他主要包括少数电力，热力生产和供应业，文教、工美、体育和娱乐用品制造业，化学原料和化学制品制造业，科学研究和技术服务业研究和试验发展，非金属矿物制品业，橡胶和塑料制品业，仪器仪表制造业等。

4.3 描述分析

从企业地区分布情况（图 8）来看，苏南地区共有 38 家企业，其中，从企业所有权性质来看，国有企业有 6 家，民营企业 27 家，其他性质企业 5 家；从企业规模来看，大型企业 23 家，中型企业 15 家。苏中共有 19 家企业，其中，从企业所有权性质来看，国有企业有 1 家，民营企业 17 家，其他性质企业 1 家；从企业规模来看，大型企业 5 家，中型企业 12 家，小微型企业 2 家。苏北地区共有 18 家企业，其中，从企业所有权性质来看，国有企业有 4 家，民营企业 13 家，其他性质企业 1 家；从企业规模来看，大型企业 4 家，中型企业 9 家，小微型企业 5 家。

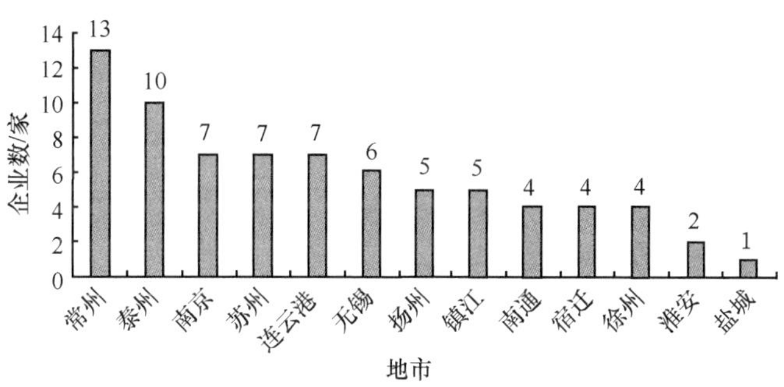

图 8　企业地区分布情况

表 5 为主要变量的描述性统计，对 225 个观测值进行了描述性统计，从中可以看出，江苏省 75 家企业平均有效专利数为 219 件，研发经费投入平均为 1.2 亿元，新产品收入平均为 19.87 亿元。本文其他变量的描述性统计在与同类型论文进行比较后，发现整体上十分接近，这说明本文采用的数据是真实可靠的。

表5　描述性统计

变量	样本量	平均值	标准差	最小值	最大值
研发强度	225	4.447%	2.325%	0	14.85%
研发经费投入/亿元	225	1.2	18 043	0	11.84
企业有效专利数/件	225	219	476.7	10	4732
千人拥有有效专利数/件	225	253	574.7	0	6019
新产品收入/亿元	225	19.87	26.61	0	15.69
总收入/亿元	225	300 572	41.12	251	268.49
利润/亿元	225	3.39	5.51	−1.22	32
研发人员/人	225	360	542.1	1	5273
从业人员/人	225	2086	2960	43	22 611

再对数据进一步剖析后，我们对 11 家国有企业、57 家民营企业及 7 家港澳台外资企业统计了各种变量的均值在不同年份的情况（表 6）。从中可以发现 2017 年相较于其他两年，国有和民营企业无论是研发投入、投入成果及从业人员等大多数指标均存在下降的现象，本文认为这主要是受到国家“去杠杆”政策的影响，导致其投资及员工数出现下降。而港澳台外资企业相对于国有和民营企业所受影响相对较小，其研发投入、新产品收入等数据大部分呈现逐年上升的趋势。从研发投入来看，民营企业 3 年的研发强度（企业研发经费投入占销售收入的比例）平均为 4.52%，相较于国有企业的 4.46% 及港澳台外资企业的 3.75% 都稍高，说明民营企业愿意将更多的销售收入用于新产品的研发，相较于其他类型企业具有较强的创新意识。另外，从研发成果上来看，民营企业同样具有优势，民营企业新产品占总收入的比值及千人拥有有效专利数 3 年平均为 75.36% 和 288 件，国有企业为 70.29%、199 件，而港澳台外资企业仅为 64.76%、57 件。从这也可以看出随着研发投入的增加，企业所获得的回报也是显著上升的。

表6　2015—2017年不同类型企业收益与投入研发情况

企业类型	国有企业			民营企业			港澳台外资企业		
年份	2015	2016	2017	2015	2016	2017	2015	2016	2017
企业数/家	11			57			7		
研发强度	4.55%	5.53%	3.29%	5.05%	5.03%	3.49%	4.06%	4.03%	3.17%
研发经费投入/亿元	1.51	1.77	0.64	0.95	1.13	0.9	2.73	2.8	2.94
企业有效专利数/件	556	664	399	111	186	140	334	363	192
千人拥有有效专利数/件	95.66	183	319	138	259	466	34	71	66
新产品收入/亿元	30.50	31.48	20.59	16.79	18.11	13.76	48.6	52.4	55.0
总收入/亿元	39.58	42.07	34.91	21.55	20.21	23.5	68.6	71.8	109
利润/亿元	1.67	2.94	3.07	2.93	3.07	2.68	9.85	8.72	9.2
研发人员/人	606	473.55	293.9	287.07	365.98	243.3	598.5	773.6	672
从业人员/人	3205.1	2627.6	1575	1618.4	1985.8	1539	4255	4634	4273

表 7 统计了不同规模企业所拥有的研发机构等级、研发投入和研发成果。从中可以看到，规模越大的企业，拥有越高等级的研发机构。其中，大型企业共有 28 家，拥有国家级研发机构的企业共有 20 家，占总数的 71.43%。中型企业共有 40 家，拥有国家级研发机构 11 家，占总数的 27.5%。而小型及以下规模的企业共有 7 家，拥有国家级研发机构的企业有 2 家，占比 28.57%。从研发成果及研发投入上来看，尽管大型企业拥有更多的国家级研发机构，但是无论在研发强度，还是千人拥有有效专利数及新产品占比上都不及中型企业。从中可以看出，中型企业相较于大型企业有着更多的研发动力及市场竞争力，他们更加乐于将更多的收入投入到新产品的研发。

表7 不同规模企业拥有的研发机构的等级企业数、研发投入和研发成果情况

企业规模	研发强度	千人拥有有效专利数/件	新产品占比	研发机构等级	企业数/家	组内百分比
大型企业	4.33%	135	66.09%	国家级	20	71.43%
				省级	8	28.57%
				无	0	0
中型企业	4.48%	266	66.56%	国家级	11	27.5%
				省级	29	72.5%
				无	0	0
小型企业及以下	4.56%	619	64.15%	国家级	2	28.57%
				省级	4	57.14%
				无	1	14.29%

注：本文按照从业人员数对企业规模进行划分。其中，从业人员大于2000人的企业为大型企业，从业人员大于300且小于2000的企业为中型企业，其余为小微型企业。

4.4 模型设定

本文利用计量经济学，基于2014—2016年企业面板数据，选取固定效应模型，通过Stata15.0软件实现计量分析，具体模型设定如下：

$$y_{it} = a_{it} + \beta_1 L.rd_{it} + \beta_2 rd\_staff_{it} + \beta_3 employee_{it} + \beta_4 \lambda_t + \varepsilon_{it}\text{，} \tag{1}$$

i表示企业个体，t表示年份，y_{it}表示企业在不同年份的企业总收入/新产品销售收入/企业拥有有效专利数/企业千人拥有有效发明专利数的对数形式；a_{it}表示模型系数；考虑到企业研发投入对创新绩效的影响会有滞后性，本文选取企业滞后一期的研发投入为解释变量，$L.rd_{it}$表示企业在上一年研发投入的对数形式；控制变量选取rd_staff_{it}、$employee_{it}$，分别表示企业在不同年份研发人员数的对数形式，企业在不同年份职工人数的对数形式；λ_t表示企业在观测时间内不随时间变动的因素，可能包括企业所有权性质、企业所在地区、所属行业等，即时间固定效应；ε_{it}表示无法观测或掌握到的影响企业绩效的其他变量。

4.5 变量选取

在式（1）中，对于被解释变量的选取，本文考虑企业研发投入对企业绩效的影响，根据江苏省百强创新型企业2014—2016年申报数据，选取企业总收入（revenue）、新产品销售收入（new），企业拥有有效专利数（patent）、企业千人拥有有效发明专利数（patent thousand）分别衡量企业绩效。

本文选取企业研发投入总额作为核心解释变量（rd）。考虑到研发投入对企业产生作用具有滞后性，因此本文选取企业滞后一期研发投入作为自变量。

根据理论分析的结果，本文预计企业研发投入总额系数显著为正。本文在模型中引入了一组可能影响企业研发成果的控制变量，包括研发人员（*rd_staff*）、从业人员（*employee*）。

企业的研发投入总额和企业的研发成果之间有着显著的正相关关系，表明企业研发投入的增加对企业研发成果具有促进作用。当然，企业的研发投入总额和企业的研发成果之间是否存在稳健的相关性，还需要经过严谨的实证分析进一步检验。

4.6 实证结果

本文对 225 个样本进行定性分析，结果如表 8 所示（R^2 表示模型中自变量能够解释被解释变量的程度）。企业研发投入对企业绩效产生积极作用，与拥有有效专利数、千人拥有有效专利数、企业总收入、新产品销售收入具有正相关性。第（1）和第（2）列分别为控制时间固定效应后，企业上一年研发投入对企业拥有有效专利数、企业总收入的单变量回归结果，可以看出，企业上一年研发投入每增加 1%，当年拥有有效专利数量和总收入分别相应增加 0.503%、0.938%。

在加入研发人员、职工总数控制变量后，企业上一年研发投入与当期的绩效仍显示正相关。第（3）至第（6）列分别为企业研发投入对企业拥有有效专利数、千人拥有有效专利数、企业总收入和新产品销售收入的回归结果。可以看出，企业上一年研发投入每增加 1%，当年拥有有效专利数、千人拥有有效专利数、企业总收入和新产品销售收入分别相应增加 0.275%、0.303%、0.710%、0.723%。

表8 企业研发投入对企业绩效的影响结果

	(1)	(2)	(3)	(4)	(5)	(6)
	拥有有效专利数	总收入	拥有有效专利数	千人拥有有效专利数	总收入	新产品销售收入
研发投入（滞后一期）	0.503^{***}	0.938^{***}	0.275^{***}	0.303^{***}	0.710^{***}	0.723^{***}
	(0.0566)	(0.0364)	(0.0919)	(0.101)	(0.0568)	(0.0857)
研发人员			0.271^{**}	-0.835^{***}	0.0863	0.0106
			(0.126)	(0.139)	(0.0781)	(0.117)
从业人员			0.0607	0.116	0.242^{***}	0.353^{**}
			(0.150)	(0.164)	(0.0926)	(0.140)
回归系数	0.313	3.668^{***}	0.460	5.974^{***}	3.496^{***}	2.563^{***}
	(0.500)	(0.322)	(0.533)	(0.584)	(0.330)	(0.489)
时间固定效应	是	是	是	是	是	是
样本量	150	150	148	148	148	140
R^2	0.351	0.819	0.393	0.323	0.845	0.743

注：括号内为标准误；*: $p<0.1$, **: $p<0.05$, ***: $p<0.01$。

事实上，本文也分析了企业当期研发投入对企业绩效的影响，结果显示没有相关性，本文没有呈现这部分分析结果，这也印证了企业研发投入对企业影响的长期性和滞后性。

不同的行业、不同的所有权性质、不同的企业规模情况下，企业研发投入对企业绩效的影响可能会不尽相同，为深入了解其中事实，本文进一步作了分样本回归分析。表 9、表 10 分别为企业研发投入对企业拥有有效专利数、企业总收入的回归结果。可以看出，企业研发投入对企业拥有有效专利数分样本回归效果不大明显，仅有医药制造业、苏北地区、中型企业样本结果在 1%的显著水平下显著。

表 10 结果显示，在控制了企业不随时间变动的效应后，企业研发投入分样本情况下对企业总投入具有显著影响。交通类行业企业、小微型企业研发投入对下一年企业总收入效果不显著，可能是由于数据限制，样本量偏少。纺织业企业上一年研发投入每增加 1%，在 1%的显著水平下，当年的企业总收入相应增加 1.7%，高于其他行业企业。苏北地区企业上一年研发投入每增加 1%，当年的企业总收入提高 0.84%，高于苏南、苏中地区。中型企业上一年研发投入对其总投入的促进作用超出大型企业。

5 对策建议

近年来，江苏不断加大研发投入规模，持续提升研发投入强度，在激发企业科技创新活力、增强企业发展内生动力方面发挥了积极的引导作用，推动和引导了越来越多的企业加大研发投入、提升核心竞争力。然而，研发投入的溢出效应仍未充分显现，研发活动的高质量攀升仍有较大空间。李克强总理指出“企业是技术创新的主体，要落实和完善企业研发费用加计扣除、高新技术企业扶持等普惠性政策，鼓励企业增加创新投入”。为充分发挥政府研发投入资金的引导作用，推动企业主动加大研发投入，助推企业转型发展，塑造创新格局，本文从政策制定、政府推动、企业执行 3 个层面提出对策建议。

5.1 政策层面：拓宽受惠范围，完善政策体系

5.1.1 降低政策门槛，扩大受惠群体

相对发达国家（地区），我国对科技企业的投入力度相对较弱，而且政策门槛较高。以研发费用加计扣除为例，该研发领域和行业限制，特别集中在研发项目申报与审批、研发费用归集与核算方面的限制；以研发投入省级财政奖励为例，享受高企税收优惠的就不能再享受此项政策，尚未真正成为激发企业持续增加研发投入的普惠性政策。因此，建议省级层面应按照普惠性的要求、宽泛化的口径，推动研发投入政策落实，让更多的企业都能享受政策利好；建议研究制定配套的、宽松的金融和财税支持政策，对于一些特定目录，建议在普惠性基础上增加特惠性条款，对满足特定条件的企业给予加强优惠。

5.1.2 细化受惠举措，聚焦中小企业

江苏中小微企业面大量广，2017 年，规模以上中小工业企业达 46 886 家，占规模以上工业的 97.4%，总数为全国第一。作为江苏科技创新的一支重要生力军，江苏既需要“顶天立地”的大企业，也需要“铺天盖地”的中小微企业。借鉴发达国家中小微企业研发投入政策，建议国家层面制定差异化的举措，省域层面研究制定更符合本省实际的研发投入政策

表9 企业研发投入对企业拥有有效专利数分样本回归结果

	(1)	(2)	(3)	(4)	(5)	(6)	(7)	(8)	(9)	(10)	(11)	(12)
	分行业						分地区			分规模		
	交通类	设备类	金属类	医药类	纺织业	其他	苏南	苏中	苏北	大型	中型	小微型
研发投入（滞后一期）	0.403	0.276	−0.126	1.069^{***}	0.680	0.515^{**}	0.225	0.161	0.544^{***}	0.299	0.249^{**}	0.411
	(0.349)	(0.167)	(0.399)	(0.226)	(0.641)	(0.222)	(0.144)	(0.210)	(0.170)	(0.198)	(0.109)	(0.340)
研发人员	0.495	0.266	0.501	−0.117	1.363	−0.152	0.378^{**}	0.441	0.221	0.360	0.315^{*}	−0.0407
	(0.360)	(0.210)	(0.413)	(0.353)	(0.621)	(0.322)	(0.165)	(0.338)	(0.271)	(0.313)	(0.159)	(0.321)
从业人员	−0.198	0.135	0.0958	−0.513	−1.030	0.324	0.314^{*}	−0.160	−0.314	0.448	0.0440	0.0112
	(0.628)	(0.282)	(0.421)	(0.320)	(0.610)	(0.314)	(0.180)	(0.353)	(0.351)	(0.442)	(0.227)	(0.737)
回归系数	−3.674	−2.340	3.406	-10.85^{***}	−6.291	-6.048^{*}	-3.681^{*}	0.674	-4.117^{*}	-6.251^{**}	−1.790	−2.490
	(3.724)	(2.115)	(4.473)	(2.345)	(8.817)	(3.364)	(2.042)	(2.429)	(2.042)	(2.825)	(1.719)	(4.105)
时间固定效应	是	是	是	是	是	是	是	是	是	是	是	是
样本量	15	54	20	16	8	35	75	37	36	50	86	12
R^2	0.673	0.506	0.265	0.861	0.904	0.334	0.496	0.247	0.441	0.451	0.217	0.383

表10 企业研发投入对企业总收入分样本回归结果

	(1)	(2)	(3)	(4)	(5)	(6)	(7)	(8)	(9)	(10)	(11)	(12)
	分行业						分地区			分规模		
	交通类	设备类	金属类	医药类	纺织业	其他	苏南	苏中	苏北	大型	中型	小微型
研发投入（滞后一期）	0.615	0.807^{***}	0.975^{***}	0.863^{***}	1.714^{***}	0.723^{***}	0.665^{***}	0.602^{***}	0.844^{***}	0.632^{***}	0.753^{***}	0.324
	(0.404)	(0.0767)	(0.245)	(0.182)	(0.129)	(0.132)	(0.1000)	(0.131)	(0.0886)	(0.137)	(0.0617)	(0.213)
研发人员	0.360	0.162^{*}	−0.133	0.154	-0.298^{*}	−0.157	0.0760	0.0226	0.231	0.107	0.0536	0.353
	(0.416)	(0.0968)	(0.253)	(0.283)	(0.125)	(0.192)	(0.115)	(0.212)	(0.142)	(0.217)	(0.0896)	(0.200)
从业人员	0.148	0.0959	0.374	−0.360	-0.445^{**}	0.503^{**}	0.379^{***}	0.466^{**}	−0.177	−0.0220	0.0958	0.582
	(0.727)	(0.130)	(0.258)	(0.257)	(0.122)	(0.187)	(0.125)	(0.221)	(0.183)	(0.306)	(0.128)	(0.461)
回归系数	7.463	5.033^{***}	1.716	7.064^{***}	-4.168^{*}	5.407^{**}	6.096^{***}	6.829^{***}	5.873^{***}	9.759^{***}	6.532^{***}	9.586^{***}
	(4.307)	(0.974)	(2.742)	(1.883)	(1.770)	(2.008)	(1.416)	(1.523)	(1.065)	(1.957)	(0.971)	(2.566)
时间固定效应	是	是	是	是	是	是	是	是	是	是	是	是
样本量	15	54	20	16	8	35	75	37	36	50	86	12
R^2	0.815	0.922	0.910	0.925	0.993	0.768	0.756	0.854	0.905	0.520	0.741	0.910

（如在有条件的设区市可探索实施企业研发投入财政后补助政策）。另外，很多科技型中小微企业在研发投入前期长期处于亏损或微利，需要经历超过 5 年时间才能逐步盈利，建议建立长期稳定的财政支持机制和风险补偿机制，有效降低企业经营成本和研发投入风险，提高中小微企业创新研发的积极性。

5.1.3 推动政策落实，释放政策红利

“一分部署，九分落实”，国家、省市有决策部署、有文件要求、有会议精神，若不落实，就会成了老百姓口中的“炮筒子”。一要夯实责任，把已有的政策落实好，深入实施创新型领军企业培育行动计划和高企培育“小升高”计划，着力推动高企优惠、研发投入省级财政奖励、“科技改革 30 条”等研发投入政策落实落地；二要创新举措，各级科技、财政、税务等部门要根据国家出台的研发投入政策，结合地方实际情况，精心组织、系统谋划，研究制定与之相配套的实施细则和办法举措，让企业在科技创新活动中切实享受到政策红利。

5.2 政府层面：加大投入力度，健全保障机制

5.2.1 谋划布局，加大投入

各级科技、税务等部门应提高思想站位，着眼“深入实施创新驱动高质量发展”的高度，进一步提升对研发投入及其引导作用的理解和认识，主动拓渠道、聚合力、增投入。要建立机制，建立确保研发投入稳定增长的长效机制，探索更加高效的财政投入方式，撬动天使、风投、创投等社会资本投入力度，加快形成以财政投入为引导、企业投入为主体、金融市场为支撑的科技创新投入体系；要引领带动，充分发挥领军型企业技术创新的引领示范作用，加快形成领军型企业更多聚焦基础技术研发与原始创新研发、中小微企业致力于应用型技术与改良型技术研发的创新格局。

5.2.2 通力协作，压实责任

加强研发投入政策的协调与衔接，整合科技、税务等部门间的创新能力、创新资源，助推研发投入政策落实落地。一要强化服务，推动管理型政府向服务型政府转变，强化有关事项的事前、事中、事后管理和服务，做实做好“店小二”工作，以服务为导向推动研发投入政策落地生根；二要建立工作机制，加强科技、税务等各部门政策间的沟通与协调，建立和完善部门间的联合工作机制，在政策宣传、人员培训、项目审定、执行过程监督、实施效果评估等方面展开全方位合作；三要挂钩考核，按照政策落实具体要求形成指标体系，将研发投入政策的落实情况纳入对税务、科技等部门绩效考核指标，切实发挥绩效管理指挥棒作用。

5.2.3 聚焦前沿，抢占高点

基础研究是科技创新的源泉，基础研究的每 次重大突破都会催生一系列新技术、新发明，带动新兴产业崛起，促进经济社会发生重大变革。一要持续加大科技经费对企业基础研究的投入力度，并保持在一个合理增长幅度，推动企业加快建立研发准备金制度，引导企业有计划、持续地增加基础研发投入；二要以问题和需求为导向，引导企业进行产业驱动型基础研究，持续深化企业与高校院所的合作，联合高校院所共建新型研发机构、国家重点实验

室等基础研究基地，探索破解产业发展技术瓶颈的有效路径，并在推动产业技术突破的过程中拓展科学知识的边界。

5.2.4 深入调研，再加干劲

“工作实不实，关键看落实”，税务、科技、财政等部门要放下身段、沉下心来深入企业了解研发投入政策的推进落实情况。一要实地走访调研，结合“大走访”活动，深入研发企业实现走访“全覆盖”。建议通过点面结合、组团结对、上下联动等形式，积极向企业问需求、问困难、问建议，广泛开展送政策、送服务、送温暖，及时解决难题。二要实地进行帮扶。建议县域科技、税务、财政等部门联合成立科技企业帮扶组，精心选取帮扶对象，帮助企业从机构管理、人员管理、财务管理等方面逐步完善。三要实地提供支持，深入推进“千人万企”工程，充分发挥“两员两团”的纽带作用，到企业送政策、送服务，宣传相关政策、发放新政策文件并进行解读。

5.2.5 定期评估，动态调整

税务、科技、财政等部门要认真开展研发投入政策实施后的政策效应分析和后续管理工作，持续为政策的优化和完善提供数据支撑。一要建立数据共享平台，尤其是构建跨部门信息共享平台，实现科技、财政、税务等部门之间数据互通，定期评估评价政策落实情况，并针对日常管理的难点和盲点，研究推动研发投入等政策后续管理工作办法，指导管理人员有针对性地开展后续管理工作。二要探索建立政策实施专家评估机制，组建研发投入政策评估专家委员会，定期召开专题工作会议，研究政策执行中遇到的问题和瓶颈，提出更具针对性和可操作性的意见建议，为进一步优化政策提供依据。

5.2.6 强化宣传，营造氛围

税务、科技、财政等部门要通过各种方式为企业提供政策宣贯辅导，切实加大政策落实力度。一方面要强化主流政策宣传，充分利用官方网站、两微一端等方式开展多维度、多渠道的宣传，使企业在第一时间对研发投入政策有全面了解，确保企业“应知尽晓”。另一方面要组建专业服务团队，挑选专业知识扎实、业务能力突出、实践经验丰富的业务骨干，组建“政策宣讲团”“政策督察团”，开展政策宣传、政策培训、政策辅导，现场答疑解惑，确保企业“应知尽会”。

5.3 企业层面：提升创新能力，积极主动作为

企业是经济的细胞，是经济社会发展的原动力，只有企业强，才有产业强，才能实现经济强。实践表明，主动进行研发的创新型企业，一旦取得突破性成就，就能占领技术制高点，就能创造新的产业技术应用，就能在市场竞争中保持核心技术优势。

5.3.1 扭转认识，变“漠不关心”为“重视创新”

企业作为市场最重要的主体，想要在市场竞争中立于不败之地，就必须提升自主创新能力，提升核心竞争力。对企业自身而言，实现自主创新首先必须得有研发投入的配置，从长远来看，研发投入对企业的发展及未来的命运都起着决定性的作用。企业家精神最核心的就是要创新、要创造，企业家要在对自身发展道路和未来竞争环境的深刻认识的基础上，放眼全局、超前谋划，探索“自投、合作、投资并购”等多种投入模式，持续增

强对核心产品和技术研发方面的投入，进一步完善“软硬件”研发条件，为赢得核心竞争优势提供坚实保障。

5.3.2 关注政策，变“被动享受”为“主动享受”

企业在发展过程中接受政府有关部门法律法规的指导和管理，受到现行政策的约束和支持。在市场经济活动复杂多变的背景下，企业应把“法律法规”“政策”作为最需重视的第一变量，应充分考虑一轮一轮的政策、监管的影响及外部环境的变化。建议有条件的企业成立专门的政策研究部门，提升对科技创新政策的敏感度、关注度、知晓度，主动参与政府部门组织的科技创新政策培训活动，积极落实国家、省市支持研发投入的政策举措，从“应享要享”上进一步做到主动作为，充分享受政策释放的红利。

5.3.3 加强协作，变“单打独斗”为“握指成拳”

一方面，企业要着力构建科学合理的内部协作机制，强化企业管理部门、财务部门、研发部门及其他相关部门的沟通与合作，建立“知政策—晓政策—享政策—求政策—知政策”闭环式的“政策圈”；另一方面，企业要充分借力中介机构，建立与会计师事务所、税务师事务所等中介机构的合作机制，充分利用好中介机构人才优势和技术优势，切实把“软政策”变成实实在在的“硬投入”。

课题负责人：康争光
课题组成员：张　华　李晓勤　夏凯丽　应　媚　宋海莹　穆振娟　郑江杰
撰　稿　人：康争光　李晓勤

江苏科技人才资源现状与发展需求研究

现代经济社会的发展离不开科技人才队伍的建设和使用，同时，科技人才队伍的建设与经济发展的产业结构、主导方向等密切相关。就全国而言，现阶段我国经济已由高速增长阶段转向高质量发展阶段，正处在转变发展方式、优化经济结构、转换增长动力的攻关期，加快科技人才建设是发展之需、转型之要。在2016年的“科技三会”上，习近平总书记提出，“我国要建设世界科技强国，关键是要建设一支规模宏大、结构合理、素质优良的创新人才队伍”。党的十九大报告指出，创新是引领发展的第一动力，是建设现代化经济体系的战略支撑。我国要“培养造就一大批具有国际水平的战略科技人才、科技领军人才、青年科技人才和高水平创新团队”。就江苏省而言，江苏高度重视科技人才在经济社会发展中的重要地位和作用，始终把加强人才队伍建设作为强省之基、竞争之本。江苏“十三五”发展规划纲要指出，江苏将大力推进人才优先发展，加快建设具有全球影响力和竞争力的国际化、高端化、特色化人才集聚中心，构筑人才驱动发展高地、人才环境建设高地和人才价值实现高地，预计到2020年，人力资本投资将占GDP比重的17%，全省科技人才将超过150万人。可以预见，围绕创新发展的科技人才竞争将日趋激烈。科学客观地评价地区科技人才资源现状，有助于政府职能部门全面了解和掌握江苏省科技人才“家底”，提高政策制定的针对性、实效性，为科技人才工作的开展提供支撑。

1　江苏科技人才资源现状分析

关于科技人才定义，不同学者有不同的理解和描述，本课题借鉴《国家中长期科技人才发展规划（2010—2020年）》中的定义，将科技人才界定为“具有一定的专业知识或专门技能，从事创造性科学技术活动，并对科学技术事业及经济社会发展做出贡献的劳动者”。科技人才主要包括从事科学研究、工程设计与技术开发、科学技术服务、科学技术管理、科学技术普及等工作的科技活动人员。

1.1　江苏科技人才发展与成效

科技人才是区域经济社会创新发展的主要驱动力，江苏高度重视人才在经济社会发展中的重要作用，把科技人才队伍建设作为实施科技创新工程、加快创新型省份建设的重要内容。通过构建各类人才服务平台和人才发展工程，制定配套人才政策，形成全省人才规模不断壮大、结构不断优化、效能不断提高、发展环境不断完善、高技能人才不断增加的良好局面，科技人才工作成效显著。

1.1.1 人才数量规模不断壮大

江苏将科技人才工作摆在创新发展的优先位置，不断加大人力资本投入，优化人才发展环境，科技人才总量逐年稳步增长，高素质人才占比逐年提升。据统计，2011—2016 年全省科技活动人员由 81.63 万人增长至 117 万人，年均增长率为 7.47%，大学本科以上学历人才总量由 32.72 万人增长至 70.16 万人，年均增长率达 16.48%。全省规模以上工业企业[①]科技人才总量从 64.46 万人增加到 87.26 万人，年均增长率达 6.24%。截至 2016 年，全省从事研究与试验发展（R&D）人员数已达 54.34 万人，其中，企业从事R&D人员 48.63 万人，每万人口科技活动人员 146.27 人，比 2011 年提高 79.21%，近 5 年来年均增长 12.93 人，每万名从业人员中R&D人员 114.26 人，比 2011 年提高 58.56%。江苏省大学本科及以上人员数量、每万名从业人员中R&D人员数具体情况如图 1、图 2 所示。

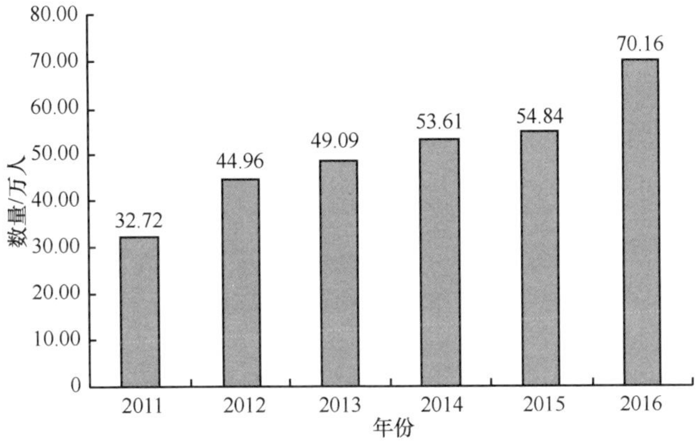

图 1 2011—2016 年江苏省 R&D 人员中大学本科及以上人员数量

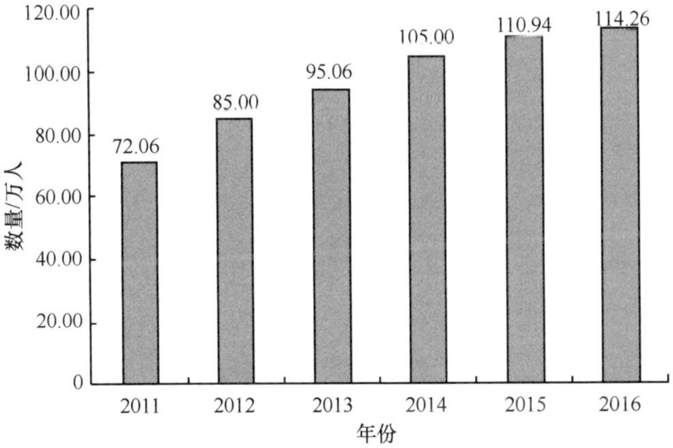

图 2 2011—2016 年江苏省每万名从业人员中 R&D 人员数量

1.1.2 人才层次结构不断优化

近年来，江苏深入实施引才育才计划，推动全省人才结构不断优化和调整，以“双创计

① 规模以上工业企业指年主营业务收入为200万元及以上的法人工业企业，本报告中简称“规上企业”。

划”为引领，实施省级以上引智项目 476 项，成果显著，2016 年引进“双创人才”420 人，“双创团队”50 个，累计引进创新创业人才 3547 人，创新团队 286 个，“六大人才高峰”高层次人才培养选拔计划资助 5754 人。截至 2016 年年底，江苏累计选派“科技镇长团”4380 人，“科技副总”1166 人，“产业教授”997 人。实施的系列工程项目改善了科技人才层次，同时推动了科技人才的智力资源向基层和企业集聚，科技人才结构得到全面优化。

1.1.3 人才作用效能不断提升

科技人才对经济社会发展的促进作用明显增强，科技人才的创新效能不断提升。科技人才效能的提升主要体现在两个方面，一是专利授权量的不断增加，2016 年全省专利授权量达 23.1 万件，发明专利 40 952 件，分别比“十二五”初期增长了 15.6%和 271%，2011—2016 年，江苏省每万人拥有发明专利由 3.7 件增加至 18.5 件（图 3），其中南京市 2016 年专利授权量达 28 782 件，发明专利授权量达 8697 件，分别是“十二五”初期的 2.32 倍和 2.52 倍。二是高新技术产值及其占比的不断增加，产业人才优势更加凸显，2016 年全省高新技术产值 67 125 亿元，占规模以上工业总产值的 41.51%，其中苏州 2016 年高新技术产值 14 470 亿元，占全省高新技术产值总额的 21.56%，占规模以上工业总产值的 8.95%，均高于省平均水平。

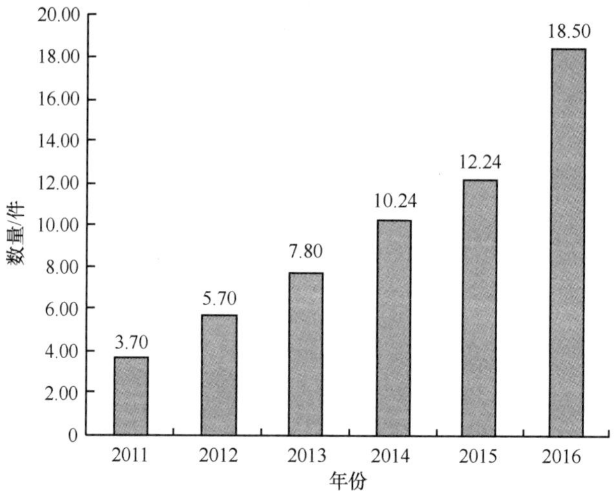

图 3 2011—2016 年江苏省每万人拥有发明专利数

1.1.4 人才发展环境不断改善

江苏省及各市十分注重完善人才发展环境，政策制度逐步完善，经费投入不断提高，载体建设日渐完备，服务意识不断增强，科技人才发展环境得到极大改善。

（1）政策制度逐步完善

各地以中央及省出台的人才政策为基础，逐步摸索出与地方特色相结合的政策体系，出台系列人才引进、管理、激励及人才队伍建设等政策（表 1）。例如，常州通过“龙城英才计划”人才政策体系，构建了人才政策的比较优势；苏州吴江区近年来发布人才政策 20 多项，基本构建起具有时代特征和地方特色的人才工作政策体系，涵盖了人才引进、使用、培养、激励、保障等各个方面。

表1　江苏省及各市实施的人才工程

序号	区域	人才工程名称
1	江苏省	“333高层次人才培养工程”、“双创计划”、“六大人才高峰”、“凤还巢”计划、“人才新政26条”
2	南京市	“创业南京”英才计划、“南京创业人才321计划”
3	无锡市	“太湖人才计划”
4	徐州市	高层次创新创业人才引进计划
5	常州市	“龙城英才计划”
6	苏州市	“姑苏创新创业领军人才计划”
7	南通市	“226高层次人才培养工程”“江海英才计划”
8	连云港市	“三百引才工程”
9	淮安市	“淮上英才计划”
10	盐城市	“515”人才引进计划
11	扬州市	“绿扬金凤计划”
12	镇江市	“金山英才”计划
13	泰州市	高层次创新创业人才引进计划
14	宿迁市	宿迁英才计划

资料来源：根据各市网站发布信息整理。

（2）资金投入不断提高

省内及各市把人才工作摆在经济社会发展中的突出位置，将人力资本投资纳入经济社会发展核心指标。各级财政设立人才发展专项资金，优化财政资源配置，有力保证了人才事业发展。2011—2016 年，江苏省人力资本投资额从 6590 亿元增至 11 121 亿元，保持 6 年连续增长，年均增长量为 906.2 亿元，年均增长率为 11.03%（图 4）。各市人才投入也不断增加，如苏州工业园区的专项人才经费 2007 年为 2500 万元，2017 年已超过 3 亿元；盐城从 2015 年开始设立了人才引进和研发投入奖励基金，累计投入超过 8000 万元。

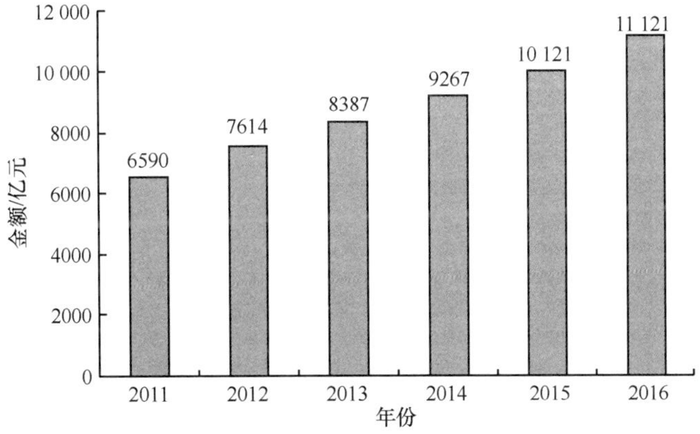

图 4　2011—2016 年江苏省人力资本投资额

（3）载体建设日渐完备

江苏注重强化平台对科技人才的支撑作用，加强科技园、高新园、留创园等载体建设。2016 年，全省拥有国家级高新技术产业园区 16 家，省级以上高新技术产业园区 30 家，省级以上科技企业孵化器 468 个（图 5、图 6），国家和省级重点实验室 176 个，科技公共服务平台 300 个，省级以上企业工程技术研究中心 3097 个，企业院士工作站 344 个，博士后科研工作站 401 个，经国家认定的技术中心 104 家，省级以上留学人员创业园 60 家，其中国家级留学人员创业园 9 家，省级留学人员创业园 51 家。各地积极搭建平台，苏州已建成 17 个省级以上开发区和 82 个省级以上科技孵化器，盐城已发展了 50 余家众创空间，扬州已建成 8 个国家火炬计划特色产业基地，徐州已建成 15 个企业院士工作站，江宁区建立了欧美同学会留学基地。

人才载体对优秀人才的吸纳性越来越强，具体表现为：2016 年，江苏籍高校毕业生生源有 357 604 人，而到江苏就业的高校毕业生有 353 807 人，流入比为 0.99。其中，江苏籍本科生生源 155 373 人，到江苏就业的本科生 154 317 人，流入比为 0.99；江苏籍研究生生源 22 803 人，到江苏就业的研究生 25 605 人，流入比为 1.12，研究生的流入比超过了本科生。

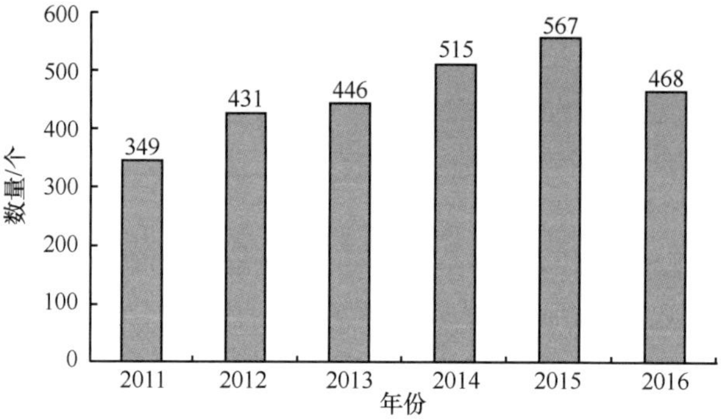

图 5　2011—2016 年江苏省省级以上科技孵化器数量

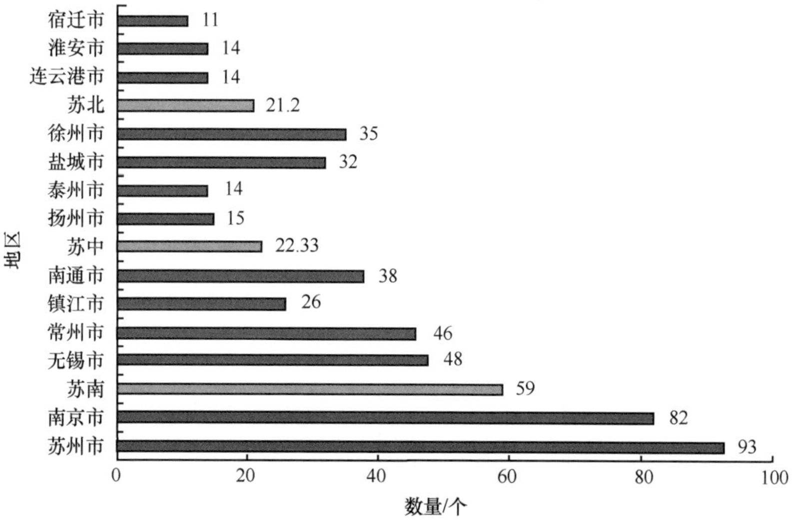

图 6　2016 年各市省级以上科技孵化器数量

（4）服务意识不断增强

各地积极探索建立人才服务机制，拓宽服务渠道，细化服务内容。创业服务方面，南京市对创业企业提供点对点、面对面的个性化、差异化创业辅导，努力提高科技创业企业家的创业成效；搭建南京科技创业家联合会等平台，为科技创业家创造相互交流和合作的机会；连云港成立了“高层次人才帮办服务中心”，为高层次人才在本地创新创业提供一条龙服务；泰州先后推出“购房券”“科技创新券”“创业券”，从提供创业启动资金、鼓励科技创新、支持安家生活等多个方面，给高层次人才创业提供保障，打造高层次人才创业高地。科技服务方面，2017 年江苏省政府举办“中国江苏•大院大所合作对接会”“江苏发展大会”等高规格会议，为高端人才的合作交流搭建平台；苏州建设了自主创新广场，集聚高端科技中介服务机构，提供科技成果转化、科技金融、企业诊断、知识产权等高水平服务，打造功能平台化、资源国际化、配置市场化的科技创新服务体系。生活环境方面，无锡采用高层次人才服务“一卡通”，为高层次人才提供医疗、教育、旅游等多方面的优惠待遇。苏州工业园区对高层次人才试行购房补贴、人才租屋、优租房、虚拟优租房、薪酬补贴、专项奖励、子女入学、医疗保健等人才安居工程，优化高层次人才宜居宜业环境。此外，针对科技人才创业发展过程中融资难、市场拓展难等共性问题，各市区积极投入创投基金，强化科技金融支撑，如南京市江宁区成立“人才投、投人才”天使基金。

1.1.5 高技能人才队伍不断壮大

高技能人才增速较快。截至 2017 年，江苏有高技能人才 358.20 万人，总数居全国首位，比 2012 年增加 154.71 万人，年均增长率为 11.97%（图 7）。资料显示，江苏总体高技能人才与技能人才的比例为 23.5%，在地区分布方面，苏南地区为 21.48%，苏中地区为 26.38%，苏北地区为 21.47%，苏中地区高技能人才比重全省领先。

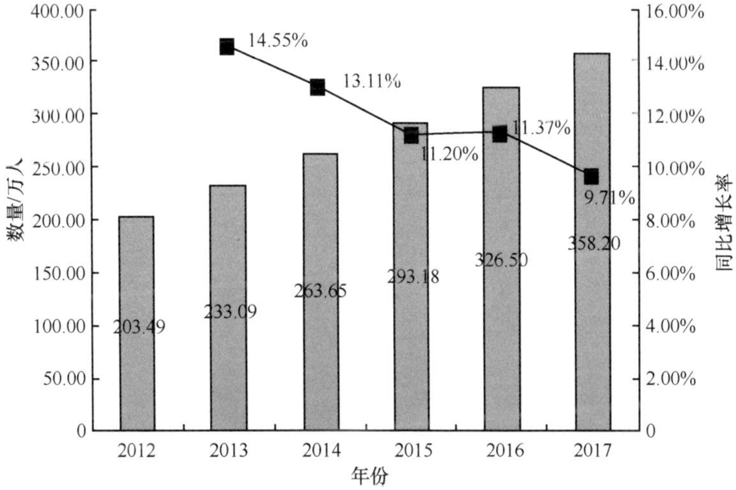

图 7 2012—2017 年江苏省高技能人才数及同比增长率

高技能人才需求旺盛。综合运用 GM(1,1) 灰色模型预测法、趋势外推预测法等方法，对未来 5 年江苏高技能人才需求值进行了预测。如表 2 所示，到 2022 年，江苏高技能人才需求将达到 611.64 万人，与 2017 年的 358.20 万人相比，存在 253.44 万人的缺口，加快高技能人才的培养力度迫在眉睫。

表2　2018—2022年江苏高技能人才需求预测值

单位：万人

年份	2018	2019	2020	2021	2022
高技能人才	400.35	445.10	494.84	550.15	611.64

江苏多举措加快高技能人才培养力度。2016 年，江苏每万名劳动者中高技能人才为 686.5 人，高技能人才占比为 6.86%，与发达国家的 20% 相比，数量明显偏少。为缓解高技能人才紧缺问题，江苏积极采取应对措施：①发布了 2018 年高技能人才培训补贴紧缺型职业（工种）目录，鼓励技能人员积极参加培训，提高技能；②组织开展“江苏技能大赛”等评选表彰活动，对获得“江苏大工匠”“江苏工匠”等人员给予资金、职称晋升等奖励；③积极鼓励技能人员参加世界技能大赛等各类竞技比赛活动，2017 年江苏在世界技能大赛中获得金牌，参赛选手获最高奖项阿尔伯特 · 维达尔奖。

1.2　江苏科技人才主要特征

1.2.1　人才集聚企业，总量全国领先

江苏 80% 以上科技人才集中于企业。2015 年，企业科技人才总数为 571 188 人，占全部科技人才的 81.64%；其次为高校，总量为 56 691 人，占比为 8.10%；研发机构人数最少，只占科技人才的 3.61%（表 3、图 8）。数据表明江苏省科技人才主要分布于企业，其次是高校，科研机构所占比重较小，充分彰显了企业在创新发展过程中的主力军地位。

表3　2015年R&D人员分布

单位：人

总数	按执行部门分组			
	规上企业	研发机构	高校	其他
699 614	571 188	25 283	56 691	46 452

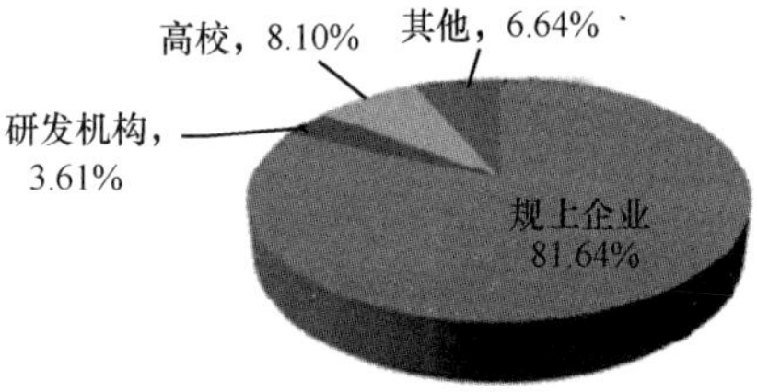

图 8　2015 年江苏省科技人才分布情况

江苏科技人才数量全国排名第一。江苏对科技人员的投入，不管是R&D人员还是人员全时当量，在全国各省份排名都是第 1 位（图 9、表 4）。江苏科技人才的总量占全国科技人才的 12.76%，比排第 2 位的广东多 30 245 人。

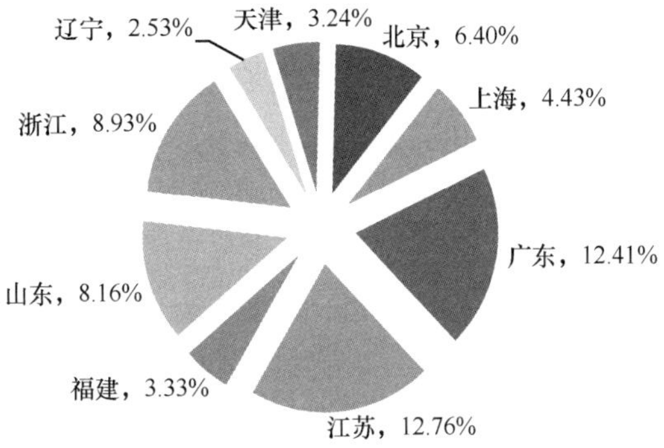

图 9 全国 R&D 人员在主要省份分布情况

据 2016 年度全球城市创新经济排名（Innovation Cities™ Index 2016：Global）① 资料，对中国内陆城市进入全球创新前 500 的省（区、市）进行统计，除北京、上海、天津和重庆 4 个直辖市外，另外有 17 个省（区、市）的 34 个城市进入全球创新型城市行列，现以“入围城市超过 2 个”为标准，对此部分省（区、市）的科技投入和产出及全国排名进行统计（表 4）。统计显示，江苏 R&D 人员为 69.96 万人，占全国科技人才总量的 12.76%，位列第一。相较于人力和财力投入，江苏省技术市场成交额略显不足，为 573 万元，排第 6 位，仅为排第 1 位北京的 16.59%，因此，加快建设技术产权交易市场，吸引和集聚高层次技术专业人才，培育壮大专业化、职业化技术转移人才队伍，将是江苏科技人才工作的重点。

表4 江苏科技投入和产出在全国排名情况

省（区、市）	创新能力全球前500城市个数	科技投入						科技产出			
		R&D人员/人	全国排名	R&D人员全时当量/人年	全国排名	R&D经费投入强度	全国排名	3种专利授权数/件	全国排名	技术市场成交额/万元	全国排名
北京	1	350 721	5	50 773	14	6.01%	1	94 031	5	34 538 855	1
上海	1	242 740	6	94 981	8	3.73%	2	60 623	8	6 637 838	4
广东	7	680 237	2	411 059	2	2.47%	5	241 176	2	6 625 775	5
江苏	5	699 614	1	441 304	1	2.57%	4	250 290	1	5 729 178	6
福建	3	182 811	11	99 180	6	1.51%	13	61 621	7	521 448	18
山东	3	447 191	4	241 395	4	2.27%	7	98 101	4	3 075 545	8
浙江	3	489 591	3	316 672	3	2.36%	6	234 983	3	980 966	15
辽宁	2	138 762	15	49 097	15	1.27%	15	25 182	17	2 674 927	10
天津	1	177 725	12	84 291	10	3.08%	3	37 342	13	5 034 369	7

资料来源：根据《全球竞争力报告 2016》《中国科技统计年鉴 2016》《中国统计年鉴 2016》整理而得。

1.2.2 伴随产业的人才集聚显著，地区差异较大

产业集聚是现代经济增长的一个重要现象，同时也是科技人才集聚的显著外在表现形式。就江苏产业布局而言，苏南 5 市集中了全省 57.7% 的地区生产总值、80% 以上的战略

① 2thinknow发布的全球城市竞争力报告。

性新兴产业产值。科技人才方面，苏南5市科技人才总量36.24万人，是全省科技人才的67.29%（表5、图10），科技人才与产业呈显著的集聚效应。例如，苏州市重点建设的生物医药、新一代信息技术、软件和集成电路等产业，聚集了全市98%的高层次人才；而南京市江宁区重点发展智能电网、未来网络、生物医药等新兴产业聚集了全市本行业83.2%的高层次人才，人才的集聚促进了当地产业的发展。

另据《2016年江苏人才竞争力报告》显示，在各市人才综合竞争力排名中，南京位居首位，苏州和无锡分列第二、第三。南京市在引进“国家重大人才工程”专家数量、“双创人才”数量、培养院士数量、每万人拥有有效发明专利数方面均位列全省第一；苏州市在社会研发投入、人力资本投资、累计拥有有效发明专利数、企业拥有有效发明专利数、从事科技活动人员数量方面明显高于省内其他市。在人才总量、人才引进数量、人才投入数量、人才产值等指标方面，呈现显著的“苏南>苏中>苏北”态势，地区差异显著，集聚分布明显。

表5　2016年江苏高科技人才在三大区域分布情况

指标	苏南		苏中		苏北	
	数量	占比	数量	占比	数量	占比
从事R&D人员数/万人	36.24	66.69%	9.17	16.88%	8.93	16.43%
“双创人才”/人	266	63.33%	84	20.00%	70	16.67%

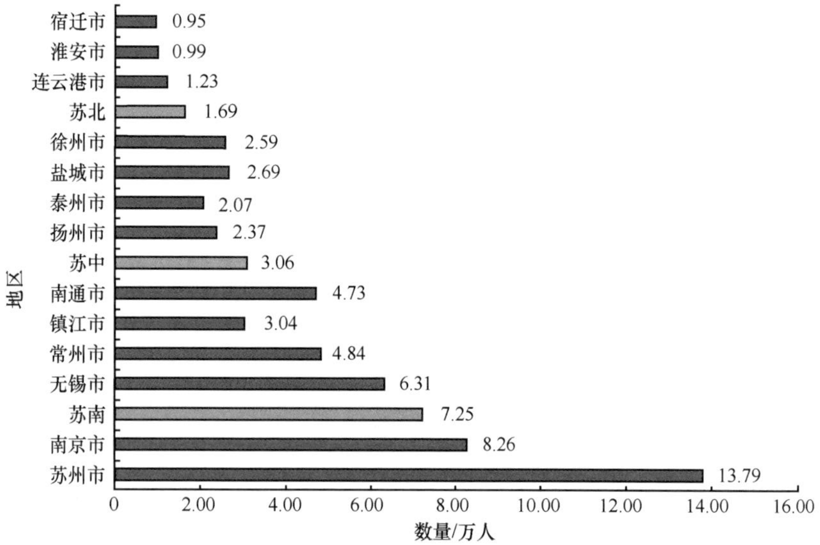

图10　2016年江苏各市科技人才分布情况

1.2.3　政产学研合作紧密，效益明显

政产学研的密切合作是区域经济创新发展的助推器，人才尤其是高端人才的引进、培养及流动，是政产学研的关键环节。江苏政府高度重视产学研的合作，积极搭建各类平台，助推产学研对接，在科技人才工作中有显著的引领作用。截至2016年，全省已建国家和省级重点实验室170个，科技服务平台294个，工程技术研究中心3126个，企业院士工作站

344个，企业研究生工作站2839个，经国家认定的技术中心104家。各市积极与高校展开产学研合作，筑巢引凤，吸引国内外高校建立研究院。例如，苏州已建成中科院电子所苏州分所、浙江大学苏州工业技术研究所、牛津大学技术转移中心等，扬州已建成西安交大科技园、南京大学扬州化学化工研究院等，通过大力引进国内外高校在江苏设立研究院，起到了引才引智的作用。

通过对人才载体方面的系列投入，人才产出效果明显，2016年江苏组织实施省重大科技成果转化专项资金项目173项，全省按国家新标准认定高新技术企业累计达1.2万家。新认定省级高新技术产品9816项，已建国家级高新技术特色产业基地147个。全省有222项成果获省科学技术奖励，498项成果获省哲学社会科学奖励。

1.2.4 创新驱动引领作用日益显现

江苏通过不断集聚创新资源和高层次创新创业人才，形成了一大批自主知识产权和核心技术，推进了高端产业和高端环节产品快速发展，在更高层次上提升了综合竞争力。2017年江苏省区域创新能力排名全国第二，全省科技进步贡献率61%。全省90%以上的大中型企业建立了研发机构，省级以上众创空间384家。全年授权专利23.1万件，其中发明专利4.1万件，万人发明专利拥有量18.5件。全年共签订各类技术合同2.9万项，技术合同成交额达728亿元，同比增长4.0%。全省企业共申请专利33.9万件。受省“双创计划”资助的人才创办企业超过1200家，其中将近200家被认定为国家高新技术企业，科技人才成为推动转型升级和创新发展的重要力量。

2 国内外科技人才发展特色及启示

2.1 国外科技人才发展特色

2.1.1 德国：创新人才发展培养体系完善

德国高度重视对创新人才的培养和开发，完善的教育制度为德国创新驱动发展提供了基础和保障。具体看来，德国把创新人才分3种类型分类培养和开发：一是科学研究型人才的培养。综合性大学是德国培养科学研究型人才的主要机构，这类大学占德国高校的四分之一左右，学校涉及学科多，专业齐全，在课程设计上突出强调系统理论知识的重要性，科研与教学并重，通过政策法规从制度上关心科学研究。二是高技术人才的培养。在德国，培养高技术人才是应用技术大学的主要职责。这类学校的学制比综合性大学短，在课程设置方面，除必需的基础理论课程外，更侧重于学生的应用能力，强调学生的实际技能培养，应用技术大学为德国制造业的自主创新贡献了大批优秀人才。三是职业技能型人才的培养。德国对职业技能型人才的培养采取的是“双元制”的教育培训模式，由职业教育学校和企业对学生进行联合培养。在德国报考职业院校的前提是，已经被企业接收为学徒。学生一方面在职业教育学校接受理论课程的学习，另一方面每周大概有3～4天的时间在企业接受实践训练，熟悉企业的生产技术。这种学习模式一般需要持续3年。培训结束后，学生若通过考试，就可以成为一名合格的技工。德国“双元制”的教育模式充分实现了理论与实践的无缝对接，使学生能够接受良好的职业训练。在德国，很多已经取得大学录取资格的学生也会选择先接受职业学习。德国《技师职业培训促进法》中规定，对参与职业提升进修者提供财政资助，并通过财政贴息方式激励接受职业教育者自主创业。“双元制”的技能型人才培养模式是“德国制造”国际品牌的根本保证，对德国技术生产力意义重大。

2.1.2 美国：投入巨大，创新理念贯穿始终

巨额投入为人才发展的后盾。美国高瞻远瞩的科技人才战略所带来的大量创新成果输出及高端人才的存量优势，与政府的巨额资金支持密不可分。据统计，近10年来美国对研发经费的投入基本保持在GDP的2.7%左右，处于发达国家前列。2016年，美国联邦财政预算30亿美元支持STEM（科学、技术、工程和数学）教育。除政府投入外，美国企业非常重视创新发展，近20年来，美国企业在研发方面的投入占全社会研发投入的三分之二。据金融资讯服务商FactSet提供的最新财年数据显示，在研发投入方面，科技企业的研发投入遥遥领先美国其他行业企业。2016年，亚马逊研发投入161亿美元，超越了德国大众，成为全球研发投入最高的公司，Alphabet（Google母公司）投入139亿美元，居第二位。亚马逊、Alphabet、英特尔、微软和苹果为首的科技企业领先于其他标普500成分股公司（图11）。

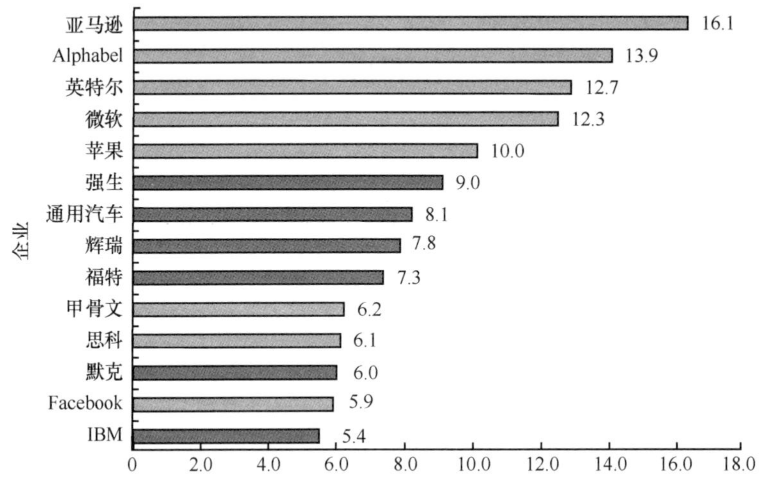

图11　2016年美国科技型企业研发投入的领先地位

（数据来源：FactSet）

创新理念贯穿人才发展始终。在人才发展机制中，美国尤其重视创新能力的培养和开发，创新思想和理念贯穿人才发展始终。政府方面，美国政府一直把创新驱动作为国家发展的动力，美国的国家战略从不同层面强调创新的重要性，鼓励创新，这一整体创新理念，通过系列具体政策及法律法规得以展现，营造一个创新软环境。教育方面，2015版《美国创新战略》把培养下一代的科技理工素养作为立国之本。在先后实施的“STEM教育计划”“为创新而教”“尊重项目”系列计划中，通过系列措施鼓励学生勇于探索。教学设计方面，坚持以学生为中心，坚持课内与课外相结合、科学与人文相结合、教学与研究相结合，逐渐形成了独特的创新人才培养模式。企业方面，美国大多数企业拥有成熟的培训平台，鼓励员工接受新知识，激发员工创造力，创新能力也是企业员工职业发展路径、绩效评价的指标之一。

2.1.3 英国：设立卓越奖励计划，建设创新环境

设立卓越人才奖励/资助计划。为吸引和鼓励优秀创新人才，英国政府先后设立了系列人才奖励/资助计划（表6）。这些计划针对不同对象，从吸引国外优秀人才到英国接受高等教育或从事学术研究，到鼓励在科学研究及产学研方面做出贡献的科技人员，基本涵盖了支持创新人才的全过程。

表6 英国主要奖励计划基本内容

奖励项目名称	奖励对象	主要内容
海外研究学生基金计划 (the overseas research students awards schemes)	面向被允许参与或已经参与全职研究计划的海外研究学生(非欧盟)	为选中者支付本国研究生和海外研究生之间的学费差价，学术质量和研究潜力是筛选的唯一标准。每年大约40人获此奖项，申请成功率为7%
牛顿国际人才计划 (the Newton international fellowships scheme)	面向处于职业生涯早期并希望在英国从事研究的非英国科学家	为全世界最优秀的准博士后研究人员提供在英工作两年的机会，申请者在两年任期之后有机会获得连续10年、每年6000英镑的资助金来支持其与英国研究员的社交活动
Wolfson 研究价值奖(the royal society Wolfson research merit award)	面向具有突出成就和潜力的著名科学家	给予大学额外的支持，使学校能够吸引、聘用具有突出成就和潜力的著名科学家到英国从事研究。本奖项提供连续5年、每年1万～3万英镑的资金支持，此后获奖者必须在所属大学永久任职
伊丽莎白女皇工程奖 (the Queen Elizabeth prize for engineering)	面向在工程学领域为人类带来巨大福祉的科技人员	该奖项的获奖者不限国籍，每两年授予一次，以女皇殿下的名义将100万英镑的奖金颁发给获奖的个人或不超过3人的团队
“发挥我们的潜能”奖励计划 (the releasing our potential ward-ROPA)	面向在产学研领域做出贡献的科研人员	鼓励产学研合作，重点奖励那些已与工业界建立起良好合作关系的科研人员

资料来源：根据文献资料整理。

建设具有竞争力的创新环境，吸引“高精尖”人才。为鼓励和支持创新，实现高新技术的经济发展潜力，英国政府将对税收制度进行改革，巩固本国竞争力，吸引科学家、创新者及科技投资者。具体策略为：一是降低企业税。为了建设有利于企业创新的税务体系，英国内阁承诺，到2020年，将企业税由20%下调至17%，削减公司税务，增加研发税收抵免。以往研究显示，英国每1英镑的研发税收抵免，能够刺激产生1.53～2.35英镑的额外投资。二是支持长期投资者。英国政府通过新战略创造长期投资客出现和成长的条件，支持长期投资者。

2.1.4 日本：调整“高端人才”扶持政策，扩大揽才范围

为了在全球范围内争夺优秀人才，日本适时调整政策，构建适宜外国人工作的环境。一是放宽外国高级人才永居权。日本政府对外籍人员管理实行积分制，2017年1月，日本法务省最新的方针指出，对积分达到70分以上的外国人作为“高级人才”，将获得永久居住权的居住期由5年缩短为3年，对于分数达到80分以上的外国人员，居住1年即可获得永久居住权。二是紧缺人才定制管理。对于从事信息技术等新兴产业的高端人才、高额投资家及顶级大学的毕业生，日本单独设置积分管理措施。三是放宽加分条件，扩大选才范围。放宽

日语考试的加分条件，将日本国内外指定大学的毕业生纳入优待对象。截至2016年10月，获得日本认定的“高端人才”约6300人，日本政府计划到2020年达到1万人。

2.1.5 以色列：高质量人才培养模式，人才吸引精准到位

以色列以800万人口的小国创造了闻名世界的科技奇迹，科技领域对国家的贡献率高达90%以上，成为“世界新技术的中心之一”。以色列的成就，归结起来，除了国家长期坚守的犹太人文化传统，坚持教育立国之外，更得益于高质量的人才培养模式和近年来人才政策与需求的精准匹配。

以色列领导人历来把培养高质量人才视为关系国家存亡的根本问题。把精英人才作为国家高技术产业发展的基础。借助国内特色的军事教育体系，培养高端的科技创新人才，真正为国家科技发展输送高质量的人才资源（表7）。

表7 以色列创新国家竞争力之人才与教育指标

年份	2012	2013	2014	2015	2016
教育支出占国内生产总值比例	5.7%	5.7%	5.6%	5.6%	5.6%
预期受教育年限/年	15.7	15.7	15.7	16	16
高等教育入学率	62.5%	62.5%	62.4%	67.9%	66.3%
“QS”[①]高校排名（前3位平均分）/分	—	51.1	56	57.5	56.1

资料来源：张倩红. 国家创新体系：以色列经验及其对中国的启示[J]. 西亚非洲，2017，3：28-48.

近年来，以色列开始制定并实施成本更低，但更具针对性和有效性的高技能人才吸引计划，高层次人才吸引政策进入目标精准定位阶段。在此阶段的政策实施过程中，国家根据申请人的专业资格进行人才分类，强调对科技前沿领域的潜在贡献及精英主义的选择倾向，人才政策和计划主要关注高科技公司长期短缺的高技术领先人才（表8）。

表8 近10年以色列人才吸引计划及其内容

年份	部门	政策名称	政策目标
2008	以色列移民吸收局	以色列成立60周年回归计划（returning at sixty program）	针对创新创业领域急需并能快速融入当地生活的特定领域的人才，包括企业主、生物学家、近期毕业的博士生和博士毕业生
2009	以色列移民吸收局	人才回流项目（brain return program）	增加国家领先工业领域的高技能人才储备，在2010—2014年吸引500位人才
2010	多部门联合	以色列国家引智计划（Israel national brain gain program，INBGP）	作为跨部门的政府计划，主要资助和协助海外学术机构的人才及其家庭归国
2010—2012	以色列移民吸收局	世界各地人才回归以色列项目[returning to Israel for all the reasons in the world（2010—2012）]	鼓励所有以色列侨民，尤其是高技能人才回国

资料来源：黄海刚. 从“国家主义”到“职业主义”以色列高层次人才吸引的国家战略及其变革[J]. 中国科技论坛，2018，2：180-188.

① 英国高等教育调查机构quacquarelli symonds, QS。

2.2 国内发达地区科技人才发展特色

2.2.1 北京：多管齐下，出台组合式人才政策

急需人才吸引政策，2016 年 3 月，北京实施新的出入境政策，针对创新发展急需的四大类外籍人才的群体需求特点，对签证、出入境、停留居留及永久居住等方面做了新规定，为中关村创新发展量身定制 10 项政策措施。科技人才活力释放政策，2016 年 9 月，北京率先出台“科研新政 28 条”，简化预算编制和评审程序，将科研项目实施方案论证和预算评审合二为一，下放预算调剂权限，激发科技人才的创新活力，为人才“松绑”。畅通人才流动政策，2017 年，北京发布实施《关于支持和鼓励高校、科研机构等事业单位专业技术人员创新创业的实施意见》(简称《意见》)，该《意见》破除高校、科研机构专业技术人员创新创业流动壁垒，打破体制对人才的束缚，实现人才的“共享模式”。同时，该《意见》对创新创业的人员范围、报酬获取、收益分配、考核措施等方面进行了明确，组合式支持政策让人才在创新创业时轻装上阵，无后顾之忧。

2.2.2 上海：多措并举，创新人才引进和使用模式

一是建设顶尖人才数据库。为了解和掌握全球顶尖人才基本情况，上海建设了包含 10 万名全球顶尖科技人才的高层次科技人才数据库和信息服务平台。二是人才使用海外“引智”原位“生长”。在国际人才引进和使用方面，上海企业正在探索一些新模式，如一些企业正在尝试从发达国家招募顶尖技术人才，并将这些人才留在当地的创新环境中施展才华，中国的部分企业愿意为其在国外购置一些研发设备，或是定制实验室，实现人才、资本跨境对接。三是形成创新知识服务业态。以张江海外人才预孵化项目为例，该项目承接者的公司通过自身技术方法和信息渠道，做到了比猎头更了解技术，比政府操作更灵活，为张江的企业和国际顶尖人才的对接提供“一站式”服务，针对产业揽才需求，张江正逐渐形成良好的知识服务业态。四是人才使用处处放“活”。例如，在 2016 年实施的《关于进一步深化人才发展体制机制改革加快推进具有全球影响力的科技创新中心建设的实施意见》中规定，高校科研院所在编制限额内，可以自主引进人才，不需报主管部门备案和审批。对科研经费使用管理方面也进行了改革，“允许科研项目经费中列支课题组人员的劳务费，并在间接费用中安排与科研人员实际贡献挂钩的绩效支出”。通过改革让科技人才的创新价值得以体现。

2.2.3 广东：多路并进，激发科技人才创新活力

一是柔性引才。广东省的二、三线城市，建设工作站，结合当地产业发展，以项目（课题）合作研究、岗位/兼职聘用、技术咨询顾问等形式灵活引进人才，实现人才的“不求所有，但求所用”。二是人事制度改革。对试点高校全面下放公开招聘权、岗位设置权、薪酬分配权、人员调配权和职称评审权，人才引进不受程序约束，岗位设置数不与编制数挂钩，单位根据实际需要自主确定；权力下放让高校在人才的激励、集聚和配置方面更加灵活，更有利于高校整合创新资源，盘活高端人才创新创造的潜力和价值。三是政策杠杆撬动创新创业。仅 2017 年上半年，广东有 10 多个城市先后出台创新性的人才政策，构建人才创新体系，鼓励创新创业，对创新创业团队给予高额扶持资金（图 12）。

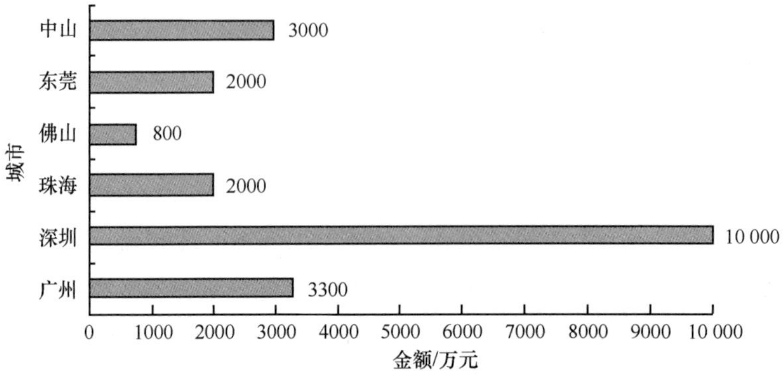

图 12 广东部分城市对引进创新团队最高扶持金额

（资料来源：《东莞市高端人才发展状况与比较优势研究》）

2.2.4 浙江：多策并用，创建最优人才生态系统

一是政策为人才松绑。针对人才聚焦、使用、服务、管理和优先发展保障机制等重点环节，浙江大力推进人才发展体制机制改革，先后出台“1+10”人才政策体系，推出下放职称评审权、改革科技成果处置收益权、支持人才投资创业、事业单位科研人员离岗创业等相关意见，用体制机制改革为人才松绑；配套推出“浙江红卡”和“人才驿站”等制度作为辅助政策措施，对科技人才的住房、子女入学等方面给予便利。各地市量体裁衣，全部出台了“地方版”的人才新政。二是为人才提供全生命周期的“金融套餐”。充分利用民营资本丰厚的优势，通过政府牵线搭桥，形成“人才+资本+产业”或“人才+企业家”等创新模式，引导社会资本向创新创业方向倾斜，对于初创企业，提供信用贷款；浙江成立了全国资本市场首个国际人才板，为发展型企业提供股权融资对接等 20 项上市服务；成立并购重组基金，鼓励成熟型企业走出去，支持以引才为重点的海外并购。此外，浙江聚焦知名高校、科研院所较少这一短板，加快科技城、特色小镇等特色平台建设，目前浙江形成了以阿里系、浙商系、高校系和海归系为代表的创新创业“新四军”。

2.3 国内外人才发展特色对江苏的启示

通过对国际及国内发达地区人才战略和政策的归纳总结，我们认为在科技人才培养和开发、科技人才政策制定、科技人才发展软环境优化及未来人才开发等方面值得江苏借鉴。

2.3.1 制定系统完善的科技人才政策体系

完善的科技创新政策有助于从顶层设计层面统筹规划建设科技强国的路径。美国从 20 世纪 80 年代开始实施科技人才发展战略，从全球招募了大量科技人才，外来科技移民成为美国科技创新的重要力量。在美国，约 1/3 的创新专利和 1/4 的高科技公司由外来移民获得或创建。德国近 10 年在创新战略、创新行动计划和制度保障方面制定实施了将近 20 项规划计划，并通过法律形式对留才和用才给予规范保障。国内方面，北京、上海、广东等地为参与全球科技人才竞争，积极出台政策，特别是在出入境方面，进行改革和突破，北京出入境政策 20 项，上海人才新政 20 条及升级版 30 条，浙江人才政策 25 条，广东外籍人才 16 项，这些政策在外籍人员集聚、管理和激励方面放宽和搞活，让制度更加灵活、开放和务实。上海在实施人才新政 20 条不到一年的时间内，外籍高层次人才申请永久居留的人数环比增加了 8 倍，申请量占到全国的一半以上。

2.3.2 注重创新人才的培养和开发

人才的培养与开发是各国家或地区人才战略中的重要内容。德国依赖其成熟的教育制度，现已形成系统完善的针对创新人才的培养和开发体系。德国将人才分为科学研究型、高技术型和职业技能型 3 种类型，每种类型的人才都有机构对其进行特定培养，如综合性大学主要负责培养科学研究型人才，职业教育学校和企业对技能型人才进行联合培养。美国注重人才发展规律与市场规律的有机结合，采取“校企通育”的人才培养模式，注重理论学习和实践的有机结合，硅谷与斯坦福的共荣是一个典范。美国政府各部门有针对性地设立创新科技人才培养项目，如海军设立的“青年研究员计划”，培养 5 年内毕业的博士研究人员。英国研究型大学把培养科技创新人才作为重要使命，企业的研究人员中约有 66% 来自顶尖的研究型大学，仅牛津大学现已培养了 27 位首相、30 多位国际领导人和 50 多位诺贝尔奖获得者。英国大学秉承学术自由的理念，课程设计方面以特色学科和交叉学科为基础，采取产学研一体化创新人才培养路径，实行学院制和导师制的人才培养机制。

2.3.3 优化科技人才生态软环境

栽好梧桐树，引得凤凰来。优良的人才生态环境是吸引人才、激发人才创新活力的必要保障。北京、上海通过放宽申报标准、缩短审批期限等方式提高对外籍高层次人才的服务水平。北京中关村设立了专门的外国人永久居留服务窗口，为在中关村工作的外籍高层次科技人才的出入境办理、工作居留等事务提供咨询、受理和审核等一站式服务，同时将永居权的审批时间由 180 日缩短至 50 日，对于在中关村创业的外籍华人，不受年龄限制，提供长期居留便利。上海破除了限制人才发展的体制瓶颈，在高校人才引进方面，取消主管部门的前置备案和审批流程；在科技成果转化机制方面，下放使用权、处置权和收益权；在人才评价方面，实行分类评价，基础研究人才突出同行评价，应用研究人才突出市场评价。科研项目和人才计划的申报不再将职称作为限制性条件。浙江省委、省政府秉承“店小二”的服务精神，为人才创新创业打造最优生态环境：出台下放职称评审权、鼓励科研人员离岗创业等政策意见，营造良好政策环境让科技人才轻装上阵；激发民营资本活力，破解创业人才融资难问题；通过平台建设，实现人才、产业和创新三链融合。

2.3.4 超前开发未来科技人才

国民素质决定国家命运，教育发展是经济创新发展的基础和保障。日本高度重视教育发展，人才发展优于经济开发，整个社会形成尊重知识、尊重人才的文化氛围，凭借其优先开发的人才资源，日本仅用不到半个世纪的时间完成了由战败国到排名世界第二的工业大国的转变。美国在《美国复苏与再投资法案》中明确提出，政府提供 1000 亿美元左右的投入作为国民教育资金，各州政府也相应提高义务教育财政投入在教育投入中所占比重，调整后的比重一般在 50% ～ 80%。另外，美国设有专门培养创新人才的百森商学院，学院在师资配套方面，由具有创业经验的老师组成强大的教师团队，学院要求老师能够给学生提供创业实践机会，同时要求老师与企业保持密切联系，以便给学生提供前沿商业信息及商业案例，学院同时配备助教，对学生创业过程中碰到的问题给予指导。在课程设计方面，百森商学院拥有系统完善的课程体系，课程涵盖投融资、创业体验、创业营销等，注重培养学生的创业思维。在培养方式方面，实行问题导向的培养方法，学院创造真实的创业环境，以问题为中心对创业链条进行分解。

3 江苏科技人才发展问题与需求分析

3.1 国内发达地区科技人才发展对比分析

为发现江苏科技人才发展存在的问题及不足，在分析国内发达省份科技人才发展特色的基础上，从区域创新能力、区域国际人才竞争力、科技人才投入、科技人才产出、科技人才发展环境等方面对江苏科技人才发展在省级层面进行对比分析。

3.1.1 创新能力对比分析

江苏区域创新能力排名第二。据《中国区域创新能力评价报告 2017》显示，广东创新能力排名全国第一，打破江苏过去 9 年保持首位的格局，江苏退居第二。广东创新能力突出，具体表现为创新的开放度高、创业环境宽松、创新创业活动活跃、外贸经济发达、市场活力好，深圳地区有大批创新型企业蓬勃发展。近年来，广东在研发投入、技术转移及创新载体培育方面狠下功夫，部分指标翻番增长，“第三产业增加值”“高技术产业主营业务收入”“高技术产品出口额”等多项指标排名均列全国第一，广东的发展模式值得江苏借鉴和学习。另据 2thinknow 2016 年度全球城市创新经济排名（Innovation Cities™ Index 2016：Global）资料，在中国内陆进入全球创新前 500 的城市统计中，广东有 7 个城市入围，江苏有 5 个，浙江有 3 个（表 9），这从侧面反映了广东强劲的创新能力。

表9 国内科技人才发达地区科技创新能力对比分析

	中国区域国际人才竞争力排名	创新能力全球前500城市个数	综合创新能力得分	综合创新能力排名
北京	2	1	52.56	3
上海	1	1	44.81	4
江苏	4	5	53.3	2
广东	3	7	55.24	1
浙江	—	3	37.66	5

资料来源：根据《中国区域创新能力评价报告 2017》《全球竞争力报告 2016》《中国区域国际人才竞争力报告 2017》整理而得。

3.1.2 国际人才竞争力对比分析

江苏国际人才综合竞争力排名第四。为统计分析在中国大陆地区生活和发展的外国人才，2017 年全球化智库（CCG）等机构联合发布了《中国区域国际人才竞争力报告》（简称《报告》）。《报告》显示，国际人才综合竞争力指数上海排名第一，北京、广东和江苏分列第 2 位至第 4 位，四省市构成中国区域国际竞争力“第一梯队”。国际人才规模上，上海仍位居首位，江苏居第 4 位。境外来华工作专家规模方面，广东位列榜首，江苏位居第三。广东境外专家主要在广州、深圳和东莞等地区开展工作和研究，华人华侨是广东国际人才的重要组成部分，并已逐渐成为广东创新发展的生力军。另外，在国际人才创新指数方面，广东也位列榜首，这也充分说明其在国际人才集聚的优势效应。

3.1.3 科技人才投入、产出对比分析

科技人才投入方面，江苏R&D人员总量和R&D人员全时当量两个指标均位列首位，但R&D经费投入强度排名第四，经费投入强度仅为排名第一北京的42.76%（表10）。科技人才产出方面，江苏3种专利授权量全国最高，但是技术市场成交额排名第六，比北京低2881亿元，仅为北京的16.59%（表11）。江苏虽然科技成果总量高，但在科技成果转移转化方面需加大投入力度，提高技术市场成交额。

表10 国内科技人才发达地区科技人才投入对比分析

省（区、市）	R&D人员/人	全国排名	R&D人员全时当量/人年	全国排名	R&D经费投入强度	全国排名
北京	350 721	5	50 773	14	6.01%	1
上海	242 740	6	94 981	8	3.73%	2
江苏	699 614	1	441 304	1	2.57%	4
广东	680 237	2	411 059	2	2.47%	5
浙江	489 591	3	316 672	3	2.36%	6

资料来源：根据《中国科技统计年鉴2016》《中国统计年鉴2016》整理而得。

表11 国内科技人才发达地区科技人才产出对比分析

省（区、市）	3种专利授权数/件	全国排名	技术市场成交额/万元	全国排名
北京	94 031	5	34 538 855	1
上海	60 623	8	6 637 838	4
江苏	250 290	1	5 729 178	6
广东	241 176	2	6 625 775	5
浙江	234 983	3	980 966	15

资料来源：根据《中国科技统计年鉴2016》《中国统计年鉴2016》整理而得。

3.1.4 科技人才发展政策环境对比分析

发达省份的多项措施值得江苏借鉴学习。人才吸引方面，北京、上海等省市出台实施新的出入境政策，吸引紧缺急需人才，特别值得江苏学习的是，为了促进科技创业园区发展，北京为中关村创新发展量身定制10项政策措施。人才使用方面，上海、浙江主推柔性引才、用才，上海企业创新用才模式，推行海外“引智”原位“生长”，广东实行人才的“不求所有，但求所用”；在对高校、科研院所的管理方面，包括岗位设置、薪酬分配、职称评审、科技人才离岗创业等，广东政策放得更“活”，值得江苏借鉴。人才培养方面，各地高度重视高端人才的培养，值得注意的是，北京部分中学开始探索创新人才培养的教学实践，从基础教育入手抓创新培养，广东推出青年创新创业人才计划，针对国际和国内青年人才分别展开。创业资金资助形式方面，各地基本以政府资助为主，广东注重对创新创业的高额资助，

如深圳最高资助金额为1亿元；尤其值得学习的是浙江模式，浙江积极引导社会资本向创新创业方向倾斜，形成“人才+资本+产业”“人才+企业家”等创新模式。科技人才平台建设方面，江苏的科技人才平台建设相对滞后，值得借鉴的是杭州积极推行的技术支撑平台、资智融合平台、人才培养平台的建设，广东出台科技创新平台体系建设方案，推动实验室体系、技术创新中心、科技服务平台体系功能的有机整合。上海积极推动人才数据库建设，破解“精准引才”难题（表12）。

表12　国内科技人才发达地区科技人才发展政策环境对比分析

	人才引进	人才使用	人才培养	创业资金支持	平台建设
北京	出台出入境新政，针对急需人才做新规定，为中关村量身定制创新发展人才政策	出台政策鼓励科研人员离岗创业，畅通人才双向流动渠道	政策支持对各类创新人才的培养；启动“普通高中创新人才培养的实践研究”课题，开展创新人才培养的教学实践	政府为主，对创新创业给予高额资金扶持	中关村科学城，已经成为全国科教智力资源最密集的地方
上海	上海企业探索对接国际高端科技人才新模式，海外“引智”原位“生长”；试点海外人才绿卡改革创新，推动离岸创新创业	出台人才新政30条，对人才使用处处放“活”	出台政策对学科带头人、领军人才、博士后及各类创新人才培养	政府为主，对创新创业给予高额资金扶持	上海建成10万人全球顶尖专家数据库，破解“精准引才”难题
江苏	以双创人才为引领，实施多个人才项目；鼓励企业自主引才	鼓励事业单位和企业间人才双向流动	通过课题申报、海外培训等方式，加大对优秀青年科技人才的培养力度	政府为主，对创新创业给予资金扶持	加强科技智库建设，人才平台建设相对滞后
广东	出台出入境新政；柔性引才、实施人才举荐制度	以简政放权激发人才活力、创新人事管理方式，5所高校试点人事制度改革	推出青年创新创业人才三大计划，针对国际和国内青年人才分别展开	政府为主，对创新创业给予高额资金扶持，深圳最高资助1亿元	出台科技创新平台体系建设方案，推动实验室体系、技术创新中心、科技服务平台体系功能的有机整合
浙江	人才新政25条，鼓励企事业单位自主引才，对事业单位引才取消总量、岗位等级、结构比例限制，对企业引进人才的进行补贴	深化人才发展体制机制改革，支持人才创业创新	杭州组织创新创业讲堂，实施“创业导师+辅导员+联络员”三位一体的创业辅导体系，助推创新人才向创新创业复合型人才升级	政府为主，积极引导社会资本向创新创业方向倾斜，主推“人才+资本+产业”“人才+企业家”等创新模式	注重公共服务平台建设，以杭州为例，注重技术支撑平台、资智融合平台、人才培养平台建设

3.2　江苏科技人才发展存在的问题

在全省上下的共同努力下，江苏省科技人才资源不断丰富，成效显著。在肯定成绩的同时，也应清醒地认识到，在新形势下，科技人才工作还存在一些困难和问题，相关职能部门应给予高度重视，采取有效措施，切实加以解决。

3.2.1 政策配套及协调不够，支持体系有待完善

（1）政策配套及协调不够，操作性有待提高

部分政策缺乏具体细则和实施办法，执行中较难落实，操作性不太强。例如，通过政府采购支持自主创新是各国通行的做法，国家和省都有相关规定，但由于有些地方的规定太过原则，执行中随意性又较大，因此未能取得预期效果。有的人才专项资金项目分散、强度不够，存在交叉多头申报、预算执行进度较慢、缺乏过程监督等问题。此外，由于种种原因，对专利原创保护度不够，侵权打击力度不够，出现了侵权成本低、维权成本高的现象，挫伤了企业和科技人员技术创新的积极性。有些政策相互之间协调性不强，有待提高。

（2）企业主体地位缺失，主动性、积极性不高

现行人才政策和人才工程基本是政府主导，作为科技人才的实际使用者和直接受益者，企业在人才标准的确定等方面上缺乏主体地位。一方面，通过各类高层次人才工程引进的各类人才，是否满足企业需求，能否解决企业在技术研发及日常生产经营过程中面临的各类疑难杂症，企业缺少话语权。另一方面，企业作为技术创新的主体地位尚未完全确立，原始创新动力不足。企业高层次科技人才比例偏低，高水平研发机构不多，研发投入不足，规模以上工业企业研发投入占销售收入比重仅为1%左右。不少企业还存在着有“制造”无“创造”，有“产权”无“知识”的现象。全省将近5万家规模以上工业企业中有专利申请的只有7500多家，中小企业的创新活力有待进一步激发。

（3）评价体系不完善，缺乏有效激励

关于科技人才评价体系不完善，主要体现在3个方面：第一，评价主体不全面。现阶段人才工程是政府主导，在同一标准条件下，政府组织专家对符合要求的人才进行评议，评选合适人才进行资助。人才的科技产出成果，最终是否能转化为生产力，能否给社会发展带来积极作用，最终需要市场来判断，这一环节缺少市场评价。第二，评价标准不全面。指标单一，在评价中注重学历、职称、资历等指标，评价标准不能充分反应不同单位之间多样化的用人需求，缺乏灵活性。第三，后续评估和监督不到位。各类人才工程，前期的评选过程通常非常严格，个人或团队在入选后会获得高额资金支持和社会声誉，但是部分个人或团队在项目获批后，未能按照计划执行，造成资源浪费，而相关职能部门对后期的绩效评估和监督不到位。

此外，关于科技成果转化方面，科技人员与科研单位在激励机制、知识产权归属、成果转化利益分配政策方面执行力度还不到位，创新创业人才评价体系和流动机制还不尽合理，科技人员在科研立项、资金安排、人才使用、绩效分配上还缺乏更为公平、公正、公开的环境，有待各相关政策的进一步完善和落实。

3.2.2 人才发展模式相对粗放，“高精尖”人才匮乏

（1）重引进轻培养，发展模式相对粗放

一直以来，高薪或高额配套资金是吸引人才的重要方式。以创新人才为例，在资金支持方面规定三年内省级财政给予50万～300万元的创新创业资金资助，承诺创新人才月均工资不低于1万元，并在项目推荐、配套服务方面给予大力支持。

江苏对科技人才的引进高度重视，培养和发展却是短板。现阶段关于人才工程，对于人才培养内容涉及较少，有些人才工程尚未提及。有些人才项目虽然在政策层面提及培养对象可以申请到世界知名大学、研究机构、跨国公司担任高级访问学者，或到国家重点学科、重点实验室等学习进修，但是规定高级访问学者进修时间仅为半年，时间限制短，缺少长远的培养规划，很难取得预期成效。因此，为长期发挥好科技人才的专业创新示范功效，相关职能部门应对人才培养工作加以重视。

（2）科技人才结构性失衡，“高精尖”人才缺乏

科技人才结构性失衡明显。一般性创新创业人才较多，但能够突破重大关键技术、攻克重大技术难题、引领产业创新发展的复合型创新创业人才、高科技领军人才及战略性新兴产业高端人才紧缺，缺少创新创业领军人才，“高精尖”专业人才的储备跟不上产业创新发展的要求；先进制造业等主导产业科技人才存量不足，核心科技人才流失严重。现有高层次科技人才在高校、科研院所与企业分布不平衡，60%以上的高层次科技人才集中在高校及科研院所，并且这部分向企业一线流动的趋势尚不明显。

3.2.3 人才队伍区域差异显著，流通机制不健全

（1）区域人才竞争力呈现南强北弱分布格局

受经济发展状况、产业发展环境和事业发展平台等因素影响，江苏省科技人才在苏南与苏中、苏北区域分布不均衡，高层次人才差距尤其显著（图 13）。《江苏省人才竞争力报告》显示，综合竞争力排名前 3 位的是南京、苏州和无锡，得分分别为 0.877、0.861、0.711，排在末 3 位的是连云港、淮安和宿迁，得分分别为 0.244、0.228、0.192。苏南地区人才综合竞争力是苏北地区的 4 ～ 5 倍，这种差距在科技人才的数量、素质、投入、平台、生活环境、创新贡献等方面都有所体现。

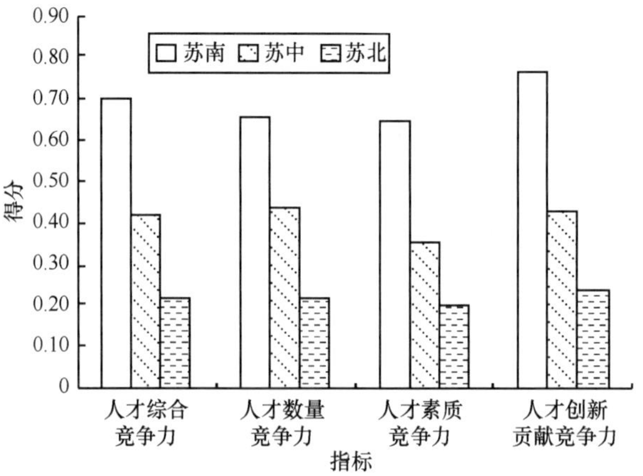

图 13 江苏省内 3 个区域人才竞争力比较分析

（资料来源：根据《2015 年江苏省省辖市人才竞争力报告》数据分析而得）

（2）人才发展载体呈现南多北少分布态势

载体是人才发展的依托和保障。统计数据显示，2016 年人才发展载体在 3 个地区的分布呈现南多北少分布态势，苏南在省重点企业研发机构、企业院士工作站、企业博士后科研

工作站、省级以上企业技术中心等人才平台建设方面优势明显，苏中、苏北人才载体建设相对滞后，尤其是苏北地区，人才平台建设速度发展缓慢，人才集聚载体数量不多、质量不高的现状在很大程度上限制了苏北的人才供给（图 14 至图 17，根据《2015 年江苏省省辖市人才竞争力报告》数据分析而得）。

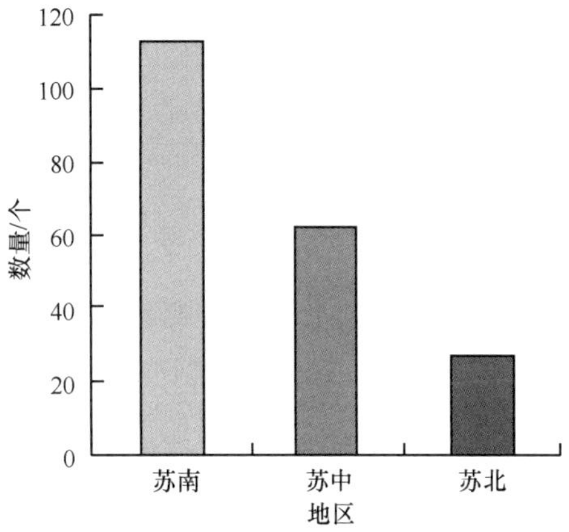

图 14　省重点企业研发机构分布情况

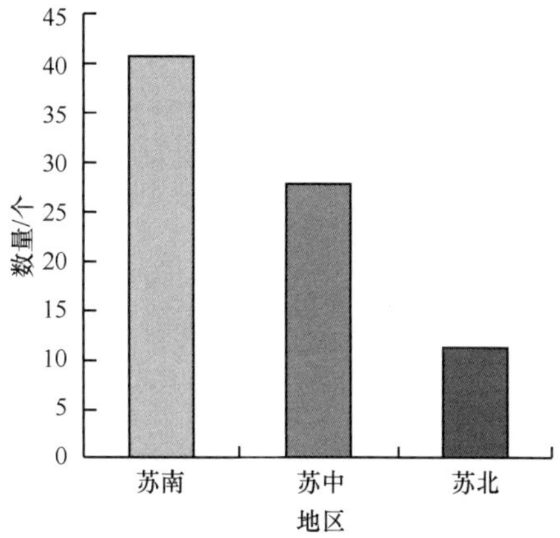

图 15　企业院士工作站分布情况

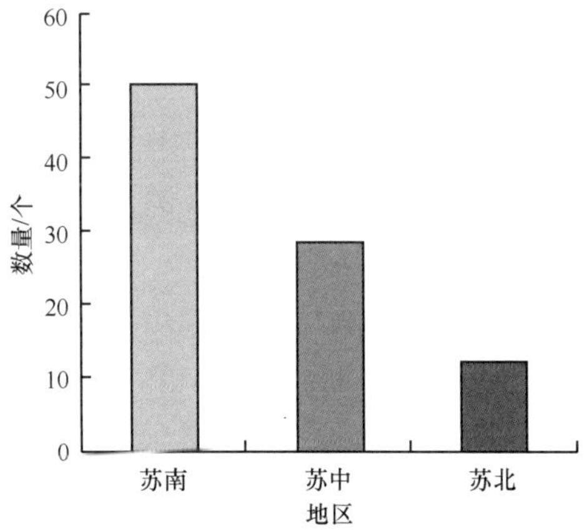

图 16　企业博士后科研工作站分布情况

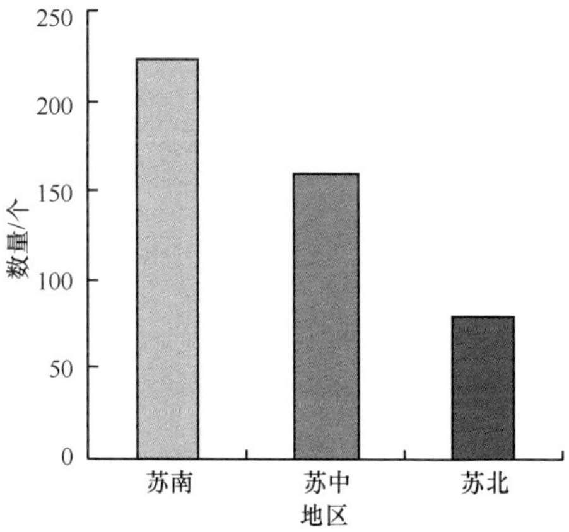

图 17　省级以上企业技术中心分布情况

（3）科技人才流通渠道不畅通，机制不健全

科技人才载体分布不均衡，在一定程度上也体现了苏中、苏北人才来源渠道不畅，造成这种差距的主要原因是人才流动机制不健全。2017 年，国家发布了《关于支持和鼓励事业单位专业技术人员创新创业的指导意见》，支持和鼓励事业单位选派专业技术人员到企业挂职、参与项目合作、兼职创新或者在职创办企业、离岗创新创业等。现阶段江苏省内缺乏人才流动的统筹考虑，尚未建立科技人才转移体系和机制，并缺乏科技人才在不同地区流动弹性。

3.2.4　公共服务支撑体系不完善，数据库建设滞后

（1）科技人才公共服务支撑体系不完善

科技人才公共服务支撑体系不完善体现在两个方面：一是信息和服务一体化程度亟待加强，缺少供给与需求一体化的信息平台。组织部、人社厅等部门通过自身网站发布人才资源信息，科技厅搭建科技服务合作平台，如知识产权平台、跨国技术转移中心等，高校、企业及科研院所通过自身网站或专业招聘网站发布人才需求信息，人才信息平台各自独立，缺少整合与优化。二是信息缺乏时效性。平台建设未能跟上市场发展，市场发展日新月异，对科技人才的需求也不断发生变化，目前缺少门户性的平台跟踪市场需求，更新人才信息。

（2）缺少综合性高端人才信息数据库

引才工作的难点之一是高端人才的精准引入问题，因此有必要利用互联网、信息技术，结合江苏重点发展的新一代信息技术、新材料、新能源、生物医药、智能制造、节能环保等前瞻领域，建设高端人才信息数据库，为各类科技创新人才制定较为详细的类别划分标准，并根据市场供求状况和人才功能，建立各类人才（如急需人才、紧缺人才、战略性人才）信息库，为有效使用和管理科技创新人才提供信息支持。

3.3　创新主体的需求分析

3.3.1　企业

3.3.1.1　企业发展基本情况

企业是科技创新的主力军，是推动经济发展的中坚力量，企业尤其是高技术企业的创新发展，是地区经济发展转型升级、产业结构优化升级、区域竞争力提升的关键。江苏80%以上的科技人才分布在企业。图18显示了企业在科技创新中的主体地位。

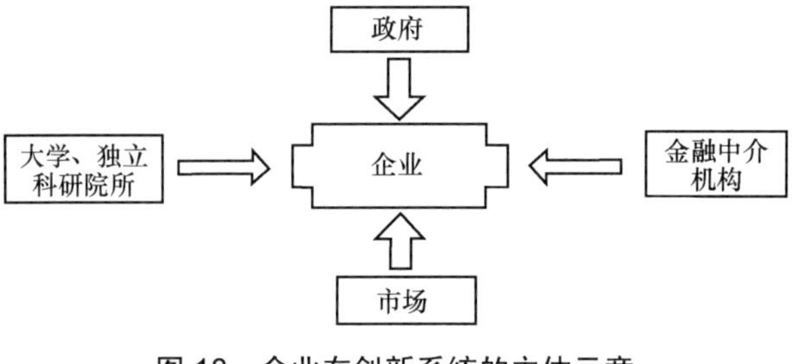

图18　企业在创新系统的主体示意

截至2015年，江苏拥有规模以上工业企业48 488家，高技术企业4903家，有研发机构的规上企业18 872家，高技术企业3489家。2015年，高技术企业R&D人员全时当量108 804.6人年，R&D项目数11 019项，项目经费3 225 515.1万元，主营业务收入28 530.166亿元，进出口贸易总额221.89亿美元，专利申请23 157件，其中发明专利10 403件。图19和图20分别为2011—2015年规模以上工业企业R&D人员及增长率和高技术企业R&D人员全时当量及增长率。表13为2015年江苏省高新技术产业分行业科技人才分布情况。

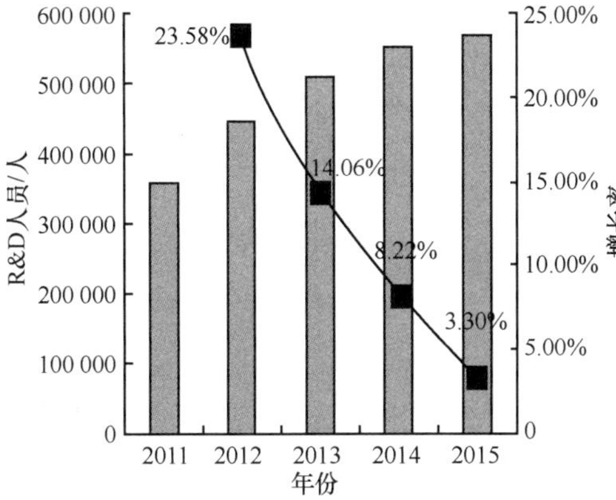

图 19　2011—2015 年江苏省规模以上工业企业 R&D 人员及增长率

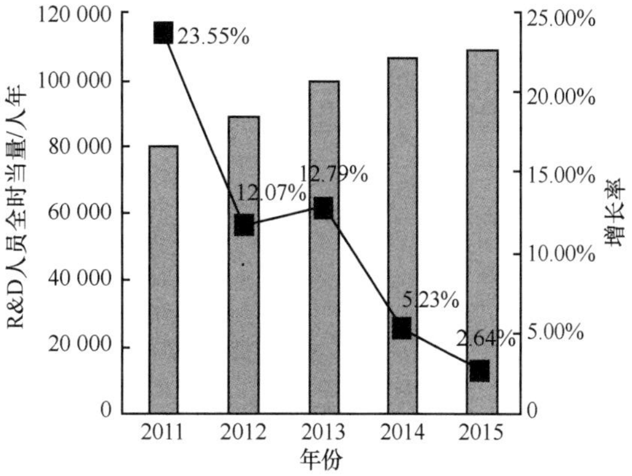

图 20　2011—2015 年江苏省高技术企业 R&D 人员全时当量及增长率

表13　2015年江苏省高新技术产业分行业科技人才分布统计

	企业数/个	从业人员年平均人数/人	有R&D活动的企业数/个	R&D人员/人	有研发机构的企业数/个	机构人员/人	资产总计/亿元	主营业务收入/亿元	R&D活动人员折合全时当量/人年	新产品开发项目数/项	专利申请数/件	拥有发明专利数/件
医药制造业	710	209 183	412	21 950	439	21 910	2458.47	3479.50	18 431.4	2694	2057	3258
航空、航天器及设备制造业	41	17 774	25	1707	28	1618	268.37	328.32	1202	170	143	139
电子及通信设备制造业	2607	1 572 034	1233	68 488	1427	81 584	10 757.54	15 864.90	55 380	5884	13 068	11 017
计算机及办公设备制造业	276	335 770	116	11 174	150	10 473	1822.17	3972.05	9674.2	533	776	1278
医疗仪器设备及仪器仪表制造业	1153	288 371	657	27 267	709	29 112	2813.32	3876.63	21 430	3434	6580	6351
信息化学品制造业	116	50 844	58	4162	57	3887	1074.60	1008.77	2687.1	305	533	419

资料来源：中国高技术产业数据库（2015）。

3.3.1.2　企业科技人才数量需求

（1）规模以上工业企业科技人才需求

关于企业科技人才数量的需求，利用灰色预测GM（1,1）模型计算，到2020年，江苏规模以上工业企业科技人才需求将达到858 907人，与2015年的存量相比，存在287 719人的缺口（表14）。

表14　江苏规模以上工业企业科技人才需求预测

单位：人

年份	2016	2017	2018	2019	2020
科技人才需求预测值	629 650	680 473	735 398	794 757	858 907

（2）高技术企业科技人才需求

高技术企业是创新发展的生力军，对科技人才的需求旺盛，通过预测，到2020年，科技人才需求量为182 632.4人年，与2015年108 804.6人年的存量相比，存在73 827.8人年的缺口（表15）。

表15　江苏高技术企业R&D人员全时当量需求预测

单位：人年

年份	2016	2017	2018	2019	2020
科技人才全时当量需求预测值	125 504.9	137 844.7	151 397.7	166 283.3	182 632.4

3.3.1.3　企业科技人才层次需求

（1）战略性科技企业家

作为经济发展大省和强省，江苏地区生产总值在省级层面排名第二，仅次于广东。但江苏产业发展多年一直处于“有高原无高峰”状态，缺少具有全球影响力的科技创新企业，同时缺少战略性科技企业家人才。据李森林等人对江苏科技企业家调查发现，现阶段有超过五分之一的企业家科技创新的首选产业是制造业，然后才是新材料、新一代信息技术和节能环保等新兴产业，这与江苏产业发展布局有出入。可以预见，具有创新创业能力和市场开拓能力，能够熟悉国际国内市场、掌握核心科技、引领产业发展的战略性科技企业家是江苏战略性新兴产业和高新技术企业发展的急需人才，也是江苏实施科技企业“小升高”计划和中小企业创新工程的紧缺人才。

（2）战略性新兴产业技术创新人才

江苏在“十三五”发展规划纲要中提出，支持战略性新兴产业领域的基础前沿技术研究，如纳米材料、大数据、未来网络、3D打印、新一代信息技术和软件、石墨烯、智能机器人、小核酸和抗体药物等产业；鼓励中小企业技术创新，发展和培育一批专、精、特、新的科技小巨人企业。因此，具有钻研精神、掌握关键技术、与产业发展匹配的青年创新人才是江苏战略性新兴产业发展所需的大量人才。

（3）高技能人才

高技能人才是江苏供给侧结构性改革和产业结构升级的人才支撑。截至2016年9月，江苏高技能人才总量为313.2万人，每万名劳动者中有高技能人才657人。江苏高技能人才总量虽然居全国首位，但是占比仅为6.57%，与发达国家的20%相比，存在较大差距，未来企业的发展对高技能人才的需求存在较大缺口。江苏技能人才存在总量不足、质量不高、分布不均等问题，建议政府通过搭建揽才平台、鼓励校企合作培养等方式，化解高技能人才短缺等问题。

3.3.2　高校

与企业及科研院所以项目为核心的组织架构相比，高校更强调学科方向。图21显示高校内在结构，而且只有在教学组织的基础上，科研组织才能有效组建，各研究者（教师）隶属于某一专业，其组织基石是以学科方向为纽带，注重教学与科研并重。本研究关于高校科技人才的需求，指的是以教学与科研并重的高层次科技人才。

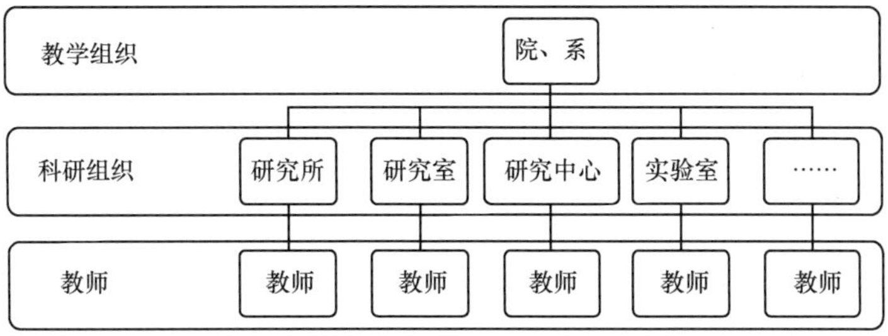

图 21　高校基本结构

3.3.2.1　**江苏高校基本情况**

江苏高校综合实力强、人力资源丰富。大学是高新技术的创新源和孵化器，是培育新的经济增长点的重要依托，高校科技人才是知识载体和创新的关键。截至 2015 年年底，江苏有高校 162 所，从业人员 204 451 人，R&D 人员 59 954 人，比 2011 年增长 38.6%（图 22）。江苏高校中，硕士及以上学历人员占据了 70%（图 23），高层次人才的集聚为科技创新发展提供了基础和保障。在 2017 年 9 月教育部公布的“双一流工程”高校名单中，江苏有 15 所高校的 43 个学科入选，入选量占比为 10.7%，仅次于北京、上海，全国排名第三。在 15 所“双一流工程”高校中，“新世纪百千万人才工程”等其他国家级人才项目或计划人数超过 1000 人。

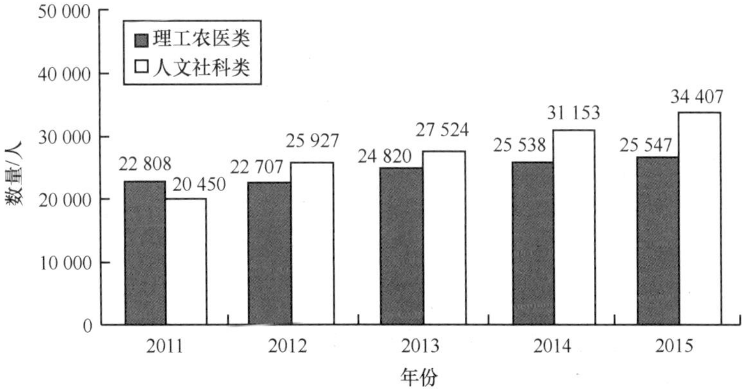

图 22　2011—2015 年江苏高校 R&D 人才分布情况

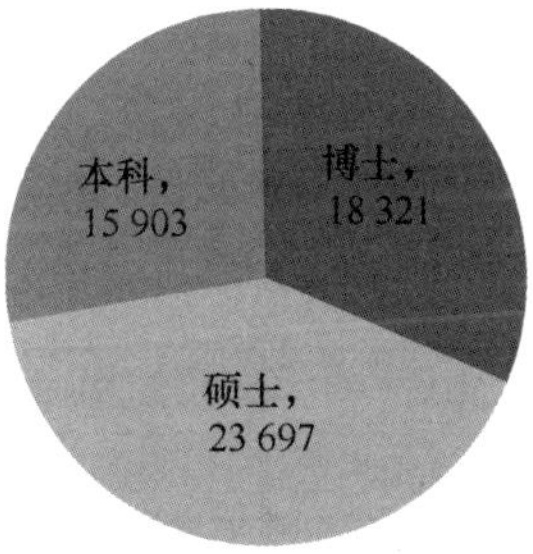

图 23　2015 年江苏高校科技人才按学历分布情况

3.3.2.2 **江苏高校人才发展特点**

（1）高校科技人才分布不均

从分布领域看，江苏科技人才主要分布在基础研究和应用研究领域，试验发展人员占比很小，只有7.04%（图24）。近年来，3个领域的科研人员增长率呈现出不同程度的下降趋势，从事试验发展的科研人员在2012年、2013年和2015出现了负增长，从事基础研究的科技人员的增长率，除2012年略低于应用研究外，其他年份都是最高的，但是总体趋势依旧是增长率下滑，5年间从16.41%下降到6.62%（图25）。

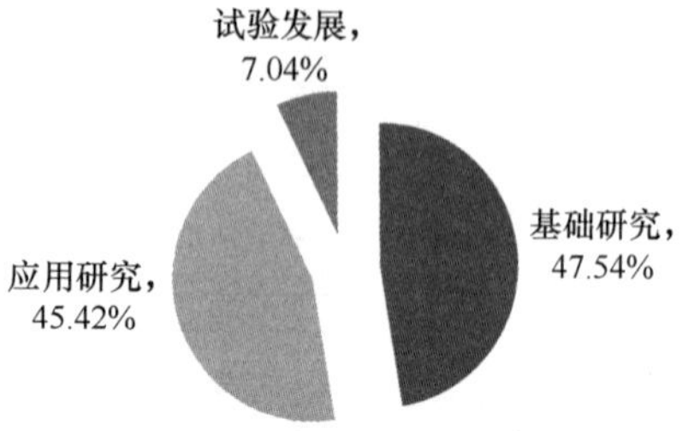

图24 2015年江苏高校科技人才按从业领域分布情况

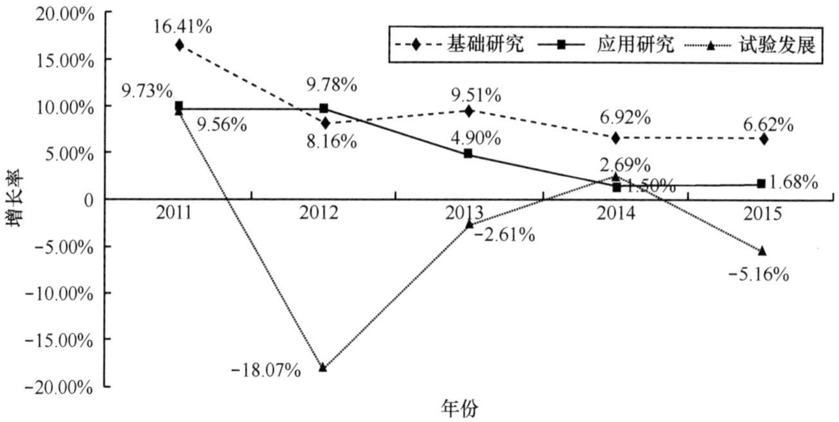

图25 2011—2015年江苏高校科技人才按从业领域增长率变化情况

（2）理工农医类与人文社科类人均经费差距大

科研经费是科技人才创新和发展的基础保障，2015年，江苏高校投入经费为61.1亿元，其中理工农医类56.3亿元，人文社科类4.8亿元。由于学科发展特色，在投入经费中，理工农医类院校占据了90%以上。平均到单个研发人员，江苏高校人均年经费投入为10.2万元/人年，理工农医类为33万元/人年，人文社科类为7.1万元/人年。

3.3.2.3 **高校科技人才数量需求**

通过历史数据分析，采用灰色系统预测GM（1,1）法、回归预测法及组合预测法3种方法相结合的方式，对江苏省“十三五”时期高校科技人才需求量进行预测。通过3种预测方法的分析发现，到“十三五”末期，江苏省高校科技人才需求总量将达到96 338人，与2015年的59 954人相比，存在36 384人的缺口（表16）。

表16 江苏高校科技人才总量需求预测结果

单位：人

年份	2016	2017	2018	2019	2020
灰色预测	67 614	74 204	81 436	89 373	98 083
回归预测	66 256	72 878	79 804	87 040	94 592
组合预测	66 935	73 541	80 620	88 206	96 338

（1）分学科科技人才需要分析

2016—2020 年，江苏高校人文社科类科技人才需求总量是理工农医类需求的 1.5 ～ 2 倍，与 2015 年相比，到 2020 年理工农医类科技人才需求存在 6629 人的缺口，人文社科类存在 36 925 人的缺口（表 17）。

表17　江苏高校分学科科技人才总量需求预测结果

单位：人

年份	2016	2017	2018	2019	2020
理工农医类	27 288	28 436	29 631	30 877	32 176
人文社科类	40 857	46 965	53 985	62 055	71 332

（2）分学历科技人才需要分析

江苏高校科技人才需求中，博士人才需求量最高，“十三五”期间保持 15% 的增长率，到“十三五”末期，博士毕业的科技人才预测将达到 33 758 人，供需缺口最大。硕士毕业的科技人才增长率为 12%，同样存在较大缺口。本科毕业科技人才增速最缓，年均增长率仅为 5%，但是本科的人才存量最大（表 18、图 26）。预测博士、硕士、本科三者之间的比例将由 2015 年的 32 ∶ 41 ∶ 27 调整为 2020 年的 36 ∶ 41 ∶ 22。

表18　江苏高校按学历科技人才总量需求预测结果

单位：人

年份	2016	2017	2018	2019	2020
博士	18 917	21 953	25 399	29 312	33 758
硕士	23 982	26 966	30 275	33 957	38 065
本科	17 322	18 315	19 260	20 136	20 917

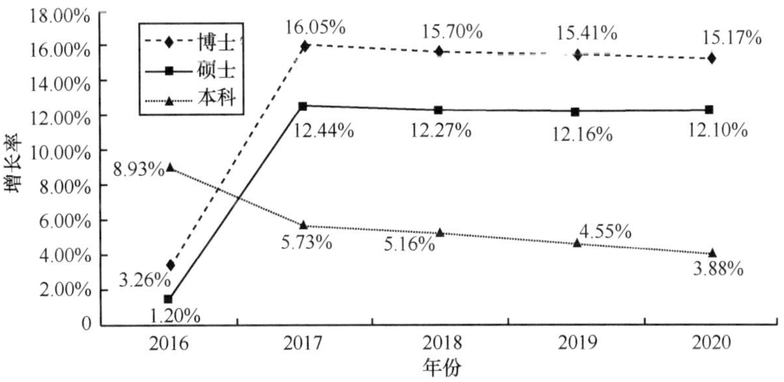

图 26　2016—2020 年江苏高校分学科科技人才需求预测增长率

3.3.2.4　高校科技人才层次需求

本课题对江苏境内 15 所“双一流工程”高校 2017 年度高层次人才招聘情况进行了统计（长期招聘岗位在此次统计范围内），统计结果显示，有 13 所高校对高层次领军人才实行长期招聘。高校对人才需求聚集两个层次：一是高层次领军人才，二是有发展潜力的青年人才。

（1）高层次领军人才

统计发现，13 所高校均对两院院士等高层次领军人才开展长期招聘，通过提供高额年薪、充足科研启动经费、优先团队建设和研究生招生、优惠购买人才房、协助解决配偶就业和子女入学等具有竞争力的配套保障条件，吸引此类人才加入。高校期望通过发挥高层次领军人才的带头和引领作用，加强创新团队建设，推动学科发展，提升学校科技创新能力。

（2）具有发展潜力的青年人才

具有发展潜力的青年人才是学校发展的中坚力量。通过对 13 所高校招聘信息及录用人员的统计分析发现，高校针对教学和科研岗位的人才招聘，在基本学历和专业方向满足的前提下，重点考核应聘者的履历和科研成果，部分高校对高水平学术论文等科研成果有硬性指标要求，以A高校为例，该校教学与科研岗位 2017 年招聘的 13 位博士中，有 10 位是国外顶尖大学毕业或者博士后出站。学校希望招募具有发展潜力、能够胜任未来学科发展重任的青年人才，为学科发展奠定基础，为高层次领军人才培养做好储备。

3.3.3 科研院所

3.3.3.1 科研院所基本情况

公立科研院所在创新发展系统中发挥着骨干引领的作用。截至 2015 年年底，江苏现有科研院所 256 个，其中部省属机构 142 个，地方属机构 114 个。受机构属性、政策等影响，两种类型的机构在人才数量、投入强度和产出力度还是存在一定差距。2015 年，江苏科研院所拥有R&D人员 31 256 人，部省属 25 283 人，地方属 5973 人。两种类型机构硕士及以上学历人才占比都在 50%以上。科技投入方面，2015 年部省属科研机构投入经费 1 072 872 万元，是地方属科研机构的 7.9 倍，部省属科研院所人均科研经费是 48.2 万元/人年，地方属科研院所人均科研经费是 27.2 万元/人年，是部省属机构的 56.4%，科技资源向部省属研究机构倾斜。

表19　2015年江苏部省属和地方属科研院所基本情况

	机构数/个	R&D人员合计/人	基础研究/人年	应用研究/人年	试验发展/人年	R&D课题数/项	投入经费/万元	发表科技论文/篇	出版科技著作/种	专利申请数/件	形成国家或行业标准数/项
部省属	142	25 283	2394	9470	11 788	6490	1 072 872	9895	147	3016	170
地方属	114	5973	352	2799	2395	2701	135 339	4557	78	866	67

表 19 数据显示，部省属和地方属机构从业人员在基础研究、应用研究和试验发展领域的分布比例分别为 10 ∶ 40 ∶ 50 和 6 ∶ 50 ∶ 44。在R&D课题数方面，部省属机构是地方属机构的 2.4 倍，单项课题投入经费方面，部省属科研院所是地方属的 3.3 倍。在科技论文、科技著作、专利申请、形成国家或行业标准等科技产出方面，部省属和地方属科研院所科技产出的比例，投入经费比例基本相似。

3.3.3.2 科技人才数量需求分析

运用GM（1,1）灰色预测法，对科研院所“十三五”时期科技人才的需求进行预测，通过模型预测分析发现，到2020年，部省属科研院所科技人才需求将达到33 710人，存在8427人的缺口；地方属科研院所科技人才需求预测为6722人，与2015年基本持平。在科技人才学历层次中，部省属科研院所博士毕业的科技人才缺口3072人，地方属科研院所博士毕业的科技人才缺口944人（表20）。

表20　2016—2020年江苏研发机构科技人才需求预测

单位：人

年份	2016	2017	2018	2019	2020
部省属	27 355	28 821	30 367	31 995	33 710
博士	4331	4849	5430	6081	6809
地方属	6055	6216	6380	6548	6722
博士	1215	1378	1562	1776	2010

通过GM（1,1）预测分析发现，两种类型科研院所博士毕业科技人才需求占科技人才总需求的比例逐年上升，地方属科研院所博士需求所占比例高于部省属科研院所（图27）。

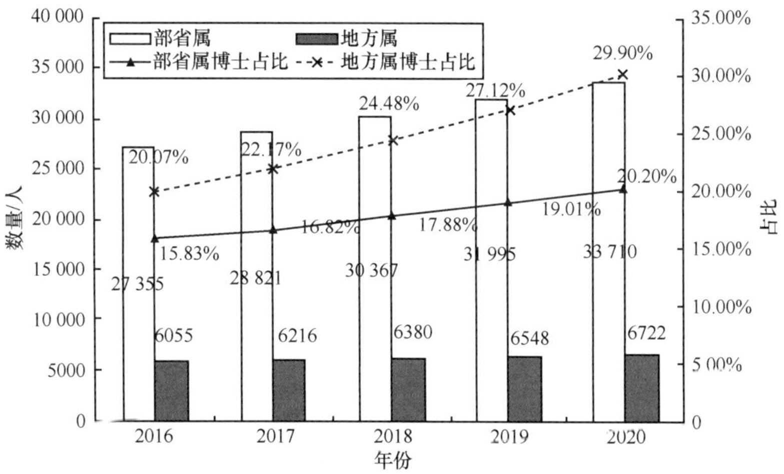

图27　2016—2020年江苏科研院所科技人才需求预测及博士占比

3.3.3.3　科研院所科技人才层次需求

（1）科技管理与服务人才

公益科研院所是承担技术转移的主要机构。2017年9月，国务院发布了《国家技术转移体系建设方案》（简称《方案》），《方案》提出要加快发展技术市场，提升技术转移服务水平。鼓励高校、科研院所建设专业化技术转移机构。因此，熟悉市场与企业的技术转移管理人才、技术经理人、技术经纪人等科技管理与服务人才将是科研院所人才需求的重点之一。

（2）科技创新创业人才

科研院所围绕战略性新兴产业和科技优势领域，探索多元化的科研成果孵化模式任重道远，需要一批复合型创新创业人才支撑。为解决科技创新创业人才的各种困难，公立科研院所要充分利用好国家、省级及市级的相关政策制度，如创业财税优惠政策、创业基金政策、知识产权保护政策等，加大创新创业人才的引进和培养力度，推动科研院所的创新发展。

3.4 新兴产业的发展需求分析

3.4.1 生物医药

3.4.1.1 江苏生物医药业基本情况

江苏生物医药业产业基础雄厚。作为国家重点发展的战略性新兴产业之一，江苏生物医药产业在我国医药产业发展过程中居重要地位。截至 2015 年，江苏有生物医药企业数 710 个，有R&D活动的企业数 412 个，2015 年实现主营业务收入 3479.5 亿元，占全国比重 13.52%，利润 362.9 亿元，出口交货值 220.7 亿元，均位列全国第二（图 28）。截至 2016 年年底，江苏拥有上市医药企业 26 家（不包括外资上市公司），有 11 家入围“2016 中国化学制药行业工业企业综合实力百强”，充分彰显了江苏医药企业的创新实力和品牌价值。

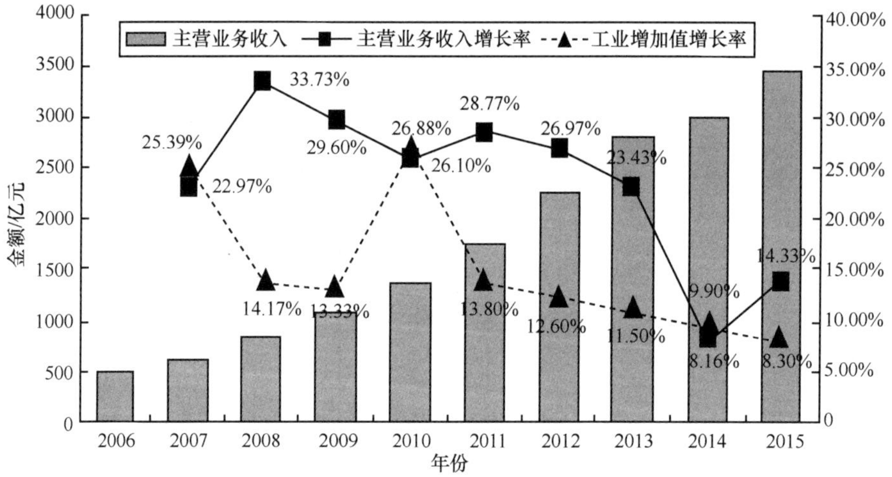

图 28 江苏生物医药业主营业务收入与整体工业对比情况

（资料来源：根据EPS数据平台整理）

生物医药业市场前景广阔。据普华永道预测，随着中国生物医药市场的不断扩大、医药行业研发投入的不断增加及医药工业生产能力的不断扩大，2016—2020 年，中国医药工业总产值年复合增长率将达到 22.8%，高于前 10 年 20%左右的水平。到 2020 年，中国生物医药工业总产值将达到 10 万亿元的规模。从全球规模排名来看，2020 年左右中国将超过日本成为全球第二大制药国家，生产规模仅次于美国。另据IMS（independent media services）研究报告分析，未来 5 ～ 10 年，新兴市场将逐步代替发达国家成为全球药品销售增长的主要动力因素。预计到 2020 年，新兴国家整体销售量占比将由 2010 年的 43%上升至 55%，在新兴市场中，中国位列第一，占新兴市场 20%（图 29 和图 30，资料来源于IMS报告）。

根据普华永道分析及医药产业过去 10 年发展走势，预测江苏生物医药产业发展规模在未来几年将呈现如下走势（图 31）。

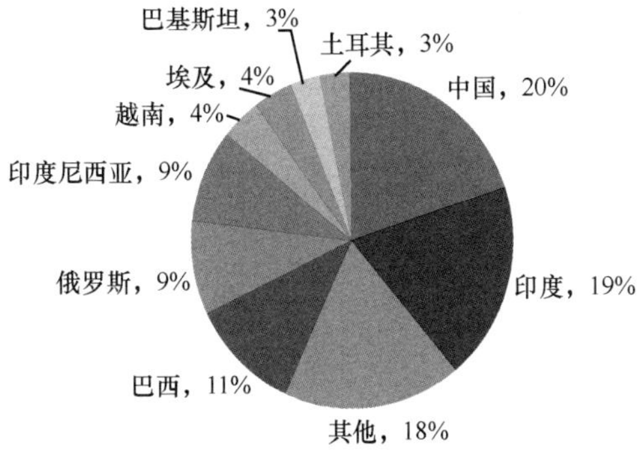

图 29　预测 2020 年新兴市场销量占比

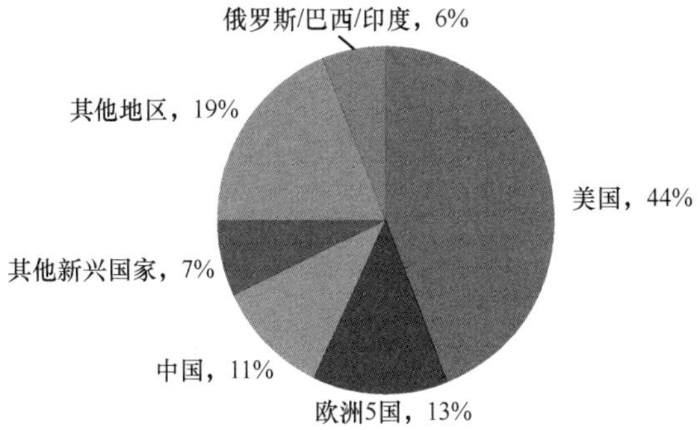

图 30　预测 2020 年全球药品销售规模不同区域占比

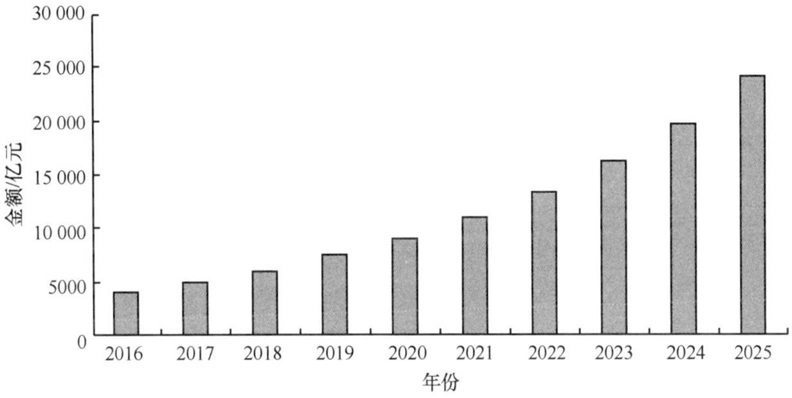

图 31　2016—2025 年江苏生物医药产业规模预测

3.4.1.2　***江苏生物医药业科技人才资源现状分析***

科研人才总量居全国前列，高端人才优势明显。2015 年，江苏生物医药产业科研人员数量为 21 950 人，位列全国第二，比 2011 年增加 11 221 人，年均增长率 19.6%（表 21）。截至 2016 年年底，江苏建成生物医药院士工作站 62 家，居战略性新兴产业首位，引才总数在战略性新兴产业中属于前列。

表21　2011—2015年生物医药业科研人员数量排名前五省份基本情况

单位：人

年份	2011	2012	2013	2014	2015
山东	11 462	14 388	19 286	22 812	23 197
江苏	10 729	15 933	18 490	20 939	21 950
浙江	10 535	12 072	15 680	16 481	17 423
广东	5916	8771	13 762	14 564	13 448
湖北	5923	9299	10 713	11 222	10 110
全国	83 959	112 722	163 248	182 530	177 028

资料来源：《中国高技术产业统计年鉴》。

科技人才载体数量多，发展势头良好。江苏在生物技术与新医药领域共有6个国家重点实验室和4个国家工程技术研究中心，2个省级企业重大研发机构，28个省级重点实验室和72个省级工程技术研究中心，47个科技公共服务平台。江苏省产业技术研究院设有生物材料与医疗器械研究所、工业生物技术研究所、医药生物技术研究所等7个生物技术与新医药专业研究所。据《中国高技术产业统计年鉴》数据显示，“十二五”期间，江苏省生物医药产业科研机构数量连续5年位居全国第一，占全国比重稳步上升，2015年占比接近1/5，良好的发展势头为江苏医药产业发展形成了强大的支撑（图32、表22）。

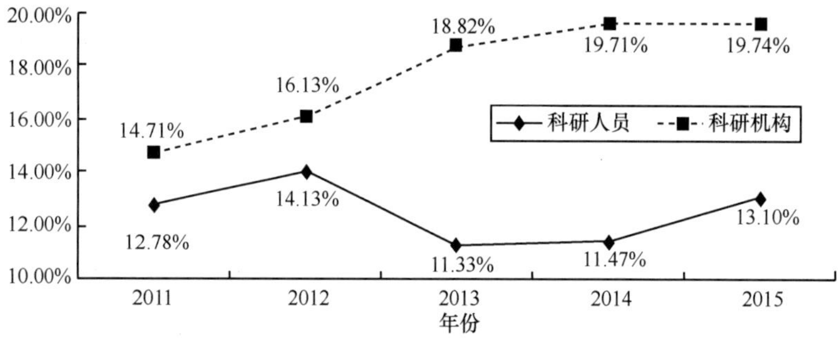

图32　2011—2015年江苏省生物医药业科研人员和科研机构数量占全国比重变化趋势

（资料来源：根据《中国高技术产业统计年鉴》整理）

表22　2011—2015年生物医药业科技人才载体排名前五省份基本情况

单位：个

年份	2011	2012	2013	2014	2015
江苏	273	418	476	507	549
山东	180	259	259	247	246
浙江	95	285	282	307	302
广东	151	208	197	171	243
安徽	86	119	113	143	169
全国	1856	2591	2529	2572	2781

资料来源：《中国高技术产业统计年鉴》。

3.4.1.3 生物医药业科技人才需求

（1）生物医药业科技人才数量需求

上述关于中国生物医药业在国际市场上销售额和销售规模的预期，突显了中国生物医药业的发展空间。江苏作为我国生物医药业版图的重要一极（2015年江苏生物医药业的主营业务收入、利润、出口交货值全国排名第二，科研机构数量全国第一），将面临极其难得的发展机遇。现阶段生物医药业科技人才数量难以满足产业日益发展的需求，运用《中国高技术产业统计年鉴》数据，构建灰色预测模型，对未来几年江苏生物医药业科技人才的需求情况进行预测分析，通过GM（1,1）预测模型分析，到2020年江苏生物医药业科技人才将达到47 186人，与2015年的21 950人相比，存在25 236人的缺口（表23），人才需求量大。

表23　江苏生物医药业科技人才现状及发展需求预测

单位：人

年份	2014	2015	2016	2017	2018	2019	2020
数量	20 939	21 950	26 860	30 923	35 602	40 987	47 186

根据江苏生物医药产业发展与从业人员的线性回归分析及江苏医药产业研发人员与从业人员的拟合分析，未来几年江苏生物医药业中科技人才占从业人员比重将逐年增加（图 33）。

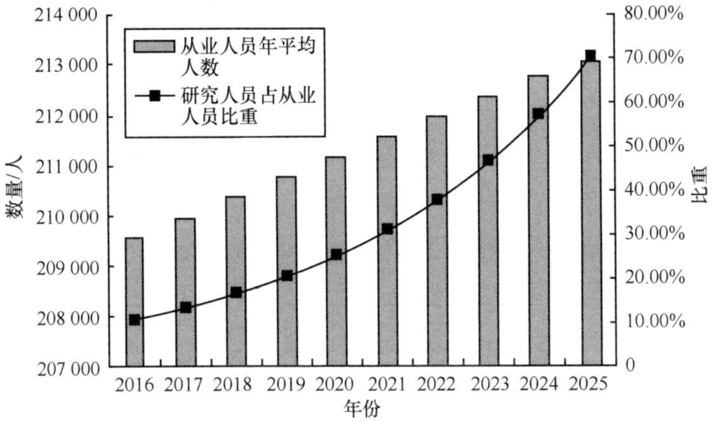

图 33　预测 2016—2025 年生物医药业从业人员数及研究人员占从业人员比重

（2）生物医药业科技人才层次需求

生物医药产业科技人才层次需求侧重“高精尖”。未来 5 ～ 10 年，中国生物医药产业将进入精准医疗和个性化医疗发展轨道，江苏将紧跟生物技术发展前沿，结合自身发展优势，把握生命科学纵深发展、生物新技术广泛应用和融合创新的新趋势，进一步针对我国高发恶性肿瘤、传染病及慢性疾病等重大疾病领域，开展重大疾病的化学药、中药和生物技术药物新产品的研发，强化基于细胞和靶蛋白的药代动力学及药代/药效/毒性三位一体的成药性评价等关键共性技术的研究，突破生物技术药物产业化的技术瓶颈，开发自主知识产权产品。根据江苏生物医药产业发展目标及发展规划，我们认为，未来几年，关于生物技术、生物工程、生物制药工程、药物分析等专业的“高精尖”人才将是生物医药业科技人才需求的主要方向。

3.4.2　新一代信息技术

3.4.2.1　江苏新一代信息技术产业基本情况

多个领域产业规模稳居国内前列。新一代信息技术产业是江苏省重点发展的高新技术领域产业之一，具有良好的产业基础和市场空间，技术水平和综合实力位居全国前列，2015 年全省新一代信息技术和软件产业实现销售收入 12 705 亿元，同比增长 19.2%。集成电路产业规模连续多年在国内处于领先地位，占全国产业规模的 40%，封装测试全国第一，芯片制造全国第二；新型平板显示规模位居全国前三，全球 TFT 十强企业均在江苏省落户；物联网产业连续多年保持 30% 以上的高速增长，无锡是我国唯一的传感网创新示范区；软件产业收入连续 3 年位居全国第一，产业规模 10 年增长 18 倍。企业两化融合应用效益指数为 135.94，连续

3 年位居全国第一；两化融合国家级试点示范企业近 400 家，省级试点示范企业 3153 家。

3.4.2.2 新一代信息技术产业发展趋势

国际上，新一代信息技术受到各国的高度重视。2015 年，全球电子信息产业规模已近 10 万亿美元。美国、欧洲、日本、韩国及新兴经济体国家或地区均不遗余力地推动信息技术发展和创新应用，积极布局产业新兴领域，试图抓住新一轮信息技术革命带来的机遇，抢占未来经济社会发展和技术进步的制高点。

在国内，新一代信息技术被列为战略性新兴产业，并受到国家的大力扶持。2016 年，国务院印发《“十三五”国家战略性新兴产业发展规划》，提出实施网络强国战略，加快建设“数字中国”，推动物联网、云计算和人工智能等技术向各行业全面融合渗透，构建融合创新、智能协同、安全可控的新一代信息技术产业体系。到 2020 年，力争在新一代信息技术产业薄弱环节实现系统性突破，总产值规模超过 12 万亿元。由此可见，新一代信息技术产业在未来将仍有巨大的发展空间。表 24 为江苏电子及通信设备制造业主营业务收入趋势预测情况。

表24　江苏电子及通信设备制造业发展趋势预测

单位：亿元

年份	2016	2017	2018	2019	2020
主营业务收入	17 046.0	18 475.7	20 025.3	21 704.8	23 525.2

3.4.2.3 江苏新一代信息技术产业科技人才现状

产业科技人才规模居全国前列。“十二五”期间，在新一代信息技术产业领域，江苏科技人才规模居全国前列。通常而言，R&D活动的规模和强度指标反映一个地区的科技实力和核心竞争力。以江苏新一代信息技术产业核心的电子及通信设备制造业为例，2010 年江苏有R&D机构 311 个，R&D机构人员 28 095 人，R&D机构经费支出 74.2 亿元；2015 年江苏有R&D机构 1757 个，R&D机构人员 81 584 人，R&D机构经费支出 188.6 亿元。其中科技人才规模 5 年内增长近 3 倍，年均增长率为 23.76%，增长速度全国第一，远远高于同期全国 18.8%的增长率。由此可见，江苏在新一代信息产业领域对科技人员的吸引力强劲，并逐步形成规模效应。

科技人才的科研成果突出。2016 年，江苏省新一代信息技术产业拥有有效专利 650 件，有效发明专利 428 件，占全国的 8.6%，位居全国第二，同时拥有中国驰名商标 24 件。其中，电子核心基础技术与器件、基于生物学模型的计算机系统领域的发明专利授权量全国第一。近年来，江苏在新一代信息技术领域实施省科技成果转化专项资金 21 项，产生了一批高端成果和标志性产品，获得国家技术发明奖、国家自然科学奖、国家科技进步奖 7 项，其中，获得国家技术发明一等奖 2 项。

3.4.2.4 江苏新一代信息技术产业科技人才需求预测

电子及通信设备制造业产值占江苏新一代信息产业总值的绝大部分，并将在长时间内保持增长态势，为统计口径及数据获取的方便性，以电子及通信设备制造业的科技人才需求来预测新一代信息产业科技人才的需求。2015 年，江苏电子及通信设备制造业在企业数、从业人员平均数、主营业务收入和利润总额方面均列居全国第二，为江苏发展新一代信息产业提供了良好的产业基础和巨大的发展空间（表 25）。

表25 2015年电子及通信设备制造业排名前五省份基本情况

省份	企业数/个	从业人员平均数/人	主营业务收入/亿元	利润总额/亿元
广东	4624	3 121 968	26 881.7	1593
江苏	2607	1 572 034	15 864.9	790.1
山东	859	325 117	4755.7	278.3
上海	473	329 307	3677.6	121.9
浙江	1349	393 210	2980.2	289

运用《中国高技术产业统计年鉴》数据，构建灰色预测模型，对江苏电子及通信设备制造业科技人才的需求情况进行预测分析，通过GM（1,1）预测模型分析，到2020年科技人才需求达到96 144 人，与2015 年相比，缺口接近15 000 人（表 26）。

表26 江苏新一代信息技术科技人才需求预测

单位：人

年份	2016	2017	2018	2019	2020
科研人员数	85 924	88 372	90 890	93 480	96 144

3.4.3 智能制造

3.4.3.1 江苏智能制造业基本情况

江苏装备制造区域综合竞争力排名第一。《2016 年全口径装备制造业区域竞争力评价指数》报告指出，江苏装备制造业的规模实力、创新能力和国际化程度位居全国第一。2015 年，江苏装备制造业实现产值 6.4 万亿元，占全省工业经济总量的 41.7%。累计建成国家级企业技术中心 49 家、省级企业技术中心 612 家，分别占全省国家级和省级企业技术中心总数的 51.0% 和 37.5%。拥有销售收入超百亿元企业 20 多家，超 10 亿元企业 400 余家，全省拥有全国机械工业百强企业数量连续多年稳居全国前 3 位。2016 年 9 月，经国家制造强国建设领导小组同意，工业和信息化部批准了苏南 5 市“中国制造 2025”试点示范城市群（表 27）。

表27 “中国制造2025”试点示范城市群入选名单

排名	省份	城市数量/个	入选城市名单
1	广东	6	珠海、江门、中山、阳江、肇庆、佛山（顺德）
2	江苏	5	南京、苏州、无锡、常州、镇江
3	湖南	4	长沙、株洲、湘潭、衡阳
4	浙江	2	宁波、湖州
5	山东	1	青岛

资料来源：根据统计信息整理。

3.4.3.2 江苏智能制造业科技人才基本情况

江苏智能制造业高层次人才集聚。目前，江苏在智能制造业领域集聚了一批拔尖人才，有33名两院院士在江苏工作或建立工作站。掌握关键核心技术的高层次人才的集聚必将引领江苏智能制造业持续快速发展。

3.4.3.3 江苏智能制造业人才需求

（1）人才需求数量分析

截至2017年年底，江苏有高技能人才358.2万人，占全国比重7.06%。在人力资源和社会保障部《高技能人才队伍建设中长期规划（2010—2020年）》中提到，到2020年技能劳动者需求将比2015年增加近3290万人，其中高技能人才需求将增加约990万人。到2020年，全国技能劳动者总量达到1.4亿人，其中高技能人才达到3900万人，占技能劳动者的比例达到28%左右。据教育部官网2012—2015年统计数据表明，十大重点领域年度人才总缺口最大的是高档数控机床和机器人，年度最大缺口20万人左右。根据人才需求数量分析，智能制造业的人才供需状况仍为供不应求。

（2）人才需求质量分析

根据“中国制造2025”规划相关政策，制造类规模生产企业将有一半实现全自动化生产，因此具有丰富的专业知识、熟练的动手操作能力和创新性解决复杂问题能力的高技能人才将是需求的重点。此外，随着传统制造企业的数控化、信息化、智能化、工业机器人、3D打印等智能装备的普及，智能制造业人员还要具备对企业生产过程的分析能力。

3.4.3.4 强化智能制造人才培育的路径

一是加强智能制造企业家队伍建设，建立健全面向智能制造的企业家培训体系，围绕智能制造积极开展理念创新、管理创新、商业模式创新等，有效推进企业开展面向数字化、网络化、智能化的业务模型重构和企业流程重组。二是联合开展智能制造人才培养，鼓励装备、自动化、软件、信息技术等不同领域企业通过联合招聘、互派工作人员、共建项目团队等模式，联合开展智能制造人才培养，积极组织开展骨干研修、海外派遣、研究深造、青年储备人才培训等活动，培养一批熟悉制造技术、精通信息技术、了解系统集成、具备较强实战能力的高端复合型技术人才。三是创新产教融合、校企合作机制，实现产教协同创新、协同育人，建立一批智能制造人才实训基地，培养一批熟练操作智能化装备的高素质技能人才。

4 优化江苏科技人才队伍建设的对策建议

在把握人才需求现状和特点的基础上，基于供给创新、需求引领、人才集聚和开放融合的原则，从人才引进、培养、评价、使用、激励和保障等各个关键环节发力，完善政策措施、优化人才环境，针对束缚人才创新活力的关键问题提出对策建议，加快推进科技人才队伍建设，为促进江苏经济社会发展提供智力支持。

4.1 健全完善政策支持体系，优化发展环境

4.1.1 打造公平灵活的政策环境

系统完善的人才政策环境是科技人才创新创业的重要保障，通过对现有各类人才政策、

资源的梳理和有效整合，重点强化各政策间的配套衔接，形成合力，对战略性新兴产业领域的战略领军人才、高层次人才和高技能人才给予重点支持。创新引才育才的体制和机制，完善人才使用的政策措施，构建更加合理开放的人才引进、培养、使用、激励、保障和流动机制，打造一个公平竞争的人才制度环境。加强对知识产权保护力度，特别加强对诸如智能制造、绿色能源、大数据等新兴领域原创性的保护力度，做到人才干事有保障、发展有希望，创造有利于科技人才创新发展的灵活政策环境。

4.1.2 完善科技人才评价机制

在总结分析现有人才评价体系和制度基础之上，建立更加科学合理、具体明确的科技人才评价体系和评价机制，评价体系体现工作性质和岗位特点，推行评聘相结合、考试考核与同行评议相结合、社会公认与业内认可相结合的多种评价方法，突出重视青年科技人才潜能开发的价值原则，对于基础研究人才，以同行评议为主，侧重中长期目标的考核，对于应用研究人才，建立市场和第三方评价机制，适度提高应用能力、创新能力等指标的权重，将科技人才取得的发明创造、成果转化等作为职称评审过程中业绩考核的重要依据，鼓励科技人才到企业兼职创新创业。

4.1.3 强化政策主体的地位和作用

（1）强化企业的主体地位

建立以企业为代表的用人主体参与机制，完善参与方式及流程。加快以企业为主体的公平竞争及人才自主流动的市场配置体系建设，建立政策管理机制，提高工作效率。用政策引导企业技术创新，减少政府对企业技术创新行为的直接干预，使用税收减免等政策工具，鼓励企业自主创新和自主人才培养，鼓励企业创建研究开发机制，重视面向企业的研究开发能力建设和活动，激励企业进行科技人才开发与创新开发，使企业真正成为人才管理与技术创新的主体。

（2）注重发挥中介机构的重要作用

依托政府公共资源与社会专业机构资源及各类创新创业基地和科技型企业，激发和释放市场活力，培养一批熟悉市场与企业的科技中介人才；通过委托管理、政府采购等形式充分发挥中介机构在政策实施落实过程中的作用；项目资助方面，由过去对特定产品、工艺或技术路线的资助，转变为对创新主体科研活动的支持，减少政府市场干预程度，将资助领域的选择权交由市场，激发科技中介机构协同服务作用。

（3）发挥“双创人才”在政策制定中的作用

作为人才政策和制度的享用者，“双创人才”了解和掌握科技创新的前沿动态，清楚自身的发展需求和创新实践过程中可能面临的问题，鼓励和支持这部分人才参与科技人才政策的制定，有利于政策制定者精准掌握实践中的具体情况和问题，提高政策意见的预见性和有效性。

4.2 加强“高精尖”人才队伍建设，优化人才结构

4.2.1 加强战略领军人才队伍建设

依托江苏省“双创计划”“333 高层次人才培养工程”“凤还巢”工程等人才计划和工程，

发挥国家和省级重点实验室、工程（技术）研究中心、科技创新基地等创新载体对科技人才的支撑作用，国内范围内重点加强对高端科技人才的吸引和集聚，依托重大科技专项培养一批能够引领产业发展的战略科学家，提升江苏省科技创新能力。

4.2.2 加强战略性新兴产业科技人才队伍建设

围绕新能源、新材料、生物医药、节能环保、新一代信息技术和软件等江苏十大战略性新兴产业，结合江苏省的产业布局和产业体系构建，通过政策引导、设立产业发展基金、完善产业发展服务平台等措施，加快人才与产业的匹配度及人才对产业的支持度，形成具有产业特色的人才集群，如南京智能电网科技人才队伍、无锡物联网科技人才队伍、常州石墨烯科技人才队伍、苏州纳米材料科技人才队伍、泰州生物医药科技人才队伍等。加大对战略性新兴企业特别是高技术或高成长性科技企业主要负责人的培养力度，通过搭建企业家合作交流平台，促进这部分人群开展跨区域、跨行业及专业的合作与交流，聘请国内外成功企业家，对企业主要负责人的市场开拓、商业合作等方面的能力进行培养提升，培养和造就一批科技企业家和战略性新兴产业科技人才队伍。

4.2.3 扩大优秀科技人才储备

青年科技人才是未来高端科技人才的重要储备。江苏充分利用高校院所集中、科研实力较强这一资源优势，充分挖掘和利用青年科技人才这支人才潜力股，鼓励高层次科技人才通过博士后工作站、产学研基地等载体，加强对青年科技人才的引领作用。鼓励企业特别是高技术企业对外籍留学生提供实习就业机会，吸引外国学生在苏留学并发展，扩大江苏外籍优秀科技人才储备。加大对青年科技人才培养计划的资助力度、扩大资助范围、鼓励青年科技人才海外深造，形成系统完整的青年科技人才培养体系，营造有利于青年科技人才脱颖而出的人才发展环境。

4.3 畅通人才流通渠道，促进科技人才均衡分布

4.3.1 加快人才合理流动

鼓励事业单位科技人才在做好本职工作的前提下，经所在单位同意，兼职到企业从事技术攻关等创新活动，并按规定获得报酬。支持符合条件的科技企业家和企业科技人才到高校兼职担任研究生导师或创业导师，允许事业单位科技人才离岗创业，通过签订协议，明确离岗创业期间双方的权利义务、人事关系、成果归属、收益分配等事项（图 34）。

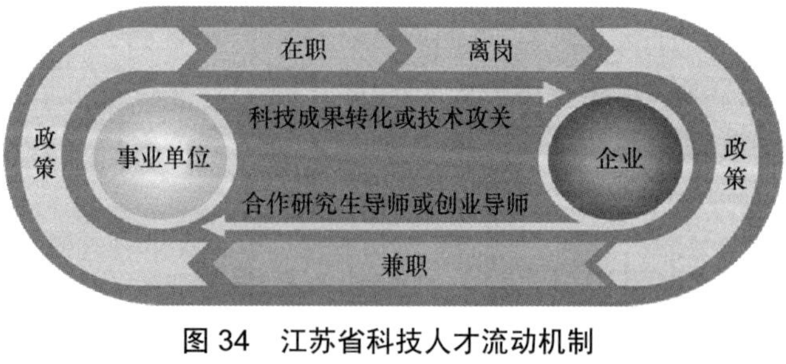

图 34　江苏省科技人才流动机制

4.3.2 促进科技人才在区域间合理配置

指导苏北地区根据当地产业发展布局，因地制宜地制定科技人才发展规划，支持苏北地区改善当地吸引和集聚人才的环境，鼓励苏北地区建立科技人才创新创业载体，健全人才服务体系。通过项目带动等方式鼓励和引导科技人才向苏北、基层一线和特殊行业流动，并对这部分科技人才实行政策倾斜。实行苏南、苏北合作发展的科技人才管理机制，促进科技人才在苏南、苏中、苏北地区合理流动。

4.3.3 鼓励地区因地制宜开展人才工作

鼓励苏南地区结合战略性新兴产业转型升级契机，构建具有国际竞争力的人才引进培养制度，加快战略性领军人才、急需紧缺人才、新兴产业人才的引培力度，率先成为高端人才、高成长性企业和高附加值产业的重要策源地和集聚地；鉴于苏中地区科技管理人才、高级技能人才总量不足的突出问题，鼓励苏中地区弥补科技创业园等人才创新创业载体建设短板，同时鼓励苏中充分利用地理优势，在全国范围内引进和培养人才；基于苏北地区引人、留人难问题，建议相关部门在人才工程、人才项目方面对苏北地区进行适度倾斜，支持苏南地区对苏北地区的产业转移，通过税收优惠等政策激励转移企业缩小地区工资差异，畅通人才流动渠道。

4.4 加快数据库建设，完善公共服务支撑体系

为解决科技人才队伍建设关键指标数据采集渠道单一、数据精准化程度低等问题，加快推进江苏省科技人才工作信息化、数据化建设刻不容缓。

4.4.1 加快高端人才数据库建设

借鉴全球顶尖专家数据库建设模式，利用互联网、信息技术有计划地建立江苏高端人才数据库，如急需人才数据库、紧缺人才数据库、战略性新兴产业人才数据库，为高端人才的引进、培养和使用提供信息支持，避免人才闲置及错位使用，破解科技创新中精准引才的难题。

4.4.2 加快人才交流与服务平台建设

（1）信息交流与共享平台建设

借鉴英国的全球工作匹配服务平台（universal job match）及巴西人才库Lattes平台，以政府采购等方式建立适应江苏经济发展的科技人才信息交流与共享服务平台，平台具有输入便捷、知识递增、辅助决策、动态开发和大数据资源等特征。通过平台建设增进科技人才供给与需求的信息交流，协助用人单位扩大人才招募的范围，给予科技人才更加广阔的就业渠道和选择范围。

（2）科技人才服务平台建设

建立健全由企业、政府、研究人员及投资者多方参与的科技成果转化与转移平台，解决产学研合作不紧密问题，加快具有市场潜力的科研成果市场化的效率。完善创新创业金融服务平台和科技成果评估与交易平台，设立创新创业基金，加强融资担保，为科技创新创业团队在寻求合作伙伴、项目的受理与评估、知识产权保护咨询等方面提供便捷，提高公共服务质量与水平，提升科技创新效率。加大科技人才服务平台建设的投入力度，鼓励企业、研发

机构及协会参与平台建设，扩大平台建设与运营经费的来源渠道。完善服务平台的管理机制，加大公共开放力度，推进平台数据的共享。

课题负责人：李　敏
课题组成员：许　迎　李文静　鲁　旭　张　华　喻　建　汪长柳　戴伟华
撰　稿　人：李文静

科技大数据

江苏省企业知识服务平台服务案例分析

在以全球化、知识化、信息化为主要特征的知识经济时代，企业想在更高层次上实现新一轮发展，根本出路仍在于提高自主创新能力，加快由投资驱动和资源消耗为主向创新驱动转变，企业的创新速度和层次不再简单依赖于资本的投入，更多地依赖于企业发现、获取、挖掘、传播和运用知识的能力。随着互联网的普及，各种信息资源铺天盖地而来，而且资源量也呈井喷态势，资源领域也在不断发展，资源结构和对资源机构的需求都在发生着变化，这使企业和用户在银河系量级的资源中获取有价值的知识资源带来巨大的困难，出现了资源超载与知识饥渴并存的现象。为解决这些问题，需要将各类资源整合与知识服务理念相结合，集成企业在创新的各个环节中需要的各类创新资源，为企业提供个性化的知识服务。江苏省科学技术情报研究所联合常州、高邮等地区 5 家单位，根据企业的实际情况和资源需求，结合互联网采集技术、先进的文本挖掘与热点发现技术，开发江苏省企业知识服务平台。

江苏省企业知识服务平台通过集聚整合各类科技服务创新要素，以企业需求为中心，知识服务理念为引导，依托先进的数据分析挖掘技术，实现知识的关联分析，帮助企业发现、共享、利用现有的科技信息资源，让企业特别是中小企业以最低成本、最快效率构建属于企业自身的数字图书馆、竞争情报系统和知识共享平台，从而为企业提供更深层次、更大发现和更高价值的知识服务，为企业核心竞争力的提升提供强有力的资源支撑和决策参考。

1　平台建设背景

信息时代的到来使得信息公开已进入常态化，面对透明的市场竞争，中小企业越来越感觉到知识情报的重要性，它已成为企业除资金、技术、人才之外的第四大要素。据统计，目前世界 500 强企业中 95% 以上都已建立较为完善的竞争情报系统，充当着企业智囊团的作用，帮助企业实现环境监视、市场预警、技术跟踪、对手分析、策略制订等基本功能，使得企业能够培养和提高核心竞争力，在竞争激烈的市场中始终维持领先地位。中国是个以中小企业居多的国家，中小企业占全部企业的 99% 以上，竞争情报系统在一些国企和大型企业中得到充分应用，但对于资金和人才都比较紧缺的中小企业来说，不具备成立一个专门的竞争情报部门或团队来开展知识情报的收集、整理、分析和利用，这种信息的不对称现象使中小企业在知识情报的利用中处于弱势地位，制约着中小企业对外部市场的把握，对内部产品或技术的改良创新，从而阻碍了企业的发展。

国外发达国家知识服务平台建设已很成熟。美国洛斯阿拉莫斯国家实验室、德国马普学会数字图书馆、加拿大科技信息研究所等均建有知识服务系统，建立了知识化、网络化时代知识服务的模式与机制，包括机构知识资产管理、科研数据管理与服务、虚拟研究环境等。这里仅以加拿大科技信息研究所（CISTI）建设的“加拿大国家科学、技术、医学信息网络”为例，其信息资源量庞大，系统功能强大。CISTI 的定位是依托信息资源，提供高附加值的信息分析服务。提供的产品及服务形式包括：技术信息、文献搜索与传递、企业及商业情报、专利及商标信息、推荐介绍专家和组织、科技发展趋势预警、专利分析及研发战略分析、政府决策咨询服务等。我国政府也十分重视“知识服务”的建设。科技部 2012 年立项建设“中小企业知识库服务平台”。知识服务已然成为全球发达国家科技信息服务业的发展方向。

1.1 实施创新驱动转型升级的需求

知识服务是传统信息服务的高级阶段，江苏作为经济大省、科教大省，知识服务的需求极为旺盛。2011 年江苏省用 1%的土地、6%的人口，贡献了全国 10%的经济总量；全社会研发投入 2010 年 1083 亿元，占江苏 GDP 的 2.2%,在区域创新能力排名中连续 3 年排名第一。这些成绩的取得最主要依赖的就是创新。江苏省“十二五”规划提出“创新驱动核心战略”，发展方式由“要素驱动”向“创新驱动”转变。创新驱动战略实施在江苏，科技创新是关键、是重点，但最薄弱的是企业创新，企业强则国家强。江苏省委省政府决定，将把科技创新的主攻方向放在提升企业自主创新能力上，一直到 2015 年,要培养 100 家创新型典型企业，1000 家科技创新型企业，1 万家高新技术企业，10 万家民营科技企业。所有这些，都为江苏省知识服务提供了广泛的需求和坚实的发展基石。因为需求是知识服务平台网络建设成功的第一保障。聚焦这些企业的科技创新能力的提升，提供有价值的知识服务也是本项目建设的必然担当。《现代服务业科技发展“十二五”专项规划》中指出，提高科技咨询业信息化水平，建设智能化科技信息收集、加工分析、共享应用的服务平台，形成科技咨询业现代化信息网络系统，进一步发展科技咨询机构推动科技型中小企业创新发展的重要作用。规划精神为集聚各类企业创新所需的科技信息资源要素，开展企业知识库系统建设与服务指明了方向。通过江苏省企业知识服务平台网络项目的建设，必将带动全省现代科技服务业的发展。

1.2 江苏省企业创新发展的内在要求

企业需要准确判断国际竞争形势，把握发展方向。随着互联网的普及，各种信息资源铺天盖地而来，但充斥其中的大多是垃圾信息，企业真正需要的信息不仅难找，而且组织松散，结构紊乱。企业需要针对性信息，但更需要的是知识和知识服务。在以全球化、知识化、信息化为主要特征的知识经济时代，企业想在更高层次上实现新一轮发展，根本出路仍在于提高自主创新能力，加快由投资驱动和资源消耗为主向创新驱动转变，企业的创新速度和层次不再简单依赖于资本的投入，更多地依赖于企业发现、获取、挖掘、传播和运用知识的能力。企业作为最为活跃的创新主体之一，在创新的各个环节中，需要各种类型的创新资源和知识服务，在技术、市场、人才、政策等创新的主要环节，尤其需要科技服务支撑——知识服务，如中小企业在自身发展上需要了解政府项目扶持信息和针对性的优惠政策，市场竞争中想迫切了解竞争对手的信息，产业发展方面需要有针对性的行业分析报告，技术开发过程中很想知道有哪些可利用的成果和技术，谁是这方面最能做成事的专家，互联网和一般的信息平台很难解决上述难题，企业知识服务平台网络在集聚大量创新科技资源的基础上，将直接根据企业的个性化服务需求，定制、推送、生成企业自己的知识服务门户，并直接面对服务难题开展专业化信息咨询服务。

1.3 全省现代科技服务业向高端发展的需要

从科技服务业自身行业的发展出发，服务科技创新理应成为科技信息服务事业的第一考量、第一责任、第一要求。“打铁还需自身硬。”为适应新形势下的企业需求，科技信息服务业必须转型升级，必须用知识服务的理念、方法、手段来改造、提升传统的信息服务水平。用知识服务提升创新力和竞争力。

企业知识服务最主要的是从各种显性和隐性知识资源中按照人们的需要有针对性地提炼知识，并用来解决企业用户问题的高级阶段的信息服务过程，它关注的焦点不是“我是否提供了您需要的信息”，而是“通过我的服务是否解决了您的问题”。因此，在建设创新型省份的今天，从江苏省企业知识管理的现状和需求出发，依托江苏省工程技术文献信息中心丰富的信息资源和强大的信息服务能力，引进企业创新过程中所需的各类资源要素，搭建一个实用、灵活、强大的知识库系统，对于培育和积累企业的核心知识竞争力，对于企业自身乃至整个社会都将具有十分重要的经济效益和社会效益。

2 项目建设目标

2.1 总体目标

“江苏省企业知识服务平台网络”项目建设的总体目标是根据知识的生命周期，采用分布式的知识采集工具，将期刊、论文、专利、标准、科技政策、项目申报信息等与企业创新相关的科技资源进行采集、加工、整理，及时对采集整理的数据进行挖掘与分析，并根据企业个性化需求形成企业可以直接利用的知识资源，及时推送给企业，为企业的决策、技术跟踪、市场导向等方面提供知识服务。通过项目的建设力求实现 3 个方面的突破或进展：一是要突破现有公益性服务平台发展后劲不足现象，实现可持续发展。二是要突破现有公益性服务平台服务规模小、往往缺少品牌服务产品的现象。三是要不断创新机制，探索改进政府引导支持下的公共服务平台共享共建的机制，实现平台自身价值，催生新的服务业态，产生较大社会效益。以“江苏省企业知识服务平台网络”项目建设为纽带，集聚、统筹、整合各类科技服务创新要素，建成开放式、综合性知识服务平台网络。

2.2 建设目标

本项目的建设目标是在现有文献资源的基础上整合科技政策、科技成果、科技专家、大型仪器、地方科技信息、科技金融、产业动态、项目申报指南等与企业创新各个环节紧密相关的科技资源，以国内外知识管理、知识发现、知识挖掘、知识分析、知识服务等理论为指导，制定相应的知识分类体系，对整合的各类科技资源进行知识挖掘、整理、重组，形成科技资源共享知识库；研发科技资源知识服务系统，实现各类知识内容的关联，提供智能化的知识服务；根据产业特点和企业需求对科技资源知识服务系统进行个性化定制，建立产业知识门户和企业知识门户；建立一套基于企业需求、市场化运作、可持续发展的科技信息服务体系，形成上下联动、互通互补、协同运作的市场化服务格局。

2.2.1 资源整合及发现

整合多种类型资源，包括中外文期刊、学位论文、会议论文、专利、专著、标准、科技成果、产品样本、科技报告、政策法规，以及科技情报服务机构和企业单位的订购数据、外部数据和私有数据。开发元数据层级的底层整合方案，彻底解决异构资源、标准资源、自建资源的整合问题。从底层梳理资源脉络，分类规范资源的各种信息和属性；在此基础上提供一站式检索和全文保障服务；分面聚类、相关排序等检索结果寻优渠道。

2.2.2 知识管理和分析

对知识对象做标识和粒度分析，同时支持对客户本地特色资源、文献之外的科学数据等相关资源的整合扩展，有助于构建适合本单位的知识体系，从而实现真正意义上的知识管理，以达到知识产出不断创新的目的。

（1）快速建立省内各新兴战略产业的综合知识门户，用于产业知识的展示与应用

① 围绕江苏省新兴产业自主创新需求，整合挖掘产业基础信息资源，在数据库建设和完善的基础上，进一步整合优质资源，深度挖掘加工，开展产业专题服务，完成产业创新服务平台，实现对区域科技创新活动提供知识服务、专业服务和基础设施服务等。

② 按照知识目录的领域划分，每个具体的知识目录领域下包含一张主题词表，系统通过该词表与共享信息数据总库对照，提取符合词表定义的各类信息与资源，并聚合成为该产业或领域的信息门户。

③ 通过对知识目录的管理，控制各个产业门户站点。通过对主题词表的维护管理，控制各个产业门户内部的信息。

④ 应及时反映行业的热点和最新信息，突出最热和最新，以及信息资源的全面覆盖。淡化各种信息资源的类型边界，避免传统信息服务按照资源类型或数据库的形式独立出现。产业信息门户以专题报道、热点解读分析、最新信息滚动等方式呈现信息内容。

（2）根据企业个性化需求面向企业业务主题构建企业个性化门户，有效组织和分析企业所需知识情报

① 面向企业创新需求，通过对企业创新各个环节的知识梳理和分析，将期刊、学位、会议、专利标准等文献类数据库和经济贸易、科学数值数据、产品等事实资料库，以及相关的产业政策信息、行业运行信息、市场动态信息、科技信息、成果专家人才信息、技术转移信

息、企业竞争对手情报等经知识挖掘、加工，形成科技资源共享知识库，及时推送给企业，为企业的决策、技术跟踪、市场导向等方面提供知识服务。

② 按照企业业务主题和企业用户角色类型划分知识目录，每个具体的业务知识目录下包含一张主题词表，系统通过该词表与共享信息数据总库对照，提取符合词表定义的各类信息与资源，并聚合成为该企业的信息门户。

③ 通过对企业全部知识目录的管理，实现不同企业角色的个性化信息的组合展示。通过对主题词表的维护管理，控制各个业务主题的内部信息。

④ 应即时反映行业的热点和最新信息，突出最热和最新，以及信息资源的全面覆盖。淡化各种信息资源的类型边界，避免传统信息服务按照资源类型或数据库的形式独立出现。产业信息门户以专题报道、热点解读分析、最新信息滚动等方式呈现信息内容。

⑤ 个性化的企业门户展示内容应突出用户的业务需要，并及时推送给企业相关用户，为企业的决策、技术跟踪、市场导向等方面提供知识服务，针对企业解决实际问题提供有效的决策参考与依据。

（3）开发知识服务呼叫平台，及时处理企业用户的问题，实现与企业用户之间的互通

提供在线的知识咨询服务，各级单位、部门的人员都可以通过呼叫中心，向情报人员及相关专家进行问题咨询，情报人员可以在线来答疑，处理来自用户的各类问题解答、定题服务、原文传递等多种知识服务。

2.2.3 知识挖掘和应用

从情报分析视角深入挖掘隐含知识关联，构建企业自有知识体系，支持企业特色资源、科学数据的整合扩展。提供企业创新辅助工具——生成报告、提供科研比对分析、信息决策辅助。支撑客户行业评估、人才评估、研究方向分析、竞争情报动态连续追踪。将资源按照产业门类、知识概念总分关系来关联组织，克服传统资源服务按照数据库门类导航的弊端，使资源和信息可以更有针对性地辐射到各个领域和企业。

通过大数据云平台的分析和挖掘，情报分析人员可快速、准确地获得第一手资料，从而高效响应企业的定题或定性的信息咨询需求。平台也将提供良好的交互功能，打通需求提交和结果送达的全流程。

3 建设方案

3.1 平台建设总体框架

根据项目建设目标与内容，设计项目的整体技术框架。框架主要是从知识产生的过程进行设计，主要包括知识源分析、知识加工处理入库、知识挖掘与分析及知识应用等几个主要部分，如图 1 所示。

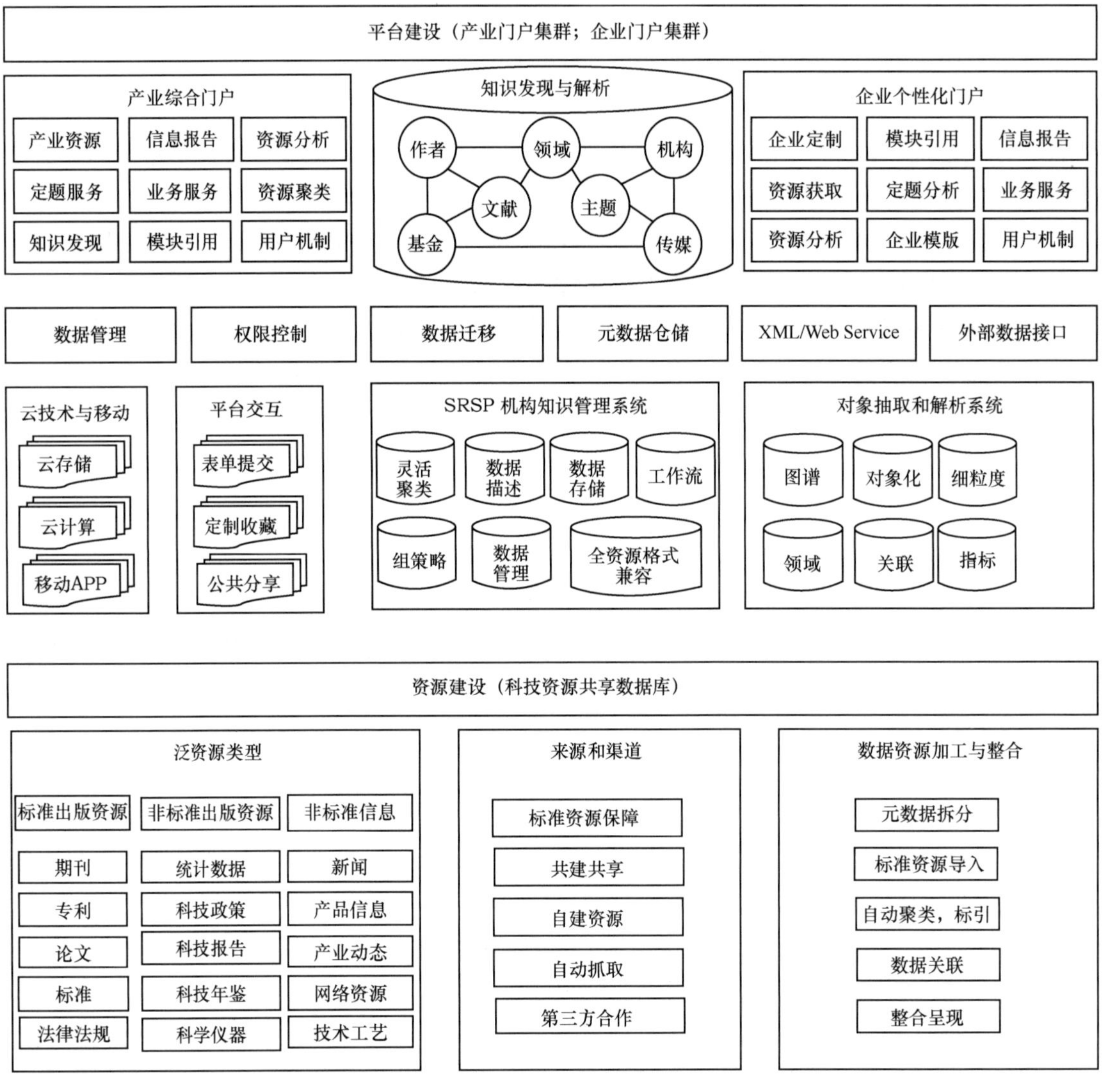

图 1　平台总体框架

3.2　平台实施技术路线

企业知识服务系统建设一是要通过对企业业务进行梳理和需求分析，构建面向业务主题的知识目录；二是基于知识目录的需求，实现在现有资源库中根据指定的采集模板进行信息采集；三是基于通用词汇和知识目录的专业词表的构建，为分词处理提供必要的专业语义词汇；四是基于知识目录中的概念与关联构建本体库，为知识之间的关系自动构建提供保障；五是按照知识目录分别进行训练，生成知识的分类语料，为信息的自动分类奠定基础；六是进行知识自动加工处理，构建知识关联关系，形成知识地图，构建企业的科技资源知识库；七是根据企业的个性化需求为企业知识门户推送知识，实现知识服务的功能。平台实施技术路线如图 2 所示。

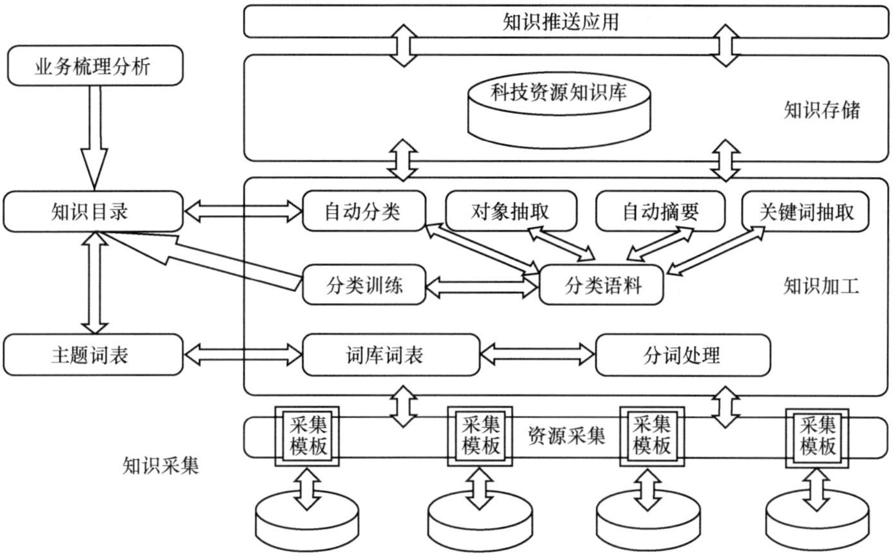

图 2　平台实施技术路线

3.3　平台开发技术路线

基于整个系统的目标定位和用户需求的特点，开发时必须满足系统的先进性、可扩展性、兼容性、实用易用、可维护性、稳定性等原则，采用目前最先进而且成熟的计算机软硬件技术，研发出先进、开放的体系结构，使建立的系统能够适应今后IT技术发展变化。采用SOA架构体系，各模块之间采用服务组件接口进行通信，易于扩展,并对第三方开发商提供接口，无论是在面对二次开发，还是新功能的扩展，都要有强大的灵活性。系统使用分布式部署，有效地平衡各服务器的压力，可以保证系统的稳定性。系统采用简单、友好的页面设计，确保具有不同的计算机应用水平的所有企业用户均能够对本系统快速地掌握并进行方便地使用。鉴于以上开发原则将系统从逻辑结构上划分为 5 层，分别是基础支撑层、平台框架层、服务框架层、应用框架层及展示层，设计了系统开发技术路图，如图 3 所示。

3.3.1　平台底层架构

平台底层架构是基于大规模云服务应用的Hadoop底层架构方式，如图 4 所示。这个底层架构普遍应用于淘宝网站等大规模用户群体和大数据处理平台上，该架构是一种能够对大量数据进行分布式处理的云计算软件框架，能解决许多要求极大伸缩性的问题，可以广泛的运用在分析处理 TB级的巨型数据文件上，且大大提高处理效率。该框架能够以一种可靠、高效、可伸缩的方式进行数据处理。主要有以下几个优点：

① 高可靠性。系统按位存储和处理数据的能力值得人们信赖。

② 高扩展性。系统的底层架构是在可用的计算机集簇间分配数据并完成计算任务的，这些集簇可以方便地扩展到数以千计的节点中。

③ 高效性。系统的底层架构能够在节点之间动态地移动数据，并保证各个节点的动态平衡，因此处理速度非常快。

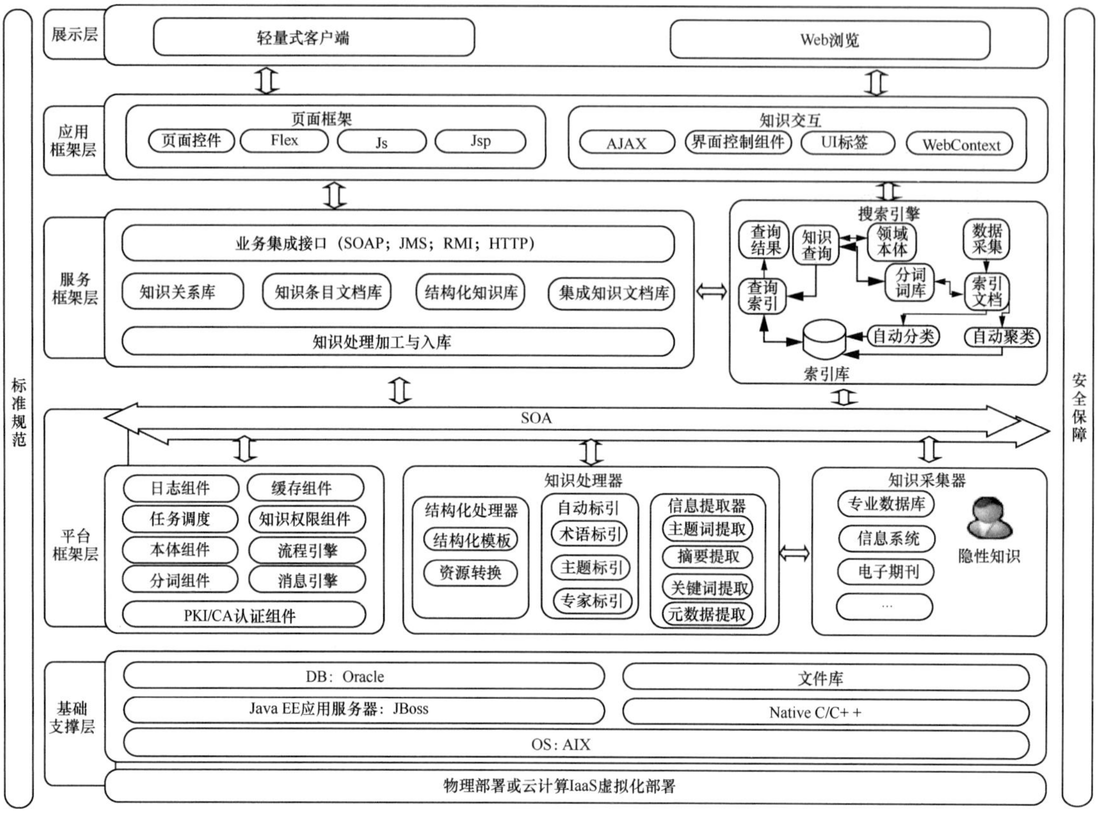

图 3　开发技术路线

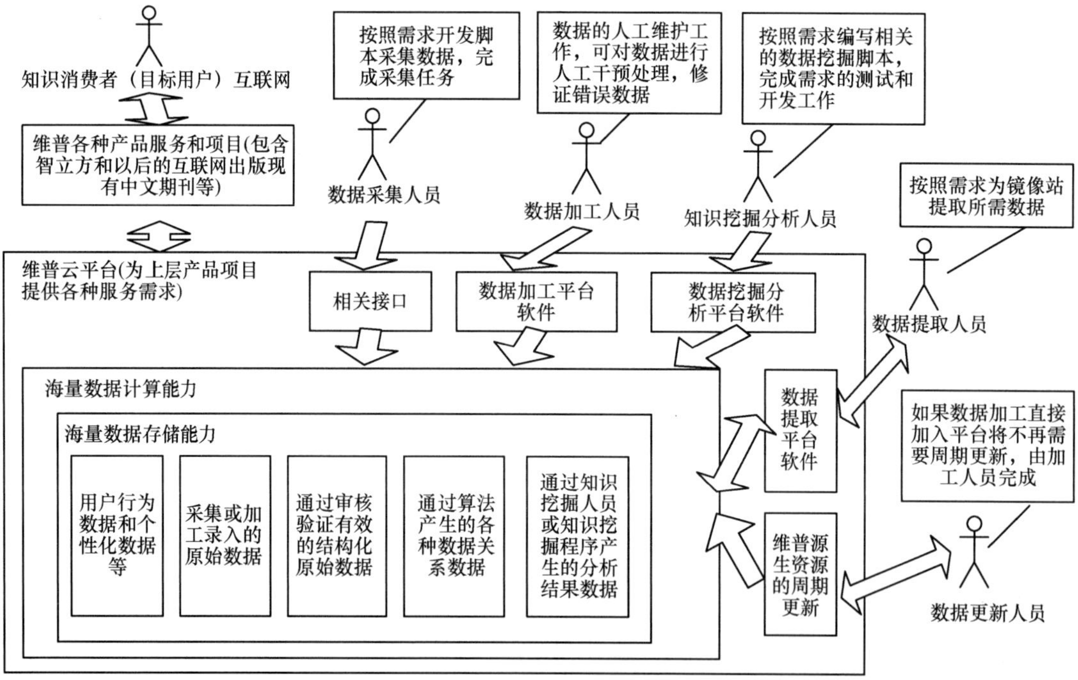

图 4　项目平台结构

④ 高容错性。系统的底层架构能够自动保存数据的多个副本，并且能够自动将失败的任务重新分配。

在此云平台基础上，系统整合和集成了上亿级别的元数据，并将这些元数据在云计算平台中充分整合去重，使其具备了覆盖目前市面上大部分中文资源的资源发现能力，同时分布式云平台架构可以很灵活的导入其他各种类型的元数据，并将其融合进系统中，共同参与发现及对象揭示。

3.3.2 基本结构层次

提供各种类型的开发接口以实现平台中的功能定制和应用集成服务。通过将各层分开以达到系统的可伸缩性和可扩展性，减少层之间的耦合，层与层之间通过接口来调用，下层对上层封装实现，如图 5 所示。

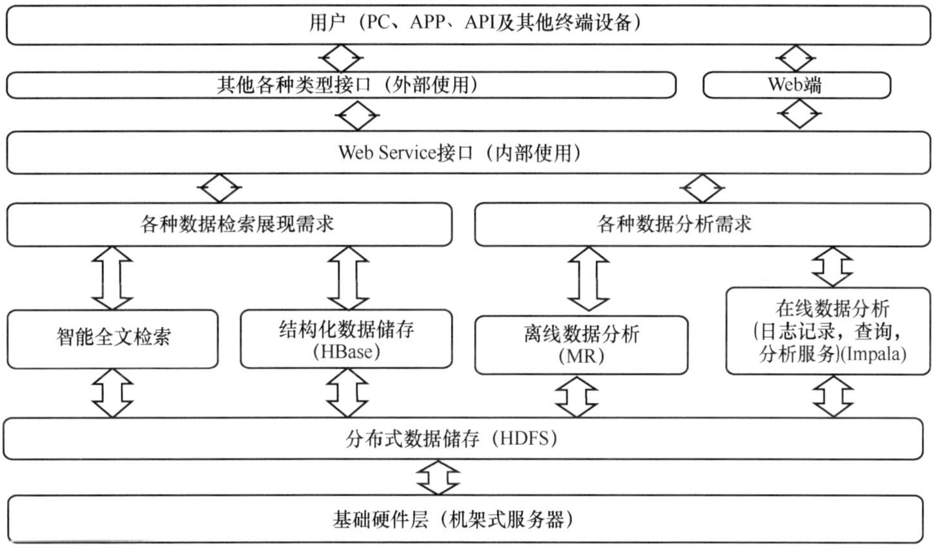

图 5 基本层次结构

3.4 企业知识服务模式设计

知识服务从知识管理的不断发展中逐渐派生而来,但又不同于知识管理。知识管理侧重于对存在于组织内部和外部的个人、群体或团队内有价值的知识进行系统的定义、获取、存储、分享、利用等工作，而知识服务侧重于向用户提供知识及问题的解决方案，不只是简单的信息集合。中国科学院国家科学图书馆馆长张晓林对知识服务做了定义:“它是以信息知识的搜集、组织、分析及重组和知识的能力为基础，根据用户的问题和环境，融入用户解决问题的过程中，提供能够有效支持知识应用和知识创新的服务。”

根据国内外学者对知识服务的定义，并结合对知识服务的理解，我们认为企业知识服务是以企业中知识工作者在特定任务或问题等情境下的知识需求为驱动，从各种显性和隐性的知识资源中，挖掘和发现对其有价值的各种有机联系的动态知识资源，从而为企业中的知识工作者提供其所需的个性化知识资源和智力服务，促进任务的完成或问题的解决，实现知识的价值增值。因此，企业知识服务是面向业务主题和问题情境的，所提供的知识是有机联系的，是一种个性化服务，其实现过程是一个价值增长的过程。

针对上述对企业知识服务的定义和特征分析，我们设计了面向业务主题的企业知识服务流程，根据是否需要对企业需求进行及时响应的要求将流程分为构建时和运行时两个阶段。

在构建阶段不需要考虑企业知识需求的及时响应。其主要任务是完成资源获取和采集，并对这些知识资源进行优化处理，包括：①对企业创新各个环节相关的科技信息来源进行分析，确定企业所需的知识资源获取渠道。②自动采集来自不同渠道的知识资源，并将采集到的知识存入原始知识库。③通过对采集的知识资源内容和特征进行析取分析，对知识进行优化处理，将处理结果存入优化知识库中。

在执行阶段我们必须对企业知识工作者的知识需求进行及时响应，根据时间的迁移，知识的需求也在动态变化。该阶段的主要任务包括：①由知识服务人员与企业知识工作者一起对企业进行详细的业务梳理分析，创建不同业务主题，并建立业务主题的知识目录架构，形成面向业务主题的企业知识服务体系。②对每个业务主题建立基于知识本体的主题词表。③根据确定的主题词表由系统自动检索匹配获取与业务主题有机联系的知识集。④根据用户需求呈现知识，促进其完成任务或解决问题。⑤用户对知识进行评价、反馈、跟踪，动态更新知识的主题词表。⑥系统对用户的访问日志进行记录。⑦将用户评价反馈的结果和访问日志记录相结合分析，系统根据分析结果自动推送知识给用户，以便更好地满足用户的实际需求。

以项目申报信息为例简要说明知识服务实现的流程，如图 6 所示。

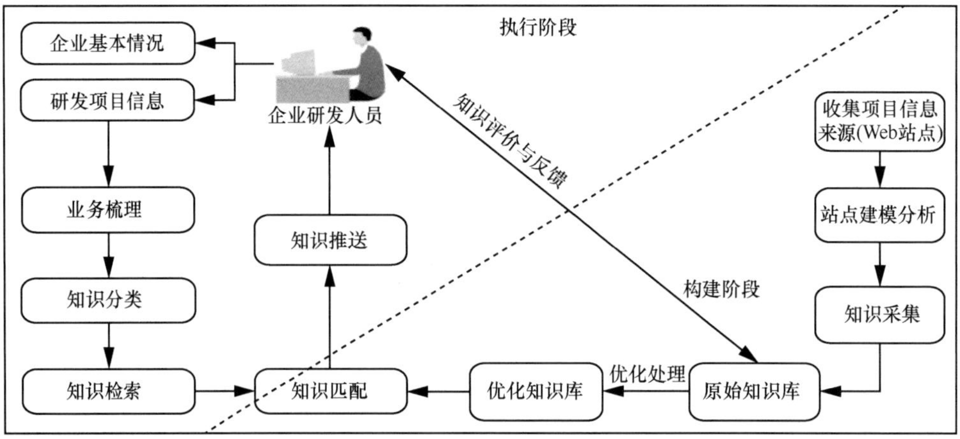

图 6　项目申报信息知识服务流程

在构建阶段，我们先对项目申报信息的来源进行收集整理，确定项目申报信息的资源站点列表。项目申报信息主要来源于不同政府部门的门户站点，从项目申报级别上可以将申报信息来源分为国家级、省级及地方项目 3 种级别，并根据这 3 种级别分别收集站点信息。然后对 Web 站点进行结构和特征分析，并根据 Web 站点的特征建模，建立信息采集的模板。利用采集工具自动对 Web 站点信息进行采集，存入原始知识库中。

通过对采集的项目申报信息内容进行详细分析解读，创建项目申报信息和解读信息的知识模型。根据我们的初步分析，项目申报信息主要包括文件名称、文件编号、发布部门、发布时间、项目名称、项目级别、项目简介、项目要求（主题、方向、研究的成果等）、申报主体（企业/公司，高校、科研机构，个人，联合申报等）、申报主体要求（注册地点要求，规模、资产要求，年营业额等收益情况要求，研究人员资质及数量要求，研发设备要求，现有成果要求）、组织方式、申报方式、优先条件、限报要求、支持方式、申报方法、截止申报时间等内容。将申报信息指标分为必要指标、重要指标和可选指标 3 种，根据创建好的知识模型对采集的项目申报信息进行优化处理，并与其他科技知识资源进行关联，最终将优化结果存入优化后的知识库。

在执行阶段，首先通过与企业相关人员进行沟通交流，了解企业的基本情况，以研发项目为主线，对企业的业务进行详细梳理。从项目申报条件与要求出发，收集与之相关的企业基本信息和项目信息情况，如企业规模、企业员工构成情况、业务所属领域等相关信息。然后系统根据必要指标和重要指标与企业信息进行匹配，将满足条件的申报信息自动推送给用户。同时根据优先条件要求为用户提供申报建议。为用户提供知识评价和反馈，了解用户对推送信息是否满意及其他要求。同时系统记录用户的访问日志，根据用户行为分析和知识评价反馈的结果调整主题词表，以便更准备地将有用的知识推送给用户。用户可以根据申报咨询及时与知识服务人员进行互动。

4 平台建设内容

根据项目建设的总体目标和部署，江苏省企业知识服务平台从应用功能上划分为企业知识服务门户系统和企业知识服务后台系统两个大类。企业知识服务门户系统整合科技情报、经济情报、竞争情报落地产业企业，根据服务深度和对象不同，分为产业知识服务门户和企业个性化门户。产业知识服务门户围绕江苏省新兴产业自主创新需求，以产业门类组织公共资源，用户无须登录即可查看针对新兴产业的情报分析内容；企业个性化门户是面向业务主题将知识结果提供给企业相关人员，需注册登录查看。企业知识服务后台系统主要实现科技资源信息采集、加工处理、知识库管理维护、门户系统管理及知识服务呼叫中心等功能，支撑企业知识服务门户系统的资源保障和运行与维护管理，实现科技情报人员与企业用户的交互管理。江苏省企业知识服务平台功能结构如图 7 所示。

4.1 企业知识服务门户系统

企业知识服务门户系统整合科技情报、经济情报、竞争情报落地产业企业，根据服务深度和对象不同，分为产业知识服务门户和企业个性化门户。

4.1.1 产业知识服务门户

产业知识服务门户主要围绕江苏省新兴产业自主创新需求，从产业全局的角度出发，通过实时监测产业竞争环境及其相关情报要素进行收集、整理、加工分析，在数据库建设和完善的基础上，进一步整合科技创新优质资源、互联网资源、单位自有资源，通过统一检索、

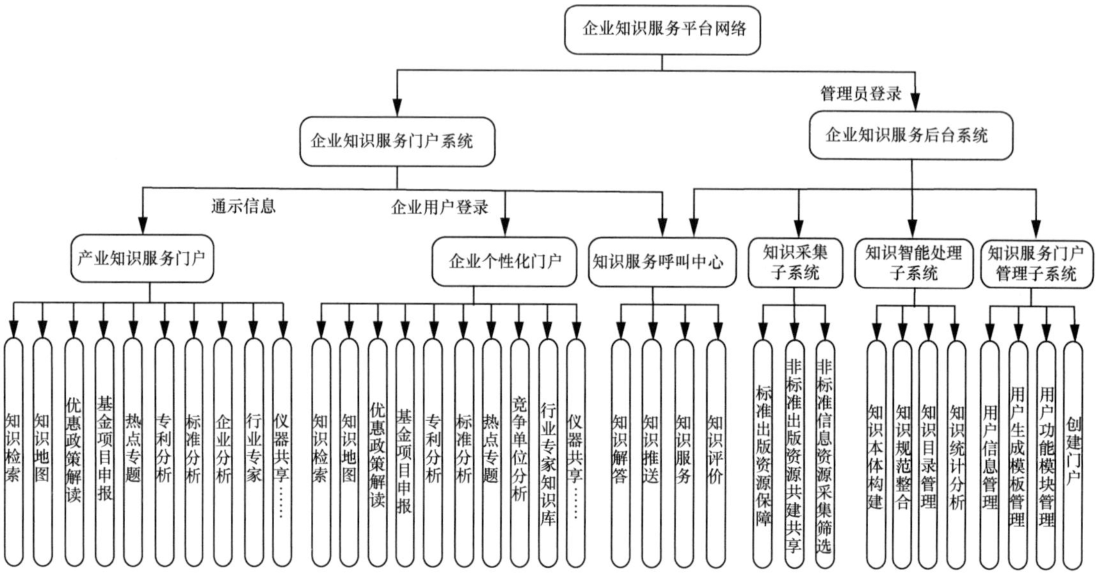

图 7 江苏省企业知识服务平台功能结构

知识导航、知识挖掘发现技术，开展产业专题服务构建产业知识服务门户，为区域科技创新活动提供知识服务、专业服务和基础设施服务等，从而提升该地区整体产业竞争力。

产业知识服务门户是一个以产业门类组织的公共资源的情报分析平台，用户可查看针对新兴产业的情报分析内容。按照江苏省新兴战略产业特点建设，如新能源、新材料、生物医药、节能环保、电子信息、物联网、装备制造、汽车、智能电网、海洋工程等。每一个新兴战略产业有其特色的产业知识服务门户，旨在为产业决策者和从业者提供有价值的信息资源、深度评论、产业研究和专业服务，成为引导和推进该产业战略的重要平台。

产业知识服务门户按照知识目录的领域划分，每个具体的知识目录领域下包含一张主题词表，系统通过该词表与共享信息数据总库对照，提取符合词表定义的各类信息与资源，并聚合成为该产业或领域的信息门户；通过对知识目录的管理，控制各个产业门户站点；通过对主题词表的维护管理，控制各个产业门户内部的信息。

产业信息门户应即时反映行业的热点和最新信息，突出最热和最新，以及信息资源的全面。淡化各种信息资源的类型边界，避免传统信息服务按照资源类型或数据库的形式独立出现。产业信息门户以专题报道、热点解读分析、最新信息滚动等方式呈现信息内容。

4.1.2 企业个性化门户

企业个性化门户是面向终端企业的个性化情报门户平台，通过提供领导决策参考所需的国际、国内、行业项目信息、上下游项目市场情况、政策与投资热点信息，企业开展项目所需科技查新、核心技术信息、项目情报，学者及权威机构研究动态及其成果等信息，宏观经济环境情报、项目管理等全方位服务，为企业项目研究提供便利。

企业个性化门户是面向业务主题将反映自身、竞争对手和外部市场的动态和变化的资源进行收集、存储、分析加工，以适当的方式将分析的知识结果提供给企业相关人员的平台。将资源按照产业门类、企业业务主题总分关系来关联组织，克服了传统资源服务按照数据库门类导航的弊端，使资源和信息可以更有针对性地辐射到各个产业和企业。企业个性化门户示例如图 8 所示。

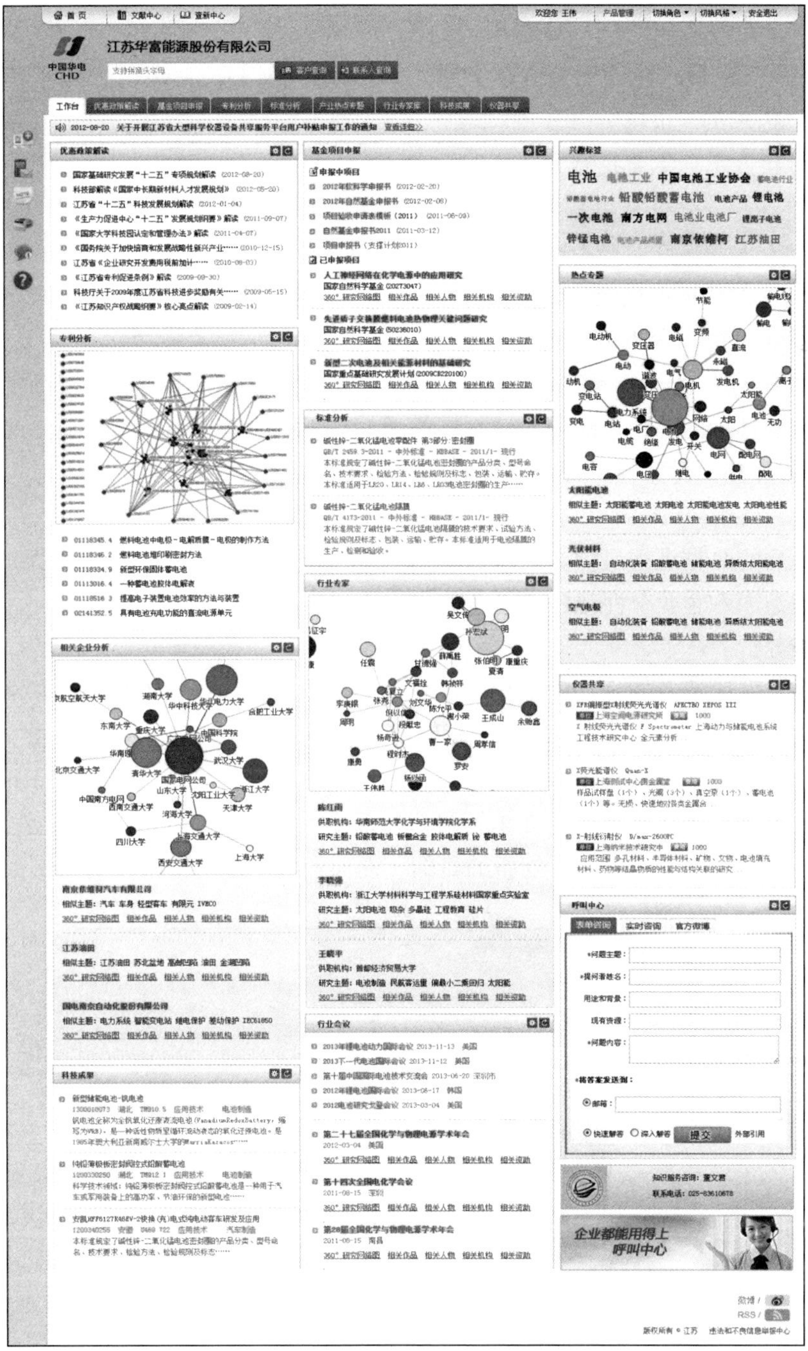

图 8　企业个性化门户示例

企业个性化门户总体工作流程包含需求规划与定向、信息整合、情报预处理、情报分析、情报传播 5 个主要步骤，如图 9 所示。

（1）需求规划与定向

需求规划与定向包括业务主题的规划、系统分类的规划及系统权限（用户、角色）的规划。严格来讲，业务主题的规划针对用户角色类型而定，不同角色所关注的业务主题不同。

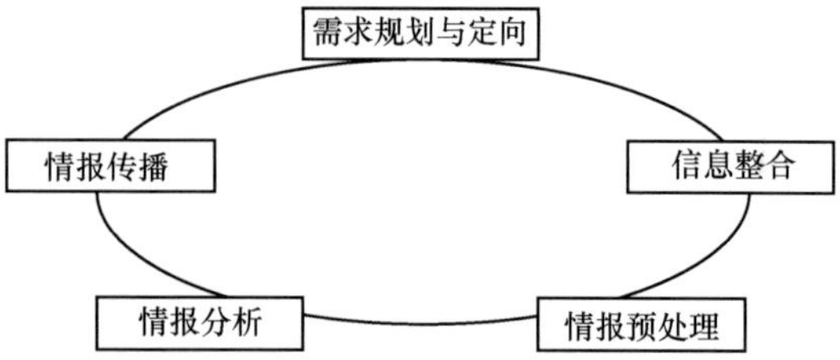

图 9　企业个性化门户总体工作流程

① 市场销售人员：市场数据分析。

② 情报分析人员：竞争情报分析。

③ 产品研发人员：科研动态查新。

④ 技术开发人员：核心技术研究。

⑤ 项目管理人员：重点项目追踪。

⑥ 经营决策人员：政策市场环境。

（2）信息整合

信息整合的目标是多种信息源，包括网络通用资源、订购数据库资源、企业内部文件系统和科技数据，同时支持用户手工录入信息。

（3）情报预处理

对整合之后的数据进行过滤、清洗、查重，并进行自动分类标引，最终把加工后的知识按业务主题规划加入企业个性化门户平台的知识库中。

（4）情报分析

面向业务主题所涉及的资源做知识对象化的元数据解析，抽取业务主题的各类知识对象（研究热点、专家学者、竞争对手、项目资助等）做重点揭示，为企业用户量身定制用户的个性化主页，直观呈现用户特定业务范围内所需的个性化知识地图，通过知识地图模块浏览知识内容。并为企业定制个性化的知识门户，梳理本单位的知识体系，从而实现真正意义上的知识管理，以达到知识产出不断创新的目的。面向业务主题的情报分析示例如图 10 所示。

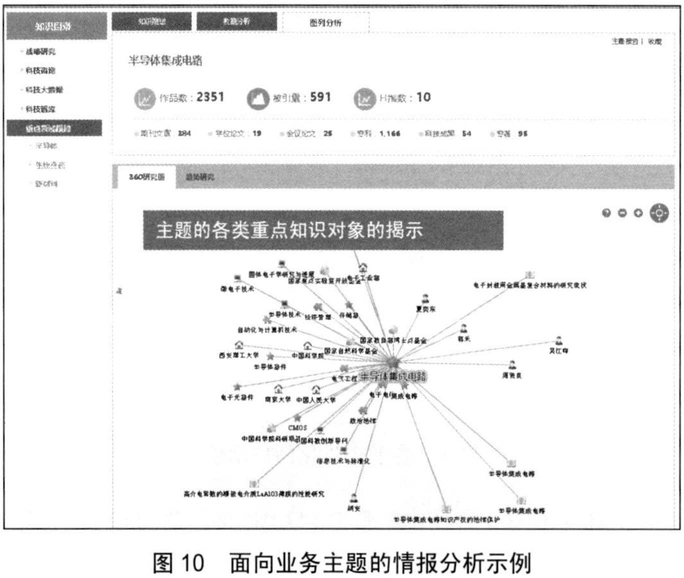

图 10　面向业务主题的情报分析示例

（5）情报传播

情报传播是指以各种适当的方式包装情报产品，及时传送给企业面向业务主题的各级员工，提供快捷友好的知识解答、知识推送定制、邮件订阅、研究报告等多层次情报服务。

4.1.3 企业知识服务门户系统主要功能

4.1.3.1 知识检索

整合中外期刊、学位论文、会议论文、图书、专利、标准、成果、样本、政策法规、行业报告等多种文献类型及区域服务机构自有资源，提供一站式知识检索和全文保障服务。

资源类型不仅包含公开出版的科技资源，还包含经济信息、政策法规、行业报告等创新资源，同时用户可通过知识对象的检索功能查找适合产业创新活动所需的知识内容。知识检索模块分为知识检索、订阅数据库、订阅期刊 3 个子模块。

（1）知识检索

知识检索功能提供各分类资源的检索，文献类型包括期刊论文、学位论文、会议论文、项目申报信息、优惠政策、专利、标准、专著、科技成果、产品样本、科技报告等，提供一站式检索和高级检索两种检索方式，实现可扩展检索、分面聚类、检索结果排序、原文保障等功能，同时提供对象检索，实现识主题、找专家、找机构、找项目等（图 11 和图 12）。

图 11 知识检索

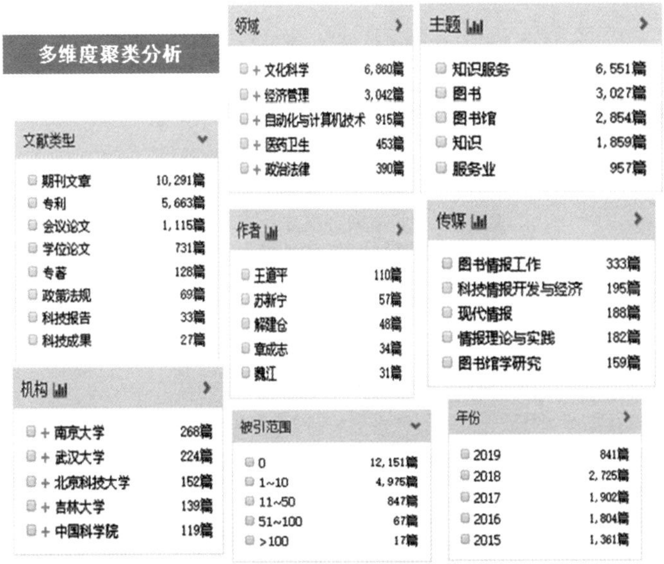

图 12 多维度聚类分析

（2）订阅数据库

订阅数据库用于满足用户对原有数据库检索功能的需求，包括维普期刊数据库、万方数据、中外专利预警分析平台、标准资源管理系统、江苏省工程技术文献中心平台、国家科技文献信息平台（NSTL）等中外资源检索系统（图 13）。

图 13　订阅数据库

（3）订阅期刊

订阅期刊根据不同产业领域遴选该领域内的行业权威期刊，实现期刊收录内容全文在线浏览和下载，实现对该期刊发文主题、发文机构、发文作者、研究趋势等技术信息分析，实现期刊分期在线阅读，建立产业数字图书馆（图 14 和图 15）。

图 14　订阅期刊

图 15　订阅期刊知识分析

4.1.3.2 知识地图

根据新兴战略产业的本身特点形成产业知识地图，通过知识地图模块浏览知识内容，可视化图谱直观呈现产业下各种知识对象架构的主要知识模型全貌（图 16）。

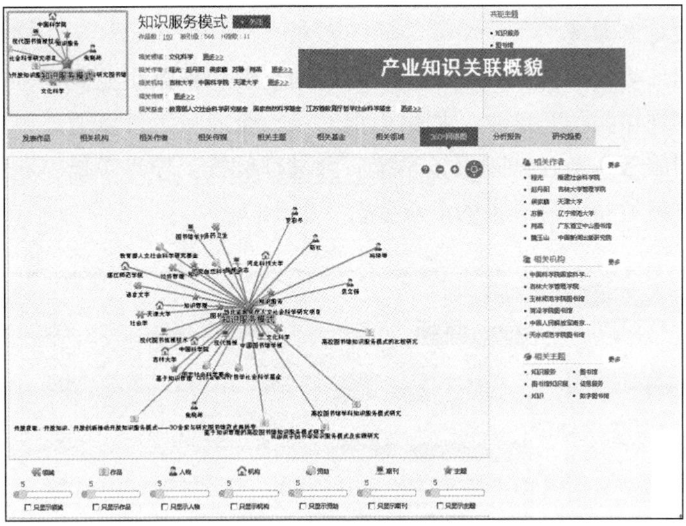

图 16　知识地图示例一

也可通过知识地图模块浏览产业某一知识对象类型下相关的知识内容（图 17）。

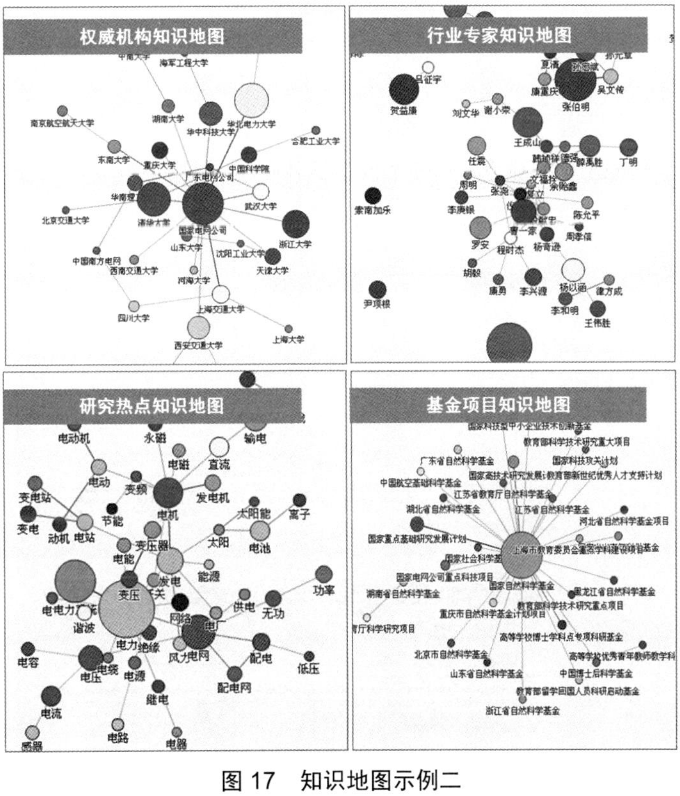

图 17　知识地图示例二

4.1.3.3 优惠政策解读

根据产业下的主题词表集合在政策法规库中提取相关优惠政策信息，形成产业优惠政策知识库，以政策分类导引的方式实现政策解读、提出建议及在线问答等功能，以实现对宏观环境的预警。

4.1.3.4 项目申报信息推送

跟踪来自不同部委对产业投入的基金项目资助情况。根据企业规模、业务特征自动推送项目申报信息，实现申报信息解读，提供申报建议，企业员工可以通过申报咨询在线咨询申报中的问题，知识服务人员在知识服务系统后台进行解答。项目申报引导包括正在申报的建议、已申报项目的参考和项目成果的汇总分析（图 18）。

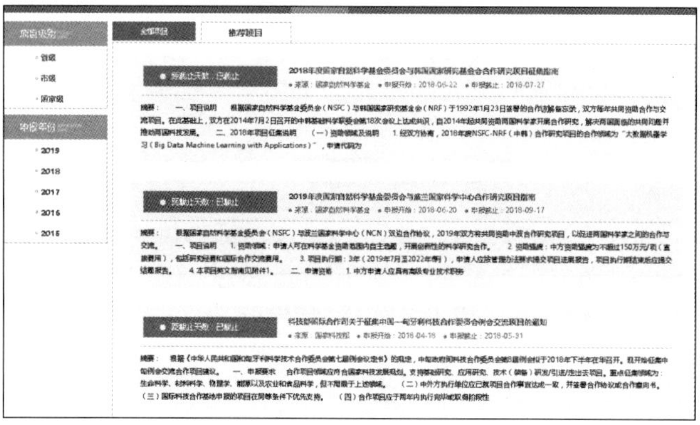

图 18 项目申报信息推送

4.1.3.5 专利分析

通过对专利知识信息进行对象化的粒度分析与挖掘，为用户提供专利分析报告、专利预警等功能，帮助企业规避专利壁垒，进行自主专利布局，由公司专利、竞争对手专利、专利分析 3 部分组成（图 19）。

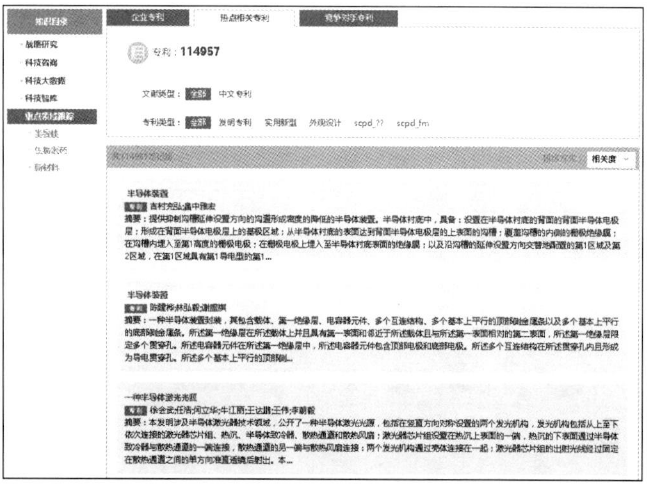

图 19 热点专利分析示例

4.1.3.6 标准分析

由国家标准、行业标准、国外标准、在线检索等组成，为用户实时更新标准信息，提供新标准提醒功能。标准分析模块分为关注标准、全部标准及标准动态 3 个模块。

关注标准用于企业用户对相关标准的管理与跟踪。可以通过标准动态获取关注标准的状态，如什么时候被替代、作废或者实施等（图 20）。

图 20　标准分析示例

4.1.3.7 热点专题

分析某个产业及产业的热点主题在一定时间范围内的社会关注度和学术关注度的趋势，以及对应时间内的网络热点新闻报道和学术热门被引文章。不仅可追踪整个产业的趋势，同时可追踪该产业内热门研究主题的趋势统计和相关资源推送（图 21）。

趋势分析包含两个方面：一是社会关注度的趋势分析，即某热点研究在网络上的报道趋势；二是学术关注度的趋势分析，即某热点研究在公开出版领域的学术影响力趋势。

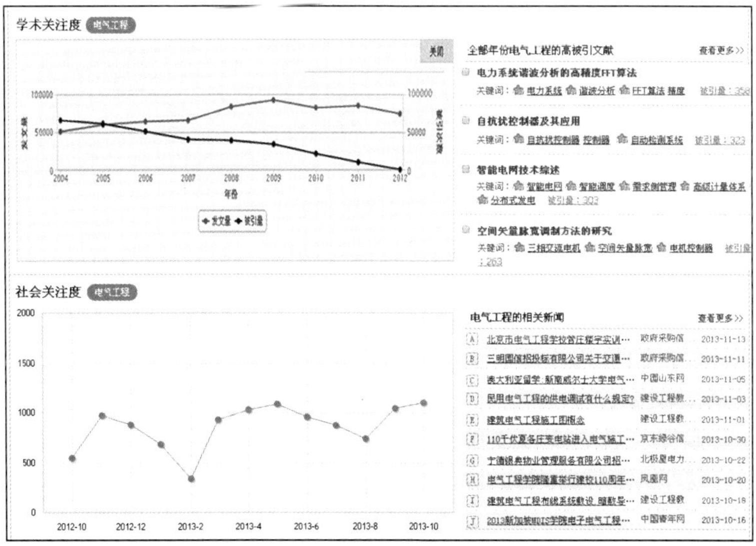

图 21　产业热点追踪示例

4.1.3.8 行业专家知识库

通过对象解析功能挖掘该产业科技贡献突出的专家队伍或指定相关权威专家，整合生成产业专家知识库，提供所关注的专家或学者的科研成果信息与产出统计分析，对产业创新活动所需的科技人才资源提供分析评价依据。包含专家学者的研究方向，动态的产出统计与影响力评估，最新研究成果一览，研究成果包括业内公开发表的全部期刊、学位、会议、专利、成果等跨库资源（图 22）。

图 22 行业专家分析示例

每一位专家学者的知识分析整理均通过长期的客户反馈修正和不断的机器学习来实现同名排歧。知识服务平台上的专家或学者名可链接智立方的人物知识元解析页面，可获取学者丰富的属性特征，如供职机构、研究主题、研究领域、合作学者、所获资助等（图 23）。

4.1.3.9 权威机构知识库

结合对象挖掘技术，针对产业范围内的科技产出解析结果，以及本区域该产业的上市企业和重大项目承担企业等综合因素的考虑，根据排序规则得到重点分析单位（权威机构或竞争对手）。知识库内容包括竞争对手、产品样本、上下游企业、行业研究报告等部分组成，通过对竞争对手的分析，了解竞争对手的专利情况、技术更新、市场等方面的信息。

图 23 行业专家详细信息示例

对权威机构的监测方案分为监测重点单位的市场动态（互联网的采集和研究报告）、重点单位的学术动态（最新出版物情报）、重点单位的主导产品（产品样本）、重点单位的技术优势（专利）、产业上下游企业等（图 24）。

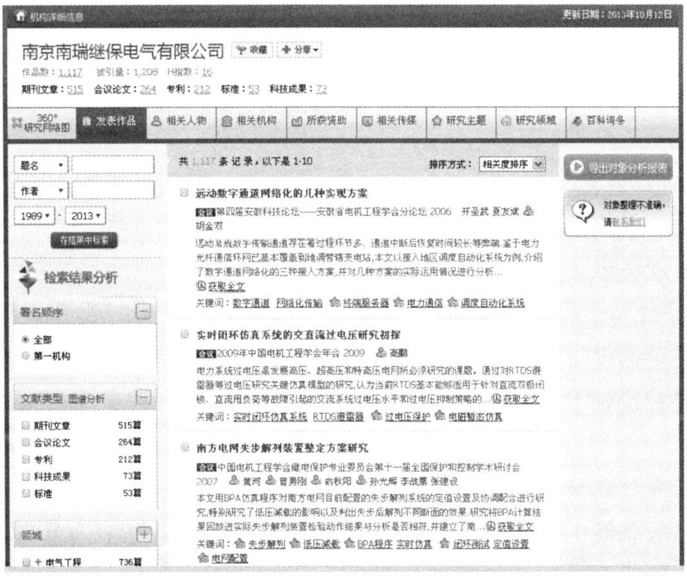

图 24 权威机构动态监测示例

4.1.3.10 产业动态跟踪

产业动态跟踪通过对产业专业网站、行业协会及产业相关的专业论坛等及来自于互联网的动态信息进行定向采集，实现产业动态信息的跟踪，包括产业要闻、展会信息等（图 25）。

图 25　产业动态跟踪

4.2　企业知识服务后台系统

根据“江苏省企业知识服务平台网络”项目的需求，企业知识服务后台系统分为知识采集子系统、知识智能处理子系统、知识服务门户管理子系统、知识服务呼叫中心 4 个子系统。

4.2.1　知识采集子系统

知识采集子系统完成所有来自于不同渠道的各类科技资源信息的采集与整合，包括知识采集来源管理、知识采集模板管理、知识采集任务维护等几个方面。

（1）知识采集来源管理

知识采集来源管理用于对知识采集的来源如网站等信息进行维护管理。

（2）知识采集模板管理

知识采集模板管理是针对不同目标数据源，进行不同的采集配置，设定采集规则和策略，形成采集模板，采集处理程序根据设定的模板将信息采集入库。

（3）知识采集任务维护

知识采集利用自动化程序进行采集，通过知识采集任务维护设定采集模板、采集周期等，采集处理程序根据设定的参数进行定期处理。

该子系统主要解决标准出版资源保障、非标准出版资源共建共享和非标准科技信息资源采集与筛选。

4.2.1.1　标准出版资源保障

建立标准化出版资源的加工整合标准与规范，实现对海量资源的重组、整合、加工，作为元数据资源整合的重要来源，如表 1 和表 2 所示。

表1　中文文献资源供应情况

资源类型	种类	文献数量/条（项）	年增量/条（项）	回溯年限
中文期刊	12 000余种期刊	3850余万	约400万	1989
学位论文	2000个学位授予单位	190余万	约20万	2000
会议论文	2万余个学术会议	180余万	约15万	2000

续表

资源类型	种类	文献数量/条（项）	年增量/条（项）	回溯年限
中国专利	40个专利门类	570余万	约60万	2000
中国标准	20余个行业领域	18余万	替代更新	2000
科技成果	30余个行业领域	70余万	约5万	2000
科技报告	30余个行业领域	150万	5万	1911
产品样本	7大设备分类	300余万	50万	—
图书专著	40个行业领域	135余万	约10万	1999
政策法规	14个门类	35余万	替代更新	按政策法规更新
基金项目	40个行业领域	20余万	约5000	1988

表2　外文文献资源供应情况

资源类型	种类	文献数量/条（项）	年增量/条（项）	回溯年限
外文期刊	1万余种期刊	2000余万	约200万	1995
外文学位论文	1000个学位授予单位	30余万	约3万	1990
外文会议论文	1万余个学术会议	150余万	约10万	1995

4.2.1.2　非标准出版资源共建共享

非标准出版资源的规模较小，分布也较分散，采用多方共建共享结合机构自建的方式实现，对于结构化的数据资源（如中小型数据库、统计数据库等）可运用批量对接的方式整合，对于分散或零星的资源，或企业机构在自身生产研究过程中产生的自产资源，构建知识管理系统实现建设和管理。

4.2.1.3　非标准科技信息资源采集与筛选

除了可以采用信息共建共享或自建方式外，提供基于目标（网站、公共资源库、公开信息库）的抓取工具，并通过一系列预设置，自动排除信息重复和冗余，在提高信息精确度的前提下尽量减少人工消耗，帮助实现扩充网络资源和其他采集类资源。

4.2.2　知识智能处理子系统

4.2.2.1　知识本体构建

所有行业知识对象的建立和挖掘，都存在和用户的沟通、交流和共建共享环节，这样的模式，便于为企业用户提供更为个性化的服务。共建内容，包括主题词表、人物词典、机构词典、西文对照等知识对象。

（1）主题词表

主题词表维护是根据对业务领域进行分析，建立知识目录的领域本体主题词表，门户系统的知识资源通过主题词表内容从科技资源共享库中抽取适合该门户系统的知识数据。本项目主题词表的构建是基于MESH词表原理建立中文主题词表，利用卡方检验、词频筛选方法构建主题词表；利用马尔科夫模型、信息熵、潜在语义分析、模式识别、复述等方法识别错词、通用词与词间关系。

（2）人物词典

从文献中提取作者，并构建作者特征（机构、主题、合作者、传媒、基金等），利用机器学习算法（朴素贝叶斯、近邻传播等）实施作者重名消歧，再用多种经验规则修正完善，同时，词表完善还将体现众包智慧。

（3）机构词典

利用模式匹配、机构实体识别等方法结合数据编辑人工处理，完成机构标准名称规范、层级关系构建、机构变更关联等。

（4）西文对照

响应了部分人物和机构的中西文对照，更多对象中西文对照工作有待完善。

通过大数据云平台的分析和挖掘，情报分析人员可快速、准确地获得第一手资料，从而高效地响应企业的定题或定性的信息咨询需求。平台也将提供良好的交互功能，打通需求提交和结果送达的全流程。

4.2.2.2 **知识规范整合**

知识智能处理子系统着力解决资源规范化整合问题。维普提供元数据层级的底层整合方案，彻底解决异构资源、标准资源、自建资源的整合问题。从底层梳理资源脉络，分类规范资源的各种信息和属性（图 26）。

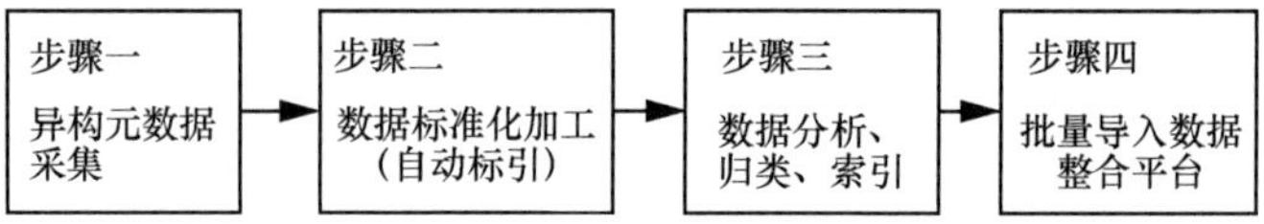

图 26　知识规范整合步骤

资源整合包括对原始资源的规范化标引、描述、归类等，由于各种类型的资源或信息差异较大，不可能用一种通示的数据加工规则予以约定。因此，只能将资源以一定的批次和类型进行元数据化处理，然后根据已设定好的规则对元数据进行自动加工，从而生成相对规范的数据集群，多个这样的集群通过类型或属性的标引在数据库中得以区分和共享，其格式、描述、存储形式等全部满足数据分析与挖掘的基本条件（图 27）。

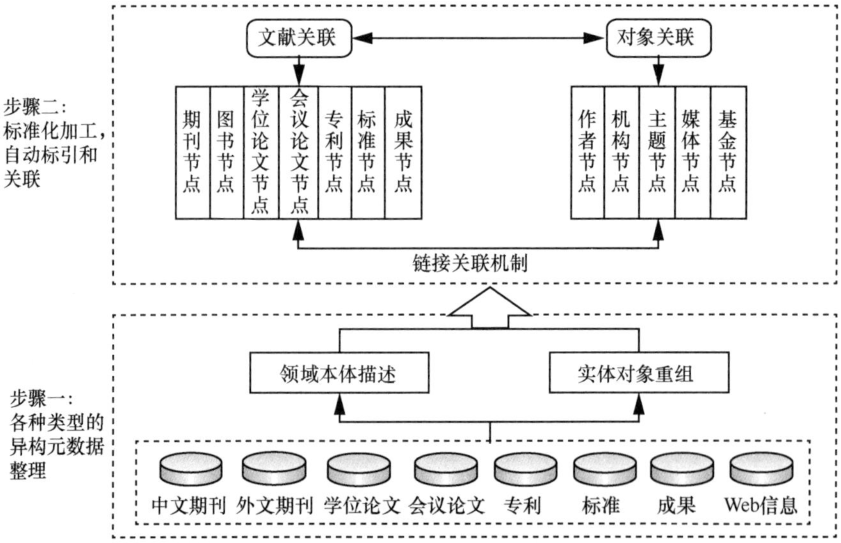

图 27　知识对象化处理步骤

4.2.2.3 知识目录管理

根据企业或者行业特点要求，面向业务主题进行梳理分析建立知识目录结构，作为门户系统的知识导航和知识抽取的依据。知识目录管理就是用于对门户系统的知识目录进行管理维护，以及对数据进行过滤、清洗、查重功能，并进行自动分类标引，最终构建企业知识库（图 28）。

图 28 知识目录示例

构建企业自有知识体系，支持企业特色资源、科学数据的整合扩展。提供机构创新辅助工具——生成报告；提供科研比对分析、信息决策辅助。

4.2.2.4 知识统计分析

（1）知识统计分析的流程

知识智能处理子系统的上游是各种原始数据，包括订购数据、外部数据源和私有数据源。数据分析过程的下游为检索系统和实体对象解析系统，数据分析主要提供关系化的对象数据。大致流程为：第一步对资源部提供的数据进行反证和去重并生成原始数据表；第二步进行主题词、作者、基金、机构等信息的提取并产出词表数据，文章之间的相似度计算可以与上述操作并行进行；第三步根据词表和原始数据表建立文章对象；第四步根据对象数据表和文章相似度计算结果建立对象之间的关系表（图 29）。

（2）知识统计分析实现效果

在本项目中，在共享知识库已经形成、产业或企业门户已经建立的前提下，引入知识发现系统，有效地解决数据分析和个性化企业信息服务的问题。

从产业站点到企业站点，将全面引入知识发现系统对资源的对象化解析成果，充分揭示各个产业，或企业（机构）的主题、行业专家、申报项目等信息，并建立动态的信息关联。

对象是指专家作者、机构、主题等，这些要素主要出现在特色数据库中的专家库和机构库中，以直观的形式聚类。而“主题”作为一个产业热点、现状、方向的重要体现，将出现在各个行业中。这些对象不是孤立的，而是彼此间存在联系的，本平台将显示与对象相关资源及其他关联对象，并提供直观的知识图谱。作为终端的企业用户和个人用户，可以通过这些关联与揭示效果，更便捷地找到目标资源（图 30）。

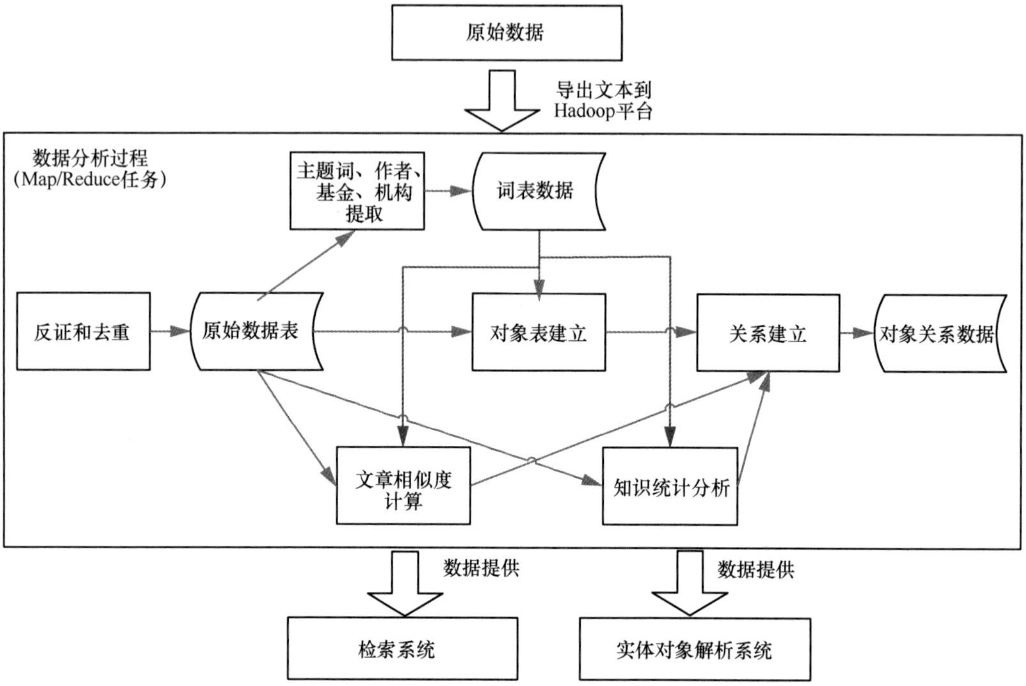

图 29　知识统计分析的流程

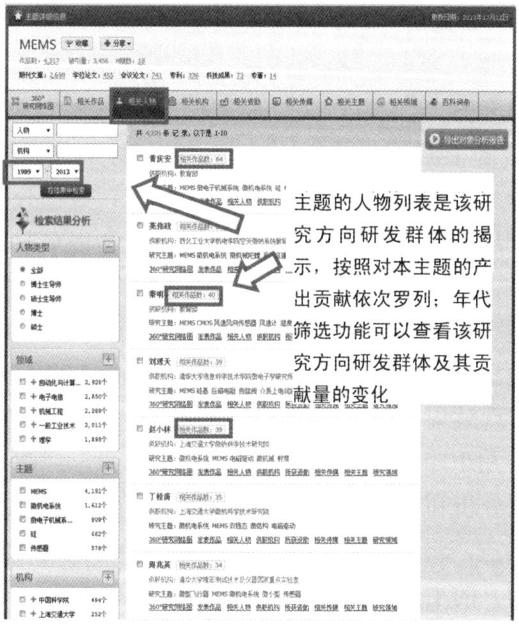

图 30　MEMS 主题对象的知识统计分析

4.2.3　知识服务门户管理子系统

知识服务门户管理子系统主要实现快速创建知识服务门户系统，加快门户系统搭建的速度和减少开发的成本，包括自定义门户系统的框架结构、模块功能选择等（图 31）。

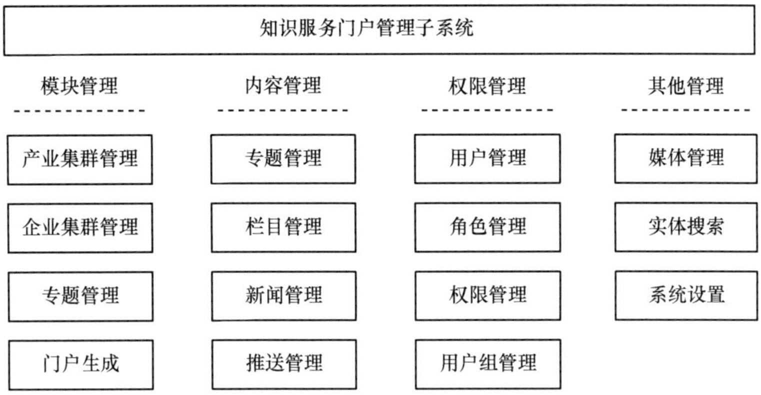

图 31 知识服务门户管理功能模块

4.2.4 知识服务呼叫中心

知识服务呼叫中心是与企业知识服务门户系统的互动平台，主要用于处理来自用户的各类知识问题的解答、知识推送及个性化的知识服务等功能，包括知识解答、知识推送、知识服务、知识评价等几个模块。

知识服务呼叫中心的用户分为内部用户与外部用户。内部用户的角色分为以下 3 种：系统管理员，主要职责为管理全站各类事务；业务管理员，具有系统管理员的部分职能，主要用于进行业务工作的统计和分析；咨询人员，负责对用户提问进行回答。外部用户即指提问用户。提问用户按照其与系统结合度分为非认证用户、系统认证用户和第三方认证用户 3 类。

系统功能设计应保证提问用户能够正常通过表单咨询或实时咨询进行提问，同时保证咨询员能够正常回复提问用户的问题并及时传送到提问用户处。系统管理员应能对所有提问答复进行编辑，并可以有选择地将编辑后的问答数据按照元数据格式添加到系统的独立知识库。系统采用 WEBIM 作为实时咨询工具，同时提供接口收割微博咨询数据。表单、实时及微博 3 类数据均以统一的元数据格式在统一的后台分别进行统计和管理。

（1）知识解答

知识解答即专家咨询，主要用于处理来自于知识服务门户管理子系统知识问答模块提出的问题，如申报信息资源、政策咨询、文献传递等。系统在提问用户提问前应提供预检思路，提示后者或者有系统自动根据用户提问需求先行检索知识库或者 FAQ，如能找到满意答复则无须再行提问。在提问用户接到答复后，应提示其对该答复的满意度做出评价，该评价应能及时反馈到系统。

以“问题”作为串联业务流程的主体，按照实现方式的不同可将其分流为“实时”“表单”“微博”3 种（图 32 和图 33）。

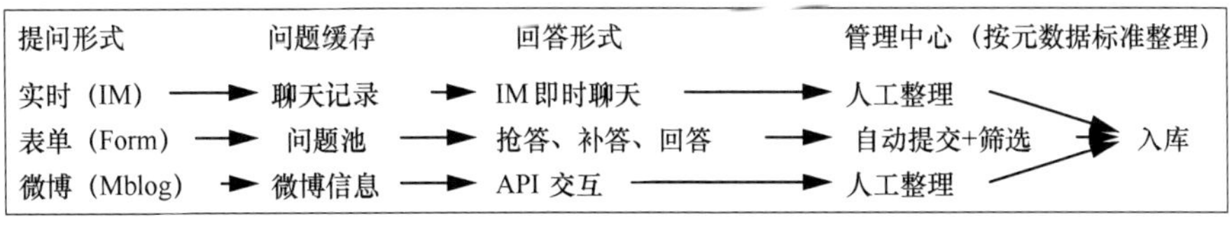

图 32 咨询流程

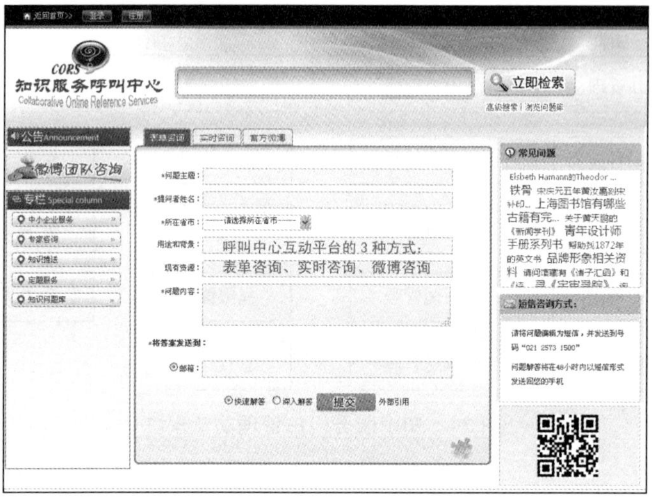

图 33　3 种咨询方式示例

（2）知识推送

根据推送方式将知识推送分为 3 种方式：一是业务关联推送，根据用户的业务情况系统进行主动推送；二是订阅推送，用户在门户系统选择要订阅的知识内容，系统根据订阅的情况进行推送；三是行为分析推送，对用户访问门户系统行为进行分析，系统进行个性化的知识推送。

（3）定题服务

定题服务是知识服务呼叫中心的主要服务内容，主要用于服务人员为特定用户进行个性化的知识服务功能，如专题跟踪、热点发现、产业研究报告、专利预警分析等。

5　建设成效

江苏省企业知识服务平台是基于知识服务理论构建的面向企业创新的科技资源大数据分析平台，项目来源于江苏省科技情报研究所承担的江苏省科技厅科技基础设施建设项目“江苏省企业知识服务平台网络”（BM2013057）建设工程的项目成果。“江苏省企业知识服务平台网络”项目不仅在服务功能上有所突破，同时在服务模式上也有所创新。项目建设初期，由江苏省科学技术情报研究所牵头，从江苏省工程技术文献信息中心分中心、工作站或业务合作单位中常州市科技信息中心、江阴市科技创新服务中心、淮安市科学技术情报研究所、高邮市生产力促进中心、泰兴市生产力促进中心等 5 家加盟单位及东海县生产力促进中心、海门市生产力促进中心、盱眙县生产力促进中心等 3 家培育单位共同开展项目建设工作。平台建成后，无论是在场所建设、人才团队建设上，还是在平台服务功能、服务产品研发、场所建设、团队建设、运行机制上都取得了预期的成效。

5.1　平台服务功能

平台以数字图书馆、竞争情报系统、知识管理平台为三大建设目标，主要包括线上五大类功能，共 17 项子功能，包括知识检索分析功能、知识挖掘与分析功能、政策信息推送功能、市场跟踪服务功能、知识管理与分享功能，以及线下若干增值服务，包括行业分析、引文检索、国内外专利检索与分析、竞争情报服务、项目申报辅导、代查代借、定题服务、科技查新、推送订阅、特色库定制、知识产权服务、标准有效性查证、移动图书馆等（图 34 和表 3）。

图 34　平台服务功能

表3　平台五大服务功能一览

功能	子功能	简介
知识检索分析功能	一站式知识总库检索分析	集成期刊、学位论文、会议论文、专利、专著、标准、科技成果、产品样本、科技报告、政策法规等10种最具科研价值文献，总数据量已经达到数亿条；平台还可提供各种检索、分析、挖掘和全文保障服务，一站式为客户解决各类知识资源的情报需求
	订阅数据库	可订阅维普、万方等单个数据库，实现单库登录和全文下载，满足用户检索习惯
	期刊订阅	可订阅行业权威期刊，实现期刊收录内容全文在线浏览和下载，节省企业订阅纸质期刊经费，还可实现对该期刊发文主题、发文机构、发文作者、研究趋势等技术信息进行分析
知识挖掘与分析功能	热点导航	可自动分析该领域的热点主题在一定时间范围内的社会关注度和学术关注度的趋势，自动推送与企业知识目录或企业技术领域相关的热门文章
	标准跟踪	提供企业执行标准和企业关注的国内外标准信息，还可提供国内标准全文，跟踪标准的有效性状态和标准变更信息
	专利分析	不仅可以有效管理企业自身的专利、推送与管理行业领域热点相关专利，还可以跟踪竞争对手的专利情况，及时了解竞争对手的专利动向
	行业专家	挖掘行业科技贡献突出的专家，提供所关注专家的研发动态、科研成果信息与产出统计分析报告，还可发现专家团队，助力人才引进与合作
	行业机构	挖掘行业权威机构，发现潜在竞争对手，提供所关注机构的研发动态、科研成果信息与产出统计分析报告，还可发现机构研究方向，寻求合作
	竞争对手	自由设置竞争对手，同时推送竞争对手的专利情况、技术更新、市场等方面的信息

续表

功能	子功能	简介
政策信息推送功能	项目申报	跟踪国家、省、市政府资助基金项目的信息，同时第一时间自动推送项目申报信息，解读申报信息，提供申报建议
	政策解读	提供50个行业的政策信息，还可以提供权威机构和专家的政策解读
市场跟踪服务功能	行业动态	不仅可提供有效经济信息，如行业新闻等，还可提供有效市场信息，如展会信息、招投标信息等
知识管理与分享功能	知识目录	构建产业知识目录，实现对知识有针对性的推送
	知识共享	实现知识分享与评价，帮助加速产业内部知识交流与共享，加快创新进程
	快报服务	不仅可实现快速制作简报快报，实现分角色推送，还可以是产业内企业内部资料、通知、成果发布平台
	个人中心	依据企业员工进行角色划分，实现个性化知识的推送，实现对知识的自主收藏管理，强化企业员工之间的交流与沟通，形成良好的互动氛围
	用户管理	平台管理员可通过后台管理系统全程参与企业知识目录管理、企业门户设置、用户角色管理，实现企业门户的自我维护，操作简便，私密性强
增值服务	各类线下服务	根据企业所选模块情况，可赠送下列若干增值服务：行业分析、引文检索、国内外专利检索与分析、竞争情报服务、项目申报辅导、代查代借、定题服务、科技查新、推送订阅、特色库定制、知识产权服务、标准有效性查证、移动图书馆等

5.2 服务产品研发

江苏省知识服务平台建成后也不断取得成效，完成了以知识服务为目标进行科技资源的整合与加工，建成知识服务系统、产业知识门户、行业知识门户和企业知识门户，开发项目申报与科技政策服务系统、企业标准信息服务系统等知识服务产品。

① 知识服务系统。面向企业创新需求，通过对企业创新各个环节的知识梳理和分析，将期刊、学位、会议、专利、标准等文献类数据库和经济贸易、科学数据、产品样本等事实资料库，以及相关的产业政策信息、行业运行信息、市场动态信息、成果专家信息、技术转移信息、企业竞争情报等，经过知识挖掘、加工，形成科技资源共享知识库，数据总量已超过 3 亿条。开发了元数据层级的底层整合方案，彻底解决异构资源和自建资源的整合问题。以国内外知识管理、知识发现、知识挖掘、文本分析、知识服务等理论为指导，针对不同产业或企业类型制定相应的知识分类、标引、抽取、描述和存储准则，规范并实现科技资源共享知识库的内容建设，同时提供用户管理、知识导航、信息聚类和信息推送功能。

② 产业知识门户。围绕江苏省新兴产业自主创新需求，深入研究十大新兴产业发展特点，建立十大新兴产业知识分类体系，有针对性地搜集产业技术创新所急需的最新科技信息，整理加工十大新兴产业的分析报告、产业统计数据、政策法规、产业信息、产业专家及战略研究报告等。按照知识目录的领域划分，每个具体的知识目录领域下包含一张主题词表，系统通过该词表与科技资源共享知识库对照，提取符合词表定义的各类信息与资源，并聚合成为该产业或领域的知识门户。产业知识门户以专题报道、热点解读分析、最新信息滚

动等方式呈现，实现对区域科技创新活动提供有针对性的知识服务。

③ 行业知识门户。由各个加盟单位牵头，江苏省科学技术情报研究所配合，针对当地特色行业特点，建立适于本行业特点和需求的专业知识分类体系，对科技资源共享知识库进行提取，整理、加工出与地方特色产业相关的科技创新资源，形成地方特色行业知识库，并根据地方特色行业企业创新需求，建设具有互动功能的地方特色行业知识门户，为当地特色行业企业乃至全省的相关企业提供广覆盖式的知识服务。现已完成常州生物医药、江阴新材料、高邮绿色照明、淮安盐化工、泰兴减速机、东海水晶等 29 家地方行业知识门户的搭建，实现服务企业近千家。

④ 企业知识门户。通过分析企业需求，利用现有的科技资源共享知识库，为企业的产品创新设计、生产、销售及管理等提供国内外最新的科技资源信息；通过对企业主导产品和业务的梳理，形成企业知识目录，将知识管理与企业核心业务相结合，建立企业知识门户，为企业用户在前沿技术跟踪、市场动态分析、知识产权保护及相关产业政策等方面提供技术参考和决策支持；根据企业的技术领域和产品特点提供智能化的一站式知识获取、分析及推送服务，并实现知识社区功能，为企业用户提供交流、互动的平台，通过良性知识传递，达到共同创造知识、分享知识的目的，实现企业知识高效管理和应用。现已为江苏法尔胜泓昇集团有限公司、江苏上上电缆集团有限公司、连云港市金陵饲料有限公司、南通振康焊接机电有限公司、江苏澳特邦非金属矿业有限公司、中车戚墅堰机车车辆工艺研究所有限公司、上海现代制药海门有限公司等 65 家企业建成了“一企业一门户”的企业知识门户系统，帮助企业实现了内外部知识的有效管理和应用。

⑤ 项目申报与科技政策服务平台。实时跟踪国家、省、市政府资助科技项目的信息，联合业内资深专家，及时解读热点申报信息，指导申报流程、提供申报建议，并根据企业规模、业务特征等为相关企业及时推送，以方便企业第一时间获取申报信息，明确申报方向，掌握申报要点，提高项目申报的命中率。收集整理国家、省、市各级科技政策，包括优惠政策、产业政策、人才政策等，形成科技政策知识库，为用户提供政策解读、政策推送等知识服务。根据企业知识目录在库中提取相关政策，第一时间传递权威信息，并对政策出台的背景及政策对整个行业、企业等不同层面产生的影响做出剖析和预判，以帮助企业第一时间获悉重点行业政策的要点，更好地把握产业政策形势及政策对行业、企业所产生的深远影响。项目申报与科技政策服务平台采用多种导航方式，包括级别、年份、地区主题、机构等，用户可以按需求导航到对应目录下。

⑥ 企业标准信息服务系统。标准事关企业的生存与发展，是企业组织生产和经营的依据。在知识经济时代，市场竞争标准先行的特征尤为突出。本项目通过对国内标准信息进行加工，收录国家标准、行业标准和地方标准信息 14 万多条，实现国标、行标覆盖率达 99% 以上。除提供一般标准文献检索、标准文献全文下载和在线咨询服务外，系统还提供标准动态跟踪功能，可实时获取标准的有效性状态、标准更新替代信息及标准引用关系，帮助企业随时掌握所关注技术领域的最新标准，为产品研发和相关研究提供支撑。

研究开发了辅助知识库建设、管理及共享利用的相关工具，主要有知识采集工具、知识处理工具、知识检索工具及知识订阅与推送工具等。

① 知识采集工具。根据完整的知识生命周期，对相关资源的信息进行采集、加工、整理，完成由信息到知识的加工转换，实现知识资源的采集功能。

② 知识处理工具。对系统采集到的信息进行知识化处理，并以相应的形式存储起来，为知识挖掘与分析提供数据支持。

③ 知识订阅与推送工具。根据企业或用户特定要求，对政策解读、竞争情报分析、行业咨询等相关科技资源数据进行个性化订阅，自动定期或不定期地将知识自动推送给指定用户。

5.3 服务场所建设

在江苏省科学技术情报研究所设立资源加工中心和对外信息服务窗口，在苏南、苏中、苏北共选择常州市科技信息中心、淮安市科技情报研究所、江阴市科技创新服务中心、高邮市生产力促进中心、泰兴市生产力促进中心、海门市生产力促进中心、东海县生产力促进中心、盱眙县生产力促进中心建成 8 家市县服务窗口。每家市县服务窗口均满足以下合同建设要求：当地龙头科技咨询机构，有 100 平方米以上的公众服务大厅，与当地 1/3 以上的科技中小企业，1/2 以上的特色产业企业，80% 以上的高新技术企业有固定业务合作关系，长期为当地企业开展各种形式的科技咨询服务，有专业化的信息服务团队和市场化运作的经验。各加盟单位均严格按照“7 个统一”的要求进行布置，即统一服务模式、统一服务标准、统一服务窗口、统一服务收费标准、统一服务网络系统、统一服务标识、统一服务流程，开展企业知识服务活动（图 35）。

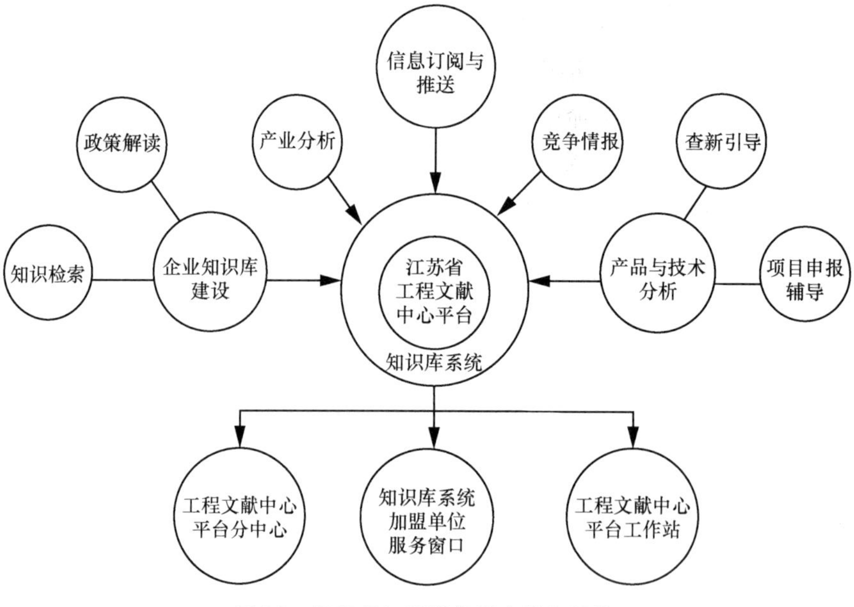

图 35 江苏省知识服务平台服务架构

（1）项目承建单位：江苏省科学技术情报研究所

江苏省科学技术情报研究所直接用于数据加工和服务平台运行的场地约 2500 平方米，

其中，办公（研究室）用房800平方米，电子阅览室200平方米，数据加工区200平方米，运行服务区300平方米，计算机房250平方米，宣传及培训区300平方米，会议室300平方米，其他辅助用房200平方米。

（2）项目加盟单位：常州市科技信息中心

已建成总面积超过1800平方米的服务场所，内设服务大厅、办公室、多功能会议中心、自主学习培训中心、可视化培训中心等功能区域。带有“苏情智海”标识的“江苏省企业知识服务平台网络常州服务站”铭牌悬挂于中心入口大厅，显著而规范。建成了专业化的独立机房，配备有6台（套）大型服务器，为平台的运行提供设备保障。

（3）项目加盟单位：淮安市科技情报研究所

建设有200平方米的多功能服务大厅和40平方米的专业机房。现有服务器6台，各类计算机30余台等。

（4）项目加盟单位：江阴市科技创新服务中心

建设有超过1000平方米的服务大厅，内设电子阅览室、办公场所、培训会议室、企业创新沙龙室等功能区域。配备有32台计算机、投影仪、声控音响设备等。以“苏情智海”为品牌服务标识，悬挂于平台入口处。

（5）项目加盟单位：泰兴市生产力促进中心

建设了120平方米的服务大厅，内设办公场所、多功能培训教室、会议室、科技阅览室等功能区域。服务大厅悬挂了“苏情智海”的服务标识。配备有大型触摸屏液晶显示器，便于用户浏览知识服务平台网络，添置了4台计算机用于企业知识服务。

（6）项目加盟单位：高邮市生产力促进中心

服务场地面积达1095平方米，设有107平方米的一站式服务大厅、信息发布厅、对接洽谈室、成果展示室、技术转移中心、机房、科技服务机构集中服务区等功能空间，配备有12台计算机、网络服务器、多功能复印机、传真机及85英寸的LED电视机等设备，用于江苏省企业网络知识服务平台系统展示、客户体验及用户服务。“苏情智海”品牌服务标识铭牌悬挂在高邮市生产力促进中心过道的醒目位置，按照“7个统一”要求，规范服务，制度上墙。

（7）项目拟加盟单位：海门市生产力促进中心

专门开辟了100平方米作为一站式服务大厅，并在大门口悬挂“苏情智海”服务标识。大厅内设有触摸屏和成果宣传板，以便企业了解海门的最新科研成果。新增台式计算机3台，笔记本2台，投影仪1台，相机1台。

（8）项目拟加盟单位：东海县生产力促进中心

拥有200平方米的一站式服务大厅，设立成果发布展示区、成果转化洽谈区、办公与服务区。配备有5台计算机，用于对外服务。

（9）项目拟加盟单位：盱眙县生产力促进中心

建成120平方米的服务大厅，配备5台计算机，用于对外开展企业知识服务平台的咨询、培训及服务。

5.4 服务团队建设

（1）创新服务团队建设

组建了一支 99 人的专业服务团队，其中系统维护 5 人、软件开发 7 人、资源加工 30 余人、知识分析等领域的服务人员 50 余人。团队的成员主要来自长期在信息网络建设、科技信息咨询、专题跟踪、战略研究、文献开发等一线的科技人员，有丰富的服务企业的经验，为企业知识服务系统的建设服务提供有力的人才保障和智力支持。

常州：组建了一支由中心主任亲自挂帅的咨询服务团队，专职从事知识平台项目推广、咨询及保障的人员为 10 人，其中高级职称 3 人、中级职称 6 人、拥有硕士学位 3 人，均为熟悉服务企业业务并有服务企业经验的业务骨干。

淮安：组建了 11 人的服务团队，其中高级职称 2 人、中级职称 6 人，团队的主要成员均来自信息网络建设、科技信息咨询、科技情报研究一线，知识结构涵盖系统架构、软件开发、科技管理、档案管理等领域。配备有专门的软件开发管理人员 1 名，负责知识服务系统的运行调试工作。

江阴：组建了一支 10 人的服务团队，大专及以上学历人员占 90%，点对点开展企业知识平台建设的推广和服务工作。

泰兴：专门配备了 8 人参与项目建设，其中有 4 人专职从事咨询与服务工作，均具有多年为企业进行科技服务的经历。

高邮：拥有一支 12 人的专业化技术服务团队，其中高级职称 2 人，中级职称 6 人，本科及以上学历 8 人，在全市建立 8 个信息采集站和 22 名信息联系员的网络队伍，健全全市企业的需求收集和知识服务渠道。

海门：成立了平台网络海门市服务站领导小组，组成了一支 6 人的专业服务团队，由计算机、咨询服务、宣传推广等人员组成，其中博士 1 人、本科 5 人、高级职称 1 人、中级职称 2 人。

东海：参与项目实施的技术和服务人员共 10 人，其中高级职称 2 人，中级职称 4 人。

盱眙：配备有专职服务人员 9 人，拥有产品检测、化学管理、信息服务、财务、工程机械等方面的专门人才。积极输送现有人员外出进修学习，如参加知识产权工程师培训等；同时积极引进急需的优秀人才充实队伍，项目建设期间新引进硕士 1 人。

（2）人才引进与培养情况

江苏省科学技术情报研究所引进高层次人才 5 人，其中博士 1 人、硕士 4 人，均具备较强的情报分析和研究能力；2014 年引进了以南京大学长江学者苏新宁教授为首的 7 人博士团队，建立“数据工程与知识服务重点实验室”。

与国内外著名高校及专业培训机构合作，通过参加或举办培训班等形式，对开发人员和服务人员进行培训，提高研发服务能力；围绕地方特色产业和企业知识库的建设与服务，在各市县服务窗口培养了一批地方科技政策辅导员、项目申报咨询员和产业信息领航员等专业化知识服务人员，能够灵活地运用、管理知识服务系统相关功能，担负起区域内的企业知识服务工作。

5.5 编制标准规范

通过本项目的建设形成了企业知识库加工标准、企业知识服务平台服务规范。

① 企业知识库加工标准。根据企业知识需求和知识分类体系，确定知识加工的范围；制定知识库加工标准与处理规范，涵盖指导思想、总体要求、组织管理、加工流程等内容，从数据采集、数据录入、数据预处理、数据审核、数据更新等方面予以约束，为建设高质量的企业知识库提供保障。

② 企业知识服务平台服务规范。开展“7 个统一”建设工作，制定统一的服务标准、服务模式、服务窗口、服务标识、服务网络系统、服务收费标准、服务流程，为提供高品质的知识库服务提供指导，形成《江苏企业知识服务平台网络服务站建设管理办法》《江苏省企业知识服务平台网络建设与服务考核办法》《江苏省企业知识服务平台网络建议收费标准》《江苏省企业知识门户服务奖励办法》等规范。

5.6 管理运行机制

建立江苏省知识服务平台网络理事会，以企业服务需求为导向，制定与市场化机制相适应的基本准则及相应制度，建立平台网络企业化运行服务机制，引导和制约加盟单位的人、财、物参与平台网络的服务运行活动。

（1）组建江苏省知识服务平台网络理事会

建立“江苏省知识服务平台网络理事会”，各加盟单位出 1 名理事，理事长由江苏省科学技术情报研究所副所长兼任。理事会下设业务办公室，办公室下设技术、市场、行政 3 个部，分别负责技术保障、市场开拓和与加盟单位的联系。采用“理事会领导下的主任负责制和技术委员会咨询制”的管理方式，让代表各方利益的人员进行民主决策，保障平台网络运行与发展的要求。

理事长：周晓明（江苏省科学技术情报研究所副所长）

副理事长：高岩（常州市科技信息中心主任）、王东方（淮安市科技情报研究所所长）

成员：黄玮（海门市科技局副局长）、何林（东海县科技局副局长）、殷铭（江苏省科学技术情报研究所文献中心主任）、叶李斐（江阴市科技创新服务中心主任）、林玉煌（泰兴市生产力促进中心主任）、胡宏珊（高邮市生产力促进中心主任）、汪成军（盱眙县生产力促进中心主任）。

（2）加强统一服务标准建设

商标：以“苏情智海”作为全省统一的商标。

7 个统一：全部加盟单位和拟加盟单位的服务标准、服务模式、服务窗口、服务标识、服务网络系统、服务收费标准、服务流程等 7 个方面必须相同。制定 7 个统一详细实施办法，拨付专门经费，用于成员单位统一标准建设，经验收合格，方授权开展平台网络服务。

建立 3 种套餐：普通企业用户、VIP 客户、金牌 VIP 客户。不同的套餐适应不同的客户需求，以便让更多中小企业获得企业知识门户的服务。

（3）省中心与加盟单位协同发展机制

在江苏省科学技术情报研究所设立资源加工中心和对外信息服务窗口，在苏南、苏中、苏北分别选择常州市科技信息中心、江阴市科技创新服务中心、高邮市生产力促进中心、泰兴市生产力促进中心、淮安市科技情报研究所等示范建设单位，创建市县服务窗口。采用优势互补、步调一致的原则建立平台运行的协同机制，形成资源共享、团队共享、经验共享、利益共享的协同模式，达到服务业务拓展与提升、服务模式创新发展、服务工作协同推进、服务绩效显著提高的效果。

在资源建设方面，利用现有的互联网技术和科技文献服务网络，将江苏省科学技术情报研究所资源与地方特色资源相结合，解决地方资源缺乏的问题。

在平台运作方面，利用江苏省科学技术情报研究所技术、资源、人才等优势开发知识服务产品，为加盟单位的服务提供资源和技术保障；加盟单位利用与当地企业联系密切的有利因素，发现需求、培育市场，推广知识服务产品。

（4）制定绩效考核与激励措施

组建市场营销部，加盟单位配备专门的营销人员，利用地域优势深入企业、园区、开发区，开拓用户，推广知识服务产品并提供知识服务。在利益分配上每开发一个知识服务平台用户，所得收益 5 ∶ 5 分成，后期系统维护与数据更新费也按 5 ∶ 5 分成。

划拨专项经费用于加盟单位的后补助，建立量化、公平、公开的后补助考核标准，重点考核加盟单位的业务开拓能力和市场创收能力，主要包括：发展企业注册用户数、开发的VIP用户或企业知识门户用户数、宣传培训的场数和人数、深层次服务数量、服务收入等，建立综合评分体系，严格按照最终考核结果发放服务补贴。在 2016 年 12 月召开的“企业知识服务平台加盟单位服务推广和考核验收会议”上，5 家加盟单位和 3 家拟加盟单位得分情况如表 4 所示，合计发放后补助经费 135.64 万元。

表4　5家加盟单位和3家拟加盟单位得分情况

（拟）加盟单位	得分
常州	50.14
淮安	48.50
泰兴	33.20
江阴	31.00
高邮	25.85
海门	38.20
东海	28.75
盱眙	10.00

举办知识服务平台网络服务与推广先进单位评选，对有特出贡献的先进个人直接奖励。2016 年度，“先进集体称号”分别由常州市科技信息中心、淮安市科技情报研究所和海门市生产力促进中心获得；宋赟、马伟等 6 名同志等获得先进个人称号。

5.7 取得的经济效益和社会效益

知识服务平台整合包括科技文献、成果、专家、产业动态、科技金融等与企业创新各个环节相关的各类科技资源，建设科技资源共享知识库，数据总量超过3亿条；通过对科技资源共享知识库的深度挖掘，结合十大新兴产业发展特点和各加盟单位地区产业优势及企业创新需求，建设产业知识门户、行业知识门户和企业知识门户；开发项目申报与科技政策服务系统、企业标准信息服务系统等知识服务产品。开发了知识采集、处理、分析工具，用于知识的整理与加工，提供订阅与推送等功能。通过本项目的建设形成了企业知识库加工标准、企业知识服务平台服务规范。开展知识服务平台网络相关培训100余场次，培训近万人次。

平台自开通以来，累计建设企业知识门户107个、产业知识门户33个，直接服务企业数量近千家，实现服务创收超过800万元，为江苏省产业创新和企业技术创新提供了全方位的科技服务支撑，取得了巨大的经济社会效益。服务范围不仅包括江阴天江药业股份有限公司、江苏上上电缆有限公司、中利集团、南化集团、中国铁路设计集团有限公司等多家上市公司、行业龙头，还包括南京水科院、鼓楼医院等部属科研院所、医院，服务领域涉及生物医药、电力电缆、医疗卫生、新材料、节能环保、化工等。

5.8 典型用户评价

中共江苏省省委研究室秘书处：个性化知识服务平台，将多个常用的电子期刊、图书和其他文献库集成在一个专用平台上，较好地提升了资料查询与使用效率，便于我们及时掌握国内外最新学术动态和理论成果。

常州市科技信息中心：江苏省工程文献中心平台在与常州地方资源整合和联合服务取得了成功经验的基础上，2015年起，双方进一步开展合作，率先在江苏地区开展江苏企业知识服务平台网络的推广服务，知识平台的个性化定制、一对一为常州各大企业提供更深层次、更加专业的科技信息服务，截至2019年年底，已有10余家常州企业成为企业知识服务平台的服务用户，并且好评度颇高。

5.9 形成的标志性成果

（1）发表论文

① 芮雯奕. 美国麻省理工学院科技智库建设特点及启示[J]. 智库理论与实践，2016（2）：114-118.

② 芮雯奕. 创新驱动发展战略下江苏战略性新兴产业技术创新发展研究[J]. 江苏科技信息，2015（36）：1-3.

③ 张丽军. 认知需求行为特征指标探索研究[J]. 商品与质量，2014（3）：71-72.

④ 王飞，丁玉飞. 网络环境下科学文献传播效果研究：以受众能动性为视角[J]. 图书馆学研究，2016（5）：14-18.

⑤ 王飞，丁玉飞，周晓明，等. 面向企业的知识服务平台设计与实现[J]. 情报杂志，2015，

34（8）：204-206.

⑥ 王飞，殷铭，高璇.基于元数据仓储构建科技文献共享服务平台[J]. 中国科技资源导刊，2015（1）：57-62.

（2）知识产权

① 企业知识服务资源加工系统V1.0；

② 项目申报与科技政策服务系统V1.0；

③ 企业专利分析平台V1.0；

④ 企业知识服务平台管理系统V1.0；

⑤ 企业知识服务平台知识门户系统V1.0；

⑥ ZL201410779373.3 再生聚酯瓶片纺制六叶多孔中空短纤维的制备方法。

（3）标准规范和管理办法

①《江苏企业知识服务平台网络加工标准》；

②《江苏企业知识服务平台网络服务站建设管理办法》；

③《江苏省企业知识服务平台网络建设与服务考核办法》；

④《江苏省企业知识服务平台网络建议收费标准》；

⑤《江苏省企业知识门户服务奖励办法》。

（4）所获奖励

① 2017 年度江苏省优秀大数据示范项目；

② 江苏省数据工程与知识服务重点实验室。

6 典型服务案例

6.1 企业知识服务典型案例

江苏省企业知识服务平台是基于文献且高于文献，从资源类型保障走向企业个性化定制的开放式、综合性的服务平台网络。通过集聚整合各类科技服务创新要素，同时采集企业用户需求，以知识服务理念为引导，依托先进的数据分析挖掘技术，实现知识的关联分析，从而为企业提供更深层次、更大发现和更高价值的知识服务。

江苏省企业知识服务平台的建设内容和服务水平均居国内领先地位，自建设以来在国内取得了较大的影响力，实现了多个方面的突破或进展：一是打破了现有信息服务平台造血功能不强的瓶颈，通过规范咨询服务手段，培育品牌服务产品，用增值服务提升造血能力，实现了平台的可持续发展；二是采用加盟连锁方式创新服务模式，省地协作互补共建开展企业知识服务；三是培育了一批骨干服务机构和一批适应企业创新需求的高端服务团队，能够更好地适应地方信息服务需求；四是带动全省科技服务业水平提高，引领全国各省文献服务平台向知识服务平台跨越。

江苏省企业知识服务平台自 2016 年初建成运行以来，已在江苏省的常州、淮安、江阴、高邮、泰兴、盱眙、东海、海门等市县建立了 8 家服务窗口，开展知识服务相关培训 100 余场次、培训人数超过 8000 人，累计建设企业知识门户 107 家、产业知识门户 33 家，直接服务企业数量近千家。江苏省企业知识服务平台为江苏省产业创新和企业技术创新提供了全方位的科技知识服务支撑，实现科技信息咨询与产业发展战略的高度融合，对于培育江苏省企业的核心知识竞争力，提升区域科技创新能力，促进江苏省现代科技咨询业的发展具有十分重要的意义。

江苏省企业知识服务平台建成以来，通过采用培训和走访等多种方式在企业中进行大力宣传和推广，不断提高企业用户认识和使用科技资源的能力，灌输竞争情报分析在企业综合能力提升和竞争中的重要性。通过一系列的讲座有企业主动找到我们，除了需要提供基础的文献资源服务外，希望能根据企业的需求提供产业动态跟踪、专利分析、竞争对手跟踪等服务。根据用户需求，对企业业务进行详细梳理，为该企业构建了企业知识服务体系，利用企业知识服务产品为用户个性化定制了企业知识门户。在企业知识门户中为用户提供知识检索、标准跟踪、专利分析及行业专家和机构的跟踪与分析，并实现在门户提供了 360 度的可视化分析图谱，使用户能直观地查看和分析各个资源信息之间的关联关系。

根据企业的要求实现对企业关注的专业性网站进行实时跟踪与信息采集，该企业在未构建企业知识门户之前，公司指定人员对几十个专业网站 120 多个栏目进行每天采集网站的行业新闻、竞争对手信息、招投标信息及原材料市场信息等，每天至少要有 2 人全天候地专门一个一个网站去采集，后来通过构建企业知识门户，利用现有的技术对企业关注的这些网站和栏目进行自动跟踪采集，企业员工可以在企业知识门户上直接获取这些信息，同时利用提供的快报服务工具通过制作简报形式将信息直接推送给企业相关人员，即节约了时间和人员成本，又大大地提高了工作效率，增强了获取信息的时效性，情报分析工具也为企业内部知识的传播提供了便利。

6.2 产业知识服务典型案例

产业知识服务平台在企业知识服务平台基础上，围绕当地产业科技创新的实际需求，以“一产业一门户”为原则构建产业知识门户。在面向该产业业务主题创建产业知识目录的基础上，整合该产业内企业在创新过程中所需的科技文献、科技项目、政策、成果、专家、专利、标准、行业动态等与企业创新各个环节紧密相关的科技资源，定制、生成该地方产业自身独有的知识库。

产业知识服务平台以数字图书馆、竞争情报系统、知识管理平台为三大建设目标，主要包括线上五大类功能，共 17 项子功能，包括知识检索分析功能、知识挖掘与分析功能、政策信息推送功能、市场跟踪服务功能、知识管理与分享功能，以及线下若干增值服务，包括行业分析、引文检索、国内外专利检索与分析、竞争情报服务、项目申报辅导、代查代借、定题服务、科技查新、推送订阅、特色库定制、知识产权服务、标准有效性查证、移动图书馆等。

现已与多家科技管理部门、高新园区共建了产业知识服务平台，主要有常州市科技信息中心、苏州市科技信息中心、连云港市科技情报研究所、南通市科技情报研究所、泰州市科技情报研究所、徐州市科技情报研究所、淮安市科学技术情报研究所、高邮市科技创业中心、高邮市生产力促进中心、江阴市科技创新服务中心、常熟市科技局、无锡市科技情报研究所，累计建设各类地方产业平台 33 个。

常州市科技信息中心根据地方特色产业构建了常州市十大产业知识服务平台，由新能源汽车及零部件产业知识服务平台、新医药及生物技术产业知识服务平台、新材料产业知识服务平台、智能电网产业知识服务平台、智能装备知识服务平台、高端轨道交通产业知识服务平台、航空装备产业知识服务平台、节能环保产业知识服务平台、新一代信息技术产业知识服务平台、新能源产业知识服务平台等 10 个产业平台组成。常州地区企业可以在平台上自行注册，由平台管理员审核通过后方可直接使用平台功能。平台建设后组织开展了各产业平台的开通仪式暨培训会，累计培训企业近 400 家，有一场培训原定为 150 人的会场，报名人数超过了 200 人，会场还有很多企业慕名而来，也得到了用户的颇多好评。截至 2019 年年底，已有 200 多家企业在平台上注册。此外，还与常州市科技信息中心合作完成 1 篇常州新能源汽车产业调研报告，并后续提供一份包括产业现状分析、发展规划咨询建议、产业前景预测、专利分析等内容的深度产业研究报告。

7 未来发展设想和预计达到的目标

本项目在知识服务平台产品的推广实施过程遇到一些问题，例如，如何在知识门户中更好地揭示企业需求，如何让企业用户充分参与并使用知识服务平台及如何提高知识服务平台的宣传与推广成效等。为解决上述问题，项目组在宣传、推介方面做出了很大的调整，从原有的大规模集中培训改为集中培训+一对一培训相结合的方式。首先由加盟单位遴选出一些具有一定研发能力的企业，组织相关负责人参加企业知识服务平台产品的宣讲，让企业用户对产品先有一个粗浅的认识，然后由加盟单位服务人员继续跟进，对有意向的企业一一走访，由江苏省科学技术情报研究所服务人员和加盟单位服务人员组队开展一对一的上门培训，对企业知识服务产品的功能进行详细的讲解。通过这样有针对性的服务，不仅大大提高了企业用户对产品的认识，而且能让企业用户更深入地参与到产品的建设当中，让产品在企业决策与研发过程得到最大限度的应用，增加了用户对产品的黏度，大大提高了产品在企业用户中的认可接受度。

通过 3 年来的建设，平台已经初步形成了在全国有影响力的知识服务平台网络，实现了江苏省企业知识服务平台网络服务水平在同类产品中居国内领先,但从技术功能、服务内容及服务推广方面还有很大的提升空间，主要表现在以下方面。

① 利用先进信息处理技术提升产品功能。随着大数据技术在各行业中的应用不断深入，许多先进信息处理技术如条件随机场、主题模型、深度学习、数据科学等也应运而生，使得知识组织、知识挖掘与发现更贴切用户个性化的需求。为了更好地为用户提供个性化精准的知识服务，在今后一段时间内江苏省企业知识服务平台网络将加大对产品技术的研发投入，很好地将这些技术运用到产品中，强化各类科技资源的知识组织能力，实现多源信息融合，根据用户使用行为和日志分析挖掘用户需求，达到更好更精准的服务，以满足用户对知识服务的真实需求。

② 从多角度丰富产品服务内容。江苏省企业知识服务平台网络产品通过 1 年多的运行，虽然企业用户需求复杂多变，但对于企业用户的基本需求也逐渐明确。企业用户需求主要包括科技资源获取、市场信息跟踪、竞争对手跟踪与分析等，特别是对市场信息跟踪尤为关注，因此在产品后续的服务中将增加对市场信息跟踪功能开发与应用，增加企业舆情监测功能，并在此基础上增强竞争情报工具的提供，让企业用户可以自行定制简报功能，也可以根据企业用户使用情况自动生成简报。随着移动互联网的发展与普及，用户的使用习惯也在发生变化，大多数用户受网络环境及时间的限制，更取向于使用移动终端来使用产品，为此将根据用户需求及资源及时推送等多方面的要求提供适合移动阅读的平台产品，包括移动APP及微信小程序等。

③ 多渠道开展产品的市场宣传与推广。充分发挥加盟单位对企业用户情况更了解的优势，扩大对产品的宣传力度，通过组织培训、走访企业等多种方式让用户熟悉产品，培育用户对科技情报的需求。对现有用户通过服务人员一对一的对接提供多方位的精准服务，通过开展竞争情报方面的技术培训，增强用户对产品的黏性，通过服务人员的引导开展行业动态分析、产业跟踪、专利分析等深层次知识服务。利用江苏省工程技术文献信息中心平台现有的全省科技信息服务体系扩大加盟单位服务队伍，采取省市上下联动合作共赢的方式共同开发平台网络的产品市场。也可以通过发展对平台网络产品有推广欲望的代理机构方式扩大平台网络产品的服务范围，全方位多渠道地开展产品的市场宣传与推广，形成“苏情智海”服务的知名品牌，实现每年服务科技型中小企业 1 万家，加盟单位服务年收入增长 30% 以上，集聚和培养科技服务人才超过 300 人。规范江苏省科技信息咨询服务内容，提高江苏省科技咨询服务水平，进一步发展科技咨询机构推动科技型中小企业创新发展的重要作用，带动全省现代科技服务业的提升发展。

撰 稿 人：王 飞

江苏省工程技术文献信息中心发展历程

江苏省工程技术文献信息中心（简称“中心”）是2004年由江苏省科技厅立项建设的首批科技资源共享平台之一，通过集成科技、文化、教育三大系统所辖10家单位的文献信息资源，并建立与国家科技图书文献中心（NSTL）和长三角区域文献信息资源的开放合作，以共知共享共建的方式在全国率先建成了省级跨部门、跨系统的科技文献信息资源服务体系，为全省科技创新提供保障与支撑。

1 建设背景——技术创新呼唤科技文献资源

进入21世纪，经济全球化、信息网络化对我国产生了深刻的影响。党的十六大提出要“加快信息化建设，以信息化带动工业化”，政府对科技基础设施建设高度重视，并于2000年启动了国家科技信息资源平台的建设。作为全国的科技大省，江苏省科技厅提出全省科技工作要最大限度地集成科技资源，进一步强化中介机构的主导业务建设和服务资源建设，继续建设公共技术服务平台等科技基础设施。为此，江苏省工程技术文献中心着手启动建设。

2004年6月25日，江苏省科技厅在南京举行了“江苏省工程技术文献信息中心”建设项目咨询性听证会。随着全省科技、经济及社会发展，对科技文献信息资源的需求日益增长。江苏省政府制定的实现“两个率先”战略目标和可持续发展计划，以及加快区域科技创新、沿江开发及高新技术产业发展，都对科技基础设施提出了新的要求。作为技术创新主体的各类企业和科研单位，从事技术开发、产品开发，更加需要科技文献信息资源的支撑。

对江苏省科技创新机构调查表明：目前只有16%的单位订有科技文献资料，且对本单位所需文献满足率在60%以上；84%的单位订购科技文献资料对本单位的满足率在60%以下；91%的单位认为科技文献在科研开发及创新工作中十分重要或重要；100%的单位迫切或较需要采用互联网在线获取全文科技文献资料。

但事实上，江苏省科技文献信息资源，不论从数量、质量上，还是从服务能力上，与科技、经济和社会发展的需求严重不相适应。迫切需要建立一个区域性、权威性的公共科技信息资源平台，为江苏省提供全面的科技文献保障服务。对此，省委、省政府高度重视，《江苏省“十五”科技发展计划纲要》中明确提出：“在进一步完善江苏科技信息网络建设的同时，大力加强网络信息资源的建设与开发，建成全省公共科技信息资源共享体系。”

可见，建设江苏省区域性科技信息资源保障服务体系是江苏省区域创新服务体系构建的重要内容，是加快科技创新、推动“两个率先”战略实施、全面建设小康社会的科技基础工作。

2 建设目标——构建现代化信息资源平台

江苏省工程技术文献信息中心计划通过2年的建设，在全国率先建成省级共享共建工程技术文献资源体系。面向全省科技创新和高新技术产业化对工程技术文献信息的需求，通过引进、共享、集成等手段，有计划、有重点、有针对性地集成全省需求的国内外各类工程技术文献，形成印刷型与电子版、网络版文献相配套，物理馆藏与虚拟馆藏相结合，一次文献与二次文献相配合的能基本满足全省需求的信息资源共享共建体系。届时，江苏省工程技术文献信息中心将成为文献资源满足率高、技术手段先进、服务优质快捷、共享共建机制完善的、国内一流的区域工程技术文献资源建设与信息服务平台。

江苏省工程技术文献信息中心还将延伸服务功能，建成“四个基地”，即全省科技文献开发基地、专业信息数据集成基地、信息情报研究服务基地、信息管理与应用人才培养基地；建成适应跨部门、跨系统资源管理与服务的组织结构体系，打破资源建设分割与重复建设的局面，实现以有限的资金投入，引导存量资源扩大对社会开放服务，有效增加区域科技创新需求的文献资源总量。

建成后的江苏省工程技术文献信息中心将围绕全省经济发展、科技创新、高新技术产业化，面向各级政府和科技管理部门，面向科学研究机构，面向各类企业，提供为科学决策、科学研究、技术开发、技术转移、人才培养、参与国内外竞争所需要的工程技术文献信息支撑保障与公共服务。

3 建设方案——共知共享共建

江苏省工程技术文献信息中心共享共建单位分为核心层和外围层。核心层由江苏省科学技术情报研究所、江苏省农业科学院、江苏省质量和标准化研究院、南京大学、东南大学、南京农业大学、中国药科大学、南京医科大学、南京工业大学、南京图书馆10家单位组成。分别形成综合工程文献、理学工程文献、工业工程文献、农业工程文献和医药工程文献5个分中心。外围层主要通过网络远程共享，由国家级文献收藏单位等组成（图1）。

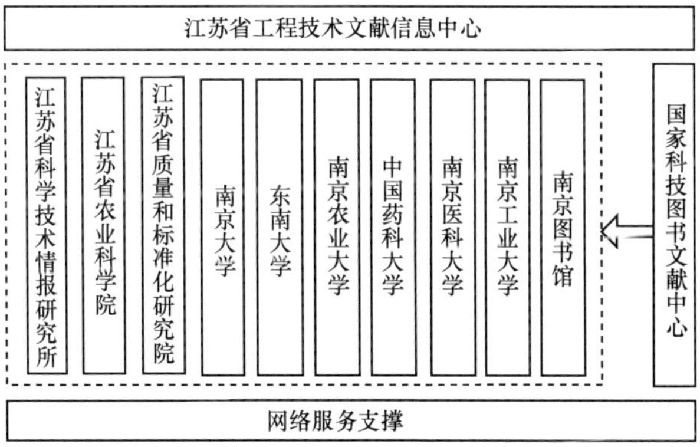

图1 江苏省工程技术文献信息中心建设体系

3.1 组织架构

结合江苏省文献资源服务机构分布特点及公共服务平台的建设要求，按照现代非营利机构管理方式，中心提出了创新的运行机制和管理方式，实行“理事会领导下的主任负责制和技术委员会咨询制”。各组成单位既保持各自独立的法人地位、原隶属关系各自业务的独立性，又服从中心资源共享共建的统一要求与安排。中心设有少量运行服务与协调管理工作的专职人员，人员及办公地点均依托于江苏省科学技术情报研究所。中心的组织结构分为决策层、管理层和服务层 3 个层次（图 2）。

（1）决策层

中心理事会是中心的最高领导决策机构，理事会由江苏省科技厅、财政厅、教育厅、文化厅、质量技术监督局及中心各共建单位的分管领导组成。其主要职责是：审定中心运行和发展的重大决策，审议中心发展方向、发展规划、工作计划；批准和监督中心的管理制度、运行机制及技术委员会的工作制度；审议批准中心的财务预决算方案，监督中心的经费使用；检查中心工作进展和运行绩效；协调解决中心运行和发展中遇到的重大问题等。

（2）管理层

中心办公室是理事会领导下的日常管理工作机构，办公室成员由各共建单位有关领导组成。其主要职责是：负责中心共享共建工作的组织、协调与管理；提出建设方案和工作计划；协调各共享共建单位关系；收集、统计各成员单位服务效果；组织成员单位的考核、总结、评价；组织国内外合作、交流，保证中心正常运行。

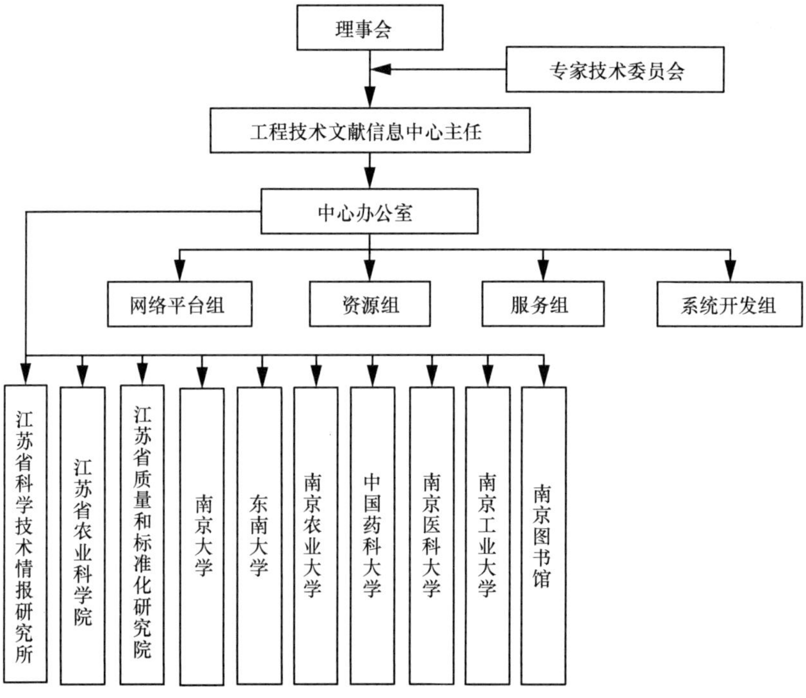

图 2　江苏省工程技术文献信息中心组织架构

（3）服务层

服务层由10家共建单位的服务人员组成。其主要职责是：在统一规划、统一规范的要求下，根据分工，提供各类工程技术文献信息的服务。由共建牵头单位江苏省科学技术情报研究所构建中心网络系统及应用服务系统等基础设施，并负责网络服务平台的建设和日常维护。各服务单位在中心统一协调下，共同完成各原文传递系统的构建，共同承担文献资源的整合与协调、新增文献资源的调研及订购、文献二次开发和特色数据库建设，面向社会提供及时、便捷的工程技术文献信息服务，并建立与外部用户联系的渠道。

（4）专家技术委员会

专家技术委员会是中心的技术咨询监督机构。专家技术委员会由图书文献、信息技术、网络技术、情报分析、决策咨询等专业方面的专家组成。其工作职责是参与中心发展战略、发展规划、技术方案、年度科技计划咨询，以及重大科技项目的选题论证；对中心提出的重大技术方案、文献信息资源建设方案等重大决策提供咨询；负责了解、掌握和研究科技信息领域技术发展动态，并及时向中心提供信息和工作建议等。

3.2 管理模式

建立完善的内部管理制度。中心的重大事项决策,如发展方向、规划、计划、财务预决算和基本管理制度等都向理事会报告，并得到理事会的批准方可执行。重大资源的采购与调整，重大软硬件的选型方案,中心的服务内容设计方案都须经过技术委员会讨论通过。平台办公室按照办公室工作制度，严格地履行应承担起的组织与协调工作。10家共建单位严格按照规定的文献格式、分工的领域，保质保量完成数据加工任务。会同10家共建单位共同制定《江苏省工程技术文献信息中心服务公约》，明确各共建单位的责、权、利，共同营造认真敬业、服务高效、奖惩有序、合作共赢的工作环境。

（1）经费管理

中心文献资源建设费和主要的日常运行维护费来自政府财政拨款，中心申请省财政专项安排科技基础设施建设经费并接受省有关部门的监督与审查。中心统一归口管理，实行总体和年度预决算制。单独设立财务账目和专题任务分类经费卡。按照单独建账、独立核算的原则，建立了完善的财务管理体系。年度预决算必须经理事会批准执行，并接受理事会监督及上级审计。经费列支范围严格按照预算口径，能够单独立项核算，账目清楚，使用合理。

（2）资源建设管理

中心的资源建设管理，首先是建立在分工协作的基础上，按照各共建单位的学科优势，各协作单位原订购的存量资源不变，仍保持各自的订购渠道和订购量；中心按各单位相关的重点学科进行分工，要求其组织加工相应学科的信息资源，提交中心建设联合目录（后改为元数据）数据库。分工协作的机制是，各家加工的信息资源产权不变，仍隶属加工单位所有。当用户通过网络调阅原文时，由原加工单位提供，中心将给予服务单位一定的服务补贴。同时，中心对各共建单位的加工数据进行量化考核，并给予相应的资源加工补贴。通过上述方式，集成了10家共建单位的信息资源，联合上网提供服务，实现了资源的社会化共享。

（3）服务管理

服务是中心建设的出发点和落脚点，也是中心的主体工作。中心的服务管理，是按照“统一要求，统一标准，合同制约，考核促进”的思路来实施的。先是建立服务工作小组，工作小组通过与10家共建单位协商，成立10家单位各自的服务负责人和原文传递人员，明确原文传递、集成检索、个性服务等主要的服务内容，并制订服务规范与流程，为中心的服务工作展开建立了一套科学合理的管理办法。

3.3 运行机制

（1）以增量资源对存量资源的引导调控机制

中心进行资源服务分工，通过联合目录（元数据）方式，将分散在各家单位的存量资源统一组织到工程技术文献信息平台，开展社会服务，扩大各共建单位的资源服务面和社会影响。对共建单位扩大服务范围，并继续保持订购原有存量资源的，根据服务数量、质量，经考核后，给予一定的服务补贴经费。中心在文献资源配置和共享共建服务系统运行中，资金的分配服从于资源流和服务流的需求，加强增量资源的调控，带动共建单位存量资源扩大面向社会服务。

（2）分工协作的协调保障机制

制订江苏省工程技术文献信息中心系统建设、资源购置、应用服务等各项具体年度计划，在明确目标、进度、质量、效果、责任的同时，完善一系列管理办法、制度、技术规程、标准服务规范。签订共享共建协议，协调中心与各共建单位的文献信息资源建设工作，提出服务层单位重点文献资源的分工，对各参与单位共享的数据库和平台组织建设的特色资源数据库实行合同管理。建立量化、公平、公开的考核标准，加强平台建设检查与考核，做到每项任务都事前有计划，事后有考核。

（3）合理补偿共同发展机制

引入了合理补偿机制，补偿的内容包括：文献资源加工补偿、原文传递补偿、培训推广补偿等项目。因为中心的定位是公益性的服务，不以营利为目的，中心的大多服务项目都是免费或只收取少量的人工成本费。通过对共建单位的补贴，极大调动了共建单位的积极性，从而使得中心的建设得以实现可持续的发展。

中心实行资源共享共建、以增量调控存量、政府支持与利益驱动相结合的运行机制。通过存量资源分工，组织开展面向社会共享服务，对各单位服务数量、质量进行考核后，给予服务费用补贴。对新增资源建设，按资源采购统一规划和分工，中心根据分工确定新增资源划拨订购费，实行分别采集加工、统一上网服务。对各成员单位开展社会服务的部分服务收入，由中心统一进行费用结算，真正实现“谁服务、谁收益”。

（4）以公益服务为主的滚动发展机制

政府的持续投入，不断强化资源建设力度，保障资源持续更新，完善服务功能，有效开展面向全社会的工程技术文献信息服务。公益性免费服务是平台的一项主要内容，包括基础的文献信息服务、面向政府和高层次人才的文献资源支撑、科技培训服务等。此外，在个性化的增值服务方面，中心开展了诸如专利咨询、竞争情报、产业跟踪等深度文献服务，并尝试了市场化收费机制。开展文献深度服务取得的服务收益，将进一步补充中心运行，实现良性循环、滚动持续发展。通过文献的增值服务，提升了中心的服务水平，深化了服务内容，为中心的滚动发展探索出一条可持续的路径，形成了政府支持、服务创收、公益为主的运行发展机制。

4 建设内容——以少量增量资源激活庞大存量资源

4.1 第1阶段：初步形成文献信息资源共享共建

江苏省工程技术文献信息中心于2004年正式立项建设，围绕以少量的增量资源激活庞大的存量资源，为社会提供有效服务的目标，逐步建立起以资源为基础、以网络为支撑、以用户为中心的科技文献信息服务系统。

（1）搭建中心局域网

确定了由江苏省信息网络中心至江苏省农业科学院、南京图书馆、江苏省质量和标准化研究院、东南大学开通4条网络专线，再进一步利用东南大学的教育网络与其他5所共享共建大学进行网络连接的优化方案。

（2）开发共享管理服务系统

作为江苏省工程技术文献信息中心物理基础的“共享管理服务系统”，是中心系统管理运作的技术核心部分，是数据分布加工、虚拟集成、网络服务的枢纽和基础，它将架构在已建成的、覆盖全省的江苏科技信息网上，面向全省实现资源共享。中心资源管理服务系统采用运行在UNIX上的TRIP系统，由“资源集成、发布与服务”“服务管理”“信息加工”3个子系统构成，可实现资源导航、全文检索、异构数据库统一检索、网络虚拟咨询、个性化信息服务、全文下载服务、原文请求服务及竞争情报服务等功能。

（3）集成文献资源

中心资源体系由工程技术基础文献、工程技术辅助文献和江苏省重点产业二次开发文献三大类构成。其中：工程技术基础文献（科技期刊、专利、标准、图书报纸、科技报告和检索工具）是工程开发中解决技术问题必不可少的基础文献；工程技术辅助文献是工程开发中的重要参考文献，主要解决产品的生命力问题，包括政策法规、科技成果、市场动态、机构与产品等；江苏省重点产业二次开发文献则是针对江苏的产业特点，以二次开发的方式，为相关企业提供“量身定制”的竞争情报。

（4）建设“联合目录”

联合目录是10家共享共建单位共同建设的重点工作之一，也是用户查找文献线索的直接通道。它以集成10家单位文献资源为目的，揭示10家单位可对外服务的馆藏文献信息资源，建成共享服务平台，使10家单位的馆藏文献资源为社会所共知共享共用，为社会提供快速便捷、形式多样的信息资源服务。

（5）开通国家科技图书文献中心南京镜像站

为扩大资源共享范围，经科技部批准，在中心建立国家科技图书文献中心（NSTL）南京镜像站，通过网络实现国家资源对江苏的共享服务。2005 年 7 月 15 日，NSTL 南京镜像站正式开通服务，实现了 15 000 多种国外期刊 2700 多万条数据联机检索与原文提供，以及 70 余种国外期刊全文在线服务。

（6）定制地方特色的数据库

按照江苏省科技创新体系建设要求，以及江苏省高新技术产业化和支柱产业的发展需求，中心有计划有重点地组织建设一批具有自主知识产权和地方特色的数据库、为江苏省重点产业服务的二次开发文献数据库，作为中心资源体系的重要组成部分。

江苏省工程技术文献信息中心平台于 2006 年 4 月 12 日正式开通服务，拉开了江苏省文献信息公共服务平台运行的帷幕，在国内率先实现了省一级科技、教育、文化三大系统主要单位文献信息资源的共知、共享、共建。通过中心建设，平台拥有的电子文献资源总量已达 8000 G，可提供服务的联合目录数据量达 900 余万条，包括中文科技期刊 10 000 种、外文期刊 15 000 种（通过国家科技图书文献中心南京镜像站共享实现）、中外会议资料 30 万篇、学位论文 40 万份、中文科技电子图书 10 万册、中外专利文献 1800 万件、国内外标准文献 30 万件、国内外科技报告 30 万件、中国重要报纸全文 350 万篇、国内外重要科技数据库 50 余个，可检索数据总量达 5500 万条。同时，还分批建成 12 个重点产业的二次开发专题文献库和事实库、动态信息数据库。

2007 年 6 月 29 日，“江苏省工程技术文献信息中心”建设项目顺利通过了验收。由国家科技图书中心主任袁海波研究员任主任、中国林业科学院林产化学研究所宋湛谦院士任副主任的验收委员会认为，中心联合相关高校、公共图书馆、科技信息机构，以创新的思路与方法，建设全省科技文献服务平台和信息资源保障服务体系，在国内率先实现省级区域内科技、教育、文化三大系统科技文献信息资源的共知、共建、共享与联合服务，项目建设思路先进，符合江苏实际，对推进江苏的科技创新、成果转化和产业化具有重要意义。实践表明，中心的建设已经建立了一套统筹协调、合理分工、有机合作、灵活调控、运转有效的共享共建机制，达到了设计时所预期的进一步活化存量文献信息资源、合理补充建设增量资源、促进信息资源共享共建的目标，为全省企业、科研院所、高校的科技创新提供了有力的信息支撑服务。

4.2 第 2 阶段：从“跨库检索”到“基于元数据”

随着现代科技信息服务业的深化和平台建设工作的推进，原有平台的功能架构和服务体系已经无法满足用户日益增长的需求，主要体现以下几个方面：一是平台服务用户数出现了级数增长，资源品种也在不断变化，用户对平台的服务水平和服务层次提出了更高的要求；二是国内各文献资源平台在建设初期大多采用基于页面分析的网页搜索代理模式，虽然实现了跨库统一检索，但是存在着检索速度慢、维护复杂、数据著录缺乏统一标准、难以扩展等弊端，对于外网用户使用数据库的知识产权问题也难以解决；三是在当前建设创新型国家的大环境下，政府、科研院所及企事业的科技人员更加关注能否从银河系量级的资源中高效、便捷的获取最有价值的知识服务，以改变资源超载与知识饥渴并存的现状。因此，在上述需求的推动下，迫切需要对原有的科技文献平台进行升级改造，引入元数据整合技术，开发基于元数据仓储的科技文献共享服务平台，实现在集聚大量创新科技资源的同时，能够为用户提供个性化的信息服务，以进一步提升科技文献平台的共享水平和服务质量。

4.2.1 搭建国内先进的一站式文献信息服务平台

（1）采用元数据整合技术，建成全省文献资源共享保障体系

为解决资源整合、跨库检索难题，国内各图书馆一般采用基于标准数据库接口或基于页面分析的资源整合技术，但因很多数据库无标准数据接口难以实现，国内大多数据采用基于页面分析的网页搜索代理模式，这种方式虽然实现了跨库统一检索，但存在着速度慢、维护复杂、数据著录缺乏统一标准、难以扩展等弊端，且该技术不能解决外网用户使用数据库的知识产权问题。为解决以上跨库检索技术系统的弊端，中心采用国际先进的元数据技术，通过对异构数据的整合，屏蔽系统之间的差异，实现区域数据资源的共享。元数据是描述数据的结构化数据，根据元数据的规范定义将各种杂乱的信息资源进行有序地整合，存入数据库形成元数据仓储。基于元数据整合模式的检索有效地解决了跨库检索系统检索速度慢、维护复杂等问题，同时元数据的使用，仅涉及文献的题录文摘等表征数据，不侵犯知识产权，而原文则采用传递等国内外常规方法解决，从而在不影响知识产权的情况下，将国内外优质数据库资源整合起来对全省用户开放服务。

① 制定统一的元数据结构，根据元数据规范性定义进行抽取文献资源的元数据。通过引进、共享、集成等手段，形成印刷型、电子版、网络版文献相配套，物理馆藏与虚拟馆藏相结合，一次文献与二次文献配合的能基本满足全省需求的工程技术文献信息资源体系与共享共建服务体系，成功地构建了文献资源的元数据仓储，使得面向全省服务的国内外重要工程技术文献满足率达 90%，其中中文科技期刊达 95%，中国专利文献达 100%，外国主要国家和组织专利文献达 90%，国标与行业标准文献达 90%，国外重要标准文献达 80%，国外核心科技期刊达 85%。

② 采用网络爬虫、关键词抽取、关键词分析、信息重组分类等多项技术，成功开发了数据加工采集系统工具，实现包含网页、Blog、论坛等互联网网页信息、网络数据库信息的采集、下载、内容提取、过滤、排重、转换与数据加载能力，支持本地各种格式电子文档采集、全文提取（支持HTML、RTF、DOC、PPT、XLS、PDF等格式文档的全文抽取）、自动标引、转换与数据加载，支持互联网信息资源、文档信息资源的自动采集和持续监控；支持本地资源系统、远程资源系统的数据采集；支持采集对象的访问认证、加密保护，规避恶意下载；支持UTF-8、GBK、BIG5 等多种字符编码，并能自动转换统一编码；采用了快速搜索技术、异构数据存储等，改变了传统逐步人工填加到数据库中的原始加工方法，解决了信息采集量大、来源数据广泛、数据库数据更新不及时等问题。

（2）采用数字图书馆技术，建设高效完善的平台应用系统

建成了支持跨平台、分布式、异构数据库环境的综合性工程技术文献检索系统和信息服务系统。

① 开发了功能卓著的全文检索服务系统。

通过应用门户系统把各种应用系统、数据资源和互联网资源统一集成到通用门户之下，根据每个用户使用特点和角色的不同，形成个性化的应用界面，并通过对事件和消息的处理传输把用户有机地联系在一起，设计建立了“江苏省工程技术文献中心科技文献共享与服务平台”门户网站。在省级共享文献平台中，最早实现了内外资源的统一管理和服务融合，实现统一资源的集成搜索服务。基于江苏省工程技术文献中心文献平台内外部信息资源的整合，实现一套资源多套面向应用的信息门户服务和特色信息服务。

通过集成采用最新的Web 2.0技术、AJAX、Web Service、RSS技术、中文自动分类技术等网络信息技术研发的全文检索服务系统，以用户管理为纽带，实现了平台的统一登录功能，用户相互认证，极大方便了用户使用。相对国内的一般文献平台，各商业数据库登录和集成检索平台，必须进入各自登录系统，实现了登录一个平台就能快捷、高效使用不同网络环境、不同数据结构的文献资源；解决了现有资源的有效管理和优化，解决不同系统用户名、密码不统一、难以记忆的问题；解决同一查询需要登录多个网站多次查询的问题；解决登录不同网站的查询结果汇总问题。

全文检索服务系统采用Lucene作为搜索引擎，复杂的检索响应时间在毫秒级，快于一般数据库检索亿条数据库响应秒级的记录，支持500人以上的并发，实现了类似百度、Google的检索界面，简单易用，支持在结果中二次检索和各类高级检索，并实现了基于年代、文献类型、期刊种类等多种字段进行聚类，资源导航丰富，方便各类数据的切换。

通过Web Service技术打通了与国家科技文献中心（NSTL）的接口，在全国率先实现了国家资源与地方资源两套系统的完全融合，使得用户可以在平台中直接访问NSTL资源，实现了用户的统一管理、原文直接索取及费用统一结算等功能。

② 搭建了支持竞争抢答模式的协同服务平台。

协同工作服务平台应用竞争性抢答体系架构，建立了快速响应的原文传递系统。平台上一旦有文献请求出现，任何一个共建单位都可“抢答”完成文献传递。而且，“抢答”完成的数量纳入对单位的考核打分之中，从而使每篇文献的平均响应时间由一期平台的约为1天完成提升到只需2分钟。“抢答”提高了服务效率，约有90%的中文文献1分钟内响应原文，30%的外文文献2分钟内响应原文。

③ 创建了专业高效的用户管理与统计平台。

建立了统一的用户管理系统，实现对中心平台的所有数据库资源统一认证、统一管理，实现了原有用户管理系统和NSTL管理系统相互兼容，针对不同用户群体开设不同权限账号，形成统一的、安全的资源管理、整合和信息服务平台，成功创建了高效率的一次文献调度系统，后台统计有六大类100多项统计功能，并将10家单位的主要业务考核工作纳入后台管理系统自动化考评，保证了业务管理工作的科学性、公正性。

④ 实现了特色专题数据库系统定制功能。

通过元数据仓储系统个性化定制专题服务系统，根据用户的服务需求，定制相关的信息服务内容，形成各类特色专题数据库系统。以此为基础，根据江苏省高新技术产业特点，建设行业特色专业网站，成功开发了特色专题数据库开发工具，实现行业专题数据库的数据下载、加工、组织与发布的功能，从而形成了成熟的特色专题数据服务系统。

（3）开发定制化服务工具，提升平台深层次服务水平

为加大文献资源的推广与应用力度，促进信息共享，在原有文献服务基础上，增加深层次科技咨询服务功能，扩大了信息服务产业链，延伸了产业服务范围，为提高江苏省科技创新能力提供支撑。

① 开发了分中心快速生成模板和嵌入式分中心标准接口。

平台系统为分中心管理员提供 10 多种可自主配置的分中心站点门户模板，通过这一模板可以快速生成分中心站点主体框架。同时系统还研发了嵌入式的分中心标准接口，实现了中心资源与分中心资源有机整合，为中心服务向市县推广奠定了基础，加大了文献资源的推广与应用力度，促进文献资源的高度共享。截至 2013 年年底，中心就已建立 13 个市级分中心和 17 个县级文献工作站，形成了覆盖全省的文献资源服务网络。

分中心站点建设，扩大了文献资源服务的范围，减少了各市县情报服务机构文献经费的重复投入，通过依托中心平台建立属于自己的分中心网站，将直接拥有资源的服务权限和用户管理权限，实现了工程技术文献中心资源本地化，打破了科技文献信息资源在全省的地区差异，将创新信息资源服务送到技术创新的最前沿，将科技信息送到企业自主创新第一线，从而建立起省市联动、覆盖全省的工程技术文献信息资源共享共建服务新格局，加大了文献资源的推广与应用力度，促进文献资源的高度共享。

② 增加了深层次科技咨询服务功能。

在中心拥有的海量文献资源的基础上，增加深层次科技咨询服务，为用户实现了代查代借、定题服务、检索咨询、收录引用等个性化服务的在线委托，通过本项目的协同服务平台 10 家共建单位通过抢答式服务进行在线服务。同时增加了科技资源报道统计服务、科技发展前沿的跟踪服务及决策研究，行业、重点产业的专题情报研究等信息服务，为企业提供和监测竞争对手信息及行业动态信息，定制智能化的信息推送服务系统，为企业的技术攻关及新技术、新产品、新材料、新工艺、新设备、新流程的研制开发和应用提供国内外技术资料；通过对信息资源的重新组织、深度加工，为某个产品或行业，提供具有深度和广度的专题数据库，提供及时的个性化信息服务。

4.2.2 形成省、市、县联动的多层次信息服务体系

（1）建立市县联动服务机构

用连锁加盟方式，在全国率先采取并建成中心、分中心、工作站的服务模式，构建遍布全省的信息服务窗口。目前，中心已在全省 13 个市建立分中心，连同县区、开发区及科技园区工作站，总数已达到 30 家，建成了涵盖全省范围的信息服务网络。中心与各地分中心和工作站，上下联动、互相配合，积极为全省的企业尤其是中小企业提供各类科技信息服务，通过分中心与工作站建设，把服务窗口前移到信息需求的第一线。

（2）参与重大科技项目

依托平台提供的信息资源服务，为中心承担的江苏省重大科技计划项目、重大技术服务项目及专用技术的研发提供了可靠的信息资源保障，完成“江苏省科技合作信息服务平台建设”“江苏省科技成果管理及推广服务平台建设”等重大科技计划项目 32 项，“长三角洲

网上联合知识导航服务”“世界首次上市新药数据”等重大技术服务项目23项。面向特色产业、地方支柱产业提供深层次信息咨询服务，如围绕江苏优势和特色产业，建立生物医药数据库、船舶特色库、姜堰汽配网、新能源光伏和风电知识库、节能环保等特色产业库等，开展专利信息分析，研制行业发展报告或区域科技发展规划，并针对企业创新的技术需求，提供技术供给推送及相关咨询服务。

（3）扩大宣传推广力度

制订了“服务行动计划”，服务行动由“服务到家”“真诚相约”“巡回江苏”三组服务行动内容构成。三组行动可以分别用“点”“线”“面”来概括：“点”是指针对单个群体开展的“点对点”的“到家服务”；“线”是指以“线性”的组织方式，与江苏省各行业、各领域科技人员“相约”，组织起来开展培训与讲座；“巡回江苏”则是与各市县联合，从“面”上组织的培训及在市县设立省工程技术文献信息中心永久性的服务窗口。三组服务行动以走出去和请进来的方式，与用户开展互动。深入到企业、科研院所、政府机关直接为他们提供宣传讲座或面对面的使用指导。同时把分散在全省的有文献信息需求的人员请过来，参加中心应用讲座。这一系列的宣传推广活动，打开了中心的知名度，扩大了中心的影响力。

（4）完善科学化管理

采用有效的规章制度与绩效考评相结合的方式，每年年初提出全年任务指标，根据各共建单位的资源、服务特色下达服务指标，年底对照指标查看完成情况。按照“谁的资源谁加工，谁服务谁受益”的原则，建立了平台服务收费与补贴制度，在组织服务工作考核后，对完成任务好的单位和个人，给予相应的精神和物质奖励，实现了既照顾各方利益，又能调动各方积极因素的服务激励机制。

经过第一次升级后的江苏省工程技术文献信息中心平台于2012年12月3日通过了专家组验收，新平台服务优势凸显（表1），具体表现在以下方面。

① 全面整合集成了优质信息资源。中心以元数据仓库为底层架构，彻底整合集成了10家共建单位的55个国内外核心全文数据库的全部检索数据，元数据总量达到1.5亿条，开通包括期刊、学位、标准、专利、成果等12个检索频道，23个数据检索入口。

② 开发了响应快捷的文献检索系统。针对中心整合的所有数据库资源（包括商业数据库资源、自建电子资源和互联网资源等），可在毫秒级时间内实现全面、立体的统一检索。一次检索就可得到与检索关键字相关的各类型文献资料，包括期刊、图书、学位论文、会议论文等。

③ 首创了竞争性抢答服务模式。应用协同工作服务平台，建立了竞争性抢答式文献服务体系。一旦有文献请求出现，中心10家共建单位都可“抢答”完成文献传递，平均每篇文献的人工请求响应时间缩短至2分钟。

④ 打通了与NSTL的接口。在国内率先通过接口方式，将中心资源和NSTL资源连接成一个服务整体，实现了国家资源与地方资源的完全融合。在中心平台使用NSTL资源，速度快于直接访问NSTL中心资源站点，促进了NSTL资源与江苏省资源的共享共建。

⑤ 开展了各类个性化信息服务。开展包括收录引用、检索咨询、代查代检、定题服务

等个性化、专业化的文献信息服务，极大提升了中心的服务层次和服务能力。

⑥ 研发了多种分中心服务模板。开发了多种样式的分中心平台快速生成模板，所有分中心的检索和用户管理完全由分中心自主管理；同时，在国内率先研发了嵌入式分中心检索接口，能将中心的文献检索平台，直接嵌入到各分中心自己的网站中，从而实现省市的资源融合和服务融合。

表1 中心第一次升级前后运行服务指标比较

技术指标	平台改造前（基于页面分析技术）	平台改造后（基于元数据技术）
检索速度	秒级	毫秒级
一次性可检索数据量	3000万条	1.48亿条
共享数据库量	21个	35个
原文请求人工服务响应时间	1天	2分钟
年人工原文传递量	14 886页（2011年）	181 718页（2012年1—10月）
统一账号登录	不支持	支持
支持在线并发用户数	20人	500人
深层次文献服务量	50项	1800项
检索频道数	6个	12个
分中心建站与同步服务	没有	有

可见，通过采用元数据技术对科技文献资源进行有序整合，加速了资源检索的效率，提高了资源覆盖率和利用率，大大提升了科技文献平台的整体服务能力。在 2012 年 11 月举行的第七届科技资源共享促进国际会议上，江苏省工程技术文献信息中心平台在中国科技信息研究所组织开展的全国科技文献平台共享评估中，综合排名位列省级文献平台第一、全国第三。2014 年 2 月，在江苏省科学技术奖励大会上，平台荣获 2013 年度江苏省科学技术奖三等奖。

4.3 第 3 阶段：智能云服务模式

江苏省工程技术文献信息中心平台经过第一次升级之后，平台已运行了近 6 年的时间，伴随着资源数据量的进一步扩增、用户访问量的爆发式增长及用户需求的多样性变化，中心平台在系统的稳定性、数据存储的安全性、资源和服务拓展的局限性方面又出现了新的问题。随着网络技术特别是大数据、云平台技术的发展，中心平台又面临着新的建设和服务需求（图 3）。

① 面向全省社会用户开放，需要有良好的扩展性和负载能力。要求数据以云端模式提供服务，具备云端清洗、加工、标引、存储、计算、检索能力。

② 系统平台应以分布式计算技术架构及 SOA 业务模型搭建，具备海量数据的处理能力，

实现海量数据的无限扩展，实现高并发用户的高性能访问。

③ 避免封闭的技术架构阻碍项目未来发展，无论是在面对二次开发方面，还是新功能的扩展方面，都要有强大的灵活性。

④ 具备明显的知识挖掘与分析优势，保证元数据的规范性、唯一性、合法性。避免以量充质的数据阻碍文献服务的质量。

⑤ 应具备通过不同的身份认证方式做到该系统对其他业务平台或资源平台的用户统一认证管理，即实现用户的统一登录、统一退出等功能。

⑥ 应具备统一检索与协同服务子系统，通过对中心资源进行元数据整合，实现资源统一检索功能；构建协同服务系统，实现 10 家单位服务资源的整合。系统应具备SOA架构模式，对服务系统各单元采用模块化形式开发服务。

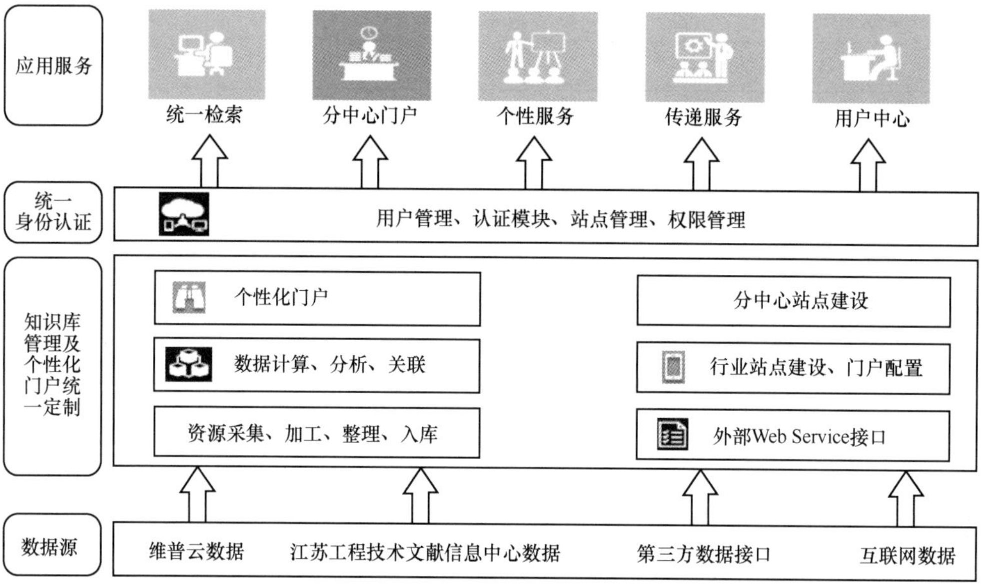

图 3　江苏省工程技术文献信息中心智能云服务架构

5　建设成效——服务全省科技创新

江苏省工程技术文献信息中心是江苏区域科技创新的文献信息保障服务平台，紧紧围绕创新驱动发展战略对全方位科技信息服务的新要求，特别是江苏省产业发展及企业创新的新需求，充分结合省科技厅对中心业务发展的新思路，规划好建设好资源结构体系，以发展开放的视角，结合服务工作的结构性供给侧改革，扎实推进工程文献信息资源在全省的共享服务，力求建立良好的信息资源保障系统。

平台围绕以少量的增量资源激活庞大的存量资源，整合了 10 家共建单位和NSTL的优质科技文献资源，建设了 30 个分中心和工作站面向全省开放服务，形成了满足全省需求的文献资源共享共建服务体系，大幅提升了全省资源共享和利用水平，解决了科技文献资源分散、重复投入和利用率不高等问题，服务创新主体累计产出新专利、新成果、新技术、新产品、新方法等不计其数。平台为江苏省产业创新和企业技术创新提供了全方位的科技信息服务支撑，实现了科技信息咨询与产业发展战略的高度融合，对于培育江苏省企业的核心知识竞争力，提升区域科技创新能力，促进江苏省现代科技咨询业的发展具有十分重要的意义。

通过扎实推进中心资源建设，平台数据资源总量不断扩充，截至2019年年底，元数据总量已突破3.2亿条，资源存储总量超过165 TB，涵盖了国内95%以上的中文期刊、80%以上的国内订购的外文期刊、100%的中文专利和95%的中文标准，成为国内外信息资源提供服务的权威平台。

5.1 做实服务产品

（1）基础文献服务

以元数据仓储为底层架构，整合集成了10家共建单位的61个国内外核心全文数据库，元数据总量超过3亿条，开通12个检索频道，用户可通过平台自主注册，实现检索并下载各类科技文献。目前支持的文献服务形式有自助检索及全文获取、原文代查、委托检索、参考咨询等。

（2）专题信息咨询

开展深层次专题咨询服务，包括引文查证、定题跟踪、项目申报指导、标准有效性查证等。

（3）专利信息分析

通过检索相关技术领域的专利文献，对所有专利进行发展趋势、地区分布、主要专利权人、技术领域等全方位的分析，帮助企业了解其所涉及技术领域的专利情况，定位自己的竞争对手和合作伙伴，制定合理的研发和市场战略。

（4）产业跟踪研究

围绕战略高新技术领域突破，跟踪前沿先导技术发展态势，加强产业技术研究，为全省高新技术产业发展提供决策咨询。

（5）深层次信息产品开发

根据用户需求，定制开发了多款信息服务产品，如为地市科技局开发的科技项目管理系统、协助多家企业开发了个性化专利数据库、为分中心开发的专业信息服务站等。

（6）智能信息推送

根据企业需求，对政策解读、竞争情报分析、行业咨询、产品技术分析等相关科技资源数据进行个性化订阅，自动定期或不定期地将知识自动推送给指定用户。

（7）科技寻呼服务

为加强科技服务管理，规范科技服务行为，成立科技寻呼服务中心，开通企业QQ网上在线咨询，及时解决服务过程中所出现的各种问题。

（8）科技培训服务

建立了一支从江苏省科学技术情报研究所延伸到各个分中心和工作站，既有专业分工又能团体协作的服务团队，能针对不同用户的具体需求，提供包括信息检索、情报分析、专利分析、知识挖掘等方面的培训。为全面贯彻落实全省科技创新大会精神，促进科技创新资源开放共享，中心开展“科技文献信息资源服务进千企行动”。面向企业免费发放江苏省工程技术文献信息中心文献服务卡2万多张，保障江苏省科技人员能直接查找到国内外最新科技资料，为企业节约了百万元的文献使用经费。

5.2 创新业务模式

（1）建成上下联动、合作加盟的服务模式

在全国率先采取并建成中心、分中心、工作站的服务模式，构建遍布全省的信息服务窗口。中心与各地分中心和工作站，上下联动、互相配合，积极为全省的企业尤其是中小企业提供各类科技信息服务，把服务窗口前移到信息需求的第一线。

（2）采用值班+抢答相结合的服务机制

为加强中心的服务管理，规范服务行为，针对平台运行情况，中心将文献服务模式由原先单一抢答的模式改为值班+抢答相结合的方式，同时由江苏省科技情报研究所对任务完成情况进行全面监控，并规定原文传递的响应速率将作为年底评选先进的重要依据。

（3）建立以业绩和贡献为导向的评价体系

加强科技服务绩效检查与考核，每年年初根据各部门的资源、服务特色下达服务指标，年底对照指标查看完成情况。按照“谁服务谁受益”的原则，建立了服务收费与补贴制度，实现了既照顾各方利益，又能调动各方积极因素的服务激励机制。

5.3 中心服务的权威性

中心服务的权威性如表2所示。

表2　中心服务的权威性

序号	服务资质	级别	授予部门
1	国家图书文献中心南京镜像站	国家级	科技部
2	国家一级查新咨询中心	国家级	原国家科委科技信息司
3	国家二级文献收藏中心	国家级	原国家科技委情报司
4	江苏省AAA级信誉咨询机构	省级	江苏省科技厅、省工商管理局
5	江苏省中小企业公共服务示范平台五星级单位	省级	江苏省经济信息化委员会
6	江苏省科技服务业“百强”机构	省级	由江苏省科技咨询协会、江苏省生产力促进协会、江苏省科技企业孵化器协会联合授予
7	CALIS农学文献中心	省级	中国高校文献保障系统CALIS
8	江苏省科技创新平台建设先进单位	省级	江苏省科技厅
9	江苏省中小企业公共服务示范平台	省级	江苏省经信委
10	智慧江苏建设重点工程	省级	江苏省经信委

5.4 中心服务的社会影响力

（1）以服务创新为目标，实现了科技资源整合集成

平台围绕以少量的增量资源激活庞大的存量资源，整合了10家共建单位和NSTL的优质科技文献资源，形成了满足全省需求的文献资源共享共建服务体系，实现了“让固化的科技信息资源动起来，让分散的科技信息资源聚起来，让沉淀的科技信息资源活起来”的务实目标，大幅提升了全省资源共享和利用水平。经第三方机构评定，平台的资源可见性、可得性及可用性均居于国内同类平台前列。

（2）培育品牌服务产品，带动全省现代科技服务业向高端发展

积极开发多种信息服务产品，为企业提供个性化定制服务，提高科技咨询业智能化水平，进一步发展科技咨询机构推动科技型企业创新发展的重要作用。打破了现有信息服务平台造血功能不强的瓶颈，通过规范咨询服务手段，培育品牌服务产品，用增值服务提升造血能力，实现了可持续发展；采用加盟连锁方式创新服务模式，省地协作互补共建；培育了一批骨干服务机构和一批适应企业创新需求的高端服务团队，能够更好地适应地方信息服务需求，带动全省科技服务业水平提高。

（3）规章制度与绩效考评相结合，实现了平台建设的良性驱动

一是建立了“统一要求、考核督促、规范实施的工作管理机制”。制订平台实施年度计划与分计划管理，建立量化、公平、公开的考核标准，做到每项任务都事前有计划、事后有考核。二是建立了“统一标准，合同规范，协调有序的协同发展机制”。在应用推广过程中，采用优势互补、步调一致的原则建立平台运行的协同机制，制定平台服务规范，形成资源共享、团队共享、经验共享、利益共享的协同模式。

（4）走出江苏，平台在全国范围内产生了深远影响

平台在全国享有很高的威望，平台的骨干人员多次应邀在全国性的科技信息服务会议上做专题发言，介绍平台的建设服务经验。平台依托单位江苏省科学技术情报研究所在全国率先组织召开了“省级科技情报系统文献工作研讨会”，会议得到了来自全国各地的省级科技情报（信息）院所的积极响应，带动了平台的影响进一步扩大。

（5）审视自我，与时俱进提升平台服务能力

为适应移动终端快速发展的新常态，中心适时推出了江苏省工程技术文献信息中心移动客户端——文献快车APP。通过文献快车，用户不仅可使用手机直接登录江苏省工程技术文献信息中心平台，定制平台的资源，享受平台的各种服务，同时还可查看最新的科技经济图书、各类电子报纸、学术公开课及订阅科技资讯，让用户随时随地享受到海量、即时的文献信息资源和服务。同时，为了更好地实现与公众的沟通互动，中心还开通了“江苏工程文献信息服务”微信公众服务号，为用户提供专题跟踪、科技动态、项目申报等信息推送服务，并及时发布中心活动通知和中心工作简报等。此外，在客观认真分析现有平台技术和服务中存在问题的基础上，中心顺应新形势新要求，以大数据挖掘技术和现代发现技术为核心，加强内容揭示和智能关联，深化平台服务功能，力求打造国内一流的综合信息服务平台。

江苏省工程技术文献信息中心平台为江苏省产业创新和企业技术创新提供了全方位的科技信息服务支撑，实现了科技信息咨询与产业发展战略的高度融合，对于培育江苏省企业的核心竞争力，提升区域科技创新能力，促进江苏省现代科技咨询业的发展具有十分重要的意义。

撰 稿 人: 殷 铭 高 璇

基于科技报告的江苏省科技成果信息服务研究

1 研究对象概述

科技档案即科学技术档案，是在自然科学研究、生产技术、基本建设等活动中形成的应当归档保存的图纸、图表、文字材料、计算材料、证书、声像资料等科技文件材料，是记录科技创新过程的有效载体。我国科技档案起步于20世纪50年代，1959年12月国家档案局在大连市召开了技术档案工作现场会，实际上是第一次全国技术档案工作会议，这次会议着重讨论了有关技术档案工作的几个重要问题，研究讨论了《技术档案室工作暂行通则（草案)》。1960年2月，该草案获得国务院批准并试行。从此，全国有了统一的管理原则、方法和制度。把分散的科技档案工作纳入国家集中统一管理的轨道。

科技报告是在科研活动的各个阶段，由科技人员按照有关规定和格式撰写的，以积累、传播和交流为目的，能完整而真实地反映其所从事科研活动的技术内容和经验的特种文献。

科技报告是对科学、技术研究结果或研究进展的记录,是记录科技创新过程及经验教训的有效载体。科技报告是按照标准化规范由国家采取一定的行政手段强制形成的特种文献，是国家重要的基础性战略资源。我国科技报告起步于20世纪60年代，由钱学森等多位科学家呼吁建立我们自己的国家科技报告体系。2011年5月，温家宝总理在中国科协第八次全国代表大会上指出，欧美等国家都有系统的科技报告制度，把国家支持的科研活动产生的资料，包括研究目的、方法、过程、技术内容、中间数据及经验教训，尽可能向公众开放共享。2012年1月，国务委员刘延东在考察中国科学技术信息研究所时强调，科技报告是基础性工作，我们与发达国家有很大差距，要加快建立科技报告制度。2012年7月，全国科技创新大会提出建立统一的科技报告制度，已经明确了建立国家科技报告制度的目标与任务。2012年12月，科技部部务会决定2013年起在国家科技计划中开展科技报告试点工作。

科技成果登记是对已经形成的科技成果全面而概括的数据集合，是科技成果的数据描述形态。2000年为了贯彻落实中共中央、国务院《关于加强技术创新，发展高科技，实现产业化的决定》中“对于政府财政资金支持的科技项目，要充分运用知识产权信息资源，选准高起点，避免重复研究”的精神，科技部第2次部务会议讨论通过《科技成果登记办法》,《科技成果登记办法》自2001年1月1日起施行，是为了增强财政科技投入效果的透明度，规范科技成果登记工作，保证及时、准确和完整地统计科技成果，为科技成果转化和宏观科技决策服务，充分运用知识产权信息资源的一项办法。

2 国内外发展概况

2.1 科技档案

2.1.1 科技档案国内发展概况

我国科技档案作为档案的特有分支自20世纪50年代起步，随着科学技术的发展，新理论与新技术越来越多地应用到了科技档案中，我们对一些发展比较好的省市调研后，形成了表1。

表1 北京、天津、上海、四川科技档案概况

地区	库房面积	库房智能化	馆藏数量	年归档量	馆藏类型	数字化建设	制度建设	工作人员	工作经费
北京	1000平方米（租用）	库房为近年建造，配备有安防、气体灭火、温湿度、监控等系统	1.25万卷	约1万卷	文书、计划项目、成果奖励、音像、电子类	数字化建设中文书档案已全面数字化申请，获批的国家发明专利解决了OA系统对接后电子档案的自动鉴定和自动整编	2008年，北京市科委与北京市档案局联合发布了《北京市科技计划项目（课题）档案管理办法》	6人	北京市科委以项目经费形式下达维护费用
天津	约800平方米，正着手扩大库房面积	配备有安防、气体灭火、温湿度、监控等系统	约5万卷	约4000卷	成果奖励、计划项目、成果登记档案	自2004年起开始对馆藏档案进行数字化建设。2016年已建成具有系统分析、档案管理、数据采集、查询利用为一体的数字化管理平台。至2014年年底，天津市科技档案馆基本完成现有馆藏档案数字化加工工作，扫描文件达70万页	2008年，天津市科委出台《天津市科技计划项目档案管理实施方案》和《天津市科技计划项目档案管理实施方案》	9人	天津市科委以事业费形式下达日常维护费用
上海	1200平方米（新建库房在浦东新区）	配备有安防、气体灭火、温湿度、监控等系统	约5万卷	成果300项、科技计划3000项	成果奖励、计划项目、文书	已开始实施档案信息化软件的开发，硬件的配备和数字化加工相关工作	无	25人	
四川	约800平方米	库房共计3层，配备有安防、气体灭火、温湿度、监控等系统	约6万卷	约5000卷	成果奖励、计划项目、科技成果登记等	自2010年开始档案信息化建设，建立专业的软件扫描系统与档案系统。2016年着手档案定位系统的建设	无	24人（7人聘用）	以科技成果登记及对外开展咨询等横向收入为主，以省科技厅项目支持为辅

续表

地区	库房面积	库房智能化	馆藏数量	年归档量	馆藏类型	数字化建设	制度建设	工作人员	工作经费
江苏省海事局*	约500平方米	已形成具有安全保障系统、门禁系统、档案定位系统、消防系统、温湿度控制系统等一体的智能化库房			文书档案、船员档案等	自2002年开始档案信息化建设，目前已建立具有档案信息获取、管理、存储、检索、利用、交换服务为一体的档案系统。基本实现了库房管理无纸化。2015年度达到江苏省特一级认定标准要求	建立了一整套内部工作管理制度，对档案流转各环节明确责任主体，制定工作要求	专职1人，兼职约15人	以项目经费形式下达维护经费

*江苏省海事局为江苏省内档案做得较好的单位，故放在此处，与其他省市的科技档案馆一起进行比较，起到示范作用。其馆藏数量和年归档量调研时对方未告知。

从表 1 中我们可以发现，科技档案经过数十年的发展，基本已经具备信息化的基础水平：专业的实体档案存储场馆，固定的科技档案接受来源，专职科技档案从业人员，稳定持续的经费投入及档案信息化普及。但科技档案发展至今，仍存在很大的问题。

2.1.2 科技档案存在的问题

（1）思想意识上没有树立新的科技档案观

① 没有将科技档案当成一种资产。各级领导在思想意识上没有完全重视科技档案，把科技档案当成一种原始凭证，忽略了科技档案的信息价值，尚未把具有信息、知识属性的科技档案看成一种资产。

② 没有很好地利用科技档案。科技档案只有通过开发利用才能实现其重要价值，管理科技档案的最终目的也是服务于科技工作、科研工作者与科技管理者，档案从事人员及档案部门仍保留档案“重藏轻用”的观念。

③ 尚未建立对电子档案的信任。随着信息技术在科技档案中的应用，档案从业人员与档案管理部门一直执行的是科技档案“双轨制”，对电子档案缺乏信任。

④ 轻视过程性档案。科技档案是对科技管理工作全流程的记录，包含了科技活动的思路、步骤、方法及经验教训，是极其重要的科技信息与知识，但现在科技档案重视结果文件，缺乏对过程性档案的重视。

⑤“科技档案”概念的坚持。科技档案是我国特有的概念，是我国档案事业的一大特色，但 1995 年以后，科技档案的概念逐渐被淡化，甚至与企业档案的概念相混淆。

（2）法规制度上尚未建立健全科技档案工作法规制度体系

1980 年通过的《科学技术档案工作条例》已不适用于现在的科技档案工作需求，急需修订。除了《科学技术档案工作条例》本身的修订，针对不同专业领域的科技档案管理规章制度是一块空白。科技档案是科技管理的重要产物，也是科技管理的重要依据，现阶段，科技档案作为科技管理基础性工作和重要组成部分，尚未纳入科技管理体系中，为科技档案服务科技管理形成了阻隔。

（3）监督管理体系上缺乏档案部门与专业主管机关的双重有效监督

前文说到，科技档案存在于每个行业中，是每个行业科技活动的直接记录者。科技档案部门上级主管机关一般都是本行业的主要管理机关，而档案部门作为指导机关存在。事实上，科技档案面临着两不管的现状：一方面，上级主管机关不重视；另一方面，档案机关插不上手，这样的状态使得科技档案条块管理都出现空缺，致使我国科技档案资源缺乏国家控制力。

（4）组织体系上科技档案没有融入国家各类体系中

科技档案是记录科技活动的重要载体，“三纳入”“四参加”“四同步”是我国科技档案的传统工作经验，科技档案在科技管理体系、知识管理体系及国家创新体系中融入性不强，将科技档案纳入科技管理体系可以提升科技管理中对科技项目承担单位与承担人的约束力，将科技档案纳入知识管理体系可以提升科技档案作为信息管理的重要作用，应将科技档案资源建设与开发视为创新体系的重要组成部分和支撑条件。

（5）管理模式上缺乏对档案资源的共享

① 科技档案权属不清。科技档案记录科技活动的全流程，前文说到对过程性档案的不重视导致科技档案全流程的信息不能有效集中在科技档案部门手中，加上科技档案中缺乏对科技档案归属权的明确要求，导致科技档案权属不清。

② 科技档案资源无法集中管理。前文说过科技档案存在条块管理不足的问题，这样的情况导致了科技档案资源在科技档案管理部门集中整合后无法向上级档案管理部门移交，阻碍了国家科技档案资源体系的建立及共享。

③ 科技档案行业缺乏统一的数据标准。一个行业的资源建设，首先就是要规范数据标准。科技档案信息化程度远低于其他行业，业内普遍采用的是数字化扫描的方式，尚没有从根源上解决资源建设的关键。缺乏统一的数据标准，各家科技档案馆之间的科技档案资源无法实现共享，更不要说建立知识联盟了。

（6）人才队伍上从业门槛低，再继续教育薄弱

① 科技档案从业门槛低。目前，对从事科技档案的入门要求比较低，参加档案专业部门的培训一周即可上岗，缺乏必要的岗前实务培训。实际上，科技档案是一个专业性很强的行业，需要的不仅仅是责任心，更多的是需要专业而扎实的业务素养。

② 科技档案继续再教育薄弱。随着 1998 年高等学校目录中取消了科技档案专业后，不仅是科技档案的高等教育受到冲击，连带的继续再教育也受到了冲击，继续再教育的薄弱阻碍了档案专业人员的业务提升。

2.2 科技报告

2.2.1 科技报告的特点

科技报告是科技人员为了描述其从事的科研、设计、工程、试验和鉴定等活动的过程、进展和结果，按照规定的标准格式编写而成的特种文献。具有以下 4 个特点：①专业性强，内容详尽，附有图表、数据、研究方法等信息，涉及或覆盖科研的全过程；②有严格的编写规范，但一般不经过同行专家评审和专业编辑人员的审查；③出版周期不固定，不受篇幅限

制，大部分不公开出版发行，为政府出版物；④不同的密级划分和使用范围限制。根据科技报告所产生的不同阶段，可以分为专题技术报告、技术进展报告、最终技术报告及组织管理报告。

2.2.2 科技报告与科技档案、文献、专利、科学数据的区别

科技报告是科技活动的一种记录载体，那么，与同样属于记录载体的科技档案、期刊论文、专利及科学数据有什么不同吗？

（1）与科技档案的区别

科技报告是科技档案的重要组成部分，由于没有科技报告的制度约束，科技档案中关于技术内容的描述十分欠缺。科技报告是文献化的科技档案，一定程度上是科技档案的一种补充，丰富了科技档案的内容。

（2）与科技文献的区别

专利与论文都属于科技文献，他们是科研项目的产出形式，有专门的公开发行渠道。学术论文是经过同行评审的公开出版物，对内容的独创性有严格要求，篇幅受到限制，对研究方法、实验过程、中间结果等描述较为简单。专利是科技活动中创新部分的提炼，科技报告中既包含成功经验，也包含失败的教训，而只有成功的经验才能申请专利。与科技档案一样，科技报告的内容是对已发表的学术论文、专利的重要补充。

（3）与科学数据的区别

科学数据是在科学实验、测量等过程中获得的原始数据记录，其本身并不是科技报告。对科学数据经过归纳分析，从中总结科学规律与结论后，方能形成科技报告。科学数据是科技报告的基本素材。

2.2.3 美国科技报告

（1）发展历程

1895 年，美国诞生了《美国政府出版物月报》，将政府各部门及相关研究机构编写的科技材料统一编目，并提供公开使用。在随后 40 年间，形成 1.6 万篇技术文件和研究报告，成为美国政府科技报告的雏形。所以，科技报告属于一种政府出版物。1915 年美国成立国家航空咨询委员会，后来又成立原子能机构、武装部队技术情报局等，从事相关部门的科技信息管理工作。1945 年美国签署第 9568 号总统令成立国家技术信息出版局，标志着美国开始有组织地开展政府科技报告。20 年后，1964 年科技报告开始真正成为一种战略资源，全面支撑美国的科技领先。

（2）美国科技报告制度

美国科技报告体系是世界上最为完善和全面的，目前，每年约产生 60 多万件科技报告，公开发行 6 万多份，占全世界科技报告总量的 80%左右，是支撑美国科技全面领先的重要基础。美国科技报告分为：国防部和三军系统AD报告、国家航天局NASA报告、能源部系统DE报告，以及农业、商务、环保、海洋等政府其他部门的PB报告。美国的科技报告由多层法规支撑，包括联邦政策法规、各部门规章制度及项目承担单位规章制度。联邦政策法规包括《美国技术卓越法》《联邦信息资源管理》《科学技术报告：准备、描述和保存》《联邦采办法规》等，明确规定联邦投资产生的各类科技报告的提交和共享等方面的要求，明确相

关知识产权规定，明确国家技术情报服务局的职责和功能及其他相关部门的责任与义务。在联邦法律法规的指导下，国防部、航空航天局、能源部、商务部等部门根据各自的需求、特点制定本部门的共享和管理政策与办法，如《国防部科技报告格式要求》《NASA科学技术信息记录、审批和传播要求》《能源信息法》等，明确相应部门科技报告的提交范围、方法、程序等，确保科技报告的安全管理和利用。在上述两级制度的指导下，项目承担单位制定本单位科技报告工作的相关实施细则。对公开、涉限、涉密报告实行分开管理，确保科技报告的产生、提交和安全利用。

2.2.4 我国国防科技报告（GF 报告）工作

1984 年原国防科工委开始探索建立国防科技报告体系，20 世纪 90 年代进入制度化、规范化发展阶段，2000 年我国国防科技报告体系纳入《中国人民解放军装备条例》管理，迄今共收集 13 万多份科技报告。中国国防科技信息中心是GF报告的集中收藏机构，国防系统科研单位通过其所属机构的科技信息中心递交科技报告。国防系统颁布了相关的法规制度和标准规范（表 2），规定撰写呈交要求及相关机构的职责，明确科技报告的相关经费统一纳入科研项目经费管理，科技报告必须经本单位的技术主管审查，在《科技报告审定表》中签字确认。航天部门定期评选“优秀科技报告”“优秀科技报告工作者”“先进单位”等，将优秀科技报告同核心期刊论文对待。国防科技报告实行归口管理，由国家下达的国防科研项目所产生的科技报告为A类报告，由国防科工委负责管理；由国防工业各部门、总公司、工程物理研究所和军队有关单位下达的科研项目所产生的报告为B类报告。国防报告分为机密、秘密、内部、公开四级，不包含绝密。

表2 国防科技报告法规名称

日期	法规名称	颁布部门
1995年12月	中国国防科学技术报告管理规定	国防科工委
1995年12月	中国国防科学技术报告密级、期限变更办法	国防科工委
1997年6月	中国国防科学技术报告编写规则（GJB 567A—1997）	国防科工委
2000年12月	中国人民解放军装备条例	总装备部

2.2.5 我国科技报告现状

（1）我国科技报告发展历程

我国科技报告制度起步较晚，20 世纪 60 年代钱学森等老一辈科学家就倡议建立中国科技报告体系；80 年代，国防科技报告启动；2012 年，全国创新大会上明确了要加快建立统一的科技报告制度；2013 年，科技部率先在 973、863 等国家科技计划中开展科技报告试点工作；2014 年 3 月，国家科技报告服务系统正式开通运营，实现万份科技报告向社会提供开放共享服务；2014 年 8 月，国务院办公厅转发科技部《关于加快建立国家科技报告制度的指导意见》，明确了国家科技报告制度建设的总体要求、组织管理机制、主要任务和工作环境，它的发布标志着我国科技报告制度建设取得了实质突破。

（2）我国科技报告的作用

① 对科技管理部门而言，科技报告的综合分析，可以有效避免不同科研管理体系中的

重复立项，减少财政资金浪费。在项目中期检查、结题验收阶段形成的科技报告则可对科技成果的真实性和创新性进行实时检验，有利于增加科研工作的透明度，利于杜绝虚假行为，建立科研诚信体系，防止学术腐败。

② 对科研人员而言，撰写科技报告是科研人员的基本功，利于规范科研活动及管理过程。对科技报告完整保存和充分开发利用，可以提高后续研究技术起点，提升科研效率和科研投入效率。

③ 对社会公众而言，科技报告体系将为国家财政科技投入提供新的成果展示方式，积累形成社会科技资产，为社会公众提供了解、利用科技计划项目和成果的新渠道，有利于增强全社会对我国科技投入模式的理解与支持，有利于对科技创新活动进行精细化、规范化管理。

④ 对承担机构而言，科技报告工作是建立机构知识库的规则基础，国外百年老店很多都是通过科技报告来积累技术资产，推动技术进步的。

（3）我国科技报告存在的问题

① 科研人员不了解科技报告，不知道科技报告的作用和意义。

② 科研人员不清楚怎样撰写、呈交与利用科技报告，科技报告无法发挥真正的作用。

③ 科技报告任务中，各科技报告管理机构人员与服务出现跟不上的情况。

2.2.6 江苏省科技报告发展现状

为贯彻落实《国务院办公厅转发科技部关于加快建立国家科技报告制度指导意见的通知》（国办发〔2014〕43 号）精神，加快建立统一的科技报告制度，按照科技部统一部署，江苏省积极建设地方科技报告制度，目前科技报告制度政策环境基本形成，规范制度基本完善，管理架构基本建立，共享服务基本实现，形成上联国家、下接地方的科技报告体系，为江苏省科技计划和项目绩效评价、科技决策、科技创新提供重要的基础信息支撑，有效减少了低水平、重复立项现象。一是强化制度建设。根据《国务院办公厅转发科技部关于加快建立国家科技报告制度指导意见的通知》（国办发〔2014〕43 号）要求，江苏省科技厅出台了《省科技报告制度建设实施方案》（苏科计发〔2015〕228 号），明确科技报告制度建设的总体要求、建设内容、职责分工及保障措施，确保建立全省统一的科技报告制度，实现科技资源持续积累、完整保存和开放共享。二是加强系统建设。2015 年开发建设江苏省科技报告共享服务系统，同年底正式上线运行，目前已形成科技报告统一收藏、检索和发布平台，开通科技报告数据的规范加工、分级控制、公众检索、原文浏览、统计分析等服务功能，并实现与国家科技报告服务系统互联互通，为科技报告的撰写、积累、收藏和共享提供技术保障。三是强化科技报告收集。按科技报告实施要求，由财政资金资助的各类科技计划（专项、基金）均纳入省科技报告工作范围，所有项目申请验收前均须提交科技报告，并参照国家标准，规范江苏省各类科技计划（专项、基金）科技报告的标准和规范。面向项目主管部门、项目承担单位、科研人员和社会公众提供科技报告开放共享服务。截至 2019 年 10 月，江苏省科技报告共享服务系统共收集科技报告 7800 多篇，文摘阅读量接近 7 万条次，为科技管理部门和科研人员提供了有效信息支撑。四是注重宣传培训。为进一步强化科研人员呈交科技报告的责任意识，江苏省情报所改变工作思路及工作方式，“变被动为主动”，深入基层及项目承担单位进行上门培训。按苏南、苏中、苏北划片分期多次举行培训活动，邀请科技部、中国科学技术信息研究所专家为基层科技管理人员、科研人员就科技报告制度建设、科技报告撰写、科技报告呈交和科技报告共享等方面做专题培训，效果显著。赴南京先进激光技术研究院等科研单位为一线科研人员进行现场讲解培训，按项目承担单位的个性化需求进行更深入的科技报告培训，有效提高了科研单位科技报告规范管理水平和科研人员科技报告撰写能力。

2.2.7 江苏省科技报告工作存在的问题

（1）科研人员对科技报告重要性缺乏认识

科研人员对科技报告重要性缺乏理性认识，认为提交科技报告增加了他们的工作负担，存在一定抵触情绪。部分科研人员在申请项目验收时对科技报告撰写工作敷衍了事，仅满足科技报告形式上符合要求，对承担的科技计划项目核心研究内容阐述不清晰，提交的科技报告质量不高，不能充分展示科研项目研究过程和研究成果。

（2）科技报告审核人员对科技报告审核不严

项目承担单位管理员作为科技报告初审环节审核人，对科研人员提交的科技报告未能进行认真审核把关，对科技报告审核基本是一次通过。科技报告管理中心工作人员作为科技报告复审环节审核人，平时可以做到对科技报告进行严格把关，但每年 10—12 月的项目验收高峰期时，科技报告提交量达到每月 500 篇，科技报告管理中心工作人员由于时间紧、人手少、工作量大等原因，很难做到对科技报告严格审核把关。

（3）科技报告共享服务系统社会关注度不高

由于江苏省科技报告数据量不足、科技报告宣传培训工作不到位等原因，科研人员及社会公众对共享服务系统的关注度不高，经统计，目前系统用户注册量超 1000 人，全文浏览超 5100 人次，科技报告共享服务系统对科技管理人员、科研人员及社会公众的影响力不大，使得科技报告共享服务系统的效能得不到真正发挥。

2.3 科技成果登记

科技成果登记的对象是政府财政资金支持的科技项目，登记目的是为了增强财政科技投入效果的透明度，充分运用知识产权信息资源，避免重复研究。为规范科技成果登记工作，保证及时、准确和完整地统计科技成果，为科技成果转化和宏观科技决策服务，科技部于 2000 年印发了《科技成果登记办法》（国科发计字〔2000〕542 号），以规范科技成果登记工作。

2.3.1 科技成果登记国内概况

（1）北京市

北京市科技成果登记工作的主管单位与执行单位都是北京市科学技术奖励办公室。在政策法规方面，北京未依据国家《科技成果登记办法》制定北京市科技成果登记实施细则。北京科技成果登记年登记量约为 600 条，主要来源是申报北京市科学技术奖的项目。在登记程序方面，北京市仍旧采用的是科技部制定的“国家科技成果登记系统”单机版，与江苏省做法相同，申报北京市科学技术奖的项目必须进行科技成果登记，每年在申报北京市科学技术奖的同时，科技成果登记工作集中进行，赋予科技成果登记号，但不打印证书，该项工作不收费。在数据使用方面，除了每年向国家化工信息中心提交成果登记数据与统计分析报告外，其他利用尚未考虑。

由于北京地域的特殊性，在京部委（教育部、水利部、中华医学会等）都具有科技成果登记权限，所以北京市的科技成果登记数据量偏少。

（2）上海市

上海市科技成果登记工作的主管单位是上海市科委，执行单位是上海市科学技术奖励办公室（简称“上海奖励办”）。在政策法规方面，上海奖励办制定了《科技成果登记指南》，指南对科技成果登记范围、登记要求、登记程序进行了说明。上海市科技成果年登记量为2000～3000条，主要来源是科技计划项目与奖励，其中申报上海市科学技术奖的项目必须进行科技成果登记。上海市的科技成果登记系统采用的是科技部制定的“国家科技成果登记系统”单机版。在数据利用方面，除了向国家化工中心提交科技成果登记数据与统计分析报告之外，上海奖励办还将科技成果登记数据进行了内部共享并在官网上对外公布成果名称与第一完成单位。

（3）广东省

广东省科技成果登记工作的主管单位是广东省科技厅，2014年，政府职能转移下放到两个社会组织：广东省科协与广东省未来预测研究会，两家机构同时承担着广东省的科技成果登记工作。在政策法规方面，2013年，广东省科技厅下发了《广东省科学技术厅关于科技成果登记与信息公开的实施办法》，办法中对科技成果管理单位、执行单位、登记范围、登记程序等进行了详细说明，并强调“凡执行国家、省（部）、市、厅（局）各类科技计划（含基金、专项）产生的科技成果必须登记”，“没有进行成果登记的科技成果，不具备被推荐参加省级有关科技成果奖励的评审资格”。广东省的科技成果年登记量约为1万条，每项科技成果登记收取200元工本费，科技成果登记仍旧采用科技部“国家科技成果登记系统”单机版。在数据利用方面，除了向国家化工中心报送数据之外，还建立了广东省科技成果数据库，对内进行数据分析，对转化需求的成果重点推送，对外在大数据的支持下开展线下成果宣传大会，推进科技成果转化。

（4）山东省

山东省科技成果登记的主管单位是山东省科技厅，执行单位是山东省科技统计分析研究中心。山东省未根据国家《科技成果登记管理办法》制定山东省科技成果登记实施细则，每年会根据当年工作安排下发科技成果登记工作通知，通知中对科技成果登记范围、登记要求、登记程序进行详细说明。在2014年度的通知中明确提出“承担各级、各类科技计划，由省内科技管理部门主持或受上级科技管理部门委托组织验收或结题的科技项目产生的科技成果必须登记”。山东省科技成果登记使用科技部“国家科技成果登记系统”单机版，年登记量约为3000条，主要来源于科技计划项目与科技奖励，赋予成果登记号，不打印证书，不收取费用。在数据利用方面，对有转化需求的成果单独提取出来，以进一步配合成果转化需求。

（5）浙江省

浙江省的科技成果登记工作主管单位是浙江省科技厅，具体执行单位是浙江省科技开发中心（浙江省技术交易中心）。在政策法规方面，浙江省科技厅颁布了《浙江省科技成果登记实施细则》。浙江省每年的登记数据约4000条，其科技成果登记主要来源于浙江省科技计划项目及省市各社会力量的科技奖励，由于其细则中明确了申报浙江省科学技术奖的项目必须进行成果登记，且省内各市县科技局协调统一较好，其科技成果登记工作一直平稳持续。浙江省科技成果登记使用的是科技部“国家科技成果登记系统”单机版。在数据利用方面，目前只承担向国家化工中心报送数据及统计分析，没有其他利用。

（6）四川省

四川省的科技成果登记工作主管单位是四川省科技厅，具体执行单位是四川省科技成果档案馆。在政策法规方面，四川省科技厅颁布了《四川省科技成果登记实施细则》，并在2017年着手修订。四川省科技成果登记数据每年约2000条，主要是四川省科技奖励数据与科技计划项目数据。其细则中对“国家、省、市财政资金支持的项目”要求应当登记，进行成果登记后取得申报省科学技术奖的基本资格。四川省科技成果登记数据采集依旧使用科技部“国家科技成果登记系统”单机版，数据利用方面，四川省自主研发了科技成果登记公共服务平台，该平台面向四川省各州、市实现在线登记、在线查阅成果、查看成果公报等功能，后续，四川省科技成果档案馆着手对大的州、市布置科技成果登记子平台，进一步推广四川科技成果登记在线系统。

2.3.2　科技成果登记国内情况总结

① 北京市与上海市的科技成果登记工作由市科学技术奖励办公室承担，其他省份都进行了政府职能转移。

② 科技成果登记工作需有符合省份实际情况的实施细则出台。细则中明确科技成果登记重要性及科技成果登记执行部门，对科技成果登记范围、登记要求、登记程序、登记主体责任及登记奖励进行详细说明。

③ 绝大部分省市对申报省奖的项目都做了科技成果登记的要求，部分省份（浙江、四川、山东、广州等）的市科技局紧抓落实科技成果登记工作。

④ 对“执行国家、省（部）、市、厅（局）各类科技计划（含基金、专项）产生的科技成果”应纳入科技成果登记范围，并在科技计划项目管理条例中进行要求。

⑤ 为了更好地利用科技成果登记数据，应自主研发科技成果登记系统，后台加工科技成果登记数据，建立科技成果登记公共服务平台。面向国家提交科技成果登记数据，面向内部提供科技成果数据统计、数据分析，面向公众提供科技成果查询。

2.3.3　科技成果登记存在的问题分析

（1）成果登记定位不准

多年来，作为科技管理基础性工作的科技成果登记未能得到有效关注，无论是成果完成单位还是科技成果管理机构都对科技成果登记存在误区，为了完成任务而登记的现象十分普遍。江苏省的科技成果登记未建立起全面可行、系统有效的工作制度，无激励措施，客观上造成登记不登记一个样，登记质量好坏一个样。

（2）与科研管理融合不足

科技成果登记与科研管理存在两张皮的现象。科技成果登记未纳入科研管理的全过程，与科研管理业务系统未建立有效接口衔接，使得科技成果登记反哺科研管理的目的难以成真。

（3）科技成果登记制度建立不健全

截至 2019 年年底，支撑江苏省科技成果登记的只有《江苏省科技成果登记实施方案》，缺乏与国家《科技成果登记办法》匹配、符合江苏省实际的《科技成果登记实施细则》。

（4）科技成果登记手段落后

截至 2019 年年底，全国科技成果登记使用国家在线登记系统的只有 4 个省份，大部分省份还在使用科技成果登记单机版本，手段落后，与 20 世纪别无二致，单一的数据库方式不利于数据有效交换，不能很好地适应现行网络条件下与大数据时代的要求。

（5）科技成果登记信息数据作用有待发挥

科技成果登记方法的落后导致科技成果登记的信息与其他数据无法关联，其数据目前只能够供国家科技成果登记管理机构使用，数据导出后只能够通过科技成果登记单机版打开，不能与其他不同格式的数据共享，阻碍了科技成果登记数据的有效发挥。

3　江苏省科技档案、科技报告与科技成果登记内涵信息分析

前文说到，科技档案、科技报告及科技成果登记都产生于科技管理过程，在科技管理不同阶段记录着不同的内容，相互关联，互为补充。三者发展至今，在体系上多少都具备了一定的规模，记录着科技管理过程，蕴含着大量的信息资源。虽然或多或少都存在问题，但大多都集中在数据有效利用与共享上。接下来，我们分别看看科技档案、科技报告与科技成果登记中蕴含了哪些信息。

3.1　科技档案信息分析

都说档案工作者的神圣职责是为党管档，为国守史，为民服务，档案具有职能性、原始性、价值性的基本特点，也具有专业性、服务性、机要性的基本性质，而档案的主要价值在于其凭证价值、信息价值，作为凭证，我们加强对实体档案的管理，作为信息，档案里究竟有哪些信息呢？

3.1.1　科技计划项目档案

目前，在馆的科技计划项目档案的主要组成内容为：项目合同（原件）、验收材料、验收证书（部分）。我们认为科技档案项目的精华在于验收材料，材料中包含验收申请表、项目合同复印件、研发工作总结、研发技术报告、项目经费决算表、研究成果、验收委员会名单与验收意见。从上述材料中，我们可以得出大量的信息。

验收申请表：项目承担单位的信息（包含所在地区、通信地址、联系人、联系方式），项目起止时间，验收形式，专利、论文等成果体现形式，承担人员信息，项目经费实际到位与支出情况，获奖情况，技术指标完成情况，经济指标完成情况，建设任务完成情况，主要研究内容与研究成果，项目完成人员信息。

研发工作总结：比对项目合同中的实施进程，详细阐述项目各阶段完成情况，详细介绍项目取得的成果、人才培养情况，总结项目实施过程中存在的问题，得出的经验，提出相关建议。

研发技术报告：项目的国内情况对比，在实施过程中，研究方法的选取，实验/试验过

程与数据，经验总结等描述，对项目的研究对象、研究方法、研究过程、研究结果进行系统的阐述，研发技术报告侧重于技术层面的数据描写。2015 年后，性质与科技报告类似，但科技报告对格式的要求更加严格。

项目经费决算表（审计报告）：项目实施期间经费的决算清单，揭示了该项目的资金来源与走向。

研究成果：项目完成后，形成的论文、专利、实务产品或实际技术运用的描写。

验收委员会：行业专家信息。

验收意见：对项目完成后成果的评价与建议。该项成果在国际或者国内所处的水平与下一步研究方向的建议。

我们从上述的构成中可以发现，在一份科技计划项目的验收材料中蕴含着非常丰富的资源信息，科技活动中几大要素：人、钱、事、物在其中都可以找到非常准确的信息。

3.1.2 科技奖励档案

在馆馆藏的科技奖励档案，目前主要是保存的奖励申报材料，但即便是一本奖励申报材料，里面的内容还是很丰富的。

项目信息表：成果完成单位、完成人信息，成果发表的论文、获得的专利信息，成果依托的科技计划项目信息等。

成果简介与创新：系统地介绍了成果的水平，成果的创新点，支持创新点的成果专利、发表论文、形成的实际技术及创造的经济效益等信息。

由科技计划项目档案和科技奖励档案我们可以看出，在一本档案中，我们可以搜集到的碎片化的信息非常多，这些信息准确而全面。江苏省科技厅科技成果档案馆（简称“我馆”）接收了自 1978 年以来的江苏科技成果档案，特别是自 2009 年以来的江苏科学技术奖励（原江苏科技进步奖）各等级获奖项目档案，合计 2 万余卷。我馆连续收藏了自 2002 年以来的江苏科技计划项目各专项档案，合计 1 万余卷。我馆主要特色是完整、系统地收集了江苏省重大科技成果转化项目，自 2004 年立项以来至今，从初期课题申报、中期会议评审、现场考察到末期总结验收的全流程材料，具有极大的收藏价值，是江苏省科技创新发展历程的见证。仔细想来，我们手里有一笔丰富的资源没有得到及时开发，究其原因，主要有以下几点。

① 科技档案制度不健全。以前我们也有科技档案制度，但我们连最根本的馆藏档案分类方案都没有。专家现场指导的时候问我们，你们的分类方案做了吗？我们的回应是一脸茫然，我们是真不懂什么是馆藏档案分类方案。分类方案可以说是一个档案馆的立馆之本，是档案馆收什么，怎么收的标准。除了分类方案，相应的分类方案表等一系列科技档案管理体系也是在近两年，依托项目的推进，行业专家的指导慢慢形成并完善的。

② 科技档案从业人员专业程度低。可以说，我馆目前在职的科技档案从业人员都是半路出家，拿着当初在省档案局培训一周的上岗证，靠着自我摸索及专家的现场指导，依托 2016 年省科技档案信息化平台项目的支持，现在终于可以说算半只脚踏入了科技档案的大门。不接触到科技档案的一线工作，是完全想象不到科技档案的专业之强、业务之精。大到库房的规划与设施安装，小到档案盒上的印章采用什么颜色，从文件整理、组卷、案卷录入、背节粘帖都有专业要求，所以，在专业的这一条路上，我们任重而道远。

③ 科技档案信息化程度低。我馆自 20 世纪 70 年代成立，一直到 2018 年，我们的科技档案才建立自己专有的业务信息系统。以前的档案检索基本靠手工，靠纸质调阅，通过我们半年多的努力，截至 2019 年年底，我馆在线科技档案数据 12 883 条，经数字化扫描的可识别 PDF 档案近 50 万页。

除了我们这两年的体会之外，我们现在面临的最大的问题是如何去利用科技档案？我们改造了库房是为了更好地保存实体档案，但在这个我们依赖无线终端的时代，我们更多的是希望能更快更好地看到这些信息，而不是通过上门借阅去寻找一本本厚厚的纸质材料。纸质档案有其凭证价值，但档案还有更重要的信息价值，如何去有效挖掘科技档案中的信息，更好地利用科技档案呢？说到利用，我们需要考虑以下几个问题。

① 有凭证价值的纸质档案，我们可以直接扫描然后公之于众吗？答案是否定的。不仅仅是从档案管理及保密的角度来说，更是从利用的角度来说，我们需要的是经过二次加工的信息，也就是将所有有用的字段挑选出来，那么就带来了第二个问题。

② 制定我们自己的档案元数据标准。所有的数据当需要被有效利用的时候，都需要对数据做一个统一的标准，前文中说到要对科技档案现有信息进行二次分拣，形成数据集，就需要我们自己做一个科技档案的元数据标准用来规范这些数据的分拣工作。现阶段，我们手中的科技档案资源是纸质的，通过数字化扫描才形成的PDF文档，那么，即便是可识别的PDF文档，要想加工一篇需要的人力也是相当可观的，所以，我们需要解决的最重要的问题来了。

③ 科技档案来源问题。我们说过，现在移交的科技档案都是纸质的，我们只有通过数字化扫描才可以把它变成电子的。那么，我们可不可以尝试一下，从科技档案的源头来解决这个问题。直接从科技计划项目管理系统中实现科技档案的实时归档。通过在科技计划项目管理系统中部署接口，实现对需要归档的文件实时采集，这样，从根源上解决了科技档案的数据格式问题，更加方便我们对科技档案进行深层次加工。

3.2 科技报告信息分析

前文介绍过，科技报告是由科研工作者撰写的主要描述科研过程的一种特种文献，包含了科研过程、研究方法与方式的选取、实验/试验方法、实验/试验数据、研究经验，特别是失败经验的总结，那么我们从科技报告中究竟能得到哪些信息呢？

科技报告分为科技报告辑要页和科技报告正文，其中科技报告辑要页的信息来源于计划项目管理系统，包含项目完成单位信息、完成人信息、项目名称、关键词等信息。科技报告正文一般是Word格式，分段介绍项目概述、研究方法、实验/试验过程与数据、研究结果。在科技报告的正文中，实际上是包含一部分科学数据的，也就是前文说到的实验/试验数据。科技报告自建立之初，从国家层面就建立了完善的体系，江苏省的科技报告体系也是照搬国家，甚至系统都是一致的，在一定程度上，有效地解决了科技报告数据标准与利用的问题，这是科技报告的一大优势，也是后期我们可以利用的一大优势。

3.3 科技成果登记信息分析

科技成果登记与科技档案的性质不同，与科技报告自上而下的体系也不同，它既是自上而下的一项工作，但其缺乏完善的信息系统支持。我们先来看看科技成果登记中包含的信息：成果名称、起始时间、成果简介、所属行业、成果体现形式、支撑成果的计划项目情况、产出专利情况、成果转移情况、第一完成单位情况、合作完成单位情况、完成人情况、评价委员会（行业专家）名单及意见。

我们可以看出，一个科技成果登记表中的信息是非常丰富的，囊括了一个成果所具备的所有信息，但在实际工作中，我们也遇到很大的困惑，最大的困惑在于，发展了近 20 年的科技成果登记为什么没有很好地利用起来？我们分析了以下几个原因。

① 国家层面缺乏重视，未能有效引导自上而下的体系建立。科技成果登记有自己独立的体系，但是，在这个体系下，国家层面缺乏有效引导，也就是说，在国家层面的科技成果登记数据未能得到很好的利用。加上各省科技成果登记主管机构将科技成果登记作为一个事务性工作去完成，重视程度不够。

② 落后的单机版操作系统和缺乏用户体验的在线登记双双阻碍科技成果登记数据的利用。到目前为止，科技成果登记的年度数据报送工作仍旧在使用单机版操作系统，主要原因是在线登记系统实在不好用，大家为了工作方便仍旧使用单机版。2017 年，我们为了科技成果在线登记系统能够在科技奖励系统上合理部署，采用暴力破解的方式解决了单机版与江苏省在线登记系统的有效衔接，但现在，仍存在单机版数据导出后无法利用的问题，因为单机版的数据只能采用单机版打开，其他的方式打不开。

前文介绍了科技档案、科技报告与科技成果登记三者所包含的数据信息。

我们可以看出科技报告中涉及的项目名称可能是科技档案中的项目名称或者是科技成果登记中的支撑成果的计划项目名称；某一个计划项目的完成人可能是某一个成果评价委员会的专家。曾经在承担科技奖励工作的时候，每一年都会做一项工作，比对当年获奖的成果与科技成果转化项目，重合率接近 60%，所以，在本文的开头，介绍过科技档案、科技报告与科技成果登记在科技管理的不同阶段，相互关联又相互补充。那么，试想一下，我们可以从这个关联的信息链中得到怎样的启示？我们是否可以通过科技档案、科技报告及科技成果登记各类数据中共有的关键词进行联想分析？我们截取了共有关键词：完成单位、领域关键词、第一完成人、验收委员会。

① 从完成单位的角度来说，我们可以结合三者的信息分析出单位性质、产业分布领域、区域分布及单位优势领域（图 1）。

单位性质：通过完成单位进行性质区分，分为“高等院校”“科研院所”“企业”，可以分析出不同主体在不同计划类别中占去的份额，得出不同计划类别针对不同单位的结论。

产业领域分布：通过科技计划项目的产业领域分布可以看出当年江苏省热点产业引导方向，结合科技成果中的成果领域分布可以分析出江苏省产业引导形成的实际成果，分析江苏省产业引导趋势，热点产业分布。

区域分布：通过不同单位主体所获得的科技计划项目，得出的科技成果可以分析出全省各类产业的基本分布，结合专利分析，可以绘制江苏省产业分布区域，甚至截取某一个时间段，可以分析出某一区域在某个时间段内产业的走势，为产业区域规划提供支撑。

单位优势领域：通过完成单位与涉及领域之间的关系，可以进一步了解每个承担单位的优势领域，比如通过对高等院校承担的科技计划项目与产出的科技成果分析，结合高等院校重点学科及学科建设方向，分析该高等院校的优势领域。

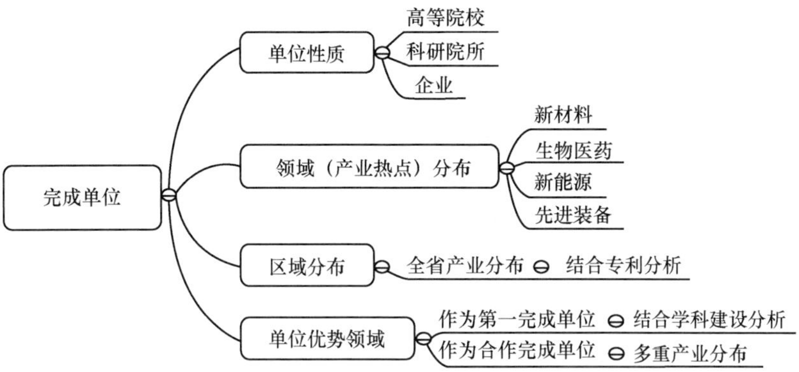

图1　完成单位角度数据分析

② 选取某一个具体领域，我们可以从申报单位、研究主题、研究成果、研究层次4个角度去分析。

根据申报单位的性质不同，可以分析出不同的单位在该领域的分布特点；根据该领域的研究主题结合第一单位分析，可以得到该领域的优势单位信息；从研究成果的表现形式（包括专利、论文及经济效益与成果转化情况等）与专利分析和传统文献相结合，得到科技计划项目的产出分析，分析得出科技成果转化情况；根据科技计划项目验收时专家意见与成果评价，得出该领域成果在国内外所处水平，为成果转化及产业规划做支撑（图2）。

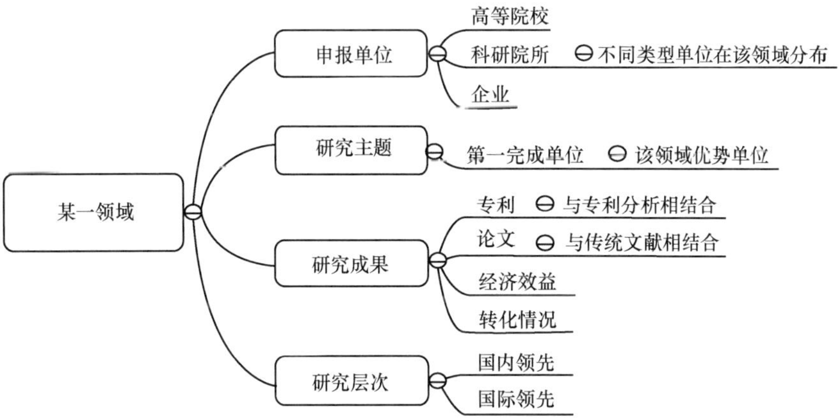

图2　具体领域数据分析

人员信息是最容易匹配的，标引人员信息进行配对，就可以得到第一完成人、参与完成人、验收委员会、评价委员会的人员信息，可以分析出某一领域学科带头人与行业专家的信息，也可以分析出某一个完成人在某一个领域的发展历程及所处位置，甚至其核心团队信息也能一并解析得出（图3）。

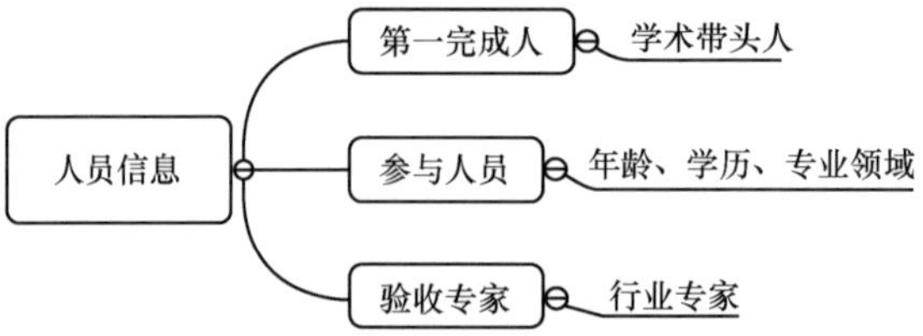

图 3　人员信息数据分析

4　江苏省地市级科技计划调研与特点分析

4.1　13 个地市科技计划项目

4.1.1　南京市科技计划项目

南京市科技计划主要有成果转化（20 项）、关键技术（20 项）、现代农业和社会事业（合计 40 ～ 50 项）、软科学（30 项）、医疗卫生（50 ～ 60 项）5 类，共计 200 项左右。2019 年，随着南京市委、市政府《关于深化创新名城建设提升创新首位度的若干政策措施》（宁委发〔2019〕1 号）等政策出台，南京开始取消科技计划项目，对高企、工程技术研究中心、新型研发机构等进行后补助，同时面向初创期科技型企业普惠发放“创新券”。

4.1.2　苏州市科技计划项目

苏州市级科技发展计划按照需求导向设置 5 个专项：企业技术创新专项，主要是集成创新资源支持企业开展各类技术创新活动，设有中小科技企业技术创新计划（工业）、科技企业技术创新能力综合提升（工业）、科技设施 3 个二级计划科目；产业技术创新专项，聚焦苏南自主创新示范区建设要求，加快产业核心技术、共性技术创新，促进科技成果产业化，设置软科学研究、应用基础研究、重点产业技术创新、农业与民生科技产业创新、科技成果转化等二级科目；服务体系建设专项，培育科技服务市场主体，推动科技服务体系建设，促进创新要素流动、提升创新创业效率，设有科技服务机构与功能平台建设、产学研协同创新 2 个二级科目；科技人才专项，支持科技人才在苏创新创业，集聚人才要素驱动创新发展，设有姑苏创新创业领军人才计划、姑苏科技创业天使计划 2 个二级科目；科技金融专项，开展科技信贷（科贷通）、科技保险补贴、科技贷款贴息、天使投资引导等工作，构建多元化科技投入体系，吸引资本要素支撑创新创业。

4.1.3　无锡市科技计划项目

科技发展资金项目包括社会发展、生物医药、现代农业、星创天地、国际研发合作、技术转移平台、国际科技合作载体提升、技术转移转化补贴和境外建立研发机构、重大科技成果转化、新型研发机构运营资助、产学研合作研发、产业前瞻与关键技术研发（工业）、科技型中小企业创新基金、科技保险、省级以上产业技术创新联盟建设资助、创新能力项目等类别。

其中，无锡市创新能力建设资金项目又分为企业研发机构（市级企业技术研究院新建、省级以上企业重点实验室或国家级企业工程技术研究中心新建）、科技公共服务平台（市级科技公共服务平台新建、省级以上科技公共服务平台新建）、科技创业载体建设及运营资助（科技企业孵化器或众创空间新建、科技创业孵化链条新建）、企业研发机构运营资助、科技公共服务平台运营资助、科技创业载体运营资助、技术产权交易机构运营资助7个类别。国家、省、市级建设资助，市本级不重复奖励，执行最高额度或补足差额。

无锡科技计划项目类别设置大体跟省里一致，其中，高企、星创天地、科技保险、省级以上产业技术创新联盟建设资助、新型研发机构运营资助等属于奖补类。

4.1.4 常州市科技计划项目

常州市科技计划项目包括重点研发计划、科技成果转化培育计划、科技基础设施建设计划、科技服务业计划、政策引导类计划五大类。其中，重点研发计划具体包括应用基础研究、工业科技支撑、农业科技支撑、社会发展科技支撑4个子类；科技服务业计划包括科技服务体系建设和创新服务能力提升两个子类；政策引导类计划包括国际科技合作、软科学研究和产学研合作创新联盟建设3个子类。

4.1.5 镇江市科技计划项目

镇江市科技计划项目主要包括重点研发计划、政策引导计划两大类。其中，重点研发计划具体包括重大科技专项、产业前瞻与共性关键技术、现代农业、化工钢铁煤电企业转型升级4个子类，化工钢铁煤电企业转型升级是新增类型，旨在促进化工钢铁煤电企业的转型升级；另外，政策引导计划包括国际科技合作、软科学研究两个子类。

4.1.6 南通市科技计划项目

南通市科技计划项目主要包括重大创新创业载体建设专项、基础科学研究项目、社会民生科技项目、临床医学中心项目四大类。其中，重大创新创业载体建设专项共4项；基础科学研究项目160项；社会民生项目117项；市级临床医学中心项目4项。南通市级科技计划2015年受政策影响，项目逐渐改成以后补助为主。2018年，南通市政府颁发50号文《关于推进市区产业转型升级的若干政策意见》，开始对项目进行普惠型补助。对重大项目投资、智能化技术改造、平台建设、创新载体建设等均有一定的奖励和补助。对企业的支持从以项目引导为主，转变成以补助为主，其中对经国家、省认定的企业研发机构、科技公共服务平台、重点实验室及国家、省级众创空间、科技企业孵化器、企业加速器分别奖励80万元、50万元，对新认定的国家、省级企业技术中心分别奖励80万元、20万元。对省高新技术企业培育库的企业，按省补助经费予以1 ∶ 1配套补助。

4.1.7 扬州市科技计划项目

扬州市科技计划项目包括重点研发计划、政策引导类计划、创新能力建设项目、科技成果转化、基础研究计划、市校合作资金项目六大类。其中，重点研发计划还包括社会发展、现代农业、产业前瞻与共性关键技术3个子类；政策引导类计划包括软科学研究和国际科技合作两个子类；市创新能力建设项目包括工程技术研究中心能力提升、科技公共服务平台建设、新型研发机构奖补、技术转移机构开办经费补助项目4个子类；基础研究计划包括自然科学基金子类。扬州市科技计划类别设置基本跟省级设置一致，创新能力建设每年会随省里的变化而变化。

4.1.8 泰州市科技计划项目

泰州市科技计划项目包括科技支撑计划、软科学研究计划、创新能力建设项目、重大科技成果转化四大类。其中，科技支撑计划建设计划包括产业关键技术研发、社会发展项目、农业项目 3 个子类。泰州科技计划项目设置近几年变化较大，2015 年泰州市设立科技创新券，对企业进行分A类、B类补贴。2017 年受政策影响，逐渐取消创新券，2018 年重新开始设立科技成果转化、科技支撑工业类等项目，2019 年全部取消创新券。

4.1.9 徐州市科技计划项目

徐州市科技计划项目包括政策引导类计划、创新能力建设计划、科技成果转化、重点研发计划、应用基础研究计划五大类。其中，政策引导类计划具体包括软科学研究、科技合作两个子类；创新能力建设计划包括创新载体、科技基础设施两个子类；重点研发计划包括社会发展、现代农业、产业前瞻和共性关键技术 3 个子类。总体来说，徐州市科技计划项目设置基本和省里保持一致，变化不大。

4.1.10 淮安市科技计划项目

淮安市级科技计划项目包括自然科学研究、重点研发计划、科技成果转化、创新能力建设 4 个类别。其中，重点研发计划主要包括工业和信息化、农业和社会发展 3 个子类。淮安市级科技计划项目共计 100 多项，较之之前 500 多项，市级科技计划项目数量大幅缩水。其中，重点研发项目数量减少，自然科学研究项目数量在一定程度上增多。以前有政策引导类项目，主要包括软科学和奖补，现在奖补不再作为科技计划项目，单独拿出来，根据相关政策进行奖励补助。

4.1.11 盐城市科技计划项目

盐城市在 2013 年之前，科技计划项目主要包括工业、农业、社会发展三大类。2013 年以后，盐城市对项目的支持和资助主要是后补助形式。其中，对新认定的高新技术企业奖励 20 万元，重新认定的奖励 10 万元；对获批国家知识产权示范企业、优势企业的，分别奖励 10 万元、5 万元；对获批国家、省级重点实验室、工程实验室、工程技术研究中心（企业技术中心和工程中心）的企业，分别奖励 100 万元、30 万元；对创新平台载体建设类、产学研合作类、科技成果转化类等项目均有一定的奖励和补助。

4.1.12 连云港市科技计划项目

连云港市在 2017 年之前，市级科技计划项目主要分为基础研究计划（自然科学基金）、重点研发计划、科技成果转化专项资金计划、创新能力建设暨中央引导地方科技发展计划、政策引导类计划五大类。从 2017 年开始，开始取消科技计划项目，对申报成果转化、联合招标项目、高企和省工程技术中心后有一定的奖励补助。

4.1.13 宿迁市科技计划项目

宿迁市科技计划项目主要包括科技成果转化、创新能力建设、重点科技研发计划三大类，2019 年新增了自然科学基金项目。其中，创新能力建设包括重点实验室、示范工程技术研究中心、科技公共服务平台 3 个子类；重点科技研发计划包括产业前瞻、社会发展、工业、农业等子类。每年用于科技计划项目的市级财政资金 3000 万～ 5000 万元；市级财政资金约 5000 万元用于后补助，其中包括认定的高企、产业技术研究院、重创空间等。

综上所述，13 个地市科技计划项目设立情况基本分 3 类：第 1 类市级的科技计划项目基本根据省级科技计划项目类型进行设置，主要包括基础研究计划、重点研发计划、科技成果转化资金计划、创新能力建设、政策引导等几类。其中，无锡、常州、镇江、扬州、泰州、徐州、淮安、宿迁几个市的科技计划项目类型设置虽然会根据本市的具体情况进行微调，但总体上参照省里的科技计划类型。第 2 类情况是一些市逐步取消或者已经取消市级科技计划项目，转而向后补助方向发展。南京市 2019 年已经基本取消了科技计划项目，只有软科学项目还在继续。盐城市从 2013 年开始主要是后补助。连云港市科技计划项目从 2017 年就已经全部取消，专项资金自市级科技计划项目取消以后就不再设立。第 3 类情况是市级的科技计划项目因地制宜，主要根据本市的社会、经济及科技发展的具体情况设置科技计划项目分类，有相对独立的科技计划项目类型体系，例如，苏州市科技计划类型包括企业培育（创新）、人才计划、产业技术研发、科技服务体系、科技金融五大类，南通市科技计划项目则分为基础科学研究、社会民生科技、临床医学中心等几类。

4.2 地市科技计划项目数量及支持力度

调研中，我们发现南京从 2019 年取消了科技计划项目，往年科技计划项目大约有 200 项，其中成果转化 20 项，关键技术 20 项，现代农业和社会事业 40 ～ 50 项，软科学 30 项，医疗卫生 50 ～ 60 项，市级财政支持金额约 7000 万元；苏州市级科技计划项目每年有几千项，财政资金的支持力度也在逐年加大，财政资金支持金额约 8 亿元；常州和镇江两市市级科技计划项目分别是 400 项和 200 项，支持金额分别是 1.25 亿元和 1 亿元左右。通过以上数字，不难看出，苏南 5 市中，苏州市对本市科技计划项目无论从立项规模和还是资金支持力度都是最大的。苏中 3 市，泰州市虽然项目数量少，仅有 100 多项，但是支持金额有 1.5 亿元，说明市级财政对单个项目的支持力度比较大。南通市有 280 多项，支持金额 2000 万元。扬州市支持金额有 4600 万元，其中软科学 1 万～ 2 万元，自然科学基金资助金额也比较少。苏北 5 市中，徐州市级科技计划项目无论从立项规模还是财政支持力度都比较大，共有项目 288 项，支持额 7000 多万元，最大的项目支持力度是 200 万元，最小的项目经费是 2 万元（软科学）。淮安市现有科技计划项目 100 项左右，往年有 500 项，相较于往年，科技计划项目数量大幅减少，市级财政支持经费 1700 万元，包括直接拨付和后补助。盐城市和连云港市均已经取消了科技计划项目，盐城市从 2013 年开始对项目的投入方式主要是后补助，支撑金额 1 亿元；连云港市 2017 年取消了科技计划项目专项资金，对申报成果转化、联合招标项目、高企和省工程技术中心等项目有一定的奖励和补助。宿迁市科技计划项目有 60 ～ 70 项，财政资金有 8000 万元，其中 4000 万元用于科技计划项目，还有相当一部分资金用于对高企、产业技术研究院、重创空间等项目进行后补助。

4.3 地市科技计划项目后期绩效评价

4.3.1 地市科技计划项目绩效评价的作用和意义

绩效评估是绩效管理的前提和基础，是科技计划项目从立项获得批准到应用期间，根据事先制定的阶段目标所达到的，可以予以指标度量的计划完成程度及所产生的对社会发展和经济进步有推动作用的预期效果，主要包括人员绩效、学术绩效、社会绩效、经济绩效几个方面，通过对计划执行情况进行综合评估考核，通过分析评估找出成败的原因，总结经验教训；同时通过及时有效的信息反馈，为提高未来科技计划项目管理水平提出建议，从而达到提高各级政府科技投资收益的目的，为宏观决策和决策政策的实施提供科学依据。

4.3.2 各地市科技计划项目绩效评价开展情况调查

绝大多数地市对科技计划项目的绩效评价开展得都不够深入，相当一部分地市科技计划项目的数量和财政资金的支持力度都很大，但却未对科技计划项目开展绩效评价；一部分地市虽然开展了绩效评价，也仅仅是由市财政局委托第三方开展了财务上的绩效评价，如无锡、扬州、盐城等市；还有一部分地市因为已经逐渐取消或者已经取消了地市科技计划项目，科技计划项目的绩效评价更无从谈起。由此可见，虽然科技计划项目的绩效评价是实现科技资源的合理配置及发挥科技计划功能的重要抓手，但显然各地市并没有充分发挥“抓手”的功能。出现这种现象的原因主要是因为每个地市的经济、社会、发展背景、科技水平、人员素质各不相同，科技计划项目实施的社会科技水平、科技政策一直也在变动，科技计划项目类型及绩效评价也跟着一起变动，再加上绩效评价本身又是对专业性要求很高的系统、复杂的工程，不仅要有技术经济、科研管理、系统工程、计算机技术等方面的人才，还要运用科学、规范的方法对人员绩效、学术绩效、社会绩效、经济绩效等方面进行综合评估，开展起来难度很大，造成各地市开展绩效评价的效果不佳。

4.4 地市科技计划 5 年类型变更情况

4.4.1 南京、南通、泰州、盐城、连云港 5 年内科技计划类型变化较大

5 年来，南京、泰州、连云港几个地市的科技计划项目类型有较大幅度变化和调整，具体情况如下：南京从 2019 年开始，市里基本取消了科技计划项目，只有软科学项目还在继续，市里对获得高企、省工程技术中心、新型研发机构等项目的进行后补助，逐渐从科技计划向后补助方向发展。南通市级科技计划 2015 年受政策影响，项目逐渐改成以后补助为主，从 2018 年开始对项目进行普惠性补助。泰州 5 年内科技计划类型变化也很大，2015 年设立科技创新券，2017 年受政策影响，逐渐取消创新券，2018 年又重新开始设立科技成果转化、科技支撑工业类等科技专项；2019 年全部取消创新券，5 年内，泰州科技计划类别经历了从取消到逐渐恢复的过程。盐城从 2013 年开始主要施行后补助，在这之前，市科技计划项目类别主要是工业、农业、社会发展 3 类，2019 年又开始设立重点研发计划和科技成果转化专项。连云港市里技计划项目从 2017 年就已经全部取消，对申报成果转化、联合招标项目、高企和省工程技术中心后有一定的奖励和补助。

4.4.2 其他 8 地市 5 年内变化不大或有轻微调整

苏州、无锡、常州、镇江、扬州、徐州、淮安、宿迁 8 个地市的科技计划项目虽有所调整，但整体上变化不大。具体情况如下：无锡、常州、镇江、扬州、徐州、淮安、宿迁 7 市的科技计划类别基本根据省的科技计划类别进行设置的，并根据省里科技计划类别的变化及本市经济、社会、科技发展情况进行微调，其中无锡在奖补方面有些区别，其将高企、星创天地、科技保险、新型研发机构运营资助、省级以上产业技术创新联盟建设资助（省级 20

万元，国家级 50 万元）等项目归于奖补类。镇江市科技计划项目类别里没有自然科学基金类型，市重点研发计划项目类型中新增“化工钢铁煤电企业转型升级”子类。淮安市减少了重点研发项目（重点研发主要包括工业和信息化、农业和社发）数量，增加了自然科学研究，并将政策引导类中的奖励补助单独拿出来，作为奖补类，按照政策进行奖补。宿迁市 2019 年则新增了自然科学基金项目。

苏州市的科技计划类别跟省的设置有所不同，主要分为五大类 ：企业培育（创新）、人才计划、产业技术研发、科技服务体系、科技金融。除了科技计划项目，苏州还设置了普惠性的项目。总体来说，5 年内科技计划类别未有较大的变动。

4.5 地市科技计划项目分类及特点分析

4.5.1 创新投入方式，科技资金引入后补助、奖补等间接投入形式

随着科技体制改革的不断深入，各地市对科技计划管理改革进行了有益探索，财政科技资金管理改革有了新突破。产业技术研发项目突出企业主体，对政府引导企业开展的产业科技活动，由企业提出需求、先行投入和组织研发，政府采用财政后补助和奖励补贴等间接投入方式给予支持，形成主要由市场决定技术创新项目和资金分配、成果评价的机制及企业主导项目组织实施的机制，从而促使科技计划体系设置更加优化。

目前江苏省多数地市积极进行投入形式的创新，探索科技经费后补助、奖补、贴息等方式，放大政府资金的引导带动作用。其中，南京市 2019 年已经取消了科技计划项目，对高企、工程技术研究中心、新型研发机构等进行后补助；苏州市对高企补助 30 万元，还有享有贷款贴息等政策，对于国家项目的奖励，后补助资金占总额的 65%；无锡市将高企、星创天地、科技保险、省级以上产业技术创新联盟建设（省级 20 万元，国家级 50 万元）、新型研发机构运营资助等归属于奖补类；南通市 2015 年对科技计划进行了较大的调整，逐渐改成以后补助为主，2018 年在相关政策影响下，对项目进行普惠型补助，对企业从以项目引导为主转向以补助为主，对产学研这块以 50% 进行后补助。另外，市级财政还对于申请到国家级及省级的各种平台进行补助，国家级是 80 万元/个，省级是 50 万元/个；泰州在 2015 年设立科技创新券，对企业分 A、B 两类进行补贴，其中 A 类，具体分为购买技术服务和购买设备两种情况；B 类，主要是奖补资金。淮安市之前的科技计划类别包括重点研发计划、科技成果转化、创新与服务能力、政策引导几大类，现在政策引导类（主要包括软科学和奖补）奖补不再作为科技计划项目，根据政策进行奖补。另外，淮安市级科技专项资金采取后补助方式，主要用于支持省级以上备案的众创空间、纳入省级以上试点的科技创业孵化链条、众创集聚区建设等。盐城早在 2013 年就取消了科技计划项目，实行后补助，目前科技经费主要采用后补助的形式，资金 1 亿元，从资金总量上可以看出，盐城后补助力度是相当大的。连云港从 2017 年开始取消市级科技计划项目，对成功申报成果转化、联合招标项目、高企和省工程技术中心等项目有一定的奖补。宿迁市科技财政资金在后补助上占一定比重，其中包括认定的高企、产业技术研究院、重创空间等，奖励资金在 2500 万元左右。

综上所述，后补助、奖补已经成为财政科技专项重要的组成部分，各地市也不同程度地引入后补助、奖补等间接投入机制，南京、南通、泰州、盐城、连云港 5 市基本取消或已经

取消科技计划项目，对项目的支持主要以后补助和奖励为主。苏州、无锡、淮安、宿迁等地市后补助和奖励也占了相当比重。各省市通过创新科技经费后补助、补贴等形式，进一步健全财政科技专项支撑体系，切实发挥科技计划经费的引导作用。

4.5.2 各地市深化“放管服”改革，科技计划管理呈现新特点

2017 年 1 月，李克强总理在国家科学技术奖励大会上指出，要深化科技体制改革，深入推进科技领域“放管服”。“放”即简政放权，降低准入门槛；“管”即公正监管，促进公平竞争；“服”即高效服务，营造便利环境。科技领域的“放管服”改革是促进国家和区域科技创新的重要举措。深入推进“放管服”改革，是不断提高行政效能、提升全省科技创新能力及建成科技强市的必由之路。

当前江苏省 13 个地市围绕着“放管服”主要内容和要求，对科技计划管理做了一些探索和改革，各地在科技计划管理上呈现出一些新变化、新特点，具体如下：① 进一步规范科技行政权力，厘清各级科技计划项目主体责任，省级科技计划项目已经不再强制要求市级财政进行配套。目前，13 个地市除了南通对省级科技计划项目有配套，其他各市不再对省级科技计划项目设置配套，省级和市级财政科技资金各自为治。另外，随着江苏省知识产权局由省科学技术厅的部门管理机构改为省市场监督管理局的部门管理机构，原隶属于科技计划的知识产权相关项目也相应切割到市场监督管理局，例如，泰州市知识产权密集型企业、高价值专利培育计划项目现在已经转到市场监督管理局。② 财政科技资金支持方式已由原来的科技计划项目单一方式，转变为科技计划项目、后补助、绩效奖补、政策性奖补、贷款贴息等多种方式。例如，南京、南通、泰州、盐城、连云港等地市已经将后补助作为培育和支持项目的主要方式；无锡对高企、星创天地、科技保险、新型研发机构运营资助等项目给予奖补；淮安将政策引导类别里的奖补子类，单独从科技计划项目里拿出来，按照政策进行奖补；又如苏州，对高企等项目，除了给予补助，还进行贷款贴息。各地市通过不断优化市财政科技资金支持方式，进一步提高了科技资金的使用效率。③ 由原来的竞争择优单一模式，转变为竞争择优与普惠支持并存以普惠支持为主；市级科技计划项目也由原来的“小而散”，转变为点面结合、突出重点，既兼顾科技创新的不同主体、领域和阶段，又突出问题导向和集中力量办大事。苏州除了五大类科技计划项目类别，还有以下普惠性项目，对于高企，按 30 万元进行补助，人才计划以前是 100 万元，现在重点人才计划是 400 万元，重大团队 5000 万元，民生科技每个项目支持力度在 20 万～ 30 万元。南通市科技计划类别有了较大的调整，主要是产学研、社会发展及农业项目，科技计划在突出重点领域的同时，还对一些项目进行普惠型补助，对企业从以项目引导为主改为以补助为主，对于申请到国家级及省级的各种平台是按个进行补助的，国家级是 80 万元，省级是 50 万元。同时对于省级和国家级项目，给予一定资金配套。④ 扩大高企、创新型企业规模，对高企、孵化器、企业研发机构、企业研发投入等给予补助和奖励。培育壮大市工程技术中心等项目，为省里和国家输送项目。南京对获得高企、省工程技术中心、新型研发机构进行后补助。苏州、盐城对高企分别按照 30 万元和 20 万元进行补助。无锡对高企、星创天地、新型研发机构均有奖补，对省级和国家级产业技术创新联盟分别给予 20 万元和 50 万元的奖补。南通对国家级及省级的各种平台分别按照 80 万元、50 万元进行补助。镇江和泰州两市对高企也均设有配套资金。连

云港对获得高企和省工程技术中心后有一定的奖补。宿迁市级财政资金有5000万元很大程度上用于后补助，其中包括认定的高企、产业技术研究院、重创空间等。

综上所述，作为科技体制深化改革的风向标，深入推进科技计划管理的“放管服”改革，通过完善科技计划项目类别、创新财政科技资金投入形式，进一步激发促进企业、研发机构、高校各创新主体的活力，促进科技成果转移转化，推动各地市科技创新迈上新台阶。

5 江苏省地市级科技报告建设研究

2014年，国务院办公厅转发了《科技部关于加快建立国家科技报告制度指导意见的通知》（国办发〔2014〕43号），明确提出了“建立科技报告逐级呈交的组织管理机制”“建立地方和部门科技报告管理机制”的规定。2019年，全国31个省（区、市）全部启动了科技报告工作，建立了本省的科技报告组织管理机构，大部分省（区、市）建立了本地的省级科技报告系统平台。虽然国家和省级科技报告工作均取得长足进步，但地市级政府科技管理系统科技报告工作进展缓慢，仅有山东、广东等极少数省（区、市）开展了地市级科技报告工作试点。地市级科技报告作为科技报告系统建设的一个有机组成部分，有利于进一步扩大科技报告的存量和收集范围，从而在更大程度上保证数据的完整性、多样性、价值性和真实性。目前，各省（区、市）都在积极探索开展地市级科技报告工作的方法和路径。

5.1 江苏省开展地市级科技报告工作的迫切性和必要性

江苏省2015年启动建设地方科技报告制度，截至2019年，江苏省科技报告共享服务系统收录了国家项目和省属项目8700多篇科技报告。而科技报告收录量分别位于第1、第2位的广东省和浙江省分别收录了国家、省级、地市3级项目的科技报告13 600篇和10 000多篇。广东省更是率先在地级市开展了科技报告试点。按科技报告实施要求，由财政资金资助的各类科技计划（专项、基金）均纳入省科技报告工作范围，而目前江苏省尚未启动地市级科技报告工作，也没有建立完善的地市级科技报告系统，无法对地级市科技报告展开收集，导致地市级财政支持项目产生的大量科技报告无法回收。江苏省科技力量雄厚，创新能力强劲，省内13个地级市均有着各自的产业和技术优势及特色，地市级科技计划项目所蕴含的科技信息资源更是不可估量，因此，加快地市级科技报告系统建设及地级市科技报告的收集，有利于扩大江苏省科技报告的存量，提高江苏省科技报告的影响力，从而确保江苏省科技创新走在全国前列。

5.2 江苏省开展地市级科技报告工作遇到的问题和破解思路

5.2.1 主要问题分析

在过去的5年，虽然国家科技报告和省级科技报告工作进展迅速，但地市科技报告一直进展缓慢，原因是多方面的。刘顺利等分别在其论文中对河北省、山东省及陕西省地市科技报告发展瓶颈及存在的问题进行了总结和分析。其中，存在一些共性问题，江苏省也不例外。① 政策法规缺失，尽管“指导意见”指出各地、各有关部门应将科技报告工作纳入本地、本部门管理的科技计划、专项、基金等科研管理范畴，但地市级科技报告呈交计划类型、数量、时间节点等要求尚且缺乏具体政策支撑，无法进一步展开地市级科技报告。② 经费缺乏，科技报告工作受科技主管部门的重视程度影响还是很大的，当前科技报告的关注程度和开展热情已经不似初期高涨，人员、系统开发等经费很难得到保障，尤其是科技报告系统开发一块，由于地级市众多，无论是沿用省级科技报告系统形式，还是自主开发，资金缺口都很大。③ 地市级科技报告管理人员紧缺。科技报告对管理人员的专业素质要求很高，不仅要熟悉科技报告相关法律法规、政策标准，还要熟练掌握科技报告审核、改写要求，能够开展科技报告业务培训。培养这样一支专家型的队伍需要较长时间的打磨，这无疑给省级科技报告管理部门带来了很大困难。

5.2.2 地市科技报告系统问题是最突出问题

从上文可以看出，江苏省地市科技报告工作面临诸多问题，开展难度还是很大的，但是等机会、靠关注、要人员总是被动的，开展江苏省地市级科技报告工作应该立足当下，分析主要问题和主要矛盾，针对关键重点环节，寻求破解之道。

其实，开展地市级科技报告工作所遇到的经费和人员短缺难题在很大程度上都受制于地市科技报告管理系统建设。按照科技报告工作的管理流程，需要建设的系统主要包括科技报告呈交系统、科技报告审核和加工系统及科技报告服务系统。目前科技报告系统大致分两种：一种是将科技报告呈交嵌入到计划项目管理流程（简称“嵌入型”）中去；另一种是将科技报告程交系统与计划项目管理流程分离开来（简称“非嵌入型”)。“嵌入型”系统在往地市推广的过程中，要与各地市计划项目管理系统耦合，能够实现科技报告与各阶段项目报告的同步呈交，在保证了各类科技报告的完整呈交的同时，又切实减轻了科研人员的工作量。但是由于各市计划项目管理系统都是独立的，要将科技报告成交系统分别嵌入各市计划项目管理系统，整个过程花费时间长，耗资巨大，因此，在地市普遍推广“嵌入型”系统的难度很大。而且在一些没有计划项目管理系统的市，推广“嵌入型”系统更无从谈起。另一种地市科技报告系统是“非嵌入型”，因为没有和地市计划项目管理系统耦合，就无法实现科技报告与各阶段项目报告同步提交，需要科技报告管理人员线下另行通知科研人员填报科技报告的时间节点及填报、提交科技报告的网址。由此可见“非嵌入型”呈交系统还需要地级市管理人员做大量的线下工作，大大增加了人员数量和人力成本。

由此可见，上述两种主要类型的科技报告管理系统，“嵌入型”系统虽管理方便，但依赖于地级市科技计划管理系统，开发成本巨大，“非嵌入型”系统虽不依赖于计划管理系统，可流程烦琐，人力成本大大增加，无论地级市推广哪类系统，难度都很大。只有进一步优化、完善地市科技报告管理系统功能，才算找到了问题中的问题，从而进一步缓解工作经费短缺和人员紧缺的困境。

5.3 江苏省地市级科技报告系统建设探索与研究

5.3.1 加强政策法规及系统建设的顶层设计

地市级科技报告与国家科技报告既有统一性，又有其独特性。一方面，地市级科技报告作为国家科技报告体系的一个有机组成部分，与国家和省级科技报告共同构成了全国科技报告三级体系。要依据国家科技报告相关政策法规制定江苏省地方科技报告工作实施意见、实施细则、管理办法等文件，并在撰写要求、管理标准等方面与其保持统一。另一方面，江苏省有 13 个地级市，每个地级市科技计划划项目管理流程各有特色，只有在对江苏省 13 个地级市科技计划项目类别、地级市对科技报告的集成要求、需要提交科技报告计划类别和提交报告的时间节点、各类型科技计划项目撰写内容和撰写特点、提交科技报告类型和数量等问题充分调研了解的基础上，加强政策法规和系统建设的顶层设计，才能使其更具针对性、实用性和可操作性。

5.3.2 开展江苏省 13 个地级市科技计划项目调研

为了全盘了解江苏省地级市科技计划类型和特点，为江苏省地市级科技报告系统的开发提供依据和支撑，江苏省科技报告管理中心于 2019 年 9 月、10 月对省内 13 个地级市科技计划项目进行了全面调研。根据调研结果得出，地级市科技计划项目主要有以下特点。

（1）科技计划类型多样

调研发现，13 个地级市科技计划项目或多或少有一些差异，在此就不逐一细说。总体归纳下来，地市级科技计划设立情况基本分为 3 类：第 1 类市级的科技计划项目基本根据省级科技计划项目类型进行设置，目前绝大多数地级市科技计划设置属于此类，虽然会根据本市的具体情况进行微调，但大体不变。第 2 类情况是一些市逐步取消或者已经取消市级科技计划项目，转而向后补助方向发展。第 3 类情况是市级的科技计划项目因地制宜，主要根据本市的社会、经济及科技发展的具体情况设置一些独立科技计划项目类型。由此可见，江苏省地级市科技计划种类繁多，除了科技计划项目，还包括对高企、孵化器、企业研发机构、科技公共服务平台等进行后补助的项目及其他项目。地级市科技计划类别如此之多，收哪些科技计划类别的报告，收什么类型的科技报告及收集数量，特殊类型报告（后补助类、管理类、平台类）撰写内容和撰写特点等问题都需要进一步研究确定。

（2）项目数量总量大，个别城市数量差异很大

调研发现，不包括后补助项目，地级市科技计划项目就近万项。如果能将科技计划项目产生的科技报告全都收集上来，将产生上万份科技报告，将会大大增加江苏省科技报告存量，进一步释放科技信息资源的价值。虽然地级市科技计划项目总体数量巨大，但是城市间项目数量设置不均衡，其中多数地级市科技计划项目约三四百项，科技计划项目最少的宿迁市仅有七八十项，而科技计划项目最多的城市苏州市每年立项几千项，还有增加的趋势。科技计划数量最少和最多的城市科技计划项目数量差异很大。由地级市科技计划项目数量设置的差异，可以对地市科技报告人力、物力、资金投入数量及各市科技报告系统的部署规模进行预估和测算。

5.3.3 开发江苏省自主知识产权地市科技报告系统

上文提到当前两类应用的地市科技报告管理系统，“嵌入型”依赖于地级市科技计划管理系统，推广成本高；而“非嵌入型”系统流程烦琐，人力成本大。对地市级科技报告系统的依赖、人力成本和开发费用高，是当前地市科技报告管理系统难以继续往地级市推广的主要原因。

为了克服当前地市科技报告系统出现的问题，江苏省科技报告管理中心将研究开发自主知识产权地市科技报告系统。系统将通过开发一款APP来实现地市科技报告的收集、查询、加工、审核等功能。APP包括移动端及PC端，无论是科研人员、单位管理员、科技报告管理员、科技计划管理员，还是其他人员均可通过下载APP进行注册和身份认证，注册成功后就可登录APP进行相应权限的操作。APP可将科研人员提交的科技报告数据，上传到远端的云服务器，并通过GUID标识该科技报告，并将该唯一标识号转化成二维码。科研人员、单位管理员、科技报告管理员、科技计划管理员等用户，均可通过科技报告扫描器，识别该二维码，通过读取远端云服务器中相应的信息，来获取科技报告的数据。科研人员还科研通过PC端将科技报告正文及科技报告信息表上传到远端的云服务器。单位管理员也可以通过PC端浏览器对科技报告进行查询、审核。科技报告管理员不仅可以通过PC端对所有科技报告进行查询、下载、审核等操作，还可以通过消息机制，将科技报告退回理由及该如何处理该问题的公众号视频链接，发送给科技报告提交者，确保提交科技报告质量。最后将科技报告数据打包成满足《国家科技报告系统XML传输接口》标准的XML文件，传输到江苏省科技报告共享服务系统进行发布和共享。

由此可见，江苏省自主开发的系统克服了当前地市科技报告系统存在的主要问题：①新开发系统不依赖地级市科技项目管理系统，科研人员只需通过注册和身份认证即可实现科技报告的呈交；②系统开发费用不高，开发成本集中在APP的开发及阿里云服务器的租赁上，不需要进行大量的硬件投资，开发成本可控；③系统简化了操作流程，绝大多数功能通过“扫一扫”即可实现，使用方便，提高了科技报告管理员工作效率，降低了科技报告管理和服务成本；④系统提供公众号科技报告视频培训链接，方便相关人员学习查阅，扩大了培训范围，降低了科研人员及地方科技报告管理人员培训成本。

5.4 小结

随着科技报告工作的深入推进，地市级科技报告及部门（行业）科技报告工作开展被提上日程。受政策法规、人员队伍、工作经费、系统平台等因素制约，各省地市科技报告工作进展缓慢。江苏省要尽快建立地方科技报告体系，应该先从构建适合本地地市科技报工系统破题。江苏省在深入分析当前地市科技报告管理系统存在问题的基础上，创造性地通过APP实现科技报告收集、查询、审核等功能。以APP为核心的地市科技报告系统开发成本低、流程简单，进一步缓解了工作经费短缺和人员紧缺的问题。同时，系统通过将科技报告培训资料和链接部署在平台上，进一步扩大了培训范围，提高了科技报告质量。由此可见，通过牵住地市科技报告系统这个“牛鼻子”，进而解决了开展地市科技报告工作的一系列问题。江苏省地市科技报告虽然主要是为了实现地市级科技报告收集、审核开发的，但因系统具有很强的包容性和独立性（科技呈交不依赖地级市科技计划管理系统），也可以适用于部门（行业）科技报告收集。自主开发的地市科技报告系统，弥补江苏省科技报告系统在地市、部门、行业、科研机构等方面的空白，进一步完善江苏省科技报告平台功能，从而实现对各级科技报告的总体统筹和管理。

6 基于二维码的档案管理系统的设计研究

6.1 研究意义与现状

6.1.1 研究意义

档案管理也称档案工作，是档案馆（室）直接对档案实体和档案信息进行管理并提供利用服务的各项业务工作的总称，也是国家档案事业最基本的组成部分。档案工作主要包括：档案的收集、整理、保管、鉴定、统计和提供利用等。档案管理的对象是档案,服务对象是档案利用者，所要解决的基本矛盾即档案的分散、零乱、质杂、量大、孤本等状况与社会利用档案要求集中、系统、优质、专指、广泛之间的矛盾。随着社会的发展和信息化的要求，档案管理的对象也从传统的纸质档案逐渐向多元化的形式转变。针对这一变化，不同的档案部门根据自身条件，给出了不同的档案管理集成系统。尽管目前已有的档案软硬件在档案收集、整编、管理上已经下了一些功夫，在一定程度上减轻了档案管理人员的工作量，但是在档案数据的采集、核对、登记及利用上却依然靠落后的人工操作，这不但消耗了大量的人力物力，而且不能保证数据的完整准确，使得整个管理系统发展不平衡，信息系统的效能无法得到充分发挥。

我们立足于档案馆档案管理的实际工作，以简化档案管理流程，减少档案管理工作量，提高档案管理及档案利用效率，提升档案馆整体管理水平，拟在档案信息化管理系统中引进二维码技术，采用信息化、科技化的手段，对二维码技术加以合理利用，从而对档案在各个流转过程中的痕迹进行跟踪记录，给档案管理的革新提供一种新的的技术手段，为档案资源的开发利用提供一种新的方式，做到更好地为公众提供服务，不被信息时代所淘汰。

6.1.2 研究现状

信息技术使档案管理工作更加高效、准确。档案管理系统作为一种信息管理系统，比传统手工管理方式具有无可比拟的优势。一个好的档案管理系统，可以使档案工作更加便捷、高效。与国内相比，国外对档案和档案管理的研究比国内早了 50 多年，呈现了较为清晰的发展脉络，其实践经验和理论成果对我们很有借鉴意义。

近年来，随着IT技术的快速发展，档案管理系统也逐步发展成熟，档案管理系统通过建立统一的标准，规范整个文件管理，包括规范各业务系统的文件管理；构建完整的档案资源信息共享服务平台，支持档案管理全过程的信息化处理，包括采集、移交接收、归档、存储管理、借阅利用和编研发布等，同时逐步将业务管理模式转换为服务化管理模式，以服务模型为业务管理基础，业务流和数据流建立在以服务为模型的系统平台之上。档案管理系统，为企事业单位的档案现代化管理提供完整的解决方案，档案管理系统既可以自成系统，为用户提供完整的档案管理和网络查询功能，也可以与本单位的OA办公自动化和DPM设计过程管理，或者与MIS信息管理系统相结合，形成更加完善的现代化信息管理网络。

随着计算机、网络的广泛应用，人类社会迅速步入了信息爆炸时代，尤其是Web2.0、APP、物联网、二维码、云计算等新兴科技产品和服务的不断涌现，让数字化、网络化渗透到了人们生产和生活的各个领域，加速推动传统社会迈向智能社会。目前，人们对二维码这一专业术语虽较陌生，但细心留意则可发现，我们的身边处处皆有二维码应用的实例，特别是掏手机“刷”条码获取信息的行为方式，正在潜移默化地引领人们享受智能化的便捷生活。二维码（two-dimensional barCode），是物联网（internet of things，IOT）技术实现过程中信息识别领域最基本和关键的技术之一。它可让任何信息都浓缩进智能化的“方块符号”之中，并可用移动设备从其密码符号中获取信息，在条码技术发展史上堪称具有里程碑的意义。二维码，别称二维条码，也叫二维条形码。它是在传统一维码的基础上，采用某种特定的几何图形，在二维方向的平面上，按照一定规律分布的记录数据符号信息的新一代条码技术。其主要技术特性包括可在纵横两个方向存储信息，具有面积小、信息量大、自动识别率和信息处理稳定性高、防伪性强等优势。

二维码的核心价值在于：可将虚拟化、自动化、智能化等多种技术集成于一系列创新方案之中，使数字档案智能管理平台快速转变为服务，并无缝过渡到档案云端上，以提高档案信息资源的利用效率和效益。本研究的目的是结合二维码的技术优势，探讨二维码技术在档案管理中的应用。基于江苏省科学技术情报研究所档案管理的工作实际，在档案信息化管理系统中引进二维码技术，通过采用信息化、科技化的手段，对二维码技术在档案流转的各个环节加以合理利用，以达到简化档案管理流程、减少档案管理工作量、提高档案管理及档案利用效率、提升档案馆整体管理水平的目的。

6.2 平台需求分析

6.2.1 档案接收入库需求概述

（1）系统目标

该系统主要建立一个基于我馆（科技档案馆）的面向档案管理人员的档案管理系统。由于目前的档案管理工作效率较低，本档案系统的开发就是基于这类档案馆，解决档案管理效率低的苦恼。本系统的定位就是实现对档案实体的接收、入库、借阅和查询等的统一管理，并且软件要实用，操作简便。档案管理人员能够很方便地对档案进行编目入库。系统管理员能够对档案管理人员进行管理。结合当前档案管理的先进技术，这里在档案管理中加入了能够生成相应的二维码的功能模块，同时对所有的数据采用数据库进行统一管理。

（2）用户类和用户特性

用户的具体描述如表 3 所示。

表3　用户具体描述

用户类	描述
档案管理员	档案管理员是本系统的关键环节，在该系统中负责实现档案的增添、修改、删除、分类管理等操作，也涉及实现对借阅者登记注册、注销等操作，最主要的任务还是进行档案入库（上架）操作，另外，还能进行一些数据的查询和统计操作
系统管理员	系统管理员主要负责科学管理档案管理系统中的用户，实现增加或删除档案管理员，也能对用户的权限进行设置，实现对档案分类、档案人员分类等一些基本参数的设置。另外，它还具有档案管理员所具有的一切功能
借阅者	借阅者是档案管理系统中不可或缺的一个角色。在该系统中并没有具体单独实现面向借阅者使用端的界面，这里的借阅者是个虚拟用户类别，他们通过档案管理员来实现借阅功能

档案管理系统是一个面向档案管理人员的系统，它的用户主要是档案管理员和系统管理员。档案管理员使用该系统对档案进行高效的管理，系统管理员实现对档案管理员的管理分配。

6.2.2 档案管理系统需求模型

6.2.2.1 功能描述

档案管理系统的主要任务就是使档案管理员能够高效地完成档案接收入库操作等，图4展示了档案管理员与系统管理员的实现方式。

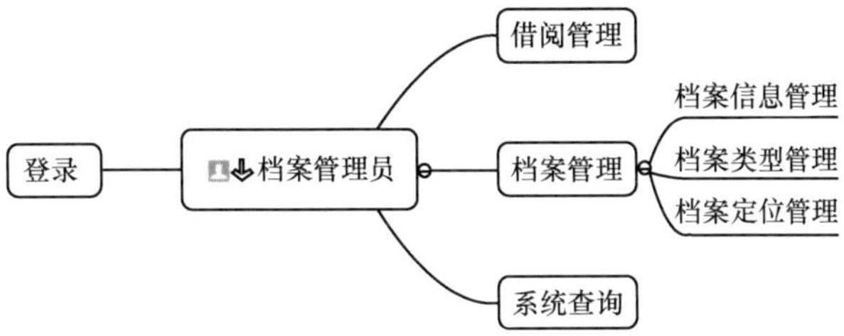

图4 档案管理员的功能实现

从图5可以看出，该档案管理系统要实现以下功能。

（1）登录

档案管理员和系统管理员要进入该系统，需要输入正确的用户名和密码才能成功登录。出于对系统安全性的考虑，实现权限等级管理。以不同身份进入系统，则将赋予不同的权限。

（2）用户管理功能

系统管理员对用户及档案管理员，进行添加、修改、删除和权限设置等管理操作。

（3）基础数据设置功能

系统管理员可以对档案管理的一些基础数据进行设置。

（4）借阅功能

图书管理员可以对读者的借还书行为进行操作，记录相关信息。

（5）查询功能

档案管理员有权限查询馆藏目录、借阅历史、档案相关信息等。

另外，档案管理系统还应该具备一些相关辅助性的功能，如新接手档案的二维码生成功能、数据库备份恢复功能等。

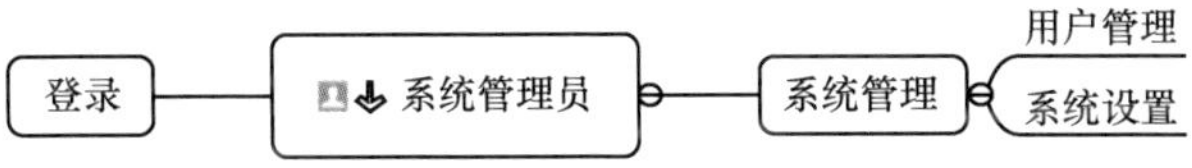

图5 系统管理员的功能

6.2.2.2 档案管理员详细功能描述

档案管理员能够方便地对档案信息进行添加、删除、查询等，能够正确地对借阅信息进行登记、删除、查询、分类等，能够对档案进行分类管理以方便入库，能够快捷有效地进行档案上架等。

（1）档案管理功能

实现档案入库、档案查询功能，可以增添、删除档案信息，新档案入库时可对档案进行分类操作。

（2）借阅管理功能

实现借阅登记、借阅查询和借阅注销的功能，对借阅信息进行管理。

系统管理员主要实现对档案管理员进行管理，对基础参数进行设定等操作。必要时，它也可实现档案管理员具备的功能。

（3）主要用例描述

该档案管理系统主要涉及的模块包括：档案接收、档案入库管理、档案查询、档案借阅等，现以“档案接收”为例进行详细分析（表 4）。

表4　用例“档案接收”描述

用例名称	档案接收
参与者	档案管理员
描述	当有新的档案需要接收时，档案管理员只需要用手持设备对档案进行二维码扫描，在系统中输入相应信息，便可完成档案接收
前置条件	①登录；②进入接收界面
后置条件	①更新档案信息；②更新档案列表
主干过程	档案接收 档案管理员输入相应的档案信息 档案管理员上传对应的照片 档案管理员给档案分配位置 系统更新数据库
异常	输入档案信息错误，重新输入
被包含用例	无
被扩展用例	无
优先级	高

6.2.3　开发平台

开发环境：Android Studio 3.2。

服务器环境：linux Centos 5.5。

数据库：SQLite 和 Mysql。

允许环境：Android API >=18。

Web 服务器：Nginx。

运行环境：Android API >=18。

6.3　系统设计与开发

6.3.1　可行性分析

档案管理系统，主要任务就是结合软件来实现档案的日常管理工作，包括档案接收、档案入库、档案借阅、档案销毁等。使用该系统能够优化档案管理工作，提升档案管理质量，提供高效便捷的服务。开发本系统的可行性研究如下。

（1）技术可行性

为了能够顺利地完成开发工作，我们需要做技术可行性分析，以确保开发档案管理系统的主要技术条件已经具备。本系统在Android Studio 3.2 环境下进行开发。本系统的软硬件开发环境都已成熟，开发团队也对它们有着丰富的应用经验，另外必要时还可找导师寻求帮助，所以完全可以认为开发该系统工作在技术上是可行的。

（2）经济可行性

该研究为本单位内部自立课题，解决本单位实际工作问题，复杂程度不是很高，一个人能独立完成。另外，由于电脑上有现成的开发环境，在软硬件配置和技术开发上均在已可行的情况下初期投资不大，花费较小，经济可行。再者，档案管理系统的推广应用能够极大地提高档案管理的工作效率，这也是档案管理行业必然的发展趋势和方向。

6.3.2 系统设计

6.3.2.1 数据库设计

数据库的设计是档案管理系统设计的基础，数据库系统设计是否科学将直接影响到整个档案管理系统的运行。在档案管理系统开发中，需要用数据库模型来表现现实中的模型。

（1）数据库设计概述

设计数据库时，程序员必须要遵循相关的“范式”。“范式”是指公开做某一类科学活动时大家都必须遵循的公认的“规范要求”。当开发人员设计关系数据库时，他们就需要遵循这个行业的众多规范要求以设计出优秀的数据库。目前关系数据库有 6 种范式，不过一般只需遵循第三范式即可，即非主关键字信息不能被关系式重复包含。在设计时，采用范式可以有效地减少数据库内的数据冗余度，从而达到节约存储空间和加快数据操作速度的目的。

档案管理系统所包括的信息较多，涉及管理员、档案、档案器具等。为了有效管理，这里对这些信息进行一个简单分类操作，将系统信息分为档案信息、借阅信息、系统用户信息、档案器具这几个方面。而这几类又可如下进一步细分。

① 档案信息：档案编号、档案目录、档案名称、档案类别、档案产生处室、入库时间、备注。

② 借阅信息：借阅档案信息、借阅人、借阅凭证、借阅时间、归还时间、经手人员。

③ 系统用户信息：用户名称、密码、角色权限。

④ 档案器具：档案库房编号、档案架编号、档案架位置。

（2）档案信息表设计

档案信息表用于存储馆内档案的相关信息，指档案编号、档案目录、档案名称、档案类别、档案产生处室、入库时间、备注等。这些相关信息由档案管理员在档案入库时进行添加。该表的建立主要是为了方便对馆内档案进行查询操作。档案管理员可以根据档案编号查询并获知档案的其他信息。该表的具体设计如表 5 所示。

表5 档案信息表设计

名称	数据类型	字段长度	是否可为空	说明
code	文本	10	No	档案编码
name	文本	50	No	档案目录
type	文本	30	No	档案类型
origin	文本	40	No	产生处室
In_date	日期/时间		No	入库时间
IsBorrow			Yes	是否被借阅
Reader_code			Yes	借阅者编码
brief	文本	100	Yes	备注

（3）系统用户信息表设计

这里的用户指的是档案管理员。一个档案馆可能有多个档案管理员来进行管理。设计系统用户信息表是为了方便系统管理员对馆内的档案管理员的信息进行有效管理。表将系统用户区分为普通系统用户和系统管理员。该表的具体结构如表6所示。

表6 系统用户信息表设计

名称	数据类型	字段长度	是否可为空	说明
user	文本	50	No	用户名
password	文本	50	No	密码
isadmin	是/否		No	是否为系统管理员

6.3.2.2 **系统总体设计**

本档案管理系统在Windows XP系统环境下开发，同时也严格参考相关的几个国家标准。

下面我们对系统的整个结构进行设计。本系统的结构如图6所示。从图中我们可以清楚地看出系统中模块之间的层次和调用关系，使设计人员或其他人能够直观地了解系统的内部结构模型，掌握系统的各个功能模块的结构。我们在绘制系统结构图时，也就相当于对档案管理系统进行了一次详细的分解和设计，同时也将抽象的数据流程转变成了清晰可视的系统结构图。

依据上文提到的需求分析，在这里我们将档案管理系统详细设计为下面5个功能模块：系统管理、基础数据管理、借阅管理、库房管理、档案管理。

6.3.3 系统各模块功能

（1）登录模块程序设计

本模块主要用于用户登录该系统。如果登录信息输入有错误，则系统会产生错误提示，并提醒用户重新输入；如果个人登录信息正确，则成功登录系统中，同时系统会根据登录用户的身份赋予系统中相对应的功能权限。用户身份具体可分为系统管理员和档案管理员。系统管理员有权对档案管理员进行操作，有着更大的权限。

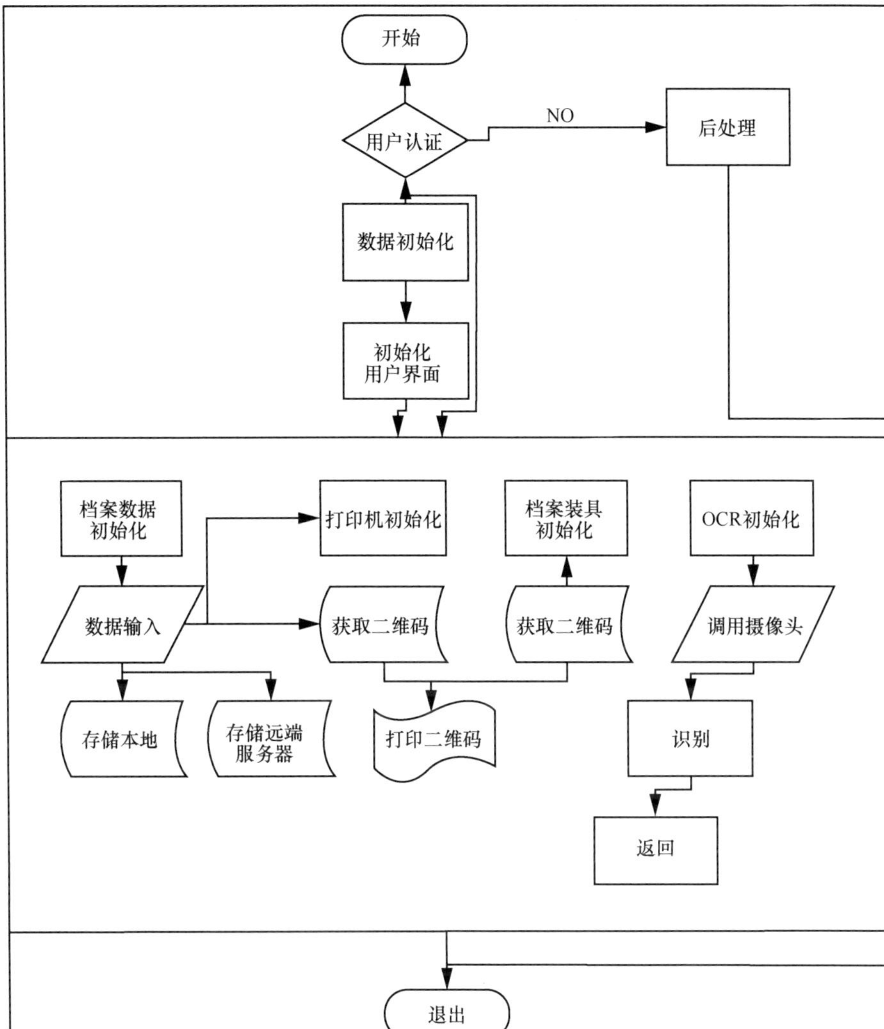

图 6 档案管理系统结构

（2）二维码编码方式选择

档案编码最重要的是要体现出档案的属性，所以档案编码一般都包含时间、事件、事件属性、档案的数量和生成顺序等。位数比较多，而且一般还要留有一定的缓存字符。所以，此种编码方式如果在字符量比较大的情况下，会出现转换成的二维码会占用很大的存储空间，且二维码会比较大，打印及粘贴会有很多不便之处。鉴于此，我们这里采用GUID编码方式。GUID（全局统一标识符）是指在一台机器上生成的数字，它保证对在同一时空中的所有机器都是唯一的。通常平台会提供生成GUID的API。生成算法用到了以太网卡地址、纳秒级时间、芯片ID码和许多可能的数字。我们采用的是32位字符的GUID编码，既能保证唯一性，也能满足二维码打印粘贴的便利性。

（3）档案存储管理

另外，该系统采用GUID二维码编码方式，可直接连接二维码打印机，打印档案对应的二维码。档案存储有两种选择方式，可根据网络条件选择，选择将该条档案数据存入本地数据库或者同步到网络数据库。在没有网络的情况，可暂时选择存入本地数据库，有网络的情况下可以同步到网络数据库。

（4）档案定位

该系统通过对档案和档案装具进行绑定，从而来实现对档案的定位。首先对档案装具二维码进行扫描，然后与要存放的档案进行绑定，从而就可以看到档案存放的位置。库房管理模块的功能在档案装具界面来实现，通过对装具的管理来实现档案的定位跟踪。

6.3.4 程序设计

软件系统连接着需求分析、硬件系统，并使得系统真正地实现。要进行程序设计，首先必须得了解程序设计的设计原则。

① 可靠性。软件系统的可靠性直接决定着系统质量的高低。现在应用本身对系统安全运行的可靠性要求是越来越高。可靠性是评价一款优秀软件产品的基本标准。

② 健壮性。又称作鲁棒性，指的是软件对于一些错误的莫名的输入能够做出正确的判断，并且还要求能够有合理的处理运行方式。

③ 可修改性。这要求软件产品以科学规范的方法来进行设计和编写，使得其结构化与文档化，以便于调整。

④ 可理解性。为了保证软件的可靠性和可修改性，则其要求文档清晰可读，程序本身也具备简洁明了的结构。这方便其他程序员或者自己后续的修改、优化。

⑤ 程序简便。软件程序当力求简洁明了。

⑥ 可测试性。可测试性就是要求我们开发的软件系统可以通过设计一个适当的数据集合来进行测试，且能够保证测试范围的全面。

⑦ 效率性。效率性往往也称为性能，它一般通过程序的时间复杂度和空间复杂度来进行度量。在程序满足需求设计的前提下，系统程序所占用存储容量越小或者执行的时间越短，则程序运行的效率就越高。

⑧ 标准化原则。软件程序开发基于业界开放式标准，且符合国家信息产业部的规范要求。

⑨ 可扩展性。没有一款软件是永远优秀的。为了保证软件可以升级换代，在程序设计时必须要保留有足够的升级空间。

6.3.5 GUID 二维码编码方式

为了便于在档案管理系统中发挥二维码的作用，要结合档案的实际情况考虑一种适合该系统和实际档案工作的二维码编码方式，才能更好地发挥该系统的作用。档案的二维码编码，从长远考虑是为了有更大容量的编码字符。

6.3.6 数字加密技术

档案属于作为一种重要的社会信息资源,档案是国家机关、社会团体、企事业单位及其个人在从事社会活动过程中形成的对国家和社会有保存价值的各种文字、图表、声像等不同形式的原始记录。由于档案是行为者在从事社会活动过程中形成的各种文件材料转化而来的，是国家机关、社会团体、企事业单位及其个人活动的真实记录，因此，它具有重要的凭证作用和参考使用价值。档案中也包含着涉及国家机关、社会团体、企事业单位及个人秘密的资料、经济数据、科技成果等，一旦泄露，就会使国家机关、社会团体、企事业单位及个人的安全和利益受到重大损害。所以我们也考虑到档案工作的保密性，这里采用数字加密技术。

6.4 系统软件测试

为了软件质量、提高软件可靠性，我们需要在软件投入运行之前进行有效的软件测试。为了保证软件产品在使用过程中的可靠性，在软件产品编码结束后必须对其进行系统全面的测试。软件测试工作主要可分为确认（validation）和验证（verification），其基本概念如下：确认是通过一些测试确定在给定的场景中软件逻辑正确，即保证软件做了开发者期望它做的事。验证是通过测试保证软件以正确的方式实现了一些特定的功能。

6.4.1 软件测试的方法和步骤

在软件开发的整个过程中，因为每个环节环环相扣，所以都不可避免地会有发生一些错误的可能性。而且由于开发过程中不同阶段的特性，所以各阶段的错误都有着其自身特点，因而我们可以使用不同的测试方法来进行测试。软件测试是为了查找并排除软件中可能存在的错误，而且越早发现越好。下面就各种不同的测试类别进行简单介绍。

① 单元测试。单元测试是软件测试的基础。它对软件中的基本组成单位，如代码、逻辑、函数等进行测试，它和详细设计相对应。

② 集成测试。集成测试在单位测试完成之后进行，通过将单元测试的多个单位模块组装成一个子系统来进行测试，通过测试与纠错，使该部分子系统满足要求。在集成测试中一般采用自顶向下、自底向上、三明治集成测试方法和大爆炸集成测试方法。

③ 系统测试。软件系统测试和其需求分析相对应，一般可分为面向软件性能和面向用户使用两个方向。前者包括鲁邦性测试和压力测试等，后者包括安装测试、易用性测试等。一般来说，系统测试已经不再做结构性测试，只需验证其功能即可。

④ 其他测试。这主要指一些前面没介绍到和没有具体包括进去的测试内容，如有需求测试、设计测试和专向测试等。就需求测试而言，对需求本身的测试是必要的，历史经验表明大部分软件产品的返工都是由于需求方面的错误所导致。

由于在开发本系统时对本系统的逻辑结构和处理算法等有较深的了解，同时对系统各模块有着全面的掌握，故而这里对图书管理系统进行了白盒和黑盒测试相结合的方法。

白盒测试是非常典型的结构测试，它将程序形象地认为是装在一个透明的盒子中，即测试人员就清晰地了解掌握程序内部的逻辑结构和代码。做白盒测试时必须依照程序内部的逻辑结构和代码来对程序进行逐步测试，通常这一步由程序开发员本人来完成。

黑盒测试又称为功能测试，就是将程序理解为是装在一个黑盒子里的，所以这时我们无法“看到”程序的内部结构和处理过程，因而我们在测试系统或者各模块时不用具体考虑软件或模块的内部结构，只需要在各接口上进行相应的测试即可，也只需检查程序或模块是否符合需求设计的要求，是否在不同的外部数据输入情况下产生不准确的输出信息，是否可以在程序运行过程中保持外部信息的完整性。 测试阶段流程一般都是一个验证或者否定+调试的过程，其流程如图 7 所示。

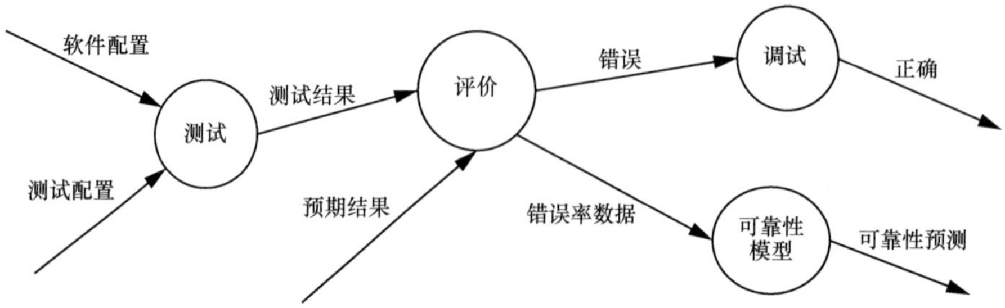

图 7　测试流程

深入理解并正确运用指导软件测试的基本准则是测试计划有效性和可靠性的保证，因此，必须提前做好测试计划。下面介绍软件测试的基本准则。

① 为了保证软件无误，测试过程都应该追溯到用户需求。

② 应该远在测试开始之前，最好在完成了需求分析之时，在编码之前就安排好测试计划，并保证它的指导性。

③ Pareto 原理指出测试发现的错误中的 80% 很可能是由程序中 20% 的模块造成的。该原理指导我们应当对容易出错的 20% 的模块进行重点测试。

④ 一个程序的输入组合可以是无限的，所以穷举测试是不可能的。在编写测试用例时，应该使用分类规划法，使测试用户简捷有效。

⑤ 测试工作最好由独立的第三方来完成。

⑥ 测试工作应该从“小规模”测试开始，而且越早测试越好。

6.4.2　测试运行过程及测试结果分析

本程序中包含模块较多，测试时需要对所有的模块都进行测试验收。由于各模块多样而又不同，以下举几个有代表性的模块测试作为例子来说明。

6.4.2.1　模块测试

（1）登录模块测试

针对用户登录时各种可能出现的情况精心设计方案，使之尽可能涵盖各种情形，如表 7 所示。

表7　部分登录模块测试用例

用例输入	预测结果
正确的用户名和密码	登录成功，系统自动跳转到主页面
正确的用户名和错误的密码	提醒：密码错误，请重新输入
空用户名	提醒：请输入用户名
正确的用户名和空密码	提醒：请输入密码

用户试图登录时，如果输入的用户名或者密码存在错误，系统会进行提醒。

（2）修改密码模块测试

为了保证密码的保密性或者出于某种原因，图书管理员可能希望修改自己的登录密码。更改过程中为了防止用户输入新密码时不慎出错，系统要求用户在输入新密码后还需重新输入一遍新密码以进行确认。如果两次输入的新密码不一致，将无法执行密码更新操作，同时系统提醒用户两次输入不一致。其显示页面如图 8 所示。

两次密码一致时，显示页面如图 9 所示。

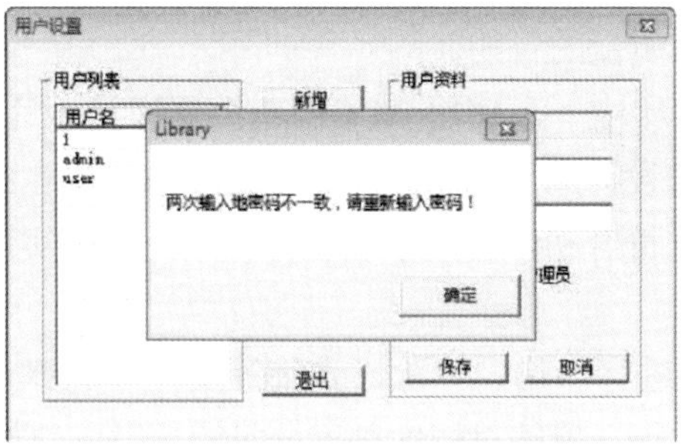

图 8 两次密码不一致时的界面

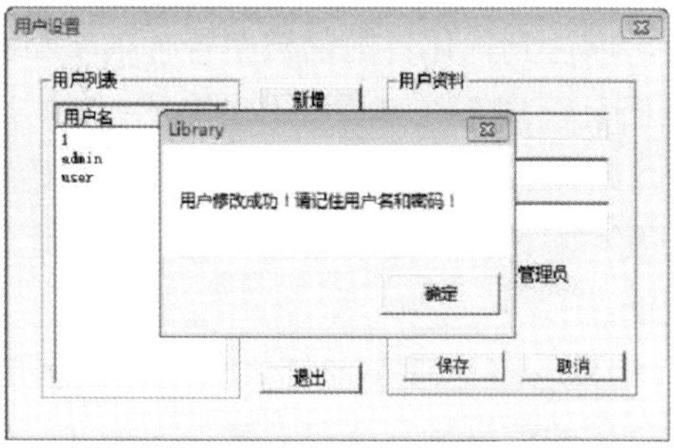

图 9 两次密码一致时的界面

6.4.2.2 集成测试

集成测试通常基于单位模块测试的基础之上。当我们成功完成了单元测试后，将经过测试的部分或者所有模块集成在一起，并对该集成系统进行相应的黑盒测试。集成测试是为了检查各模块间接口的协调性，验证不同模块间是否可以进行安全可靠的信息传输。下面以其中一次档案管理员查询的档案入库为例：

① 档案管理员通过账号和密码登录到系统中。

② 在新文件入库界面中输入相应的档案信息。

③ 在档案查询模块查询档案入库信息。

当一切正常，各模块能正确显示用户的信息时表示各子模块间的协作暂时是没问题的，至少在当前测试数据下；否则调试改正其中的设计和编码错误。

6.4.2.3 系统测试

根据需求设计，将整个软件系统作为单一的实体进行测试，验证它的功能和性能是否和需求设计文档一致。该阶段可邀请非开发人员积极参与测试，测试的目的就为了是验证系统确实能够符合设计要求。对不符合要求的bug进行分析，并对系统进行修正。

6.4.2.4 其他测试

在完成了以上的测试工作以后，在尽可能确保系统符合需求设计时，还需进行一些其他测试，如界面测试、性能测试等。该环节的测试，进一步保证了系统的质量。

6.4.3 评价

通过一系列软件测试，成功地验证了该档案管理系统可以比较快速准确地实现需求设计的各项功能。使用本系统，档案管理人员可以很方便地实现档案入库，档案上架位置定位，以及借阅等信息。档案管理员也能够很方便地实现档案查询、档案分类整理。测试阶段的工作就是为了通过发现错误和纠正错误的手段来确保方方面面的功能能够正常运行。

6.5 小结

6.5.1 研究小结

该基于二维码的档案管理系统的功能就是为了方便档案馆管理员对馆内档案接收、档案入库、档案信息、档案借阅操作等进行高效的管理，以提高档案馆的管理效率。另外，很多时候都需要对当前馆藏档案情况进行一些统计，以方便掌握馆内整体档案情况，提高管理的质量和服务质量。本档案管理系统的设计基于我馆实际情况，其管理模式的设计基本上具有通用性，以达到优化目前的档案管理效率和提高质量的目的。

该档案管理系统开发工作在 VC++6.0 开发环境下，使用 ACCESS 数据库已经完成了。该系统实现了预期的各项功能，达到了初始需求设计的要求。整个档案管理系统也在经过长期的开发和测试工作之后已能够保证顺利运行，符合初步的需求设计。该系统能够实现以下几个功能。

① 档案管理管理员能够方便地对档案信息进行新增、移除、查询等功能，能够正确地对档案借阅的信息进行登记、删除、查询、分类等，能够对档案进行分类管理以方便借阅。

② 允许系统管理员对档案管理员进行管理操作。

③ 在档案入库、档案定位中增添了二维码生成和识别功能。这将给档案管理系统的实际使用者带来日常工作上的便利和运营成本上的节省。

④ 利用二维码达到对档案装具的管理及对档案的定位管理。

该系统主要面向科技类档案馆开发，对服务器要求低。而且相比于其他同类软件，其实用性更强，更能在实际工作中发挥作用，减轻工作量。另外，二维码的引用也给档案管理员带来很大的便利，有着很高的实用性。

6.5.2 对策建议

档案馆信息化是当下信息时代的一个发展趋势和必然要求。该档案管理系统应档案馆实际工作需要而开发，具有很强的实用性。但仍存在一些不足之处。

首先，这是一个单纯面向档案管理人员的档案管理系统。由于经费和时间的限制，目前并没有设计面向借阅者的外部服务端界面。后续有待进一步开发和研究。

其次，该系统对OCR识别有了一定的研究，但是因为研究还不够深入，OCR的识别率还不是很高，后续会进一步研究OCR识别，使得无须手动录入，直接可以通过拍照OCR识别，完成档案信息录入工作。

另外，该系统还可以向前端和后端展开更深层次的应用和开发。前端可以和省计划项目管理系统（档案产生的源头）对接，实现二维码的前端生成。后端可以进一步考虑全文检索系统的开发，从而实现对档案全文的检索和应用。

针对上述存在的问题，提出以下对策建议。

① 开展广泛的调研，充分了解档案管理各个阶段、各个过程中存在的问题及技术需求，进一步完善整个系统的功能设置。

② 在经费充足的情况下，考虑引进一批设备，进一步部署该系统并推进在实际档案管理过程中的应用。实践出真知，只有真正在实际中应用，才能发现问题，找到更好的完善方案。

③ 我们的档案来源主要是厅里各个处室，所以跟厅里各处室之间的沟通和协调至关重要。该系统最终能不能广泛应用、能不能真正发挥作用，需要在档案的产生源头部署好、应用好档案的管理系统，才能保证后续的管理中能够实现标准化、规范化。

④ 该系统虽然具备OCR识别功能，但是OCR识别率并不高，针对这个问题，我们要进一步考虑引进高识别的OCR识别技术。只有OCR识别率非常高的时候，OCR识别查询才能发挥真正作用。

7 对策与建议

7.1 建设目标

前面我们阐述了科技档案、科技报告与科技成果登记的国内外现状及三者所蕴含的信息资源，结合江苏省科学技术情报研究所“一库三中心”中科技大数据中心的建设要求，在现有工作的基础上，加强元数据标准的制定，加强科技档案、科技报告与科技成果登记的资源建设步伐，建立江苏省科学技术情报研究所大数据中心下属的科技档案数据中心、科技报告数据中心与科技成果登记数据中心。

以科技大数据中心建设为核心，建立科技文献信息平台、科技查新信息平台、科技评估信息平台、科技统计信息平台、科技档案信息平台、科技报告信息平台、科技成果登记信息平台等多个子平台。

7.2 全面推进“江苏科技数字档案馆”的建设

7.2.1 加强科技档案顶层设计

按照国家《数字档案馆建设指南》和江苏省《数字档案馆建设规程》，结合江苏省科学技术情报研究所科技档案管理实际，加强科技档案顶层设计，优化工作思路，完成江苏省科技数字档案馆建设。

① 设定远景目标与近期目标。近期目标：以省科技厅科技计划项目为切入点，针对省科技厅科技计划项目与科技成果奖励产生的科技档案，制定《江苏省科技计划项目档案管理实施方案》与《江苏省科技奖励档案管理实施方案》；围绕省科技厅科技计划项目实施全流程各环节形成的科技档案，制定《江苏省科技厅科技计划项目档案管理办法》；建立完善的科技成果档案馆内部工作制度。远景目标：针对江苏省科技厅科技管理全流程产生的科技档案，扩大省科技厅科技成果档案馆馆藏范围，制定《江苏省科技厅科技档案管理办法》，指导江苏省科技厅及相关单位的科技档案管理工作。

② 搭建“总—分”结合的管理网络体系。江苏科技数字档案馆系统实行物理隔离原则，基于办公内网（局域网）建设部署四大模块，基于管理专网（电子政务网）部署收管用3个模块，基于查询外网（互联网）部署可开放部分用的模块。通过安全机制进行数据交换，严格管理权限，加强身份认证和密钥管理。采取数据备份策略和异地存放等管理措施，建立数据备份基地，建成存储容灾系统，确保档案数据安全。

7.2.2 构建科技档案数据平台

① 建立对电子档案的信任，打通与厅有关业务系统的链接。现阶段科技档案的工作方式仍旧是以接收纸质材料为主，这一方式导致我们对档案资源的建设只能采用数字化扫描的

方式获得PDF版本，但这一版本在后期的数据加工、标引、数据清洗时非常困难，所以我们需要从科技档案的源头，也就是厅有关业务系统入手。通过不断完善现有的科技档案管理系统，逐步实施电子文件全程一体化管理，打通与厅有关业务系统的链接，对江苏省科技管理过程中所产生的电子文件实现在线归档、接收，最终形成对具有保存价值的档案信息获取、接收、管理、存储、检索、利用和服务的文档一体化管理平台。

② 建立江苏省科技档案元数据标准。在谈科技档案数据利用之前，我们要先谈数据处理的问题。科技档案、科技报告与科技成果登记三者都是不同类型的数据表达形式，那么建立统一的元数据标准就非常重要。科技档案蕴含信息众多，目前的工作模式下取得的数据信息不能够直接作为资源来使用，那么对现有科技档案的数据二次加工就非常有必要。前面说到加强对电子档案的信任，打通与厅有关业务系统的衔接，是为了得到与现有科技报告数据类型一致的数据源，那么取得数据源后，建立自有的元数据标准并规范科技档案元数据，有利于科技档案数据资源的进一步开放利用。

③ 多维度小颗粒建立多种专题数据库。整合建立全省科技档案核心数据总库，包括科技项目、科技奖励等涉及科技管理与创新工作的所有内容；按照决策支持、科学研究等需求，多维度小颗粒建立科技成果转化、自然科学基金、现代农业、社会发展、苏北科技富民强县等多种专题数据库。

7.2.3 加强档案编研能力，推动科技档案利用

科技档案有凭证价值，更重要的是其信息价值。科技档案的特殊性不允许直接对科技档案本身进行利用，那么对其二次编研后产生的资源加以利用。

① 以产业作为划分依据，尤其以江苏省优势产业、热点产业及新兴产业为主，以研究主题、研究成果、研究层次作为关键词，分步骤分阶段建立产业信息库。

② 建立行业专家信息。通过对科技档案中第一完成人、参与完成人及验收委员会信息标引、提取，以行业为划分依据，建立不同行业的专家信息，与产业信息库相连，形成不同产业（行业）的专家信息库。

7.3 加强科技报告培训力度，不断提升科技报告使用效率

7.3.1 进一步强化科技报告制度建设

研究起草《江苏省科技计划（专项、基金等）科技报告管理暂行办法》，制定科技报告编写规则、编号规则等标准，明确科技报告职责分工，强化科技报告审核、收藏、管理、宣传工作，推动江苏省科技报告的统一呈交、规范管理和共享使用。

7.3.2 加大科技报告培训力度

采取集中培训和定制培训相结合的方式，加强科技报告培训工作，提高基层科研人员的科技报告撰写能力，提升科研单位科技报告管理水平。根据当年度需结题验收项目分布，分南京、苏南、苏北、苏中对科研管理人员与科研人员进行集中培训，针对地市科技局、科研院所等个别需求，查缺补漏，滚动式开展定制培训。

7.3.3 加强宣传引导

把加强宣传引导贯穿始终，充分利用互联网、公众号等媒体平台，全方位、广角度、多

形式地宣传科技报告的意义、价值、取得的试点经验和成果，提高科技报告知名度和影响力，增强科技界的认同和社会认可，营造重视科技报告的良好氛围。

7.3.4 推动地市科技报告管理机制的建立

结合地市需求，选择 2 ～ 3 个市开展市级科技计划科技报告试点。启动具备独立知识产权的“江苏省地市级科技报告系统”的研究开发，实现地市级科技报告的呈交、审核与共享功能，增加江苏省科技报告的存量，全面优化平台功能，为江苏省后续地市、大型研发机构科技报告制度建设提供平台支撑。逐步建立纵向连接各地市、横向联通科研院所及各厅局的全面统一的科技报告系统，将江苏省各个厅局及地市财政支持的项目科技报告进行总体统筹和管理，做到集中呈交、统一管理，统一上线服务。

7.4 建立江苏省科技成果登记信息平台

7.4.1 完善科技成果登记汇交制度，健全管理机制

强化科技成果登记体系建设，配合已实施的《江苏省科技成果登记实施方案》，制定符合江苏省实际的《科技成果登记实施细则》；对收集入库的科技成果实行分别管理，增加保密条款，明确科技成果的所有权，订立科技成果使用章则。推进科技成果登记纳入全省科技计划管理体系。加快推进科技成果在线登记系统在科技计划项目管理环节的部署，使得科技成果登记融入科技计划项目管理，解决科技计划项目与科技成果登记“两张皮”的问题。

7.4.2 加强前置科技成果评价管理，将科技成果登记与科技成果评价有效结合，推动科技成果转移转化

一项科技成果的诞生程序应该是：研发—结题—成果评价—成果登记。科技成果评价是科技成果登记的必要前置环节，没有相关科技成果的评价，该成果在国内国际行业所处的科技水平无法得知，所以必须要加强科技成果评价管理，但目前江苏省科技成果评价一直处于政府监管空白状态，纯粹的市场性行为，市场大而杂乱，不规范的评价机构很多，做出的科技成果评价水平参差不齐，这需要我们去进一步推动及规范。

7.4.3 推动江苏省科技成果平台建设

① 进一步完善现有科技成果在线登记系统。在现有科技成果在线登记基础上开发具有维护查询、数据导入导出、统计分析、数据挖掘、个性化服务等登记功能，实现与国家科技成果在线登记系统无缝对接与数据交换，系统导出数据适应国家科技成果登记单机版系统，与国家科技成果登记系统形成数据交换良性互动。

② 建立江苏省科技成果登记信息平台。在科技成果在线登记的基础上，建立江苏省科技成果登记信息平台，快速便捷地实现成果传递、交流与共享。平台实现对不同类型成果的分别存储与开放共享，面向公众提供科技成果在线查询、热点推送、个性化服务等多维度服务内容。

7.4.4 统一数据格式，推动科技成果登记数据的利用

① 建立与科技档案、科技报告一致的元数据标准，统一数据来源，加强科技档案、科技报告与科技成果登记数据同步处理与利用，有效衔接三者关联，制造关键词索引，实现检索链的全覆盖。

② 挖掘科技成果登记数据与信息，把握行业创新方向。登记后的科技成果是行业科技发展的第一手资料，直观地展示了科技成果登记单位科技创新的重点领域与发展方向。登记的科技成果数量逐年增加，登记的成果能够形成清晰的科技创新发展和研究重点领域的脉络，反映出 5 ～ 10 年行业科技创新的重点。通过综合分析成果登记信息，能够检验科技创新引导与实际取得效果，评估科技投入与科技产出的情况，为部门或者机构科技绩效评价工作提供有力支持。科技成果登记信息中含有大量的信息，包括人员构成、学历结构、重点领域、推广情况、成果研究思路等信息，能够为分析科技投入、科技发展和人才结构提供信息支撑，为管理机构掌握科研队伍建设情况奠定基础，为创新工作规划制定提供信息依据。

③ 分析科技成果登记信息，形成新的创新点。在科技成果登记信息中，科研人员可以抓取重点领域成果的创新思路，对登记成果的分布进行细分、评估，与成果完成人对成果公报的创新点再回顾，评估成果技术水平，发现创新亮点，结合新技术领域，发现新技术与科技成果的结合点，发现产业热点与创新成果的结合点，有重点地鼓励科技创新成果与新技术相互融合、交叉，通过信息交互与技术碰撞，形成新的科技创新点，为科技创新提供新的思路与方向。

④ 以科技成果登记为手段，培养科技管理人员。科技成果登记是一项科技管理工作。通过与科技成果完成单位的人员交流，仔细研究科研成果，解决科技管理人员管理工作经验的不足及对整个管理体系理解不足的问题。充分了解科技成果登记，了解国家科技创新体系构成、了解科技创新评价指标与内容，掌握科技发展重点方向，对提高管理效率，了解行业科技发展情况至关重要。

课题负责人：王佳莹
课题组成员：宋峥嵘　张旭东　吴　丽　熊　鹰　张肖会
撰　稿　人：王佳莹

江苏省高新技术产业统计监测体系研究

近年来，江苏大力推进自主创新，努力调整经济结构，先后实施两轮高新技术产业“双倍增”计划，产业创新速度明显提升，高新技术产业规模迅速壮大。2001—2015 年高新技术产业产值年均增幅 30% 以上，占规模以上工业产值的比重年均提高 1.5 个百分点，对经济增长的贡献明显提高，成为应对危机、带动下一轮经济增长的重要产业，为建成创新型江苏奠定了坚实基础。经过连续的高速增长，江苏高新技术产业增幅总体上呈现放缓态势，逐步进入稳规模、优结构阶段。当前，面对经济全球化和世界革命带来的重大机遇和严峻挑战，面对日趋复杂激烈的国际竞争环境，江苏省产业发展特别是高新技术产业发展任务依然十分艰巨，因此，做好高新技术产业统计，实时监测高新技术产业发展态势，是当前一项重要的研究课题。

1　项目研究背景

1.1　研究背景

高新技术产业是我国特有的产业概念，包含高技术产业和新技术产业两个部分，“高”技术产业体现为研发投入强、科技含量高、增长速度快，“新”技术产业是由新技术产业化形成的产业，代表产业发展的最新趋势。

当前，高新技术发展及产业化水平直接关系到国家科技竞争力和产业核心竞争力，也直接影响着创新供给水平。近年来，随着江苏省高新技术产业的快速发展，现行统计制度已经不能全面准确反映全省高新技术产业发展现状。为准确及时地反映江苏省高新技术产业发展的最新状况，合理引导政府及社会资源有效投入，培育及促进各地高新技术产业快速发展，需要对现行统计目录进行调整和修订，研究提出新的高新技术产业统计目录。

1.2　研究目的和意义

在深入调查和研究国内外高新技术产业统计理论及实践的前提下，根据科学性、可比性和可操作性原则，通过对 2015 年全省规模以上工业企业统计数据进行系统分析，全面了解各行业的科技活动及产出情况，对现有统计目录进行调整和修订，进而研究提出江苏省高新技术产业统计目录的界定方案，以达到比较全面反映当前江苏省高新技术产业发展状况，并与国家高技术产业统计体系全面衔接的目的。

在准确界定高新技术产业统计目录的基础上，构建由行业统计、按行业纳入高新技术企业统计、高新区统计、特色产业基地统计、高新技术企业统计组成的综合统计体系；进一步完善江苏省高新技术产业统计数据发布制度，充分发挥统计工作对全省高新技术产业发展动态的监测作用，为加快发展高新技术产业、促进产业结构优化调整提供决策依据。

本项目研究的意义，主要体现在：一是充分调研和分析全省高新技术产业发展现状，正确认识高新技术产业发展对江苏省科技创新工作的重大意义；二是研究分析江苏省高新技术产业发展特征和趋势，为全省更好地开展高新技术产业统计监测工作提出有效指导。

1.3 研究方法

本项目通过实地调研和文献资料分析，采用定性与定量分析相结合的方法展开研究。在高新技术产业统计理论及发展动向的研究中，主要采用实地调研及文献梳理的方法；在行业测评标准的确定过程中，主要通过建立企业科技情况基础数据库，计算各科技活动指标，综合测评和比较不同指标组合的差异和效果，遴选出最为合适的筛选标准。

2 国内外高新技术产业理论研究及统计状况

2.1 国内外对高新技术产业的界定

高新技术产业是我国特有的产业概念，包含高技术产业和新技术产业两个部分。国际上主要是对高技术产业进行研究及统计，但由于高技术产业是国内高新技术产业的重要组成部分，因此，对江苏省高新技术产业的界定及统计具有重要的借鉴意义。

2.1.1 高技术产业的定义

关于高新技术产业的定义，世界各国尚无公认标准，各国根据产业发展的阶段及特色各有侧重。

国际上，侧重高技术产业的界定，比较公认的定义是经济合作发展组织（OECD）根据产业研究开发密集度做出的定义，即凡是研究开发经费占销售额的比例超过 7.1% 的产业称为高技术产业。

美国学者的定义：美国学者 D. Crane 指出，应用研究如果同科学有联系，那么它有时被称为高技术；如果没有联系，它就被称为低技术。美国的 J. Utterback 认为：高技术在不同时期有不同所指，冷藏技术、电器、汽车和航空技术，都曾是不同时期的高技术，高技术不局限于电子学、计算机、生物工程、材料、激光、海洋工程等 6 个领域。美国《韦氏第三版新国际辞典增补 9000 词》对高技术的定义是：使用或包含尖端方法或仪器用途的技术。

在加拿大，高技术产业被定义为是一种技术水平相对高的生产部门，这种相对高的技术水平通过劳动力的技术素质或用研究与开发的经费来反映。

在澳大利亚，科学与技术部将高技术产业定义为投入大量研究与开发经费，与科学技术人员紧密联系，产生新产品并且有科学或技术背景企业的产业。

日本学者的定义：建立在当代尖端技术和下一代科学技术基础上的技术即为高技术。日本学者津曲辰一郎认为高技术是经济过程中的主导技术，他将高技术定义为下述技术的总称：① 为提高现有商品功能的必要的中心技术；② 具有能赋予产品以新功能的主导技术；③构成下一代产品基础的技术。

日本长期信用银行给出的定义为：能节约资源和能源，技术密度高，技术革新速度快，且由于增长能力强，能在将来拥有一定水平的市场规模，能对相关产业产生较大波及效果的产业。

从国际上各种定义可以看出，高技术产业具有以下 4 项特点：它是技术密集型产业，生产所用的设备、材料涉及现代技术领域的许多尖端成果；它是资本高度密集型产业，其科研费用和设备投资大，产品的附加值高；它是知识密集型产业，需要大量的科技开发人员和富有创新精神的经营管理人员；它的产品具有国际性和前景良好的市场需求。综上所述，我们认为高技术产业是指由高技术成果转化形成的具有知识密集、R&D 投入高、附加价值高、增长速度快、技术进步快等特征的先导型产业。

2.1.2 高新技术产业的定义

国内，为了便于应用先进的适用技术和高技术来提高我国产业的整体技术水平，而特定采用高新技术这一术语。它是指新型技术、创新的成熟技术及专利技术、专业技术和本国本地区没有的技术。

高新技术产业包括高技术产业和新技术产业两个部分，是利用高新技术从事生产经营活动单位的集合，是按照行业技术特点对国民经济进行划分的某些特定行业的总称，具有动态性的特征。了解高新技术产业的定义需要从以下两个方面进行说明。

一方面，从定义的范围来看，高新技术产业包含了高技术产业与新技术产业两个相互区别又相互联系的方面。“高”技术产业体现为科技含量高，是以科学最新成就为基础的尖端科技，建立在最新科学成就之上的产业。“新”技术产业是以新技术为基础，新技术催生新产业，新技术的不断利用形成了相应的产业链。“新”是“高”的基础，新技术发展对高技术发展具有推动作用，高技术的发展依赖于新技术。“高”是“新”的发展，一些新技术可以发展为高技术，高技术来源于新技术。

另一方面，从产业的特征来看，高新技术产业概念本身是一个相对动态的概念。在不同时期、不同国家，高新技术的内涵也不一样，对高新技术产业的认识也就不同。高新技术产业可以随着社会技术水平的普遍发展而转化成传统行业。在高新技术产业内部，“高”与“新”也可以相互转化。正是高新技术产业的动态性，给我们的高新技术产业统计带来了一定难度。只有基于对我国高新技术产业基本理论的深刻研究及具体状况的充分认识，进而准确界定高新技术产业的统计范围，才能构筑高新技术产业的科学统计体系。

2.2 国外高技术产业统计状况

2.2.1 统计方法简介

高技术产业统计及高新技术产业统计目前有两种方法：一种是产业界定方法，另一种是产品界定方法。

基于产业的界定方法是从产业层次入手，试图从宏观层次反映高新技术产业的规模和结构，是一种宏观的、近似的方法。它从指定战略和政策的大范围考虑问题，试图对某一高技术产业部门进行整体描述，关注的是高技术产业的整体，而不考虑产业内部微观层次上的产品变化。这种方法具有产业排他性，产业内的企业不论是否生产高技术产品，都将成为高技术产业的组成部分而列入统计，而产业外从事高技术产品生产的企业却被排除在外。因此，这种方法既可能高估也可能低估高技术产业的规模。

基于产品的统计方法，其目的是反映国家竞争力，为贸易和政策分析提供信息。这种方法的优势在于将非高技术产品排除在外，但操作起来比较困难。

目前，国内及江苏省高新技术产业统计的实践中，两种方法互相独立又互为补充。例如，江苏省现行制度下，高新技术产业统计是根据产业界定法来统计的；同时又对高新技术产品及高新技术企业进行专门的认定和统计，但统计结果与按产业统计结果相互独立。

2.2.2 高技术产品统计状况

界定什么是高技术产品有多种方法，较为广泛应用的是美国商务部指定的高技术产品分类。

1971年，美国商务部依据某类产品销售额中R&D支出的比重和科学家与工程师、技术工人占全部职工的比重均大于10%为标准，结合本国的《标准工业分类（SIC）》确定了高技术产品目录，该分类方法称为DOC1。1977年，由于《国际标准贸易分类（SITC）》的出现，美国为分析技术创新对国际贸易产生的影响，在DOC1的基础，进一步完善、改进了原有的高技术产品目录，称为DOC2。1982年，美国对高技术产品分类方法上的研究进一步深入，提出确定高技术产品不仅要依据最终产品用于R&D经费的多少，同时还要考虑中间产品所支出的R&D经费。据此确定了十大类产品为高技术产品，即称为DOC3。进入20世纪90年代，随着美国商务部所使用的国际贸易分类的变化，目前高技术产品的分类从原来以《国际标准贸易分类（SITC）》为基础，改为以海关合作理事会制定的《商品名称及编码协调制度（HS）》为基础的进出口商品统计分类，并在以往基础上，增加了定性分析，对高技术产品进一步筛选，把满足以下两个条件的产品定义为高技术产品：①产品的主导技术必须属于所确定的高技术领域。②产品的主导技术必须包括高技术领域中处于技术前沿的工艺或技术突破。

据此确定了十大高技术领域，并根据HS前6位代码，确定了222类高技术产品。其十大高技术领域为：①生物技术；②生命科学技术；③光电技术；④计算机及通信技术；⑤电子技术；⑥计算机集成制造技术；⑦材料设计技术；⑧航天技术；⑨武器技术；⑩核技术。

2.2.3 高技术产业统计状况

在众多界定方法中，OECD基于产业方法的定义和界定范围最具代表性，据此进行国际比较也比较简便，因此，得到了OECD成员国及其他国家的广泛认同。

（1）OECD高技术产业六分类的界定

1986年，OECD第一次正式给出高技术产业的定义。它用R&D经费强度（R&D经费占产值的比重）作为界定高技术产业的标准，根据联合国制定的国际标准产业分类（ISIC），选择22个制造业行业，依据13个OECD成员国20世纪80年代初的有关数据，通过加权方法计算了R&D经费强度，将R&D经费强度明显高于其他产业的6类产业定义为高技术产业（表1）。

表1 OECD高技术产业六分类

产业名称	ISIC代码	R&D经费强度
高技术产业		
航空航天制造业	3845	22.7
计算机及办公设备制造业	3825	17.5
电子及通信设备制造业	3832	10.4
医药制造业	3522	4.8
专用科学仪器设备制造业	385	4.8
电气机械及设备制造业	383（不包括3832）	4.4

（2）OECD高技术产业四分类的界定

随着经济发展中知识和技术因素的急剧增长，产业R&D经费强度发生了重要变化。1994年，OECD将R&D强度的数据和计算方法做了进一步调整，首先，不仅考虑了直接R&D经费，还考虑了间接R&D经费，选用R&D总经费（直接R&D经费+间接R&D经费）占总产值比重、直接R&D经费占总产值比重和直接R&D经费占增加值比重3个指标来定义高技术产业。其次，OECD根据10个更为典型的成员国1973—1992年的数据，逐年计算了ISIC中22年制造业部门的上述3个指标。最终，依据1980年和1990年的数据，将上述3个指标明显偏高的那些产业划分为高技术产业。根据定义和新的计算结果，OECD对高技术产业目录进行了调整，由原来的六分类变为四分类（表2）。

表2 OECD高技术产业四分类

产业名称	ISIC代码	1990年数据		
		直接和间接R&D经费占总产值比重	直接R&D经费占总产值比重	直接R&D经费占增加值比重
高技术产业				
航空航天制造业	3845	17.3	15.0	36.3
计算机及办公设备制造业	3825	14.4	11.5	30.5
医药制造业	3522	11.4	10.5	21.6
电子及通信设备制造业	3832	9.4	8.0	18.7
中高技术产业				
专用科学仪器设备制造业	385	6.6	5.1	11.2
汽车制造业	3843	4.4	3.4	13.7
电气机械及设备制造业	383-3832	4.0	2.8	7.6
化工制造业	351+352-3522	3.8	3.2	9.0
其他运输设备制造业	3842+3844+3849	3.0	1.6	4.0
非电力机械及设备制造业	382-3825	2.6	1.7	4.6

（3）OECD方法的优越性

第一，OECD的界定并不是依据哪个国家或哪几类产业的指标或数据，而是依据了一批典型国家（1986年为13个，1994年为10个）和22个制造行业（其产业R&D活动涵盖了OECD所有成员国全部产业R&D活动的95%以上）的数据，避免了由于一国产业结构的局限性而给高技术产业界定带来的负面影响。

第二，OECD界定方法和指标充分考虑了国际可比性。尽管还有许多与技术含量有关的指标，如熟练技术工人、专利、新产品等，但就国际可比而言，R&D经费在产业间或国家间能够取得更为一致的定义及统计范围。

第三，OECD不仅考虑了直接R&D经费，而且还考虑了间接R&D经费，并将R&D总经费占总产值比重、直接R&D经费占总产值比重、直接R&D经费占增加值比重3个指标均明显高于其他行业的那些产业定义为高技术产业，避免了只用直接R&D经费强度可能带来的片面性。

第四，OECD的界定方法充分体现了高技术产业这一相对概念，按照科学技术的发展和产业R&D强度的变化，及时调整或修正高技术产业的分类和目录。

2.3 国内高技术产业及高新技术产业统计状况

2.3.1 国家高技术产业统计状况

改革开放以来，我国高技术产业快速发展，高技术产业统计工作显得日益重要。要想对高技术产业进行科学的统计，并由此来制定我国发展高技术产业的战略，促进我国科技实力和竞争力的提高，必须正确对高技术产业进行统计界定。我国基本上按照OECD高技术产业的分类标准来界定高技术产业的统计范围，我国现行高技术产业的统计口径比OECD要宽一些，制造业中多了核燃料加工和信息化学品制造，还增加了制造业之外的软件业中的公共软件服务，这是考虑到软件开发最具有知识经济的特征，是典型的知识和智力密集型产业。

20世纪90年代初我国开展了高技术统计的研究与实践。1990年，我国科技部（原国家科委）参照美国的分类方法，从“海关统计商品目录”中分离出高技术产品，并据此对我国的高技术产品进出口情况进行统计。90年代中期，科技部根据OECD六分类法，提出了与OECD高技术产业相对应的，由航空与航天器制造业、仪器仪表制造业、电气机械及设备制造业等六大行业和91个小行业组成的高新技术产业统计方案。由于我国的高新技术产业尚处于发展初期，大多数产业仅从事高新技术产品的加工和装配，以研究、开发、生产为特征的产业格局尚未形成，研发投入与传统产业相比优势不明显。因此，我国在确定高技术产业时，无法采用OECD的方法，用R&D强度指标来界定高新技术产业，仅是对应OECD的分类，按照国民经济行业代码选出相应的行业。1998年，科技部根据国际高技术产业统计的发展趋势，又提出了与OECD四分类法相对应的，由四大行业和24个小行业组成的高新技术产业统计方案。尽管四分类法是高新技术产业统计的发展方向，但受各种因素的影响，目前科技部仍采用六分类法进行统计（表3）。

表3　国家高技术产业统计分类目录

目录	代码	目录	代码
一、核燃料加工	253	六、电子计算机及办公设备制造业	
二、信息化学品制造	2665	电子计算机整机制造	4041
三、医药制造业		计算机网络设备制造	4042
化学药品原药制造	2710	电子计算机外部设备制造	4043
化学药品制剂制造	2720	复印和胶印设备制造	4154
中药饮片加工	2730	计算器及货币专用设备制造	4155
中成药制造	2740	七、医疗设备及仪器仪表制造业	
兽用药品制造	2750	医疗诊断、监护及治疗设备制造	3681
生物、生化制品的制造	2760	口腔科用设备及器具制造	3682
卫生材料及医药用品制造	2770	实验室及医用消毒设备和器具制造	3683
四、航空航天器制造		医疗、外科及兽医用器械制造	3684
飞机制造及修理	3761	机械治疗及病房护理制造	3685
航天器制造	3762	假肢、人工器官及植入器械制造	3686
其他飞行器制造	3769	其他医疗设备及器械制造	3689
五、电子及通信设备制造业		工业自动控制系统装置制造	4111
通信传输设备制造	4011	电工仪器仪表制造	4112
通信交换设备制造	4012	绘图、计算及测量仪器制造	4113
通信终端设备制造	4013	实验分析仪器制造	4114
移动通信及终端设备制造	4014	试验机制造	4115
其他通信设备制造	4019	供应用仪表及其他通用仪器制造	4119
雷达及配套设备制造	402	环境监测专用仪器仪表制造	4121
广播电视节目制作及发射设备制造	4031	汽车及其他用计数仪表制造	4122
广播电视接受设备及器材制造	4032	导航、气象及海洋专用仪器制造	4123
应用电视设备及其他广播电视设备制造	4039	农林牧渔专用仪器仪表制造	4124
电子真空器件制造	4051	地质勘探和地震专用仪器制造	4125
半导体分立器件制造	4052	教学专用仪器制造	4126
集成电路制造	4053	核子及核辐射测仪器制造	4127
光电子器件及其他电子器件制造	4059	电子测量仪器制造	4128
电子元件及组件制造	4061	其他专用仪器制造	4129
印制电路板制造	4062	光学仪器制造	4141
家用影视设备制造	4071	其他仪器仪表的制造及修正	4190
家用音响设备制造	4072	八、公共软件服务	
其他电子设备制造	409	基础软件服务	6211
		应用软件服务	6212

2.3.2 广东高新技术产业统计状况

（1）统计目录介绍

广东是全国最早开展高新技术产品统计的省（区、市）之一，主要是以科技部公布的《中国高新技术产品目录》中的 11 个技术领域为标准，对企业的产品进行认定，对认定后的高新技术产品的产值、增加值、产品销售收入、出口销售收入、利税总额、产品数量、生产高新技术产品的企业数量等指标进行统计，并由广东省科技厅和广东省统计局联合发布《广东省高新技术产品统计公报》年度报告。

（2）产业数据分析

广东高新技术产品主要集中在电子与信息技术、生物技术、新材料技术、光机电一体化技术等 4 个领域，占全部高新技术产品产值的 90% 左右。2000—2012 年，广东高新技术产品产值由 2847 亿元增加到 39 120 亿元，占规模以上工业比重由 22.8% 提升到 40.9%，统计的高新技术产品数量由 3602 个增加到 20 000 个左右。

从数据统计看，广东高新技术产品产值规模不断扩大，占工业比重呈现震荡攀升态势，高新技术产品的利税率在 8% ～ 12% 波动，增加值率在 24% ～ 28% 波动，与同期广东工业效益指标相比，具有一定的优势。按产品进行统计，理论上比按行业统计更为准确，但由于针对某个具体产品进行统计涉及面广、难度大，数据的质量难以保障，容易造成统计结果的大幅波动（表 4、图 1）。

表4　2000—2012年广东高新技术产品统计主要数据

年份	企业数/个	产品数/个	高技术产品产值/亿元	高技术产品增加值/亿元	出口销售收入/亿美元	实现利税总额/亿元	占规模以上工业产值比重
2000	2042	3602	2846.81	801.02	111.81	282.4	22.81%
2001	2396	4082	3542.09	970.58	165.33	395.48	25.24%
2002	3238	5283	4699.74	1269.4	291.33	528.42	28.69%
2003	3961	6463	6441.09	1706.56	436.28	786.42	29.94%
2004	4651	7527	8548.16	2199.74	607.23	945.47	28.92%
2005	4998	9097	11 959.71	3046.96	811.53	1250.41	33.27%
2006	5968	11 106	15 595.76	4082.69	1083.84	1635.74	34.91%
2007	7636	14 369	19 058.54	4960.06	1280.91	2077.18	34.49%
2008	8580	17 810	22 677.53	5815.8	1484.14	2033.19	34.66%
2009	8557	18 047	25 595.12	6070.8	1541.05	—	37.49%
2010	5574	12 118	29 113.16	—	1725.12	3469.85	33.92%
2011	6034	14 715	35 592.36	—	1934.78	2942.27	37.52%
2012	7166	17 054	39 120.42	—	2653.6	3033.8	40.92%

注：数据来源于广东省科技厅网站公布数据。

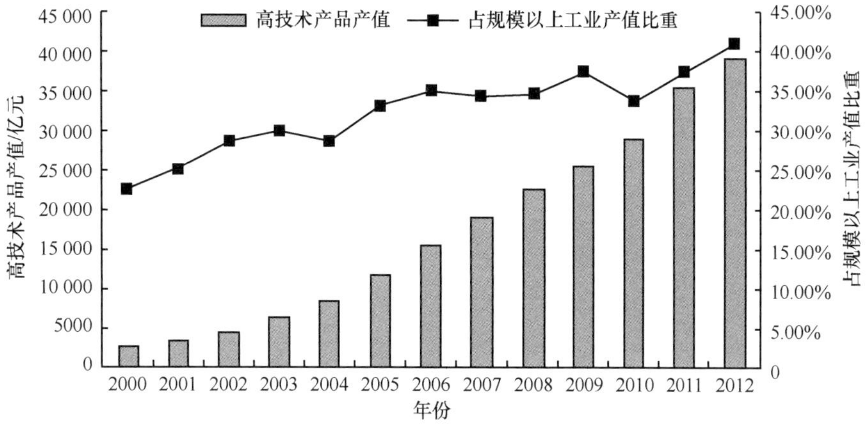

图 1 2000—2012 年广东高新技术产品产值及占工业比重情况

2.3.3 山东高新技术产业统计状况

（1）统计目录介绍

山东自 2003 年起开始实行高新技术产业统计制度，统计范围为国家高技术产业涉及行业基础上加入地区特色产业，根据产业法进行界定，按行业进行统计，共计 118 个行业；2011 年山东对原有目录进行了修订，以山东制定的十大战略性新兴产业为主要内容，剔除了原目录中的部分技术含量低的行业，补充新能源、新材料等领域的新兴行业，在原 118 个行业中剔除了 33 个小行业，新增了生物化学农药、动车组、汽车零部件、污水处理等行业，重新确定了 97 个行业小类，作为新的高新技术产业统计标准。

山东高新技术产业目录的制定，国家高技术产业目录中的行业基本全部纳入，新兴产业领域的统计完全按照行业来界定，如动车组、汽车零部件领域的统计是根据铁路机车车辆及动车组制造（3711）、汽车整车制造（3721）、改装汽车（3722）、车辆、飞机及工程机械轮胎制造（2911）等行业进行统计；造船及海洋工程领域的统计是根据船用配套设备制造（3754）、金属船舶制造（3751）、非金属船舶制造（3752）等行业来进行统计。山东高新技术产业统计数据由山东省科技厅和省统计局联合发布，并编入《山东统计年鉴》。

（2）产业数据分析

2002—2010 年，山东高新技术产业产值由 1952 亿元增长到 31 602 亿元，占工业比重由 16.98% 逐年提升到 35.20%，年均提高近 2.2 个百分点；2011—2013 年，由于统计目录的调整，高新技术产业产值由 28 126 亿元增长到 39 583 亿元，占工业比重由 27.31% 逐年提升到 30.23%，年均提高 1.5 个百分点（表 5）。

表5 2002—2013年山东省高新技术产业产值及占工业比重情况

年份	高新技术产业产值/亿元	占规模以上工业比重
2002	1952.21	16.98%
2003	3016.89	19.56%
2004	4672.252	21.90%
2005	7346.393	24.07%

续表

年份	高新技术产业产值/亿元	占规模以上工业比重
2006	10 279.91	26.19%
2007	14 775.05	29.21%
2008	19 245.34	30.73%
2009	23 558.68	32.94%
2010	31 602.1	35.20%
2011	28 125.84	27.31%
2012	33 661.13	29.11%
2013	39 582.74	30.23%

注：数据来源于历年《山东统计年鉴》。

2.3.4 浙江高新技术产业统计状况

（1）统计目录介绍

浙江在2008年制定了《浙江省高新技术产业统计分类目录》，由浙江省统计局和省科技厅共同发布。该目录包含10个大类，99个小类，都有明确的行业代码。统计范围是规模以上工业企业（全部国有及年产品销售收入500万元以上非国有企业，2011年调整为全部国有及年产品销售收入2000万元以上的非国有工业企业）。为进一步推进浙江创新型省份和科技强省建设，全面、准确、科学地反映高新技术产业发展的实际状况，更好地发挥统计工作对加快发展高新技术产业的动态监测作用，2013年浙江对高新技术产业（制造业）统计分类项目做了相应修订，目录修订后，高新技术产业统计分类目录按照行业法加上未纳入统计目录的规模以上工业高新技术企业产值进行统计，自2014年1月起施行。新的统计分类目录与江苏及其他省（区、市）相比，纳入了所有规模以上工业高新技术企业，弥补了按行业法进行统计的不足，与江苏按行业法加上以主导产品为依据按企业统计法结合的统计分类目标相比，能够更好地统计出一些传统行业的技术改造升级和高新技术发展情况，但不足之处就是没有反映出部分迅速发展的新兴产业发展情况。

（2）产业数据分析

2013年浙江高新技术产业产值达16 000亿元（采用的是2013年调整之前的口径，即按行业法统计，并未纳入不在统计目录中的规模以上工业高新技术企业），增加值为2993亿元，增加值率为18.7%。与2009年相比，浙江高新技术产业增加值占工业增加值比重呈稳步提升态势，由21.5%提高到25.6%，年均提高1个百分点，但增加值率较2009年有所下降。2014年，浙江将采用新的统计目录对高新技术产业进行统计，新的口径纳入了所有规模以上高新技术工业企业（表6）。

表6　2009—2013年浙江省高新技术产业增加值情况

年份	增加值/亿元	增加值占工业增加值比重	产值/亿元	增加值率
2009	1771	21.5%	8686	20.4%
2010	2396	23.0%	—	—

续表

年份	增加值/亿元	增加值占工业增加值比重	产值/亿元	增加值率
2011	2624	24.1%	—	—
2012	2626	24.1%	—	—
2013	2993	25.6%	16 000	18.7%

注：数据来源于历年《浙江国民经济和社会发展统计公报》。

2.3.5 安徽高新技术产业统计状况

（1）统计目录介绍

安徽在2010年由省科技厅、省统计局联合发布了《安徽省高新技术产业统计分类目录》，并对照2012年实行新修订的《国民经济行业分类》（GB/T 4754—2011），在2013年对该目录进行了修订。新增的高新技术行业主要涉及“材料及新材料产业”“汽车及装备制造产业”；退出的高新技术行业主要涉及“食品药品产业”“材料及新材料产业”“汽车及装备制造产业”。总体而言，高新技术行业减多增少。2013年修订的《安徽省高新技术产业统计分类目录》包含13个大类90个具体行业，其中有4个行业只统计了部分企业或企业部分产品，分别是铜冶炼（仅铜陵有色金属集团股份有限公司部分有较高技术含量的产品）、铜压延加工（仅指铜陵、芜湖两市部分有较高技术含量的产品）、钢压延加工（仅指马鞍山钢铁股份有限公司部分有较高技术含量的产品）、氮肥制造（仅指淮化、晋煤中能和昊源）。安徽高新技术产业统计中针对传统行业大企业集团采取只统计部分企业或只统计企业部分产值的方式，针对性较强，能够准确地反映出传统领域大型企业集团的技术改造和转型升级成效，这种统计方法目前仅安徽在采用。由于传统行业的大企业集团具有产值规模大，产品系列多，涵盖了从低端到高端、从传统到新型的多个领域，企业研发投入总量大，但产值基数大导致研发强度低，难以满足按行业法的测算标准；同时这些企业对于局部产品的升级和技术改造，投入量大，成效显著，较好地体现了地区高新技术的发展情况，采用这种方法对等传统领域大型企业进行统计，具有一定的借鉴意义，如对“江苏沙钢集团”的特钢产品进行统计等。

（2）产业数据分析

2013年，安徽规模以上高新技术产业实现产值12 053.1亿元，比上年增长16.7%（表7）。2013年，电子信息和家用电器产业实现增加值693.1亿元，比上年增长21%；汽车和装备制造产业实现增加值1529.5亿元，同比增长13.9%；食品医药产业实现增加值139.3亿元，同比增长14.1%；材料和新材料产业实现增加值481.3亿元，同比增长14.2%；轻工纺织产业实现增加值10.4亿元，同比增长3%；能源和新能源产业实现增加值75.1亿元，同比增长21.3%；高新技术服务业实现增加值84.5亿元，同比增长10.5%（表7）。

表7 2008—2013年安徽高新技术产业主要指标情况

年份	增加值/亿元	增加值占工业增加值比重	产值/亿元	增加值率
2008	905	25.9%	3212.3	28.2%
2009	1094	26.9%	3907	28.0%

续表

年份	增加值/亿元	增加值占工业增加值比重	产值/亿元	增加值率
2010	1623	29.0%	5968	27.2%
2011	2142.7	30.3%	8330.3	25.7%
2012	2624.1	34.8%	10 255	25.6%
2013	3013.2	33.8%	12 053.1	25.0%

注：数据来源于定期发布的《安徽省高新技术产业统计公报》。

2.3.6 上海高新技术产业统计状况

上海在 2001 年 3 月出台了《上海市高新技术产业和产品目录》，作为上海申请高新技术成果转化项目认定和高新技术企业认定的依据。2006 年 2 月，结合《国家中长期科学和技术发展规划纲要》的战略部署和《上海中长期科学和技术发展规划纲要（2006—2020 年）》的任务，对该《上海市高新技术产业和产品目录》进行了修订，除继续保留原八大领域，并对其做大幅补充外，又增加了现代服务业这一重要的领域，使其更加完善。新《目录》包括电子信息、生物与医药、新材料、先进制造、现代制造、现代农业、资源与环境、新能源与高效节能、现代交通运输和现代服务等九大领域的 52 个方面和 391 个条目。整个《目录》分为三级：第一级为大目录，列出该技术领域的大类；第二级为小目录，列出该大类中的分类；第三级为子目录，列出该分类中的技术表现形式。

3 江苏高新技术产业统计现状分析

3.1 江苏高新技术产业统计目录调整历程

为准确及时反映江苏省高新技术产业的发展态势，促进高新技术产业发展对经济增长的引导作用，江苏从 2001 年起开始统计高新技术产业，按季度或年度发布高新技术产业统计公报，并根据全省产业发展出现的新特征和新形势及科技管理对科技统计工作提出的新要求，适时对高新技术产业统计分类目录进行调整（表 8）。

表8 2001—2013年江苏高新技术产业统计分类目录调整情况

序号	2001—2004年	2004—2009年	2009—2012年	2012年至今
一	航空航天制造业	航空航天制造业	航空航天制造业	航空航天制造业
二	计算机及办公设备制造业	计算机及办公设备制造业	电子计算机及办公设备制造业	电子计算机及办公设备制造业
三	电子及通信设备制造业	电子及通信设备制造业	电子及通信设备制造业	电子及通信设备制造业
四	医药制造业	医药制造业	生物医药制造业	医药制造业
五	专用科学仪器设备制造业	专用科学仪器设备制造业	仪器仪表制造业	仪器仪表制造业
六	电气机械及设备制造业	电气机械及设备制造业	电气设备制造业	智能装备制造业
七		新材料产业	新材料制造业	新材料制造业

续表

序号	2001—2004年	2004—2009年	2009—2012年	2012年至今
八			新能源制造业	新能源制造业
九	软件业（未统计）	软件业（未统计）	软件业（未统计）	软件业（未统计）
备注	跟国家高技术产业统计目录完全一致	增加新材料产业	增加新能源制造业	电气设备制造业调整为智能装备制造业

2001 年起，江苏省以国家高技术产业目录为标准对高新技术产业进行统计。

2004 年，省统计局、省科技厅联合组织了《江苏省高新技术产业发展状况和统计分类方法研究》，依据OECD高技术统计行业分类标准和国家统计局颁布的《高技术产业统计分类目录》和国际通用的R&D支出/销售收入指标对江苏省现行的高新技术产业统计行业目录进行了技术密集度测评，对小行业进行增补和剔除，并新增“新材料产业”大类。

2009 年，省科技厅决定在坚持参照国际通行做法的基础上，按照“结构调整，总量不变”的原则，选取R&D经费占比、R&D人员占比、新产品销售率、利税率 4 个指标来判断工业库所有行业的科技活动总体情况，对小行业进行增补和剔除，并新增“新能源制造业”大类，调整后的新目录切实反映了高新技术产业发展的客观规律，同时兼顾江苏省产业发展的特征和动向，充分体现了高新产业中“高”和“新”的含义。

2012 年，为进一步反映新兴产业发展状况，在系统分析 2011 年全省规模以上工业企业统计数据的基础上，对所有制造业各行业进行统一测评，以R&D经费占销售收入比重、R&D人员占从业人员比重为主要测评指标，新产品销售率、利润率作为辅助测评指标来遴选，对小行业进行增补和剔除，并将“电气设备制造业”大类调整为“智能装备制造业”。

3.2 江苏高新技术产业发展情况

近年来，江苏大力推进自主创新，努力调整经济结构，先后实施两轮高新技术产业“双倍增”计划，产业创新速度明显提升，高新技术产业规模迅速壮大。2001—2013 年高新技术产业产值年均增幅 30% 以上，占规模以上工业产值的比重年均提高 1.8 个百分点，对经济增长的贡献明显提高，成为应对危机、带动下一轮经济增长的重要产业，为建成创新型江苏奠定了坚实基础。

高新技术产业占工业产值比重超过四成，所占份额逐年稳步提升。2015 年全省高新技术产业实现产值 61 374 亿元，占全省工业的份额达 40.1%，比 2011 年提高 4.8 个百分点；高新技术产业近 4 年来产值年均增长 19%，比全省工业增速高 10.6 个百分点。高新技术产业中航空航天制造业、电子计算机及办公设备制造业、电子及通信设备制造业、生物医药制造业、仪器仪表制造业、智能装备制造业、新材料制造业、新能源制造业等八大领域分别实现产值 316、2376、13 955、4170、1393、18 183、17 289、3691 亿元。

（1）创新投入情况

高新技术产业创新投入力度远超工业，生物医药制造业、新能源制造业、仪器仪表制造业位居前三。2015年高新技术产业研发经费占主营业务收入比重为1.39%、研发人员占从业人员比重为7.11%、户均研发机构为0.69个，分别比工业高0.36个、1.94个、0.24个百分点；高新技术产业研发经费投入强度、研发人员投入强度、户均研发机构数比2011年分别提高0.18个、1.72个、0.27个百分点，提升幅度高于全省工业平均水平（0.12、1.57、0.22）。高新技术产业中生物医药制造业、新能源制造业、仪器仪表制造业、智能装备制造业4个产业研发经费投入强度较高，分别为1.86%、1.82%、1.65%、1.62%；新材料制造业、航空航天制造业、电子及通信设备制造业研发经费投入强度分别为1.29%、1.17%、1.08%，高于工业平均水平；八大领域中仅电子计算机研发经费投入强度（0.52%）低于工业。

（2）创新产出情况

高新技术产业创新产出是工业2倍左右，八大领域各具优势。2015年全省高新技术产业户均拥有有效发明专利4.10件、每百亿元产值拥有有效发明专利85件、户均形成国家或行业标准0.15项，新产品产值率为22.4%，分别是工业的2.3、1.5、2.3、1.4倍，创新产出优势明显。从户均有效发明专利来看，新能源制造业、电子计算机及办公设备制造业、仪器仪表制造业位居前三，分别为6.3、5.3、5.2件，八大领域均高于工业；从百亿元产值有效发明专利看，仪器仪表制造业、智能装备制造业、生物医药制造业位居前三，分别为159、128、113件，八大领域中5个产业高于工业；从户均形成国家或行业标准看，生物医药制造业、新材料制造业、新能源制造业位居前三，分别为0.39、0.20、0.18项，除电子计算机及办公设备制造业外均高于工业；从新产品产值率看，航空航天制造业、电子计算机及办公设备制造业、新能源制造业位居前三，分别为46.5%、38.8%、37.1%，除仪器仪表外均高于工业。

（3）创新绩效情况

高新技术产业创新绩效高于工业，提升幅度远超工业平均水平。2015年全省高新技术产业销售利润率为6.96%，人均实现产值141万元，分别高于全省工业0.37个百分点、8万元；高新技术产业利润率比2011年提高0.25个百分点，提升幅度远高于工业平均水平（0.05个百分点），人均产值比2011年提高32万元，提升幅度与工业持平。从利润率看，生物医药制造业、智能装备制造业、仪器仪表制造业、航空航天制造业、电子计算机及办公设备制造业等5个产业高于工业，分别为10.45%、8.20%、7.97%，7.31%、6.81%；新材料制造业、新能源制造业利润率分别为6.56%、6.13%，比2011年下滑1.1个、2.5个百分点，导致略低于工业平均水平；电子及通信设备制造业利润率为4.9%，近年来基本均低于工业平均水平。从人均产值看，新材料制造业、航空航天制造业、新能源制造业位居前三，分别为228万元、197万元、190万元；仪器仪表制造业、电子及通信设备制造业、电子计算机及办公设备制造业3个产业低于工业平均水平。

3.3 江苏等省（区、市）高新技术产业统计情况比较

我国各省（区、市）高新技术产业统计的口径各不相同，大多都是以发展改革委发布的高技术产业统计目录为基础，结合各地区产业发展特征而制定，因此，难以直接比较高新技术产业情况。

3.3.1 各省（区、市）高新技术产业统计标准不一

从各省（区、市）高新技术产业统计制度情况来看，广东、上海是通过指定高新技术产业产品目录按产品进行统计；山东是完全依据行业法来进行统计，对新兴产业的统计也是依据多个行业来综合界定，如“动车组”“汽车零部件”等；浙江是根据行业法对高新技术产业进行统计，并加入未纳入产业统计范围的高新技术企业数据；安徽是根据行业法进行统计，但有个别行业只统计了部分企业或企业部分产品，如“铜冶炼”“铜压延加工”“钢压延加工”“氮肥制造”等，这种方法主要是针对传统行业大企业集团，针对性较强，能够准确地反映出传统领域大型企业集团的技术改造和转型升级成效，这种统计方法目前仅安徽采用。江苏是以行业统计为主（占 90% 左右），对行业代码难以准确反映的部分新兴行业采取以主导产品为依据遴选并每年更新企业名单，按企业进行统计。

3.3.2 各省（区、市）高新技术产业统计标准适时修订

高新技术产业发展状况是经济转型发展、产业优化升级的重要部分，同时高新技术产业统计是一个动态的、发展的过程，需要根据产业发展特征和趋势适时修订，做到客观、全面、准确地反映地区高新技术发展情况。从各省（区、市）情况看，一般修订时间在 3 ～ 5 年，修订内容大多包含 3 个方面：一是新增高新技术产业行业大类，主要是结合地区产业特征加入发展态势较好的新兴产业，如江苏先后增加了新材料制造业、新能源制造业、智能装备制造业；二是对现有行业大类中的三级行业进行重新遴选，根据研发强度、经济效益等指标进行测算，有进有出，优胜劣汰；三是对现有统计方法进行探索和改进，由单纯的行业法统计逐步向行业法和企业法结合的方式转变，基本是以行业法统计为主体，企业法统计为补充，进一步全面、准确、科学地反映高新技术产业的发展态势。

3.3.3 高新技术产业产值占工业的比重一般在 20% ～ 40%

从 2012 年数据看，江苏高新技术产业产值占规模以上工业产值的比重为 37.5%，广东为 41%、安徽为 35%、山东为 30%、浙江为 24%，各省（区、市）高新技术产业产值占工业的份额基本呈现逐年提升的发展态势。目前，国际上根据OECD高技术产业统计目录口径，2007—2009 年欧美国家高技术产业增加值占制造业增加值的比重一般在 10% ～ 20%，德国为 13%、法国 15%、日本为 17%、英国为 17%、瑞典为 19%、美国为 21%、芬兰为 24%、中国为 13%。各省（区、市）产业结构和产业特征不同，高新技术产业统计范围界定存在较大差异，各地对研发强度等指标的遴选标准也存在高低不一的情形，缺乏统一标准导致各省（区、市）高新技术产业产值数据可比性较差。但各省（区、市）高新技术产业统计范围及发展速度，可以较好地反映出地区产业引导方向的差异，以及产业转型升级的阶段成效，为其他地区产业发展提供了重要的参考和借鉴经验。

3.3.4 高新技术产业统计范畴远大于高技术产业

各省（区、市）高新技术产业统计目录中，除广东、上海等以产品进行外，其余省（区、市）统计目录中基本囊括了所有高技术产业，高技术产业占各省（区、市）高新技术产业的比重差别较大。江苏高技术产业占高新技术产业产值比重为 51%，广东为 64%、浙江为 28%、山东为 23%、安徽为 14%。国家高技术产业目录中电子信息产业比重相对较大，广东、江苏两省（区、市）电子信息产业发展规模全国领先，因此，高技术产业占高新技术

产业的比重超过一半以上，而其他省（区、市）则因为产业结构特征，在高新技术产业统计时纳入大量地区相对优势的产业数据（表9）。

表9 2012年江苏等省（区、市）高新技术产业与高技术产业情况

地区	高新技术产业产值/亿元	高新产值占工业比重	高技术产业产值/亿元	高技术产业产值占高新产值比重
江苏	45 042	37.5%	22 864	51%
广东	39 120	41%	25 047	64%
浙江	14 500	24%	3977	28%
山东	33 661	30%	7729	23%
安徽	10 255	35%	1460	14%
北京	—	—	3570	—
上海	—	—	7052	—

3.4 现行江苏高新技术产业统计目录存在的不足

江苏现行的高新技术产业统计目录，是2012年省科技厅会同省统计局以OECD高技术统计行业分类标准和国家统计局颁布的《高技术产业统计分类目录》为依据，结合当时全省高新技术产业发展状况制定的。该目录中包含按行业统计和按企业统计两个部分，具体由航空航天制造业、电子计算机及办公设备制造业、电子及通信设备制造业、医药制造业、仪器仪表制造业、智能装备制造业、新材料制造业、新能源制造业和软件业八大领域共130个行业组成，其中包括113个国民经济行业、17个按企业统计的行业。

江苏现行的高新技术产业统计体系是2012年修订的，是对当时高新技术产业形势和特征的充分反映，但随着江苏经济的快速发展及科技的不断进步，高新技术产业发展呈现出大量新的特征，现行统计体系已经不能全面客观地反映江苏高新技术产业发展的实际状况，如部分行业已不具备高新技术特征，需要予以调出；近年来呈现高速增长态势、科技含量高的新材料制造业、生物医药制造业等领域，需要予以补充和完善等。

因此，为全面及时反映江苏高新技术产业发展状况，引导具有自主知识产权的本土高新技术产业更好发展，进一步调动各地发展高新技术产业的积极性，在系统分析2015年规模以上工业企业科技活动指标数据的基础上，对全省高新技术产业统计分类目录进行调整，较全面地反映当前江苏高新技术产业及战略性新兴产业发展状况。及时调整高新技术产业目录，对全省更好地开展高新技术产业统计监测工作具有重要意义。

4 江苏高新技术产业统计分类目录调整方案研究

4.1 调整原则

本次目录调整的总体目标是确保完成“十三五”规划确定的目标任务，同时根据高新技

术产业研发投入大、创新水平高的本质要求，在系统分析2015年全省规模以上工业企业统计数据的基础上，以研发投入等指标对纳入统计的行业进行调整，进一步优化结构，保持目录的连续性和可比性。在调整工作中坚持以下4个原则。

4.1.1 优化结构，确保占比

在全省高新技术产业产值总量保持稳步增长的同时，对产业结构进行优化调整，调整后的高新技术产业产值占规模以上工业企业产值的比重在2016年年底达到41%，2020年达到45%，确保完成“十三五”规划目标。

4.1.2 衔接国家，增强可比性

按照国家高技术产业统计分类目录，原则上保留国家高技术产业所有小行业，使江苏高新技术产业统计与国家相衔接，与国家及有关省（区、市）具有可比性。

4.1.3 有出有进，保持连续性

根据对制造业各行业统计数据的分析结果，确定行业测评标准，剔除不符合高新技术产业特征要求的部分行业；剔除原目录中以主导产品为依据按企业统计的行业；依据测评标准增加部分规模以上工业企业中的高新技术企业。调整后的统计分类目录与原统计分类目录基本保持连续性，并根据高新技术企业认定情况进行动态调整。

4.1.4 定量测评，适当兼顾地区

根据对2015年制造业行业相关数据的分析，统一确定行业遴选标准和高新技术企业新增标准。在统一测评结果基础上，针对部分地区高新技术产业产值占规模以上工业比重变化较大的情况，按照适当兼顾地区的原则，新增或剔除个别行业，保持各地高新技术产业产值占工业比重相对平稳，积极调动各地发展高新技术产业的积极性。

4.2 调整的基本方案

根据国民经济行业代码中制造业（行业代码为13～43大类）的分类情况，排除一些明显不属于高新技术产业发展方向的行业，确定本次调整备选的测评行业范围。先保留现有目录中的国家高技术产业所有行业，然后对其余已纳入和未纳入的相关行业进行统一测评，以R&D经费占销售收入比重、R&D人员占从业人员比重、新产品销售率、销售利润率4个指标为主要测评指标，近两年产值及研发经费增长幅度是否高于工业、2015年行业是否保持盈利作为备选指标。现行规模以上工业R&D经费占比、R&D人员占比、新产品销售率、利税率分别为1.03%、5.10%、16.57%、6.59%。经综合测算，确定入选行业遴选基本标准为：

① R&D经费占比、R&D人员占比分别高于1.5%（工业的1.5倍）、6.0%（工业的1.2倍），直接纳入。

② R&D经费占比、R&D人员占比、新产品销售率、销售利润率4个指标分别高于1.2%、6.0%、20.0%、8.0%（均按高于工业1.2倍左右的标准），直接纳入。

③ 标准2中4个指标中3个指标符合要求，近两年产值及研发经费增幅高于工业且2015年行业整体处于盈利，则纳入。

另外，新能源制造业、新材料制造业产业领域内企业的行业代码分布较为分散，建议在行业法统计的基础上，分别在新能源、新材料中增设其他新能源、其他新材料2个小行业，

将属于该领域的高新技术企业（已纳入高新技术产业统计目录的除外）分别纳入统计；其他未入选高新技术产业目录且不属于新能源、新材料领域的高新技术企业，视情况纳入其他行业大类中进行统计。

4.3 调整的主要内容

R&D经费占比、R&D人员占比、新产品销售率、销售利润率4个指标的最低标准分别为1.0%、5%、16.5%、6.5%，4个指标均符合标准则直接纳入；4个指标中有3个指标符合标准，但近两年产值及研发经费增幅高于工业且2015年行业整体处于盈利，则纳入。另外，战略性新兴产业中的新能源、新材料在国民经济行业代码中难以准确找到相对应的行业，建议将可能涉及的行业中（已纳入高新技术产业统计目录的除外）的高新技术企业分别纳入新能源制造业、新材料制造业中进行统计；其他未入选高新技术产业目录且不属于新能源制造业、新材料制造业领域的高新技术企业纳入其他行业大类中进行统计。

4.3.1 保留所有国家统计目录中的高技术产业

现行《江苏省高新技术产业统计目录》中第一大类到第五大类，均属于国家高技术产业统计目录。2013年国家高技术产业目录进行了调整完善，新增了航空航天器修理（4343）、电子工业专用设备制造（3562）、锂离子电池制造（3841）、光纤光缆制造（3832）4个行业，光纤光缆制造已纳入江苏新材料领域进行统计，其余3个行业暂未纳入现行高新技术产业统计目录。为保持与国家高技术产业统计的衔接，本次调整方案建议在航空航天制造业大类中新增航空航天器修理（4343），在电子及通信设备制造业新增电子工业专用设备制造（3562）、锂离子电池制造（3841），并调入光纤光缆制造（3832），保持第一大类到第五大类与国家高技术产业目录一致。另外，电子计算机整机制造（3911）、通信终端设备制造（3922）2个行业，产业规模较大，研发投入强度较低，且90%以上的产值集中在苏州，纳入后将拉低高新产业研发水平并影响地区占比，建议作为监测行业，暂不纳入统计。

2015年江苏电子计算机整机制造R&D经费占比、R&D人员占比、销售利润率分别为0.59%、4.73%、3.67%，均低于规模以上工业企业平均水平，该行业产值为1979亿元，90%以上的产值属于苏州；通信终端设备制造R&D经费占比、R&D人员占比、销售利润率分别为0.26%、2.12%、3.53%，均低于规模以上工业企业平均水平，该行业产值为1479亿元，95%左右的产值属于苏州。

4.3.2 充实完善战略性新兴产业

为及时反映江苏战略性新兴产业的发展状况，对新材料、高端装备制造、新能源等新兴产业进行充实、调整、完善。

（1）完善新材料制造业相关行业

为继续保持与战略性新兴产业中的新材料产业分类方法一致，建议维持现有目录中新材料制造业中的二级领域不变，即分为电子信息材料、高性能纤维及复合材料、功能陶瓷材料、新型金属材料、新型高分子材料、其他新材料等6个二级目录。根据遴选标准对各二级领域中的具体行业进行调整，新材料制造业遴选的行业代码范围为26（262、267、268除外）、28、30（301、302、303除外）。现行目录中新材料制造业共包含14个小行业（不含按企业统计的5个小行业），经过测评，拟删除现有目录中专项化学用品制造（2662）等8个小行业；根据国家高技术产业目录，将原列入新材料统计的光纤、光缆制造等1个行业调入电子及通信设备制造业大类中；保留现行目录中的信息化学品制造（2664）等5个小行业，根据标准，应删除有机化学原料（2614），但考虑到删除后南京高新技术产业产值占工业比重大幅下降，拟继续保留；新增技术玻璃制品制造（3051）等7个行业；将新材料遴选范围中未入选高新技术产业目录的行业中的高新技术企业纳入新材料制造业中的其他新材料中进行统计。

调整后，新材料制造业由电子信息材料中的2个小行业、高性能纤维及复合材料中的4个小行业、功能陶瓷材料中的2个小行业、新型高分子材料中的4个小行业、按企业进行统计的其他新材料共计13个小行业组成。

（2）完善高端装备制造相关行业

随着江苏转型升级步伐的不断加快，轨道交通设备装备、智能制造装备、专用装备制造等产业技术水平不断提升，建议继续维持现有目录中高端装备制造业中轨道交通装备、智能制造装备、专用装备、关键基础零部件等4个二级领域不变，并根据遴选标准及测评结果对各二级领域中涉及的具体行业进行调整。高端装备制造业遴选的范围为国民经济行业代码中的34、35（357除外）、37、38。现有目录中高端装备制造大类中共有41个小行业（不含按企业统计的2个小行业），根据测评结果，拟删除现有目录中金属成形机床制造（3422）等8个小行业，保留现行目录中的32个小行业（根据标准，应删除建筑工程用机械制造（3513），但考虑到删除后徐州高新技术产业产值占工业比重大幅下降，拟继续保留）；根据国家高技术目录，将工业自动控制系统装置制造1个行业调入仪器仪表大类中；从遴选范围内新增水资源专用机械制造（3597）等29个小行业。

调整后，高端装备制造由轨道交通装备中的5个小行业、智能制造装备中的4个小行业、专用装备中的40个小行业、关键基础零部件中的12个小行业等共计61个小行业组成。

（3）完善新能源制造业相关行业

现行目录中新能源制造业是由行业法和以主导产品为依据的企业法相结合的方式进行统计，包含的行业有光伏设备及元器件制造（代码3825）、风能原动设制造（3415）、镍氢电池制造（3842）、燃气、太阳能及类似能源家用器具制造（3861）。除这4个行业外，国民经济行业代码中没有与新能源相关性较大的行业，因此，仅将这3个行业作为遴选范围。经过测评，光伏设备及元器件制造（3825）、风能原动设制造（3415）符合标准，继续保留；新增燃气、太阳能及类似能源家用器具制造（3861）行业；删除镍氢电池制造（3842）行业，该行业除研发经费投入强度1.2%略高于工业外，研发人员投入强度、销售利润率、新产品产值率均低于工业。新能源制造业中设太阳能光伏、风电发电装备、其他新能源等3个二级领域，对未入选本次高新技术产业目录行业中的高新技术企业进行甄别，将属于新能源领域的高新技术企业纳入新能源制造业大类中其他新能源二级领域进行统计。

调整后，新能源制造业由太阳能光伏、风电发电装备、其他新能源制造3个二级领域组成，太阳能光伏含2个小行业，风电发电装备含1个小行业，其他新能源制造由未纳入高新技术产业目录的新能源领域高新技术企业组成。

4.3.3 增加部分高新技术企业

按照行业遴选标准对行业遴选完成后，将未纳入高新技术产业目录的行业中的高新技术企业部分纳入，具体为：根据高新技术企业所属领域，将未入选高新技术产业目录且属于新材料、新能源领域的高新技术企业全部纳入，分别在新材料中增设其他新材料、新能源中增设其他新能源等 2 个小行业进行统计。根据该方法，共纳入高新技术企业 1821 家，2015 年产值为 8593 亿元，研发经费投入强度、研发人员投入强度、销售利润率、新产品产值率分别为 2.10%、11.21%、7.55%、32.0%。

另外，未入选高新技术产业目录的行业中除属于新材料、新能源领域外，还有 1943 家高新技术企业未纳入统计，这部分高新技术企业 2015 年产值为 8307 亿元，分别属于电子信息技术、生物与新医药技术、资源与环境技术、高技术服务业、先进制造与自动化、高新技术改造传统产业等 6 个领域。这部分高企如果全部纳入，则 2015 年全省高新技术产业产值将达到 70 287 亿元，占工业比重达 45.95%。

5 高新技术产业统计分类目录调整结果

5.1 调整的基本情况介绍

5.1.1 大类调整情况

本次调整方案继续保持现有目录中的 8 个大类不变，即航空航天制造业、电子计算机及办公设备制造业、电子及通信设备制造业、医药制造业、仪器仪表制造业、高端装备制造业、新材料制造业、新能源制造业。

5.1.2 小行业调整情况

现行高新技术产业统计目录共包含 113 个小行业（不含按企业法统计的 17 个行业），有 95 个小行业保留（属于国家高技术统计目录的有 55 个），有 18 个小行业删除。删除的 18 个小行业合计产值为 11 462.7 亿元，分别是电子及通信设备制造中 1 个小行业、智能装备制造业中 8 个小行业、新材料制造业中 8 个小行业、新能源制造业中 1 个小行业（表 10）。

表10 现行高新技术产业统计目录拟删除的18个行业情况

行业名称	行业代码	工业总产值/亿元	R&D经费占主营收入比重	R&D人员占从业人员比重	销售利润率	新产品产值率
删除18个行业合计	合计	11 462.7	0.97%	5.89%	6.23%	18.32%
三、电子及通信设备制造业（1个）						
通信终端设备制造	3922	1478.9	0.26%	2.12%	3.53%	37.91%
六、高端装备制造业（8个）						
金属成形机床制造	3422	223.8	1.39%	8.54%	8.00%	16.69%
泵及真空设备制造	3441	380.0	1.28%	6.53%	6.85%	15.53%
其他传动部件制造	3459	128.6	1.17%	5.51%	8.15%	22.66%
气体、液体分离及纯净设备制造	3463	103.2	1.52%	5.98%	7.80%	15.95%

续表

行业名称	行业代码	工业总产值/亿元	R&D经费占主营收入比重	R&D人员占从业人员比重	销售利润率	新产品产值率
建筑材料生产专用机械制造	3515	271.6	1.02%	6.66%	7.05%	9.69%
电动机制造	3812	246.8	1.50%	7.00%	6.48%	14.43%
变压器、整流器和电感器制造	3821	1115.4	1.14%	7.21%	7.61%	12.92%
家用制冷电器具制造	3851	901.4	1.47%	5.71%	6.66%	27.19%
七、新材料制造业（8个）						
涂料制造	2641	997.0	1.00%	7.55%	6.93%	24.93%
专项化学用品制造	2662	2561.4	0.80%	7.14%	7.33%	10.39%
氨纶纤维制造	2826	33.9	0.98%	4.95%	2.87%	10.31%
光学玻璃制造	3052	253.0	1.33%	4.46%	6.58%	10.61%
特种陶瓷制品制造	3072	121.9	1.44%	8.29%	8.88%	14.29%
稀土金属冶炼	3232	152.8	0.68%	9.05%	6.36%	24.51%
有色金属合金制造	3240	1044.3	0.91%	5.52%	4.52%	14.01%
金属丝绳及其制品制造	3340	1311.4	1.19%	4.98%	5.45%	14.38%
八、新能源制造业（1个）						
镍氢电池制造	3842	137.4	1.20%	4.64%	2.99%	8.45%

调整后的高新目录共包含 137 个行业（其中按企业统计的行业 2 个），其中现有目录保留的 95 个国民经济行业，本次调整新增的 40 个国民经济行业（37 个行业是根据测评标准新增，3 个行业是衔接国家高技术产业目录而增加），新增 2 个按企业统计行业。按测评标准新增的 37 个国民经济行业产值为 3183.7 亿元，高端装备制造业中 29 个小行业、新材料制造业中 7 个小行业、新能源制造业中 1 个小行业。新增 2 个按企业统计的行业，分别是新材料制造业中的其他新材料，新能源制造业中的其他新能源（表 11、表 12）。

表11　根据测评标准拟新增的37个行业情况

行业名称	行业代码	工业总产值/亿元	R&D经费占主营收入比重	R&D人员占从业人员比重	销售利润率	新产品产值率
新增37个行业合计		3183.7	1.71%	7.65%	7.69%	22.78%
六、高端装备制造业（29个）						
阀门和旋塞制造	3443	560.6	1.56%	6.68%	7.81%	14.61%
轴承制造	3451	354.6	1.54%	6.21%	5.84%	19.62%
烘炉、熔炉及电炉制造	3461	47.2	1.96%	7.21%	5.27%	19.78%
风机、风扇制造	3462	52.4	2.39%	8.29%	5.98%	22.12%
喷枪及类似器具制造	3466	24.6	1.38%	7.91%	10.76%	15.67%
包装专用设备制造	3468	30.6	2.94%	10.16%	7.53%	21.82%
电影机械制造	3471	1.6	5.15%	26.72%	9.72%	2.56%
金属密封件制造	3481	52.5	1.57%	6.57%	7.43%	14.29%

续表

行业名称	行业代码	工业总产值/亿元	R&D经费占主营收入比重	R&D人员占从业人员比重	销售利润率	新产品产值率
其他通用设备制造业	3490	151.6	1.63%	6.31%	6.16%	18.52%
橡胶加工专用设备制造	3522	21.8	3.54%	9.22%	10.52%	47.83%
木材加工机械制造	3524	15.3	2.09%	10.12%	4.67%	16.91%
食品、酒、饮料及茶生产专用设备制造	3531	42.8	2.02%	9.56%	7.55%	30.57%
农副食品加工专用设备制造	3532	136.3	1.28%	9.24%	7.81%	22.96%
饲料生产专用设备制造	3534	5.7	2.71%	10.20%	7.39%	16.94%
印刷专用设备制造	3542	63.4	2.48%	7.46%	15.12%	7.90%
日用化工专用设备制造	3543	7.4	1.77%	11.62%	4.36%	12.20%
制药专用设备制造	3544	28.4	1.46%	8.94%	9.14%	17.59%
其他日用品生产专用设备制造	3549	8.5	1.89%	7.53%	13.51%	9.10%
皮革、毛皮及其制品加工专用设备制造	3552	21.2	3.10%	17.30%	6.34%	11.71%
地质勘查专用设备制造	3592	3.1	4.67%	15.92%	7.11%	21.22%
社会公共安全设备及器材制造	3595	34.9	2.00%	9.99%	6.79%	14.34%
水资源专用机械制造	3597	25.4	1.24%	6.97%	7.42%	28.56%
其他专用设备制造	3599	210.6	1.48%	8.89%	9.25%	13.55%
铁路专用设备及器材、配件制造	3714	52.0	1.20%	6.67%	9.77%	21.81%
娱乐船和运动船制造	3733	1.4	6.99%	8.29%	-1.75%	31.79%
电容器及其配套设备制造	3822	29.3	2.16%	7.61%	4.92%	36.89%
家用清洁卫生电器具制造	3855	437.2	2.03%	8.45%	8.93%	52.03%
电气信号设备装置制造	3891	9.5	2.44%	9.40%	6.32%	8.44%
其他未列明电气机械及器材制造	3899	24.5	2.54%	12.69%	5.90%	30.15%
七、新材料制造业（7个）						
生物化学农药及微生物农药制造	2632	12.9	1.81%	8.82%	4.52%	9.64%
油墨及类似产品制造	2642	46.5	1.71%	8.37%	10.61%	27.75%
维纶纤维制造	2824	1.6	2.38%	8.19%	-0.75%	34.92%
技术玻璃制品制造	3051	113.6	1.58%	7.40%	5.29%	17.92%
玻璃纤维增强塑料制品制造	3062	119.4	1.33%	8.42%	8.23%	13.03%
卫生陶瓷制品制造	3071	11.6	2.39%	6.41%	3.45%	45.23%
耐火陶瓷制品及其他耐火材料制造	3089	227.9	1.60%	7.24%	7.44%	15.91%
八、新能源制造业（1个）						
燃气、太阳能及类似能源家用器具制造	3861	195.9	1.50%	7.66%	7.14%	21.60%

表12 拟新增的2个按高新技术企业统计的行业情况

行业名称	企业数/家	工业产值/亿元	R&D经费占主营业务比重	R&D人员占从业人员比重	销售利润率	新产品产值率
新增高企合计	1821	8592.66	2.10%	11.21%	7.55%	32.00%
其他新材料	1653	7671.87	2.12%	11.28%	7.18%	32.93%
其他新能源	168	920.79	1.93%	10.60%	10.62%	24.24%

5.2 统计目录调整前后对比测算（基于2015年数据）

5.2.1 现行统计目录高新技术产业主要指标

2015年全省共有规模以上工业企业48 163家，实现产值149 327亿元。其中，高新技术产业列统企业12 136家，实现产值58 841亿元，占规模以上工业产值的39.4%（统计局规模以上工业库中快报和年报数据有差别，按高新技术产业统计公报公布的快报数产值为61 374亿元，占工业比重为40.12%），现行高新技术产业统计平均R&D经费占比、R&D人员占比、销售利润率、新产品产值率分别为1.39%、7.01%、6.96%、22.44%（表13）。

表13 现行高新技术产业统计体系按领域情况

行业名称	企业数/家	R&D经费占主营业务比重	R&D人员占从业人员比重	销售利润率	新产品产值率
全省规模以上工业	48 163	1.03%	5.10%	6.59%	16.57%
现行高新技术产业	12 136	1.39%	7.01%	6.96%	22.44%
一、航空航天制造业	29	1.17%	8.59%	7.31%	46.51%
二、电子计算机及办公设备制造业	213	0.52%	2.96%	6.81%	38.82%
三、电子及通信设备制造业	2157	1.08%	4.25%	4.89%	18.95%
四、生物医药制造业	933	1.86%	9.85%	10.45%	22.77%
五、仪器仪表制造业	404	1.67%	8.51%	7.97%	13.91%
六、智能装备制造业	5150	1.63%	8.63%	8.20%	22.53%
七、新材料制造业	2810	1.29%	8.62%	6.56%	19.88%
八、新能源制造业	440	1.83%	9.71%	6.13%	37.19%

5.2.2 调整后的高新技术产业主要指标

拟调整后江苏高新技术产业（不包含计算机整机和软件产业）共有企业14 634家，2015年实现产值61 980亿元，占全省规模以上工业产值的40.52%（规模以上工业产值按快报数），产值比调整前增加606亿元，占工业比重比调整前高0.4个百分点。

（1）调整后高新技术产业按领域变化情况

调整后高新技术产业R&D经费占比、R&D人员占比、销售利润率、新产品销售率分别达到1.51%、7.49%、7.02%、23.19%，比调整前分别高0.12个、0.48个、0.06个、0.75个百分点（表 14、表 15）。

表14　拟调整后高新技术产业按领域情况

行业名称	企业数/家	工业总产值/亿元	R&D经费占主营业务比重	R&D人员占从业人员比重	销售利润率	新产品产值率
规模以上工业（快报值）		152 968				
规模以上工业（年报值）	48 163	149 327	1.03%	5.10%	6.59%	16.57%
高新技术产业合计	14 634	61 979.75	1.51%	7.49%	7.02%	23.19%
行业	12 813	53 387.09	1.42%	6.96%	6.94%	21.77%
高企	1821	8592.66	2.10%	11.21%	7.55%	32.00%
一、航空航天制造业	41	329.03	1.53%	9.61%	7.09%	45.41%
二、电子计算机及办公设备制造业	258	2185.24	0.61%	2.81%	6.66%	18.85%
三、电子及通信设备制造业	2537	14 878.98	1.16%	4.61%	5.11%	20.61%
四、生物医药制造业	1006	4129.16	1.87%	9.89%	10.34%	22.64%
五、仪器仪表制造业	848	3340.84	1.48%	9.74%	8.55%	19.15%
六、智能装备制造业	5964	15 547.34	1.70%	8.33%	8.13%	23.63%
七、新材料制造业	3426	17 658.99	1.61%	10.14%	6.64%	23.62%
八、新能源制造业	554	3910.17	1.79%	9.93%	6.87%	33.86%

表15　统计目录调整前后高新技术产业主要指标对比

名称	企业数/家	工业总产值/亿元	R&D经费占主营业务比重	R&D人员占从业人员比重	销售利润率	新产品产值率	占规模工业比重
调整前高新技术产业	12 136	61 374	1.39%	7.01%	6.96%	22.44%	40.12%
调整后高新技术产业	14 634	61 980	1.51%	7.49%	7.02%	23.19%	40.52%
调整后—调整前	2498	606	0.12%	0.48%	0.06%	0.75%	0.40%

（2）调整后高新技术产业按地区变化情况

调整后各大市产值在全省的排名发生一定变化，镇江从第 8 位提升到第 7 位、徐州从第 7 位降至第 8 位、淮安从第 12 位提升为第 11 位、连云港从第 11 位降为第 12 位（表 16）。

表16　统计体系调整前后高新技术产业产值按地区情况

地区	拟调整后高新技术产业统计体系			现行高新技术产业统计体系			占工业比重变化（调整后—调整前）
	产值/亿元	占工业比重	产值排名	产值/亿元	占工业比重	产值排名	
全省	61 979.75	40.52%		61 373.61	40.12%		0.40%
苏南	35 237.83	44.86%		35 405.76	45.08%		−0.21%
苏中	14 713.45	42.32%		14 609.5	42.02%		0.30%

续表

地区	拟调整后高新技术产业统计体系			现行高新技术产业统计体系			占工业比重变化（调整后—调整前）
	产值/亿元	占工业比重	产值排名	产值/亿元	占工业比重	产值排名	
苏北	12 028.48	32.41%		11 358.35	30.60%		1.81%
南京	5823.17	44.57%	4	5918.94	45.30%	4	−0.73%
无锡	6350.16	43.20%	2	6211.38	42.26%	2	0.94%
徐州	4150.58	33.33%	8	4505.26	36.17%	7	−2.85%
常州	4914.01	42.90%	5	4975.62	43.44%	5	−0.54%
苏州	13 824.12	45.26%	1	13 962.32	45.71%	1	−0.45%
南通	6257.46	45.43%	3	6048.45	43.92%	3	1.52%
连云港	1844.29	33.08%	12	1936.9	34.75%	11	−1.66%
淮安	2171.73	32.29%	11	1687.22	25.08%	12	7.20%
盐城	2922.68	34.21%	10	2455.42	28.74%	10	5.47%
扬州	3841.07	39.10%	9	4032.3	41.05%	9	−1.95%
镇江	4326.37	49.26%	7	4337.49	49.39%	8	−0.13%
泰州	4614.91	41.30%	6	4528.76	40.53%	6	0.77%
宿迁	939.21	24.60%	13	773.55	20.26%	13	4.34%

5.2.3 调整后高新技术产业按企业性质变化情况

调整后，高新技术产业中内资企业产值份额为 57.81%，比现行目录提高 0.94 个百分点；港澳台企业产值份额为 15.45%，比现行目录提高 1.3 个百分点；外资企业产值份额为 26.75%，比现行目录降低 2.23 个百分点（表 17）。

表17 统计体系调整前后高新技术产业产值按企业性质情况

企业性质	拟调整后高新技术产业目录		现行高新技术产业目录		占比变化（调整后—调整前）
	产值/亿元	占比	产值/亿元	占比	
合计	61 979.7476	100.00%	61 373.61	100.00%	0.00%
内资	35 828.3517	57.81%	34 905.98	56.87%	0.94%
港澳台	9573.28303	15.45%	8682.49	14.15%	1.30%
外资	16 578.1129	26.75%	17 785.14	28.98%	−2.23%
港澳台+外资	26 151.3959	42.19%	26 467.63	43.13%	−0.94%

5.3 调整后的统计目录

经过研究及专家论证，形成了江苏高新技术产业统计目录的调整方案，调整后的高新技术产业统计分类目录继续保持原有八大领域，原目录包含 130 个小行业（含按企业统计的 17 个小行业），调整后目录包含 108 个小行业。其中，原有目录保留 101 个行业，为衔接国家高技术产业目录增加 4 个行业，另有 3 个按高新技术企业统计的行业，分别是其他智能装备制造、其他新材料制造、其他新能源制造（表 18）。

表18 江苏省高新技术产业统计目录具体调整情况

序号	行业名称	行业代码	备注
一	一、航空航天制造业		
1	1. 飞机制造	3741	
2	2. 航天器制造	3742	
3	3. 航空、航天相关设备制造	3743	
4	4. 其他航空航天器制造	3749	
5	5. 航空航天器修理	4343	新增—国家高技术
二	二、电子计算机及办公设备制造业		
6	1. 计算机整机制造	3911	新增—只纳入高企
7	2. 计算机零部件制造	3912	
8	3. 计算机外围设备制造	3913	
9	4. 其他计算机制造	3919	
10	5. 复印和胶印设备制造	3474	
11	6. 计算器及货币专用设备制造	3475	
三	三、电子及通信设备制造业		
12	1. 电子工业专用设备制造	3562	新增—国家高技术
13	2. 光纤、光缆制造	3832	新材料产业调入
14	3. 锂离子电池制造	3841	新增—国家高技术
15	4. 通信系统设备制造	3921	
16	5. 通信终端设备制造	3922	只纳入高企
17	6. 广播电视节目制作及发射设备制造	3931	
18	7. 广播电视接收设备及器材制造	3932	
19	8. 应用电视设备及其他广播电视设备制造	3939	
20	9. 雷达及配套设备制造	3940	
21	10. 电视机制造	3951	
22	11. 音响设备制造	3952	
23	12. 影视录放设备制造	3953	只纳入高企
24	13. 电子真空器件制造	3961	
25	14. 半导体分立器件制造	3962	
26	15. 集成电路制造	3963	
27	16. 光电子器件及其他电子器件制造	3969	
28	17. 电子元件及组件制造	3971	
29	18. 印制电路板制造	3972	
30	19. 其他电子设备制造	3990	
四	四、医药制造业		
31	1. 化学药品原料药制造	2710	

续表

序号	行业名称	行业代码	备注
32	2. 化学药品制剂制造	2720	
33	3. 中药饮片加工	2730	
34	4. 中成药生产	2740	
35	5. 兽用药品制造	2750	
36	6. 生物药品制造	2760	
37	7. 卫生材料及医药用品制造	2770	
38	8. 医疗诊断、监护及治疗设备制造	3581	
39	9. 口腔科用设备及器具制造	3582	
40	10. 医疗实验室及医用消毒设备和器具制造	3583	
41	11. 医疗、外科及兽医用器械制造	3584	
42	12. 机械治疗及病房护理制造	3585	
43	13. 假肢、人工器官及植（介）入器械制造	3586	
44	14. 其他医疗设备及器械制造	3589	
五	五、仪器仪表制造业		
45	1. 工业自动控制系统装置制造	4011	智能装备产业调入
46	2. 电工仪器仪表制造	4012	
47	3. 绘图、计算及测量仪器制造	4013	
48	4. 实验分析仪器制造	4014	
49	5. 试验机制造	4015	
50	6. 供应用仪表及其他通用仪器制造	4019	
51	7. 环境监测专用仪器仪表制造	4021	
52	8. 运输设备及生产用计数仪表制造	4022	
53	9. 导航、气象及海洋专用仪器制造	4023	
54	10. 农林牧渔专用仪器仪表制造	4024	
55	11. 地质勘探和地震专用仪器制造	4025	
56	12. 教学专用仪器制造	4026	
57	13. 核子及核辐射测量仪器制造	4027	
58	14. 电子测量仪器制造	4028	
59	15. 其他专用仪器制造	4029	
60	16. 光学仪器制造	4041	
61	17. 其他仪器仪表制造业	4090	
六	六、智能装备制造业		
62	1. 铁路机车车辆及动车组制造	3711	
63	2. 窄轨机车车辆制造	3712	
64	3. 铁路机车车辆配件制造	3713	
65	4. 城市轨道交通设备制造	3720	

续表

序号	行业名称	行业代码	备注
66	5. 金属切削机床制造	3421	
67	6. 金属成形机床制造	3422	
68	7. 金属切割及焊接设备制造	3424	
69	8. 连续搬运设备制造	3434	
70	9. 其他物料搬运设备制造	3439	
71	10. 起重机制造	3432	
72	11. 建筑工程用机械制造	3513	
73	12. 海洋工程专用设备制造	3514	
74	13. 配电开关控制设备制造	3823	
75	14. 电力电子元器件制造	3824	
76	15. 其他输配电及控制设备制造	3829	
77	16. 锅炉及辅助设备制造	3411	
78	17. 内燃机及配件制造	3412	
79	18. 汽轮机及辅机制造	3413	
80	19. 环境保护专用设备制造	3591	
81	20. 石油钻采专用设备制造	3512	
82	21. 冶金专用设备制造	3516	
83	22. 炼油、化工生产专用设备制造	3521	
84	23. 塑料加工专用设备制造	3523	
85	24. 纺织专用设备制造	3551	
86	25. 电工机械专用设备制造	3561	
87	26. 气体、液体分离及纯净设备制造	3463	
88	27. 制冷、空调设备制造	3464	
89	28. 家用制冷电器具制造	3851	
90	29. 家用空气调节器制造	3852	
91	30. 发电机及发电机组制造	3811	
92	31. 电动机制造	3812	
93	32. 微电机及其他电机制造	3819	
94	33. 齿轮及齿轮减、变速箱制造	3452	
95	34. 气体压缩机械制造	3442	
96	35. 机床附件制造	3425	
97	36. 其他智能装备制造	见表下注	新增—按行业纳入高企
七	七、新材料制造业		
98	1. 信息化学品制造	2664	
99	2. 人造纤维（纤维素纤维）制造	2812	
100	3. 玻璃纤维及制品制造	3061	

续表

序号	行业名称	行业代码	备注
101	4. 特种陶瓷制品制造	3072	
102	5. 光学玻璃制造	3052	
103	6. 有机化学原料制造	2614	
104	7. 化学农药制造	2631	
105	8. 其他新材料制造	见表下注	新增—按行业纳入高企
八	八、新能源制造业		
106	1. 光伏设备及元器件制造	3825	
107	2. 风能原动设备制造	3415	
108	3. 其他新能源制造	见表下注	新增—按行业纳入高企

注：纳入“其他智能装备制造”“其他新材料制造”“其他新能源制造”等3个行业中进行统计的企业，为以下行业代码（按3位行业代码）行业中的高新技术企业：172、175、176、178、191、192、201、202、211、213、219、222、223、232、233、242、244、246、251、252、263、264、265、266、267、268、281、291、292、302、303、304、307、308、309、312、313、323、324、326、331、332、333、335、338、339、342、345、347、348、349、352、353、354、355、359、362、366、371、376、377、379、382、383、385、386、389、404、411、422、433、434。

6 调整后的高新技术产业分类目录应用效果

本项目研究过程中，中期成果《江苏省高新技术产业统计分类目录》（2017年修订）已被省科技厅、省统计局采用，正式应用于江苏高新技术产业统计，根据实际应用情况，可以看出，本次目录调整基本有效达到了预期目标，在实际应用中取得较好的成效。

6.1 高新技术产业统计分类目录实际应用效果（基于2016年数据）

采用调整后目录，2016年全省高新技术产业实现产值67 125亿元，同比增长8.0%，占规模以上工业比重达41.51%。按照原有目录统计，2016年全省高新技术产业实现产值65 776亿元，同比增长7.44%，占规模以上工业比重为40.67%。调整后的高新技术产业主要有以下两个特点。

6.1.1 地区总体保持平衡

与调整前相比，2016年各地高新技术产业产值占工业比重“9升4降”，变化超过1.5个百分点的地区为扬州（提升4.35个百分点）、盐城（提升3.10个百分点）、南通（提升2.53个百分点）。从各地占比排名来看，与2015年发布的数据相比，南京、无锡、常州、苏州均下降1个位次，南通上升2个位次，扬州上升2个位次，其余不变。

6.1.2 质态更加优化

从效益上看，根据对2015年制造业行业相关数据的测评结果，调整后高新技术产业R&D经费投入强度达到1.57%、R&D人员投入强度7.83%、销售利润率为7.08%、新产品产值率24.12%，比调整前分别提高0.18个、0.82个、0.12个、1.68个百分点。从行业上看，与调整前相比，2016年全省高新技术产业八大行业产值“5升3降”，新能源制造业产值减少幅度相对较大，比调整前减少 10.5%。与调整前相比，2016 年全省高新技术产业八大行业产值同比增幅“7 升 1 降”，仅医药制造业增幅略有下滑，其余行业产值同比增幅均比调整前有所提升。从企业性质上看，调整后，高新技术产业中内资企业产值份额为 59.2%，比调整前提高 0.90 个百分点；港澳台企业产值份额为 14.2%，比调整前降低 0.2 个百分点；外资企业产值份额为 26.6%，比调整前降低 0.7 个百分点。

6.2 基于新目录的高新技术产业统计体系实施

本项研究的目的不仅是对现行高新技术产业统计理论和方法的进一步完善，而且根据全省科技宏观管理和产业结构调整的需要，在理论和方法探讨的基础上，提出基本符合国际规范的、可操作的、能够反映江苏省高新技术产业状况的统计方案，在准确界定高新技术产业统计目录的基础上，构建由行业统计、按行业纳入高新技术企业统计、高新区统计、特色产业基地统计、高新技术企业统计组成的综合统计体系；进一步完善江苏高新技术产业统计数据发布制度，充分发挥统计工作对全省高新技术产业发展动态的监测作用，为加快发展高新技术产业、促进产业结构优化调整提供决策依据。根据需要与可能、先易后难、逐步完善的原则，在现有的包括产业、基地、高新区和企业 4 个层次的统计工作基础上，通过适时调整高新技术产业统计目录、完善特色产业基地及高新区企业名单、更新高新技术企业清单，最终形成较为合理、全面的高新技术产业的统计实施方案。方案以高新技术产业统计为主，创新载体、高新技术企业为补充，具体实施方案如下。

6.2.1 高新技术产业统计

江苏高新技术产业统计以 2012 版统计目录为基础，根据目前江苏经济发展的特征及动向，适时调整原有八大领域，原目录包含 130 个小行业（含按企业统计的 17 个小行业），调整后目录包含 108 个小行业，其中：原有目录保留 101 个行业，为衔接国家高技术产业目录增加 4 个行业，另有 3 个按高新技术企业统计的行业，分别是其他智能装备制造、其他新材料制造、其他新能源制造。江苏高新技术产业统计由统计部门负责组织实施。统计范围：规模以上工业企业；统计方法：依据省高新技术产业界定方案对工业统计数据进行分类处理，获取全省各高新技术产业数据；统计采取季报、半年报和年报方式。

6.2.2 高新技术产业开发区统计

通过调查，对原国家高新区及省级高新区内企业名单进行更新。江苏省高新技术产业开发区统计由科技部门负责组织实施，统计对象为国家和省级高新技术产业开发区，采取季报、半年报和年报方式进行统计。

6.2.3 高新技术产业基地统计

通过调查，对原特色产业基地内企业名单进行更新。江苏省高新技术产业基地统计由科技部门负责组织实施。统计对象为科技部认定的特色产业基地目录，采取半年报和年报方式进行统计。

6.2.4 高新技术企业统计

经统计，2016 年在有效期内的高企数量超过 1 万家。江苏高新技术企业统计由科技部门负责组织实施，统计对象为经省认定的高新技术企业，采取全面调查方式按年度进行统计。

6.3 本次目录调整的创新及不足之处

6.3.1 方案调整的优点及创新之处

本调整方案充分考虑到江苏省高新技术产业发展的阶段和水平，基本做到了“总量稳步增长，结构优化调整”的要求。同时，按高新技术企业统计的其他智能装备制造、其他新材料制造、其他新能源制造 3 个行业的增加，进一步完善了高新技术产业的统计范围；除电子计算机整机制造、通信终端设备制造、影视录放设备制造 3 个行业只将行业中高新技术企业列入统计范畴外，其他国家高技术产业目录内所有行业全部纳入江苏省高新技术产业统计分类目录中，使江苏省的高新技术产业目录与国家颁布的目录更加吻合，增强了与地区间的可比性。通过上述调整工作，高新技术产业在地区间、各个工作载体的分布更趋合理，对各地发展高新技术产业的引导更加有力。

研究的主要创新点在于：①不仅局限于R&D投入强度，而且从江苏省实际情况出发，组合“新产品销售率”等多项科技指标来对行业进行综合测评，充分体现江苏省高新技术产业中“高”和“新”的含义；②提出以行业法和产品法（即企业法）相结合的统计方案，按行业纳入高新技术产业目录行业，同时按企业法纳入部分高新技术企业进行补充，使得最终统计方案既能够与现有统计局行业统计体系相衔接，又能够适当兼顾反映部分按行业无法界定的新兴产业的发展情况。

6.3.2 方案调整的不足之处

本次高新技术产业统计目录调整方案，针对难点问题进行了重点研究和反复论证，较好地完成了方案调整的基本要求，但同时也存在着几点不足，有待后续的继续研究完善。①新能源产业的企业名单并不全面。由于采用的是 2015 年的数据，而新能源产业在江苏省正处于加速发展的阶段，一些 2015 年正在产业化、2016 年已投产的企业并未纳入现行的企业名单之中，因此，名单需要进一步的调查和完善，及时更新。②部分属于高新技术产业的相关企业未能纳入统计。由于目前江苏省的高新产业统计是以行业代码为主要依据，因此，部分企业由于原来属于其他行业，但企业生产经营转型投入高新产业之后，行业代码未能及时变更，导致未能纳入统计。③方案实际使用过程中可能存在不确定因素。由于高新技术产业正处于一个快速发展和壮大的阶段，因此，决定了本课题研究的内容具有时间上的阶段性和局限性。本次方案调整虽然从目前的技术指标测评情况看，较好地符合了调整的基本要求，但实际使用过程中可能还会遇到新的发展态势和新的不确定因素，需要在实践中继续研究完善。

课题负责人：余景亮
课题组成员：田　晶　张　超　张　珍　朱　婷　柳　燕　张　金
撰　稿　人：田　晶

江苏省科技服务业统计行业分类现状研究

1　科技服务业统计背景研究

1.1　背景研究

党的十八大以后，党中央国务院加大了产业结构调整的力度，在产业结构调整过程中非常重要的一个方面就是要加快现代服务业的发展，国务院先后出台了关于养老、健康、文化创意、生产性服务业等若干文件，这些文件的出台都是为了加快现代服务业的发展。《国务院关于加快科技服务业发展的若干意见》（国发〔2014〕49 号，简称《意见》），是国务院首次对科技服务业发展做出的全面部署。依据《意见》提出的重点任务，以《国民经济行业分类》（GB/T 4754—2011）为基础，国家统计局发布了《国家科技服务业统计分类（2015）》，将科技服务业范围确定为科学研究与试验发展服务、专业化技术服务、科技推广及相关服务、科技信息服务、科技金融服务、科技普及和宣传教育服务、综合科技服务等七大类，对于仅有一部分中类或者小类属于科技服务业的行业类别未做明确划分。

在此之前，科技服务业统计的范围和业态分类没有统一的规定，发展改革委（《产业结构调整指导目录（2011 年本）》）、科技部（《现代服务业科技发展“十二五”专项规划》）结合自身的管理实践对科技服务业提出了不同的分类，发展改革委的分类主要根据服务内容进行划分，科技部的分类主要根据服务功能的不同划分。各地方政府根据当地实际制定出本地的科技服务业的统计方案，在中类和小类上均存在一定的差异，至今国家没有实行统一的科技服务业体系及报表制度。

1.2　研究目的和意义

科技服务业是现代服务业的重要组成部分，具有人才智力密集、科技含量高、产业附加值大、辐射带动作用强等特点。加快科技服务业发展，是推动科技创新和科技成果转化、促进科技经济深度融合的客观要求，是调整优化产业结构、培育新经济增长点的重要举措，是实现科技创新引领产业升级、推动经济向中高端水平迈进的关键一环，对于深入实施创新驱动发展战略、推动经济提质增效升级具有重要意义。

《意见》提出到 2020 年，基本形成覆盖科技创新全链条的科技服务体系，科技服务业产业规模达到 8 万亿元。江苏省政府办公厅发布的《加快科技服务业发展的实施方案》中提出：“到 2020 年，基本形成覆盖科技创新全链条的科技服务体系，科技服务业产业规模突破 1 万亿元。”科技服务业作为现代产业体系的重要组成部分，是江苏发展现代服务业的重点，是加强江苏区域创新体系建设、提高自主创新能力的重要抓手。营造科技服务业的良好发展环境，完善促进科技服务业发展的政策法规体系，促进科技与经济更紧密结合，健全和完善科技服务体系，促进科技服务产业集群发展，为江苏省经济持续稳定发展提供科技支撑，是加快江苏经济发展的重要途径。

1.3 国内外的研究状况

1.3.1 国外科技服务业的研究现状

国外对科技服务业的定义常见于知识型服务业，起步于19世纪，至今已有200余年历史，作为知识技术密集、增值高、消耗少的新型高端服务业态，其发展受到高度重视。成为美国等发达国家的主导产业和新的经济增长点。主要研究内容大多集中在科技中介服务业和科技产业领域，包括科技产业集聚的机制、技术创新、组织创新、社会资本、经济增长与科技产业集聚等方面。

1.3.2 国内科技服务业的研究现状

江苏于2002年率先在全国范围内执行“科技服务业统计报表制度”，广东、天津、浙江和山东等相继开展科技服务业统计调查，这些省（区、市）根据各自实际制定独立的统计制度，对应较为明确的统计总体，统计粒度较细，并已形成年度报表。也有一些省（区、市）比较重视科技服务业的发展，出台了相关政策性文件，但未开展科技服务业专项统计调查。例如，北京、上海等省（区、市）还没有制定专门的统计制度，基本都是依托于科技统计制度，从中选取国民经济行业分类代码中定义为科技服务业统计总体的指标作为科技服务业的统计结果。

2 研究内容

2.1 研究内容

基于江苏产业结构升级和经济战略转型背景，实施科技服务业升级计划，全面提升研发设计、创业孵化、技术转移、科技金融、知识产权、科技咨询、检验检测认证、科学技术普及等八大业态发展水平，进一步推进跨部门、跨行业、跨层级协同合作，实现数据资料共享，系统、全面反映江苏科技服务业发展现状。通过对江苏及国内外科技服务业典型案例的比较分析，采用SWOT分析方法，系统提出建立完善的统计调查方法、科技服务业统计体系与实证研究的总体思路、重点任务和关键举措。

① 摸清江苏科技服务业家底。在广泛收集和分析数据资料的基础上，进一步规范科技服务业统计口径，围绕《国家科技服务业统计分类（2015）》做到优化统计分类方法，调整归并统计对象。主要采用SWOT分析方法，结合对政府政策文件、调研报告等资料的分析，总结经验与成效，归纳存在的问题与不足，摸清并分析江苏科技服务业发展的现状，提出下阶段提升策略，率先在全国范围内建立完善的科技服务业统计体系，为国家早日出台科技服务业统计报表制度提供参考依据。

② 其他省（区、市）发展情况分析。选择国内科技服务业发展先进省（区、市），如北京、天津、上海、广东和浙江等。通过对不同样本国家和地区科技服务业的多维度分析和比较，从而提炼出适合江苏科技服务业实际情况的发展思路、具体路径和主要模式。

③ 江苏省科技服务业发展提升路径研究及对策建议。基于上述研究结果，紧紧围绕当前和今后一段时期江苏社会经济发展环境，系统指出发展路径。借鉴国际先进经验，按照国家科技服务业的总体部署和任务要求，结合江苏发展实际，从激发市场需求、培育骨干服务企业、推动服务机构集聚、发展科技服务新模式新业态、加强人才建设、改革发展环境等方面，提出江苏科技服务业发展的对策建议。

2.2 研究目标

基于《国家科技服务业统计分类（2015）》，对科技服务业统计分类、统计指标及统计机构进行研究梳理，推进跨部门、跨行业、跨层级协同合作，实现数据资料共享，为完成到2020年产业规模突破1万亿元的目标任务打下基础。

借鉴国内外科技服务业发展的成功做法，研究提出江苏科技服务业发展及建立完善的科技服务业统计体系的对策建议，寻找江苏科技服务业的发展路径，为科技管理部门制定科技服务业有关政策提供颇具价值的决策参考，为国家早日出台科技服务业统计体系提供参考依据。

2.3 特色和创新之处

一是研究方法上的创新。本课题将采取定性分析与定量分析相结合、实证分析与规范分析相结合、理论与实际相结合等多种研究方法对江苏科技服务业的发展进行系统、全面的探讨和研究。

二是运用产业理论分析研究科技服务产业的基本要素、科技服务统计体系构成及支撑条件，重点研究江苏科技服务业发展的环境和未来进一步发展的对策。

三是研究内容将侧重于实际应用。着重研究江苏科技服务业发展的环境、统计体系和行业管理规范，探索江苏科技服务业公共服务平台建设及产学研相结合的具体途径，着重研究江苏省科技服务业的发展思路和保障措施等。

2.4 重点和难点分析

① 科技服务业的内涵这么多年来一直在变化。国内外对于科技服务业的统计范畴没有权威性的定义、定性和框架范围，国家层面至今尚未建立科技服务业报表制度。

② 科技服务业在全国范围内还是一个新兴业态，相关的数据统计工作目前还不够全面，目前确定的科技服务业的几类内容当中，有部分较好的统计基础，但是也有一部分统计工作目前还没有完整建立起来，继续推进跨部门、跨行业、跨层级的协同合作也是下阶段的重点之一。

③ 针对江苏行业及地区的发展现状和发展趋势的差异性特点，结合其客观现状和发展要求，归纳、整理、分析并总结出最终具有可应用性的统计体系。

3 研究线路

3.1 研究方法

（1）定性分析与定量分析相结合

定性分析主要是以已有的实践经验为基础，对江苏科技服务业发展的现状和问题力求做出准确的判断和把握，分析目前推行的各项有关科技服务业发展的方针政策的正确性、可行性和有效性。定量分析主要为研究提供数据上的支持。

（2）实证分析与规范分析相结合

实证分析主要是客观地描述和分析说明国内外包括江苏科技服务业发展的现状、问题、实践经验及发展态势。规范分析是提出江苏发展科技服务业的发展路径和运行模式，以及应采取的对策、措施等，为制定江苏科技服务业发展战略提供依据。

（3）理论联系实际

既注重理论分析，更注重实际应用。注重从理论和实际的结合上对江苏省科技服务业的发展现状、问题和对策进行分析研究。

3.2 技术路线

本课题研究的技术路线，主要是通过查阅文献、收集资料、问卷调查、实地调研及召开小型研讨会等多种形式，力求充分掌握有关资料和数据，在此基础上拟定写作提纲和写出初稿，并经过多次修改然后定稿。

3.2.1 总体内容模块

从科技服务业的行业规模（机构数与人员数）、行业投入与行业产出 3 个方面，构建科技服务业统计的总体模块（图 1）。

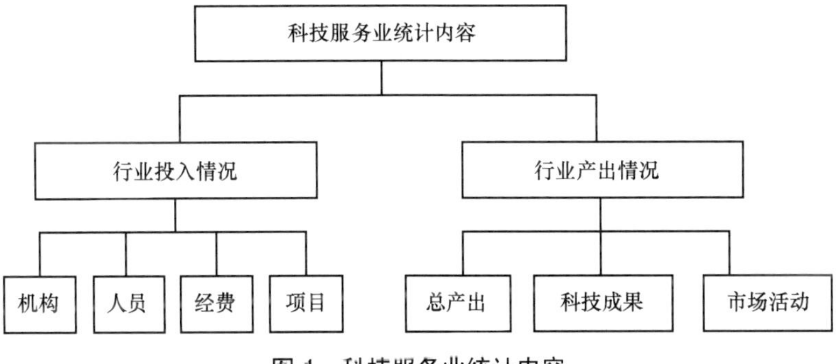

图 1 科技服务业统计内容

3.2.2 行业投入统计指标

科技服务业投入是指科技服务业相关活动的投入情况。科技服务投入从机构状况、人员状况、经费情况和项目情况 4 个方面体现（图 2）。

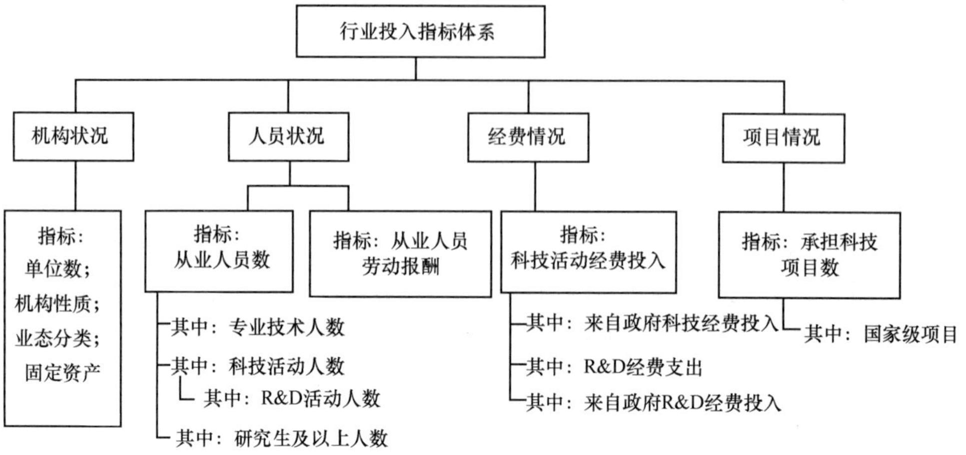

图2　科技服务业投入指标体系

4　研究成果

4.1　科技服务业的主要业态及调查对象

通过对国内科技服务业业态分类体系的研究，本研究认为科技服务业业态分类应包含国务院确定的九大类和统计局确定的七大类，并且要考虑科技服务业的产业特征和服务属性，细划具体的业类分类。基于以上考虑，从科技服务业服务对象出发，本研究将科技服务业聚焦为服务对象5个方面：服务于创新的科技服务业、服务于生产的科技服务业、服务于创业的科技服务业、服务于社会的科技服务业、服务于管理的科技服务业，从这5个方面确定了15个科技服务业分类，又对这15个科技服务业分类细分出相关的科技服务业子业态，并确定了相应的统计对象，详细内容如表1所示。

表1　科技服务业分类及统计调查对象设计

服务对象	科技服务业类别	科技服务业子业态	统计对象
服务于创新	研究开发服务	自然科学研究和试验发展、工程和技术研究和试验发展、农业科学研究和试验发展、医学研究和试验发展、社会人文科学研究	各类科研院所、民办科研机构、社会科学研究机构、重点实验室、工程技术研究中心、企业技术中心、大学研发机构（不含纯教学机构和大学本部设立的研发机构）、跨国公司的研发机构、区域或行业技术创新平台、研发外包机构等
	新兴文化科技支撑技术建设及服务	数字化技术、高拟真技术、高速计算技术	计算机应用工程服务机构、工业设计服务机构、创意设计服务机构、农业专业技术服务机构、分析技术服务机构、综合性技术服务机构

续表

服务对象	科技服务业类别	科技服务业子业态	统计对象
服务于生产	检验检测认证服务	质量检验、性能测试、资质认定服务	技术检测机构、检验检疫机构、安全环境监测机构、勘测与测量机构、科研仪器设备管理运行机构
	专业科技服务	气象服务、地震服务、海洋服务、测绘服务、环境监测服务、工程技术服务、生物技术服务、新材料技术服务、新能源技术服务、节能环保技术服务、工业设计服务	气象中心、气象站、新兴产业服务机构、勘察设计机构、测绘研究机构、城市规划设计机构、水利水电勘察设计机构、工业设计企业、产业技术院、技术服务企业、服务制造类企业
	软件和信息技术服务	行业（企业）管理和信息化解决方案开发、基于网络的软件服务平台、软件开发和测试服务、信息系统集成、咨询、运营维护和数据挖掘等服务业务	软件开发、咨询、设计服务机构、信息化解决方案供应商
	信息安全服务	数据恢复和灾备服务，信息安全防护、网络安全应急支援服务，云计算安全服务、信息安全风险评估与咨询服务，信息装备和软件安全评测服务，密码技术产品测试服务，信息系统等级保护安全方案设计服务	信息安全服务机构、网络安全服务机构、计算机病毒应急处理中心、数据库安全产品和服务提供商
服务于创业	技术转移服务	技术评估、技术交易、技术转让、技术代理、技术拍卖及技术集成	生产力促进中心、农技推广机构、成果推广机构、科技成果转化基地、技术交易机构、技术产权交易机构
	创业孵化服务	平台服务、创业辅导、专业技术服务、物理空间	省级以上高新区、市级以上民营科技园、大学科技园、留学生创业园、创意产业园、软件园、农业科技园、农业高新技术产业示范区、高新技术创业服务中心、特色产业基地、可持续发展综合试验区、科技企业孵化器、众创空间、平台服务企业
	科技金融服务	天使投资、创业投资、科技银行、科技担保	资产评估机构、风险投资机构、创业投资机构、小额贷款机构、风险投资协会
服务于社会	知识产权服务	知识产权代理服务、知识产权法律服务、知识产权信息服务、知识产权商业化服务、知识产权咨询服务和知识产权培训服务	知识产权申请代理机构、知识产权咨询和信息服务机构、知识产权专业诉讼服务机构、专利运营公司
	科技咨询服务	科技战略、科技评估、科技招投标、知识管理、科技情报、产业咨询、创新调查	科技咨询服务机构、科技情报机构、技术咨询及中介服务机构、科技培训机构、科技咨询业协会、产业研究、竞争情报服务、产业咨询和管理咨询机构、咨询公司和会计事务所等专业服务机构
	电信增值服务	在线数据与交易处理、IT设施管理和数据中心服务，移动互联网服务，因特网会议电视及图像	电信运营商、电信增值服务提供商、系统集成服务有限公司
	数字内容服务	数字音乐、手机媒体、网络出版等	数字出版机构、平台运营机构、视听新媒体行业
	科技普及和宣传教育服务	科技出版服务、科技教育服务	科技馆、博物馆、图书馆公益性科普服务

续表

服务对象	科技服务业类别	科技服务业子业态	统计对象
服务于管理	综合科技服务	科学技术政府管理服务、科学技术社会组织服务、科技企业管理服务	各级科技行政管理部门、各类行业协会（科协、社科联、科技咨询业协会、风险投资协会、软件产业协会、民营科技协会、高新技术企业协会等）

4.2 规模从上科技服务业调查单位核实工作

为了进一步加强规模从上科技服务业统计工作，科学界定规模从上科技服务业各分类的统计范围，省统计局服务业处开展了对相关领域调查单位初步认定的核实工作。

依照国家统计分类标准，结合企业实际情况，要求各省辖市分别对省统计局提供的科技服务业调查单位进行逐一判断并核实。

省局提供的核实企业名单是按“15 号令”分类表中带星号行业业务活动关键字，对单位名称和主营业务活动内容进行搜索而形成的，可能与企业真实情况不符。各市要将调查单位核实工作落实到县（市、区）统计部门，将误选、遗漏、行业变更及 2017 年 5 月后新增单位查清，并报上级服务业统计部门。

此项工作是做好相关产业统计的基础性工作，要求各省辖市认真组织实施、加强统筹领导、落实责任部门、明确责任人、做好业务解答，确保单位行业核实工作顺利开展。企业行业一经核实，更改行业须经上一级服务业统计部门同意许可。

各反馈表均包括以下 4 个页签。

① 确认企业是否正确页，反映核实结果，注意核查各类服务业标识、行业，并在最后“是否正确栏”填写“是”或“否”。

② 遗漏企业页，反映核实过程中，省局名单中应纳而未纳入的企业，补充完整每一个单位的信息，注意填写正确各类服务业标识代码。

③行业变更企业页，反映核实过程中发现行业代码有误，需要变更的企业；同时注意，如在行业大类内变动，请即时和各市的普查名录主管部门联系修改，如行业变更跨大类或跨门类，请等到年报时再进行修改。

④ 新增企业页，反映 2016 年 5—9 月单位审批中，新入库的企业中符合条件的各类企业单位。此页，省局已经将各地 5—9 月新增单位符合行业的单位列入，大家判别一下，认真填写“服务标识”，并在最后一栏填写“是”或“否”。若有遗漏的 5—9 月中新增符合条件的单位，请自行添加，并标注。

2016 年 10 月经国家审批新入库的科技服务业企业，由各地自行确认其属性。按现标识形式添加标识，格式参照反馈表新增页，命名规范为“32**xz.xls”,其中 ** 为设区市代码。

科技服务业统计的范围和业态分类没有统一的规定，各地方政府根据当地实际制定出本地的科技服务业的统计方案，在中类和小类上均存在一定的差异，至今国家没有实行统一的科技服务业体系及报表制度。国家统计局发布了《国家科技服务业统计分类（2015)》，确定了科技服务业范围及分类。基于国家科技服务业统计的新分类，对科技服务业统计分类、统计指标及统计机构进行研究梳理，推进跨部门、跨行业、跨层级协同合作，实现数据资料共享，为完成到 2020 年产业规模突破 1 万亿元的目标任务打下基础。

课题负责人：张　珍
课题组成员：张　超　田　晶　余景亮　柳　燕　曹　曼　徐海燕　马　丽
撰　稿　人：张　珍

苏南国家自主创新示范区创新指数研究报告 2018

建设苏南国家自主创新示范区，是党中央、国务院着眼实施创新驱动发展战略做出的一项重要决策，充分体现了中央对江苏工作的高度重视和对苏南发展的殷切期望，对破解苏南发展瓶颈、促进江苏经济转型升级、探索实现区域现代化的路径具有重大而深远的意义。为深入推进苏南国家自主创新示范区建设，突出以科技创新质量、效益、绩效为主的评价导向，我们在继续沿用原有指标体系及测算方法的基础上，基于 2017 年相关统计数据和公开资料，研究编制了《苏南国家自主创新示范区创新发展指数研究报告 2018》，旨在持续动态地监测和反映苏南国家自主创新示范区建设的进展情况，为苏南国家自主创新示范区创新发展提供有价值的决策参考。

根据最新研究结果，2015、2016、2017 年苏南创新指数分别为 115.79、131.47、150.88，比上年分别提高 15.79、15.68、19.41，各分项指数 2017 年均保持总体上升态势，其中，创新资源指数、创新主体指数继续保持强劲增长，达到 183.28、170.75，比上年分别提高 32.48、26.98；创新绩效指数、创新环境指数保持较快增长，分别为 144.57、131.21，比上年提高 16.35、16.91，提升幅度相差不大；创新辐射指数、创新国际化指数保持平稳增长，达 117.83、131.38，比上年提高 5.84、2.82，提升幅度相对较小。

从综合反映苏南各市创新发展规模和增幅情况的贡献率来看，2017 年各设区市对苏南指数增长的贡献率从高到低依次为苏州（40.55%）、南京（29.66%）、无锡（14.20%）、常州（9.88%）、镇江（5.72%），苏州、无锡贡献率分别比上年提高 5.19 个、0.72 个百分点，南京、镇江、常州贡献率分别比上年下降 3.66 个、2.24 个、0.03 个百分点；各市贡献率排序与上年一致。从综合反映苏南各市创新发展规模和增幅情况的贡献率来看，2017 年各设区市创新指数从高到低依次为苏州（162.93）、南京（153.30）、镇江（146.94）、无锡（144.54）、常州（143.88），比上年分别提高 31.60、15.35、7.25、20.31、16.37；与上一年排序情况相比，苏州由第 3 位提升至第 1 位，南京继续保持第 2 位。

研究苏南创新指数是一项复杂的系统性工作，报告编制过程中，得到了社会各界的鼎力支持和广泛关注，诸多部门为报告的数据搜集整理提供了大力支持，广大新闻媒体为苏南指数结果的发布及宣传做出了大量工作，有关专家及各界人士对报告的研究编制提出了宝贵意见，在此表示衷心的感谢！希望社会各界人士一如既往的关心和支持苏南创新指数研究的相关工作，积极营造全省创新创业的良好氛围，共同推动苏南国家自主创新示范区高质量发展走在全国前列！

1 2017 年苏南创新指数分析

2014 年 10 月，国务院批准支持南京、苏州、无锡、常州、昆山、江阴、武进、镇江等 8 个国家高新区和苏州工业园区建设苏南国家自主创新示范区，这是全国首个以城市群为基本单元的自主创新示范区。为进一步推进苏南国家自主创新示范区建设，更好地发挥苏南国家自主创新示范区创新发展的引领作用，结合苏南实际，以 2014 年为基期，按年度研究编制苏南国家自主创新示范区创新指数。

建设苏南国家自主创新示范区，是党中央、国务院赋予江苏的重大责任。近年来，省委省政府高度重视苏南国家自创区建设工作，按照国务院批复要求，把苏南国家自主创新示范区建设摆在全局工作的重要位置，深入实施创新驱动战略，加强顶层设计和整体谋划，凝聚各方力量扎实推进，加快构建富有活力的区域创新体系，加快建设创新驱动发展引领区，创新水平和综合实力稳步提升。

2015、2016、2017 年苏南创新指数分别为 115.79、131.47、150.88，比上年分别提高 15.79、15.68、19.41，各分项指数 2017 年均保持上升态势。其中，创新资源、创新主体指数继续保持强劲增长，达 183.28、170.75，比上年分别提高 32.48、26.98；创新绩效、创新环境指数保持较快增长，分别为 144.57、131.21，比上年提高 16.35、16.91；创新辐射指数、创新国际化指数保持平稳增长，达 117.83、131.38，比上年提高 5.84、2.82（图 1）。

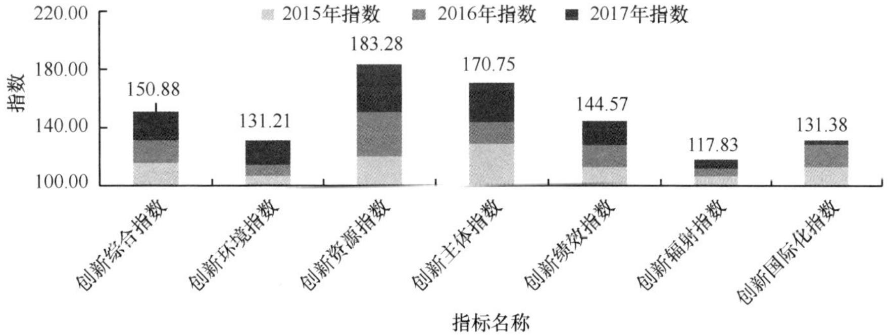

图 1 2015—2017 年苏南创新指数及各一级指标指数

从综合反映苏南各市创新发展规模和增幅情况的贡献率来看，2017 年各设区市对苏南指数增长的贡献率从高到低依次为苏州（40.55%）、南京（29.66%）、无锡（14.20%）、常州（9.88%）、镇江（5.72%），苏州、无锡贡献率分别比上年提高 5.19 个、0.72 个百分点，南京、镇江、常州贡献率分别比上年下降 3.66 个、2.24 个、0.03 个百分点；各市贡献率排序与上年一致。从综合反映苏南各市创新发展规模和增幅情况的贡献率来看，2017 年各设区市创新指数从高到低依次为苏州（162.93）、南京（153.30）、镇江（146.94）、无锡（144.54）、常州（143.88），比上年分别提高 31.60、15.35、7.25、20.31、16.37（图 2）；与上一年排序情况相比，苏州由第 3 位提升至第 1 位，镇江由第 1 位降至第 3 位，无锡由第 5 位提升至第 4 位，常州由第 4 位降至第 5 位，南京继续保持第 2 位。

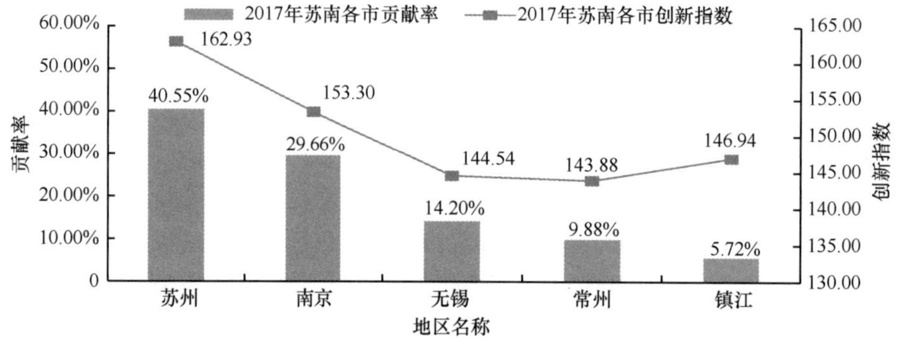

图 2　2016 年各市对苏南指数增长贡献率及各市创新指数

1.1　大力推进重大创新政策落实，创新创业环境持续优化

苏南地区牢牢把握苏南国家自主创新示范区建设契机，围绕高质量发展走在全国前列，切实加大政府科技投入力度，加大重大创新政策的落实力度，苏南整体创新环境持续优化。2017 年苏南创新环境指数为 131.21，比上年提升 16.91；近 3 年苏南创新环境指数均低于创新综合指数（图 3）。从综合反映规模和增幅的贡献率看来，苏州、南京、无锡对苏南创新环境指数增长的贡献率位居前三，分别为 44.67%、30.43%、10.49%；从反映提升幅度的创新指数来看，南京、苏州、常州创新环境指数位居前三，分别为 141.92、135.28、128.89（图 4）。

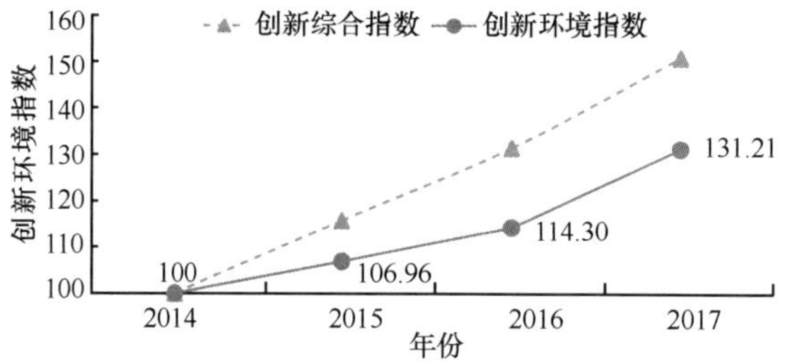

图 3　2014—2017 年苏南创新环境指数

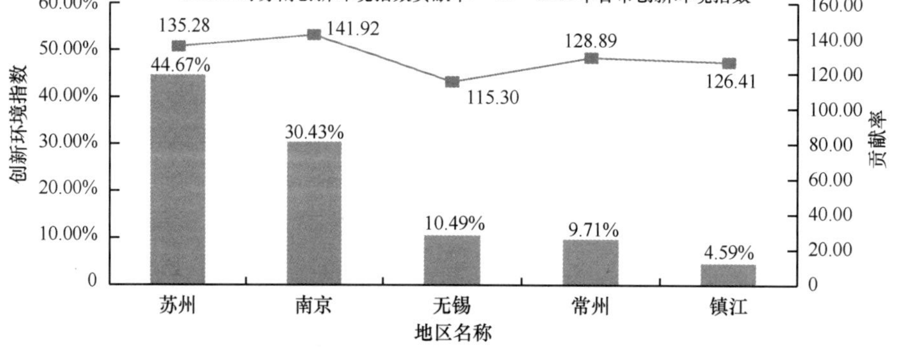

图 4　2017 年各市创新环境指数及各市对苏南贡献率

重大创新政策加快出台。省委省政府出台《关于深化科技体制机制改革推动高质量发展若干政策》（“30”条政策），从深化省级科研经费管理改革、促进科技与产业深度融合、扩大高校院所科研自主权、营造宽容失败的良好创新环境等方面出台30条政策措施。《苏南国家自主创新示范区条例》获省人大审议通过，于2018年2月1日正式实施，这是继北京中关村和武汉东湖之后我国第3个关于自主创新示范区的地方性法规，也是第一个以城市群为基本单元的自主创新示范区条例，对于深化自创区科技体制改革、充分激发创新创业活力、推动区域创新一体化提供了重要的法律保障。苏南众多高校院所和创新主体成为这些政策最大的受益者，2017年，苏南地区科技税收减免额为281.3亿元，同比增长16.6%，占全省的79%；政府财政科技支出为271.3亿元，同比增长21.6%，比全省增幅高13.6个百分点，占全省的63%。

创新创业环境持续优化。苏南自创区围绕贯彻落实省委十三届四次全会“四个一”工作部署，研究起草《苏南国家自主创新示范区建设一体化实施体系推进方案（2019—2021年）》，加快推进自创区一体化创新发展，大力营造自创区建设良好环境。2017年，苏南地区人均GDP达15.0万元，比上年提高1.58万元，是全省的1.4倍，为地区创新发展提供了有效支撑和保障；创业投资机构管理资金规模达2012.4亿元，比上年增加99亿元，占全省的89%，创业投资总体保持高度活跃水平，科技与金融紧密结合不断推进。

1.2 高端创新资源加快集聚，创新服务平台建设加快推进

人才、资金、载体是创新发展的基础资源和重要保障，苏南地区高度重视创新资源的内部整合及外部引进，创新资源综合体系初具规模，高端人才、重大项目、高水平平台等创新资源呈现加速集聚态势。2017年苏南创新资源指数为183.28，位居各一级指标指数第一，比上年提高32.48；近3年苏南创新资源指数均高于创新综合指数（图5）。从综合反映规模和增幅的贡献率来看，苏州、南京、常州对苏南创新资源指数增长的贡献率位居前三，分别为36.32%、31.79%、12.91%；从反映提升幅度的创新指数来看，南京、苏州、镇江创新资源指数位居前三，分别为191.32、189.31、178.68（图6）。

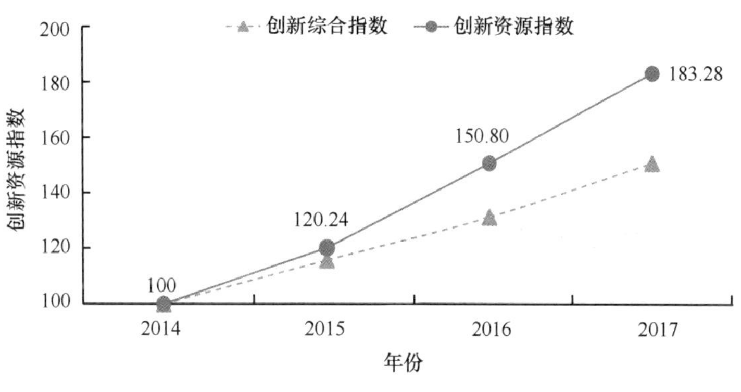

图5 2014—2017年苏南创新资源指数

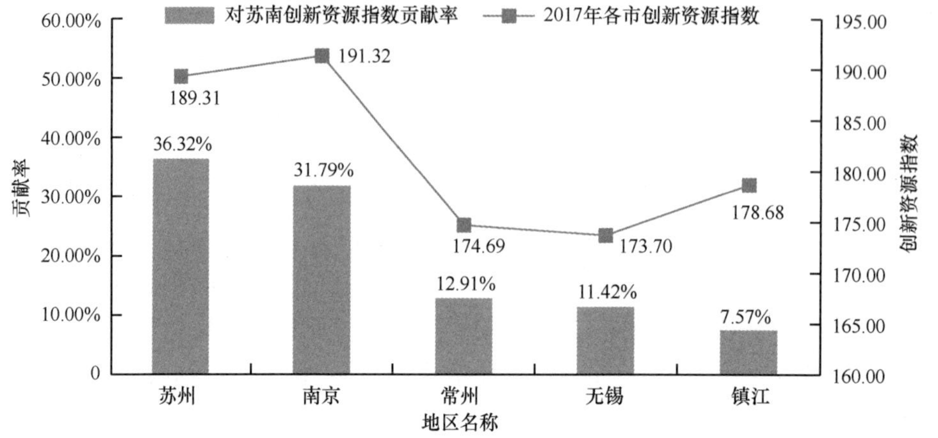

图 6　2017 年各市创新资源指数及各市对苏南贡献率

各类创新资源加快集聚。2017 年苏南地区研发经费投入 1422.0 亿元，占 GDP 比重为 2.83%（新口径），比上年提高 0.03 个百分点，高于全省 0.2 个百分点；每万名从业人员中研发人员达 250.8 人，比上年提高 5.5 人，是全省的 1.5 倍，苏南地区集聚了全省 66% 的研发人员和 63% 的研发经费，成为全省创新投入的主导力量和战略高地。高端人才加速集聚，2017 年苏南新资助引进高层次人才 2485 人次，累计达 19 914 人次，占全省的 70%。启动纳米技术、物联网、机器人等 17 个特色战略新兴产业科技成果产业化基地，组织实施未来网络实验设施建设、深海载人装备国家重点实验室研发和产业化能力建设等 20 项省市共建重大创新项目，总投资超 170 亿元。

创新创业载体加快建设。加快建设自创区一体化创新服务平台，实现设区市、国家高新区全覆盖和互联互通，产业技术协同创新、科技基础设施共享、创新政策、科技投融资、开放创新、“双创”等六大服务平台功能进一步完善，累计组织活动 600 多场，服务企业 3 万余家。2017 年苏南省级以上研发机构数量为 3157 家，众创空间数量 412 家，分别占全省的 60% 和 68%。推进省产业技术研究院改革发展，按“团队控股”“成果所有权赋予科技人员”的新机制，新建 4 家专业研究所，新聘请 15 位项目经理、累计达 64 位，集聚高层次人才团队 500 多名，吸引了超精密加工、智能液晶等一批国际一流水平或填补国内空白的重大成果在苏落地。加快省技术产权交易市场建设，发挥省技术产权交易市场的桥梁纽带作用，出台《省政府关于加快推进全省技术转移体系建设的实施意见》，重点建设“一平台、一中心、一体系”。

1.3　着力强化企业创新主体地位，创新型企业集群培育成效显著

深入实施创新型企业培育行动计划和高新技术企业培育“小升高”计划，加快建立覆盖企业初创、成长、发展等不同阶段的政策支持体系，以创新型领军企业、科技型拟上市企业和高新技术企业组成的创新型企业集群培育成效显著。2017 年苏南创新主体指数为 170.75，位居各一级指标指数第二，比上年提高 26.98；近 3 年苏南创新主体指数均高于创新综合指数（图 7）。从综合反映规模和增幅的贡献率来看，苏州、南京、无锡对苏南

创新主体指数增长的贡献率位居前三，分别为48.54%、24.38%、17.98%；从反映提升幅度的创新指数球来看，苏州、无锡、南京创新主体指数位居前三，分别为214.19、169.50、168.49（图8）。

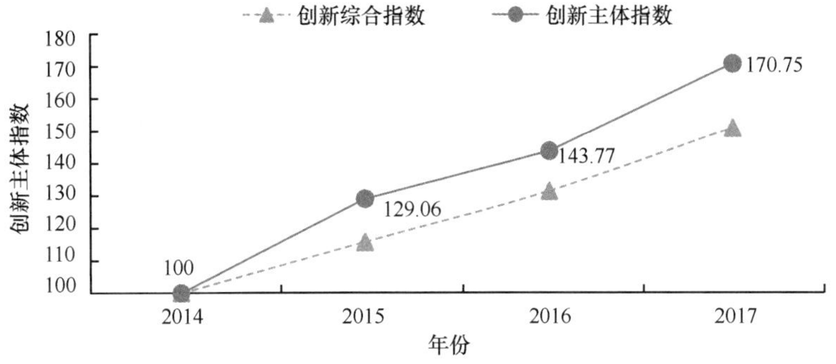

图7　2014—2017年苏南创新主体指数

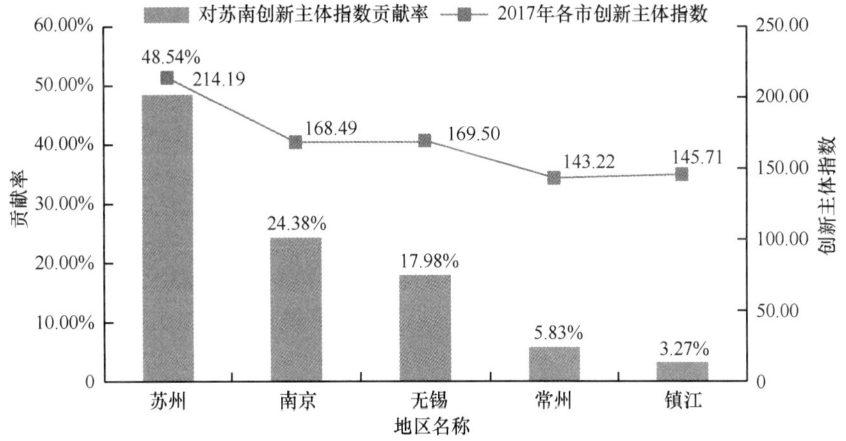

图8　2017年各市创新主体指数及各市对苏南贡献率

领军企业培育初具成效。加大创新型领军企业培育力度，充分发挥大型企业创新骨干作用，增强其整合利用全球创新资源的能力。2017年，苏南5市收入超30亿元的高新技术企业数量达132家，比上年增加15家，占全省的71%；境内外上市及“新三板”挂牌企业1482家，比上年增加126家，占全省的80%；中国500强企业26家，比上年增加8家，占全省的79%。南京南瑞、常州天合、亨通集团、长电科技、兴澄特钢、好孩子等一批创新型领军企业快速发展，有效支撑和引领了地区新兴产业技术创新和传统产业的转型升级。

科技企业队伍不断壮大。实施高新技术企业培育“小升高”计划，建立健全“创业孵化、创新支撑、融资服务”的科技型中小企业抚育体系，激发中小企业创新活力。2017年苏南5市高新技术企业数量达9364家，占全省的69%，成为新时期企业创新的标杆、稳增长调结构的重要力量。以科技企业孵化器为抓手，形成科技型小微企业不断涌现的生动局面，

2017 年苏南科技企业孵化器在孵企业数达 21 428 家，占全省的 70%，成为江苏省技术创新的生力军。“新技术、新产业、新模式、新业态”企业培育成效初显，根据科技部火炬中心研究结果，孩子王和信达生物医药 2 家企业入选 2016 年全国独角兽企业榜单；苏南国家高新区拥有瞪羚企业数量达 208 家，占全国的 10%；人工智能领域的思必驰、智能制造领域的中科煜宸、互联网领域的同程网、途牛网等一批“技术+模式”创新企业快速成长，成为细分领域的龙头骨干企业。

1.4 坚持特色战略产业培育，转型升级和结构优化效果显著

以培育发展“一区一战略产业”为主线，初步形成各具特色、错位发展的产业格局，产业技术水平和创新整体绩效有效提升。2017 年苏南创新绩效指数为 144.57，比上年提高 16.34；近 3 年苏南创新绩效指数均略低于创新综合指数（图 9）。从综合反映规模和增幅的贡献率来看，苏州、南京、无锡对苏南创新绩效指数增长的贡献率位居前三，分别为 36.08%、28.43%、15.37%；从反映提升幅度的创新指数来看，镇江、苏州、常州创新绩效指数位居前三，分别为 156.94、152.84、147.20（图 10）。

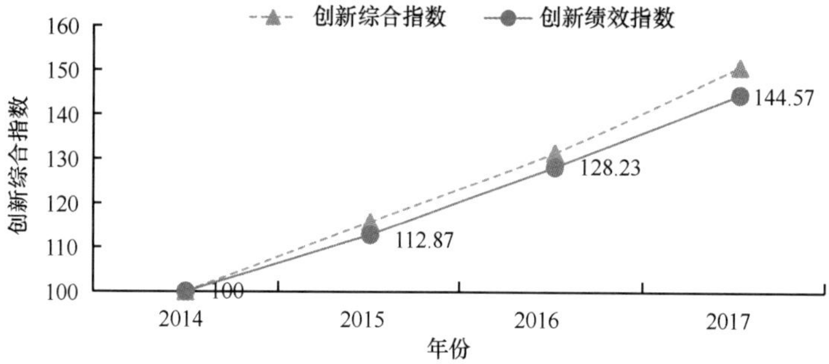

图 9　2014—2017 年苏南创新绩效指数

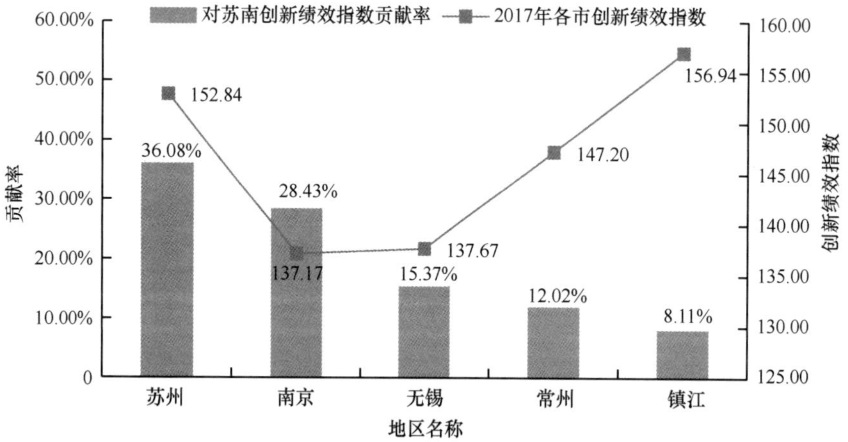

图 10　2017 年各市创新绩效指数及各市对苏南贡献率

“一区一战略产业”格局初显。贯彻落实《关于加快培育发展高新技术产业开发区“一

区一战略产业”意见》，加强统筹布局，各高新区按照“一区一战略产业”的特色化发展要求，已全部明确了重点培育发展的特色战略产业；加强集成培育，通过省科技成果转化专项资金等省科技计划的倾斜支持，引导省（区、市）集成联动，加大培育力度。目前，初步形成南京新一代信息技术、无锡物联网、常州智能装备、苏州纳米科技、镇江高性能新材料等各具特色、错位发展的产业格局。围绕“一区一战略产业”，加强产业技术创新协同联动，突破产业关键核心技术，努力实现关键核心技术自主可控。常州高新区天合光能自主研发的大面积 6 英寸 IBC 电池，效率高达 25.04%（全面积），创造了新的世界纪录；江宁高新园前沿生物药业（南京）股份有限公司自主研发的抗艾滋病新药“艾可宁”获批上市，成为全球首个长效 HIV-1 融合酶抑制剂。

创新整体绩效稳步提升。创新成果不断涌现，2017 年苏南地区主持或参与项目获国家级科学技术奖励数为 39 项，获省级科学技术奖励数为 158 项，分别占全省获奖项目数的 85%、84%；拥有有效发明专利 137 590 件，比上年增加 22 780 件，占全省的 76%；万人有效发明专利 41.1 件，是全省的 1.8 倍，创新产出整体水平远高于全省。地区产业结构不断优化，2017 年苏南高新技术产业产值为 37 361 亿元，占规模以上工业的比重为 46.6%，比上年提高 0.5 个百分点，比全省高 4.0 个百分点；苏南科技服务业总收入为 5265 亿元，同比增长 15.2%，科技服务业占 GDP 比重达 10.5%，比全省高 2.4 个百分点；苏南全员劳动生产率 24.9 万元/人，比上年提高 2.6 万元/人，比全省高 6.9 万元/人。

1.5 创新辐射带动能力稳步提升，区域协同创新机制不断健全

统筹整合苏南地区创新资源，优化重大创新载体布局，完善产业空间结构，打破行政区划限制和创新资源配置条块分割，推动创新要素在城市之间、园区之间、城乡之间的合理流动和高效组合，加快构建协同有序、优势互补、科学高效的“五城九区多园”一体化创新发展格局。2017 年苏南创新辐射指数为 117.83，比上年提高 5.84；近 3 年苏南创新辐射指数均低于创新综合指数，且差距逐步拉大（图 11）。从综合反映规模和增幅的贡献率来看，南京、苏州、无锡对苏南创新辐射指数增长的贡献率位居前三，分别为 41.91%、27.12%、22.75%；从反映提升幅度的创新指数来看，无锡、苏州、常州创新辐射指数位居前三，分别为 128.55、122.44、115.95（图 12）。

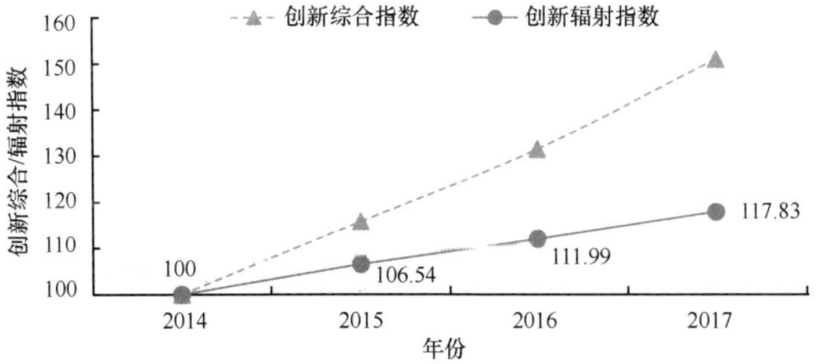

图 11 2014—2017 年苏南创新辐射指数

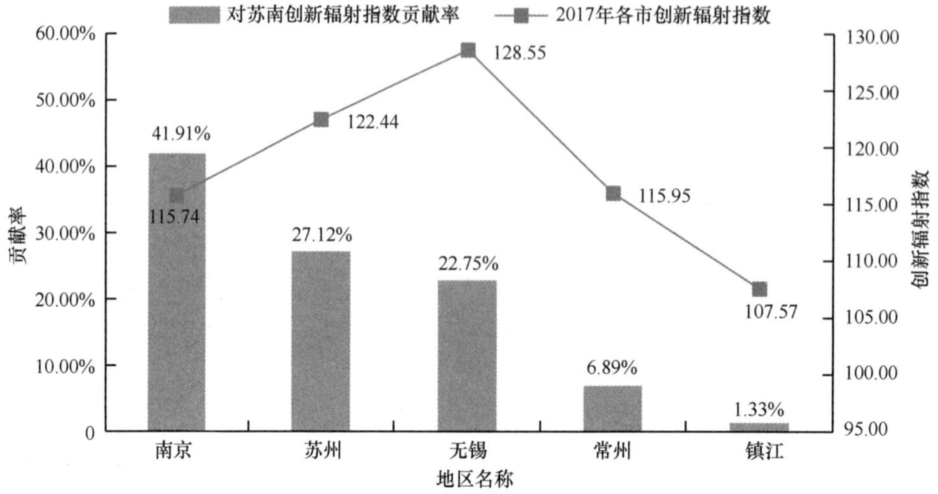

图 12　2017 年各市创新辐射指数及各市对苏南贡献率

对外技术辐射能力持续增强。推进苏南各要素交易市场规范发展，着力打造面向苏南、辐射长三角的集股权、知识产权、债权等交易服务为一体的综合性产权交易服务机构，加快构建以技术转移为重点的现代技术市场体系。2017 年苏南地区技术合同成交额为 616 亿元，占全省技术合同成交额的 70.6%，同比增长 23.3%，比全省增幅高 3.6 个百分点，有效支撑和带动了全省技术创新发展。苏南地区是全省原始创新的战略高地，2017 年全社会研发经费中基础研究和应用研究支出金额达 131.6 亿元，占全省总数的 67%；基础研究和应用研究占全社会研发经费的比重为 9.3%，比全省平均水平高出 0.5 个百分点，成为引领和辐射全省自主创新的中坚力量。

区域协同创新机制不断健全。建立区域协作体制机制，健全高校院所科研设施和仪器设备开放运行制度，逐步形成各类科技资源互通共享的格局。未来网络技术研究院、纳米真空互联实验站、超级计算中心等一批重大科技平台建设成果显著，取得了一批具有重大科学意义或应用价值的原创性成果，突破了一批制约经济社会发展的关键核心技术，在有效解决重大科技问题上做出引领性、系统性重大创新贡献。构建产业技术创新联盟，2017 年苏南省级以上产业技术创新战略联盟数达 35 个，有效支撑了行业关键技术和共性技术的研发创新；在纳米、激光与光电、通信与网络等领域布局建设 7 个产业技术创新中心并形成技术先发优势，形成太阳能光伏、智能电网等 7 个国家创新型产业集群。加快政产学研合作，推进名城名校、产城互动融合发展，加快建设研究型大学，支持高校院所与地方聚焦产业发展需求建设科教协同创新中心，推动企业与科研院所开展深入合作，2017 年苏南地区已建立的校企联盟数达 4889 个，比上年增加 62 个。

1.6　创新国际化发展步伐加快，参与国际竞争能力稳步增强

加快区域国际化步伐，积极对接“一带一路”倡议与其他国家战略及国际前沿趋势，加快集聚全球高端创新资源，加快融入全球创新网络，苏南整体对外开放高度活跃，国际资源集聚能力和参与国际竞争能力稳步提升。2017 年苏南创新国际化指数为 131.38，比上年提

高 2.82；2015—2016 年苏南创新国际化指数略低于创新综合指数，2017 年大幅低于创新综合指数（图 13）。从综合反映规模和增幅的贡献率来看，苏州、南京、无锡对苏南创新国际化指数增长的贡献率位居前三，分别为 39.05%、37.14%、11.02%；从反映提升幅度的创新指数来看，镇江、南京、常州创新国际化指数位居前三，分别为 146.39、139.47、134.79（图 14）。

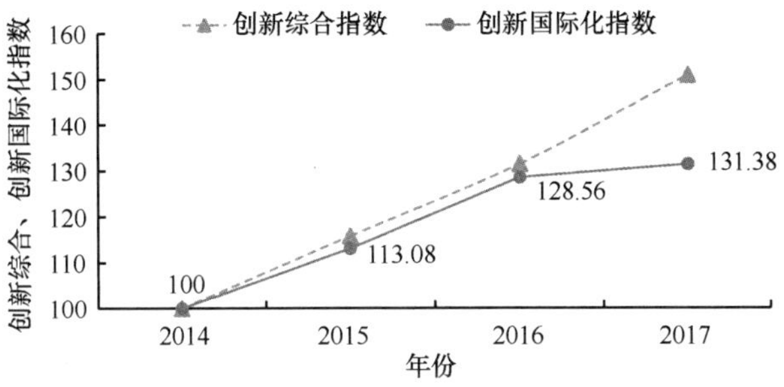

图 13　2014—2017 年苏南创新国际化指数

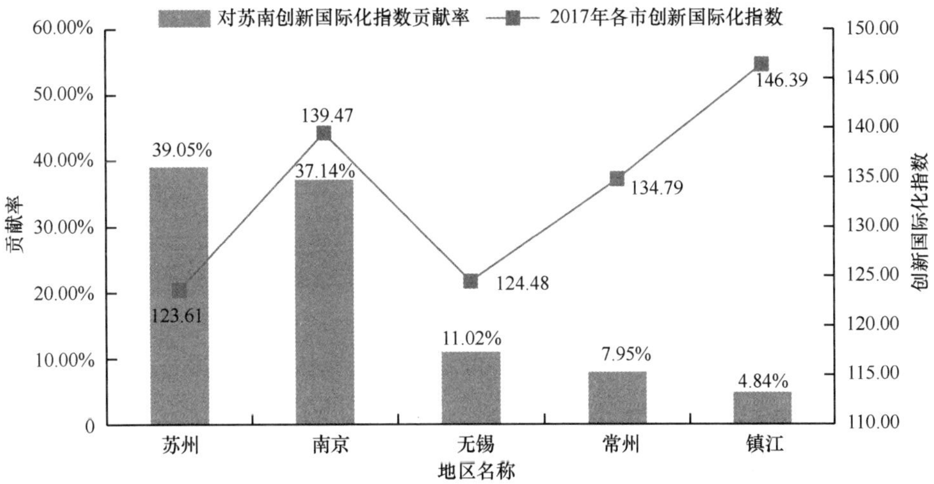

图 14　2017 年各市创新国际化指数及各市对苏南贡献率

国际创新资源配置能力增强。加快与全球创新国家和地区建立战略合作，加速世界级的创业团队、资本、技术的双向流动，积极融入全球创新网络。2017 年苏南引进海外高层次人才 797 人，同比增长 10%，占全省的 92%；中国以色列常州创新园、中德苏州先进制造技术国际创新园、南京国际企业研发园、中瑞镇江生态产业园等一批国际合作园区建设不断加快。

参与国际竞争能力稳步提升。企业国际化进程不断加快，2017 年苏南地区 PCT 专利申请数达 2816 件，同比增长 32.1%，占全省的 61%。地区国际贸易高度活跃，2016 年苏南进出口总额达 5003.2 亿美元，同比增长 15.9%，占全省的 85%，占全国的 12%。同时，受国际经济总体形势及贸易保护主义等多重因素影响，部分国内企业海外扩张步伐放慢，2017 年苏南地区企业设立的境外分支机构数达 448 家，同比下降 42%；部分外资企业新增投资观望情绪较重，2017 年苏南地区实际使用外资 153.9 亿美元，同比下降 8.1%。

2 苏南各设区市创新指数分析

2.1 南京市创新指数分析

2.1.1 南京市创新指数情况

2017 年南京市创新综合指数达 153.30，比上年提高 15.35，居苏南各设区市第 2 位，位次与上年持平，各分项指数均呈现上升态势。与苏南整体相比，各分项指数“三高三低”，其中，创新环境、创新资源、创新国际化指数高于苏南，分别居苏南各设区市第 1 位、第 1 位、第 2 位；创新主体、创新辐射、创新绩效指数低于苏南，分别居苏南各设区市第 3 位、第 4 位、第 5 位。2015 年以来，南京市创新指数均略高于苏南创新指数，创新指数整体保持平稳较快增长（表 1、图 15）。

表1 2017年南京市创新指数及变化情况

名称	创新综合指数	创新环境指数	创新资源指数	创新主体指数	创新绩效指数	创新辐射指数	创新国际化指数
2017年苏南创新指数	150.88	131.21	183.28	170.75	144.57	117.83	131.38
2017年南京市创新指数	153.30	141.92	191.32	168.49	137.17	115.74	139.47
2017年南京市创新指数排名	2	1	1	3	5	4	2
上年南京市创新指数	137.95	127.49	161.02	157.35	122.47	109.24	133.61
上年南京市创新指数排名	2	1	1	1	5	4	2

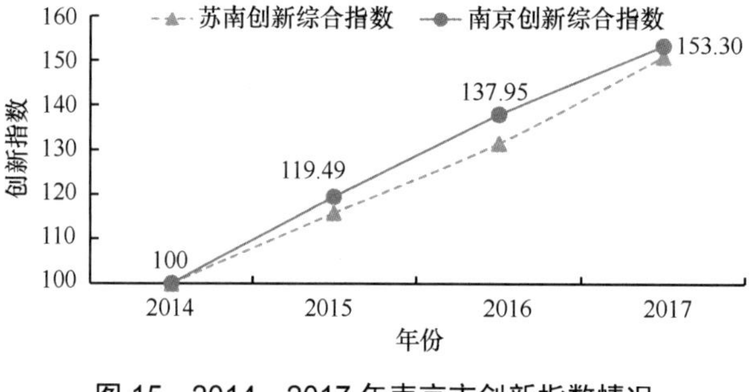

图 15 2014—2017 年南京市创新指数情况

2.1.2 南京市贡献率情况

2017 年南京市对苏南创新综合指数的贡献率为 29.66%，比上年下降 3.66 个百分点，位居苏南各设区市第 2，其中：对苏南创新资源、创新辐射指数的贡献率位居各设区市第 1。与上年相比，对苏南创新指数 6 个分指数的贡献率“三升三降”，其中：对苏南创新辐射指数、创新国际化指数、创新绩效指数的贡献率分别为 41.91%、37.14%、28.43%，分别比上年提高 5.55、3.72、2.56 个百分点；对苏南创新主体指数、创新环境指数、创新资源指数的贡献率分别为 24.38%、30.43%、31.79%，分别比上年下降 11.06、6.59、2.40 个百分点（表 2、图 16）。

表2　2017年南京市对苏南创新指数贡献率情况

名称	创新综合指数	创新环境指数	创新资源指数	创新主体指数	创新绩效指数	创新辐射指数	创新国际化指数
2017年南京市贡献率	29.66%	30.43%	31.79%	24.38%	28.43%	41.91%	37.14%
2017年南京市贡献率排名	2	2	2	2	2	1	2
上年南京市贡献率	33.31%	37.02%	34.19%	35.44%	25.86%	36.35%	33.42%
上年南京市贡献率排名	2	2	1	2	2	1	2

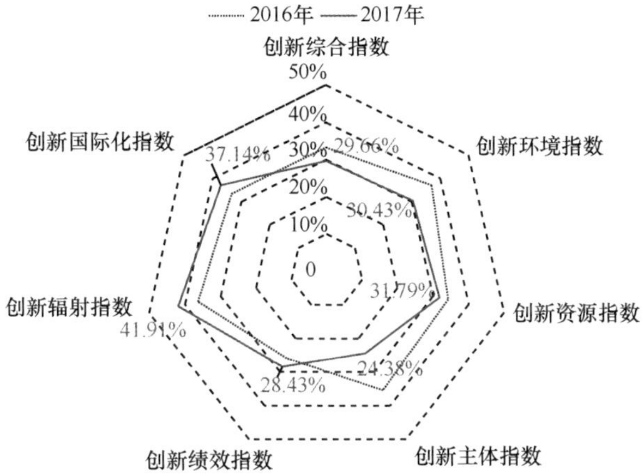

图 16　2016 年和 2017 年南京市对苏南创新指数增长的贡献率情况

2.2　无锡市创新指数分析

2.2.1　无锡市创新指数情况

2017 年无锡市创新综合指数达 144.54，比上年提高 20.31，位居苏南各设区市第 4，比上年提升 1 个位次；各分项指数中创新国际化指数下降 4.41，其余呈现上升态势。与苏南整体相比，各分项指数中仅创新辐射指数高于苏南 10.72，创新环境、创新资源、创新国际化、创新绩效、创新主体指数分别低于苏南 15.92、9.58、6.91、6.90、1.25（表 3）。2015 年以来，无锡市创新指数均略低于苏南创新指数，创新指数整体保持平稳增长态势（图 17）。

表3　2017年无锡市创新指数及变化情况

名称	创新综合指数	创新环境指数	创新资源指数	创新主体指数	创新绩效指数	创新辐射指数	创新国际化指数
2017年苏南创新指数	150.88	131.21	183.28	170.75	144.57	117.83	131.38
2017年无锡市创新指数	144.54	115.30	173.70	169.50	137.67	128.55	124.48
2017年无锡市创新指数排名	4	5	5	2	4	1	4
上年无锡市创新指数	124.22	100.12	143.72	134.16	122.75	111.83	128.88
上年无锡市创新指数排名	5	5	5	5	4	3	3

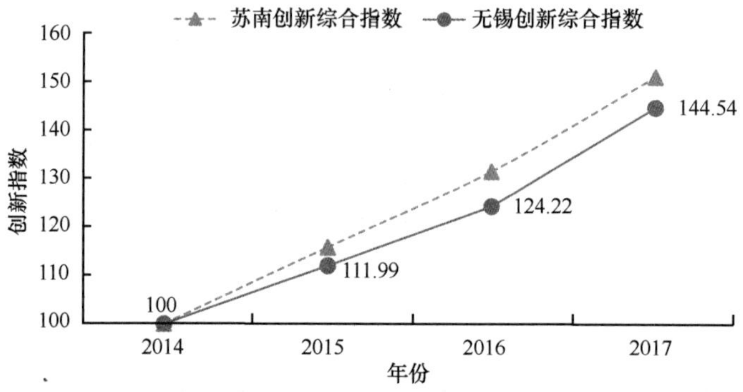

图 17　2014—2017 年无锡市创新指数情况

2.2.2　无锡市贡献率情况

2017 年无锡市对苏南创新综合指数的贡献率为 14.20%，比上年提高 0.72 个百分点，位居苏南各设区市第 3，其中：对苏南创新资源指数的贡献率位居各设区市第 4，对其余分项指数贡献率均位居各设区市第 3。与上年相比，对苏南创新指数 6 个分指数的贡献率“四升二降”，其中：对苏南创新环境、创新辐射、创新主体、创新绩效指数的贡献率分别比上年提升 8.09、3.04、1.63、0.15 个百分点；对苏南创新国际化、创新资源指数的贡献率分别比上年下降 5.74、0.07 个百分点（表 4、图 18）。

表4　2017年无锡市对苏南创新指数贡献率情况

名称	创新综合指数	创新环境指数	创新资源指数	创新主体指数	创新绩效指数	创新辐射指数	创新国际化指数
2017年无锡市贡献率	14.20%	10.49%	11.42%	17.98%	15.37%	22.75%	11.02%
2017年无锡市贡献率排名	3	3	4	3	3	3	3
上年无锡市贡献率	13.48%	2.40%	11.49%	16.35%	15.22%	19.71%	16.76%
上年无锡市贡献率排名	3	5	4	3	3	3	3

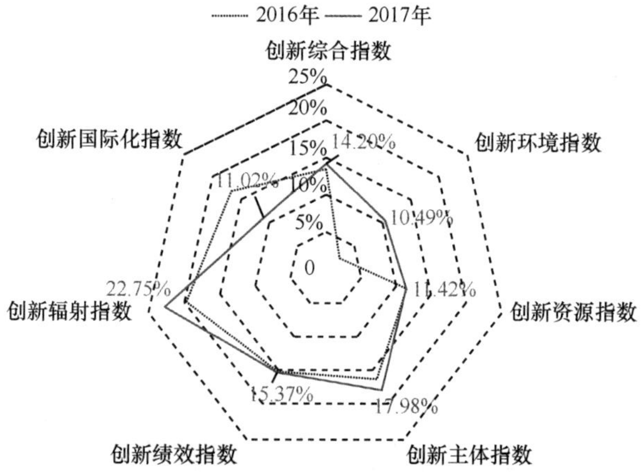

图 18　2016 年和 2017 年无锡市对苏南创新指数增长的贡献率情况

2.3 常州市创新指数分析

2.3.1 常州市创新指数情况

2017 年常州市创新综合指数达 143.88，比上年提高 16.37，位居苏南各设区市第 5，比上年下降 1 个位次（表 5）。2015 年以来，常州市创新指数均略低于苏南创新指数，创新指数整体保持平稳增长态势（图 19）。

表5 2017年常州市创新指数及变化情况

名称	创新综合指数	创新环境指数	创新资源指数	创新主体指数	创新绩效指数	创新辐射指数	创新国际化指数
2017年苏南创新指数	150.88	131.21	183.28	170.75	144.57	117.83	131.38
2017年常州市创新指数	143.88	128.89	174.69	143.22	147.20	115.95	134.79
2017年常州市创新指数排名	5	3	4	5	3	3	3
上年常州市创新指数	127.50	116.30	144.40	137.33	124.46	102.65	127.39
上年常州市创新指数排名	4	3	4	4	3	5	4

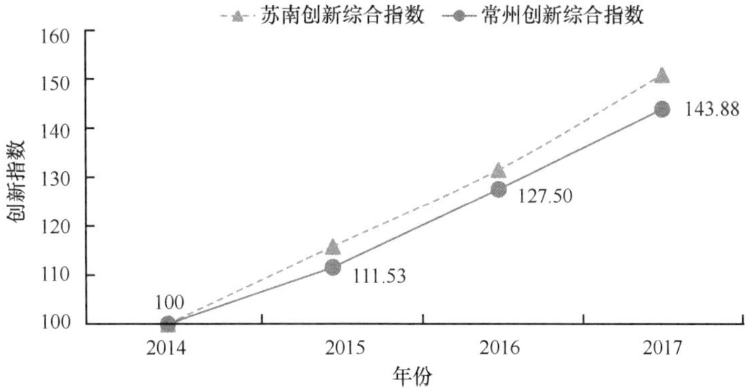

图 19 2014—2017 年常州市创新指数情况

2.3.2 常州市贡献率情况

2017 年常州市对苏南创新综合指数的贡献率为 9.88%，比上年下降 0.03 个百分点，位居苏南各设区市第 4，与上年相比，对苏南创新指数 6 个分指数的贡献率“三升三降”。其中：对苏南创新辐射、创新绩效、创新资源指数的贡献率分别比上年提高 6.18、1.61、0.31 个百分点；对苏南创新主体、创新环境、创新国际化指数的贡献率分别比上年下降 2.02、1.58、0.15 个百分点（表 6、图 20）。

表6 2017年常州市对苏南创新指数贡献率情况

名称	创新综合指数	创新环境指数	创新资源指数	创新主体指数	创新绩效指数	创新辐射指数	创新国际化指数
2017年常州市贡献率	9.88%	9.71%	12.91%	5.83%	12.02%	6.89%	7.95%
2017年常州市贡献率排名	4	4	3	4	4	4	4

续表

名称	创新综合指数	创新环境指数	创新资源指数	创新主体指数	创新绩效指数	创新辐射指数	创新国际化指数
上年常州市贡献率	9.91%	11.29%	12.60%	7.85%	10.42%	0.71%	8.10%
上年常州市贡献率排名	4	3	3	4	5	5	4

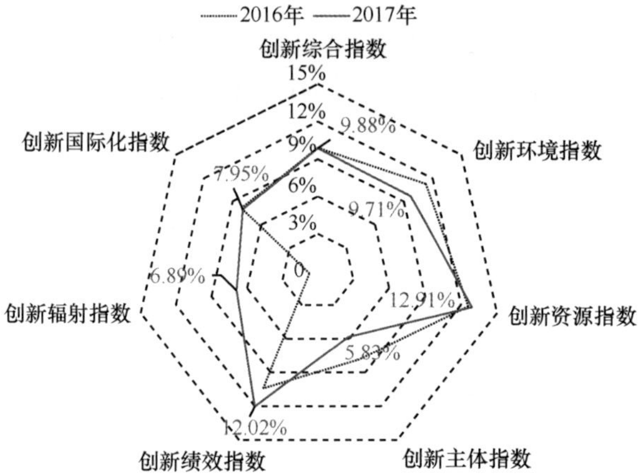

图 20　2016 年和 2017 年常州市对苏南创新指数增长的贡献率情况

2.4　苏州市创新指数分析

2.4.1　苏州市创新指数情况

2017 年苏州市创新综合指数达 162.93，比上年提高 31.60，位居苏南各设区市第 1，比上年提升 2 个位次；各分项指数中创新国际化指数下降 2.61，其余均呈现上升态势。与苏南整体相比，各分项指数中仅创新国际化指数低于苏南 7.78 个百分点，位居各市第 5；创新主体指数高于苏南，位居各市第 1，其余分项指数均高于苏南，均位居各市第 2（表 7）。2015、2016 年，苏州市创新指数均与苏南创新指数基本持平，2017 年大幅超过苏南创新指数（图 21）。

表7　2017年苏州市创新指数及变化情况

名称	创新综合指数	创新环境指数	创新资源指数	创新主体指数	创新绩效指数	创新辐射指数	创新国际化指数
2017年苏南创新指数	150.88	131.21	183.28	170.75	144.57	117.83	131.38
2017年苏州市创新指数	162.93	135.28	189.31	214.19	152.84	122.44	123.61
2017年苏州市创新指数排名	1	2	2	1	2	2	5
上年苏州市创新指数	131.33	114.78	149.01	140.21	131.25	116.55	126.22
上年苏州市创新指数排名	3	4	3	2	2	2	5

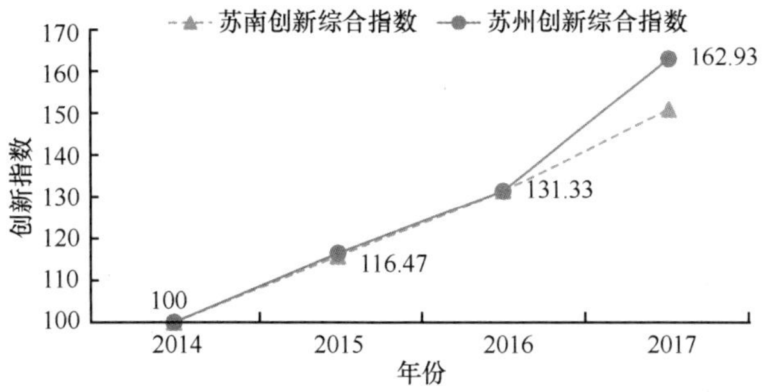

图 21　2014—2017 年苏州市创新指数情况

2.4.2　苏州市贡献率情况

2017 年苏州市对苏南创新综合指数的贡献率为 40.55%，比上年提高 5.19 个百分点，位居苏南各设区市第 1。与上年相比，苏州对苏南创新指数 6 个分指数的贡献率"五升一降"，其中：对苏南创新辐射指数的贡献率为 27.12%，位居各市第 2，比上年下降 1.94 个百分点；对苏南其余 5 个分项指数的贡献率，均位居各市第 1，且较上年均有不同程度提升（表 8、图 22）。

表8　2017年苏州市对苏南创新指数贡献率情况

名称	创新综合指数	创新环境指数	创新资源指数	创新主体指数	创新绩效指数	创新辐射指数	创新国际化指数
2017年苏州市贡献率	40.55%	44.67%	36.32%	48.54%	36.08%	27.12%	39.05%
2017年苏州市贡献率排名	1	1	1	1	1	2	1
上年苏州市贡献率	35.36%	42.58%	32.49%	36.07%	36.00%	29.06%	37.52%
上年苏州市贡献率排名	1	1	2	1	1	2	1

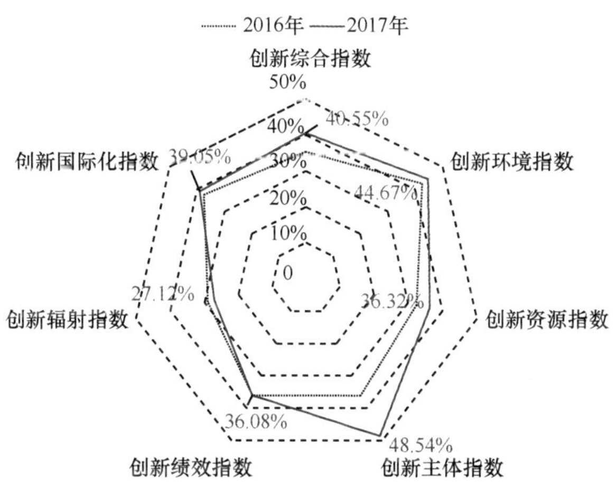

图 22　2016 年和 2017 年苏州市对苏南创新指数增长的贡献率情况

2.5　镇江市创新指数分析

2.5.1　镇江市创新指数情况

2017 年镇江市创新综合指数达 146.94，比上年提高 7.25，位居苏南各设区市第 3，比上年下降2个位次；各分项指数中仅创新辐射指数下降12.72，其余均呈现上升态势。与苏南整体相比，各分项指数中创新绩效、创新国际化指数分别高于苏南12.37、15.01，位居各市第1；其余4个分项指数低于苏南（表9）。2015、2016年，镇江市创新指数均高于苏南创新指数，但2017年由于多数具体指标增幅放缓，镇江市创新指数略低于苏南创新指数（图23）。

表9 2017年镇江市创新指数及变化情况

名称	创新综合指数	创新环境指数	创新资源指数	创新主体指数	创新绩效指数	创新辐射指数	创新国际化指数
2017年苏南创新指数	150.88	131.21	183.28	170.75	144.57	117.83	131.38
2017年镇江市创新指数	146.94	126.41	178.68	145.71	156.94	107.57	146.39
2017年镇江市创新指数排名	3	4	3	4	1	5	1
上年镇江市创新指数	139.69	118.20	158.59	138.01	156.57	120.29	133.89
上年镇江市创新指数排名	1	2	2	3	1	1	1

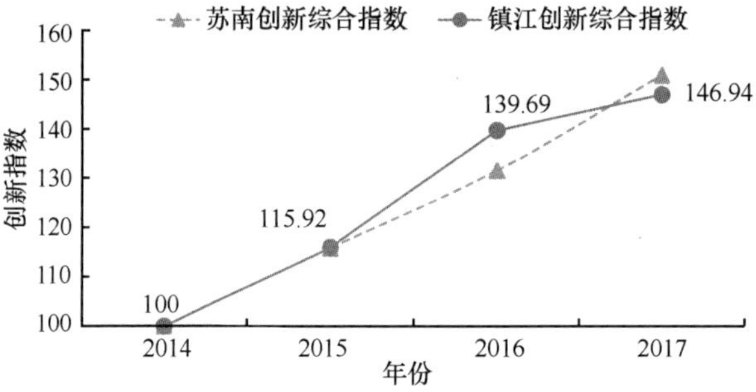

图23 2014—2017年镇江市创新指数情况

2.5.2 镇江市贡献率情况

2017年镇江市对苏南创新综合指数的贡献率为5.72%，比上年下降2.24个百分点，位居苏南各设区市第5。与上年相比，对苏南创新指数6个分指数的贡献率“一升五降”，其中：对苏南创新国际化指数的贡献率提高0.64个百分点至4.84%；对苏南创新辐射、创新绩效、创新环境、创新资源、创新主体指数的贡献率分别下降12.83、4.41、2.21、1.65、1.02个百分点（表10、图24）。

表10 2017年镇江市对苏南创新指数贡献率情况

名称	创新综合指数	创新环境指数	创新资源指数	创新主体指数	创新绩效指数	创新辐射指数	创新国际化指数
2017年镇江市贡献率	5.72%	4.59%	7.57%	3.27%	8.11%	1.33%	4.84%
2017年镇江市贡献率排名	5	5	5	5	5	5	5
上年镇江市贡献率	7.96%	6.80%	9.23%	4.29%	12.52%	14.16%	4.20%
上年镇江市贡献率排名	5	4	5	5	4	4	5

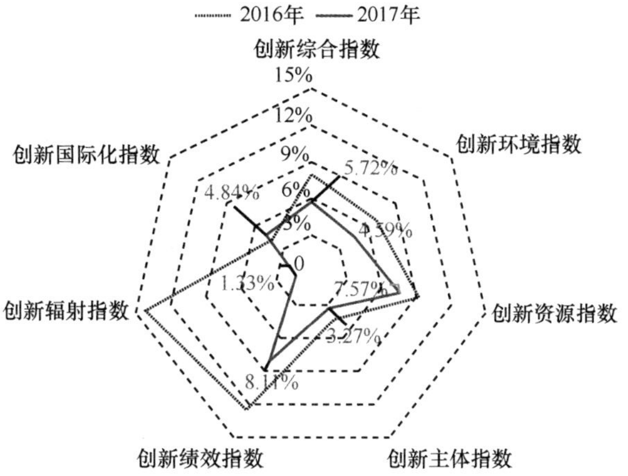

图 24　2016 年和 2017 年镇江市对苏南创新指数增长的贡献率情况

3　苏南创新指数评价方法

3.1　指标体系

围绕创新发展的内涵及自创区的建设要求和目标，遵循导向性、科学性、可操作性、权威性等主要原则，构建苏南国家自主创新示范区创新指数指标体系。

3.1.1　设计原则

① 导向性。指标体系的设计是为了准确反映苏南国家自主创新示范区创新发展情况，同时也是指引苏南地区科技创新发展方向的指挥棒，为未来苏南地区创新驱动发展制定相应方针提供参考依据。

② 科学性。指标体系的设计需在广泛借鉴现有权威指标体系的基础上，根据苏南国家自主创新示范区创新实际情况与创新发展需求进行相应的调整与完善。

③ 可操作性。指标的设计概念明确，定义清楚，能够方便地采集数据与收集相关情况。指标体系中的指标与大家公认的知名、权威评价指标基本一致，统计口径与方法相同，能够相对比较容易进行对比。

④ 权威性。在江苏已经开展的科技进步监测、科技创新工程监测、高新区考核评价等基础上，选择现有政府统计体系中可采集的统一口径指标，不创造新指标。所有数据均来源于官方统计和调查，确保基本数据的准确性、权威性、持续性和及时性。

3.1.2　理论框架

借鉴和参照国内外知名创新指数，在创新发展基础理论研究及苏南国家自主创新示范区建设的目标导向分析基础上，从理论支撑和目标导向两个角度来搭建指标体系的整体框架。构建的指标体系理论框架示意如图 25 所示。

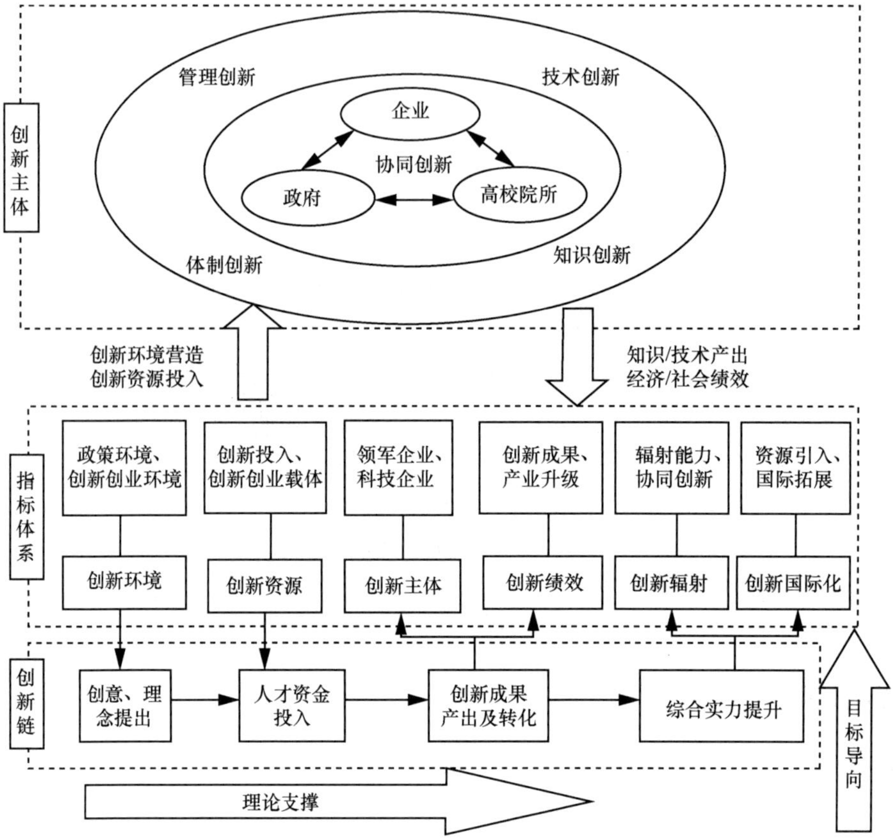

图 25　指标体系理论框架示意

3.1.3　指标体系

在合理借鉴国内外相关创新指数指标体系，及遵循指标体系设计基本原则的基础上，我们围绕指标体系理论框架，梳理和研究了目前政府统计体系中能及时有效采集数据的常用指标，力求从规模、结构、强度、高度等不同层面，从政府、企业、科研院所、中介机构多个创新主体角度，从环境、人才、资金、知识、成果等不同创新要素，来综合研究设计苏南创新指数指标体系。

最终研究形成的指标体系共包含创新环境、创新资源、创新主体、创新绩效、创新辐射、创新国际化 6 个一级指标，30 个具体指标（表 11）。

表11　苏南创新指数指标体系

一级指标	二级指标	序号	具体指标
创新环境	政策环境	1	科技税收减免额（亿元）
		2	财政科技支出（亿元）
	创新创业环境	3	人均GDP（万元/人）
		4	大学本科及以上学历人数（人）
		5	创业投资机构管理资金规模（亿元）

续表

一级指标	二级指标	序号	具体指标
创新资源	创新投入	6	全省资助引进高层次人才（人次）
		7	每万名从业人员中R&D人员数（人）
		8	全社会研发经费（亿元）
	创新创业载体	9	研发机构数量（家）
		10	众创空间数量（家）
创新主体	领军企业	11	收入超30亿元的高新技术企业数量（家）
		12	上市企业数量（家）
		13	中国500强企业数（家）
	科技企业	14	科技企业孵化器在孵企业数（家）
		15	高新技术企业数量（家）
创新绩效	创新成果	16	获省级以上科学技术奖励数及等级
		17	发明专利拥有量（件）
	产业升级	18	高新技术产业产值（亿元）
		19	全员劳动生产率（万元/人）
		20	科技服务业总收入（亿元）
创新辐射	辐射能力	21	技术合同成交额（亿元）
		22	全社会研发经费中基础研究和应用研究支出（亿元）
		23	科技公共服务平台数（个）
	协同创新	24	已建立的校企联盟数（个）
		25	省级以上产业技术创新战略联盟数（个）
创新国际化	资源引入	26	实际使用外资金额（亿美元）
		27	引进海外高层次人才数（人）
	国际拓展	28	进出口总额（亿美元）
		29	企业设立的境外分支机构数（家）
		30	PCT专利申请数（件）

3.2 评价方法

以2014年（苏南国家自主创新示范区批准年）数据为基期，计算各年份苏南各具体指标的相对数，然后分层级进行加权，合成的综合指数即为苏南国家自主创新示范区创新指数。

3.2.1 苏南创新指数

苏南创新指数基期为100，各一级指标指数基期均为100。通过当年指数与基期指数的比较，反映苏南创新发展的总体成效和主要特征，以及各一级指标和具体指标历年的发展趋势。

3.2.2 苏南各市创新指数

参照苏南创新指数的计算方法，以各地区 2014 年数据为基期，分别计算各年份苏南各市创新指数。通过比较苏南和苏南各市的创新指数，反映苏南五市发展差异及对苏南总体创新发展的贡献。

3.3 权重设置

苏南创新指数涉及两层指标权重，其中：一级指标中创新环境、创新资源、创新主体、创新绩效权重均为 20%，创新辐射、创新国际化权重均为 10%；具体指标在各一级指标内的权重依据专家咨询意见确定。

3.4 计算公式

3.4.1 计算具体指标相对值

2014 年所有具体指标数据作为基准值，将各年份具体指标全部换算成相对值（逆向指标先进行倒数化处理），计算公式为：

$$Y_{jk}=\frac{X_{jk}}{X_{j0}}\times 100。\qquad (1)$$

式中，j 取 1 ～ 30，表示具体指标数；k 取 0 ～ n，表示 2014 年及 2014 年之后的第 n 年；X_{jk} 为第 j 个具体指标第 k 年的值，X_{jo} 为该指标 2014 年值，Y_{jk} 为该指标处理后的相对值。

3.4.2 计算一级指标指数

采用加权法计算各一级指标指数，计算公式为：

$$\overline{Y}_{jk}=\sum_{m=1}^{5}Y_{jmk}\times\beta_{jm}。\qquad (2)$$

式中，j 取 1 ～ 6,表示一级指标数；k 取 0 ～ n，表示 2014 年及 2014 年之后的第 n 年，m 取 1 ～ 5,表示每个一级指标中第 m 个三级指标；β_{jm} 表示该三级指标权重；$\overline{Y}_{jk}$ 为第 j 个一级指标第 k 年的指数。

3.4.3 计算创新指数

采用加权法对 6 个一级指标指数进行加权，计算创新指数，计算公式为：

$$\overline{Y}_{k}=\sum_{j=1}^{6}\overline{Y}_{jk}\times\beta_{j}。\qquad (3)$$

式中，k 取 0 ～ n，表示 2014 年及 2014 年之后的第 n 年；j 取 1 ～ 6,表示一级指标数；β_j 表示一级指标权重；$\overline{Y}_k$ 为第 k 年的创新指数。

附录

指标说明

1. 科技税收减免额

企业科技税收减免税额主要包括高新技术企业享受所得税优惠额、企业研发费用加计扣除实际减免的所得税额、从国外进口的科学研究用仪器设备及零部件、原材料免征的关税、进口环节增值税等，以及软件和集成电路企业、创业投资企业、技术先进服务型企业、小型微利企业、各类科技园和孵化器等按国家规定享受的科技税收优惠之总和。

2. 财政科技支出

指当年地方财政用于科学技术方面的支出。

3. 人均GDP

指报告期内按平均常住人口计算的人均地区生产总值。地区生产总值（GDP）是指一个国家（或地区）所有常住单位在一定时期内生产活动的最终成果。

4. 大学本科及以上学历人数

指报告期内常住人口中拥有大学本科及以上学历人员数。

5. 创业投资机构管理资金规模

指该地区注册经营的创业投资机构管理的资金规模，反映地方科技金融发展水平。

6. 全省资助引进高层次人才

该指标反映政府对中高端人才引进培养的支持力度，数据以《江苏省人才发展统计公报》公布的全省资助引进高层次人才累计数为准。

7. 每万名从业人员中R&D人员数

指报告期内每万名从业人员中R&D（研究与试验发展）人员数。研发人员指参与科学研究与试验发展项目研究、管理和辅助的工作人员。

8. 全社会研发经费

指当年用于研究与试验发展活动的经费支出，R&D活动指在科学技术领域，为增加知识总量及运用这些知识去创造新的应用而进行的系统的创造性活动，包括基础研究、应用研究、试验发展三类活动。

9. 研发机构数量

指经有关部门认定的省级以上企业研究院、企业重点实验室、企业技术中心、企业研究生工作站、企业博士后科研工作站、企业院士工作站、工程研究中心、工程技术研究中心、工程实验室、外资研发机构等研发机构的数量。

10. 众创空间数量

指截至报告期末获得省级以上科技行政主管部门备案的众创空间数量。

11. 收入超30亿元的高新技术企业数量

指按国家标准认定的且在有效期内的高新技术企业中，报告期当年营业收入超过30亿元的企业数量。

12. 上市企业数量

指在境内外证券交易市场上市交易和在新三板挂牌的企业数量。

13. 中国 500 强企业数

中国 500 强企业数据来源于财富中文网发布的《财富》中国 500 强排行榜，依据企业销售收入或营业收入按年度排出。中国 500 强企业数指企业（集团）总部设在相关区域内企业数。

14. 科技企业孵化器在孵企业数

指纳入全省统计范围的各类科技企业孵化器内的在孵企业数。

15. 高新技术企业数量

指报告期末按国家标准认定的且在有效期内的高新技术企业数量。

16. 获省级以上科学技术奖励数及等级

指报告期内获得省级以上科学技术奖励的情况，包括国家最高科学技术奖、国家自然科学奖、国家技术发明奖、国家科学技术进步奖、省科技进步奖等几类科技奖励项数及等级情况，是根据获得奖励的数量及等级综合合成的指标。

17. 发明专利拥有量

指各地区拥有经国内知识产权行政部门授权且在有效期内的发明专利件数。

18. 高新技术产业产值

指报告期内按照《江苏省高新技术产业统计分类目录》统计的对应产业产值。

19. 全员劳动生产率

指根据产品的价值量指标计算的平均每一个从业人员在单位时间内的产品生产量。计算公式：全员劳动生产率=地区生产总值 / 全社会从业人员。

20. 科技服务业总收入

指依据《中华人民共和国统计法》、《国务院关于加快科技服务业发展的若干意见》（国发〔2014〕49 号）、《国民经济行业分类》（GB/T 4754—2011），确定的科学研究与试验发展服务、专业化技术服务、科技推广及相关服务、科技信息服务、科技金融服务、科技普及和宣传教育服务、综合科技服务等七大类科技服务业报告期总收入。

21. 技术合同成交额

指报告期内地区所有法人单位签订的并在省有关部门进行认定和登记的技术合同成交金额。技术合同指当事人就技术开发、转让、咨询或服务订立的确立相互之间权利和义务的合同。

22. 全社会研发经费中基础研究和应用研究支出

指当年用于全社会研究与试验发展活动的经费支出中基础研究和应用研究支出的金额。

23. 科技公共服务平台数

科技公共服务平台主要依托各类服务机构，组织各种科技资源和科技力量，为创新、创业和民生事业提供技术、知识、信息、管理和投融资等服务，具有公共性和开放性的特点，是科技服务体系的重要组成部分。该指标数据以省科技厅公布数据为准。

24. 已建立的校企联盟数

该指标反映全省企业与高校院所等建立的产学研合作联盟情况，以省科技厅数据为准。

25. 省级以上产业技术创新战略联盟数

指经省级及以上科技部门批复成立的产业技术创新战略联盟数量，以省科技厅数据为准。

26. 实际使用外资金额

指批准的合同利用外资金额的实际执行数，外国投资者根据批准外商投资企业的合同（章程）的规定实际缴付的出资额和企业投资总额内外国投资者以自己的境外自有资金实际直接向企业提供的贷款。

27. 引进海外高层次人才数

该指标反映海外高层次人才的引入情况。

28. 进出口总额

海关进出口总额指实际进出我国国境的货物总金额，以《江苏统计年鉴》数据为准。

29. 企业设立的境外分支机构数

指企业在境外自办或与外单位合办的技术研发机构、营销服务机构、生产制造基地等机构数量，以商务厅数据为准。

30. PCT专利申请数

该指标是当年通过PCT途径递交的国际专利申请数。PCT是《专利合作条约》（*Patent Cooperation Treaty*）的英文缩写，是有关专利的国际条约。

课题负责人：张　超

课题组成员：余景亮　张　珍　马　丽　田　晶　徐海燕　曹　曼

撰　稿　人：余景亮

支撑科技创新的科技数据服务能力建设

1 项目研究的目的与意义

当前，新一轮科技革命和产业变革正在孕育兴起，大数据应用于各行各业，如何通过多源数据综合集成和海量信息挖掘与分析促进科技创新资源的高效利用，已成为科技创新资源管理与评估、科技创新服务领域关注的热点。为进一步推动科技创新服务体系建设，首先需要加大科技创新服务平台建设力度。科技统计数据处理平台的搭建，能有效保证科技统计的快捷性、及时性和简便性，进而保证科技统计数据的真实性、准确性和完整性，最终为全省科技统计数据集成、科技统计工作信息化、省市县三级科技统计队伍建设提供重要基础，为全省科技战略决策和政策制定提供强大的数据支撑。2009 年，在省科技厅大力支持下，江苏省科技统计数据处理平台正式上线运行，大大减轻了全省科技统计人员的工作量，较好地支撑了全省科技统计的各项工作，促进全省省级科技统计工作全面进入信息化阶段。进入 2016 年，省科技统计中心承担的统计制度已多达 20 余项，在系统兼容性、网络安全性、社会服务性等方面对江苏省科技统计数据处理系统提出更高的要求，同时，随着大数据时代的到来，科技统计数据资源的不断累积，我们更需要进行数据监测、挖掘、预测等方面的应用，因此，本项目重点对江苏省科技统计数据处理平台进行二次改造升级，重点在规范数据标准化、提高使用性能、加强数据安全性、建设数据分析平台及移动 APP 等方面进行改造，希望通过升级的完成，实现江苏省科技统计数据查询工作网页端、移动端的全终端覆盖，为全省、全社会提供更全面的数据查询服务。企业是科技创新的主体，提高企业创新能力是推进地区及全省科技创新能力的重要手段。企业面临的创新问题是既要解决企业当前发展所面临的实际技术难题，也要为企业长远发展进行前期的技术储备和谋划。企业研发机构建设是促进企业集聚创新资源、转化科技成果的重要途径，不断激发企业研发机构建设积极性，进而持续增强企业研发机构创新能力，不断增强企业的创新实力和竞争力。

1.1 项目研究的主要内容

1.1.1 项目建设目标

紧紧围绕江苏省科学技术情报研究所的职能定位，以支撑科技管理与创新决策的能力提升为核心，从科技统计数据开发应用、服务能力提升和人才培养 3 个方面入手。通过项目 3 年期的建设，在国内将建设成在科技统计数据应用方面具有引领地位的咨询服务平台，搭建具有广泛普适性的存储、计算、分析和可视化平台，为政府部门及全社会公众提供公共数据查询、展示、咨询服务；全面推进全省企业研发机构建设，持续增强企业研发机构创新能力，为全省科技创新能力提升提供重要支撑。

1.1.2 建设思路

加强智能化数据分析平台建设，建立全省面上数据、科技投入、高新产业、专利产出、科技企业、科技基础设施、科技人才等多专题数据库，基于数据开展数据分析、数据挖掘、数据预测等研究；加强移动端数据查询平台建设，建立科技专题、科技年鉴、科技数据等查询模块，为社会提供科技信息发布、交流和共享平台；加强企业创新咨询服务，全面推进全省企业研发机构建设工作，不断提高企业、产业和区域的自主创新能力，提升江苏在国家创新体系中的地位，增强科技创新对江苏高质量发展的支撑作用。

1.1.3 主要研究内容

结合数据、人才、平台等多方面资源，以建设智能化数据分析平台为主要方向，通过更进一步的数据挖掘、统计分析对全省科技创新情况作出判断，敏锐捕捉苗头性、倾向性问题，提高科技分析的时效性、针对性、前瞻性，多层面、多角度、全方位地为各级领导决策服务，为全社会提供的咨询和监督服务。

① 全面整合数据资源。进一步规范数据标准化、提高数据安全性，建立科技相关数据的元数据库，通过对元数据库进行多维度分析，为战术层和战略层提供决策作用；另外，结合公开数据，为全省、全社会提供数据查询服务，提供数据网页端和移动端查询入口，对公布数据进行及时的更新，以方便社会更好地了解科技发展情况，发挥社会对科技发展进行的查询和监督作用。通过对数据的深入研究，为相关科技政策的制定、科技计划的实施提供重要的依据。同时随着互联网技术的不断升级，网络安全保护意识的显著增强，重点完善平台应用环境、加快平台运行速度、提高平台安全保护等级等。

② 建设智能化的数据分析平台。大数据时代，真正核心应用价值不在于数据本身，而是利用数据在数据监测、挖掘、分析、预测等方面的应用。数据分析平台在统计处理平台的基层数据采集、数据处理、综合宏观数据发布功能上的延伸，结合一定的数据预警方法，可直接对基层数据和综合宏观数据实时在线地进行模拟预测。提供全浏览器定义和查询、自定义分析模板、定义所见即所得、高性能即时展现、丰富的地图及图表、丰富的预测模型等功能。系统底层采用大数据存储格式及优良的算法，在满足数据采集、数据处理的同时，更好地满足了科技统计数据智能分析的高性能需求。

③ 开展企业创新战略、企业技术路线图、企业创新的产品路线、企业创新的市场路线、企业创新模式与企业竞争情报服务研究，集聚省内外高校、研究机构创新资源要素，提升江苏省企业的自主创新能力和国际竞争力，推动经济转型升级。

④ 加强国内外科技创新数据跟踪研究。面向建设“具有全球影响力的产业科技创新中心”的决策需求，重点在自主创新能力、创新型企业、创新创业环境、区域创新体系、科技体制机制、知识产权等方面，开展长期的国内外数据跟踪研究，及时获取全球主要创新型国家各项科技创新指标数据。进一步深化数据资源应用，运用全球科技创新评价指标体系，强化国内外创新能力比较研究，动态掌握江苏省科技创新在全球的位次和水平，在梳理工作、总结成效、分析问题等方面形成独特的数据研判视角，为全面掌握江苏省科技创新进展和差距、有针对性地提升江苏省在全球的产业和科技竞争力提供有力决策支撑。

1.1.4 主要任务

（1）子课题一：升级江苏省科技统计数据处理平台

任务目标：完成数据处理平台元数据标准化，优化平台操作功能，完善平台应用环境，加快平台运行速度，提高平台安全保护等级等。集成全国主要地区科技相关统计数据库，建立包括网页端、移动端等跨平台数据查询系统，为政府和社会提供方便快捷的科技数据查询。

研究内容：①升级平台运行环境。JDK版本由原来的64位jdk-7u5-windows-x64升级至64位jdk-8u65-windows-x64，提高系统的并发性、安全性，解决并发下加载class可能导致的死锁问题，另外用Metaspace代替PermGen，根据本地内存动态进行扩展。②升级中间件。Tomcat版本由原来的64位Tomcat 7升级至64位Tomcat 8。支持Java EE 7规范，包括Java Servlet 3.1、JSP 2.3、Java统一表达式语言EL 3.0等，还支持像Java WebSocket 1.0这样的新规范。Tomcat 8的资源进行了重构，可以更好地支持外部资源。Tomcat 8还有安全方面的增强，主要是SSL加密提供了额外的诊断信息。③迁移现有统计数据库。采用开源PostgreSQL数据库替代传统的关系型数据库，调查对象的报表数据使用JSONB格式实现记录内部的“键—值”数据存储结构存储，满足大量报表数据高性能存储、读取、汇总、统计报表多样性处理、报表多级派生功能的同时，能够提供快速查询和简单快速数据汇总的多变数据处理分析能力，实现联机事务处理（OLTP）和联机分析（OLAP）综合性能最优，为系统的延伸开发和更广阔的应用提供基础技术支撑。④改善浏览器兼容性。系统目前的版本不支持IE 11、谷歌、火狐等浏览器，升级到新版本后，支持大部分主流浏览器，包括IE系列（IE 6/IE 7/IE 8/IE 9/IE 11）、谷歌系列、360浏览器、火狐、苹果等浏览器。⑤升级打印插件。正式打印使用第三方锐浪插件，由5.0版本升级到5.8版本，与5.0版本相比，5.8版本支持多浏览器，包括IE内核系列、谷歌、火狐等浏览器，增加了二维条码，并对功能细节进行优化与改进。⑥建设跨平台数据查询系统。在已有的数据采集和处理平台的基础上，开发完整的移动端数据查询系统，支持界面的自定义。在移动终端上，采用原生的系统API及嵌入网页相结合的方式，不但能保证界面的美观效果，而且还能避免不断更新升级的弊端，同时做到了能嵌入不同的网站、APP、微信等界面。⑦集成全国主要地区科技统计数据库。围绕区域创新能力研究、科技进步统计监测、高技术产业发展等，依托各类统计年鉴、研究分析报告、官方统计网站等渠道，集成全国主要地区科技统计数据库。

（2）子课题二：建设智能化科技统计数据分析平台

任务目标：在收集、汇总、计算科技统计数据的基础上，由数据仓库（或数据集市）、查询报表、数据分析、数据挖掘等部分组成智能化科技统计数据分析平台，深入开展数据分析、数据挖掘、数据预测工作，发挥数据对科技决策的辅助决策作用。

研究内容：①满足用户自由定义的风格需求，支持组件和控件自适应布局和自由布局。平台由控件和组件组成，控件和组件的数据可以添加至多个，同时控件和组件的大小及位置都是可以进行调整的，并且组件能够根据用户拖拽的位置，进行模糊判断，自动填充整个界面。②实现求最值、求平均和求分位数等各种复杂计算；实现支持时间类、地区类下拉框，包含年份下拉框、月份下拉框、季度下拉框控件；实现图与图之间、图与表之间的相互联动；实现关联数据之间多层钻取功能。③实现数据预警功能。趋势分析法是迄今为止研究最多，也最为流行的定量预测方法。它是根据已知的历史资料来拟合一条曲线，使得这条曲线能反映本身的趋势，然后按照这个趋势曲线，对要求的未来某一点做出预测。平台将研究实现线性趋势模型、对数趋势模型、多项式趋势模型等多种预测模型，并提供最终应用结果。④多维分析的即时性和灵活性。在多维分析功能中，根据选择名录库中的任意指标、维度进行自主的拖拽分析。⑤实现Word式分析报告功能。基层数据采集、汇总得出的数据，可以推送到相应的分析报告当中。提供Word式分析报告功能，直接新建一个报告，分析报告中的动态内容（数字、文字、统计图、表格等）可以直接进行生成，像编辑Word文件那样编辑分析报告，实现图、文、表格并茂的分析报告，进行保存与分享，并且可以推送至微信平台。

（3）子课题三：开展社会创新咨询服务

任务目标：整合企业研发机构资源，集成服务力量，提高社会创新咨询服务能力。

研究内容：①企业创新战略研究与服务。通过企业诊断的方式，从企业创新内核：技术、产品、市场、组织方面，企业创新外延：人才、资金及政策方面，来诊断企业的优势与劣势、外在的机遇与挑战，提出创新战略和方法来帮助企业不断改进升级。②企业技术路线图。平台立足科技创新智库，集聚省内外高校、研究机构创新资源要素开展产业技术研究、行业发展分析、专利分析及专利地图绘制的技术创新服务。③企业创新产品路线。平台和其他服务机构、科研院所共同帮助企业对产品进行愿景定位，制定产品发展目标、制定产品研发项目、制定产品线计划、制定产品平台战略。④企业创新市场路线。平台和其他服务机构、科研院所合作帮助企业锁定目标市场，发掘市场潜力，制定市场策略及创新商业模式。⑤企业创新模式研究和服务。总结全省创新模式成功案例，在研发机构建设方法及新的创新政策方面设计课程，开展企业创新模式及研发机构建设方法培训，开展研发管理体系贯标及知识产权贯标服务。⑥企业竞争情报研究和服务。为企业提供专利分析、科技政策、人才评估、科技评估、文献鉴证、企业绩效评估等竞争情报服务。

（4）子课题四：开展国内外科技创新数据跟踪研究

任务目标：面向建设“具有全球影响力的产业科技创新中心”的决策需求，加强国内外科技创新数据获取与分析，建立专业化、系统化、常态化的研究机制，打造满足决策需求的数据研究服务平台。

研究内容：①梳理国内外各类创新能力评价指标体系，明确各个体系的差异和侧重点，对比选择适用于评价江苏在全球创新能力的指标体系。②根据政府决策需求和指标评价需要，开展全球科技创新数据收集与整理，积极探索多种数据获取渠道，强化数据积累，确保数据准确性和连续性，形成系统化、常态化、定制化的数据跟踪机制和报送工作体系。③借助数学模型，强化数据统计分析，测算江苏科技创新在全球的排名；④以数据比较为基础，分析江苏与主要创新型国家的差距，以全球视野提出江苏增强科技创新实力和产业综合竞争力的对策建议。

2 项目研究进程与主要工作

2.1 江苏省科技统计数据处理系统二期升级

江苏省科技统计数据处理平台旨在通过构建科学合理的科技创新指标体系，打造技术先进、适用性强、可交互可扩展的科技统计信息管理平台，在加强对各类科技统计数据的质量控制基础上，以数据加工分析、发布专题数据产品等多形式、多角度反映科技创新活动的总体面貌，面向全省重大战略需求提供科技数据支撑和服务，为政府实施创新发展战略提供客观可信的决策依据。

平台以科技数据集成为基础，采用元数据仓储技术为核心，整合全省科技统计工作与数据资源，实现省、市、县三级科技统计工作协同开展。目前，江苏省科技统计数据处理平台已累计部署超过 50 项统计制度，建设超过 1.3 万张物理表，采集记录 60 万条，纯数据存储量 70 G。此次跨版本升级主要完善数据处理平台应用环境、加快平台运行速度、提高平台安全保护等级，以满足开展数据汇总、元数据中心创建、数据预警、移动端数据发布等工作的需要。

2.1.1 江苏省科技统计数据处理平台二期软件项目网络拓扑

江苏省科技统计数据处理平台二期软件项目网络拓扑如图 1 所示。

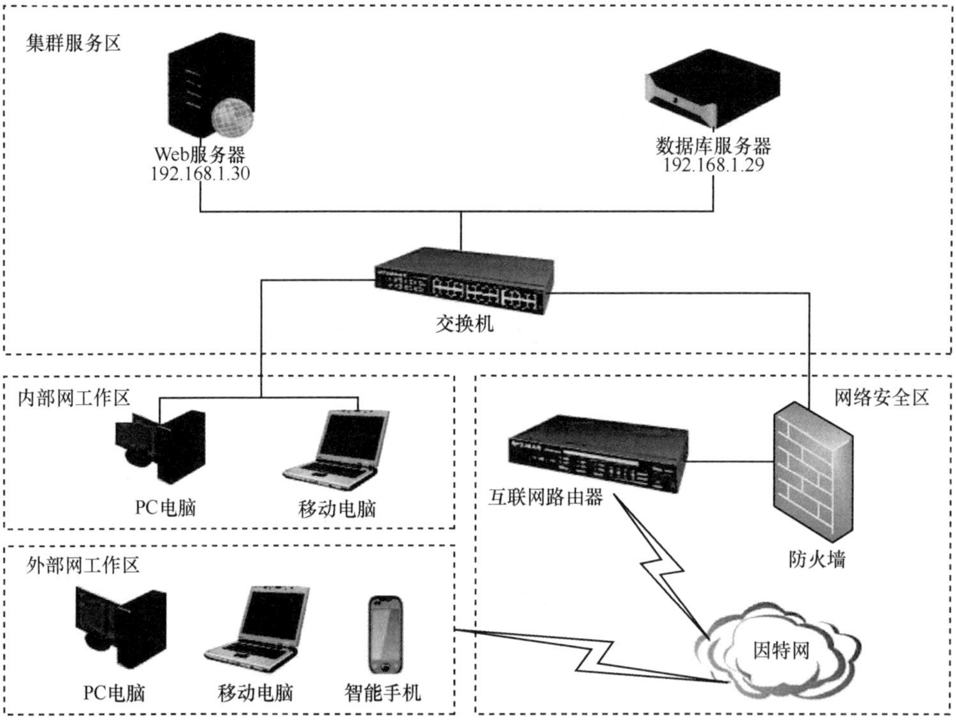

图 1 江苏省科技统计数据处理平台统计制度

（1）网络安全区

考虑到江苏省范围内大数互联网用户为中国电信用户，采用电信网络为主要互联网运营商。通过专线光纤与省局路由器连接，再与硬件防火墙连接保证网络安全。

（2）集群服务区

服务器分为数据库服务器与Web服务器，两种服务器均各自配置集群。数据库服务器还包括元数据库、基础数据库、综合数据库等其他资源数据库。Web服务器还包括元数据系统、查询系统等其他应用系统。

（3）内部网工作区

内部网工作区是局域网中的省级管理用户，可以访问江苏省科技统计数据处理平台，提供了安全的内部管理网络平台。

（4）外部网工作区

外部网工作区是市县区用户、在线填报用户、互联网访问用户、移动设备访问用户使用区。

2.1.2 江苏省科技统计数据处理平台关键技术实现

（1）报表数据处理算法

由于统计调查报表样式灵活多变、调查对象多、条件复杂、数据量大、时效性要求高等特点，这就要求数据处理软件的数据处理性能一定要达到很高的处理能力。传统的关系型数据库结构化查询语言SQL处理这种高复杂度的要求日益捉襟见肘。业内处理这种高性能要求的软件一般采用高效的算法来实现。我们的统计数据处理软件采用了计算机算法，实现对报表数据的处理，再结合JAVA语言技术、数据库原理技术、数据结构技术、操作系统原理技术、计算机组成与结构技术等计算机高级技术开发数据处理引擎，对数据进行计算处理。利用数据处理引擎对存储在数据库中的报表数据，进行数据的多线程并发加载到Web服务器的内存中，通过数据处理语言SARP进行代码编译，处理成机器语言后进行数据处理，处理后再回写到数据库，减少对计算机性能瓶颈单元硬盘的交互，利用高效的计算总线、CPU、内存来提高数据处理性能。

（2）报表数据存储结构

传统的关系型数据库采用关系型结构化报表存储，这种结构方便进行SQL查询，虽然SQL在进行简单的数据处理上有一定的优势，但对于复杂的统计数据处理相对弱势。数据库产品PostgreSQL 9.6基于JSONB字段技术，可以采用二进制的JSON格式存取灵活多变的报表数据，这种格式支持带数据增加或减少报表指标，方便实现报表再设计（下级派生报表）下的数据不重复唯一性存储。同时JSONB也支持SQL语言进行全部或部分数据的查询、处理、读写、函数操作、聚集操作、索引操作、排序操作、类型操作、维度化操作等全部操作。

（3）数据处理规则语言SARP

SARP语言为统计业务处理人员提供了一种类似于Excel的自然语言，进行对数据处理逻辑关系的定义。用户不必了解数据库底层数据的存储结构与含义即可进行自由地二次开发。SARP是国家统计局早年设计开发的一套广泛使用的数据处理软件，其开发的数据处理语言高效、精炼、易掌握、应用基础好。本平台继承了SARP语言的精华，并在其基础上进行了优化与扩展，使之可以在B/S架构下结合数据引擎和JSON报表数据存储结构等技术达到前所未有的数据处理能力。

（4）数据安全制度保障

按照信息密级，在不同的信息安全域实施相应的安全等级保护；同时整个系统具备数据备份、恢复和应急响应等功能。本平台基本保证系统数据、用户数据、审核、计算、汇总等处理100%准确，并能够及时和完整地展现。统计汇总、指标制图、分析计算及各种打印方式和数据接口功能齐全。

2.1.3 江苏省科技统计数据处理平台二期实现

（1）超级用户功能调整

系统参数管理中，增加管理员基层表填报期限设置、单位管理员报表列表显示方式、组合条件显示位置、汇总表是否需要填报期限等系统开关，增加文件上传类型控制、增加系统级别等参数的配置（图2）。

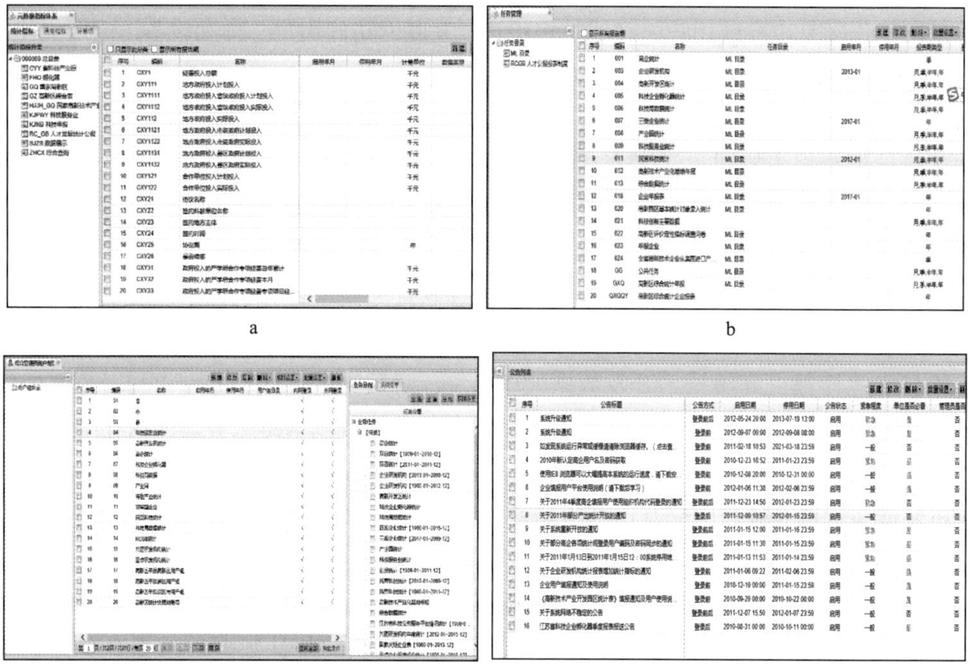

图2 江苏省科技统计数据处理平台超级用户功能调整

元数据管理：指标体系区分为基层单位指标体系、综合指标体系；分组库区分为基层单位分组库、综合分组库。指标体系区分统计指标、通用指标、文本指标；指标体系属性调整，可设置绑定分组、不可绑定分组、不可组合通用指标；通用指标可设置绑定报告期类型。分组增加目录管理。分组属性增加是否虚拟分类目录、分组值编码规则。导入元数据时增加压缩文件格式导入。元数据修改时可以选择单一保存还是全局保存。

名录库：名录库属性增加未报原因设置，可以针对名录库从分组库中选择。增加是否口令必填属性、增加用户组管理报表数据权限、增加名录库统一登录用户组。

制度管理：任务管理中增加报告期类型及任务类型。基层表管理中增加属性是否为名录表。基层表、汇总表管理中，增加批量设置启停用年月功能。原来的综合表调整名称为汇总表。

用户管理：增加综合管理员用户组管理。用户组权限中设置管理单位范围。增加机构管理功能，用于子账号的分类管理。综合管理员维护中，可以单个修改或批量设置所属用户组、所属机构，可以设置汇总表撤销发布权限、任意修改数据等权限。综合管理员新建、修改时，对于在基层库中已经存在的单位，给出具体存在名录提示。子账号管理调整。

功能菜单：公告发布、文件上传、友情链接管理功能中增加显示创建人及最后修改人字段，并且系统管理员可以管理其他系统管理员、综合管理员发布的公告、文件及友情链接。

（2）项目管理功能调整

单位名录：单位总结构库属性增加，可以设置计量单位、字段级别、验收级别等。单位各期结构中可以定义名录列表显示属性，各期结构中可以定义微信号、关联的名录表。

基层、汇总报表：表式定义时规范性调整，增加计量单位调整功能，增加快捷功能，可以打开指标浮动窗口。日期型单元格定义时增加年份格式，下拉单元格增加显示方式：同行内单元格关联关系调整为不同行也可控制，并可通过条件改变单元格颜色。报表填报期限增加各级表单验收时间。正式定义中增加水印设置。打印定义中增加模板功能。基层表增加验收级别的定义（图3）。

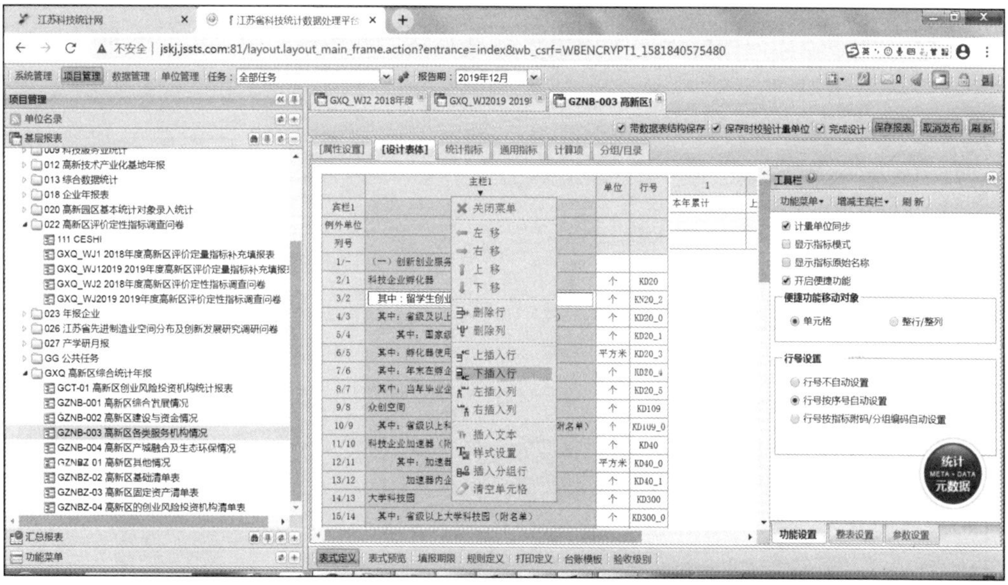

图3　江苏省科技统计数据处理平台项目管理功能调整

（3）数据管理功能调整

组合条件：组合条件界面布局调整。报表条件中增加上报单位、未上报单位查询。

单位名录：名录库各期结构中关联名录表后，新建、修改单位时打开名录表页面。导入单位时增加压缩格式导入，增加“追加本报告期”及后台导入功能，通过后台方式导入的进入消息队列，执行完毕右下角弹出提示，可以从右上角消息中查询执行情况。导出单位方式调整。批量审核时，增加名录属性选择，增加Excel导出功能。批量审核时在后台消息中执行。批量计算时，单位范围增加自定义条件方式。开始计算后，在后台消息中执行。

基层报表：报表查询条件界面，增加按组合条件查询单位。单位列表增加审核状态、上报状态、填报开始时间、截止时间，增加列表信息显示设置。填报界面，增加报告期选择，可以直接进入上期、下期或下拉选择其他报告期进入到其他报告期界面。填报时增加 0 与空的区分。填报时功能菜单及混合表子表右键菜单中增加数值型空格置 0 功能。不定长表增加显示所有行功能，默认情况只显示有数据的行。混合表填报界面，增加子表导出Excel功能。针对报表批量设置申报延迟、单位上报、管理上报。导入数据时增加导入后计算功能，增加后台消息方式导入。导出数据时增加Excel格式导出，增加空数据导出显示，增加自定义条件导出范围。混合表数据导出功能完善。增加批量导出上传文件功能。

汇总报表：增加查询条件页面。增加处理的列表方式。汇总表填报时增加隐藏主宾栏模板设置功能。分组汇总、批量审核、批量计算、导入数据、导入附录时增加后台处理方式。

综合查询：综合查询增加基层指标模式、汇总指标模式。增加自定义指标方式。增加显示模板创建人信息，增加自定义条件。

功能菜单：基层表上报情况报表模式下，可参看单位明细信息。增加汇总表上报情况查看。批处理作业增加处理的列表显示方式。增加文件管理功能，可以设置同级子账号间文件共享。任务验收中，报表列表增加审核状态显示及批量打印功能。增加报表验收功能。增加报表验收情况统计功能。增加基层单位任务验收情况功能。增加汇总表批量导出功能（图 4）。

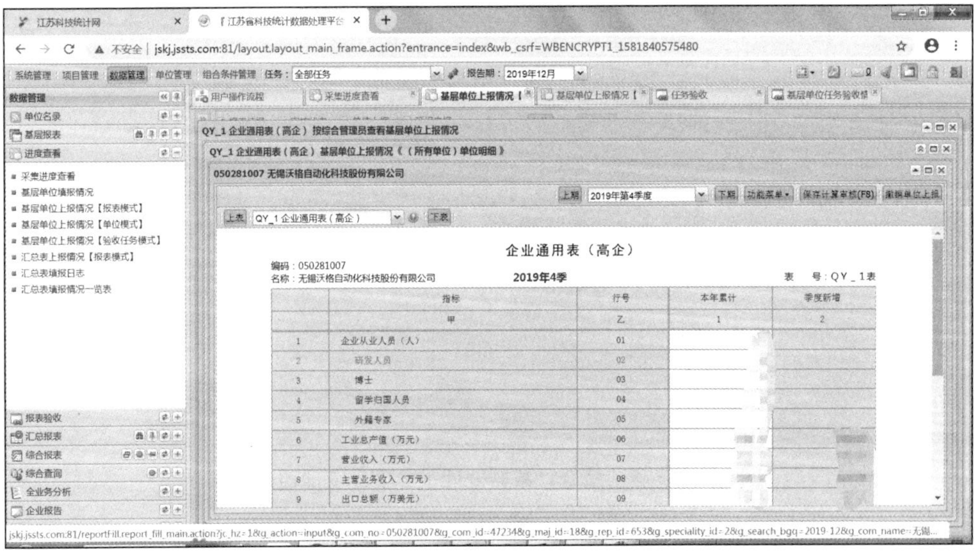

图 4　江苏省科技统计数据处理平台基层表上报模式功能调整

（4）单位管理功能调整

单位管理员报表列表中默认按名录库报表的方式显示。按照名录库任务报表的方式显示。

（5）SARP 语法

名录库关联语法：定义名录库关联时，包括一对多关联、一对一关联、多对一关联及多对多关联。

多专业间计算、审核。打开报表语法，多专业间计算、多专业间联审公式的语法规则同审核、计算公式描述的语法规则基本相同，只是在打开表及参加单位上有所不同。

汇总表自关联计算：汇总表中常常会遇到这种情况，省级数据是由本表的区县数据汇总得出，这种情况下需要综合管理员自身与自身关联计算。

多基层名录库汇总数据：汇总表定义汇总公式时，必须指定从哪个基层名录库汇总数据。

批处理作业：批处理中在遇到较大的审核、计算和汇总计算量时，希望对没有先后逻辑关系的某些表，利用计算机的多处理器的并行处理能力同时处理，以提高处理效率。

函数：SARP 语法中完善各语法。

变量：SARP 语法中完善各变量（图 5）。

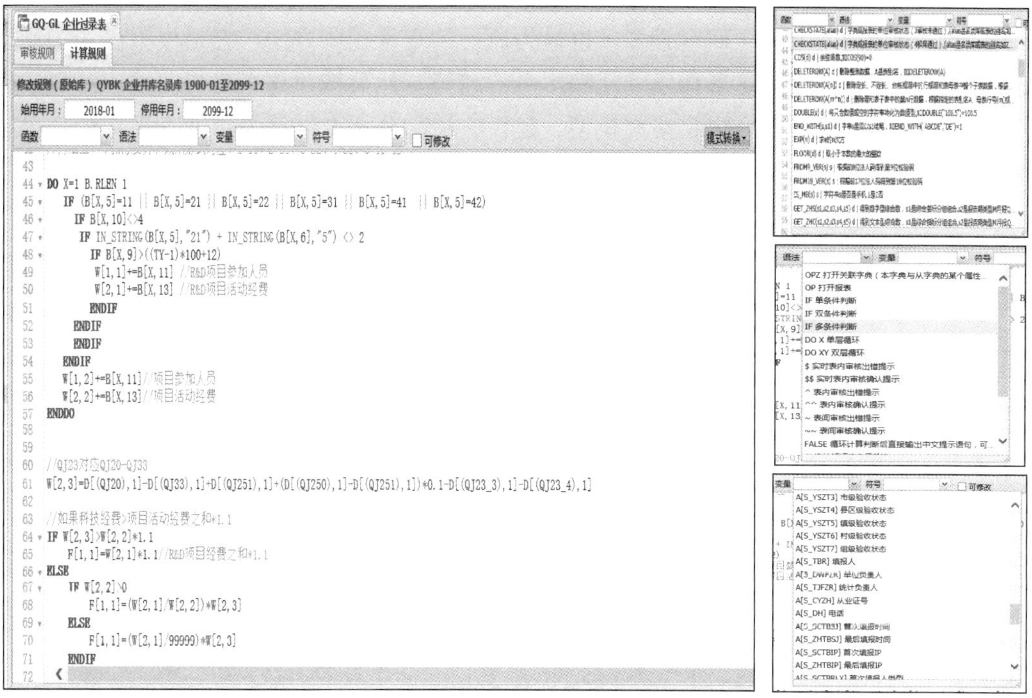

图 5　江苏省科技统计数据处理平台 SARP 语法示例

（6）元数据中心

通过元数据中心的创建，保证各节点制度的自由性。达到中心与节点、节点与节点之间制度的交换。

元数据中心的流程：将元数据中心建立在省里，元数据中心建好后，各个市作为节点，通过配置同步的参数，将中心需要的报表制度导出。导出时可以选择基层汇总制度按报表导出、基层汇总制度按任务导出、综合表制度导出。导出制度后导入各节点时，首先会对源制度与目标制度的版本进行比对，版本不一致时无法导入，版本一致的情况下对制度中的指标、分组、计量单位、报表、名录库进行不一致性比对，需要逐一确认指标、分组等，可以选择目标覆盖源、源覆盖目标或新建。

2.2 建设科技数据智能分析平台

江苏省科技数据智能分析平台是在数据处理平台的基层数据采集、数据处理、综合宏观数据发布功能上的延伸，最大的优势是可以直接对基层数据和综合宏观数据实时在线地进行数据的各种智能分析。具有全浏览器定义和查询、自定义分析模板、定义所见即所得、高性能即时展现、丰富的地图及图表、丰富的预测模型等功能。由于系统底层采用大数据存储格式及优良的算法，系统在很好地满足数据采集、数据处理的同时，同样很好地满足了智能分析的高性能需求。具体功能模块包括：多维预测分析、动态可视化展示、企业分析报告推送等，下面介绍具体的功能模块。

2.2.1 科技数据智能分析平台多维预测分析

趋势分析法是迄今为止研究最多，也最为流行的定量预测方法。它是根据已知的历史资料来拟合一条曲线，使得这条曲线能反映本身的趋势，然后按照这个趋势曲线，对要求的未来某一点做出预测。本平台提供研究模型、建模方法、分析方法等多维度交叉预测，已实现的预测模型如表 1 所示。

表1 科技数据智能分析平台多维预测分析模型

决策支持研究模型	建模方法	分析方法
趋势线模型	直线趋势预测	
	指数趋势预测	
	对数趋势预测	
	幂函数趋势预测	
	S形曲线趋势预测	
	双曲线趋势预测	
	多项式趋势预测	
移动平均模型	线性移动平均	
	加权移动平均	
指数平滑模型	一次指数平滑	
	二次指数平滑	
Holt-Winters模型	季节叠加模型	
	季节乘积模型	
决策模型	地区决策分析	SWA法
		WP法
		TOPSIS法
		ELECTER法

2.2.2 科技数据智能分析平台动态可视化展示

科技数据智能分析可视化平台支持多维分析、图表分析、GIS地图分析、矢量经济地图分析、监测评价等功能，是一款可自定义的数据分析工具（图6）。提供统计元数据资源管理和丰富的表格、图形、地图、下拉框、标签、图标等组件（图7、图8）。支持根据显示大屏、电脑显示器、平板电脑、手机等设备屏幕的分辨率大小自由设定画布的大小，可以自由拖放这些元数据和组件到画布中任意布局。支持设置桌布背景及每个组件的颜色、大小、字体、字号、形状、指标关联、数据关联、分组关联、图表联动、图图联动等各种属性。在查询界面还可以进行数据的下钻、各组件之间的数据联动，生成图片功能。支持基于R语言进行数据挖掘分析。

图6 科技统计数据分析平台数据预测模型示例

可视化数据分析工具提供各种统计图表的组件，包括气泡图散点图、拆线图、曲线图、柱状图、堆叠图、面积图、玫瑰图、金字塔图、箱线图、矢量地图、饼图、雷达图、箱线图、热力图、关系图、矩形树图、平行坐标、桑基图、漏斗图、仪表盘、象形柱图、主题河流图、表格图等2D或3D图。工具组件包括后台定义和前台展示功能，后台定义可以任意拖放布置组件的大小和位置，可以自定义所有相关设置、参数、事件、关联组件等。前台展示可以提供人机交互的选项切换、参数切换、样式切换、组件联动、事件触发、下钻数据、上钻数据等功能。

可视化分析工具包括组件支持、组件调整、上传图标、导入导出样式、数据汇总、数据计算、组件联动、前台导出、数据下钻、数据预警、GIS应用等。

可视化后台设计管理界面功能包括组件支持、组件调整、上传图标、导入导出样式、数据汇总、数据计算、组件联动、前台导出、数据下钻、数据预警、GIS应用等。

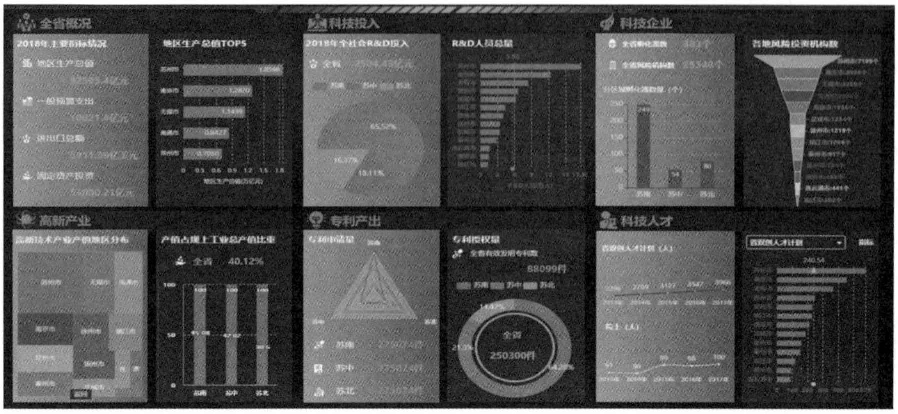

图 7　江苏省科技统计主题分析

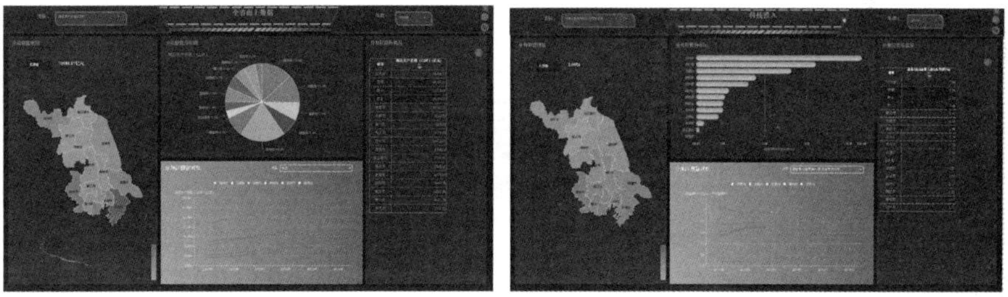

a　　　　b

图 8　科技数据智能分析平台动态可视化展示

2.2.3　科技数据智能分析平台企业报告推送

平台实现企业报告推送功能：该功能基于基层采集数据、汇总数据及统计年鉴和统计局等外部数据，通过自定义汇总样式、分析报告推送模板等内容，定义可以直接推送至企业的分析报告，作为企业填报数据的后续反馈。在具体实现中，自定义分析报告模板，动态生成分析报告中的内容（包括数字、文字、统计图、表格等），实现图、文、表格并茂的分析报告，进行保存与分享（图 9）。

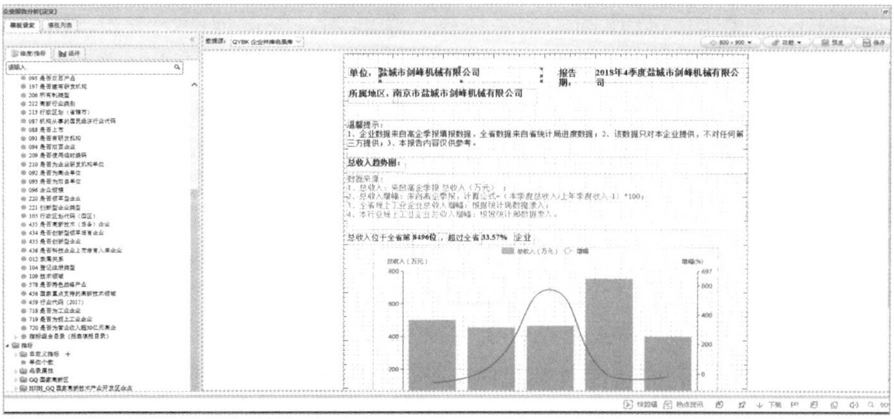

图 9　科技统计数据分析平台企业分析报告推送

2.3 “苏科数通”移动端数据发布平台系统

建设完成“苏科数通”移动端数据发布平台，该平台按类目整理和收集社会共享数据资源库，实现多终端的数据查询，包括安卓手机、安卓平板、苹果手机、苹果平板端APP开发、网页版（主要数据可嵌入第三方页面）查询网站的开发。数据内容主要包括社会数据、专题数据等，分组方式包括分国内外、分产业、分行业、分地区等，数据展现方式实现图形、表格相互切换，进一步使广大社会用户获得内容更多、时效性更强、方便快捷、科学规范的统计信息（图10至图12）。

a “苏科数通”苹果版　　b “苏科数通”安卓版

图10 “苏科数通”安装二维码

图11 手机端数据发布平台“苏科数通”首页

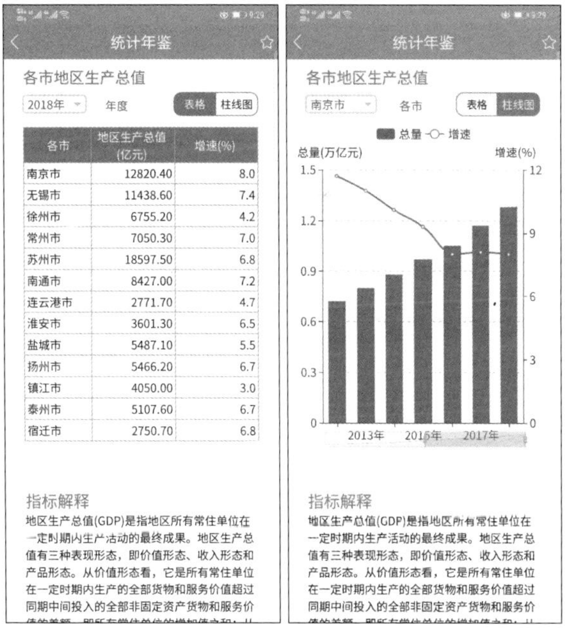

图12 手机端数据发布平台“苏科数通”数据展示

2.4 开展科技统计分析研究

2.4.1 江苏省高新技术产业开发区主要指标通报

2016年，全省为贯彻落实全国科技创新大会精神，深入实施创新驱动发展战略，加快建设具有全球影响力的产业科技创新中心，促进全省高新区在国家高新区中争先进位，开始开展全省高新区主要指标监测工作并进行季度通报。基于江苏省科技统计数据处理平台，开展全省高新技术产业开发区月报统计工作，月填报指标数近50个（图13）。

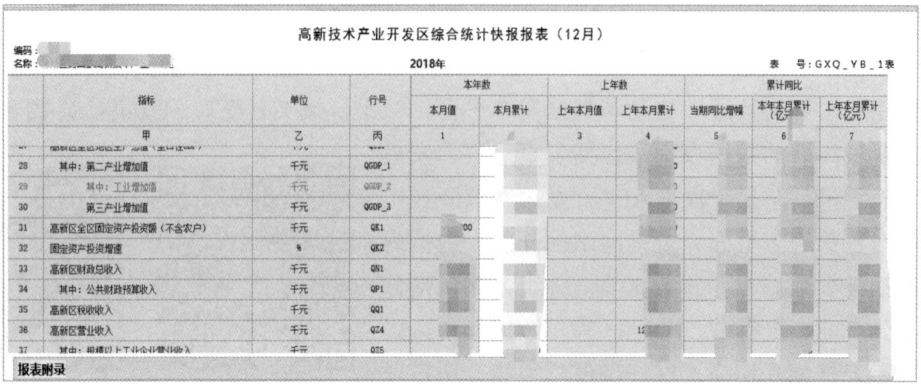

a

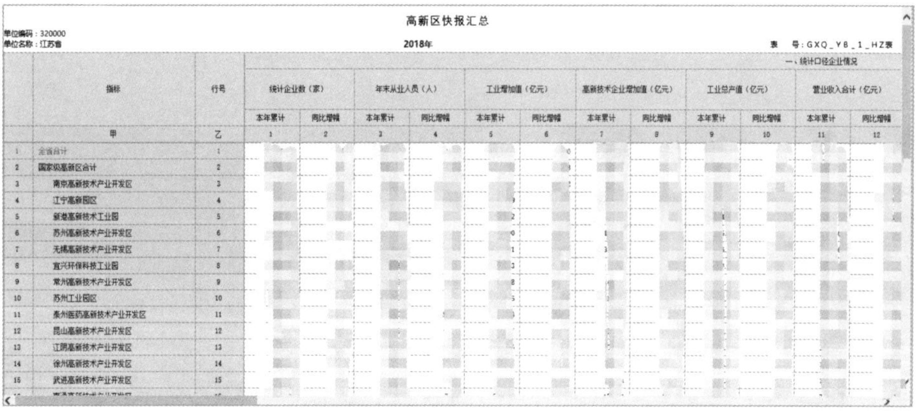

b

图 13　全省高新区月报统计制度

2.4.2　江苏省高新技术产业开发区综合评价

高新区是江苏省创新驱动的核心区和重要载体，在转方式、调结构、促转型中发挥着支撑、引领和示范作用。近年来，江苏省高新区建设发展虽取得显著成效，但仍存在江苏省高新区在全国总体排名中的位次并不理想、创新绩效导向不够突出、与国家高新区评价指标体系不够契合等问题，迫切需要建立完善高新区综合评价制度，推进高新区转型升级、创新发展。同时江苏省委省政府主要领导多次对高新区建设工作提出明确要求，“明确定位、对标找差、强化责任”，强力推进高新区转型升级、创新发展、争先进位。因此，2016 年，江苏省出台了《江苏省高新技术产业开发区创新驱动发展综合评价办法》，该办法是江苏省深入实施创新驱动发展战略、推动高新区转型升级创新发展的第一个综合评价办法，通过建立评价发布和动态管理机制，推动各地党委政府更加重视高新区工作，加快形成各高新区比学赶超、争先进位的良好局面。江苏省科技统计数据处理平台为全省高新区综合评价提供数据支撑，分别对高新区及高新区列统企业进行数据采集、汇总工作，其中，针对高新区的统计共涉及 10 张报表，统计内容涵盖基本统计对象（22 万余条）、综合发展情况、建设与资金情况、服务机构情况、产城融合及生态环保情况、固定资产情况等，累计统计数据量超过 30 万余条；高新区列统企业 2.2 万余家，统计内容涵盖企业概况、经济概况、人员概况、项目概况、科技活动概况等，累计统计数据量超过 10 万余条（图 14）。

a

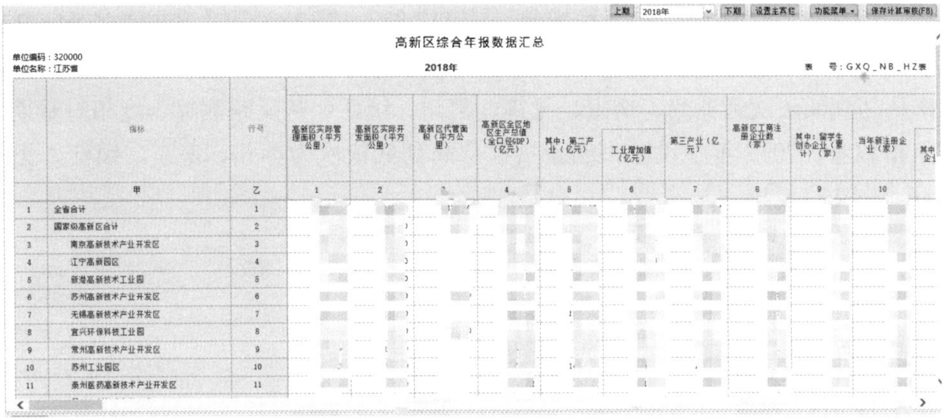

b

图 14　全省高新区综合评价统计制度

通过对全省高新区创新驱动发展综合评价、主要指标定期通报、奖励补助等举措，有效地传导压力、激发动力，引导高新区更大力度提质增效、创新发展，取得良好成效。在科技部火炬中心公布的 2018 年国家高新区排名中，江苏省除首次参评的 2 家外，其余 16 家国家高新区有 11 家实现进位，总体平均进位 2.8 位，其中进入前 20 名的国家高新区由 2 家增加至 3 家，前 30 名由 4 家增加至 5 家，前 50 名由 7 家增加至 9 家。2017 年度江苏省高新区综合评价结果显示，高新区已经成为江苏省最具竞争力的创新高地、人才高地、产业高地，有力支撑和引领了全省创新驱动转型升级。

2.4.3　苏南国家自主创新示范区创新指数研究

2014 年 10 月，国务院批准建设了苏南国家自主创新示范区，为进一步推进苏南国家自主创新示范区建设，更好地发挥苏南国家自主创新示范区创新发展的引领作用，在学习借鉴先进国家和地区经验的基础上，开展苏南国家自主创新示范区创新指数研究。《苏南国家自主创新示范区创新指数》研究，旨在科学评估和综合反映苏南国家自主创新示范区建设进展情况，体现发展特色和优势，找出存在问题及不足，为苏南国家自主创新示范区创新发展提供有价值的决策参考。苏南创新指数既是对区域创新状况的直接反映，也是集聚创新要素的一个风向标，对区域创新一体化发展起到了积极的引领作用。《苏南国家自主创新示范区创新指数》以科技创新质量、效益、绩效为主要评价导向，指标体系是在梳理研究政府统计体系中能及时有效采集数据的常用指标的基础上，从政府、企业、科研院所、中介机构等多个创新主体，从环境、人才、资金、知识、成果等不同创新要素来综合考量，最终形成包含创新环境、创新资源、创新主体、创新绩效、创新辐射、创新国际化6个一级指标，30个具体指标的指标考核体系。

根据最新发布的《2018苏南国家自主创新示范区创新指数研究报告》显示，2015年、2016年、2017年苏南创新指数分别为115.79、131.47、150.88（图15），比上年分别提高15.79、15.68、19.41，各分项指数2017年均保持上升态势，其中：创新资源指数、创新主体指数继续保持强劲增长，达183.28、170.75，比上年分别提高32.48、26.98；创新绩效指数、创新环境指数保持较快增长，分别为144.57、131.21，比上年提高16.35、16.91；创新辐射指数、创新国际化指数保持平稳增长，达117.83、131.38，比上年提高5.84、2.82。从综合反映苏南各市创新发展规模和增幅情况的贡献率看，2017年各设区市对苏南指数增长的贡献率从高到低依次为苏州、南京、无锡、常州、镇江。从反映测算年度相对基期增幅情况的创新指数看，2017年各设区市创新指数从高到低依次为苏州、南京、镇江、无锡、常州（图16、图17）。

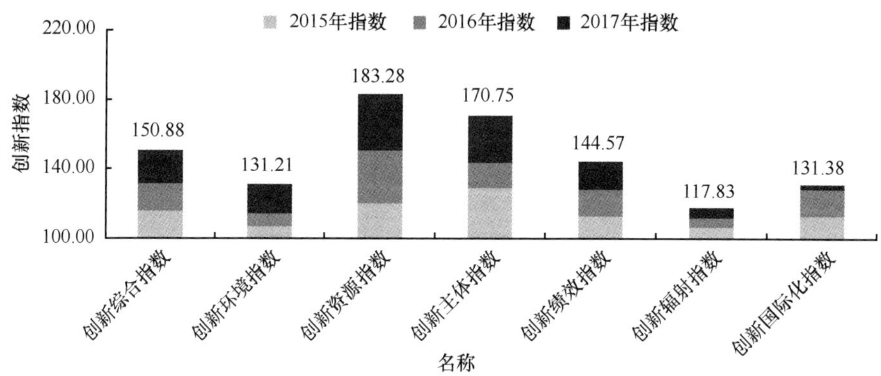

图15 苏南国家自主创新示范区创新指数研究（2015—2017年）

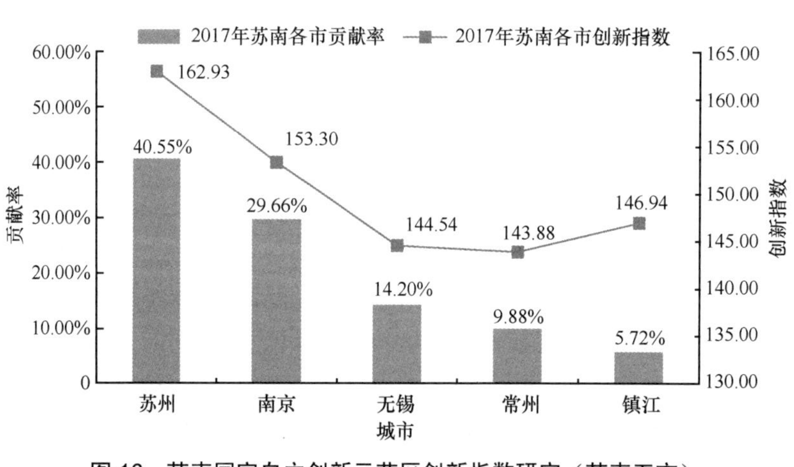

图16 苏南国家自主创新示范区创新指数研究（苏南五市）

新鲜出炉！2018苏南创新发展成绩单发布，看看这四个城市能得多少分？

玉卿 2019-03-25 20:20 交汇点

交汇点讯 作为“创新先行者”，2014年成立的苏南国家自主创新示范区，发展至今，创新活跃度如何？为区域产业发展贡献了多少“科技锦囊”？3月25日，江苏省科技发展战略研究院发布“苏南创新指数”，分别从创新环境、创新资源、创新主体、创新绩效、创新辐射、创新国际化等多个方面对苏南四市的创新“打分”。

各一级指标指数均保持总体上升态势

苏南创新指数以自创区批准年2014年为基期（基期指数为100），2015年、2016年、2017年苏南创新指数分别为115.79、131.47、150.88，比上年分别提高15.79、15.68、19.41，各分项指数2017年均保持上升态势。

a 交汇点

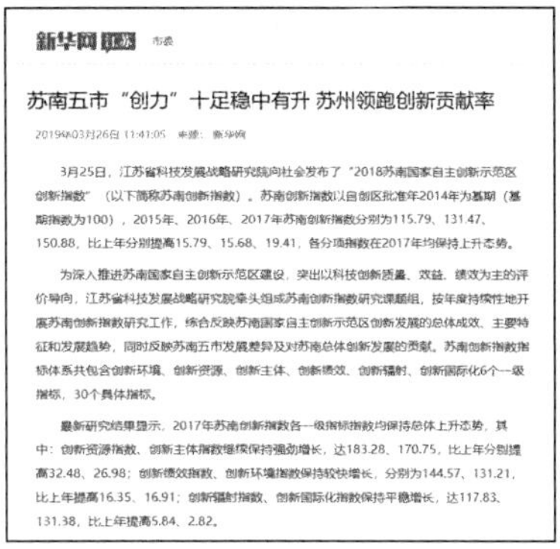

新华网 江苏

苏南五市“创力”十足稳中有升 苏州领跑创新贡献率

2019年03月26日 11:41:05

3月25日，江苏省科技发展战略研究院向社会发布了“2018苏南国家自主创新示范区创新指数”（以下简称苏南创新指数）。苏南创新指数以自创区批准年2014年为基期（基期指数为100），2015年、2016年、2017年苏南创新指数分别为115.79、131.47、150.88，比上年分别提高15.79、15.68、19.41，各分项指数在2017年均保持上升态势。

为深入推进苏南国家自主创新示范区建设，突出以科技创新质量、效益、绩效为主的评价导向，江苏省科技发展战略研究院牵头组成苏南创新指数研究课题组，按年度持续性地开展苏南创新指数研究工作，综合反映苏南国家自主创新示范区创新发展的总体成效、主要特征和发展趋势，同时反映苏南五市发展差异及对苏南总体创新发展的贡献。苏南创新指数指标体系共包含创新环境、创新资源、创新主体、创新绩效、创新辐射、创新国际化6个一级指标，30个具体指标。

最新研究结果显示，2017年苏南创新指数各一级指标指数均保持总体上升态势，其中：创新资源指数、创新主体指数继续保持强劲增长，达183.28、170.75，比上年分别提高32.48、26.98；创新绩效指数、创新环境指数保持较快增长，分别为144.57、131.21，比上年提高16.35、16.91；创新辐射指数、创新国际化指数保持平稳增长，达117.83、131.38，比上年提高5.84、2.82。

b 新华网

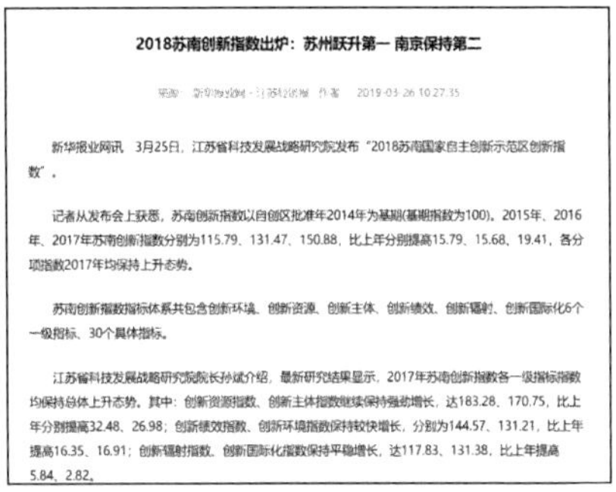

2018苏南创新指数出炉：苏州跃升第一 南京保持第二

2019-03-26 10:27:35

新华报业网讯 3月25日，江苏省科技发展战略研究院发布“2018苏南国家自主创新示范区创新指数”。

记者从发布会上获悉，苏南创新指数以自创区批准年2014年为基期(基期指数为100)。2015年、2016年、2017年苏南创新指数分别为115.79、131.47、150.88，比上年分别提高15.79、15.68、19.41，各分项指数2017年均保持上升态势。

苏南创新指数指标体系共包含创新环境、创新资源、创新主体、创新绩效、创新辐射、创新国际化6个一级指标、30个具体指标。

江苏省科技发展战略研究院院长孙斌介绍，最新研究结果显示，2017年苏南创新指数各一级指标指数均保持总体上升态势。其中：创新资源指数、创新主体指数继续保持强劲增长，达183.28、170.75，比上年分别提高32.48、26.98；创新绩效指数、创新环境指数保持较快增长，分别为144.57、131.21，比上年提高16.35、16.91；创新辐射指数、创新国际化指数保持平稳增长，达117.83、131.38，比上年提高5.84、2.82。

c 江苏经济报

中国科技网 stdaily.com

苏南国家自主创新示范区 创新指数发布

2019-03-26 07:02:18 来源：科技日报

d 科技日报

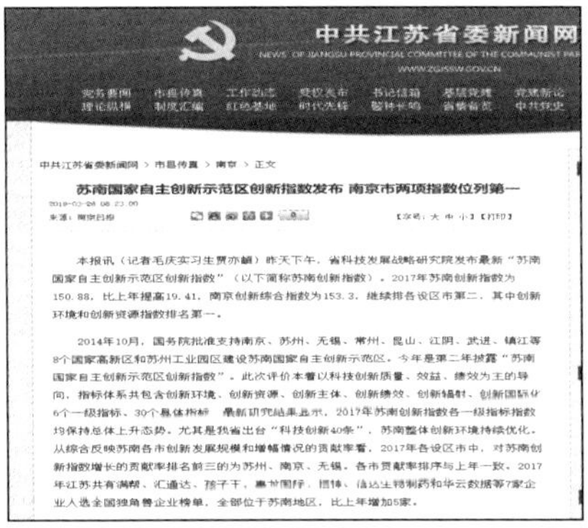

中共江苏省委新闻网

苏南国家自主创新示范区创新指数发布 南京市两项指数位列第一

e 南京日报

人民网 people.cn

苏南自创区创新指数发布 苏州居首常州垫底

2019年03月25日 来源：人民网-江苏频道

人民网南京3月25日电（记者朱殿平）25日下午，江苏省科技发展战略研究院发布了“2018苏南国家自主创新示范区创新指数”（以下简称苏南创新指数）。苏南创新指数以自创区批准年2014年为基期（基期指数为100），2015年、2016年、2017年苏南创新指数分别为115.79、131.47、150.88，比上年分别提高15.79、15.68、19.41，各分项指数2017年均保持上升态势。

据了解，苏南创新指数指标体系共包含创新环境、创新资源、创新主体、创新绩效、创新辐射、创新国际化6个一级指标，30个具体指标。最新研究结果显示，2017年苏南创新指数各一级指标指数均保持总体上升态势，其中：创新资源指数、创新主体指数继续保持强劲增长，达183.28、170.75，比上年分别提高32.48、26.98；创新绩效指数、创新环境指数保持较快增长，分别为144.57、131.21，比上年提高16.35、16.91；创新辐射指数、创新国际化指数保持平稳增长，达117.83、131.38，比上年提高5.84、2.82。

f 人民网-江苏频道

图 17 苏南国家自主创新示范区创新指数媒体报道情况

2.4.4 江苏省创新型企业百强评价

参照全球创新企业、国家和江苏省创新型企业评价标准，从企业创新的关键要素和主要环节，选择能够有效体现企业创新发展水平的定量及定性指标，制定《江苏省百强创新型企业评价指标体系》，包含创新投入（25 分）、创新产出（25 分）、创新绩效（30 分）、创新管理（20 分）等 4 个一级指标，8 个二级指标和 15 个三级指标。根据国民经济行业代码（取 2 位代码）进行行业划分，依据规模以上工业企业科技活动情况相关数据，对指标体系中的定量指标行业平均水平进行测算，各行业指标的平均水平作为参评企业分档打分的参照标准。经过对企业相关指标数据特征的分析，我们进一步细化了打分标准，依据行业创新发展特征设置详细权重。

2016 年、2017 年、2018 年，在省科技厅的指导下，省科技发展战略研究院连续开展了 3 届全省百强创新型企业评选工作，榜单发布后在社会上引起广泛关注，多家主流新闻媒体进行报道，为引导全省企业增强自主创新能力，加快经济增长动力转化，推动江苏高质量发展走在全国前列提供了有力支撑（图 18）。遴选出的百强创新型企业主要有以下特点。

① 自主创新能力强。拟入选的 100 家创新型企业，研发经费内部支出占销售收入比例平均达 3.2%，研发人员占从业人员比例达 15.8%，分别是规模以上工业企业的 2.6 倍、2.8 倍；新产品销售收入占总收入比例平均达 42.4%，是规模以上工业企业的 3.8 倍。90% 的企业是高新技术企业或核心子公司为高新技术企业，所有企业均建有研发机构；全部拥有自主知识产权，户均拥有有效专利 332.7 件，户均拥有有效发明专利 133.6 件。

② 企业经济效益好。拟入选的 100 家创新型企业，2017 年共实现主营业务收入 7634 亿元，实现利税 981 亿元，平均销售利税率达 12.8%。其中规模超百亿元的有 18 家，50 亿元以上的有 33 家，10 亿元以上的有 75 家。

③ 行业影响力大。拟入选的 100 家创新型企业，有 72 家列入省级创新型领军企业培育库，有 33 家获得过国家或省科学技术进步奖，有 40 家企业参与或主持过国家标准或国际标准的制定，在行业内具有较强的影响力和带动性。

④ 创新管理水平高。拟入选的 100 家创新型企业，企业发展势头好；企业普遍建立了现代企业制度和比较完善的法人治理结构、质量保证体系、知识产权和品牌管理体系，重视高端科技人才的引进和培养，硕士以上学历人员占从业人员比例达 5.5%。

a 搜狐网

b 腾讯网

c 大苏网

d 东方财富网

图 18　全省创新型企业百强评价媒体报道情况

2.5 开展社会创新咨询服务

按照项目实施总体要求，本课题组在全省范围积极组织推广企业研发管理体系建设及贯标，具体工作和成效如下。

2.5.1 研发管理体系贯标成为提升企业研发机构建设能力的重要路径

江苏一直高度重视企业研发机构建设，把企业研发机构建设作为集聚创新资源、转化科技成果的重要途径，不断激发企业研发机构建设积极性，持续增强企业研发机构创新能力。在促进企业加强研发机构能力建设的过程中，我们越发感到“体系对抗是终极对抗”，企业不仅要不断增加研发投入、打造优秀的研发团队，更重要的是要建立健全研发管理体系，以持续增强自主创新能力。为此，我们针对企业研发机构建设需要，参照ISO国际质量管理体系，组织开展企业研发管理体系贯标，旨在帮助企业建立起研发组织规范、资源配置合理、持续有效运行的企业研发体系，不断增强企业的创新实力和竞争力。

2.5.2 多措并举、积极推进企业研发管理体系贯标

我们在省级地方标准《企业研发管理体系要求》的基础上，发布了《江苏省企业研发管理体系贯标工作实施细则（试行）》；在苏州、无锡、常州、镇江、盐城等地举办13场企业研发管理体系贯标推广沙龙，惠及科技管理部门、科研院所和企业代表近1000人次；建立覆盖全省的贯标人员队伍，举办3期企业研发管理体系贯标咨询机构培训会，培训贯标咨询人员130多人；举办10多场企业研发管理体系内审员和贯标验收专家培训，累计培养企业内审员700多名、验收评估专家51名；举办3场贯标工作座谈会，充分了解贯标成效和难点问题；推动近百家企业开展研发管理体系贯标，71家企业通过贯标验收；以企业研发体系建设为主要内容开展创新案例征集，征集无锡透平叶片“科技创新体系建设推动企业专业化技术发展的研究与实践”等优秀案例（图19至图22）。

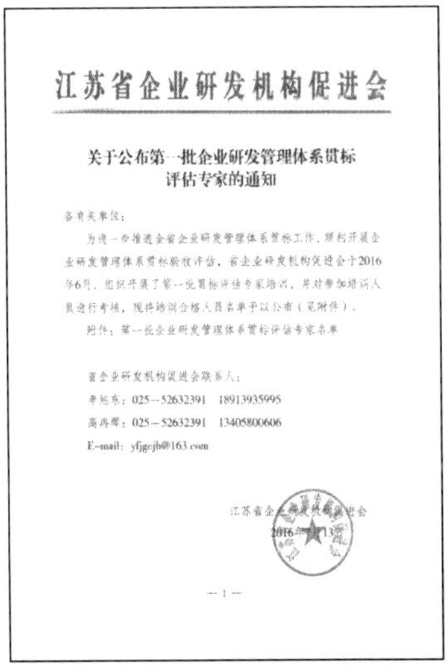

江苏省企业研发机构促进会

关于公布第一批企业研发管理体系贯标评估专家的通知

各有关单位：

为进一步推进全省企业研发管理体系贯标工作，顺利开展企业研发管理体系贯标验收评估，省企业研发机构促进会于2016年6月，组织开展了第一批贯标评估专家培训，并对参加培训人员进行考核，现将培训合格人员名单予以公布（见附件）。

附件：第一批企业研发管理体系贯标评估专家名单

省企业研发机构促进会联系人：

李旭东：025－52632391 18913935995

高冉辉：025－52632391 13405800606

E-mail：yfjgcjh@163.com

江苏省企业研发机构促进会

2016年7月13日

—1—

a

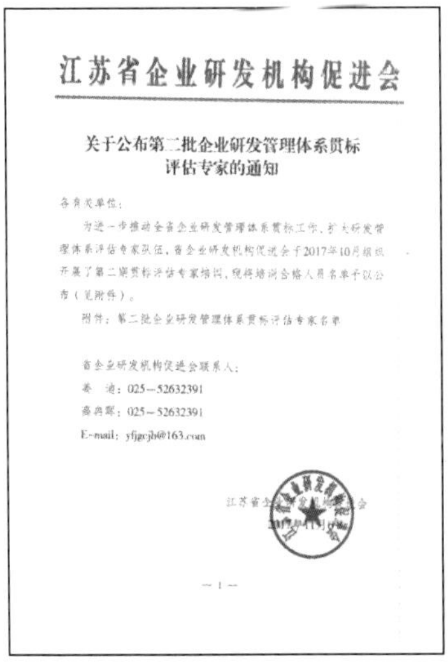

江苏省企业研发机构促进会

关于公布第二批企业研发管理体系贯标评估专家的通知

各有关单位：

为进一步推动全省企业研发管理体系贯标工作、扩大研发管理体系评估专家队伍，省企业研发机构促进会于2017年10月组织开展了第二期贯标评估专家培训，现将培训合格人员名单予以公布（见附件）。

附件：第二批企业研发管理体系贯标评估专家名单

省企业研发机构促进会联系人：

姜 涵：025－52632391

高冉辉：025－52632391

E-mail：yfjgcjh@163.com

江苏省企业研发机构促进会

2017年11月

—1—

b

图19 企业研发管理体系贯标评估专家培训

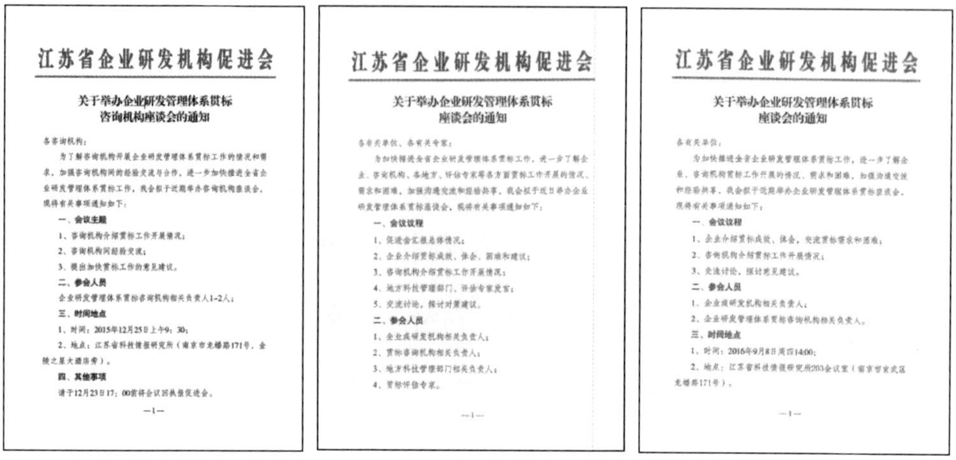

江苏省企业研发机构促进会

关于举办企业研发管理体系贯标咨询机构座谈会的通知

各咨询机构：

为了解咨询机构开展企业研发管理体系贯标工作的情况和需求，加强咨询机构间的经验交流与合作，进一步加快推进全省企业研发管理体系贯标工作，我会拟于近期举办咨询机构座谈会，现将有关事项通知如下：

一、会议主题

1、咨询机构介绍贯标工作开展情况；

2、咨询机构间经验交流；

3、提出加快贯标工作的意见建议。

二、参会人员

企业研发管理体系贯标咨询机构相关负责人1-2人；

三、时间地点

1、时间：2015年12月25日上午9：30；

2、地点：江苏省科技情报研究所（南京市龙蟠路171号，金陵之星大酒店旁）。

四、其他事项

请于12月23日17：00前将会议回执报促进会。

—1—

a

江苏省企业研发机构促进会

关于举办企业研发管理体系贯标座谈会的通知

各有关单位、各有关专家：

为加快推进全省企业研发管理体系贯标工作，进一步了解企业、咨询机构、各地方、评估专家等各方面贯标工作开展的情况、需求和困难，加强沟通交流和经验共享，我会拟于近日举办企业研发管理体系贯标座谈会，现将有关事项通知如下：

一、会议议程

1、促进会汇报总体情况；

2、企业介绍贯标成效、体会、困难和建议；

3、咨询机构介绍贯标工作开展情况；

4、地方科技管理部门、评估专家发言；

5、交流讨论，探讨对策建议。

二、参会人员

1、企业或研发机构相关负责人；

2、贯标咨询机构相关负责人；

3、地方科技管理部门相关负责人；

4、贯标评估专家。

—1—

b

江苏省企业研发机构促进会

关于举办企业研发管理体系贯标座谈会的通知

各有关单位：

为加快推进全省企业研发管理体系贯标工作，进一步了解企业、咨询机构贯标工作开展的情况、需求和困难，加强沟通交流和经验共享，我会拟于近期举办企业研发管理体系贯标座谈会，现将有关事项通知如下：

一、会议议程

1、企业介绍贯标成效、体会，交流贯标需求和困难；

2、咨询机构介绍贯标工作开展情况；

3、交流讨论、探讨意见建议。

二、参会人员

1、企业或研发机构相关负责人；

2、企业研发管理体系贯标咨询机构相关负责人。

三、时间地点

1、时间：2016年9月8日周四14:00；

2、地点：江苏省科技情报研究所203会议室（南京市玄武区龙蟠路171号）。

—1—

c

图 20　企业研发管理体系贯标座谈会

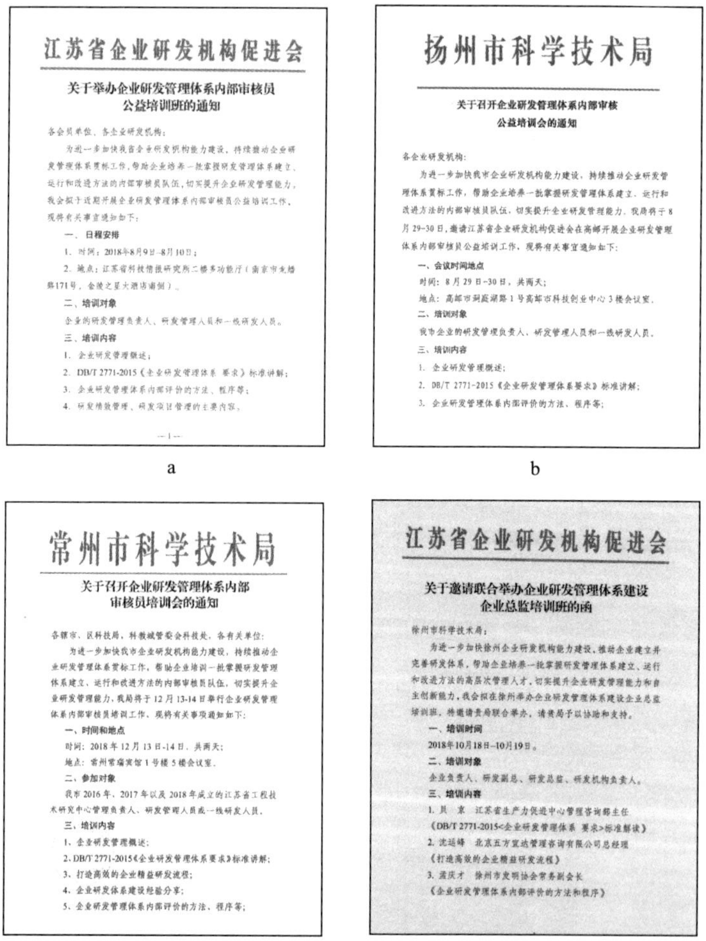

江苏省企业研发机构促进会

关于举办企业研发管理体系内部审核员公益培训班的通知

各会员单位、各企业研发机构：

为进一步加快我省企业研发机构能力建设，持续推动企业研发管理体系贯标工作，帮助企业培养一批掌握研发管理体系建立、运行和改进方法的内部审核员队伍，切实提升企业研发管理能力，我会拟于近期开展企业研发管理体系内部审核员公益培训工作，现将有关事宜通知如下：

一、日程安排

1．时间：2018年8月9日–8月10日；

2．地点：江苏省科技情报研究所二楼多功能厅（南京市龙蟠路171号，金陵之星大酒店南侧）。

二、培训对象

企业的研发管理负责人、研发管理人员和一线研发人员。

三、培训内容

1．企业研发管理概述；

2．DB/T 2771-2015《企业研发管理体系 要求》标准讲解；

3．企业研发管理体系内部评价的方法、程序等；

4．研发绩效管理、研发项目管理的主要内容。

—1—

a

扬州市科学技术局

关于召开企业研发管理体系内部审核公益培训会的通知

各企业研发机构：

为进一步加快我市企业研发机构能力建设，持续推动企业研发管理体系贯标工作，帮助企业培养一批掌握研发管理体系建立、运行和改进方法的内部审核员队伍，切实提升企业研发管理能力，我局将于8月29–30日，邀请江苏省企业研发机构促进会在高邮开展企业研发管理体系内部审核员公益培训工作，现将有关事宜通知如下：

一、会议时间地点

时间：8月29日–30日，共两天；

地点：高邮市洞庭湖路1号高邮市科技创业中心3楼会议室。

二、培训对象

我市企业的研发管理负责人、研发管理人员和一线研发人员。

三、培训内容

1．企业研发管理概述；

2．DB/T 2771-2015《企业研发管理体系要求》标准讲解；

3．企业研发管理体系内部评价的方法、程序等；

b

常州市科学技术局

关于召开企业研发管理体系内部审核员培训会的通知

各辖市、区科技局，科教城管委会科技处，各有关单位：

为进一步加快我市企业研发机构能力建设，持续推动企业研发管理体系贯标工作，帮助企业培训一批掌握研发管理体系建立、运行和改进方法的内部审核员队伍，切实提升企业研发管理能力，我局将于12月13-14日举行企业研发管理体系内部审核员培训工作，现将有关事项通知如下：

一、时间和地点

时间：2018年12月13日-14日，共两天；

地点：常州常瑞宾馆1号楼5楼会议室。

二、参加对象

我市2016年、2017年以及2018年成立的江苏省工程技术研究中心管理负责人、研发管理人员或一线研发人员。

三、培训内容

1、企业研发管理概述；

2、DB/T 2771-2015《企业研发管理体系要求》标准讲解；

3、打造高效的企业精益研发流程；

4、企业研发体系建设经验分享；

5、企业研发管理体系内部评价的方法、程序等；

c

江苏省企业研发机构促进会

关于邀请联合举办企业研发管理体系建设企业总监培训班的函

徐州市科学技术局：

为进一步加快徐州企业研发机构能力建设，推动企业建立并完善研发体系，帮助企业培养一批掌握研发管理体系建立、运行和改进方法的高层次管理人才，切实提升企业研发管理能力和自主创新能力，我会拟在徐州举办企业研发管理体系建设企业总监培训班，特邀请贵局联合举办，请贵局予以协助和支持。

一、培训时间

2018年10月18日–10月19日。

二、培训对象

企业负责人、研发副总、研发总监、研发机构负责人。

三、培训内容

1. 贝　京　江苏省生产力促进中心管理咨询部主任

《DB/T 2771-2015<企业研发管理体系 要求>标准解读》

2. 沈运峰　北京五方宽达管理咨询有限公司总经理

《打造高效的企业精益研发流程》

3. 聂庆才　徐州市发明协会常务副会长

《企业研发管理体系内部评价的方法和程序》

d

图 21　企业研发管理体系内审员培训

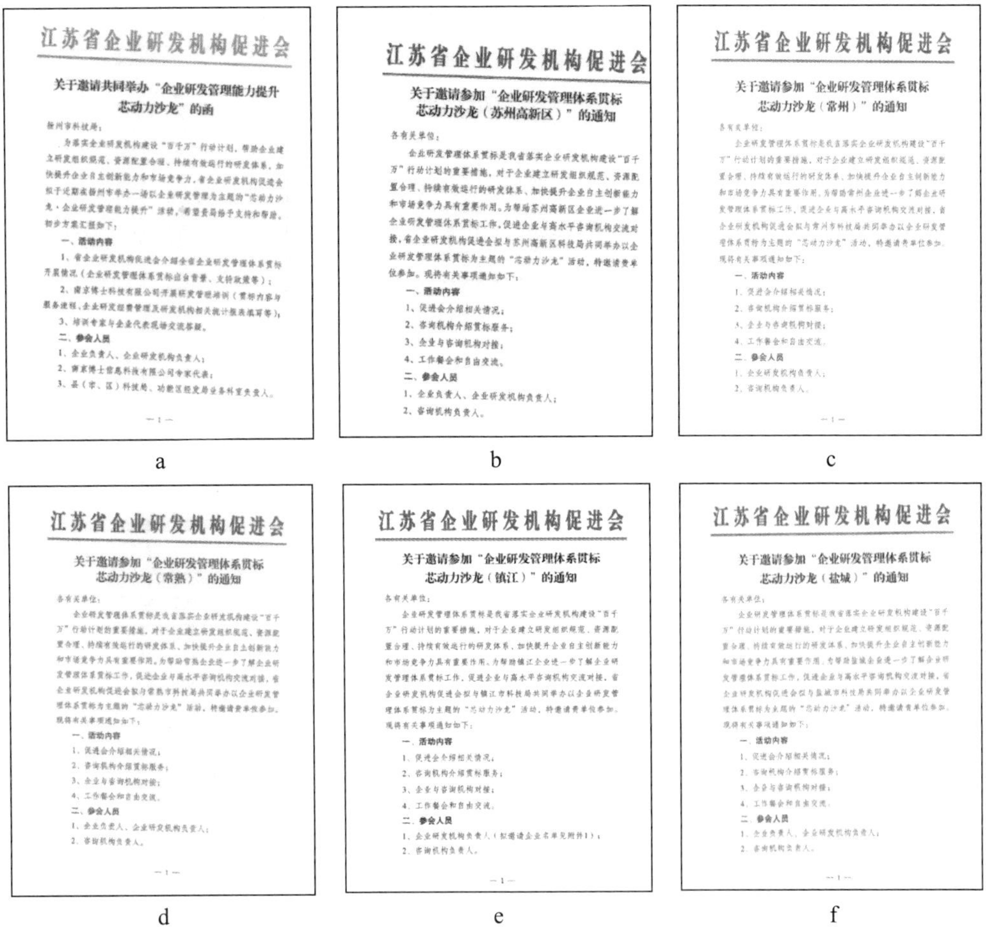

图 22 企业研发管理体系贯标芯动力沙龙

2.5.3 研发管理体系贯标在提高企业研发管理绩效中成效显著

企业对研发体系建设的认识明显提升，通过研发管理体系贯标，企业在创新战略、创新机制、研发流程、研发效能等方面确实有所优化和提高。例如，神通阀门通过开展研发管理体系贯标，公司围绕总战略制定研发战略、把握研发过程，加强从市场调研到售后服务各个环节的风险管理；将各种体系相融合，消除公司内部“两张皮”现象，建立数据库，让流程信息化。盛纺纳米通过贯标有效提高新产品研发效率，研发周期从原来的 35 天缩短到 28 天；通过建立中控室，与生产操作现场及时互通，提高了 5.3% 的操作平稳率，操作合格率也提升至 100%。星宇车灯通过贯标把各种体系融合起来，有力支持公司每年 100 多个在研项目，如 2017 年上半年某个产品定型时，发现侵犯了法国的一个专利，及时停止了项目研发，避免了更大损失。熊猫信息通过贯标有效优化研发流程、研发知识产权管理搜索平台，方便科研人员搜索查询公司的专利、资料、图档等。

2.6 开展国内外科技创新数据跟踪研究

当前，世界范围内正在孕育兴起新一轮科技革命和产业变革，创新正成为重塑全球经济结构和竞争格局的核心关键。江苏省“十三五”规划明确提出，建设“具有全球影响力的产业科技创新中心”和“具有国际竞争力的先进制造业基地”，这是立足全球创新驱动大势和全国创新发展大局做出的重大战略决策。为准确把握江苏省科技创新在全球的位次，研究分析与创新领先国家的差距，进一步提升江苏在全球的综合竞争力，我们采用《国家创新指数报告》的指标体系，以2013年和2014年官方统计数据为基础，运用国际通用的标杆分析法，从创新资源、知识创造、企业创新、创新绩效和创新环境等5个方面，把江苏与全球40个创新活跃国家进行了比较测算。江苏创新能力总体上位居全球第12位，跻身世界创新第一集团（图23）。

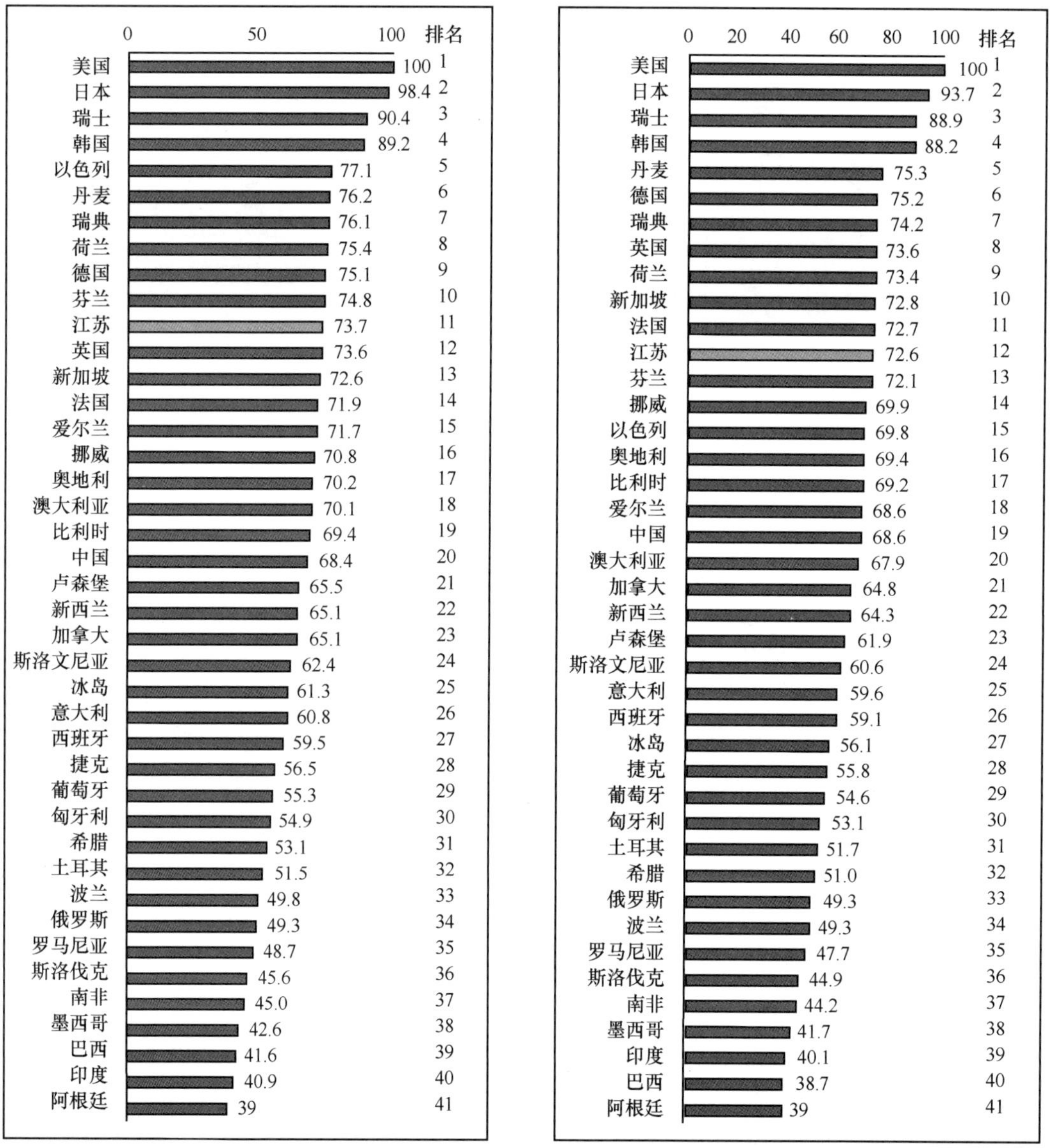

a 江苏创新指数排名（2013年） b 江苏创新指数排名（2014年）

图23 2013年和2014年江苏创新指数排名

本课题从创新资源、知识创造、企业创新、创新绩效、创新环境等维度，结合具体指标深入研究江苏科技创新情况。

（1）创新资源投入略有提升

R&D科学研究与试验发展活动是创新活动中最为核心的组成部分。R&D经费和人员是重要的创新资源，突出反映了一个国家对创新活动的投入力度和创新人才资源储备状况。因此，我们选取研发投入和研发人员两项主要指标进行分析。经过长期以来对R&D经费和人员不懈投入，江苏已逐步成为创新资源投入重要地区。具体表现在：研发投入持续增强，超过英国、法国、新加坡等主要国家；每百万人中R&D研究人员数总量上升，首次超过日本。

（2）知识创造优势显著，稳居世界前列

较高的知识产出与扩散应用能力是创新型国家的共同特征之一。知识产出作为创新活动的中间成果，是创新水平和能力的重要体现。国际科技论文（SCI论文）和发明专利申请授权作为测度知识产出水平的重要指标，反映了国家的原始创新能力、创新活动活跃程度和技术创新水平。从国际科技论文影响力来看，江苏国际论文影响力稳步提高；发明专利申请、授权产出效率排名世界前列。

（3）企业创新位居世界中上游，有较大优势

企业创新从三方专利总量占世界比重、企业研究与发展经费和工业增加值的比例、万名企业研究人员拥有PCT专利数、综合技术自主率、企业R&D研究人员占全部R&D研究人员比重5个指标进行测度。数据反映出，企业成为全社会研发经费投入的主体。

（4）创新绩效排名有所下降

创新绩效是一个地区开展创新活动所产生的成果和影响的集中表现，创新绩效分指数采用了劳动生产率、单位能源消耗的经济产出、有效专利数量、高技术产业出口占制造业出口的比重、知识密集型产业增加值占世界比重5项指标，来测度和评价创新活动的产出水平，以及创新活动对经济的贡献。全员劳动生产率是考核企业经济活动的重要指标，是企业生产技术水平、经营管理水平、职工技术熟练程度和劳动积极性的综合表现，目前江苏省全员劳动生产率呈现增速放缓趋势。

（5）创新环境优势与劣势并存

创新环境包括创新过程中的外部硬件环境和软件环境，是提升国家创新能力的重要基础和保障。本课题中采用创业投资机构年投资额等数据进行测算，结果显示，江苏省创业投资机构完成投资额占GDP比重有下降趋势，与发达国家的差距较大。

课题负责人：张　超　马永浩
课题组成员：马　丽　余景亮　张　金　曹　曼　朱　婷　徐海燕
撰　稿　人：马　丽

科技咨询

知识产权分析评议研究探索和服务实践

多年来，江苏省科技查新咨询中心累计完成各类科技查新咨询项目超过10万项，有力地促进了科技项目管理的科学化，促进了企业的科技创新、技术进步，降低了因重复研发造成的巨大资源浪费，为科技成果鉴定、评估、验收、转化、奖励等提供了大量客观依据，取得了显著的社会效益、经济效益。江苏省科技查新咨询中心提出的“要创新先查新，先查新助高新”在科技基层早已口口相传、深入人心。

随着知识产权在我国科技经济活动中发挥越来越重要的作用，展示出广阔的应用前景，重大经济活动知识产权评议制度也正由各级政府探索建立并实施。江苏省科技查新咨询中心准确把握知识产权工作的开展动向，借助多年科技查新咨询工作的业务积累和人才基础，提出了“提档业务结构，升级创新引擎”的发展目标，构建了以知识产权分析评议为核心，重点覆盖知识产权战略、知识图谱等深度咨询服务的业务体系；在掌握知识产权分析领域核心技术方法的基础上，形成了一套全新的需求导向的企业科技信息服务方法体系，并且结合省内企业需求实际，自主改进、开发出多项知识产权分析评议的操作模式；先后获得“国家知识产权分析评议服务示范创建机构”“江苏省企业知识产权战略推进计划推荐服务机构”等荣誉资质，以大量优秀的咨询服务产品有力地支撑、保障了科技基层的高质量创新。

1　需求导向的企业科技信息服务新模式探索

在创新助力社会建设、创新驱动战略实施的背景下，以科技信息咨询服务为代表的科技服务业正迎来良好的发展机遇。然而，随着企业对科技咨询服务的要求逐渐提升，传统的科技咨询服务及产品因各自存在着明显的缺点和局限性，已不能很好地满足企业的需求。江苏省科技查新咨询中心针对企事业单位关注度较高的技术情报挖掘、技术方案评价、竞争情报和以知识产权为核心的研发战略等几类科技咨询服务进行了理论研究和市场调研；基于理论研究和市场调研的成果，以市场需求为导向，充分整合这几类咨询服务所包含的咨询方法和思路的优缺点，提出了一种需求导向的新型科技信息服务模式，该服务模式相对传统的服务产品，着重提升研究成果的可读性和实用性。

1.1　项目的研究背景

在现代科技咨询服务体系中，以科技信息为代表的情报学咨询服务已经成为不可或缺的重要组成部分。随着商业化专业数据库的建设和信息平台的完善，科技信息咨询能够通过组合检索兼顾市场信息和科技情报，因此可以有效填补市场经营咨询和专业技术咨询之间的空白，有机地衔接两者，从而使传统咨询服务体系中市场经营和技术研发两个层面相对独立、相互隔离的情况得到一定程度上的改善。当前，专利分析、竞争情报和技术路线图是 3 种较为成熟的高端科技信息咨询服务模式。专利分析（patent analysis）是科技咨询服务中最直接的技术情报来源，其优点在于可以广泛借助权威知识产权组织的检索平台，以及多样化、商业化的二次加工数据库，但其缺点在于：一是专利数据的公开具有延迟性，而且专利数据通常无法反映出技术机密，因此通过专利分析不能全面地掌握整体技术领域的创新活动；二是其表现形式存在局限性，定量专利分析过于数据化和公式化，结论较为宏观，而定性专利分析工作量非常高，且结论通常反映企业的具体专利申请行为，因此专利分析难以准确判断市场经营和竞争趋势、指导市场行为。竞争情报（competitive intelligence）是针对竞争对手、竞争环境和竞争策略的信息研究，其优点在于数据和信息来源十分广泛，而且准确聚焦在市场竞争和技术竞争层面;但缺点在于：一是数据信息来源虽广泛但不够精确，需要进行大量筛选判别的工作，而且分析过程主要是定性分析，过分依赖分析者的智力活动，因此竞争情报存在工作量大，偏重主观而精确度低的缺点；二是目前的竞争情报主要聚焦于宏观竞争层面（如国家、地区、临近产业间）的市场行为和研发战略，难以投射到具体技术层面，因而无法准确指导企业的技术研发。技术路线图（technology roadmap）是对大方向产业技术的总体结构规划，对于技术发展脉络和未来潜力走向的指示非常清晰，但缺点在于：一是制作时间周期长、投入较高，宏观战略或学术倾向明显，往往由国家、行业协会或大公司主导；二是目前对高新技术有偏好性。因此,技术路线图难以对传统行业和发展中的中小企业形成实际意义。

江苏省科技查新咨询中心研究人员在长期的业务开拓和实践探索中发现，企业客户对于科技信息咨询服务的要求主要有四大方向：一是能够获得领域内的技术情报文献；二是了解竞争对手的技术布局和研发战略；三是形成并评价技术方案，解决自身在研发过程中遇到的技术难题；四是掌握领域技术的发展脉络，对未来发展趋势和热点做出预判。在这 4 项服务目标中，第 1 项是前提，其他 3 项目标都是在其基础上衍生和拓展而出的。对照企业的要求和服务目标，可以看出当前科技信息咨询服务中的 3 种主流模式在实践中的瓶颈和局限性也是实际存在的。问卷调研结果显示（表 1、表 2），大多数服务对象认为：当前的主流科技情报服务都存在着明显的局限性，突出表现在脱离市场和企业研发实际，针对性和实用性达不到要求，且偏重学术性，知识产权专业术语多，难以理解，在联系研发实际、指导作用的发挥方面与创新主体实际需求差距明显。从成本角度看，这些服务业都存在耗费时间长、工作量大、服务费用高、依赖于分析人员的智力活动和主观判断等特点，企业难以接受。目前，我国市场中寻求科技信息咨询服务的企业（尤其是中小型企业）往往希望快速、节省、准确地解决燃眉之急，缺乏对科技情报工作的长期重视和规划建设，这同情报学研究讲究持续投入、长期建设、远景收益等特性也是矛盾的。既然现阶段咨询服务市场的局限性不可避免，服务产品就必须要做出相应的改变来适应形势。基于这一认识，江苏省科技查新咨询中心通过理论研究和实践探索，创新性地将上述 3 种主流咨询体系的思路、方法及表现形式相融合，扬长避短，形成一种以企业需求为导向的科技信息服务新模式。

表1 参与调研的企业对现存情报服务局限性的看法

反馈意见	科技情报调研类服务	竞争情报类服务	技术方案类服务	研发战略类服务
脱离市场和企业研发实际，针对性和实用性达不到要求	21.7%	25.3%	23.2%	22.9%
文献或数据不够新，实效性达不到要求	13.2%	15.7%	13.4%	15.7%
偏重学术性，专业术语多，难以理解	28.9%	22.9%	24.4%	21.7%
文字篇幅长，缺乏生动的可视化表现形式，阅读体验不够好	16.9%	14.4%	17.1%	15.7%
耗费时间长、服务费用高	19.3%	21.7%	22.0%	24.1%

表2 参与调研的事业单位对现存情报服务局限性的看法

反馈意见	科技情报调研类服务	竞争情报类服务	技术方案类服务	研发战略类服务
脱离市场和研发实际，针对性和实用性达不到要求	16.7%	15.4%	10.5%	17.9%
文献或数据不够新，实效性达不到要求	16.7%	25.6%	21.1%	17.9%
偏重学术性，专业术语多，难以理解	25.0%	20.5%	21.1%	17.9%
文字篇幅长，缺乏生动的可视化表现形式，阅读体验不够好	19.4%	23.1%	23.7%	25.6%
耗费时间长、服务费用高	22.2%	15.4%	23.7%	20.5%

1.2 需求导向的新型科技信息服务模式框架构建

该服务模式的总体框架如下。拟通过充分发挥竞争情报研究的针对性和竞争思维，提升科技信息咨询服务的针对性、时效性和实用性；通过借助技术路线图直观、简洁、可视化的表现形式展示情报研究的内在逻辑和关系。除此之外，还将考虑强化数据来源的可靠性和真实性，即将专利数据作为所有情报咨询研究的基础数据源。

服务模式的具体研究思路如下。首先，在数据和情报资料来源上，将以专利作为基础的数据来源，以其他市场和技术竞争情报作为辅助数据来源，一方面可以充分发挥专利数据尤其是商业专利数据库数据真实、易于检索的优点，极大地节省情报收集过程中的时间成本，从而快速定位到企业要求的具体技术领域、竞争对手甚至技术方案；另一方面，以专利数据为主并不意味着放弃竞争情报来源，而是在遇到特定需求的场合下（如选定竞争对手后深入研究其技术研发布局等）再有针对性地加以采集，避免在服务项目初始调研阶段就引入数量和来源繁杂的情报源，这种做法主要是为了满足大部分企业对服务产品在时间上较为迫切的需求，同时还保障了数据源的可靠性和真实性。其次，在研究方法上，将涵盖专利数据统计、强度分析、引证分析、文本聚类、专利地图等专利分析方法，研究思路上主要借鉴SWOT、定标比超、战略联盟、PEST、核心能力判断、对手追踪等竞争情报分析思路，兼具科学性和实用性。其科学性传承于专利分析方法体系，由于专利分析是以专利数据库为基础，通过科学合理的检索策略构建数据情报源，因此分析基础的可靠性较高；其实用性来源于竞争情报分析思路，由于竞争情报是依据自身实际技术水准和市场地位，针对竞争对手或先进标杆，紧扣市场环境和政策环境的变量因素，对其市场行为、研发行为等方面进行跟踪与监测，具备很强的针对性和时效性，因此能够赋予服务方案贴合实际、实用性强的优点。最后，在内容表现形式上，将吸收和借鉴技术路线图的体系模型，即使用诸如图形、表格等更为直观、生动的表达方式来反映研究成果的内在逻辑，包括技术发展脉络、技术相关环节（如产业技术链上下游等）之间、领域内竞争对手之间的转移、承接、合作等内在关系。技术路线图本身对于内在逻辑严密性的要求较高，使用这一体系模型可以达到深化结论、升华主题的效果，从形式和内容上充实分析过程的科学逻辑内涵，同时保证研究成果具备较高的可读性。

具体技术路线如下：服务方案的情报收集和文献调研阶段将以专利数据为核心，数据清洗和整理也主要依赖专利分析的工具和方法；随后在专利数据分析的多个环节（如强度分析、引证分析、聚类分析、竞争者和价值判断等）中，引入竞争情报的战略思维（定标比超、战略联盟等）和分析方式（PEST、SWOT分析等），最终得到具有参考性和指导意义的分析结论。在方案中，最终的结论是以“技术路线图”的形式加以提炼和最终呈现，以“竞争对手技术布局和研发战略”这一主题为例（图1），在结论中将重点剖析竞争对手的技术发展脉络、核心技术、技术环节实力分布等；此外，还可以通过对比分析与竞争对手在布局特点、实力分布、发展重心等方面的差异，结合委托企业的实际经营和研发情况，形成相应的对策和建议。

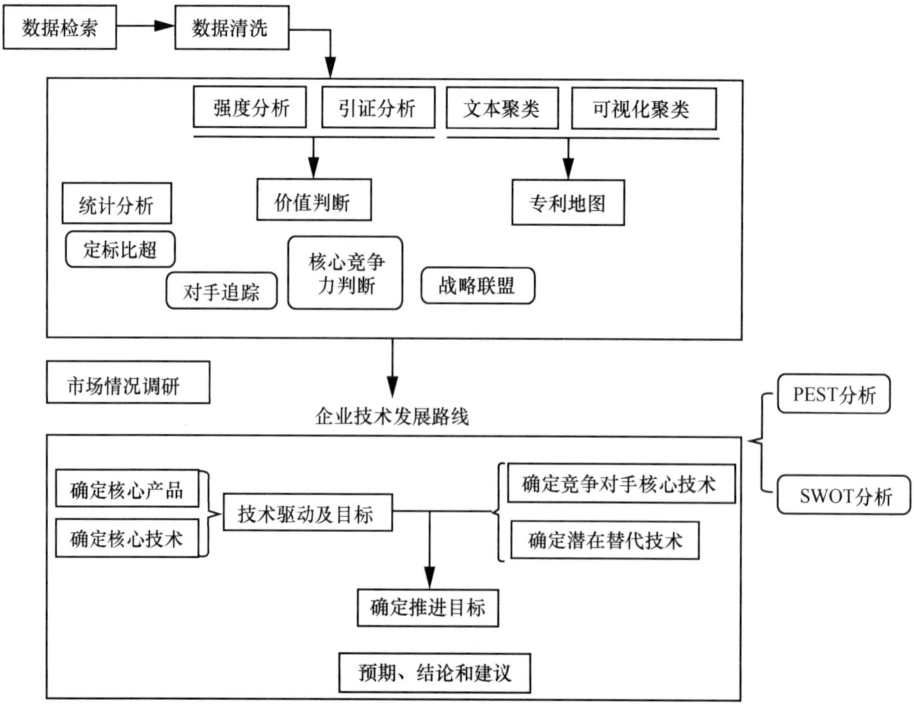

图1　新型科技信息服务模式的实施路径（“技术布局和研发战略”主题）

1.3 需求导向的新型科技信息服务模式的实施效果

在此，以“四元AlGaInP LED出光效率提升技术方案制定”为典型案例，描述需求导向的新型科技信息服务模式在技术方案制定服务中的具体应用。

技术方案制定是技术情报挖掘的进阶服务，是在技术情报全面、准确挖掘的技术上的分析和归纳过程，甚至需要加入专利预警分析的方法来辅助完成。对于具备相当实力，或是需要在某个新领域开拓转型的企业来说，普通的技术情报挖掘已经不能满足需求，而是需要情报服务机构从实际技术问题出发，系统分析、全面总结出一个成套的技术解决方案。这不仅考验情报挖掘检索能力，还有综合分析、策划的能力。本案例涉及一个LED芯片生产企业的技术方案委托需求，在这个案例中，研究人员通过全面、精准的情报挖掘，深入、细致的文献解读，提炼出足够数量的文献情报，经过大量的策划和撰写工作，以情报综述报告的形式提交给委托方。这个项目最大的特点是，研究人员充分借鉴技术路线图对次级技术分面分类的表述方式，从增透膜技术、粗化技术、电流阻挡改善技术、内量子效率提高技术、DBR改善技术、倒装结构技术、ODR技术、键合工艺、光子晶体结构改进9个技术层面，综述了提升四元LED出光效率的技术文献；此外，该项目的文献情报概述准确，归纳编排合理，关键技术要点均拥有合理的配图说明，很好地实现了研究成果的可读性和实用性，得到了委托方客户的高度评价。

1.3.1 项目的服务背景

LED产业作为新兴产业，其核心技术是外延生产和芯片制造技术。扬州A光电有限公司为B光电股份有限公司在扬州开办的全资子公司，为适应市场发展迫切需要抢占科技创新的制高点，解决企业面临的技术难题。虽然母公司是国家火炬计划重点高新技术企业，有一定的技术实力，但是同样面临着中国很多企业存在的共性问题——技术资料来源缺乏，缺乏过硬的情报搜集能力。

该公司主要生产全色系超高亮度LED外延片及芯片、高性能砷化镓太阳能电池、LED照明产品，并提供节能照明应用解决方案。如何提升出光效率已经成为领域内研究开发的热点，也成为制约该公司发展的瓶颈。提高出光效率的技术方案有很多，但是该公司迫切需要全面了解、调研在四元AlGaInP LED制造领域内提升出光效率的技术方案，进而从中选择更适合企业本身的技术方案作为未来的研发重点。简单的情报调研已经不能满足该企业的情报需求，而是需要情报服务机构提供成套的技术解决方案。

1.3.2 项目的服务过程

1.3.2.1 海量科技文献和专利文献的广泛阅读，熟悉技术问题的专业背景

随着科技的不断发展，学科分类越来越细，信息源爆炸式的发展方式给信息的获取带来了一定的难度。科技型企业虽然拥有大量的专业领域创新人才，但由于资金限制，很少会购买比较昂贵的国外专业数据库。江苏省科技查新咨询中心借助丰富的国内外专业文献数据资源，以及长期科技查新咨询服务工作中积累的大量的文献检索和分析经验，能够较好地和企业需求之间实现优势互补。鉴于LED科学是集化学、物理（电子、光学、光电转化）、空气运动学等于一体的综合性科学，中心成立了专门的项目小组，合理配置了专业学科人才，并与委托

方技术人员进行了深入及时的交流，从而快速地掌握了专业问题，吃透了委托项目涉及的核心内容。随后，通过在专业领域内开展检索调研和分析阅读，构建可行的服务方案和框架。

1.3.2.2 **梳理四元AlGaInP LED知识体系，综合分析明确解决问题的方向**

经过认真阅读初步检索的文献，再结合与委托企业多次沟通，研究发现，MOCVD（金属有机化合物化学气相沉淀）生长的外延片制成的芯片而言，目前影响其发光效率（ηtotal）的因素主要是内量子效率（ηint.）、电效率（ηelect.）、光提取效率（ηextr.）和封装效率（ηpack），即ηtotal=ηint.×ηelect.×ηextr.×ηpack。内量子效率ηint.主要取决于PN结外延材料的品质如杂质、晶格缺陷和量子阱结构，目前平均水平在60%左右。ηelect.是由P型电极和N型电极间的半导体材料特性决定的，如欧姆接触电阻，半导体层的体电阻（电子的迁移率）等，目前GaN型LED最好的ηelect.约为84%，而对于四元AlGaInP来说，其ηelect.通常都大于90%，因此不是影响该类LED发光效率的主要因素。ηextr.是由构成LED的半导体材料之间及其出射环境间的不同折射率引起界面上的反射，导致在PN发射的光不能完全逸出LED芯片（snell定律）而导致的，通常ηextr.在20%左右。ηpack是由封装材料荧光粉的转换效率和光学透镜等决定的，大约为60%。

当前，行业内部将把LED的出光效率分为内量子效率与外量子效率，内量子效率是有电流注入有源区的电转化为光的效率；外量子效率是从有源区发出的光经过各种介质后剩下的多少光之比。综合效率是内外量子效率的乘积。出光效率作为综合效率，受到内外量子效率的共同影响，因此提高出光效率需要由内而外的优化与改进。

以四元AlGaInP LED作为研究对象，分别从增透膜技术、粗化技术、电流阻挡改善技术、内量子效率提高技术、DBR改善技术、倒装结构技术、ODR技术、键合工艺技术及光子晶体结构技术这9个方面入手，通过科技文献和专利文献的调研分析，总结了提升四元AlGaInP LED出光效率的系列解决方案。

1.3.2.3 **借助技术路线图分面分类的表述方式，逐个击破各小技术难题，详细系统阐述解决问题的方法**

针对增透膜技术、粗化技术、电流阻挡改善技术、内量子效率提高技术、DBR改善技术、倒装结构技术、ODR技术、键合工艺、光子晶体结构等技术分类开展分面检索和方案分析，系统阐述服务对象所关注的技术问题解决方案。以其中两项技术分类为例。

（1）增透膜技术——提升外量子效率

LED在发光过程中，光从光密介质向光疏介质传输，在分界面产生全反射，造成光的损失，增透膜的折射率介于光密和光疏介质之间，会增加全反射角度，增加出光概率。电池技术需要更多的光从光疏介质传入光密介质，需要多层介质膜组合，形成减反膜。会因为光在介质面的全反射而造成能量的损耗，而采用增透膜技术，可以通过增透膜层结构的配置，合理设置膜的上下两个表面的反射光的光程差来减弱反射光。

深入研究现有的增透膜技术，发现在红光LED窗口层GaP材料上生长折射率为1.8的、厚度为1/4波长的介质增透膜，可以显著提高出光效率。或者在LED顶层生长厚的GaP窗口层，以提高电流扩展和出光。

此外，还为委托方提供了新型增透膜的相关信息，包括：ITO增透膜、氮氧化硅（SiO_xN_y）

增透膜、复合增透膜。详细地介绍了这3类增透膜的现阶段研究成果。包括ITO薄膜的结构、光学特性、电学特性和广泛的应用。就解决四元AlGaInP LED出光效率提出，薄膜的光电性质与微结构密切相关，微结构决定性能；材料的光学特性与禁带宽度密切相关，禁带宽度主要取决于薄膜中的原子组成和成键状态，但也受到杂质和缺陷的影响，材料中的缺陷和外部的掺杂可显著改变载流子浓度进而影响材料的带隙。详细地介绍了氮氧化硅（SiO_xN_y）增透膜，并列举了制备SiO_xN_y的方法，包括等离子体增强化学气相沉积（PECVD）、低压化学气相沉积（LPCVD）、反应溅射、高温氮化法、射流气相沉积法（JVD）、高温热化学气相沉积法（HTCVD）、光化学气相沉积（Photo-CVD）、物理气相沉积（PVD）等。SiO_xN_y增透膜通常会与表面粗化处理联合运用。等离子体增强化学气相沉积（PECVD）工艺生产的氮氧化硅增透膜在太阳能电池等光电器件上的应用研究已经表现出了其对提高器件光学性能的作用，单独采用磁控溅射氧化铟锡（ITO）生长的单层膜在LED中作为电流扩展层也已在实验中被证明能提高LED的光学性能，目前也有同时使用两种材质增透膜的应用案例。

（2）粗化技术——提升外量子效率

四元系AlGaInP材料的折射率在3.0～3.5（n_1），环氧树脂的折射率在1.5左右（n_2），根据Shell定律，光从高折射率物质进入低折射率物质，光的出射角度$\theta_c=\sin^{-1}$（n_2/n_1），则AlGaInP LED的出射角度为25.4度（取$n_1=3.5$），因此在界面处发生了大量的全反射现象，以至于外量子效率只有14%左右。如果改变常规LED的表面形貌，让交界面由光滑变得粗糙，将会大大增加出射光的临界角。从统计概率上来说，这样能使得更多的光子出射到空气之中，提高出光率。

服务团队为委托方广泛收集了粗化技术现阶段主要工艺的技术方案，包括：化学湿法粗化工艺、等离子干法蚀刻（ICP）粗化技术、纳米压印粗化技术。重点覆盖以上工艺的最新科研成果。

1.3.3 服务效果及案例点评

技术方案制定是通过领域内技术文献的进一步分析加工，以解决研发过程中遇到的技术难题的工作，不仅需要全面、精确的技术情报挖掘能力，还需要很强的解读、归纳、总结和策划能力。对从事实际研发的企业来说，为了实现技术方案制定，必须从浩如烟海的信息资源中高效地获取精准的科技情报，这往往是一件较为困难的工作。江苏省科技查新咨询中心服务团队按照需求导向的企业科技信息服务模式，在研究思路中融合借鉴了技术路线图对次级技术分面分类表述、技术要点可视化解释等方法规则，实现了信息针对性和结论可读性的结合，能够很好地契合企业研发创新的需求。服务成果以研究报告的形式提交，很快得到企业用户的反馈意见，除了少数技术要点补充了文献情报之外，全篇报告未做实质修改，得到了企业研发人员的一致好评，为企业的技术开发提供了有力的信息支撑。

2 利用法律知识产权分析评议服务规避侵权风险

法律类知识产权分析评议的核心在于“权利”，主要围绕确权、评权和预警3个维度，对知识产权尤其是专利权的权利状态、权属关系进行确认，开展稳定性和保护强度评价，并在此基础上进行法律风险分析研判，因此，对于操作者的知识产权法律知识能力要求极高。同时，法律类知识产权分析评议高度依赖于事实和证据的收集和研判过程，以检索为方法核心的科技情报挖掘在此过程中发挥着关键作用。以下将以一件化工原料制备技术侵权分析案例为例，详细描述法律类知识产权分析评议的实践模式。

2.1 案例背景陈述

A化学品有限公司（简称“A公司”）是一家为全球个人护理及其相关行业提供高质量精细化工产品的企业，主要提供特殊化学品、高分子材料、活性物及特殊处理的高新技术产品。A公司欲将月桂酰精氨酸乙酯盐酸及其盐产品在美国和欧盟（法国、德国、意大利、西班牙）市场进行推广。月桂酰精氨酸乙酯盐酸及其盐产品为全球公认的安全高效氨基酸类防腐剂，广泛应用于日化、医药等行业。目前，该产品的形式主要包括以下3种：①单一化合物；②月桂酰精氨酸乙酯盐酸盐+辛二醇+甘油；③月桂酰精氨酸乙酯盐酸盐+甘油。为了防止在以上国家推广时产生侵权纠纷，有效规避专利壁垒，A公司委托江苏省科学技术情报研究所进行防止侵权检索。同时A公司希望进一步调研相关的科技文献，从而评估未来技术改进的空间和专利申请的方向。

2.2 研究难点及解决思路

首先，确定数据库的选择。委托方对于科技情报获取的要求分为两个层次，分别对应侵权检索分析和技术创新空间评价，团队根据服务时效要求，分别选择德温特专利索引（Derwent Innovations Index）数据库和SciFinder数据库作为主要的专利数据源和文献数据源。同时辅以联机检索等其他途径，最大限度避免漏检。

其次，检索策略的制定。专利信息检索主要采用传统逻辑检索方式，由于SciFinder包含世界上最大的物质数据库Registry，文献检索主要采用CAS登记物质分类号检索方式。在实际操作过程中发现，在本案例中两种检索方式各有优劣，最终团队采用了综合检索策略，辅以人工筛查，实现了快速、全面收集数据的目的。

最后，筛选原则的确定。筛选过程主要包括两个阶段，即初筛和精筛。初筛主要依靠摘要和摘要附图将明显不相关的专利剔除。由于侵权检索分析的核心信息是权利要求，因此在将明显不相关的专利剔除之后，需要通过逐篇阅读权利要求来寻找、判断法律层面上构成障碍的专利，即精筛过程。精筛过程的核心原则是侵权判定原则的应用，即全面覆盖原则及等同原则。

2.3 分析过程和结果

通过分析技术背景可知，本案例的核心关键词是月桂酰精氨酸乙酯盐酸盐。综合逻辑检索和物质分类号检索策略，将检索得到的专利文献进行对比分析，得出以下结论：①经检索国内外相关数据库，得到167篇与产品相关的文献，其中论文49篇，专利（族）118篇；②118篇专利（族）中，与产品“月桂酰精氨酸乙酯盐酸盐+辛二醇+甘油”密切相关的专利（族）3篇；与产品“月桂酰精氨酸乙酯盐酸盐+甘油”密切相关的专利（族）21篇；与产品“单一化合物”密切相关的专利（族）97篇；③与产品“月桂酰精氨酸乙酯盐酸盐+甘油”密切相关的专利（族）21篇，在美国、欧盟存在同族专利布局和保护。

进一步详细分析与产品“月桂酰精氨酸乙酯盐酸盐+甘油”密切相关的21篇专利（族），得出结论：产品“月桂酰精氨酸乙酯盐酸盐+甘油”在美国、欧盟等国家有高度的侵权风险。A公司应针对这些国家/地区及时调整产品配方，或将产品销往未有专利保护的国家/地区。

2.4 服务成效

最终，A公司根据分析评议的结果，及时调整了产品配方，规避了专利壁垒，避免了侵权风险。该案例是一个法律类知识产权分析评议项下的典型主动侵权分析，相比侵权行为、纠纷诉讼发生之后的被动侵权分析，主动侵权分析防范风险的作用更加显著。随着知识产权保护制度不断完善、社会公众意识不断提高，以主动侵权分析为代表的法律知识产权分析评议逐渐成为重要计划项目申报、企业科研立项、产品出口的必要前置程序，可以预见这类分析评议服务将在社会科技创新和高质量发展事业中发挥更为关键的作用。此外，江苏省科技查新咨询中心还根据创新主体不断变化的需求，开发了针对特定创新目标的法律知识产权分析评议模式，如面对前瞻性关键技术创新研发的分析评议、重大科技成果转化分析评议等，现已获得较好的服务效果和市场评价。

3 利用技术知识产权分析评议服务探索前沿技术

技术类知识产权分析评议是指运用宏观、中观和综合分析思路，充分借助专利地图和要素分析技术手段，围绕专利技术趋势、专利技术竞争热度、技术创新度、技术核心度、技术成熟度、创新的空间及启示等角度，针对特定技术领域开展综合分析研究的过程，这种分析思路尤其适合针对前沿技术领域及相关产业开展的探索性研究工作。江苏省科技查新咨询中心近年来完成50余项技术类知识产权分析评议服务项目，其中具有代表性的是“虚拟现实（VR）关键技术专利预警分析”项目。

该项目主要采用宏观领域技术知识产权评议和重点区域预警预测分析相结合的思路，使用专利地图的分析方法，针对VR技术领域的建模技术、表现技术和人机交互这3项关键技术的发展态势、技术演化、竞争态势开展全面、系统的研究；重点研究了关键技术在主要发达国家及中国的技术布局情况；重点针对江苏省VR技术产业发展面临知识产权风险的主要领域和产品开展预警和预测。本研究还建立了与VR关键技术相关的国内外专利的专题数据库。

3.1 研究背景：VR技术和产业发展现状

虚拟现实是指在视、听、触、嗅、味觉等方面高度逼真的计算机模拟环境，用户可与此环境进行互动，产生身临其境的体验。世界范围内虚拟现实技术经历了4个发展阶段：技术启蒙（20世纪50—70年代）、初步发展（20世纪80—90年代）、战略发展（21世纪初至2015年）、发展新阶段（2016年起至今）。全球虚拟现实产业呈现三大特点：一是产业发展已初具规模，内容应用为主要增长点；二是硬件产业正不断发展和成熟，头戴显示装置是重点；三是技术市场应用明显偏慢，产业的巨大潜力将随着硬件成本的降低和新技术的赋能而逐步释放。中国虚拟现实技术也经历了3个阶段：20世纪90年代至2008年的技术起步阶段、2009年至2015年的商业化起步阶段和2016年至今的战略发展阶段。为迎接VR技术产业的战略发展，多个省市已经开始试点布局产业集聚；虽然市场产品定义仍不成熟、技术轨道尚未定型，但随着技术体系分类逐渐细化，五横两纵的技术架构已经初步形成；随着5G技术的推广应用，VR业务将从固定场景、固定接入走向移动场景、无线接入，从技术实现上赋能虚拟现实多元化业务场景。

3.2 研究方法和路线：VR专利技术分解

本研究主要分为两部分。第一个部分是围绕VR核心技术开展技术领域分析评议，分析评议将按照数据收集—宏观评议—中观评议和综合评议的技术路线开展。在研究内容上，数据收集包括数据检索、技术划界和技术分解；宏观评议包括专利技术趋势评议和专利技术竞争热点评议；中观评议包括成熟度、核心度和技术迭代分析；综合评议则结合产业信息和市场信息，做出综合性的研判。研究层级上，技术分解将深化至多级，其中第1级为核心技术领域［建模技术、表现（渲染）技术、人机交互（设备）技术］，第2至第4级为主要的技术分类，第5级及以后为重要的技术主题；宏观评议和中观评议的内容将视实际情况，细化至2～3级技术分类；研究的区域层级将分为全球、主要发达国家/地区、中国和江苏省。技术领域分析评议的技术路线如图2所示。

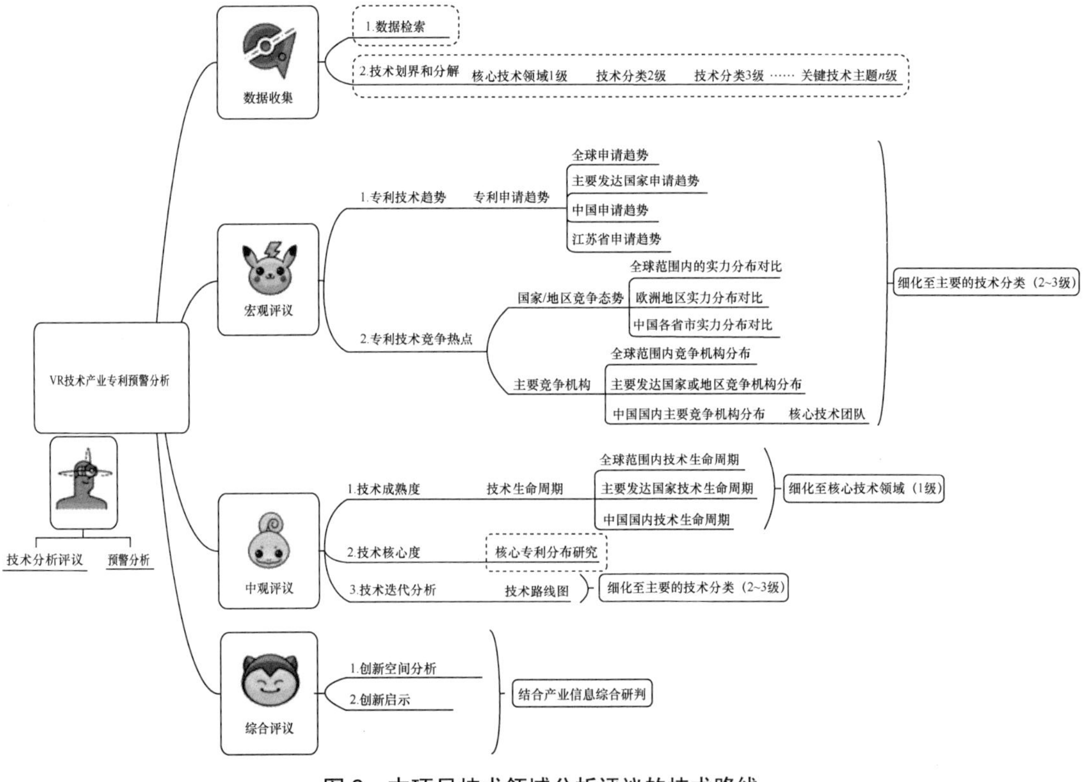

图2 本项目技术领域分析评议的技术路线

第二个部分是以江苏省虚拟现实专利技术作为研究对象开展预警分析研究。预警分析将按照数据收集—竞争环境分析—专利保护分析—核心竞争力分析的技术路线开展。其中，竞争环境分析包括技术构成和竞争形势研判；专利保护则从同族专利布局、技术方案保护和专利权利维护 3 个角度开展；核心竞争力分析围绕关键技术的掌握情况及竞争态势开展。研究层级上，竞争环境和专利保护围绕 1 级关键技术领域开展，核心竞争力分析则需下沉至 5 级以后的重要竞争主题。本项目预警分析研究的技术路线如图 3 所示。

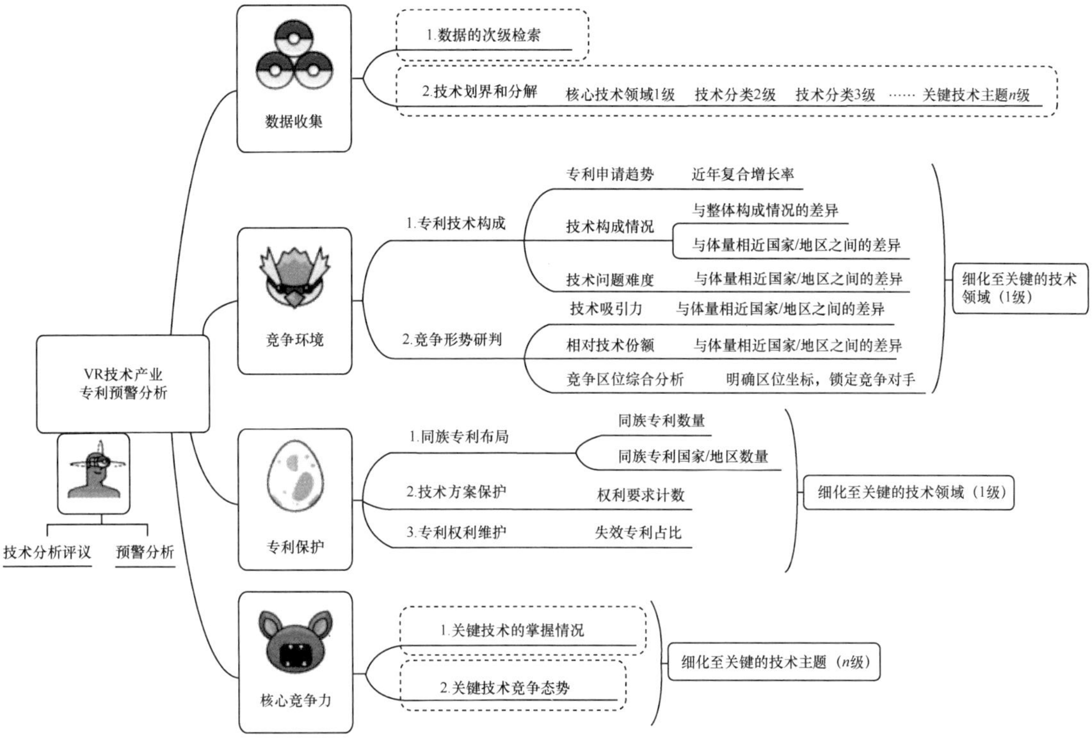

图 3　本项目预警分析研究的技术路线

可以看出，本研究主要包括两个重点研究节点，一是检索和技术分解，二是核心专利技术判断。检索和技术分解决定了研究内容的质量和上限，在本研究中，检索数据库包括德温特世界专利索引（DWPI）和中国专利数据库。技术分解则结合了次级检索、手工清洗和机器学习分类等多种方法。核心专利技术的判断方法主要是基于引证分析。首先，整体上看，核心专利需要满足被引证次数较高的条件，因而通过被引频次的排序对核心专利进行初步的筛选；其次，将被引用分为多个情况分别考虑，各种引用情况对专利核心度本身的判定也有差异，尤其是被不定状态引用和数据库专家所引用时，需要进一步分析评议该核心专利所面临的风险。

本研究对 VR 关键技术领域进行了专利检索和技术分解，根据 VR 技术问题的实现路径和产业技术架构，将增强现实 AR 和介导现实 MR 作为 VR 技术的一部分予以考虑，并将 VR 技术分为建模技术、表现（渲染）技术、人机交互（设备）技术三大关键技术领域，每个关键技术领域之下又分为若干层级的技术分类，并通过多级检索确定主要的技术分类（图 4）。

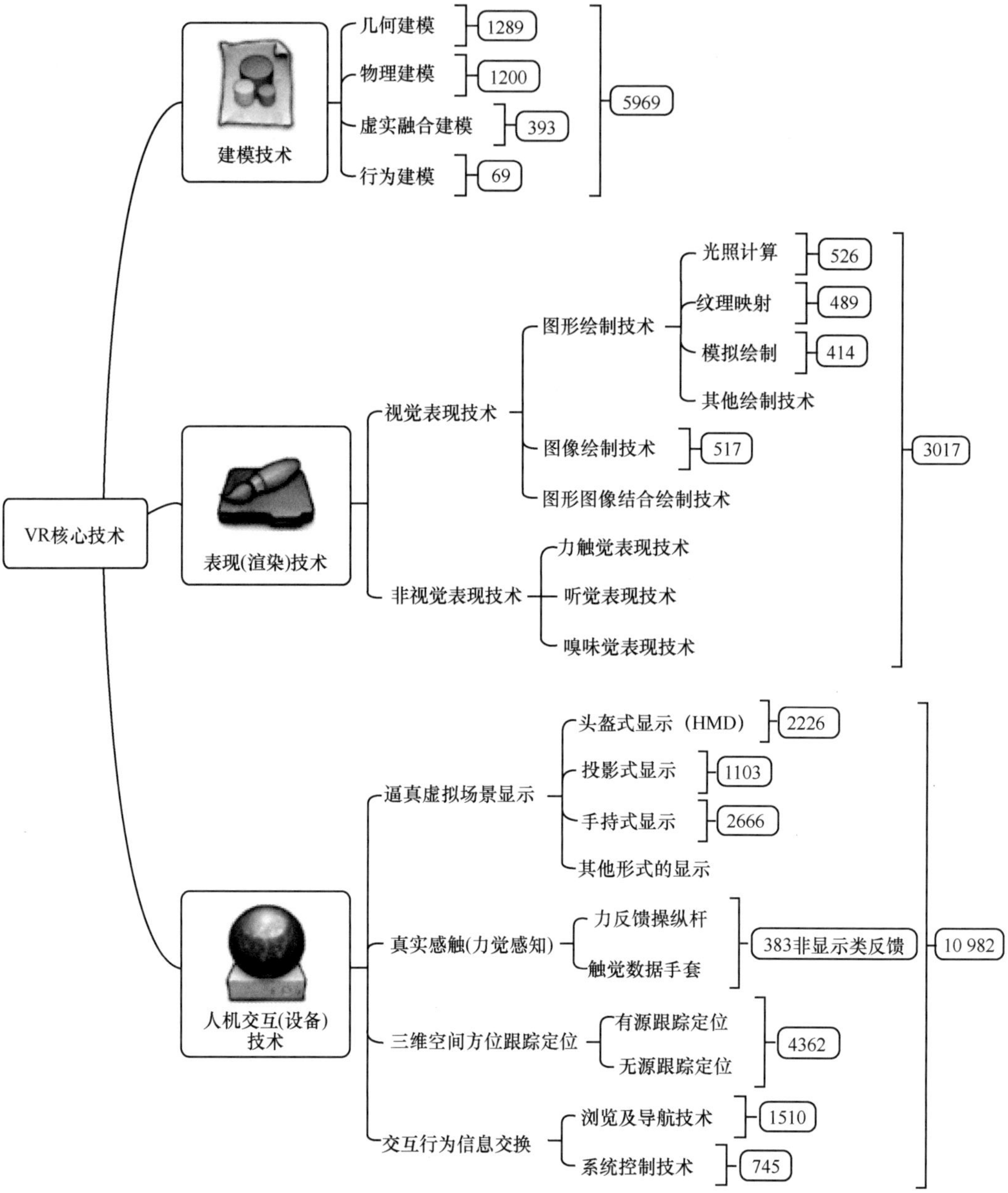

图 4　本研究确定的 VR 核心技术领域及主要技术分类

（注：数字为主要技术分类检索得到的专利族数量）

3.3　研究结论和对策建议

3.3.1　全球 VR 技术专利整体态势分析

① VR专利技术的演变与产业、资本和产品市场的变化形成共振。全球VR专利申请及三大关键技术领域的申请趋势均处于快速成长的生命周期，且分别在 1995 年、2004 年和 2016 年出现申请量的高峰，符合全球VR技术发展的总体趋势，并基本对应技术发展的 3 个

阶段。

② 2014 年以来，全球 VR 技术专利快速增长的主要贡献来源于中国。在专利数量总量上，中国占据总量的 32%，和美国基本相当，2014 年以来，中国专利申请呈现爆发式增长，增量相当于美、日、韩的总和。在建模技术领域，2014 年以来专利增量基本来自于中国申请；在表现（渲染）技术领域和人机交互（设备）技术领域，2014 年以来，专利增量主要来自于中、美两国，且两国增量基本相当。

③ 主要发达国家/地区海外布局活跃。在 VR 技术整体及三大关键技术领域，以美、日、韩等发达国家作为最早优先权区域的专利申请，均有相当数量指定了其他国家/地区；作为参照，以中国作为最早优先权区域的专利申请，绝大部分还是指定中国本土。

④ VR 技术的主要竞争者源于传统硬件、移动端、互联网、娱乐巨头。在专利申请数量排名前十的机构中，传统硬件巨头包括 IBM、英特尔，移动端巨头包括三星、LG、高通，互联网巨头包括微软、谷歌，娱乐巨头包括索尼。在建模技术领域，中国机构表现出色，歌尔、京东方跻身前列。表现（渲染）技术和人机交互（设备）技术领域与 VR 技术整体机构分布情况类似。

3.3.2 主要发达国家 / 地区 VR 技术专利态势分析

① 主要发达国家/地区市场对 VR 技术应用前景认可度高。近年来，中国是全球 VR 技术专利增长的主要贡献地区，主要发达国家/地区（美、日、欧）的 VR 技术专利也呈现出较快增长的趋势。在市场机制比较成熟的发达国家，新兴 VR 技术的专利超前布局呈现高速增长，表明市场主体对于技术和产业发展的预期向好。

② 发达国家/地区最主要的技术起源地和活跃市场是美国，日本市场热度偏低、更注重海外布局。美国在 VR 技术整体或三大技术领域，无论是专利申请量还是近年来专利申请增速，均显著高于其他发达国家/地区。欧洲地区近年在三大技术领域呈现缓慢增长趋势。日本在三大技术领域增长基本停滞，本国专利优先权数量大于专利申请量，说明本土市场热度较低，更注重海外的专利布局。

③ 发达国家/地区市场更受到新兴 VR 技术公司的青睐。在发达国家/地区主要竞争机构中，不仅包含传统硬件、移动端、互联网和娱乐巨头公司，Magic Leap、Daqri 和 Oculus 等新兴 VR 技术公司表现突出并存在竞争。在建模技术领域，Magic Leap 和 Daqri 围绕美国市场的虚实融合建模技术开展竞争；在表现（渲染）技术领域，Magic Leap 和 Oculus 的竞争主要围绕美国市场的光照计算技术开展；在人机交互（设备）技术领域，Magic Leap 聚焦投影式显示，Oculus 广泛涉猎 HMD、非显示类反馈及跟踪、定位。

3.3.3 中国 VR 技术专利态势分析

① 2010 年以后，投资和政策驱动中国 VR 技术专利申请呈现爆发式的增长。我国 VR 技术的起步晚于美、日、欧等发达国家及地区，2010 年以后，中国 VR 专利技术无论是整体还是在三大技术领域，均呈现爆发式的增长。这种爆发式的增长没有经过前期任何阶段性增长的铺垫，除了有市场投资对技术前景的认可因素以外，还包含有政策驱动的正向作用。

② 除了江苏省以外，主要省份均已形成龙头企业示范作用。当前我国 VR 领军企业对产业集聚作用还未完全形成，但对技术发展的带动作用已经凸显。主要省份均已出现专利布局

活跃、申请数量较高的领军企业。在第一、第二梯队的省市中，广东省拥有深圳市虚拟现实技术、腾讯、宇龙通讯、多唻等领军企业，北京拥有京东方、小米，上海拥有盟云移软，浙江拥有阿里巴巴，四川拥有理想境界，山东拥有歌尔股份。这些领军企业不仅专利数量占据优势，在省（市）内乃至全国都起到了良好的带动和示范作用。领军企业数量最多的是广东省，发挥作用最明显的是山东省，歌尔股份一家公司的专利申请就占据了山东省VR技术专利申请的50%。唯一的例外是江苏省，目前仍没有专利申请排名前列的VR技术领军企业。

③ 龙头企业和主要研究机构已经形成稳定技术团队，但相互之间联系薄弱。在我国，VR技术领域形成了以北京航空航天大学赵沁平院士、东南大学宋爱国教授、成都理想境界宋海涛等为核心的研究队伍。这些研究团队均较为稳定，且取得了较好、较多的研究成果，但团队相互之间的联系不够紧密，对产业整体集聚发展的助推作用还不够明显。

3.3.4 江苏省VR技术专利预警预测分析

① 建模技术领域，江苏省涉及高难度问题专利申请比例较高。建模技术领域，江苏省申请量在国内省市中高于浙江，和上海相当，低于广东和北京；和其他国家/地区相比，申请量基本达到了欧洲、韩国水平，明显高于日本。与其他区域类似，江苏省大多数专利都集中在技术发展较为成熟，或是问题难度相对较低的几何建模和虚实融合建模；问题难度较高的物理建模和行为建模数量比例达到较高的17.5%，仅次于欧洲、山东和北京。

② 建模技术领域，江苏省处于活跃市场区域，接近技术领导区域。通过专利组合理论分析，江苏省VR建模技术发展正处于活力市场区域，与上海、北京区域坐标相近，有望进入技术领导区域，需要对标、关注韩国、欧洲地区的技术发展，努力提升专利技术的质量（即相对技术份额）。

③ 建模技术领域，江苏省申请主体的专利保护力度偏弱，近3年失效专利比例过高。建模技术领域，国内省市的申请主体普遍存在同族专利数量少、同族专利国家/地区数偏低、平均权利要求数量偏低的问题，专利的保护力度与发达国家、地区差距较大；国内省市之间横向比较，江苏省申请主体的保护力度也相对偏弱，突出表现在近3年专利申请的失效比例显著偏高。

④ 建模技术领域，江苏省高强度专利数量较少，仍集中在几何建模和虚实融合建模方向。建模技术领域共挖掘得到4项强度较高的专利，分别属于几何建模数据获取（东南大学）、几何建模策略（南京大学）、虚实融合三维注册（东南大学）、虚实融合场景构建（南京融图创斯）等技术主题；南京大学的几何建模策略专利权因未缴费而终止。

⑤ 表现（渲染）技术领域，江苏省申请基数位于国内第二集团，和上海相当，与发达国家/地区差距明显。在表现（渲染）技术领域，国内省市专利申请基数总体上低于发达国家/地区，江苏省的专利申请量在国内与上海相当，低于广东和北京，高于浙江、山东和四川，与欧洲、日本、韩国等发达国家/地区的差距非常明显。

⑥ 表现（渲染）技术领域，江苏省同样处于活跃市场区域，未来需要重点提升专利技术的强度。通过专利组合理论分析，江苏省VR表现（渲染）技术发展正处于活力市场区域，技术吸引力和相对技术份额在国内省市中排名靠前；未来需要进一步提升申请量，并对标欧洲、关注韩国的技术发展，努力提升专利技术的质量。

⑦ 表现（渲染）技术领域，江苏省申请主体海外布局力度和意识薄弱。表现（渲染）技术领域，国内省市的申请主体同样存在同族专利数量少、同族专利国家/地区数量偏低、平均权利要求数量偏低的问题，专利的保护力度与发达国家/地区差距较大；国内省市横向对比，江苏省在平均同族专利国家/地区数量上明显落后于其他省市，专利只限于国内申请，海外布局的意识和实力都亟待强化。

⑧ 表现（渲染）技术领域，江苏省高强度专利数量不多，主要分布在纹理映射方向，在其余方向分布较为平均。表现（渲染）技术领域共挖掘得到7项高强度专利，分布在以下技术方向：纹理映射（苏州天魂、南京航空航天大学、南京安讯网络），光照计算（南京大学），模拟绘制（王鹏勃）和图像绘制（焦点科技，华为软件技术南京研究院）。

⑨ 人机交互（设备）技术领域，江苏省在多个技术分类的申请数量比例明显低于整体平均值。领域专利申请数量上，江苏省的体量在国内与上海相当，低于广东和北京，在国外与加拿大、英国相当，低于德国；在主要技术分类申请数量占比方面，江苏省在头盔式显示、手持式显示、非显示类反馈、跟踪定位等技术分类的比例明显低于整体平均值，在浏览导航和系统控制分类也低于平均值，在上述技术分类的专利布局存在数量短板。

⑩ 人机交互（设备）技术领域，江苏省尚处于活跃市场区域，但专利技术强度和技术吸引力均需提高。通过专利组合理论分析，江苏省VR人机交互（设备）技术发展正处于活力市场区域，其相对技术份额（专利技术强度）处于国内中游水平，技术吸引力（数量增速）则落后于其他省市；未来需要进一步提升申请量，并对标爱尔兰、关注英国的技术发展，努力提升专利技术的质量。

⑪ 人机交互（设备）技术领域，江苏省申请主体的海外布局意识和强度均不够理想。在该领域，与发达国家地区相比，国内省市的申请主体也存在同族专利数量少、同族专利国家/地区数量偏低、平均权利要求数量偏低的问题，专利的保护强度较弱；国内省市横向对比，江苏省在同族专利数量和平均权利要求数量上与其他省市基本相当，但同族专利国家/地区数量明显落后，申请主体的海外布局意识、强度均有待进一步提升。

⑫ 人机交互（设备）技术领域，江苏省高强度专利数量可观，集中在跟踪定位及头戴式显示方向，且技术分类方向之间的交叉明显。人机交互（设备）技术领域，共挖掘出高强度专利13件，广泛涉及跟踪定位、头戴式显示、投影式显示、手持式显示、系统控制、非显示类反馈、浏览导航等7大技术分类，并存在专利技术覆盖多个技术分类的现象，其中跟踪定位、系统控制与三大显示类技术分类的技术交叉最为明显。通过进一步评议筛选出4件专利，分属于手术动作跟踪定位手套（南京意斯伽）、等比例层状并联力触觉建模方法（东南大学宋爱国团队）、闭环系统驱动电机和磁流变液阻尼器结构（东南大学王爱民团队）3项技术主题。三大技术领域高强度专利均经过进一步评议，筛选出的高价值专利如图5所示。

3.3.5 为江苏省VR技术和产业发展提出的对策和建议

① 江苏省应当对标找差，根据三大技术领域发展实际情况采取不同的发展策略。在建模技术、表现（渲染）技术及人机交互（设备）技术三大核心技术领域，江苏省目前都处于国内第二梯队的中游，区域坐标虽然尚处于活力市场区域，但和发达国家/地区在专利强度和质量上的差距明显。未来，江苏省应当以欧洲、日本作为标杆，着力提升专利技术的强度

和质量。具体到各个技术领域和方向：建模技术应当瞄准问题难度较高的物理建模和行为建模，力争抢占技术高地；表现（渲染）技术和竞争对手差距较大，先以提升专利申请基数为目标；人机交互（设备）技术领域的高强度专利数量较多，在三大显示技术与跟踪定位、系统控制方向之间的共现交叉程度较高，在这些方向上产出高价值产品的可能性较大，因此需要推动人机交互（设备）技术领域的技术整合和成果转化。

② 江苏省应当加强政策引导，推动创新主体加大知识产权维护力度和海外布局意识。一方面，在三大核心技术领域，江苏省海外同族专利申请数量较低，与国内其他省份的差距比较明显，海外布局的意识和力度都亟待强化；另一方面，江苏省在三大核心技术领域，尤其是建模技术领域的失效专利占比较高，不少高校申请的高强度专利的专利权因未缴费而终止，这凸显出申请主体在专利权保护力度和意识上的薄弱，建议各级管理部门高度重视，鼓励VR技术领域大数量、高质量专利产出的同时，降低申请主体在申请行为和产业投资中的功利性。

③ 江苏省应当借5G技术发展和相关产业链成熟的东风，做好VR技术未来发展的顶层设计。5G时代的软硬件技术必将催生VR产业发生重大变革。江苏省VR技术相关产业虽然在创新实力、市场活跃度及终端产品占有率方面与其他区域存在差距，但省内一批创新型企业在感知交互、内容制作、操作系统及开发工具等领域掌握了关键技术，具备较强的上、下游产业链整合能力。相关管理部门和研究机构应当在充分调研省内产业链实际情况的基础上，做好规划和设计，顺应5G技术发展的潮流，充分发挥江苏省VR产业的特色技术优势，在教育培训、智能制造、军民融合产品等应用端取得突破。

领域	VR建模技术		VR表现（渲染）技术				VR人机交互（设备）技术		
分类	几何建模	虚实融合	纹理映射	光照计算	模拟绘制	图像绘制	跟踪定位	非显示类反馈	
强度专利	CN104077447B	CN103543827B	多项	CN104361624B	CN102688603B	CN103885788B CN103677211B	CN106200982A	CN101587372B	CN103735389B CN104794949B
申请主体	东南大学	南京融图创斯	多家	南京大学（郭延文）	王鹏勃	焦点科技华为软件（南京）	南京意斯伽	东南大学（宋爱国）	东南大学（王爱民）
技术主题	扫描二维工程图纸获取建模数据	AR户外大屏显示场景配准	简单纹理动态映射	重用光路、渐进渲染的高效率计算方式	魔幻舞台综合表演系统	视频渲染的端口网络数据传输、应用端进程调度	手术动作跟踪定位手套	等比例层状并联力触觉建模方法	闭环系统驱动电机和磁流变液阻尼器结构
竞争态势	有一定技术价值和竞争力	有一定技术价值和竞争力	技术价值不高	技术价值和竞争力较高	有一定的技术集成优势	技术价值和竞争力较高	有一定技术价值和竞争力	技术价值和竞争力较高	技术价值和竞争力较高
潜在对手	北京海颐威、格力电器	西北工业大学、中国地震应急搜救中心	小鸟看看、高通、京东方	腾讯	北京方瑞博石	深圳彬讯科技、歌尔股份、小米科技	上海术理智能、武汉大学	哈尔滨天愈康复、上海交通大学、燕山大学、南昌大学、南通大学、中科院自动化研究所	

图5　江苏省在VR关键技术领域和分类掌握的高强度专利技术、面临的竞争态势及潜在的竞争对手

4　利用商业知识产权分析评议服务揭示企业知识产权战略

商业相关知识产权分析评议更关注与市场竞争密切相关的知识产权问题，主要包括：产业知识产权竞争情况、知识产权关联度、知识产权策略及实力评价、知识产权经济效益等方

面。商业知识产权分析评议方法的代表性应用领域就是知识产权战略研究。

江苏省科技查新咨询中心曾受某省生物技术协会委托，要求以知识产权分析评议为主要方法，对生物技术产业跨国公司巨头的发展策略进行解读。本研究是该项目的一部分，选取了农业生物技术领域的领军企业——孟山都公司作为研究对象，对其专利布局和研发战略进行了深度的解析。

该项目具备以下特点：首先，在背景调查的过程中，对孟山都公司的业务发展、产品分类、核心技术、研发动态、竞争合作进行了全面的调研，收集了充足的经营信息和市场竞争情报，为之后的策略分析奠定了坚实的基础；其次，在专利数据收集和分析过程中，对收集到的专利数据逐条解读、精细清洗，工作量非常高，在此基础上对专利技术进行了高质量的技术分解，为其后的专利布局和竞争分析构建了科学合理的研究框架；最后，在技术布局和竞争策略解读过程中，始终高度聚焦在“竞争”这一核心主题，深入分析孟山都公司专利布局的行为模式，从申请时间、技术领域甚至是专利文件的撰写细节中发现规律和变化，并同其市场行为、业务发展情况、国家地区政策、主要竞争对手发生的重要事件等非专利情报相关联，使用原因导向和目的导向分析方法，解读出孟山都公司专利布局的 4 种主要策略和行为模式。

4.1 背景调研过程中，拓展数据源以提升研究的应用性和实用价值

背景调研中，首先针对产业宏观国际环境进行综述，重点放在农业生物技术尤其是转基因技术的发展情况，并且揭示了国内农业种子市场所面临的技术竞争压力和潜在风险。

当前，世界上绝大部分的商业化种子市场已经被跨国公司们垄断和瓜分，我国种子市场是仅存的最后一个自由竞争的大市场。在加入世界贸易组织之后，随着农产品市场分阶段地对外资开放，国内育种产业的技术劣势暴露无遗，大批育种、农产品生产及加工企业随之倒闭，大量外资进入并控制了相关产业链。可以预见，未来国内的育种产业、农产品生产加工产业，乃至国家粮食安全都将面临巨大的威胁和挑战。

在过去的 15 年里，转基因技术发展迅速，转基因农作物在世界范围内得到了广泛的种植。转基因技术在客观上为发展中国家应对粮食危机和可持续发展压力，以及为国际社会应对全球气候变化等挑战做出了贡献。转基因作物的推广还为农业生物技术公司带来了巨大的利润，推动了专利种子市场的繁荣，并为种植者带来了可观的收益。虽然在食品安全和环境安全方面，转基因育种技术仍然面临着诸多质疑，但不可否认的是，未来转基因技术将成为推动农业、食品加工业甚至新能源产业发展的重要动力。

其次，对孟山都公司的市场经营情况、主要业务开展情况和研发情况进行了详细的背景调研。研究人员阅读了大量的公司年报和行业报告，一些关键数据来源于联合国粮农组织等权威机构。

作为世界第一大商业化种子公司，孟山都公司是转基因技术最为活跃的推广者之一。孟山都凭借年均近 100 亿美元的种子销售额，和杜邦（先锋种业）、拜耳、先正达、陶氏化学等跨国巨头一起，占据了全球专利种子市场半数以上的份额。孟山都还是拥有最多农业技术专利的公司之一，世界上现有近 40% 的转基因作物品种都是由孟山都研发。以孟山都为首的

跨国农业巨头不仅形成了全面覆盖育种、生产、销售、服务一条龙产业链的业务体系，更是控制着育种产业的命脉——种质资源、基因及关键技术专利，并且不断地通过科技研究的深化、专利布局的优化、企业管理的细化及效益的全环节精密控制，获得了在育种产业上的巨大优势。早在 20 世纪 90 年代，孟山都公司就开始在我国针对育种、农业化学等多个领域进行专利布局。

孟山都公司的业务范围涵盖农业化学品、生物育种技术及相关产品，优势集中在除草剂和转基因育种两大领域。在除草剂领域，其明星产品农达（Roundup）草甘膦是世界上销售量最大、使用范围最广的除草剂产品。在转基因育种市场，目前孟山都占据了 70% 以上的全球市场份额，在美国本土更是高达 90%。孟山都公司近年来育种业务和农业化学业务的运营情况如图 6a所示。可以看出，相比农业化学，育种业务上升趋势明显，已成为孟山都公司的主要业务领域。2014 年，孟山都公司的总销售额达到 158.6 亿美元，在世界 500 强企业中名列第 206 位。孟山都公司近年来一直维持着高额的研发投入，且逐年稳步上升，每年度的研发投入均占总销售额的 10%左右（图 6b）。2014 年，孟山都正在进行的主要研发项目接近 30 项（表 3），其中绝大多数为转基因育种项目。孟山都近年来还致力于新型农业领域的研究，强势启动了 FieldScript 数据化规范种植和农场管理系统的研发，其技术基础主要来自于 2013 年收购的气象学研究和数据分析公司 Climate Corp。孟山都还在 2012 年与 Alnylam 生物技术公司结成了战略联盟，引入了后者的 RNAi 技术进行多种生物防治技术的开发。

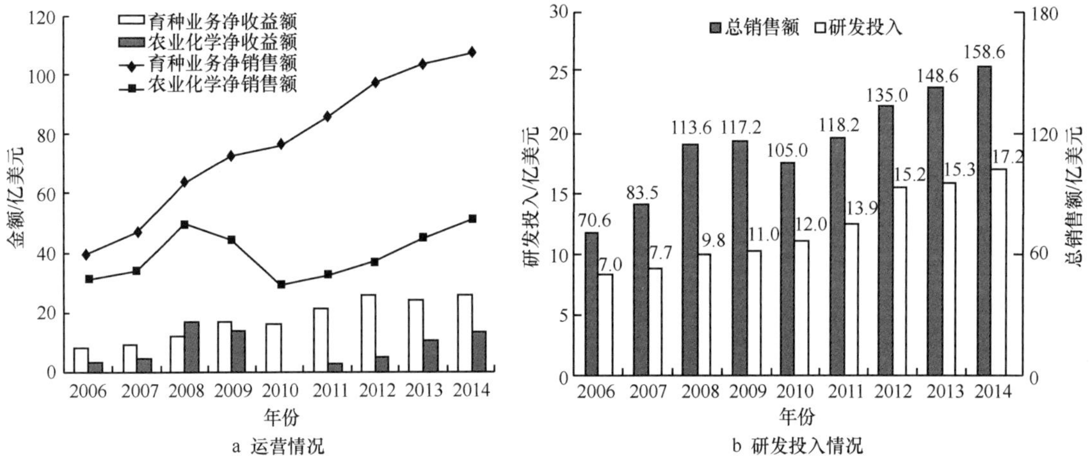

图 6 孟山都公司近年总体运营和研发投入情况

孟山都公司当前的育种业务主要涉及玉米、大豆、棉花和蔬菜等作物品种，拥有 Asgrow、Channel、Dekalb、Delta & Pine、Fielder’s Choice Direct、Westbred、De Ruiter Seeds、Seminis 等知名品牌。在种子产品中整合的转基因技术主要有抗除草剂性状技术、抗虫性状技术、营养和代谢改良性状技术及复合性状技术这四大类。孟山都的农业化学业务包含近 20 个品牌，核心品牌是活性成分为草甘膦或其衍生物的农达（Roundup）系列，以及活性成分为乙草胺和阿特拉津的禾耐斯（Harness）系列。

表3 2014年孟山都公司的主要研发项目

所属领域	研发项目	目前进度
转基因育种	棉花根结线虫抗性技术	4期至产业化阶段
	棉花第三代Vip3A抗虫技术（与先正达合作）	3～4期
	棉花第二代抗虫抗麦草畏技术	产品已进入市场
	大豆第三代抗除草剂（农达和麦草畏）技术	3期
	大豆第四代抗除草剂技术	1期
	大豆单不饱和脂肪酸高含量技术	产品已进入市场
	大豆第二代抗虫技术	3～4期
	大豆第二代抗孢囊线虫技术	2～3期
	大豆第四代抗除草剂技术	启动至1期
	玉米炭疽茎腐病抗性技术	3～4期
	玉米超级性状堆叠技术	3～4期
	玉米灰叶斑病抗性技术	2～3期
	辣椒疫霉菌抗性技术	3～4期
	油菜草胺膦抗性技术（与拜耳合作）	3～4期
	油菜麦草畏抗性技术	1～2期
	番茄青枯病菌抗性技术	1～2期
	莴苣霜霉病抗性技术	1～2期
	小麦第二代抗除草剂技术	1～2期
新型农业	FieldScript数据化规范种植系统	按作物种类分为多个项目
生物防治	科罗拉多马铃薯金花甲虫防治技术	启动至1期
	番茄斑萎病毒防治技术	启动至1期
	蜜蜂病害防治技术	启动

最后，对孟山都公司对华专利数据进行了采集和初步的去重、分类。至此，在背景调研和数据采集环节，集合了大量、权威来源的市场信息、经营信息、研发信息和专利信息，拓展了研究的实用性，使研究在实质上更靠近市场和竞争，突破了传统专利分析“与实际脱钩”的局限性。

本研究以孟山都公司在中国的专利申请作为主要研究对象。专利检索的日期范围是1980年1月1日至2014年11月1日。国内专利信息数据采集通过上海市知识产权信息服务平台的批量下载功能，去重和分析采用中献智泉PIAS专利分析工具，数据清洗和技术分类通过手工完成。

共检索到孟山都公司在中国的专利申请884件，经去重和清洗后，剩余专利申请560件，其中发明专利558件，外观设计2件。绝大多数（526件）为孟山都及其各地分公司所申请，24项为孟山都与其他机构共同申请，10项为旗下子公司单独申请或共同申请。这些旗下子公司包括：迪卡尔布（Dekalb）遗传学公司、德尔塔和潘兰德（Delta & Pine）公司、德鲁伊特种子（De Ruiter Seeds）研发有限公司、圣尼斯（Seminis）种子公司、锦湖孟山都株式会社。

孟山都在中国申请的560件专利中，涉及育种技术有243件，涉及农业化学有163件，其他化工领域105件，医药畜牧领域38件，其他领域11件。其中，育种技术和农业化学两大领域的专利申请分别占到总量的43.4%和29.1%。可以看出，孟山都公司作为一家农业科技公司，其在华专利申请以育种业务和农业化学为重点。

4.2 专利分析过程中，通过逐条解读完成精细的技术分类，提升可靠性

在常见的专利分析报告中，技术分解一般依靠专利现有的技术分类，如IPC、CPC分类号等，这样的技术分类比较简单和粗糙，也时常有企业客户反映这样的分类难以理解、不实用。实际上，技术分类可以说是专利分析的核心和基础，之后几乎所有的衍生定量分析都是基于技术分类进行，因此，科学、合理、精细的技术分类决定了整个报告的质量。在专利分析的研究过程中，专利检索和技术分类甚至占据了50%～60%的工作量。在对孟山都在华专利申请的分析过程中，研究人员在技术分类环节投入大量的时间成本，几乎逐条解读了所有的专利文本，完成了精细的技术分类，保障了整体研究的科学性和可靠性。

4.2.1 育种领域专利技术分类分析

孟山都申请的243件育种技术专利中，绝大多数涉及转基因技术。可划分为5个二级技术领域，分别是：植物转化技术23件、功能性状及其编码基因148件、功能基因的表达调控33件、性状检测技术21件、转基因育种技术的下游应用18件。可以看出，功能性状及其编码基因专利占到育种专利总量的61%，远远超过了其他二级技术领域。作为转基因育种过程中的关键技术，功能性状的探索和开发是孟山都育种技术研发的核心。此外，功能性状及编码基因可进一步划分为7个三级技术分类，分别是抗虫（34件）、抗除草剂（20件）、营养改良（43件）、抗病（17件）、高产抗逆（13件）、复合性状（12件）及数量性状基因定位（QTLs）(9件）。从专利数量来看，营养改良和抗虫两个三级分类的专利数量最多，分别占到17.7%和14.0%，是孟山都在功能性状及编码基因这一技术领域的发展重点（表4）。

表4 孟山都育种技术专利的法律状态

法律状态	功能性状及其编码基因	功能基因的表达调控	植物转化技术	性状检测技术	转基因育种技术的下游应用
授权	45	15	10	9	7
实质审查	54	11	10	10	7
公开	1	0	0	0	0
公开后视为撤回	40	4	2	1	3
公开后被驳回	5	2	1	0	1
专利权未缴费终止	2	1	0	1	0
有效期届满终止	1	0	0	0	0

4.2.2 农业化学领域专利技术分类分析

在农业化学领域，孟山都在华申请了163件专利，其中有114件与除草剂生产工艺相关，20件与杀虫剂相关，15件与抗病杀菌剂相关，14件涉及其他农化产品。在除草剂相

关专利中，与草甘膦生产工艺有关的专利数量达到了81件，分别占到除草剂专利数量的71.1%和农化专利数量的49.7%。由此可见，除草剂是孟山都农业化学技术领域内的研发和布局重点，而草甘膦除草剂则是核心。在过去的10～15年中，农达草甘膦系列一直是孟山都的明星除草剂产品，孟山都在农化领域的专利分布也准确地反映出这一业务结构特点。

在后续专利分析和解读的过程中，非常注重细节信息的发掘。例如，在专利法律状态的分析中，通过不同法律状态专利的对比，解读孟山都公司对于不同技术分类和领域专利申请的态度差异。

在育种技术专利中，功能性状及其编码基因已获授权45件，功能基因的表达调控已获授权15件，植物转化技术获授权10件，性状检测技术9件，转基因育种技术的下游应用7件。授权率分别为30.4%，45.5%，43.5%，42.9%，38.9%，除了功能性状及其编码基因之外，其余技术分类和我国发明专利的平均授权率基本相当。造成功能性状及其编码基因专利授权率较低的主要原因有以下几个方面。首先，36.5%的专利处于实质审查状态（54件），表明孟山都在这一领域的近期申请较多，侧面反映出其在该领域的研发力度较高。其次，高达27.0%的专利在公开后被撤回（40件），表明该技术分类的专利由PCT途径进入中国之后，孟山都进行了筛选、统筹和布局，从侧面反映出其对于该技术领域的重视程度。此外，育种技术5个三级技术领域内被驳回、未缴费终止、期满终止的专利数量都非常少，表明孟山都育种技术专利的创新水平、市场价值均较高，且专利的衰老程度较低。

另外，在对专利技术发展趋势和生命周期的研究中，对数据的变化保持高度的敏感性，并且积极地发掘专利数据变化与外界环境的变化——如市场环境、政策环境的变化——之间的联系。

以抗虫基因技术为例，进一步分析孟山都公司在功能性状及其编码基因技术领域的申请趋势（图7）。抗虫基因技术分类在2000年以前申请数量较高，2000—2005年出现低谷，2005年之后再次迎来申请高峰，这和中国抗虫转基因作物的发展历程相关。20世纪90年代前后，中国大部分棉区持续性大爆发棉铃虫灾害，在这段时间孟山都公司也及时通过巴黎公约途径向中国布局了相当数量的抗虫基因专利；而中国本土研究者在20世纪90年代末独立研发出具有自主知识产权的抗虫转基因技术，并在10年的时间内开发出大量的抗虫棉花品系，迅速夺回了国内市场，在这段时间内孟山都也相应地调低了专利布局数量。进入2005年之后，随着孟山都在新抗虫技术上的突破，以及中国国内抗虫转基因作物次生害虫灾害的抬头，孟山都公司再次加紧了在华专利布局，值得一提的是这轮布局中有相当数量的专利与RNA干扰抗虫、线虫抗性等新技术相关。

抗除草剂作为主要的转基因作物性状，孟山都在该技术类别的布局却相对缺乏力度，这与中国农业生产特点有关：抗除草剂作物特别适合缺少产业劳动力的大田机械化农业生产，而中国以传统农耕为主的生产方式限制了抗除草剂作物的应用价值，因此孟山都在该技术分类的专利布局力度一直不高，但在2005年前后申请量开始增多。宏观上，这可能与中国对于国内农业的规划调整有关，孟山都及时察觉了潜在的市场机遇进而加强了专利布局。具体技术层面上，2005年之后申请的抗除草剂专利大多数包含有新型抗除草剂基因，如抗麦草畏基因等，反映出孟山都未来的技术发展趋势。

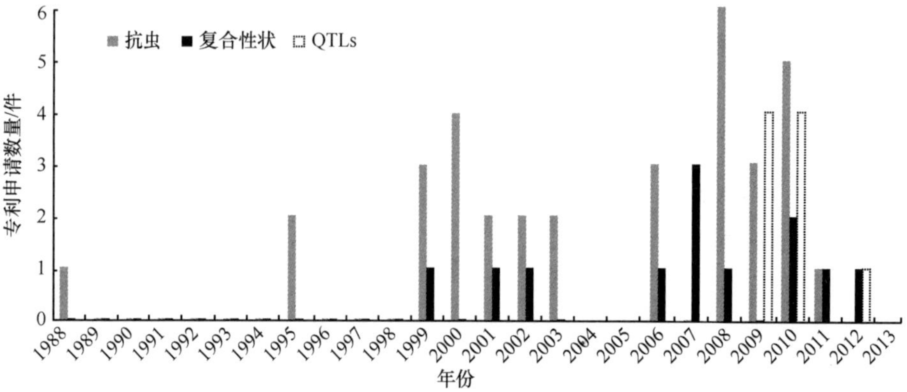

图 7　孟山都在功能性状和编码基因领域的专利申请趋势

4.3　布局解读，密切联系专利行为和外部形势变化，展现专利战略

专利布局策略的制定是一个发掘细节、关联信息、总结规律的过程，是需要在大量的市场信息和专利信息调研，以及精细专利分析的基础上完成的。在孟山都专利布局策略解读过程中，研究人员深入研究其市场行为、专利申请行为的特点，从市场经营、专利技术的细节中发掘规律和重要变化，紧密联系外部环境因素，包括经营环境的变化、竞争对手的技术突破和专利布局等，深度分析孟山都公司通过专利布局来巩固竞争优势、扭转竞争颓势、掌控未来市场的策略和行为模式。

4.3.1　核心技术全面保护布局战略

在转基因育种领域，作为市场先入者，孟山都通过对其核心技术实施无漏洞保护布局，达到阻断模仿者和追随者的目的。这一布局战略充分体现在对农作物转化事件的专利保护中。稳定转化事件的获取非常不易，是转基因育种流程中的关键步骤。目前世界范围内，在已申请专利保护的转化事件中，有近 1/4 属于孟山都公司。孟山都在中国已获取授权的转化事件专利中，通常都含有 15 项以上的权利要求，几乎将作物转化事件中特异的外源基因序列、侧翼序列、插入序列、上游的调控序列甚至是基因导入、转化方法整体纳入到权利要求中，意味着将专利保护范围延展至所有带有指定或相似特异序列的作物及杂交后代，并从根本上阻断了其他竞争者对其核心育种技术进行模仿、追随的可能性；此外，这些专利通常还会将保护范围扩展到活体植物之外，即带有指定或相似特异序列植物的组织，包括种子、组培组织、根茎、果实等都属于权利要求的保护范畴，从而有效阻止了他人将作物品种用于商业化种植、体外培育或杂交育种的行为，最大限度上、全方位地对其核心技术进行了保护（图 8）。

4.3.2　支撑未来研发的专利布局战略

作为育种领域的技术引领者，孟山都的专利布局充分体现了未来的研发思维和路线，往往通过超前布局抢占技术高地，以达到领先同质竞争者的目的。在目前孟山都的主要研发项目中，大部分都已经开始在中国进行专利布局。例如，根结线虫抗性技术目前在华有 5 件专利申请，其布局始于 2007 年，2008 年和 2009 年各有 2 件申请，而相应的育种产品 2015 年以后由 4 期进入到产业化阶段。玉米灰叶斑病抗性技术目前仍处于研发 2 ～ 3 期，但孟山都已于

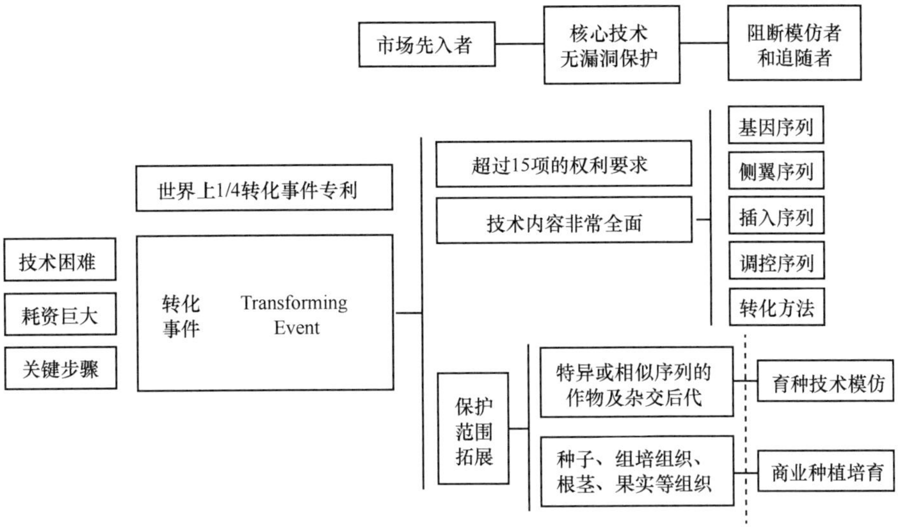

图 8　核心技术全面保护布局战略

2007 年开始了专利布局，针对灰叶斑病抗性相关的数量性状基因定位（QTL）进行了保护。最有代表性的是：孟山都在 2015 年启动了 3 项生物防治研究，分别是科罗拉多马铃薯金花甲虫防治、番茄斑萎病毒防治和蜜蜂病害防治，其中金花甲虫防治涉及RNA 干涉法抗虫技术，相关专利早在 2005 年开始布局，目前已有 4 件专利申请。番茄斑萎病毒防治也已有一篇相关专利，申请于 2008 年，主要针对病毒特异抗原及序列、制造和筛选抗性植物的方法等核心技术进行了保护。通过上述分析可知，孟山都非常注重专利布局和研发战略的配合，在项目的研发过程中，其专利申请往往早于产业化阶段，甚至在项目启动阶段就开始谋划布局，通过专利的形式公开阶段性成果，及时抢占技术高地，阻断潜在的竞争产品和技术，为研发项目保驾护航（图 9）。

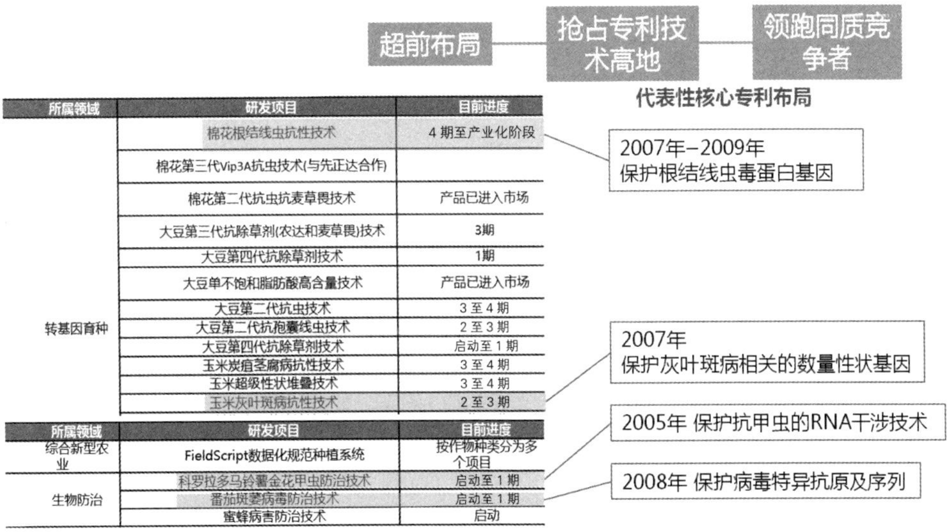

图 9　支撑未来研发的专利布局战略

4.3.3 产业链纵向专利布局战略

同一技术领域内，孟山都通过在产业链上下游同时进行专利布局，实现了控制客户资源、干扰竞争对手的双重目的。孟山都在利用专利布局对特异基因序列、转化技术、转化事件、植物组织等核心育种技术和成果进行全面保护的同时，还会通过额外的专利申请，将专利保护的范畴向纵向产业链的下游延伸，把利用特定植物组织生产食品、油脂、保健品、饲料等的技术和行为都纳入到专利权力要求的保护范围之中。通过这一布局战略，孟山都在全面保护核心育种技术的同时，还控制了育种成果和产品的下游应用，将影响力扩展到食品工业、饲料工业等下游产业链。这种纵向影响力的延伸具有积极的意义。一方面，孟山都能够通过专利排他性保护下游客户的利益，杜绝产品被客户的竞争者利用的可能性，从而维系和下游客户之间的合作关系，同时还保留着通过专利许可途径为客户引入新竞争者的权利，以此对下游客户进行控制。目前，在粮食贸易领域，孟山都已经和多家大型农副产品物流、供应商建立了稳固的纵向合作关系（其中包括著名的跨国粮商嘉吉公司），积极参与到农产品产业链多层次的价值获取和利益分配过程中。另一方面，孟山都通过产业链纵向的延伸布局，能够有效地对相同技术领域内的竞争对手实施干扰。例如，孟山都和杜邦（先锋）两大农业技术巨头在产油大豆育种领域存在激烈的竞争，杜邦的核心技术是富含油酸大豆，孟山都则是富含 ω-3 脂肪酸大豆。在技术层面上，两家公司各有优势，但孟山都在华申请的相关专利中，除了围绕产油大豆核心技术进行专利布局之外，还将专利保护延伸到产业链的下游，自 2005 年起围绕“含有 ω-3 类等不饱和脂肪酸的食品、保健品”这一技术主题申请了 10 余件专利，并在专利中对于这类食品、保健品的加工工艺、配料成分、有益功效都做出了详细的说明，从而借助“削弱创造性”这一策略，成功阻击杜邦在产油大豆产业链下游的专利申请，干扰了竞争对手的专利布局，在市场竞争中占得先机（图 10）。

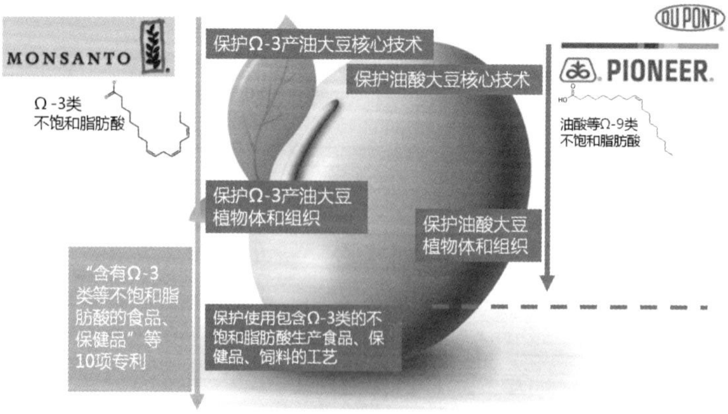

图 10 产业链纵向专利布局战略

4.3.4 技术链协同布局战略

在不同的技术领域之间，孟山都也采取了同产业链纵向专利布局类似的协同布局战略，通过不同领域内技术和产品间的互补效应来增强市场竞争实力、提升风险掌控的能力。其中最成功的案例就是草甘膦布局。草甘膦是孟山都农化明星产品农达的主要成分，其之所以能够成为世界上销售量最大、使用面积最广的除草剂，主要得益于孟山都在育种技术领域的研发和专利布局战略：申请大量草甘膦抗性技术Roundup Ready的专利，并加大草甘膦抗性作物品种的推广力度，成功地在育种领域和农化领域之间实现了技术捆绑，以育种领域的技术进步带动农化领域的产品销售。孟山都也通过农化领域内的专利布局，如草甘膦制造技术、配方技术、制剂技术的改进，来巩固育种领域内的市场优势，最终形成不同技术领域之间的协同发展格局。虽然在2010年前后，孟山都在农化领域有大量的草甘膦专利到期，但在既有的技术捆绑格局下，孟山都依然能够通过农达产品的降价销售来推动育种产品销售额的提升，不仅抵消了当年农化领域的营运亏损，还在之后几年持续拉动农化领域业务的复苏。另外，孟山都还希望通过技术链协同专利布局，来实现巩固技术联盟，提升对供应商定价能力的目的。目前在除草剂领域，新型除草剂麦草畏的市场前景最好。但配套的麦草畏抗性育种技术还不够成熟，其核心技术主要掌握在孟山都和先正达公司手中。孟山都自2007年起开始麦草畏抗性技术的专利布局，当年在中国申请了5件专利。2008年，孟山都和先正达公司达成了专利交叉许可协议，以大豆草甘膦抗性技术换取了先正达手中的麦草畏抗性技术的使用权。2010年，孟山都就大豆转化事件MON87708申请了专利权保护，该品种兼备草甘膦和麦草畏的抗性。另外，早在2005年，孟山都就在农化领域开始麦草畏专利的布局，技术内容的核心是麦草畏和草甘膦混合型农药的配比和使用。可以推测，孟山都这轮专利申请的目的在于：通过在农业化学和育种技术领域的平行布局，推广草甘膦和麦草畏双价除草剂及具有双价除草剂抗性的作物品种，推动麦草畏抗性和草甘膦抗性技术的捆绑，以此来巩固与先正达的技术联盟，并力争在合作关系中获得更多的定价权和话语权（图11）。

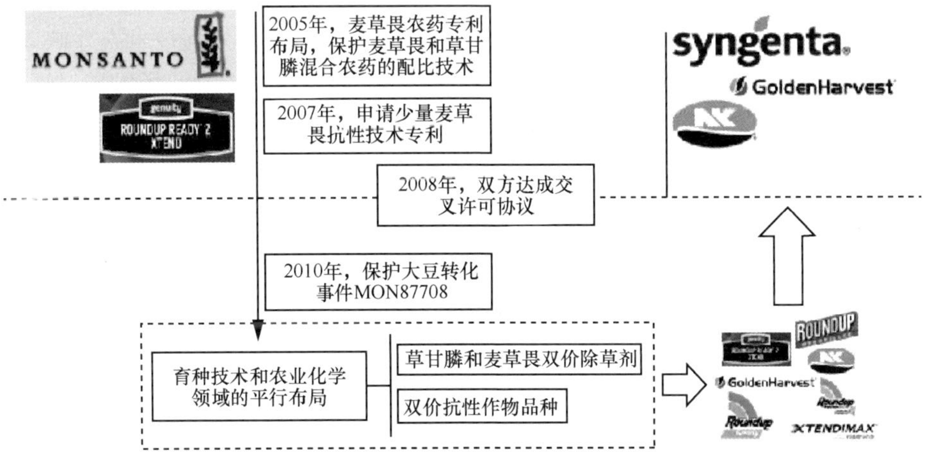

图11　技术链协同布局战略

5　知识地图——全面挖掘隐性技术信息的利器

知识地图（knowledge map）是采用统计分析、聚类分析、复杂网络分析等定性与定量的分析方法，通过综合分析和深度挖掘学术论文、基金项目、专利文献、科技报告等文献载体中的零散信息，为企业和科研院所等研发机构的创新活动提供高价值的竞争情报知识。知识地图是知识管理实现的重要手段，其通过将某技术领域内的隐性知识显性化表示，帮助研发主体挖掘来自技术和市场的竞争情报知识，为企业赢得市场竞争优势。知识地图的数据量较高、分析难度大、对数据可视化的要求较高，其研究成果可以很好地展示专业情报服务机构在数据采集、情报分析及软件工具使用等方面的能力。江苏省科技查新咨询中心曾受省内新材料技术公司B委托，开展石墨烯领域的宏观技术挖掘，为了更全面地展现全领域的技术动态，采用了知识地图的分析方法。

5.1 项目背景和需求

石墨烯，又称单层石墨，是一种由碳原子以 sp^2 杂化轨道组成六角型呈蜂巢晶格的平面薄膜，是只有一个碳原子厚的二维材料。2004 年，由英国曼彻斯特大学物理学教授安德烈·海姆（Andre K. Geim）和康斯坦丁·诺沃肖洛夫（Konstantin Novoselov）利用微机械剥离方法首次获得。石墨烯是已知材料中最薄的一种，其厚度仅为 0.35 纳米；并且石墨烯具有独特的结构，集优异的电学、力学、光学、化学、热学等特性于一身，被认为是“后硅时代”的新潜力材料，其潜在应用领域包括高速晶体管、透明电极、印刷电子、新型复合材料、超灵敏传感器、新型催化剂、基因测序、储能装置等。

在全球石墨烯产业蓬勃发展的当下，我国国家重大科技专项、国家 973 计划均围绕石墨烯产业链的生产工艺、生产设备、产品应用等全局部署了一大批重大研究专项，以便抢占石墨烯发展的创新高地，尤其是江苏省在石墨烯产业发展中已处于国内领先地位并具备国际一流水平。但是，石墨烯产业的发展也存在高质量石墨烯原材料的制备产量不高、石墨烯下游应用产品开发不足、研发投入较高、小微企业难以壮大、石墨烯工程技术人才缺乏等问题。受某企业的委托，本项目旨在掌握石墨烯行业的整体发展现状，探索市场发展机遇，为促进技术创新与制定研发战略提供决策服务，有利于统筹企业自身的发展规划并精心筹划企业的市场布局。

5.2 项目难点及解决办法

科技投入情况。技术研发需要经济投入作为支撑，更需要政府政策作为引导；国家自然基金项目既能体现政府经济投入力度，也能反映政府政策支持情况，揭示石墨烯行业的科技投入情况。

产业化进程。产业化的发展是从基础研究向应用研究递进的结果，本项目以科技论文分析探索基础研究成果、以专利文献分析探索应用研究成果，对逐步实现产业化提供决策支持。

海量数据的处理和可视化。常规的统计软件只具备趋势统计、分类统计等功能，面对复杂网络的分析无能为力；因此本项目选取Bicomb（书目共现分析系统）、Pajek、SPSS等复杂网络分析工具，完成可视化知识地图的制作。

5.3 研究思路与研究方法

确定“项目背景、项目需求、需求反馈、项目执行、项目结果、需求反馈、项目结论”闭合回路的项目执行流程，将项目需求贯穿整个流程以确保完成质量。

客户提出的项目需求是：从技术发展、技术布局、技术合作等角度对石墨烯行业的情报知识进行深入挖掘，以便指导自身石墨烯产业技术突破及市场开拓。由于基金项目是政府对基础研究的投入，科技论文是基础研究的重要成果形式，专利是应用研究的重要成果形式，故以基金项目、论文和专利为本研究的分析对象；因此，接下来是获取并处理基金项目、科技论文和专利文献的原始数据。借助Pajek、SPSS、Bicomb等分析工具从基础研究投入、基础研究和应用研究 3 个角度对石墨烯行业的发展现状进行可视化展示，最终得出分析结论及建议。

5.4 研究特色

将基金项目、科技论文和专利文献结合，分别从基础研究投入、基础研究、应用研究 3 个维度对石墨烯行业发展竞争态势进行可视化分析；将数理统计知识运用到数据处理中，从定量分析和定性分析的角度挖掘文献中的竞争情报；采用图表可视化的方式展示研究成果，提高研究成果的易读性。

5.5 石墨烯知识地图分析过程

5.5.1 基础研究投入知识地图分析

根据科学网的统计（图 12、图 13），2007—2016 年，清华大学、北京大学、上海交通大学等申请并获批的有关石墨烯领域的国家自然科学基金项目共计 2313 项，累计金额达 102 551.0 万元，涉及的学科领域包括无机非金属材料、物理学、化学等。可见，我国政府对石墨烯研究的支持力度较大、看好石墨烯发展前景；并且在政府资助项目的推动下，我国已成为全球石墨烯基础研究的领跑者。

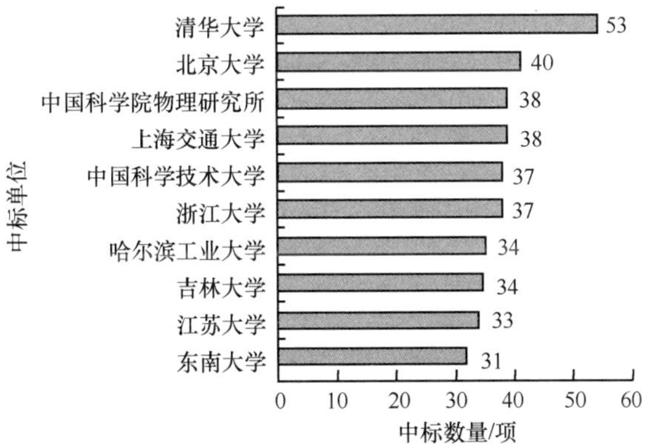

图 12 前 10 位石墨烯国家自然科学基金项目中标单位

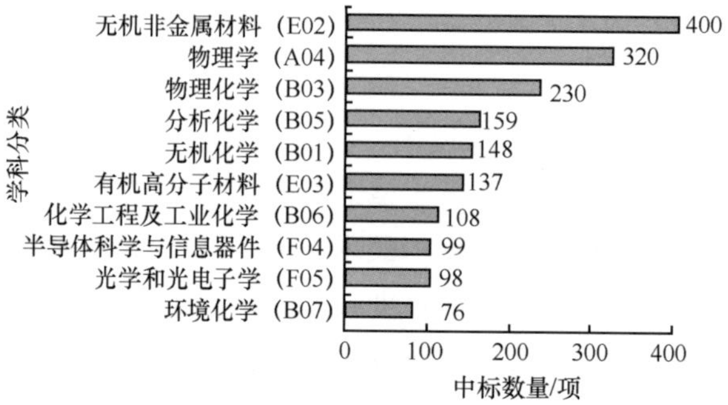

图 13　石墨烯国家自然科学基金项目学科分布情况

5.5.2　基础研究知识地图分析

5.5.2.1　数据获取与数据处理

数据来源：以“主题=石墨烯”为检索式，在CNKI（中国知网）检索平台中检索到4741篇有关石墨烯的核心期刊论文，且论文的发表数量呈逐年递增态势；选择被引次数≥1的文献，得到2000篇核心期刊文献。本文以上述质量较高的2000条数据记录为分析对象。通过Bicomb（书目共现分析系统）软件，共得到7760个有效关键词；选取氧化石墨烯、复合材料、碳纳米管等30个频次为20及以上的关键词为高频关键词；利用Bicomb软件，构建上述高频关键词的30×30共词矩阵。

5.5.2.2　科技论文地图分析

（1）高频关键词的网络地图分析

将共词矩阵导入UCINET软件中，得到国内石墨烯研究论文高频关键词网络地图（图14），图中各高频关键词之间具有复杂的关联关系；其中，氧化石墨烯、复合材料和碳纳米管等代表石墨烯基础研究领域的节点最大，表明节点的网络中心度最大，是论文研究的核心内容；此外，图中锂离子电池、超级电容器和生物传感器等代表石墨烯应用研究领域的节点较大，也是论文的重要研究内容。另外，图14中氧化石墨烯与复合材料、锂离子电池与负极材料、超级电容器与聚苯胺等关键词两两之间的连线较粗，说明这些关键词在同一篇文献中共同出现的次数较多，关系较强。

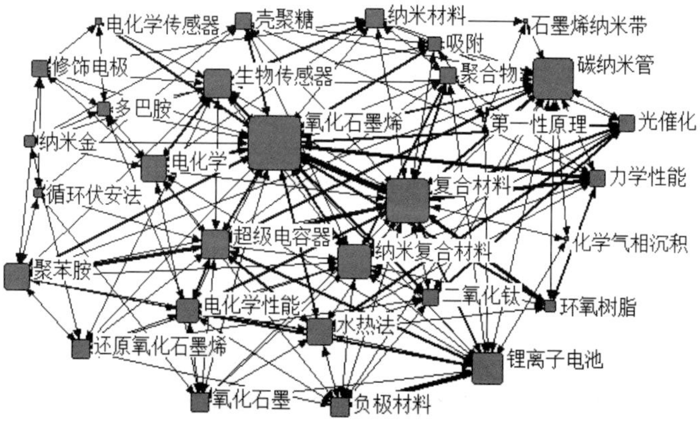

图 14　石墨烯研究论文高频关键词共词网络

（2）高频关键词的聚类地图分析

利用SPSS 20.0 得到石墨烯论文研究（基础研究）主题聚类结果（图 15）。图形的顶部（横轴）有一行数字，代表各类别的相对距离；纵轴代表每个关键词的序号，也可视为最初的类别序号，即每个关键词从最开始为一个小类，当横线不断合并，类别也相应高度集中。石墨烯论文研究主题主要包括 4 个大类共 9 个小类：锂离子电池负极材料、石墨烯复合材料（石墨烯/二氧化钛复合材料、石墨烯/碳纳米管复合粉体材料、石墨烯/聚合物纳米复合材料、石墨烯/环氧树脂复合材料、石墨烯/聚苯胺复合材料、石墨烯/壳聚糖生物复合材料）、石墨烯纳米带、电化学生物传感器应用。

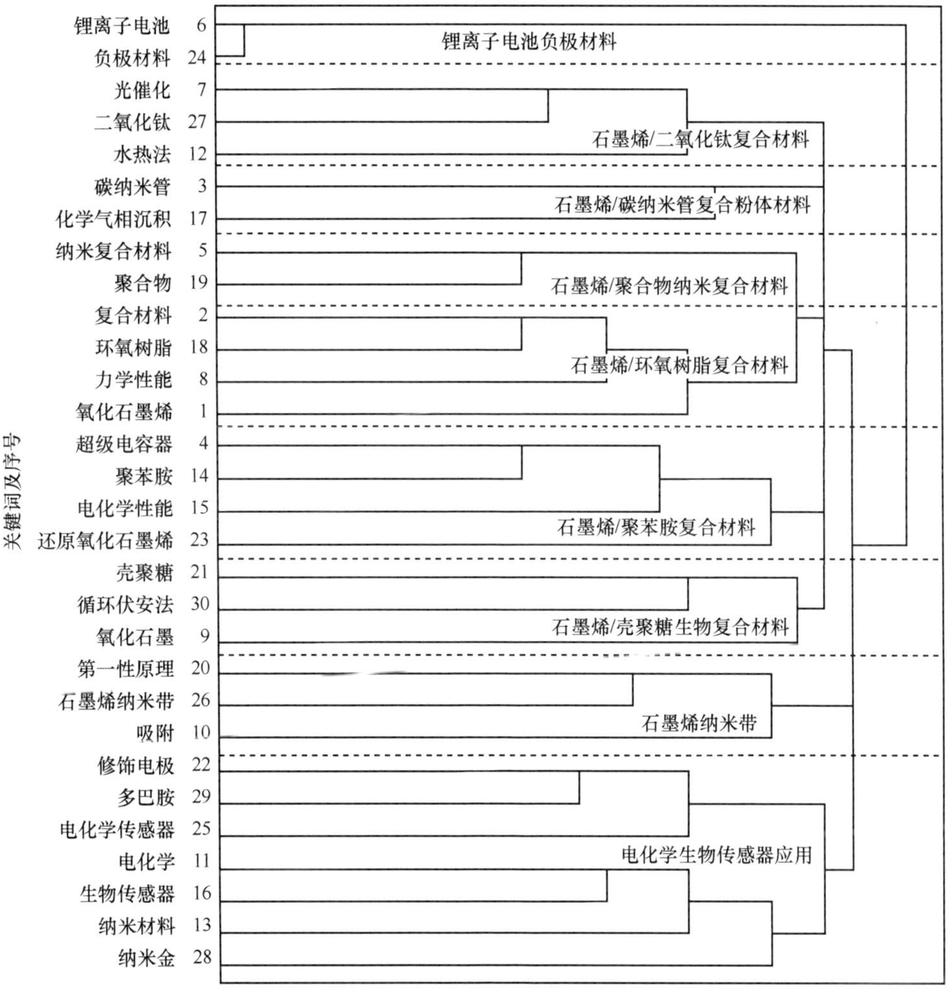

图 15　国内石墨烯研究论文高频关键词聚类结果

5.5.3　应用研究知识地图分析

5.5.3.1　*数据获取及分析方法*

数据来源：中国国家知识产权局专利数据库。分析工具：Bibexcel和Pajek等分析工具。分析方法：采用定量和定性的专利信息分析方法，从技术生命周期、技术主题和合作网络 3 个角度对我国石墨烯领域的相关专利文献进行可视化分析，以揭示我国石墨烯领域应用研究发展现状。

5.5.3.2 **石墨烯应用研究知识地图分析**

（1）技术生命周期

一种技术的生命周期通常由萌芽（产生）、成长（发展）、成熟、瓶颈（衰退）几个阶段构成。技术生命周期的判断方法有多种，包括成长曲线法、专利指标法和相对增长率法等，本研究采用技术生命周期图法，基于专利申请量与专利权人随时间推移而变化的数据绘制出石墨烯领域的技术生命周期（图 16）。从图中可以看出，我国石墨烯领域专利申请首次出现在 2001 年，随后进入了技术生命萌芽期，直到 2009 年，专利申请量迅速增长，进入了快速成长阶段。目前，石墨烯专利技术正处于技术生命周期的快速成长阶段。

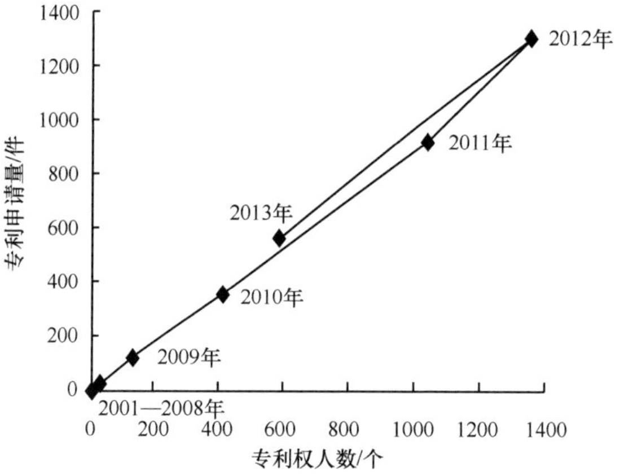

图 16　石墨烯领域专利技术生命周期

（注：由于专利从申请到公开有18个月的延迟，图中近2年，尤其是2013年的数据小于实际数据，仅供参考）

（2）技术主题知识地图分析

1）技术主题总体布局

以IPC大组为分析对象，利用Pajek软件绘制出石墨烯领域技术关联图（图 17）。从图 17 可以看出：①在石墨烯领域，碳及其化合物（C01B31）、纳米材料（B82Y30、B82Y40）、电极（H01M4、H01M10）、催化剂（B01J21、B01J23、B01J35）、导电材料（H01B1、H01B5、H01B13）、膜材料（C23C16）、半导体器件（H01L21、H01L29）、复合材料（C08K3、C08K7、C08K9、C08K13、C08L79、C08L33）等技术领域与其他技术领域有较多的关联，说明这些是石墨烯技术领域中较为基础或者关键的技术；②其中碳及化合物、纳米材料、电极、催化剂、导电材料、膜材料、半导体器件之间的连线较粗，位于图 17 的左下方，它们具有很强的技术关联；复合材料之间的连线较粗，位于图 17 的右上方，它们具有很强的技术关联；③其他技术领域之间的关联较小，甚至没有关联关系，预示这些技术领域间可能还存在某些技术空白点，研发人员可从中寻找新的关联关系，获得新的技术突破。

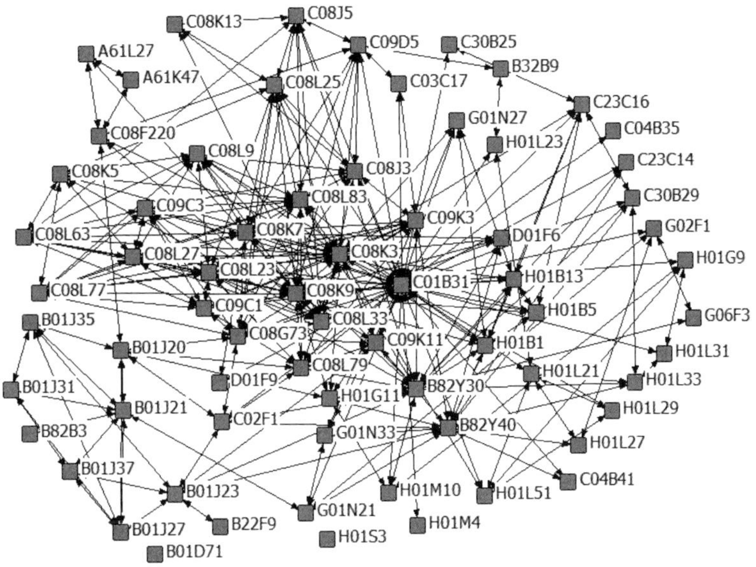

图 17 石墨烯领域专利 IPC 大组技术关联

2）主要竞争者技术主题分析

选取专利申请量排名前 10 位的专利权人，对其申请专利的IPC小类进行统计分析，得出其专利申请的重点技术主题（图 18）。图 18 中选取的是申请量排名前 8 位的IPC小类，彩色圆球代表各个专利权人的IPC小类，圆球上面的数字表示不同专利权人各IPC小类的专利申请量。可以看出海洋王照明科技股份有限公司专利申请量主要集中在碳及其化合物（C01B）、电池组电极（H01M）和电容器（H01G）等方面，浙江大学专利申请量主要集中在碳及其化合物（C01B）、电池组电极（H01M）和催化剂（B01J）等方面，西安电子科技大学专利申请量主要集中在碳及其化合物（C01B）、半导体器件（H01L）和膜材料（C23C）等方面，总之，由于不同专利权人研究领域不同，造成不同专利权人申请专利的技术主题存在差异。

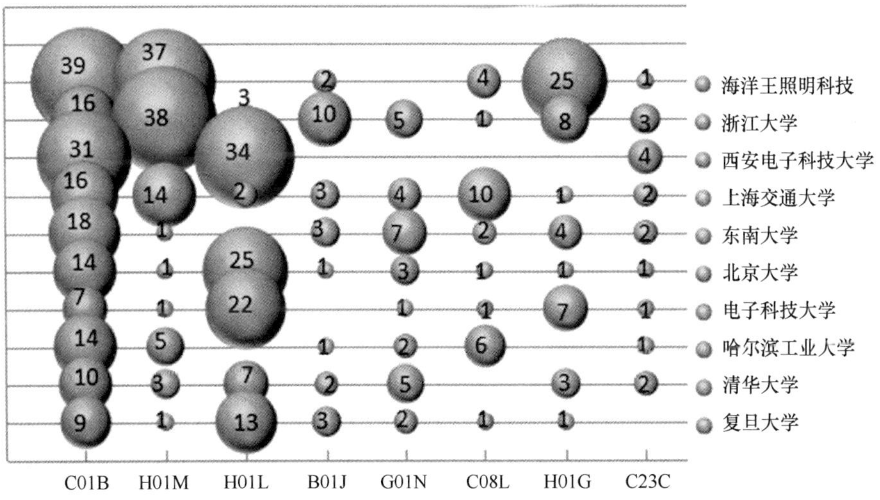

图 18 石墨烯领域不同专利权人主要 IPC 小类分布

（3）合作网络地图分析

1）研发机构合作

利用Pajek软件绘制石墨烯领域专利申请的机构合作网络图（图19），海洋王照明科技股份有限公司和深圳市海洋王照明技术有限公司之间连线最粗，通过查证发现深圳市海洋王照明技术有限公司是海洋王照明科技股份有限公司的子公司，且深圳市海洋王照明工程有限公司和海洋王（东莞）照明科技有限公司均为海洋王照明科技股份有限公司的子公司，由于上述公司是母公司和子公司的关系，实质还是公司内部的研发，不具有合作的代表性；连线较粗的是清华大学和鸿富锦精密工业（深圳）有限公司，共合作申请专利27件，反映出这两家机构合作最密切；从图19可以看出我国研发机构合作意识最强的是清华大学、常州大学和中国科学院上海微系统与信息技术研究所，先后分别与鸿富锦精密工业（深圳）有限公司和中北大学、南京理工大学和苏州科技学院、南京航空航天大学和中国科学院上海硅酸盐研究所合作研发石墨烯领域技术。

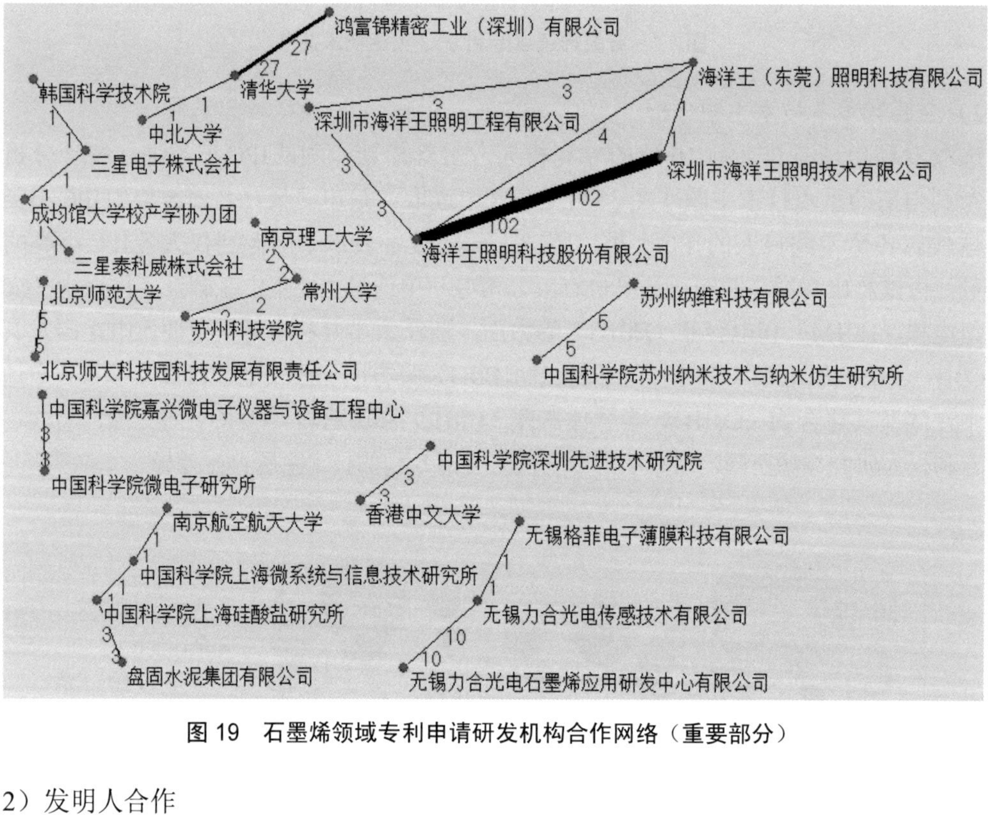

图19　石墨烯领域专利申请研发机构合作网络（重要部分）

2）发明人合作

专利发明人的合作情况在一定程度上反映该行业或领域的发明者分布情况、技术发展状况和技术扩散程度。我国石墨烯领域的3318件专利中，有3031件为合作申请专利，合作率为91%（表5）。通过计算，我国石墨烯领域专利合作度为4.3（即平均每件专利由4.3个发明人共同完成）。由此可见，在我国石墨烯领域，技术合作是研发人员技术创新的主要形式，有利于知识的传播与共享、促进技术的扩散。

表5　我国石墨烯领域专利发明人合作情况

发明人数/人	1	2	3	4	5	＞5
专利申请量/件	287	385	678	566	525	877
占比	9%	12%	20%	17%	16%	26%

利用Pajek软件绘制石墨烯领域专利发明人（专利申请量15件及以上的发明人）合作网络（图20），石墨烯领域专利发明人合作网络图呈多个非连通网，构成了若干个合作团队，各团队之间基本上没有互动关系，通过进一步的分析可知各团队都是来自各大研发机构，是该机构石墨烯领域的重要研发力量。图中周明杰和王要兵合作最密切，共合作申请专利118件，通过核对原文可知周明杰和王要兵来自海洋王照明科技股份有限公司；该公司石墨烯领域的其他人才还包括钟玲珑、吴凤、袁新生和刘大喜等人组成的另外一组研发团队；其他联通图均可视为一个研发团队。

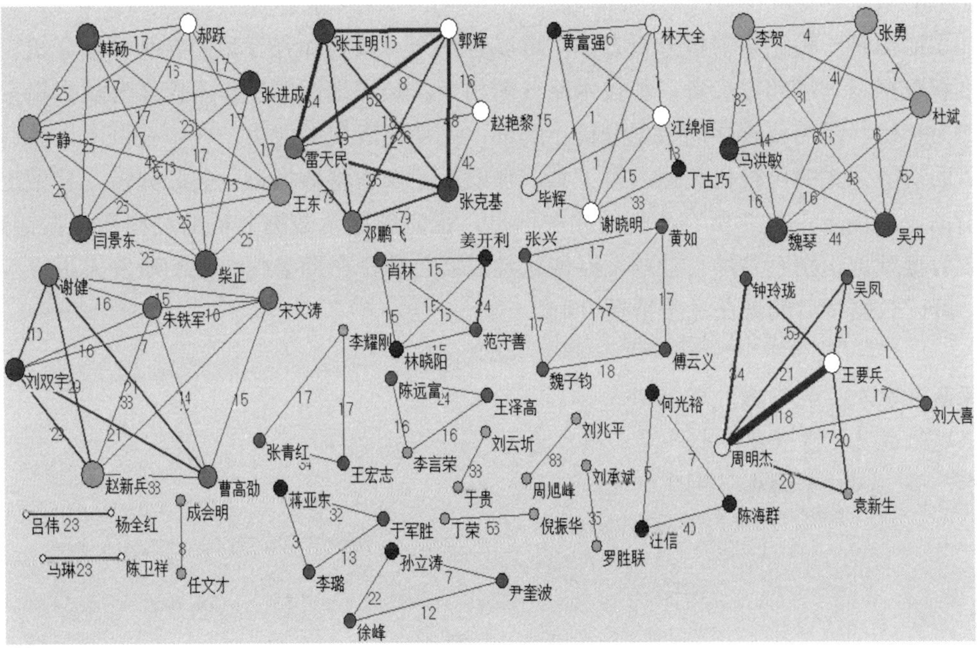

图20　石墨烯领域专利发明人合作网络

5.6　结论及建议

近10年，有关石墨烯国家自然科学基金项目的数量逐年递增、涉及的研究领域广泛；有关石墨烯科技论文数量逐年递增、研究内容多样；石墨烯及其应用成为各学科领域研究和关注的焦点，且研究和关注的内容重点突出、产业前瞻性和导向性较强。通过本文的分析可知，有关石墨烯论文的研究主题主要包括以下几个方面：①多样化的多功能石墨烯复合材料基础研究；②石墨烯及功能化氧化石墨烯在生物医学领域应用研究；③石墨烯及其复合材料在能量存储转换领域应用研究。

2008 年之前石墨烯领域的专利申请量较少，处于技术酝酿阶段；2009 年开始，石墨烯领域专利数量急剧增长，目前处于快速成长阶段。从技术主题看，我国石墨烯领域专利技术主题广泛，主要集中于石墨烯电极、电容器、石墨烯纳米材料、传感器、石墨烯催化剂等技术领域。从合作申请看，研发机构合作和地区合作强度较小；专利发明人合作强度较大，合作率高达 91%，但合作主要发生在机构内部，基本上没有出现跨机构的合作。

根据上述结论，对企业石墨烯技术的创新研发提出 3 点建议：①将石墨烯基础研究与应用研究相结合，通过应用研究构建石墨烯产业化发展模式、推进产业化进程；②注重提高研发投入、加大研发力度，掌握产业核心技术，提高企业核心竞争力，加强石墨烯的现有应用领域，拓展石墨烯的潜在应用领域；③加强研发机构合作力度，包括加强与清华大学等实力较强的科研院所合作、与有潜力的发明人合作，集聚创新资源，找准标杆企业，填补自身技术短板，实现石墨烯领域快速发展及其科研成果的快速产业化。

5.7 案例评析

知识地图是一种竞争情报分析方法，可以看作为“放大加强”型的专利预警分析，其宏观程度和数据量远远超过后者，和技术路线图相当。知识地图的制作不仅需要数据检索收集能力作为基础，还需要较强的数据分析、解读、可视化表现的能力。在本案例中，研究人员充分借助功能强大的可视化数据分析工具，辅助人工操作将数据进行关联分析，并做出完整的分析图表；图表中包含所有事件的相关信息，也完整展示数据分析的过程和数据链走向，能够较为直观地识别石墨烯行业的发展现状及发展趋势，帮助委托企业的研发人员更准确地把握、解读数据背后的潜在竞争情报价值。

课题负责人：吴华珠　李向辉
课题组成员：陈长益　赵　斐　刘　玲
撰　稿　人：李向辉

江苏科技查新组织建设发展报告

江苏省科技查新咨询中心暨江苏省科学技术情报研究所科技查新咨询中心（简称“查新中心”）是江苏省第一家综合性科技查新咨询机构，也是江苏省唯一一家国家一级科技查新咨询机构。中心成立28年来，在上级有关部门的大力支持下，始终坚持客观、公正、规范的工作作风，积极推广“要创新，先查新；先查新，助高新”的工作理念，查新规模从每年几百项增加到每年上万项，取得了较好的社会、经济和科技效益。

1 新生与探索

1.1 科技查新产生的时代背景回顾

科技查新是一项具有中国特色的科技情报工作，是查新机构针对项目委托人提出的查新点进行文献检索和分析，并经一定的工作流程向委托方提供文献查证报告的信息服务。查新工作对科技管理和决策的科学化、规范化，减少科技成果评审失准，减少科研项目低水平重复投入，增强科技投资效益具有重要的意义。

科技查新始于20世纪80年代，伴随着我国《专利法》的实施而产生，又伴随着我国科技体制改革的深入而不断发展。1985年，我国《专利法》正式实施，国内一些科技情报机构开展了专利查新，专利查新成为国家发明奖评审的必要条件。20世纪80年代后期，国家推行科技体制改革的决定，进一步推动了科技查新在全国范围内的应用。鉴于当时科技成果评定主要依靠同行专家的评价，而同行专家评价往往受到很多因素的影响，为确保科技成果得到客观、公正、准确的评价，科技查新被引入成果管理程序，从而提高了专家评审的准确性。20世纪90年代起，为了确保科技立项、成果鉴定及奖励的权威性、公正性、准确性，提高科研管理的科学化、规范化，促进查新质量不断提高，原国家科委启动了查新资质管理，并于1990年10月印发了《关于推荐第一批查新咨询科技立项及成果管理的情报检索单位的通知》(〔1990〕国科发情字800号)。当年申报的20多家单位中有11家单位被批准为首批国家一级查新咨询单位。1994年，原国家科委国科通〔1994〕23号文件公布了全国第二批15家国家一级查新咨询单位。1997年，原国家科委授权第三批12家国家一级查新单位。截至2020年2月，全国共有38家单位获得了国家一级查新资质。此外，教育部、卫生部、电力部、国防科学技术工业局等其他部门也在全国各地设立了查新工作站。截至2019年年底，全国已有300多家查新机构从事查新工作，形成了综合性信息咨询机构、高校图书馆、专业性信息咨询机构并存的查新格局。

1.2 江苏省科技查新咨询中心的筹建

江苏省科技查新工作起始于20世纪80年代末，1992年正式列入江苏省科技管理程序。1992年9月12日，为完善科技立项与科技成果的管理工作，原江苏省科委印发《关于将科技查新工作列入我省科技管理程序的通知》（苏科条〔1992〕342号）。文件要求：申报省级以上重大科技成果鉴定和重大科技成果奖励，都必须出具省级以上查新报告，查新报告作为申请文件之一，视作评审、审批时的背景材料。1993年，原江苏省科委又发布了《关于扩大科技查新工作范围的批复》（苏科条〔1993〕439号）。文件要求：申报省级重大科技攻关项目的立项、申请省级基础性研究、应用研究、重大攻关研究、社会发展研究，以及国家级、省级火炬计划等和其他省级以上成果鉴定项目都必须出具查新报告，进一步扩大了科技查新的范围。有关政府部门的引导有力地促进了查新在江苏的发展。

江苏省科技情报研究所的查新工作同步始于1992年，在查新中心筹建阶段，江苏省科技情报研究所认真调研并领会了国家科委有关精神，多次向原江苏省科委成果处、条件处、高新技术处等汇报相关情况，积极争取成立查新中心。1992年9月12日，原江苏省科委正式发出《关于将科技查新工作列入我省科技管理程序的通知》（苏科条〔1992〕342号），授权江苏省科技情报研究所设立查新咨询中心，作为江苏省的查新机构，此文同时报送省政府办公厅、原国家科委、中国科技情报所。时任江苏省科技情报研究所的领导班子迅速响应，抽调所内骨干人员成立科技查新咨询中心，初建时为5人，他们是崔池新、杨明、王小卿、唐宝莲和吴华珠。成立之初，中心围绕江苏省科技立项和成果转化的主要技术领域，迅速展开探索实践，很快成为当时科技管理部门的科技"侦察员"，提供的查新报告也广获好评。经过充分准备，1994年，江苏省科学技术情报研究所（科技查新咨询中心）被考评为国家一级科技查新咨询单位，是江苏省唯一一家获得国家一级查新资质的单位。江苏省科技查新咨询中心成立28年来，为科技立项、项目验收、成果报奖、专利申请、项目评估、成果转让、创新基金申报提供了大量的信息服务，以其权威性、客观性、公正性，促进了科研管理的科学化，加速了高新技术成果的转化，促进了技术创新和科技进步，得到了科技管理部门、企业及科研单位的普遍认可，并取得了较好的社会和经济效益。它的成立为江苏省科技查新事业的建设与发展拉开了序幕，是江苏省现代科技查新事业发展的里程碑和标志性的历史事件之一。

1.3 不同发展阶段的工作成果简述

回顾江苏省科技查新咨询中心的成长历程，大致可分为4个发展阶段。

1.3.1 20世纪80年代末至1997年初创期

这一时期，查新中心完成了查新工作流程、收费标准、行为规范和报告格式的确定，形成查新工作的总体框架。其中，具有鲜明特色的"三段式"查新报告，受到了中国科技情报所、上海科技情报所等同行的好评，"三段式"报告模式被同行机构广泛采用。1994年，江苏省科技情报研究所的查新咨询中心被原国家科委评定为国家一级查新咨询单位。中心成立的5年内，查新数量从1993年的300多项/年增加到1997年的1000项/年。

1.3.2 1998—2007 年曲折成长期

20 世纪初，江苏省开始加大科技创新力度，大力推进创新型省份建设。江苏省设立科技成果转化专项资金，每年实施上百个重点项目，对江苏省科技查新起到了显著的引导和带动作用。期间，中心创新性地建立以查新在职在岗人员为主力核心，外聘专家助攻的工作制度，有力保障了查新的规模化发展。同时更加注重质量管理工作，并于 2003 年 6 月通过 ISO 9001：2000 质量管理体系认证。10 年间，查新数量从 1000 多项/年增至 4000 多项/年。

1.3.3 2008—2018 年高质量成长期

这一期间，稳步提升传统业务工作规模和影响，培育深度咨询业务市场是查新中心发展的主旋律。一方面，随着全国简政放权深入推进，主要创新省份取消了科技计划项目对提供科技查新报告的要求；另一方面，市场少数查新机构以低质低价服务推动恶性竞争，市场环境日趋恶劣。查新中心及时调整工作思路，面向科技基层加大宣传力度，同时扩大合作范围，并积极向省外辐射影响力。每年至少开展 2 次面向全省科技人员的查新工作业务培训或工作交流会，培训人员超过 300 人次。通过各种渠道的宣传和拓展，尤其是在零散委托服务上做了大量工作，科技查新业务规模稳中有升，年服务查新需求已攀升至万项。

2015 年，为更好地提升中心在电力科技进步与创新、成果转化等方面的专业服务水平，查新中心通过了相关单位的评审，获得中国电机工程学会电力科技查新资质认定。从此，中心拥有了综合性科技查新和行业专业查新两块重量级的查新资质。

自 2011 年起，中心转变工作思路，以科技查新为切入点，深挖咨询延伸业务，以项目为依托，围绕工业机器人、环境生物技术、新能源汽车、新材料等行业领域，紧扣企业技术创新需求，展开知识产权分析评议探索和实践工作，在专利地图分析与预警、竞争对手技术分析等方面都实现了重大突破。承担的知识产权类重点项目包括：3 次承担上海市知识产权局“战略性新兴产业情报研究专项”课题（2012 年、2014 年、2015 年）；优秀服务案例包括：为南京晨光集团有限责任公司提供专利技术情报调研和分析专项服务（2014 年，7 篇报告），连续 3 年为扬州市汽车配件产业、冶金产业和 LED 产业提供知识产权分析专项服务（扬州市科学技术情报所委托，2014—2016 年）等。

鉴于在企业知识产权服务方面取得的显著成效，2017 年 3 月，在查新中心精心准备、积极申报的前提下，江苏省科学技术情报研究所（简称“我所”）成功入选江苏省企业知识产权战略推进计划项目的知识产权服务机构名单，为企业提供战略策划、信息分析、纠纷应对等服务，着力提高企业知识产权战略实施能力，引导企业开展知识产权工作。全省共 36 家入围。同年 10 月，我所又成功入选第四批“国家知识产权分析评议服务示范创建机构”，为进一步提升我所在知识产权领域的知名度、影响力和话语权，建设江苏科技发展“智库”奠定了良好的基础。

知识产权项目彼此间需求差异较大，需要经过精心组织、方案设计、频繁的信息沟通和细致的技术分析才能实现，业务团队重视经验积累，注重规律探索，2018 年，中心完善了 4 个类型的知识产权分析评议操作模式，为后续系列工作的开展奠定了扎实的基础。

在此期间，业务建设不断迈上新台阶的同时，部门岗位建设也取得了较好的成绩。中心连年被评为所先进集体，并获得 2008 年省级机关“巾帼文明岗”、2009 年省级机关“先进职工小家”、2010 年省级“巾帼文明岗”、2012 年省级“工人先锋号”及 2015 年省级“青年文明号”等荣誉称号。2018 年 2 月，中心被省委宣传部、省文明办命名为江苏省“学雷锋活动示范点”，为多年来的精神文明创建工作和岗位建设工作交出一份出色的答卷。

1.3.4 2019 年起站上创新发展新起点

2019 年，在所第十一轮业务优化与岗位竞聘中，为深化科研事业单位改革发展，建立更加符合现代科研院所的体制机制，全面推进所“一库三中心”主导业务建设，进一步优化本所职能定位、业务布局、部门设定，集聚专业人才、研究专门业务，所党委决定在科技查新咨询中心加挂知识产权评议服务中心的牌子，标志着中心业务工作向深度咨询业务延伸方面迈上了一个新台阶。

2 改革与发展

作为省内唯一一家国家一级科技查新咨询单位，查新中心在规范业务流程、组织人才队伍、获取行业资质等方面做出多项尝试，为科技查新服务企业创新和江苏高质量发展提供了重要支撑，在改革中不断前进。

2.1 规范业务流程，积极参与行业标准制定

为提升科技查新规范化水平，促进科技查新行业在新时期健康发展，更好地服务创新驱动发展战略，从 2011 年 10 月起，在中国科学技术信息研究所的牵头下，我所和国内相关科技情报机构共同参与了《科技查新技术规范》的研究制定工作，参与了前期调查研究、立项、起草、征求意见及专家审核等各个环节的工作。《科技查新技术规范》（GB/T 32003—2015）在 2015 年 9 月 11 日由国家质量监督检验检疫总局、国家标准化管理委员会联合发布，于 2016 年 4 月 1 日起正式实施。2016 年 6 月 14—17 日，全国科技查新工作交流会暨研讨会宣布成立了中国科学技术情报学会科技查新专业委员会工作组，我所金福兰副所长当选中国情报学会查新专委会委员，作为标准主要起草人作交流发言；同时为更好地部署《科技查新技术规范》的宣传与贯标工作，会上成立了标准质量、业务培训、学术交流及技术与资源保障 4 个工作小组，查新中心吴华珠主任当选为中国科技查新专业委员会质量组成员。

该技术规范除附录外由 7 个部分构成，界定了科技查新的范围，列举了规范性引用文件，规范了科技查新基本术语，确定了查新基本原则，对查新员资质、审核员资质、查新机构资质做出了要求，对查新过程中的委托与受理、检索、查新报告撰写、查新报告审核、查新报告出具、查新报告复审及查新文件归档等都做出了详细的规定，最后对查新质量的控制做出了明确要求。

2.2 创新部门管理方式，激发干事创业的最大潜能

查新工作属于信息咨询服务，只是简单地等用户上门寻求服务的方式太单一化，需要查新员对知识产品服务进行准确的定位，及时捕捉市场上的查新需求，拓展市场，采用多样化的服务方式，加强自我宣传，改被动服务为主动服务。查新员不应忽视服务过程的纵向延

伸，需要不断增强自身的学习能力，及时了解学科的最新发展动态，积极融入查新客户的整个科研活动过程中去，提供延伸服务，通过较强的服务能力获得用户的信任和长期合作机会。为最大限度地发挥人力资源优势，部门在绩效考核、薪酬机制、激励方法、培训机制、团队建设等方面探索建立了一整套科学有效的制度，有效激发了全体员工干事创业的热情，科研成果不断，市场创收屡创新高。近年来，部门查新人员就查新质量、查新服务、检索方法和手段等内容进行比较研究，不断凝练，撰写出20多篇高水平的论文，出版科技查新专著1部；做好传统科技查新服务的同时，有目标有计划地提升了深度咨询业务能力，以项目为依托，通过与高校图书馆、科研机构的合作，不断打磨业务能力，目前中心7人拥有全国专利代理人资格证书。

人才队伍建设方面，根据查新需求进行行业分类，以中心工作人员为核心团队，注意学科专业的合理结合，不断补充新鲜血液，定期组织人员参加中国科学技术信息研究所、机械工业信息研究院、上海图书馆上海科学技术情报研究所等单位组织的关于科技查新、专利挖掘、知识产权分析等培训；同时定期开展内部工作交流，建立健全内部的工作管理机制和质量控制流程。作为技术性较强的工作岗位，中心为员工提供了渠道畅通、形式多样的继续教育或专业技术培训。定期组织中心内部的业务交流、技术讨论、质量评判等活动。经过多年建设，中心已经培养出一支年轻化、知识化、专业化的人才队伍，是省内科技咨询业务的中坚力量。截至目前，中心现有员工21名，全部具有大学以上学历，14人具有研究生学历，其中硕士研究生12人，博士研究生2人；具有中高级职称19人，占94%；拥有国家专利代理人资格7人，全国专利信息实务人才3名。

查新领域专业设置方面，核心查新员和审核员的专业领域涵盖：区域经济学、微生物学、环境工程、生态学、计算机科学与技术、图书馆学、情报学、应用化学、高分子化学与物理、社会管理与公共服务等。为进一步提升科技查新员专业知识和查新需求行业来源的匹配（表1），切实提高科技查新工作的专业性和高效性，查新中心创新性地成立由省内重点高校的硕士及以上研究生或讲师组成的外聘查新专家队伍，针对国民经济行业分类中15个大类，每个大类均设有2名以上具有相关专业知识的查新员。同时，对查新需求旺盛的医药卫生、计算机科学技术、电子、通信与自动控制技术等领域的查新员定期进行重点工作交流与质量培训。

表1 科技查新行业领域分类

	查新需求分类	查新员相应专业
1	化学化工与材料科学	无机化学、有机化学、分析化学、物理化学、高分子物理、高分子化学、应用化学、核化学、材料科学的二级学科
2	生物学	生物化学、生理学、遗传学、放射生物学、生态学、昆虫学、植物学、动物学、微生物学、病毒学、人类学、生物工程
3	农、林、牧兽、水产	农学、林学、畜牧、兽医科学、水产学
4	医药卫生	基础医学和临床医学、预防医学、特种医学、药学和中医中药学
5	机械工程	机械设计、机械制造、刀具、机床、仪器仪表、液体传动
6	动力与电气工程	电气工程、工程热物理、热工学、汽车零部件、车辆工程

续表

	查新需求分类	查新员相应专业
7	电子、通信与自动控制技术	电子技术、半导体、信息处理、通信技术、雷达工程、自动控制
8	计算机科学技术	人工智能、计算机软件与工程、计算机应用
9	环境与安全科学技术	环境科学、环境工程、环境学
10	土木建筑与水利工程	土木建筑工程、水利工程
11	纺织科学技术	纺织材料、纺织技术、染整技术、纺织机械与设备、服装设计与加工
12	矿山与冶金工程技术	矿山测量、采矿与选矿、钻井工程、油气田开发、矿山机械工程 冶金技术、冶金机械及自动化、冶金工程
13	航空航天科学技术	航空航天器结构与设计、航空航天推进系统、航空航天材料、飞行器制造技术、航空航天系统工程
14	食品科学技术	食品加工技术、食品包装与储藏、食品机械、食品加工的副产品加工与利用
15	其他	数学、物理学、信息科学与系统科学、力学、天文学、地球科学、交通运输工程、能源科学技术、核科学技术、其他学科

注：参照国家《国民经济行业分类》（GB/T 4754—2017）及教育部《学位授予和人才培养学科目录（2011年）》设置。

一直以来，中心对查新的质量控制非常严格，把其看作查新可持续发展的生命线。首先规范查新工作流程，规定进行每一项查新委托时，必须按照以下程序执行：委托人自主填写科技查新委托单→查新接待人员审核委托单及受理→查新员查新预检及沟通→确立检索词和检索策略→撰写查新报告→审核查新报告→查新报告管理。

查新质量主要体现在文献检索质量和查新报告质量两方面：对于文献检索质量，要求查新员在检索过程中必须使用综合检索式，制定合理检索策略进行有效检索，结合专业数据库和网络搜索结果，对相关文献坚持客观和公正的原则，进行准确的分析和判别；对于查新报告质量，建立审核员初审，主任和终审员二审制度，同时进行不定期抽查，对查新报告内容的客观性、科学规范性等方面进行全面审核。对于发现问题的报告及时完善，每年客户满意度达 99% 以上。

2.3 理论研究与实践总结，创新查新报告新范式

《科技查新案例评析》由夏太寿、金福兰、蔡忆宁等编著，由东南大学出版社于 2013 年 12 月出版，如图 1 所示。该书探索了科技查新的深层内涵与技能，以翔实的案例多角度揭示其内在的技巧和作用，为查新机构的专业查新员或检索员、科研院所的科研人员、企业的技术与产品开发人员、科技管理部门的管理者或决策者提供新的思路与方法。作者都是来自国内优秀查新机构的实战经验丰富、检索技能高超的一线查新员和审核员，查新中心全体工作人员作为主要编写组成员参与了全书框架设计、约稿、供稿、编辑和校对工作，每个人结合自己工作实际，完成了 1 ～ 2 篇的案例供稿。

全书共分为上下两篇。上篇将检索技能融于一个个具体的案例中，从检索技术与技巧角度，用实际操作的经验开拓查新员、检索员及科研人员的视野，提高这类人群的检索技

能、检索水平，从而提升我国科技人员的科研水平，优化查新报告质量；从查新委托人常犯的错误角度，用生动的案例引导其如何提炼关键词，怎样确定查新点，真实地反映研究内容，使查新委托人快速掌握查新的相关知识，能正确填写查新合同(查新委托单)，从而确保查新工作顺利进行。下篇以生动的案例从知识产权战略、企业发展及社会和经济效益等角度，揭示了科技查新在科技发展中的作用，促使科技管理者或决策者在今后的技术创新、项目申报、成果评奖、知识产权战略制定等工作中，更加积极主动地抓好科技查新这个环节。

该书在科技查新界有较大影响，是一部具有指导作用的参考书，适合图书情报检索人员、查新员、科研人员、科技管理人员等参考、阅读。

图 1 《科技查新案例评析》一书封面

2.4 优化科技查新管理，创新服务新模式

随着省内外创新环境不断优化，科技创新呈现井喷式发展，查新需求也随之逐年增加，而且经常时间较为紧迫，为此，需要用新的技术和手段提高查新工作效率。一直以来，查新业务的委托来源于线上委托和现场委托两种，由于线上委托具有省时省力高效等优点，近年来逐渐呈现线上委托快速增长，现场委托日趋减少的趋势。

随着科技查新工作的深入，一些查新机构相继开发了自己的科技查新系统。如中国科学院的科技查新检索服务平台、国家图书馆科技查新服务平台、扬州大学图书馆的“科技查新Web服务系统”、浙江大学图书馆的科技查新工作平台、中国石油大学科技查新系统、苏州大学的科技查新管理系统等，这些系统多侧重于网上接受查新课题申请、课题信息统计等功能。购买行业内开发成熟、运行良好的科技查新平台省时省力，但有可能面临受制于人，并要调整现有查新工作方式的问题，开发符合我们查新工作流程的科技查新管理系统不仅需要支出一笔不小的研发费用，还可能面临着前期运行磨合，开发调试周期较长等问题。在所领导的关心支持下，查新中心系统筹备组在2016年4月和5月先后赴浙江省科技信息研究院科技查新（评估）中心、清华大学图书馆查新中心实地考察，现场体验学习两家科技查新领先机构的查新系统，同时开展与国内几家科技查新系统厂家的沟通洽谈，详细了解各系统的工作模式和运行特点。最终，查新中心选择了省内一家技术实力雄厚，既懂业务又懂开发的软件公司来合作开发具有江苏查新特色的科技查新综合管理平台。

经过 6 个月框架和基本功能开发，12 个月的测试和功能完善，以及 3 个月的试运行，江苏省科技查新咨询综合管理平台于 2019 年的 11 月 1 日起正式启用。该系统集成查新管理与用户服务于一体，从单向、传统、封闭的工作环境和工作模式走向开放、实用、多元化、数字化和网络化，集成在线咨询服务、业务工作平台、科技咨询数据库和后台管理等四大功能，主要功能模块如图 2 所示。搭载腾讯企点在线客服，新系统实现了客户在线咨询、在线委托、传递汇款凭证和实时查询委托进度，工作人员在线受理、分题、查新、审核、寄取以及电子报告管理等功能，快速响应了客户需求，极大提高了查新工作效率，查新工作更加便捷、规范。目前该系统已取得计算机软件著作权，证书号：软著登字第 5137809 号。

系统主要功能如下。

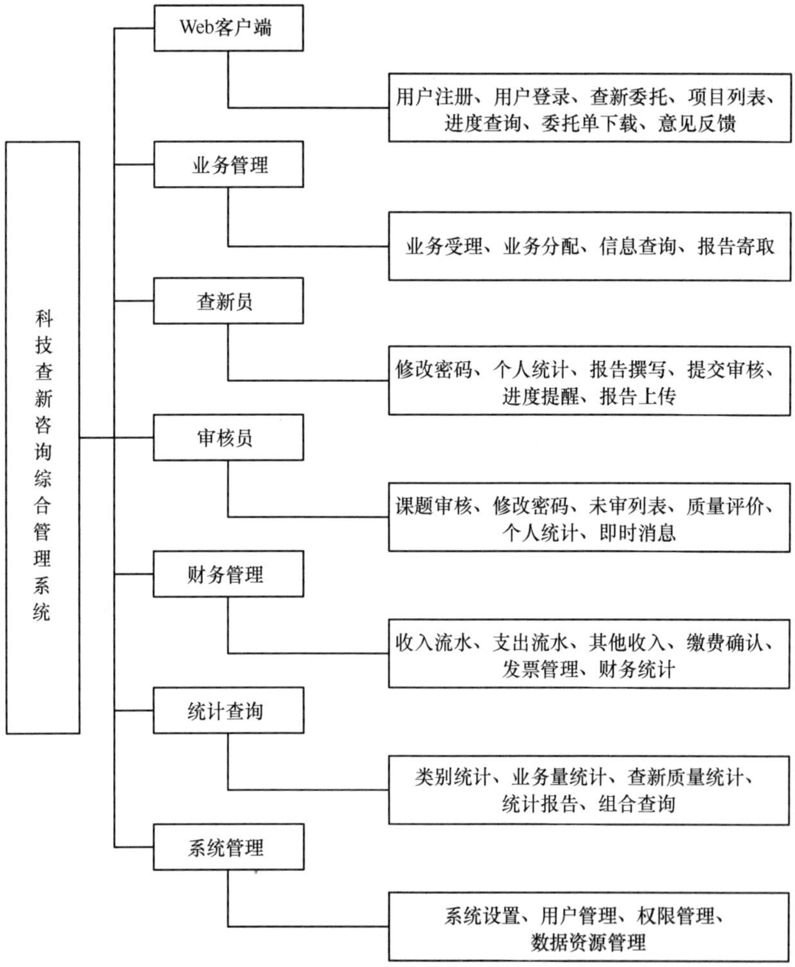

图 2　江苏省科技查新咨询综合管理平台主要功能模块

用户委托模块，包括用户资料、委托须知、查新委托、进度查询4个部分。在网站首页点击“注册”按钮，进入用户注册页面，填写用户名和密码即可注册。网上委托包括在线填写和导入委托单，填写过程可以随时保存并退出系统，下次登录可以继续上次填写内容或重新填写，填写完成提交查新中心审核，提交不成功系统会自动提示哪几项没填写。查新委托单审核确认后，客户应根据系统提示进行缴费，并上传缴费凭证。查新机构确认费用到账后，进行受理，提示报告拟完成日期。客户端系统会显示报告完成日期，并发送相关信息到查新联系人手机上。用户可以随时查看项目的进度，主要有已提交、待缴费、已受理、已寄取4个状态。

业务受理模块，包括委托单格式审查、收款单管理、汇款凭证管理、受理委托单等功能。客户提交的查新委托单自动在接待员的业务受理界面中显示。同一天同一委托单位的项目分配给同一接待人员，接待人员可以浏览、审核客户网上提交的查新委托单，对项目的查新委托要求及相关资料进行审查，对于委托单格式不符合要求的可退回客户进行修改，并附有退回修改意见。对于符合要求的委托单，系统可通过用户类型、是否优惠、是否加急、查新范围自动算出应缴金额，再由接待员确定最终需缴纳的金额，进行收款单的创建，同时系统将发送缴费通知短信至客户手机，以便于项目的顺利进行。项目委托方缴费，并上传缴费凭证，接待员确认无误后正式受理该项目，自动生成项目编号。

分配管理模块，包括分配查新员和分配审核员两个部分。系统可自动筛选出符合查新项目所属学科专业的人员，分配员可以按系统推荐名单进行选择，在分配人员时，可显示该查新员当前的任务量，根据忙闲度进行分配，并可以批量操作。同时，可按完成时间进行排序，优先进行加急项目的分配。分配成功之后，系统将发送信息提醒查新员及时查看确认。对于查新员发生变更的项目，分配员可取消并重新进行分配。分配成功之后，系统会自动发送短信至客户手机，提示该项目的查新员的联系方式及报告完成日期。

查新员模块，包括查新项目领取、报告撰写、提交审核3个部分。查新员登录系统后，可按学科领域自选项目，也可由分配管理员分配项目，对于无法完成的查新项目可选择退回。对于已接收的查新项目，查新员可直接下载客户填写的委托单，进行报告在线撰写，包括关键词、检索式、参考文献、查新结论的填写，系统将根据指定的模版自动生成查新报告。查新员完成查新报告后，进行报告提交并递交审核，可以在系统里按项目类型主动预约审核员，也可以由分配员依据学科分类、审核员忙闲程度进行分配。

审核员模块，包括待审核、已审核、审核记录3个部分。审核员登录系统进行在线审核，如果审核不通过可填写审核意见，将报告退回给查新员进行修改。如果审核通过，可对查新员的报告质量进行打分。审核员可以查看正在排队预约待审的查新课题有多少，如果工作有变动或工作量太满，可以相互转让需要审核的查新课题。

报告管理模块，包括自取报告和快递报告两个部分。自取报告时，与客户进行项目信息核对，并进行报告提取人的登记管理。快递报告时，按完成日期自动显示当日需要快递的所有查新报告，实现与物流系统交换数据，可根据客户查新委托单中填写的快递信息，提供用户通讯地址给物流系统，并快速便捷获取物流系统的快递单号，自动实现快递单打印功能。下单之后，快递单号自动同步到客户界面，并会发送快递信息短信至收件人手机。

账务管理模块，包括对账管理、撤销退款、发票管理等功能。该模块可进行每日客户所缴纳费用对账、发票开具等。财务人员确认款到后，可确认金额，并在系统内直接根据客户提交的开票资料进行发票开具，无须再由专门人员进行发票信息录入、金额录入，发票号可同步显示至客户界面，对于未在系统内进行开票的项目，也可批量添加相应发票号。同时，系统可以按报表类型（收入明细、支出明细）和时间范围生成各种报表。

统计查询模块，查新课题统计分为当日委托量统计、当月委托量统计、项目类别统计、客户委托情况统计及费用统计。其中项目类别统计主要从项目学科分布、委托单位分布、项目地域分布、范围分布、委托时间分布、委托方式及查新结论几个方面进行统计分析。系统还具有组合统计的功能，可对查新项目按照项目编号、项目名称、单位名称、项目来源、查新目的、查新范围、日期、学科分类、查新员、审核员等字段实现组合查询，工作人员可按字段自定义检索内容，进行相应的数据挖掘分析，展示相应的图表，直观反映数据变化，所有统计报表可以导出生成Excel文档。

管理员模块，主要功能包括用户管理、权限管理和数据资源管理。用户管理包括查新员、审核员等用户的添加、修改、删除及客户信息管理等。权限管理模块，主要包括资源设置、费用设置、模版设置、代码设置，按用户角色分配相应的权限。除此之外，管理员需要对系统后台数据库进行维护，可以在系统里设置常用的数据库地址，方便在系统内实现数据资源查询。可以自定义添加常用数据库，有修改和保存功能。定期对系统存在的漏洞进行修补，进行数据备份与恢复。

3 服务与成效

经过28年的发展，查新中心由成立之初的五人小组发展到如今拥有21名核心高素质专业人才的所内最大业务部门，同时还建立起一支专业性强、响应及时、稳定发展的外聘查新队伍。办公环境有了极大的改善，现拥有办公面积约180平方米，还专门设置了查新接待室、审核室和报告提取室等，每个房间均配备了性能较高的计算机、打印扫描一体机、网络设备等硬件设施，为有效开展查新提供了有力的硬件支撑。此外，我所拥有丰富的文献和专利数据库资源，每年投入充足的文献经费(约800万元/年)支撑资源的使用和维护。依托我所承建的江苏省工程技术文献信息中心为查新工作的顺利展开提供了强有力的资源保障，代表性资源包括：德温特世界专利索引(DWPI)、Thomson Innovation分析工具、Thomson Data Analyzer分析工具、中献智泉PIAS分析工具、Web of Science、Engineering Village、SciFinder、STN、维普、万方、同方知网、江苏省工程技术文献中心平台等综合性专利文献信息平台。丰富的馆藏资源有效保障了查新工作的高效优质展开。近3年，年均提供科技查新咨询服务万余项，年创收超千万元。

从查新来源上看，科技查新来自4个层面的查新需求，分别是国家级、省部级、市级项目申报或评审要求以及企业基于自身发展考虑，在研发立项前进行的技术摸底。国家级项目包括国家科学技术奖、国家自然科学基金中的优秀青年项目和国家杰出青年项目等。省部级有省科学技术奖、省委组织部设立的人才计划等、卫生医疗部的新技术引进奖等。社会行业力量的奖项有中华医学科技奖、中国机械工程学会的中国机械工业科学技术奖等。

从查新委托时间特点来看，查新高峰一般集中在每年春秋两季，这与查新工作受政策引导较强的特点密切相关。因为每年年初大多是各部委制定发布项目指南的集中时期，在政策利好的驱动下，企业会及时推进项目研发或科技成果的申报鉴定工作。但近两年，科技查新业务每月委托量的差别开始减少，全年均呈现较旺盛的查新需求，这也反映出当前浓厚的创新氛围以及企业自我发展意识正在觉醒。

从查新目的来看，成果鉴定、科研立项、申报奖励、新产品鉴定、高新技术产品申报、专利查新、技术引进及工法申报是客户产生查新需求的主要来源。其中，科研立项、成果鉴定和申报奖励一直是主要查新目的，约占全部的一半以上。近年来，随着我国建筑行业的蓬勃发展，对施工方法的认定和规范化工作是相关管理部门的重要工作内容之一，工法查新也应运而生。工法是企业标准的重要组成部分，是企业开发应用新技术工作的一项重要内容。《国家级工法编写与申报指南》《水利水电工程建设工法管理办法》等均明确规定申报工法必须提供查新报告。此外，鉴于我国的自主创新能力日趋加强，以及企业知识产权意识的不断增长，专利查新需求每年都呈现增长趋势。就专利申请者而言,专利查新也是较好地撰写专利说明书的一项必不可少的工作。本节将结合查新过程中一些案例来阐述查新在企业自主创新和科技管理中产生的诸多效益。

3.1 助力企业自主创新，做好创新的“侦察员”

长期以来，江苏省科技查新咨询中心出具的科技查新报告得到了省内外用户的高度认可。江苏每年都有一些重大科技成果获得省级科学技术进步奖甚至国家科学技术进步奖，查新中心出具的查新报告为这些成果的报奖提供了重要信息支撑。

南通康鑫药业有限公司经过长期不断地投入研发、工艺优化，累计投入研发、建设经费约 1.8 亿元，通过大量的小试和中试，攻克了头孢丙烯原药生产过程中一个又一个工艺壁垒，解决了一个又一个技术难题，研究和掌握了关键核心技术，自主研发出一条拥有自主知识产权而且在国际和国内处于优势地位的头孢丙烯合成技术。我中心在 2010 年给康鑫药业提供的关于头孢内烯的制备及生产新工艺的开发的科技查新报告中，结论提到：

① 国内已见以 7-ACA 为起始母核，以甲酸锂为催化剂，选用有机硅化物为保护基，采用一锅法合成 7-氨基-3-丙烯基头孢烷酸（7-APCA）的报道；国内已有以 7-苯乙酰胺基-3-氯甲基-3-头孢烯-4-羧酸二苯甲酯为原料合成头孢丙烯的报道；

② 国内已见以 7-苯乙酰氨基-3-氯甲基-4-头孢烷酸对甲氧基苄酯为起始原料合成头孢丙烯，总收率为 46.6% 的报道；除本委托单位报道了采用苯甲酸锂、*N*-甲基吗啉、甲磺酸作为反应催化剂，以 7-ACA 为起始母核生产头孢丙烯，选用异丙醚为萃取剂，采用氯甲酸乙酯为取代剂，总收率 54.1%，国内未见相同报道；

③ 本委托项目所述的利用复叠式深冷机组和计算机控制反应系统，在所检文献中未见述及。

客观严谨的查新报告为康鑫药业在后续的研发投入、工艺优化和试验投产提供了重要的信息支撑。2015 年，省重大成果转化资金项目——国家一类新药头孢丙烯在江苏南通顺利实现国产化。

3.2 开展技术跟踪服务，提升企业研发能力

技术跟踪对于企业创新和发展十分重要。立项前的深层次的科技咨询跟踪服务可为广大企业提供更全面、更优质的信息，有助于企业知己知彼，减少重复研发，节约资金，在技术创新和发展的道路上走得更加顺畅。

江苏省太仓市某企业开发了一种防割织物产品，委托查新中心对这种产品是否具有创新性进行查证。查新委托企业对产品的自我评价是：这种织物以抗剪切的超高分子量聚乙烯为材料，使用经编纺织工艺制成包含上下表层和中间层的结构，上下表层能够通过针织线圈锁紧刀尖，而中间层抗剪切能力强，从而起到三重防护效果。

围绕江苏省太仓市某企业提供的内容，查新员对其委托的项目进行了检索，发现国内已有许多生产防割和防刺材料的纺织企业，检索到密切相关的专利和论文达 100 篇以上。查新员从产品原材料和生产工艺两个方面上进行了对比分析：首先，产品使用的原材料为超高分子量聚乙烯，这是一种常用的防割材料，采用这种材料生产产品本身无创新性可言；其次，在生产工艺上，大量的文献都提及了由经编和纬编工艺生产的防护织物，其共同特点都是通过致密线圈结构的滑动和自锁紧作用阻挡尖锐物的刺入，同中间层的防割材料一起形成三重防护。也就是说，查新委托企业研发的产品使用的是经典的材料和制造工艺，与市场上同类产品比较无明显的技术创新。

查新员在检索和查证过程中，同时对国内防刺、防割材料的市场情况作了分析：防刺、防割织物虽然在我国公安、军事和建筑行业拥有一定的需求量，但生产这类防护产品的企业众多，至少有 5 家以上的企业具备了较大的生产规模。在检索论证中查新员发现，查新委托企业的产品没有表现出更高的科技含量，只是应用甚至是模仿了旧的生产技术，如果想和已拥有大量同类产品的企业争夺有限的市场份额，其前景极不乐观。因此判定，查新委托企业针对这款产品的研发行为是在没有准确把握国内个体防护材料市场和相关领域技术发展前景的状况下进行的，其投入的研发资金不仅没能为企业带来技术创新优势和发展机遇，而且这种研发投入完全属于一种“无效研发”行为，造成了人力、物力、财力的极大浪费。

江苏省如皋市某企业研发了一种以脂肪酸为原料生产脂肪伯胺的工艺，准备立项投产，委托查新中心对这种工艺的创新性进行查证。查新委托企业提供的科技内容包括了两步反应过程和产物精制过程中的温度、压力等参数，以及反应原料循环利用的装置和工艺。

查新员在查新过程中发现，江苏省如皋市某企业委托查新的研发项目实际上是一种经典的脂肪伯胺生产工艺，国内与该工艺密切相关的文献有数十篇之多，亦有多家企业具备规模化生产能力。值得一提的是，山东某著名化工公司的研发人员在 2008 年发表的一篇论文中，已明确指出这种传统的脂肪伯胺生产工艺存在操作烦琐、劳动强度高、污染严重、不同批次产品质量差距较大等缺陷，其所在公司曾投资近 2 亿元对这种传统工艺进行改进，最终使反应气体用量减少 50%，反应时间缩短近一半，产率增加 6%，显著降低了三废污染的排放，提高了经济和社会效益。这些信息的披露意味着，江苏省如皋市某企业投资研发的项目不仅仅属于一种传统合成工艺，而且属于不久将有可能被彻底淘汰的一种高污染生产工艺。这是

一个典型的重复研发且研发失败的惨痛案例。分析企业犯下如此错误的主要原因，是企业轻视了市场信息，缺乏对技术领域的全面调研，未掌握技术领域的进展态势，以至于花费了大量的精力研发出来的所谓成果居然是一种将被竞争对手彻底淘汰的落后工艺。企业如果想避免发生这种枉费功、白费劲、空投入的一场空的“剧痛”，一定要在立项前认真进行情报调研，开展科技查新论证，这样才能避免类似错误的发生。

南京市某化工企业准备投资规模化生产化工交联剂“三聚氰酸三烯丙酯”(简称“TAC”)，委托查新中心对其研发的生产路线的创新性进行查证。查新委托企业提供的技术信息：该规模化生产工艺使用水作为溶剂，反应过程中通过物理方式回收原料并再利用，同时回收副产物氯化钠，反应过程中无三废排放。

通过检索查新员发现，该化工企业描述的TAC合成工艺在国内有数十篇相关文献。首先，该企业所使用的生产工艺属于国际上常用的烯丙醇合成法，水或苯等有机溶剂都可作为反应溶剂，合成过程中极少会产生三废污染物；其次，在相关文献所描述的TAC合成工艺中，为了提高产率和节约成本，原料烯丙醇的循环利用是一道常见工序。尽管在查新过程中未见有文献提及在合成TAC的过程中回收氯化钠副产物，但在合成路线上，该工艺并无创新之处。

但是查新员敏锐地注意到一个与众不同之处，虽然国内与这种合成工艺相关的论文数量很多，但多数属于实验室的研究成果，没有针对规模化生产研究，且专利文献很少，只有德国公司在中国申请的2项发明专利。这说明，该企业在生产工艺上虽然没有创新性，但由于在国内能规模化生产TAC的企业则寥寥无几，可以认定项目具有良好的市场前景。

以上3个案例从两个侧面说明了技术跟踪对于企业的重要性。一方面，通过技术跟踪，企业才能全面地了解竞争领域的市场和技术发展情况，对未来发展趋势做出准确的预判，进而制定正确的投资方向和研发策略；另一方面，科技查新服务虽然能够为企业立项和科技成果鉴定提供客观依据，但和技术跟踪式的科技咨询服务相比，科技查新属于一种微观的、静止的科技咨询服务模式，一般只着眼于相对狭窄的查新内容而不涉及关联的技术领域，只对单纯的历史存在进行对比分析而不涉及发展趋势的预测，因此，科技查新具有一定的局限性，它无法为企业提供信息之外的面和动态的空间信息(包括市场信息、技术动态信息、发展趋势分析等)。企业想要保持可持续性的发展，不能单纯依赖科技查新，而应充分利用技术跟踪式的深度技术咨询服务模式，为未来发展提供可靠的信息支撑。

3.3 助力企业申报“两高”

“两高”资质(高新技术产品、高新技术企业)有助于企业申报政府支持的项目，有助于企业享受政府的优惠政策，有助于提高企业的知名度和竞争力，有助于企业股改上市，有助于企业的可持续发展。其中，高新技术企业资质是衡量企业的重要标准，这种资质不仅是企业的一种无形资产，而且也是企业科研实力及科研水平的一种标志符，这种资质是一个很有分量的国家级的资质认证，其品牌影响力类似于中国名牌产品、中国驰名商标、国家免检产品，荣获这种资质对企业自身发展具有极为重要的现实意义。企业一旦获得高新技术企业资质认定，不仅能享受税收优惠，可获得科技部火炬中心资金支持，在吸引创业风险投资上更具优势外，而且还能提高企业的社会影响力。

江苏吉华化工有限公司是浙江吉华集团在江苏滨海经济开发区沿海工业园投资的子公司，建于 2004 年 12 月，占地面积约 24 公顷(350 亩)，公司注册资本 6000 万元,现有员工 800 余人。公司主要生产染料及相关产品，主要产品的年生产能力分别为蒽醌 1 万吨、分散染料 5 万吨、硫黄制酸 33 万吨、H 酸 2 万吨等。2010 年，企业总资产为 8 亿元，实现销售收入 9 亿元。

在江苏吉华化工有限公司发展过程中，如新品开发与研制，申报科技创新平台、高新技术产品或高新技术企业，查新中心与吉华公司开展密切合作，为其提供了全方位、高质量、深层次的一系列的科技咨询服务，使企业顺利荣获“两高”资质。

2010 年 3 月，江苏吉华化工有限公司拟申报高新技术企业，盘点了自家宝贝——自主研发的项目，以便明晰自身拥有的技术具备多少价值。公司委托江苏省科学技术情报研究所科技查新咨询中心对其 9 个项目进行查新论证（表 2）。

表2　吉华化工有限公司委托查新的9个项目

序号	查新项目合同编号	查新项目名称
1	201032B2501233	环保型深蓝、黑系列复合分散染料
2	201032B2501234	H酸加氢工艺的应用
3	201032B2501235	H酸离析产生的SO_2用于生产硫酸
4	201032B2501236	分散蓝56#六硝化酸的循环套用
5	201032B2501237	蒽醌二硝化新工艺
6	201032B2501239	利用1-氨基蒽醌“废渣”生产分散蓝56#的研究
7	201032B2501240	1，5（1，8）-二硝基蒽醌精制工艺研究
8	201032B2501241	1，5（1，8）-二苯氧基蒽醌的合成研究
9	201032B2501242	MF扩散剂新工艺

江苏省科学技术情报研究所查新中心接到委托后，抽调了专业人员，集中力量为企业提供全方位服务。查新员与公司技术人员进行了详细沟通，充分了解各项目的技术内容和技术创新点，分别确立了项目查新点。在预检基础上，拟定出正确的检索策略，并通过相关数据库将检索出来的密切相关的文献与查新委托项目进行了一一对比与分析。其中，“环保型深蓝、黑系列复合分散染料”是该公司已申报专利的重大研发成果，也是查新委托单位想重点查新论证的项目。该成果是否具有新颖性直接关系其申报高新技术企业的成败。经文献检索发现，复（混）合染料的成分较为复杂，相关发明专利较多，查证难度较大。查新员对此丝毫不敢懈怠，认真地将查新委托项目涉及的染料结构、组成成分、比例等信息与相关文献进行缜密的对比，并向专家咨询专业引导，最终给出了客观、公正的查新结论，助力该公司成功申报了 5 个省级高新技术产品。

2010 年 3 月，公司欲申报高新技术企业，科技查新机构又为其提供了一系列的科技咨询服务。但是，长期以来染料行业污染严重，这类企业想获得高新技术企业资质难度非常之大。查新员在对上述 9 个查新委托项目进行查新的过程中发现：浙江吉华集团是中国染料行业三大生产商（龙盛、闰土、吉华）之一，分散染料和活性染料的年产量超过 10 万吨，占世界染料年总产量的 10% 以上，其实力雄厚，而且该公司拥有多项专利，其产品科技含量高，40% 的年产量出口到发达国家。在此基础上，查新员进一步了解了公司的整体情况，如研发人员水平、研发投入比例、成果转化成果率、研发组织管理水平及企业的信誉和获得的荣誉等，最终判断该企业申报高企的成功率较高。为此，查新中心迅速拓展了业务服务范围，指定专人协助公司申报高新技术企业。查新中心通过为其提供的一系列的服务，于 2010 年 9 月成功助力企业通过审批，2011 年初企业成功获得高新技术企业证书。

江苏吉华化工有限公司成功申报高新技术企业，彻底改变了当前社会对染料企业“产品科技含量低、污染严重”的传统看法，提升了企业的社会形象，提高了企业的发展空间。

3.4 为企业产品验收消除障碍

企业要发展壮大，必然要不断研发新产品，开拓新的市场。在进行新产品鉴定前，企业要客观、正确评价新研制的产品，明智之举就是进行科技查新论证，科技查新才能让企业获得真实可靠的判断依据，助其新产品顺利通过验收，并成功推向市场。

吴江某时装面料有限公司 2000 年成立，可开发生产引领国际新潮流的全棉、棉麻、棉涤及全棉弹力面料等多个产品，不仅实现了进口面料本土化生产，而且产品还返销发达国家。该公司与日本一家公司合作，由日方提供原料，共同开发了再生纤维——铜氨面料系列产品，并就此项目委托专业查新机构对其进行查新论证。公司一共委托了 3 个待鉴定的查新项目，即“铜氨府稠”“铜氨美丽稠”“铜氨亚麻”。

“铜氨府稠”是铜氨纤维施以适当的捻度作经和天丝（A100）作纬运用平纹组织交织，使面料表面呈现经典、细致的府绸表面效果，手感柔软，轻薄且有恰到好处的垂感。

“铜氨美丽稠”是采用锦纶独纤作经，纬向采用铜氨纤维，平纹组织织造，面料是在原化纤产品和铜氨产品织物研发生产的基础上的创新和提高。产品经染色整理后具有触感柔滑、光泽柔和、轻薄透明、简洁、飘逸的真丝美丽绸风格，表面天然微绉的肌理表现。

“铜氨亚麻”是采用铜氨纤维作经，天然麻纤维作纬，2/2 双面斜纹组织结构织造，面料在触感上具有真丝的柔滑，以及粗犷、古朴、挺阔的麻织物表面风格，手感兼具滑、挺、爽等特征。

3 个各具特色的产品如何通过科技查新助其顺利通过产品鉴定呢？为此，查新员在整个查新过程的各个环节采取了相应措施。

第一环节：根据客户填写的查新合同，提炼查新点。

查新点是整个查新过程紧密围绕的主线，因此，正确理解委托项目，准确把握项目创新实质及相关技术领域现状，才能准确提炼查新点。经查新委托者和被委托者双方确认的查新点，并结合“技术要点”形成查新依据，整个查新过程才会在正确的主线引导下展开。针对企业委托的查新项目，查新员首先对委托查新项目的查新点进行了分析。

通过分析归纳，“铜氨府绸”的查新点确定：经向采用 100D 铜氨加以 6.5T/S 捻度与粘胶 60S 天丝 A100 作纬交织而成；经向加捻增加面经向单丝的强力，提高织造率，增加面料的垂性；后整理中采用酵素酶水洗，可去掉布面的绒感，使面料表面光洁，同时改善面料的摩擦牢度和抗起毛起球要求。此查新点包含的内容比较丰富，既包括面料的原料组成又包括面料生产具体工艺。“铜氨美丽绸”的查新点确定：经向采用 20 锦纶与铜氨作纬交织；溢流染色，使面料表面呈现天然微绉的肌理；砂洗和汽蒸定型后整理使面料产生绒感和蓬松感。同样此查新点既包含面料的原料组成又包括生产具体工艺。“铜氨亚麻”的查新点确定为：100D 铜氨作经，16S 亚麻作纬 2/2 双面料斜纹组织交织；溢流式染色机精练、染色，选用 L 型活性染料，铜氨和亚麻同浴上色得色均匀不易色花，可减少染色废水 5 ～ 6 吨/缸，达到节能减排的目的；产品克重 142 g/m^2，密度 52×25 根/cm。同样此查新点既包含面料的原料组成又包括生产具体工艺。

第二环节：选用恰当的检索词→制定正确的检索策略→查找相关文献。

检索的目的在于从现有技术中，找出与委托项目密切相关或者相关的文献，以便通过对比与分析，最终查证委托项目的“查新点”是否成立。因此，针对查新点，要正确选用恰当的检索词，制定正确的检索策略，并在相应的检索范围内进行检索。

利用恰当的检索词和正确的检索策略，可检出与项目相关或密切相关的文献，再根据查新点对相关文献进行仔细的筛选，这个过程同时也是进行相关文献的对比过程。在这个过程中，将相关文献与查新项目预期的新颖性进行对比，从中筛选出可供查新分析、对比时引用的文献。根据文献与查新点的相关程度，再将对比文献分为一般相关文献或较密切相关文献或密切相关文献。较密切相关文献、密切相关文献将引入委托项目查新点的核心内容与指标数据的对比。

根据“铜氨府绸”项目查新点，确定了“铜氨、天丝 A100、捻度、酵素酶水洗”为检索词，并拟定了相应检索策略进行检索。再经筛选整理，列出了 10 篇相关文献做委托项目查新点的比对分析。

根据“铜氨美丽绸”项目查新点，确定了“锦纶、铜氨、染色、活性染、酸性染、砂洗、后整理”为检索词，拟定了相应检索策略进行检索。经筛选整理列，举出 11 篇相关文献进行查新点的比对分析。

根据“铜氨亚麻”项目查新点，确定了“铜氨、亚麻、交织、溢流染色、活性染料、上染率”为检索词，并拟定了相应检索策略进行检索。经筛选整理，列出了 9 篇相关文献进行查新点的比对分析。

第三环节：依据相关文献对查新委托项目进行分析对比，给出令人信服的查新结论。

依据上述规范，查新员经过深入细致的对比分析，分别为以下 3 个产品做出查新结论。

①“铜氨府绸”的查新结论：国内已见铜氨纤维与天丝交织布的染色中采用纤维素酶水洗的报道；已见通过增加纱线的捻度来改变原纤化的报道；已见铜氨纤维与天丝交织布染色方法的专利报道（申请人为吴江德伊时装面料有限公司）；国内未见提及采用 100D 铜氨为经加以 6.5T/S 捻度与粘胶 60S 天丝 A100 作纬交织，并在后整理中采用酵素酶水洗制成铜氨府绸的报道。

②“铜氨美丽绸”的查新结论：国内已见锦纶为原料在溢流设备中高温起皱处理生产塔夫绸的报道；已见铜氨丝作纬与桑蚕丝先染色再交织制成彩条罗纹绸的报道；国内未见以

20D锦纶为经与铜氨作纬交织，并溢流染色，经砂洗、汽蒸定型和后整理生产铜氨美丽绸的报道。

③“铜氨亚麻”的查新结论为：国内已见分别以铜氨和亚麻为原料生产面料的报道；分别已见铜氨纤维和亚麻用活性染料染色的报道；国内未见以100D铜氨为经，16S亚麻作纬2/2双面斜纹组织交织，选用*L*型活性染料，经溢流式染色机精练、染色，生产铜氨亚麻的报道。

上述3个产品的查新结论是在公开的相关文献的对比分析下得出的，因此结论具有充分的公正性。经企业反馈，查新中心提供的查新结论使其3个产品顺利通过了当地科技局的产品验收，且获得市新产品称号。

3.5 为企业申报专利引领护航

查新报告可提高专利申请过程中代理人撰写申请文书的质量和效率，能降低或避免专利申报者日后有可能发生的侵权纠纷。查新报告在专利申请中的作用不可忽视，它为建立客观公正的科研环境发挥了很好的促进作用。在申请专利前，申请人通常需要对自己的发明有一个比较清晰的判断，明确哪些发明内容属于“现有技术”，哪些内容具有新颖性与创造性。这种判断需要通过检索，对检出的相关文献或密切相关文献进行对比分析后才能明确。然而，多数企业既不拥有大量的科技信息资源，也没有专业情报分析人员，因此应通过专业查新机构开展新颖性分析。

南京某水环境科技有限公司（简称“A公司”）是一家专业从事污水处理设备研发、生产和销售的企业，主营业务包括水资源调查与评估、水环境综合整治工程咨询、黑臭河道综合整治、中水回用工程、生活污水就地处理工程等。A公司研发出一种利用等离子纳米气泡对剩余污泥进行减量化处理的工艺方法和装置。该装置可以实现对污水处理厂剩余污泥的减量处理，杀灭活体微生物，完成细胞壁破壁溶出，减少剩余污泥中微生物等固体物的数量和大分子结构有机物数量，同时完成对剩余污泥的脱臭、脱色处理，处理后的分离液可作为碳源补充，回用到污水厂的污水处理工序，节省了碳源补充添加费用，实现剩余污泥在污水处理厂内的再次利用。为保护自身合法权益，通过法定程序确定发明创造的权利归属关系，委托江苏省科技情报研究所查新中心对其研发进行专利授权前景判断。

从委托查新一开始，互动就贯穿于整个查新过程：明确查新重点→调整检索策略→进行对比分析→得出查新结论→完成查新报告。在查新过程，查新员始终与委托查新者保持联系，并对相关问题进行深入沟通。在沟通中，查新员以极大的热情与谦虚的态度，详尽询问各种疑点或不解之处，充分掌握查新课题的实质性内容，全面了解查新内容的深度和技术领域涵盖的范围。在此基础上，检索步骤逐渐展开。

3.5.1 确定相关查新内容

（1）与委托方共同商榷查新内容

科技查新委托合同中的项目内容和技术要点简洁明了地反映了查新项目的关键内容，如果不填写恰当将对查新报告的质量产生严重影响。但是，查新委托单位常常对查新项目的科学技术要点填写不准确或查新点提炼有误。例如，有的查新委托单位在填写时只是在项目技术报告中随便节录一段，不能准确表达项目的关键技术，无法体现技术的先进性和创新点；检索词也是随意选择，英文关键词更不能准确提供；罗列的参考文献简单宽泛，甚至毫无相关性，甚至填写的查新点、查新技术要点与项目申报书的内容完全不一致，一些必要的创新技术要点、产品参数、工艺方法等不明示。尤其一些具体的技术参数常常害怕泄密而深藏不露。

为了避免上述情况的发生，查新员首先认真阅读了查新委托人事先填写好的查新项目合同中各项内容，仔细核对查新项目名称、委托单位名称和联系方式；针对科学技术要点中叙述不明之处，特别是专业术语进行沟通，修改措辞不当语句，祛除主观评价性的话语，再根据其申请专利的权利要求，共同商定委托项目的查新内容。

（2）消除技术泄密顾虑，获取真实可靠数据

在日常受理委托查新课题时，一些委托查新方常常不愿意和查新员进行深入细致的交流。究其原因有以下几种：有的查新委托人认为，查新员看不懂其研究内容的技术要点有可能对其查新结论有利；有的查新委托人认为，自身的技术创新需要保密，不可外露。例如，A公司为了申报发明专利才到专业查新机构对其发明创造进行新颖性、创新性论证，但为了防止技术内容泄密，查新时提供的参考内容非常之少。为了保证查新结论的公正，查新员真诚地向A公司重申，查新机构会严格遵守合同，对其提供的技术情报资料、原始数据等实行严格的保密措施。此外，如果查新员对项目技术内容不熟悉，不能领会技术要点，将会对查新结论的公正性产生影响。在不断沟通达成共识的过程中，查新员最终博得委托方的理解、支持和信赖，拿到了很多关于查新项目的具体技术参数，保证了查新结论的公正性。

3.5.2 注重学科培养，夯实专业基础，提高检索技巧

（1）认真阅读委托查新者提供的相关资料，熟悉查新课题的专业背景

查新员应当注重某个学科领域的专业知识的学习与积累。在受理查新课题时，应尽量受理自己专业特长或相近学科的项目。例如，A公司委托的项目属于环境污染处理领域，因此由具备环境相关专业背景的查新员开展检索论证更合适，这样有利于交流，能与委托方建立良好的专业沟通平台，使其产生信赖感。尤其是具备专业知识背景的查新员能快速掌握委托查新者填写的科学技术要点，吃透项目涉及的核心内容，这对深入了解项目实质，掌握检索对象的内容深度和检索对象涉及的相关学科领域大有益处。

（2）反复推敲，确定恰当的检索策略

在计算机检索中，确定检索策略是获取相关文献的前提，检索策略制定得恰当与否，直接关系到相关文献的查全和查准。查新员在确定检索策略的过程中，要重视检索词摘选和检索关系式的建立。

根据A公司委托查新项目的特点，对其查新点使用的术语、概念、方法逐一进行初步的检索，找出相关概念、主题词及类似的方法和技术，初步摘选检索词，确立检索式。该项目摘选的检索词包括污泥、减量/处理/处置、等离子、纳米气泡、工程化、一体化等。因委托查新项目涉及工艺和设备，且申请发明专利为目的，因此检索范围选择了中外专利信息、全文期刊、科技期刊、学术会议论文、学位论文、科技成果、企业公司及产品数据库和科技经

济新闻等相关数据库。同时，借助Google、百度等网站的强大搜索能力，搜索相关行业知名企业、网络上发布的相关产品和环保专业网站等信息,并将搜索引擎和网络资源作为查新重要的补充论证资料。

经过认真阅读初检出的文献，使查新员又深入了解了查新课题的技术背景与研究内容，再结合与查新委托人多次进行的沟通，将检索式进一步拓展：①污泥and（减量or处理or处置or等离子or纳米气泡）；②（等离子or纳米气泡）and（减量or处理or处置）；③污泥and（工程化or一体化）。

在这个阶段，委托方与受理方的沟通已由原先的单向转为互动，寓意着双方为了共同的目标沟通更为融洽，从而更有利于检索过程的推进，有利于查新结论的公正性。

3.5.3 谨慎对比分析，做出准确判定

（1）细扣相关文献，谨慎对比分析

A公司的查新目的是为了申报专利，检索时应侧重专利文献的检索与对比分析，然而该项目的查新又不同于专利查新，因为专利查新对“新颖性”确认更为严格，不仅要求未在国内外出版物上公开发表过，而且要求在国内未被公知公用过，查新范围为国内外公开出版物。本项目的新颖性仅要求未在出版物上公开发表，查新范围根据委托方要求限于国内。因检索出文献数量较多，需仔细阅读全文，谨慎判读与筛选，同时须紧扣各个查新点，对比分析异同之处。

在分析对比过程中，查新员发现国内已见超微细气泡或微米气泡在水体修复、黑臭河流治理等方面应用的报道，与该委托查新的查新点相近。为了保证查新结论的准确性，查新员及时向A公司说明上述情况，同时提供相关文献，请查新委托人进一步阐述自身研究与他人研究成果的不同之处。

最终，经过对比分析后得到“相关”文献多篇，再依据检出文献的相关程度，依次列出“密切相关”“一般相关”文献；并对“密切相关”文献逐篇简述，再将原文作为附录附于查新报告之中。

（2）秉承客观与公正，结论字字有依据

撰写查新报告不同于撰写综述性文章。查新结论应当客观、公正、准确、清晰地反映查新项目的真实情况，其中包括相关文献的检出情况；检索结果与查新项目的科学技术要点的比较分析情况以及对查新项目新颖性的判断结论。该委托查新项目共列出“密切相关”文献10篇。在客观对比分析的基础上，找出与项目查新点的异同或有无，最终给出项目查新结论:“国内已见利用纳米气泡技术处理污水，修复湖泊和厌氧底泥的报道；未见等离子纳米气泡对剩余污泥进行减量化处理的报道。国内已见污泥资源化处置、污泥干化装置和污泥脱水与填埋一体化装置的报道，未见可实现工程化应用的等离子纳米气泡一体化污泥减量设备”。查新结论要做到字字有依据，句句有出处。

（3）把控审核环节，完美结束流程

审核员的工作是查新报告质量的最终保障。因此，在微观上，审核员应对查新报告的形式、内容一一进行审核；在宏观上，审核员应把握查新项目的实质内容，重点审查文献检索范围是否恰当，检索策略有无偏离核心，检索结果是否紧扣创新点，查新结论是否仅停留在

罗列有关文献或简单报告有无相同或类似的文献报道上。尤其是查新报告中肯定性或否定性结论是否有相关文献给予支撑。经审核员审核后，将查新报告中需要修改的内容交给查新员处理，然后由查新员、审核员分别在查新报告上填写“完成日期”，并签字，加盖章，形成最终的查新报告，结束整个查新流程。

3.5.4 服务回顾

在向A公司递交了查新报告3个月后，查新员进行了电话回访，详细询问了企业使用查新报告的情况。A公司表示，相关技术研发人员认真阅读了查新报告全文，仔细对比了查新报告中列出的“密切相关”文献，结合自身技术优势，重新调整了专利申请文件中有关权利要求项。据悉，A公司已通过专利代理机构向交国家知识产权局呈递了专利申请文件，已收到受理通知书，这表明该项技术发明基本上符合国家专利申请的条件。

课题负责人：吴华珠　余　萍

课题组成员：李向辉　朴春梅　曹晓辉

撰　稿　人：余　萍

2018 年度南京市高层次创业人才引进计划入选人才落地企业年度监测报告

党的十八大以来，党中央、国务院高度重视人才工作，习近平总书记深刻指出“人才是第一资源”，强调“要实行更加积极、更加开放、更加有效的人才引进政策，聚天下英才而用之”。南京市以习近平总书记关于做好人才工作的重要指示精神为指导，贯彻落实省委省政府提出的在高质量发展上走在前列的部署，紧紧抓住全球新一轮科技革命和产业变革机遇，牢固树立人才第一资源理念，广纳英才，持续增强城市对人才的吸引力凝聚力，大力实施“创业南京”英才计划，重点支持符合南京市新兴产业发展和产业转型升级方向，带团队、带技术、带项目的高层次创业人才，实行市、区两级管理，在资金、场地及相关配套政策等方面给予支持，探索走出一条集聚高端人才、产业人才、国际化人才的有效路径，为加快建设具有全球影响力的创新名城提供有力支撑。

1 绪论

为及时掌握南京市高层次创业人才引进计划落地企业的运营情况，摸清引进人才在创业创新过程中遇到的实际困难和问题，分析人才计划取得的主要成效，发现落地企业运行中的典型案例，受南京市高层次创业人才引进计划专项办公室委托，2018 年 10—12 月，江苏省科技评估中心（简称“评估中心”）组织专家，开展 2018 年度南京市高层次创业人才引进计划入选人才落地企业年度监测工作，对 2016 年、2017 年入选市级高层次创业人才引进计划的 404 家落地企业进行监测，在收集整理落地企业运营发展的相关数据基础上，分析评估落地企业的整体发展状况，并针对落地企业存在的一些共性问题提出指导意见。

本次监测企业均为初创型企业，最早注册时间为 2012 年，最晚注册时间为 2017 年。与以往年度监测相比，本次监测做了三项优化调整：一是实现实地走访全覆盖（除企业无实质性经营或拟退出，实际走访企业 370 家）；二是分类标准进行了调整，按照高价值企业、经营良好企业、积极运行企业和问题较多企业分为 A、B、C、D 4 类；三是以市税务局、市社保中心提供的相关信息及第三方大数据平台的相关数据资源等作为参考，根据现场走访的实际情况，通过专家评议的方式形成评价结论。

1.1 工作原则

本次评估借鉴往年监测工作经验，坚持独立、公正、科学的原则，由评估机构独立开展评估活动，从既非计划管理者、又非计划执行者的第三方角度进行评估分析，根据监测需求和落地企业特点，设计监测内容和准则，评估人员遵守职业道德，确保监测工作的科学性和规范性。

1.2 评估方法

① 案头研究和实地走访相结合。对引进计划人才企业申报信息进行梳理，深入分析各类有效数据，深入研究相关引进计划政策，组织创业投资专家、财务专家全面开展企业入户调查，分为6组分别核实和掌握企业经营状况一手信息。

② 企业信息填报和其他作证相结合。设计完善信息调查表，全面调查落地企业运营情况，同时参考市税务局、市社保中心提供的相关信息、第三方大数据平台相关数据、相关审计材料、各区（园区）相关调研检查数据等，综合分析运用各类信息资源。

③ 定量分类与定性评价相结合。数据分类筛选进行初步评价，专家实地走访做出定性判断，并形成综合监测评价结果。

1.3 相关说明

① 通过本报告对南京市高层次创业人才落地企业运营状况的分析，可从一个侧面反映引进计划的当前执行状态，但监测工作报告还不能替代引进计划政策实施的整体绩效报告。

② 本次监测工作以2016年、2017年入选人才落地企业整体为研究对象，评价分类结果也主要定位在从面上了解人才企业的群体特征，不针对单个行业、载体及人才企业运营状况做深入分析和诊断。

③ 本次监测工作面向“初创型”中小微科技型企业，创业时间短，受宏观经济走势影响大，项目研发和产品市场存在不稳定性，从企业的运营和管理就绪度看还有待提高，导致提交信息不排除存在误差，可能影响数据分析的完整性和一致性。

④ 本次报告通过专家判断对落地企业的运营状态进行评价分类，分类标准沿用了创业投资行业的“企业投入-产出逻辑分析方法”，将落地企业分为A类企业（高价值企业），有明确的发展前景，在研发创新及运营上有突出表现；B类企业（经营良好企业），企业基本稳定运行；C类企业（积极运行企业），企业目前还能维持运转；D类企业（问题较多企业），企业基本上没有投入或产出方面的行为表现，无实质运营或拟退出。

⑤ 本报告主要分为3个部分。第一部分阐述监测评估中形成的总体结论及存在的问题，根据专家意见提出相关建议；第二部分将各类有效数据进行汇总，深入分析落地企业经营状况；第三部分根据专家结论进行企业分类评价分析，形成分类结果。

2 年度监测主要结论及问题建议

人才是创新创业的核心资源，是强化南京省会城市功能、凸显首位度的源泉和动力。实施“创业南京”英才计划，强化人才“第一资源”的基础性和先导性作用，坚持以人才优先发展引领创新驱动发展，是创新驱动发展121战略的重要工作之一。高层次创业人才引进计划作为“创业南京”英才计划的重要组成部分，重点支持符合南京市新兴产业发展和产业转型升级方向，带团队、带技术、带项目的高层次创业人才。计划从2016年起，用5年时间，以区（园区）为主体，立足区域产业发展规划，引进扶持3000名高层次创业人才，市级层面从中择优遴选并重点扶持1000名高层次创业人才。为有效评估计划实施两年来高层次人才的引领效应，本次监测以高层次创业人才落地企业为对象，综合考量创新效益、经济效益和社会效益，针对团队建设、产品研发、利润税收、成果转化、吸纳社会就业等重点指标开展调查走访，对企业成长性、发展潜力、知识溢出等情况进行分析研判，对优化营商环境、助力创新名城建设提供参考。

2.1 主要成效

坚定实施人才优先发展战略，持续加大高层次人才引进开发力度，是实现创新驱动发展的重要抓手。南京市围绕产业链布局创新链，围绕创新链集聚全球创新人才，在国家和省级重点人才工程中实现大跨步争先进位。高层次创业人才引进计划树立全球视野，强化高端引领，更好地释放科教资源潜力，人才支撑产业转型升级步伐进一步加快，南京人才首位度进一步提升。

2.1.1 集聚全球创新资源，人才创新能力强，有效推动南京市高质量发展

以“名校名所名企名家名园区”为显著标志的创新名城，高端创新创业人才是关键要素。高层次创业人才计划实施以来，各相关部门严格把关，确保申报质量，以人才制高点抢占产业制高点，助力南京创新名城建设。

本次走访的企业中，引进人才符合高端定位，大部分入选者具有海内外自主创业或行业领军企业的中高层任职经历，其中，具有博士学历241人（59.7%），具有硕士学历135人（33.4%）；省“双创人才计划”人才45人，省“333工程”人才19人，入选“创新型企业家培训计划”12人；外籍人员30人，主要来自美国、英国、德国等国家；174位（43%）人才具有海外留学或工作背景；引进人才创业前常年居住在国境外城市的有24人，居住在国内其他城市的207人；48.5%的人才有过创业经历。

引进计划吸引的人才层次高，已逐步成为南京市实现人才驱动创新发展的重要力量，“创业南京”也成了宣传和吸引海内外人才来宁创业的品牌代言，有效促进了南京市具有全球影响力的创新名城建设。

落地企业取得了一系列重要科技创新成果，研发创新指标不断突破，进一步增强了南京的整体科技创新能力。在实地走访中，根据现场核实材料，落地企业在研发创新上取得了明显成效，包括一批具有创新性、高水平、市场效益明显的成果，部分产品填补了国内空白。有258家公司成立后新申请了各类知识产权，包括发明专利、实用新型、外观新型、软件著作权等合计2530件，其中发明专利855件；有169家公司成立后已获得授权各类知识产权，包括发明专利、实用新型、外观新型、软件著作权等合计1287项，其中发明专利136件。有4家企业获得省级科学技术奖励、4家企业获得市级科学技术奖励、17家企业承担市级以上科技项目，其中2家企业承担了市级以上重大科技成果转化项目。落地企业中已有22家被评为国家级高新技术企业，拟上市或进入高新技术企业培育库企业42家，市级以上软件

企业/创新型企业/技术先进型服务企业/农业科技型企业/动漫企业合计 49 家。

落地企业充分释放科技资源，汇集高校、院所等技术成果，对落实南京市“两落地一融合”起到了积极的促进作用。本次走访企业中，已有 91 家企业与高校、科研院所开展产学研合作。人才创业企业主要技术来源源于高校的有 59 家，占 15.9%，主要技术来源来自科研院所的有 16 家，占 4.3%，主要技术来源为自身研发的占 76.2%，高校和科研院所创业人员充分利用积累的科技资源，作为主要技术来源实现成果转化的超过 20%（图 1）。

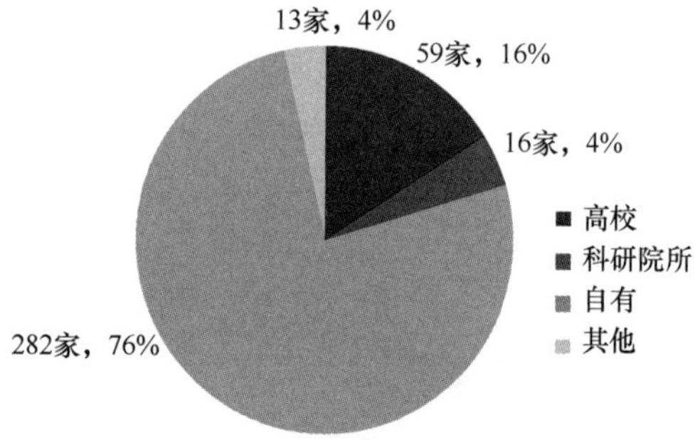

图 1　落地企业主要技术来源

2.1.2　聚焦创业企业发展关键阶段，落地企业大多数发展良好，总体水平优于上年度监测

从注册资金规模看，根据工商信息，本次参加年度监测的企业注册资本合计为 9.05 亿元。注册资本 200 万元以上的 285 家，占 77%，其中有 7 家企业注册资本超 5000 万元，70 家企业注册资本超过 1000 万元（含），59 家企业注册规模在 500 万（含）～ 1000 万元，149 家企业注册规模在 200 万（含）～ 500 万元。企业规模较上一年度监测结果（超过半数企业注册资本在 200 万元以内）有明显增加。从企业资产规模上看，根据企业提交的监测数据，本次监测的企业当前形成的资产总规模为 9.76 亿元，有 8 家企业资产规模超过 2000 万元，45 家企业资产规模超过 500 万元。从企业从业人员规模上看，落地企业合计就业人员为 5477 人，其中从事技术研发人员 3068 人，占比为 56%；有 4 家企业员工数超过 100 人，14 家企业超过 50 人；2625 人在南京缴纳社保，累计本地缴纳社保金额 1352 万元。

在营业收入方面，根据税务部门提供的相关经济数据，落地企业 2016—2018（截至 9 月 30 日，下同）的主营业务收入累计达 14.32 亿元。六成余（61.4%）的企业在 2018 年有营业收入，2018 年主营业务收入合计为 5.28 亿元。从 2017 年度主营业务收入看，有 13 家企业全年营收超千万元，88 家企业全年营收超百万元。在企业盈利方面，根据税务部门提供的数据，落地企业在 2016—2018 年已累计实现净利润 1.08 亿元，2017 年度有净利润的企业为 153 家，占比 37.9%，其中有 2 家企业净利润规模超过 500 万元，16 家企业超过 100 万元。在税收贡献方面，根据税务部门提供的数据，2016—2018 年，落地企业对本地的税收贡献累计为 9015.85 万元（包含了企业缴纳的个人所得税、企业所得税、营业税金及附加、增值税等税种），有纳税贡献的企业数为 346 家，占比为 85.6%，其中 18 家企业纳税超过 150 万元，超过 50 万元的企业有 37 家。

2.1.3　为南京的产业发展注入源头活水，营商环境进一步优化，部分落地企业已经得到资本市场认可，创新潜力大

高层次创业人才引进聚焦南京市“4+4+1”主导产业，围绕南京市新兴产业发展和产业转型升级方向，有效加快高端产业培育，优化区域创新布局，引进人才落地企业行业领域契合南京主导产业和未来产业发展定位，其中，四大先进制造业中引进人才项目 316 项，四大现代服务业主导产业 88 项。新型电子信息领域引进人才数量最多，共计 136 家占比 33.7%；其次是生物医药与节能环保新材料领域人才，128 家占 31.7%；现代服务业中，文旅健康领

域人才项目最多，49 家占比 12.1%；高端智能装备领域 47 家占 11.7%，金融和科技服务业 28 家占 6.9%，软件和信息服务业 11 家占 2.7%，绿色智能汽车 5 家占 1.2%（图 2、图 3）。高层次创业人才落地企业紧扣南京市“4+4+1”战略布局，顺应主导产业发展导向，符合城市未来发展趋势，为加快建设创新名城提供产业支撑和发展动力。

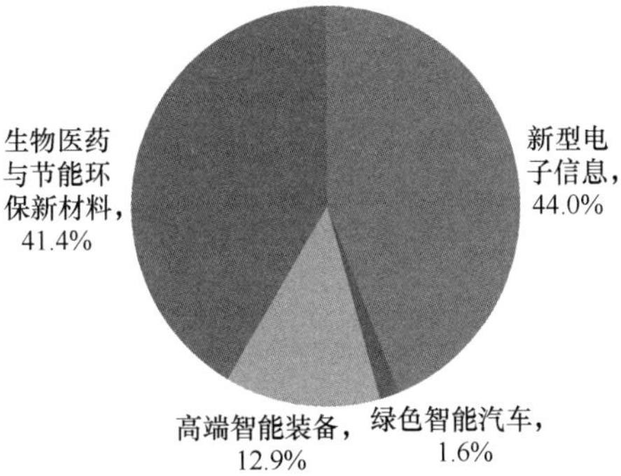

图 2　先进制造业产业落地企业数量

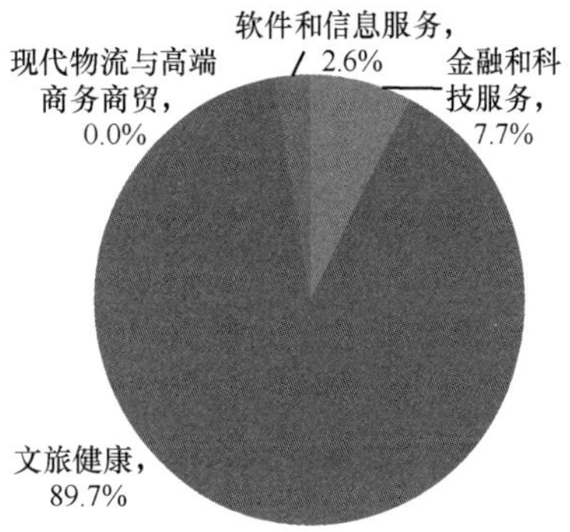

图 3　现代服务业主导产业落地企业数量

走访中发现，推荐申报项目时，部分园区能够结合本区域内产业特色及孵化器特点和优势，引进与产业链相互融合的科技型初创企业，形成产业集聚雏形，如雨花台区、鼓楼区、建邺区引进领域为新型电子信息领域的企业超过了 40%，浦口区引进的 9 家企业中，有 4 家是生物医药与节能环保新材料产业，麒麟科创园引进的 10 家企业中，有 3 家为高端智能装备领域（表 1）。

表1　落地企业在个园区内领域分布

单位：家

	新型电子信息	绿色智能汽车	高端智能装备	生物医药与节能环保新材料	软件和信息服务业	金融和科技服务业	文旅健康	合计
江北新区	16	0	5	38	0	2	3	64
玄武区	13	1	2	8	1	2	7	34
秦淮区	12	0	6	4	2	4	4	32
建邺区	13	0	5	5	1	5	4	33
鼓楼区	18	0	4	6	0	3	0	31
栖霞区	5	0	3	12	1	0	9	30
雨花台区	24	1	5	5	3	4	9	51
江宁区	7	0	1	14	2	2	1	27
浦口区	2	0	0	4	0	1	0	7
六合区	2	1	0	6	0	0	3	12
溧水区	4	0	1	3	1	2	4	15
高淳区	3	0	1	6	0	0	2	12
南京经开区	8	2	6	8	0	3	0	27
江宁经开区	7	0	5	6	0	0	1	19
麒麟科技园	2	0	3	3	0	0	2	10

虽然落地企业建立时间比较短，属“初创型”企业，绝大多数企业的经济效益尚不明显，但引进人才的创业激情、科技成果的领先及产品应用空间，已获得市场认可，不少企业已经完成了多轮融资，企业未来前景很好。据公开数据统计，有 85 家企业引入各类社会资本投资共计 9.88 亿元，其中 8 家企业融资超过 3000 万元。走访企业中，在江苏股权交易中心或南京联合产权交易所挂牌企业 10 家。

2.2 计划组织实施情况

2.2.1 创新政策精准发力，创业氛围更加浓厚

南京市注重提供有利于人才创新创业的土壤和机制，依靠优越的交通区位、创业平台和配套服务，已经成功吸引了大量来自高校、科研机构和著名企业的优秀国内外创业人才，显著提升了人才储备厚度和未来发展潜力。南京市发布的“一号文件”，聚力创新纳贤，紧扣“深化创新名城建设”主题，聚焦创新的市场化、高端化、国际化、融合化、集群化和法治化，形成了具体的实施细则，有效促进创新资源加速集聚，越来越多的创新人才、创新项目、创新资本落户南京，创新氛围日益浓厚。据多家研究机构发布的监测评估报告，南京在中国最适宜创业城市排行榜、中国城市创新创业环境排行榜均位居前十，国务院第五次大督察对江苏省南京市着力打造集聚创新资源“强磁场”进行通报表扬，南京已经形成了良好的创新创业氛围。在走访中发现，很多企业反映，对比北京等城市，南京对于“初创型”中小企业具有更好更强的吸引力，随着高层次创业人才计划的深入实施，我市政策环境对海内外人才的“磁场效应”不断凸显。通过引进人才反馈信息看，最吸引人才到南京创业落地的原因主要是“科技、人才政策力度大，具有吸引力”（选项占比 83.8%），及“科教资源丰富，高校云集，可以招到更多的人才”（占比 81.5%）。

2.2.2 推动管理逐级下沉，创业服务模式日渐完善

近年来持续深化人才“放管服”，以载体服务为主体，市级层面统筹管理，将人才创业评价支持的主导权下沉到区（园区）一线，孵化器、科创中心等创业平台建设逐步完善。目前，区、市两级的遴选体系是得到认可的管理模式，走访过程中普遍反映良好，一方面，调动各区主动性和积极性，有效加强区内管理，加强对企业的联系和服务，了解企业经营的实际情况；另一方面，可以实现择优申报，突出重点。在对落地企业的管理中，目前市级层面主要是做好政策统筹、目标管理、考核督查等工作，各区根据市级要求，寓管理于服务，针对企业需求，提升服务的精准性和时效性，如秦淮区为每个落地企业配备项目经理，定期了解企业需求，传达最新政策及相关资源信息；雨花区筛选代账公司，统一为微小企业提供优质代账服务，以及会计、税收政策培训等。

2.2.3 创业服务不断深化，企业满意度较高

大学科技园、科技企业孵化器等创新创业载体，针对创业者需求提供微路演、微课堂、创业沙龙、对接会、训练营等个性化和精品化的创业服务工作，有效地发挥了吸引和留住人才的作用。在走访中，企业对南京市高层次创业人才计划的服务认可度很高，对市级相关部门服务的满意度为 93.3%，对区（园区）相关部门服务的满意度为 95.8%。

2.3 存在的问题

2.3.1 企业规模较小，少部分企业运营能力较弱

走访中发现，大部分落地企业规模较小，总人数10人以内的企业占64.9%；相当部分企业尚处于技术向产品转化阶段，面临着产品定型、规模生产、市场开拓及企业自身成长等诸多挑战，还有很长路要走；少数企业面临市场方向不明、产品定位不准、创业团队不全（特别是缺乏经营人才）等困难。

2.3.2 企业管理待提升，少部分企业存在财务不规范现象

在走访过程中，发现少部分企业尤其是小微企业，在财务管理和资金使用上存在着较为明显的不规范情况。一方面，代账公司/代账会计专业水平良莠不齐，记账科目混乱，资金使用不明确；另一方面，企业与代账会计沟通不清晰，如频繁更换代账会计等，造成信息上存在偏差，账目错误。

2.3.3 个别企业运营存在问题

个别企业目前尚未在南京市有实质性运营或基本上没有投入/产出方面的行为表现，在本次走访中，专家打分为D及申请退出的企业合计49家，这部分企业在落地后没有实质性运行，除极少数因未能申请到相关行业资质不能运行外，主要原因是申报人没有时间和精力在企业工作，在多地运营项目等。

2.4 对策建议

2.4.1 统筹引才整体设计，围绕产业布局开展靶向聚才

建议根据各区（园区）资源配置、产业特点及企业集群情况，配合全市高新区整合建设和“两落地一融合”工程，突出各区（园区）创新创业发展重点，从引才源头加强协同合作创新，围绕特色产业链布局，加强各区（园区）之间及招商部门与人才管理部门的沟通，引导招才引智工作，按照产业布局的内容组成，选择落户人才和项目，通过形成集聚效应形成更好的创新创业环境，增进以产引才精准度和以才促产实效性。

2.4.2 形成多元化选拔机制，强化人才创业能力研判

建议逐步将计划实施从评审制向多元化选拔机制过渡，如园区推荐、专家举荐等，参考企业在区级项目立项后运行绩效情况及社会贡献注资等。各区（园区）在引才的同时，要根据人才特点重点进行考察，确保引才质量。第一，在人才引进时，对外地有相同或类似企业，已经在外地长期工作，不能保证在南京创业时间和精力的人员，应谨慎对待；第二，项目立项时，对申报人为在职的高校老师或科研院所人员（在高校或院所担任实质性职务）及退休人员，应着重考虑其市场开拓能力，判断其商业运行模式的可行性；第三，若申报人或其团队创业经验不足且无该行业、领域背景，应谨慎对待。

2.4.3 着力后续培育，推动落地企业持续健康发展

建议进一步深化改革，导入第三方专业资源，对接社会资本、上下游产业资源、信息等各类社会化市场化需求，加速各类创新要素的集聚，解决企业创业后遇到的实际困难，形成政府引导、市场推动的合力格局。走访过程中，发现一批具有高成长潜质、高帮扶价值的企

业，可根据其自身情况进行个性化的支持和辅导，如有些企业具有自主知识产权，研发产品达到国内领先水平，建议增加 2 ～ 3 年的政府资金再扶持，顺利衔接市场；有些企业产品已经较为成熟，具有很大的市场潜力和应用前景，但由于缺少市场营销经验推广较慢，建议引入营销/合伙人等机制，对市场方面进行规划和开拓；有些企业产品市场化前景很好，甚至可以填补相关领域空白，但品牌效应较弱，建议多提供产业上下游企业信息，对接市场资源服务及融资、载体等专业化经营服务，为企业提供展示机会等。另外，建议相关部门能够对落地人才企业财务人员进行统一的管理（或培训）。例如，各区（园区）主管部门直接聘用第三方代账机构/代账人员或建立合格第三方机构库，对本区内所有人才企业的财务和监管资金进行管理（经费可统一在监管账户扣除），以避免相关风险发生。

2.4.4 强化监管力度，形成有效的退出机制

建议各区（园区）按照要求制定明确的资金使用管理制度并对企业进行培训，另外部分专家建议应设立“白名单”和“黑名单”，将项目的后期执行情况与资金分批拨付相结合，对于运行情况良好，已形成成熟研发产品的企业加快资金拨付进度；对发现有违规用款，涉嫌骗取扶持资金的企业列入“黑名单”，给予惩处。对未实际运营的企业，建议明确退出标准和程序，及时办理退出手续，节约资金和场地等进行资源重新配置。

2.4.5 针对企业需求精准服务，不断完善管理体系

在走访中，部分企业反映了对创业政策和创业服务的意见及建议（详见附件），如专项资金尚未到位或到位较慢，监管资金使用流程复杂，或使用指标条件较为严格；希望能有机会获得融资、高校及院所技术支持、上下游产业企业对接、高水平行业技术交流、人才招聘等资源信息；解决园区附近配套设施、提供人才公寓、解决子女上学等问题。建议相关部门能针对企业的合理需求，统筹规划并进一步完善解决措施，促进初创型人才企业走向持续发展轨道。

3 企业年度监测数据汇总

3.1 引进人才基本情况

3.1.1 引进人才所在区（园区）分布

本次监测对象包括 2016 年和 2017 年南京市高层次创业人才引进计划市级入选人才创办的 404 家企业，其中江北新区（64 家）、雨花台区（51 家）的数量相对较多，分别占全部监测企业的 15.8%、12.6%（图 4、图 5）。

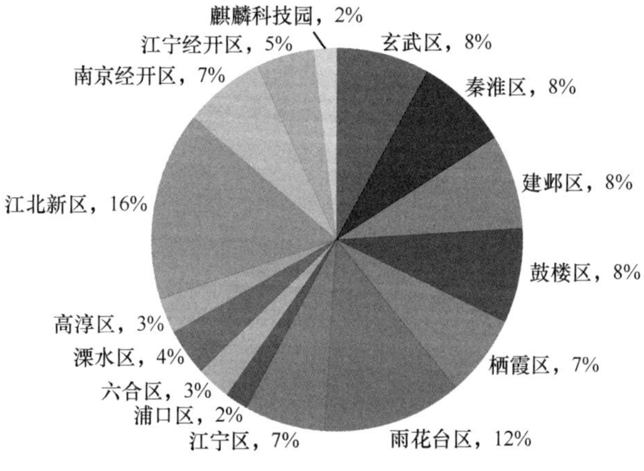

图 4 落地企业的各区比例

3.1.2 引进人才企业产业领域情况

从引进人才落地企业所在的产业领域看，404 家企业全部属于“4+4+1”产业体系中的四大先进制造业和四大现代服务业主导产业，其中又以四大先进制造业为主，主要分布于新型电子信息（136 家）、生物医药与节能环保新材料产业（128 家）（图 6）。

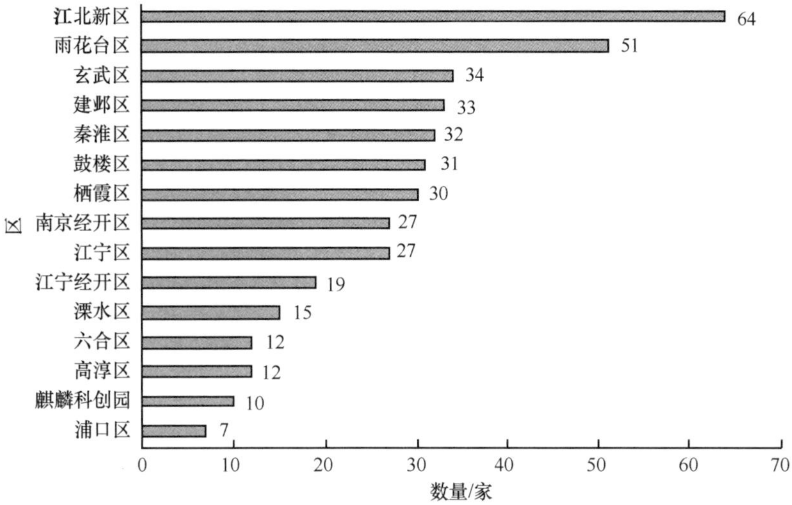

图5 落地企业的各区数量分布

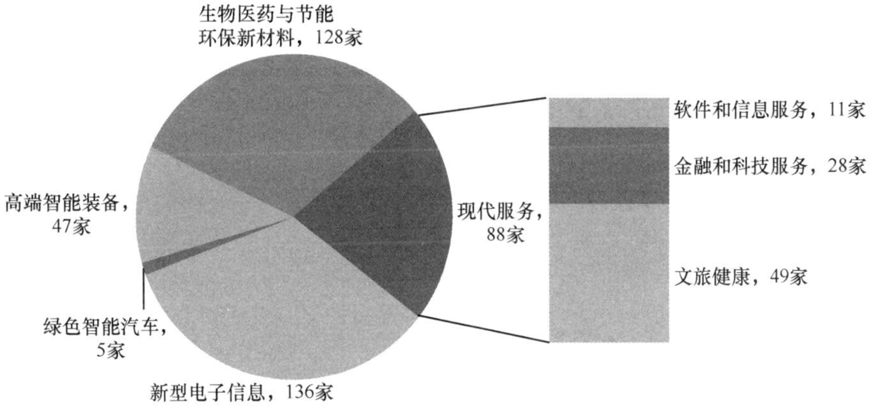

图6 落地企业的行业领域分布

3.2 落地企业规模情况

3.2.1 注册资金规模

根据工商信息，纳入本次年度监测的404家企业注册资本合计为9.05亿元。从注册资金规模看，有7家企业注册资本超5000万元。企业注册资本超过1000万元（含）的有70家，占比为17.3%（图7），63.1%的企业注册规模在200万元（含）以上，企业总体规模较上一年度监测结果（超过半数企业注册资本在200万元以内）有明显增加。

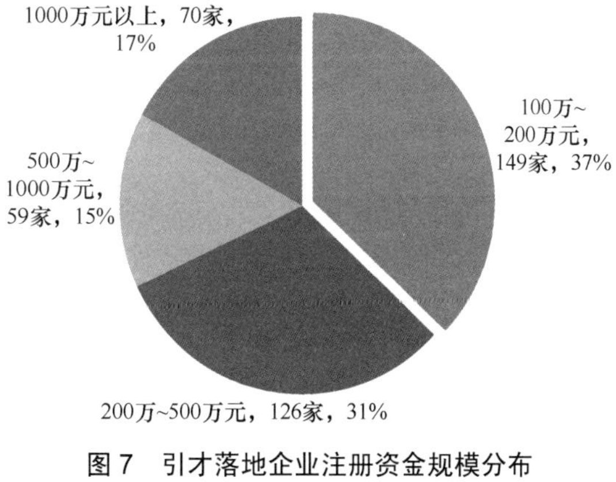

图7 引才落地企业注册资金规模分布

3.2.2 企业资产规模

根据企业提交的监测数据分析，纳入本年度监测的404家企业当前形成的资产总规模为9.76亿元，有8家企业资产规模超过2000万元。45家企业资产规模超过500万元，占比为11.1%（图8）。

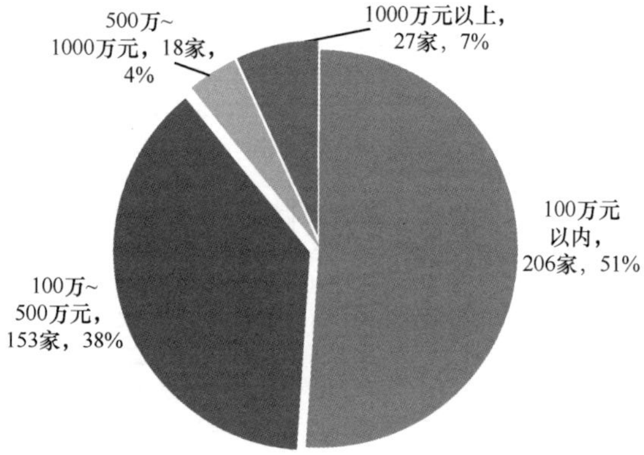

图8 落地企业资产规模分布情况

3.2.3 企业从业人员规模

根据监测数据分析，目前404家落地企业累计就业人员规模为5477人，其中从事技术研发人员3068人，占比为56%，有4家企业员工数超过100人。超过50人的企业为14家，占比为3.5%，高层次研发人员的引进有效带动社会就业。

3.3 落地企业营收及纳税情况

3.3.1 营业收入情况

根据税务部门提供的相关经济数据，本次监测404家落地企业2016—2018年（截至9月30日，下同）的主营业务收入达14.32亿元。六成余（61.4%）的企业在2018年有营业收入（图9）。从2017年度主营业务收入看，有13家企业全年营收超千万元，88家企业全年营收超百万元，其中95%以上为注册两年以上（含两年）的企业。近年来，落地企业主营业务收入呈递增趋势，2016年，企业合计收入3亿元，2017年合计收入6.05亿元，2018年合计收入5.28亿元（图10）。

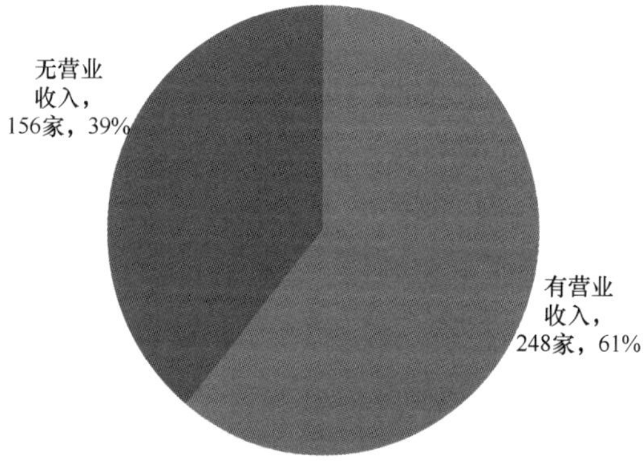

图9 落地企业有营业收入的企业占比情况

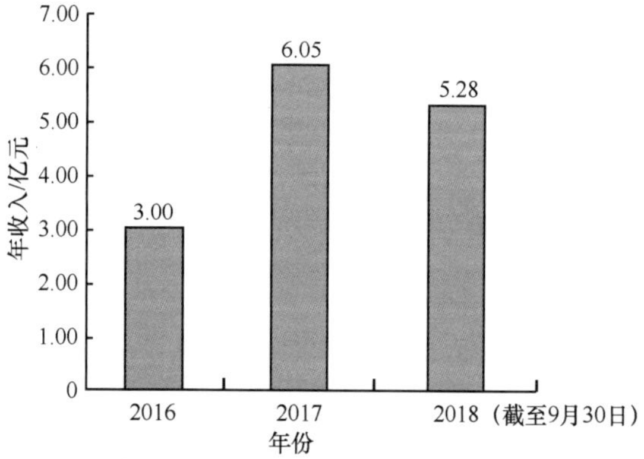

图10 2016—2018年落地企业主营业务收入情况

3.3.2 企业盈利情况

根据税务部门提供的数据，本次年度监测的404家企业在2016—2018年已累计实现净利润1.08亿元。2017年度有净利润的企业为153家，占比37.9%，其中有2家企业净利润规模超过500万元，16家企业超过100万元。153家有净利润的企业中66%为注册两年以上（含两年）的企业。近年来落地企业盈利呈快速增长趋势，2016年企业盈利合计为亏损313.83万元，2017年企业盈利合计为6354.72万元，2018年企业盈利合计为4771.54万元（图11）。

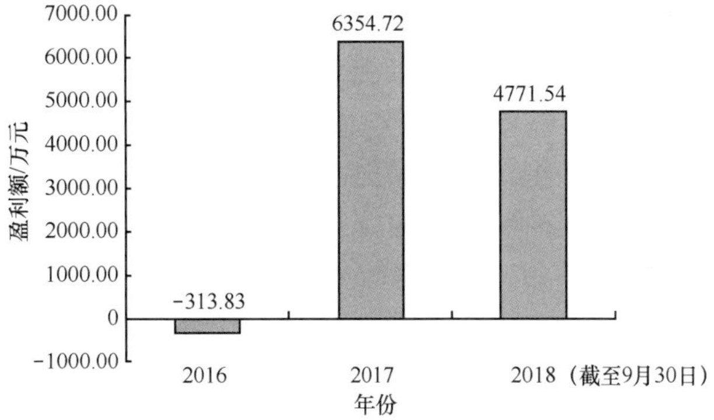

图11 2016—2018年落地企业盈利情况

3.3.3 税收贡献情况

根据税务部门提供的企业数据，2016—2018年，纳入本次监测的404家也总体对本地的税收贡献为9015.85万元（包含了企业缴纳的“个人所得税、应纳企业所得税、营业税金及附加、增值税”等税种），有纳税贡献的企业数为346家，占比为85.6%（图12），其中70%为注册两年以上（含两年）的企业，18家企业总纳税超过150万元，超过50万元的企业有37家。近年来，落地企业税收呈快速增长趋势，2016年企业税收合计为1397.67万元，2017年企业税收合计为3239.62万元，2018年企业税收合计为4378.57万元（图13）。

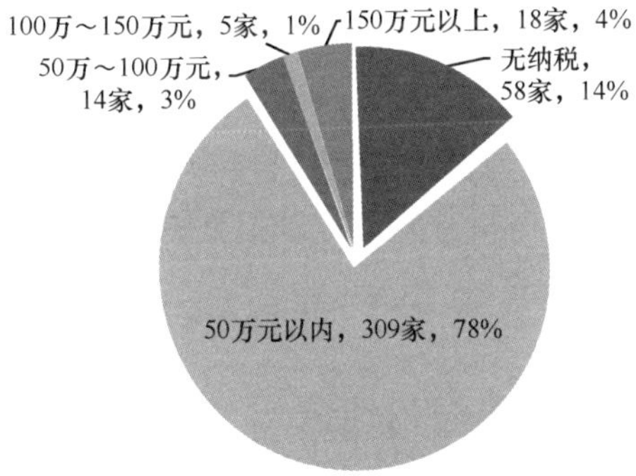

图12 2016—2018年（截至9月底）落地企业税收贡献情况

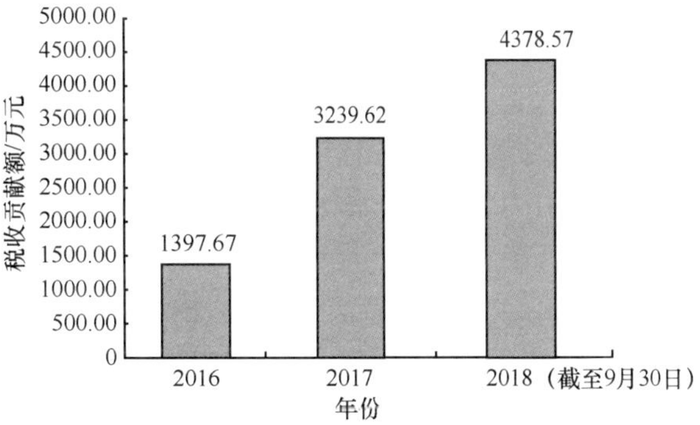

图13 2016—2018年落地企业税收情况

3.4 落地企业发展情况

3.4.1 创业项目进展情况

根据企业提交信息统计，引进计划落地企业自入选以来累计投入17.34亿元，主要用于产品研发和市场开拓，大部分创业者自评认为，其创业项目的预期发展目标按原定计划进度进行或进度超前甚至已完成目标，占比为84.2%（图14）。

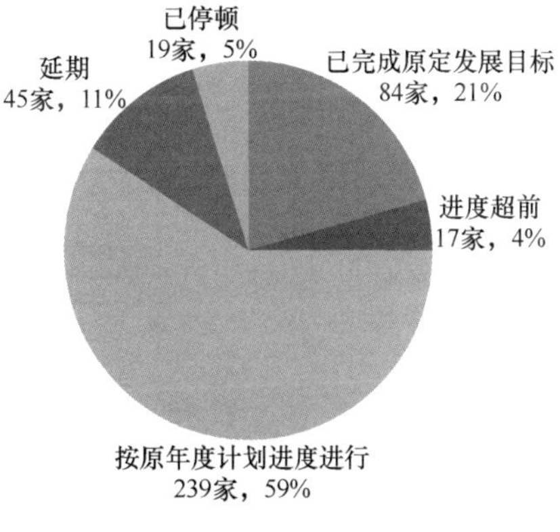

图14 落地企业创业项目当前进展情况

3.4.2 企业新增知识产权情况

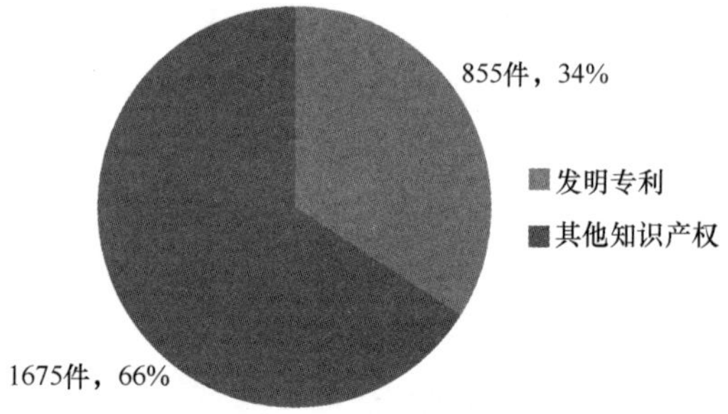

图 15 落地企业知识产权的申请情况

在实际走访 370 家的企业中，有 258 家公司成立后新申请了各类知识产权，包括发明专利、实用新型、外观新型、软件著作权等合计 2530 件，其中发明专利 855 件；有 169 家公司成立后已获得授权各类知识产权，包括发明专利、实用新型、外观新型、软件著作权等合计 1287 件，其中发明专利 136 件，企业创新能力得到进一步提升（图 15）。目前已有 22 家企业被认定为国家级高新技术企业，42 家拟上市或进入高新技术企业培育库企业。

3.4.3 社会资本投资情况

据市场公开信息，纳入本次监测的 404 家企业已经有 85 家企业引入各类社会资本投资共计 9.88 亿元，其中 8 家企业融资超过 3000 万元。

3.5 引进计划扶持政策落实情况

3.5.1 对政府服务满意度

从企业反馈信息看，企业对市级相关部门和各区（园区）相关部门各项服务的满意度评价较高，对市级相关部门服务的满意度为 93.3%，对区（园区）相关部门服务的满意度为 95.8%。

3.5.2 创业人员来南京创业原因

根据企业提交反馈信息，最吸引人才到南京创业落地的原因主要是“科技人才政策力度大，具有吸引力”（占比 83.8%），以及“科教资源丰富，高校云集，可以招到更多的人才”（占比 80%）（图 16）。

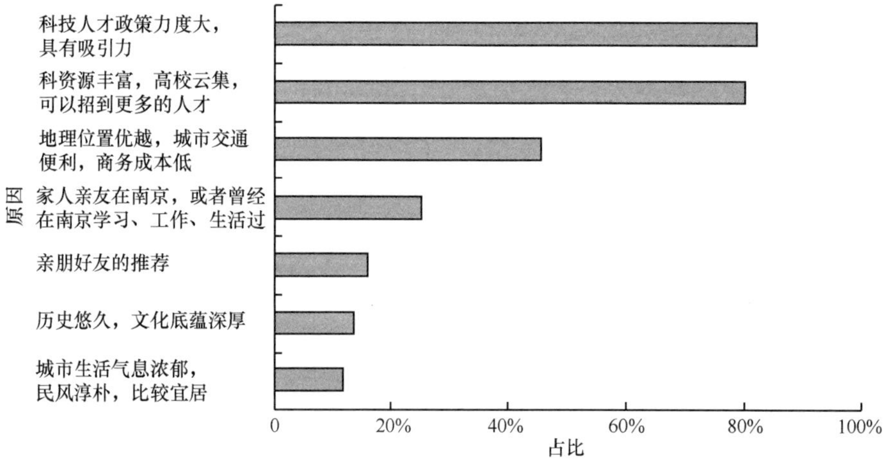

图 16 落地企业选择到南京创业的主要原因

3.5.3 政府扶持资金使用情况

根据企业提交反馈信息，纳入本次年度监测的 404 家企业已收到政府扶持资金约 4.02 亿元，未到位资金约 1.75 亿元。从企业支出测算看，约 14.2% 的扶持资金用于购买设备，约

17.7%的扶持资金用于人员工资，约22.9%的扶持资金用于研发项目直接支出，约3.6%的扶持资金用于市场活动。还有36.9%的扶持资金尚未使用（图17）。

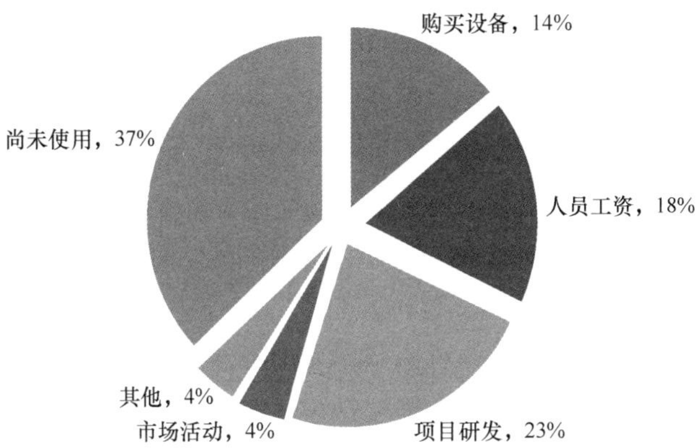

图17　政府人才政策扶持资金的使用情况

3.5.4　企业面临主要困难

根据企业反馈信息整理，企业运营中面临困难反应最多的是难以招到合适的员工，其次为资金缺乏和市场开拓较难（图18）。

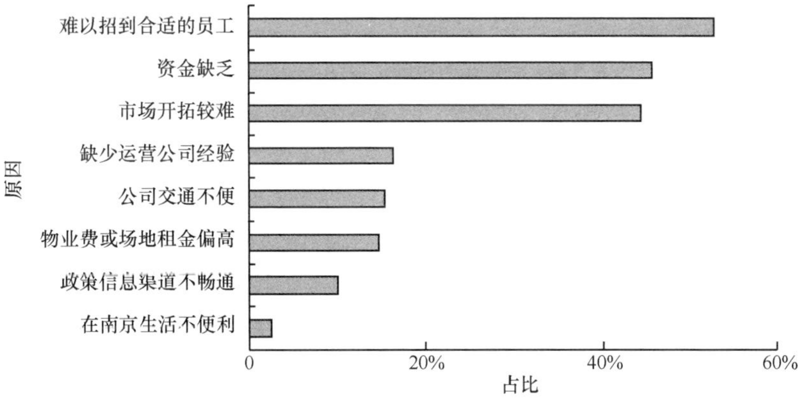

图18　企业面临的运营困难情况

4　企业分类评价分析

4.1　落地企业监测分类规则

走访企业为南京市2016年、2017年高层次创业人才引进计划落地企业，存在创业时间短、企业规模小、科技含量高等共性特征，本次监测评价按照绩效评价的总体思路，重点考察企业的投入-产出行为，总体考量企业人才团队、研发条件、运营状况及财务合规性等方面，设定人才企业综合分类规则如表2所示。

表2 落地企业监测评价分类规则

监测评价分类	分类规则
A类（高价值企业）	① 企业人才团队建设优秀，入选人员切实在企业任职，人才团队规模与公司相匹配且结构合理 ② 企业研发条件优秀，成效显著，具有很好的研发场地和研发设备条件，在研发创新上有突出表现 ③ 企业已经发展成型，商业模式可行，市场开拓良好。企业运营发展进入快车道 ④ 企业财务管理合规合法，项目资金使用合理，注册资本缴纳到位 目前看有较明确的发展前景，本次评价将这部分企业归为优秀企业
B类（经营良好企业）	① 企业人才团队建设良好，入选人员在企业任职，具有一支人才队伍 ② 企业研发条件良好，研发场地和研发设备条件能够保证正常运行 ③ 企业已经基本稳定运营，2017年度具有相对稳定的产品销售，在运营上有一项或多项良好表现，基本已经打开市场 ④ 企业财务管理合规，项目资金使用较为合理，注册资本缴纳基本到位 这部分企业能够正常运营，目前看有较好的发展前景，本次评价将这部分企业归为良好企业
C类（积极运行企业）	① 企业人才团队建设一般，入选人员能保障一定的在职时间 ② 企业仍在积极努力运营中，2017年度有一定的投入，在产品研发、产品销售、知识产权等方面有成果产出等 企业基本能维持运转，本次评价这部分企业归为合格企业
D类（问题较多企业）	存在以下情况之一： ① 企业在南京无人员、场地等实际运营条件。企业无实质运营或拟退出 ② 企业运营表现不佳，监测信息显示既无显著投入行为，也无明显产出表现，即无人员社保、无融资、无知识产权、无产品收入、无纳税贡献，各区和企业自己反馈没有正常运营的企业，本次评价这部分企业归为较差企业

4.2 落地企业发展监测分类情况

根据以上企业运营状态评价分类规则，结合企业填报信息调查表，参考市税务局、市社保中心提供的相关信息、第三方大数据平台相关数据、审计相关结果、各园区相关调研检查数据等信息，通过专家实地入户走访核实，对本年度纳入监测的404家人才企业进行了评价分类，评价结果如表3所示。

本次实地走访分为6组，每组1名投资专家和1名财务专家，分类结果以专家评审结果为准，受到每位专家对分类规则理解的偏差及对项目认知程度的不同，分类结果仅供参考。

表3 人才企业监测分类结果

企业评价分类	企业个数/家	占比
A类（高价值企业）	34	8.4%
B类（经营良好企业）	156	38.6%
C类（积极运行企业）	165	40.8%
D类（问题较多企业）	49	12.1%
合计	404	100.0%

监测总体结果显示，落地企业的类别和占比符合正态分布规律，而且呈现出离散度较低，分布显著集中于B类、C类的态势。评价结果为A类的包括34家企业，占8.4%，这部分企业运营发展已经进入快车道，属于有明确发展前景的高价值企业；B类的企业156家，占38.6%，这部分企业属于经营良好企业，能够正常运营，具备盈利能力，属于有较好的发展前景的企业；C类企业占大部分，为40.8%，这部分企业属于积极运营状态，多数能维持基本运转，部分有一定的发展潜力；D类企业为49家，占12.1%，这部分企业经营状况存在问题。更有部分企业已经注销或入选人才失联、退出、搬迁、负责人不在南京或者公司基本未实际运营等。将A类和B类企业归为优秀类企业，则监测企业优秀率为47%，将A类、B类和C类企业归为合格类企业，则监测企业合格率为87.9%（图19、表4）。

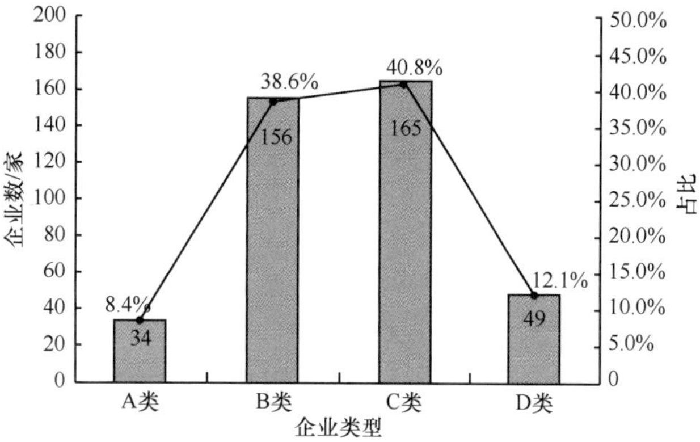

图19 企业分类评价总体情况

表4 各区（园区）人才企业监测分类结果

单位：家

序号	区（园区）	纳入监测数	A类企业数	B类企业数	C类企业数	D类企业数
1	江北新区	64	4	26	11	23
2	玄武区	34	4	19	11	0
3	秦淮区	32	2	9	18	3
4	建邺区	33	2	14	16	1
5	鼓楼区	31	2	11	14	4
6	栖霞区	30	5	10	14	1
7	雨花台区	51	4	16	29	2
8	江宁区	27	3	9	13	2
9	浦口区	7	3	1	3	0
10	六合区	12	0	5	4	3
11	溧水区	15	0	6	7	2
12	高淳区	12	1	7	3	1
13	南京经开区	27	2	13	9	3
14	江宁经开区	19	2	8	8	1
15	麒麟科技园	10	0	2	5	3
	合计	404	34	156	165	49

从各区（园区）人才企业监测分类结果来看，浦口区、栖霞区、玄武区、江宁区、江宁经开区A类企业占比较高，高于全市平均水平，同时C类以上企业占比也显著高于全市平均值。其中浦口区总体评价情况最好，A类企业占比将近一半，达42.9%，且C类以上企业达到100%。栖霞区也表现突出，A类企业数量居全市首位，占比也超平均值近1倍，而且D类企业仅1家。高淳区、雨花台区、南京经开区A类企业占比与全市平均水平基本持平，C类以上企业占比也略高于全市平均值。鼓楼区、秦淮区、江北新区、建邺区A类企业占比约6%，较全市平均水平低2%左右。江北新区、麒麟科技园、六合区、溧水区、鼓楼区的D类企业占比高于全市平均水平，其中麒麟科技园、六合区、溧水区无A类企业，D类企业占比较多（图20、表5）。

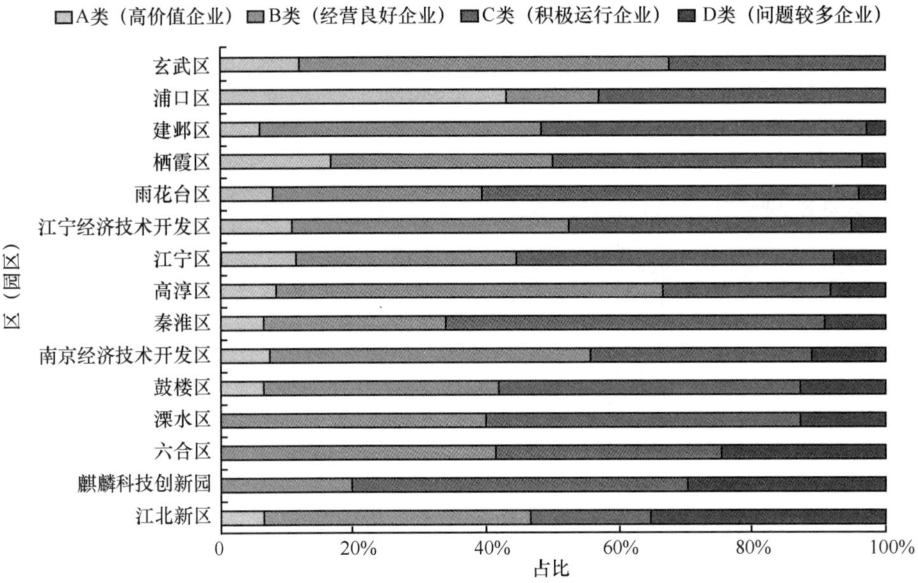

图20　各区（园区）落地企业监测分类占比情况

表5　各行业领域人才企业监测分类结果

单位：家

序号	行业领域	企业数量	A类	B类	C类	D类
1	新型电子信息	136	12	66	45	13
2	绿色智能汽车	5	0	3	2	0
3	高端智能装备	47	3	17	20	7
4	生物医药与节能环保新材料	128	9	43	54	22
5	软件和信息服务	11	2	1	6	2
6	金融和科技服务	28	3	12	12	1
7	文旅健康	49	5	14	26	4
8	现代物流与高端商务商贸	0	0	0	0	0
	合计	404	34	156	165	49

从引进人才落地企业所在的行业领域来看，先进制造业四大主导产业中，新型电子信息优良率（A类和B类合计）较高，占比达57.4%；生物医药与节能环保新材料问题较多企业相对比例偏高，占17.2%。现代服务业四大主导产业中，金融和科技服务领域优良率较高，占比达53.6%。从各类企业分布情况来看，现代服务业主导产业A类企业占比均高于全市平均水平，尤其软件和信息服务居所有行业榜首，A类企业占比超全市平均值1倍以上。在C类以上企业占比中，绿色智能汽车、新型电子信息、金融和科技服务、文旅健康优于全市平均水平（图21、图22）。

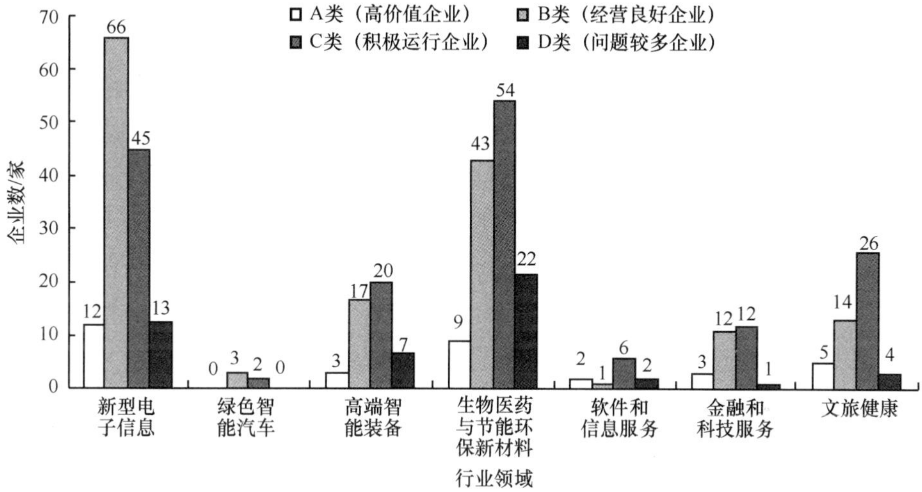

图21　各行业领域落地企业数量

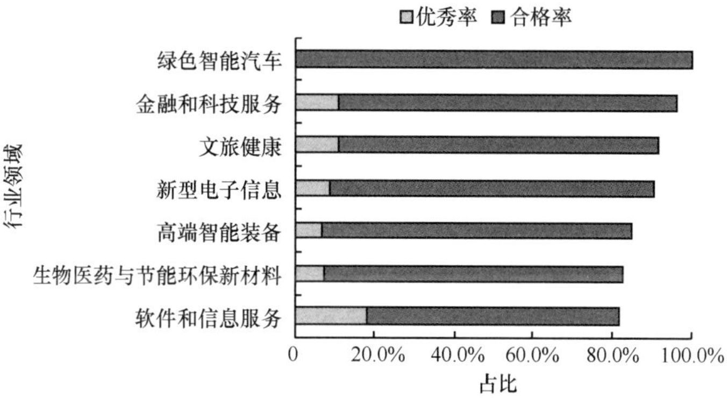

图22　各行业领域落地企业优秀率及合格率情况

附件给出了走访过程中企业对创业政策和创业服务工作的意见和建议。

附件

部分企业对创业政策和创业服务工作的意见和建议

资金财务方面	① 专项资金尚未到位或到位太慢，希望能尽快到位 ② 监管资金使用流程复杂，速度较慢，专用账户财政经费使用的申请周期较长 ③ 监管资金使用条件较为严苛（如将收入、知识产权等作为资金使用指标），执行的指标标准高，不符合企业实际情况，使用科目限制较多 ④ 专项资金使用需要辅导，希望能多设立沟通渠道 ⑤ 园区提供的会计变动频繁，相关优惠政策缺乏了解途径，希望能推荐好一些的会计代账
资源对接方面	① 有机会想参加政府组织的相关活动，如“首购首用”等，希望园区能帮忙推广扩大企业的曝光度 ② 希望得到市场、渠道方面支持，如政府采购等，在投标政府项目的时候人才企业可以有加分 ③ 希望能够帮助企业对接上下游资源，牵线搭桥开拓本土市场，缺乏认同感，希望帮助融入本地圈子 ④ 是否可以牵线搭桥，能有机会与领域中比较权威的高校、科研院所等开展合作或进行技术咨询 ⑤ 希望能够提供和对接较好的融资渠道
场地方面	① 办公室的租金减免政策未得到完全落实 ② 场地需求得不到满足，规模受限 ③ 对环保类场地审批较为严苛 ④ 是否可以通过给园区客户提供免费检测等服务在3年后继续免租或者减租
政策方面	① 希望政府多出台一些助推小微企业及创业初期企业的政策 ② 明确政策细则和咨询渠道，如高层次落地企业盈利后3年内税收部分市内贡献部分返还企业等具体如何操作 ③ 针对相关产业出台更多配套政策，如对新材料产业扶持政策、继续加强对农业项目配套政策等
配套支持方面	① 企业所在园区周边设施配套不完善，交通不便利、生活不方便，没有配套的文化娱乐设施 ② 加快周围配套设施，在附近能有供应商形成产业链 ③ 孩子入学问题希望得到解决 ④ 希望能提供人才公寓 ⑤ 能够帮忙对接人才招聘工作，包括专业人才、复合型人才、技术人才、市场营销人员等
信息方面	① 能够形成稳定的信息获得渠道，同步最新相关政策信息，能够以更快捷和便利的方式了解政策，最好能提供有针对性的政策服务 ② 政策文件等希望能及早明确实施细节 ③ 企业信息比较闭塞，需要信息传递 ④ 监管流程较长，公示性资料不够明确 ⑤ 在资质认定、申请等方面多提供信息
交流培训方面	① 多开展一些行业资源集聚的活动，整合行业资源 ② 希望园区提供财务、政策解读等方面的培训 ③ 指导企业进行融资洽谈 ④ 希望建立创新平台、海外创新中心等，能够与行业中高水平的专家进行沟通交流 ⑤ 希望有人才对接、合作方面的指导 ⑥ 希望政府提供投资对接的机会，并在营销方面给予一些帮助和指导
其他帮助	① 给予微小企业更多的政府采购项目上的支持，适当降低准入门槛 ② 能够有平台展示本区域内重点产品及成果，形成官方的推广 ③ 对新设备新工具的推广加大支持力度 ④ 医疗器械能否有额外补贴 ⑤ 希望园区对废物集中处理 ⑥ 希望产品认证方面有支持

课题负责人：董晶华
课题组成员：李　隼　张宝刚　姜　莉
撰　稿　人：董晶华

打造“芯动力”：江苏高质量企业研发机构建设研究

江苏正深入实施创新驱动发展战略，加快建设高水平创新型省份，大力推动高质量发展走在全国前列。着力培育一批高质量企业研发机构，既是不断夯实企业技术创新基础、持续增强企业自主创新能力的内在需求，又是优化创新资源配置、推动新旧动能转换、构建自主可控现代产业体系的根本要求。

多年来，江苏高度重视企业研发机构建设，早在2005年便启动省级企业研究院建设，着力把企业研发机构建设作为集聚创新资源、转化科技成果、提升产业层次的重要途径，不断激发企业研发机构建设积极性，持续提升企业研发机构建设质量。2012年以来，成立由科技、发改、工信等10个部门组成的省推进企业研发机构建设工作联席会议，集成各地各部门政策和资源支持企业研发机构建设；先后实施“两促进、双提升”计划、企业研发机构“百千万”行动计划、企业研发机构高质量提升计划等，建立国家级企业研发机构培育点制度，持续引导和鼓励企业建设高水平研发机构；在全国率先发布《企业研发管理体系要求》省级地方标准，鼓励企业把技术创新与管理创新结合起来，加快提升企业创新“软实力”。截至2018年年底，全省建有研发机构的大中型工业企业和规模以上高新技术企业超过11 000家，建有率稳定在90%左右，拥有国家级企业研发机构150家，保持全国前列。

本研究围绕高质量企业研发机构建设，立足科技革命和产业变革趋势，深刻分析江苏加快高质量企业研发机构建设的重要意义；通过梳理江苏推动企业研发机构和企业研发体系建设的政策、举措、数据等，系统研究江苏企业研发机构建设和企业研发体系建设的成效与不足；通过调研，分析江苏企业建设研发机构的主要做法，以及企业院士工作站建设的主要需求等；同时，研究了部分典型的高质量企业研发机构的案例，总结出一些典型的经验和做法。最后，本研究提出了进一步推动高质量企业研发机构建设的主要建议，包括支持企业研发机构培育高层次人才团队、支持企业研发机构研发高水平核心技术、支持企业研发机构建设高质量创新平台、支持企业研发机构建立高效率研发体系4个方面。

1 建设高质量企业研发机构具有重要意义

1.1 科技革命和产业变革是大势所趋

历史经验表明，科技革命总是能够深刻改变世界发展格局。16、17世纪的科学革命标志着人类知识增长的重大转折。18 世纪出现了蒸汽机等重大发明，成就了第一次工业革命，开启了人类社会现代化历程。19 世纪，科学技术突飞猛进，催生了由机械化转向电气化的第二次工业革命。20 世纪前期，量子论、相对论的诞生形成了第二次科学革命，继而发生了信息科学、生命科学变革。一些国家抓住科技革命的难得机遇，实现了经济实力、科技实力、国防实力迅速增强，综合国力快速提升。当今世界，新一轮科技革命蓄势待发，一些重大颠覆性技术创新正在创造新产业新业态，信息技术、生物技术、制造技术、新材料技术、新能源技术广泛渗透到几乎所有领域，带动了以绿色、智能、泛在为特征的群体性重大技术变革，社会生产力将再次大提高。

以习近平同志为核心的党中央国务院深刻洞察科技革命和产业变革的大势趋，把创新摆在国家发展全局的核心位置，提出了一系列新思想、新论断、新要求。习近平总书记指出，“创新始终是一个国家、一个民族发展的重要力量，也始终是推动人类社会进步的重要力量。不创新不行，创新慢了也不行。如果我们不识变、不应变、不求变，就可能陷入战略被动，错失发展机遇，甚至错过整整一个时代。”十九大报告也明确提出，要加快建设创新型国家，瞄准世界科技前沿，强化基础研究，实现前瞻性基础研究、引领性原创成果重大突破；加强应用基础研究，拓展实施国家重大科技项目，突出关键共性技术、前沿引领技术、现代工程技术、颠覆性技术创新，为建设科技强国、质量强国、航天强国、网络强国、交通强国、数字中国、智慧社会提供有力支撑。

江苏一直重视科技创新，江苏发展也得益于科技进步的持续支撑。2014 年和 2017 年，习近平总书记两次视察江苏，要求江苏为全国改革发展探路、切实把创新抓出成效。江苏牢记使命，认真贯彻中央关于科技创新的决策部署，加快推动高质量发展走在全国前列，核心技术相继突破、产业集群持续壮大、体制改革有序推进、创新环境不断改善，先后建设了省产业技术研究院、苏南国家自主创新示范区、省技术产权交易市场等重大载体或平台，重点培育了 13 个先进制造业集群，“十三五”以来累计实施 435 个重大科技成果转化项目。2018 年，江苏全社会研发投入占比达 2.64%，高新技术产业产值占规模以上工业产值比重超过 43%，万人发明专利拥有量达 26.45 件，科技进步贡献率达 63%，拥有全国 15.1%的领跑技术，创新型省份建设取得显著成效。

1.2 企业是科技创新的主体和关键

企业强则国家强。企业的创新能力，很大程度上决定我国经济的发展前景。我国是制造业大国，已经具备很强的制造能力，但仍然不是制造业强国，总体上还处于国际分工和产业链的中低端，根本原因就是企业创新能力不强。如果能在“中国制造”前面再加上“中国创造”“中国设计”，我国的经济和产业格局就会发生根本性变化。习近平总书记更是强调指出，“制造业的核心就是创新，就是掌握关键核心技术，必须靠自力更生奋斗，靠自主创新争取，希望所有企业都朝着这个方向去奋斗。我们要有自主创新的骨气和志气，加快增强自主创新能力和实力”。

企业的科技创新能力决定着整个经济的科技创新能力，凡是科技创新能力强的国家，都拥有较多的创新型企业。2017年，全球研发投入最多的100家企业中，有73家是世界500强企业；美国和德国65%以上的科研经费来自于企业，日本这一数据则超过70%。全球知名的创新领军企业，如苹果、谷歌、特斯拉、三星、索尼等，均站在技术创新和战略布局的潮头，拥有持续引领产业升级的综合实力。近年来，在政府的大力支持和培育下，一些中国企业在创新方面奋起直追，取得的成绩令世界瞩目，华为、阿里巴巴、腾讯、百度、格力等一批创新型企业涌现出来，具备了影响甚至是引领全球产业发展的能力，也成为我国同世界科技强国竞争的主力军。

近几年，江苏创新型企业集群持续壮大，企业创新意识不断增强，创新投入持续增加，创新产出明显增长。实施了创新型企业培育行动计划，创新型领军企业总数达156家，其中31家被列为国家创新型（试点）企业，20家企业进入中国500强；实施了科技企业上市培育计划，入库企业达1461家，累计有119家企业成功上市；大力推进高新技术企业培育“小升高”计划，2018年新认定高新技术企业超过8000家，全省有效期内高新技术企业超过18 000家。大力落实企业创新激励政策，加大企业研发费用加计扣除、高新技术企业所得税优惠等税收优惠政策落实力度，实施“千人万企”专项行动，选派1400多名科技政策辅导员开展政策服务，2018年全省企业科技税收减免超过430亿元、增长22%，切实降低企业创新成本、激发企业创新活力。

1.3 加快高质量企业研发机构建设具有重要意义

1.3.1 建设高质量企业研发机构是发挥企业创新主体作用的根本途径

企业是创新的主体，江苏省规模以上工业企业研发投入超过全省总量的80%，拥有的研发人员、申请的专利数量超过全省总量的70%，企业的创新活力和创新能力直接关系到经济发展的总体质量。2018年以来，江苏省出台了《江苏省研发型企业培育管理暂行办法》《关于推动江苏省民营企业创新发展的实施意见》等系列政策文件，目的就是激发企业创新的主动性、积极性，切实发挥企业创新主体作用。但是，企业要创新，就一定不能缺少研发机构。只有建成高质量研发机构，企业才有条件和基础集聚高质量资源，才能吸引高质量人才、开展高质量项目、产出高质量成果，才能真正提升企业自主创新能力，实现企业创新主体地位。

1.3.2 建设高质量企业研发机构是促进科技经济紧密结合的关键环节

江苏科教资源丰富，但科教资源与产业发展契合度不高，江苏省高校院所应用转化原创成果的比例较低。这个问题的产生，固然与高校院所考核导向不够科学、科技成果不够成熟有关，另外，也与企业自身的创新能力不够强、承接成果转化的能力不够高有很大关系。近年来，江苏省先后建设产业技术研究院、技术产权交易市场、科技资源统筹服务中心等，其目的都是推动科技成果的转移转化和科技资源的共用共享，促进科技与产业结合。企业是创新的主体，也是成果转化的主体。只有建成高质量研发机构，企业才会有旺盛的创新需求和足够的创新能力，才有可能与高校院所开展联合研发和融合创新，才能真正做到人才协作、技术协作、要素协作，实现科技经济紧密结合。

1.3.3 建设高质量企业研发机构是构建自主可控现代产业体系的有力支撑

世界科技和产业变革的大趋势，国际科技和产业竞争的大环境，都要求我们必须努力实现关键核心技术自主可控，加快建立现代产业体系。当前，江苏明确了13个重点培育的先进制造业集群、22个重点创新平台，力争形成一批标志性的核心技术、战略产品和重大装备，引领和支撑高新技术产业向中高端攀升。企业是参与国际科技和产业竞争的主力军，也是打好“产业核心技术攻关攻坚仗”的主力军。只有建成高质量研发机构，企业才有能力开展应用基础研究和集成创新，才能参与国家和江苏重大项目布局与重大平台建设，才能真正突破一批引领性、原创性、标志性的重大成果，实现关键核心技术自主可控。

2 江苏企业研发机构建设的现状研究

2.1 推进企业研发机构建设情况

2.1.1 积极引导大中型工业企业普遍建设研发机构

2012年，成立由科技、发改、工信等10个单位为成员的省推进企业研发机构建设工作联席会议，加强对全省企业研发机构建设工作的组织领导和统筹协调；印发《江苏省办公厅关于进一步加强企业研发机构建设的意见》（苏政办〔2012〕58号），引导企业家和管理人员提高认识，大中型工业企业和规模以上高新技术企业研发机构建设数量大幅增长；创新建设模式，梳理构建企业重点实验室、工程技术（研究）中心、技术中心等研发平台，以及院士工作站、博士后工作站、研究生工作站等人才站点组成的企业研发机构体系，引导不同类型、不同规模、不同行业的企业创新研发机构建设模式。

2.1.2 积极促进企业研发机构提升创新能力

2014年，实施企业研发机构建设“百千万”行动计划，及时将工作重点转向数量与质量并重，全面提升企业研发机构建设水平；2018年启动实施企业研发机构高质量提升计划，2019年5月印发《“企业研发机构高质量提升计划”实施方案》，加快培育一批高水平、高层次、高质量的企业研发机构。同时，建立了国家级企业研发机构培育点制度，建成国家级企业研发机构150家，保持全国前列；推动有条件的企业开展应用基础研究，建设企业重点实验室（企业研究院）超过80家；创新院士工作站建设方式，支持两院院士在企业高校交叉建设院士工作站，探索建设产业院士工作、院士企业研究院等，目前全省共建有院士工作站320家。帮助远景、恒瑞、好孩子等20多家企业在发达国家和地区建设研发中心，支持南瑞、天合、法尔胜等10多家企业加入国际行业组织或联盟，主持或参与制定国际标准。

2.1.3 注重发挥市场和社会各方面作用

促进企业研发机构与高校、科研院所、服务机构、社团组织等交流合作和协同创新，形成长效机制。组织创新资源对接会，推动企业研发机构与省产业技术研究院、省科技资源统筹服务中心等高层次创新平台和服务机构建立交流合作渠道，帮助企业研发机构对接创新资源、建设研发平台、开展联合研发、获取科技服务。积极组织论坛、沙龙和培训等活动，引导企业研发机构相互学习、相互交流和相互提高，每年参与的企业研发人员超过500人次。

编印《"芯"动力：江苏企业研发机构创新案例选编》，建设企业研发机构创新案例线上共享库，宣传典型经验，强化示范引领。

通过多年努力，全省企业研发机构的数量和质量均有大幅提升，企业创新的"硬实力"持续增强。截至2018年年底，建有研发机构的大中型工业企业和规模以上高新技术企业超过11 000家，建有率稳定在90%左右，拥有国家级企业研发机构150家，位居全国前列；建有研发机构的大中型工业企业R&D经费内部支出1146亿元，比上年增长6.5%；研发机构人员38万人，比上年增长2.3%；有效发明专利达到76 280件，比上年增长20%；在企业研发机构的有力支撑下，全省培育创新型领军企业超过167家，国家创新型试点企业31家，国家知识产权示范企业数全国第一、优势企业数占全国的比重近1/6。但是，江苏省企业研发机构建设还存在一些不足，不少企业研发机构规模偏小、研发投入不足、创新活动较少，特别是缺少如华为研究院、阿里研究院、腾讯研究院、海尔研究院等具有全球影响力和行业引领力的企业研发机构，与江苏经济大省和创新强省的地位不相适应，难以满足江苏高质量发展走在全国前列、构建自主可控现代产业体系的要求。

2.2 推动企业研发体系建设情况

在促进企业加强研发机构能力建设的过程中，对于"体系对抗是终极对抗"的认识更加明确，企业不仅要不断增加研发投入、打造优秀的研发团队，更重要的是要建立健全研发管理体系，以持续增强自主创新能力。为此，2013年以来，江苏针对企业研发机构建设需要，参照ISO国际质量管理体系，组织开展企业研发管理体系贯标，不断增强企业的创新实力和竞争力。

2.2.1 在全国率先研制并发布了省级地方标准

组织省生产力促进中心、江苏大学等科教单位及40多位包括企业研发管理者在内的省内外专家，参照ISO国际质量管理体系标准，起草并发布了省级地方标准《企业研发管理体系要求》，编写了《企业研发管理体系标准理解与实施》，旨在帮助企业建立起研发组织规范、资源配置合理、持续有效运行的企业研发体系，不断增强企业创新实力和竞争力。在标准研制过程中，吸取了TRIZ创新方法、六西格玛管理等理论和方法，提炼出企业研发管理体系基本要求，从研发战略、组织结构、资源配置、研发过程与控制、研发评价与改进等多个层面对企业构建研发体系给予系统指导，并主动与企业已有的质量管理体系等进行有机融合。

2.2.2 贯标工作组织体系不断完善

发布《江苏省企业研发管理体系贯标工作实施细则》试行版和修订版，对贯标的启动、实施、验收等全过程进行统筹考虑和设计，规范并指导企业开展研发管理体系贯标。在南京举办了3场企业研发管理体系贯标咨询服务机构培训，培训了科信、博士、佰腾、蓝鲸等24家服务机构，130多名贯标咨询人员；为确保贯标质量，切实帮助企业解决研发体系建设的具体问题，积极引入北京五方宜达管理咨询有限公司、科理咨询（深圳）股份有限公司等省外优秀咨询机构参与贯标，为企业开展精益研发流程、产品创新设计等方面的辅导和培训。在南京、常州、苏州、徐州、扬州、淮安等地举办10多场企业研发管理体系内审员专题培训，帮助企业培养掌握企业研发管理体系建立、运行和改进的人员队伍超500人。在南京举办2场企业研发管理体系验收评审专家培训会，培养具有企业评审经验的贯标评审专家51人。贯标组织形式和实施流程明确，咨询人员、评估专家、企业内审员三支队伍基本建立，贯标工作有序良性开展。

2.2.3 贯标推广活动频繁有效开展

积极组织“芯动力沙龙•企业研发管理体系贯标”系列活动，通过与地方科技部门合作，促进企业和咨询机构交流对接，帮助企业选择合适的咨询机构开展贯标辅导。在盐城、苏州、无锡、镇江、常州、徐州、扬州、宿迁等地组织开展贯标推广10多场，基本实现地级市全覆盖，向500多名科技部门、企业代表开展宣贯。推动全省百家企业开展企业研发管理体系贯标，66家贯标企业获得后补助资金。举办3场企业研发管理体系贯标座谈会，邀请省科技厅相关处室负责人、咨询机构和企业代表开展贯标工作座谈，深入了解了全省贯标工作的进展和问题，起草《企业研发管理体系贯标工作总结》并提出相关对策建议。特别是，地方科技管理部门越来越重视企业研发管理体系建设工作，2019年4月，常州市科技局出台《常州市企业研发管理体系贯标工作管理办法（试行）》，按照企业与贯标咨询机构签订服务合同金额的50%给予奖补，奖补资金总额最高10万元，这是江苏省出台的首个地方管理办法；昆山市科技局在《贯彻落实〈关于加快创新转型推进经济高质量发展财政扶持若干意见〉工作实施细则》中明确提出，对开展研发管理体系贯标的企业给予单次创新券补贴额度不超过服务合同金额50%、总额不超过30万元的补助。

2.2.4 贯标成效在企业创新中显现

企业对研发体系建设的认识明显提升，通过研发管理体系贯标，企业在创新战略、创新机制、研发流程、研发效能等方面确实有所优化和提高。例如，神通阀门通过开展研发管理体系贯标，公司围绕总战略制定研发战略、把握研发过程，加强从市场调研到售后服务各个环节的风险管理；将各种体系相融合，消除公司内部“两张皮”现象，建立数据库，让流程信息化。盛纺纳米通过贯标，有效提高新产品研发效率，研发周期从原来的35天缩短到28天；通过建立中控室，与生产现场操作及时互通，提高了5.3%的操作平稳率，操作合格率也提升至100%。星宇车灯通过贯标，把各种体系融合起来，有力支持公司每年100多个在研项目，如在某个产品定型时，发现侵犯了法国的一个专利，及时停止了项目研发，避免了更大损失。熊猫信息通过贯标，有效优化研发流程，自主研发知识产权管理搜索平台，方便科研人员搜索查询公司的专利、资料、图档等。

但是，企业研发管理体系建设和贯标仍然存在一些问题。一是部分企业贯标的内在动力不强。企业由于创新意识、创新能力参差不齐，不少企业还未真正认识到研发体系建设的重要意义；一些企业的研发活动仍然是比较简单的产品和工艺创新，现行的研发组织方式和项目管理流程已经能满足企业需要。二是贯标企业的研发体系仍需不断完善。部分公司现有体系融合程度不高，各个层级或部门对体系的理解不统一、不深入，岗位分工不够明确，研发管理人员经验不足，研发人员绩效评价不健全。一些企业现行研发管理体系建设、运行和改进能力较为薄弱，研发组织架构未能真正与企业的管理体系有机衔接，核心决策人员对研发认识不统一，既懂专业知识又懂管理的复合型人才缺乏，研发工作相对独立，形成“研发孤岛”。三是贯标咨询机构能力需提升。不少希望咨询公司更多地给企业出一些实战型的咨询，针对企业的行业分工和地位做一些针对性的咨询，给企业领导提问题，给他思考的空间。一些咨询机构因为不是标准的制定者，参加培训后便开展贯标咨询业务，但是能力仍远远不够，缺少经验，也缺乏工具和方法支撑；少数咨询人员由于缺乏企业研发或管理经验，不能真正帮助企业解决实际问题，导致贯标效果打折扣。

2.3 企业建设研发机构的主要做法

江苏企业自主创新和建设研发机构的意愿都比较强烈，均高度重视“人才”和“投入”这两大关键创新要素，大部分企业都形成了符合产业和企业实际的创新理念、创新模式、创新机制，一些企业逐渐形成持续引领市场的核心竞争力，令人印象深刻，值得借鉴和推广。

2.3.1 创新是“一把手”工程：创新已成为企业发展的核心战略

调研企业均把创新作为发展的核心战略，十分认可企业研发机构作用；许多企业“一把手”高度重视和支持创新，大力支持技术创新，在研发的投入上“下血本、开绿灯”。江苏史福特光电股份有限公司认为企业创新的“魂”在企业家，其董事长史杰专门在南京主持研发中心建设，获得专利300多项，成为国内LED照明行业领导者。江苏太平洋精锻科技股份有限公司董事长夏汉关出身研发人员，将企业发展战略定位于全球行业第一，提出“质量领先、自主创新”的发展方针，曾获国家科学技术进步奖二等奖，大众汽车变速箱的齿轮100%选用该公司产品。江苏华富储能新技术股份有限公司10多年间的两次重大转型，让董事长居春山充分认识创新的作用，积极建设了“三站三中心”，研发投入连续增长。

2.3.2 以市场为导向：企业建设研发机构的定位更加明确

根据企业的现状和需求来建设研发机构，特别是以市场为导向来开展技术创新，已成为企业的共识，技术路线图、专家委员会等被企业广泛利用。晶澳（扬州）太阳能科技有限公司为适应市场更新换代特别快的特点，聘请国际一流专家作为首席科学家，积极对接国际产业技术路线图来制定公司技术路线图，并且根据企业财务状况，将企业的技术定位领先市场6个月。江苏绿扬电子仪器集团有限公司认为创新就是“创造符合市场需求的好商品”，以市场为导向，持续开展了多年的技术跟踪和预研，开发出多个新产品。江苏罗思韦尔电气有限公司、济川药业集团股份有限公司等企业成立了以外部专家为主的技术委员会，以及以内部管理、财务、研发等人员为主的技术评估小组，根据市场和技术趋势，把握研发方向，确定研发项目，较好地避免了研发风险。

2.3.3 人才是企业创新的根本：人才队伍建设已成为企业发展的重要保障

在开展技术创新和建设研发机构过程中，几乎所有企业都把人才队伍建设、特别是高层次人才引进作为重要工作，逐步集聚一批高水平创新人才，并且积极创新激励机制，充分发挥人才作用。江苏罗思韦尔电气有限公司研发人员超过100人，占全部员工的40%以上，为留住和利用好人才，除给予较高待遇外，还建立了分红权制度、研发项目招投标制度、研发人员弹性工作时间制度、“传帮带”新人导师制度等，较好解决了汽车电子行业人才较少的困难。江苏太平洋精锻科技股份有限公司高度重视人才队伍建设，将高级技师的培养放在重要位置，实行“在二流大学招一流本科生，一流大学招一流研究生”，支持岗位培训，鼓励研发人员攻读学位。

2.3.4 不求所有但求所用：产学研合作已成为企业发展的捷径

经过多年引导和支持，企业已充分认识产学研合作的重要性，广泛集聚和利用外部创新资源，极大地提升了企业自主创新能力，被调研的企业几乎都有不同形式、不同内容的产学研合作。扬州锻压机床股份有限公司从20世纪80年代起，便与济南铸造锻压机械研究所成立科研联合体，加强成果转化和技术支持，双方互惠互利，每年都有新产品推出。江苏华富储能新技术股份有限公司先后与哈佛大学、中科院、清华大学、哈尔滨工业大学等10多家高校院所开展合作，依托高校开展多项前瞻性研究，并且派人全程参与合作项目，保证合作效果。江苏太平洋精锻科技股份有限公司创新产学研合作模式，将一个研发项目同时交与两个以上高校院所开展研发，相互对比、取长补短，减少项目失败的可能性。

2.3.5 有文化才有活力：全员创新和知识共享正逐步普及

调研中可以比较明显感觉到，不少企业已非常重视创新文化的作用，不再将创新作为研发人员的“专利”，采用多种形式和机制，积极鼓励企业所有人员创新，支持员工想点子、提方案、促革新，形成良好的创新氛围，激发了整个企业的创新活力。晶澳（扬州）太阳能科技有限公司、江苏太平洋精锻科技股份有限公司、江苏华富储能新技术股份有限公司等企业鼓励全员创新、岗位创造，并制定明确的创新奖励措施。同时，江苏罗思韦尔电气有限公司、江苏太平洋精锻科技股份有限公司、江苏华富储能新技术股份有限公司等还通过ERP等企业信息化系统，记录并积累所有创新过程、数据和成果，不仅促进了企业内部知识共享和交流，更减少了由于“人才流失”造成的“知识流失”。

2.4 企业院士工作站建设调研

2.4.1 江苏院士工作站建设的主要做法和成效

2008年，省政府办公厅印发《关于转发省科技厅江苏省企业院士工作站管理办法（试行）的通知》，江苏省在全国率先开展企业院士工作站建设，截至2017年年底，共建成省级企业院士工作站359家，建站数量居全国前列，为深化产学研合作、引进高端人才、提升企业创新能力做出了积极贡献。

引进一大批高层次人才团队。截至2017年年底，全省企业院士工作站共引进院士357名，其中工程院院士231名、科学院院士130名（双院士4名）；引进省外院士300名，占比超过80%；拥有院士团队2823人，其中高级职称和博士人数最多，分别为1797人和1562人，占比分别达63.7%和55.3%。同时，院士团队通过多种方式为企业培养人才，其中博士266人、硕士1080人，如江达生态与张全兴院士联合成立南大江达硕士班，南化集团与曹湘洪院士在工作站内部实行“导师制”，海四达与钱逸泰院士共建中国科技大学研究生实习和科研基地。

有力支撑产业和企业创新发展。通过建设企业院士工作站，引导全社会投入超过50亿元，支持企业战略转型、产业技术研发和成果转移转化。2017年，全省企业院士工作站共承担研发项目1500项，其中省级以上科技项目193项，获得政府资助7.02亿元；申请专利3917件，授权专利2682件；同时，开发新产品1753项、新技术813项、新工艺860项。例如，中车南京浦镇与西南交通大学翟婉明院士团队共同研制中国首列空铁列车，并在世界上首次将新能源应用于现代轨道交通；南通海鸥在中科院沈阳自动化所封锡盛院士团队的帮助下，开发“清除水下船体附着物机器人”等高附加值产品，成功实现转型升级；中山大学林浩然院士与南通巴大共建院士工作站后，选派院士团队成员长期驻扎企业，持续帮助企业转化应用院士团队的科研成果。

探索出企业院士工作站建设的有效路径。在企业院士工作站建设过程中，企业和院士团队之间通过内在需求，因地制宜探索出各具特色的工作站建设路径。在建站方式上，探索“双边”到“多边”升级，如上海建工集团叶可明院士、苏州科技大学、苏州中亿丰集团三方共建院士工作站，推动研发、设计、施工的深度融合，参与完成南京紫峰大厦、苏州东方之门等多个地标性建筑的设计建造；在合作方式上，探索长效合作机制，如哈尔滨工业大学蔡鹤皋院士以技术入股的方式担任常州铭赛机器人的执行董事，南京工业大学欧阳平凯院士担任常茂生物的非执行董事；在平台建设上，卓实电气与南京大学张淑仪院士团队共同成立独立研究所，凯达石英与武汉理工大学余永富院士共建联合研发中心，一光仪器与武汉大学宁津生院士共建的联合实验室在学校设立“技术研发部”、企业设立“工程应用部”。

2.4.2 兄弟省份院士工作站建设的主要经验

作为高端和稀缺的“战略资源”，全国许多地方都高度重视引进院士团队和建设院士工作站，其中陕西、广东、浙江等地建设成效较为显著，开展了不少探索和尝试，值得借鉴。

对院士工作站建设的支持力度较大。陕西省积极打造“院士经济”，加强部门协同推进力度，组织部、科技厅、财政厅、人社厅于 2010 年联合印发《关于建立陕西省院士专家工作站（室）的意见》，主要依托企业建成院士专家工作站 35 家；教育厅、科技厅、卫计委于 2016 年共同出台《陕西省高等学校院士工作室建设实施方案（试行）》，明确提出给予每家院士工作室不少于 300 万元的专项经费，共支持 26 个高校院所建设院士工作室 112 家；同时，陕西省科协设立院士专家工作站 21 家。浙江省从 2014 年底启动实施“院士智力集聚工程”，省委人才工作领导小组牵头开展院士专家工作站建设，共建成省级工作站 158 家。广东省也大力支持院士工作站建设，如《东莞市院士工作站建设管理暂行办法（2018 年修订版）》明确提出，每家院士工作站资助 150 万元，分 3 年等额资助。

院士工作站建设的模式比较多样。一方面依托单位多样化，陕西省依托企业、高校、院所、平台等主体建设院士工作站（室），如省土地工程建设集团院士专家工作站、西安交通大学院士工作室、延安大学附属医院院士专家工作站、引汉济渭工程院士专家工作站等；其中，高校院士工作站更是突破了“一个单位一个工作站”的限制，如西安理工大学成立院士工作室 11 个、陕西科技大学成立院士工作室 5 个。浙江省院士专家工作站建设单位以企业为主体，但其他主体也不少，如中科院宁波材料所、浙江工业大学、宁波市第二医院、嘉兴科技城、中国计量大学国家大学科技园等。另一方面，引进人才多样化，如陕西省高等学校院士工作室共引进带头专家 117 人，其中科学院院士 48 人、工程院院士 45 人、国医大师 2 人、社科名家 10 人、外籍院士 11 人、其他知名专家学者 4 人。

与产业和区域发展的结合较为紧密。广东省院士工作站建设以提升产业自主创新能力为主要目标，其院士工作站以依托单位和专业技术领域命名，如广东省东莞市中镓公司第三代半导体氮化镓衬底材料院士工作站、广东省邦普新能源车用动力电池循环利用研究院士工作站等，突出专业特性和行业属性；同时，广东省还探索建设行业协会院士工作站，2015 年年底，依托中山市门业协会设立院士专家企业工作站，推动中山门业转型升级。浙江省和陕西省积极探索区域性院士工作站建设，如浙江省院士工作站建设聚焦特色小镇等创新平台，2016 年年底，8 位院士受聘担任首批特色小镇咨询顾问，带领团队为特色小镇的规划发展、产业引进评估、人才创新创业辅导等发挥指引作用；陕西省柞水县政府与西安建筑科技大学刘加平院士建设工作站，着力提升全县循环经济产业及新兴材料工业技术创新能力。

2.4.3 江苏院士工作站建设的主要需求

希望对院士工作站的建设更加“实在”。南京理工大学代表提出，江苏经济实力强，江苏籍院士数量多，有基础和条件吸引更多院士到江苏。南京大学、河海大学、苏州大学、省原子医学研究所、省农科院等代表均表示，引进院士特别是企业院士到高校院所设立工作站意义重大。河海大学代表提出，院士工作站建设“一怕趋同、二怕飘浮”，应促进与院士团队的持续深入合作。南京农业大学代表提出，院士都是各单位的“宝贝”，他们更看重感情，而不是资金和荣誉，应通过持续的项目合作，变“沙子团队”为“黏土团队”。中国矿业大学、南京航空航天大学、南京农业大学代表提出，院士团队成员的水平也较高，同样非常重要，要选派固定人员追赶、联系甚至服务院士及其团队。

希望对院士工作站的支持更加“持续”。中车南京浦镇、东菱振动、一光仪器、隆力奇、高淳陶瓷等众多企业代表提出，应对院士工作站给予“长线”和“滚动”支持，通过科技计划项目进行专项或倾斜扶持，为企业与院士团队的合作提供更多机会，增强合作的“黏性”。同时，徐工集团、隆力奇、一光仪器等企业代表提出，因为技术发展和市场变化，企业正在或准备与多个院士开展合作，亟须从政策和制度层面，突破“一企一站、一站一院士”的模式，支持企业建设多个工作站，或支持一个工作站引进多名院士。另外，中国矿业大学、江苏大学、万邦生化等代表提出，院士的个人所得税税率太高，不利于吸引院士到江苏，应制定出台减免院士个人所得税的相关政策和操作办法。

希望对院士工作站的考核更加“柔性”。南京工业大学、江苏大学、一光仪器等代表提出，每个院士工作站的特点不同、目标不同、阶段不同，且院士均为“柔性”引进，应对院士工作站的考核和评估同样采取“柔性”的方式进行，避免“一把尺、一刀切”；特别是，院士的工作非常繁忙，与不少建站单位的合作以决策咨询、资源整合、技术论证等“战略层面”为主，院士进站时间、成果产出数量等考核指标不能充分客观反映院士的工作内容和成效。另外，苏州大学、南京工业大学的代表提出，财政资金的使用受到较大限制，应给予建站单位更多自主权；特别是，要更多地把资金用在团队建设和人才培养上。

2.4.4 江苏院士工作站建设的主要问题

通过分析江苏院士工作站建设现状，对比兄弟省份的情况和调研对象的需求，江苏院士工作站建设还存在一些问题和不足，集中体现在两个方面，一是高质量企业院士工作站不多。部分企业将院士工作站作为科技项目而非创新平台，仅停留在项目合作的层面，缺乏长远战略考虑，项目验收通过后缺乏持续的资金投入和团队建设。部分企业和院士团队之间需求不匹配：一方面，由于企业提出的研发项目数量少、层次低，不能满足院士团队需求；另一方面，由于企业转型升级或产品更新换代，现有院士团队的专业方向已不能满足企业发展需求，导致企业和院士团队的合作比较松散，未能充分发挥院士高端资源作用，企业院士工作站建设水平普遍不高。二是院士工作站的建设模式不够多样。江苏院士工作站依托单位以企业为主，大多按照“一企一院士”的模式建设，依托高校、科研院所、科技产业园区建设院士工作站的数量较少；多家共建、一家建多站、一站多院士等模式尚处于探索阶段，不利于广泛发动社会各方力量建设院士工作站，不利于吸引更多院士到江苏创新创业。

2.5 企业研发机构典型案例

2.5.1 徐工高端工程机械智能制造国家重点实验室

针对高端工程机械行业急需解决的关键和共性技术开展研究，取得一系列原创技术，获得省部级以上奖励30多项，其中“面向大型工程施工的流动式成套吊装设备关键技术及应用”荣获国家科学技术进步奖二等奖，基于该成果开发的多项重大产品先后在诸多工程中担当吊装主力，如3600吨履带起重机和1100吨溜尾机协同，创造了世界单台流动式起重机一次起吊2300吨的工程应用新纪录；2000吨履带起重机成功完成全球首个“华龙一号”核电示范工程的关键构件吊装；1000吨履带起重机在荷载90%的情况下将高达96米、重达650余吨的深海导管吊接到200多米远的主结构件上，成功挑战海洋工程施工领域极限，被央视《大国重器》节目誉为“国之砝码”。

2.5.2 天合光伏科学与技术国家重点实验室

致力于太阳能光伏的创新性研发，不断推动行业标准建立和产品性能提升，申请专利超过1500项，其中授权760多项；2011年起，研发的晶硅电池效率及组件功率输出已19次打破世界纪录，实现全球性的突破；2019年5月，高效N型单晶i-TOPCon太阳电池光电转换效率高达24.58%，创造了大面积TOPCon电池效率新的世界纪录。通过领衔参与全球光伏标准编制，代表中国首提出IEC国际标准并正式发布，成为光伏行业的技术、质量、标准的引领者，有效发明专利拥有量持续位居中国光伏行业领先地位；主导编制的SEMI国际标准《地面用平面双层夹胶玻璃晶体硅光伏组件规范》作为统一技术规范在全球推行。

2.5.3 恒瑞国家靶向药物工程技术研究中心

在中国、美国、日本等世界多地建有研发中心，建立分工明确、统一协作的创新体系；在靶向治疗、免疫疗法、超长效胰岛素等领域的新药创制已经具备国际领先性；成功入围福布斯“2018年全球最具创新力企业百强榜单”，是中国唯一一家入围的制药企业。推进选才、育才、留才“三位一体”的工作格局，创建“海外高层次人才引进特色工程”，深入海外人才集中地引进业内精英，招募国际化人才，拥有各类研发人才3000多名，其中博硕士和海归人才2000多名；发扬“学、传、帮、带”的优良传统，培养青年研究骨干；创造优越的科研环境，主动协办引进人才家属子女的工作、入学及户籍等问题；以科研项目为载体，重点实施“项目首席科学家计划”，给予首席科学家最大限度的自主权。

2.5.4 法尔胜国家金属线材制品工程技术研究中心

拥有各类技术研发人员1000多人，建立各有分工又相互支撑的3个创新层次，创新核心层面向应用基础研究、行业共性技术攻关，创新第二层次面向市场的新产品、新工艺开发和新装备研制，创新第三层次面向广大基层员工的全面质量管理活动；每年五月召开科技表彰大会，实施“泓英高潜人才计划”，激励成功、宽容失败，逐步形成从“要我创新”到“我要创新”的创新文化。多次荣获国家科学技术进步奖，2015 年被认定为国家技术创新示范企业，2016 年荣获“中国工业大奖”，全球前十大悬索桥和斜拉桥各有 6 座全部采用法尔胜缆索；同时，承担“全国钢标委钢丝绳分技术委员会秘书处”与“国际标准化组织钢丝绳技术委员会（ISO/TC105）秘书处”工作。

2.5.5 南瑞国网电力科学研究院

建有智能电网重点领域实验室 32 个，拥有高水平研发人员超过 2100 人，设立全员创新平台，配套专项资金支持员工创意项目的孵化和产业化，实施研发创新重大专项激励，对基础前瞻类、产品开发类科研人员给予差异化奖励，激发全体员工创新活力和动能。取得一批具有国际先进水平、支撑和引领行业发展的研发成果，80 多项成果获国家级科技奖励，860 多项成果获省部级科技奖励，专利授权 2870 多项，软件产品登记 1170 多项，主导发布国际标准 9 项，形成了较完整的智能电网技术和产业体系，在特高压、智能电网、新能源、轨道交通等领域取得一批具有国际领先水平的核心技术，特别是大电网安全稳定控制、继电保护、电网调度技术位居国际领先地位。

2.5.6 省（好孩子）科学育儿用品研究院

先后在美国、日本、荷兰、中国香港等地设立研发机构中心 7 个，具备国际领先的研发和产品试验水平，全球化研发团队平均每半天就创造出一项全新的设计，承担国际标准化组织（ISO）儿童乘用车辆项目委员会秘书处工作，主持或参与制定国际标准 120 多项，位列全球行业第一。形成“以前沿市场调查为源，以创意、设计、开发为本”的创新研发体系，汇聚 500 多名全球行业设计精英；积极探索市场化运作机制，形成“公司搭平台，人人做创客”的文化氛围；按照精英路线，面向全球，招聘具全球视野的精英设计人才和研发管理人才，提升创意设计及本土化设计能力；在国际市场重点引进市场研究人员，提升产品的策划能力，确保前瞻性、领先性和准确性；采用与高校联合培养以及外派考察的模式，培养符合行业特点的骨干人才梯队。

2.5.7 中天科技研究院

立足新型光纤预制棒和光纤制备技术、海陆特种光电缆和海底管线制备技术、特种输电线缆关键技术、高温超导限流器关键技术等国际前沿技术开展系列研发工作，研发的低损耗大有效面积光纤预制棒及光纤制备技术，突破光纤预制棒技术瓶颈，打破国外技术垄断，有力提升我国光纤预制棒产业水平；攻克长距离传输直流海缆关键技术，成功研制世界最大输送容量、我国第一根 ±525 kV 交联聚乙烯绝缘柔性直流电缆系统，标志着我国超高压直流电缆技术与欧洲、日本等发达国家处于同一水平；提出面向输电级电网应用的电阻型高温超导限流器设计方法，在国际上首次成功完成 220 kV 电压等级电阻型超导限流器样机研制和试验验证，初步确立领跑优势。

2.5.8 省（中车浦镇）城市轨道交通车辆整车及关键部件重点实验室

主要瞄准整车集成、车体、转向架、车辆焊接、列车网络控制技术 5 个方向，着力解决轨道交通车辆行业关键共性问题，先后完成CRH6型城际动车、低地板有轨车辆、宁天城际、空轨列车等新产品开发；其中，CRH6型城际动车组是国内第一款自主技术的城际动车组，兼具动车组和地铁列车的双重优势；低地板有轨电车是国内首个同类型自主集成创新项目，采用无弓受流、超级电容等尖端技术，具有载客量大、绿色环保、造价低等特点；空轨列车成功实现我国空铁零的突破，使我国成为第3个掌握空铁技术的国家，并在世界上首次将新能源应用于现代轨道交通。

3 企业研发机构创新特征分析

2014年，江苏实施企业研发机构建设“百千万”行动计划，截至2015年年底，建成国家级企业研发机构百家左右、省级重点企业研发机构千家左右、各类大中型工业企业和规模以上高新技术企业研发机构万家左右。

3.1 不同层次企业研发机构投入分析

3.1.1 研发经费投入分析

2015年，万家企业研发机构、千家省级重点企业研发机构、百家国家级企业研发机构的R&D经费平均支出依次成倍增多，其中国家级企业研发机构的R&D经费平均支出最多，达到179 168.6千元/家，分别是省级重点企业研发机构、万家企业研发机构的4.6倍和14.8倍。万家、千家、百家的R&D经费投入强度逐渐增多，分别为1.40%、2.04%、2.37%（图1）。

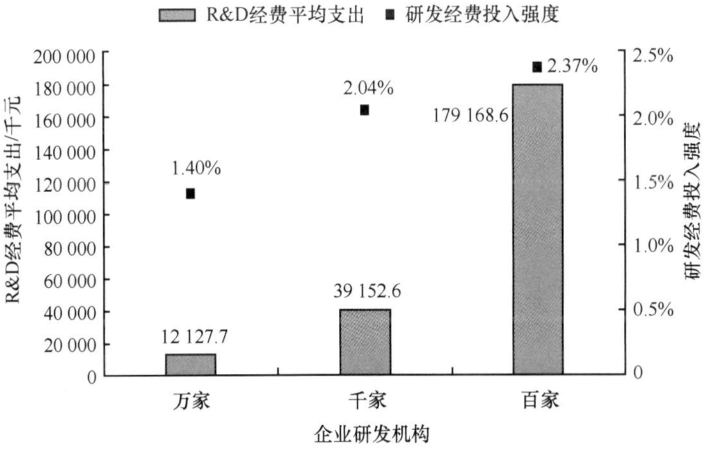

图1 不同层次企业研发机构经费投入情况

3.1.2 研发人才投入分析

2015年，万家企业研发机构、千家省级重点企业研发机构、百家国家级企业研发机构的R&D人员全时当量平均值依次成倍增多，其中国家级企业研发机构的R&D人员全时当量平均值最多，达到446.7人年/家，分别是省级重点企业研发机构、万家企业研发机构的4.3倍和12.5倍。万家企业研发机构、省级重点企业研发机构、国家级企业研发机构的R&D人员投入强度逐渐也是依次增多，分别为 5.74%、9.26%、11.33%（图 2）。同时，万家企业研发机构、省级重点企业研发机构、国家级企业研发机构的机构人员有一半以上是本科学历，机构人员中的硕士以上占比分别为 9.9%、12.3%、20.4%（图 3）。

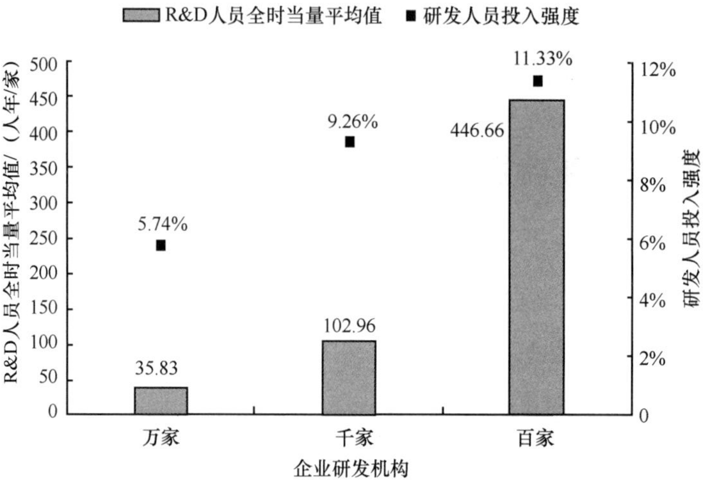

图 2　不同层次企业研发机构人才投入强度

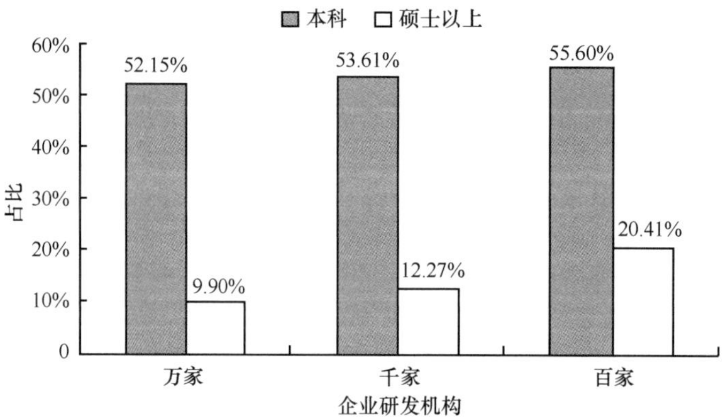

图 3　不同层次企业研发机构人才结构

3.2　不同层次企业研发机构产出分析

3.2.1　产出数量分析

2015 年，万家企业研发机构、千家省级重点企业研发机构、百家国家级企业研发机构的利润总额分别为 58 748 千元/家、192 571 千元/家、446 900 千元/家，百家分别是千家和万家的 2.3 倍和 7.6 倍；万家企业研发机构、千家省级重点企业研发机构、百家国家级企业研发机构的利润总额分别为 21 7970 千元/家、806 581 千元/家、2 759 777 千元/家，百家分别是千家和万家的 3.4 倍和 12.7 倍（图 4）。

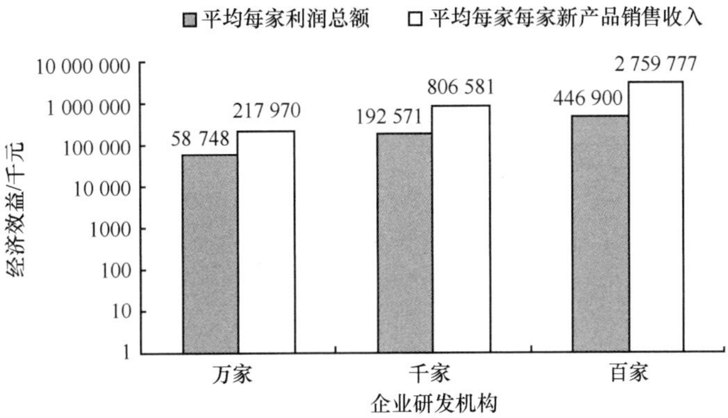

图 4　不同层次企业研发机构经济效益产出

3.2.2　产出效率分析

从研发经费的产出效率来看，研发经费利润产出效率最高的是千家省级重点企业研发机构，每投入 1 元研发经费，可以获得 4.9 元的利润；研发经费新产品销售产出效率最高的也是千家，每投入 1 元研发经费，可以获得 20.6 元的新产品销售（图 5），而上述两项数据百家均最低；研发经费的专利产出效率最高的是万家企业研发机构，为 0.64 件/百万元，百家和千家分别为 0.5 件/百万元、0.49 件/百万元；研发经费的论文产出效率最高的是百家国家级企业研发机构，达到 0.107 篇/百万元，千家和万家较低，分别为 0.080 篇/百万元、0.086 篇/百万元（图 6）。

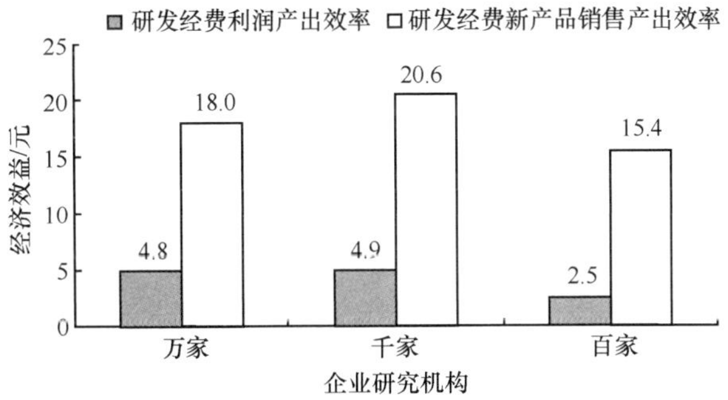

图 5　研发经费的经济效益产出效率

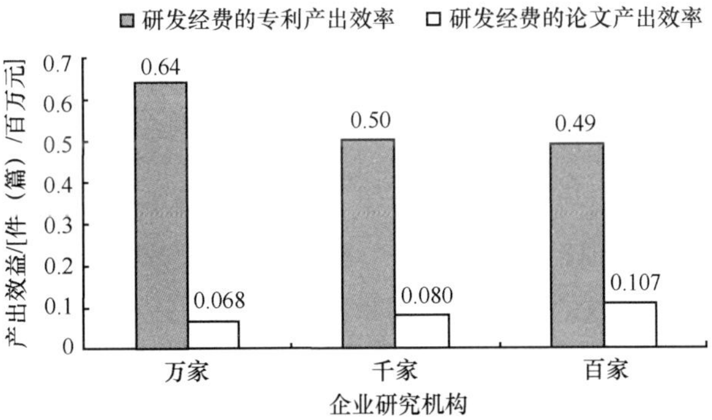

图 6　研发经费的知识产权产出效率

从人员的产出效率来看，每名全职员工产出利润最高的是千家省级重点企业研发机构，为 160 千元；每名全职员工新产品产值最高的是百家国家级企业研发机构，为 686 千元（图 7）；研发人员的专利产出效率最高的是万家，为 0.22 篇/人年；研发人员的论文产出效率最高的是百家，为 0.041 篇/人年（图 8）。

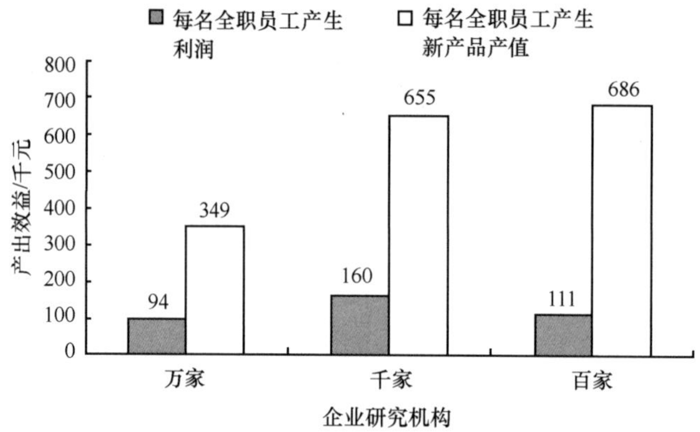

图 7　全职员工的经济效益产出效率

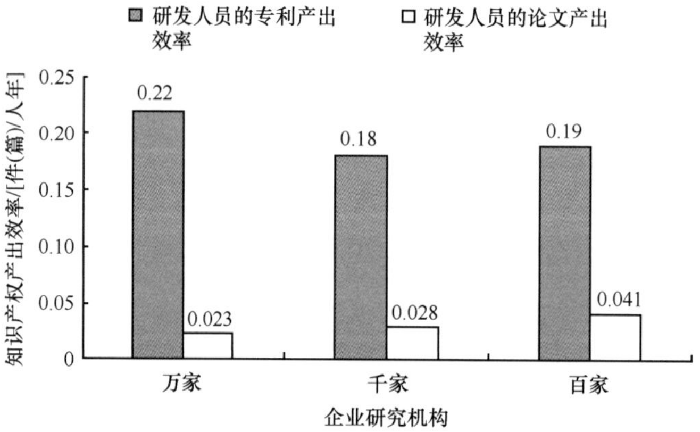

图 8　研发人员的知识产权产出效率

3.3　不同层次企业研发机构对标分析

利用德国弗劳恩霍夫协会标杆数据库benchmark index相关数据，对不同层次企业研发机构进行对标分析。对标的指标是 6 个，分别是净利润率、每名全职员工产生的利润、每名全职员工产生的收入、研发支出占收入的比例、新产品和服务的收入占比、高学历全职员工占比，对标实际值达到标杆值的 75%则为较好水平。从百家对标结果来看，净利润率仅为 71%，未达较好水平；高学历全职员工占比较低，相对值仅为 51%。从千家对标结果来看，高学历全职员工占比较低，相对值仅为 49%，其余 5 个指标均达较好水平。从万家对标结果来看，高学历全职员工占比更低，相对值仅为 35%。结果如表 1 和图 9 至图 11 所示。

表1　研发人员的知识产权产出效率

企业研究机构	对标值	净利润率	每名全职员工产生的利润/元	每名全职员工产生的收入/元	研发支出占收入的比例	新产品和服务的收入占比	高学历全职员工占比
百家	相对值	71%	86	98	86%	100%	51%
	实际值	5.93%	112 728	1 900 509	2.37%	36.63%	7.57%
	最好	20.13%	364 000	2 000 000	8.27%	34%	46.04%
千家	相对值	86%	92	96	80%	100%	49%
	实际值	9.82%	158 275	1 612 353	2%	41.12%	6.84%
	最好	20.13%	364 000	2 000 000	8.27%	34%	46.04%
万家	相对值	82%	100	100	76%	79%	35%
	实际值	6.79%	94 151	1 387 189	1.4%	25.18%	4.65%
	最好	14.68%	34 986	377 000	9%	50.06%	48.54%

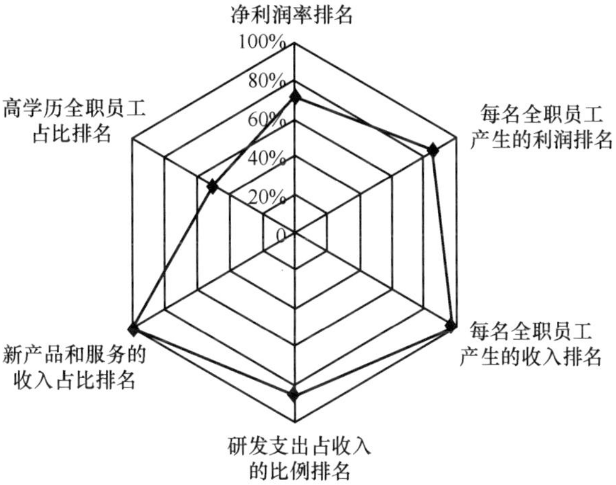

图9　百家国家级企业研发机构对标雷达图

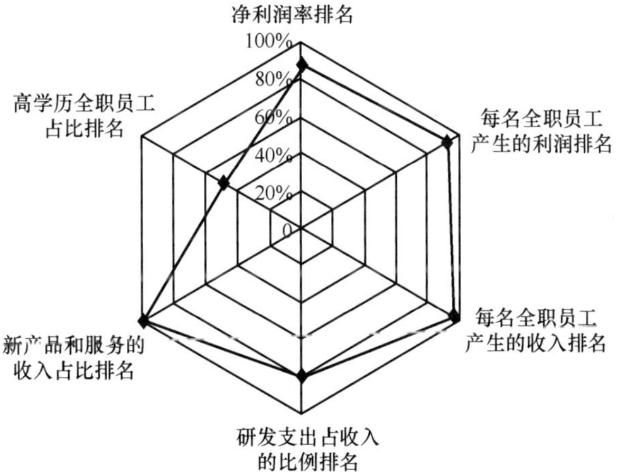

图10　千家省级重点企业研发机构对标雷达图

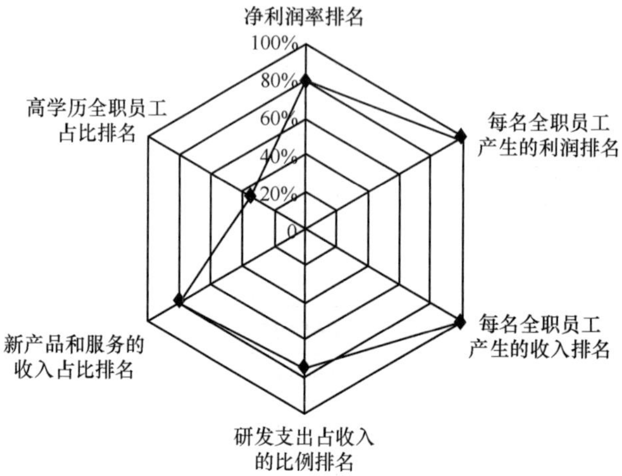

图 11　万家企业研发机构对标雷达图

3.4　企业研发机构投入机制问卷调查

问卷调查主要面向千家重点企业研发机构发放，从企业加大研发机构投入的主要做法、影响企业持续加大研发投入的主要因素、企业研发机构经费的来源和使用情况、政策资金支持方式对企业的不同激励作用等层面调研；调研共回收有效问卷 150 余份，企业分布于各地区、规模和行业，具有代表性。

3.4.1　影响企业研发投入的因素较为复杂

根据调查问卷，对于影响企业研发投入的主要因素，选择企业发展和创新战略、市场预期、销售和利润情况、竞争对手情况 4 个选项的比例分别为 100%、63%、47%、35%，说明企业发展和创新战略、市场预期是两个主要因素（图 12）。同时，不少企业提出，一是人才团队的能力和稳定性是决定研发投入的主要因素，当人才队伍能力较强、稳定性较好时，企业敢投入；二是产品的研发周期也影响了企业的研发投入，研发周期越长、风险越大，企业加大研发投入的意愿越低。

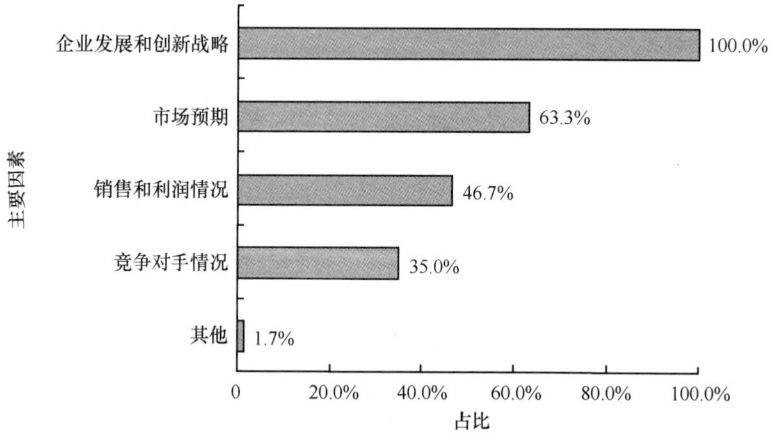

图 12　决定企业研发投入大小的主要原因

3.4.2 自有资金是企业研发投入的最主要来源

根据调查问卷，公司自有资金、政府补助资金、风险投资是企业研发投入的3个主要来源，其中公司自有资金是主体，有71.2%的企业其自有资金占研发投入比例超过90%，11.9%的企业其自有资金占研发投入比例超过80%；有56.7%的企业获得政府补助资金，其中26.7%的企业获得的政府补助资金占研发投入的5%以下，18.3%的企业获得的政府补助资金占研发投入的5%～10%；仅有21.7%的企业使用银行贷款开展研发，且其占研发投入的比例也较低，一半左右的企业其比例在10%～20%（表2）。同时，虽然企业的研发投入主要来源于自有资金，但是缺乏资金时，大部分企业的表现均比较积极，76.3%的企业会确保预算的研发投入，35.6%的企业会多方筹集研发资金，仅有10.2%的企业会酌情减少研发投入（图13）。并且，当资金短缺时，有40.7%的企业首选使用公司其他方面开支来筹集研发资金，超过申请政府资金（28.8%）和银行贷款（22%）的企业（图14）。

表2 公司研发投入来源的比例

研发投入来源占研发总投入的比例	各研发投入来源中企业占比				
	自有资金	银行贷款	风险投资	与其他公司合作	政府补助
90%～100%	71.2%				
80%～90%	11.9%				
70%～80%	6.8%				
60%～70%	6.8%				
50%～60%	1.7%				
40%～50%					
30%～40%		3.3%			3.3%
20%～30%		1.7%			3.3%
10%～20%		10.0%			5.0%
5%～10%		3.3%		1.7%	18.3%
0～5%		3.3%	1.7%	1.7%	26.7%
合计	100.0%	21.7%	1.7%	3.4%	56.7%

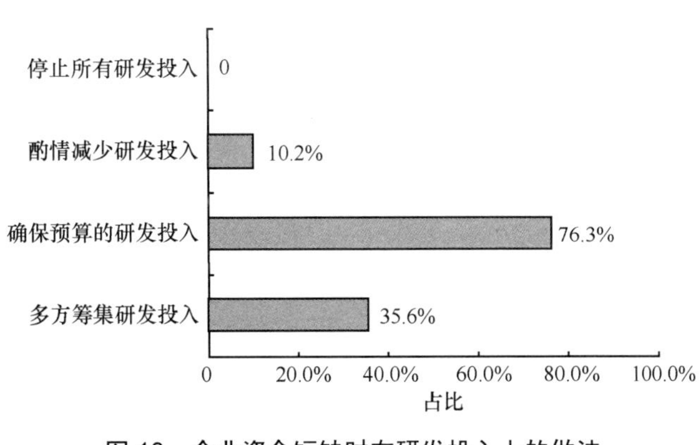

图13 企业资金短缺时在研发投入上的做法

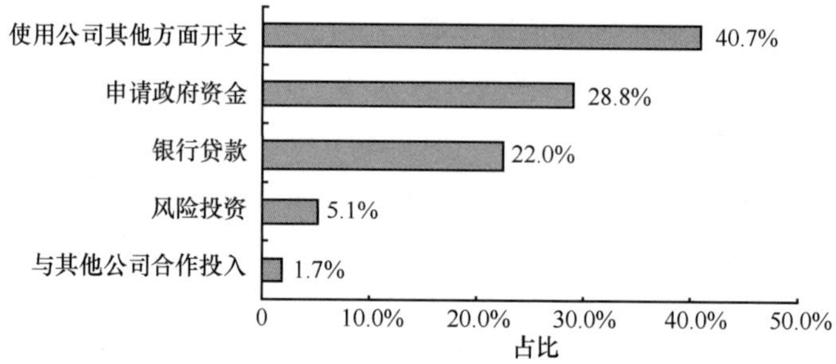

图 14　企业资金短缺时选择筹集研发资金的途径

3.4.3　政府补助资金对企业的作用差异较大

研究表明，获得政府补贴是企业加大R&D投入的重要因素，只要有补贴存在，就会激励企业R&D投入。但是，从因果效应的大小来看，政府补贴对企业R&D投入的影响存在明显的“倒U”形态势，表明不同力度的补贴对企业R&D投入的激励效果存在较大差异，且政府资助企业创新存在最优补贴区间，这一区间不同研究有不同结果，但大致在6%～10%。根据问卷调查，从政府资金占企业研发投入的比例来看，其比例为5%以下、5%～10%、10%以上的企业分别为55%、35%、10%，说明政府补助资金对企业的支持作用参差不齐，而且总体上政府资金对企业的支持仍然偏少，超过一半的企业获得的政府资金补助没有达到最优补贴区间。同时，当企业缺乏资金需要政府资助才能启动项目时，超过60%的企业期望政府补助的比例达到20%～30%，大幅超出目前政府补助的水平。

3.4.4　社会资本是企业研发投入的补充

根据调查问卷，使用银行贷款作为研发投入的企业仅为20%，银行贷款占总投入的比例为3%～40%，使用风险投资作为研发投入的企业则仅寥寥无几；说明社会资本仅是企业研发投入的补充，且企业重视的程度也不一。同时，大多数企业认为利用社会资本的情况难以作为政府补助的依据，其原因有二：一是向银行贷款的主体是企业，以研发机构或研发项目的名义几乎不可能实现贷款；二是在实际操作中，很难证明用于研发投入的银行贷款的具体数额（图15）。

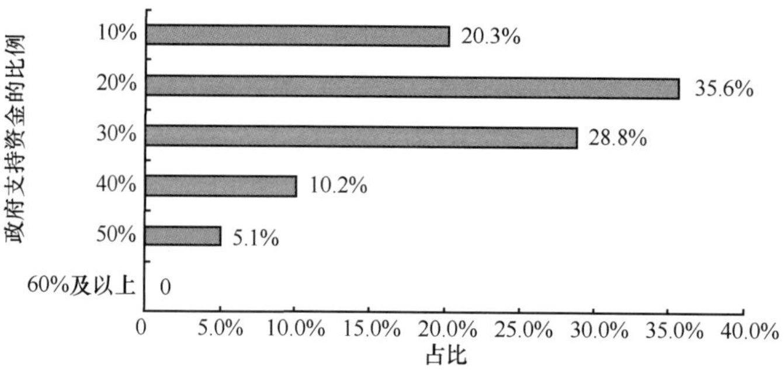

图 15　企业开展研发项目所需政府支持资金的比例

3.4.5　企业更期望稳定的政府资金支持

84.7%的企业认为可根据企业上年度的研发投入给予相应比例的资金，74.6%的企业认为可每年给予企业研发机构固定的支持资金，而作为企业研发失败的补偿和企业利用社会资本的贴息（奖励）等方式企业认可度不高（图 16）。

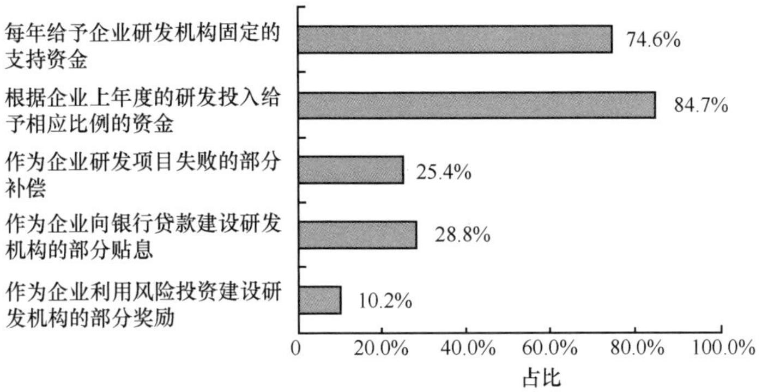

图 16 企业期望的政策资金支持方式

4 加快企业研发机构建设的主要建议

4.1 支持企业研发机构培育高层次人才团队

4.1.1 加大高层次引才引智力度

支持企业聚焦发达国家院士、国际学术组织负责人、世界知名科技企业高管等战略科技人才，加大引进和合作力度，建设标志性人才团队；支持企业申报国家“万人计划”、省“双创计划”“外专百人计划”“333 工程”等人才项目。落实人才引进相关政策，企业引进高层次人才支付的一次性住房补贴、安家费及科研启动费，按规定在税前扣除。各地要为培育企业引进高层次人才提供奖补，协调解决科研设备、发展场地、配偶就业、子女就学等实际问题。

4.1.2 发挥院士创新引领作用

支持两院院士在企业和高校交叉建立院士工作站，鼓励院士团队骨干到企业担任“科技副总”或“产业教授”，促进院士团队与企业研发人员双向流动；支持企业通过战略咨询、技术开发、人才培养等多种形式，为退休院士继续发挥作用创造条件。支持企业新建院士工作站，加快探索院士企业研究院建设。

4.1.3 加强科技企业家培育

支持企业参加科技企业家支持计划，鼓励企业家参与创新政策制定、凝聚创新人才、整合创新资源、推动创新发展，组织科技企业家赴海内外学习考察、对接合作、投资并购，着力提升科技企业家的创新能力和国际化素质，增强科技企业家创新活力、创业动力，培育一批既通科技、又懂市场的复合型创新创业人才。

4.2 支持企业研发机构研发高水平核心技术

4.2.1 支持企业研发机构攻克标志性核心技术

鼓励企业主动对接国家和江苏战略布局，大力开展应用基础研究、前沿高技术研究和产业关键技术攻关，突破一批具有自主知识产权的技术和产品。支持企业参与国家科技重大专项、科技创新2030—重大项目、重点研发计划等国家重大科技计划，支持企业承担关键基础材料、核心基础零部件、先进基础工艺、产业技术基础等“四基”领域的工业强基重点项目，对企业进入外国国家（地区）公布阶段或获得授权的PCT专利给予奖励。

4.2.2 支持企业研发机构加快科技成果转化

鼓励企业与高校、科研院所联合开展技术研发，引导高校、科研院所主动将先进适用技术引入企业研发机构进行熟化、工程化，实施一批创新水平高、产业带动性强、具有自主知识产权的成果转化项目，支持企业申报省科技成果转化专项资金项目。支持企业开展首台套产品研发，优先纳入省首台套重大装备推广应用指导目录，积极申报省级工业和信息产业转型升级专项资金项目。鼓励有条件的企业推广“企业研发机构+孵化器”模式，探索建设专业孵化器，或与孵化器开展合作。

4.2.3 支持企业研发机构增强产业链话语权

鼓励企业与世界一流大学或研究机构开展联合研发，同等条件下优先支持培育企业申报省国际科技合作项目。鼓励企业积极加入国际行业组织或联盟，承担国际行业组织或联盟秘书处工作，主持或参与制定国际标准，积极参加国际学术会议、举办国际学术论坛。

4.3 支持企业研发机构建设高质量创新平台

4.3.1 加快国家级企业研发机构建设

重点围绕新一代信息技术、战略性基础材料、先进智能制造等领域，加强国家级企业研发机构建设，支持企业申报企业国家重点实验室、国家技术创新中心、国家制造业创新中心、国家企业技术中心、国家地方联合工程研究中心等国家级企业研发机构，每年新增国家级企业研发机构5～10家。

4.3.2 加快产业研发平台建设

支持企业与省产业技术研究院建设企业联合创新中心，积极参与先进材料技术创新中心、生物医药创新资源协同运营中心、半导体产业技术创新中心建设，牵头成立一批产业创新中心、协同创新中心、产业技术创新联盟等研发平台；加快省企业重点实验室建设，鼓励有条件的企业研发机构法人化运营，支持申报成为省研发型企业；支持知名跨国公司、中央直属企业、国内行业龙头企业在苏注册设立独立法人资格的研发机构和研发总部，择优给予分期分档支持。

4.3.3 加快海外研发机构建设

支持企业通过收并购或直接投资等方式，加快布局海外研发机构或海外联合实验室，直接利用境外高端人才、先进科研条件和优良创新环境在当地开展研发活动，提升企业参与国际技术交流与合作的层次和水平，构建全球创新网络；鼓励企业积极响应“一带一路”科技创新行动计划，面向“一带一路”相关国家开展科技人文交流、技术合作与转移转化或共建联合实验室。

4.4 支持企业研发机构建立高效率研发体系

4.4.1 进一步强化政策支持力度

将企业研发体系建设和研发管理体系贯标作为实施“企业研发机构高质量提升计划”的

重要工作，列入今后年度的“省推进企业研发机构建设工作联席会议工作要点”，纳入省工程技术研究中心、省企业技术中心等省级以上企业研发机构建设的重点内容。强化对高新技术企业的指导，引导和鼓励企业在申报高新技术企业的过程中，开展研发管理体系贯标、建立和完善研发体系，支持企业制定研发组织管理制度、建立研发投入核算体系、设立内部研发机构并具备相应的科研条件、建立科技成果转化组织实施和激励奖励制度、建立科技人员培养进修、人才引进等制度，推动企业整体研发管理体系水平的提升。引导各地方支持企业开展研发管理体系贯标，制定出台适合当地特点和企业情况的支持政策，特别是鼓励各地方安排专项经费给予扶持，引导企业的研发投入由“短、平、快”向可持续发展转变。

4.4.2 进一步提升企业贯标意识

引导企业特别是企业“一把手”提高对研发体系建设及贯标重要性的认识，把研发管理体系贯标相关政策作为科技创新政策的重要内容，指导省企业研发机构促进会持续开展形式多样的宣传推广活动。在前期主要支持省级以上重点企业研发机构开展贯标的基础上，鼓励创新型企业、高新技术企业、科技型中小企业等不同类型和不同规模的企业建立健全研发管理体系，力争让更广泛的企业了解相关政策、认识贯标价值。强化典型示范，遴选一批体系建设成效较好的企业作为“样板”，打造一批典型，为全省企业提供示范，进一步提升企业开展研发管理体系贯标的积极性。

4.4.3 进一步加强贯标人才队伍建设

加强企业贯标人才培养，积极开展企业研发管理体系内审员培训，帮助企业培养一大批懂政策、会创新、熟管理的人才队伍，对企业贯标情况和体系运行情况进行内部审核，推进体系持续运行和完善。加强咨询机构人才培养，引导一批较高水平的咨询机构参与进来，支持咨询机构和咨询人员要主动学习和实践，组织贯标咨询机构及咨询人员的再培训和经验交流，加强对贯标咨询机构的跟踪评价，着力提升咨询机构的服务能力和服务意识，按照市场规律降低企业开展贯标的费用支出，切实帮助企业建设好研发体系。加强贯标专家队伍建设，从已经完成贯标的企业中遴选更多有实践经验的人充实到评估专家队伍，建立专家服务库。

4.4.4 进一步完善贯标工作体系

组织相关专家进一步研究和完善《企业研发管理体系要求》，制定资源配置、研发过程、人员激励、风险控制等多个专题进行深入研究，对贯标的启动、实施、验收等全过程进行优化设计，确保贯标工作的系统性和科学性。支持企业开展“多标合一”，统筹进行研发管理体系贯标、知识产权贯标、ISO国际质量管理体系贯标等，切实增强贯标的系统性、发挥贯标的作用。积极将《企业研发管理体系要求》向兄弟省市进行推广，与兄弟省市开展研发管理体系贯标工作合作，切实扩大企业研发管理体系贯标的影响力。

课题负责人：金福兰　李克贵
课题组成员：李旭东　高冉晖　李丰男　姜　迪　蒋　婧　汪晓燕　葛培君
撰　稿　人：李旭东　高冉晖

江苏省科技经费监管服务体系建设及运行机制研究

科研监管体系是一个国家（地区）政府及其他相关主体依据特定的监管目的，对本国（地区）科研活动，重点是政府资助支持的科研活动进行监管，构建形成的有机系统。为有效履职，发达国家逐步建立起符合本国政治、经济、科技体制的国家科研监管体系。随着全球范围治理革命和国家治理能力现代化推进，科技创新范式革命兴起与创新形势快速变化，美国、英国等发达国家先后开始反思、改革本国的科研监管体系。

当前，江苏省正在深化国家科技领域"放管服"改革，探索提升政府创新治理能力，从而创造更加有利于创新的宏观环境。在这场深刻的变革中，科研监管体系碎片化、监管目标模糊、监管制度设计难以适应创新形势变化、监管策略与方法守旧单一等问题日益突出，不利于发挥其优化创新生态、激发创新活力的作用，急需加快改革完善。

本项目结合近年监管工作思考，比较研究了发达国家科研监管体系建设及改革发展的探索经验，调研了当前科研监管体系现状及问题，分析了监管领域最新理论及其在科研监管中的运用情况，从新时代科技创新形势与监管改革发展需求出发，研究提出要进一步明确科研监管目标，调整原有监管思路，要在这一新思路下，加快建立健全新科研监管体系。报告对新体系下的监管法规制度体系、监管组织机制、监管策略方法等提出了一系列改革建议，为改进科研监管工作，显著优化国家创新环境提供决策支撑参考。

1 理论研究发展趋势分析及研究思路

科技经费监管是科技管理中重要的一环，随着我国科技投入的不断增长，科技建设水平的不断提升，科技经费的使用与管理情况也越来越多地收到政府部门及人民群众的重视。合理的投入和使用科技经费科研促进科技的发展，提高科研效率，提升经济增长水平。然而，在科技经费使用的过程中，却经常会出现挤占挪用等乱象，因此，有效地对科技经费进行监督管理便至关重要。

1.1 科技经费监管理论研究的发展趋势分析

项目组认为，在中国知网文献库中进行专业检索，分析文献年度发文量及其背后影响因素，可以厘清科研监管体系相关研究的发展历程，预测相关研究的发展趋势。

为了解科技经费监管相关文献的发表情况，笔者在知网上进行了相关关键字的搜索。由于以关键词进行搜索发现搜索结果较少，于是进行了主题词搜索。截至 2019 年 1 月 2 日，在中国知网上以“科技经费监管”以及其相关词主题词进行搜索的结果如下。

1.1.1 精确关键字计量分析

1.1.1.1 科技经费监管

在中国知网上以“科技经费监管”为主题词进行精确搜索，搜索出来相关文献较少，共 70 篇。去掉内容无关及重复的文章，共计 60 篇（图 1）。相关文章自 2006 年起开始发表，随后相关研究文章发表数量呈上升趋势，2012 年发表文章最多，共 10 篇，2012—2018 年发表的文章数量则呈下降趋势。

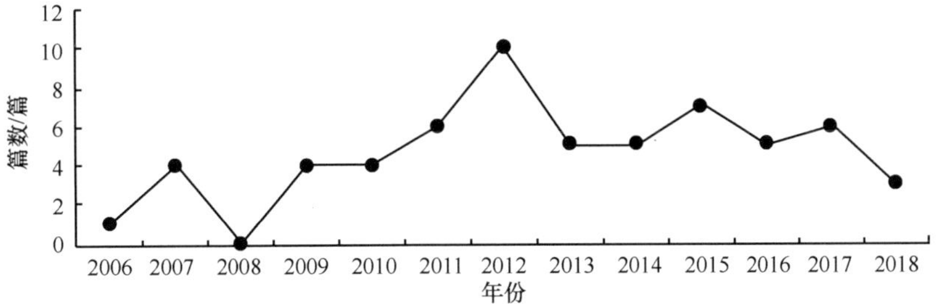

图 1 “科技经费监管”文献发展趋势

首先，将相关文献进行梳理，其中约 1/3 的文章是关于科技经费监管体制、模式和方法的研究。尤其在早期，也就是 2010 年以前，相关的研究基本都集中在该方面。其次是针对不同省市和地区特点进行的研究，在此分类下共计 14 篇，学者们研究了天津、陕西、湖南、广西、云南、山东、沈阳等地区的科技经费监管的运行体制、现状及存在的问题，其中有关湖南省研究最多占 6 篇。此外，有 9 篇文章专门针对高校、科研院所等科研相关单位的经费管理问题进行了研究，研究内容包括科研经费管理的方式和评价机制等。其他文章还研究了科技经费审计、科技经费配置和投入、科技经费监管中的风险、科技经费使用绩效等。

通过精确搜索，可以发现科技经费监管的相关研究大致可以分为以下几个方面：科技经费的配置和投入、科技经费监管体制和运行机制、科技经费监管存在的问题和对策、科技经费使用绩效评价。

1.1.1.2 科研监管体系

通过检索“科研监管体系”，截至 2018 年 4 月，共获得检索结果 107 条，经过清洗去重后剩余有效记录 104 条，其中期刊论文 68 篇、硕士学位论文 28 篇、博士学位论文 8 篇。

分析发现，科研监管体系相关研究最早出现于 2006 年，随后受到学界更多关注，年度发文量逐渐上涨，峰值出现在 2016 年，但总体来看，发文总量较小，至今仅有 104 篇论文。

分析研究发文量与国家政策制度改进变化，发现存在明显正相关性。2006 年在国家科技发展与科研监管相关政策上，拥有标志性事件：一是全国科技大会的召开，对《国家中长期科学和技术发展规划纲要（2006—2020 年）》的实施进行了全面部署；二是为落实国家发展战略变化及相关政策要求，国务院办公厅转发的《关于改进和加强中央财政科技经费管理的若干意见》（国办发〔2006〕56 号），这是第一次在国家层面的文件上，专章涉及科研监管相关问题。该文件提出要“强化科研项目经费使用的监督管理”，并进一步指出要加强科研项目经费的监督检查，建立一套完整的财政科技经费监督体系，建立对科研项目的财务审计与财务验收制度。国家政策的引导，让更多的学者关注这一领域的问题，研究提出相关分析与意见建议。

此项研究峰值出现在十年后的 2016 年，当年发表相关论文 19 篇，成为年度发文峰值。分析发现，这一年，在国家发展与科研监管相关政策上，出现了重大变化。一是全国科技创新大会召开，会上提出在我国不断发展的过程中加大对科技创新的重视，将科技创新摆在更加核心的位置，表示要深入实施创新驱动发展战略，要优化我国科技事业发展总体布局，不仅要夯实基础、强化战略导向、加强科技供给，还要“深化改革创新，形成充满活力的科技管理和运行机制”，通过科技创新与制度创新的“双轮驱动”，抓住发展机遇，实现中华民族复兴目标。二是为落实中央部署，落实中央关于深化改革创新、形成充满活力的科技管理和运行机制的要求，国家以中共中央办公厅、国务院办公厅的名义，联合印发实施《关于进一步完善中央财政科研项目资金管理等政策的若干意见》（中办发〔2016〕50 号文）。显然，在国家发展格局中，科技创新的地位日益提升，同时为进一步激发科技创新活力，发挥科技发展潜力，国家在优化科技管理与运行机制上大力推进改革创新的政策信号不断释放，引导更多学者结合科研工作实践，思考我国科技管理与运行机制方面的现状与问题，展开研究，提出相关分析意见与建议。

从以上两个特殊年度的研究发文月份与国家相关制度政策出台的比较来看，两者既存在相互影响、相互呼应作用关系，也存在比较明显的政府政策引导关系。从此角度来说，这一领域的研究具有明显的政策与对策研究取向。

另外，分析作者发文频次可以判定相关研究领域的核心作者，明晰该领域专家。从表 1 可知，大多作者在科研经费监管体系研究领域仅发表 1 篇论文，单个作者最多发表 3 篇相关论文。进一步分析作者身份发现，拥有科技管理实践经验的作者较多。总体来说，针对科研监管体系、科研经费监管的研究作者分布较零散，尚未形成非常明显的该领域权威专家。当然，也许存在另外一个因素，就是一些作者受其科技管理者身份影响，其科研成果没有更多公开发表，但综合来说，这一领域的研究还相当不足。

分析论文的关键词能够了解其主要研究内容，发现该领域内现有的研究重点和热点。项目组通过关键词词频统计表和关键词共现图可以发现，现有研究中关注科研经费监管、高校科研经费监管的较多，一些学者关注到科研经费监管方法，强调了内部控制、内部监督、会计监督、第三方监督等方法，综合来看，关注政府科研监管体系和监管流程的研究极为不足，尤其轻监管理论、模式、体系和路径研究。

1.1.2 相关关键字计量分析

在精确搜索的基础上，进一步扩大搜索范围，以“科技经费管理”为主题词搜索，共显示 206 条结果，按年份统计结果如图 2 所示。

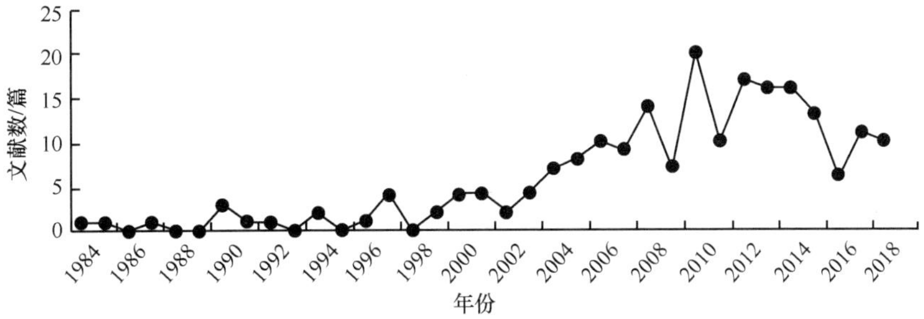

图 2 “科技经费管理”文献发展趋势

将搜索结果按主题内容分类，半数以上的文献主要研究科技经费的管理模式和机制，44 篇涉及科技经费和科技资源的投入和配置问题，37 篇涉及科技经费监管中存在的问题及对策探讨，13 篇涉及科技经费投入绩效评价问题，其余还涉及经费监管中的开支问题、审计问题等。

将研究对象按地区分类，其中有 24 篇研究了其他国家，如美、日、英、韩等国的科技经费管理先进经验，包括经费投入和预算管理、经费监管模式、监督检查机制、绩效评价研究等；有 41 篇研究了各个城市地区，如广东、湖南、新疆、上海等科研经费管理的情况。按机构进行归纳整理，大部分研究对象为高校科技经费管理中的问题，共 22 篇，有 11 篇涉及企业及科研机构，研究的主要内容包括高校科技经费的管理机制、支付机制等现行机制中存在的问题及对策。

继续扩大搜索范围，以“经费监管”为关键字，搜索出 428 条结果，将搜索结果按年份归类整理结果如图 3 所示。

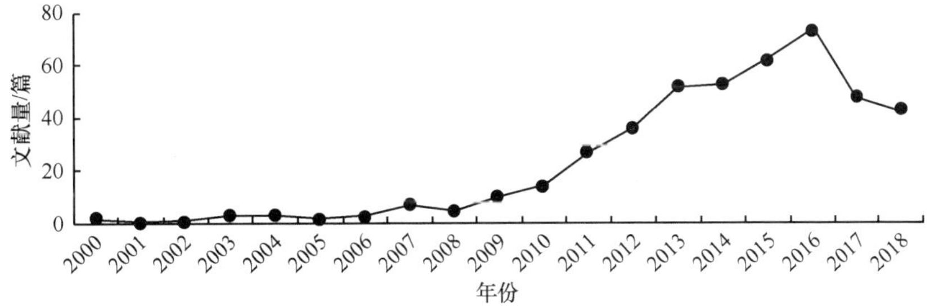

图 3 “经费监管”文献发展趋势

以“科研经费管理”为主题词共搜索出 5786 条结果（图 4）。

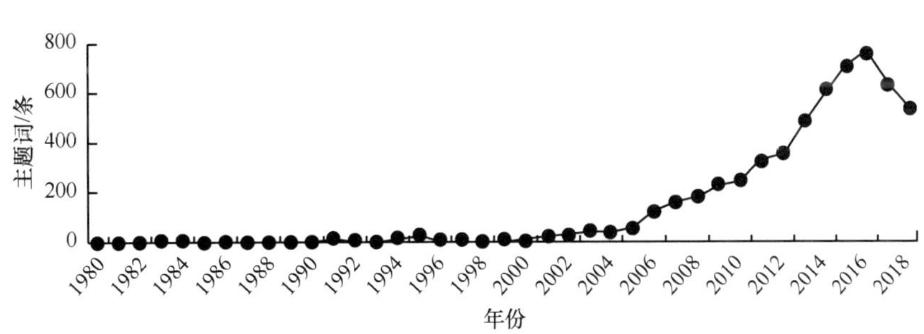

图 4 “科研经费管理”文献发展趋势

以“科研经费”为主题词搜索出 16 413 条结果，将发表的文章按年份进行分类整理结果如图 5 所示。

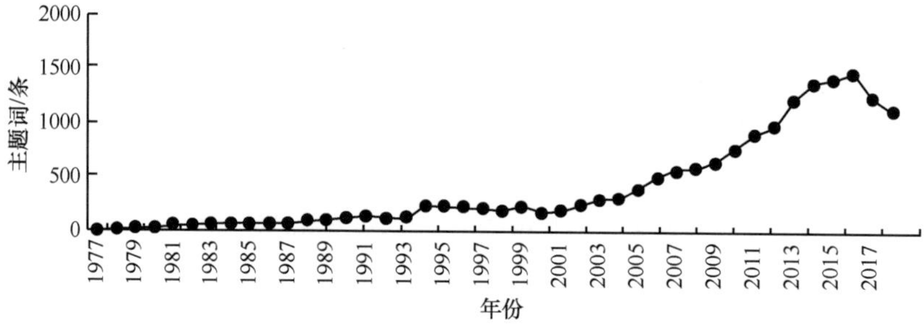

图 5 “科研经费”文献发展趋势

将搜索的文献按研究内容进行分类归纳，可以发现相关研究基本从经费投入和配置、预算及支出管理、绩效评价、监管机制和管理体制、问题及对策等方面进行。以“科研经费”为第一主题词，再对其涉及的主题内容进行进一步搜索，结果如图 6、图 7 所示。涉及配置和投入的有 2876 条结果，涉及预算的有 3729 条结果，涉及支出或使用的有 3375 条结果，涉及绩效评价的有 2837 条结果，涉及管理机制体制的有 2593 条结果，涉及问题和对策的有 4792 条结果。

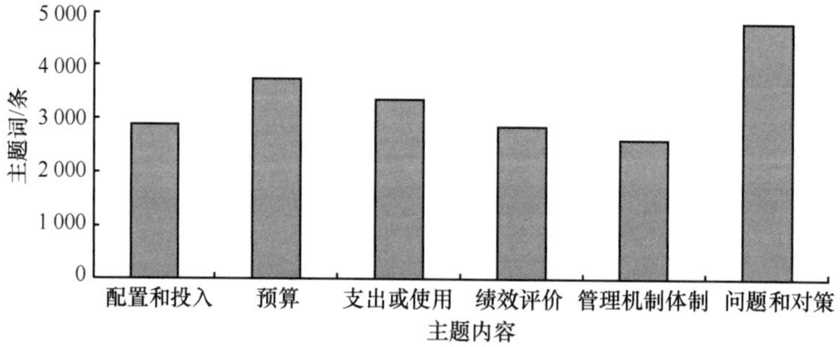

图 6 “科研经费”文献涉及主题内容情况

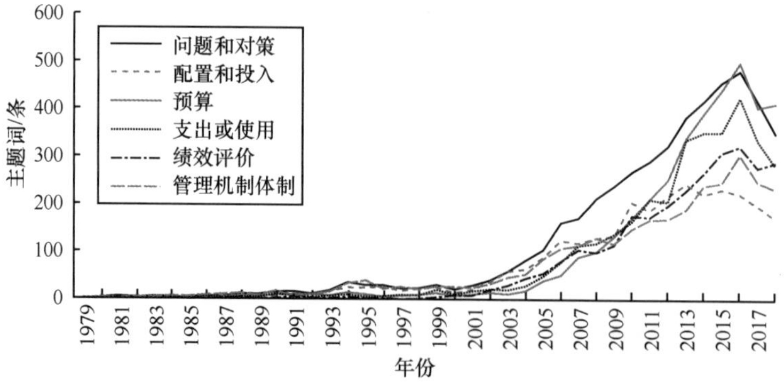

图 7 “科研经费”各主题文献发展趋势

可以看出，研究问题和对策相关的文献最多，其次是有关预算管理及经费支出使用方面的研究。按年份进行归类整理，可以发现各类相关文献发文数量增长的趋势几乎一致，但各个时期学者们进行研究的侧重点都略有不同。如早期，在21世纪以前，虽然相关研究进行的较少，但是能看出有关管理机制体制的研究进行的较多。随后，有关科研经费管理的问题和对策相关的文献迅速增长，几乎一致占据首位。从2000年到2010年左右，研究科研经费配置和投入的相关文献较多，10年以后，预算和支出相关的发文量急剧上升。而今年来，研究绩效评价的相关文献有上升趋势。

另外，按照研究对象的不同进行分类搜索，结果如下：以“高校科研经费”为主题词进行搜索，显示5220条结果；以“院所科研经费”为主题词，显示322条结果；以“医院科研经费”为主题词，显示512条结果；“企业科研经费”为主题词，显示859条结果。搜索结果整理如图8至图10所示。

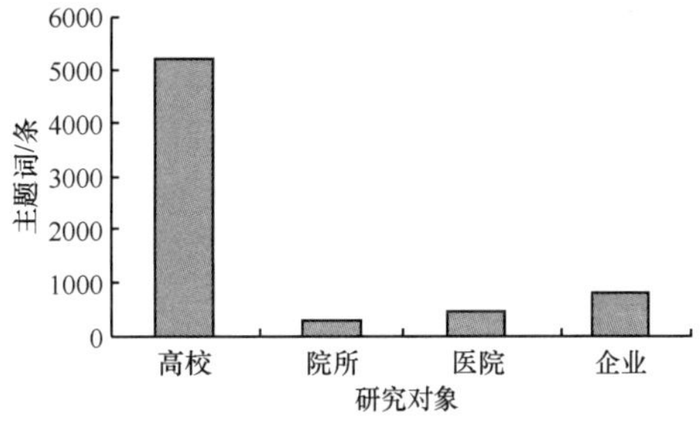

图8 研究对象分布情况

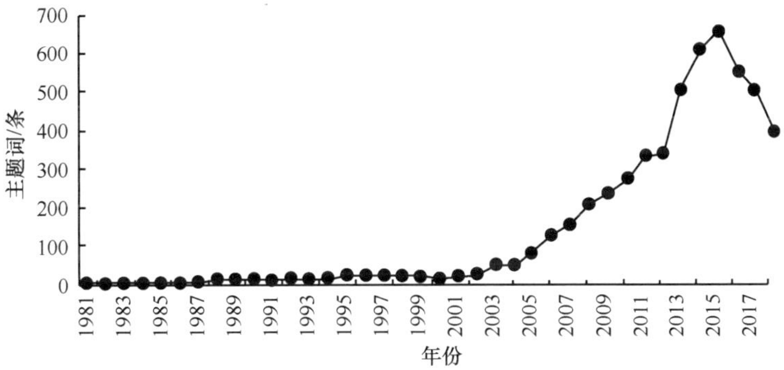

图9 “高校科研经费”文献发展趋势

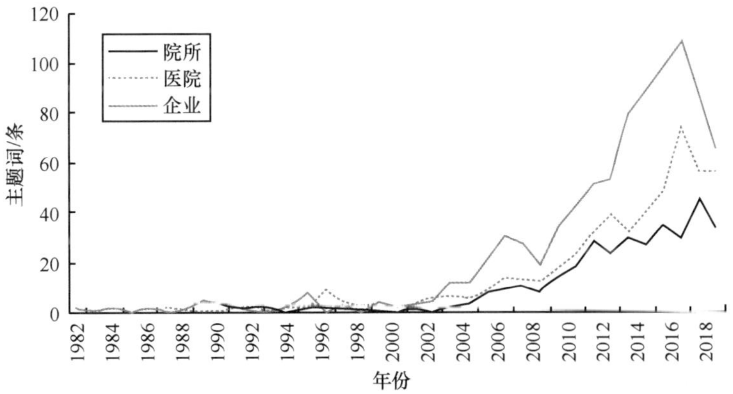

图10 “院所、医院、企业科研经费”文献发展趋势

可以看出，高校科研经费相关的研究远远高于其他三类机构。可以认为，可能由于高校

数量较多，分布范围广，且承担的科研任务较多，有大量科研资金投入在高校中，同时，高校的科研管理制度较为健全和完善，相关的研究具有一定的代表性。关于高校和企业科研经费的问题研究起步较早，都是从20世纪80年代初期就有相关的文献，医院和科研院所相关的研究则起步较晚。但是，四类机构经费相关文献发表数量的趋势几乎一致，都是前期较少，21世纪以来到2016年左右发文量迅速增加，尤其在2010年以后，增长速度进一步加快，而后发文量回落。

综合以上搜索结果和图表分析可以看出，我国科技经费管理相关理论的研究总体而言并不多，最早从20世纪70年代末80年代初开始。80年代以前，相关的理论研究寥寥无几。20世纪80年代以后，发文数量总体呈上升趋势，这种趋势自21世纪以来，尤其是2006年以来尤为突出，增速明显加快，在2016年左右达到顶峰，随后有所回落。结合我国科技经费管理改革的历程，可以发现这种变化趋势和我国科技管理及经费管理改革有着紧密的联系。

1.2 研究思路

一般来说，监管体系由核心要素、辅助要素构成，其中，核心要素是指该体系的主体框架，以及该体系所涵盖的基本功能；辅助要素则是为该体系的主体框架提供支持服务，从而保证其基本功能能够顺利运行的要素。本课题结合对当前我国科研监管工作及其江苏省科技改革发展需求的思考，对科研监管体系研究的相关文献进行了计量分析，同时还对发达国家科研监管体系的建设进行了研究分析，选择重点围绕该体系构成的核心要素，即该体系主体框架、基本功能进行分析比较。其中，重点关注监管体系确定的监管目标及其背后的监管理论/理念变化，基于监管目标更好实现的监管制度机制、监管组织体系、监管策略方法设计、监管结果应用等方面的比较研究。

考虑近年及时发现并响应科技创新范式变化、全球发展格局与科技形势变化，进行国家监管体系改革的国家有先有后，改革力度程度也不同，本项目重点选取美国、英国、日本发达国家，分析其体系设计与改革探索，结合我国科研监管体系建设与改革发展，研究提出适应新时代、新形势、新任务，能够更加有利于创新生态优化的江苏省新监管体系框架及其运行机制设计。

2 科研监管理论 / 理念的探索与比较

监管体系确定的监管目标、法规政策制度设计、组织实施机制等，无论是有意还是无意，事实上都有背后的监管理论/理念作为支撑。然而，有的监管体系背后的监管理论/理念明确、清晰、贯串从制度设计到监管实施全局，有的模糊、不统一，在整个监管体系构建中有的体现有的没有体现，或者体现的是相互矛盾的监管理念等。综合来说，过去我们在科研监管体系建设及其相关研究中对此重视不足。

2.1 监管理论及其应用发展态势分析

2.1.1 主要监管理论的发展及其应用情况分析

在学者们看来，早期的政府监管可以追溯到19世纪早期甚至更早，局限于经济性监管（economic regulation），意味着政府可以约束社会中的经济性行为，他们会采取一定的强制性措施，对个人和企业的违规违法行为进行惩戒，从而达到监管目的。19 世纪末 20 世纪初，古典自由主义理论代表的经济发展模式带来的负面效应日益严峻，随着经济性事务越来越专业化，同时社会性事务也日渐复杂化，传统的监管机制无法满足需求，监管活动开始应接不暇。美国政府率先开始探索，他们建立起了专门的监管机构，保证这些机构的独立性和专业性，再通过他们对市场经济进行干预。由此引发西方学界对监管问题的研究热潮。综合来说，这一时期政府监管理论以 20 世纪 30 年代以后出现的公共利益理论为主流代表，主要是强调政府监管是运用一系列政策工具对市场失灵现象进行宏观调控，保护市场中的有效竞争，而不是直接参与到市场经济过程中。因此，政府监管机构必须保证其专业性、独立性及科学性。分析相关文献发现，公共利益理论对于政府监管兴起具有较强的解释力，尤其是对于政府管制改革具有很大的启发，但它没有能够解释清楚，在一些发展中国家中，委托一代理关系并不完善，为什么政府监管会将公共利益摆在重要位置，而且没有解释清楚，为什么政府监管是解决市场失灵的最佳方式。

20 世纪 60 年代,美国政府的监管政策发生了重大的变化,社会监管（social regulation）逐渐兴起。社会监管则强调要保障公共利益，如公共健康、安全、人权、社会福利等。学者们对已有的经济性监管与新兴起的社会监管进行了进一步比较研究，从理论基础、政策目标、政策工具、政策对象等方面展开了深入的研究。由于学科领域的差异，不同学科学者关注的监管理论角度有所差异，但关注的问题具有共性，围绕这些共性问题，即政府监管的目标、必要性及不同主体的互动关系，进行了深入研究。

这一时期开始，国外学者开始从不同学科的视角，如经济学、法学和社会学视角对监管进行研究，呈现出多学科特征。其中，经济学视角下的研究重点强调公共利益理论和利益集团理论，而法学和社会学的学者们则提出了监管政治理论、制度主义与系统监管理论等。无论是公共利益理论还是利益集团理论，都注重对政府监管的原因、目的及社会价值进行探索，以求达到经济效益最大化。而利益集团理论发现了政府监管对社会资源分配的影响，以及监管机构在早期能够独立行使监管权力，而后期容易被利益集团俘获等的规律，但它忽视了政府利益与经济利益的不完全一致性，以及政府对利益集团的自主性与主动性，而且难以解释 20 世纪末在一些国家开始的“放松监管”改革运动。

目前，国内对于监管理论的介绍和引入，大部分基于政治经济学视角，即公共利益理论和利益集团理论，我国的相关研究也大多基于这两个理论。但此种视角下的监管研究具有较大的局限性，这类监管研究的重点主要集中在政府监管是如何产生的，却忽视了相关体制、组织及文化对政策执行的影响。

法学和社会学视角下的研究则很好地弥补了上述理论的局限性。在该视角下，法学的实际运用更受关注，它强调监管政策制定和执行中体制、文化、价值等的影响。其代表性理论为监管政治理论、制度主义与系统理论。监管政治理论实际是一种三方理论（Tripartism theory），强调政府监管是在公共利益、利益集团和自身利益三方利益中，寻求一种平衡关系。这一设计超越了监管活动中公共利益与利益集团两种理论的狭隘对立。另外，制度主义与系统理论还强调，在特定的制度环境下，必然会导致政府监管的出现，而社会系统由多个子系统构成，这一视角下的研究注重政府监管改革的多因素作用、正式的制度安排、组织结构，以及非正式的文化观念、历史传统等。学者汉切（L. Hancher）和墨郎（M. Moran）曾提出“监管空间”（regulatory space）的概念，它包含着制度安排、组织资源、价值观念及历史传统等要素，从根本上制约了监管行为过程。他们指出，除了接入监管活动的一系列行为主体，监管空间还关注其他的结构性因素，如相关利益网络的发展及主体间的制度性联系。学者们认为，该理论对分析监管改革，以及监管政策形成过程、监管效度很有说服力。制度主义监管理论启发我们对监管结构性因素进行考察，关注监管行为之外的宏观制度环境，便于我们分析监管改革产生的原因，当然，它对于相似制度环境下不同监管改革难以给出较好的理论解释，对于一些引起改革的偶然性事件也无法给出充分的论据。综合来看，20 世纪末之前的政府监管理论，主要来源于政治经济学视角、法学与社会学视角，形成不同理论，从不同角度对政府监管框架、制度改革、监管内容与手段选择等的设计提供理论支撑。这些理论之间既有相互矛盾排斥之处，也有共性及相互启发之处，在政府监管设计中需要深入分析及应用。由于我国监管理论引入与应用，大多基于政治经济学视角，对法学和社会学视角关注的监管框架、制度、组织资源、政策资源等重视不足，因此，在政府监管方面，存在既不重视监管体系建设，也缺乏理论支撑监管体系建设的情况，急需做出改进。

2.1.2 回应性监管理论兴起及其应用情况分析

2.1.2.1 回应性监管理论的产生及其核心内容

从监管理论的兴起及其应用分析发现，早期，政府监管被视为“公共权威对共同体价值关切的活动施加的持续和集中的控制”。然而随着经济不断发展，社会历史不断变化和进步，关于监管的研究也在不断深入，“公共权威”的概念逐渐得到稀释，不仅包括政府权威，还包括私人部门和非政府机构等部门的权威。在此背景下，很多学者从广义上将监管定义为“根据设定的标准有目的地运用权威来影响不同关系人的活动”。

1992 年，美国和澳大利亚的两位学者伊恩·艾尔斯和约翰·布雷斯维特首次提出，无论是政府唱“独角戏”的监管模式，抑或是不进行政府监管完全依靠市场自身自我调节的监管方式都难以将监管质效最优化，而应选择“回应性监管”进行监管改革。该理论的法理基础是回应性法理论，强调以回应性法来构建监管秩序，并把相关法律理念明确为 3 种法律概念，即压制性法、自治性法和回应性法。其中，压制性法在其合法性方面有着明显的缺陷，它制定了一系列强制性的规则，要求被统治者在其规则下进行活动，从而限制了他们的利益需求；自治性法对于新出现的社会问题无法快速、准确地做出回应，有一定的局限性，它要求各个政治主体，也就是立法、司法和行政三方职权相互分离，只能在形式和程序上表现出正义，实质上却差强人意。回应性法则强调对社会有差别反应，建立尊重和包容个体与多样性的共同体，同时提供检验、制定规则的权威性标准。

回应性监管理论有纵向和横向两大核心内容：纵向方面主要关注的是监管策略，也被称作“金字塔理论”；横向方面的关注重点则在监管权的分配上。其中，金字塔理论认为应针对微观与中观主体差异，采取不同的监管理念与手段，对个体被监管对象来说，以“劝服”为政府多数时候的监管措施，要以惩罚为盾，注意采用多元手段；对行业部门等中观主体重点采取策略性监管，以“自我监管”作为政府多数时候的监管措施，在一般的自我监管无法满足监管需求时，才会收紧监管自主权，施行进一步强化监管如酌罚式和超罚式命令型监管。

该理论的另一个核心内容是针对监管主体间的监管权分配问题。理论认为，根据监管目标的差异等，监管权可以对不同监管主体进行不同程度的让渡，为此设计了监管主体间监管权分配的 3 种方案。第一种是“三方主义”，即分配监管权给公共利益集团。监管者与被监管对象双方既需要合作，又不能让监管者因利益被监管对象所控制，而第三方公共利益集团则有利于帮助双方建立良性的合作关系，避免监管俘获现象的产生。第二种是强化型自我监管，即分配一定的监管权给监管对象，被监管者可以自行制定行为规范，并且根据规范对内部的违规违法行为自行处理。这种方案有两种模式：一是政府下放大部分监管职能给被监管对象，如制定规范、执行、监督、裁判等，由被监管对象自行行使这些职能，政府对其进行监督；二是政府仅下放除规范制定外的其他职能，并对被监管对象行使职能的情况进行监督。该监管方式可以让政府根据不同监管对象的情况分类别进行监管，减少被监管对象排斥和抵触的心理，同时将监管权下放给被监管对象使其自行管理，有效节约了政府监管的成本。第三种是“部分性行业干预”，即对某些特定行业中的单位实施差异化监管，通过维持一个行业中部分被监督单位的竞争来达到监管目的。这一方案主要有 3 种形式：一是骨干单位干预，政府通过对骨干单位进行干预和监管，根据其相关运营情况，设立一个相对权威的市场参数，而其他非骨干单位则需要根据该市场参数进行运营，政府会允许其轻微偏离，但不能差距过大，否则这些单位将难以在市场中生存；二是边缘单位干预，在对骨干单位进行干预的基础上，为了防止骨干单位“一家独大”的现象，还要对其竞争对手进行干预培养，从而保证良性的市场竞争环境，防止特定单位损害消费者的权益；三是多元化单位竞争，政府行使其裁判的职能，对各个被监管单位的表现进行评价，并依据评价结果对其进行奖励，引导和鼓励被监管单位按照政府制定的规则运营管理。

2.1.2.2 回应性监管理论的特征及其应用分析

一是它需要多元的主体参与。该理论的目标是要脱离一元“政府监管”的范式，让政府与其他社会主体共同参与，树立“大监管”理念，建立合作监管的模式。在这种模式下，政府需要简政放权，将监管权进行分配，与其他社会主体一同监管，在减轻政府监管负担的同时，可以更好地适应社会新局面。

二是它需要多元分层分类的监管手段。不同的监管对象存在一定的差异，他们有不同的意愿和态度，因此政府需要根据被监管者的实际情况实施不同的监管手段。正如上文所述，回应性监管理论要求多元主体参与，需要多主体共享监管权，只有当这些社会主体的监管无效时，政府监管才开始发挥战略威慑作用，监督和约束其他社会主体的自我监管行为。需要注意的是，政府监管的作用也是多层次逐级加强的。通常在监管过程中，会先运用一些软性手段进行监管，如劝服、协商等，当这些手段无法达到监管目的时，才会采取一些强制性手段进行监管，如行政、刑事处罚等，直到监管目的达成。

三是它需要完善的保障体系。回应性监管理论下的监管体系，政府是体系的核心，主要起协调作用。在该体系中，政府不会直接去对各被监管单位进行监管治理，而是通过非政府主体，让其建立自我监管制度进行自我监管，政府再对其自我监管行为进行监督，或是在其他主体自我监管无效的情况下实施监管。因此，这种监管能够增进政府监管与政府之外组织监管间的包容性理解。具体而言，政府监管可以促进被监管对象的自我监管行为。在该体系下，被监管单位会发现主动完善自我管理制度，相较于被强制建立相关制度更为有利。

四是它重新界定了监管活动中政府的作用。原有的监管体系下，政府直接参与到监管活动中来，制定一系列规则，发布命令并且强制被监管对象执行相应规范，而在回应性监管理论的体系中，政府的直接作用大幅减弱，不再直接介入监管活动，而是通过构建监管制度平台，引导其他社会监管主体共同参与，扩大监管范围的同时，监管的效率也大幅提高。

五是它有利于综合运用政府和政府之外主体的监管手段，并注重手段运用的恰当策略。监管手段不是单一不变的，对于不同类别的监管对象和监管环境，需要选择不同的监管手段。同时，监管手段也并非随机选择的，需要采取适当的策略，软硬兼施，先采取劝服说服等手段，当这些手段无法满足监管需求时，再采取强制性措施，不断加大监管力度，最终达到监管目标。

综合来看，法学和社会学视角下的回应性监管理论进一步弥补了政治经济学视角下的监管理论不足。在法学和社会学视角下，提出了纵向上关注监管策略制定的理论和横向上关注监管权分配的理论，强调劝服优先、惩罚为盾，并且优先鼓励监管对象进行自我监管，采取多元化的监管手段，并在此基础上发展出网络型治理、优基监管等衍生理论，构建了新型的监管模式。很多西方国家已经将该理论用于实际的监管活动中，并且成效显著。更加需要强调的是，该理论注重对监管对象进行劝服及监管对象的自我监管，监管对象的积极性和社会责任感往往会因此得到大幅提升，会对相应的社会行为进行自我约束。因而，回应性监管理论反映出的不仅仅是关于监管策略、监管权及监管手段的理论，它还可以作为社会价值体系的理论基础，帮助构建新的、制度化的社会价值体系，从而达到社会治理的目的。在回应性监管理论的价值导向下，政府主要负责制定规则，以及对规则外的行为进行监督、劝服和惩处，因而权威性和合法性得到保障，而被监督对象需要在大规则下进行自我监管和自我约束，因而会更有利于公共利益的聚合。所以，在该理论体系下，无论是监管活动还是社会治理活动，都会有助于社会良好稳定地运行，保障和提升公共福利。

这一理论在我国政府监管中的运用，能够增进政府监管与政府之外组织监管间包容性理解，重新界定监管活动中政府的作用，综合运用更多的监管手段等。然而，在我国当前公共管理的环境中运用该理论体系，还存在较大的局限性，如法治基础薄弱、监管能力和效率不足、治理格局不完善等，因此，在运用该理论时我们不能盲目照搬，而是要结合我国政府监管的具体环境，借鉴和汲取其先进经验，有选择性地逐步推进。

2.2 监管理论研究的发展趋势分析

项目组认为，在中国知网文献库中进行专业检索，分析文献年度发文量，可以厘清监管理论研究的基本情况及其发展趋势。

在中国知网文献库中以“监管理论”为关键词进行检索，共得到检索记录 881 条，经过查重清洗后得到有效记录 735 条。从发文量来说，国内对监管理论的研究是比较多的；从发文内容来说，更多集中在介绍和应用层面，尤其以金融监管领域为最，其次是食品安全等，几乎没有原创性的监管理论文章。为了深入分析监管理论及其应用，项目组进行了分类：一是金融监管类，具体包括金融监管理论研究及金融监管理论的应用研究；二是公共监管类，具体包括公共监管理论研究和公共监管理论的应用研究。

在分类统计的基础上，项目组得出监管理论研究分类图，其中631篇属于金融监管类研究，104篇属于公共监管类研究。金融监管类相关研究中有19篇专门针对金融监管理论研究，612篇属于金融监管理论的应用研究。公共监管类相关研究中有13篇专门针对公共监管理论研究，91篇属于公共监管理论的应用研究。

从检索结果来看，虽然有735条相关信息，但只有13篇公共监管理论研究，其中5篇研究回应性监管理论，4篇研究国际监管理论的演进发展，2篇研究后设监管理论，1篇研究监管理论创新，1篇研究激励监管理论。

综合来看，国内近年有关监管研究的盛况,并没有自动带来监管理论研究的突破,对西方监管理论的介绍偏少，对结合我国监管实践探索的监管理论更少。相对来说，对回应性监管理论的介绍和研究是整个公共监管理论中较多的。

3 发达国家科研监管体系建设的特点与启示

3.1 美联邦政府科研监管体系及其特点

美国是目前世界上最发达的经济大国和科技大国，由于多种因素，联邦政府没有设立科技行政主管部门，多个政府部门资助科研项目。为了确保各部门研发资助能够更好体现公共利益，并为美国赢得世界领先的国家目标，经过多年探索，美国联邦政府建立了以各部门总监察长办公室（OIG）为核心，政府行政系统内外部监管相协调，各研发单位（含高校、科研院所、企业等）内控监管相匹配，全面细致完备的法律法规制度体系为基础的国家科研监管体系。

这一体系从组织层面来说，是以政府行政系统有研发预算的各部门总监察长办公室（OIG）为核心，以国会、政府问责办公室（GAO）和其他社会监督三大监督主体为补充，以全国各研发单位（含高校、科研院所、企业等）的内控监管组织为基础，即1+3+n；从监管检查层面来说，是以各部门总监察长办公室（OIG）监督检查为核心，以政府行政系统外部监督检查（包括国会、问责署、公众监督）、独立审计机构审计为补充，以单位内控制度建设与自查、科研诚信建设为基础，即“1+3+1+n”。这一体系主责明确、框架完整、规范统一，对于确保联邦政府科研资助目标等发挥了重要作用，而且，一定程度上弥补了美国没有统一的政府科技宏观管理部门可能带来的各部门各自为政，监管规范不够统一等问题。近年来，美国进一步从监管理论/理念、监管制度机制等方面改革科研监管体系，值得深入研究。

3.2 英国政府科研监管体系及其特点

英国是世界上科技实力，尤其是基础科研实力强劲的发达国家。21世纪以来，英国科技宏观管理改革的步伐加快，政府科技管理与监督体制机制不断完善，尤其是科研监管制度方面的探索对我国科技管理改革提供了诸多启示。

目前，英国建立了以政府竞争性科研资金资助管理机构研究理事会、研究与创新署统一监审为核心，辅以政府行政部门监督、议会监督、审计监督、社会公众监督，以及各研发单位（含高校、科研院所、企业等）的内控监管组织，充分体现英国科研管理传统与相关理念的科研监管体系。

这一体系的组织架构可以用 1+4+*n* 表示。其中，1 是指独立的，政府竞争性科研资金资助管理机构研究理事会、研究与创新署内部统一的监审组织；4 是指政府行政部门监督、议会监督、审计监督，以及社会公众监督；*n* 是高校、院所、企业等受资助机构的内部监管组织。在监管检查体系中，以政府竞争性科研资金资助管理机构研究理事会、研究与创新署的监督检查为核心，以国会内阁对研究理事会等的监督检查为补充，以单位内控自查、科研诚信建设为基础，形成 1+1+1 的监管检查格局。

英国科技管理与监督机构分议会、政府内阁、非政府机构 3 个层次。在政府“双重资助”体系下，以研究理事会为代表的非政府机构是英国竞争性科研项目管理与监督的主要执行机构。英国研究理事会探索建立了统一的科研监审组织AASG，形成了统一标准，值得研究借鉴。

3.3 日本政府科研监管体系及其特点

日本作为后发追赶型的科学技术强国，适应其发展需要，探索了以科技法制为基础，以防止科研经费不适当使用为核心，各层级监管主体层层承诺形成的政府科研监管体系，值得深入研究和学习思考。

在这一监管体系下，日本科研监管组织体系可表述为 1+4+*n*，1 是指 4 个独立行政法人专业机构内部的科研监管组织；4 是指政府行政系统的监督、国会监督、审计院监督为代表的监管组织，以及社会公众监督；*n* 是指高校、院所、企业等受资助机构的内部监管组织。

3.4 发达国家科研管理经验分析及有关启示

3.4.1 探索革新监管理念，推进科研监管体系变革

近年来，科技创新的范式革命兴起，全球科技经济竞争格局快速变化，以美国为代表的发达国家率先启动对国家科研监管体系的改革，以期适应科技创新新形势，强化国家研发投资效用，保持 21 世纪领先地位。

美国对科研监管体系的改革首先从调整监管体系的构建思路出发，强调要改变原有的以日益增加监管要求来保障科研投入效率的监管思路；要关注整个科研体系构建整体的监管系统；要重新定义联邦政府科研监管部门的职责，在杜绝浪费、欺诈、滥用现象和提高资源效率、降低监管成本之间寻求平衡；要以最高标准规范科研机构和个人行为，形成诚信氛围，并在违反这些规范时给予合理制裁,以此来实现政府与科研机构的有效合作等。在此基础上，牵头此项工作的美国国会提出了一系列改进原有科研监管体系的建议，并提出在政府行政系统增设宏观统筹机制促进监管体系顺利运行。

这样的改革新思路，事实上反映的是美国科研监管体系构建的理念/理论依据发生了变化。它不再局限于普遍认为的防止公共利益受损思想，而是引入系统监管和回应性监管的思想，唤起及调整为新思路，更加关注整个科研体系的竞争力、效率和协调性，更加关注资助部门、科研机构和研究人员间关系，从而不断推动新知识、新发现和创新实践，达成国家研发投资目标。

2018 年以来，英国开始进一步探索改革政府科研资助与监管制度。虽然改革刚开始，但从改革基本内容来看，英国进一步加强了政府科研资助及监管的统筹，提升了监管机构及其负责人的位势。

美国为代表的发达国家按照新的理念，推进科研监管体系系统变革，值得深入研究。

3.4.2 推动法规制度改革，调整监管体系构建理念

发达国家科研监管已经形成依法履职、依法监管文化，科研监管活动在法律法规约束下顺利实施。近年来，调研发现，以美国为代表的发达国家，适应全球科技创新及科研管理新发展要求，在科研监管法规制度方面进行了非常明显的改革，调整了监管体系法律基础构建相关理念，值得研究借鉴。

例如，美国曾制定了分类细致的法律规章，具体规范不同科研主体科研项目资金管理使用。细致分类，便于管理者科学管理，是发达国家引以为傲的探索经验，也是我国一些部门和学者极为关注的重要经验。近年来，随着国内外科技创新形势和环境的改变，美国联邦政府在大量调查和反思中，发现过于细致的法规政令可能不利于高效率的科技创新。奥巴马政府时期，美国将原A-21 通告（有关教育机构的成本原则）、A-110 通告（高等教育机构、医院、其他非营利组织的资助以及其他协议的统一管理要求）、A-122 通告（非营利组织的成本原则）、A-87 通告（州政府、地方政府和印第安部落政府的成本原则）、A-50 通告中有关于单一审计法案后续跟进（审计跟进）的指南、A-89 通告（联邦国内援助目录）、A-102 通告（州政府与地方政府的资助与合作协议）等规章，统一为一项规章，即“联邦资助统一的行政要求，成本原则和审计要求（统一指导）”，2014 年 12 月生效。此次法规制度的改进，不仅是减轻了科研单位科研管理成本，便于相关机构和人员掌握、运用，更重要的是传递了监管体系法律法规基础理念上的变化。

3.4.3 强化监管顶层设计，奠定统一监管体系基础

近年来，科研监管领域的顶层设计成为发达国家纷纷实施的一种重要趋势。综合来看，这些制度安排主要体现在以下几个方面。

一是依托政府内部监督机构/组织，统筹开展科研监管工作。美国政府内部监督一直拥有统一的监督机构履行其职责，监察长制度通过联邦各部门属监察长办公室（OIG）开展独立监督，肩负延伸国会监督和完善部门内部管理的双重责任。英国研究理事会总会监审组织AASG的诞生、制度构建及其工作开展，显示了英国政府内部科研监管经历了从各研究理事会各自独立监管，到最终形成统一的政府内部监审服务组织，统筹开展监管工作的历程。日本政府近年通过综合科学技术创新会议及其下属的“竞争性资金政府部门联络会”强化了国家层面的监管统筹。“竞争性资金政府部门联络会”制定统一规则，同时解决不同部门不同制度之间的衔接问题。文科省与政府各相关部门依据统一规则及法律制定“研究资金管理监

督指南”等实施细则，文科省提供实施细则蓝本，其他省厅参照制定。项目管理专业机构、项目承担单位依据各自职责落实。通过这种层级监督权责落实的科研监管体系设计，提升了科技监督整体力量。

二是通过科研管理与监督网络整合碎片化的监管力量。发达国家科研监管体系内包括了对社会监督力量、专业机构监督、受资助单位内部管理与监督等各类监督力量。从美国、英国、日本政府科研监管体系组织结构来看，各监督主体的权责明确分工，解决了科研监管无序局面，配以科研管理信息平台运用，形成了立体的监管网络，有效整合了传统的碎片的监管力量，对优化国家/地区科研环境和科技创新环境发挥了难以替代的作用。

3.4.4 实行负面清单监管，节约成本，优化创新环境

从不同发达国家科研监管实践来看，美国、日本探索了比较明显的“负面清单”式监管。目标明确的负面清单监管剔除了“正面清单”思路下的一些监管工作，节约了监督成本，并对创新环境优化发挥了重要作用。

美国联邦政府科技研发领域防范科研不端行为及“黑名单”制度设计，是一种“负面清单”监管制度探索。联邦政府明确了科研不端行为内涵，制定了监管与惩处举措，其中，对于严重科研不端行为的“黑名单”惩处，对相关管理机构、各类承担单位及科研人员来说有很强的威慑力，被认为是政府内部监察长办公室OIG有效开展内部审计活动和监管调查的强有力工具。日本构建了“防止科研资金不正当使用”的竞争性科研项目资金监管层级承诺体系。政府部门制定了相关政策举措，项目管理专业机构、承担单位制定了政策落实举措，承担单位与项目负责人及科研骨干确定了彼此权责，层层承诺并落实，系统化防止科研不当行为，效果显著。

3.4.5 推进信息系统管理，防范风险，提升监管效率

发达国家不同程度探索了信息化监管，部分国家正在探索建立统一的科技管理信息系统，为剔除并防范重复交叉、统筹科研监管活动、提升监管效率奠定基础。例如，英国建立了统一的科技计划管理信息系统Je-s和科技经费监管报告平台Researchfish。借助Researchfish系统平台，可对科技项目经费进行全过程监管，2014年，英国七大研究理事会全部启用此系统。日本竞争性科研经费的配置必须通过“The Cross-ministerial R&D Management System”（简称“e-Rad系统”）完成。该系统是一个便于府省间横向联系的网络系统，它以竞争性研究资金管理为中心，杜绝研究经费重复分配和过度集中现象，实现对现有的和待定的科研项目的监督。

3.4.6 加强科研诚信建设，优化环境，降低监管成本

综合来看，近年来，发达国家已经将科研诚信与科研信用视为一种重要的监管机制加以运用，优化了科研环境，降低了监管成本。

发达国家先后设立了全国统一的科研诚信组织，系统推进科研诚信工作。英国原没有一个权威机构自上而下推动科研诚信体系建设，2005年以来，各学术团体协作整合推进科研诚信建设的趋势日趋明显，英国科研诚信办公室（UKRIO）的成立体现了这一趋势。

科研诚信立法，是发达国家完善科研诚信优化科研监管的重要基础。通过制定相关法律法规，对科研诚信及失信行为进行定义，规范学术不端行为，并按相关规定规范专业地处理

学术不端事件。美国发布了《关于学术不端行为的联邦科技政策》《美国联邦采购条例》《美国联邦非采购项目的普遍规则》等；英国发布了《科学家通用伦理准则》《良好科研行为管理准则》《科研不端行为调查程序》《关于良好研究行为管理的政策规范》；日本发布了《关于切实应对科研不端行为的意见》《关于处理科研不端行为的指南》，以及各单位的落实响应举措，形成了科研诚信治理的制度体系。在此基础上，发达国家对于科研诚信较好的单位和科研人员除例行要求外（如美国承担科研项目需要依据单一审计法接受审计等），较少进行其他监督检查，降低了监管成本。

4 我国科研监管体系的发展历程及现状特点

我国科研监管体系是适应科技创新投入发展形势变化，以科研监管相关制度建设为突破，以科技经费监督队伍为依托、以科技计划项目资金监管为基础，以政府科技监督为重要扩展，逐步构建形成。

4.1 我国科研监管体系的发展历程

我国对于科研经费、科技经费监管相关的理论研究与科技经费改革发展的步调基本一致，根据上述文献的计量分析及我国科技管理改革的历程研究，可以将科技经费相关的理论研究大致分为两个阶段，即“十一五”前和“十一五”后。我国对科技经费监管的研究大致可以追溯到20世纪80年代初期，在改革开放以前，我国科技管理工作的基础较差，管理情况较为混乱，几乎没有与科技经费监管直接相关的理论研究，所以在本篇中不做讨论。而后根据研究的侧重点，又可以分为以下几个阶段。

4.1.1 第1阶段：20世纪80年代至20世纪90年代

这一阶段可以说是经费监管的探索阶段。当时正值改革开放初期，国家刚开始进行科技体制改革。在这一时期，科研经费总投入不多，且缺乏相应的监管措施。当时科研经费监管研究的相关文献较少，学者主要结合国外尤其是发达国家有关科技经费管理的相关做法和经验，研究科研经费管理的方法，探索科技经费监管改革的方向。

4.1.2 第2阶段：20世纪90年代至21世纪00年代中期

这一阶段是经费监管研究的发展阶段，这一时期，发文量开始逐渐增多，研究方向也开始逐渐变得多样化。学者们已经探索出了科技管理改革的方向，并针对其进行了一系列研究。自1998年科技部和财政部联合发文提出“课题制管理”后，有关课题制管理的文献逐渐增多。关于科技管理体制，学者们主要的研究方向集中在“课题制管理”方面，包括课题制实施的利弊，实施的方法建议及完善的对策等。

4.1.3 第3阶段：21世纪00年代中期至10年代中期

“十一五”开始以来，国家采取主体计划和政策引导类计划并重的科技计划体系进行管理，后来整合形成五类科技计划。这一阶段是科技经费监管理论的成熟阶段，发文数量急速增长。在这一阶段中，有关科技经费监管方面的研究逐渐深入，大量学者发表了相关文章。研究的内容也从宏观上对管理机制的探索转向经费监管工作过程中的各个细分环节，研究科技经费监管中存在的问题及应对对策的文献数量位居前列，大量学者开始分析现有科技经费管理体制和制度中存在的弊端及产生的原因，提出了一系列的改善方法。其他文献还涉及如科研经费的投入与配置情况，科研经费的预算管理、支出管理和会计核算情况、科研经费的绩效评价情况等。各地市的学者们也根据本地区的特点和实际情况对经费管理情况进行了分类研究。

4.1.4 第 4 阶段：21 世纪 10 年代中期至今

这一阶段可以认为是科技经费监管理论的转型阶段，从发文量来看，相关文献数量有所回落，研究的方向也不仅仅是以科技经费监管中存在的问题及应对的对策为主导，为适应政策要求，学者们开始转向研究科技经费绩效考核评价及信用管理相关的内容。如李绍君（2018）认为高校应从科研经费投入、产出及管理过程 3 个方面设置绩效评价指标，颜莉（2018）等研究了湖北省科研经费绩效评价中存在的问题，认为应当从定性（包括社会经济效益、创新型和后续发展能力等）及定量（包括科研投入、产出和管理等方面）设置绩效评价指标体系，加强对科技经费的监管，提高经费使用效率。

4.2 我国科研监管体系的现状

4.2.1 我国科研监管理论体系发展现状

通过以上分析可以看出，我国经费监管的相关理论研究与我国科技经费管理改革密不可分。纵观我国科技经费管理改革，走过了一个从最开始的“放”到中间的“管”再到如今继续强调“放”的过程，随着改革的不断深入、监管体制逐渐变得科学合理和完善，我国学者们对于科技经费监管相关的理论研究的侧重点也有所变化，监管理念也在不断更新。迄今为止，已经有很多专家学者对科技经费监管的相关理论做出了研究，提出了各自意见和建议，但大部分的研究成果都是就目前现有的经费监管体制来谈如何改进和完善，或参考国外的经费监管制度汲取先进经验，很少有研究能跳出现有监管体制的框架。学者们在不断探索完善科技经费监管的有效措施，所提出的建议和方法几乎涵盖了从宏观到微观的各个层面，但仍然缺乏对科技经费监管机制有效运行的系统性研究。

如今，为贯彻落实“放管服”的要求，“信任”和“信用”在社会中被频繁提及，25 号文明确提出了要建立和完善以信任为前提的科研监管机制，强调要赋予科研人员在人财物上更大的自主权，这种机制无疑打破了传统科技管理及经费监管的模式。在现今的模式下，如何对科技经费进行管理，如何对科技经费的使用效益进行评价，如何建立有效的经费监管运行机制还需要学者们进行更进一步的探索和研究。

这一体系不是超前部署、系统设计的，而是随着形势变化逐步形成的，在组织结构、法规制度、监管检查体系等方面，均体现出碎片化特征，从其运行来看发挥了一定作用，没有实现体系应当发挥的系统化作用。

4.2.2 多元分层科研监管体系初步形成

4.2.2.1 科研监管制度框架体系的形成

科研监管政策体系逐步形成 2006 年以前，政府科研项目资金监督一直藏匿在政府科研项目管理中，没有引起重视，审计监督主要关注政府科研资金使用安全性和规范性问题，科技管理部门的人员也更多只关注到这一层面。

2006年以后，随着科技创新投入总量不断攀升，科研经费“跑冒滴漏”现象凸显，科研项目资金使用管理中多种“蛀虫”频生，优化全社会科技创新环境极为迫切。为此，国家层面先后发布了《关于改进和加强中央财政科技经费管理的若干意见》（国办发〔2006〕56号）、《关于改进加强中央财政科研项目和资金管理的若干意见》（国发〔2014〕11号）、《关于深化中央财政科技计划（专项、基金等）管理改革的方案》（国发〔2014〕64号）、《关于进一步完善中央财政科研项目资金管理等政策的若干意见》（中办发〔2016〕50号）等政策文件，提出了加强科研项目资金监管的多种要求，并对完善中央财政科研项目资金管理和中央级高校院所有关科研管理等政策，形成充满活力的科技管理和运行机制提出了相应的要求。

财政部、科技部等各项改革政策陆续出台。国家各主要科技计划开始专章列示科技专项资金监督管理要求；《国家科技计划和专项经费监督管理暂行办法》（国科发财字〔2007〕393号）发布；2015年以来，以深化科技计划管理改革为契机，科技部推动发布了一系列政策文件，加快了科技计划项目监督制度化进程。一是科技部、财政部联合发布《中央财政科技计划（专项、基金等）监督工作暂行规定》，对科技计划相关监督工作进行规范。二是发布《科技监督和评估体系建设工作方案》，推动建立统一的科技计划项目监督和评估工作体系。三是科技部、财政部联合其他13个部委发布《国家科技计划（专项、基金等）严重失信行为记录暂行规定》，对如何运用信用监督优化科技监督工作进行探索。四是发布《科技部落实国家科技计划管理监督　主体责任实施方案》，进一步明确了各监督主体的职责。五是建立合同约定机制，推动依法依规开展监管。这一时期，教育部、中国科学院等各有关部门相关文件陆续出台，一系列政策举措发布实施，政府科技专项经费监督政策体系初步形成。

综合来说，2006年以来，多项涉及科研监管的政策举措密集出台，带动了我国政府科研监管制度框架的初步形成。梳理这些法规制度发现，规范我国科研监管相关工作的法规制度主要以“办法”“意见”等形式颁发，只有一个是以部长令形式颁发，法规制度的效力有限。

与此同时，事中、事后的科研监管工作迅速开展起来，相关各界对科研项目资金监督在促进科研活动良性运行、整顿科研管理秩序、优化科技资源配置、完善科研创新环境等方面的作用有了不同程度的认识。

4.2.2.2 科研项目多元分层监督机制的完善

科研项目资金监督力量快速成长伴随政府科技专项经费投入及监督管理形势的急遽变化，一批专业化科研项目资金监督机构先后诞生，科研项目资金监督力量快速成长。

一是一批部门属科研监管机构先后诞生。2008年科技部经中央编办批准设立了科技经费监管服务中心（简称“监管中心”），强化专业专职的科技经费内部监督管理工作。它作为科技部直属单位，实际上一定程度肩负了加强国家科技经费监管的支撑服务功能。2010年以后，教育部正式设立了教育部经费监管事务中心，原卫生部将国外贷款办公室正式更名为卫生部项目资金监管服务中心，国家自然科学基金委在科研诚信委员会下设立了专业化监管机构。中国科学院则是由计划财务局承担院级科技活动的综合协调工作，以及财务监督与审计整改等工作。二是一批会计师事务所等第三方专业机构、地方科技经费监督力量等逐步参与科研项目资金监督工作中来。三是一些科研项目资金执行单位建立了相对独立的监督审计部门，或监管合作机制。四是财政、审计、纪检监察、人大、政协等，通过介入对科技项目资金的监督，履行相应职责。五是其他社会监督如公众和媒体舆论监督力量等也日益关注这一领域。

4.3 我国科研监管体系的不足

4.3.1 科研监管缺乏顶层设计，体系构建松散

国际经验表明，加强政府科研项目资金监督是政府履职的重要内容，需要法规制度举措给予约束，需要建立监督主体权责清晰的工作协同，是有机的体系设计。然而这样的有机体系建构在我国还没有真正确立。

4.3.1.1 监管法律法规保障薄弱

我国相对独立的政府科研监管起步较晚，在对科研项目资金监管认识和理解还不足，在监管法律法规建设和保障方面比较薄弱，还没有出台专门的科技监督的法律。

目前，对科研监管的法律仅体现在某些法条内容上，如《科学技术进步法》（2007 年修订）中仅在第 61 条规定“审计机关、财政部门应当依法对财政性科学技术资金的管理和使用情况进行监督检查”；与科技监督相关的法律主要基于审计与财务管理的需求，如《中华人民共和国审计法》《中华人民共和国会计法》《中国人民共和国预算法》等。然而，由于这些法律条规直接涉及规范科技监督工作的极少，其中某些法律规范还需进一步明晰等，科研监管事实上还没有获得权责一致的行动资源。

4.3.1.2 监督制度政策与举措“政出多门”、“各自为政”、宽严不一

我国政府科研监管是在国家科研创新形势和科研管理需求的催生下,各有关部门积极行动，不断出台相关政策举措而快速发展起来的。这些制度举措一方面快速响应了科研创新活动与科研创新管理需求，不同程度改进和优化了科研创新环境；另一方面由于来自多个部门，口径不一、宽严不一，缺乏统筹，从相关工作实践看，也对监管工作权威性有所削弱，事实上也让违规者找到了操作空间。2016 年 7 月底发布的《关于进一步完善中央财政科研项目资金管理等政策的若干意见》（中办发〔2016〕50 号）要求科技部、项目主管部门、财政部加强对科研项目资金监督的制度规范、年度计划、结果运用等的统筹协调，建立职责明确、分工负责的协同工作机制。但这一政策对新科技计划体系下监督力量的分散化和相关部门监督政策举措宽严不一等重视不足。

目前，我国针对科技计划项目资金的监管处于多项制度并行期。一方面，原有的监管制度举措还在执行，其中有些是明确针对原有科技计划项目资金的，有的并不明确特指；另一方面，各相关部门从自身履职出发，也在不断出台新的监管制度举措，政策举措仍然是“政出多门”。由于各部门出台的政策宽严不一，各自开展监督检查，对同一问题，各部门掌握的监督尺度不完全一致，有些认为是重大问题的，有些部门认为属于非重大问题，各自判定标准不一致，监督结论权威性受到质疑。科研监管政策举措“政出多门”，让科研单位一方面容易出现监督盲区或死角，另一方面也容易因监督宽严差异较大，提供更多规避与操作空间。

4.3.1.3 “打补丁”式政策改进理念模糊，需要系统优化

近年来，我国科研监管制度政策出台有一个明显的“打补丁”现象，陆续出台的科研监管相关新政策是对以前政策的不断完善，出发点是好的，在实际工作中的确起到了一定的积极作用，但是这种“打补丁”式的政策改进容易让科研单位和科研人员消极观望，让具体从事科研监管工作的机构和人员不断调整“是非、对错”的说法，对科研监管来说一定程度上不利于它的严肃性、权威性、有效性。从科研监管制度政策设计的理念来说，“打补丁”式的政策改进体现的是“正面”清单的思路，由于政府的有限理性和科研活动的不确定性规律，正面规范和约束总难以穷尽，加之我国正处于科技、经济体制改革深化阶段，因此不断有大大小小的政策“补丁”出现，我们不否认这种改革的主动性和积极性，但就监管领域来说，至少不应作为科研监管制度设计的主要旋律。

综合来看，监管相关政策制度改进存在“补丁”过勤，一些政策规定，不断修订，不利于科研单位贯彻落实;“补丁”过密，文件执行截止期不清晰，后续文件没有完全覆盖前文件，不利于科研人员清晰理解。“补丁”过粗，有些规定不够细致，不利于科研单位实际操作。如最新发布的50号文规定社会保险补助纳入劳务费科目列支，但对于住房公积金是否可以纳入该科目未予以明确，令科研人员感到困惑。

4.3.2 科研监管检查总量较多，碎片化现象严重

4.3.2.1 各部门各自为政，虚增科研单位被检查总量

调研发现，目前开展科研项目检查的单位主要有财政部、科技部、自然科学基金委、中国科学院、国家发展和改革委员会、审计署、国家国防科技工业局、多家行业主管部门、项目管理专业机构及本单位等。由于监督主体多元，各主体检查方式并不一致，没有统一的标准，检查工作缺乏统筹，有些也难以统筹，检查后缺乏结果共享，对于同时承担多种类型项目的科研单位来说，被不同部门检查、同一部门不同类型检查的概率增大，一定程度上造成了不必要的检查交叉重复。

4.3.2.2 监督检查标准化不足，降低了工作权威性

目前，一些部门将科研监管检查作为临时性、应急性、应付性的管理活动，将科研监管游离于科学管理之外，在具体的科技监督工作中，缺乏统一规范的工作标准，不同批次人员针对同一问题得出的监督检查结果常常不一致，一些处罚决定不敢下或难以执行下去等。各监督主体缺乏明确的彼此公认的工作标准，即使是依据同一政策文件，对一些具体问题的是非判断差异甚至也比较大。各监督主体充分享有监督工作“自由裁量权”，容易降低监督工作科学性与权威性，而且容易出现监管漏洞和廉政风险。

4.3.2.3 信息技术利用不足，增加了检查成本

一方面，现场检查与非现场检查还没有真正形成相互配合的灵活组合，监督检查泛化难以精准；另一方面，各类检查结果之间没有建立信息共享机制，不仅没有做到“一处受罚、处处受限”，反而有可能“此处受罚、他处享高誉”。国家科技管理信息系统拟启动科技监督评估信息化建设，但建设进展缓慢；各有关部门、机构监督检查信息壁垒和信息封锁比较严重，增加了监督检查工作面临的信息不对称困难。

4.3.2.4 监督检查方式多样，缺乏协同

调研了解到，目前各部门开展的检查主要有年度报告、中期检查、现场抽查、结题审计、结题验收、结题后抽查、巡视检查、专项督导、政策督查、举报核查等方式，各种方式均发挥着各自的作用。这些方式没有统一的规范和标准，各监督主体自行采用，各次各类监督检查结果信息碎片化，相关部门及单位担心风险防范没有到位，不得不重复检查。

4.3.2.5 其他多种类型监督检查并行，凸显检查频繁

一是必要的反腐廉政检查叠加增加了科研单位接受检查总量。这些必要的检查，由于涉及科研项目资金，叠加增加了科研单位接受科研项目资金检查总数。二是项目过程管理环节的检查叠加增加了监督检查总量。梳理科技部近年开展的检查，主要有项目管理流程中的中期检查、结题审计，以及真正属于监督抽查工作的专项（巡视）检查、专项审计。其中，属于监督抽查的比例一般占全部项目（课题）数的3%左右。三是探索新的检查方式效果不彰反而增加了科研单位负担。例如，某些科技计划项目为顺利通过审计、验收，探索了预审计、预验收方式，一次不行，两次，在预审计、预验收通过后再进行正式审计、验收，然而在结题审计，以及结题验收后的抽查时发现问题依旧频出。例如，从我们调研的情况看，单位自查与所属行业部门检查的频次近年明显增加，有的是自发组织的自查与行业部门检查，有的是国家相关部门要求的自查与行业部门检查，这些检查发挥了一定作用，但也存在一定的增加科研单位和科研人员负担问题。

综合来看，我国科研监管检查近年呈现“四多、四少”，即“多主体、多环节、多种类、多标准；少协同、少简化、少共享、少规范”的现象比较突出。

4.3.3 科研监管结果应用不足，缺乏监督权威性

从目前的情况看，科研监管结果应用明显不足，难以形成有效的压力和威慑，而且让被监督方对科研监管工作产生多种异议，既影响了监管工作效果，也降低了承担单位或个人的违规成本。监督结果的深度利用不够，主要表现在以下方面：一是各单位监督活动的结果与其他监督活动未建立共享机制；二是目前没有建立基于各类监督结果的课题承担单位或科研人员的信用评价机制；三是监督结果或违规行为处罚未与单位或个人项目申报立项相结合。

5 江苏省科技计划项目经费监管服务体系建设路径

5.1 职能定位

江苏省科技计划项目经费监管服务体系围绕建设“创新江苏”工作大局，以提高全省科技资金配置和使用效率为中心，以服务和监督为手段，促进科技资源优势充分发挥，促进科技管理水平提高，促进科技事业进步，支撑全省科技、经济、社会的协调发展。通过服务和监管工作，为市县加强科技经费监管提供业务指导和技术支持。

5.2 总体目标

构建系统的科技资金监管和服务体系，打造一支科学专业的监管服务队伍，制定一批规

范合理的监管方案，建设一个功能完善的经费管理信息平台，促进科技资金合理分配，提高政府科技资金使用效益，优化科研活动运行秩序，提升江苏省科技竞争力。

5.3 主要任务

5.3.1 加强科技经费监管基础研究

5.3.1.1 监管相关政策研究

通过文献调研、专家访谈、案例分析和实地调研等方式开展国内外不同类别科技计划（基础研究类、应用研究类、产业化类等）相关经费（包括财政资助等纵向经费、企业及个人资助等横向经费等）监管工作的政策、发展趋势和有关重大问题等的分析研究；开展科技经费投入、科技金融、科技资产管理等政策调研工作，总结相关经验，建立政策储备，提供科技经费等监管制度建设的咨询和建议。

5.3.1.2 监管理论研究

通过文献调查、概念分析、比较研究等方式开展国内外科技经费监管服务工作相关理论研究，分析其理论支持的构成、演变及未来的发展趋势；与有关部门合作，为完善适合江苏省省情的科技经费监管理论提供相关咨询和建议。

5.3.1.3 监管方法研究

通过文献调研、理论研讨、案例分析等方式开展国内外纵向和横向科技经费监管服务工作的方法的现状、演变、适用环境和发展趋势等研究；总结内部监管方法（报告、评估、检查、内部审计等）、外部监管方法（外部审计、诚信应用等）及其他方法的优点和缺点，结合江苏省的监管形势，储备相关监管方法，提供适合江苏省省情的科技经费监管服务方法、流程的相关咨询和建议。

5.3.1.4 科研诚信体系建设研究

通过文献调研、专家访谈、案例分析和实地调研等方式开展国内外科研诚信（道德）体系在不同主体上（高校、科研院所等事业单位，会计师事务所等社会中介，转制院所，各类企业及个人等）的构成、运行、管理及结果应用机制，分析其政策（法规）基础、协调机制及适用范围，结合江苏省科研项目实际，拟定江苏省科研诚信体系建设的方案、配套措施及实施细则，规范和促进江苏省科研诚信体系的构建。

5.3.2 改进科技经费预算评估评审

配合科技主管部门改革现有的科技经费预算管理办法，做好江苏省科技经费预算改革工作，在充分调研江苏省科研实际情况和国家及有关兄弟省市科技经费预算评估的基础上，制订江苏省科技计划经费预算评估评审的管理办法及具体实施细则，分类拟定不同类别（基础研究类、应用研究类、产业化类等）计划的经费预算评估评审方法、流程和相关管理制度，建立和完善配套的评审专家数据库，规范和完善江苏省科技经费预算的评审体系。

5.3.3 完善预算执行情况检查办法

目前，江苏省科技经费预算执行情况检查存在多部门执行、标准不统一、检查人员专业性不强等问题，导致检查“重形式轻效果”，没有达到检查目的。科技经费监管中心将组织人员开展预算执行情况检查的方法、制度、流程研究，建立一整套适应江苏省科研现状和管理体制的检查办法，建立和完善与之相配套的专家数据库、社会中介等支撑体系，分门别类地为各类科技计划制订合适的检查方案及相应的反馈机制。运用信息化手段，探索利用互联网技术实施科技经费预算执行情况监管的流程和办法，力求最大限度地节约检查成本，降低检查频率，避免干扰项目承担单位正常的科研活动。

5.3.4 优化科技经费财务验收流程

财务验收在科技经费监管流程处于十分重要的地位，组织财务验收旨在客观评价科技经费使用的总体情况，为项目（课题）验收提供重要的基础和保障。财务验收涉及财务管理制度执行情况、资金到位和落实情况、会计核算和财务信息情况、支出内容合规有效情况、预算执行情况和资产管理情况 6 个方面内容。科技经费监管中心将根据江苏省各类科技计划的特点，制订与之相适应的验收方法、流程和相关管理制度，使江苏省科技经费财务验收工作实现制度化、规范化和专业化，使财务验收工作在项目验收中发挥重要作用。

5.3.5 推进科技经费预算绩效评价

科技经费绩效评价是一项具有重要意义的探索性工作，推进财政科技支出绩效评价工作需要把握科研活动的规律和特点。科研活动自身探索性、不确定性和信息不对称的特点，决定了财政科技支出绩效评价工作的特殊性。“江苏省科技经费监管服务中心”将在财政支出绩效管理的总体框架下，认真研究符合科技活动规律和特点的财政科技经费绩效评价指标和方法，建立一套适应科技管理需求的科技绩效评价方法与工作体系。在全过程管理的基础之上，建立项目经费动态监测管理系统，对项目年度、中期、最终财务数据信息进行长期动态监测，为项目结题后的绩效评价提供连续、充分的证据支撑。

5.3.6 建设经费监管信息化平台及数据库

根据具体工作流程及经费管理的需要，研究经费监管活动中各类监管活动的特点，分阶段、分步骤地搭建科技经费监管信息化服务平台。主要内容：①建设中心网站。搭建江苏省科技计划项目经费监管服务体系网站，发布科技经费相关动态、政策、通知及中心信息等内容，使之成为江苏省科技经费监管工作的线上信息展示窗口。②开发科技经费工作管理系统。调研省厅现有项目管理系统，固化经费监管的工作流程，在技术可实现的前提下，增加经费管理模块功能，针对经费预算、执行、验收全过程进行流程控制，全面实现经费监管工作无纸化；开发科技经费监管软件，实现经费使用实时上报，实现对科技经费使用全过程的监控和管理。③开发企业、中介机构、专家数据库系统。实现科技经费使用、监管各相关主体的全面掌握、实时管理功能；企业数据库关联科技项目管理系统，达到事前了解企业历史、事中掌握企业执行、事后跟踪评价的目的；中介机构及专家数据库实现查询便捷、实时管理、信用评价及淘汰退出功能。

5.3.7 组建经费监管中介机构及专家队伍

制定科技经费监管中介机构及专家队伍的遴选规则、评价体系及退出机制，规范中介机构及专家在经费监管服务工作中的行为准则，并对中介机构及专家队伍进行日常管理。

专家队伍主要包括审计、会计、税务、金融、科技管理、信息管理等领域的高级专家，一般要求为高级职称，熟悉科技管理、科技政策、科技经费监管，参加过省厅及以上科技项目评审、审计或项目管理工作。专家的遴选一般为专家自荐、各级科技管理部门推荐等方式，最后经由省厅主管部门认定。

遴选的中介机构须满足团队规模、人员组成、从业经验等基本要求，一般要求承担过省、市级以上科技经费审计工作，对科技经费审计工作有较强的专业性和积极性；通过专家综合评价，遴选不少于 30 家、基本覆盖省内主要城市的各类中介机构，并签订业务委托协议；对其参加的经费监管工作进行记录，并实时跟踪，工作结束后对其进行信用评价，以 3 年为一个周期进行综合评估，不符合要求的中介机构取消委托协议，并在下一个周期不得入选。

5.3.8 构建权责分明的经费监管运行机制

“体系”建成后，将加强科学管理，运用科学的方法，做到既讲分工又讲合作，责权分明。建立目标管理责任制，做到目标明确，有章可循。根据监管服务工作的要求，对工作的内容、数量、质量、完成时限等提出明确要求。争取使软指标硬化，模糊指标数量化，使监管服务工作在各方面进到高层次，增强其可行性、可比性、可考核性。建立制约监督机制。建立阶段性的通报制度，督促检查制度，并对照工作目标的完成情况适时提出督促性的意见，以保障制度的落实力度和目标要求的实现。建立健全约束机制和激励机制。合理确定监管服务各要素之间的利益关系，鼓励内部人员的创造性劳动，对有突出贡献的监管服务人员给予奖励。研究科技经费监管活动中的各类监管、服务对象的需求，针对不同类别的经费监管活动参与者，开展有针对性的培训，如政策培训、专项培训、专题培训等；开展经费监管政策宣传，并根据服务对象的需要，开展科技经费相关的政策咨询服务。

6 构建面向新时代科研监管新体系的保障措施

当前，新一轮科技与产业变革快速演进，全球科技竞争日趋激烈，科技创新的范式革命正在兴起。在新时代来临之际，总结发达国家科研监管改革探索和我国近年改革实践，梳理监管理论及其应用发展趋势，项目组研究提出，要加快调整江苏省科研监管思路，明晰监管目标，加快构建适应新时代的科研监管新体系，更加有效地提升科研体系竞争力。为此，报告提出如下重点建议。

6.1 改进科研监管理念，解决体系构建基础问题

重新定义科研监管理念，明晰政府科研监管目的和监管思路，将过去更多停留在防止公共利益受损，杜绝浪费、欺诈、滥用行为层面的监管目标，调整到以提升整体科研体系的竞争力、效率，促成国家科技创新投资目的实现的监管新目标。为此，需要关注如何以较低的监管成本防止公共利益受损，如何在监管活动中更好地调动科研单位和科研人员积极性，优化科研秩序。按照新的监管目标构建的国家科研监管新体系，需要坚决摒弃以日益增加的监管要求来保障科研投入效率的思路，坚决摒弃在此思路下，不断叠加监管制度要求，不断叠加表格等填写材料，层层加码，以高昂代价防止公共利益受损，实际难以保护科研活动参与主体积极性，甚至恶性循环，难以有效实现国家科研投入目的，带来公共利益实际受损的做法。

重新定义政府在监管活动中的角色，发掘政府资助者与研发单位及项目负责人被监管者

合作的新方式。运用回应性监管理论，区别政府对科研单位与项目责任人的监管角度，将单位“尽责”“自我监管”，与项目责任人“基于诚信”“劝服”作为对各自监管的首要形式，摒弃一元的“政府监管”范式，树立“大监管”理念，构建政府与其他社会主体合作的监管治理新模式。针对科研监管很难监控所有科技创新及其组织实施的客观规律，摒弃不断叠加监管要求，频繁地、碎片化地、粗放地启动监督检查难以获得更好科研监管效果，反而推高降低科研监管成本的做法，切实减轻科研单位和科研人员心理负担，增强其科研创新活力与动力。

当前，用新理念再造整个科研监管体系的过程中，需要将新理念融入监管组织体系设计理念、检查工作理念、具体制度工作等各方面进行贯彻落实，而不是让传统理念与新理念共同作用监督工作，最终形成更为烦琐的监督检查。

6.2 改革科研监管制度举措，系统化约束不当行为

现行科研监管法规制度体系，是在不断叠加监管要求等管控思路指导下，各有关部门和单位不断适应当前科技投入与科研监管形势变化而陆续出台的分散、碎片化、“打补丁”式的制度、政策、举措“集合”。政策制度比较丰富，在应对社会需求开展科研监管工作，改进科研秩序方面发挥了一定作用，但存在法律法规制度政策不健全、不衔接、不配套，甚至在执行中存在一定冲突的情况。另外，经过多年积淀，在国家层面与各级各类相关机构层面，也形成了资助管理科研项目的各具特色的资助文件、政策规定、流程规范、报送报告、监督检查类型等。对于科研单位来说，它要按照不同部门的以上各种不同要求进行管理与内部监督，大幅增加了管理成本，其中有大量工作需要科研人员完成或配合，给科研单位与科研人员增加了不必要的负担。

当前，改革科研监管制度举措的工作主要有 3 个方面，一是严格审查和评估科研监管相关制度（包括法律、法规、制度、政策、指南和要求），要求各部门均按照具体的任务进行改革，或归并，或废止，或修订，从源头上调整并简化制度要求。同时切实改进监管立法不足的问题。二是修订、完善相关制度政策与机制，形成统一的政府资助项目监管要求，编制成册，令监督双方均能有章可循。三是建立制度落实的跟踪、督查机制，坚决执行完善后的科研监管相关制度政策。

6.3 建立统一科研监管机制，提升科研监管效用

科研监管涉及的部门、机构较多，从监管内容上说包括科技政策落实、科技计划实施、科研项目资金管理使用等多个方面，科研监管工作“政出多门”“各自为政”增加了大量不必要的监管成本。新一轮科技计划管理改革构建了新的科技计划体系，在计划项目资金分配端一定程度上优化了资源配置，但对于相关各部门科研项目资金监督职责，尤其是分散到各专业机构的科技计划项目资金过程监管相关职责，还没有明确的监督统筹机制落地。

当前，加快建立统一的科研监管机制，需要从顶层设计层面、管理部门层面、具体监督检查工作层面分别建立可操作的监督统筹机制。在顶层设计方面，发挥科技计划（专项、基

金等）管理部际联席会议有关科研监管宏观统筹协调职能作用，建立健全层级权责落实的政府科研监管体系，实现“政出多门”下的要求一致，增强监督的权威性。在管理部门层面，细化落实顶层监管制度要求，形成统一的、简化的操作性要求及相关制度机制，牵头制定统一的监督工作计划、工作规范与标准，建立监管信息共享与结果共享机制，探索建立统一的科技监督信息系统，防止“各自为政”。在具体监督检查工作层面，落实并执行监督工作计划，按照统一的工作规范、工作标准开展监督工作，推进监督工作程序简化、报送材料简化及无纸化改革，探索精准监督，减少不必要检查。

当前，开展信息化监管，首先是在现已开展的管理端信息化建设、视频远程监督、监督单位抽取等探索的基础上，依托公开统一的国家科技管理信息系统，加快构建科技监督信息系统，开展真正意义上的信息化监管，推动多主体监管工作协同，在此基础上实施重点监管，减免不必要的现场检查；其次，要积极运用监督信息平台，实现监督工作信息互通、结果数据共享，协调优化工作重点、工作布局，实现对各主体和不同部门之间监督检查工作任务的统筹；探索开展大数据监管，进一步弥补系统内监督信息不足，提升科技监督工作准确率，并为其他类型的监管，如信用监管提供重要支撑。

科研监管体系是在深化社会主义市场经济体制机制改革，加快政府职能转变和提升政府治理现代化水平的进程中，在国家科研创新形势和科研管理需求的催生下,各有关部门积极行动，不断出台相关政策举措，而快速发展起来的。由于体系建设时间短，体系构建中的一些基础问题还没有解决，亟须加快科研监管领域的“供给侧”改革，加快构建新型科研监管体系，提供更加有效的制度供给与服务，为加快建设世界科技强国与支撑高质量发展做出更大贡献。

课题负责人：孙　峰
课题组成员：夏　婷　姜　玮　丁洁莹　钱冰怡　李文静
撰　稿　人：孙　峰

科技传媒

第二轮《江苏省志·科学技术志（1978—2008）》编纂工作

一

《江苏省志·科学技术志（1978—2008）》（简称《科技志》）的编纂着眼于30年改革开放的时代背景，着重记录江苏省科技事业走过的光辉历程、取得的非凡成就和积累的宝贵经验，力求体现时代特点、江苏特色和行业特征。编纂工作自2008年9月省政府办公厅发文启动，至2019年6月编辑部按照志书编纂要求完成修改定稿，经过整整11年时间。时光荏苒，白驹过隙，回顾那些走过的历程和瞬间，皆是编纂团队全体成员不懈的努力和辛勤的付出，展现在我们面前的满是江苏30年改革开放、科技创新、发展跃升的壮丽篇章。

在江苏省科技厅的统一部署和工作指导下，2009年11月启动了《科技志》的编纂工作，编辑部于2014年1月组建后，对省内外兄弟单位的志书编纂情况进行了系统调研和学习，完成了《江苏省志·科学技术志（1978—2008）》编纂工作的规划方案。2014年6月，省科技厅致函省科协、中国科学院南京分院及省知识产权局协调志书编纂工作。9月，发文成立了《江苏省志·科学技术志（1978—2008）》编纂委员会。

2015年2月，按照江苏省地方志办公室的要求，编辑部将编纂大纲从部门志调整为行业志，增加了包括基础科学、工业科技、农业科技、公共事业科技和医药卫生科技等在内的行业科技内容，志书所涉及供稿单位由原来的3个增加到全省28个厅局。7月，省科技厅蒋洪副厅长组织召开编纂工作布置会，统一了工作思路，通过了工作方案，落实了编纂经费，明确了责任分工和任务目标，为《科技志》编纂工作全面推进奠定了基础。9月，召开《科技志》编纂大纲专家论证会。11月，省科技厅致函28个供稿厅局单位，征求对于编纂大纲的意见。根据反馈意见，对编纂大纲进行了补充和修订。12月，省科技厅调整编纂委员会组成人员。调整后的编委会成员单位包括了省科技厅、省经信委、省教育厅、省农委、中国科学院南京分院和省知识产权局6个单位，由省科技厅厅长王秦任主任，省经信委副主任秦雁等7人任副主任。编委会下设办公室和编辑部，编辑部设于江苏省科学技术情报研究所。

2016年1月，省科技厅批复同意编纂大纲并报省方志办备案，同时向相关厅局单位发函征集稿件及相关资料。江苏省科学技术情报研究所、东南大学和中国科技开发院江苏分院决定组建联合编纂团队，共同完成《科技志》编纂任务。4月，联合编纂团队召开志书纂写专题会议，正式启动纂写工作。根据编纂大纲将志书划分为6个部分，首先确定“科技管理与科技资源”章节作为第一个试写长篇，具体分为8个小组共24名团队成员来纂写。5月，时任省科技厅副厅长蒋跃建专门听取了编辑部的工作情况汇报，书面批示肯定了编辑部的工作，并针对解决组稿工作中遇到的问题和难点做出具体部署。6月，蒋跃建副厅长在省科学技术情报研究所主持召开了编纂工作座谈会，重点讨论组稿工作。省政府原副秘书长、第二轮《江苏省志》何国平责任副总纂、省方志办省志处严晓明处长及编委会成员单位相关负责人参加了会议。7 月底，《科技志》试写长篇按期完成，为志书其他 5 部分的纂写及全面推进积累了经验。

2017 年 8 月，在联合编纂团队的共同努力下，《科技志》初稿纂写工作全部完成。9 月，专家团队完成了志书初稿的补充修改工作。11—12 月，按照工作流程，分别组织编辑部和行业志书专家对初稿进行了初审和复审。

2018 年，在江苏省科技厅办公室的具体指导下，通过对相关单位发文和联系国家档案馆及科技部查询的形式，继续补充征集素材，编辑部对志书中有关成果奖励的章节内容再次进行了核实、补充和完善。

一路走来，《江苏省志・科学技术志（1978—2008）》全体参编人员本着对历史负责、对事业负责的态度，严格审核、精益求精，力争做到志稿体例规范、资料翔实、行文严谨、内容客观，出版后能够成为一部精品良志。

二

1978 年全国科学大会后，江苏省的科学技术事业迅速恢复，并迎来了大发展。同年，江苏省召开了科学大会，表彰了 413 个先进集体和 541 位先进科技工作者，奖励了 1228 项科技成果，随后逐步恢复和新建了一批科研机构。至 1987 年，驻江苏的部属科研机构有 53 个，省属研究机构有 74 个。1978 年，全省自然科学技术人员共 259 999 人，1987 年增至 571 690 人，其中属部属单位的有 102 357 人，属地方全民所有制的有 375 725 人，属集体所有制的有 93 608 人。省级自然科学学会有 96 个。全省共有 23 种大型精密仪器共 2052 台，其中进口设备 796 台。省内各高等院校都建立了多种科研机构和实验室。各大企业内亦成立了科研机构和产品开发室，省内初步形成了学科与技术门类齐全、配置合理、研究力量雄厚的不同层次的科研群体。

科研经费逐年增加。1980 年全省科技三项费用为 4460.75 万元，科研事业费 423 万元，科研基建费 550 万元。1987 年，科技三项费用为 5634.51 万元，科研事业费 4244 万元，科研基建费 1605 万元。

农业、水利方面，1979 年建立江苏省农业自然资源调查和农业区划委员会，全面开展了水、土地、生物、气候资源和社会经济技术条件的调查与评价，运用农业系统工程等先进方法，开展农业结构调整和区域性农业发展规划。培育了一批粮食作物、经济作物、林木、果树、蔬菜及畜禽的优良新品种，完成了一些作物的高产栽培技术、叶龄模式栽培技术、免少耕技术的研究，在植保、畜禽病防治、化肥和高效农药等方面取得了一批新成果，开展了大规模的水产养殖和特种水产养殖试验，发展了远洋捕捞。水利科技水平进一步提高，重点进行江水北调、京杭大运河苏北段续建工程等。

矿产、能源等方面，至 1987 年，查明江苏不同地质构造单元成矿的控制条件，发现矿产 101 种，探明储量的矿产达 66 种。建设了井深 800 米、年产百万吨以上的大型煤矿井。电业方面，完成国产 20 万千瓦、30 万千瓦机组的设计、安装、投运和完善工作，以及 500 千伏输变电工程安装投运工作。化工工业方面，10年内共试制重要新产品586项，南京化学工业有限公司、中国石化集团金陵石化有限责任公司烷基苯厂、中国石化扬子石油化工有限公司、中国石化金陵石化公司等大型企业相继建立，江苏成为全国化工基地之一。机械工业方面，相当一部分新产品属引进制造技术，已有100个行业，生产品种达1.3万种。

江苏省的电子信息技术及产业经过新中国成立后几十年的建设，尤其是经历了“六五”“七五”期间的大规模技术改造，取得了长足的进展。在“八五”期间，电子信息技术及产业发展迅速，电子信息技术及产业结构从20世纪80年代的以制造业为主转变成制造业、软件业和服务业并举的格局。计算机行业在全国电子信息产业中已占有重要地位，拥有中国华晶电子集团公司、南京熊猫电子集团有限公司、江苏富士通通信技术有限公司、江苏紫金电子集团有限公司、同创集团等大型电子信息企业集团。1987年全省市级以上电子研究所有12个，研究范围涉及雷达、军民用控制系统工程、计算机开发、软件工程和集成电路等，在电子科技很多方面处于国内领先地位。在纺织工业方面不断更新装备，电子技术普及应用，气流纺纱、无梭织布等技术的研究和产品开发均达到较高水平。

江苏省国防工业系统是江苏各大行业中科技力量雄厚、设备精良、技术密集度最高的一个行业，拥有部属和地方大中型军工企事业单位40多个，工程技术人员2万多名，在航空航天方面及液压、激光、超声、真空、微波、分离、传感、计算机及其软件、光学电子、精密机械加工技术等方面，具有一定的技术优势。江苏省国防科技系统利用军工技术的优势，在引进技术的消化、吸收、创新方面取得多项成果，开发出一批具有国内先进水平的光、声、机、电相结合的新产品。

建筑方面，开展了工业化建筑体系的研究，建筑队伍走向全国，建筑技术和装备水平显著提高。建材工业也呈现欣欣向荣的局面。交通、邮电和医疗卫生方面，均有诸多新的成就。

1985年，省政府决定建立江苏省专利管理局，并经中国专利局批准，设立中国专利局南京代办处，开展专利管理和受理专利申请工作。截至1987年年底，全省累计申请专利3328件，授权专利700件，数量分别列全国第三和第四位。同时，科技情报工作得到加强。1978年，恢复并扩建了江苏省科学技术情报研究所，此后各市、各行业也都建立了相应的专业情报机构，形成了科技情报网络。省科学技术情报研究所已收藏中外科技期刊8000多种、中外科技图书9万多册、缩微专利文献600多万件、专利说明书1500万件，并配套多种检索系统，全省科技文献中心初步建成。

1985年8月，江苏省政府召开全省科技工作会议，传达贯彻《中共中央关于科学技术体制改革的决定》精神，开始进行科技体制改革。科研机构的研究重点转向应用研究和开发研究，研究领域由单项向多学科协同和综合性、区域性的方向发展。地学、天文学、植物学等基础学科在国内有一定地位。地学方面已形成包括古生物、地质、地矿、地理、地震、土壤、气象的研究基地。农业、水利、机械、纺织、化学、医学、电子、建筑等方面形成了各自的特色。全省科学技术发展迅速，科研成果众多。1986年5月26日，省政府在南京召开江苏省荣获国家科学技术进步奖授奖大会，奖励获国家科技进步奖130项、国家发明奖5项、国家科技攻关奖13项、先进个人4名。1978—1987年，获得国家发明奖53项，其中高产抗病甘薯品种“徐薯18”获一等奖；获得国家自然科学奖18项，其中晶体缺陷的研究，硅酸聚合作用理论，华南花岗岩的地质、地球化学及成矿规律的研究，中国植物志第七卷《裸子植物》，中国世界时系统的建立和发展成就，中国若干门类化石等获二等奖；以第一完成单位获国家科技进步奖的项目共117项，其中小同轴电缆960路载波通信系统，毫米波体效应二极管及振荡器系列，卫星通信地面站广播、电视、伴音传输设备，中国褐稻飞虱迁飞规律的阐明及其在预测预报中的作用，中国综合农业区划，“光爆锚喷”新技术在矿井支护中的推广应用，电刷镀技术及其推广应用，黑曲糖化酶酶活的提高及其在工业上的应用，杉木第一代种子园研究成果的推广应用等获一等奖。省政府对这一时期所取得的科学技术成果共授予省科技进步（成果）奖的项目计3536项，其中江苏省海岸带和海涂资源综合调查获特等奖；碳酸丙烯酯脱除二氧化碳和硫化氢的方法、新构造分析在水文地质和工程地质中的运用、天体力学基础理论研究、地下水资源评价和水位预报方法的研究、角相位重合回转式电火花精密加工工艺及其设备、E3256微波频率自动置换装置、江苏滨海盐土植棉技术体系研究、现有化工装置统计调优操作法、西太平洋中新生代活动大陆边缘和岛弧构造的形成及演化、水稻品种不同生育类型叶龄模式、江苏综合农业区划、φ1400毫米尿素合成塔、石灰石砂铸钢技术、江苏省淮北粮棉油牧果桑优势产品增产技术研究和配套技术开发、年产52万吨二氧化碳气提法尿素装置国产设备、江苏省农田水利分区治理技术及推广、单井同位素地下水流向流速仪等获一等奖。大量优秀科技成果用于生产，促进了社会经济的发展。各行业和各大企业又先后引进一批国外的先进技术和成套设备，加以消化、吸收，缩小了同国外先进科学技术水平的差距。1988年，江苏省获国家级发明奖1项，科技进步奖1项，自然科学奖13项，星火奖7项，省科技进步奖共373项，其中一等奖2项，二等奖25项，三等奖108项，四等奖238项。

1986—1988年，江苏省各级科研机构通过改革，逐步引入竞争机制，积极推行各种形式的科研经营管理责任制，科研工作效率显著提高。实行所长负责制或所长任期目标责任制的科研机构占总数比例从1987年的26.6%上升到1988年的46%。1988年下半年省科委等6个部门发布《关于江苏省全民独立科研机构承包经营责任制暂行规定》，进一步促进科研机构转变运行机制，主动为经济建设服务。科研机构经费总收入增长25%，而其中政府拨款额下降10%，科研经费的增长全部来源于横向收入的增长，增长了近1.5倍。科研机构在改革中积极探索，以多种形式导入经济，进入企业、企业集团的科研机构从1987年的20个（占总机构的6.4%）增加到1988年的32个（占9.6%），增加了60%。1988年技术转让成交金额比1986年增长近2倍，其中大中型企业受让比例从1986年的40.2%上升到1988年的49.4%。

1988年，省政府颁发了《江苏省技术市场管理暂行办法》，成立江苏省技术市场管理办公室。“统一管理、多家经营”的技术市场体系开始形成。全省1988年共成交技术合同2.87万份，总成交金额4.26亿元，居全国第四位。工业企业特别是大中型企业在技术市场中渐趋活跃。其中军工企业成为技术市场的一支重要队伍，1985—1988年中先后向民用工业转移科技成果及各种技术近8000项，直接经济收益7994万元，为地方培训人才5.1万人次，并把重点放在开发高新技术的合作上。

农业综合科技推广服务体系建设加快，全省农业科研、技术推广和培训统筹管理局面初步形成。1987—1988 年，政府每年投资 5000 余万元用于各级农业技术推广机构的建设。1988 年全省已建农业技术推广机构 466 个，比 1987 年增加 97.9%，拥有职工近 4 万名，其中，技术干部占 59.6%。

为推进县、乡两级科技进步，1988 年江苏省和南京市从高校、科研机构和大型企业选派 32 名科技人员任科技副县长，并组织开展了选配、培训乡镇科技助理工作。1988 年年底，全省 90%的乡镇配备了科技助理，并逐步实行了目标管理，建立了工作制度。省政府制订了《1988—1995 年全省农业科技攻关重点项目规划》和《农业技术推广重点项目规划》，形成了全省统一的目标和工作计划。依照省政府决定，从 1988 年起，建立了省农业科研攻关、推广重点项目基金，为实现农业科技投入产出的良性循环奠定了基础。

民办科技机构是经济体制改革和科技体制改革的产物，很快发展成为江苏科技活动中的一支重要力量。到 1998 年上半年为止，全省共有民办科技机构 300 家，从业人员 7000 多人，总收入 3641 万元。1986—1988 年，全省民办科技机构的技术性收入占总收入比例保持在 70%左右。1988 年，在民办科技机构经费支出中，科研业务经费支出接近总支出的一半。人均技术性收入高于全民科研机构纵、横向技术性总收入的人均值。

江苏省从 1986 年开始实施专业技术职务聘任制度改革。到 1988 年年底，全省全民事业单位有 41.68 万名自然科学专业技术人员受聘专业技术职务，占同口径专业技术人员总数的 66.4%。

全省的全要素生产率（包括技术水平和管理水平、资源配置、规模节约对生产增长的贡献）已从 1978 年以前的 14.4%提高到 1988 年的 24.2%。

三

1988 年 12 月 25 日，江苏省七届人大常委会通过了《依靠科技进步振兴江苏经济的决定》，1989 年 1 月 5 日，省委、省政府做出《关于依靠科技进步振兴江苏经济的决定》，在全国率先确定了“科技兴省”（1994 年将“科技兴省”充实为“科教兴省”）的发展战略，并提出了科技进步的方向和目标。确立“科技兴省”的发展战略，是要改变过去长期依靠外延发展经济的老路子，在发展战略上实行转轨，切实转到依靠科技进步、提高劳动者素质和提高经济效益为中心的发展轨道上来。“科技兴省”发展战略的确立，标志着江苏社会经济和科技进入协调发展的历史新阶段，科学技术真正被作为第一生产力，并得到了前所未有的新发展。

“科技兴省”的主要目标和工作方向：①大力推进科学技术向生产力转化，使全省在经济增长中科技进步的份额有较大提高；②大力加强科技开发，加强引进技术的消化、吸收、推广、创新，加快工业企业的技术改造，切实调整产业结构；③大力研究、开发和推广适用性强、见效快的农业科技成果；④加快高新技术产业化的进程，有选择地开发一批附加价值高的高新技术战略产品；⑤提高全省科技能力综合水平；⑥运用现代科学技术，加速社会事业现代化的进程；⑦加强国际技术合作；⑧形成一支在素质上与江苏经济、社会发展相适应，以应用研究和技术开发为主体、结构合理的科技队伍；⑨加强建立适合江苏经济、科技和社会事业发展需要的现代化的社会教育体系，努力提高劳动者素质；⑩ 逐步建立强有力的科技进步政策和保证体系，加强科技立法工作。

“科教兴省”战略的实施，有力地推动了经济建设的发展。全省国民生产总值提前 7 年实现第二个翻番，1995 年达 5155 亿元，“八五”期间年平均递增 15.7%。科技进步在经济增长中的份额显著提高，1995 年工业技术进步贡献率达 38.5%，农业技术进步贡献率达 50.9%，分别比 1990 年高出 14.1 个和 8.7 个百分点。

高新技术研究和产业化取得突破性进展。“八五”期间全省完成国家和省级攻关项目 121 项、火炬项目 635 项，实施后累计新增产值 110 亿元，利税 19 亿元。1988 年 4 月 11 日，由国家科学技术委员会征得国务院特区办公室同意，批准建立南京浦口高新技术外向型开发区，1991 年 3 月 6 日国务院正式批准为国家高新技术产业开发区。1991 年 4 月，经国家科委批准建立南通高新技术产业开发区。1991 年 5 月 27 日，国家科委正式批准建立苏锡常“火炬带”及其实施方案。1992 年，经国务院批准，建立苏州、无锡、常州 3 个高新技术产业开发区和宜兴环保科技工业园。1994 年已累计基建投资 105 亿元，进区企业 2 304 家，其中三资企业 527 家，吸引外资 24 亿美元。1995 年，实现技工贸收入达 270 亿元，比 1993 年增长 3 倍。1992 年 8 月，省科委制定了《江苏省高新技术企业认定实施细则（试行）》，1993 年 1 月 6 日正式认定首批高新技术企业后，1995 年全省已正式认定 432 家。高新技术促进了传统产业改造。1995 年全省高技术产品产值 313.57 亿元，高技术产品销售收入 281.04 亿元，新产品销售收入 639.69 亿元，占全省工业销售收入的 10.2%。苏锡常“火炬带”已形成了以火炬为旗帜、以高新技术企业为支撑、以高新技术产业开发区为核心、苏锡常火炬带为辐射走廊、其他地区不断培育新产业生长点的区带结合、点线面结合的发展高新技术及其产业的新格局。截至 1998 年，江苏共有国家级高新区 5 家（含苏州工业园区），实现技工贸总收入 1100 亿元左右。

“科技兴农”推进了农业和农村经济的发展。全省围绕“增粮增棉、保供增收”目标，实行科学研究、技术开发、试验示范、推广服务相结合，建立了宁镇丘陵资源开发（句容县、溧水县）、太湖农区稻麦生产机械化（锡山市、昆山市）、沿江高沙土培肥及多熟制配套技术（如皋市、姜堰市）、淮北中低产地区（东海县、沭阳县）、盐碱土改良及滩涂资源开发利用（响水县、射阳县）、农业后备资源（大水面资源和塘区塌陷地）开发利用（沛县、兴化市）6 个农业综合试验示范基地和 107 个科技示范乡镇，初步形成了农业科研、开发、试验示范和推广服务体系，大力推进高产、优质、高效、创汇农业的发展。“八五”期间完成稻麦棉等新品种、新组合 42 个，取得了杂交水稻、杂交油菜育种史上的重大突破。育成畜、禽、鱼等杂交新组合 9 个，全省畜禽良种普及率已达 80%。林木覆盖率已达 8.9%。全省有 37 个县（市、区）获得国家科技工作先进县（市）称号，数量居全国前列。

科技体制改革使科学技术得到极大的解放和发展。按照“稳住一头、放开一片”的方针推进科研机构改革，改革了事业费拨款方式，引导科研机构和科技人员采取多种形式进入经济建设主战场，加快科技成果向现实生产力的转化。1994 年，县以上科研和技术开发机构技工贸总收入达 20.64 亿元。1995 年全省共有各类科技机构 3873 个，职工 17.8 万人。创办经济实体 326 个，分流了科技人员 4500 多人（占总数的 8.4%）；高等院校有 23 060 名科技人员从事研究开发活动，“八五”期间承担国家、省级科技攻关项目 237 项，取得成果 3000 多项；全省有民营科技机构 1303 个，全年技工贸总收入达 50 亿元；全省已建成省级以上重点实验室 30 个、国家工程技术中心 8 个、科技开发中试基地与工业性试验基地 18 个、高新技术创业服务中心 5 个、国家级企业技术中心 8 个、省级企业技术中心 10 个，有力地推动了科技转化工作。获国家级成果奖 104 项，部、省级成果奖 1293 项，国家批准专利 9757 项，获国家、省级批准的新产品 10 359 项。同时改革从科技运行机制、人事管理制度和组织结构 3 条线全面开展。科技队伍不断壮大，整体素质逐步提高。1998 年，全省拥有各类专业技术人员 202.15 万人，是 1978 年的 7.45 倍。

科研主体面向市场，经费投入力度加大。1998 年，全省科研机构、高等院校和工业企业用于科技活动的经费支出为 156.16 亿元。科研机构通过改革增强面向经济的活力和实力，经费自筹率超过 65%。

“八五”期间，全省科技服务产业迅速兴起，初步形成了促进技术流通的渠道和网络，已建立各类技术中介机构 8000 多个。1994 年，全省技术合同成交额达 13.8 亿元。科技咨询产业也逐步形成。

科技投入逐年增加。1995 年，全省科研事业费达 2.26 亿元，科技三项费用和基金达 2.33 亿元，科技开发贷款 24.6 亿元。1988—1995 年又取得了一批重大科技成果，其中获国家发明奖 52 项，获国家自然科学奖 35 项，获国家科技进步奖（含星火奖）307 项，获国务院各部委科技进步奖 2537 项，获省政府科技进步奖 2939 项。同时加强了基础性研究，形成了以省自然科学基金、省应用基础研究基金、省青年科学基金和金陵科技著作出版基金等为主体的基础性研究资助格局；实施数理、化学与化工、生命、信息、工程科学等学科领域的 1000 多个项目和跨世纪人才培训计划，并已完成 500 多项。还加强了与国外的科技交流与合作。江苏的凝聚态物理、应用数学、计算机软件、细胞工程、酶工程、胚胎工程、超晶格材料等方面达到国际先进水平。

科技成果大量涌现，效益水平普遍提高。1978—1998 年，全省共有 7386 项优秀科技成果获省以上科技奖励，是 1978 年前 20 多年累计获奖成果总数的 6.01 倍。其中 1988—1998 年获奖科技成果的应用、推广率均达 70%以上。到 1998 年，全省建成和在建的各类重点实验室、工程技术研究中心、企业技术中心和中试基地共 160 个，其中国家级重点实验室 18 个、国家级工程技术研究中心 15 个、国家级企业技术中心 16 个。

专利事业蓬勃发展，知识产权意识增强。1985—1998 年，全省专利申请总量达 45 062 件，其中授权专利 24 789 件。通过开展知识产权培训和执法工作，企业、科技人员及社会各界知识产权保护及其法治意识普遍增强。

随着“科教兴省”战略的深入实施，1994 年，省第九次党代会进一步确定今后一个时期必须抓好“科教兴省”、经济国际化和区域共同发展三大战略，其中“科教兴省”作为主体战略，在整个经济发展战略中占首要地位，使经济增长中的科技含量大幅上升。全省科技进步统计监测结果表明，1998 年，江苏省年度科技进步对农业和工业经济增长的贡献份额已分别达到 51.4%和 39.5%，比 1990 年分别提高 20 个和 13 个百分点，使全省经济发展水平在依靠科技进步的道路上实现了历史性的跨越。

四

2000 年 3 月，江苏省委、省政府召开了全省创新大会。省委、省政府先后印发了《贯彻〈中共中央、国务院关于加强技术创新，发展高科技，实现产业化的决定〉的意见》（苏发〔2000〕3 号）、《江苏省高新技术产业化工作实施意见》（苏发〔2000〕5 号）等一系列文件，无论是从深度和广度来看，还是从力度上讲，都是前所未有的。2003 年，省委、省政府第一次正式提出“两个率先”（率先全面建成小康社会，率先基本实现现代化）的奋斗目标。2004 年又提出两个双倍增计划。

2006 年 4 月中旬，省委、省政府在南京召开全省科技创新大会，提出到 2015 年率先基本建成创新型省份的奋斗目标，标志着创新型省份建设正式启动。创新型省份建设分为“三个重要标志”阶段：第一个阶段是启动阶段，主要是 2006 年提出建设创新型省份的奋斗目标，制订并发布了全省科技发展“十一五”规划纲要，出台了关于增强自主创新能力建设创新型省份的决定和鼓励促进科技创新创业的 50 条政策；第二阶段是推进阶段，到 2011 年召开全省创新驱动大会进行全面部署，创新型省份建设进入加速推进阶段；第三阶段是攻坚阶段，到 2012 年召开全省科技创新大会，研究提出深化科技体制改革、加快技术创新体系建设的一系列重大措施，标志着创新型省份建设进入攻坚阶段。

2008 年发生了全球金融危机，科技工作也经受了多年来少有的挑战和考验，取得了辉煌的成就。

农业科技攻关工作成绩突出，促进了农业和农村经济的发展，为高效现代农业发展提供了有力支撑。1999 年，省农业科技重大攻关新品种选育计划，共育成水稻、小麦、棉花、油菜和玉米五大作物新品种 68 个,累计示范推广面积 1666.66 公顷，增产粮食 88 亿公斤、棉花 5373 万公斤、油菜 5596 万公斤，新增社会经济效益 187.6 亿元。“两系法籼粳亚种间优质超高产水稻育种研究”课题成效突出，所培育出的“两优培九”新品种，当年通过江苏省品种审定，其高产优质在全省、全国同类品种评比中名列前茅。农业综合试验基地和科技示范园区建设取得进展。全省 11 个基地和 35 个园区，全年共实施各级各类农业科技项目 803 项，示范转化了 58 个农林作物新品种和 20 项新技术，推广面积 72.73 万公顷，增收粮食等农副产品 165 万吨，增加社会经济效益 16 亿元。2003 年，围绕全省特色农业和区域性支柱产业培育关键技术需求，以农业生物技术、农产品精深加工技术为重点，组织实施农业高技术研究计划和科技攻关计划，新上项目 101 项，总投入 29 342 万元。在实施的 269 项省农业高技术研究和科技攻关项目中，2003 年取得具有自主知识产权和较大创新性的农业新技术、新品种、新产品 371 项，申请专利 81 项，获得专利 31 项，取得新品种 138 个，开发新技术、新产品 279 项，新增产值 109.3 亿元，新增利税 30.2 亿元。2006 年，重点针对制约苏北星火支柱产业发展的关键共性技术瓶颈，以星火龙头企业为主体，组织实施省级各类科技计划项目 741 项，省级科技投入 2.95 亿元，引导社会投入近 85 亿元。通过科技计划的集成实施，有力地推动了星火支柱产业技术升级，提高了星火支柱产业市场竞争力。全年苏北星火支柱产业实现年销售收入 1500 亿元以上，利税突破 180 亿元。提高科技对苏北星火支柱产业的服务能力，辐射带动 350 多万农民，增收总额达 30 多亿元。2008 年，围绕全省现代农业发展、农业特色产业技术需求，组织实施省级农业科技支撑计划项目106项，总投入2.2亿元，省拨款4255万元，培育农业新品种42个，开发关键技术47项，获得专利近100件。开展“送科技下乡,促农民增收”活动，组织农业科技成果对接与帮扶。全年共实施2300个科技短平快项目，带动近500万名农民增收，增收总额20.5亿元，人均增收410元。集成培育发展苏北特色支柱产业40个，着力推进国家和省科技富民强县专项行动，16个富民强县试点县特色产业共实现产值309.6亿元、利税41.5亿元。面向苏北1011个经济薄弱村，选派1055名科技特派员，带动农民依靠科技脱贫致富。

科技队伍加强，科技活动支出增加。1999年，从事科技活动人员43万人，至2008年全省从事科技活动人员46.5万人，其中，研究与发展（R&D）人员17.4万人，科技活动人员与研发人员均居全国第二位；科研开发机构2193个，到2008年近4050个;全省拥有中国科学院和中国工程院院士89人，居全国第三位。1999年科技经费支出168.56亿元，其中研究与发展经费支出44.88亿元；至2008年，全省科技活动经费首次突破1000亿元，达1134.24亿元，跃居全国第一，其中研发经费584.57亿元，占地区生产总值比重提高到1.92%，全省科技进步贡献率达50.6%。全省建立各类产学研合作工作机构280多个，建立各类产学研合作载体1800多个，累计投资额380多亿元。

科学研究成果显著。1999年，获国家级、省级科学技术成果奖356项，其中国家级科技成果奖36项。2008年，全省有47项成果获国家科技奖，其中自然科学奖2项，发明奖6项，科技进步奖39项；801项成果获省科技进步奖。

技术市场稳步发展，技术贸易活动活跃，交易额不断取得突破。1999年，全省各级各类技术市场和技术贸易服务机构累计7480余家，从业人员12万余人。共签订各类技术合同4.04万项，技术贸易成交额41.7亿元。2007年全省共签订技术合同14 366份，成交技术合同总金额78.41亿元，较2006年增长13.64%，居全国第五位。技术转移已成为优化科技资源配置、提高科技资源的利用和转化效率、促进科技成果产业化的主渠道，逐步成为江苏经济发展的一个亮点。2008年，共签订各类技术合同14 089项，技术合同成交额94.02亿元。

科技体制改革进一步向纵深发展，为全省经济持续快速发展和社会的全面进步提供了有力的科技支撑。1999年年初，国务院办公厅转发了科技部等部门《关于国家经贸委管理的10个国家局所属科研机构管理体制改革的意见》，启动实施了10个国家局所属的242个科研机构的企业化转制工作，使我国的科技体制改革有了重大突破。2008年，在江苏的部属科研院所55家，科技人员1万人以上。其中9个进入中央直属企业（集团），2个转为中央大型科技企业，2个并入高校，1个实行属地化管理。2000年9月，江苏省政府根据国家关于深化科技体制改革的总体部署和全省经济体制改革的实际情况，转发了省科技厅等部门《关于全省科研机构改革转制工作的实施意见》，全面启动了以产权制度改革为突出特点的江苏省应用型科研机构的改革转制工作，以推动应用型科研机构加快制度创新，在加快技术创新、发展高科技产业中发挥更大作用。自2000年起，对省属应用型科研机构不再拨付经常性科学事业费，并实行专项政策扶持改革转制。2004年安排3亿元设立“省科技成果转化专项资金”。研究制定了《2004—2010年江苏省科技基础条件平台建设总体方案》，确定了“整合、集成、共享、提升”的建设思路。全省共有省属公益类科研院所33家，全年安排省属公益院所科技公共服务平台建设及配套项目 20 项，总投资 13 780 万元，其中省拨款 3235 万元。17 家省属公益院所共建有科技公共服务平台 27 家，总投入 1.85 亿元，其中省拨款 6665 万元。部属科研院所与地方合作共承担国家项目 971 项，获国家拨款 2.79 亿元。截至 2008 年，全省 26 家应用型科研院所已全部转制为民营科技企业，转制后 5 年，转制院所获得较大发展，企业规模、上缴税收及安排人员就业均增长 3 ～ 10 倍。

高新技术研究及其产业化始终保持在较高平台上快速发展。“九五”期间，全省共组织实施 128 项科技攻关项目，70% 以上的项目以企业为主。1999 年有 5 项重大攻关、35 项科技攻关完成了鉴定验收。实现销售额达 6.1 亿元，利税 1.3 亿元。高新技术产品群与企业群“双群”凸现。围绕重点培育的 20 个高新技术产品群，组织实施一批高技术研究和科技攻关项目，实施省以上火炬计划项目 438 项（其中国家级 231 项），项目总投资 65 亿元，科技贷款 35 亿元。2006 年下达省科技计划项目 2099 项，安排省拨经费总额首次超过 15 亿元，引导社会研发投入 300 多亿元，均创历史新高。全年实现高新技术产业产值突破 1 万亿元,达 10 370 亿元，同比增长 30.79%，提前 4 年超额完成省委、省政府提出的“双倍增”计划第三步奋斗目标。2008 年实现高新技术产业产值 18 402.2 亿元，比 2007 年增长 25.3%；高新技术产品出口额达 1040.5 亿美元，居全国第二位，比 2007 年增长 24.5%，占全省出口总额的 43.7%。

高新技术产业开发园区建设取得重大进展。1999 年，全省 17 个高新技术产业开发园区经济总量和运行质量得到快速提高，在全省经济发展中的比重不断增大。全年高新技术产业开发园区实现技工贸总收入 1100 亿元。2008 年，全省国家和省级高新技术产业开发区实现技工贸总收入 18 781.8 亿元，比 2007 年增长 27.72%。特色产业基地已经成为区域经济发展和全省高新技术产业快速发展的重要支柱。全省已建国家级高新技术特色产业基地 59 个。

高新技术企业蓬勃发展。1999 年，江苏省科学技术委员会新认定高新技术企业 190 家，全省累计高新技术企业 962 家，实现产值 1393.14 亿元。全省累计有国家重点高新技术企业 47 家，占全国的 21%，居各省市之首。1999 年 1 月 29 日颁布《江苏省发展民营科技企业条例》，明确了民营科技企业参与平等竞争的法律地位。1999 年年底,全省有各类民营科技企业 7000 多家。在全省已认定的 1000 多家高新技术企业中，民营科技企业占三分之一。2008 年，全省高新技术企业达 4452 家，其中当年按国家新标准认定 1368 家。新认定 85 家创新型试点企业，南京联创科技股份有限公司、中材科技股份有限公司、法尔胜集团公司、扬子江药业集团 4 家试点企业被正式命名为国家创新型企业。新增民营科技企业 1500 家，总数达 2 万家，全省民营科技企业数量和经济规模居全国第二位，对高新技术产业产值贡献份额超过 35%。2008 年认定省级高新技术产品 2521 项、国家重点新产品 247 项、自主创新产品 77 项。

加强科技创业载体建设，提升科技创业服务能力。2005 年全省累计建设各类科技创业中心 76 家（国家级创业中心 15 家，居全国第一位），有孵化面积 210.4 万平方米，用于支持创新创业的各项资金 5.72 亿元，在园孵化企业 5689 家，吸纳就业人数近 10 万人，全年实现技工贸总收入 226.1 亿元。2008 年，全省建立各类产学研合作工作机构 280 多个，建立各类产学研合作载体 1800 多个，累计投资额 380 多亿元。已建国家和省级高技术研究重点实验室、重大研发机构、工程技术研究中心、科技公共服务平台 541 个，比 2007 年增加 233 个，经国家认定企业技术中心 37 个。

国际科技合作与交流不断拓展。“九五”期间，江苏已与 36 个国家和地区建立科技合作和交流关系；与 24 个专家组织建立工作关系；引进海外技术人才 1500 多人次；在境外举办各种类型培训班 135 批 3029 人次；组织科技出访 2004 批 6637 人次；接待来访 355 批 1029 人次；对外举办各类科技展览和科技项目洽谈会 17 次；召开国际科技学术会议 28 次；执行政府间科技合作项目 168 项；省国际科技合作计划项目 73 项；获得国家资助 4000 多万元，国外资助 1000 多万美元，有力地促进了全省对外科技合作交流。2008 年建立省跨国技术转移中心，与 10 多家国内外技术转移机构建立合作联盟关系。全省获批国家级国际科技合作基地总数 9 家，居全国第一位。外资研发机构总数达 188 家。

创新活力进一步增强，专利事业发展快速。1999 年，全省专利申请量为 7119 件，累计申请量达 53 270 件，当年和累计申请量均居全国第五位；专利授权量为 6141 件，累计达 31 775 件。全省通过各级各类计划和目标管理实施专利项目 150 余项。全年企业专利申请量 3053 件，占全省专利申请总量的 43%，比 1998 年增长 50%，居全国第二位。2005 年，省知识产权局与南京理工大学共同创建南京理工大学知识产权学院，已招收 40 名本科生，填补了全省在知识产权教育机构设置方面的空白。2006 年启动《江苏省专利促进条例》制定和申报工作,《江苏省专利促进条例》已经被省人大列入 2007 年立法调研项目。2008 年，全省专利申请量 128 002 件，增长 43.9%，高出全国平均增幅 21.67%，首次超过广东，跃居全国第一，其中发明专利 22 601 件，授权专利 44 595 件，增长 40.4%，高出全国平均增幅 23.54%。企业专利授权量 23 925 件，同比增长 63.43%，占全省授权量的 53.65%，其中，发明专利授权量 1431 件，同比增长 79.32%，占全省发明专利授权量 40.79%。企业成为专利申请主体，全省企业共申请专利 59 718 件，增长 54.3%，占专利总数的 46.7%。企业专利授权量 2.39 万件，增长 63.43%。首次设立技术标准专项，重点支持 60 家骨干企业制定具有自主知识产权的技术标准。2008 年 12 月，江苏省地方标准《企业知识产权管理规范》正式颁布实施，开创了企业知识产权规范化管理的崭新局面。

科技咨询行业发展迅速。“九五”期间，全省培育 117 家 AAA 级信誉咨询企业。1999 年，据全省 1100 家咨询单位的统计，全省咨询业从业人员近 5 万人，年咨询经营额达 37 亿元；完成的咨询项目 24.1 万项。到 2005 年，278 家骨干咨询企业年末职工总数 31 529 人，其中，从事咨询业务的人员总数 24 509 人，占职工总数 77.7%。全年共承担各类咨询项目 103 986 项；经营总收入 75.66 亿元，其中，咨询收入 41.50 亿元。部分项目给客户带来直接经济效益，取得良好社会效益。咨询投入回报率为 1 ∶ 23.2；2008 年度 274 家咨询单位职工总数 32 818 人，经营总收入 112.29 亿元。有 10 683 项完成后，咨询投入回报率为 1 ∶ 12.8。

五

江苏改革开放 30 年，是科技事业大发展、大提高、大贡献的 30 年。拥有各类专业技术人员 392.27 万人，两院院士 315 人，居全国首位，研发机构 4050 个；科技活动经费支出达 1134.24 亿元，其中研究与发展活动经费支出达 584.57 亿元，占全省 GDP 的 1.92%，政府科技拨款91.52亿元，占地方财政支出的2.8%；科技创新成效显著，自主创新能力不断增强，全省有881项重大成果获国家科技奖，其中国家自然科学奖87项，国家技术发明奖140项，国家科技进步奖654项，6301项成果获省科技进步奖，其中一等奖145项，专利申请与授权数持续增长，共申请专利404 048件，授权专利136 597件，居全国第一位。

江苏改革开放30年，是认真贯彻落实科技体制改革的30年。对科研院所实行分类管理，对公益型科研院所加强科技公共服务平台建设，对开发应用型科研院所转制为科技型企业，转制后其上缴税款和安排就业均增长3～10倍；改革科学事业费拨款制度，实行专项政策扶持改革转制，设立成果转化资金；改革科技计划管理体制和项目评审机制，改革科技成果评定制度和评审机制；加强科技条件建设，全省共建国家和省级重点实验室60个，其中国家级18家，省级38家，依托科研院所的15家；共建国家和省级工程技术研究中心290个，其中国家级15家，省级275家，依托科研院所的41家；共建国家和省级科技公共服务平台172个，依托科研院所的60家。科技体制改革使科技运行机制、人事管理制度和组织结构等得到全面的提升，更科学、更有效、更体现科学技术是第一生产力。

江苏改革开放30年，是认真实施“科教兴省”主体战略和贯彻面向经济建设主战场的30年。“科教兴省”主体战略的实施，有力地推动了经济建设的发展，改变了过去长期依靠外延发展经济切实转移到依靠科技进步、提高劳动者素质和提高经济效益为中心的发展轨道上来。“八五”期间，全省国民生产总值提前7年实现第二个翻番，年平均递增15.7%。科技进步在经济增长中的份额显著提高，1995年，工业科技进步贡献率达38.5%，农业科技进步贡献率达50.9%，分别比1990年高出14.1个和8.7个百分点；发展高科技，实现产业化，同时用高新技术和先进适用技术改造传统产业。1991年以来，国家在苏南批准建立了5个国家级高新技术产业开发区和苏锡常“火炬带”，后延伸为“沿江火炬带”，在苏北建立了以振兴农村经济为目标的苏北“星火产业带”和“星火”密集区，同时建立了12个省级高新技术产业开发区。2008年，全省高新技术产业实现产值18 402.19亿元，占规模以上工业企业总产值的28.27%，认定高新技术企业1368家，全省高新技术企业总数达4452家。企业的科技进步份额得到进一步提升，2008年，企业的专利申请量和授权量分别占总量的43%和53.65%；高新技术产业开发区建设成效显著，成为全省新的经济增长点；到2008年，开发区内企业达22 148家，全年实现技工贸总收入18 781.76亿元；全省高新技术产品出口额达1040.5亿美元，占全省出口总额的43.7%；2006年苏北星火支柱产业实现年销售收入1600亿元以上，利税180亿元以上，带动350万名农民增收，2008年共实施2300个星火短平快项目，带动500万名农民增收，人均增收410元，依靠科技脱贫致富；全省科技进步贡献率达50.6%。

江苏改革开放30年，是科技创新不断深化，并为率先建成创新型省份奠定基础的30年。科技创新和体制创新始终贯彻在科技工作中的全过程。2000年1月1日，江苏省委、省政府颁布《贯彻中共中央、国务院〈关于加强技术创新，发展高科技，实现产业化的决定〉的意见》，3月23—26日召开全省技术创新大会，提出了4个方面31条意见，突出技术创新的战略地位，明确技术创新工作的基本思路，即加强技术创新，发展高科技，实现产业化，确立技术创新的总体目标；深化体制改革，加快建设以企业为主体的技术创新体系，积极构筑技术创新人才高地，大力扶持力度，逐步完善技术创新的激励机制。相应地编制了《江苏省科技发展“十五”计划纲要》，对加强科技创新做出全面安排和部署，以“创新、产业化”为指针，实现江苏科技工作的新突破。2000年，全省技术创新的社会氛围和政策环境进一步改善，先后出台了十几个文件，筹建10亿元以上的高新技术风险投资基金；高新技术产业化进程进一步加快，组织实施15个高新技术产品群和18项重大科技攻关项目，省拨款达2686万元；新认定高新技术企业265家，累计1227家，实现总收入1600亿元，围绕高新区主导产业的培育，重点抓好特色产业基地建设，17个高新园区实现技工贸总收入1300亿元；用高新技术和先进适用技术促进了传统产业的改造和提升，组织实施制造业信息化示范工程，65家CAD和21家CIMS应用推广试点；积极推进科技型中小企业技术创新工作，列入国家中小企业技术创新基金77项，5940万元，分别占全国总数的18.4%和18.9%；继续推进新的农业科技革命，加强农业科技攻关，不断提高科技创新水平，加大农业新品种、新技术、新产品示范转化力度，97个农作物新品种，推广面积2000多万公顷，增产粮食118亿多公斤，棉花11亿多公斤，新增社会经济效益196亿多元；着力推动苏北星火带支柱产业技术创新工作，安排星火计划项目256项，总投资27.2亿元。

2008年是极不平凡的一年，全省组织实施各类科技计划1912项，省拨款17.4亿元，太阳能光伏等7个产业专项，投入11亿元，引导带动新增投入96.39亿元；规划发展了双十产业和“双倍增”计划，加大对产业创新发展的重点专项支持，轨道交通装备等十大高技术优势产业，实现产值7120亿元；生物医药等十大高技术新兴产业，实现产值6000亿元；企业科技创新能力和水平不断增强，新认定85家为省级创新型试点企业，有4家被正式命名为国家创新型企业，新增民营科技企业1500家，总数达20 000家，占高新技术产业产值的35%，大中型企业新产品产值达5500亿元；产学研合作载体1500个；全省高新园区的高新技术产业产值7000亿元，占全省38%，特色产业基地实现总收入10 000亿元，完成高新技术产业产值3600亿元，占全省20%；全省已建各类科技公共服务平台172个，总收入200亿元，增长40%；科技创新原动力的基础研究支持力度加大，全省实施自然科学基金项目595项，省拨经费7000万元，实施“科研创新学者攀升计划”，新建7家省高技术研究重点实验室；引进海外高层次创新创业人才4000人；注重农业科技创新，安排106个项目，培育30个新品种，开发关键项目40项，启动建设24个现代农业科技园区，认定农业科技型企业81家，注重苏北科技扶持，组织实施150个专项，发展特色支柱产业40个，实现产值309.6亿元；注重科技惠民，围绕安全、健康、环保、富民四大民生领域，安排222个计划项目，实施十大民生和十大社会发展科技示范工程，建设十大民生事业领域的科技公共服务平台。

撰　稿　人：严文强

《江苏科技年鉴》编纂工作

一

《江苏科技年鉴》是由江苏省科技厅主办的大型科技工作权威性刊物，自 1989 年创刊，公开出版发行以来，全面、系统、准确地记录了江苏科技工作的概貌，记载了江苏科技事业发展的历史进程，为开阔科技工作视野，鉴往知来，增强科技工作的预见性和创造性，提高科学决策水平，更好地为推动本部门、本地区科技工作提供了有益帮助。可以说，《江苏科技年鉴》是一部富有地方特色和时代特征的史书、志书、工具书，是江苏科技事业全面发展的历史鉴证，也是国内外了解江苏科技、扩大交流与合作的重要窗口。编修年鉴对于总结历史经验、规划建设未来起到了重要作用，正如邓小平同志所指出的那样:“编辑出版年鉴，很有必要，这是国家的需要，四化建设的需要”。

《江苏科技年鉴》是全国最早出版的科技年鉴之一，是在 1988 年开展编修江苏首部科技志工作后，与江苏科技志工作配套进行的一项战略工程和文化建设。《江苏科技年鉴》作为江苏科技工作的编年史册，通过按年度分册出版形式，逐年将 1988 年以来江苏科技工作的全貌展现出来，我们可以从中找出科学事业发展的规律，了解科学发现和发明的具体过程，总结科学活动的成功经验和失败教训，学习科学家锲而不舍的奋斗精神和为科学事业献身的崇高品德等。因此，《江苏科技年鉴》既是政府决策的重要参考资料，又为今后编修江苏科技史志储备了丰富翔实的资料；既是科学文化的传承，又对促进科学事业发展作出重要贡献，又是一项服务当代惠及子孙的科技发展事业的史诗性工程。

《江苏科技年鉴》是博采众长、众手成书的结果。从已经出版的 30 卷年鉴看，该书的编写体例不断完善，内容不断丰富，质量不断提高，全方位地记载了江苏科技工作的全貌。该书在为读者提供重要的科技信息和决策参考的同时，也赢得了社会声誉，这与各级领导的支持和全体《江苏科技年鉴》通讯员队伍的共同努力，与全社会各级有关政府部门、高等院校、科研部门、科技企事业单位的大力支持是分不开的。

全体编纂人员在办刊工作中以科学的发展观和正确的政绩观为指导，客观公正地记述和宣传江苏省的各项科技工作，把《江苏科技年鉴》编成一部忠实记录江苏科技发展事业的全书，一部大力宣传江苏科技事业发展成就的全书，突出科学技术在科学发展中的支撑作用。

“盛世修志”是中华民族的优良传统，中国是一个非常重视历史编写的国家，在整个世界上，历史著作是最丰富的。《江苏科技年鉴》以敏锐的目光、创新的思维，充分记载江苏落实科学发展观过程中科技事业发展中出现的新事物、新人物、新举措、新创造、新发展、新成果、新课题。同时，在内容和形式上不断创新，精益求精，努力办成时代感很强、江苏特色浓郁的个性鲜明的精品出版物。

二

《江苏科技年鉴》是江苏省科学技术厅组织编纂的地方科学技术综合性年鉴，是江苏省科技管理、科学研究、科学普及、科技开发等工作具有权威性、指导性、资料性的参考工具书。其编辑宗旨是全面系统地记载江苏省科学技术事业发展的历史进程，为社会各界了解江苏的科学技术活动提供丰富翔实的资料信息，自出版以来，多次获得国家及省级奖励。

《江苏科技年鉴》自 1989 年开始出版，每年出版一卷，逐年排列卷次，设特载、科技管理、科技计划、科技奖励、科技人才、科技政策与深化改革、知识产权（专利）、科学普及与科技团体、行业科技、地区科技、国家高新区、科技统计资料、重要科技文件、大事记 14 个篇目，内容主要反映各年度江苏科技活动的基本情况、最新科技成就、重大事件及发展趋势。《江苏科技年鉴》文稿由有关部门、单位提供，专人撰写，并经领导审定。

《江苏科技年鉴》按篇目、栏目、条目 3 个层次分类编纂。年鉴内容的记述均使用规范的语言表达，计量单位的名称、符号、书写规则及数字的用法等均执行国家制定的有关标准。为便于读者使用，年鉴卷首设目录，卷尾附索引。索引采用主题分析索引方法，按主题词首字汉语拼音字母顺序排列，另设有表格索引。

《江苏科技年鉴》2013 年卷获得全国地方志优秀成果（年鉴类）专业年鉴一等奖、第三届江苏省省级年鉴及专业年鉴综合奖特等奖和第五届年鉴编纂出版质量评比综合奖二等奖，并获框架设计二等奖、条目编写二等奖、装帧设计一等奖;《江苏科技年鉴》2016 年卷获得第四届全国地方志优秀成果（年鉴类）专业年鉴二等奖;《江苏科技年鉴》2017 年卷获得第五届全国地方志优秀成果（年鉴类）专业年鉴二等奖，第六届年鉴编纂出版质量评比综合奖二等奖，并获框架设计，条目编写，装帧设计，检索、编校质量和出版时效 4 项单项二等奖。

三

1. 2008 年江苏省科技统计公报

2008 年，在省委、省政府的领导下，全省科技工作全面贯彻落实科学发展观，紧紧围绕建设创新型省份目标，以保增长扩内需促调整为重点，深入推进自主创新，加快构建科技创新体系，大力发展高新技术及其产业，加速科技成果向规模产业化转化，科技进步对经济增长和社会发展的支撑和引领作用进一步增强，全省科技进步贡献率达 50.68%。

【科技队伍】科技队伍进一步扩大。2008 年，全省各类专业技术人员 392.27 万人，比上年增长 8.96%，国有单位专业技术人员中，高级技术职称人员 12.96 万人，占 10.84%；中级技术职称人员 50.36 万人，占 42.09%；初级技术职称人员 48.30 万人，占 40.37%。

全省拥有中国科学院院士 43 人，中国工程院院士 46 人，院士数居全国第三位。全省从事科技活动人员 53.59 万人，其中研究与发展活动人员 20.25 万人，比上年增长 27.92%，占从事科技活动人员的 37.78%。

【科技经费】科技活动经费投入增加，研究与发展活动经费占全省生产总值的比例进一步提高。2008 年，全省科研机构、大学、企业和其他单位的科技活动经费支出达 1134.24 亿元，比上年增长26%；研究与发展活动经费支出达584.57亿元，同比增长35.88%。研究与发展活动经费占全省生产总值的1.92%，比上年提高0.2个百分点。

政府科技拨款91.52亿元，比上年增长33.16%，占地方财政支出的2.8%，比上年提高0.1个百分点。

全省工业企业科技活动经费支出973.46亿元，研究与发展活动经费支出488.43亿元，分别占工业销售收入的1.55%和0.78%。

【科技成果】科技创新成效显著，自主创新能力不断增强。全省有47项重大成果获国家科技奖，其中：国家自然科学奖2项，国家技术发明奖6项，国家科技进步奖39项。180项成果获省科技进步奖，其中：一等奖13项，二等奖49项，三等奖118项。专利申请与授权数持续增长。全年共申请专利128 002件，授权专利44 595件，分别比上年增长43.90%和40.37%，专利申请量居全国第一位，授权量居全国第三位。

【科技服务与技术贸易】科技服务业快速发展。全年实现收入201.6亿元，比上年增加59.7亿元，增长42.1%。从事科技服务的单位1326家，比上年同期增加266家，增加了25.1%，拥有从业人员71 513人。

技术市场较为活跃，全年共签订各类技术合同1.5万项,技术合同成交额244.92亿元，成交额比上年增长60.79%。

高新技术产品的竞争力进一步增强，全省高新技术产品出口额达1040.5亿美元，居全国第二位。比上年增长24.5%，占全省出口总额的43.7%。

【高新技术产业化】高新技术产业化进程加快，产业规模不断扩大。全省高新技术产业实现产值18 402.19亿元，比上年增长25.27%，占规模以上工业企业总产值的28.53%，比上年增加1个百分点。按新标准认定高新技术企业1368家，全年认定国家重点新产品247项，省级高新技术产品2521项,省自主创新产品77项。

高新技术产业开发区建设成效显著，成为全省新的经济增长点。截至2008年年底，全省高新技术产业开发区内企业达22 148家，其中产值上亿元的企业1753家；全年实现技工贸总收入18 781.76亿元、区内生产总值5003.68亿元、利税1464.61亿元、财政收入935.44亿元、出口940.46亿美元，分别比上年增长27.72%、26.93%、28.59%、18.24%和3.9%。

【科技机构与创新载体】全省共有各类科技机构4761个，其中国有独立研究与开发机构149个，高校科技机构337个，规模以上工业企业技术开发机构3396个，外资研发机构263家。

全省县以上国有独立研究与开发机构中，从事科技活动人员1.29万人，其中科学家工程师0.99万人；全年总收入59.78亿元,科技活动总支出33.42亿元，其中研究与发展活动支出15.65亿元；创办经济实体148个。

科技基础设施和基地建设取得进展。新建重大研发机构5个、高技术重点实验室7个、工程技术研究中心112个、科技公共服务平台110个。截至2008年年底，全省共建重点研发机构20个,国家和省级重点实验室60个，国家和省级工程技术研究中心290个，国家和省级科技公共服务平台172个，国家级高新技术特色产业基地59个。

2008年，全省拥有科技创业园、大学科技园、软件园、创业服务中心等各类科技孵化器145家，总量居全国第一位。孵化场地725.98万平方米，比上年增长53.35%，在孵企业

9439 家，增长 14.29%，孵化企业当年收入 127.57 亿元，增长 15.14%，毕业企业 2844 家，同比增长 14.49%。

2. 2009 年江苏省科技统计公报

2009 年，在省委、省政府的领导下，全省科技工作深入贯彻落实科学发展观，紧紧围绕建设创新型省份目标，以促进经济结构战略性调整为主线，深入推进自主创新，加快构建科技创新体系，大力发展高新技术及其产业，加速科技成果向规模产业化转化，科技进步对经济增长和社会发展的支撑引领作用进一步增强，全省科技进步贡献率达 52.3%。

【科技队伍】科技队伍扩大。2009 年，全省专业技术人员 421.53 万人，比上年增长 7.46%，国有单位专业技术人员中，高级技术职称人员 14.07 万人，占 11.87%；中级技术职称人员 51.8 万人，占 43.71%；初级技术职称人员 45.15 万人，占 38.1%。全省拥有中国科学院院士 43 人，中国工程院院士 48 人，院士数居全国第三位。

全省从事科技活动人员 64.99 万人，其中研究与发展活动（R&D）人员 36.94 万人，占从事科技活动人员的 56.84%。按实际工作时间计算的 R&D 人员全时当量 27.33 万人年，比上年增长 34.96%。

【科技经费】研究与发展活动经费占全省生产总值的比例进一步提高。2009 年，全省科研机构、大学、企业和其他单位的研究与发展活动经费支出达 701.95 亿元，同比增长 20.08%。研究与发展活动经费占全省生产总值的 2.04%，比上年提高 0.12 个百分点。

政府科技拨款 117.02 亿元，比上年增长 27.86%，占地方财政支出的 2.9%，比上年提高 0.1 个百分点。

全省工业企业科技活动经费支出 919.37 亿元，研究与发展活动经费支出 570.72 亿元，分别占工业销售收入的 1.28% 和 0.79%。

【科技成果】科技创新成效显著，自主创新能力不断增强。全省有 51 项重大成果获国家科技奖，其中：国家自然科学奖 4 项，国家技术发明奖 4 项，国家科技进步奖 43 项。195 项成果获省科技进步奖。专利申请与授权数持续增长。全年共申请专利 174 329 件，授权专利 87 286 件，分别比上年增长 36.2% 和 95.7%，专利申请量和授权量均居全国第一位。

【科技服务与技术贸易】科技服务业快速发展。全年实现收入 261.18 亿元，比上年同期增加 59.58 亿元，增长了 29.55%，较全年目标多完成 21 亿元，创历史同期新高。从事科技服务的单位 1501 家，比上年同期增加 175 家，增长了 13.20%。拥有从业人员 126 301 人。

技术市场较为活跃，全年共签订各类技术合同 1.47 万项,技术合同成交额 282.1 亿元，成交额比上年增长 15.2%。

高新技术产品的竞争力进一步增强，全省高新技术产品出口额达 930 亿美元，占全省出口总额的 46.7%，比上年提高了 3 个百分点。

【高新技术产业化】高新技术产业化进程加快，产业规模不断扩大。全省高新技术产业实现产值 21 987.2 亿元，比上年增长 19.9%，占规模以上工业企业总产值的 30.1%，比上年增加 1.57 个百分点。全省经认定的高新技术企业 2725 家，全年认定国家重点新产品 247 项，省级高新技术产品 3487 项，省自主创新产品 235 项。

高新技术产业开发区建设成效显著，成为全省新的经济增长点。截至 2009 年年底，全省高新技术产业开发区内企业达25 099家，其中经省认定的高新技术企业1637家，产值上亿元的企业1891家；全年实现技工贸总收入21 739.73亿元、区内生产总值6451.57亿元、利税1801.34亿元、财政收入1078.73亿元、出口764.39亿美元，技工贸总收入、区内生产总值、利税、财政收入分别比上年增长15.75%、28.94%、22.99%和15.32%。

【科技机构】全省共有各类科技机构6093个，拥有研究与试验发展（R&D）人员15.31万人，其中独立研究与开发机构149个，拥有研究与试验发展（R&D）人员1.88万人；高校科技机构448个，拥有研究与试验发展（R&D）人员0.62万人；规模以上工业企业技术开发机构5094个，拥有研究与试验发展（R&D）人员11.98万人。

全省县以上国有独立研究与开发机构中，从事科技活动人员1.27万人；全年总收入59.34亿元,科技活动总支出35.6亿元，其中研究与发展活动支出18.05亿元；创办经济实体134个。

科技基础设施和基地建设取得进展。新建重大研发机构4个、高技术重点实验室12个、工程技术研究中心302个、科技公共服务平台58个。截至2009年年底，全省共建重点研发机构24个,国家和省级重点实验室72个，国家和省级工程技术研究中心592个，国家和省级科技公共服务平台230个，国家级高新技术特色产业基地68个。

2009年，全省拥有科技创业园、大学科技园、软件园、创业服务中心等各类科技孵化器200家，总量居全国第一位。孵化场地941万平方米，比上年增长29.8%，在孵企业11421家，增长21%，毕业企业3008家，同比增长5.77%。

3. 2010年江苏省科技统计公报

2010年，全省科技工作在省委、省政府的领导下，全面贯彻落实科学发展观，紧紧围绕建设创新型省份目标，以加快转变经济发展方式为主线，大力推进自主创新，加快构建区域科技创新体系，着力发展高新技术及其产业，加速科技成果向规模产业化转化，科技进步对经济增长和社会发展的支撑引领作用进一步增强，全省科技进步贡献率达54.12%。

【科技队伍】科技队伍扩大。2010年，全省专业技术人员810万人。全省拥有中国科学院院士44人，中国工程院院士54人，院士数居全国第三位。全省从事科技活动人员73.31万人，其中研究与发展活动（R&D）人员40.62万人，占从事科技活动人员的55.41%。按实际工作时间计算的R&D人员全时当量31.53万人年，比上年增长15.37%。

【科技经费】研究与发展活动经费占全省生产总值的比例进一步提高。2010年，全省科研机构、大学、企业和其他单位的研究与发展活动经费支出达857.59亿元，同比增长22.17%。研究与发展活动经费占全省生产总值的2.1%，比上年提高0.06个百分点。政府科技拨款150.35亿元，比上年增长28.48%，占地方财政支出的3.1%，比上年提高0.2个百分点。全省工业企业科技活动经费支出949.60亿元，研究与发展活动经费支出699.18亿元，分别占工业销售收入的1.04%和0.78%。

【科技成果】科技创新成效显著，自主创新能力不断增强。全省有46项重大成果获国家科技奖（通用项目），其中：国家自然科学奖4项，国家技术发明奖1项，国家科技进步奖41项。199项成果获省科技进步奖。专利申请与授权数持续增长，全年共申请专利235 873件，授权专利138 382件，分别比上年增长35.3%和58.5%，专利申请量和授权量均居全国第一位。

【科技服务与技术贸易】科技服务业快速发展。全年实现收入332亿元，比上年增加70.82亿元，增长27.12%。从事科技服务的单位1461家，比上年同期减少40家，下降了2.66%。拥有从业人员109 191人。技术市场较为活跃，全年共签订各类技术合同2.05万项，技术合同成交额317.05亿元，成交额比上年增长12.4%。高新技术产品的竞争力进一步增强，全省高新技术产品出口额达1259亿美元，比上年增长35.3%，占全省出口总额的比重达46.5%。

【高新技术产业化】高新技术产业化进程加快，产业规模不断扩大。全省高新技术产业实现产值30 354.84亿元，比上年增长38.1%，占规模以上工业企业总产值的33%，比上年提高2.9个百分点。全省经认定的高新技术企业3093家，全年认定国家重点新产品201项，省级高新技术产品4923项，省自主创新产品516项。高新技术产业开发区建设成效显著，成为全省新的经济增长点。截至2010年年底，全省高新技术产业开发区内企业达22 935家，其中经认定的高新技术企业1463家，产值上亿元的企业2145家；全年实现技工贸总收入25 083.95亿元、区内生产总值7446.43亿元、利税2480.73亿元、财政收入1817.76亿元、出口1043.33亿美元，技工贸总收入、区内生产总值、利税、财政收入分别比上年增长15.38%、15.42%、37.72%和68.51%。

【科技机构】全省共有各类科技机构6735个，拥有研究与试验发展（R&D）人员15.77万人，其中县以上国有独立研究与开发机构135个，拥有研究与试验发展（R&D）人员0.89万人；高校科技机构579个，拥有研究与试验发展（R&D）人员0.78万人；规模以上工业企业技术开发机构5886个，拥有研究与试验发展（R&D）人员12.75万人。全省县以上国有独立研究与开发机构全年总收入67.22亿元,科技活动总支出44.61亿元，其中研究与发展活动支出26.02亿元；创办经济实体47个。科技基础设施和基地建设取得进展。全省共建产业技术研究院4个，企业研究院19个，国家和省级重点实验室84个，国家和省级工程技术研究中心1422个，国家和省级科技公共服务平台245个，企业院士工作站264个，国家级高新技术特色产业基地80个。全省拥有科技创业园、大学科技园、软件园、创业服务中心等各类科技孵化器301家，总量居全国第一位。孵化场地1504万平方米，比上年增长59.8%，在孵企业15 000多家，累计毕业企业4456家。

4. 2011 **年江苏省科技统计公报**

2011年，在省委、省政府的领导下，全省科技工作全面贯彻落实科学发展观，紧紧围绕建设创新型省份目标，以加快转变经济发展方式为主线，大力推进自主创新，加快构建区域科技创新体系，大力发展高新技术及其产业，加速科技成果向规模产业化转化，科技进步对经济增长和社会发展的支撑引领作用进一步增强，全省科技进步贡献率达55.2%。

【科技队伍】2011年，全省专业技术人员860万人。全省拥有中国科学院院士41人，中国工程院院士49人，院士数居全国第三位。

全省从事科技活动人员81.62万人，其中研究与发展活动（R&D）人员45.51万人，占从事科技活动人员的55.76%。按实际工作时间计算的R&D人员全时当量34.28万人年，比上年增长8.72%。

【科技经费】全省研究与发展活动经费占地区生产总值的比例进一步提高。2011 年，全省科研机构、大学、企业和其他单位的研究与发展活动经费支出达 1071.96 亿元，同比增长 24.94%。研究与发展活动经费占地区生产总值的 2.2%，比上年提高 0.1 个百分点。

政府科技拨款 213.40 亿元，比上年增长 41.94%，占地方财政支出的 3.4%，比上年提高 0.3 个百分点。

全省工业企业研究与发展活动经费支出 899.89 亿元，占工业销售收入的 0.84%。

【科技成果】科技创新成效显著，全省有 55 项重大成果获国家科技奖（通用项目），其中：国家自然科学奖 3 项，国家技术发明奖 9 项，国家科技进步奖 43 项。219 项成果获省科技进步奖。专利申请与授权数持续增长，全年共申请专利 348 381 件，授权专利 199 814 件，分别比上年增长 47.7% 和 44.4%，专利申请量和授权量均居全国第一位。全省发明专利申请量为 84 678 件，比上年增长 68.4%,发明专利授权量首次突破万件，达到 11 043 件，比上年增长 53.2%。

【科技服务与技术贸易】2011 年科技服务业快速发展，全年实现收入 451.26 亿元，比上年增加 119.26 亿元，同比增长 35.54%。全省从事科技服务的单位 1555 家，比上年同期增加 94 家，增长 6.43%，拥有各类从业人员 139 678 人。

技术市场较为活跃，全年共签订各类技术合同 2.53 万项,技术合同成交额 463.12 亿元，成交额比上年增长 46.08%。

【高新技术产业化】高新技术产业化进程加快，2011 年全省高新技术产业实现产值 38 377.76 亿元，比上年增长 26.43%，占规模以上工业企业总产值的 35.29%，比上年提高 2.29 个百分点。全省经认定的高新技术企业 3852 家，全年认定国家重点新产品 201 项，省级高新技术产品 6938 项。

高新技术产业开发区快速发展。2011 年，全省高新技术产业开发区实现总收入 34 849.2 亿元、区内生产总值 9382.12 亿元、利税 2878.46 亿元、财政收入 2098.25 亿元、出口 1088.59 亿美元，技工贸总收入、区内生产总值、利税、财政收入分别比上年增长 21.03%、22.28%、15% 和 15.89%。

高新技术产品的竞争力进一步增强，全省高新技术产品出口额达 1293 亿美元，比上年增长 2.7%，占全省出口总额的比重达 41.3%。

【科技机构】全省共有各类科技机构 7711 个，拥有研究与试验发展（R&D）人员 23.98 万人，其中县以上国有独立研究与开发机构 148 个，拥有研究与试验发展（R&D）人员 2.15 万人；高校科技机构 647 个，拥有研究与试验发展（R&D）人员 0.91 万人；规模以上工业企业技术开发机构 6518 个，拥有研究与试验发展（R&D）人员 20.04 万人。

全省县以上国有独立研究与开发机构全年总收入 76.14 亿元,研究与发展活动经费支出 76.45 亿元；创办经济实体 56 个。

科技基础设施和基地建设取得进展。全省共建产业技术研究院 9 个，企业研究院 24 个，国家和省级重点实验室 92 个，国家和省级工程技术研究中心 1639 个，国家和省级科技公共服务平台 286 个，企业院士工作站 310 个，国家级高新技术特色产业基地 92 个。

全省拥有科技创业园、大学科技园、软件园、创业服务中心等各类科技创业载体 349 家，总量居全国第一位。孵化场地 1945 万平方米，比上年增长 29.32%，在孵企业超过 20 000 家，累计毕业企业突破 5000 家。

5. 2012 年江苏省科技统计公报

2012 年，在省委、省政府的领导下，全省科技工作全面贯彻落实科学发展观，紧紧围绕建设创新型省份目标，以加快转变经济发展方式为主线，大力推进自主创新，加快构建区域科技创新体系，大力发展高新技术及其产业，加速科技成果向规模产业化转化，科技进步对经济增长和社会发展的支撑引领作用进一步增强，全省科技进步贡献率达 56.5%。

【科技队伍】2012 年，全省专业技术人员 908 万人。全省拥有中国科学院院士 41 人，中国工程院院士 49 人，院士数居全国第三位。

全省从事科技活动人员 98.23 万人，其中研究与发展活动（R&D）人员 54.92 万人，占从事科技活动人员的 55.91%。按实际工作时间计算的R&D人员全时当量 40.19 万人年，比上年增长 17.24%。

【科技经费】全省研究与发展活动经费占地区生产总值的比例进一步提高。2012 年，全省科研机构、大学、企业和其他单位的研究与发展活动经费支出达 1288.02 亿元，同比增长 20.16%。研究与发展活动经费占地区生产总值的 2.3%，比上年提高 0.1 个百分点。

政府科技拨款 257.24 亿元，比上年增长 20.54%，占地方财政支出的 3.7%，比上年提高 0.3 个百分点。

全省工业企业研究与发展活动经费支出 1079.15 亿元，占工业销售收入的 0.91%。

【科技成果】科技创新成效显著，全省有 53 项重大成果获国家科技奖，其中：国家自然科学奖 4 项，国家技术发明奖 12 项，国家科技进步奖 37 项。省科学技术奖励数为 222 项。专利申请与授权数持续增长，全年共申请专利 472 656 件，授权专利 269 944 件，分别比上年增长 35.67%和 35.10%，专利申请和授权继续保持全国领先。全省发明专利申请量为 110 091 件，比上年增长 30.01%，发明专利授权量为 16 242 件，比上年增长 47.08%。

【科技服务与技术贸易】2012 年科技服务业快速发展，全年实现收入 620.83 亿元，比上年增加 169.57 亿元，同比增长 37.57%。全省从事科技服务的单位 1618 家，比上年同期增加 63 家，增长 4.05%，机构平均收入 3837 万元，拥有各类从业人员 14.9 万人，平均每家机构 92 人。

技术市场较为活跃，全年共签订各类技术合同 2.97 万项，技术合同成交额 531.95 亿元，成交额比上年增长 14.86%。

【高新技术产业化】高新技术产业化进程加快，2012 年全省高新技术产业实现产值 45 041.48 亿元，比上年增长 17.36%，占规模以上工业企业总产值的 37.5%，比上年提高 2.21 个百分点。全省经认定的高新技术企业 5147 家，全年认定国家重点新产品 144 项，省级高新技术产品 7671 项。

高新技术产业开发区快速发展。2012 年，全省高新技术产业开发区实现总收入 38 538.89 亿元、区内生产总值 10 809.77 亿元、利税 2984.25 亿元、财政收入 2202.25 亿元、出口 1160.09 亿美元，技工贸总收入、区内生产总值、利税、财政收入、出口分别比上年增长 12.65%、15.22%、0.37%、4.85 %和 6.19%。

高新技术产品的竞争力进一步增强，全省高新技术产品出口额达 1309 亿美元，比上年增长 1.3%，占全省出口总额的比重达 39.9%。

【科技机构】全省共有各类科技机构 17 734 个，拥有研究与试验发展（R&D）人员 32.31 万人，其中县以上国有独立研究与开发机构 148 个，拥有研究与试验发展（R&D）人员 2.10 万人；高校科技机构 761 个，拥有研究与试验发展（R&D）人员 1.10 万人；规模以上工业企业技术开发机构 16 417 个，拥有研究与试验发展（R&D）人员 28.17 万人。

全省县以上国有独立研究与开发机构全年总收入 89.75 亿元,研究与试验发展活动（R&D）经费支出 92.03 亿元；创办经济实体 56 个。

科技基础设施和基地建设取得进展。全省共建产业技术研究院 10 个，企业研究院 24 个，国家和省级重点实验室 105 个，国家和省级工程技术研究中心 2141 个，国家和省级科技公共服务平台 296 个，企业院士工作站 326 个，国家级高新技术特色产业基地 103 个。

全省拥有科技创业园、大学科技园、软件园、创业服务中心等各类科技创业载体 431 家，孵化场地 2156 万平方米，比上年增长 10.85%，在孵企业近 2.4 万家，累计毕业企业突破 5610 家。

6. 2013 年江苏省科技统计公报

2013 年，全省科技工作认真贯彻落实党的十八大精神和省委、省政府关于科技创新的总体部署，深入实施创新驱动战略，大力推进科技创新工程，着力推动发展方式向主要依靠科技进步、劳动者素质提高、管理创新转变，促进经济结构调整与产业转型升级，科技进步对经济增长和社会发展的支撑引领作用进一步增强，全省科技进步贡献率达 57.5%。

【科技队伍】2013 年，全省人才资源总量 950.9 万人。全省拥有院士 92 人，其中科学院院士 42 人，工程院院士 50 人，院士数居全国第三位。

全省从事科技活动人员 108.08 万人，其中研究与发展活动（R&D）人员 62.69 万人，占从事科技活动人员的 58.0%。按实际工作时间计算的R&D人员全时当量 46.62 万人年，比上年增长 16.0%。

【科技经费】全省研究与发展活动经费占地区生产总值的比例进一步提高。2013 年，全省科研机构、大学、企业和其他单位的研究与发展活动经费支出达 1450 亿元，同比增长 12.58%。研究与发展活动经费占地区生产总值的 2.45%，比上年提高 0.07 个百分点。

政府科技拨款 302.59 亿元，比上年增长 17.63%，占地方财政支出的 3.88%，比上年提高 0.22 个百分点。

全省工业企业研究与发展活动经费支出 1239.57 亿元，占工业销售收入的 0.93%。

【科技成果】科技创新成效显著。全省有 48 项重大成果获国家科技奖，其中：国家自然科学奖 5 项，国家技术发明奖 13 项，国家科技进步奖 30 项。省科学技术奖励数为 199 项。专利申请与授权数持续增长，全年共申请专利 504 500 件，授权专利 239 645 件，分别比上年增长 6.7%和降低 11.22%。全省发明专利申请量为 141 259 件，比上年增长 28.31%，发明专利授权量为 16 790 件，比上年增长 3.37%。

【科技服务与技术贸易】科技服务业进一步发展。2013 年全省科技服务业总收入达 820.52 亿元，比上年增加 199.69 亿元，同比增长 32.16%。全省从事科技服务的单位共 1690 家，比上年同期增加 72 家，增长 4.5%；机构平均收入 4855.15 万元。拥有从业人员 18.95 万人，平均每家机构 112 人。

技术市场较为活跃。全年共签订各类技术合同 3.14 万项，技术合同成交额 585.56 亿元，比上年增长 10.08%。

【高新技术产业化】高新技术产业化进程加快。2013 年全省高新技术产业实现产值 51 899.10 亿元，比上年增长 15.23%，占规模以上工业企业总产值的 38.54%，比上年提高 1.05 个百分点。全省经认定的高新技术企业 6769 家，190 项产品被新认定为国家重点新产品，全年认定省高新技术产品 8827 项。

高新技术产业开发区快速发展。2013 年，全省高新技术产业开发区实现总收入 42 503.14 亿元、区内生产总值 11 827.22 亿元、利税 3306.87 亿元、财政收入 2516.27 亿元、出口 1161.31 亿美元，技工贸总收入、区内生产总值、利税、财政收入、出口分别比上年增长 18.89%、14.22%、20.94%、21.36 %和 5.38%。

高新技术产品的竞争力进一步增强。全省高新技术产品出口额达 1274 亿美元，比上年下降 2.7%，占全省出口总额的比重达 38.7%。

【科技机构】全省共有各类科技机构 19 335 个，拥有研究与试验发展（R&D）人员 37.67 万人，其中县以上国有独立研究与开发机构 143 个，拥有研究与试验发展（R&D）人员 2.34 万人；高校科技机构 801 个，拥有研究与试验发展（R&D）人员 1.20 万人；规模以上工业企业技术开发机构 17 996 个，拥有研究与试验发展（R&D）人员 33.22 万人。

全省县以上国有独立研究与开发机构全年总收入 120.63 亿元，研究与试验发展活动（R&D）经费支出 101.88 亿元；创办经济实体 64 个。

科技基础设施和基地建设取得进展。全省共建企业研究院 47 个，国家和省级重点实验室 100 个，国家和省级工程技术研究中心 2480 个，国家和省级科技公共服务平台 302 个，企业院士工作站 328 个，国家级高新技术特色产业基地 121 个。

截至 2013 年年末，全省各类科技企业孵化器达 446 家，国家级科技创业载体达 107 家，在孵企业 24 903 家，累计毕业企业 6496 家。

7. 2014 年江苏省科技统计公报

2014 年，全省科技工作认真贯彻落实党的十八大、十八届三中四中全会精神和省委、省政府关于科技创新的总体部署，深入实施创新驱动发展战略，着力推进创新型省份建设，提高区域创新体系整体效能，着力推进知识产权强省建设，营造激励创造、保护产权的制度环境，全面提升企业自主创新能力，推动企业真正成为技术创新主体和创新驱动发展的主导者，科技进步对经济增长和社会发展的支撑引领作用进一步增强，全省科技进步贡献率达 59%。

【科技队伍】2014 年，全省人才资源总量 1009.9 万人。全省拥有院士 90 人，其中科学院院士 41 人，工程院院士 49 人，院士数居全国第三位。

全省从事科技活动人员 115 万人，其中研究与发展活动（R&D）人员 67.97 万人，占从事科技活动人员的 59.1%。按实际工作时间计算的R&D人员全时当量 49.99 万人年，比上年增长 7.2%。

【科技经费】全省研究与发展活动经费占地区生产总值的比例进一步提高。2014 年，全省科研机构、大学、企业和其他单位的研究与发展活动经费支出达1630亿元，同比增长12.41%。研究与发展活动经费占地区生产总值的2.50%，比上年提高0.05个百分点。

政府科技拨款327.10亿元，比上年增长8.10%，占地方财政支出的3.86%，比上年减少0.02个百分点。

全省工业企业研究与发展活动经费支出1376.54亿元，占工业销售收入的0.97%。

【科技成果】科技创新成效显著。全省有57项重大成果获国家科技奖，其中：国家自然科学奖3项，国家技术发明奖12项，国家科技进步奖42项。省科学技术奖励数为193项。全年共申请专利421 907件，比上年降低16.37%，授权专利200 032件，降低16.53%。全省发明专利申请量为146 660件，比上年增长3.82%，发明专利授权量为19 671件，比上年增长17.16%。

【科技服务与技术贸易】科技服务业进一步发展。2014年全省科技服务业总收入达1047.23亿元，同比增长24%。全省从事科技服务的单位共1922家，比上年同期增加232家，增长13.73%；机构平均收入5448万元。拥有从业人员18.96万人，平均每家机构99人。

技术市场较为活跃。全年共签订各类技术合同2.5万项，技术合同成交额655.3亿元，比上年增长11.91%。

【高新技术产业化】高新技术产业化进程加快。2014年全省高新技术产业实现产值57 277.28亿元，比上年增长10.36%，占规模以上工业企业总产值的39.46%，比上年提高0.92个百分点。全省经认定的高新技术企业7703家，151项产品被新认定为国家重点新产品，全年认定省高新技术产品10 277项。

高新技术产业开发区快速发展。2014年，全省高新技术产业开发区实现总收入48 007.68亿元、区内生产总值13 148.52亿元、利税3710.05亿元、财政收入2833.83亿元、出口1234.4亿美元，技工贸总收入、区内生产总值、利税、财政收入、出口分别比上年增长11.2%、9.82%、15.27%、18.31%和4.67%。

高新技术产品的竞争力进一步增强。全省高新技术产品出口额达1289亿美元，占全省出口总额的比重达37.7%。

【科技机构】全省共有各类科技机构21 816个，拥有研究与试验发展（R&D）人员40.61万人，其中县以上国有独立研究与开发机构144个，拥有研究与试验发展（R&D）人员2.60万人；高校科技机构866个，拥有研究与试验发展（R&D）人员1.37万人；规模以上工业企业技术开发机构20 411个，拥有研究与试验发展（R&D）人员35.77万人。

全省县以上国有独立研究与开发机构全年总收入125.01亿元,研究与试验发展活动（R&D）经费支出121.09亿元；创办经济实体69个。

科技基础设施和基地建设取得进展。全省共建企业重点实验室51个，国家和省级重点实验室97个，国家和省级工程技术研究中心2748个，国家和省级科技公共服务平台278个，企业院士工作站328个，国家级高新技术特色产业基地133个。

截至2014年年末，全省各类科技企业孵化器达515家，国家级科技创业载体达133家，在孵企业29 413家，累计毕业企业8218家。

8. 2015年江苏省科技统计公报

2015年，全省科技工作认真贯彻中央和省委、省政府创新部署，深入实施创新驱动发展战略，着力推进创新型省份建设，提高区域创新体系整体效能，着力推进知识产权强省建设，营造激励创造、保护产权的制度环境，全面提升企业自主创新能力，推动企业真正成为技术创新主体和创新驱动发展的主导者，科技进步对经济增长和社会发展的支撑引领作用进一步增强，全省科技进步贡献率达60%。

【科技队伍】2015年，全省人才资源总量1075.82万人。全省拥有院士96人，其中科学院院士43人，工程院院士53人，院士数居全国第三位。全省从事科技活动人员112万人，其中研究与发展活动（R&D）人员71.14万人，占从事科技活动人员的63.52%。按实际工作时间计算的R&D人员全时当量52.79万人年，比上年增长5.6%。

【科技经费】全省研究与发展活动经费占地区生产总值的比例进一步提高。2015年，全省科研机构、大学、企业和其他单位的研究与发展活动经费支出达1801亿元，同比增长10.49%。研究与发展活动经费占地区生产总值的2.55%，比上年提高0.05个百分点。政府科技拨款371.96亿元，比上年增长13.71%，占地方财政支出的3.84%，比上年减少0.02个百分点。全省工业企业研究与发展活动经费支出1506.51亿元，占工业销售收入的1.02%。

【科技成果】科技创新成效显著。全省有39项重大成果获国家科技奖，其中，国家自然科学奖2项，国家技术发明奖9项，国家科技进步奖28项。省科学技术奖励数为183项，一等奖20项，二等奖56项，三等奖107项。全年共申请专利428 337件，比上年增长1.52%；授权专利250 290件，增长25.12%。全省发明专利申请量为154 608件，比上年增长5.42%；发明专利授权量为36 015件，比上年增长83.09%。

【科技服务与技术贸易】科技服务业进一步发展。2015年全省科技服务业总收入达5013.8亿元，同比增长11%。全省规模以上科技服务机构共5062家，机构平均收入8297万元，拥有从业人员71.1万人，平均每家机构140人。技术市场较为活跃。全年共签订各类技术合同3.3万项，技术合同成交额723.5亿元，比上年增长10.41%。

【高新技术产业化】高新技术产业化进程加快。2015年全省高新技术产业实现产值61 373.61亿元，比上年增长7.62%，占规模以上工业企业总产值的40.12%，比上年提高0.66个百分点。全省经认定的高新技术企业10 814家，全年认定省高新技术产品9802项。

高新技术产业开发区快速发展。2015年，全省高新技术产业开发区实现总收入48 515.19亿元、区内生产总值14 343.83亿元、利税3886.46亿元、财政收入3182.73亿元、出口1288.55亿美元，技工贸总收入、区内生产总值、利税、财政收入、出口分别比上年增长1.06%、9.09%、4.75%、10.58%和4.39%。

高新技术产品的竞争力进一步增强。全省高新技术产品出口额达1306亿美元，占全省出口总额的比重达38.6%。

【科技机构】全省共有各类科技机构23 101个，拥有研究与试验发展（R&D）人员69.96万人，其中县以上国有独立研究与开发机构142个（民口130个，其他12个），拥有研究与试验发展（R&D）人员2.53万人；高校科技机构971个，拥有研究与试验发展（R&D）人员6万人；规模以上工业企业技术开发机构21 542个，拥有研究与试验发展（R&D）人员60.97万人。

全省县以上国有独立研究与开发机构研究与试验发展活动（R&D）经费支出130.32亿

元（民口37.05亿元，其他93.27亿元）。

科技基础设施和基地建设取得进展。全省共建企业重点实验室72个，国家和省级重点实验室97个，国家和省级工程技术研究中心2989个，国家和省级科技公共服务平台290个，企业院士工作站329个，国家级高新技术特色产业基地139个。

截至2015年年末，全省各类科技企业孵化器达567家，国家级科技创业载体达133家，在孵企业近2.9万家。

9. 2016年江苏省科技统计公报

2016年，全省科技工作认真贯彻落实省第十三次党代会精神和省委、省政府关于科技创新的总体部署，深入实施创新驱动发展战略，着力推进创新型省份建设，提高区域创新体系整体效能，着力推进知识产权强省建设，营造激励创造、保护产权的制度环境，全面提升企业自主创新能力，推动企业真正成为技术创新主体和创新驱动发展的主导者，科技进步对经济增长和社会发展的支撑引领作用进一步增强，全省科技进步贡献率达61%。

【科技队伍】2016年，全省人才资源总量1144万人。全省拥有院士96人，其中，科学院院士43人，工程院院士53人，院士数居全国第三位。全省从事科技活动人员117万人，其中，研究与发展活动（R&D）人员76.1万人，占从事科技活动人员的65.0%。按实际工作时间计算的R&D人员全时当量54.3万人年，比上年增长2.9%。

【科技经费】全省研究与发展活动经费占地区生产总值的比例进一步提高。2016年，全省科研机构、大学、企业和其他单位的研究与发展活动经费支出达2026.9亿元，同比增长12.5%。研究与发展活动经费占地区生产总值的2.66%，比上年提高0.11个百分点。政府科技拨款388.3亿元，比上年增长4.39%；占地方财政支出的3.89%，比上年增加0.05个百分点。全省工业企业研究与发展活动经费支出1657.5亿元，占工业销售收入的1.06%。

【科技成果】科技创新成效显著。全省有51项重大成果获国家科技奖，其中，国家自然科学奖5项，国家技术发明奖13项，国家科技进步奖33项。省科学技术奖励数为187项，一等奖30项，二等奖48项，三等奖109项。全年共申请专利512 429件，比上年增长19.6%，授权专利231 033件，减少7.7%。全省发明专利申请量为184 632件，比上年增长19.4%，发明专利授权量为40 952件，比上年增长13.7%。

【科技服务与技术贸易】科技服务业进一步发展。2016年全省科技服务业总收入达6230.4亿元，同比增长15%。全省规模以上科技服务机构共5410家，机构平均收入8767万元，拥有从业人员66.5万人，平均每家机构120人。技术市场较为活跃。全年共签订各类技术合同2.9万项，技术合同成交额728亿元，比上年增长4.0%。

【高新技术产业化】高新技术产业化进程加快。2016年全省高新技术产业实现产值67 125亿元，比上年增长8.0%，占规模以上工业企业总产值的41.5%，比上年提高1.4个百分点。全省经认定的高新技术企业11 812家，全年认定省高新技术产品9816项。高新技术产业开发区快速发展。2016年，全省高新技术产业开发区规模以上工业企业主营业务收入39 754亿元、固定资产投资10 181亿元、高新技术产业产值23 692亿元、高新技术企业数5029家、专利申请数110 324件、发明专利申请数49 350件，规模以上工业企业主营业务收入、固定资产投资、高新技术产业产值、高新技术企业数、专利申请数、发明专利申请数分别比上年增长 6.4%、28.1%、6.3%、40.1%、9.4% 和 5.0%。高新技术产品的竞争力进一步增强。全省高新技术产品出口额达 1165 亿美元，占全省出口总额的比重达 36.5%。

【科技机构】全省共有各类科技机构 25 402 个，拥有研究与试验发展（R&D）人员 76.1 万人，其中，县以上国有独立研究与开发机构 135 个（民口 123 个，其他 12 个），拥有研究与试验发展（R&D）人员 2.6 万人；高校科技机构 1055 个，拥有研究与试验发展（R&D）人员 6.3 万人；规模以上工业企业技术开发机构 23 564 个，拥有研究与试验发展（R&D）人员 61.0 万人。全省县以上国有独立研究与开发机构研究与试验发展活动（R&D）经费支出 157.9 亿元（民口 39.0 亿元，其他 118.9 亿元）。科技基础设施和基地建设取得进展。全省共建企业重点实验室 73 个，国家和省级重点实验室 97 个，国家和省级工程技术研究中心 3126 个，国家和省级科技公共服务平台 294 个，企业院士工作站 344 个，国家级高新技术特色产业基地 148 个。全省各类科技企业孵化器 582 家，国家级科技企业孵化器 173 家，在孵企业近 3 万家。

10. 2017 年江苏省科技统计公报

2017 年，全省科技工作认真贯彻落实省第十三次党代会精神和省委、省政府关于科技创新的总体部署，深入实施创新驱动发展战略，着力推进创新型省份建设，提高区域创新体系整体效能，着力推进知识产权强省建设，营造激励创造、保护产权的制度环境，全面提升企业自主创新能力，推动企业真正成为技术创新主体和创新驱动发展的主导者，科技进步对经济增长和社会发展的支撑引领作用进一步增强，全省科技进步贡献率达 62%。

【科技队伍】2017 年，全省拥有院士 100 人，其中，科学院院士 46 人，工程院院士 54 人，院士数居全国第三位、省份第一位。全省从事R&D人员全时当量 56 万人年，比上年增长 3.1%。

【科技经费】全省研究与发展活动经费占地区生产总值的比例进一步提高。2017 年，全省科研机构、大学、企业和其他单位的研究与发展活动经费支出达 2260 亿元，同比增长 11.5%。研究与发展活动经费占地区生产总值的 2.63%，比上年提高 0.01 个百分点。

政府科技拨款 428 亿元，比上年增长 10.22%；占地方财政支出的 4.03%，比上年增加 0.21 个百分点。

全省工业企业研究与发展活动经费支出 1834 亿元，占工业销售收入的 1.23%。

【科技成果】科技创新成效显著。全省有 54 项重大成果获国家科技奖，其中，国家自然科学奖 4 项，国家技术发明奖 10 项，国家科技进步奖 40 项。省科学技术奖励数为 210 项，一等奖 30 项，二等奖 54 项，三等奖 126 项。全年共申请专利 514 402 件，比上年增长 11.8%，授权专利 227 187 件，减少 1.7%。全省发明专利申请量为 187 005 件，比上年增长 15.1%，发明专利授权量为 41 518 件，比上年增长 1.4%。

【科技服务与技术贸易】科技服务业进一步发展。2017 年全省科技服务业总收入达 7009 亿元，同比增长 12.5%。全省规模以上科技服务机构共 6240 家，机构平均收入 9700 万元，拥有从业人员 71.7 万人，平均每家机构 114 人。

技术市场较为活跃。全年共签订各类技术合同 3.7 万项，技术合同成交额 873 亿元，比上年增长 19.7%。

【高新技术产业化】高新技术产业化进程加快。2017 年全省高新技术产业实现产值

67 864 亿元，同比增长 14.42%，占规模以上工业企业总产值的 42.7%，比上年提高 1.2 个百分点。全省经认定的高新技术企业 13 251 家，全年认定省高新技术产品 10 359 项。

高新技术产业开发区快速发展。2017 年，全省高新技术产业开发区规模以上工业企业主营业务收入、高新技术产业产值分别比上年增长 12.8% 和 13.3%，固定资产投资 11 024 亿元、高新技术企业数 5937 家、专利申请数 137 899 件、发明专利申请数 60 308 件，固定资产投资、高新技术企业数、专利申请数、发明专利申请数分别比上年增长 8.3%、18.1%、25.0% 和 22.2%。

高新技术产品的竞争力进一步增强。全省高新技术产品出口额达 1356 亿美元，占全省出口总额的比重达 37.3%。

【科技机构】全省共有各类科技机构 24 112 个，拥有研究与试验发展（R&D）人员 50.65 万人，其中，县以上国有独立研究与开发机构 133 个（民口 121 个，其他 12 个），拥有研究与试验发展（R&D）人员 2.84 万人；高校科技机构 1133 个，拥有研究与试验发展（R&D）人员 1.85 万人；规模以上工业企业技术开发机构 22 007 个，拥有研究与试验发展（R&D）人员 42.20 万人。

全省县以上国有独立研究与开发机构研究与试验发展活动（R&D）经费支出 165 亿元（民口 46 亿元，其他 119 亿元）。

科技基础设施和基地建设取得进展。全省共建企业重点实验室 71 个，国家和省级重点实验室 97 个，国家和省级工程技术研究中心 3266 个，国家和省级科技公共服务平台 296 个，企业院士工作站 359 个，国家级高新技术特色产业基地 162 个。

全省各类科技企业孵化器 660 家，国家级科技企业孵化器 175 家，在孵企业 30 762 家。

撰　稿　人：严文强

江苏省科技厅政务管理与服务系统（一期）研究报告

紧紧围绕党中央、国务院和省委、省政府关于深化“放管服”改革及“互联网+政务服务”工作的部署和要求，以服务需求为导向，以优化政务管理和服务流程为主线，以现代信息技术为支撑，适应大数据、云计算、移动通信等技术发展需求，实现对机关人、财、物的融合管理、协同管理和绩效管理，建立起上下贯通、左右互动的科技政务服务系统，建设科技厅科技政务服务旗舰店，着力推进政务服务事项网上办理、流程优化、信息共享和平台融合，大幅提升政务服务效能。

1 总体建设要求

1.1 建设目标

江苏省科学技术厅政务管理与服务系统（一期）采用先进的信息技术手段，坚持平台化建设原则，围绕科技厅政务管理和服务需求，统一构建一体化电子政务基础和应用支撑环境和开发平台，建设科技厅政务管理内网、互联网应用、移动应用 3 个门户；开发协同办公、科技厅政务服务旗舰店应用系统；构建科技数据汇聚、分析基础支撑环境及标准体系，初步实现科技厅政务管理与服务的应用融合、数据融合、展现融合、流程融合、监管融合。

1.2 技术路线

采用B/S架构、J2EE框架、MVC设计模式，基于SOA的架构实现，融合组件技术、JavaBean技术、标准接口技术、缓存技术、事务处理设计和基于AJAX界面无刷新交互设计技术，部署云开放式快速开发平台软件、一站式企业移动开发平台和数据可视化基础支撑分析平台，实现统一用户管理、自动工作流、表单自定义、信息交换、智能报表、基础服务、门户管理和OLAP分析、即席查询、交互式图表分析、数据挖掘。同时，根据信息安全等级保护三级的要求，构建物理安全防护、网络安全保护优化、主机安全保护、应用安全保护，完善信息安全保障体系。平台开发坚持贯穿服务型统计理念、全生命周期管理与业务协同理念、标准统一与系统开放理念、数据全程质量控制理念、具备支持和外部其他应用系统数据交换的能力。

2 项目功能需求

2.1 基础支撑平台

2.1.1 统一支撑平台

统一支撑平台建设作为科技厅政务办公平台的技术支撑平台，需要建立统一的用户管理、组织管理、权限管理体系，需要形成统一的数据交换和传输体系，需要对业务流程进行整合和管理，需要集成新旧业务系统，最终形成满足业务需求、管理需求和技术需求的基础平台。

2.1.2 应用功能运行支撑平台

2.1.2.1 统一用户管理

用户管理平台实现用户和组织结构的管理功能，包括组织机构管理、群组信息管理、职务管理，权限管理，角色管理等，能够支持分级管理，支持数据库、AD和LDAP3种存储方式。用户管理提供针对用户和组织结构管理功能，实现对组织信息和用户信息的分级管理，并提供用户管理和用户标识的统一规范和服务规范；通过对分布不同节点系统的用户和组织数据的同步，实现用户数据的组织、展示和前台调用更加方便、快速。

2.1.2.2 统一流程引擎

提供流程引擎图形化流程定义工具，通过拖拽控件的方式就可以完成业务流程的定义，降低流程设计的难度；提供流程合理性检查功能，保障流程定义的正确性。流程引擎包括流程定义和流程执行、流程监控等部分。

（1）流程定义

具备图形化流程配置工具，简单直观的鼠标操作，用户通过拖拽控件的方式就可以完成业务流程的定义。流程建模工具提供多样化的流程定义控件。结合表单引擎，定义各种类型的字段（单行文本、多行文本、时间日期、富文本、附件、地址本、单多选、明细表等），还有表单字段权限设置、表单数据存储等功能，所见即所得的配置，一般业务人员可完成。还可设定流程启动权限、流程特权人、流程驳回选项等参数。

（2）流程执行

在用户启动业务流程后，系统根据流程模板，通过待办、邮件或短信等方式进行流程节点的处理，流程审批节点的处理模式支持多种方式，也可进行自定义，支持单位日常管理、协作过程中的各种行为，具有极大的灵活性。

（3）流程监控

支持流程执行过程的在线监控，在流程审批过程中可以图形的方式展现流程的状态。浏览的时候可以看到流程已经处理过的节点、当前节点及未处理流程节点的信息。方便当前处理人和相关人员查看流程当前的进度情况。

2.1.2.3 统一表单引擎

表单工具必须支持业务数据源关联，以使表单数据处理自动化。

（1）表单定义

表单定义内置的表单控件，可通过简单的拖拽操作，完成整个表单定义的过程。控件包括文本、单行输入框、多行输入框、数字输入框、下拉选择框、单选按钮、多选按钮、附件、日期时间、地址本等常用控件。提供表格、标签页等布局控件，类似WORD表格的设计方式，可添加、删除行列，合并、拆分单元格等。布局控件支持相互嵌套，通过简单的操作即可完成复杂的布局。

（2）表单数据设定

提供动态下拉框控件和事件控件，可以实现数据多级联动，可以从数据库、数据表等获取数据，并将数据自动填充到表单控件和明细表中。提供Excel导入控件，可以在Excel中按特定格式设置好表单布局、样式、控件，以及控件的相关属性后直接导入，生成一个表单。

（3）表单扩展

对表单自定义工具本身未涵盖的功能，具有一定开发技能的人员可直接在表单中插入程序代码，或者根据表单引擎的规范编写表单控件这两种方式来完成。通过编写表单控件的方式，能够被复用到各个不同的表单中，实现一处定义，多处使用。

表单中的数据除了可以自动存储外，还可以指定数据库表结构进行存储，以方便数据库多表的关联查询。

2.1.2.4 统一应用配置管理

通过对统一系统配置管理的建设，实现统一的模块配置管理、字典配置管理、账号更改管理、系统监控管理、代码维护管理、应用配置管理、服务配置管理、接口配置管理等管理相关工作。

2.1.2.5 统一消息管理

统一消息平台与平台中的统一待办提醒模块兼容，支持将业务系统中各类新增提醒、任务、待办文件推送至门户统一待办栏目中。统一消息平台包括APP、微信、消息中心、手机短信和即时通讯等。

2.1.2.6 统一应用管理

管理系统所有的应用，包括应用的发布、每个应用的权限、应用的链接、应用的说明等。

2.1.2.7 单点登录服务

统一用户管理服务提供的单点登录功能，用户在某个Web应用系统登录后，可以不需要第二次登录就直接访问另外一个Web应用系统。统一用户管理服务在用户登录后会能够为用户产生一个标示唯一身份的令牌，支持第三方应用程序把令牌写入到cookie中，并获得该cookie的浏览器，可以访问任何一个其他的应用系统（必须是嵌入统一用户管理代理的）而无须重新登录。

2.1.2.8 统一数据交换服务

实现跨部门、跨组织、跨系统的信息化数据交换，实现公文及其他数据传递标准统一、格式规范，保证数据安全、高时效传输。

2.1.3 应用数据安全支撑平台

2.1.3.1 统一认证管理

统一认证管理实现对用户身份的统一校验，为各子应用系统提供单点登录服务支持，兼容已有的身份认证机制，包括基于数据库的用户/密码认证机制、CA认证和基于LDAP和AD存储的认证服务，通过制定接口和规范对未来新建应用系统提供指导，为业务系统提供可信的安全认证服务。

2.1.3.2 统一授权管理

统一授权管理实现对各应用子系统的权限进行统一管理，支持基于RBAC的授权管理机制。对各应用系统提供3种不同级别的权限管理服务，即顶层权限管理模式（入口和部件）、系统功能权限管理模式（菜单）和全部权限管理模式。平台支持分级、分权管理。

2.1.3.3 统一日志管理

对登入、登出及各应用子系统的重要操作进行日志记录，便于追踪加强安全管理，严控非法操作。提供统一运行监控平台，对操作提供实时监控，对催办、提醒、撤回、退回、终止等特殊操作提供统计功能。

2.2 应用门户

2.2.1 内网门户

集中展示各类办公及业务应用系统，实现统一身份认证、统一系统展示、统一信息检索、个性化定制展示和待办待阅信息自动推送等功能，为机关人员建立统一的办公入口，方便工作人员对办公和业务系统操作。通过安全交换系统设备，实现外网受理、内网办理的内外网融合。

2.2.2 移动门户

将协同办公、业务管理、政务服务三大平台上的主要事项同步到移动门户，使服务对象可以通过使用移动信息设备，实时查询所有已办文件、分阅文件、最新政策、业务统计数据、科技新闻、日程安排、单位通讯录等信息，实时发出会议、请假、出差、用车等申请事项，实时办理审批和信息反馈等事项。

移动办公平台基于当前先进的通信工具和微信平台，适配iOS、Android等多种系统的手机、平板电脑等移动电子设备。

移动办公所涉及的硬件另行采购。

2.2.3 政务服务门户

按照省政务服务网相关数据交换接口要求，集成建设江苏省科学技术厅政务服务旗舰店，统一开发江苏省实验动物许可证审批、省级科技企业孵化器认定、省级大学科技园认定、省级科技类民办非企业单位进口科教用品免税资格审核4个行权事项，并实现与现有的省科学技术奖励、技术合同认定登记2个行权事项对接集成，对服务事项逐项、逐环节细化改进，进一步优化简化网上申请、受理、审查、决定、送达等流程，推进服务事项网上全流程办理和政务服务信息的全面公开，实现科技行权事项一网展示、一网申请、一网办理、一网查询。

2.3 协同办公平台

协同办公平台的门户应为各个子系统提供基础应用支撑环境，形成科技厅综合性协同办公与信息服务门户。

协同办公门户为厅内用户获取各类政务和办公信息的统一入口。通过协同办公门户，在获取各类政务信息和办公信息的同时，实现各项业务管理子系统的紧密集成和整合；通过协同办公门户，可以实现门户与各业务系统的单点登录、页面集成、数据集成等功能。最终形成统一集成工作桌面，提供多种方式、多种渠道的信息交互服务。

2.3.1 公文管理

2.3.1.1 收文管理

收文管理包括收文登记、内容录入（包括扫描录入、识别录入、手工录入、电子录入等手段）、拟办、批办、传阅、审签、承办、归档等功能。

2.3.1.2 发文管理

发文管理包括拟稿、核稿、复核、签发、会签、成文、套红、发文、存档（包括发文、发函、电报、内部请示、会议纪要、公开信息申请办理报批、内部事项审批、电话通知等）等功能。要实现各类形式发文的全部流转，具备文件流转过程中的痕迹保留功能和领导批示内容按流转环节的反馈功能，实现按权限查阅发文内容，需提供单位各类标准公文用纸的模板。

2.3.2 人大建议和政协提案

人大建议和政协提案包括建议（提案）的厅内分办、调研记录、办理进度提醒、答复意见录入、答复意见审核、跟踪反馈等功能。

2.3.3 通知公告

发布内部新闻及公告通知，可按照公告通知类别分配给有权限的用户查看，每条公告通知均可以记录哪些用户已查阅过。

管理员管理内部发布的新闻与公告，只有状态为已发布的通知用户才可以看到，具有批量发布和取消发布的功能，每条公告可以上传一个附件，重要的公告通知可以设置置顶。

2.3.4 大事记管理

主要包括业务处室的大事记、全厅大事记，管理大事记的登记、审批、发布、查询、统计功能，在内网门户中进行展示。

2.3.5 个人日程管理

主要包括如下功能：设置各种类型的个人日程，并以日历方式按天、按周、按月、按季等方式查看；授权用户也可给他人安排日程，并通过短信、个人日程管理系统或移动办公平台进行提醒。

2.3.6 领导日程管理

领导日程管理系统实现对单位领导公务日程的安排管理，使领导日程安排更透明与直观。主要功能包括领导公务日程和领导接待日安排两部分。

2.3.7 通讯录管理

实现单位通讯录的管理和个人私有通讯录的管理，借助短信平台能够发送短信，同时能够在移动办公中实现查看通讯录，直接拨打电话、发送短信。

2.3.8 短信平台管理

能够使用电信、移动、联通、短信猫等任一设备进行群送短信，通知通告、文件流转、事务提醒、日程提醒等都能使用短信设备进行短信告知。

2.3.9 文件柜管理

文库管理模块包括部门、全厅文档资料的管理与共享等功能，实现在规定的权限范围内的公共文档的管理。

2.3.10 工作计划管理

实现各部门年度工作计划和月度工作计划的网上填报，并可自动汇总为单位年度工作计划和月度工作计划，并可修改、添加和打印，度工作计划可以分解到具体执行人；每月填写月度工作完成情况，每年汇总生成年度工作完成情况。

2.3.11 内部便签管理

能够使用便签进行内部消息传递及文件发送，能够发送便签、接收便签，能够进行便签接收容量设置、历史便签查询，同时能够与发文模块进行结合，使得发文全过程痕迹化。

2.3.12 车辆管理

对所有车辆的使用情况进行记录，包括车辆基本信息，如车牌号、型号、颜色、司机、里程数、购入日期、乘坐人数、备注等详细信息，同时对车辆驾驶员信息、车辆事故及维修登记审批进行统一管理。系统包括车辆使用的申请和审批，便捷地满足车辆使用需求。

2.3.13 辅助办公

为了方便相互沟通、信息共享和内部办公，根据日常工作需要，提供丰富的辅助办公管理功能，包括待办文件处理、待阅文件处理、缓办、关注、错发回收、流程监控、小组设置等模块。

2.3.14 督查督办系统

督办管理包括督办立项、督办处理、督办延期、督办提醒、督办统计、督办通告、督办监控等功能，实现对外部来文、机关内部领导批示、会议决定、临时交办等重要文件的在线督查办理，办理过程可追踪、可提醒、可催办，实现督办事项规范化。同时要支持在办理过程中的督办人员及督办信息变更操作等功能，并将督办信息通过电子大屏进行提醒。

2.3.15 档案管理系统

档案管理包括公文文件的归档管理、档案整理、库房管理、档案鉴定、档案利用、档案查询、档案统计等功能。

2.3.16 行政事务

2.3.16.1 会议管理系统

厅内会议管理系统针对会议计划、会议议题、会议资源、会议事务管理等功能进行全流程的管理。其中，会议计划需要实现会议计划的草拟、审批、发布及会议召开过程中的会议室预订、发布会议通知、办结相应会议计划等功能。会议议题模块主要实现上报会议议题、查看、打印和管理会议议题的功能。会议资源模块主要实现对单位内部的各种会议场所基本资料的登记、各会议室内设备、可提供服务的维护、会议室占用设置与查看等内容。会议事务管理需要实现会议查看、会议变更、会议报名等功能。

2.3.16.2 **移动办公系统**

移动办公模块支持通用移动终端设备，支持Android和iOS，功能包括通知公告、待办提醒、日程管理、便签管理、请假申请、出差申请、会议报名、流程监控、通讯录、即时通讯等通用功能。

2.3.16.3 **财务管理**

电子报销管理

电子报销实现个人报销申请，报销单据的上传，报销申请单的审批、汇总、查询。

（1）会议预决算管理

会议预决算实现对会议预决算的管理功能。

（2）培训预决算管理

培训预决算实现对培训预决算的管理功能。

（3）固定资产管理

满足固定资产在使用周期中的购买、使用、报废等一系列过程管理及资产的查询统计功能。

（4）工资查询管理

实现人员工资Excel导入，导入后根据权限进行查询工资条。可以统计个人的工资收入。

2.3.16.4 **人事管理**

（1）请假管理

请假管理实现职工请假单的审批，职工年假、事假、病假、婚假、补休等统一管理，并与考勤进行结合。

（2）出差管理

出差管理实现职工出差申请单的审批、出差历史记录查询，并与人事考勤相结合。

（3）考勤管理

考勤管理实现多形式的签到签退，具有多维度统计汇总功能，能够支持多种签到设备。

（4）公务员考核

按照平时和年终两个主要节点对厅机关干部进行考核，实现工作纪实、考核评价、结果反馈、考核汇总等全过程管理，进一步提高公务员平时考核工作效率，提升平时考核工作信息化水平。

主要模块包括考核指标（根据岗位职责和工作目标，将工作任务逐级分解，确定平时考核指标）、工作记实（以月为周期记录平时工作情况，并进行自我评价）、领导评价（考核对象的处室主要负责人按季度对考核对象工作进行评价）、考核结果反馈（在一定范围内反馈考核结果）、汇总考核情况（根据平时和年终考核情况，人事处形成最终考核结果，并进行汇总梳理分析）。

（5）培训管理

通过培训管理系统实现培训信息备案功能，包括在线登记培训名单、培训内容、培训时间、培训机构和培训材料等，并可对培训信息进行查询、汇总、导出。

（6）职称评审

将省自然科学研究系列中、高级职称评审纳入厅政务管理与服务系统建设。实现申报通知发布、个人材料报送、受理审查核验、评审专家管理、组织实施评审等环节全部通过系统网上完成，具备数据自动汇总统计、申报材料分类上传、数据联网审查比对、核验结果自动反馈等功能，不断提高职称评审信息化建设水平。

（7）老干部信息管理

通过老干部信息管理系统实现离退休老干部基本情况管理，包括基本信息的增、删、改，身体状况的标识、居行状态标识、走访慰问情况登记等；实现离退休老干部基本信息分类查询，可按离退休、年龄、参加工作时间、离退休时间、政治面貌等单一或多条件联合查询、显示、输出；实现离退休干部遗属登记，可对新近去世离休干部、厅局级干部遗属（长年）和退休干部（3年内）遗属基本情况和慰问情况进行登记管理；实现高寿、德高老人光荣榜，对年龄90岁以上的老人在高寿光荣榜中张榜显示照片、年龄、长寿心得，在90岁生日前1个月短信提醒工作人员登门祝贺，对品德高尚、弘扬正能量、发挥余热的离退休老同志张榜显示照片、年龄、简要事迹等；实现信息公告推送，可通过短信平台向离退休老同志分群推送时事政治、科技新闻、健康养生、通知提醒。

2.3.16.5 绩效考核管理

主要实现厅机关绩效考核信息化管理，整合资源提高绩效考核管理工作效能。主要模块包括通知发布（转发上级文件精神，下发绩效考核管理相关通知要求）、目标规划上报（各处室上报年度职能工作、重点工作、管理工作、常规工作目标）、中期检查（各处室上报年中工作完成情况，迎接察访核验）、创新创优（各处室上报年度创新创优工作）、年终考核（根据年初目标，各处室上报工作完成情况）。同时，根据需要实现与其他模块相关联。

2.3.16.6 互联网+党建

建立“互联网+党建”平台，增强运用互联网开展党建的主动性和自觉性，初步构建“党务管理智能化、信息管理维护精准化、党员教育管理个性化”的党建工作新模式。

（1）党员信息管理

通过党员信息管理系统，实现对党员、预备党员和入党积极分子的基本信息进行集中管理。

（2）教育培训

通过开设网上党校、网络课堂、远程教育等栏目，党员可以随时根据自身多元化需求获得针对性的信息和资源。

（3）党务交流

通过党务交流系统，对各支部开展三会一课、目标管理、党员自主管理、特色工作、成果交流等日常工作情况进行记录和交流。

（4）工作查询

通过党务工作查询系统，对各支部的日常各项工作进行查询了解、提出要求，并对工作的规范性进行监督和指导。

（5）党风监督

通过在网上开设投诉台、举报信箱、领导信箱等措施，使党员干部接受群众全方位、多层次、连续性的监督，有利于营造一个风清气正的政治环境。

2.3.17 政务服务平台

政务服务平台依据省政务服务网的统一基础平台标准，集成建设江苏省科学技术厅政务服务旗舰店，统一开发江苏省实验动物许可证审批、省级科技企业孵化器认定、省级大学科技园认定、省级科技类民办非企业单位进口科教用品免税资格审核 4 个行权事项，并实现与现有的省科学技术奖励、技术合同认定登记 2 个行权事项对接集成。

2.3.17.1 科技企业孵化器认定

申报系统：实现省级科技企业孵化器申报材料受理、专家评审、公示、发布等重要节点全过程管理。

信息管理系统：实现全省科技企业孵化器季报、年报、绩效评价数据填报、数据分析、用户管理等功能。模块包括单位名录（科技企业孵化器名录库）、基层报表、进度查询、报表验收、汇总报表等。

2.3.17.2 省级大学科技园认定

实现省级大学科技园申报材料受理、专家评审、公示、发布等环节重要节点全过程管理。

2.3.17.3 江苏省实验动物许可证审批

实现全省实验动物审批流程规范及实验动物生成安全情况实时监测，为全省实验动物管理部门、实验动物使用单位和从业人员提供审批管理、行政服务、交流互动的信息平台。具有申请、受理、审批、查询、变更、监督检查、执法处罚、信用标识、换证提醒、质量登记，以及分类汇总、统计分析、公示公开、结果打印等功能。

2.3.17.4 省级科技类民办非企业单位进口科教用品免税资格审核

实现省级科教类民办非企业单位进口科教用品免税资格申报、材料审查、结果评审等重要环节的全过程管理。

2.3.17.5 省科学技术奖励、技术合同认定登记

协助实现与江苏省科学技术厅政务服务旗舰店的集成及数据交换。

（注：以上系统全部需要嵌入廉政风险点功能，根据风险点设置与调整，自动提示办事要点及政策要点，规范工作流程。）

3 项目技术要求

3.1 统一集成要求

系统建设需要与多方系统进行对接，其中包括电子印章集成、省档案管理系统对接、短信平台对接、省政府政务服务网进行对接等。同时，协同办公平台应为政务管理与服务系统提供基础应用支撑环境，形成科技厅综合性办公与信息服务系统。协同办公平台为厅内用户获取各类政务信息、办公信息的同时，需实现与业务管理子系统的紧密集成和融合，同时实现与各业务系统的单点登录、页面集成、数据集成等功能，最终形成统一集成工作桌面，提

供多种方式、多种渠道的信息交互服务。

投标人对于本系统架构设计和模块开发要充分考虑统一集成性，投标人在投标时需提供本系统具体架构设计方案和模块开发方案，方案需提供设计方案，并承诺实现。对于本标书要求的所有集成和实施费用包含在本次招标中，如因与第三方应用系统的集成而产生的费用由中标方支付给第三方公司，招标人不再另外产生费用。

3.2 系统性能要求

3.2.1 应用性能要求

① 支持开放的体系结构，支持主流厂商的硬件及操作系统平台，支持跨平台运行。

② 采用J2EE的平台架构，支持3层（数据库服务器层、应用服务器层和访问层）或多层体系结构，采用组件化、平台化和模块化设计，符合国家IPv6标准。支持标准的组件技术（如ActiveX、DCOM、CORBA等）。

③ 使用符合业界通用标准的用户管理和权限认证方案完成本系统的开发，并具有二次开发能力，提供标准公共接口，满足各种类型的业务系统的用户管理。

④ 数据格式遵循系统总体标准要求，主要数据应存贮在关系型数据库中，实现对其他数据库和文件系统的访问与数据交换，提供基于XML的数据交换接口。采用JDBC连接、ODBC连接、连接池等技术，实现自身及其他数据源与第三方厂家的工具及应用的集成。

⑤ 所有数据库写入操作必须采用事务模式，支持事务的提交和回滚，数据支持同时写入两台独立存储（可与系统软件配合完成）。

⑥ 采用B/S（浏览器/服务器)模式，保证各类常见操作系统客户端的正常使用，支持客户端IE 8.0及以上、Office 2003及以上配置，与不断升级的IE浏览器、360浏览器等多种主流浏览器及MS OFFICE相匹配。

⑦ 页面响应时间≤50毫秒，事务处理时间≤0.5秒，查询等待时间≤1.0秒。

⑧ 数据和应用的安全性设计应有完善的数据加密及访问控制，提供日志跟踪与统计分析功能。

⑨ 结合软硬件环境设计系统和数据备份策略、应急恢复机制，最大限度地保证系统的连续可用性。

3.2.2 其他技术要求

（1）可用性

系统平均年故障时间应控制在2小时以内，即可用性达到99.99%，操作平均响应时间不超过2.5秒。

（2）稳定性

各业务系统对用户的操作顺序、输入的数据进行正确性检查，并以显著方式提示错误信息。

系统需有出错处理机制，当系统运行过程中发生错误时，系统应明确提示错误信息并指导用户按照系统错误处理手册进行处理。

系统应提供运行监控和故障恢复机制，建立系统运行日志文件，能跟踪系统的所有操作。

系统配备软件异常处理措施。

（3）易用性

系统操作简单、界面简捷、容易上手，具有良好的UI接口、界面操作方式一致、复杂操作有注释、出错处理有人性化提示等。

（4）安全性

按照等级保护要求，具有细粒度的权限控制，划分三员，进行相应数据结构设计，系统提供的安全日志可详细记录各操作人员使用本系统的情况，便于系统的监督与管理，确保系统安全可靠。

（5）可扩展性

系统具有良好的可扩展性、平台开放性，能够满足业务不断变化的需求要求，为系统后期功能的增强提供良好的支持。

（6）可移植性

系统要有良好的可移植性，支持跨平台部署，支持主流的各类操作系统、中间件系统和数据库系统，支持国产软件。

3.3 系统等级保护要求

系统按照公安部信息安全等级保护三级标准设计。

3.4 系统部署要求

投标人应根据项目建设需求提供合理的软硬件配置方案与部署实施方案，方案需要具有高可用性、安全性和稳定性。本招标文件不包含系统部署所需硬件设备（另行招标采购）。

3.5 对项目经理的要求

投标人应配备经验丰富的项目经理承担本项目工作。

投标人应明确项目经理在本项目中的岗位职责、任职资格及管理权限，并明确项目经理调动相关资源的权力，以确保工程顺利实施。

3.6 对项目团队的要求

投标人必须成立合理的组织机构，建立健全保障项目顺利实施的各项管理制度和质量保证体系。

项目团队至少应包含项目经理、咨询顾问、应用开发、软件测试、系统集成、项目管理、用户培训、项目实施、运行维护等成员。

参与此项目的技术人员必须具有相关项目集成、开发经验，能够与用户进行良好的沟通，掌握各专项技术领域的相关基础知识，具备项目管理、系统集成、应用开发等相关专业技术资格证书。

在应用软件开发阶段，要求项目团队驻场开发，且驻场开发人员不少于15人。

投标人必须针对上述要求列出详细人员计划，包括人员姓名、简历、资质和在本项目中的职责分工。

3.7 项目实施要求

按照项目的建设目标完成需求分析，开展需求调研工作，编制需求分析工作计划、业务现状调研报告、管理问题分析报告、业务模型设计报告、需求规格说明书、系统概要设计和系统详细设计等文档，并制作界面原型系统。

按照项目的建设目标完成开发工作，编制项目开发工作计划、总体设计报告、软件详细设计报告、数据标准化设计报告、数据库设计报告、测试设计报告、用户手册、软件代码、内部测试报告等文档。

按照项目的建设目标，提出测试方法，制定测试规范，按照测试要求提供系统测试相关的各项报告、功能和性能测试报告等文档，包括计划、用例和报告。

3.8 项目培训要求

① 必须提供具有相应专业知识、实际工作和教学经验的培训讲师、辅导人员和相应的教材，培训所使用的语言和教材必须是中文。

② 软件使用、维护培训面向系统使用人员，包括软件安装、配置和操作，常见故障处理等内容，通过此项培训，确保使用人员能够熟练地对软件进行使用。

③ 在系统运行期间，若招标人有其他培训要求，投标人应协助招标人完成相关培训，并负责提供电子材料及教师。

3.9 技术支持要求

技术支持主要内容：系统的重新安装与调试、系统恢复服务、故障处理与应急响应、为用户提供系统升级的合理建议、对用户进行质量保证期内的技术培训等。

服务响应方面须提供 7×24 小时电话技术支持和保修，电话支持无法解决的问题必须按照故障响应速度要求提供现场技术支持；除电话支持外，还提供传真、特快专递、电子邮件和网上技术论坛等形式远程支持，1 个工作日内必须及时响应。

4 项目工期、验收及付款

4.1 工期要求

① 应用软件系统要求：签订合同后 90 天内系统软件开发和安装调试完毕并投入试运行。

② 投标人应根据采购人对工程进度的要求提供应用软件系统的需求调研、设计、开发、测试、试运行的时间进度安排表。

③ 由投标人原因造成的工期延误，投标人应赔偿采购人的损失。

4.2 项目验收标准

完成项目招标所要求的所有建设内容及需求调研后确认的需求规格说明书上的所有内容。

4.3 付款方式

① 合同签订生效后，乙方需与甲方相关部门对接，完成管理流程再造、系统需求设计，并完成业务功能优化设计，经甲方组织专家对需求设计等内容评审合格后进入下一阶段工作，并支付合同总价的30%；评审不合格，甲方依据合同法相关规定终止合同。

② 乙方完成系统开发、部署、培训，甲方确认系统运行正常后，由甲方支付合同总价的40%。

③ 完成合同及招标文件规定的全部内容，甲方确认系统运行正常通过终验后，由甲方支付合同总价的20%。

④ 验收合格后，甲方分2年支付合同总价的10%。

5 知识产权

采购人拥有针对本项目开发的最终软件产品的全部版权，未经采购人许可，投标人不得擅自使用、销售该软件的全部或部分内容。项目结束后，投标方需将该软件产品的全部源代码（含详细注释）及相关文档资料移交采购人。

交付文档需要满足本系统交付成果要求，以下为本项目执行中比较重要的过程文档，最终交付不仅限于下述文档（表1、表2）。

表1 文档类

交付物名称	介质形式
《项目任务书》	电子/纸介质
《需求规格说明书》	电子/纸介质
《系统概要设计说明书》	电子/纸介质
《系统详细设计说明书》	电子/纸介质
《数据库设计说明书》	电子/纸介质
《系统测试报告》	电子/纸介质
《用户使用手册》	电子/纸介质
《用户培训讲义》	电子/纸介质
《系统验收报告》	电子/纸介质

表2 应用系统

交付物名称	介质形式
开发源代码	电子（至少两套）
程序运行文件	电子（至少两套）

6 免费服务期限

验收合格后提供 3 年免费服务，包括至少安排 1 人驻场服务，提供系统版本升级、非核心功能程序修改服务。

7 系统演示要求

演示基于J2EE平台mysql数据库（版本不限），IE 8.0 以上版本的浏览器；投标人自备演示环境，投标现场只提供投影设备。演示环境不符合要求不得分（演示时长不得超过 20 分钟）。

7.1 环境准备

① 投标人在投标前 3 个工作日内向招标方了解现场需要数据迁移的数据结构。

② 投标人根据现有系统的数据结构进行数据迁移工具开发，并实现数据迁移。

③ 投标人根据对招标需求的理解建设政务管理与服务功能。

④ 投标人根据对招标需求的理解建设收文管理、发文管理、便签功能、文件柜、档案系统等功能。

7.2 演示验证

7.2.1 数据迁移验证

① 投标人登录演示环境展示收文管理、发文管理、省级科技孵化器、省级大学科技园、实验动物许可证列表，未进行数据迁移列表为空。

② 运行数据迁移工具，展示后台在运行数据迁移工作。

③ 数据迁移完成后，专家随机抽取应用模块确认数据迁移是否成功（模块：收文、发文、省级科技孵化器、省级大学科技园、实验动物许可证、进口科教用品免税资格审核、便签、预归档数据），各功能列表的数量及数据与招标人提供的数据保持一致。

7.2.2 功能演示验证

① 投标人在数据迁移完成后展示任意一条省级科技孵化器事项并打开表单，能够查看省级科技孵化器事项的附件信息、流程信息；采用两种及两种以上方式查看流程。

② 投标人使用一条未办结的发文，修改文件正文，应用移动办公平台进行修改，修改保存后在移动办公平台中验证痕迹是否保留，并发送下一节点。

③ 使用步骤 2 中的发文文件，用该文件的拟稿人登录移动办公系统，设置此发文为关注事项，并能在PC端关注事项列表中查看到此文件。

④ 使用步骤 2 中的发文文件，根据步骤 2 发送的节点，用下一节点的用户登录，利用便签功能为改发文文件添加便签附件并发送给下一节点，下一节点用户登录后回复便签；并在发文表单中便签的内容及回复。

⑤ 使用步骤 2 中的发文文件，根据步骤 4 发送的节点，用下一节点的用户登录，使用系统特送功能，由专家指定发文过程中任一节点进行发送；如不指定则发送套红节点。

⑥ 使用步骤 2 中的发文文件，使用套红节点的用户进行自动套红操作（红头名称为：江苏省科技厅）。

⑦ 使用步骤 2 的发文文件，通过收藏功能，实现将发文流程中定稿文件收藏至文件柜中新建的发文文件夹中。

⑧ 使用步骤 2 中的发文文件，按照发文的流程演示完剩余节点，并用拟稿人账号在移动办公平台中“我的关注”事项中查看文件的整个办理过程。

⑨ 使用步骤 2 中的文件，文件流转结束后自动在档案系统预归档数据中展示，并能够演示档案系统的档案录入、组合、插盒，能够打印符合江苏省档案馆要求的案卷目录打印。

7.2.3 平台演示

① 智能模块配置平台演示，不通过开发工具，正确演示上述步骤 2 中的发文文件的数据表结构、表单的配置、流程的配置、套红模板的设置与修改、各流程节点的打印项设置、权限的设置。

② 智能报表分析平台演示，不通过开发工具，演示上述收文模块的统计分析。利用报表分析平台，通过拖拽的方式演示收文的分析（包括查询列定义、条件设置、排序设置）。展示平台的图、表制作功能，能够生成拐角线报表。

8 项目实施情况

8.1 建设目标

根据厅领导党组指示，该项目分两期实施。一期工程主要围绕科技厅政务管理和服务需求，统一构建一体化电子政务基础和应用支撑环境和开发平台，建设科技厅政务管理内网和移动应用等门户；开发协同办公、科技厅政务服务旗舰店应用系统；构建科技数据汇聚、分析基础支撑环境及标准体系，初步实现科技厅政务管理与服务的应用融合、数据融合、展现融合、流程融合、监管融合。

8.2 建设原则

① 坚持问题导向，需求引领。以解决厅机关行政管理和政务服务中存在的问题为出发点，以科技管理工作的现实需求为导向，以互联网为平台和技术支撑，整合厅机关及直属单位的信息资源，规范政务管理和服务事项，优化管理和服务流程，解决现有业务系统庞杂和行政管理信息化水平偏低等问题，提升行政管理效能和政务服务水平。

② 坚持一次规划，分步实施。坚持高起点谋划、高标准实施，针对建设需求搞好顶层设计，超前做好总体规划设计，科学合理安排建设步骤、明确阶段性目标和任务，确保项目建设如期保质保量完成。

③ 坚持责权清晰，管理科学。明确办公室、业务处室、直属单位和建设单位的任务分工，加强统筹协调，明确责任、形成合力、攻坚克难，确保各项建设任务落实到位。组建专业化团队，对建设任务实施项目化的科学管理，加强专家咨询和论证，保证政务管理与服务系统建设的整体质量。

④ 坚持技术先进，安全可靠。落实用户权限管理和操作轨迹留痕，采用国际主流系统开发平台和架构设计，实现功能模块之间相互独立、低耦合度、独立部署，以保障系统在大规模并发情况下的稳定性、可靠性和安全性，增强系统的兼容性。立足长远需求，采用组件化、模块化的开发模式，为系统拓展与二次开发预留空间。

8.3 技术路线

采用B/S架构、J2EE框架、MVC设计模式，基于SOA的架构实现，融合组件技术、JavaBean技术、标准接口技术、缓存技术、事务处理设计和基于AJAX界面无刷新交互设计技术，部署云开放式快速开发平台软件、一站式企业移动开发平台和数据可视化基础支撑分析平台，实现统一用户管理、自动工作流、表单自定义、信息交换、智能报表、基础服务、门户管理和OLAP分析、即席查询、交互式图表分析、数据挖掘。同时，根据信息安全等级保护三级的要求，构建物理安全防护、网络安全保护优化、主机安全保护、应用安全保护，完善信息安全保障体系。平台开发坚持贯穿服务型统计理念、全生命周期管理与业务协同理念、标准统一与系统开放理念、数据全程质量控制理念、具备支持和外部其他应用系统数据交换的能力。

8.4 项目招标

根据厅党组和驻厅纪检组要求，江苏省科学技术情报研究所于2019年1月31日在江苏政府采购网发布江苏省科技厅政务管理与服务系统（一期）公开招标采购公告，并于2019年3月1日组织开标。2019年3月7日，江苏政府采购网发布江苏省科技厅政务管理与服务系统公开招标中标公告，明确中标供应商为上海梦创双杨数据科技股份有限公司。双方于2019年4月17日签订了技术开发合同。

8.5 需求调研

2019年3月20日，项目开发工作正式启动，前期主要进行需求调研和流程设计。江苏省科学技术情报研究所全程跟踪需求调研，对每一个功能模块的功能需求进行严格把关。开发公司安排9名调研人员，分别对办公室、人事处、机关党委、高新处、条件处、老干部处6个处室及机要室、财务室、档案室、后勤、网管中心等业务负责人进行现场调研，先后组织召开27场需求调研会，整理会议纪要27份。共梳理发文管理、一般收文、传真收文、厅长信箱、督查督办、日常费用报销、差旅费报销、制度化学习、网站信息发布等58个功能需求，形成了完整的需求规格说明书。同时，根据网络安全需求和平台开发需要，拟制系统集成方案和配套软硬件采购方案，相关方案得到了厅领导肯定。

8.6 平台开发

目前，我们正在按照计划和需求规格说明书，稳步推进平台软件开发工作，预计 2019 年 9 月底前完成软件开发工作，相关平台上线试运行。2019 年年底前完成数据迁移，并正式上线运行。

9 项目绩效

目前，由于项目尚未完成，具体绩效尚未完全展现，下面只汇报几点粗浅体会。

9.1 进一步理清了建设思路

通过需求调研，我们对厅机关各部门主要工作及主要工作流程进行了彻底梳理，列出梳理业务需求及服务对象，为系统平台开发奠定了理论基础。采取调研、座谈和意见反馈等渠道，充分收集厅机关服务对象的服务需求，为系统开发找准靶向。

9.2 进一步优化了办公流程

明确各类别事项的流程优化标准，对现有行政管理和政务服务事项进行分类梳理，在各业务处室间形成共识的基础上，通过信息化手段对流程进行固化，并在流转过程中持续改进。

9.3 进一步提升了网络安全防护能力

结合此项目建设，将为厅内网配套了出口防火墙、Web应用防火墙、VPN接入管理设备、日志审计服务器等安全设备，并计划将厅内网列入三级等保系统，大幅提升了厅内网网络管理和防御外部攻击的能力和水平，提升了网络安全防护级别，为厅内部办公提供了安全可靠的网络安全环境。

9.4 进一步提高了管理效能

加强厅机关各项工作的统筹协调，在需求调研时明确，管理工作能网上流转尽量网上流转，提升工作效率，同时，将督查督办和绩效考核工作贯穿于工作流的各个环节，督促机关人员自觉履职尽责，实现机关管理和业务工作的高效运行。

9.5 进一步提升便民服务水平

按照省政府“应上尽上”要求，将厅主要行政权力事项上网，并在江苏政务服务网第一批开设“政务服务旗舰店”，将“江苏省实验动物许可证审批、技术合同认定登记、科学技术奖励、省级大学科技园认定、省级科技企业孵化器认定、省级科技类民办非企业单位进口科教用品免税资格审核”6 项便民服务内容上架“科技厅政务服务旗舰店”，实现单点登录和不见面审批功能，极大地提升了民众网上服务感受和行政审批效能，为项目二期工程建设厅政务服务“一张网”奠定了基础。

10 存在问题

因为分管领导工作调动等诸多原因，项目未能如期推进，导致项目后期的时间较为紧张。目前项目分两期展开，一期工程预计 2019 年年底完成，2020 年 1—6 月完成二期工程时间较为紧张。

11 下一步建议

① 进一步加快项目建设进度，力争 2019 年 9 月底前完成一期工程软件开发工作，相关平台上线试运行。2019 年年底前完成数据迁移，并正式上线运行。加快推进二期工程建设步伐，争取 2020 年上半年启动二期工程开发工作。

② 进一步加强工作统筹。按照方案计划，加强与相关处室及直属单位的统筹协调，建立联合工作机制，提升数据汇总和系统集成的效率，为二期工程开发奠定良好的工作制度基础。

课题负责人：李 敏
课题组成员：孙智强 何如徽 姜金旺 李 晶 钱 斐 朱孔村 周崇修 曹菲菲
撰 稿 人：孙智强